Direito Penal

3
PARTE ESPECIAL
ARTIGOS 213 A 359-T

O GEN | Grupo Editorial Nacional – maior plataforma editorial brasileira no segmento científico, técnico e profissional – publica conteúdos nas áreas de concursos, ciências jurídicas, humanas, exatas, da saúde e sociais aplicadas, além de prover serviços direcionados à educação continuada.

As editoras que integram o GEN, das mais respeitadas no mercado editorial, construíram catálogos inigualáveis, com obras decisivas para a formação acadêmica e o aperfeiçoamento de várias gerações de profissionais e estudantes, tendo se tornado sinônimo de qualidade e seriedade.

A missão do GEN e dos núcleos de conteúdo que o compõem é prover a melhor informação científica e distribuí-la de maneira flexível e conveniente, a preços justos, gerando benefícios e servindo a autores, docentes, livreiros, funcionários, colaboradores e acionistas.

Nosso comportamento ético incondicional e nossa responsabilidade social e ambiental são reforçados pela natureza educacional de nossa atividade e dão sustentabilidade ao crescimento contínuo e à rentabilidade do grupo.

Cleber

MASSON

Direito Penal

3

PARTE ESPECIAL

ARTIGOS 213 A 359-T

15.ª ed.
revista, atualizada e ampliada

- O autor deste livro e a editora empenharam seus melhores esforços para assegurar que as informações e os procedimentos apresentados no texto estejam em acordo com os padrões aceitos à época da publicação, e todos os dados foram atualizados pelo autor até a data de fechamento do livro. Entretanto, tendo em conta a evolução das ciências, as atualizações legislativas, as mudanças regulamentares governamentais e o constante fluxo de novas informações sobre os temas que constam do livro, recomendamos enfaticamente que os leitores consultem sempre outras fontes fidedignas, de modo a se certificarem de que as informações contidas no texto estão corretas e de que não houve alterações nas recomendações ou na legislação regulamentadora.

- Fechamento desta edição: *21.12.2024*

- O autor e a editora se empenharam para citar adequadamente e dar o devido crédito a todos os detentores de direitos autorais de qualquer material utilizado neste livro, dispondo-se a possíveis acertos posteriores caso, inadvertida e involuntariamente, a identificação de algum deles tenha sido omitida.

- **Atendimento ao cliente: (11) 5080-0751 | faleconosco@grupogen.com.br**

- Direitos exclusivos para a língua portuguesa
  Copyright © 2025 by **Editora Forense Ltda.**
  Publicada pelo selo **Método**
  Uma editora integrante do GEN | Grupo Editorial Nacional
  Travessa do Ouvidor, 11
  Rio de Janeiro – RJ – 20040-040
  www.grupogen.com.br

- Reservados todos os direitos. É proibida a duplicação ou reprodução deste volume, no todo ou em parte, em quaisquer formas ou por quaisquer meios (eletrônico, mecânico, gravação, fotocópia, distribuição pela Internet ou outros), sem permissão, por escrito, da Editora Forense Ltda.

- Capa: Danilo Oliveira

CIP-BRASIL. CATALOGAÇÃO NA PUBLICAÇÃO
SINDICATO NACIONAL DOS EDITORES DE LIVROS, RJ

M372d
15. ed.
v. 3

Masson, Cleber, 1976-
   Direito penal : parte especial (arts. 213 a 359-T) / Cleber Masson. - 15. ed., rev., atual. e ampl. - [2. Reimp.] - Rio de Janeiro : Método, 2025.
   1.072 p. ; 24 cm.   (Direito penal ; 3)

   Sequência de: direito penal : parte especial (arts. 121 a 212)
   Inclui bibliografia
   ISBN 978-85-3099-588-1

   1. Direito penal - Brasil. 2. Brasil. [Código penal (1940)]. 3. Serviço público - Brasil - Concursos. I. Título. II. Série.

24-95554   CDU: 343.2(81)

Meri Gleice Rodrigues de Souza - Bibliotecária - CRB-7/6439

Aos meus pais e a todos os meus familiares, pessoas com quem sempre posso contar.

À Carol, pelo amor, pela compreensão e pelo apoio em todos os momentos em que esta obra parecia jamais acabar.

À Maria Luísa e à Rafaela, dádivas de Deus que vieram ao mundo para fazer de mim uma pessoa muito melhor. Minhas filhas, prometo todo meu esforço para sempre fazer de vocês pessoas felizes e amadas.

Aos meus sobrinhos, Maria Eduarda, Anna Lara, Lorenzo e Chiara, pela felicidade que me proporcionam.

Aos nossos alunos e leitores, exemplos de luta e obstinação em busca do sucesso, pelo estímulo e apoio na produção desta obra.

AGRADECIMENTOS

Todos aqueles com quem convivemos merecem nossos agradecimentos. No entanto, entre inúmeras pessoas, algumas devem ser destacadas:

Vauledir Ribeiro Santos, pela oportunidade e confiança depositadas quando começamos a trilhar o difícil caminho das letras jurídicas;

Damásio E. de Jesus, ícone do Direito Penal e responsável pelo desenvolvimento do ensino jurídico no Brasil, pela confiança em nosso trabalho e pela honra que nos proporcionou ao aceitar o convite para prefaciar esta obra;

Adriano Koenigkam, pelo atencioso e completo trabalho de revisão;

Luiz Alberto Segalla Bevilacqua e Renato Fanin, distintos representantes do Ministério Público do Estado de São Paulo, pelo companheirismo na luta diária em busca da tão sonhada justiça;

Bruno Momesso Bertolo, Gustavo Massao Barbosa Okawada e Thiago Vinícius Treinta, valorosos jovens que emprestaram seus talentos à causa social, nos ajudando nos inesgotáveis trabalhos na Promotoria de Justiça.

Devem ser lembrados, igualmente, todos os colaboradores da Editora Método – Cláudia, Adão, Diana, Juliana, Renata, Brandão, Patrícia, Jaime e Lúcio, entre tantos outros –, pela gigantesca colaboração para o sucesso de nossas obras.

Enfim, a todos aqueles que sempre estiveram ao nosso lado e torceram para o sucesso dos nossos trabalhos, um sincero e verdadeiro muito obrigado.

O Autor

NOTA À 15.ª EDIÇÃO

Esta 15.ª edição do nosso *Direito Penal – volume 3 – Parte Especial* está atualizada com a legislação penal editada no ano de 2024, notadamente as Leis 14.811 (intimidação sistemática: bullying e cyberbullying), 14.994 (Pacote Antifeminicídio) e 15.035 (Cadastro Nacional de Pedófilos e Predadores Sexuais).

Também acrescentamos e analisamos de modo detalhado os julgados do Supremo Tribunal Federal e do Superior Tribunal de Justiça noticiados nos respectivos Informativos publicados em 2024, relacionados aos arts. 213 a 359-T do Código Penal.

Sem prejuízo, o livro passa a contar com novas teorias e propostas doutrinárias, surgidas no direito estrangeiro e em solo brasileiro.

Nosso propósito continua inalterado: disponibilizar aos nossos leitores uma obra cada vez mais completa e afinada com seus objetivos, consistentes em auxiliar na formação dos estudantes e na atuação prática dos operadores do Direito Penal, bem como na preparação aos mais variados concursos públicos.

Agradecemos mais uma vez a confiança dispensada a esse trabalho, com a esperança de lhe ajudar a alcançar todo o sucesso que lhe está reservado.

Boa leitura e muita felicidade.

Um abraço,

Cleber Masson

APRESENTAÇÃO

A coleção *Direito Penal* finalmente passa a contar com seu terceiro volume. Com a publicação desta obra, encerramos a análise do Código Penal.

O livro aborda detalhadamente os Títulos VI (Crimes contra a Dignidade Sexual), VII (Crimes contra a Família), VIII (Crimes contra a Incolumidade Pública), IX (Crimes contra a Paz Pública), X (Crimes contra a Fé Pública), XI (Crimes contra a Administração Pública) e XII (Crimes contra o Estado Democrático de Direito) da Parte Especial do Código Penal.

Buscamos manter a linha adotada nos dois outros volumes, para elaborar uma obra didática, técnica e completa. Sua finalidade é clara: fornecer o conteúdo atualizado e necessário para o êxito em qualquer prova, exame ou concurso público.

Nos pontos polêmicos, foram expostas as variadas concepções doutrinárias (clássicas e modernas), destacando-se entre elas a mais aceita e com o apontamento da melhor corrente a ser utilizada em cada concurso público, variando conforme seu perfil institucional.

A jurisprudência – indispensável nos tempos atuais – recebeu especial tratamento. Efetuamos a análise minuciosa das posições consagradas no Supremo Tribunal Federal e no Superior Tribunal de Justiça, quando existentes, em cada um dos delitos comentados. Cumpre destacar que, em alguns casos, nos reportamos a decisões antigas, mas que, por serem as únicas, refletem o entendimento consagrado nas Cortes.

Com o escopo de facilitar a assimilação da matéria, notadamente nos temas mais complexos, o conteúdo teórico vem acompanhado de exemplos, além de gráficos e esquemas destinados à revisão do que foi estudado e à compreensão visual de cada tema. Com esses recursos, consagrados nos demais volumes, pretendemos proporcionar ao nosso leitor um ambiente similar ao da sala de aula, como se estivéssemos conversando acerca das palavras lançadas no papel.

É preciso destacar nossos sinceros agradecimentos aos pedidos de alunos e leitores visando ao lançamento desta obra. A preparação do livro, conquanto prazerosa, foi demorada e desgastante. Mas em todo tempo, a cada manifestação de cansaço, a cada sintoma de acomodação, surgiam palavras incentivadoras que nos levavam adiante.

Esperamos colaborar para o seu sucesso. Essa é a nossa meta. Mais uma vez, obrigado pela confiança com que recebe esta obra. Sua aceitação muito nos honra. Lute com todas as forças pelos seus sonhos e, por favor, não desista dos seus ideais. Você tem o direito de vencer, e isso só depende do seu esforço. Como sempre fazemos questão de dizer: "A disciplina é a distância entre o sonho e a realidade". Faça o que precisa ser feito. Restar-lhe-á aguardar a hora certa para tudo se concretizar.

Seja feliz. Mais do que isso, faça felizes todos aqueles que acreditam em seu potencial e lutaram para que você chegasse até aqui. Você é capaz!

Um grande abraço, boa sorte, muita paz e felicidade. Conte conosco nessa jornada.

O Autor

PREFÁCIO

É com muita alegria, mas ao mesmo tempo com algum embaraço, que atendo ao honroso convite do meu caríssimo colega Professor Cleber Masson de escrever algumas palavras para serem apostas, à guisa de prefácio, no terceiro volume do seu *Direito Penal*, do selo Método. Não se trata, na verdade, de uma solicitação, induzimento ou instigação. Cuida-se de um presente: permitir que meu nome se perpetue numa obra de grande valor.

A razão da alegria é óbvia. É sempre prazeroso e reconfortante, para alguém que, como eu, viveu na prática cotidiana do Direito Penal, ver um jovem, em início de carreira, já nos brindar com uma obra de tal monta. Maior satisfação ainda é registrar que nós, do Complexo Educacional Damásio de Jesus, o temos abrilhantando nosso Corpo Docente e despertando nas novas gerações a chama sagrada do amor ao Direito, que alumia a todos nós e que, continuamente, acalanta nossos anseios por um mundo melhor, mais justo e humano.

A causa do embaraço reside na circunstância de que, sendo o Professor Cleber querido mestre em nossa instituição de ensino, tão chegado a nós, tão da nossa *casa e cozinha*, como se dizia antigamente, elogiá-lo, na medida que merece, pode parecer propaganda em nome próprio. Mais ainda por ele pertencer ao Ministério Público de São Paulo, onde militei por 26 anos. *Laos in ore proprio vilescit*, diziam os antigos.

Não é fácil prefaciar parte de uma obra que já nasceu com nítida vocação de se tornar rapidamente um clássico e cujo autor já é conhecido e respeitado nas letras jurídicas e, por isso, nem precisa de prefaciador.

Quando perguntaram a uma laranjeira a razão pela qual o dono do pomar não fazia propaganda de seus doces frutos, ela respondeu: "Meus frutos fazem propaganda por si mesmos". A obra de Masson, por si, se basta. Não desejo, entretanto, deixar de atender ao simpático presente que me foi dado e deixo aqui algumas breves e sinceras considerações.

Os dois primeiros volumes do *Direito Penal*, lançados há poucos anos e já várias vezes reeditados, dedicaram-se, respectivamente, ao estudo da Parte Geral do Código Penal (arts. 1.º ao 120) e aos arts. 121 a 212 da Parte Especial. O terceiro volume é, naturalmente, a continuação dos dois anteriores, estudando e esgotando os restantes dispositivos do Código.

Como me disse José Frederico Marques, quando fui seu assistente na Faculdade de Direito de Bauru, hoje integrante do Centro Educacional de Bauru, há uma diferença quantitativa entre as Partes Geral e Especial do Código Penal. Esta nasceu primeiro. A segunda, por conter temas genéricos como o nome indica, surgiu depois e foi aperfeiçoada durante séculos. Note-se o nosso Código: a Parte Especial é maior do que a Geral. Esta, porém, não obstante possuir menor número de disposições, disciplina institutos que, pela sua natureza, demandam mais estudos do que os crimes em espécie. Daí porque, me dizia Frederico Marques, temos centenas de obras tratando da Parte Geral do Direito Penal e não tão inúmeras são as que cuidam da Parte Especial. Não é tão difícil a explicação. O estudo dos conceitos das infrações trata das definições, da objetividade jurídica, dos sujeitos, da conduta, do momento consumativo, da tentativa etc. Isso em relação a todas, o que torna o trabalho, quando não bem feito, passível de monotonia e repetições. Por isso, quando um manual nasce no mundo jurídico interpretando os delitos em espécie, como é natural, os estudiosos se rejubilam, mas desde que haja uma condição: a nova obra não pode ser um simples reflexo das poucas obras existentes. O *Direito Penal*, de Masson, como tudo que ele faz, mostra-se de qualidade capaz de satisfazer, com vantagem, esse requisito de valor.

O que caracterizou os dois primeiros volumes, e que noto também constituir a marca do terceiro, é seu extremo didatismo e praticidade de consulta e pesquisa. A intenção do autor foi esta: produzir uma obra prática e fácil de ser rapidamente consultada, sem embargo da profundidade científica da doutrina expendida e da caudalosa e exaustiva jurisprudência firmada sobre cada um dos pontos levantados. Teoria e prática, doutrina e jurisprudência, tudo se equilibra e se casa perfeitamente. Os temas discutidos, sejam singelos, polêmicos ou controversos, vêm todos expostos com clareza e objetividade, defendendo o autor sua posição de modo lúcido e objetivo, sem o que poderia parecer censurável parcialidade. As mais recentes doutrinas são estudadas e devidamente situadas no amplo espectro do Direito Histórico, de modo a ter o leitor uma visão completa, abrangente e atual de cada questão. As decisões de nossas Cortes Superiores, que firmam jurisprudência, são esquadrinhadas e expostas de modo a facilitar aos consulentes o conhecimento de uma documentação ordinariamente de difícil acesso.

Creio que dois fatos levaram o professor Cleber a produzir esta obra. Inicialmente, sua intensa vivência do Direito Penal em duas frentes, a do Ministério Público e a da Docência Superior. Essas duas fontes, que também foram as minhas ao longo das décadas, são, sem dúvida, a melhor escola teórica e prática de Direito Penal. Vivenciando os problemas surgidos no Ministério Público no dia a dia, mil indagações e reflexões de ordem teórica e filosófica são sugeridas ao promotor zeloso e consciente de que não quer se limitar ao cumprimento rotineiro e perfunctório das tarefas cotidianas. E se esse Promotor de Justiça, no meu tempo de primeira instância denominado Promotor Público, tem também o privilégio do contato cotidiano com alunos, espíritos jovens e sedentos de saber, inquietos e críticos, podendo-se dizer que sua mente fervilha, continuamente, de altas cogitações do Direito Penal voltadas à sua aplicação concreta.

Quando, Promotor de Justiça, comecei a lecionar Direito Penal, percebi que as duas atividades, referentes à teoria e à prática, auxiliavam-se. Quantas e quantas vezes, por coincidência, a lição estudada de manhã para as aulas me permitia, em plena audiência, à tarde, que fosse citada como razão de decidir. Em outras tantas oportunidades, nas aulas, mencionava casos concretos ilustrativos dos ensinamentos jurídicos discutidos nos processos criminais.

Ensinar, já dizia a sabedoria dos romanos, é a melhor forma de aprender. *Docendo discere...* Dessa dupla experiência beneficiou-se grandemente o Professor Cleber Masson. O seu trabalho proveitoso teve também uma segunda motivação: seu empenho de produzir uma obra que fosse especificamente acessível aos graduandos dos cursos de Direito e aos alunos de nossos cursos de formação que pretendem prestar concurso de ingresso nas carreiras jurídicas. Esse foi o escopo inicial e que sempre norteou o prolongado labor e que o levou a incluir, no término de cada tópico analisado, exemplos concretos e questões já apresentadas em concursos públicos. Mas o fato é que, ao fim e ao cabo dele, o resultado transcendeu muito a meta inicial, sendo, além de livro didático, também uma obra de referência na matéria. Na realidade, *Direito Penal* é resultado de trabalho profundo que também a profissionais experientes e estudiosos teóricos pode e deve oferecer grandes subsídios. Advogados, juízes, procuradores, delegados de polícia, membros do Ministério Público, professores de Direito, todos podem se beneficiar com a consulta obrigatória.

Um aspecto colateral, mas que me apraz considerar, é a ótima diagramação dos dois primeiros volumes, a qual é de se esperar que seja mantida no terceiro. Foram impressos em letra grande e serifada, confortável para a leitura, em duas cores (preto e azul) e com frequente recurso ao negrito, o que permite destaques didáticos e numerosos requadros e painéis, o que facilita a compreensão e memorização dos leitores, especialmente dos estudantes de Direito.

Sempre fui apaixonado por belas edições e sempre lamentei que excelentes obras tenham sido prejudicadas por mau planejamento, resultando livros de difícil e cansativa leitura e consulta. Registro com alegria que a leitura de *Direito Penal*, pelo contrário, é prazerosa, agradável e tranquila, mesmo a leitores exigentes.

Parabéns, pois, ao autor. E bons augúrios ao terceiro volume, que veio para ficar.

São Paulo, 31 de março de 2011.

Damásio de Jesus

Parabéns!

Além da edição mais completa e atualizada do livro *Direito Penal – Parte Especial (arts. 213 a 359-T) – Volume 3*, agora você tem acesso à **Sala de Aula Virtual CLEBER MASSON**, com vídeos para complementar os temas mais relevantes, além de **questões de concurso para treino** e **simulados**. A ideia da Sala de Aula é aproximar o leitor do autor, proporcionando um espaço para interação por meio de webinars sobre temas diversos e fórum de discussão.

Acesse o QR Code e assista ao vídeo do autor sobre a obra:

https://youtu.be/q77Jq5KCfvE

Sempre que o ícone abaixo aparecer, há um conteúdo disponível na Sala de Aula Virtual CLEBER MASSON.

SUMÁRIO

CAPÍTULO 1 – DOS CRIMES CONTRA A DIGNIDADE SEXUAL 1

1.1. Crimes contra os costumes *versus* crimes contra a dignidade sexual............ 1
1.2. Dos crimes contra a liberdade sexual.. 3
    1.2.1. Art. 213 – Estupro 4
        1.2.1.1. Dispositivo legal... 4
        1.2.1.2. Introdução... 5
        1.2.1.3. Art. 213 do Código Penal e espécies de estupro 7
        1.2.1.4. Objetividade jurídica 8
        1.2.1.5. Objeto material... 8
        1.2.1.6. Núcleo do tipo 8
        1.2.1.7. Sujeito ativo... 16
        1.2.1.8. Sujeito passivo.. 18
        1.2.1.9. Elemento subjetivo... 21
        1.2.1.10. Consumação 21
        1.2.1.11. Tentativa.. 24
        1.2.1.12. Ação penal 26
        1.2.1.13. Lei 9.099/1995... 27
        1.2.1.14. Classificação doutrinária 27
        1.2.1.15. Figuras qualificadas: art. 213, §§ 1.º e 2.º 28
        1.2.1.16. Cadastro Nacional das Pessoas Condenadas por Crime de Estupro... 31
    1.2.2. Art. 214 – Atentado violento ao pudor 32
    1.2.3. Art. 215 – Violação sexual mediante fraude.. 32
        1.2.3.1. Dispositivo legal... 32
        1.2.3.2. Introdução... 32
        1.2.3.3. Objetividade jurídica 33
        1.2.3.4. Objeto material... 33
        1.2.3.5. Núcleos do tipo 33
        1.2.3.6. Sujeito ativo... 35
        1.2.3.7. Sujeito passivo.. 35
        1.2.3.8. Elemento subjetivo... 36
        1.2.3.9. Consumação 36

		1.2.3.10.	Tentativa	36
		1.2.3.11.	Ação penal	36
		1.2.3.12.	Lei 9.099/1995	36
		1.2.3.13.	Classificação doutrinária	36
	1.2.4.	Art. 215-A – Importunação sexual		37
		1.2.4.1.	Dispositivo legal	37
		1.2.4.2.	Introdução	37
		1.2.4.3.	Objetividade jurídica	38
		1.2.4.4.	Objeto material	38
		1.2.4.5.	Núcleo do tipo	38
		1.2.4.6.	Sujeito ativo	40
		1.2.4.7.	Sujeito passivo	40
		1.2.4.8.	Elemento subjetivo	40
		1.2.4.9.	Consumação	40
		1.2.4.10.	Tentativa	40
		1.2.4.11.	Ação penal	41
		1.2.4.12.	Lei 9.099/1995	41
		1.2.4.13.	Subsidiariedade expressa	41
		1.2.4.14.	Classificação doutrinária	41
		1.2.4.15.	Competência	41
	1.2.5.	Art. 216 – Atentado ao pudor mediante fraude		41
	1.2.6.	Art. 216-A – Assédio sexual		42
		1.2.6.1.	Dispositivo legal	42
		1.2.6.2.	Introdução	42
		1.2.6.3.	Objetividade jurídica	42
		1.2.6.4.	Objeto material	42
		1.2.6.5.	Núcleo do tipo	43
		1.2.6.6.	Sujeito ativo	44
		1.2.6.7.	Sujeito passivo	44
		1.2.6.8.	Elemento subjetivo	45
		1.2.6.9.	Consumação	45
		1.2.6.10.	Tentativa	46
		1.2.6.11.	Ação penal	46
		1.2.6.12.	Lei 9.099/1995	46
		1.2.6.13.	Classificação doutrinária	46
		1.2.6.14.	Causa de aumento da pena: art. 216-A, § 2.º	46
		1.2.6.15.	A paixão do superior hierárquico ou ascendente pela funcionária subalterna (ou da superiora pelo subalterno)	47
1.3.	Da exposição da intimidade sexual			48
	1.3.1.	Art. 216-B – Registro não autorizado da intimidade sexual		48
		1.3.1.1.	Dispositivo legal	48
		1.3.1.2.	Introdução	48
		1.3.1.3.	Objetividade jurídica	49
		1.3.1.4.	Objeto material	49
		1.3.1.5.	Núcleos do tipo	49

		1.3.1.6.	Sujeito ativo	51
		1.3.1.7.	Sujeito passivo	51
		1.3.1.8.	Elemento subjetivo	51
		1.3.1.9.	Consumação	52
		1.3.1.10.	Tentativa	52
		1.3.1.11.	Ação penal	52
		1.3.1.12.	Lei 9.099/1995	52
		1.3.1.13.	Classificação doutrinária	52
		1.3.1.14.	Figura equiparada: art. 216-B, parágrafo único	53
		1.3.1.15.	Competência	53
1.4.	Dos crimes sexuais contra vulnerável			53
	1.4.1.	A vulnerabilidade da vítima no campo sexual: conceito e hipóteses. O fim da presunção de violência		53
		1.4.1.1.	Crimes sexuais contra vulneráveis e Estatuto da Pessoa com Deficiência	57
		1.4.1.2.	Competência	57
	1.4.2.	Divisão dos crimes sexuais contra vulnerável		58
	1.4.3.	Art. 217 – Sedução		58
	1.4.4.	Art. 217-A – Estupro de vulnerável		58
		1.4.4.1.	Dispositivo legal	58
		1.4.4.2.	Introdução	59
		1.4.4.3.	Estupro de vulnerável: espécies do delito e Lei dos Crimes Hediondos	60
		1.4.4.4.	Objetividade jurídica	60
		1.4.4.5.	Objeto material	60
		1.4.4.6.	Núcleos do tipo	60
		1.4.4.7.	Sujeito ativo	63
		1.4.4.8.	Sujeito passivo	64
		1.4.4.9.	Elemento subjetivo	68
		1.4.4.10.	Consumação	69
		1.4.4.11.	Tentativa	70
		1.4.4.12.	Ação penal	71
		1.4.4.13.	Lei 9.099/1995	71
		1.4.4.14.	Classificação doutrinária	71
		1.4.4.15.	Figuras qualificadas: art. 217-A, §§ 3.º e 4.º	71
		1.4.4.16.	Estupro de vulnerável e erro de proibição: a questão da prostituição infantil	72
		1.4.4.17.	Infiltração de agentes de polícia na internet	72
		1.4.4.18.	Competência, Varas Especializadas em Crimes contra a Criança e o Adolescente e Varas de Violência Doméstica e Familiar contra a Mulher	73
	1.4.5.	Art. 218 – Corrupção de menores		73
		1.4.5.1.	Dispositivo legal	73
		1.4.5.2.	Terminologia legal	74
		1.4.5.3.	Objetividade jurídica	74
		1.4.5.4.	Objeto material	74

	1.4.5.5.	Núcleo do tipo	74
	1.4.5.6.	Sujeito ativo	76
	1.4.5.7.	Sujeito passivo	76
	1.4.5.8.	Elemento subjetivo	76
	1.4.5.9.	Consumação	76
	1.4.5.10.	Tentativa	77
	1.4.5.11.	Ação penal	77
	1.4.5.12.	Lei 9.099/1995	77
	1.4.5.13.	Classificação doutrinária	77
	1.4.5.14.	Art. 218 do Código Penal e art. 244-B do Estatuto da Criança e do Adolescente: distinção	77
	1.4.5.15.	Infiltração de agentes de polícia na internet	78
1.4.6.	Art. 218-A – Satisfação de lascívia mediante presença de criança ou adolescente		78
	1.4.6.1.	Dispositivo legal	78
	1.4.6.2.	Introdução	79
	1.4.6.3.	Objetividade jurídica	79
	1.4.6.4.	Objeto material	79
	1.4.6.5.	Núcleos do tipo	79
	1.4.6.6.	Sujeito ativo	80
	1.4.6.7.	Sujeito passivo	81
	1.4.6.8.	Elemento subjetivo	81
	1.4.6.9.	Consumação	81
	1.4.6.10.	Tentativa	81
	1.4.6.11.	Ação penal	82
	1.4.6.12.	Lei 9.099/1995	82
	1.4.6.13.	Classificação doutrinária	82
	1.4.6.14.	Art. 218-A do Código Penal e art. 241-D do Estatuto da Criança e do Adolescente: distinção	82
	1.4.6.15.	Infiltração de agentes de polícia na internet	82
1.4.7.	Art. 218-B – Favorecimento da prostituição ou de outra forma de exploração sexual de criança ou adolescente ou de vulnerável		83
	1.4.7.1.	Dispositivo legal	83
	1.4.7.2.	Revogação tácita do art. 244-A do Estatuto da Criança e do Adolescente	83
	1.4.7.3.	Nome do delito e natureza hedionda	84
	1.4.7.4.	Introdução	84
	1.4.7.5.	Objetividade jurídica	85
	1.4.7.6.	Objeto material	85
	1.4.7.7.	Núcleos do tipo	85
	1.4.7.8.	Sujeito ativo	86
	1.4.7.9.	Sujeito passivo	86
	1.4.7.10.	Elemento subjetivo	87
	1.4.7.11.	Consumação	87
	1.4.7.12.	Tentativa	88
	1.4.7.13.	Ação penal	88

		1.4.7.14.	Lei 9.099/1995	88
		1.4.7.15.	Classificação doutrinária	89
		1.4.7.16.	Figuras equiparadas: art. 218-B, § 2.º	89
		1.4.7.17.	Art. 218-B, § 3.º – Efeito da condenação	92
		1.4.7.18.	Infiltração de agentes de polícia na internet	93
	1.4.8.	Art. 218-C – Divulgação de cena de estupro ou de cena de estupro de vulnerável, de cena de sexo ou de pornografia		93
		1.4.8.1.	Dispositivo legal	93
		1.4.8.2.	Introdução	94
		1.4.8.3.	Alocação	94
		1.4.8.4.	Objetividade jurídica	95
		1.4.8.5.	Objetos materiais	95
		1.4.8.6.	Núcleos do tipo	97
		1.4.8.7.	Sujeito ativo	98
		1.4.8.8.	Sujeito passivo	98
		1.4.8.9.	Elemento subjetivo	98
		1.4.8.10.	Consumação	99
		1.4.8.11.	Tentativa	99
		1.4.8.12.	Ação penal	99
		1.4.8.13.	Lei 9.099/1995	99
		1.4.8.14.	Subsidiariedade expressa	99
		1.4.8.15.	Classificação doutrinária	100
		1.4.8.16.	Causas de aumento de pena: art. 218-C, § 1.º	100
		1.4.8.17.	Exclusão da ilicitude: art. 218-C, § 2.º	101
		1.4.8.18.	Competência	101
1.5.	Do rapto			101
1.6.	Disposições gerais			102
	1.6.1.	Art. 225 – Ação penal		102
		1.6.1.1.	Dispositivo legal	102
		1.6.1.2.	Comentários	102
	1.6.2.	Art. 226 – Aumento de pena		103
		1.6.2.1.	Dispositivo legal	103
		1.6.2.2.	Natureza jurídica	103
		1.6.2.3.	Causas de aumento da pena em espécie	104
		1.6.2.4.	A vedação do *bis in idem*	106
		1.6.2.5.	Confronto entre os arts. 226 e 234-A do Código Penal	106
1.7.	Do lenocínio e do tráfico de pessoa para fim de prostituição ou outra forma de exploração sexual			107
	1.7.1.	Art. 227 – Mediação para servir a lascívia de outrem		108
		1.7.1.1.	Dispositivo legal	108
		1.7.1.2.	Terminologia	108
		1.7.1.3.	Objetividade jurídica	108
		1.7.1.4.	Objeto material	109
		1.7.1.5.	Núcleo do tipo	109
		1.7.1.6.	Sujeito ativo	110

	1.7.1.7.	Sujeito passivo	110
	1.7.1.8.	Elemento subjetivo	111
	1.7.1.9.	Consumação	111
	1.7.1.10.	Tentativa	111
	1.7.1.11.	Ação penal	111
	1.7.1.12.	Lei 9.099/1995	112
	1.7.1.13.	Classificação doutrinária	112
	1.7.1.14.	Figuras qualificadas: §§ 1.º e 2.º	112
	1.7.1.15.	Mediação para servir a lascívia de outrem com o fim de lucro e rufianismo: distinção	113
	1.7.1.16.	Mediação para satisfazer a lascívia de outrem e realização de ato sexual consentido com pessoa menor de 18 e maior de 14 anos de idade	113
1.7.2.	Art. 228 – Favorecimento da prostituição ou outra forma de exploração sexual		114
	1.7.2.1.	Dispositivo legal	114
	1.7.2.2.	Introdução	114
	1.7.2.3.	Objetividade jurídica	116
	1.7.2.4.	Objeto material	116
	1.7.2.5.	Núcleos do tipo	116
	1.7.2.6.	Sujeito ativo	117
	1.7.2.7.	Sujeito passivo	117
	1.7.2.8.	Elemento subjetivo	118
	1.7.2.9.	Consumação	118
	1.7.2.10.	Tentativa	119
	1.7.2.11.	Ação penal	119
	1.7.2.12.	Lei 9.099/1995	119
	1.7.2.13.	Classificação doutrinária	119
	1.7.2.14.	Figuras qualificadas: art. 228, §§ 2.º e 3.º	119
1.7.3.	Art. 229 – Casa de prostituição		120
	1.7.3.1.	Dispositivo legal	120
	1.7.3.2.	Introdução	120
	1.7.3.3.	Objetividade jurídica	121
	1.7.3.4.	Objeto material	121
	1.7.3.5.	Núcleo do tipo	122
	1.7.3.6.	Sujeito ativo	122
	1.7.3.7.	Sujeito passivo	123
	1.7.3.8.	Elemento subjetivo	123
	1.7.3.9.	Consumação	124
	1.7.3.10.	Tentativa	124
	1.7.3.11.	Ação penal	124
	1.7.3.12.	Lei 9.099/1995	124
	1.7.3.13.	Classificação doutrinária	124
	1.7.3.14.	Motéis, casas de massagem, saunas, drives in, boates, casas de relaxamento, hotéis de alta rotatividade e estabelecimentos análogos	125

		1.7.3.15.	Casa de prostituição, habitualidade e prisão em flagrante...	125
	1.7.4.	Art. 230 – Rufianismo..		125
		1.7.4.1.	Dispositivo legal..	125
		1.7.4.2.	Introdução...	126
		1.7.4.3.	Objetividade jurídica...	127
		1.7.4.4.	Objeto material..	127
		1.7.4.5.	Núcleo do tipo..	127
		1.7.4.6.	Sujeito ativo..	128
		1.7.4.7.	Sujeito passivo...	128
		1.7.4.8.	Elemento subjetivo..	128
		1.7.4.9.	Consumação...	128
		1.7.4.10.	Tentativa...	129
		1.7.4.11.	Ação penal...	129
		1.7.4.12.	Lei 9.099/1995..	129
		1.7.4.13.	Classificação doutrinária..	129
		1.7.4.14.	Figuras qualificadas: art. 230, §§ 1.º e 2.º.....................	129
		1.7.4.15.	Rufianismo e favorecimento da prostituição ou outra forma de exploração sexual..	130
	1.7.5.	Art. 231 – Tráfico internacional de pessoa para fim de exploração sexual..		131
	1.7.6.	Art. 231-A – Tráfico interno de pessoa para fim de exploração sexual..		131
	1.7.7.	Art. 232-A – Promoção de migração ilegal...		131
		1.7.7.1.	Dispositivo legal..	131
		1.7.7.2.	Introdução...	132
		1.7.7.3.	Objetividade jurídica...	132
		1.7.7.4.	Objeto material..	132
		1.7.7.5.	Núcleo do tipo..	133
		1.7.7.6.	Sujeito ativo..	134
		1.7.7.7.	Sujeito passivo...	134
		1.7.7.8.	Elemento subjetivo..	134
		1.7.7.9.	Consumação...	134
		1.7.7.10.	Tentativa...	134
		1.7.7.11.	Ação penal...	135
		1.7.7.12.	Lei 9.099/1995..	135
		1.7.7.13.	Classificação doutrinária..	135
		1.7.7.14.	Figura equiparada: art. 232-A, § 1.º...............................	135
		1.7.7.15.	Causas de aumento da pena: art. 232-A, § 2.º..............	135
		1.7.7.16.	Concurso material obrigatório: art. 232-A, § 3.º.........	136
		1.7.7.17.	Competência...	136
		1.7.7.18.	Promoção de migração ilegal e reingresso de estrangeiro expulso: distinção...	136
		1.7.7.19.	Promoção de migração ilegal e tráfico de pessoas.........	137
1.8.	Do ultraje público ao pudor...			138
	1.8.1.	Art. 233 – Ato obsceno...		138
		1.8.1.1.	Dispositivo legal..	138

		1.8.1.2.	Objetividade jurídica	138
		1.8.1.3.	Objeto material	139
		1.8.1.4.	Núcleo do tipo	139
		1.8.1.5.	Sujeito ativo	140
		1.8.1.6.	Sujeito passivo	141
		1.8.1.7.	Elemento subjetivo	141
		1.8.1.8.	Consumação	141
		1.8.1.9.	Tentativa	141
		1.8.1.10.	Ação penal	142
		1.8.1.11.	Lei 9.099/1995	142
		1.8.1.12.	Classificação doutrinária	142
		1.8.1.13.	Concurso de crimes	142
	1.8.2.	Art. 234 – Escrito ou objeto obsceno		143
		1.8.2.1.	Dispositivo legal	143
		1.8.2.2.	Introdução	143
		1.8.2.3.	Objetividade jurídica	144
		1.8.2.4.	Objeto material	144
		1.8.2.5.	Núcleos do tipo	144
		1.8.2.6.	Sujeito ativo	144
		1.8.2.7.	Sujeito passivo	145
		1.8.2.8.	Elemento subjetivo	145
		1.8.2.9.	Consumação	145
		1.8.2.10.	Tentativa	145
		1.8.2.11.	Ação penal	145
		1.8.2.12.	Lei 9.099/1995	145
		1.8.2.13.	Classificação doutrinária	145
		1.8.2.14.	Figuras equiparadas	145
		1.8.2.15.	Escrito ou objeto obsceno e Estatuto da Criança e do Adolescente	146
1.9.	Disposições gerais			148
	1.9.1.	Art. 234-A – Aumento da pena		148
		1.9.1.1.	Dispositivo legal	148
		1.9.1.2.	Natureza jurídica	148
		1.9.1.3.	Inciso III – "de metade a 2/3 (dois terços), se do crime resulta gravidez (...)"	148
		1.9.1.4.	Inciso IV, 1.ª parte – Transmissão de doença sexualmente transmissível	149
		1.9.1.5.	Inciso IV, parte final – Vítima pessoa idosa ou com deficiência	150
		1.9.1.6.	Gravidez, doença sexualmente transmissível e uso de preservativo ou método contraceptivo	150
	1.9.2.	Art. 234-B – Segredo de justiça		151
		1.9.2.1.	Dispositivo legal	151
		1.9.2.2.	Fundamento constitucional	151
		1.9.2.3.	Necessidade de segredo de justiça na fase investigatória	152

			1.9.2.4.	Sistema de consulta processual e acesso aos dados do réu..	152
		1.9.3.	Audiência em juízo e respeito à vítima..		153

CAPÍTULO 2 – DOS CRIMES CONTRA A FAMÍLIA 155

2.1.	Fundamento constitucional e aspectos introdutórios				155
2.2.	Dos crimes contra o casamento				156
	2.2.1.	Fundamento constitucional..			156
	2.2.2.	Art. 235 – Bigamia...			156
		2.2.2.1.	Dispositivo legal..		156
		2.2.2.2.	Introdução..		157
		2.2.2.3.	Objetividade jurídica		157
		2.2.2.4.	Objeto material		157
		2.2.2.5.	Núcleo do tipo...		157
		2.2.2.6.	Sujeito ativo...		158
		2.2.2.7.	Sujeito passivo...		159
		2.2.2.8.	Elemento subjetivo..		159
		2.2.2.9.	Consumação		159
		2.2.2.10.	Tentativa...		159
		2.2.2.11.	Ação penal..		160
		2.2.2.12.	Lei 9.099/1995..		160
		2.2.2.13.	Classificação doutrinária		160
		2.2.2.14.	Bigamia, falsidade e conflito aparente de leis penais ...		160
		2.2.2.15.	Bigamia e termo inicial da prescrição da pretensão punitiva...		161
		2.2.2.16.	Bigamia privilegiada: art. 235, § 1.º, do Código Penal.		161
		2.2.2.17.	Causa de exclusão da tipicidade: art. 235, § 2.º, do Código Penal...		161
		2.2.2.18.	Casamento entre pessoas do mesmo sexo e bigamia....		162
	2.2.3.	Art. 236 – Induzimento a erro essencial e ocultação de impedimento...			162
		2.2.3.1.	Dispositivo legal..		162
		2.2.3.2.	Objetividade jurídica		163
		2.2.3.3.	Objeto material		163
		2.2.3.4.	Núcleo do tipo...		163
		2.2.3.5.	Sujeito ativo...		164
		2.2.3.6.	Sujeito passivo...		165
		2.2.3.7.	Elemento subjetivo..		165
		2.2.3.8.	Consumação		165
		2.2.3.9.	Tentativa...		165
		2.2.3.10.	Ação penal e seus reflexos...		165
		2.2.3.11.	Lei 9.099/1995..		166
		2.2.3.12.	Classificação doutrinária		166
	2.2.4.	Art. 237 – Conhecimento prévio de impedimento			166
		2.2.4.1.	Dispositivo legal..		166

		2.2.4.2.	Objetividade jurídica	167
		2.2.4.3.	Objeto material	167
		2.2.4.4.	Núcleo do tipo	167
		2.2.4.5.	Sujeito ativo	167
		2.2.4.6.	Sujeito passivo	168
		2.2.4.7.	Elemento subjetivo	168
		2.2.4.8.	Consumação	168
		2.2.4.9.	Tentativa	168
		2.2.4.10.	Ação penal	168
		2.2.4.11.	Lei 9.099/1995	168
		2.2.4.12.	Classificação do crime	168
	2.2.5.	Art. 238 – Simulação de autoridade para celebração de casamento		169
		2.2.5.1.	Dispositivo legal	169
		2.2.5.2.	Objetividade jurídica	169
		2.2.5.3.	Objeto material	169
		2.2.5.4.	Núcleo do tipo	169
		2.2.5.5.	Sujeito ativo	170
		2.2.5.6.	Sujeito passivo	170
		2.2.5.7.	Elemento subjetivo	170
		2.2.5.8.	Consumação	170
		2.2.5.9.	Tentativa	170
		2.2.5.10.	Ação penal	170
		2.2.5.11.	Lei 9.099/1995	170
		2.2.5.12.	Classificação doutrinária	170
		2.2.5.13.	Subsidiariedade expressa	171
	2.2.6.	Art. 239 – Simulação de casamento		171
		2.2.6.1.	Dispositivo legal	171
		2.2.6.2.	Objetividade jurídica	171
		2.2.6.3.	Objeto material	171
		2.2.6.4.	Núcleo do tipo	171
		2.2.6.5.	Sujeito ativo	172
		2.2.6.6.	Sujeito passivo	172
		2.2.6.7.	Elemento subjetivo	172
		2.2.6.8.	Consumação	172
		2.2.6.9.	Tentativa	172
		2.2.6.10.	Ação penal	173
		2.2.6.11.	Lei 9.099/1995	173
		2.2.6.12.	Classificação doutrinária	173
		2.2.6.13.	Subsidiariedade expressa	173
	2.2.7.	Art. 240 – Adultério		173
2.3.	Dos crimes contra o estado de filiação			173
	2.3.1.	Art. 241 – Registro de nascimento inexistente		174
		2.3.1.1.	Dispositivo legal	174
		2.3.1.2.	Objetividade jurídica	174
		2.3.1.3.	Objeto material	174
		2.3.1.4.	Núcleo do tipo	174

		2.3.1.5.	Sujeito ativo	175
		2.3.1.6.	Sujeito passivo	175
		2.3.1.7.	Elemento subjetivo	175
		2.3.1.8.	Consumação	175
		2.3.1.9.	Tentativa	175
		2.3.1.10.	Ação penal	175
		2.3.1.11.	Lei 9.099/1995	175
		2.3.1.12.	Classificação doutrinária	175
		2.3.1.13.	Registro de nascimento inexistente e prescrição	176
	2.3.2.	Art. 242 – Parto suposto. Supressão ou alteração de direito inerente ao estado civil de recém-nascido		176
		2.3.2.1.	Dispositivo legal	176
		2.3.2.2.	Objetividade jurídica	176
		2.3.2.3.	Objeto material	176
		2.3.2.4.	Núcleos do tipo	176
		2.3.2.5.	Sujeito ativo	178
		2.3.2.6.	Sujeito passivo	178
		2.3.2.7.	Elemento subjetivo	178
		2.3.2.8.	Consumação	178
		2.3.2.9.	Tentativa	179
		2.3.2.10.	Ação penal	179
		2.3.2.11.	Lei 9.099/1995	179
		2.3.2.12.	Classificação doutrinária	179
		2.3.2.13.	Figura privilegiada e perdão judicial: art. 242, parágrafo único	179
		2.3.2.14.	Art. 242 do Código Penal e prescrição da pretensão punitiva	180
		2.3.2.15.	Legislação penal especial	180
	2.3.3.	Art. 243 – Sonegação de estado de filiação		180
		2.3.3.1.	Dispositivo legal	180
		2.3.3.2.	Objetividade jurídica	181
		2.3.3.3.	Objeto material	181
		2.3.3.4.	Núcleo do tipo	181
		2.3.3.5.	Sujeito ativo	181
		2.3.3.6.	Sujeito passivo	181
		2.3.3.7.	Elemento subjetivo	181
		2.3.3.8.	Consumação	182
		2.3.3.9.	Tentativa	182
		2.3.3.10.	Ação penal	182
		2.3.3.11.	Lei 9.099/1995	182
		2.3.3.12.	Classificação doutrinária	182
		2.3.3.13.	Sonegação de estado de filiação e supressão ou alteração de direito inerente ao estado civil de recém-nascido: diferenças	182
2.4.	Dos crimes contra a assistência familiar			183
	2.4.1.	Art. 244 – Abandono material		183

		2.4.1.1.	Dispositivo legal	183
		2.4.1.2.	Objetividade jurídica	184
		2.4.1.3.	Objeto material	184
		2.4.1.4.	Núcleos do tipo	184
		2.4.1.5.	Tipo penal misto cumulativo e alternativo	185
		2.4.1.6.	Elemento normativo do tipo	185
		2.4.1.7.	Sujeito ativo	186
		2.4.1.8.	Sujeito passivo	187
		2.4.1.9.	Elemento subjetivo	188
		2.4.1.10.	Consumação	188
		2.4.1.11.	Tentativa	188
		2.4.1.12.	Ação penal	188
		2.4.1.13.	Lei 9.099/1995	188
		2.4.1.14.	Classificação doutrinária	188
		2.4.1.15.	Pena de multa	189
		2.4.1.16.	Figura equiparada: art. 244, parágrafo único	189
		2.4.1.17.	Natureza jurídica da prisão civil por inadimplemento voluntário e inescusável de obrigação alimentícia	190
		2.4.1.18.	Estatuto da Pessoa com Deficiência	191
	2.4.2.	Art. 245 – Entrega de filho menor a pessoa inidônea		192
		2.4.2.1.	Dispositivo legal	192
		2.4.2.2.	Objetividade jurídica	192
		2.4.2.3.	Objeto material	192
		2.4.2.4.	Núcleo do tipo	192
		2.4.2.5.	Sujeito ativo	192
		2.4.2.6.	Sujeito passivo	193
		2.4.2.7.	Elemento subjetivo	193
		2.4.2.8.	Consumação	193
		2.4.2.9.	Tentativa	193
		2.4.2.10.	Ação penal	193
		2.4.2.11.	Lei 9.099/1995	194
		2.4.2.12.	Classificação doutrinária	194
		2.4.2.13.	Figuras qualificadas: art. 245, §§ 1.º e 2.º	194
	2.4.3.	Art. 246 – Abandono intelectual		195
		2.4.3.1.	Dispositivo legal	195
		2.4.3.2.	Objetividade jurídica	195
		2.4.3.3.	Objeto material	196
		2.4.3.4.	Núcleo do tipo	196
		2.4.3.5.	Sujeito ativo	197
		2.4.3.6.	Sujeito passivo	197
		2.4.3.7.	Elemento subjetivo	198
		2.4.3.8.	Consumação	198
		2.4.3.9.	Tentativa	198
		2.4.3.10.	Ação penal	198
		2.4.3.11.	Lei 9.099/1995	198
		2.4.3.12.	Classificação doutrinária	199

		2.4.4.	Art. 247 – Abandono moral..	199
			2.4.4.1. Dispositivo legal..	199
			2.4.4.2. Nomenclatura e objetividade jurídica	200
			2.4.4.3. Objeto material..	200
			2.4.4.4. Núcleo do tipo...	200
			2.4.4.5. Sujeito ativo...	201
			2.4.4.6. Sujeito passivo...	201
			2.4.4.7. Elemento subjetivo..	201
			2.4.4.8. Consumação..	201
			2.4.4.9. Tentativa...	202
			2.4.4.10. Ação penal...	202
			2.4.4.11. Lei 9.099/1995...	202
			2.4.4.12. Classificação doutrinária..	202
			2.4.4.13. Abandono moral e entrega de filho menor a pessoa inidônea: distinção	203
2.5.	Dos crimes contra o pátrio poder, tutela ou curatela			203
	2.5.1.	Art. 248 – Induzimento a fuga, entrega arbitrária ou sonegação de incapazes		204
			2.5.1.1. Dispositivo legal..	204
			2.5.1.2. Objetividade jurídica	204
			2.5.1.3. Objeto material...	204
			2.5.1.4. Núcleos dos tipos penais..	204
			2.5.1.5. Sujeito ativo...	205
			2.5.1.6. Sujeito passivo...	205
			2.5.1.7. Elemento subjetivo..	205
			2.5.1.8. Consumação..	205
			2.5.1.9. Tentativa...	206
			2.5.1.10. Ação penal...	206
			2.5.1.11. Lei 9.099/1995...	206
			2.5.1.12. Classificação doutrinária..	206
	2.5.2.	Art. 249 – Subtração de incapazes..		207
			2.5.2.1. Dispositivo legal..	207
			2.5.2.2. Objetividade jurídica	207
			2.5.2.3. Objeto material...	207
			2.5.2.4. Núcleo do tipo..	207
			2.5.2.5. Sujeito ativo...	208
			2.5.2.6. Sujeito passivo...	208
			2.5.2.7. Elemento subjetivo..	208
			2.5.2.8. Consumação..	208
			2.5.2.9. Tentativa...	208
			2.5.2.10. Ação penal...	209
			2.5.2.11. Lei 9.099/1995...	209
			2.5.2.12. Classificação doutrinária..	209
			2.5.2.13. Subsidiariedade expressa...	209
			2.5.2.14. Perdão judicial: art. 249, § 2.º.................................	209

	2.5.2.15.	Legislação penal especial: o art. 237 do Estatuto da Criança e do Adolescente...	210

CAPÍTULO 3 – DOS CRIMES CONTRA A INCOLUMIDADE PÚBLICA 211

3.1. Dos crimes de perigo comum.. 211
    3.1.1. Art. 250 – Incêndio.. 212
        3.1.1.1. Dispositivo legal... 212
        3.1.1.2. Objetividade jurídica 213
        3.1.1.3. Objeto material 213
        3.1.1.4. Núcleo do tipo 213
        3.1.1.5. Sujeito ativo 213
        3.1.1.6. Sujeito passivo 213
        3.1.1.7. Elemento subjetivo 214
        3.1.1.8. Consumação 214
        3.1.1.9. Tentativa 216
        3.1.1.10. Ação penal 216
        3.1.1.11. Lei 9.099/1995 216
        3.1.1.12. Classificação doutrinária 216
        3.1.1.13. Causas de aumento da pena: art. 250, § 1.º.................... 216
        3.1.1.14. Incêndio culposo: art. 250, § 2.º 219
        3.1.1.15. Formas qualificadas: art. 258 do Código Penal............. 219
        3.1.1.16. Incêndio e Estatuto do Desarmamento............................ 220
    3.1.2. Art. 251 – Explosão 220
        3.1.2.1. Dispositivo legal... 220
        3.1.2.2. Objetividade jurídica 221
        3.1.2.3. Objeto material 221
        3.1.2.4. Núcleo do tipo 221
        3.1.2.5. Sujeito ativo 222
        3.1.2.6. Sujeito passivo 222
        3.1.2.7. Elemento subjetivo 222
        3.1.2.8. Consumação 223
        3.1.2.9. Tentativa 224
        3.1.2.10. Ação penal 224
        3.1.2.11. Lei 9.099/1995 224
        3.1.2.12. Classificação doutrinária 224
        3.1.2.13. Explosão privilegiada: art. 251, § 1.º 224
        3.1.2.14. Causa de aumento da pena: art. 251, § 2.º 225
        3.1.2.15. Explosão culposa: art. 251, § 3.º 225
        3.1.2.16. Formas qualificadas: art. 258 do Código Penal............. 225
        3.1.2.17. Explosão e Estatuto do Desarmamento 226
    3.1.3. Art. 252 – Uso de gás tóxico ou asfixiante 226
        3.1.3.1. Dispositivo legal... 226
        3.1.3.2. Objetividade jurídica 227
        3.1.3.3. Objeto material 227
        3.1.3.4. Núcleo do tipo 227

	3.1.3.5.	Sujeito ativo	227
	3.1.3.6.	Sujeito passivo	227
	3.1.3.7.	Elemento subjetivo	227
	3.1.3.8.	Consumação	227
	3.1.3.9.	Tentativa	228
	3.1.3.10.	Ação penal	228
	3.1.3.11.	Lei 9.099/1995	228
	3.1.3.12.	Classificação doutrinária	228
	3.1.3.13.	Modalidade culposa: art. 252, parágrafo único	228
	3.1.3.14.	Formas qualificadas: art. 258 do Código Penal	229
	3.1.3.15.	A questão do uso de gás lacrimogêneo pela polícia	229
	3.1.3.16.	Uso de gás tóxico ou asfixiante e contravenção penal de emissão de fumaça, gás ou vapor: distinção	230
3.1.4.	Art. 253 – Fabrico, fornecimento, aquisição, posse ou transporte de explosivos ou gás tóxico, ou asfixiante	231
	3.1.4.1.	Dispositivo legal	231
	3.1.4.2.	Objetividade jurídica	231
	3.1.4.3.	Objeto material	231
	3.1.4.4.	Núcleos do tipo	232
	3.1.4.5.	Sujeito ativo	232
	3.1.4.6.	Sujeito passivo	232
	3.1.4.7.	Elemento subjetivo	232
	3.1.4.8.	Consumação	232
	3.1.4.9.	Tentativa	233
	3.1.4.10.	Ação penal	233
	3.1.4.11.	Lei 9.099/1995	233
	3.1.4.12.	Classificação doutrinária	233
	3.1.4.13.	Formas qualificadas pelo resultado: art. 258 do Código Penal	233
	3.1.4.14.	Competência	233
	3.1.4.15.	Estatuto da Criança e do Adolescente	234
	3.1.4.16.	Estatuto do Desarmamento	234
	3.1.4.17.	Atividades nucleares	234
3.1.5.	Art. 254 – Inundação	234
	3.1.5.1.	Dispositivo legal	234
	3.1.5.2.	Objetividade jurídica	235
	3.1.5.3.	Objeto material	235
	3.1.5.4.	Núcleo do tipo	235
	3.1.5.5.	Sujeito ativo	235
	3.1.5.6.	Sujeito passivo	236
	3.1.5.7.	Elemento subjetivo	236
	3.1.5.8.	Consumação	236
	3.1.5.9.	Tentativa	236
	3.1.5.10.	Ação penal	236
	3.1.5.11.	Lei 9.099/1995	236
	3.1.5.12.	Classificação doutrinária	236

		3.1.5.13.	Inundação culposa	237
		3.1.5.14.	Formas qualificadas: art. 258 do Código Penal	237
	3.1.6.	Art. 255 – Perigo de inundação		237
		3.1.6.1.	Dispositivo legal	237
		3.1.6.2.	Objetividade jurídica	238
		3.1.6.3.	Objeto material	238
		3.1.6.4.	Núcleos do tipo	238
		3.1.6.5.	Sujeito ativo	238
		3.1.6.6.	Sujeito passivo	238
		3.1.6.7.	Elemento subjetivo	238
		3.1.6.8.	Consumação	239
		3.1.6.9.	Tentativa	239
		3.1.6.10.	Ação penal	239
		3.1.6.11.	Lei 9.099/1995	239
		3.1.6.12.	Classificação doutrinária	239
		3.1.6.13.	Formas qualificadas pelo resultado	240
		3.1.6.14.	Diferença entre tentativa de inundação, inundação culposa e perigo de inundação	240
	3.1.7.	Art. 256 – Desabamento ou desmoronamento		241
		3.1.7.1.	Dispositivo legal	241
		3.1.7.2.	Objetividade jurídica	241
		3.1.7.3.	Objeto material	241
		3.1.7.4.	Núcleo do tipo	241
		3.1.7.5.	Sujeito ativo	241
		3.1.7.6.	Sujeito passivo	242
		3.1.7.7.	Elemento subjetivo	242
		3.1.7.8.	Consumação	242
		3.1.7.9.	Tentativa	242
		3.1.7.10.	Ação penal	242
		3.1.7.11.	Lei 9.099/1995	242
		3.1.7.12.	Classificação doutrinária	242
		3.1.7.13.	Modalidades culposas: art. 256, parágrafo único	243
		3.1.7.14.	Formas qualificadas pelo resultado: art. 258 do Código Penal	243
		3.1.7.15.	Art. 256 do Código Penal e art. 29 da Lei das Contravenções Penais: distinção	243
	3.1.8.	Art. 257 – Subtração, ocultação ou inutilização de material de salvamento		244
		3.1.8.1.	Dispositivo legal	244
		3.1.8.2.	Objetividade jurídica	244
		3.1.8.3.	Objeto material	244
		3.1.8.4.	Núcleos do tipo	244
		3.1.8.5.	Sujeito ativo	245
		3.1.8.6.	Sujeito passivo	245
		3.1.8.7.	Elemento subjetivo	245
		3.1.8.8.	Consumação	245

		3.1.8.9.	Tentativa	246
		3.1.8.10.	Ação penal	246
		3.1.8.11.	Lei 9.099/1995	246
		3.1.8.12.	Classificação doutrinária	246
		3.1.8.13.	Formas qualificadas pelo resultado	246
		3.1.8.14.	Concurso de crimes	246
	3.1.9.	Art. 259 – Difusão de doença ou praga		247
		3.1.9.1.	Dispositivo legal	247
		3.1.9.2.	Revogação tácita do art. 259 do Código Penal pelo art. 61 da Lei 9.605/1998	247
3.2.	Dos crimes contra a segurança dos meios de comunicação e transporte e outros serviços públicos			248
	3.2.1.	Art. 260 – Perigo de desastre ferroviário		248
		3.2.1.1.	Dispositivo legal	248
		3.2.1.2.	Objetividade jurídica	249
		3.2.1.3.	Objetos materiais	249
		3.2.1.4.	Núcleos do tipo	249
		3.2.1.5.	Sujeito ativo	251
		3.2.1.6.	Sujeito passivo	251
		3.2.1.7.	Elemento subjetivo	251
		3.2.1.8.	Consumação	251
		3.2.1.9.	Tentativa	252
		3.2.1.10.	Ação penal	252
		3.2.1.11.	Lei 9.099/1995	252
		3.2.1.12.	Classificação doutrinária	252
		3.2.1.13.	Desastre ferroviário – figura qualificada: art. 260, § 1.º	252
		3.2.1.14.	Modalidade culposa de desastre ferroviário: art. 260, § 2.º	253
		3.2.1.15.	Formas qualificadas: art. 263 do Código Penal	253
		3.2.1.16.	Desastre ferroviário e sabotagem ao Estado Democrático de Direito	254
		3.2.1.17.	O "surfe" de trem	254
		3.2.1.18.	Competência	254
	3.2.2.	Art. 261 – Atentado contra a segurança de transporte marítimo, fluvial ou aéreo		255
		3.2.2.1.	Dispositivo legal	255
		3.2.2.2.	Objetividade jurídica	256
		3.2.2.3.	Objeto material	256
		3.2.2.4.	Núcleos do tipo	256
		3.2.2.5.	Sujeito ativo	256
		3.2.2.6.	Sujeito passivo	257
		3.2.2.7.	Elemento subjetivo	257
		3.2.2.8.	Consumação	257
		3.2.2.9.	Tentativa	257
		3.2.2.10.	Ação penal	257

		3.2.2.11.	Lei 9.099/1995	257
		3.2.2.12.	Classificação doutrinária	257
		3.2.2.13.	Sinistro em transporte marítimo, fluvial ou aéreo: art. 261, § 1.º	258
		3.2.2.14.	Modalidade culposa de sinistro: art. 261, § 3.º	258
		3.2.2.15.	Formas qualificadas: art. 263 do Código Penal.............	258
		3.2.2.16.	Competência..	259
		3.2.2.17.	Abuso na prática da aviação	259
	3.2.3.	Art. 262 – Atentado contra a segurança de outro meio de transporte...		259
		3.2.3.1.	Dispositivo legal...	259
		3.2.3.2.	Objetividade jurídica	260
		3.2.3.3.	Objeto material	260
		3.2.3.4.	Núcleos do tipo	260
		3.2.3.5.	Sujeito ativo	261
		3.2.3.6.	Sujeito passivo..	261
		3.2.3.7.	Elemento subjetivo	261
		3.2.3.8.	Consumação	261
		3.2.3.9.	Tentativa	261
		3.2.3.10.	Ação penal	262
		3.2.3.11.	Lei 9.099/1995	262
		3.2.3.12.	Classificação doutrinária	262
		3.2.3.13.	Modalidade qualificada: art. 262, § 1.º..........................	262
		3.2.3.14.	Figura culposa: art. 262, § 2.º	262
		3.2.3.15.	Formas qualificadas: art. 263 do Código Penal.............	262
	3.2.4.	Art. 264 – Arremesso de projétil		263
		3.2.4.1.	Dispositivo legal...	263
		3.2.4.2.	Objetividade jurídica	264
		3.2.4.3.	Objeto material	264
		3.2.4.4.	Núcleo do tipo	264
		3.2.4.5.	Sujeito ativo	265
		3.2.4.6.	Sujeito passivo..	265
		3.2.4.7.	Elemento subjetivo	265
		3.2.4.8.	Consumação	265
		3.2.4.9.	Tentativa	266
		3.2.4.10.	Ação penal	266
		3.2.4.11.	Lei 9.099/1995	266
		3.2.4.12.	Classificação doutrinária	266
		3.2.4.13.	Figuras qualificadas pelo resultado: art. 264, parágrafo único	266
	3.2.5.	Art. 265 – Atentado contra a segurança de serviço de utilidade pública		266
		3.2.5.1.	Dispositivo legal...	266
		3.2.5.2.	Objetividade jurídica	267
		3.2.5.3.	Objeto material	267
		3.2.5.4.	Núcleo do tipo	267

		3.2.5.5.	Sujeito ativo	268
		3.2.5.6.	Sujeito passivo	268
		3.2.5.7.	Elemento subjetivo	268
		3.2.5.8.	Consumação	268
		3.2.5.9.	Tentativa	268
		3.2.5.10.	Ação penal	268
		3.2.5.11.	Lei 9.099/1995	268
		3.2.5.12.	Classificação doutrinária	268
		3.2.5.13.	Causa de aumento da pena: art. 265, parágrafo único	269
		3.2.5.14.	Competência	269
		3.2.5.15.	Atentado contra a segurança de serviço de utilidade pública e sabotagem contra o Estado Democrático de Direito	269
		3.2.5.16.	Código Penal Militar	269
		3.2.5.17.	Atentado contra instalação nuclear	270
	3.2.6.	Art. 266 – Interrupção ou perturbação de serviço telegráfico, telefônico, informático, telemático ou de informação de utilidade pública		270
		3.2.6.1.	Dispositivo legal	270
		3.2.6.2.	Objetividade jurídica	270
		3.2.6.3.	Objeto material	270
		3.2.6.4.	Núcleos do tipo	271
		3.2.6.5.	Sujeito ativo	271
		3.2.6.6.	Sujeito passivo	271
		3.2.6.7.	Elemento subjetivo	271
		3.2.6.8.	Consumação	271
		3.2.6.9.	Tentativa	271
		3.2.6.10.	Ação penal	272
		3.2.6.11.	Lei 9.099/1995	272
		3.2.6.12.	Classificação doutrinária	272
		3.2.6.13.	Figuras equiparadas. art. 266, § 1.º	272
		3.2.6.14.	Causa de aumento da pena: art. 266, § 2.º	273
		3.2.6.15.	Instalação clandestina de aparelhos de telecomunicação	273
		3.2.6.16.	Transmissão clandestina de sinal de internet por radiofrequência	273
3.3.	Dos crimes contra a saúde pública			273
	3.3.1.	Art. 267 – Epidemia		274
		3.3.1.1.	Dispositivo legal	274
		3.3.1.2.	Objetividade jurídica	274
		3.3.1.3.	Objeto material	274
		3.3.1.4.	Núcleo do tipo	274
		3.3.1.5.	Sujeito ativo	275
		3.3.1.6.	Sujeito passivo	275
		3.3.1.7.	Elemento subjetivo	275
		3.3.1.8.	Consumação	275

		3.3.1.9.	Tentativa	276
		3.3.1.10.	Ação penal	276
		3.3.1.11.	Lei 9.099/1995	276
		3.3.1.12.	Classificação doutrinária	276
		3.3.1.13.	Causa de aumento da pena: art. 267, § 1.º	276
		3.3.1.14.	Epidemia culposa: art. 267, § 2.º	277
	3.3.2.	Art. 268 – Infração de medida sanitária preventiva		277
		3.3.2.1.	Dispositivo legal	277
		3.3.2.2.	Objetividade jurídica	278
		3.3.2.3.	Objeto material	278
		3.3.2.4.	Núcleo do tipo	279
		3.3.2.5.	Sujeito ativo	279
		3.3.2.6.	Sujeito passivo	279
		3.3.2.7.	Elemento subjetivo	279
		3.3.2.8.	Consumação	279
		3.3.2.9.	Tentativa	280
		3.3.2.10.	Ação penal	280
		3.3.2.11.	Lei 9.099/1995	280
		3.3.2.12.	Classificação doutrinária	280
		3.3.2.13.	Causa de aumento da pena: art. 268, parágrafo único	280
		3.3.2.14.	Formas qualificadas pelo resultado: art. 285 do Código Penal	280
	3.3.3.	Art. 269 – Omissão de notificação de doença		281
		3.3.3.1.	Dispositivo legal	281
		3.3.3.2.	Objetividade jurídica	281
		3.3.3.3.	Objeto material	281
		3.3.3.4.	Núcleo do tipo	281
		3.3.3.5.	Sujeito ativo	282
		3.3.3.6.	Sujeito passivo	282
		3.3.3.7.	Elemento subjetivo	283
		3.3.3.8.	Consumação	283
		3.3.3.9.	Tentativa	283
		3.3.3.10.	Ação penal	283
		3.3.3.11.	Lei 9.099/1995	283
		3.3.3.12.	Classificação doutrinária	283
		3.3.3.13.	Formas qualificadas pelo resultado: art. 285 do Código Penal	283
	3.3.4.	Art. 270 – Envenenamento de água potável ou de substância alimentícia ou medicinal		284
		3.3.4.1.	Dispositivo legal	284
		3.3.4.2.	Introdução	284
		3.3.4.3.	Objetividade jurídica	284
		3.3.4.4.	Objeto material	285
		3.3.4.5.	Núcleo do tipo	285
		3.3.4.6.	Sujeito ativo	286
		3.3.4.7.	Sujeito passivo	286

	3.3.4.8.	Elemento subjetivo	286
	3.3.4.9.	Consumação	286
	3.3.4.10.	Tentativa	286
	3.3.4.11.	Ação penal	286
	3.3.4.12.	Lei 9.099/1995	286
	3.3.4.13.	Classificação doutrinária	287
	3.3.4.14.	Figura equiparada: art. 270, § 1.º	287
	3.3.4.15.	Modalidade culposa	287
	3.3.4.16.	Formas qualificadas pelo resultado: art. 285 do Código Penal	287
3.3.5.	Art. 271 – Corrupção ou poluição de água potável		288
	3.3.5.1.	Dispositivo legal	288
	3.3.5.2.	Objetividade jurídica	288
	3.3.5.3.	Objeto material	288
	3.3.5.4.	Núcleos do tipo	289
	3.3.5.5.	Sujeito ativo	289
	3.3.5.6.	Sujeito passivo	289
	3.3.5.7.	Elemento subjetivo	289
	3.3.5.8.	Consumação	290
	3.3.5.9.	Tentativa	290
	3.3.5.10.	Ação penal	290
	3.3.5.11.	Lei 9.099/1995	290
	3.3.5.12.	Classificação doutrinária	290
	3.3.5.13.	Modalidade culposa: art. 271, parágrafo único	290
	3.3.5.14.	Formas qualificadas pelo resultado: art. 285 do Código Penal	290
	3.3.5.15.	Lei dos Crimes Ambientais	291
3.3.6.	Art. 272 – Falsificação, corrupção, adulteração ou alteração de substância ou produtos alimentícios		291
	3.3.6.1.	Dispositivo legal	291
	3.3.6.2.	Objetividade jurídica	292
	3.3.6.3.	Pena cominada às figuras dolosas e princípios da proporcionalidade e da isonomia	292
	3.3.6.4.	Objeto material	293
	3.3.6.5.	Núcleos do tipo	293
	3.3.6.6.	Sujeito ativo	293
	3.3.6.7.	Sujeito passivo	293
	3.3.6.8.	Elemento subjetivo	294
	3.3.6.9.	Consumação	294
	3.3.6.10.	Tentativa	294
	3.3.6.11.	Ação penal	294
	3.3.6.12.	Lei 9.099/1995	294
	3.3.6.13.	Classificação doutrinária	294
	3.3.6.14.	Figuras equiparadas: art. 272, § 1.º-A	295
	3.3.6.15.	Modalidade culposa: art. 272, § 2.º	295

	3.3.6.16.	Formas qualificadas pelo resultado: art. 285 do Código Penal	296
	3.3.6.17.	Crime contra a economia popular	296
3.3.7.	Art. 273 – Falsificação, corrupção, adulteração ou alteração de produto destinado a fins terapêuticos ou medicinais		296
	3.3.7.1.	Dispositivo legal	296
	3.3.7.2.	Objetividade jurídica	297
	3.3.7.3.	Objeto material	297
	3.3.7.4.	Núcleos do tipo	299
	3.3.7.5.	Sujeito ativo	299
	3.3.7.6.	Sujeito passivo	299
	3.3.7.7.	Elemento subjetivo	299
	3.3.7.8.	Consumação	299
	3.3.7.9.	Tentativa	299
	3.3.7.10.	Ação penal	300
	3.3.7.11.	Lei 9.099/1995	300
	3.3.7.12.	Classificação doutrinária	300
	3.3.7.13.	Figura equiparada: art. 273, § 1.º	300
	3.3.7.14.	Figura equiparada: art. 273, § 1.º-B	300
	3.3.7.15.	Figuras dolosas do art. 273 do Código Penal e Lei dos Crimes Hediondos	303
	3.3.7.16.	Modalidade culposa: art. 273, § 2.º	303
	3.3.7.17.	Formas qualificadas pelo resultado: art. 285 do Código Penal	303
	3.3.7.18.	Art. 273 do Código Penal e princípio da insignificância	303
	3.3.7.19.	Competência	304
	3.3.7.20.	Conflito aparente entre falsificação de medicamentos e tráfico de drogas	304
3.3.8.	Art. 274 – Emprego de processo proibido ou de substância não permitida		304
	3.3.8.1.	Dispositivo legal	304
	3.3.8.2.	Objetividade jurídica	305
	3.3.8.3.	Objeto material	305
	3.3.8.4.	Núcleo do tipo	305
	3.3.8.5.	Sujeito ativo	306
	3.3.8.6.	Sujeito passivo	306
	3.3.8.7.	Elemento subjetivo	306
	3.3.8.8.	Consumação	306
	3.3.8.9.	Tentativa	306
	3.3.8.10.	Ação penal	306
	3.3.8.11.	Lei 9.099/1995	306
	3.3.8.12.	Classificação doutrinária	306
	3.3.8.13.	Formas qualificadas pelo resultado: art. 285 do Código Penal	307
	3.3.8.14.	Crime contra a economia popular	307
3.3.9.	Art. 275 – Invólucro ou recipiente com falsa indicação		307

	3.3.9.1.	Dispositivo legal	307
	3.3.9.2.	Objetividade jurídica	308
	3.3.9.3.	Objeto material	308
	3.3.9.4.	Núcleo do tipo	308
	3.3.9.5.	Sujeito ativo	308
	3.3.9.6.	Sujeito passivo	308
	3.3.9.7.	Elemento subjetivo	309
	3.3.9.8.	Consumação	309
	3.3.9.9.	Tentativa	309
	3.3.9.10.	Ação penal	309
	3.3.9.11.	Lei 9.099/1995	309
	3.3.9.12.	Classificação doutrinária	309
	3.3.9.13.	Formas qualificadas pelo resultado: art. 285 do Código Penal	309
	3.3.9.14.	Art. 275 do Código Penal e art. 66 da Lei 8.078/1990: distinção	310
3.3.10.	Art. 276 – Produto ou substância nas condições dos dois artigos anteriores		310
	3.3.10.1.	Dispositivo legal	310
	3.3.10.2.	Objetividade jurídica	310
	3.3.10.3.	Objeto material	311
	3.3.10.4.	Núcleos do tipo	311
	3.3.10.5.	Sujeito ativo	311
	3.3.10.6.	Sujeito passivo	311
	3.3.10.7.	Elemento subjetivo	311
	3.3.10.8.	Consumação	311
	3.3.10.9.	Tentativa	312
	3.3.10.10.	Ação penal	312
	3.3.10.11.	Lei 9.099/1995	312
	3.3.10.12.	Classificação doutrinária	312
	3.3.10.13.	Formas qualificadas pelo resultado: art. 285 do Código Penal	312
3.3.11.	Art. 277 – Substância destinada à falsificação		312
	3.3.11.1.	Dispositivo legal	312
	3.3.11.2.	Objetividade jurídica	313
	3.3.11.3.	Objeto material	313
	3.3.11.4.	Núcleos do tipo	313
	3.3.11.5.	Sujeito ativo	314
	3.3.11.6.	Sujeito passivo	314
	3.3.11.7.	Elemento subjetivo	314
	3.3.11.8.	Consumação	314
	3.3.11.9.	Tentativa	314
	3.3.11.10.	Ação penal	314
	3.3.11.11.	Lei 9.099/1995	315
	3.3.11.12.	Classificação doutrinária	315

		3.3.11.13.	Formas qualificadas pelo resultado: art. 285 do Código Penal	315
	3.3.12.	Art. 278 – Outras substâncias nocivas à saúde pública		315
		3.3.12.1.	Dispositivo legal	315
		3.3.12.2.	Objetividade jurídica	316
		3.3.12.3.	Objeto material	316
		3.3.12.4.	Núcleos do tipo	316
		3.3.12.5.	Sujeito ativo	317
		3.3.12.6.	Sujeito passivo	317
		3.3.12.7.	Elemento subjetivo	317
		3.3.12.8.	Consumação	317
		3.3.12.9.	Tentativa	317
		3.3.12.10.	Ação penal	317
		3.3.12.11.	Lei 9.099/1995	317
		3.3.12.12.	Classificação doutrinária	317
		3.3.12.13.	Modalidade culposa: art. 278, parágrafo único	318
		3.3.12.14.	Formas qualificadas pelo resultado: art. 285 do Código Penal	318
	3.3.13.	Art. 279 – Substância avariada		318
	3.3.14.	Art. 280 – Medicamento em desacordo com receita médica		319
		3.3.14.1.	Dispositivo legal	319
		3.3.14.2.	Objetividade jurídica	319
		3.3.14.3.	Objeto material	319
		3.3.14.4.	Núcleo do tipo	319
		3.3.14.5.	Sujeito ativo	321
		3.3.14.6.	Sujeito passivo	321
		3.3.14.7.	Elemento subjetivo	321
		3.3.14.8.	Consumação	322
		3.3.14.9.	Tentativa	322
		3.3.14.10.	Ação penal	322
		3.3.14.11.	Lei 9.099/1995	322
		3.3.14.12.	Classificação doutrinária	322
		3.3.14.13.	Modalidade culposa: art. 280, parágrafo único	323
		3.3.14.14.	Formas qualificadas pelo resultado: art. 285 do Código Penal	323
	3.3.15.	Art. 281 – Comércio, posse ou uso de entorpecente ou substância que determine dependência física ou psíquica		323
	3.3.16.	Art. 282 – Exercício ilegal da medicina, arte dentária ou farmacêutica		323
		3.3.16.1.	Dispositivo legal	323
		3.3.16.2.	Fundamento constitucional	324
		3.3.16.3.	Objetividade jurídica	324
		3.3.16.4.	Objeto material	324
		3.3.16.5.	Núcleo do tipo	325
		3.3.16.6.	Sujeito ativo	325
		3.3.16.7.	Sujeito passivo	327

	3.3.16.8.	Elemento subjetivo	327
	3.3.16.9.	Consumação	328
	3.3.16.10.	Tentativa	329
	3.3.16.11.	Ação penal	329
	3.3.16.12.	Lei 9.099/1995	329
	3.3.16.13.	Classificação doutrinária	330
	3.3.16.14.	Formas qualificadas pelo resultado: art. 285 do Código Penal	330
	3.3.16.15.	A questão relativa à falsificação do diploma universitário para o exercício ilegal da profissão	330
	3.3.16.16.	Concurso de crimes entre exercício ilegal da medicina, arte dentária ou farmacêutica e curandeirismo	330
	3.3.16.17.	Concurso de crimes entre exercício ilegal da medicina, arte dentária ou farmacêutica e tráfico de drogas: possibilidade	331
	3.3.16.18.	Art. 282 do Código Penal e art. 47 da Lei das Contravenções Penais: distinção	331
	3.3.16.19.	A atipicidade do exercício da acupuntura	332
3.3.17.	Art. 283 – Charlatanismo		332
	3.3.17.1.	Dispositivo legal	332
	3.3.17.2.	Objetividade jurídica	333
	3.3.17.3.	Objeto material	333
	3.3.17.4.	Núcleos do tipo	333
	3.3.17.5.	Sujeito ativo	333
	3.3.17.6.	Sujeito passivo	334
	3.3.17.7.	Elemento subjetivo	334
	3.3.17.8.	Consumação	335
	3.3.17.9.	Tentativa	335
	3.3.17.10.	Ação penal	335
	3.3.17.11.	Lei 9.099/1995	335
	3.3.17.12.	Classificação doutrinária	335
	3.3.17.13.	Formas qualificadas pelo resultado: art. 285 do Código Penal	335
3.3.18.	Art. 284 – Curandeirismo		336
	3.3.18.1.	Dispositivo legal	336
	3.3.18.2.	Objetividade jurídica	336
	3.3.18.3.	Objeto material	336
	3.3.18.4.	Núcleo do tipo	336
	3.3.18.5.	Sujeito ativo	338
	3.3.18.6.	Sujeito passivo	338
	3.3.18.7.	Elemento subjetivo	338
	3.3.18.8.	Consumação	338
	3.3.18.9.	Tentativa	339
	3.3.18.10.	Ação penal	339
	3.3.18.11.	Lei 9.099/1995	339
	3.3.18.12.	Classificação doutrinária	339

		3.3.18.13.	Formas qualificadas pelo resultado: art. 285 do Código Penal	339
		3.3.18.14.	Curandeirismo e rituais religiosos: limites constitucionais e distinção	340
		3.3.18.15.	Exercício ilegal da medicina, charlatanismo e curandeirismo	341
		3.3.18.16.	Curandeirismo e estelionato	342
		3.3.18.17.	Curandeirismo, violação sexual mediante fraude e estupro de vulnerável	342

CAPÍTULO 4 – DOS CRIMES CONTRA A PAZ PÚBLICA ... 343

- 4.1. Introdução ... 343
- 4.2. Art. 286 – Incitação ao crime ... 344
  - 4.2.1. Dispositivo legal ... 344
  - 4.2.2. Introdução ... 344
  - 4.2.3. Objetividade jurídica ... 344
  - 4.2.4. Núcleo do tipo ... 345
  - 4.2.5. Sujeito ativo ... 345
  - 4.2.6. Sujeito passivo ... 345
  - 4.2.7. Elemento subjetivo ... 345
  - 4.2.8. Consumação ... 345
  - 4.2.9. Tentativa ... 346
  - 4.2.10. Ação penal ... 346
  - 4.2.11. Lei 9.099/1995 ... 346
  - 4.2.12. Classificação doutrinária ... 346
  - 4.2.13. Figura equiparada: art. 286, parágrafo único ... 346
  - 4.2.14. Legislação penal especial ... 347
    - 4.2.14.1. Incitação ao crime e genocídio ... 347
    - 4.2.14.2. Incitação ao crime e Código Penal Militar ... 347
    - 4.2.14.3. Incitação ao crime e preconceito ou discriminação ... 348
    - 4.2.14.4. Confronto entre incitação ao crime e imunidade parlamentar ... 348
- 4.3. Art. 287 – apologia de crime ou criminoso ... 349
  - 4.3.1. Dispositivo legal ... 349
  - 4.3.2. Objetividade jurídica ... 350
  - 4.3.3. Núcleo do tipo ... 350
    - 4.3.3.1. Apologia de crime ou criminoso e incitação ao crime: distinção ... 351
  - 4.3.4. Sujeito ativo ... 351
  - 4.3.5. Sujeito passivo ... 352
  - 4.3.6. Elemento subjetivo ... 352
  - 4.3.7. Consumação ... 352
  - 4.3.8. Tentativa ... 352
  - 4.3.9. Ação penal ... 352
  - 4.3.10. Lei 9.099/1995 ... 352
  - 4.3.11. Classificação doutrinária ... 352

	4.3.12.	Concurso de crimes		353
4.4.	Art. 288 – Associação criminosa			353
	4.4.1.	Dispositivo legal		353
	4.4.2.	Introdução		353
	4.4.3.	Objetividade jurídica		354
	4.4.4.	Núcleo do tipo		354
		4.4.4.1.	União estável e permanente	354
		4.4.4.2.	Para o fim específico de cometer crimes	356
	4.4.5.	Sujeito ativo		356
		4.4.5.1.	Inimputáveis e número mínimo de pessoas para reconhecimento da associação criminosa	356
		4.4.5.2.	Associação criminosa e pessoas não identificadas	357
		4.4.5.3.	A problemática inerente à admissibilidade da participação na associação criminosa	357
		4.4.5.4.	A questão relativa à imputação na denúncia: é imprescindível a descrição detalhada da conduta de cada um dos membros da associação criminosa? Denúncia geral versus processo penal kafkiano (criptoimputação)	357
		4.4.5.5.	Associação criminosa e delitos agravados pelo concurso de pessoas: concurso material e análise de eventual *bis in idem*	359
		4.4.5.6.	Associação criminosa e extinção da punibilidade no tocante a algum dos seus membros	360
	4.4.6.	Sujeito passivo		360
	4.4.7.	Elemento subjetivo		360
	4.4.8.	Consumação		360
		4.4.8.1.	Abandono de integrante da associação criminosa e reflexos jurídicos	361
		4.4.8.2.	Associação criminosa e manutenção do estado ilícito após o início da ação penal	361
		4.4.8.3.	Associação criminosa e prática de delitos somente por alguns dos seus integrantes	362
	4.4.9.	Tentativa		362
	4.4.10.	Ação penal		362
	4.4.11.	Lei 9.099/1995		362
	4.4.12.	Classificação doutrinária		362
	4.4.13.	Causas de aumento da pena: art. 288, parágrafo único		363
		4.4.13.1.	Associação criminosa armada e prática de delito agravado pelo emprego de arma	363
	4.4.14.	Lei dos Crimes Hediondos e figura qualificada		364
	4.4.15.	Associação para o tráfico de drogas – art. 35 da Lei 11.343/2006		364
	4.4.16.	Associação criminosa e organização criminosa: análise comparativa e reflexos jurídicos		365
	4.4.17.	Genocídio – Lei 2.889/1956		366
	4.4.18.	Formação de cartel e acordo de leniência – Lei 12.529/2011		366
4.5.	Art. 288-A – Constituição de milícia privada			366
	4.5.1.	Dispositivo legal		366

4.5.2.	Introdução		367
4.5.3.	Objetividade jurídica		367
4.5.4.	Objeto material		367
4.5.5.	Núcleos do tipo		368
	4.5.5.1.	União estável e permanente	369
	4.5.5.2.	Com a finalidade de praticar qualquer dos crimes previstos no Código Penal	370
4.5.6.	Sujeito ativo		371
	4.5.6.1.	Inimputáveis e número mínimo de pessoas para reconhecimento do delito	371
	4.5.6.2.	A existência de pessoas não identificadas	372
	4.5.6.3.	A imputação na denúncia: é fundamental a descrição minuciosa da conduta de cada um dos agentes?	372
	4.5.6.4.	Milícia privada e extinção da punibilidade em relação a algum dos seus membros	372
4.5.7.	Sujeito passivo		372
4.5.8.	Elemento subjetivo		372
4.5.9.	Consumação		373
	4.5.9.1.	Abandono de integrante do grupo e reflexos jurídicos	373
	4.5.9.2.	Constituição de milícia privada e manutenção da situação ilícita após o início da ação penal	374
	4.5.9.3.	A prática de crimes somente por alguns dos membros da milícia privada	374
4.5.10.	Tentativa		374
4.5.11.	Ação penal		374
4.5.12.	Lei 9.099/1995		374
4.5.13.	Classificação doutrinária		374
4.5.14.	Constituição de milícia privada e concurso de crimes		375
4.5.15.	Audiência de custódia, confisco alargado e reflexos na Execução Penal		375
4.5.16.	Varas Criminais Colegiadas		375

CAPÍTULO 5 – DOS CRIMES CONTRA A FÉ PÚBLICA 377

5.1.	Introdução		377
5.2.	Crimes de falso: requisitos		378
	5.2.1.	Dolo	378
	5.2.2.	Imitação da verdade	378
	5.2.3.	Dano potencial	379
5.3.	Espécies de falsidade		379
5.4.	Divisão dos crimes contra a fé pública		380
5.5.	Da moeda falsa		381
	5.5.1.	Art. 289 – Moeda falsa	381
		5.5.1.1. Dispositivo legal	381
		5.5.1.2. Objetividade jurídica	382
		5.5.1.3. Objeto material	382
		5.5.1.4. Núcleo do tipo	383

	5.5.1.5.	Sujeito ativo	384
	5.5.1.6.	Sujeito passivo	384
	5.5.1.7.	Elemento subjetivo	384
	5.5.1.8.	Consumação	385
	5.5.1.9.	Tentativa	385
	5.5.1.10.	Ação penal	385
	5.5.1.11.	Lei 9.099/1995	385
	5.5.1.12.	Classificação doutrinária	385
	5.5.1.13.	Competência	385
	5.5.1.14.	Figura equiparada: art. 289, § 1.º	386
	5.5.1.15.	Figura privilegiada: art. 289, § 2.º	387
	5.5.1.16.	Figuras qualificadas: art. 289, §§ 3.º e 4.º	387
5.5.2.	Art. 290 – Crimes assimilados ao de moeda falsa	388
	5.5.2.1.	Dispositivo legal	388
	5.5.2.2.	Objetividade jurídica	389
	5.5.2.3.	Objeto material	389
	5.5.2.4.	Núcleos do tipo	389
	5.5.2.5.	Sujeito ativo	390
	5.5.2.6.	Sujeito passivo	390
	5.5.2.7.	Elemento subjetivo	390
	5.5.2.8.	Consumação	390
	5.5.2.9.	Tentativa	391
	5.5.2.10.	Ação penal	391
	5.5.2.11.	Lei 9.099/1995	391
	5.5.2.12.	Classificação doutrinária	391
	5.5.2.13.	Competência	391
	5.5.2.14.	Figura qualificada: art. 290, parágrafo único	391
5.5.3.	Art. 291 – Petrechos para falsificação de moeda	392
	5.5.3.1.	Dispositivo legal	392
	5.5.3.2.	Objetividade jurídica	392
	5.5.3.3.	Objeto material	392
	5.5.3.4.	Núcleos do tipo	393
	5.5.3.5.	Sujeito ativo	393
	5.5.3.6.	Sujeito passivo	393
	5.5.3.7.	Elemento subjetivo	393
	5.5.3.8.	Consumação	393
	5.5.3.9.	Tentativa	394
	5.5.3.10.	Ação penal	394
	5.5.3.11.	Lei 9.099/1995	394
	5.5.3.12.	Classificação doutrinária	394
	5.5.3.13.	Competência	394
	5.5.3.14.	Petrechos para falsificação de moeda e moeda falsa: unidade ou pluralidade de crimes	394
5.5.4.	Art. 292 – Emissão de título ao portador sem permissão legal	395
	5.5.4.1.	Dispositivo legal	395
	5.5.4.2.	Objetividade jurídica	395

		5.5.4.3.	Objeto material	396
		5.5.4.4.	Núcleo do tipo	396
		5.5.4.5.	Sujeito ativo	397
		5.5.4.6.	Sujeito passivo	397
		5.5.4.7.	Elemento subjetivo	397
		5.5.4.8.	Consumação	397
		5.5.4.9.	Tentativa	397
		5.5.4.10.	Ação penal	397
		5.5.4.11.	Lei 9.099/1995	397
		5.5.4.12.	Classificação doutrinária	397
		5.5.4.13.	Competência	398
		5.5.4.14.	Figura privilegiada: art. 292, parágrafo único	398
5.6.	Da falsidade de títulos e outros papéis públicos			398
	5.6.1.	Art. 293 – Falsificação de papéis públicos		398
		5.6.1.1.	Dispositivo legal	398
		5.6.1.2.	Objetividade jurídica	399
		5.6.1.3.	Objeto material	400
		5.6.1.4.	Núcleo do tipo	401
		5.6.1.5.	Sujeito ativo	401
		5.6.1.6.	Sujeito passivo	401
		5.6.1.7.	Elemento subjetivo	401
		5.6.1.8.	Consumação	401
		5.6.1.9.	Tentativa	402
		5.6.1.10.	Ação penal	402
		5.6.1.11.	Classificação doutrinária	402
		5.6.1.12.	Competência	402
		5.6.1.13.	Figura equiparada: art. 293, § 1.º	402
		5.6.1.14.	Supressão de carimbo ou sinal de inutilização de papéis públicos: art. 293, § 2.º	403
		5.6.1.15.	Uso de papéis públicos com carimbo ou sinal de inutilização suprimidos: art. 293, § 3.º	404
		5.6.1.16.	Figura privilegiada: art. 293, § 4.º	404
		5.6.1.17.	Art. 293, §§ 2.º a 4.º, do Código Penal e art. 37 da Lei 6.538/1978	404
		5.6.1.18.	Crime contra a ordem tributária	404
	5.6.2.	Art. 294 – Petrechos de falsificação		405
		5.6.2.1.	Dispositivo legal	405
		5.6.2.2.	Objetividade jurídica	405
		5.6.2.3.	Objeto material	405
		5.6.2.4.	Núcleos do tipo	406
		5.6.2.5.	Sujeito ativo	406
		5.6.2.6.	Sujeito passivo	406
		5.6.2.7.	Elemento subjetivo	406
		5.6.2.8.	Consumação	406
		5.6.2.9.	Tentativa	407
		5.6.2.10.	Ação penal	407

		5.6.2.11.	Lei 9.099/1995	407
		5.6.2.12.	Classificação doutrinária	407
		5.6.2.13.	Petrechos de falsificação e falsificação de papéis públicos: unidade ou pluralidade de crimes	407
5.7.	Da falsidade documental			408
	5.7.1.	Art. 296 – Falsificação do selo ou sinal público		408
		5.7.1.1.	Dispositivo legal	408
		5.7.1.2.	Objetividade jurídica	408
		5.7.1.3.	Objeto material	408
		5.7.1.4.	Núcleo do tipo	409
		5.7.1.5.	Sujeito ativo	409
		5.7.1.6.	Sujeito passivo	409
		5.7.1.7.	Elemento subjetivo	409
		5.7.1.8.	Consumação	409
		5.7.1.9.	Tentativa	410
		5.7.1.10.	Ação penal	410
		5.7.1.11.	Lei 9.099/1995	410
		5.7.1.12.	Classificação doutrinária	410
		5.7.1.13.	Figuras equiparadas: art. 296, § 1.º	410
	5.7.2.	Art. 297 – Falsificação de documento público		411
		5.7.2.1.	Dispositivo legal	411
		5.7.2.2.	Introdução	412
		5.7.2.3.	Objetividade jurídica	413
		5.7.2.4.	Objeto material	413
		5.7.2.5.	Núcleos do tipo	416
		5.7.2.6.	Sujeito ativo	419
		5.7.2.7.	Sujeito passivo	419
		5.7.2.8.	Elemento subjetivo	419
		5.7.2.9.	Consumação	419
		5.7.2.10.	Tentativa	420
		5.7.2.11.	Ação penal	421
		5.7.2.12.	Lei 9.099/1995	421
		5.7.2.13.	Classificação doutrinária	421
		5.7.2.14.	Competência	421
		5.7.2.15.	Figuras equiparadas: art. 297, §§ 3.º e 4.º. Falsificação de documento previdenciário	422
		5.7.2.16.	Falsificação de documento público e estelionato	425
	5.7.3.	Art. 298 – Falsificação de documento particular		427
		5.7.3.1.	Dispositivo legal	427
		5.7.3.2.	Objetividade jurídica	428
		5.7.3.3.	Objeto material	428
		5.7.3.4.	Núcleos do tipo	428
		5.7.3.5.	Sujeito ativo	429
		5.7.3.6.	Sujeito passivo	429
		5.7.3.7.	Elemento subjetivo	429
		5.7.3.8.	Consumação	430

		5.7.3.9.	Tentativa	430
		5.7.3.10.	Ação penal	430
		5.7.3.11.	Lei 9.099/1995	430
		5.7.3.12.	Classificação doutrinária	430
		5.7.3.13.	Crime contra a ordem tributária	430
	5.7.4.	Art. 299 – Falsidade ideológica		431
		5.7.4.1.	Dispositivo legal	431
		5.7.4.2.	Introdução	431
		5.7.4.3.	Objetividade jurídica	432
		5.7.4.4.	Objeto material	432
		5.7.4.5.	Núcleos do tipo	434
		5.7.4.6.	Sujeito ativo	436
		5.7.4.7.	Sujeito passivo	437
		5.7.4.8.	Elemento subjetivo	437
		5.7.4.9.	Consumação	438
		5.7.4.10.	Tentativa	439
		5.7.4.11.	Ação penal	439
		5.7.4.12.	Lei 9.099/1995	440
		5.7.4.13.	Classificação doutrinária	440
		5.7.4.14.	Formas agravadas: art. 299, parágrafo único	440
		5.7.4.15.	Competência	442
		5.7.4.16.	Falsidade ideológica e bigamia	443
		5.7.4.17.	Lei de Execução Penal e falsidade ideológica	443
		5.7.4.18.	Crimes contra o Sistema Financeiro Nacional	443
		5.7.4.19.	Lei de Falências e indução a erro	444
		5.7.4.20.	Consolidação das Leis do Trabalho	444
		5.7.4.21.	Abuso de autoridade	444
	5.7.5.	Art. 300 – Falso reconhecimento de firma ou letra		445
		5.7.5.1.	Dispositivo legal	445
		5.7.5.2.	Objetividade jurídica	445
		5.7.5.3.	Objeto material	445
		5.7.5.4.	Núcleo do tipo	446
		5.7.5.5.	Sujeito ativo	446
		5.7.5.6.	Sujeito passivo	447
		5.7.5.7.	Elemento subjetivo	447
		5.7.5.8.	Consumação	448
		5.7.5.9.	Tentativa	448
		5.7.5.10.	Ação penal	448
		5.7.5.11.	Lei 9.099/1995	448
		5.7.5.12.	Classificação doutrinária	448
	5.7.6.	Art. 301 – Certidão ou atestado ideologicamente falso		448
		5.7.6.1.	Dispositivo legal	448
		5.7.6.2.	Objetividade jurídica	449
		5.7.6.3.	Objeto material	449
		5.7.6.4.	Núcleos do tipo	450
		5.7.6.5.	Sujeito ativo	450

	5.7.6.6.	Sujeito passivo	450
	5.7.6.7.	Elemento subjetivo	450
	5.7.6.8.	Consumação	451
	5.7.6.9.	Tentativa	451
	5.7.6.10.	Ação penal	451
	5.7.6.11.	Lei 9.099/1995	451
	5.7.6.12.	Classificação doutrinária	451
	5.7.6.13.	Falsidade material de atestado ou certidão: art. 301, § 1.º	452
5.7.7.	Art. 302 – Falsidade de atestado médico		452
	5.7.7.1.	Dispositivo legal	452
	5.7.7.2.	Objetividade jurídica	453
	5.7.7.3.	Objeto material	453
	5.7.7.4.	Núcleo do tipo	453
	5.7.7.5.	Sujeito ativo	453
	5.7.7.6.	Sujeito passivo	455
	5.7.7.7.	Elemento subjetivo	455
	5.7.7.8.	Consumação	455
	5.7.7.9.	Tentativa	455
	5.7.7.10.	Ação penal	456
	5.7.7.11.	Lei 9.099/1995	456
	5.7.7.12.	Classificação doutrinária	456
5.7.8.	Art. 303 – Reprodução ou adulteração de selo ou peça filatélica		456
	5.7.8.1.	Dispositivo legal	456
	5.7.8.2.	Revogação tácita pela Lei 6.538/1978	456
5.7.9.	Art. 304 – Uso de documento falso		457
	5.7.9.1.	Dispositivo legal	457
	5.7.9.2.	Introdução	457
	5.7.9.3.	Objetividade jurídica	458
	5.7.9.4.	Objeto material	458
	5.7.9.5.	Núcleo do tipo	458
	5.7.9.6.	Sujeito ativo	462
	5.7.9.7.	Sujeito passivo	462
	5.7.9.8.	Elemento subjetivo	462
	5.7.9.9.	Consumação	462
	5.7.9.10.	Tentativa	463
	5.7.9.11.	Ação penal	463
	5.7.9.12.	Lei 9.099/1995	463
	5.7.9.13.	Classificação doutrinária	463
	5.7.9.14.	Competência	464
	5.7.9.15.	Uso de documento falso e extinção da punibilidade do crime antecedente	465
	5.7.9.16.	Estrangeiro, residência permanente no Brasil, condição de refugiado e anistia legal	465
	5.7.9.17.	Legislação penal especial	466

5.7.10.	Art. 305 – Supressão de documento		467
	5.7.10.1.	Dispositivo legal	467
	5.7.10.2.	Introdução	467
	5.7.10.3.	Objetividade jurídica	467
	5.7.10.4.	Objeto material	467
	5.7.10.5.	Núcleos do tipo	468
	5.7.10.6.	Sujeito ativo	469
	5.7.10.7.	Sujeito passivo	469
	5.7.10.8.	Elemento subjetivo	469
	5.7.10.9.	Consumação	469
	5.7.10.10.	Tentativa	469
	5.7.10.11.	Ação penal	469
	5.7.10.12.	Lei 9.099/1995	469
	5.7.10.13.	Classificação doutrinária	469
	5.7.10.14.	Supressão de documento e sonegação de papel ou objeto de valor probatório: distinções	470
	5.7.10.15.	Destruição de título eleitoral e competência	470
5.8.	De outras falsidades		471
	5.8.1.	Art. 306 – Falsificação do sinal empregado no contraste de metal precioso ou na fiscalização alfandegária, ou para outros fins	471
		5.8.1.1. Dispositivo legal	471
		5.8.1.2. Objetividade jurídica	471
		5.8.1.3. Objeto material	471
		5.8.1.4. Núcleos do tipo	472
		5.8.1.5. Sujeito ativo	472
		5.8.1.6. Sujeito passivo	472
		5.8.1.7. Elemento subjetivo	472
		5.8.1.8. Consumação	472
		5.8.1.9. Tentativa	472
		5.8.1.10. Ação penal	472
		5.8.1.11. Lei 9.099/1995	472
		5.8.1.12. Classificação doutrinária	473
		5.8.1.13. Figura privilegiada: art. 306, parágrafo único	473
	5.8.2.	Art. 307 – Falsa identidade	474
		5.8.2.1. Dispositivo legal	474
		5.8.2.2. Introdução	474
		5.8.2.3. Objetividade jurídica	474
		5.8.2.4. Objeto material	474
		5.8.2.5. Núcleo do tipo	475
		5.8.2.6. Sujeito ativo	476
		5.8.2.7. Sujeito passivo	476
		5.8.2.8. Elemento subjetivo	476
		5.8.2.9. Consumação	477
		5.8.2.10. Tentativa	477
		5.8.2.11. Ação penal	477
		5.8.2.12. Lei 9.099/1995	477

	5.8.2.13.	Classificação doutrinária...	477
	5.8.2.14.	Subsidiariedade expressa...	477
	5.8.2.15.	Simulação da qualidade de funcionário público e usurpação de função pública	478
	5.8.2.16.	Recusa de dados sobre a própria identidade ou qualificação	479
	5.8.2.17.	Abuso de autoridade	479
5.8.3.	Art. 308 – Uso de documento de identidade alheia........................		479
	5.8.3.1.	Dispositivo legal...	479
	5.8.3.2.	Introdução..	480
	5.8.3.3.	Objetividade jurídica...	480
	5.8.3.4.	Objeto material..	480
	5.8.3.5.	Núcleos do tipo	481
	5.8.3.6.	Sujeito ativo...	482
	5.8.3.7.	Sujeito passivo...	482
	5.8.3.8.	Elemento subjetivo..	482
	5.8.3.9.	Consumação...	482
	5.8.3.10.	Tentativa..	482
	5.8.3.11.	Ação penal...	482
	5.8.3.12.	Lei 9.099/1995...	483
	5.8.3.13.	Classificação doutrinária...	483
5.8.4.	Art. 309 – Fraude de lei sobre estrangeiros.......................................		483
	5.8.4.1.	Dispositivo legal...	483
	5.8.4.2.	Objetividade jurídica...	483
	5.8.4.3.	Objeto material..	484
	5.8.4.4.	Núcleo do tipo	484
	5.8.4.5.	Sujeito ativo...	484
	5.8.4.6.	Sujeito passivo...	484
	5.8.4.7.	Elemento subjetivo..	484
	5.8.4.8.	Consumação...	484
	5.8.4.9.	Tentativa..	485
	5.8.4.10.	Ação penal...	485
	5.8.4.11.	Lei 9.099/1995...	485
	5.8.4.12.	Classificação doutrinária...	485
	5.8.4.13.	Atribuição de falsa qualidade a estrangeiro: art. 309, parágrafo único	485
	5.8.4.14.	Competência..	486
5.8.5.	Art. 310 – Falsidade em prejuízo da nacionalização de sociedade.		486
	5.8.5.1.	Dispositivo legal...	486
	5.8.5.2.	Introdução..	486
	5.8.5.3.	Objetividade jurídica...	487
	5.8.5.4.	Objeto material..	487
	5.8.5.5.	Núcleo do tipo	487
	5.8.5.6.	Sujeito ativo...	488
	5.8.5.7.	Sujeito passivo...	488
	5.8.5.8.	Elemento subjetivo..	488

		5.8.5.9.	Consumação	488
		5.8.5.10.	Tentativa	488
		5.8.5.11.	Ação penal	488
		5.8.5.12.	Lei 9.099/1995	488
		5.8.5.13.	Classificação doutrinária	488
		5.8.5.14.	Competência	489
	5.8.6.	Art. 311 – Adulteração de sinal identificador de veículo		489
		5.8.6.1.	Dispositivo legal	489
		5.8.6.2.	Introdução	490
		5.8.6.3.	Objetividade jurídica	490
		5.8.6.4.	Objeto material	491
		5.8.6.5.	Núcleos do tipo	492
		5.8.6.6.	Sujeito ativo	495
		5.8.6.7.	Sujeito passivo	495
		5.8.6.8.	Elemento subjetivo	495
		5.8.6.9.	Consumação	496
		5.8.6.10.	Tentativa	496
		5.8.6.11.	Ação penal	496
		5.8.6.12.	Lei 9.099/1995	496
		5.8.6.13.	Classificação doutrinária	496
		5.8.6.14.	Figuras equiparadas: art. 311, § 2.º	497
		5.8.6.15.	Figuras qualificadas: art. 311, § 3.º	499
5.9.	Das fraudes em certames de interesse público			499
	5.9.1.	Art. 311-A – Fraudes em certames de interesse público		499
		5.9.1.1.	Dispositivo legal	499
		5.9.1.2.	Introdução	500
		5.9.1.3.	Objetividade jurídica	500
		5.9.1.4.	Objetos materiais	501
		5.9.1.5.	Núcleos do tipo	502
		5.9.1.6.	Sujeito ativo	503
		5.9.1.7.	Sujeito passivo	504
		5.9.1.8.	Elemento subjetivo	504
		5.9.1.9.	Consumação	504
		5.9.1.10.	Tentativa	504
		5.9.1.11.	Ação penal	505
		5.9.1.12.	Lei 9.099/1995	505
		5.9.1.13.	Classificação doutrinária	505
		5.9.1.14.	Figura equiparada: art. 311-A, § 1.º	505
		5.9.1.15.	Qualificadora: art. 311-A, § 2.º	506
		5.9.1.16.	Crime praticado por funcionário público: art. 311-A, § 3.º	506
		5.9.1.17.	Competência	507

CAPÍTULO 6 – DOS CRIMES CONTRA A ADMINISTRAÇÃO PÚBLICA 509

6.1.	Conceito de Administração Pública	509
6.2.	A Administração Pública e o Código Penal	510

6.3.	Divisão dos crimes contra a Administração Pública............................		510
6.4.	Ilicitude penal e ilicitude administrativa..		511
6.5.	Objetividade jurídica..		512
6.6.	Dos crimes praticados por funcionário público contra a administração em geral...		513
	6.6.1.	Introdução	513
	6.6.2.	Crimes funcionais: conceito e espécies	515
		6.6.2.1. Crimes funcionais e concurso de pessoas	516
	6.6.3.	Conceito de funcionário público para fins penais: art. 327 do Código Penal	516
		6.6.3.1. Funcionário público por equiparação: art. 327, § 1.º....	518
		6.6.3.2. Causa de aumento de pena: art. 327, § 2.º, do Código Penal	521
	6.6.4.	Rito especial dos crimes funcionais..	523
		6.6.4.1. Crimes funcionais afiançáveis, resposta preliminar e inquérito policial	523
		6.6.4.2. Crimes funcionais afiançáveis e ausência de resposta preliminar	524
		6.6.4.3. Concurso entre crimes funcionais e crimes comuns	524
		6.6.4.4. Crimes funcionais e a Lei 9.099/1995............................	525
		6.6.4.5. Crimes funcionais e foro por prerrogativa de função...	525
		6.6.4.6. Crimes funcionais e ausência superveniente da posição de funcionário público	525
	6.6.5.	Independência entre as instâncias penal e administrativa: crimes funcionais e perda do cargo como efeito da condenação	526
	6.6.6.	Art. 312 – Peculato	526
		6.6.6.1. Dispositivo legal...	526
		6.6.6.2. Nomenclatura	527
		6.6.6.3. Espécies	528
		6.6.6.4. Objetividade jurídica	528
		6.6.6.5. Objeto material	528
		6.6.6.6. Pressuposto do peculato..	531
		6.6.6.7. Peculato doloso: espécies	532
		6.6.6.8. Sujeito ativo	536
		6.6.6.9. Sujeito passivo	538
		6.6.6.10. Elemento subjetivo: peculato doloso	539
		6.6.6.11. Consumação	542
		6.6.6.12. Tentativa	545
		6.6.6.13. Ação Penal	545
		6.6.6.14. Lei 9.099/1995	545
		6.6.6.15. Classificação doutrinária	545
		6.6.6.16. Peculato culposo: art. 312, § 2.º	545
	6.6.7.	Art. 313 – Peculato mediante erro de outrem.......................	547
		6.6.7.1. Dispositivo legal...	547
		6.6.7.2. Introdução..	548
		6.6.7.3. Objetividade jurídica	548

		6.6.7.4.	Objeto material	548
		6.6.7.5.	Núcleo do tipo	549
		6.6.7.6.	Sujeito ativo	550
		6.6.7.7.	Sujeito passivo	550
		6.6.7.8.	Elemento subjetivo	550
		6.6.7.9.	Consumação	550
		6.6.7.10.	Tentativa	551
		6.6.7.11.	Ação penal	551
		6.6.7.12.	Lei 9.099/1995	551
		6.6.7.13.	Classificação doutrinária	551
	6.6.8.	Art. 313-A – Inserção de dados falsos em sistema de informações		551
		6.6.8.1.	Dispositivo legal	551
		6.6.8.2.	Introdução	552
		6.6.8.3.	Objetividade jurídica	552
		6.6.8.4.	Objeto material	552
		6.6.8.5.	Núcleos do tipo	552
		6.6.8.6.	Sujeito ativo	553
		6.6.8.7.	Sujeito passivo	553
		6.6.8.8.	Elemento subjetivo	553
		6.6.8.9.	Consumação	553
		6.6.8.10.	Tentativa	554
		6.6.8.11.	Ação penal	554
		6.6.8.12.	Lei 9.099/1995	554
		6.6.8.13.	Classificação doutrinária	554
		6.6.8.14.	Competência	554
		6.6.8.15.	Peculato eletrônico e crime eleitoral	555
	6.6.9.	Art. 313-B – Modificação ou alteração não autorizada de sistema de informações		555
		6.6.9.1.	Dispositivo legal	555
		6.6.9.2.	Introdução	556
		6.6.9.3.	Objetividade jurídica	556
		6.6.9.4.	Objeto material	556
		6.6.9.5.	Núcleos do tipo	556
		6.6.9.6.	Sujeito ativo	557
		6.6.9.7.	Sujeito passivo	557
		6.6.9.8.	Elemento subjetivo	557
		6.6.9.9.	Consumação	557
		6.6.9.10.	Tentativa	558
		6.6.9.11.	Ação penal	558
		6.6.9.12.	Lei 9.099/1995	558
		6.6.9.13.	Causa de aumento de pena: art. 313-B, parágrafo único	558
		6.6.9.14.	Classificação doutrinária	558
	6.6.10.	Art. 314 – Extravio, sonegação ou inutilização de livro ou documento		558
		6.6.10.1.	Dispositivo legal	558

	6.6.10.2.	Objetividade jurídica	559
	6.6.10.3.	Objeto material	559
	6.6.10.4.	Núcleos do tipo	560
	6.6.10.5.	Sujeito ativo	560
	6.6.10.6.	Sujeito passivo	560
	6.6.10.7.	Elemento subjetivo	560
	6.6.10.8.	Consumação	560
	6.6.10.9.	Tentativa	560
	6.6.10.10.	Ação penal	561
	6.6.10.11.	Lei 9.099/1995	561
	6.6.10.12.	Subsidiariedade expressa e distinção com a supressão de documento	561
	6.6.10.13.	Classificação doutrinária	561
6.6.11.	Art. 315 – Emprego irregular de verbas ou rendas públicas		561
	6.6.11.1.	Dispositivo legal	561
	6.6.11.2.	Conceito	562
	6.6.11.3.	Objetividade jurídica	562
	6.6.11.4.	Objeto material	563
	6.6.11.5.	Núcleo do tipo	563
	6.6.11.6.	Sujeito ativo	563
	6.6.11.7.	Sujeito passivo	563
	6.6.11.8.	Elemento subjetivo	564
	6.6.11.9.	Consumação	564
	6.6.11.10.	Tentativa	564
	6.6.11.11.	Ação penal	564
	6.6.11.12.	Lei 9.099/1995	564
	6.6.11.13.	Classificação doutrinária	564
	6.6.11.14.	Competência	565
6.6.12.	Art. 316 – Concussão e excesso de exação		565
	6.6.12.1.	Dispositivo legal	565
	6.6.12.2.	Conceito	566
	6.6.12.3.	Espécies de concussão	566
	6.6.12.4.	Objetividade jurídica	567
	6.6.12.5.	Objeto material	567
	6.6.12.6.	Núcleo do tipo	568
	6.6.12.7.	Sujeito ativo	570
	6.6.12.8.	Sujeito passivo	572
	6.6.12.9.	Elemento subjetivo	572
	6.6.12.10.	Consumação	572
	6.6.12.11.	Tentativa	573
	6.6.12.12.	Ação penal	574
	6.6.12.13.	Lei 9.099/1995	574
	6.6.12.14.	Classificação doutrinária	574
	6.6.12.15.	Excesso de exação: art. 316, § 1.º	574
	6.6.12.16.	Excesso de exação e figura qualificada: art. 316, § 2.º	578

6.6.13.	Art. 317 – Corrupção passiva		579
	6.6.13.1.	Dispositivo legal	579
	6.6.13.2.	Introdução	580
	6.6.13.3.	Objetividade jurídica	580
	6.6.13.4.	Objeto material	580
	6.6.13.5.	Espécies de corrupção passiva	582
	6.6.13.6.	Núcleos do tipo	582
	6.6.13.7.	Sujeito ativo	586
	6.6.13.8.	Sujeito passivo	591
	6.6.13.9.	Elemento subjetivo	591
	6.6.13.10.	Consumação	592
	6.6.13.11.	Tentativa	592
	6.6.13.12.	Ação penal	592
	6.6.13.13.	Lei 9.099/1995	592
	6.6.13.14.	Classificação doutrinária	593
	6.6.13.15.	Causa de aumento da pena: art. 317, § 1.º	593
	6.6.13.16.	Corrupção passiva privilegiada: art. 317, § 2.º	593
	6.6.13.17.	Corrupção passiva e Código Eleitoral	594
6.6.14.	Art. 318 – Facilitação de contrabando ou descaminho		594
	6.6.14.1.	Dispositivo legal	594
	6.6.14.2.	Introdução	595
	6.6.14.3.	Objetividade jurídica	595
	6.6.14.4.	Objeto material	596
	6.6.14.5.	Núcleo do tipo	596
	6.6.14.6.	Sujeito ativo	596
	6.6.14.7.	Sujeito passivo	596
	6.6.14.8.	Elemento subjetivo	596
	6.6.14.9.	Consumação	596
	6.6.14.10.	Tentativa	596
	6.6.14.11.	Ação penal	596
	6.6.14.12.	Lei 9.099/1995	596
	6.6.14.13.	Competência	597
	6.6.14.14.	Classificação doutrinária	597
	6.6.14.15.	Facilitação de contrabando e tráfico internacional de arma de fogo	597
6.6.15.	Art. 319 – Prevaricação		597
	6.6.15.1.	Dispositivo legal	597
	6.6.15.2.	Conceito	598
	6.6.15.3.	Objetividade jurídica	598
	6.6.15.4.	Objeto material	598
	6.6.15.5.	Núcleos do tipo	598
	6.6.15.6.	Sujeito ativo	599
	6.6.15.7.	Sujeito passivo	600
	6.6.15.8.	Elemento subjetivo	600
	6.6.15.9.	Consumação	601
	6.6.15.10.	Tentativa	601

	6.6.15.11.	Ação penal	602
	6.6.15.12.	Lei 9.099/1995	602
	6.6.15.13.	Classificação doutrinária	602
	6.6.15.14.	Legislação penal especial	602
6.6.16.	Art. 319-A – Prevaricação imprópria		603
	6.6.16.1.	Dispositivo legal	603
	6.6.16.2.	Denominação	604
	6.6.16.3.	Art. 319-A do Código Penal e o princípio da proporcionalidade	604
	6.6.16.4.	Lei 11.466/2007 e reflexos na Lei de Execução Penal...	605
	6.6.16.5.	Objetividade jurídica	605
	6.6.16.6.	Objeto material	605
	6.6.16.7.	Núcleo do tipo	605
	6.6.16.8.	Sujeito ativo	606
	6.6.16.9.	Sujeito passivo	606
	6.6.16.10.	Elemento subjetivo	606
	6.6.16.11.	Consumação	607
	6.6.16.12.	Tentativa	607
	6.6.16.13.	Ação penal	607
	6.6.16.14.	Lei 9.099/1995	607
	6.6.16.15.	Classificação doutrinária	607
6.6.17.	Art. 320 – Condescendência criminosa		608
	6.6.17.1.	Dispositivo legal	608
	6.6.17.2.	Introdução	608
	6.6.17.3.	Objetividade jurídica	609
	6.6.17.4.	Objeto material	609
	6.6.17.5.	Núcleos do tipo	609
	6.6.17.6.	Sujeito ativo	610
	6.6.17.7.	Sujeito passivo	610
	6.6.17.8.	Elemento subjetivo	610
	6.6.17.9.	Consumação	610
	6.6.17.10.	Tentativa	611
	6.6.17.11.	Ação penal	611
	6.6.17.12.	Lei 9.099/1995	611
	6.6.17.13.	Classificação doutrinária	611
	6.6.17.14.	Legislação penal especial	611
6.6.18.	Art. 321 – Advocacia administrativa		612
	6.6.18.1.	Dispositivo legal	612
	6.6.18.2.	Conceito	612
	6.6.18.3.	Objetividade jurídica	612
	6.6.18.4.	Objeto material	613
	6.6.18.5.	Núcleo do tipo	613
	6.6.18.6.	Sujeito ativo	613
	6.6.18.7.	Sujeito passivo	613
	6.6.18.8.	Elemento subjetivo	613
	6.6.18.9.	Consumação	614

		6.6.18.10.	Tentativa	614
		6.6.18.11.	Ação penal	614
		6.6.18.12.	Lei 9.099/1995	614
		6.6.18.13.	Classificação doutrinária	614
		6.6.18.14.	Distinções entre a advocacia administrativa e outros crimes funcionais previstos no Código Penal	614
		6.6.18.15.	Advocacia administrativa e crimes contra a ordem tributária	615
		6.6.18.16.	Advocacia administrativa e Lei de Licitações	615
		6.6.18.17.	Advocacia administrativa e Código Penal Militar	615
	6.6.19.	Art. 322 – Violência arbitrária		615
		6.6.19.1.	Dispositivo legal	615
		6.6.19.2.	Introdução	616
		6.6.19.3.	Objetividade jurídica	616
		6.6.19.4.	Objeto material	617
		6.6.19.5.	Núcleo do tipo	617
		6.6.19.6.	Sujeito ativo	617
		6.6.19.7.	Sujeito passivo	617
		6.6.19.8.	Elemento subjetivo	618
		6.6.19.9.	Consumação	618
		6.6.19.10.	Tentativa	618
		6.6.19.11.	Ação penal	618
		6.6.19.12.	Lei 9.099/1995	618
		6.6.19.13.	Classificação doutrinária	618
		6.6.19.14.	Violência arbitrária e Código Penal Militar	618
	6.6.20.	Art. 323 – Abandono de função		619
		6.6.20.1.	Dispositivo legal	619
		6.6.20.2.	Introdução	619
		6.6.20.3.	Objetividade jurídica	620
		6.6.20.4.	Objeto material	620
		6.6.20.5.	Núcleo do tipo	620
		6.6.20.6.	Sujeito ativo	621
		6.6.20.7.	Sujeito passivo	621
		6.6.20.8.	Elemento subjetivo	621
		6.6.20.9.	Consumação	621
		6.6.20.10.	Tentativa	621
		6.6.20.11.	Ação penal	621
		6.6.20.12.	Figuras qualificadas: §§ 1.º e 2.º	621
		6.6.20.13.	Lei 9.099/1995	622
		6.6.20.14.	Classificação doutrinária	622
		6.6.20.15.	Abandono de função e Código Penal Militar	622
	6.6.21.	Art. 324 – Exercício funcional ilegalmente antecipado ou prolongado		623
		6.6.21.1.	Dispositivo legal	623
		6.6.21.2.	Objetividade jurídica	623
		6.6.21.3.	Objeto material	623

	6.6.21.4.	Núcleos do tipo	623
	6.6.21.5.	Sujeito ativo	625
	6.6.21.6.	Sujeito passivo	625
	6.6.21.7.	Elemento subjetivo	625
	6.6.21.8.	Consumação	625
	6.6.21.9.	Tentativa	625
	6.6.21.10.	Ação penal	626
	6.6.21.11.	Lei 9.099/1995	626
	6.6.21.12.	Classificação doutrinária	626
	6.6.21.13.	Exercício funcional ilegal e o Código Penal Militar	626
6.6.22.	Art. 325 – Violação de sigilo funcional		626
	6.6.22.1.	Dispositivo legal	626
	6.6.22.2.	Introdução	627
	6.6.22.3.	Objetividade jurídica	628
	6.6.22.4.	Objeto material	628
	6.6.22.5.	Núcleos do tipo	628
	6.6.22.6.	Sujeito ativo	629
	6.6.22.7.	Sujeito passivo	629
	6.6.22.8.	Elemento subjetivo	629
	6.6.22.9.	Consumação	629
	6.6.22.10.	Tentativa	629
	6.6.22.11.	Figuras equiparadas	630
	6.6.22.12.	Qualificadora: § 2.º	630
	6.6.22.13.	Ação penal	630
	6.6.22.14.	Lei 9.099/1995	631
	6.6.22.15.	Classificação doutrinária	631
	6.6.22.16.	Legislação penal especial	631
6.6.23.	Art. 326 – Violação do sigilo de proposta de concorrência		634
	6.6.23.1.	Dispositivo legal	634
	6.6.23.2.	Revogação do art. 326 do Código Penal pelo art. 94 da Lei 8.666/1993	634
	6.6.23.3.	O art. 327 do Código Penal Militar	635
6.7.	Dos crimes praticados por particular contra a administração em geral		635
6.7.1.	Art. 328 – Usurpação de função pública		635
	6.7.1.1.	Dispositivo legal	635
	6.7.1.2.	Conceito	636
	6.7.1.3.	Objetividade jurídica	636
	6.7.1.4.	Objeto material	636
	6.7.1.5.	Núcleo do tipo	636
	6.7.1.6.	Sujeito ativo	636
	6.7.1.7.	Sujeito passivo	637
	6.7.1.8.	Elemento subjetivo	637
	6.7.1.9.	Consumação	637
	6.7.1.10.	Tentativa	637
	6.7.1.11.	Figura qualificada: art. 328, parágrafo único	637
	6.7.1.12.	Ação penal	638

		6.7.1.13.	Lei 9.099/1995	638
		6.7.1.14.	Classificação doutrinária	638
		6.7.1.15.	Competência	638
		6.7.1.16.	Usurpação de função pública e Código Penal Militar..	638
	6.7.2.	Art. 329 – Resistência		639
		6.7.2.1.	Dispositivo legal	639
		6.7.2.2.	Introdução	639
		6.7.2.3.	Objetividade jurídica	640
		6.7.2.4.	Objeto material	640
		6.7.2.5.	Espécies de resistência	640
		6.7.2.6.	Núcleo do tipo	640
		6.7.2.7.	Legalidade do ato: elemento normativo do tipo	642
		6.7.2.8.	Sujeito ativo	643
		6.7.2.9.	Sujeito passivo	644
		6.7.2.10.	Elemento subjetivo	644
		6.7.2.11.	Consumação	645
		6.7.2.12.	Tentativa	645
		6.7.2.13.	Figura qualificada: art. 329, § 1.º	645
		6.7.2.14.	Concurso material obrigatório: art. 329, § 2.º	645
		6.7.2.15.	Ação penal	646
		6.7.2.16.	Lei 9.099/1995	646
		6.7.2.17.	Classificação doutrinária	647
		6.7.2.18.	Legislação penal especial	647
	6.7.3.	Art. 330 – Desobediência		648
		6.7.3.1.	Dispositivo legal	648
		6.7.3.2.	Introdução	648
		6.7.3.3.	Objetividade jurídica	648
		6.7.3.4.	Objeto material	649
		6.7.3.5.	Núcleo do tipo	650
		6.7.3.6.	Sujeito ativo	652
		6.7.3.7.	Sujeito passivo	653
		6.7.3.8.	Elemento subjetivo	653
		6.7.3.9.	Consumação	654
		6.7.3.10.	Tentativa	655
		6.7.3.11.	Ação penal	655
		6.7.3.12.	Lei 9.099/1995	655
		6.7.3.13.	Classificação doutrinária	655
		6.7.3.14.	Legislação penal especial	655
	6.7.4.	Art. 331 – Desacato		657
		6.7.4.1.	Dispositivo legal	657
		6.7.4.2.	Introdução	657
		6.7.4.3.	Objetividade jurídica	659
		6.7.4.4.	Objeto material	659
		6.7.4.5.	Núcleo do tipo	659
		6.7.4.6.	Sujeito ativo	661
		6.7.4.7.	Sujeito passivo	661

	6.7.4.8.	Elemento subjetivo	662
	6.7.4.9.	Consumação	663
	6.7.4.10.	Tentativa	664
	6.7.4.11.	Ação penal	664
	6.7.4.12.	Lei 9.099/1995	664
	6.7.4.13.	Classificação doutrinária	664
	6.7.4.14.	Desacato e Código Penal Militar	664
6.7.5.	Art. 332 – Tráfico de influência		665
	6.7.5.1.	Dispositivo legal	665
	6.7.5.2.	Introdução	665
	6.7.5.3.	Objetividade jurídica	666
	6.7.5.4.	Objeto material	666
	6.7.5.5.	Núcleos do tipo	666
	6.7.5.6.	Sujeito ativo	667
	6.7.5.7.	Sujeito passivo	667
	6.7.5.8.	Elemento subjetivo	667
	6.7.5.9.	Consumação	667
	6.7.5.10.	Tentativa	668
	6.7.5.11.	Ação penal	668
	6.7.5.12.	Lei 9.099/1995	668
	6.7.5.13.	Causa de aumento da pena: art. 332, parágrafo único	668
	6.7.5.14.	Classificação doutrinária	668
	6.7.5.15.	Tráfico de influência em transação comercial internacional	668
	6.7.5.16.	Tráfico de influência e Código Penal Militar	669
6.7.6.	Art. 333 – Corrupção ativa		669
	6.7.6.1.	Dispositivo legal	669
	6.7.6.2.	Introdução	670
	6.7.6.3.	Objetividade jurídica	670
	6.7.6.4.	Objeto material	670
	6.7.6.5.	Núcleos do tipo	670
	6.7.6.6.	Sujeito ativo	674
	6.7.6.7.	Sujeito passivo	674
	6.7.6.8.	Elemento subjetivo	675
	6.7.6.9.	Consumação	675
	6.7.6.10.	Tentativa	675
	6.7.6.11.	Ação penal	675
	6.7.6.12.	Lei 9.099/1995	675
	6.7.6.13.	Classificação doutrinária	675
	6.7.6.14.	Causa de aumento da pena: art. 333, parágrafo único	675
	6.7.6.15.	Corrupção ativa e Código Eleitoral	676
6.7.7.	Art. 334 – Descaminho		676
	6.7.7.1.	Dispositivo legal	676
	6.7.7.2.	Introdução	677
	6.7.7.3.	Objetividade jurídica	677
	6.7.7.4.	Objeto material	678

	6.7.7.5.	Núcleo do tipo	679
	6.7.7.6.	Sujeito ativo	680
	6.7.7.7.	Sujeito passivo	680
	6.7.7.8.	Elemento subjetivo	680
	6.7.7.9.	Consumação	680
	6.7.7.10.	Tentativa	682
	6.7.7.11.	Ação penal	682
	6.7.7.12.	Lei 9.099/1995	682
	6.7.7.13.	Competência	682
	6.7.7.14.	Classificação doutrinária	683
	6.7.7.15.	Figuras equiparadas: art. 334, § 1.º	683
	6.7.7.16.	Causa de aumento de pena: art. 334, § 3.º	685
	6.7.7.17.	Código de Trânsito Brasileiro e medidas de prevenção e repressão à prática do crime de descaminho	686
6.7.8.	Art. 334-A – Contrabando		687
	6.7.8.1.	Dispositivo legal	687
	6.7.8.2.	Introdução	687
	6.7.8.3.	Objetividade jurídica	688
	6.7.8.4.	Objeto material	688
	6.7.8.5.	Núcleo do tipo	690
	6.7.8.6.	Sujeito ativo	690
	6.7.8.7.	Sujeito passivo	690
	6.7.8.8.	Elemento subjetivo	690
	6.7.8.9.	Consumação	691
	6.7.8.10.	Tentativa	691
	6.7.8.11.	Ação penal	691
	6.7.8.12.	Lei 9.099/1995	691
	6.7.8.13.	Competência	691
	6.7.8.14.	Classificação doutrinária	692
	6.7.8.15.	Figuras equiparadas: art. 334-A, § 1.º	692
	6.7.8.16.	Causa de aumento de pena: art. 334-A, § 3.º	694
	6.7.8.17.	Distinções entre descaminho e contrabando: quadro explicativo	694
	6.7.8.18.	Código de Trânsito Brasileiro e medidas de prevenção e repressão à prática do crime de contrabando	695
6.7.9.	Art. 335 – Impedimento, perturbação ou fraude de concorrência		695
	6.7.9.1.	Dispositivo legal	695
	6.7.9.2.	Revogação do art. 335 do Código Penal pelos arts. 93 e 95 da Lei 8.666/1993	695
6.7.10.	Art. 336 – Inutilização de edital ou sinal		696
	6.7.10.1.	Dispositivo legal	696
	6.7.10.2.	Objetividade jurídica	697
	6.7.10.3.	Objeto material	697
	6.7.10.4.	Núcleos do tipo	697
	6.7.10.5.	Sujeito ativo	698
	6.7.10.6.	Sujeito passivo	698

	6.7.10.7.	Elemento subjetivo	698
	6.7.10.8.	Consumação	698
	6.7.10.9.	Tentativa	698
	6.7.10.10.	Ação penal	698
	6.7.10.11.	Lei 9.099/1995	698
	6.7.10.12.	Classificação doutrinária	698
6.7.11.	Art. 337 – Subtração ou inutilização de livro ou documento		699
	6.7.11.1.	Dispositivo legal	699
	6.7.11.2.	Introdução	699
	6.7.11.3.	Objetividade jurídica	700
	6.7.11.4.	Objeto material	700
	6.7.11.5.	Núcleos do tipo	700
	6.7.11.6.	Sujeito ativo	700
	6.7.11.7.	Sujeito passivo	701
	6.7.11.8.	Elemento subjetivo	701
	6.7.11.9.	Consumação	701
	6.7.11.10.	Tentativa	701
	6.7.11.11.	Ação penal	701
	6.7.11.12.	Lei 9.099/1995	701
	6.7.11.13.	Subsidiariedade expressa	701
	6.7.11.14.	Classificação doutrinária	702
6.7.12.	Art. 337-A – Sonegação de contribuição previdenciária		702
	6.7.12.1.	Dispositivo legal	702
	6.7.12.2.	Localização no Código Penal	703
	6.7.12.3.	Objetividade jurídica	704
	6.7.12.4.	Objeto material	704
	6.7.12.5.	Núcleos do tipo	705
	6.7.12.6.	Sujeito ativo	707
	6.7.12.7.	Sujeito passivo	707
	6.7.12.8.	Elemento subjetivo	707
	6.7.12.9.	Consumação	708
	6.7.12.10.	Tentativa	708
	6.7.12.11.	Ação penal	708
	6.7.12.12.	Lei 9.099/1995	708
	6.7.12.13.	Competência	708
	6.7.12.14.	Classificação doutrinária	709
	6.7.12.15.	Dificuldades financeiras e reflexos jurídico-penais	709
	6.7.12.16.	Extinção da punibilidade: art. 337-A, § 1.º	709
	6.7.12.17.	Perdão judicial ou aplicação exclusiva de pena pecuniária: art. 337-A, § 2.º, inc. II	710
	6.7.12.18.	Redução da pena ou aplicação exclusiva da pena pecuniária: art. 337-A, § 3.º	710
	6.7.12.19.	Prévio esgotamento da via administrativa e atipicidade do fato	711
	6.7.12.20.	Princípio da insignificância	712

6.8. Dos crimes praticados por particular contra a administração pública estrangeira 712
    6.8.1. Introdução 712
    6.8.2. Conceito de funcionário público estrangeiro 712
    6.8.3. Art. 337-B – Corrupção ativa em transação comercial internacional .. 714
        6.8.3.1. Dispositivo legal 714
        6.8.3.2. Objetividade jurídica 714
        6.8.3.3. Objeto material 715
        6.8.3.4. Núcleos do tipo 715
        6.8.3.5. Sujeito ativo 716
        6.8.3.6. Sujeito passivo 716
        6.8.3.7. Elemento subjetivo 717
        6.8.3.8. Consumação 717
        6.8.3.9. Tentativa 717
        6.8.3.10. Ação penal 717
        6.8.3.11. Lei 9.099/1995 717
        6.8.3.12. Classificação doutrinária 718
        6.8.3.13. Causa de aumento de pena: art. 337-B, parágrafo único 718
        6.8.3.14. Diferenças com o delito de corrupção ativa (CP, art. 333) 719
    6.8.4. Art. 337-C – Tráfico de influência em transação comercial internacional 719
        6.8.4.1. Dispositivo legal 719
        6.8.4.2. Objetividade jurídica 720
        6.8.4.3. Objeto material 720
        6.8.4.4. Núcleos do tipo 720
        6.8.4.5. Sujeito ativo 720
        6.8.4.6. Sujeito passivo 721
        6.8.4.7. Elemento subjetivo 721
        6.8.4.8. Consumação 721
        6.8.4.9. Tentativa 721
        6.8.4.10. Ação penal 721
        6.8.4.11. Lei 9.099/1995 721
        6.8.4.12. Classificação doutrinária 721
        6.8.4.13. Causa de aumento de pena: art. 337-C, parágrafo único 722
        6.8.4.14. Diferenças com o tráfico de influência (art. 332, CP) .. 722
6.9. Dos crimes em licitações e contratos administrativos 722
    6.9.1. Introdução 722
    6.9.2. Princípio da insignificância 723
    6.9.3. A responsabilidade penal da pessoa jurídica 724
    6.9.4. Pena de multa 724
    6.9.5. Crimes em licitações e contratos administrativos e normas processuais 725
    6.9.6. Competência 725

6.9.7.	Lei de Licitações e Contratos Administrativos e conceito de agente público		726
6.9.8.	Crimes de dano *versus* crimes de perigo		726
6.9.9.	Art. 337-E – Contratação direta ilegal		726
	6.9.9.1.	Dispositivo legal	726
	6.9.9.2.	Evolução legislativa	727
	6.9.9.3.	Introdução	727
	6.9.9.4.	Objetividade jurídica	728
	6.9.9.5.	Objeto material	728
	6.9.9.6.	Núcleos do tipo	729
	6.9.9.7.	Sujeito ativo	729
	6.9.9.8.	Sujeito passivo	730
	6.9.9.9.	Elemento subjetivo	730
	6.9.9.10.	Consumação	730
	6.9.9.11.	Tentativa	731
	6.9.9.12.	Ação penal	731
	6.9.9.13.	Lei 9.099/1995	731
	6.9.9.14.	Classificação doutrinária	731
6.9.10.	Art. 337-F – Frustração do caráter competitivo de licitação		731
	6.9.10.1.	Dispositivo legal	731
	6.9.10.2.	Evolução legislativa	732
	6.9.10.3.	Introdução	732
	6.9.10.4.	Lei Anticorrupção	733
	6.9.10.5.	Objetividade jurídica	733
	6.9.10.6.	Objeto material	733
	6.9.10.7.	Núcleos do tipo	733
	6.9.10.8.	Sujeito ativo	734
	6.9.10.9.	Sujeito passivo	734
	6.9.10.10.	Elemento subjetivo	734
	6.9.10.11.	Consumação	734
	6.9.10.12.	Tentativa	734
	6.9.10.13.	Ação penal	735
	6.9.10.14.	Lei 9.099/1995	735
	6.9.10.15.	Classificação doutrinária	735
6.9.11.	Art. 337-G – Patrocínio de contratação indevida		735
	6.9.11.1.	Dispositivo legal	735
	6.9.11.2.	Evolução legislativa	736
	6.9.11.3.	Introdução	736
	6.9.11.4.	Objetividade jurídica	736
	6.9.11.5.	Objeto material	737
	6.9.11.6.	Núcleo do tipo	737
	6.9.11.7.	Sujeito ativo	738
	6.9.11.8.	Sujeito passivo	738
	6.9.11.9.	Elemento subjetivo	738
	6.9.11.10.	Consumação	738
	6.9.11.11.	Tentativa	738

		6.9.11.12.	Ação penal	739
		6.9.11.13.	Lei 9.099/1995	739
		6.9.11.14.	Classificação doutrinária	739
	6.9.12.	Art. 337-H – Modificação ou pagamento irregular em contrato administrativo		739
		6.9.12.1.	Dispositivo legal	739
		6.9.12.2.	Evolução legislativa	740
		6.9.12.3.	Lei Anticorrupção	740
		6.9.12.4.	Objetividade jurídica	741
		6.9.12.5.	Objeto material	741
		6.9.12.6.	Núcleos do tipo	741
		6.9.12.7.	Sujeito ativo	744
		6.9.12.8.	Sujeito passivo	744
		6.9.12.9.	Elemento subjetivo	744
		6.9.12.10.	Consumação	745
		6.9.12.11.	Tentativa	745
		6.9.12.12.	Ação penal	746
		6.9.12.13.	Lei 9.099/1995	746
		6.9.12.14.	Classificação doutrinária	746
	6.9.13.	Art. 337-I – Perturbação de processo licitatório		746
		6.9.13.1.	Dispositivo legal	746
		6.9.13.2.	Evolução legislativa	746
		6.9.13.3.	Introdução	747
		6.9.13.4.	Lei Anticorrupção	747
		6.9.13.5.	Objetividade jurídica	747
		6.9.13.6.	Objeto material	748
		6.9.13.7.	Núcleos do tipo	748
		6.9.13.8.	Sujeito ativo	748
		6.9.13.9.	Sujeito passivo	748
		6.9.13.10.	Elemento subjetivo	748
		6.9.13.11.	Consumação	749
		6.9.13.12.	Tentativa	749
		6.9.13.13.	Ação penal	749
		6.9.13.14.	Lei 9.099/1995	749
		6.9.13.15.	Classificação doutrinária	749
	6.9.14.	Art. 337-J – Violação de sigilo em licitação		749
		6.9.14.1.	Dispositivo legal	749
		6.9.14.2.	Evolução legislativa	750
		6.9.14.3.	Introdução	750
		6.9.14.4.	Objetividade jurídica	751
		6.9.14.5.	Objeto material	751
		6.9.14.6.	Núcleos do tipo	751
		6.9.14.7.	Sujeito ativo	752
		6.9.14.8.	Sujeito passivo	752
		6.9.14.9.	Elemento subjetivo	752
		6.9.14.10.	Consumação	752

	6.9.14.11.	Tentativa	752
	6.9.14.12.	Ação penal	752
	6.9.14.13.	Lei 9.099/1995	753
	6.9.14.14.	Classificação doutrinária	753
	6.9.14.15.	Código Penal Militar	753
6.9.15.	Art. 337-K – Afastamento de licitante		753
	6.9.15.1.	Dispositivo legal	753
	6.9.15.2.	Evolução legislativa	754
	6.9.15.3.	Introdução	755
	6.9.15.4.	Lei Anticorrupção	755
	6.9.15.5.	Objetividade jurídica	755
	6.9.15.6.	Objeto material	755
	6.9.15.7.	Núcleo do tipo	755
	6.9.15.8.	Sujeito ativo	757
	6.9.15.9.	Sujeito passivo	757
	6.9.15.10.	Elemento subjetivo	757
	6.9.15.11.	Consumação	757
	6.9.15.12.	Tentativa	758
	6.9.15.13.	Ação penal	758
	6.9.15.14.	Lei 9.099/1995	758
	6.9.15.15.	Emprego de violência e soma das penas	758
	6.9.15.16.	Classificação doutrinária	758
6.9.16.	Art. 337-L – Fraude em licitação ou contrato		759
	6.9.16.1.	Dispositivo legal	759
	6.9.16.2.	Evolução legislativa	759
	6.9.16.3.	Introdução	760
	6.9.16.4.	Lei Anticorrupção	760
	6.9.16.5.	Objetividade jurídica	761
	6.9.16.6.	Objeto material	761
	6.9.16.7.	Núcleo do tipo	762
	6.9.16.8.	Sujeito ativo	763
	6.9.16.9.	Sujeito passivo	763
	6.9.16.10.	Elemento subjetivo	763
	6.9.16.11.	Consumação	764
	6.9.16.12.	Tentativa	764
	6.9.16.13.	Ação penal	764
	6.9.16.14.	Lei 9.099/1995	764
	6.9.16.15.	Classificação doutrinária	765
6.9.17.	Art. 337-M – Contratação inidônea		765
	6.9.17.1.	Dispositivo legal	765
	6.9.17.2.	Evolução legislativa	765
	6.9.17.3.	Introdução	766
	6.9.17.4.	Objetividade jurídica	767
	6.9.17.5.	Objeto material	767
	6.9.17.6.	Núcleos do tipo	767
	6.9.17.7.	Sujeito ativo	768

		6.9.17.8.	Sujeito passivo...	769
		6.9.17.9.	Elemento subjetivo..	769
		6.9.17.10.	Consumação...	769
		6.9.17.11.	Tentativa	769
		6.9.17.12.	Ação penal...	770
		6.9.17.13.	Lei 9.099/1995...	770
		6.9.17.14.	Classificação doutrinária...	770
	6.9.18.	Art. 337-N – Impedimento indevido		770
		6.9.18.1.	Dispositivo legal...	770
		6.9.18.2.	Evolução legislativa	771
		6.9.18.3.	Introdução	771
		6.9.18.4.	Objetividade jurídica	772
		6.9.18.5.	Objeto material..	772
		6.9.18.6.	Núcleos do tipo	772
		6.9.18.7.	Sujeito ativo...	773
		6.9.18.8.	Sujeito passivo...	773
		6.9.18.9.	Elemento subjetivo..	773
		6.9.18.10.	Consumação...	774
		6.9.18.11.	Tentativa	774
		6.9.18.12.	Ação penal...	774
		6.9.18.13.	Lei 9.099/1995...	774
		6.9.18.14.	Classificação doutrinária...	774
	6.9.19.	Art. 337-O – Omissão grave de dado ou de informação por projetista..		774
		6.9.19.1.	Dispositivo legal...	774
		6.9.19.2.	Introdução	775
		6.9.19.3.	Objetividade jurídica	775
		6.9.19.4.	Objeto material..	775
		6.9.19.5.	Núcleos do tipo	776
		6.9.19.6.	Sujeito ativo...	778
		6.9.19.7.	Sujeito passivo...	778
		6.9.19.8.	Elemento subjetivo..	778
		6.9.19.9.	Consumação...	778
		6.9.19.10.	Tentativa	779
		6.9.19.11.	Ação penal...	779
		6.9.19.12.	Lei 9.099/1995...	779
		6.9.19.13.	Classificação doutrinária...	779
6.10.	Dos crimes contra a administração da justiça..			779
	6.10.1.	Art. 338 – Reingresso de estrangeiro expulso		780
		6.10.1.1.	Dispositivo legal...	780
		6.10.1.2.	Introdução...	781
		6.10.1.3.	Objetividade jurídica	781
		6.10.1.4.	Objeto material..	782
		6.10.1.5.	Núcleo do tipo...	782
		6.10.1.6.	Sujeito ativo...	782
		6.10.1.7.	Sujeito passivo...	782

		6.10.1.8.	Elemento subjetivo...	783
		6.10.1.9.	Consumação	783
		6.10.1.10.	Tentativa...	783
		6.10.1.11.	Ação penal..	783
		6.10.1.12.	Lei 9.099/1995..	783
		6.10.1.13.	Cumprimento da pena e nova expulsão	783
		6.10.1.14.	Classificação doutrinária...	784
		6.10.1.15.	Competência...	784
		6.10.1.16.	Prisão de estrangeiro e notificação consular..............	784
		6.10.1.17.	Reingresso de estrangeiro expulso e promoção de migração ilegal: distinção...	784
6.10.2.	Art. 339 – Denunciação caluniosa...			785
		6.10.2.1.	Dispositivo legal...	785
		6.10.2.2.	Evolução legislativa	785
		6.10.2.3.	Introdução..	786
		6.10.2.4.	Objetividade jurídica	786
		6.10.2.5.	Objeto material..	787
		6.10.2.6.	Núcleo do tipo	791
		6.10.2.7.	Sujeito ativo..	794
		6.10.2.8.	Sujeito passivo...	795
		6.10.2.9.	Elemento subjetivo..	795
		6.10.2.10.	Consumação	798
		6.10.2.11.	Tentativa...	800
		6.10.2.12.	Ação penal..	800
		6.10.2.13.	Lei 9.099/1995..	800
		6.10.2.14.	Classificação doutrinária...	800
		6.10.2.15.	Causa de aumento da pena: art. 339, § 1.º	801
		6.10.2.16.	Competência	801
		6.10.2.17.	Denunciação caluniosa e calúnia: distinções.............	801
		6.10.2.18.	Denunciação caluniosa e concurso de crimes...........	802
		6.10.2.19.	Imputação falsa de infração penal e Lei do Crime Organizado	802
		6.10.2.20.	Denunciação caluniosa eleitoral	803
		6.10.2.21.	Instauração indevida de procedimento investigatório e abuso de autoridade...	804
		6.10.2.22.	Falta de justa causa fundamentada na persecução ou persecução contra quem sabe inocente e abuso de autoridade	804
6.10.3.	Art. 340 – Comunicação falsa de crime ou de contravenção			804
		6.10.3.1.	Dispositivo legal...	804
		6.10.3.2.	Introdução..	805
		6.10.3.3.	Objetividade jurídica	805
		6.10.3.4.	Objeto material..	806
		6.10.3.5.	Núcleo do tipo	806
		6.10.3.6.	Sujeito ativo..	806
		6.10.3.7.	Sujeito passivo...	807

	6.10.3.8.	Elemento subjetivo	807
	6.10.3.9.	Consumação	807
	6.10.3.10.	Tentativa	808
	6.10.3.11.	Ação penal	808
	6.10.3.12.	Lei 9.099/1995	808
	6.10.3.13.	Classificação doutrinária	809
6.10.4.	Art. 341 – Autoacusação falsa		809
	6.10.4.1.	Dispositivo legal	809
	6.10.4.2.	Objetividade jurídica	809
	6.10.4.3.	Objeto material	809
	6.10.4.4.	Núcleo do tipo	809
	6.10.4.5.	Sujeito ativo	810
	6.10.4.6.	Sujeito passivo	811
	6.10.4.7.	Elemento subjetivo	811
	6.10.4.8.	Consumação	811
	6.10.4.9.	Tentativa	812
	6.10.4.10.	Ação penal	812
	6.10.4.11.	Lei 9.099/1995	812
	6.10.4.12.	Classificação doutrinária	812
6.10.5.	Art. 342 – Falso testemunho ou falsa perícia		812
	6.10.5.1.	Dispositivo legal	812
	6.10.5.2.	Introdução	813
	6.10.5.3.	Objetividade jurídica	814
	6.10.5.4.	Objeto material	814
	6.10.5.5.	Núcleos do tipo	814
	6.10.5.6.	Sujeito ativo	817
	6.10.5.7.	Sujeito passivo	822
	6.10.5.8.	Elemento subjetivo	822
	6.10.5.9.	Consumação	824
	6.10.5.10.	Tentativa	825
	6.10.5.11.	Ação penal	826
	6.10.5.12.	Lei 9.099/1995	826
	6.10.5.13.	Classificação doutrinária	826
	6.10.5.14.	Causas de aumento da pena: art. 342, § 1.º	826
	6.10.5.15.	Retratação: art. 342, § 2.º	828
	6.10.5.16.	Competência	830
	6.10.5.17.	Falso testemunho ou falsa perícia no Tribunal do Júri: formulação de quesito especial	832
	6.10.5.18.	Falso testemunho ou falsa perícia e Comissão Parlamentar de Inquérito (CPI)	832
	6.10.5.19.	Condução coercitiva indevida e abuso de autoridade	833
	6.10.5.20.	Ameaça de prisão para constranger a depor e abuso de autoridade	833
6.10.6.	Art. 343 – Corrupção ativa de testemunha ou perito		834
	6.10.6.1.	Dispositivo legal	834
	6.10.6.2.	Introdução	834

	6.10.6.3.	Objetividade jurídica		835
	6.10.6.4.	Objeto material		835
	6.10.6.5.	Núcleos do tipo		835
	6.10.6.6.	Sujeito ativo		835
	6.10.6.7.	Sujeito passivo		836
	6.10.6.8.	Elemento subjetivo		836
	6.10.6.9.	Consumação		836
	6.10.6.10.	Tentativa		836
	6.10.6.11.	Ação penal		837
	6.10.6.12.	Pena cominada e princípios da individualização da pena e da proporcionalidade		837
	6.10.6.13.	Classificação doutrinária		837
	6.10.6.14.	Causas de aumento da pena: art. 343, parágrafo único		837
6.10.7.	Art. 344 – Coação no curso do processo			838
	6.10.7.1.	Dispositivo legal		838
	6.10.7.2.	Introdução		838
	6.10.7.3.	Objetividade jurídica		838
	6.10.7.4.	Objeto material		839
	6.10.7.5.	Núcleo do tipo		839
	6.10.7.6.	Sujeito ativo		841
	6.10.7.7.	Sujeito passivo		841
	6.10.7.8.	Elemento subjetivo		841
	6.10.7.9.	Consumação		842
	6.10.7.10.	Tentativa		842
	6.10.7.11.	Ação penal		842
	6.10.7.12.	Lei 9.099/1995		842
	6.10.7.13.	Concurso material obrigatório		842
	6.10.7.14.	Classificação doutrinária		843
	6.10.7.15.	Causa de aumento de pena: art. 344, parágrafo único		843
	6.10.7.16.	Competência		843
6.10.8.	Art. 345 – Exercício arbitrário das próprias razões			843
	6.10.8.1.	Dispositivo legal		843
	6.10.8.2.	Introdução		844
	6.10.8.3.	Objetividade jurídica		844
	6.10.8.4.	Objeto material		845
	6.10.8.5.	Núcleo do tipo		845
	6.10.8.6.	Sujeito ativo		846
	6.10.8.7.	Sujeito passivo		847
	6.10.8.8.	Elemento subjetivo		847
	6.10.8.9.	Consumação		847
	6.10.8.10.	Tentativa		848
	6.10.8.11.	Ação penal		848
	6.10.8.12.	Lei 9.099/1995		848
	6.10.8.13.	Concurso material obrigatório		848
	6.10.8.14.	Classificação doutrinária		849

6.10.9. Art. 346 – Subtração ou dano de coisa própria em poder de terceiro 849
    6.10.9.1. Dispositivo legal.. 849
    6.10.9.2. Denominação 849
    6.10.9.3. Objetividade jurídica 850
    6.10.9.4. Objeto material.. 850
    6.10.9.5. Núcleos do tipo 850
    6.10.9.6. Sujeito ativo.. 851
    6.10.9.7. Sujeito passivo.. 851
    6.10.9.8. Elemento subjetivo.. 851
    6.10.9.9. Consumação 851
    6.10.9.10. Tentativa 851
    6.10.9.11. Ação penal.. 851
    6.10.9.12. Lei 9.099/1995... 851
    6.10.9.13. Classificação doutrinária 851
6.10.10. Art. 347 – Fraude processual 852
    6.10.10.1. Dispositivo legal.. 852
    6.10.10.2. Objetividade jurídica 852
    6.10.10.3. Objeto material.. 852
    6.10.10.4. Subsidiariedade tácita ou implícita 852
    6.10.10.5. Núcleo do tipo 853
    6.10.10.6. Sujeito ativo.. 854
    6.10.10.7. Sujeito passivo.. 855
    6.10.10.8. Elemento subjetivo.. 855
    6.10.10.9. Consumação 855
    6.10.10.10. Tentativa 855
    6.10.10.11. Ação penal.. 855
    6.10.10.12. Lei 9.099/1995... 856
    6.10.10.13. Classificação doutrinária 856
    6.10.10.14. Fraude processual e limites do direito de não produzir prova contra si mesmo... 856
    6.10.10.15. Fraude processual e Código de Trânsito Brasileiro 856
    6.10.10.16. Abuso de autoridade... 857
    6.10.10.17. Cadeia de custódia, coleta de vestígios e fraude processual 857
6.10.11. Art. 348 – Favorecimento pessoal... 858
    6.10.11.1. Dispositivo legal.. 858
    6.10.11.2. Introdução.. 858
    6.10.11.3. Objetividade jurídica 858
    6.10.11.4. Objeto material.. 859
    6.10.11.5. Núcleo do tipo 859
    6.10.11.6. Sujeito ativo.. 862
    6.10.11.7. Sujeito passivo.. 863
    6.10.11.8. Elemento subjetivo.. 863
    6.10.11.9. Consumação 864
    6.10.11.10. Tentativa 864

6.10.11.11. Ação penal		864
6.10.11.12. Lei 9.099/1995		864
6.10.11.13. Classificação doutrinária		864
6.10.11.14. Escusa absolutória: art. 348, § 2.º		865
6.10.11.15. Diferença entre favorecimento pessoal e outros crimes contra a Administração Pública		866
6.10.12. Art. 349 – Favorecimento real		867
6.10.12.1. Dispositivo legal		867
6.10.12.2. Introdução		867
6.10.12.3. Objetividade jurídica		868
6.10.12.4. Objeto material		868
6.10.12.5. Núcleo do tipo		869
6.10.12.6. Sujeito ativo		872
6.10.12.7. Sujeito passivo		872
6.10.12.8. Elemento subjetivo		872
6.10.12.9. Consumação		872
6.10.12.10. Tentativa		872
6.10.12.11. Ação penal		872
6.10.12.12. Lei 9.099/1995		872
6.10.12.13. Classificação doutrinária		872
6.10.13. Art. 349-A – Favorecimento real impróprio		873
6.10.13.1. Dispositivo legal		873
6.10.13.2. Denominação		873
6.10.13.3. A finalidade da Lei 12.012/2009		873
6.10.13.4. Crítica às Leis 11.466/2007 e 12.012/2009		875
6.10.13.5. Art. 349-A do Código Penal e princípio da proporcionalidade		875
6.10.13.6. Objetividade jurídica		876
6.10.13.7. Objeto material		876
6.10.13.8. Núcleos do tipo		876
6.10.13.9. Sujeito ativo		877
6.10.13.10. Sujeito passivo		878
6.10.13.11. Elemento subjetivo		878
6.10.13.12. Consumação		879
6.10.13.13. Tentativa		879
6.10.13.14. Ação penal		879
6.10.13.15. Lei 9.099/1995		879
6.10.13.16. Classificação doutrinária		879
6.10.14. Art. 350 – Exercício arbitrário ou abuso de poder		879
6.10.14.1. A revogação do art. 350 do Código Penal pela Lei 13.869/2019		879
6.10.15. Art. 351 – Fuga de pessoa presa ou submetida a medida de segurança		880
6.10.15.1. Dispositivo legal		880
6.10.15.2. Introdução		881
6.10.15.3. Objetividade jurídica		881

6.10.15.4. Objeto material 881
6.10.15.5. Núcleos do tipo 882
6.10.15.6. Sujeito ativo 883
6.10.15.7. Sujeito passivo 883
6.10.15.8. Elemento subjetivo 883
6.10.15.9. Consumação 883
6.10.15.10. Tentativa 883
6.10.15.11. Ação penal 883
6.10.15.12. Lei 9.099/1995 884
6.10.15.13. Classificação doutrinária 884
6.10.15.14. Figura qualificada pelo emprego de arma, concurso de pessoas ou arrombamento: art. 351, § 1.º 884
6.10.15.15. Violência contra a pessoa e concurso material obrigatório: art. 351, § 2.º 884
6.10.15.16. Figura qualificada pela qualidade do sujeito ativo: art. 351, § 3.º 885
6.10.15.17. Modalidade culposa: art. 351, § 4.º 885
6.10.15.18. Fuga de pessoa presa ou submetida a medida de segurança e Código Penal Militar 885
6.10.16. Art. 352 – Evasão mediante violência contra pessoa 886
6.10.16.1. Dispositivo legal 886
6.10.16.2. Introdução 886
6.10.16.3. Objetividade jurídica 887
6.10.16.4. Objeto material 887
6.10.16.5. Núcleo do tipo 887
6.10.16.6. Sujeito ativo 888
6.10.16.7. Sujeito passivo 888
6.10.16.8. Elemento subjetivo 888
6.10.16.9. Consumação 888
6.10.16.10. Tentativa 888
6.10.16.11. Ação penal 888
6.10.16.12. Lei 9.099/1995 888
6.10.16.13. Classificação doutrinária 888
6.10.16.14. Concurso material obrigatório 889
6.10.16.15. Evasão mediante violência contra pessoa e Código Penal Militar 889
6.10.17. Art. 353 – Arrebatamento de preso 889
6.10.17.1. Dispositivo legal 889
6.10.17.2. Objetividade jurídica 890
6.10.17.3. Objeto material 890
6.10.17.4. Núcleo do tipo 890
6.10.17.5. Sujeito ativo 890
6.10.17.6. Sujeito passivo 891
6.10.17.7. Elemento subjetivo 891
6.10.17.8. Consumação 891
6.10.17.9. Tentativa 891

6.10.17.10. Ação penal	891
6.10.17.11. Lei 9.099/1995	891
6.10.17.12. Classificação doutrinária	891
6.10.17.13. Concurso material obrigatório	892
6.10.17.14. Arrebatamento de preso e Código Penal Militar	892
6.10.18. Art. 354 – Motim de presos	892
6.10.18.1. Dispositivo legal	892
6.10.18.2. Objetividade jurídica	892
6.10.18.3. Objeto material	893
6.10.18.4. Núcleo do tipo	893
6.10.18.5. Sujeito ativo	893
6.10.18.6. Sujeito passivo	893
6.10.18.7. Elemento subjetivo	894
6.10.18.8. Consumação	894
6.10.18.9. Tentativa	894
6.10.18.10. Ação penal	894
6.10.18.11. Lei 9.099/1995	894
6.10.18.12. Classificação doutrinária	894
6.10.18.13. Concurso material obrigatório	894
6.10.18.14. Código Penal Militar	895
6.10.19. Art. 355 – Patrocínio infiel e patrocínio simultâneo ou tergiversação	895
6.10.19.1. Dispositivo legal	895
6.10.19.2. Introdução	896
6.10.19.3. Objetividade jurídica	896
6.10.19.4. Objeto material	896
6.10.19.5. Sujeito ativo	896
6.10.19.6. Sujeito passivo	897
6.10.19.7. Elemento subjetivo	897
6.10.19.8. Ação penal	897
6.10.19.9. Lei 9.099/1995	897
6.10.19.10. Competência	898
6.10.19.11. O consentimento do ofendido e seus reflexos jurídico-penais	898
6.10.19.12. Patrocínio infiel: art. 355, *caput*	898
6.10.19.13. Patrocínio simultâneo ou tergiversação: art. 355, parágrafo único	899
6.10.20. Art. 356 – Sonegação de papel ou objeto de valor probatório	901
6.10.20.1. Dispositivo legal	901
6.10.20.2. Objetividade jurídica	901
6.10.20.3. Objeto material	902
6.10.20.4. Núcleos do tipo	902
6.10.20.5. Sujeito ativo	903
6.10.20.6. Sujeito passivo	904
6.10.20.7. Elemento subjetivo	904
6.10.20.8. Consumação	904

6.10.20.9. Tentativa ... 905
6.10.20.10. Ação penal ... 905
6.10.20.11. Lei 9.099/1995 ... 905
6.10.20.12. Classificação doutrinária ... 905
6.10.21. Art. 357 – Exploração de prestígio ... 906
6.10.21.1. Dispositivo legal ... 906
6.10.21.2. Introdução ... 906
6.10.21.3. Objetividade jurídica ... 906
6.10.21.4. Objeto material ... 907
6.10.21.5. Núcleos do tipo ... 907
6.10.21.6. Sujeito ativo ... 908
6.10.21.7. Sujeito passivo ... 908
6.10.21.8. Elemento subjetivo ... 908
6.10.21.9. Consumação ... 909
6.10.21.10. Tentativa ... 909
6.10.21.11. Ação penal ... 909
6.10.21.12. Lei 9.099/1995 ... 909
6.10.21.13. Classificação doutrinária ... 909
6.10.21.14. Causa de aumento de pena: art. 357, parágrafo único . 909
6.10.21.15. Exploração de prestígio e Código Penal Militar ... 910
6.10.22. Art. 358 – Violência ou fraude em arrematação judicial ... 910
6.10.22.1. Dispositivo legal ... 910
6.10.22.2. Objetividade jurídica ... 910
6.10.22.3. Objeto material ... 911
6.10.22.4. Núcleos do tipo ... 911
6.10.22.5. Sujeito ativo ... 911
6.10.22.6. Sujeito passivo ... 912
6.10.22.7. Elemento subjetivo ... 912
6.10.22.8. Consumação ... 912
6.10.22.9. Tentativa ... 912
6.10.22.10. Ação penal ... 912
6.10.22.11. Lei 9.099/1995 ... 912
6.10.22.12. Classificação doutrinária ... 912
6.10.22.13. Concurso material obrigatório ... 912
6.10.23. Art. 359 – Desobediência a decisão judicial sobre perda ou suspensão de direito ... 913
6.10.23.1. Dispositivo legal ... 913
6.10.23.2. Introdução ... 913
6.10.23.3. Objetividade jurídica ... 913
6.10.23.4. Objeto material ... 913
6.10.23.5. Núcleo do tipo ... 914
6.10.23.6. Sujeito ativo ... 914
6.10.23.7. Sujeito passivo ... 914
6.10.23.8. Elemento subjetivo ... 914
6.10.23.9. Consumação ... 915
6.10.23.10. Tentativa ... 915

	6.10.23.11.	Ação penal	915
	6.10.23.12.	Lei 9.099/1995	915
	6.10.23.13.	Classificação doutrinária	915
	6.10.23.14.	Desobediência a decisão judicial e Lei de Falências	915
	6.10.23.15.	Desobediência a decisão judicial e Código de Trânsito Brasileiro	915

6.11. Dos crimes contra as finanças públicas... 916
    6.11.1. Fundamento constitucional e questões atinentes à responsabilidade fiscal 916
    6.11.2. Objetividade jurídica nos crimes contra as finanças públicas 916
    6.11.3. O elemento subjetivo nos crimes contra as finanças públicas: a exigência do dolo 916
    6.11.4. Ação penal 916
    6.11.5. Efeitos da condenação 917
    6.11.6. Art. 359-A – Contratação de operação de crédito 917

6.11.6.1.	Dispositivo legal	917
6.11.6.2.	Objeto material	917
6.11.6.3.	Núcleos do tipo	918
6.11.6.4.	Sujeito ativo	918
6.11.6.5.	Sujeito passivo	919
6.11.6.6.	Consumação	919
6.11.6.7.	Tentativa	919
6.11.6.8.	Lei 9.099/1995	919
6.11.6.9.	Classificação doutrinária	919
6.11.6.10.	Figuras equiparadas: art. 359-A, parágrafo único, incisos I e II	919

    6.11.7. Art. 359-B – Inscrição de despesas não empenhadas em restos a pagar 921

6.11.7.1.	Dispositivo legal	921
6.11.7.2.	Objeto material	921
6.11.7.3.	Núcleos do tipo	921
6.11.7.4.	Sujeito ativo	922
6.11.7.5.	Sujeito passivo	922
6.11.7.6.	Consumação	922
6.11.7.7.	Tentativa	922
6.11.7.8.	Lei 9.099/1995	923
6.11.7.9.	Classificação doutrinária	923

    6.11.8. Art. 359-C – Assunção de obrigação no último ano do mandato ou legislatura 923

6.11.8.1.	Dispositivo legal	923
6.11.8.2.	Objeto material	923
6.11.8.3.	Núcleos do tipo	924
6.11.8.4.	Sujeito ativo	924
6.11.8.5.	Sujeito passivo	925
6.11.8.6.	Consumação	925
6.11.8.7.	Tentativa	925

		6.11.8.8.	Lei 9.099/1995	925
		6.11.8.9.	Classificação doutrinária	925
	6.11.9.	Art. 359-D – Ordenação de despesa não autorizada		926
		6.11.9.1.	Dispositivo legal	926
		6.11.9.2.	Objeto material	926
		6.11.9.3.	Núcleo do tipo	926
		6.11.9.4.	Sujeito ativo	927
		6.11.9.5.	Sujeito passivo	927
		6.11.9.6.	Consumação	927
		6.11.9.7.	Tentativa	927
		6.11.9.8.	Lei 9.099/1995	927
		6.11.9.9.	Classificação doutrinária	927
		6.11.9.10.	A questão relativa ao benefício para a Administração Pública	927
		6.11.9.11.	O remanejamento de despesas públicas	928
	6.11.10.	Art. 359-E – Prestação de garantia graciosa		929
		6.11.10.1.	Dispositivo legal	929
		6.11.10.2.	Objeto material	929
		6.11.10.3.	Núcleo do tipo	929
		6.11.10.4.	Sujeito ativo	929
		6.11.10.5.	Sujeito passivo	929
		6.11.10.6.	Consumação	930
		6.11.10.7.	Tentativa	930
		6.11.10.8.	Lei 9.099/1995	930
		6.11.10.9.	Classificação doutrinária	930
	6.11.11.	Art. 359-F – Não cancelamento de restos a pagar		931
		6.11.11.1.	Dispositivo legal	931
		6.11.11.2.	Objeto material	931
		6.11.11.3.	Núcleos do tipo	931
		6.11.11.4.	Sujeito ativo	932
		6.11.11.5.	Sujeito passivo	932
		6.11.11.6.	Consumação	932
		6.11.11.7.	Tentativa	933
		6.11.11.8.	Lei 9.099/1995	933
		6.11.11.9.	Classificação doutrinária	933
	6.11.12.	Art. 359-G – Aumento de despesa total com pessoal no último ano do mandato ou legislatura		933
		6.11.12.1.	Dispositivo legal	933
		6.11.12.2.	Objeto material	933
		6.11.12.3.	Núcleos do tipo	934
		6.11.12.4.	Sujeito ativo	934
		6.11.12.5.	Sujeito passivo	935
		6.11.12.6.	Consumação	935
		6.11.12.7.	Tentativa	935
		6.11.12.8.	Lei 9.099/1995	935
		6.11.12.9.	Classificação doutrinária	935

		6.11.13. Art. 359-H – Oferta pública ou colocação de títulos no mercado..	935
		6.11.13.1. Dispositivo legal..	935
		6.11.13.2. Objeto material	936
		6.11.13.3. Núcleos do tipo	936
		6.11.13.4. Sujeito ativo	936
		6.11.13.5. Sujeito passivo...	936
		6.11.13.6. Consumação	936
		6.11.13.7. Tentativa	937
		6.11.13.8. Lei 9.099/1995...	937
		6.11.13.9. Classificação doutrinária...................................	937

CAPÍTULO 7 – DOS CRIMES CONTRA O ESTADO DEMOCRÁTICO DE DIREITO 939

7.1.	Introdução..	939
7.2.	A revogação da Lei de Segurança Nacional...............................	940
7.3.	Natureza jurídica dos crimes contra o Estado Democrático de Direito.........	940
7.4.	Competência para processo e julgamento dos crimes contra o Estado Democrático de Direito..	942
7.5.	Exclusão do crime: art. 359-T..	942
	7.5.1. Dispositivo legal e campo de incidência...........................	942
	7.5.2. Fundamento constitucional e natureza jurídica................	942
7.6.	Os vetos do Presidente da República	943
7.7.	Dos crimes contra a soberania nacional...................................	944
	7.7.1. Art. 359-I – Atentado à soberania......................................	944
	7.7.1.1. Dispositivo legal..	944
	7.7.1.2. Evolução legislativa	944
	7.7.1.3. Introdução..	945
	7.7.1.4. Objetividade jurídica	945
	7.7.1.5. Objeto material	945
	7.7.1.6. Núcleo do tipo	945
	7.7.1.7. Sujeito ativo	946
	7.7.1.8. Sujeito passivo...	946
	7.7.1.9. Elemento subjetivo...	946
	7.7.1.10. Consumação	947
	7.7.1.11. Tentativa	947
	7.7.1.12. Ação penal...	947
	7.7.1.13. Lei 9.099/1995...	947
	7.7.1.14. Classificação doutrinária....................................	947
	7.7.1.15. Causa de aumento de pena: art. 359-I, § 1.º	947
	7.7.1.16. Qualificadora: art. 359-I, § 2.º...........................	947
	7.7.1.17. Competência..	948
	7.7.1.18. Imprescritibilidade penal	948
	7.7.2. Art. 359-J – Atentado à integridade nacional...................	948
	7.7.2.1. Dispositivo legal..	948
	7.7.2.2. Evolução legislativa	949

		7.7.2.3.	Introdução	949
		7.7.2.4.	Objetividade jurídica	949
		7.7.2.5.	Objeto material	949
		7.7.2.6.	Núcleo do tipo	949
		7.7.2.7.	Sujeito ativo	950
		7.7.2.8.	Sujeito passivo	950
		7.7.2.9.	Elemento subjetivo	950
		7.7.2.10.	Consumação	950
		7.7.2.11.	Tentativa	950
		7.7.2.12.	Ação penal	950
		7.7.2.13.	Lei 9.099/1995	950
		7.7.2.14.	Concurso material obrigatório	951
		7.7.2.15.	Classificação doutrinária	951
		7.7.2.16.	Competência	951
		7.7.2.17.	Imprescritibilidade penal	951
	7.7.3.	Art. 359-K – Espionagem		951
		7.7.3.1.	Dispositivo legal	951
		7.7.3.2.	Evolução legislativa	952
		7.7.3.3.	Introdução	953
		7.7.3.4.	Objetividade jurídica	954
		7.7.3.5.	Objeto material	954
		7.7.3.6.	Núcleo do tipo	955
		7.7.3.7.	Sujeito ativo	956
		7.7.3.8.	Sujeito passivo	956
		7.7.3.9.	Elemento subjetivo	956
		7.7.3.10.	Consumação	956
		7.7.3.11.	Tentativa	957
		7.7.3.12.	Ação penal	957
		7.7.3.13.	Lei 9.099/1995	957
		7.7.3.14.	Classificação doutrinária	957
		7.7.3.15.	Competência	957
		7.7.3.16.	Auxílio ao espião: art. 359-K, § 1.º	957
		7.7.3.17.	Violação de sigilo e figura qualificada: art. 359-K, § 2.º	958
		7.7.3.18.	Figura privilegiada: art. 359-K, § 3.º	958
		7.7.3.19.	Exclusão do crime: art. 359-K, § 4.º	959
7.8.	Dos crimes contra as instituições democráticas			960
	7.8.1.	Art. 359-L – Abolição violenta do Estado Democrático de Direito		960
		7.8.1.1.	Dispositivo legal	960
		7.8.1.2.	Evolução legislativa	960
		7.8.1.3.	Objetividade jurídica	961
		7.8.1.4.	Objeto material	961
		7.8.1.5.	Núcleo do tipo	961
		7.8.1.6.	Sujeito ativo	962
		7.8.1.7.	Sujeito passivo	962
		7.8.1.8.	Elemento subjetivo	962
		7.8.1.9.	Consumação	962

		7.8.1.10.	Tentativa	962
		7.8.1.11.	Ação penal	963
		7.8.1.12.	Lei 9.099/1995	963
		7.8.1.13.	Concurso material obrigatório	963
		7.8.1.14.	Classificação doutrinária	963
		7.8.1.15.	Competência	963
		7.8.1.16.	Imprescritibilidade penal	963
	7.8.2.	Art. 359-M – Golpe de Estado		963
		7.8.2.1.	Dispositivo legal	963
		7.8.2.2.	Evolução legislativa	964
		7.8.2.3.	Objetividade jurídica	964
		7.8.2.4.	Objeto material	964
		7.8.2.5.	Núcleo do tipo	965
		7.8.2.6.	Sujeito ativo	965
		7.8.2.7.	Sujeito passivo	965
		7.8.2.8.	Elemento subjetivo	965
		7.8.2.9.	Consumação	965
		7.8.2.10.	Tentativa	966
		7.8.2.11.	Ação penal	966
		7.8.2.12.	Lei 9.099/1995	966
		7.8.2.13.	Concurso material obrigatório	966
		7.8.2.14.	Classificação doutrinária	966
		7.8.2.15.	Competência	967
		7.8.2.16.	Imprescritibilidade penal	967
7.9.	Dos crimes contra o funcionamento das instituições democráticas no processo eleitoral			967
	7.9.1.	Art. 359-N – Interrupção do processo eleitoral		967
		7.9.1.1.	Dispositivo legal	967
		7.9.1.2.	Introdução	967
		7.9.1.3.	Objetividade jurídica	968
		7.9.1.4.	Objeto material	968
		7.9.1.5.	Núcleos do tipo	968
		7.9.1.6.	Sujeito ativo	970
		7.9.1.7.	Sujeito passivo	970
		7.9.1.8.	Elemento subjetivo	970
		7.9.1.9.	Consumação	970
		7.9.1.10.	Tentativa	971
		7.9.1.11.	Ação penal	971
		7.9.1.12.	Lei 9.099/1995	971
		7.9.1.13.	Classificação doutrinária	971
		7.9.1.14.	Competência	971
	7.9.2.	Art. 359-P – Violência política		971
		7.9.2.1.	Dispositivo legal	971
		7.9.2.2.	Evolução legislativa	972
		7.9.2.3.	Objetividade jurídica	972
		7.9.2.4.	Objeto material	973

	7.9.2.5.	Núcleos do tipo	973
	7.9.2.6.	Sujeito ativo	975
	7.9.2.7.	Sujeito passivo	975
	7.9.2.8.	Elemento subjetivo	975
	7.9.2.9.	Consumação	975
	7.9.2.10.	Tentativa	975
	7.9.2.11.	Ação penal	975
	7.9.2.12.	Lei 9.099/1995	975
	7.9.2.13.	Concurso material obrigatório	975
	7.9.2.14.	Classificação doutrinária	976
	7.9.2.15.	Competência	976
7.10.	Os crimes contra o funcionamento dos serviços essenciais		976
	7.10.1. Art. 359-R – Sabotagem		976
	7.10.1.1.	Dispositivo legal	976
	7.10.1.2.	Evolução legislativa	977
	7.10.1.3.	Objetividade jurídica	978
	7.10.1.4.	Objeto material	978
	7.10.1.5.	Núcleos do tipo	978
	7.10.1.6.	Sujeito ativo	978
	7.10.1.7.	Sujeito passivo	978
	7.10.1.8.	Elemento subjetivo	979
	7.10.1.9.	Consumação	979
	7.10.1.10.	Tentativa	979
	7.10.1.11.	Ação penal	980
	7.10.1.12.	Lei 9.099/1995	980
	7.10.1.13.	Classificação doutrinária	980
	7.10.1.14.	Competência	980

BIBLIOGRAFIA 981

CAPÍTULO 1

DOS CRIMES CONTRA A DIGNIDADE SEXUAL

1.1. CRIMES CONTRA OS COSTUMES *VERSUS* CRIMES CONTRA A DIGNIDADE SEXUAL

O Código Penal brasileiro foi instituído pelo Decreto-lei 2.848/1940. Em sua redação original, constavam do Título VI da Parte Especial os "crimes contra os costumes".

De lá para cá, muita coisa mudou. No Código Penal, alguns crimes deixaram de existir, tais como a sedução (art. 217) e o adultério (art. 240). Houve delitos que passaram a ser disciplinados por outras leis, a exemplo do comércio clandestino ou facilitação de uso de entorpecentes (art. 281), ora contido, com terminologias diversas, na Lei 11.343/2006 – Lei de Drogas. Finalmente, novos crimes foram criados, podendo ser lembrado todo o Capítulo IV do Título XI da Parte Especial do Código Penal – Dos crimes contra as finanças públicas.

Nesse contexto, é válido destacar a existência de delitos que não reclamam e quiçá jamais reclamarão qualquer alteração. É o caso do homicídio (art. 121), cuja conduta típica sempre foi e sempre será "matar alguém". No entanto, determinados crimes, em face da mudança dos valores e princípios das pessoas e da sociedade, precisavam ser revistos. E, certamente, o ponto em que esse fenômeno se mostrava mais contundente recaía nos "crimes contra os costumes".

Costume, no plano jurídico, é a reiteração de uma conduta (elemento objetivo) em face da convicção da sua obrigatoriedade (elemento subjetivo). E aqui surge uma inevitável pergunta: Qual a relação entre costumes e crimes sexuais, na forma concebida pela redação original do Código Penal?

A expressão "crimes contra os costumes" era demasiadamente conservadora e indicativa de uma linha de comportamento sexual imposto pelo Estado às pessoas, por necessidades ou conveniências sociais. Além disso, revelava-se preconceituosa, pois alcançava, sobretudo, as mulheres. De fato, somente a "mulher honesta" era tutelada por alguns tipos penais, mas não se exigia igual predicado dos homens. Discutia-se se a esposa podia ser vítima do estupro praticado pelo marido, sob a alegação de obrigatoriedade de cumprimento do famigerado "débito conjugal".

A mulher era sempre considerada objeto no campo sexual, sem nenhuma preocupação legislativa quanto à direção conferida, por ela mesma, aos seus desejos e interesses. A propósito, vale a pena conferir uma passagem de Nélson Hungria, redigida em 1954 – 14 anos, portanto, após a edição do Código Penal –, acerca do pensamento então reinante no tocante ao comportamento feminino:

> Com a decadência do pudor, a mulher perdeu muito do seu prestígio e *charme*. Atualmente, meio palmo de coxa desnuda, tão comum com as saias modernas, já deixa indiferente o transeunte mais *tropical*, enquanto, outrora, um tornozelo feminino à mostra provocava sensação e versos líricos. As moças de hoje, via de regra, madrugam na posse dos segredos da vida sexual, e sua falta de *modéstia* permite aos namorados liberdades excessivas. Toleram os contatos mais indiscretos e comprazem-se com anedotas e *boutades* picantes, quando não chegam a ter a iniciativa delas, escusando-se para tanto inescrúpulo com o argumento de que a mãe Eva não usou *folha de parreira* na boca...[1]

Essa falsa moralidade média não podia subsistir nos tempos modernos. As mulheres conquistaram, com muito esforço e mérito, autêntica posição de destaque na sociedade. O princípio da isonomia, em suas concepções formal e material, consagrado no art. 5.º, *caput*, da Constituição Federal, determinava a necessária mudança de um quadro machista e insustentável. De fato, a lei penal não pode estabelecer tratamentos diferenciados fundados unicamente no sexo das pessoas.

Para suprir tais deficiências, e como desdobramento dos trabalhos da "CPI da Pedofilia", editou-se a Lei 12.015/2009, responsável por diversas modificações na seara dos crimes sexuais, especialmente o recrudescimento das penas e a criação de novos delitos.[2] E, como relevante mudança, merece destaque a nomenclatura do Título VI da Parte Especial do Código Penal. A ultrapassada expressão "crimes contra os costumes" cedeu espaço à adequada terminologia "crimes contra a dignidade sexual".

Seu fundamento de validade reside no art. 1.º, inc. III, da Constituição Federal: a **dignidade da pessoa humana**, um dos fundamentos da República Federativa do Brasil, definida com precisão por Marco Antonio Marques da Silva:

> A dignidade decorre da própria natureza humana, o ser humano deve ser tratado sempre de modo diferenciado em face da sua natureza racional. É no relacionamento entre as pessoas e o mundo exterior e entre o Estado e a pessoa que se exteriorizam os limites da interferência no âmbito desta dignidade. O seu respeito, é importante que se ressalte, não é uma concessão ao Estado, mas nasce da própria soberania popular, ligando-se à própria noção de Estado Democrático de Direito.
>
> Neste sentido, afirma Chaves Camargo que inexiste uma específica definição para a dignidade humana, porém, ela se manifesta em todas as pessoas, já que cada um, ao respeitar o outro, tem a visão do outro. A dignidade humana existe em todos os indivíduos e impõe o respeito mútuo entre as pessoas, no ato da comunicação, e que se opõe a uma interferência indevida na vida privada pelo Estado. Tais direitos são inerentes, porque conhecidos pelas pessoas, não podendo, portanto, o Estado desconhecê-los.[3]

De fato, a dignidade é inerente a todas as pessoas, sem qualquer distinção, em decorrência da condição privilegiada do ser humano. Ademais, a dignidade da pessoa humana não gera reflexos apenas nas esferas física, moral e patrimonial, mas também no âmbito sexual. Em outras palavras, toda e qualquer pessoa humana tem o direito de exigir respeito no âmbito da sua vida sexual, bem como o dever de respeitar as opções sexuais alheias. O Estado deve

---

[1] HUNGRIA, Nélson; LACERDA, Romão Côrtes de. *Comentários ao Código Penal*. Rio de Janeiro: Forense, 1954. v. VIII, p. 85.
[2] STJ: HC 144.870/DF, rel. Min. Og Fernandes, 6.ª Turma, j. 09.02.2010.
[3] SILVA, Marco Antonio Marques da. *Acesso à justiça penal e estado democrático de direito*. São Paulo: Juarez de Oliveira, 2001. p. 1.

assegurar meios para todos buscarem a satisfação sexual de forma digna, livre de violência, grave ameaça ou exploração.[4]

Nesse contexto, **não se admite a desqualificação da vítima** em processos criminais envolvendo crimes contra a dignidade sexual ou de violência contra a mulher, evitando-se sua humilhação e revitimização. Como decidido pelo Supremo Tribunal Federal:

> É inconstitucional a prática de desqualificar a mulher vítima de violência durante a instrução e o julgamento de crimes contra a dignidade sexual e todos os crimes de violência contra a mulher, de maneira que se proíba eventual menção, inquirição ou fundamentação sobre a vida sexual pregressa ou o modo de vida da vítima em audiências e decisões judiciais. Apesar da evolução legal e constitucional, o Estado e a sociedade brasileira continuam aceitando a discriminação e a violência de gênero contra a mulher na apuração e judicialização dos atentados contra ela, principalmente nos crimes contra a dignidade sexual. De fato, é comum que, nas audiências, a vítima seja inquirida quanto à sua vida pregressa e aos seus hábitos sexuais para que tais elementos sejam utilizados como argumentos para justificar a conduta do agressor. Essas práticas não possuem base legal nem constitucional e foram construídas para relativizar a violência contra a mulher e gerar tolerância em relação a estupros praticados contra aquelas cujo comportamento fugisse do que era considerado aceitável pelo agressor. Nesses casos, culpa-se a vítima pela conduta delituosa do agente. Nesse contexto, todos os Poderes da República devem atuar conjuntamente para coibir a violência de gênero, especialmente a vitimização secundária da pessoa agredida em sua dignidade sexual.[5]

O Título VI da Parte Especial do Código Penal – Dos crimes contra a dignidade sexual – está dividido em oito capítulos. São eles:

– Capítulo I – Dos crimes contra a liberdade sexual: arts. 213 a 216-A;
– Capítulo I-A – Da exposição da intimidade sexual: art. 216-B;
– Capítulo II – Dos crimes sexuais contra vulnerável: arts. 217-A a 218-C;
– Capítulo III – revogado pela Lei 11.106/2005;
– Capítulo IV – Disposições gerais: arts. 225 e 226;
– Capítulo V – Do lenocínio e do tráfico de pessoa para fim de prostituição ou outra forma de exploração sexual: arts. 227 a 232-A;
– Capítulo VI – Do ultraje público ao pudor: arts. 233 e 234; e
– Capítulo VII – Disposições gerais: arts. 234-A e 234-B.

1.2. DOS CRIMES CONTRA A LIBERDADE SEXUAL

Liberdade sexual é o direito de dispor do próprio corpo. Cada pessoa tem o direito de escolher seu parceiro sexual, e com ele praticar o ato desejado no momento que reputar adequado. A lei protege o critério de eleição sexual que todos desfrutam na sociedade. Como destaca Nélson Hungria:

---

[4] A dignidade da pessoa humana representa um conjunto de garantias positivas e negativas. Garantias negativas no sentido de que o ser humano não pode ser objeto de discriminações e humilhações, e positivas relativamente à garantia de pleno desenvolvimento das suas capacidades individuais (PEREZ LUÑO, Antonio Henrique. *Derechos humanos, estado de derecho y constitución*. Madrid: Tecnos, 2003. p. 319).

[5] ADPF 1.107/DF, rel. Min. Cármen Lúcia, Plenário, j. 23.05.2024, noticiado no *Informativo* 1.138.

A disciplina jurídica da satisfação da *libido* ou apetite sexual reclama, como condição precípua, a faculdade de livre escolha ou livre convencimento nas relações sexuais. É o que a lei penal, segundo a rubrica do presente capítulo, denomina *liberdade sexual*. É a liberdade de disposição do próprio corpo no tocante aos fins sexuais. A lesão desse bem ou interesse jurídico pode ocorrer mediante *violência* (física ou moral) ou mediante *fraude*. Uma vence, outra ilude a oposição da vítima.

Se a violência é um ataque *franco* à liberdade de agir ou não agir, o emprego da fraude, embora não exclua propriamente essa liberdade, é um meio de burlar a vontade contrária de outrem, de modo que não deixa de ser, ela também, dissimuladamente, uma ofensa ao livre exercício da vontade, pois o consentimento viciado pelo erro não é consentimento, sob o ponto de vista jurídico.

É o emprego da *vis* ou da *fraus* a nota indispensável à configuração dos crimes contra a liberdade sexual: sem ela, o fato constituirá outra espécie de crime sexual ou será penalmente irrelevante.[6]

São quatro os crimes contra a liberdade sexual: estupro (art. 213), violação sexual mediante fraude (art. 215), importunação sexual (art. 215-A) e assédio sexual (art. 216-A).

A Lei 12.845/2013 dispõe sobre o atendimento obrigatório e integral de pessoas em situação de violência sexual.

1.2.1. Art. 213 – Estupro

1.2.1.1. Dispositivo legal

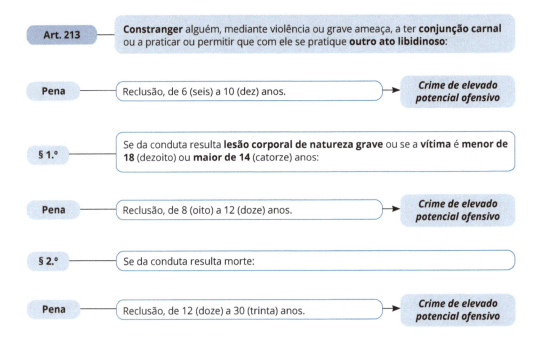

---

[6] HUNGRIA, Nélson, LACERDA, Romão Côrtes de. *Comentários ao Código Penal*. Rio de Janeiro: Forense, 1954. v. VIII, p. 102.

CAP. 1 – DOS CRIMES CONTRA A DIGNIDADE SEXUAL | 5

Classificação:
Crime pluriofensivo
Crime comum (mas próprio na modalidade "constranger alguém a ter conjunção carnal")
Crime material ou causal
Crime de forma livre
Crime instantâneo
Crime comissivo (regra)
Crime unissubjetivo, unilateral ou de concurso eventual
Crime plurissubsistente (regra)

Informações rápidas:
Não houve *abolitio criminis* no tocante ao atentado violento ao pudor (princípio da continuidade típico normativa).
É crime hediondo (seja tentado seja consumado).
Objeto material: pessoa, de qualquer sexo (inclusive transexuais). As lesões leves e as vias de fato são absorvidas pelo estupro; as graves ou gravíssimas qualificam o crime.
Elementar implícita do tipo penal: dissenso da vítima (deve ser sério e firme e subsistir durante toda a atividade sexual).
Crime complexo em sentido amplo (constrangimento ilegal voltado para conjunção carnal ou outro ato libidinoso). Esposas podem ser vítimas de estupro praticado pelos maridos e vice-versa. O estupro deixou de ser crime biprópio para ser crime bicomum. Prostitutas também podem ser vítimas de estupro.
Elemento subjetivo: dolo (elemento subjetivo específico – intenção de manter conjunção carnal ou outro ato libidinoso com alguém). Não admite modalidade culposa.
Tentativa: admite (crime plurissubsistente).
Ação penal: pública incondicionada.

1.2.1.2. Introdução

Na redação original do Código Penal, estabelecida pelo Decreto-lei 2.848/1940, existiam dois crimes sexuais cometidos com emprego de violência ou grave ameaça, definidos entre os "crimes contra os costumes": estupro e atentado violento ao pudor.

No estupro (art. 213), a conduta típica consistia em "constranger mulher à conjunção carnal, mediante violência ou grave ameaça". Por sua vez, no atentado violento ao pudor (art. 214) o tipo penal apresentava a seguinte redação: "Constranger alguém, mediante violência ou grave ameaça, a praticar ou permitir que com ele se pratique ato libidinoso diverso da conjunção carnal".

Em ambos os delitos, o núcleo era "constranger", mediante emprego de violência ou grave ameaça. No estupro, entretanto, buscava-se a conjunção carnal, enquanto no atentado violento ao pudor o objetivo almejado pelo agente era qualquer outro ato libidinoso. Nos dois crimes, a pena era de reclusão, de seis a dez anos, em face das reformas promovidas pela Lei 8.072/1990 – Lei dos Crimes Hediondos.

Este quadro foi alterado pela Lei 12.015/2009. Inicialmente, deixaram de existir os crimes contra os costumes, e entraram em cena os "crimes contra a dignidade sexual". Entretanto, várias outras modificações também foram implementadas, destacando-se a fusão, em um único delito, dos crimes outrora tipificados nos arts. 213 e 214 do Código Penal. O alcance do estupro foi ampliado, alargando-se o raio de incidência do art. 213, em face da revogação formal do art. 214, anteriormente responsável pela definição do atentado violento ao pudor.

Com efeito, atualmente o crime de estupro, previsto no art. 213 do Código Penal, representa a junção dos antigos delitos de estupro (art. 213) e atentado violento ao pudor (art. 214). A pena não mudou. Continua a ser, em sua modalidade fundamental, de reclusão, de seis a dez anos. Em síntese, o tratamento legislativo do crime de estupro pode ser assim representado:

Estupro após a Lei 12.015/2009 (art. 213) = Estupro antigo (art. 213) + Atentado violento ao pudor (art. 214 revogado)

Vale a pena destacar a redação de cada um dos tipos penais:

Art. 213 após a Lei 12.015/2009: "Constranger alguém, mediante violência ou grave ameaça, a ter conjunção carnal ou a praticar ou permitir que com ele se pratique outro ato libidinoso".

=

Art. 213 antigo: "Constranger mulher à conjunção carnal, mediante violência ou grave ameaça".

+

Art. 214 formalmente revogado: "Constranger alguém, mediante violência ou grave ameaça, a praticar ou permitir que com ele se pratique ato libidinoso diverso da conjunção carnal".

Destarte, não houve *abolitio criminis* no tocante ao atentado violento ao pudor, pois o crime não deixou de existir. Como se sabe, para a verificação dessa causa extintiva da punibilidade reclamam-se dois requisitos:

a) revogação formal do tipo penal; e
b) supressão material do fato criminoso.

Embora o art. 214 do Código Penal tenha sido formalmente revogado pela Lei 12.015/2009, a conduta que era nele incriminada subsiste como relevante perante o Direito Penal, agora com o *nomen iuris* estupro. Conclui-se, portanto, pelo simples deslocamento do antigo atentado violento ao pudor para o atual delito de estupro. Incide na hipótese o **princípio da continuidade normativa**, também conhecido como **princípio da continuidade típico-normativa**, pois o fato subsiste criminoso, embora disciplinado em tipo penal diverso. Na visão do Superior Tribunal de Justiça:

> Cabe registrar que, diante do princípio da continuidade normativa, não há falar em *abolitio criminis* quanto ao crime de atentado violento ao pudor cometido antes da alteração legislativa conferida pela Lei 12.015/2009. A referida norma não descriminalizou a conduta prevista na antiga redação do art. 214 do CP (que tipificava a conduta de atentado violento ao pudor), mas apenas a deslocou para o art. 213 do CP, formando um tipo penal misto, com condutas alternativas (estupro e atentado violento ao pudor).[7]

1.2.1.2.1. Pena cominada ao estupro e princípio da proporcionalidade

A pena cominada ao estupro, em sua modalidade fundamental, varia de seis a dez anos de reclusão.

O patamar mínimo da sanção penal, portanto, é igual àquele previsto pelo art. 121, *caput*, do Código Penal ao homicídio simples. Com base nesse raciocínio, algumas vozes sustentam a ofensa ao princípio da proporcionalidade, pois o legislador não poderia ter colocado no mesmo nível dois bens jurídicos de importâncias diversas. Não seria lícito reputar de igual gravidade a lesão à vida (homicídio) e o ataque à liberdade sexual (estupro).

---

[7] HC 212.305/DF, rel. Min. Marilza Maynard (Desembargadora convocada do TJ/SE), 6.ª Turma, j. 24.04.2014, noticiado no *Informativo* 543. E também: HC 253.963/RS, rel. Min. Laurita Vaz, 5.ª Turma, j. 11.03.2014.

Esse raciocínio, entretanto, não pode prevalecer. A gravidade do homicídio simples não afasta a gravidade do estupro. A propósito, o que efetivamente desponta como ofensa à proporcionalidade, em face da proibição da proteção insuficiente de bens jurídicos, é a fraqueza com que são tratados os homicidas. Em face da dimensão e da amplitude da vida humana, não se pode manter a pena do homicídio simples em singelos seis anos.

Se não bastasse, é válido recordar que o homicídio simples em regra não é crime hediondo, somente recebendo este rótulo quando praticado em atividade típica de grupo de extermínio, ainda que por um só agente, ao contrário do estupro (Lei 8.072/1990, art. 1.º, incs. I e V).

1.2.1.2.2. Estupro, atentado violento ao pudor e Código Penal Militar

A Lei 12.015/2009 alterou substancialmente o Título VI da Parte Especial do Código Penal, mas olvidou-se de fazer os necessários ajustes no Decreto-lei 1.001/1969 – Código Penal Militar. Com efeito, durante muito tempo subsistiram na legislação castrense, de forma independente, os crimes de estupro e de atentado violento ao pudor, nos arts. 232 e 233 do Código Penal Militar.

Essa falha somente foi suprida pela Lei 14.688/2023, que revogou o art. 233 (atentado violento ao pudor) e alterou o art. 232 do Código Penal Militar (estupro), que agora conta, no *caput*, com a seguinte redação:

> Art. 232. Constranger alguém, mediante violência ou grave ameaça, a ter conjunção carnal ou a praticar ou permitir que com ele se pratique outro ato libidinoso: Pena – reclusão, de 6 (seis) a 10 (dez) anos.

1.2.1.3. Art. 213 do Código Penal e espécies de estupro

O art. 213 do Código Penal contém quatro espécies de estupro,[8] a saber:

a) simples, definido no *caput*;

b) qualificado pela lesão corporal de natureza grave: § 1.º, 1.ª parte;

c) qualificado pela idade da vítima, menor de 18 e maior de 14 anos: § 1.º, *in fine*; e

d) qualificado pela morte: § 2.º.

Iniciaremos o estudo pela modalidade simples (ou fundamental), definida no *caput* do art. 213 do Código Penal, e posteriormente analisaremos cada uma das particularidades das figuras qualificadas.

1.2.1.3.1. Lei 8.072/1990 e a natureza hedionda do estupro

O estupro, consumado ou tentado, em qualquer das suas espécies – simples ou qualificadas – é crime hediondo, nos termos do art. 1.º, inc. V, da Lei 8.072/1990:

> **Art. 1.º** São considerados hediondos os seguintes crimes, todos tipificados no Decreto-lei n.º 2.848, de 7 de dezembro de 1940 – Código Penal, consumados ou tentados:
> (...)
> V – estupro (art. 213, *caput* e §§ 1.º e 2.º).

---

[8] Existe também o estupro de vulnerável, definido no art. 217-A do Código Penal.

1.2.1.4. Objetividade jurídica

O estupro é **crime pluriofensivo**. O art. 213 do Código Penal tutela dois bens jurídicos: a dignidade sexual e, mais especificamente, a liberdade sexual, bem como a integridade corporal e a liberdade individual, pois o delito tem como meios de execução a violência à pessoa ou grave ameaça.

1.2.1.5. Objeto material

É a pessoa, de qualquer sexo, contra quem se dirige a conduta criminosa.

1.2.1.6. Núcleo do tipo

O núcleo do tipo é "**constranger**", no sentido de coagir alguém a fazer ou deixar de fazer algo. Consiste, em suma, no comportamento de retirar de uma pessoa sua liberdade de autodeterminação. Inicialmente, portanto, o estupro em muito se assemelha ao crime de constrangimento ilegal, definido no art. 146 do Código Penal.

Todavia, o crime contra a liberdade sexual contém elementos especializantes (princípio da especialidade) que o tornam sensivelmente mais grave. Com efeito, ao contrário do que se verifica no constrangimento ilegal, no art. 213 do Código Penal a coação da vítima se destina a uma finalidade específica, representada pela conjunção carnal ou outro ato libidinoso.

Para viabilizar o constrangimento, o sujeito se vale de violência ou grave ameaça, legalmente previstos como **meios de execução** do estupro.

Violência (*vis absoluta* ou *vis corporalis*) é o emprego de força física sobre a vítima, consistente em lesões corporais ou vias de fato. Pode ser **direta ou imediata**, quando dirigida contra o ofendido, ou **indireta ou mediata**, se voltada contra pessoa ou coisa ligada à vítima por laços de parentesco ou afeto.

As lesões leves (CP, art. 129, *caput*) e as vias de fato (Decreto-lei 3.688/1941 – Lei das Contravenções Penais, art. 21) eventualmente causadas na vítima são absorvidas pelo estupro, pois a violência funciona como meio de execução do crime contra a liberdade sexual. Por seu turno, as lesões graves ou gravíssimas autorizam o reconhecimento da forma qualificada do estupro, definida no art. 213, § 1.º, 1.ª parte, do Código Penal.

Grave ameaça, também conhecida como violência moral, é a promessa de realização de mal grave, futuro e sério contra a vítima (direta ou imediata) ou pessoa que lhe é próxima (indireta ou mediata).[9] Pode ser veiculada oralmente ou por escrito. **Não precisa ser injusta**, pois este predicado não foi exigido pelo tipo penal, ao contrário do que se dá no delito de ameaça (CP, art. 147). Em outras palavras, estará caracterizado o crime de estupro ainda que o mal prometido seja justo. Exemplo: João descobre que Maria foi a responsável pela morte de Paulo, razão pela qual diz a ela que, se com ele não praticar conjunção carnal, irá entregá-la à polícia.

Com o emprego da violência ou grave ameaça, o agente constrange alguém a ter conjunção carnal ou a praticar ou permitir que com ele se pratique outro ato libidinoso.

Conjunção carnal é a cópula vagínica, ou seja, a introdução total ou parcial do pênis na vagina. **Atos libidinosos**, por outro lado, são os revestidos de conotação sexual, com exceção da conjunção carnal, tais como o sexo oral, o sexo anal, os toques íntimos, a introdução de dedos ou objetos na vagina, a masturbação etc.[10]

---

[9] O STJ acertadamente entende que o porte simulado de arma de fogo pode funcionar como grave ameaça para fins de estupro (REsp 1.916.611/RJ, rel. Min. Olindo Menezes (Desembargador convocado do TRF da 1.ª Região), 6.ª Turma, j. 21.09.2021, noticiado no *Informativo* 711).

[10] "Considerar consumados atos libidinosos diversos da conjunção carnal somente quando invasivos, ou seja, nas hipóteses em que há introdução do membro viril nas cavidades oral, vaginal ou anal da vítima, não corresponde ao entendimento

A propósito, cabe mencionar ser a conjunção carnal o "ato libidinoso por excelência", tendo sido expressamente individualizada pelo tipo penal. O legislador brasileiro adotou, quanto à natureza da conjunção carnal, **o critério restritivo**. Nas palavras de João Mestieri:

> Restritivo é o critério pelo qual apenas se admite como conjunção carnal a cópula *secundum naturam*; amplo, o compreensivo da cópula normal e da anal; e *amplíssimo* o que engloba o ato sexual e qualquer equivalente do mesmo; assim, a cópula vaginal, a anal e a *fellatio in ore*.[11]

1.2.1.6.1. Beijo lascivo: ato libidinoso e reflexos penais

O **beijo lascivo** constitui-se em ato libidinoso. Essa posição é adotada pela jurisprudência do Supremo Tribunal Federal e do Superior Tribunal de Justiça.[12]

Evidentemente, não são lascivos os beijos rápidos lançados na face ou mesmo nos lábios, os famosos "selinhos". É preciso pensar nos beijos prolongados e invasivos, ou então dos beijos eróticos lançados em partes impudicas do corpo da vítima. Nos ensinamentos de Nélson Hungria:

> Há que se distinguir entre beijo e beijo. O beijo *casto* não está em jogo, e mesmo o beijo *furtivo*, brevíssimo, roçando de leve a face, num impulso fugaz de indecisa volúpia, não realiza a *grosseria* de um ato libidinoso (podendo concretizar, quando muito, uma *injúria real*). Já ninguém poderá duvidar, entretanto, que um desses beijos à moda dos filmes de cinema, numa descarga longa e intensa de libido, constitua, quando aplicado a uma mulher coagida pela *ingrata vis*, autêntico ato libidinoso.[13]

A partir daí, podem ser extraídas algumas conclusões acerca dos reflexos do beijo lascivo no Direito Penal:

a) se for obtido pelo agente mediante violência à pessoa ou grave ameaça, estará caracterizado o crime de estupro (CP, art. 213). Exemplo: João violentamente derruba Maria no solo e, depois de imobilizá-la, começa a beijá-la;

b) se a vítima for pessoa vulnerável – menor de 14 anos de idade, por exemplo –, estará configurado o delito de estupro de vulnerável (CP, art. 217-A), ainda que ela tenha anuído ao ato libidinoso;

c) se for obtido pelo agente sem violência à pessoa ou grave ameaça, porém não contando com a anuência da vítima e visando satisfazer a própria lascívia ou de terceiro, ser-lhe-á imputado o crime de importunação sexual (CP, art. 215-A). Exemplo: João repentinamente lança um beijo lascivo em Maria, no momento em que esta lia um livro no banco do ônibus; e

d) se o agente utilizar fraude, incidirá no delito de violação sexual mediante fraude (CP, art. 215). Exemplo: João se aproveita do fato de Maria estar com os olhos vendados, esperando pela surpresa de Pedro, seu namorado, para passar-se por este e nela dar um beijo lascivo.

---

do legislador, tampouco ao da doutrina e da jurisprudência acerca do tema. Conforme ensina a doutrina, libidinoso é ato lascivo, voluptuoso, que objetiva prazer sexual; aliás, libidinoso é espécie do gênero atos de libidinagem, que envolve também a conjunção carnal. Nesse contexto, o aplicador precisa aquilatar o caso concreto e concluir se o ato praticado foi capaz de ferir ou não a dignidade sexual da vítima" (STJ: REsp 1.309.394/RS, rel. Min. Rogerio Schietti Cruz, 6.ª Turma, j. 03.02.2015, noticiado no *Informativo* 555).

[11] MESTIERI, João. *Do delito de estupro*. São Paulo: RT, 1982. p. 59.

[12] STF: HC 134.591/SP, rel. orig. Min. Marco Aurélio, red. p/ o ac. Min. Alexandre de Moraes, 1.ª Turma, j. 01.10.2019, noticiado no *Informativo* 954; STJ: REsp 1.611.910/MT, rel. Min. Rogerio Schietti Cruz, 6.ª Turma, j. 11.10.2016, noticiado no *Informativo* 592.

[13] HUNGRIA, Nélson; LACERDA, Romão Côrtes de. *Comentários ao Código Penal*. Rio de Janeiro: Forense, 1954. v. VIII, p. 125.

1.2.1.6.2. Conjunção carnal, atos libidinosos e pluralidade de condutas típicas

O art. 213, *caput*, do Código Penal contempla três condutas típicas:

a) constranger alguém, mediante violência ou grave ameaça, a ter conjunção carnal

A vítima, em razão da violência ou grave ameaça, é obrigada à prática da conjunção carnal. O crime pode ser praticado pelo homem contra a mulher, ou então pela mulher contra o homem. É imprescindível a relação heterossexual.

b) constranger alguém, mediante violência ou grave ameaça, a praticar outro ato libidinoso

A relação pode ser heterossexual ou homossexual. O papel da vítima é **ativo**, pois ela pratica algum ato libidinoso nela própria (exemplo: automasturbação) ou em terceiro (exemplo: felação).

c) constranger alguém, mediante violência ou grave ameaça, a permitir que com ele se pratique outro ato libidinoso

Aqui também o relacionamento pode ser heterossexual ou homossexual, mas o papel da vítima é **passivo**, pois permite que nela se pratique um ato libidinoso (exemplos: sexo anal e *cunnilingus*, consistente em suportar o sexo oral efetuado por alguém).

Na prática de atos libidinosos a vítima também pode desempenhar, simultaneamente, papéis **ativo e passivo**. É o que ocorre na conjugação entre felação e *cunnilingus*, ou seja, a pessoa simultaneamente realiza sexo oral em alguém e suporta em seu corpo ato de igual natureza.

Nessas duas últimas condutas – "praticar ou permitir que com ele se pratique outro ato libidinoso" –, **é dispensável o contato físico de natureza erótica entre o estuprador e a vítima**. Exige-se, contudo, o envolvimento corporal do ofendido no ato de cunho sexual. Exemplos: (a) João aponta um revólver na direção de Maria, ordenando sua automasturbação; e (b) Paulo agride Teresa com socos e pontapés e, com a vítima enfraquecida, traz um cachorro para lamber suas partes íntimas.

Abre-se espaço, dessa forma, ao **estupro virtual**, praticado à distância, mediante a utilização de algum meio eletrônico de comunicação (Skype, WhatsApp, Facetime etc.). Pensemos na situação em que o sujeito, apontando uma arma de fogo para a cabeça do filho de uma mulher, exige que esta, em outra cidade, se automasturbe à frente da câmera do celular. Estão presentes as elementares típicas do art. 213, *caput*, do Código Penal: houve constrangimento da mulher, mediante grave ameaça, a praticar ato libidinoso diverso da conjunção carnal, razão pela qual ao agente deverá ser imputado o crime de estupro.

Por sua vez, não há falar em estupro na **contemplação lasciva**, ou seja, na hipótese em que a vítima é obrigada a permitir que alguém simplesmente a observe, sem qualquer tipo de contato físico ou envolvimento da vítima no ato libidinoso, com a finalidade de satisfação do desejo sexual.[14] É de ser reconhecido o crime de importunação sexual, na forma definida pelo art. 215-A do Código Penal. Exemplo: João aponta uma arma de fogo para Maria e, ameaçando matá-la, determina que ela fique nua, a fim de ser por ele observada enquanto se automasturba.

Também não há estupro no ato de constranger alguém a **presenciar** ou **assistir** a realização de conjunção carnal ou outro ato libidinoso. A análise do art. 213, *caput*, do Código Penal autoriza a conclusão no sentido que o ato sexual deve ser praticado *pela*, *com* ou *sobre* a vítima coagida.

---

[14] O Superior Tribunal de Justiça já admitiu a caracterização do estupro na contemplação lasciva (RHC 70.976/MS, rel. Min. Joel Ilan Paciornik, 5.ª Turma, j. 02.08.2016, noticiado no *Informativo* 587). O julgado, contudo, menciona a prática de ato libidinoso contra a vítima, circunstância que, em nossa opinião, afasta a contemplação lasciva e efetivamente caracteriza o crime de estupro.

No entanto, se quem presencia a prática de conjunção carnal ou outro ato libidinoso é pessoa menor de 14 anos, e esta conduta tem como finalidade satisfazer a lascívia do envolvido na atividade sexual ou de terceiro, estará configurado o crime de satisfação de lascívia mediante presença de criança ou adolescente, na forma do art. 218-A do Código Penal.

Finalmente, se pessoa com idade igual ou superior a 14 anos assiste ao ato sexual, em razão do emprego contra ela de violência, grave ameaça ou meio análogo (violência imprópria), deverá ser reconhecido unicamente o crime de constrangimento ilegal, nos moldes do art. 146 do Código Penal.

1.2.1.6.3. O dissenso da vítima: análise e duração

Como a ação nuclear descrita no art. 213, *caput*, do Código Penal é "constranger", o dissenso da vítima quanto à conjunção carnal ou outro ato libidinoso é fundamental à caracterização do delito. Trata-se, na verdade, de **elementar implícita** do tipo penal.

Com efeito, se há consentimento dos participantes da atividade sexual, não se configura o crime de estupro. Se quem consente, contudo, enquadrar-se em qualquer das situações previstas no art. 217-A do Código Penal, será forçoso reconhecer o crime de estupro de vulnerável.

No estupro, a discordância da vítima precisa ser séria e firme, capaz de demonstrar sua efetiva oposição ao ato sexual, razão pela qual somente pode ser vencida pelo emprego de violência ou grave ameaça. Esta resistência não deve ser confundida com o simples jogo de sedução, indicativo de charme e de provocação, com a relutância que em verdade representa a anuência com o encontro carnal, tal como narrado na passagem do clássico de Camões (*Lusíadas*, canto IX, estrofe LXX):

> Fugindo as ninfas vão por entre os ramos
> Mas, mais industriosas que ligeiras,
> Pouco a pouco sorrindo, e gritos dando,
> Se deixam ir dos galgos alcançando...

De fato, se um dos envolvidos não demonstrar seriedade em sua repulsa ao ato sexual, e o outro nele insistir com violência ou grave ameaça, acreditando tratar-se o "não" de fase do ritual da conquista, incidirá o instituto do erro de tipo, nos moldes do art. 20, *caput*, do Código Penal, afastando o dolo e conduzindo à atipicidade do fato.

Mas o dissenso da vítima não vai a ponto de exigir, de sua parte, atitudes heroicas, colocando em risco a vida ou a integridade física, própria ou alheia, para repudiar a conjunção carnal ou outro ato libidinoso. Este quadro se torna ainda mais evidente se lembrarmos que na maioria dos casos o abuso sexual é dirigido contra mulheres, e originários de homens frios, covardes e truculentos. Como destacam Antonio Scarance Fernandes e Oswaldo Henrique Duek Marques:

> A tendência, contudo, é a de não se exigir da ofendida a atitude de mártir, ou seja, de quem em defesa de sua honra deva arriscar a própria vida, só consentindo no ato após ter se esgotado toda a sua capacidade de reação. É importante, em cada caso concreto, avaliar a superioridade de forças do agente, apta a configurar o constrangimento através da violência.[15]

Para a configuração do crime de estupro, a discordância séria e verdadeira da vítima há de subsistir durante toda a atividade sexual. Com efeito, se no início da conjunção carnal ou

---

[15] FERNANDES, Antonio Scarance; MARQUES, Oswaldo Henrique Duek. Estupro: enfoque vitimológico. *Revista dos Tribunais*, São Paulo: RT, n. 653, p. 268.

outro ato libidinoso houve constrangimento, mediante violência ou grave ameaça, mas posteriormente ela consentiu, o fato é atípico.

E, logicamente, se o ato sexual teve início com a anuência de ambos os envolvidos, mas depois um deles não concordou com sua continuidade (exemplo: a mulher sentiu dores vaginais e pediu ao homem para interromper a penetração), fazendo com que seu parceiro se valesse de violência ou grave ameaça para prosseguir em seu intento, daí em diante estará configurado o crime de estupro. Como já decidido pelo Superior Tribunal de Justiça:

> É certo que o dissenso da vítima é fundamental para a caracterização do delito. Portanto, a discordância da ofendida precisa ser capaz de demonstrar sua oposição ao ato sexual. Além disso, a concordância e o desejo inicial têm que perdurar durante toda a atividade sexual, pois a liberdade sexual pressupõe a possibilidade de interrupção do ato sexual. O consentimento anteriormente dado não significa que a outra pessoa possa obrigá-la à continuidade do ato sexual. Se um dos parceiros decide interromper a relação sexual e o outro, com violência ou grave ameaça, obriga a desistente a continuar, haverá a configuração do estupro.[16]

1.2.1.6.4. A revogação da violência presumida como meio de execução do estupro: inexistência de *abolitio criminis*

A Lei 12.015/2009 revogou expressamente o art. 224 do Código Penal, anteriormente responsável pela presunção de violência nos crimes contra os costumes. Em seu lugar foram criados os crimes sexuais contra vulnerável, destacando-se o estupro contra vulnerável, tipificado no art. 217-A do Código Penal. Destarte, não houve *abolitio criminis* das figuras penais que tinham a violência presumida como meio de execução.

1.2.1.6.5. Prática de conjunção carnal e outro ato libidinoso: unidade ou pluralidade de crimes

Na sistemática antiga do Código Penal, seus arts. 213 e 214 contemplavam os crimes de estupro e de atentado violento ao pudor. Nesse contexto, existiam figuras penais distintas para o constrangimento voltado à conjunção carnal ou a atos libidinosos de outra natureza.

Destarte, se alguém constrangesse a mesma vítima, mediante violência ou grave ameaça, a praticar conjunção carnal e outro ato libidinoso, a exemplo do sexo anal, a ele seriam imputados dois crimes: estupro e atentado violento ao pudor. Para o Supremo Tribunal Federal, em concurso material (CP, art. 69, *caput*), pois tais crimes, previstos em tipos penais diversos, não eram da mesma espécie, impedindo a continuidade delitiva, na forma do art. 71, *caput*, do Código Penal.[17]

Com a revogação formal do art. 214, em face da entrada em vigor da Lei 12.015/2009, o art. 213 do Código Penal passou a alojar, sob a rubrica "estupro", os antigos crimes de estupro e de atentado violento ao pudor. Seu conteúdo foi ampliado, abarcando o constrangimento, mediante violência ou grave ameaça, voltado tanto à prática da conjunção carnal como à de outros atos libidinosos.

O tema, anteriormente pacificado em sede pretoriana, voltou a ser discutido. Nas situações em que o agente, mediante violência ou grave ameaça, constrange a vítima à conjunção carnal e também a outro ato libidinoso, quantos crimes devem ser a ele atribuídos? Surgiram duas posições sobre o assunto. Vejamos.[18]

---

[16] STJ: Processo em segredo de justiça, rel. Min. Jesuíno Rissato (Desembargador convocado do TJDFT), rel. p/ o ac. Min. Sebastião Reis Júnior, 6.ª Turma, j. 13.08.2024, noticiado no *Informativo* 822.

[17] HC 86.238/SP, rel. originário Min. Celso Peluso, rel. p/ acórdão Min. Ricardo Lewandowski, Plenário, j. 18.06.2009.

[18] É preciso destacar que, muito embora atualmente o estupro seja crime bicomum, pois qualquer pessoa (homem ou mulher) pode figurar como sujeito ativo e também como sujeito passivo, nesse caso a vítima há de ser mulher, em face da necessidade da prática de conjunção carnal.

1.ª posição: Há crime único, pois o art. 213 do Código Penal contém um tipo misto alternativo

Para os adeptos dessa linha de pensamento, o art. 213 do Código Penal, ao unificar em um único delito as antigas condutas correspondentes ao estupro e ao atentado violento ao pudor, instituiu um **tipo misto alternativo**.

Chega-se a este resultado com a interpretação literal do art. 213 do Código Penal: "Constranger alguém, mediante violência ou grave ameaça, a ter conjunção carnal **ou** a praticar ou permitir que com ele se pratique outro ato libidinoso". As conclusões, portanto, são as seguintes:

a) Se o sujeito, **no mesmo contexto fático**, mediante violência ou grave ameaça, constrange **a mesma vítima** a ter conjunção carnal e também outro ato libidinoso (exemplo: sexo anal), estará caracterizado um único crime de estupro. A pluralidade de comportamentos não acarreta o concurso de crimes, mas deve ser utilizada pelo magistrado na dosimetria da pena-base, como circunstância judicial desfavorável, nos termos do art. 59, *caput*, do Código Penal;[19] e

b) Se o sujeito, mediante violência ou grave ameaça, constrange **vítimas diversas, ou então a mesma vítima, mas em contextos fáticos distintos** (em dias diferentes, por exemplo), deverá ser responsabilizado pelos vários estupros cometidos (concurso de crimes), em continuidade delitiva, se presentes os demais requisitos exigidos pelo art. 71 do Código Penal, ou, caso contrário, em concurso material (CP, art. 69, *caput*).

Essa é a posição atualmente consagrada no **Superior Tribunal de Justiça**:

> Com o advento da Lei n. 12.015/2009, ficaram unificadas as figuras típicas do estupro e do atentado violento ao pudor e forçoso foi o reconhecimento da ocorrência de um crime único, não havendo falar em concurso material ou continuidade delitiva, quando cometido estupro e ato diverso da conjunção carnal em um mesmo contexto fático contra a mesma vítima.[20]

É também o entendimento do Supremo Tribunal Federal:

> A Lei n.º 12.015/2009 unificou as condutas de estupro e de atentado violento ao pudor em tipo mais abrangente, de ação múltipla, ensejador da configuração de crime único ou crime continuado, a depender das circunstâncias concretas dos fatos.[21]

2.ª posição: Há concurso de crimes, pois o art. 213 do Código Penal constitui-se em tipo misto cumulativo

De acordo com esta posição, muito embora disciplinados no mesmo tipo penal, os crimes veiculados no art. 213 do Código Penal são diversos. A leitura correta seria a seguinte:

1.º crime = "Constranger alguém, mediante violência ou grave ameaça, a ter conjunção carnal"; e

2.º crime = "Constranger alguém, mediante violência ou grave ameaça, a praticar ou permitir que com ele se pratique outro ato libidinoso".

---

[19] STJ: REsp 1.198.786/DF, rel. Min. Laurita Vaz, 5.ª Turma, j. 01.04.2014.
[20] REsp 1.297.022/SP, rel. Min. Marilza Maynard (Desembargadora convocada do TJ/SE), 6.ª Turma, j. 20.05.2014.
[21] HC 106.454/SP, rel. Min. Rosa Weber, 1.ª Turma, j. 02.04.2013. Em igual sentido: HC 100.612/SP, rel. orig. Min. Marco Aurélio, red. p/ o acórdão Min. Roberto Barroso, 1.ª Turma, j. 16.08.2016, noticiado no *Informativo* 835.

Não se pode confundir o constrangimento à conjunção carnal com o constrangimento a outros atos libidinosos. Há pluralidade de dolos e condutas autônomas, razão pela qual o reconhecimento de crime único representa violação aos princípios da proporcionalidade e da isonomia. De fato, quem "somente" constrange mulher à conjunção carnal teria para si reservado igual tratamento jurídico dispensado àquele que constrange mulher à conjunção carnal e a outros atos libidinosos (sexo anal, sexo oral etc.).

Destarte, há concurso material (CP, art. 69, *caput*) quando o agente constrange a mesma vítima, mediante violência ou grave ameaça, a conjunção carnal e a atos libidinosos de natureza diversa. Entretanto, subsiste a possibilidade de reconhecimento do crime continuado, se presentes os demais requisitos elencados pelo art. 71 do Código Penal, quando o constrangimento envolve diversas conjunções carnais ou vários outros atos libidinosos, como no exemplo da mulher duas vezes violentada pelo mesmo homem em dias alternados. Conforme destaca Vicente Greco Filho:

> (...) o tipo do art. 213 é daqueles em que a alternatividade ou cumulatividade são igualmente possíveis e que precisam ser analisadas à luz dos princípios da especialidade, subsidiariedade e da consunção, incluindo-se neste o da progressão.
>
> Vemos, nas diversas violações do tipo, um delito único se uma conduta absorve a outra ou se é fase de execução da seguinte, igualmente violada. Se não for possível ver nas ações ou atos sucessivos ou simultâneos nexo causal, teremos, então, delitos autônomos.
>
> (...)
>
> Se, durante o cativeiro, houve mais de uma vez a conjunção carnal pode estar caracterizado o crime continuado entre essas condutas; se, além da conjunção carnal, houve outro ato libidinoso, como os citados, coito anal, penetração de objetos, etc., cada um desses caracteriza crime diferente cuja pena será cumulativamente aplicada ao bloco formado pelas conjunções carnais. A situação em face do atual art. 213 é a mesma do que na vigência dos artigos 213 e 214, ou seja, a cumulação de crimes e penas se afere da mesma maneira, se entre eles há, ou não, relação de causalidade ou consequencialidade. Não é porque os tipos agora estão fundidos formalmente em um único artigo que a situação mudou. O que o estupro mediante conjunção carnal absorve é o ato libidinoso em progressão àquela e não o ato libidinoso autônomo e independente dela, como no exemplo referido.[22]

É de observar, contudo, que esse raciocínio não exclui a absorção dos atos libidinosos que despontam como preparação da conjunção carnal, funcionando como mero "prelúdio do coito".

Esta posição também se alicerça em razões históricas. A Lei 12.015/2009 originou-se dos trabalhos da "CPI da Pedofilia", e um dos seus propósitos foi justamente o recrudescimento do tratamento penal dos responsáveis por crimes sexuais. Nesse contexto, o raciocínio na linha de tratar-se de tipo misto alternativo seria benéfico aos envolvidos em crimes de estupro, em oposição à vontade da lei e dos motivos que legitimaram sua edição.

1.2.1.6.5.1. Análise crítica das posições doutrinárias e jurisprudenciais

Doutrina e jurisprudência discutem se o art. 213 do Código Penal, após a entrada em vigor da Lei 12.015/2009, é tipo misto alternativo ou cumulativo. Nada obstante as divergências, há consenso sobre o fato de tratar-se de **tipo misto**.

Nesse ponto, constata-se um equívoco técnico. Os escritores e os julgadores partem de uma falsa premissa, olvidando-se de conceitos elementares do Direito Penal.

---

[22] GRECO FILHO, Vicente. Uma interpretação de duvidosa dignidade. Disponível em: <http://www.apmp.com.br/juridico/artigos/art_juridicos2009.html>. Acesso em: 07.02.2021. Em igual direção: GRECO, Alessandra Orcesi Pedro; RASSI, João Daniel. *Crimes contra a dignidade sexual*. São Paulo: Atlas, 2010. p. 146.

Os tipos penais podem ser simples ou mistos. Tipos simples são aqueles dotados de um único núcleo, ou seja, há um só verbo. É o que se dá no homicídio, pois o art. 121 do Código Penal fala em "matar alguém". De outro lado, tipos mistos, que se dividem em alternativos e cumulativos, são os que contemplam mais de um núcleo. Existem vários verbos na descrição da conduta típica. Na receptação própria, por exemplo, o art. 180, *caput*, 1.ª parte, do Código Penal elenca cinco núcleos: "Adquirir, receber, transportar, conduzir ou ocultar, em proveito próprio ou alheio, coisa que sabe ser produto de crime".

No entanto, no art. 213, *caput*, do Código Penal há somente um núcleo: "constranger". Este verbo se relaciona aos atos de "ter conjunção carnal" e "praticar ou permitir que com ele se pratique outro ato libidinoso". Se existe um único núcleo, o tipo penal é simples, e não misto.

Destarte, parece-nos apropriado evitar, no plano terminológico, a dicotomia "tipos mistos alternativos" e "tipos mistos cumulativos". A discussão, com idênticos fundamentos jurídicos, deve ser centrada no dualismo "crime de condutas alternativas" e "crime de condutas cumulativas".

1.2.1.6.6. "Stealthing" e reflexos penais

A palavra "stealthing", originária dos Estados Unidos da América e traduzida livremente como "furtivo", é utilizada para referir-se à conduta daquele que propositalmente retira o preservativo durante a relação sexual, sem o conhecimento da(o) parceira(o). No Brasil, essa prática pode resultar em diferentes conclusões:

a) se a relação sexual era consensual, porém condicionada à utilização do preservativo, e depois da retirada deste a pessoa insistiu no ato sexual, usando de violência ou grave ameaça para tanto, estará caracterizado o crime de estupro (CP, art. 213). Exemplo: João e Maria decidiram transar, mas esta expressamente exigiu a utilização de preservativo. Durante o ato, João removeu a camisinha e Maria, ao perceber tal situação, pediu para ele interromper a penetração, mas ele continuou a fazê-lo, dizendo para ela ficar quieta ou iria matá-la;

b) se a(o) parceira(o) condicionou o ato sexual ao uso do preservativo, mas a pessoa retirou tal objeto de forma dissimulada, dando sequência à relação sexual, a ela deverá ser imputado o delito de violação sexual mediante fraude (CP, art. 215). Exemplo: durante a relação sexual, e aproveitando-se da escuridão do ambiente, João retira o preservativo, expressamente exigido por Maria para a conjunção carnal. A mulher somente percebe tal atitude no momento da ejaculação e fica revoltada, pois não teria consentido para o ato se conhecesse tal meio fraudulento; e

c) se o uso do preservativo não foi exigido pela(o) parceira(o) para a relação sexual, a retirada do objeto durante o ato, ainda que sem o consentimento daquela(e), constitui-se em fato atípico.

Em qualquer das situações, se o agente sabia ou devia saber que estava contaminado por moléstia venérea, daí resultando exposição da vítima a perigo de contágio, também estará configurado o crime de perigo de contágio venéreo (CP, art. 130).

Finalmente, se houve a transmissão de doença venérea, ao agente deverá ser igualmente imputado, em concurso, o crime de lesão corporal leve (CP, art. 129, caput), grave (CP, art. 129, § 1.º, II) ou gravíssima (CP, art. 129, § 2.º, II), a depender do caso concreto.[23]

---

[23] Se a doença transmitida for a AIDS, surgirá inclusive a discussão acerca de eventual caracterização do crime de homicídio (consumado ou tentado).

1.2.1.7. Sujeito ativo

Na redação original do Código Penal, o estupro era crime próprio (ou especial), pois somente podia ser praticado pelo homem. De fato, a lei falava em "constranger mulher à conjunção carnal", razão pela qual a execução do delito pela pessoa do sexo masculino, sozinha ou com outrem, era obrigatória.

Com a superveniência da Lei 12.015/2009, implementando-se a fusão no art. 213 do Código Penal das condutas anteriormente tipificadas nos arts. 213 (estupro) e 214 (atentado violento ao pudor), agora o estupro é **crime comum** ou **geral**, pois pode ser cometido por qualquer pessoa, seja ela do sexo masculino ou feminino, e também pelos transexuais.[24]

Vale destacar, porém, que na modalidade "constranger alguém, mediante violência ou grave ameaça, a ter conjunção carnal", o estupro subsiste como crime próprio (ou especial), pois a lei continua a exigir a relação heterossexual: homem como autor e mulher como vítima ou vice-versa. Cuida-se de crime próprio, e não de crime de mão própria.[25]

Com efeito, o núcleo do tipo é "constranger", e o constrangimento pode ser efetuado pelo próprio autor da conjunção carnal (exemplo: o próprio estuprador aponta uma arma de fogo para a vítima, mandando-a tirar a roupa e aceitar a cópula vagínica), ou então por outra pessoa, inclusive por uma mulher (exemplo: a mulher aponta um revólver para a vítima, e em seguida um homem com ela mantém conjunção carnal).

O estupro constitui-se em **crime complexo em sentido amplo**. Nada mais é do que o constrangimento ilegal voltado para uma finalidade específica, consistente em conjunção carnal ou outro ato libidinoso. Estas finalidades, por si sós, são lícitas e indiferentes ao Direito Penal. Somente existe o crime quando, para alcançá-las, alguém se utiliza de violência à pessoa ou grave ameaça.

Portanto, não há falar em crime de mão própria, pois a execução do núcleo constranger pode ser transferida a outras pessoas, não sendo exclusiva de quem mantém conjunção carnal com a vítima. O estupro, na modalidade "ter conjunção carnal", admite coautoria e participação, bem como a autoria mediata, quando alguém se vale de um inculpável para a execução do delito. Mesmo antes da entrada em vigor da Lei 12.015/2009, em que o raio de incidência do estupro englobava somente a conjunção carnal, João Mestieri acertadamente assim se pronunciava:

> Sujeito ativo do crime de estupro, no Direito brasileiro, é tão só o homem. Admite-se, não obstante, a participação de mulher mandante do crime ou auxiliar na execução. Não se trata, aqui, de crime de mão própria; é certo que a conjunção carnal deva ser obtida pelo homem, mas isto não exclui a possibilidade da participação da mulher ainda em atos típicos, como os da violência.[26]

1.2.1.7.1. Estupro no âmbito do matrimônio: o marido e a esposa como sujeitos ativos do delito

Durante muito tempo sustentou-se a inadmissibilidade do estupro no contexto do matrimônio. Predominava o argumento de que este crime não podia ser praticado pelo marido contra

---

[24] Antes da Lei 12.015/2009, a mulher que constrangia o homem, mediante violência ou grave ameaça, a praticar com ela conjunção carnal, era responsabilizada unicamente pelo constrangimento ilegal (CP, art. 146). Não havia estupro, pois o art. 213 do Código Penal falava em "constranger mulher". E também não se configurava o revogado atentado violento ao pudor, pois o art. 214 do Código Penal alcançava somente os atos libidinosos diversos da conjunção carnal.

[25] Há autores que sustentam tratar-se de crime de mão própria. É o caso de GRECO, Rogério. *Curso de direito penal*. 7. ed. Niterói: Impetus, 2010. v. III, p. 452.

[26] MESTIERI, João. *Do delito de estupro*. São Paulo: RT, 1982. p. 25. Cumpre destacar que os crimes de mão própria, também conhecidos como crimes de atuação pessoal ou de conduta infungível, são aqueles que somente podem ser praticados pelas pessoas expressamente indicadas no tipo penal, a exemplo do falso testemunho (CP, art. 342). Admitem a participação, afastando via de regra a coautoria.

sua esposa, pois o casamento impunha aos cônjuges direitos e deveres mútuos, entre os quais o débito conjugal. A mulher tinha o dever de atender os anseios sexuais do seu marido, e este podia exigir a prestação quando reputasse adequado. Ele era blindado pelo exercício regular do direito, causa excludente da ilicitude. Nesse contexto, o estupro somente era visualizado nas conjunções carnais ilícitas, realizadas fora do casamento. Para Nélson Hungria:

> Questiona-se sobre se o marido pode ser, ou não, considerado réu de estupro, quando, mediante violência, constrange a esposa à prestação sexual. A solução justa é no sentido negativo. O estupro pressupõe cópula *ilícita* (fora do casamento). A cópula *intra matrimonium* é recíproco dever dos cônjuges. (...) O marido violentador, salvo excesso inescusável, ficará isento até mesmo da pena correspondente à violência física em si mesma (excluído o crime de *exercício arbitrário das próprias razões*, porque a prestação corpórea não é exigível judicialmente), pois é lícita a violência necessária para o *exercício regular de um direito*.[27]

Chegava-se ao ponto de se dizer que a esposa somente podia recusar o ato sexual quando presente justa causa para tanto. E um exemplo de justa causa era o fato de achar-se o marido afetado por doença venérea. Mas outros doutrinadores iam além, sustentando que mesmo nesse caso não havia estupro, porque a esposa jamais podia recusar seu homem, e o marido violentador deveria responder apenas pelo crime de perigo de contágio venéreo!

E mesmo os pensamentos então vanguardistas, que começavam a reconhecer os direitos das mulheres no matrimônio, consideravam as agressões sexuais simples relações imorais, mas nunca criminosas. Para Chrysolito de Gusmão:

> A mulher casada não pode ser sujeito passivo do crime de estupro. A conjunção carnal é um dos deveres que, juridicamente, assistem à esposa. (...) O marido que prefere a violência a outros meios para obter a satisfação deste e de outros deveres, falta aos mais comezinhos princípios de cavalheirismo, constata e revela um temperamento animal não refreado pela educação, pelo sentimento e pela moral, mas o ato, na hipótese, é da esfera moral e não do Direito Penal e fazemos a restrição porque tal fato, pelas circunstâncias que possa assumir, pela sua reiteração, brutalidade estulta e injustificável, poderá, quiçá, bem é de ver, assumir aspectos atinentes do Direito Civil.[28]

Felizmente esse tempo ficou para trás. A sociedade evoluiu, os valores e concepções mudaram e as mulheres alcançaram a merecida igualdade nas relações sociais. É claro que as esposas podem ser estupradas pelos maridos, até porque a lei não confere imunidade a qualquer dos cônjuges. Não se discute que a atividade sexual faz parte dos casamentos sadios e equilibrados, mas isto não confere aos homens o direito de exigir, mediante violência ou grave ameaça, a relação sexual sempre, quando e como quiserem.

O curioso é que apenas o homem tinha legitimidade para exigir o cumprimento do débito conjugal. E se ele falhasse, deixando de desempenhar a contento sua função no matrimônio, não poderia a mulher reclamar uma atividade sexual mais adequada? O quadro era absurdo, e somente o machismo poderia explicá-lo.

Nos casamentos, indiscutivelmente, as atividades sexuais pressupõem o consentimento válido de ambos os cônjuges. Se qualquer deles se recusar injustificadamente ao cumprimento de qualquer dos deveres matrimoniais, inclusive do famoso "débito conjugal", o prejudicado deverá pleitear a separação judicial ou então o divórcio, mas nunca se valer de meios inaceitáveis (violência ou grave ameaça) para alcançar a conjunção carnal ou qualquer outro ato libidinoso.

---

[27] HUNGRIA, Nélson, LACERDA, Romão Côrtes de. *Comentários ao Código Penal*. Rio de Janeiro: Forense, 1954. v. VIII, p. 115-116.
[28] GUSMÃO, Chrysolito de. *Dos crimes sexuais*. 5. ed. Rio de Janeiro: Freitas Bastos, 1981. p. 138.

Esse raciocínio é inafastável, mormente após a leitura do art. 226, inc. II, do Código Penal. Um cônjuge (varão ou virago) tanto pode estuprar o outro que, além de responder pelo estupro, a pena será aumentada de metade.

Com o advento da Lei 12.015/2009, as esposas também podem estuprar seus maridos. Exemplo: A mulher pede ao marido para que nela pratique sexo oral. Ele se recusa e, em razão disso, ela aponta um revólver em sua direção, ameaçando matá-lo se não cumprir sua ordem.

1.2.1.7.2. O estupro coletivo

O estupro, em qualquer das suas modalidades, é compatível com o concurso de pessoas, tanto na coautoria como na participação. Quando praticado mediante o concurso de 2 (dois) ou mais agentes, é chamado de **estupro coletivo**, hipótese em que a pena será aumentada de 1/3 (um terço) a 2/3 (dois terços), a teor da regra contida no art. 226, IV, "a", do Código Penal.

A questão mais complicada diz respeito à situação popularmente conhecida como "curra", na qual dois (ou mais) agentes revezam-se na prática da conjunção carnal ou de outro ato libidinoso contra a mesma vítima. Exemplificativamente, enquanto um homem segura a mulher o outro com ela mantém conjunção carnal, e vice-versa.

Nesse caso, cada um dos sujeitos deve ser responsabilizado por dois crimes de estupro, pois são autores diretos das penetrações próprias e coautores das penetrações alheias. Há concurso de crimes, a ser definido no caso concreto: concurso material (CP, art. 69) ou continuidade delitiva, se presentes os demais requisitos exigidos pelo art. 71, *caput*, do Código Penal.

1.2.1.8. Sujeito passivo

Na conduta de "constranger alguém, mediante violência ou grave ameaça, a ter **conjunção carnal**", a vítima do estupro pode ser qualquer pessoa, desde que do sexo oposto ao do sujeito ativo. Nesse caso, portanto, o crime pressupõe uma relação heterossexual.

Por seu turno, na modalidade "constranger alguém, mediante violência ou grave ameaça, a praticar ou permitir que com ele se pratique **outro ato libidinoso**", ou seja, ato de conotação sexual diverso da conjunção carnal, o ofendido pode ser qualquer pessoa, homem ou mulher, independentemente do sexo do sujeito ativo. Em outras palavras, pouco importa se a relação é heterossexual ou homossexual.

São irrelevantes as condições pessoais da vítima. Pouco importa se ela é casada ou solteira, pessoa idosa ou jovem, virgem ou não, honesta ou promíscua, entre tantos outros predicados.

Antes da Lei 12.015/2009, a vítima do estupro havia de ser pessoa do sexo feminino. A lei falava em "constranger mulher à conjunção carnal". O estupro, portanto, era **crime bipróprio**, pois somente podia ser cometido pelo homem e contra a mulher. Mas atualmente o art. 213 do Código Penal contempla um **crime bicomum**: qualquer pessoa pode figurar tanto como sujeito ativo quanto como sujeito passivo.

Em síntese, o crime de estupro pode ser praticado pelo homem contra uma mulher ou contra um homem, ou então pela mulher, contra outra mulher ou contra um homem.

1.2.1.8.1. A relevância da idade da vítima e de suas condições pessoais

Em um primeiro momento, qualquer pessoa pode ser vítima do estupro. Entretanto, se a vítima for menor de 14 anos, ou pessoa que, por enfermidade ou deficiência mental, não tiver o necessário discernimento para a prática do ato, ou que, por qualquer outra causa, não puder oferecer resistência, estará caracterizado o crime mais grave de **estupro de vulnerável**, definido no art. 217-A do Código Penal.

Se a vítima, não se enquadrando no conceito de vulnerável para fins sexuais, for menor de 18 e maior de 14 anos, incidirá em relação ao estupro a qualificadora contida na parte final do § 1.º do art. 213 do Código Penal.

1.2.1.8.1.1. Idade da vítima e falha grotesca da Lei 12.015/2009

De acordo com a sistemática implantada no Código Penal pela Lei 12.015/2009, dependendo da idade da vítima, e desde que não se apresente qualquer outra causa diversa de vulnerabilidade, três situações podem se verificar no tocante ao crime de estupro. Vejamos.

a) Vítima com idade igual ou superior a 18 anos: estupro simples (CP, art. 213, *caput*);

b) Vítima menor de 18 e maior de 14 anos: estupro qualificado (CP, art. 213, § 1.º, *in fine*); e

c) Vítima menor de 14 anos: estupro de vulnerável (CP, art. 217-A, *caput*).

Com base nesses critérios, chegamos a uma triste conclusão. Se a vítima for estuprada no dia do seu aniversário de 14 anos, estará configurado o **estupro simples**, nos moldes do art. 213, *caput*, do Código Penal. De fato, não se trata de pessoa vulnerável, pois não é menor de 14 anos. E também não incide a figura qualificada, aplicável somente quando a vítima é maior de 14 anos, o que somente ocorre no dia seguinte ao seu décimo quarto aniversário.[29]

A falha legislativa não pode ser solucionada no caso concreto, em face da inadmissibilidade da analogia *in malam partem* no Direito Penal. Cria-se uma situação injusta, pois quem estupra vítima de 14 anos responde pelo crime em sua modalidade fundamental, enquanto quem estupra pessoa maior de 14 e menor de 18 anos suporta a forma qualificada do delito.

Finalmente, se a pessoa com idade igual ou superior a 14 anos, quando ausente qualquer outra causa de vulnerabilidade, praticar **consensualmente** conjunção carnal ou outro ato libidinoso, não há falar no crime de estupro. De fato, não há situação de vulnerabilidade, e o ato sexual foi realizado sem violência ou grave ameaça, afastando a incidência dos arts. 213 e 217-A do Código Penal.

Mas há entendimentos em contrário, baseados, sobretudo, na necessidade de corrigir a falha legislativa. Para Damásio E. de Jesus:

> Qual o enquadramento legal quando o estupro é cometido com pessoa no dia do seu 14.º aniversário? Entendemos que deve incidir a qualificadora do art. 213, sob pena de se recair no absurdo de considerar o ato estupro simples. Explica-se: se alguém for vítima do crime no dia do seu 14.º aniversário (pela literalidade do texto), não há estupro de vulnerável (art. 217-A) ou estupro qualificado (art. 213, § 1.º). Se a infração ocorrer um dia depois, todavia, incide a circunstância mencionada, submetendo o agente a uma pena maior. Essa exegese é absurda e deve ser corrigida mediante a interpretação sistemática e teleológica do Texto Legal. Daí resulta que a conduta relativa ao constrangimento de alguém ao cometimento de ato libidinoso, mediante violência ou grave ameaça, no dia de seu 14.º aniversário, deve subsumir-se à figura típica do art. 213, § 1.º, do CP.[30]

É indiscutível que a Lei 12.015/2009 criou uma situação esdrúxula. Mas o operador do Direito não pode, em prejuízo do réu, colmatar as lacunas deixadas pela falta de técnica do

---

[29] Não é correto afirmar que minutos após o 14.º aniversário a pessoa já pode ser considerada maior de 14 anos, pois no Direito Penal são desprezadas as frações de dias (horas em minutos), como se extrai da regra veiculada pelo art. 11 do Código Penal.

[30] JESUS, Damásio E. de. *Direito penal*. 20. ed. São Paulo: Saraiva, 2011. v. 3, p. 127.

legislador, sob pena de violação do princípio da reserva legal ou da estrita legalidade (CF, art. 5.º, inc. XXXIX, e CP, art. 1.º), o qual tem como um de seus fundamentos a taxatividade, fator impeditivo da analogia *in malam partem* no âmbito das normas incriminadoras.

1.2.1.8.2. O estupro envolvendo transexuais

A transexualidade não se confunde com a homossexualidade, ou seja, o relacionamento sexual com pessoa do mesmo sexo. A transexualidade é considerada pelo Organização Mundial de Saúde como uma espécie de incongruência de gênero, ou seja, uma condição relativa à saúde sexual na qual o indivíduo tem o desejo de viver e de ser aceito como do sexo oposto ao do seu nascimento.

O transexual pode ou não submeter-se à cirurgia de mudança de sexo. E aqui cabe uma indagação: Se uma pessoa do sexo masculino passar pela cirurgia de mudança de sexo (vaginoplastia), implantando uma neovagina com o auxílio da medicina, poderá ser vítima de estupro?

Antes da Lei 12.015/2009, a resposta era negativa, pois o tipo penal reclamava exclusivamente a prática de conjunção carnal, e o transexual, mesmo com a mudança de sexo, não podia ser considerado mulher. Mas agora, com a fusão no art. 213 do Código Penal do estupro e do atentado violento ao pudor em um único delito, com o *nomen iuris* estupro, qualquer pessoa pode ser vítima de estupro, inclusive os transexuais. As mulheres, relativamente à conjunção carnal e aos outros libidinosos, e as demais pessoas unicamente no tocante aos atos libidinosos diversos da conjunção carnal.

1.2.1.8.3. As prostitutas (ou prostitutos) como vítimas do estupro

No passado já se sustentou a impossibilidade de as prostitutas serem vítimas de estupro, pois não eram merecedoras da tutela penal reservada às mulheres honestas. E, mesmo os juristas com pensamentos mais avançados, defendiam um tratamento menos severo quando a cópula forçada alcançava uma "mulher da multidão". Vejam-se as palavras de Magalhães Noronha:

> A meretriz estuprada, além da violência que sofreu, não suporta outro dano. Sem reputação e honra, nada tem a temer como consequência do crime. A mulher honesta, todavia, arrastará por todo o sempre a mancha indelével com que a poluiu o estuprador – máxime se for virgem, caso que assume, em nosso meio, proporções de dano irreparável. No estupro da mulher honesta há duas violações: contra a liberdade sexual e contra a honra; no da meretriz, apenas o primeiro bem é ferido.[31]

Essa linha de raciocínio, preconceituosa e ultrapassada, não encontra espaço nos dias atuais. A propósito, o conceito de "mulher honesta" sempre foi ambíguo, genérico e altamente perigoso, pelo fato de ser movido por convicções ideológicas geralmente impostas pelos poderosos e opressores.

Com efeito, toda e qualquer pessoa pode ser atacada em sua liberdade sexual. O fato de alguém se disponibilizar ao comércio sexual não lhe retira a proteção conferida pelo Direito Penal. Uma mulher (ou homem) pode se prostituir, e ainda assim tem o direito de escolher seus "clientes" e definir os atos que serão com eles realizados.

Se uma prostituta, no interior de um bordel, for violentada para manter conjunção carnal com sujeito que acabara de recusar, nada obstante sua pomposa oferta em dinheiro, estará aperfeiçoado o crime de estupro. De igual modo, também existirá o delito na hipótese em que prostituta e cliente convencionam a conjunção carnal, mas no quarto vem ela a ser constrangida, mediante grave ameaça, à prática de sexo anal ou qualquer outro ato libidinoso.

---

[31] MAGALHÃES NORONHA, E. *Direito penal*. 17. ed. São Paulo: Saraiva, 1984. v. 3, p. 111.

1.2.1.8.4. Estupro contra indígenas

Se o estupro for cometido contra indígena não integrado à civilização, incidirá a regra prevista no art. 59 da Lei 6.001/1973 – Estatuto do Índio: "No caso de crime contra a pessoa, o patrimônio ou os costumes, em que o ofendido seja índio não integrado ou comunidade indígena, a pena será agravada de um terço".[32]

Trata-se de **causa de aumento da pena**, aplicável na terceira e última fase da dosimetria da pena privativa de liberdade, em sintonia com critério trifásico consagrado no art. 68, *caput*, do Código Penal.

1.2.1.9. Elemento subjetivo

É o dolo, acrescido de um especial fim de agir (elemento subjetivo específico), consistente na intenção de manter conjunção carnal ou outro ato libidinoso com alguém. A propósito, essa finalidade específica é o traço distintivo entre os crimes de estupro e de constrangimento ilegal (CP, art. 146).

Entretanto, não se exige o desejo de satisfação da lascívia, do apetite sexual, pois o estupro pode ser cometido com outros propósitos, tais como humilhar o ofendido, ganhar uma aposta de amigos, contar vantagem para outras pessoas etc.[33]

Não se admite a modalidade culposa.

1.2.1.9.1. O estupro corretivo

A expressão "estupro corretivo" é utilizada para se referir à situação em que a conduta criminosa é praticada para controlar o comportamento social ou sexual da vítima, ou seja, com a motivação de supostamente alterar sua orientação sexual ou identidade de gênero. É o que se dá, a título ilustrativo, quando um homem constrange uma mulher, mediante violência, a com ele ter conjunção carnal, pois não aceita que ela mantenha relações sexuais com outra mulher, e pretende com tal comportamento "corrigir" seu estilo de vida.

Tal comportamento, além de representar uma prática preconceituosa e altamente reprovável, caracteriza o delito de estupro, com a pena aumentada de 1/3 (um terço) a 2/3 (dois terços), na forma prevista no art. 226, IV, "b", do Código Penal.

1.2.1.10. Consumação

Na conduta "constranger alguém, mediante violência ou grave ameaça, a ter conjunção carnal", o estupro se consuma com a introdução, total ou parcial, do pênis na vagina. Não há necessidade de ejaculação ou de orgasmo.

Por sua vez, na modalidade "constranger alguém, mediante violência ou grave ameaça, a praticar ou permitir que com ele se pratique outro ato libidinoso", a consumação se dá no momento em que a vítima realiza em si mesma, no agente ou em terceira pessoa algum ato libidinoso (exemplo: sexo oral, masturbação etc.), ou então no instante em que alguém atua libidinosamente sobre seu corpo (exemplos: toques íntimos, sexo anal etc.).

Em todas as hipóteses, evidentemente, é imprescindível o prévio emprego de violência ou grave ameaça para constranger a vítima a qualquer dos comportamentos legalmente descritos.

---

[32] Com a edição da Lei 12.015/2009, a expressão "crimes contra os costumes" deve ser encarada como "crimes contra a dignidade sexual". Esta leitura consiste em simples adaptação da lei à realidade atual, sem qualquer prejuízo ao réu.

[33] O STJ já decidiu em sentido contrário: "A satisfação da lascívia, utilizada para considerar como negativos os motivos e as circunstâncias do crime, constitui elementar do crime de estupro" (REsp 1.094.793/PR, rel. Min. Sebastião Reis Júnior, 6.ª Turma, j. 04.06.2013).

Cuida-se, portanto, de **crime material** ou **causal**: o tipo penal contém conduta e resultado naturalístico, exigindo a superveniência deste último (conjunção carnal ou outro ato libidinoso) para fins de consumação. Com a devida vênia, não concordamos com Damásio E. de Jesus, que assim se manifesta: "Cuida-se de crime de mera conduta, não fazendo o tipo penal referência a nenhum resultado advindo do comportamento do sujeito".[34]

Sem dúvida alguma, o aperfeiçoamento do delito pode causar lesões corporais na vítima, em face da violência física contra ela empregada. Além disso, é indiscutível que o estupro, seja em razão da grave ameaça, seja como corolário da própria natureza do delito, acarreta relevantes abalos morais e psicológicos no ofendido.

1.2.1.10.1. Estupro, inseminação artificial e gravidez

Não há falar em estupro quando alguém, contra a vontade da vítima, nela realiza inseminação artificial, ainda que disto resulte sua gravidez. Inexiste conjunção carnal ou outro ato libidinoso, razão pela qual subsiste unicamente o crime de constrangimento ilegal (CP, art. 146), afastando o cabimento do aborto, nos moldes do art. 128, inc. II, do Código Penal, porque falta à concepção o pressuposto do estupro.

1.2.1.10.2. Prova da autoria e da materialidade do fato

O estupro nem sempre deixa vestígios materiais. Mesmo nas hipóteses de penetração – conjunção carnal ou sexo anal – há situações sem marcas físicas, especialmente quando a vítima já manteve relações sexuais anteriormente, ou então nas hipóteses em que o criminoso não chegou à ejaculação.

E o que se dizer dos casos em que a infração penal permanece na esfera da tentativa, sem a introdução do pênis no corpo da vítima? Ou então quando, mesmo consumado, a vítima demora muito tempo para se encorajar e levar o fato ao conhecimento da autoridade pública? Finalmente, como fica esta questão após a entrada em vigor da Lei 12.015/2009, em que o estupro pode ocorrer sem a penetração vaginal ou anal, tal como se verifica no sexo oral ou mesmo nos toques íntimos?

Além disso, ainda que se provasse cientificamente a conjunção carnal ou outro ato libidinoso, a exemplo do que se dá no rompimento do hímen, na gravidez da vítima ou na contaminação por doença sexualmente transmissível, somente isso não seria suficiente. Também é preciso demonstrar o emprego de violência ou grave ameaça.

E nesse ponto vale destacar que a existência de lesões nos órgãos genitais não comprova automaticamente o estupro. Ou será que alguém duvida que muitas pessoas, especialmente os partidários do sadismo e do masoquismo, se excitam mediante o sofrimento físico próprio ou alheio?

Para tanto, basta imaginar a situação da mulher, maior e capaz, que durante a relação sexual solicita ao seu parceiro que lhe agrida fisicamente, daí resultando lesões corporais leves. Dias depois e com muita raiva do seu amado, que decidiu trocá-la por outra pessoa, procura a autoridade policial e diz ter sido estuprada. Encaminhada para exame pericial, vem a ser constatada a presença de ferimentos em suas partes íntimas. Questiona-se: o estupro estaria provado?

Destarte, é possível concluir que, nas hipóteses em que o crime deixar vestígios materiais, será obrigatória a realização de exame de corpo de delito, com fulcro no art. 158, *caput*, do Código de Processo Penal: "Quando a infração deixar vestígios, será indispensável o exame de corpo de delito, direto ou indireto, não podendo supri-lo a confissão do acusado". Estes vestígios, entretanto, demonstrarão unicamente a existência da conjunção carnal ou outro

---

[34] JESUS, Damásio. E. *Direito penal*. 20. ed. São Paulo: Saraiva, 2011. v. 3, p. 131.

ato libidinoso, mas não o estupro. Será preciso provar, por outros meios, o constrangimento resultante da violência ou grave ameaça.

Além disso, se os vestígios já desapareceram, ou então sequer existiram, a prova testemunhal assume relevante papel. Exemplo: A mãe de uma adolescente narra ao Delegado de Polícia ter presenciado seu companheiro agredindo sexualmente sua filha de 15 anos de idade.

É preciso lembrar, entretanto, ser o estupro um crime normalmente praticado na clandestinidade, longe da vista e dos ouvidos de outras pessoas. Entra em cena a **palavra da vítima** como meio de prova, em sintonia com as disposições elencadas pelo art. 201 do Código de Processo Penal. Como se sabe, as declarações do ofendido estão elencadas no Título VII do Livro I do Código de Processo Penal, relacionado à prova.[35]

Com efeito, o art. 93, inc. IX, da Constituição Federal, bem como o art. 155, *caput*, do Código de Processo Penal, filiaram-se ao sistema do livre convencimento motivado, ou da persuasão racional. As provas não têm valores previamente estabelecidos, razão pela qual o magistrado pode utilizar qualquer delas para embasar sua decisão, desde que de forma fundamentada. Destarte, a condenação do estuprador pode ser baseada exclusivamente na palavra da vítima, quando ausentes outras provas seguras da autoria e da materialidade do fato criminoso. O julgador, nesses casos, deve agir com redobrada cautela, para evitar revanchismos e perseguições inaceitáveis. O fundamental é cotejar as declarações do ofendido com o quadro fático narrado nos autos, verificando sua segurança e, principalmente, a ausência de motivos para incriminar injustamente um inocente.[36]

1.2.1.10.2.1. Crianças e adolescentes como vítimas do estupro, perícia e legista mulher

O estupro nem sempre deixa vestígios materiais. Quando for o caso de realização de exame pericial, e o delito tiver sido praticado contra crianças e adolescentes do sexo feminino, é recomendável seja o laudo elaborado por legista mulher, desde que tal medida não acarrete demora ou prejuízo da diligência. Como destacado pelo Supremo Tribunal Federal:

> O Plenário, por maioria, concedeu medida cautelar em ação direta de inconstitucionalidade ajuizada contra a Lei 8.008/2018 do Estado do Rio de Janeiro, que institui o programa de atenção às vítimas de estupro com o objetivo de dar apoio e identificar provas periciais. Deu interpretação conforme à parte final do § 3.º do art. 1.º do referido diploma legal para reconhecer que as crianças e adolescentes do sexo feminino vítimas de violência deverão ser, obrigatoriamente, examinadas por legista mulher, desde que não importe retardamento ou prejuízo da diligência. (...) Entendeu haver aparente conflito com o direito de acesso à justiça (Constituição Federal, art. 5.º, XXXV) e os princípios da proteção integral e da prioridade absoluta (CF, art. 227, *caput*). Isso porque, apesar de salutar a iniciativa da norma de buscar proteger as crianças e adolescentes, o fato de impedir ou retardar a realização de exame por médico legista poderia acabar por deixá-las desassistidas da proteção criminal, direito que decorre do disposto no art. 39 da Convenção sobre os Direitos das Crianças e de outros diplomas legais. Além disso, na medida em que se nega o acesso à produção da prova na jurisdição penal, há também ofensa à proteção prioritária, porquanto se afasta a efetividade da norma, que exige a punição severa do abuso de crianças e adolescentes. Dessa forma, o colegiado concluiu ser o caso de dar "interpretação conforme", na linha do que prescreve o art. 249 do Código de Processo Penal, mantendo-se o dever estatal para fins de responsabilidade na proteção da criança, mas não para obstar a produção da prova.[37]

---

[35] STJ: AgRg no AREsp 1.275.084/TO, rel. Min. Laurita Vaz, 6.ª Turma, j. 28.05.2019.

[36] Para análise da verossimilhança das palavras da vítima, especialmente nos crimes sexuais, a criminologia desenvolveu a teoria da "síndrome da mulher de Potifar", consistente no ato de acusar alguém falsamente pelo fato de ter sido rejeitada, como na hipótese em que uma mulher abandonada por um homem vem a imputar a ele, inveridicamente, algum crime de estupro.

[37] ADI 6.039 MC/RJ, rel. Min. Edson Fachin, Plenário, j. 13.03.2019, noticiado no *Informativo* 933.

1.2.1.11. Tentativa

É possível, em face do caráter plurissubsistente do delito, permitindo o fracionamento do *iter criminis*.

Entretanto, é preciso diferenciar os limites tênues da tentativa de estupro, quando o agente busca a conjunção carnal, mas não alcança o resultado por circunstâncias alheias à sua vontade, do estupro consumado pela prática de outro ato libidinoso. Nessa hipótese, o dolo deve ser utilizado como o vetor do intérprete da lei penal para solução do caso concreto.

Vejamos um exemplo: João, mediante grave ameaça exercida com emprego de arma de fogo, constrange Maria com a finalidade de com ela ter conjunção carnal. A vítima se despe e, totalmente nua, deita-se à espera da penetração. Para se excitar, João começa a acariciar os seios da vítima e a nela esfregar seu órgão genital. Antes da introdução do pênis na vagina, policiais chegam ao local e efetuam a prisão em flagrante do criminoso.

Nesse caso, qual crime deve ser imputado a João: tentativa de estupro ou estupro consumado?

O objetivo do agente era a conjunção carnal. Ele já havia iniciado a execução do delito, somente não o consumando por circunstâncias alheias à sua vontade. Embora tenha realizado atos libidinosos, João não alcançou a meta desejada, razão pela qual será responsabilizado pela tentativa de estupro (CP, art. 213, *caput*, c/c o art. 14, inc. II). Na visão do Supremo Tribunal Federal, a prática de ato libidinoso importa em tentativa de estupro, e não na figura consumada, sempre que funcionar como "prelúdio do coito".[38]

1.2.1.11.1. Estupro tentado *versus* desistência voluntária: consequências jurídicas

A desistência voluntária, disciplinada pelo art. 15 do Código Penal e rotulada por Franz von Liszt como "a ponte de ouro do Direito Penal", é uma forma de tentativa abandonada, na qual o agente voluntariamente desiste de consumar o crime. Cuida-se de causa de modificação da tipicidade, pois o sujeito não responde pela tentativa do crime inicialmente desejado, mas somente pelos atos até então praticados.

No campo do estupro, uma situação curiosa pode acontecer. Vejamos um exemplo: "A" decide estuprar "B" e, com emprego de violência, tira sua roupa. Começa a tocá-la em suas partes íntimas e, posteriormente, se masturbar. Mas, atendendo às súplicas da vítima, desiste da conjunção carnal, limitando-se a ejacular em seu corpo. Qual crime deve ser a ele imputado?

Não há tentativa de estupro, na modalidade "constranger alguém, mediante violência, a ter conjunção carnal", pois o crime deixou de alcançar a consumação pela vontade do agente, e não por circunstâncias externas. Subsiste, contudo, o estupro consumado na variante "constranger alguém, mediante violência, a permitir que com ele se pratique outro ato libidinoso". Como já decidiu o Superior Tribunal de Justiça:

> Entenderam as instâncias ordinárias que, tendo o paciente desistido de consumar a conjunção carnal, após ter ejaculado nas pernas da menina, ficou ele absolvido da tentativa de manter conjunção carnal, tanto que sequer foi apresentada denúncia no tocante a essa conduta.
>
> Nos termos da parte final do art. 15 do Código Penal, deve o acusado responder pelos atos até então praticados, que, isoladamente apreciados, caracterizaram o crime previsto no antigo art. 214 do Estatuto Repressor (hoje previsto na parte final do art. 213 do aludido código), motivo pelo qual foi ofertada a denúncia que culminou na condenação do paciente, inexistindo, a meu ver, qualquer constrangimento a ser sanado.

---

[38] HC 100.314/RS, rel. Min. Carlos Britto, 1.ª Turma, j. 22.09.2009.

As alterações trazidas pela Lei 12.015/2009 não modificaram a situação do paciente, pois tanto a conjunção carnal como outros atos libidinosos continuam definidos como ilícitos penais, ocorrendo tão somente a unificação do *nomen juris* dos crimes, ambos agora definidos como estupro, em função da modificação legislativa que incluiu as duas condutas típicas em único tipo penal plurissubsistente.[39]

Essa solução, nada obstante técnica, revela-se desproporcional e injusta. De fato, o agente acabaria por suportar o mesmo tratamento penal que receberia se tivesse mantido conjunção carnal com a vítima. Uma conduta mais grave não pode ser equiparada a comportamentos indiscutivelmente mais brandos, inviabilizando na prática o instituto da desistência voluntária, idealizado para estimular os criminosos ao abandono dos resultados inicialmente desejados.

Se assim não fosse, qual seria a utilidade do instituto delineado no art. 15 do Código Penal? Nenhuma, indiscutivelmente. Qual motivo levaria alguém a desistir do resultado visado? Certamente não existiria.

Se essas situações se repetirem, e se repetirão, acreditamos deva a jurisprudência, por questões de política criminal, reconhecer o instituto da tentativa, reduzindo a pena do estupro de um a dois terços, nos moldes do art. 14, inc. II, do Código Penal. Nesses casos, excepcionalmente e em benefício do réu, a desistência voluntária surtirá na prática os mesmos efeitos do *conatus*.

No entanto, se o sujeito desistir voluntariamente da execução do estupro, antes de ter praticado contra a vítima qualquer espécie de ato libidinoso, deverá ser responsabilizado somente pelo crime resultante da violência ou da grave ameaça. Vejamos três hipóteses possíveis:

a) "A" agride "B" com um soco, e diz para ela ficar quieta que irá estuprá-la. Rapidamente, contudo, o sujeito se arrepende, e deixa a vítima ir embora. Nesse caso, deve ser a ele imputado unicamente o crime de lesão corporal (CP, art. 129) – leve, grave ou gravíssima –, dependendo do resultado produzido no caso concreto.

b) "A", de arma em punho, diz para "B" que irá estuprá-la. Mas, ao perceber o desespero da vítima, decide abandonar a empreitada criminosa. Nesse exemplo, "A" será responsabilizado apenas pelo crime de ameaça (CP, art. 147).

c) "A", vestindo um capuz, aponta uma faca para "B", e ordena que ela fique nua. Em seguida, anuncia que irá estuprá-la. Entretanto, "A" percebe que a vítima é filha de "C", seu velho amigo, motivo pelo qual ordena a ela para voltar para casa. Nessa hipótese, "A" cometeu o crime de constrangimento ilegal (CP, art. 146), e não tentativa de estupro.

1.2.1.11.2. A questão da ejaculação precoce

Qual crime deve ser atribuído ao sujeito que, depois de empregar violência ou grave ameaça contra a vítima, não consegue efetuar a penetração, tanto na conjunção carnal como no sexo anal, em razão de ser acometido pela ejaculação precoce?

Não há dúvida da caracterização do estupro, em sua forma tentada, pois o agente iniciou a execução do delito, somente não alcançando a consumação por circunstâncias alheias à sua vontade. De fato, ele tinha a intenção de estuprar a vítima, e praticou atos executórios voltados a esta finalidade, mas foi impedido por motivos externos ao seu controle. Na linha da jurisprudência do Superior Tribunal de Justiça:

---

[39] HC 125.259/MG, rel. Min. Haroldo Rodrigues (Desembargador convocado do TJCE), 6.ª Turma, j. 23.11.2010.

Dado início à execução do crime de estupro, consistente no emprego de grave ameaça à vítima e na ação, via contato físico, só não se realizando a consumação em virtude de momentânea falha fisiológica, alheia à vontade do agente, tudo isso caracteriza a tentativa.[40]

Entretanto, se depois da ejaculação e impossibilitado de concretizar a penetração, o sujeito dolosamente enveredar pela realização de outros atos libidinosos (exemplo: praticar sexo oral na vítima), deverá ser a ele imputado o crime de estupro, em sua modalidade consumada.

1.2.1.11.3. Disfunção erétil e crime impossível

A disfunção erétil, também conhecida como impotência *coeundi*, é a deficiência que acomete alguns homens, impossibilitando a ereção do pênis, e, consequentemente, a penetração sexual (conjunção carnal ou sexo anal).

Se um homem portador desse problema, **comprovado por perícia médica**, tentar estuprar alguém, mediante penetração, estará caracterizado o instituto do crime impossível (CP, art. 17), em face da ineficácia absoluta do meio de execução. Subsiste, todavia, sua responsabilidade penal pelo crime resultante da violência à pessoa ou grave ameaça, tais como a lesão corporal (CP, art. 129), o constrangimento ilegal (art. 146) e a ameaça (CP, art. 147).

No entanto, nada impede que um homem, embora dotado da impotência *coeundi*, cometa o crime de estupro, desde que realize ato libidinoso diverso da conjunção carnal e do sexo anal, a exemplo da situação em que o sujeito aponta uma arma de fogo para a vítima, ordenando que fique nua, e em seguida comece a nela praticar sexo oral (*cunnilingus* ou cunilíngua).

Cumpre destacar que a impotência *generandi*, compreendida como a incapacidade para a procriação, não obsta a ereção peniana, razão pela qual é perfeitamente compatível com o crime de estupro mediante penetração (conjunção carnal ou sexo anal).

1.2.1.12. Ação penal

De acordo com o comando normativo inserido no art. 225 do Código Penal, o estupro, em qualquer das suas modalidades, é crime de **ação penal pública incondicionada**. Antes da Lei 13.718/2018, a ação penal normalmente era pública condicionada à representação.

Essa alteração foi equivocada, e constitui-se em indisfarçável retrocesso na seara dos crimes contra a dignidade sexual.

Com efeito, a ação penal pública condicionada conferia maior coerência à persecução penal do crime de estupro. Se a vítima, maior de 18 anos e capaz, preferisse preservar sua intimidade, evitando o escândalo provocado pelo processo, bastava não representar, e ninguém poderia interferir em sua privacidade. Entretanto, se representasse, não precisava suportar o ônus da constituição de advogado, pois o Ministério Público estava legitimado a oferecer denúncia.

Agora, com a ação pública incondicionada, pode acontecer de a vítima do estupro optar pelo silêncio, por ser a publicidade do fato apta a lhe trazer ainda mais prejuízos psicológicos e emocionais, e mesmo assim ser instaurada a persecução penal. Basta pensar na hipótese em que, contra a vontade da vítima, a imprensa noticia um crime de estupro. A autoridade policial, tomando conhecimento do fato, terá a obrigação de instaurar o inquérito policial, e o Ministério Público, por dever de ofício, terá que oferecer a denúncia.

Pode, inclusive, acontecer de a vítima recusar-se a prestar declarações em juízo, permanecendo em silêncio, e a ela não será imputado o crime tipificado no art. 342 do Código Penal, pois não é testemunha. Nesse caso, se o acusado negar a imputação, como normalmente acontece, e o fato não contar com nenhuma testemunha, a absolvição será inevitável.

---

[40] REsp 792.625/DF, rel. Min. Felix Fischer, 5.ª Turma, j. 10.10.2006.

Em síntese, o Estado escancarou a privacidade e a intimidade de uma pessoa, já abalada por um delito covarde e de elevada gravidade, e contra a sua vontade, para ao final ser proferida uma sentença absolutória.

A finalidade do legislador, ao implementar a ação penal pública incondicionada, foi livrar a vítima da pressão de representar contra seu agressor ou então de retratar-se da representação eventualmente já lançada.

Por fim, convém destacar um erro técnico na alteração promovida pela Lei 13.718/2018.

Diante da regra contida no art. 100, § 1.º, do Código Penal: "A ação pública é promovida pelo Ministério Público, dependendo, **quando a lei o exige**, de representação do ofendido ou de requisição do Ministro da Justiça", bastava ao legislador revogar o art. 225 do Código Penal, e automaticamente a ação penal no crime de estupro (e nos crimes contra a dignidade sexual) passaria a ser pública incondicionada, sem necessidade de subsistência deste dispositivo legal.

1.2.1.12.1. A Súmula 608 do Supremo Tribunal Federal

Na redação original do Código Penal, datada de 1940, os então denominados "crimes contra os costumes" se processavam, via de regra, mediante ação penal privada. Esta determinação constava do antigo art. 225, *caput*.

Naquela época, mais precisamente no dia 17 de outubro de 1984, o Plenário do Supremo Tribunal Federal aprovou a Súmula 608, com a seguinte redação: "No crime de estupro, praticado mediante violência real, a ação penal é pública incondicionada".

Violência real é a violência propriamente dita, ou seja, o emprego de força física contra a vítima. O fundamento da súmula era de fácil compreensão. O estupro com violência real é crime complexo, pois resulta da fusão entre estupro e lesão corporal. E como a lesão corporal era crime de ação penal pública incondicionada, o estupro violento deveria ser processado de igual modo, em obediência à regra imposta pelo art. 101 do Código Penal (ação penal no crime complexo).

Entretanto, na atual redação do art. 225 do Código Penal, essa súmula perdeu a razão de existir. De fato, atualmente o estupro é crime de ação pública incondicionada, em todas as suas modalidades e independentemente do seu meio de execução (violência à pessoa ou grave ameaça).

1.2.1.13. Lei 9.099/1995

Em face da pena cominada – reclusão, de seis a dez anos, o estupro constitui-se em **crime de elevado potencial ofensivo**, incompatível com os benefícios elencados pela Lei 9.099/1995.

1.2.1.14. Classificação doutrinária

O estupro é crime **pluriofensivo** (ofende mais de um bem jurídico: a liberdade sexual e a integridade corporal, se cometido mediante violência, ou então a liberdade individual, quando executado com emprego de grave ameaça); **comum** (pode ser praticado por qualquer pessoa), embora seja próprio na modalidade "constranger alguém a ter conjunção carnal", pois nesse caso exige a relação heterossexual; **material** ou **causal** (consuma-se com a prática da conjunção carnal ou de outro ato libidinoso); **de forma livre** (admite qualquer meio de execução); **instantâneo** (a consumação ocorre em um momento determinado, sem continuidade no tempo); em regra **comissivo**; **unissubjetivo, unilateral** ou **de concurso eventual** (pode ser cometido por uma única pessoa, mas admite o concurso); e normalmente **plurissubsistente** (a conduta pode ser fracionada em diversos atos).

1.2.1.15. Figuras qualificadas: art. 213, §§ 1.º e 2.º

Em seus §§ 1.º e 2.º, o art. 213 do Código Penal elenca formas qualificadas do estupro, nas quais são alterados em abstrato os limites mínimo e máximo da pena privativa de liberdade. Vejamos cada uma delas.

1.2.1.15.1. Art. 213, § 1.º

No § 1.º do art. 213 do Código Penal, são previstas duas qualificadoras. A pena é de reclusão, de 8 a 12 anos, se da conduta resulta lesão corporal de natureza grave ou se a vítima é menor de 18 anos ou maior de 14 anos.

1.2.1.15.1.1. Estupro qualificado pela lesão corporal de natureza grave

Na expressão "lesão corporal de natureza grave" ingressam as lesões corporais graves propriamente ditas, e também as lesões corporais gravíssimas, definidas no art. 129, §§ 1.º e 2.º, do Código Penal.

A violência é um dos meios de execução do estupro. Em razão disso, as vias de fato e as lesões leves são absorvidas pelo crime sexual. Mas, por expressa previsão legal, as lesões graves e gravíssimas não constituem crimes autônomos, e sim qualificadoras do delito tipificado no art. 213 do Código Penal.

A lesão corporal de natureza grave há de ser produzida na vítima do estupro. Se recair em pessoa diversa (exemplo: agredir o pai para estuprar sua filha), estarão configurados dois crimes – estupro e lesão corporal grave (ou gravíssima) – em concurso material, nos moldes do art. 69, *caput*, do Código Penal.

1.2.1.15.1.2. Estupro qualificado pela idade da vítima

Incide a qualificadora do estupro quando a vítima é menor de 18 e maior de 14 anos. O fundamento da maior reprovabilidade repousa na facilidade para execução do delito, em face da reduzida capacidade de resistência do ofendido, bem como na extensão dos danos físicos, morais e psicológicos causados ao adolescente.

A idade da vítima deve ser provada por documento hábil (certidão de nascimento, registro de identidade etc.), em razão da regra veiculada no art. 155, parágrafo único, do Código de Processo Penal: "Somente quanto ao estado das pessoas serão observadas as restrições estabelecidas na lei civil". Ademais, a faixa etária do ofendido precisa entrar na esfera de conhecimento do agente, sob pena de desclassificação para a modalidade fundamental do estupro, em face do reconhecimento do erro de tipo (CP, art. 20, *caput*).

Vale recordar que, se a vítima for menor de 14 anos, estará delineado o crime de estupro de vulnerável, na forma do art. 217-A do Código Penal.[41]

1.2.1.15.2. Estupro qualificado pela morte

A pena é de reclusão, de 12 a 30 anos, se da conduta resulta morte.

Esse dispositivo aplica-se unicamente à morte da vítima do estupro. Se a morte recair em pessoa diversa, como no exemplo daquele que mata o marido para estuprar sua mulher, deverão ser imputados ao agente os crimes de estupro e homicídio qualificado pela conexão (CP, art. 121, § 2.º, inc. V), em concurso material.

Se a vítima for menor de 18 e maior de 14 anos, e falecer em razão do estupro, incidirá somente a qualificadora prevista no § 2.º do art. 213 do Código Penal. Sua maior gravidade

---

[41] Para maiores detalhes sobre o assunto, vide item 1.2.1.8, relativo ao sujeito passivo no crime de estupro.

importa na absorção da qualificadora veiculada pelo § 1.º, *in fine*, sem prejuízo da utilização desta pelo magistrado na dosimetria da pena base, como circunstância judicial desfavorável, com fulcro no art. 59, *caput*, do Código Penal.

1.2.1.15.3. O elemento subjetivo no estupro qualificado pela lesão corporal de natureza grave ou pela morte

Para autorizar o reconhecimento das qualificadoras do estupro, o resultado agravador lesão corporal de natureza grave ou morte não pode advir de caso fortuito ou força maior, sob risco de consagração da inaceitável responsabilidade penal objetiva. Como estabelece o art. 19 do Código Penal: "Pelo resultado que agrava especialmente a pena, só responde o agente que o houver causado ao menos culposamente".

Portanto, não serão imputáveis ao agente as qualificadoras quando, nada obstante a prática do estupro, o resultado agravador emanar de acontecimentos imprevisíveis e inevitáveis, alheios ao seu controle. Exemplos: (a) "A" estupra "B" em uma floresta, e logo em seguida uma árvore cai sobre a vítima, matando-a; e (b) "A" estupra "B" no interior de um automóvel, estacionado em via pública, o qual vem a ser abalroado por outro veículo, resultando na amputação de uma das pernas da vítima.

Conclui-se ser imprescindível ao menos a presença da culpa para ensejar a aplicação das qualificadoras relacionadas à lesão corporal de natureza grave ou à morte da vítima. No entanto, aqui surge uma indagação: E se o sujeito atuar dolosamente, querendo ou assumindo o risco de matar a vítima, ou lesioná-la gravemente, terão incidência as qualificadoras?

Guilherme de Souza Nucci responde afirmativamente, no sentido de não se tratar de crimes exclusivamente preterdolosos. Em síntese, o estupro é doloso, e a lesão grave e a morte podem ser igualmente dolosas, ou então culposas. São suas palavras:

> No entanto, deve-se cessar, de uma vez por todas, a posição doutrinária e jurisprudencial que enxerga no tipo penal do estupro, quando ocorre lesão grave ou morte, um delito estritamente preterdoloso, ou seja, deve haver dolo do agente na conduta antecedente (estupro) e culpa na conduta consequente (geradora da lesão grave ou morte). Se houver dolo na antecedente e dolo na consequente, haveria a quebra do tipo penal em dois outros: estupro e lesão grave ou estupro e homicídio. Qual a razão científica para que tal medida se implemente? Com a devida vênia, inexiste. (...) Assim sendo, exige-se dolo na conduta antecedente (violência ou grave ameaça gerando o constrangimento) e dolo ou culpa no tocante ao resultado qualificador (lesão grave ou morte).[42]

Em sentido diverso, Luiz Regis Prado defende a natureza estritamente preterdolosa das formas qualificadas do estupro:

> Trata-se, portanto, de delito qualificado pelo resultado, em que há dolo na conduta antecedente e culpa na consequente. Existe, na espécie, uma unidade complexa entre delito sexual violento (antecedente doloso) e delito culposo, funcionando este último como "condição de maior punibilidade".
> (...) Registre-se que, se o agente tinha a intenção de alcançar tais eventos qualificadores ou, no mínimo, assumiu o risco de sua produção (dolo direto e eventual, respectivamente), haverá concurso material (art. 69, CP) entre o delito sexual praticado e o de delito de homicídio ou de lesão corporal grave. Pode-se citar como exemplo de delito qualificado pelo resultado, a conduta do agente que, ao derrubar a vítima ao solo, para estuprá-la, o faz de maneira abrupta, vindo esta a fraturar um braço na queda e, por consequência, permanecendo impossibilitada de exercer as suas ocupações habituais por mais de trinta dias. Observe-se ainda a hipótese do agente que, pretendendo

---

[42] NUCCI, Guilherme de Souza. *Código Penal comentado*. 10. ed. São Paulo: RT, 2010. p. 916.

abafar os gritos da vítima com um travesseiro durante um estupro, termina por, imprudentemente, matá-la por asfixia.[43]

Concordamos com esta última posição. O estupro qualificado pela lesão corporal de natureza grave ou pela morte é **crime exclusivamente preterdoloso**. Há dolo no estupro e culpa no resultado agravador. A presença do dolo, direto ou eventual, no tocante à lesão grave ou morte, afasta a incidência dos §§ 1.º e 2.º do art. 213 do Código Penal. Na verdade, estará caracterizado o concurso material entre os crimes de estupro (simples ou qualificado pela idade da vítima) e homicídio (ou feminicídio).

Na identificação dos crimes preterdolosos, e nas modalidades qualificadas do estupro, não é diferente, devem ser utilizados dois critérios:

1.º critério – Análise da redação do tipo penal

A leitura do tipo penal é fundamental para concluir pelo caráter preterdoloso do delito. O §§ 1.º e 2.º do art. 213 do Código Penal utilizam a fórmula "se da conduta resulta lesão corporal de natureza grave" e "se da conduta resulta morte".

O legislador foi peremptório ao estatuir o dolo somente em relação ao estupro. O sujeito agiu com o dolo de estuprar, e da conduta definida no *caput* do art. 213 do Código Penal sobreveio, culposamente, a lesão corporal de natureza grave ou a morte da vítima.

2.º critério – Análise das penas cominadas aos crimes que integram a figura preterdolosa

No crime preterdoloso há um misto de dolo na conduta antecedente (estupro) e culpa no resultado subsequente (lesão grave ou morte). A pena do crime preterdoloso, portanto, deve ser superior à do crime antecedente, mas substancialmente inferior à soma das penas dos crimes que o compõem, em suas modalidades dolosas.

Pensemos no estupro qualificado pela morte. Ao estupro simples (art. 213, *caput*) é cominada a pena de reclusão, de seis a dez anos. Se sobrevier a morte, a pena continua a ser de reclusão, mas elevada ao patamar de 12 a 30 anos.

O homicídio qualificado, de forma isolada, também comporta a pena de reclusão, de 12 a 30 anos.[44] Em outras palavras, ao homicídio qualificado é reservada a mesma quantidade de pena destinada ao estupro qualificado pela morte.

Esta circunstância autoriza a conclusão no sentido de que o estupro qualificado pela morte é necessariamente preterdoloso. Não se admite o dolo em relação ao resultado morte.

Indiscutivelmente, a morte dolosa praticada após o estupro é indicativa de homicídio qualificado: o estuprador mata por vingança (motivo torpe – art. 121, § 2.º, inc. I), por motivo fútil, a exemplo da situação em que não gostou da indiferença da vítima durante a conjunção carnal (art. 121, § 2.º, inc. II), ou principalmente para assegurar a impunidade do estupro (conexão consequencial – art. 121, § 2.º, inc. V) etc. Tal morte também pode ser indicativa do feminicídio, se o estuprador matar a mulher por razões da condição do sexo feminino (CP, art. 121-A).

Assim sendo, a nosso ver, está fora de cogitação a incompatibilidade entre estupro e homicídio simples. Sempre haverá, quando presente o dolo de matar, alguma das qualificadoras elencadas pelo § 2.º do art. 121 do Código Penal, ou então o crime autônomo de feminicídio (CP, art. 121-A).

E agora concluímos nosso raciocínio. Se fosse admitida a morte dolosa, aplicaríamos a pena de reclusão de 12 a 30 anos ao estupro qualificado, na situação em que o homicídio qualificado, por si só, comporta igual pena (a pena cominada ao feminicídio é ainda mais elevada). Em outras palavras, o estupro ficaria sem punição, servindo como autêntico "prêmio" ao criminoso. Estuprar e matar dolosamente seriam condutas punidas igualmente à morte dolosa, em manifesta ofensa ao princípio da proporcionalidade.

---

[43] PRADO, Luiz Regis. *Curso de direito penal brasileiro*. 8. ed. São Paulo: RT, 2010. v. 2, p. 604.
[44] Na hipótese de feminicídio, a pena será de reclusão, de 20 a 40 anos (CP, art. 121-A).

1.2.1.15.4. Tentativa de estupro e superveniência do resultado agravador

Na prática, é possível que o sujeito não obtenha êxito em consumar o estupro, e ainda assim a vítima suporte lesão corporal de natureza grave ou venha a falecer. Pensemos em um exemplo: João agride fisicamente Maria, com a intenção de com ela manter conjunção carnal. A vítima consegue se desvencilhar do agressor, e foge, sendo por ele perseguida em movimentada via pública. Ao ver o criminoso se aproximar, e não encontrando ninguém para ajudá-la, Maria atravessa a rua, momento em que é atropelada por um caminhão, vindo a falecer. Nesse caso, qual crime deve ser imputado a João?

A resposta é uma só: estupro qualificado pela morte, na forma do art. 213, § 2.º, do Código Penal. A razão é simples: o tipo penal utiliza a expressão "se da conduta resulta morte", ou seja, do ato de constranger alguém, mediante violência ou grave ameaça, a ter conjunção carnal. E no exemplo mencionado foi o que ocorreu, pois o agente constrangeu a vítima, mediante violência, a ter com ele conjunção carnal, somente não alcançando sua finalidade por circunstâncias alheias à sua vontade.[45]

Quem sustenta a admissibilidade da tentativa de estupro qualificado pela lesão corporal de natureza grave ou pela morte se depara com uma insuperável contradição, pois seria inevitável o reconhecimento da tentativa em crimes preterdolosos. E não se questiona a incompatibilidade do *conatus* com os delitos desta natureza.

1.2.1.16. Cadastro Nacional das Pessoas Condenadas por Crime de Estupro

A Lei 14.069/2020 criou, no âmbito da União, o Cadastro Nacional de Pessoas Condenadas por crime de estupro.

Esse cadastro deverá conter, no mínimo, as seguintes informações sobre as pessoas condenadas por tal delito: I – características físicas e dados de identificação datiloscópica; II – identificação do perfil genético; III – fotos; e IV – local de moradia e atividade laboral desenvolvida, nos últimos 3 (três) anos, em caso de concessão de livramento condicional.

Nada obstante a lei fale somente em "estupro", o cadastro deve contemplar tanto as pessoas condenadas pelo crime de estupro (CP, art. 213), como também aquelas sobre as quais recai condenação pelo delito de estupro de vulnerável, tipificado no art. 217-A do Código Penal.

O art. 2.º-A da Lei 14.069/2020, acrescentado pela Lei 15.035/2024, determinou a criação do **Cadastro Nacional de Pedófilos e Predadores Sexuais**, sistema desenvolvido a partir dos dados constantes do Cadastro Nacional de Pessoas Condenadas por Crime de Estupro, que permitirá a consulta pública do nome completo e do número de inscrição no Cadastro de Pessoas Físicas (CPF) das pessoas condenadas por esse crime.

Em respeito ao princípio da presunção de não culpabilidade, previsto no art. 5.º, LVII, da Constituição Federal, a Lei 14.069/2020 acertadamente utiliza a expressão "pessoas condenadas por crime de estupro", razão pela qual a inclusão no Cadastro somente poderá ser efetuada após o trânsito em julgado da condenação.

O Supremo Tribunal Federal já reconheceu, inclusive, a constitucionalidade de **cadastros estaduais de condenados por crimes sexuais ou de violência doméstica**:

> É constitucional lei estadual que institui cadastro de pessoas com condenação definitiva por crimes contra a dignidade sexual praticados contra criança ou adolescente ou por crimes de violência contra a mulher, desde que não haja publicização dos nomes das vítimas ou de informações que permitam a sua identificação. Esses cadastros subsidiam a atuação de órgãos públicos no controle de dados e informações relevantes para a persecução penal e outras políticas públicas. Além disso,

---

[45] Igual raciocínio é aplicável ao estupro qualificado pela lesão corporal de natureza grave (CP, art. 213, § 1.º, 1.ª parte).

possibilitam à sociedade o monitoramento desses dados e contribuem para a prevenção de novos delitos de violência de gênero e infantil. Assim, as leis estaduais impugnadas, ao criarem cadastros dessa natureza, disciplinam matéria relativa à segurança pública, cuja competência legislativa é concorrente (CF/1988, arts. 24, XI; 125, § 1.º; 128, § 5.º; e 144, §§ 4.º e 5.º).[46]

1.2.2. Art. 214 – Atentado violento ao pudor

O crime de atentado ao pudor, antigamente definido no art. 214 do Código Penal, foi revogado formalmente pela Lei 12.015/2009. Não houve, entretanto, *abolitio criminis*, pois o fato agora se subsume ao art. 213 do Código Penal, com o *nomen iuris* estupro. Aplica-se ao caso o **princípio da continuidade normativa**, ou **da continuidade típico normativa**, operando-se simplesmente o deslocamento do fato criminoso para tipo penal diverso.

1.2.3. Art. 215 – Violação sexual mediante fraude

1.2.3.1. Dispositivo legal

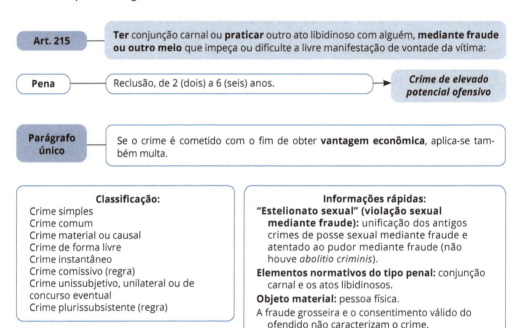

1.2.3.2. Introdução

Na redação original do Código Penal, datada de 1940, existiam dois crimes contra a liberdade sexual cometidos com emprego de fraude. No art. 215, era prevista a posse sexual mediante fraude, enquanto no art. 216 encontrava-se tipificado o atentado ao pudor mediante fraude. Assim agindo, o legislador portava-se com coerência, pois nos arts. 213 e 214 estavam definidos os delitos de estupro e de atentado violento ao pudor, respectivamente.

---

[46] ADI 6.620/MT, rel. Min. Alexandre de Moraes, Plenário, j. 18.04.2024, noticiado no *Informativo* 1.133.

Com as modificações efetuadas pela Lei 12.015/2009, notadamente a fusão dos crimes de estupro e de atentado violento ao pudor na atual figura do estupro, nos moldes do art. 213 do Código Penal, este panorama precisava mudar. E mudou. Agora, os antigos crimes de posse sexual mediante fraude e atentado ao pudor mediante fraude foram unificados em uma única figura penal, consistente no delito de violação sexual mediante fraude, definido no art. 215 do Código Penal.

Não houve, portanto, *abolitio criminis* da posse sexual mediante fraude ou do atentado ao pudor mediante fraude. Incide, na espécie, o **princípio da continuidade normativa** (ou da continuidade típico-normativa). Os fatos caracterizadores dos citados delitos continuam gozando de relevância penal, mas com o *nomen iuris* "violação sexual mediante fraude".

Em síntese, a violação sexual mediante fraude nada mais é do que a soma dos formalmente revogados crimes de posse sexual mediante fraude e atentado ao pudor mediante fraude.

1.2.3.3. Objetividade jurídica

O bem jurídico penalmente tutelado é a liberdade sexual da pessoa humana, independentemente do seu sexo. Protege-se a inviolabilidade sexual da pessoa, tendo em vista os atos fraudulentos com os quais se vicia o consentimento, para obter a conjunção carnal ou outro ato libidinoso.[47]

1.2.3.4. Objeto material

É a pessoa física sobre a qual recai a conduta criminosa.

1.2.3.5. Núcleos do tipo

O tipo penal contém dois núcleos: "ter" e "praticar".

Ter é conseguir ou obter conjunção carnal com alguém, ou seja, a introdução total ou parcial do pênis na vagina. Exige-se, portanto, que ao menos um homem e uma mulher figurem como sujeitos do delito, pois só há falar em conjunção carnal nas relações heterossexuais. **Praticar**, por sua vez, é realizar ou efetuar outro ato libidinoso com alguém, consistente em qualquer ato idôneo à satisfação da lascívia e diverso da conjunção carnal, a exemplo do sexo oral e do sexo anal. Nessa hipótese, a relação pode ser heterossexual ou homossexual. A conjunção carnal e os atos libidinosos, assim como no estupro, são **elementos normativos** do tipo penal inerente à violação sexual mediante fraude.

E, logo de início, percebe-se uma relevante falha promovida pela Lei 12.015/2009. O tipo penal fala somente em "praticar outro ato libidinoso com alguém", quando o legislador deveria ter utilizado a mesma fórmula empregada no art. 213 do Código Penal (crime de estupro): "praticar ou permitir que com ele se pratique outro ato libidinoso".

O resultado dessa falta de técnica na elaboração da lei é trágico. Se, em razão da fraude ou expediente similar, a vítima é obrigada a praticar em si mesma atos sexuais (exemplo: automasturbação), ou então venha a praticar no agente algum ato libidinoso (exemplo: sexo oral), não se poderá reconhecer o crime de violação sexual mediante fraude.

---

[47] No mesmo sentido: FRAGOSO, Heleno Cláudio. *Lições de direito penal*. Parte especial. São Paulo: José Bushatsky, 1959. v. 3, p. 397.

De fato, ao se valer da expressão "praticar outro ato libidinoso com alguém", o art. 215 do Código Penal reclama a prática, pelo sujeito, de atos libidinosos na vítima, excluindo situações diversas. Exige-se, portanto, um comportamento meramente passivo de parte do ofendido, e este equívoco legislativo não pode ser suprido no caso concreto, em face da inadmissibilidade da analogia *in malam partem* no Direito Penal.[48]

Para ter conjunção carnal ou praticar outro ato libidinoso com alguém, o sujeito se vale da fraude ou outro meio que impeça ou dificulte a livre manifestação de vontade da vítima.

O legislador novamente se socorre da **interpretação analógica** (ou *intra legem*), pois descreve uma fórmula casuística ("fraude") seguida de fórmula genérica ("ou outro meio que impeça ou dificulte a livre manifestação de vontade da vítima"). Destarte, esse meio deve ser similar à fraude, apto a enganar alguém e retirar ou diminuir sua liberdade de escolha, a exemplo da causação dolosa de embriaguez incompleta provocada pelos efeitos do álcool ou substância de efeitos análogos.[49]

Fraude é o artifício, o ardil, o estratagema utilizado para enganar determinada pessoa, afetando a livre manifestação da sua vontade. Vejamos alguns exemplos: (a) uma mulher procura um curandeiro e com ele mantém conjunção carnal, pois foi convencida que somente assim os espíritos negativos abandonarão seu corpo e sua alma; (b) um falso médico se vale da suposta profissão para realizar exames íntimos nas vítimas;[50] e (c) um rapaz se aproveita dos seus traços físicos para manter conjunção carnal com a namorada do seu irmão gêmeo, depois de ser por ela equivocadamente convidado a ir a um motel.

Nos exemplos mencionados, é fácil constatar que, mediante a utilização da fraude, o sujeito pode induzir a vítima em erro (exemplos "a" e "b") ou aproveitar-se do erro dela (exemplo "c"). Em ambas as hipóteses, a ele será imputado o crime tipificado no art. 215 do Código Penal.

A violação sexual mediante fraude é também conhecida como **estelionato sexual**. Não há emprego de violência ou grave ameaça para a concretização do ato sexual, pois caso contrário estaria delineado o crime de estupro (CP, art. 213).

Além disso, a vítima não se reveste da situação de vulnerabilidade, afastando-se o delito contido no art. 217-A do Código Penal. Em síntese, no crime traçado no art. 215 do Código Penal a fraude limita-se a viciar a vontade da vítima, sem eliminá-la. Esta é a diferença precípua entre a violação sexual mediante fraude e o estupro de vulnerável.

1.2.3.5.1. A questão da fraude grosseira

O meio fraudulento de que se vale o agente deve ser idôneo a ludibriar a vítima. O fato é atípico se esta identifica a fraude e ainda assim tolera a prática da conjunção carnal ou outro ato libidinoso. O consentimento válido do ofendido é incompatível com a violação sexual mediante fraude, capitulada entre os crimes contra a liberdade sexual.

Em outras palavras, a fraude grosseira não enseja o reconhecimento do delito tipificado no art. 215 do Código Penal. Evidentemente, a idoneidade ou inidoneidade da fraude deve ser analisada no caso concreto, levando-se em conta as peculiaridades da vítima, bem como o tempo e o local da conduta. É indiscutível que, nos dias atuais, as pessoas que vivem isoladas nas áreas rurais são mais ingênuas e suscetíveis a fraudes do que os indivíduos que habitam as cidades e têm amplo acesso às informações em geral.

---

[48] Com igual raciocínio: GRECO, Rogério. *Curso de direito penal*. 7. ed. Niterói: Impetus, 2010. v. III, p. 490.
[49] Se a embriaguez for completa, de forma a retirar da vítima a capacidade para oferecer resistência diante da conjunção carnal ou outro ato libidinoso, estará aperfeiçoado o crime de estupro de vulnerável, na forma do art. 217-A, § 1.º, *in fine*, do Código Penal.
[50] STJ: HC 179.509/MG, rel. Min. Gilson Dipp, 5.ª Turma, j. 14.12.2010.

1.2.3.5.2. A percepção da fraude durante a relação sexual

Se, durante a conjunção carnal ou outro ato libidinoso, a vítima constatar a fraude, duas situações podem ocorrer:

1.ª situação: A vítima aceita a continuação do ato. O fato é atípico, em razão do seu consentimento.

2.ª situação: A vítima deseja a interrupção do ato. Nesse caso, se o agente insistir na prática da conjunção carnal ou outro ato libidinoso, mediante o emprego de violência à pessoa ou grave ameaça, estará configurado o crime de estupro, nos termos do art. 213 do Código Penal.

1.2.3.5.3. Prática sucessiva de conjunção carnal e outro ato libidinoso contra a vítima

Se no mesmo contexto fático o sujeito praticar conjunção carnal e depois outro ato libidinoso com a mesma vítima, mediante fraude ou outro meio que impeça ou dificulte a livre manifestação da sua vontade, quantos crimes serão a ele imputados?

Essa indagação tem como objetivo discutir a unidade ou pluralidade de crimes, conforme a violação sexual mediante fraude seja classificada como tipo misto alternativo ou tipo misto cumulativo. Para evitar repetições desnecessárias, remetemos o ilustre leitor ao art. 213 do Código Penal, item 1.2.1.6.5, no qual analisamos a questão na ótica do delito de estupro.

1.2.3.6. Sujeito ativo

A violação sexual mediante fraude é **crime comum** ou **geral**, podendo ser cometido por qualquer pessoa.

É de se ressaltar, porém, que nas hipóteses em que a conduta típica consistir em "ter conjunção carnal", o sujeito ativo obrigatoriamente será do sexo oposto ao da vítima (relação heterossexual). Por seu turno, quando o comportamento criminoso se revelar como "praticar outro ato libidinoso", os sujeitos do delito podem ser do mesmo sexo (relação heterossexual ou homossexual).

1.2.3.7. Sujeito passivo

Pode ser qualquer pessoa, desde que não se amolde ao conceito penal de vulnerável para fins sexuais.

Com efeito, se a prática da conjunção carnal ou ato libidinoso envolver vítima menor de 14 anos, ou pessoa que, por enfermidade ou deficiência mental, não tem o necessário discernimento para o ato, ou que, por qualquer outra causa, não pode oferecer resistência, estará caracterizado o crime de estupro de vulnerável, definido no art. 217-A do Código Penal, ainda que o meio de execução empregado pelo agente seja a fraude ou expediente análogo.

1.2.3.7.1. Violação sexual mediante fraude envolvendo prostitutas ou prostitutos

Uma prostituta (ou prostituto), no exercício da sua atividade de comércio carnal, pode ser vítima do crime definido no art. 215 do Código Penal?

A resposta é positiva. Inicialmente, é importante mais uma vez reafirmar a proteção sexual conferida pelo ordenamento jurídico a todas as pessoas, inclusive a quem exerce a prostituição, como corolário da dignidade da pessoa humana, fundamento da República Federativa do Brasil insculpido no art. 1.º, inc. III, da Constituição Federal.

Agora, imaginemos a hipótese em que uma prostituta se entrega sexualmente para alguém, depois de convencionarem o pagamento de determinada quantia em dinheiro em troca do programa. Se, após a finalização da atividade sexual, o "cliente" fugir sem efetuar a quitação do seu débito, estará configurado o crime de violação sexual mediante fraude, pois o agente se valeu da fraude (falsa promessa de pagamento) para ter conjunção carnal com a vítima.

1.2.3.8. Elemento subjetivo

É o dolo, pouco importando a finalidade do agente. Em outras palavras, estará caracterizado o delito quando o sujeito pratica ato libidinoso com alguém, mediante fraude, para satisfazer seu desejo sexual, como nas situações em que o faz simplesmente para se divertir ou mesmo para ganhar uma aposta de seus amigos. Conclui-se, portanto, que o art. 215 do Código Penal não reclama nenhum tipo de elemento subjetivo específico para a configuração do delito.

Não se admite a modalidade culposa.

1.2.3.8.1. Finalidade lucrativa e aplicação cumulativa da pena de multa

Como impõe o parágrafo único do art. 215 do Código Penal, se o crime é cometido com o fim de obter vantagem econômica, aplica-se também a pena de multa. Exemplo: Um sujeito se vale da fraude para manter conjunção carnal com mulher proveniente de família rica, visando engravidá-la para posteriormente com ela se casar.

Não há necessidade da efetiva obtenção da vantagem econômica. Basta a intenção de alcançá-la em decorrência da prática do delito.

1.2.3.9. Consumação

A violação sexual mediante fraude é **crime material** ou **causal**: consuma-se com a conjunção carnal, ou seja, com a introdução total ou parcial do pênis na vagina, não se exigindo o orgasmo ou sequer a ejaculação, ou então com a realização do ato libidinoso (exemplos: sexo anal, sexo oral, toques eróticos nos órgãos genitais etc.).

1.2.3.10. Tentativa

É possível, em face do caráter plurissubsistente do delito, comportando o fracionamento do *iter criminis*. Exemplo: O médico oftalmologista pede à humilde paciente para despir-se, alegando a necessidade de tocar suas partes íntimas para analisar eventual problema capaz de interferir em sua visão. Com a vítima já nua, mas antes de apalpá-la, o profissional da medicina é preso em flagrante pelo diretor do hospital.

1.2.3.11. Ação penal

A ação penal é pública incondicionada.

1.2.3.12. Lei 9.099/1995

Em face da pena cominada – reclusão, de dois a seis anos – a violação sexual mediante fraude constitui-se em **crime de elevado potencial ofensivo**, incompatível com os benefícios elencados pela Lei 9.099/1995.

1.2.3.13. Classificação doutrinária

A violação sexual mediante fraude é crime **simples** (ofende um único bem jurídico); **comum** (pode ser praticado por qualquer pessoa); **material** ou **causal** (consuma-se com a prática da conjunção carnal ou de outro ato libidinoso); **de forma livre** (admite qualquer meio de execução); **instantâneo** (a consumação ocorre em um momento determinado, sem continuidade no tempo); em regra comissivo; unissubjetivo, unilateral ou de concurso eventual (pode ser cometido por uma única pessoa, mas admite o concurso); e normalmente plurissubsistente (a conduta pode ser fracionada em diversos atos).

1.2.4. Art. 215-A – Importunação sexual

1.2.4.1. Dispositivo legal

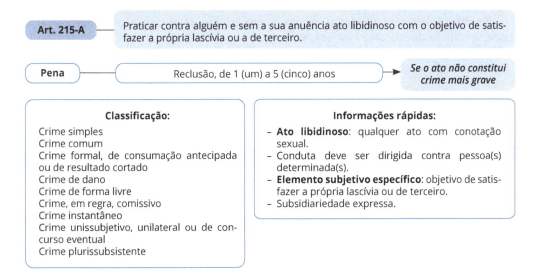

Classificação:
Crime simples
Crime comum
Crime formal, de consumação antecipada ou de resultado cortado
Crime de dano
Crime de forma livre
Crime, em regra, comissivo
Crime instantâneo
Crime unissubjetivo, unilateral ou de concurso eventual
Crime plurissubsistente

Informações rápidas:
- **Ato libidinoso**: qualquer ato com conotação sexual.
- Conduta deve ser dirigida contra pessoa(s) determinada(s).
- **Elemento subjetivo específico**: objetivo de satisfazer a própria lascívia ou de terceiro.
- Subsidiariedade expressa.

1.2.4.2. Introdução

No dia 29 de agosto de 2017, um fato chocou o Brasil. No interior de um ônibus em plena avenida Paulista, na cidade de São Paulo, Diego Ferreira Novais masturbou-se e ejaculou em uma mulher. Foi autuado em flagrante pela prática de estupro.

No dia seguinte, em audiência de custódia, ele foi colocado em liberdade, inclusive com pedido do Ministério Público nesse sentido, pois entendeu-se que o fato não caracterizava o delito tipificado no art. 213 do Código Penal, e sim a contravenção penal de importunação ofensiva ao pudor, então prevista no art. 61 do Decreto-lei 3.688/1941: "Importunar alguém, em lugar público ou acessível ao público, de modo ofensivo ao pudor".

A colocação em liberdade de Diego causou grande discussão no meio jurídico, na imprensa e nas redes sociais. O fato por ele praticado constituiu ou não crime de estupro? E a resposta tinha de ser negativa.

Como se sabe, o art. 213 do Código Penal, embora dispense o contato corporal entre o estuprador e a vítima, reclama o envolvimento físico desta no ato libidinoso, decorrente do constrangimento mediante violência ou grave ameaça, circunstância que não se verificou no comportamento deplorável de Diego. A vítima – Cíntia Souza – estava sentada no banco do ônibus, mexendo em seu aparelho de telefone celular, quando foi surpreendida pela ejaculação em seu ombro e pescoço.

O caso revelou um vácuo na legislação brasileira. De um lado, estava o crime de estupro, de natureza hedionda; na outra extremidade, a contravenção penal de importunação ofensiva ao pudor, de menor potencial ofensivo. Era imprescindível a criação de uma figura intermediária, sem a gravidade do estupro, mas também sem a brecha para a impunidade da contravenção penal.

Para suprir essa lacuna, a Lei 13.718/2018 acrescentou ao Código Penal, em seu art. 215-A, o crime de importunação sexual, punido com reclusão, de 1 (um) a 5 (cinco) anos.[51] Além disso, o art. 3.º, II, da Lei 13.718/2018 revogou o art. 61 do Decreto-lei 3.688/1941, eliminando a contravenção penal de importunação ofensiva ao pudor.[52]

1.2.4.3. Objetividade jurídica

É a dignidade sexual, relativa ao direito do ser humano de não ser incomodado por outra pessoa no campo da sua liberdade sexual.

1.2.4.4. Objeto material

É a pessoa, de qualquer sexo, contra quem o agente dirige a conduta criminosa.

1.2.4.5. Núcleo do tipo

O núcleo do tipo é "**praticar**", no sentido de cometer ou realizar um ato libidinoso.

Compreende-se por **ato libidinoso** qualquer ato revestido de conotação sexual, destacando-se para fins deste delito a masturbação, os toques íntimos e o contato corporal erótico, a exemplo daqueles que infelizmente acontecem em meios de transporte coletivo (ônibus, trens, metrôs etc.).

Esse ato libidinoso deve ser praticado pelo agente contra **pessoa determinada** (ou pessoas determinadas) e, evidentemente, contra a vontade desta. Com efeito, se a pessoa concorda com o ato libidinoso, não há ofensa à sua liberdade sexual, e o fato se reveste de atipicidade penal.

O agente realiza a conduta descrita em lei com o objetivo de satisfazer a lascívia (desejo, volúpia ou prazer sexual) própria ou de terceiro. Exemplificativamente, o sujeito pode se masturbar na frente de uma mulher que estava sentada no ponto de ônibus porque isso lhe dá prazer erótico, ou então porque tal comportamento confere prazer sexual à sua esposa, como observadora do ato.

Em síntese, o art. 215-A do Código Penal destina-se a proteger as pessoas contra o incômodo, a perturbação, o molestamento de alguém de natureza sexual.

Em regra, a conduta é exteriorizada por ação (crime comissivo), mas nada impede sua prática pela omissão, se o agente tinha o dever de agir e podia agir para evitar o resultado, na forma do art. 13, § 2.º, do Código Penal (crime omissivo impróprio, espúrio ou comissivo por omissão), como no exemplo em que um policial militar, no vagão do metrô, visualiza um homem se masturbando para uma mulher, contra a vontade desta, mas nada faz para impedir o delito, uma vez que tal comportamento também lhe proporciona prazer sexual.

1.2.4.5.1. Distinção com o crime estupro

O estupro, tipificado no art. 213 do Código Penal, é crime hediondo e dotado de maior gravidade do que a importunação sexual. Os fundamentos desta diferenciação são de fácil compreensão.

---

[51] Tivemos a honra de integrar a comissão instituída pela Procuradoria-Geral de Justiça de São Paulo para apresentar proposta de criação deste delito à Câmara dos Deputados. O estudo elaborado pelo Ministério Público de São Paulo foi decisivo para a aprovação da Lei 13.718/2018.

[52] Não há falar, contudo, em *abolitio criminis* no tocante à importunação ofensiva ao pudor, e sim no deslocamento geográfico da conduta ilícita, agora prevista como crime no art. 215-A do Código Penal. Trata-se de manifestação do princípio da continuidade típico-normativa (ou da continuidade normativa): operou-se a revogação formal do art. 61 da Lei das Contravenções Penais, porém, sem a supressão material do fato contrário ao Direito Penal.

Inicialmente, não há como reconhecer a importunação sexual na conjunção carnal realizada sem o consentimento da vítima. Se isto ocorrer, estará indiscutivelmente caracterizado o crime de estupro. Esta é a razão pela qual o art. 215-A do Código Penal refere-se somente ao "ato libidinoso", excluindo a conjunção carnal.

Destarte, a dúvida pode recair na prática de ato libidinoso sem o consentimento da vítima. Quando tal comportamento acarretará o reconhecimento do estupro? E da importunação sexual? Vejamos.

No estupro, a vítima é constrangida, mediante violência ou grave ameaça, a praticar ou permitir que com ela se pratique um ato libidinoso. Em síntese, há intimidação do ofendido, e seu envolvimento físico no ato libidinoso é indispensável, embora seja prescindível seu contato corporal com o agente. Exemplo: João, com emprego de arma de fogo, ameaça Fernanda de morte, e determina a ela que se masturbe. Houve constrangimento, mediante grave ameaça, para a vítima praticar ato libidinoso, mesmo sem seu contato físico com o agente. O crime é de estupro.

Na importunação sexual, por sua vez, não há emprego de violência ou grave ameaça.[53] Consequentemente, a vítima não é constrangida a praticar ou permitir que com ela se pratique ato libidinoso. Ao contrário, **o ato libidinoso é praticado pelo agente**. Exemplo: João observa José pelo vão da porta do banheiro do clube, enquanto este tomava banho, e começa a se masturbar. José é incomodado sexualmente pela conduta de João; porém, não é obrigado a praticar nenhum ato libidinoso. Incide o crime tipificado no art. 215-A do Código Penal. Se depois de algum tempo, contudo, João ameaçar José e obrigá-lo a se masturbar, porque isso lhe traz prazer erótico, surgirá o crime de estupro. Este foi o motivo de o legislador ter atribuído à importunação sexual a nota da subsidiariedade expressa, uma vez que sua pena – reclusão, de 1 (um) a 5 (cinco) anos – somente será aplicada se o ato não constituir crime mais grave.

1.2.4.5.2. Distinção com o crime de ato obsceno

Na importunação sexual, o ato libidinoso é praticado contra uma pessoa determinada (ou pessoas determinadas), e sem o seu consentimento. Por esta razão, o delito foi alocado no Capítulo I do Título VI da Parte Especial do Código Penal, entre os crimes contra a liberdade sexual.

De seu turno, o ato obsceno ofende o ultraje público ao pudor (Capítulo VI do Título VI da Parte Especial do Código Penal). A conduta prevista no art. 233 do Código Penal consiste em "praticar ato obsceno em lugar público, ou aberto ou exposto ao público".

Portanto, se o sujeito se masturba para uma pessoa específica, sem o consentimento desta, visando satisfazer a própria lascívia ou de terceiro, a ele será imputado o crime de importunação sexual. Por outro lado, se o agente se masturbar em um local público – uma praia, por exemplo –, sem direcionar sua conduta a pessoa determinada, estará configurado o crime de ato obsceno.

1.2.4.5.3. Palavras ofensivas ao pudor alheio

A Lei 13.718/2018, além de instituir o delito de importunação sexual no art. 215-A do Código Penal, acabou por revogar expressamente a contravenção penal outrora definida no art. 61 do Decreto-lei 3.688/1941 – Lei das Contravenções Penais, cuja redação era a seguinte: "Importunar alguém, em lugar público ou acessível ao público, de modo ofensivo ao pudor".

---

[53] "A ausência de violência ou grave ameaça na conduta do réu de apalpar as partes íntimas de vítima, com o objetivo de satisfazer sua lascívia, impõe a desclassificação do crime de estupro para o delito importunação sexual" (STJ: Processo em segredo de justiça, rel. Min. Ribeiro Dantas, 5.ª Turma, j. 06.02.2024, noticiado no *Informativo* 21 – Edição Extraordinária).

Tal contravenção penal era aplicável basicamente em duas situações: (a) prática de ato libidinoso contra alguém, sem violência à pessoa ou grave ameaça; e (b) ofensas verbais ao pudor alheio. Para a primeira hipótese, atualmente incide o art. 215-A do Código Penal. Na outra, entretanto, o cenário é diverso.

Em síntese, a revogação do art. 61 da Lei das Contravenções Penais abriu um vácuo na legislação penal, no tocante à conduta daquele que lança palavras ofensivas ao pudor de alguém, como no exemplo em que, no interior do vagão do metrô, um homem se aproxima de uma mulher desconhecida e lhe diz em voz baixa: "quero transar a noite toda com você", somando a esta frase diversas palavras indecorosas. Em condutas desse jaez, não há como se aplicar o crime de importunação sexual, pois o tipo penal reclama a prática de ato libidinoso contra alguém.

1.2.4.6. Sujeito ativo

Cuida-se de **crime comum** ou **geral**, podendo ser cometido por qualquer pessoa. Admite o concurso de pessoas, tanto na coautoria como na participação.

1.2.4.7. Sujeito passivo

Pode ser qualquer pessoa, independentemente do sexo e da orientação sexual.

Mas cuidado. Se a conduta consistir em praticar, na presença de alguém menor de 14 (catorze) anos, ou induzi-lo a presenciar conjunção carnal ou outro ato libidinoso, a fim de satisfazer lascívia própria ou de outrem, estará caracterizado o crime de satisfação de lascívia mediante presença de criança ou adolescente, definido no art. 218-A do Código Penal.

1.2.4.8. Elemento subjetivo

É o dolo, acompanhado de uma finalidade específica (elemento subjetivo específico), consistente no "objetivo de satisfazer a própria lascívia ou a de terceiro".

Destarte, não se caracteriza o delito tipificado no art. 215-A do Código Penal quando o sujeito pratica um ato libidinoso contra a vítima não para satisfazer a lascívia própria ou de terceiro, e sim para de qualquer modo menosprezá-la. Exemplo: Depois da troca de empurrões na festa de casamento, João se masturba e vem a ejacular na camisa do noivo, para humilhá-lo perante os demais convidados. Nesse caso, não há falar no crime de importunação sexual, e sim de injúria real (CP, art. 140, § 2.º).

Não se admite a modalidade culposa.

1.2.4.9. Consumação

A importunação sexual é **crime formal**, **de consumação antecipada** ou **de resultado cortado**. Consuma-se no instante em que o agente pratica contra a vítima algum ato libidinoso, sem a sua anuência, com o objetivo de satisfazer a própria lascívia ou de terceiro, ainda que não consiga chegar ao desejado grau de satisfação. Exemplo: Em seu local de trabalho, Paulo começa a se masturbar para sua colega Maria. O crime se consumou com a realização do ato libidinoso, ainda que Paulo venha a ser preso em flagrante antes de eventual ejaculação.

1.2.4.10. Tentativa

É cabível o *conatus*, em face do caráter plurissubsistente do delito. Exemplo: Pedro começa a olhar para Maria, sua colega de trabalho, e abaixa a calça para masturbar-se. Antes de iniciar a prática do ato libidinoso, todavia, ele vem a ser preso em flagrante pelo segurança do local.

1.2.4.11. Ação penal

A ação penal é pública incondicionada.

1.2.4.12. Lei 9.099/1995

A importunação sexual é **crime de médio potencial ofensivo**. A pena mínima cominada – reclusão, de 1 (um) ano – é compatível com a suspensão condicional do processo, desde que presentes os demais requisitos exigidos pelo art. 89 da Lei 9.099/1995.

1.2.4.13. Subsidiariedade expressa

O art. 215-A do Código Penal contempla uma norma expressamente subsidiária. Com efeito, a pena cominada é de reclusão, de 1 (um) a 5 (cinco) anos, "**se o ato não constitui crime mais grave**".

A importunação sexual funciona como autêntico soldado de reserva. O delito somente será reconhecido se a conduta do agente não caracterizar um delito mais grave, notadamente o estupro (consumado ou tentado).

1.2.4.14. Classificação doutrinária

A importunação sexual é crime **simples** (ofende um único bem jurídico); **comum** (pode ser cometido por qualquer pessoa); **formal, de consumação antecipada** ou **de resultado cortado** (consuma-se com a prática da conduta criminosa, independentemente da superveniência do resultado naturalístico); **de dano** (ofende a liberdade sexual da vítima); **de forma livre** (admite qualquer meio de execução); em regra **comissivo**; **instantâneo** (consuma-se em um momento determinado, sem continuidade no tempo); **unissubjetivo, unilateral** ou **de concurso eventual** (normalmente cometido por um só agente, mas admite o concurso) e **plurissubsistente**.

1.2.4.15. Competência

A importunação sexual é crime de competência da Justiça Estadual. Será competente a Justiça Federal, entretanto, se houver prejuízo a interesse da União, de suas entidades autárquicas ou de empresas públicas (CF, art. 109, IV), como na situação em que um homem se aproxima de uma escrivã de polícia, durante seu trabalho no interior da Delegacia da Polícia Federal, e começa a se masturbar, com o objetivo de satisfazer sua própria lascívia. Nesse caso, incide o enunciado da Súmula 147 do Superior Tribunal de Justiça: "Compete à Justiça Federal processar e julgar os crimes praticados contra funcionário público federal, quando relacionados com o exercício da função".

A competência também será da Justiça Federal se a importunação sexual for cometida a bordo de navio ou aeronave (CF, art. 109, IX).

1.2.5. Art. 216 – Atentado ao pudor mediante fraude

O crime de atentado ao pudor mediante fraude, antigamente definido no art. 216 do Código Penal, foi revogado pela Lei 12.015/2009. Não houve, entretanto, *abolitio criminis*, pois o fato agora se subsume à violação sexual mediante fraude, tipificada no art. 215 do Código Penal.

1.2.6. Art. 216-A – Assédio sexual

1.2.6.1. Dispositivo legal

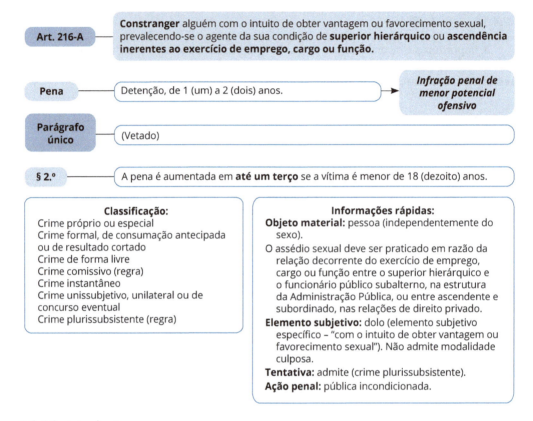

1.2.6.2. Introdução

No Brasil, o assédio sexual foi considerado crime pela Lei 10.224/2001. Condutas dessa estirpe, covardes e repugnantes, indiscutivelmente merecem rígida punição. Essa incriminação, entretanto, não tem surtido efeitos práticos, pois as situações de assédio sexual normalmente são solucionadas, até com êxito, pelo Direito Civil, pelo Direito do Trabalho e pelo Direito Administrativo.

De fato, existem poucas ações penais imputando a alguém o delito em apreço. Condenações, então, são raríssimas, nada obstante a frequência com que o assédio sexual se verifica nos mais diversos ambientes de trabalho.

1.2.6.3. Objetividade jurídica

O bem jurídico penalmente tutelado é a liberdade sexual, relacionada ao exercício do trabalho em condições dignas e desprovidas de constrangimentos e humilhações.

1.2.6.4. Objeto material

É a pessoa, independentemente do sexo e da opção sexual, contra quem se dirige a conduta criminosa.

1.2.6.5. Núcleo do tipo

O núcleo do tipo é "constranger". E, nesse ponto, o legislador não andou bem. Na tradição do Código Penal, constranger equivale a forçar, compelir alguém a fazer ou deixar de fazer algo. Exige-se o dissenso, ou seja, o comportamento positivo ou negativo de alguém contra sua vontade.

Além disso, ao verbo corresponde necessariamente um complemento, pois a conduta de constranger liga-se a alguma coisa ou a determinado comportamento. Exemplificativamente, no constrangimento ilegal (CP, art. 146), a vítima é coagida a não fazer o que a lei permite, ou a fazer o que ela não manda; no estupro (CP, art. 213), por seu turno, alguém é forçado a ter conjunção carnal ou a praticar ou permitir que com ele se pratique outro ato libidinoso.

No art. 216-A do Código Penal, contudo, o núcleo constranger não se liga a nenhum complemento. De fato, a expressão "com o intuito de obter vantagem ou favorecimento sexual" há de ser compreendida, unicamente, como elemento subjetivo específico, ou seja, como o especial fim de agir que extravasa o dolo e norteia a conduta criminosa, e não como complementação do constrangimento.

Destarte, no crime de assédio sexual o verbo constranger deve ser encarado em outra dimensão, resultando em uma modalidade específica de constrangimento ilegal (princípio da especialidade), sem violência à pessoa ou grave ameaça, pois tais meios de execução não constam da descrição típica. De fato, a conduta consiste em molestar, perturbar uma pessoa, intimidando-a, com o propósito de alcançar vantagem ou favorecimento sexual, afetando sua dignidade, sua intimidade, sua tranquilidade e seu bem-estar. Daí a razão da inserção do delito no Capítulo I do Título VI da Parte Especial do Código Penal, entre os crimes contra a liberdade sexual.[54]

Com efeito, o superior hierárquico ou pessoa dotada de ascendência inerente ao exercício de emprego, cargo ou função, constrange o subalterno a realizar seus desejos sexuais, aproveitando-se dos poderes que lhe são conferidos pela relação de trabalho.[55] São exemplos clássicos de assédio sexual as condições impostas para uma promoção que envolva atos libidinosos e a ameaça de demissão se o subordinado se recusar a satisfazer os anseios sexuais do superior.

A propósito, a Organização Internacional do Trabalho (OIT) assim define o assédio sexual:

> Atos, insinuações, contatos físicos forçados, convites impertinentes, desde que apresentem uma das características a seguir: a) ser uma condição clara para manter o emprego; b) influir nas promoções da carreira do assediado; c) prejudicar o rendimento profissional, humilhar, insultar ou intimidar a vítima.

A intimidação inerente ao assédio sexual deve ser séria, pois, caso contrário, as insinuações representarão simples flertes ou gracejos, não abrangidos pela lei penal. E pouco importa se o mal prometido pela intimidação é justo (exemplo: promover empregado mais qualificado) ou injusto (exemplo: demitir o subalterno invocando falso motivo). Em ambas as hipóteses o crime estará caracterizado, pois basta o medo causado ao subordinado com a finalidade de obter vantagem sexual.

É válido destacar a exigência legal de ser o assédio sexual praticado em razão da relação decorrente do exercício de emprego, cargo ou função entre o superior hierárquico e o

---

[54] Anote-se que o emprego de violência à pessoa ou grave ameaça implica o crime de estupro (CP, art. 213), de natureza hedionda, consumado ou tentado, se presente a intenção de obter vantagem ou favorecimento sexual.

[55] No âmbito do art. 216-A do Código Penal, emprego é a relação trabalhista de natureza civil, remunerada e não eventual; cargo, na órbita pública, é o criado por lei, com denominação própria, em número certo e remunerado pelos cofres públicos; e função, finalmente, é a pública, compreendendo o conjunto de atribuições vinculadas ao serviço público, não correspondentes a um cargo ou emprego.

funcionário público subalterno, na estrutura da Administração Pública, ou entre ascendente e subordinado, nas relações de direito privado.

Não se pode descartar, portanto, a dependência entre o constrangimento e a relação laborativa. Logo, se o assédio ocorrer fora do ambiente de trabalho, desvinculado da posição de hierarquia ou ascendência inerente ao exercício de emprego, cargo ou função, não há falar no crime tipificado no art. 216-A do Código Penal.

1.2.6.6. Sujeito ativo

Cuida-se de **crime próprio** ou **especial**, pois somente pode ser cometido por quem se encontre na posição de superior hierárquico da vítima (relação de direito público, decorrente do poder hierárquico atinente à Administração Pública – exemplos: juiz de direito e escrevente, promotor de justiça e assistente etc.), ou tenha no tocante a ela ascendência (relação de direito privado – exemplos: patrão e empregada doméstica, advogado e secretária etc.) inerente ao exercício de emprego, cargo ou função.

Portanto, não há falar no delito de assédio sexual quando o responsável pelo constrangimento à vítima estiver na mesma posição desta, ou então em posição inferior na relação de trabalho.

1.2.6.7. Sujeito passivo

É a pessoa em situação inferior relativamente a quem ocupa a posição de superior hierárquico ou de ascendência inerentes ao exercício de emprego, cargo ou função.[56]

Como o tipo penal não faz distinção, pouco importam o sexo e a orientação sexual (homossexual ou heterossexual) dos envolvidos no assédio sexual. O crime pode ser praticado por homem contra mulher, homem contra homem, mulher contra mulher e mulher contra homem.

1.2.6.7.1. Professores e alunos

Nada obstante a posição de superioridade entre professor e aluno (de escola, faculdade, curso técnico ou profissionalizante etc.), não se caracteriza o crime de assédio sexual entre tais pessoas, pois ausente a relação derivada do exercício de emprego, cargo ou função de parte dos discentes, que não são funcionários do estabelecimento de ensino. O Superior Tribunal de Justiça, entretanto, já decidiu em sentido contrário:

> É possível a configuração do delito de assédio sexual na relação entre professor e aluno. Inicialmente cumpre salientar que a maior parte da doutrina despreza a condição de superior hierárquico ou ascendência inerentes ao exercício de emprego, cargo ou função na relação professor-aluno. Todavia, é irrazoável excluir a (nítida) relação de ascendência – elemento normativo do tipo – por parte do docente no caso de violação de um de seus deveres funcionais e morais, consistente em atribuir notas, reconhecer o mérito e aprovar o aluno não apenas pelo seu desempenho intelectual, mas por eventual barganha sexual. Ademais, é notório o propósito do legislador de punir aquele que se prevalece da condição de professor para obter vantagem de natureza sexual. Nenhuma outra profissão suscita tamanha reverência e vulnerabilidade quanto a que envolve a relação aluno-mestre, que alcança, por vezes, autoridade paternal – dentro de uma visão mais tradicional do ensino. O professor está presente na vida de crianças, jovens e também adultos durante considerável quantidade de tempo, torna-se exemplo de conduta e os guia para a formação cidadã e profissional, motivo pelo qual a "ascendência" constante do tipo penal do art. 216-A do Código Penal não

---

[56] Em razão de o tipo penal exigir condições especiais no tocante ao sujeito ativo e ao sujeito passivo, o assédio sexual é classificado como **crime biprópio**.

pode se limitar à ideia de relação empregatícia entre as partes. Assim, releva-se patente a aludida "ascendência", em virtude da "função" – outro elemento normativo do tipo –, dada a atribuição que tem o cátedra de interferir diretamente no desempenho acadêmico do discente, situação que gera no estudante o receio da reprovação.[57]

Mas aqui cabe um destaque. Se presente o constrangimento do aluno com o intuito de obter vantagem ou favorecimento sexual, mediante o emprego de violência à pessoa ou grave ameaça, subsiste a possibilidade de aperfeiçoamento do crime de estupro (CP, art. 213), dependendo do caso concreto.

1.2.6.7.2. Líderes religiosos e seguidores

Os líderes religiosos (padres, bispos, pastores etc.) gozam do respeito e até mesmo da subserviência irrestrita dos seus seguidores, proporcionados sobretudo pela fé. Mas não há entre eles relação inerente a cargo, emprego ou função. Consequentemente, o constrangimento do líder religioso dirigido a um fiel, com o intuito de obter vantagem ou favorecimento sexual, não acarreta o crime tipificado no art. 216-A do Código Penal, sem prejuízo do delito de estupro (CP, art. 213), a ser avaliado na situação fática, desde que o meio de execução consista em violência à pessoa ou grave ameaça.[58]

1.2.6.7.3. O assédio sexual dirigido à prostituta

A prostituta (ou prostituto) pode ser vítima do crime definido no art. 216-A do Código Penal.

Pensemos no exemplo em que uma mulher, funcionária de determinada empresa na condição de secretária, realize programas sexuais remunerados no período noturno. Se seu chefe descobrir esta outra atividade, e em razão disso constrangê-la para fins sexuais, sob pena de revelar seu segredo ao presidente da empresa, forçando sua demissão, estará caracterizado o crime de assédio sexual.

1.2.6.8. Elemento subjetivo

É o dolo, acrescido de um especial fim de agir (elemento subjetivo específico), representado pela expressão "com o intuito de obter vantagem ou favorecimento sexual". Não se admite a modalidade culposa.

1.2.6.9. Consumação

O assédio sexual é **crime formal, de consumação antecipada** ou **de resultado cortado**. Consuma-se no momento do constrangimento ocasionado à vítima com o intuito de obter vantagem ou favorecimento sexual, ainda que não se realize o ato desejado pelo ascendente ou superior hierárquico.

A eventual superveniência da vantagem ou favorecimento sexual deve ser compreendida como exaurimento do delito, funcionando na dosimetria da pena-base a título de circunstância judicial desfavorável, com fulcro no art. 59, *caput*, do Código Penal ("consequências do crime").

---

[57] REsp 1.759.135/SP, rel. Min. Sebastião Reis Júnior, rel. p/ acórdão Min. Rogerio Schietti Cruz, 6.ª Turma, j. 13.08.2019, noticiado no *Informativo* 658.
[58] Com igual conclusão: JESUS, Damásio E. de. Assédio sexual. In: JESUS, Damásio E. de.; GOMES, Luiz Flávio (Coord.). *Assédio sexual*. São Paulo: Saraiva, 2002. p. 55.

1.2.6.10. Tentativa

É possível, em face do caráter plurissubsistente do delito, permitindo o fracionamento do *iter criminis*. Exemplo: O gerente de um banco encaminha à caixa da agência um *e-mail* prometendo avaliá-la negativamente se com ele não mantiver relações sexuais. Mas, por falhas no servidor, a mensagem não chega à destinatária.

1.2.6.11. Ação penal

A ação penal é pública incondicionada.

1.2.6.12. Lei 9.099/1995

Em sua modalidade fundamental, definida no art. 216-A, *caput*, do Código Penal, o assédio sexual é **infração penal de menor potencial ofensivo**, de competência do Juizado Especial Criminal e compatível com a transação penal, pois a pena privativa de liberdade cominada em seu patamar máximo é de dois anos.

1.2.6.13. Classificação doutrinária

O assédio sexual é crime **simples** (ofende um único bem jurídico); **próprio** (somente pode ser praticado pelo ascendente ou superior hierárquico); **formal, de consumação antecipada** ou **de resultado cortado** (consuma-se com a prática da conduta criminosa, independentemente da superveniência do resultado naturalístico); **de forma livre** (admite qualquer meio de execução); **instantâneo** (a consumação ocorre em um momento determinado, sem continuidade no tempo); em regra **comissivo; unissubjetivo, unilateral** ou **de concurso eventual** (pode ser cometido por uma única pessoa, mas admite o concurso); e normalmente **plurissubsistente** (a conduta pode ser fracionada em diversos atos).

1.2.6.14. Causa de aumento da pena: art. 216-A, § 2.º

Como estabelece o § 2.º do art. 216-A do Código Penal: "A pena é aumentada em até um terço se a vítima é menor de 18 (dezoito) anos". Esse dispositivo legal merece sérias críticas.

Inicialmente, o legislador revelou seu despreparo científico e todo o seu descaso com a técnica que deve nortear a construção dos tipos penais incriminadores. Com efeito, o § 2.º do art. 216-A do Código Penal não é antecedido por um § 1.º nem sucedido por um § 3.º.

A Lei 10.224/2001, responsável pela criação do crime de assédio sexual, mediante a inserção do art. 216-A no Código Penal, continha um parágrafo único, o qual foi vetado pelo Presidente da República.

Posteriormente, a Lei 12.015/2009 inseriu o § 2.º no art. 216-A do Código Penal, não se sabe por qual razão. De fato, se inexiste outro parágrafo, a norma deveria ter sido objeto de um parágrafo único. Enfim, atualmente temos, de forma esdrúxula, um § 2.º sem o antecedente § 1.º.

Entretanto, as críticas vão além. A Lei 12.015/2009 decidiu inovar. A tradição legislativa no tocante às causas de aumento da pena foi abandonada. O legislador não previu o aumento em percentual determinado, e sim **em até** um terço. E, assim agindo, andou mal, pois relegou ao magistrado a tarefa, inerente à elaboração das leis, de estabelecer os limites, fixos ou variáveis, das majorantes.

É de se indagar: Pode o juiz aumentar a pena de um dia até um terço? Pelo texto legal, sim. Mas, para afastar essa teratologia, capaz de tornar a lei inútil, olvidando-se da maior reprovabilidade das condutas voltadas aos menores de 18 anos, só existe uma solução. O § 2.º, ao falar em até um terço, há de ser compreendido como "de 1/6 (um sexto) a 1/3 (um terço)". Como se sabe, o patamar de um sexto é o mínimo adotado pelo Direito Penal pátrio no campo das causas de aumento da pena, e aqui não pode ser diferente.

Superadas tais adversidades, passemos à análise da majorante.

O art. 7.º, inc. XXXIII, da Constituição Federal permite o trabalho das pessoas com 16 e 17 anos de idade, desde que não seja noturno, perigoso ou insalubre. Para os adolescentes com idade entre 14 e 16 anos, admite-se o trabalho na condição de aprendiz.

Pois bem. Se tais pessoas podem trabalhar, nada impede sejam vítimas de assédio sexual. E como ainda se encontram em fase de desenvolvimento físico, moral e intelectual, são mais suscetíveis ao constrangimento para fins sexuais, o que facilita a empreitada criminosa e indiscutivelmente ocasiona maiores danos à sua regular formação. Estes são os fundamentos do tratamento penal mais rigoroso.

A idade da vítima deve ser provada por documento idôneo, pelo fato de relacionar-se com seu estado civil, em sintonia com a regra contida no art. 155, parágrafo único, do Código de Processo Penal.

A incidência da causa de aumento da pena afasta o benefício da transação penal, pois a pena máxima extrapola o limite de dois anos. Também não será cabível a suspensão condicional do processo, pois a pena mínima ultrapassa o montante de um ano. Em síntese, o assédio sexual circunstanciado (ou majorado) constitui-se em **crime de elevado potencial ofensivo**, incompatível com os benefícios elencados na Lei 9.099/1995.

1.2.6.14.1. Vítima menor de 14 anos ou pessoa vulnerável

O § 2.º do art. 216-A do Código Penal prevê o aumento da pena se a vítima é menor de 18 anos. Essa redação, entretanto, deve ser interpretada restritivamente, pois em algumas situações a idade da vítima ou sua peculiar condição acarreta a alteração da tipicidade.

Deveras, se a vítima contar com menos de 14 anos de idade, ou for pessoa vulnerável, sem discernimento para a prática do ato ou sem capacidade de resistência, estará caracterizado o crime de estupro de vulnerável (CP, art. 217-A), consumado ou tentado, dependendo do caso concreto.

Nesse contexto, o assédio sexual não passa de meio de execução para a prática do crime mais grave, solucionando-se o conflito aparente de leis penais com o emprego do princípio da consunção. A irregularidade do trabalho dessas pessoas, perante o Direito Civil, Trabalhista ou Administrativo, não surte efeitos no âmbito penal.

1.2.6.15. *A paixão do superior hierárquico ou ascendente pela funcionária subalterna (ou da superiora pelo subalterno)*

A paixão do superior hierárquico ou ascendente pela funcionária subalterna autoriza o assédio sexual?

A resposta é negativa. Evidentemente, a lei não pode e não deve retirar das pessoas o direito de amar, de se apaixonarem e de se relacionarem sexualmente. O superior hierárquico ou ascendente pode, e isto corriqueiramente acontece, apaixonar-se por uma pessoa ocupante de cargo, empregou ou função inferior.

De fato, o superior hierárquico pode vir a flertar, paquerar e tentar conquistar quem com ele divida o ambiente de trabalho, em busca da constituição de relação estável e duradoura, e o fato será atípico, em face da ausência do elemento subjetivo específico "com o intuito de obter vantagem ou favorecimento sexual".

Também será irrelevante para o Direito Penal, de parte do superior hierárquico, a sedução para fins de aventuras sexuais, desde que desacompanhada da intimidação relacionada ao cargo, emprego ou função da pessoa desejada.

O que ele – superior hierárquico ou ascendente – está proibido de fazer é constranger outra pessoa, amada ou simplesmente cobiçada, com o intuito de obter vantagem ou favorecimento sexual, mediante sua intimidação, prevalecendo-se dos poderes proporcionados pela sua posição, ainda que não descarte um relacionamento sério no futuro. Destarte, três situações podem ocorrer:

a) o superior insiste à pessoa subalterna o namoro ou casamento, sem qualquer tipo de intimidação: não há assédio sexual;

b) o superior propõe à pessoa subalterna a relação sexual, sem intimidá-la: não há assédio sexual; e

c) o superior constrange a pessoa subalterna com o intuito de obter vantagem ou favorecimento sexual, mediante sua intimidação com amparo nos poderes advindos da sua posição hierárquica ou de ascendência: há crime de assédio sexual.

Vale destacar que, a teor da regra inserida no art. 28, inc. I, do Código Penal, a paixão não exclui a imputabilidade penal.

1.3. DA EXPOSIÇÃO DA INTIMIDADE SEXUAL

1.3.1. Art. 216-B – Registro não autorizado da intimidade sexual

1.3.1.1. Dispositivo legal

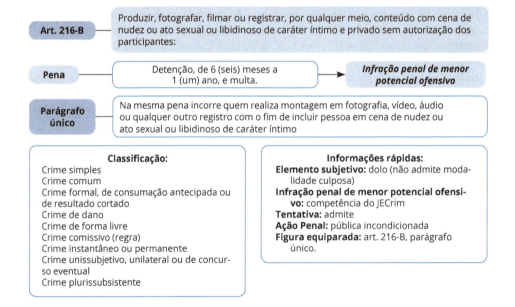

1.3.1.2. Introdução

No dia 25 de janeiro de 2018, um casal de noivos chegou em um apartamento situado em São Vicente, litoral de São Paulo, alugado por meio do *Airbnb*. Horas depois, notaram uma luz vermelha atrás de um espelho, e acionaram a Polícia. Para maior espanto, logo em seguida receberam uma ligação do proprietário do imóvel, no telefone fixo, questionando se tudo estava bem, de modo a evidenciar que eles eram monitorados em tempo real.

Esse incidente gerou grande repercussão, notadamente pela ausência de tipo penal especificamente aplicável ao caso. Para suprir essa carência normativa, a Lei 13.772/2018 criou o crime de registro não autorizado da intimidade sexual, com a inclusão do Capítulo I-A – "Da exposição da intimidade sexual" no Título VI da Parte Especial do Código Penal – "Dos crimes contra a dignidade sexual."

Essa lei também modificou o inc. II do art. 7.º da Lei 11.340/2006 – Lei Maria da Penha, definindo a violência psicológica, uma das espécies de violência doméstica ou familiar contra a mulher, "como qualquer conduta que lhe cause dano emocional e diminuição da autoestima ou que lhe prejudique e perturbe o pleno desenvolvimento ou que vise degradar ou controlar suas ações, comportamentos, crenças e decisões, mediante ameaça, constrangimento, humilhação, manipulação, isolamento, vigilância constante, perseguição contumaz, insulto, chantagem, violação de sua intimidade, ridicularização, exploração e limitação do direito de ir e vir ou qualquer outro meio que lhe cause prejuízo à saúde psicológica e à autodeterminação."

Nesse contexto, é indiscutível que o registro não autorizado da intimidade sexual, comportamento que lamentavelmente se tornou comum em nossa sociedade,[59] representa uma forma de violência psicológica à vítima, pois é apto a lhe causar dano emocional e diminuição da autoestima, a prejudicar e perturbar seu pleno desenvolvimento, mediante humilhação, ridicularização e violação da sua intimidade, prejudicando sua saúde psicológica e sua autodeterminação.

Mas é preciso fazer uma importante ressalva. Nada obstante a violência psicológica esteja definida na Lei Maria da Penha, o crime tipificado no art. 216-B do Código Penal destina-se a tutelar a intimidade sexual de qualquer pessoa, independentemente do sexo e da orientação sexual.

1.3.1.3. Objetividade jurídica

O bem jurídico é a dignidade sexual, mais especificamente a intimidade sexual do ser humano, assegurada pelo art. 5.º, X, da Constituição Federal.

1.3.1.4. Objeto material

É a pessoa cuja intimidade sexual foi violada pela conduta criminosa.

1.3.1.5. Núcleos do tipo

O tipo penal contém 4 (quatro) núcleos: produzir, fotografar, filmar e registrar.

Produzir é criar ou originar; **fotografar** equivale a retratar uma imagem; **filmar** significa gravar algo, mediante o armazenamento da imagem, acompanhada ou não de som; e **registrar** traz a ideia de guardar algo.

O ato de registrar pode ser efetuado **por qualquer meio**, a exemplo de arquivos em computadores ou seus acessórios, armazenamento em nuvem (*Dropbox*, *Google Drive*, *iCloud* etc.) ou mesmo em papel ou objeto equivalente.

A conduta de produzir, fotografar, filmar ou registrar, por qualquer meio, tem como alvo o conteúdo com cena de nudez ou ato sexual ou libidinoso de caráter íntimo e privado sem autorização dos participantes.

---

[59] Uma covarde manifestação desse delito é a retirada de fotos ou vídeos de partes íntimas de mulheres que estão em meios de transporte coletivo lotados (ônibus, trens etc.), quando o agente, sem que a vítima o perceba, coloca seu celular por baixo da roupa desta para fazer a ilícita gravação.

A **nudez** pode ser **total** ou **parcial** (exemplo: fotografia indevida dos seios de uma mulher). Cuida-se de elemento normativo do tipo, razão pela qual a caracterização ou não do crime há de levar em conta os hábitos e tradições da pessoa e da localidade em que ela vive. De fato, é indiscutível a configuração desse delito quando uma pessoa é filmada nua no provador de roupas de uma loja, mas talvez não exista o crime definido no art. 216-B do Código Penal quando alguém fotografa indígenas caminhando nus pela floresta.

Ato sexual, de acordo com a interpretação sistemática dos crimes contra a dignidade sexual, é a conjunção carnal, ou seja, a introdução total ou parcial do pênis na vagina. De seu turno, **ato libidinoso** é qualquer ato revestido de conotação sexual, a exemplo do sexo oral, do sexo anal e da masturbação (própria ou em outra pessoa).

O art. 216-B do Código Penal expressamente reclama seja a cena de nudez ou ato sexual ou libidinoso de **caráter íntimo e privado**. Consequentemente, não há crime quando a pessoa voluntariamente tornou pública a cena de nudez, ato sexual ou libidinoso, a exemplo do que se verifica quando uma pessoa, maior de idade e capaz, caminha nua em via pública. O fato será atípico para quem fotografar, filmar ou registrar por qualquer meio tal acontecimento. Em hipóteses desse jaez, a bem da verdade, inexiste intimidade sexual a ser tutelada pelo Direito Penal.

De igual modo, só há crime quando a conduta for realizada **sem autorização dos participantes**. Se todos os envolvidos, maiores de 18 anos e capazes, autorizaram a fotografia, filmagem ou registro do ato, o fato será atípico. Extraem-se desse raciocínio quatro importantes conclusões:

a) O tipo penal fala em "**participantes**", mas, evidentemente, não se reclama a pluralidade de pessoas. O crime se aperfeiçoa com a violação da intimidade sexual de uma única pessoa, como na situação em que o agente, sem autorização, filma alguém em automasturbação;

b) Se o ato envolve dois ou mais participantes, a fotografia, filmagem ou registro somente será lícito se presente a autorização de todas as pessoas. Exemplo: João, casado com Maria, autoriza Carlos a instalar uma câmera em seu quarto, para filmar a relação sexual com a sua esposa. Se Maria, entretanto, não autorizou a filmagem, estará caracterizado o delito capitulado no art. 216-B do Código Penal;

c) Se os envolvidos na cena de nudez, ato sexual ou libidinoso forem crianças ou adolescentes, estará caracterizado o delito tipificado no art. 240 da Lei 8.069/1990 – Estatuto da Criança e do Adolescente,[60] sensivelmente mais grave do que o registro não autorizado da intimidade sexual. Ademais, eventual autorização por eles prestada não tem validade no âmbito penal; e

d) Se os envolvidos na cena de nudez, ato sexual ou libidinoso, nada obstante maiores de idade, forem portadores de enfermidade mental, estará caracterizado o crime previsto no art. 216-B do Código Penal, ainda que tenham autorizado a fotografia, filmagem ou registro, pois o consentimento por eles prestado é irrelevante perante o Direito Penal.

Trata-se de **tipo misto alternativo**, **crime de ação múltipla** ou **de conteúdo variado**. Se o sujeito praticar duas ou mais condutas contra a mesma pessoa, e no mesmo contexto fático, estará caracterizado um único delito. Exemplo: José, utilizando-se de um drone, fotografa e

---

[60] "Art. 240. Produzir, reproduzir, dirigir, fotografar, filmar ou registrar, por qualquer meio, cena de sexo explícito ou pornográfica, envolvendo criança ou adolescente: Pena – reclusão, de 4 (quatro) a 8 (oito) anos, e multa."

filma a relação sexual entre Pedro e Fernanda, que estavam na piscina da casa do casal, cercada por muro alto e sem acesso à visão de outras pessoas.

1.3.1.5.1. Distinção com art. 218-C (divulgação de cena de estupro ou de cena de estupro de vulnerável, de cena de sexo ou pornografia)

No registro não autorizado da intimidade sexual o agente limita-se a produzir, fotografar, filmar ou registrar, por qualquer meio, conteúdo com cena de nudez ou ato sexual ou libidinoso de caráter íntimo e privado sem autorização dos participantes. Exemplo: A faxineira de uma casa instala clandestinamente uma câmera no quarto dos proprietários do imóvel e filma uma relação sexual entre eles.

Entretanto, se o sujeito posteriormente vier a divulgar o conteúdo obtido de forma indevida, a ele serão imputados os crimes definidos nos arts. 216-B e 218-C do Código Penal,[61] em concurso material.

1.3.1.5.2. Concurso com crime mais grave

O registro não autorizado da intimidade sexual pode ser praticado visando a futura realização de um delito mais grave. Exemplo: João instala uma câmera no quarto de um motel e filma a relação sexual de Pedro com sua amante. Posteriormente, João utiliza tal vídeo para constranger Pedro, mediante grave ameaça, a lhe entregar elevada quantia em dinheiro, sob pena de encaminhar a gravação à sua esposa.

Nessa hipótese, o agente deve responder pelos dois crimes – registro não autorizado da intimidade sexual (CP, art. 216-B) e extorsão (CP, art. 158) – em concurso material. Não há falar em absorção do delito sexual pelo crime contra o patrimônio, pois tais infrações foram cometidas e consumaram-se em momentos diversos, e ofendem bens jurídicos diversos.[62]

1.3.1.6. Sujeito ativo

Cuida-se de **crime comum** ou **geral**. Pode ser cometido por qualquer pessoa.

1.3.1.7. Sujeito passivo

Pode ser qualquer pessoa, famosa ou anônima, independentemente do sexo e da orientação sexual.

Porém, se a vítima for criança ou adolescente, estará caracterizado o crime tipificado no art. 240 da Lei 8.069/1990 – Estatuto da Criança e do Adolescente. O conflito aparente de normas penais é solucionado pelo princípio da especialidade.

1.3.1.8. Elemento subjetivo

É o dolo, independentemente de qualquer finalidade específica. Destarte, pouco importa se a conduta foi realizada para satisfação da lascívia própria ou de terceiro, com finalidade de vingança ou para humilhar a vítima, entre outros motivos. Em qualquer hipótese, o delito estará caracterizado.

Não se admite a modalidade culposa.

---

[61] "Art. 218-C. Oferecer, trocar, disponibilizar, transmitir, vender ou expor à venda, distribuir, publicar ou divulgar, por qualquer meio – inclusive por meio de comunicação de massa ou sistema de informática ou telemática –, fotografia, vídeo ou outro registro audiovisual que contenha cena de estupro ou de estupro de vulnerável ou que faça apologia ou induza a sua prática, ou, sem o consentimento da vítima, cena de sexo, nudez ou pornografia: Pena – reclusão, de 1 (um) a 5 (cinco) anos, se o fato não constitui crime mais grave."

[62] Idêntico raciocínio deve ser utilizado quando o agente utiliza a fotografia ou filmagem ilícita para estuprar a vítima.

1.3.1.9. Consumação

O registro não autorizado da intimidade sexual é **crime formal, de consumação antecipada** ou **de resultado cortado**: consuma-se no momento em que o agente produz, fotografa, filma ou registra, por qualquer meio, conteúdo com cena de nudez ou ato sexual ou libidinoso de caráter íntimo e privado sem autorização dos participantes. É irrelevante se a conduta efetivamente ofendeu a intimidade sexual da vítima. Basta a potencialidade lesiva. Exemplo: João fotografou Maria tomando banho, sem sua autorização. O crime está consumado, ainda que instantes depois João venha a perder o registro da fotografia.

Normalmente o delito é **instantâneo**, pois sua consumação se dá em um momento determinado, sem continuidade no tempo. Mas nada impede, na prática, seu caráter **permanente**, quando a consumação se prolonga no tempo, pela vontade do agente. Exemplo: Paulo instala uma câmera no banheiro da casa de Aline, e filma a nudez da vítima ao longo de vários meses.

1.3.1.10. Tentativa

É cabível, em face do caráter plurissubsistente do delito, permitindo o fracionamento do *iter criminis*. Exemplo: "A", posicionado em um edifício, tenta filmar seus vizinhos no momento em que estes mantinham relação sexual no quarto do seu apartamento, mas não consegue fazê-lo em razão de ter sido preso em flagrante pela Polícia, que há muito monitorava seu comportamento em face de denúncias anônimas dando conta que ele usualmente invadia a intimidade sexual dos moradores da redondeza.

1.3.1.11. Ação penal

A ação penal é pública incondicionada.[63]

1.3.1.12. Lei 9.099/1995

Em face da pena cominada – detenção, de 6 (seis) meses a 1 (um) ano, e multa –, o registro não autorizado da intimidade sexual constitui-se em **infração penal de menor potencial ofensivo**, de competência do Juizado Especial Criminal, e compatível com os benefícios despenalizadores elencados pela Lei 9.099/1995.

1.3.1.13. Classificação doutrinária

O registro não autorizado da intimidade sexual é crime **simples** (ofende um único bem jurídico); **comum** (pode ser cometido por qualquer pessoa); **formal, de consumação antecipada** ou **de resultado cortado** (consuma-se com a prática da conduta criminosa, independentemente da superveniência do resultado naturalístico); **de dano** (busca a lesão da intimidade sexual da vítima); **de forma livre** (admite qualquer meio de execução); em regra **comissivo**;[64] **instantâneo** ou **permanente**, a depender do caso concreto; **unissubjetivo, unilateral** ou **de concurso eventual** (em regra, cometido por uma única pessoa, mas admite o concurso); e **plurissubsistente**.

---

[63] "(...) inexistindo menção expressa (seja no capítulo I-A, seja no art. 216-B) de que se trata de ação privada ou pública condicionada, aplica-se a regra geral do Código Penal: no silêncio da lei, deve-se considerar a ação penal como pública incondicionada" (STJ: Processo em segredo de justiça, rel. Min. Sebastião Reis Júnior, 6.ª Turma, j. 25.04.2023, noticiado no *Informativo* 772).

[64] É possível, contudo, a prática do crime pela omissão, quando o omitente tinha o dever de agir (CP, art. 13, § 2.º) e podia agir para evitar o resultado, como na situação em que um policial percebe que um homem instalou indevidamente uma câmera fotográfica em um banheiro público, e dolosamente se omite no tocante ao seu dever de impedir o delito.

1.3.1.14. Figura equiparada: art. 216-B, parágrafo único

Estabelece o art. 216-B, parágrafo único, do Código Penal: "Na mesma pena incorre quem realiza montagem em fotografia, vídeo, áudio ou qualquer outro registro com o fim de incluir pessoa em cena de nudez ou ato sexual ou libidinoso de caráter íntimo."

Ao contrário do *caput*, em que a cena é verdadeira, essa figura típica alocada no parágrafo único do art. 216-B do Código Penal não diz respeito à exposição da intimidade sexual da vítima, pois ela não está efetivamente envolvida em cena de nudez ou ato sexual ou libidinoso de caráter íntimo e privado. De fato, cuida-se de **montagem**, via de regra efetuada por *softwares*, em fotografia, vídeo, áudio ou qualquer outro tipo de registro, para incluir em cena de nudez ou ato sexual ou libidinoso de caráter íntimo pessoa que nunca esteve envolvida em sua realização.

Infelizmente, tais comportamentos têm sido frequentes (e virais) na internet, em redes sociais e em aplicativos de comunicação, causando prejuízos incalculáveis às vítimas das montagens e, reflexamente, a todos os seus familiares.

Antes dessa figura típica, os operadores do Direito Penal faziam verdadeiros malabarismos jurídicos para não deixar fatos semelhantes impunes, geralmente tentando enquadrá-los em algum crime contra a honra, em especial a injúria (CP, art. 140). Agora, em que pese a timidez do legislador quanto à pena cominada, tal lacuna encontra-se superada.

1.3.1.15. Competência

Em regra, é da Justiça Estadual. Excepcionalmente, o registro não autorizado da intimidade sexual pode ingressar na competência da Justiça Federal, como na situação em que venha a ser praticado a bordo de navios ou aeronaves. Exemplo: O agente, durante um voo comercial, instala clandestinamente uma câmera no banheiro do avião, e filma cena de nudez envolvendo uma determinada passageira.[65]

1.4. DOS CRIMES SEXUAIS CONTRA VULNERÁVEL

1.4.1. A vulnerabilidade da vítima no campo sexual: conceito e hipóteses. O fim da presunção de violência

O Capítulo II do Título VI da Parte Especial do Código Penal representa uma inovação promovida pela Lei 12.015/2009.

A vulnerabilidade da vítima substituiu a presunção de violência, antigamente prevista no art. 224 do Código Penal e também conhecida como violência ficta ou indutiva. Não houve, portanto, *abolitio criminis* das figuras penais anteriormente cometidas mediante violência presumida. Na linha da jurisprudência do Superior Tribunal de Justiça:

> Diante do princípio da continuidade normativa, descabe falar em *abolitio criminis* do delito de estupro com presunção de violência, anteriormente previsto no art. 213, c.c. o art. 224, ambos do Código Penal. Com efeito, o advento da Lei n.º 12.015/2009 apenas condensou a tipificação das condutas de estupro e atentado violento ao pudor no art. 213 do Estatuto repressivo. Outrossim, a anterior combinação com o art. 224 agora denomina-se "estupro de vulnerável", capitulada no art. 217-A do Código Penal.[66]

---

[65] Com fundamento na Súmula 147 do Superior Tribunal de Justiça, será competente a Justiça Federal quando o crime for praticado contra funcionário público federal, quando relacionado com o exercício da função. Exemplo: O agente, depois de instalar uma câmera no banheiro de uma repartição pública federal, filma uma servidora pública em cena de nudez.

[66] HC 253.963/RS, rel. Min. Laurita Vaz, 5.ª Turma, j. 11.03.2014.

O legislador acertadamente encerrou a acalorada discussão envolvendo o antigo art. 224 do Código Penal, no sentido da natureza absoluta ou relativa da presunção de violência nos crimes contra os costumes, a qual resultava em insegurança jurídica nas situações concretas e tratamentos diversos em casos idênticos.

Na sistemática dos delitos contra a dignidade sexual, entram em cena os crimes sexuais contra vulneráveis. No Capítulo I, a lei se preocupava com a liberdade sexual das pessoas, protegendo-as da realização da conjunção carnal ou de atos libidinosos mediante violência, grave ameaça ou fraude. Agora, no Capítulo II, o Código Penal tem em vista a integridade de determinados indivíduos, fragilizados em face da pouca idade ou de condições específicas, resguardando-as do início antecipado ou abusivo na vida sexual.

Para a caracterização destes crimes **é irrelevante o dissenso da vítima**. A lei despreza o consentimento dos vulneráveis, pois estabeleceu critérios para concluir pela **ausência de vontade penalmente relevante** emanada de tais pessoas. Consequentemente, o aperfeiçoamento dos delitos independe do emprego de violência, grave ameaça ou fraude. Em síntese, o sistema jurídico impede o relacionamento sexual ilícito com vulneráveis.

O art. 217-A do Código Penal apresenta os vulneráveis para fins sexuais. São pessoas consideradas incapazes para compreender e aceitar validamente atos de conotação sexual, razão pela qual não podem contra estes oferecer resistência. Vejamos cada uma das hipóteses de vulnerabilidade.

a) Os menores de 14 anos: art. 217-A, *caput*

Inicialmente, a Lei 12.015/2009, centrada em motivos de política criminal, adota o **critério etário** para definição dos vulneráveis. Entram nesse rol os menores de 14 anos.

A escolha é objetiva, razão pela qual não há espaço para discutir eventual possibilidade de afastar determinadas pessoas, menores de 14 anos, da definição de vulneráveis, em decorrência de questões ligadas à educação, ao passado repleto de promiscuidade ou ao estilo de vida.

Não se fala mais em presunção de violência, e sim em vulnerabilidade, decorrente do incompleto desenvolvimento físico, moral e mental dos menores de 14 anos, pois estas pessoas ainda não estão prontas para participar de atividades sexuais. Nas palavras de Rogério Greco: "O tipo não está presumindo nada, ou seja, está tão somente proibindo que alguém tenha conjunção carnal ou pratique outro ato libidinoso com menor de 14 anos, bem como com aqueles mencionados no § 1.º do art. 217-A do Código Penal".[67]

Antes da Lei 12.015/2009, o art. 224, *a*, do Código Penal determinava a presunção de violência quando a vítima não era maior de 14 anos. No dia do seu décimo quarto aniversário ainda subsistia a violência ficta, ao contrário do que se dá nos dias atuais, em que a pessoa é vulnerável até o dia anterior aos seus 14 anos.

A idade da vítima deve ser comprovada por documento hábil (certidão de nascimento, documento de identidade etc.), em face da regra inserida no art. 155, parágrafo único, do Código de Processo Penal: "Somente quanto ao estado das pessoas serão observadas as restrições estabelecidas na lei civil". Em suma, a certidão de nascimento é o principal – mas não o único – meio de prova da idade do ofendido. Na sua ausência, podem ser utilizadas outras vias probatórias. Na linha da jurisprudência do Superior Tribunal de Justiça:

> Nos crimes sexuais contra vulnerável, a inexistência de registro de nascimento em cartório civil não é impedimento a que se faça a prova de que a vítima era menor de 14 anos à época dos fatos. De início, ressalte-se que a norma processual inscrita no art. 155, parágrafo único, do CPP estabelece que o juiz, no exercício do livre convencimento motivado, somente quanto ao estado das pessoas observará as restrições estabelecidas na lei civil. Ao enfrentar a questão, a Terceira Seção

---

[67] GRECO, Rogério. *Curso de direito penal*. 7. ed. Niterói: Impetus, 2010. v. III, p. 52.

do STJ assentou a primazia da certidão de nascimento da vítima para tanto (EREsp 762.043-RJ, *DJe* 4/3/2009). Porém, o STJ tem considerado que a mera ausência da certidão de nascimento não impede a verificação etária, quando coligidos outros elementos hábeis à comprovação da qualidade de infante da vítima.[68]

A prova dos crimes sexuais contra os menores de 14 anos deve ser efetivada por todos os meios em Direito admitidos, inclusive pela gravação das conversas telefônicas, efetuada mediante autorização do responsável legal, entre a vítima e o criminoso. Para o Superior Tribunal de Justiça:

> Em processo que apure a suposta prática de crime sexual contra adolescente absolutamente incapaz, é admissível a utilização de prova extraída de gravação telefônica efetivada a pedido da genitora da vítima, em seu terminal telefônico, mesmo que solicitado auxílio técnico de detetive particular para a captação das conversas. Consoante dispõe o art. 3.º, *caput*, do CC, são absolutamente incapazes os menores de dezesseis anos, não podendo praticar ato algum por si, de modo que são representados por seus pais. Assim, é válido o consentimento do genitor para gravar as conversas do filho menor. De fato, a gravação da conversa, em situações como a ora em análise, não configura prova ilícita, visto que não ocorre, a rigor, uma interceptação da comunicação por terceiro, mas mera gravação, com auxílio técnico de terceiro, pelo proprietário do terminal telefônico, objetivando a proteção da liberdade sexual de absolutamente incapaz, seu filho, na perspectiva do poder familiar, vale dizer, do poder-dever de que são investidos os pais em relação aos filhos menores, de proteção e vigilância. A presente hipótese se assemelha, em verdade, à gravação de conversa telefônica feita com a autorização de um dos interlocutores, sem ciência do outro, quando há cometimento de crime por este último, situação já reconhecida como válida pelo STF (HC 75.338, Tribunal Pleno, *DJ* 25/9/1998). Destaque-se que a proteção integral à criança, em especial no que se refere às agressões sexuais, é preocupação constante de nosso Estado, constitucionalmente garantida em caráter prioritário (art. 227, *caput*, c/c o § 4.º, da CF), e de instrumentos internacionais. Com efeito, preceitua o art. 34, "b", da Convenção Internacional sobre os Direitos da Criança, aprovada pela Resolução 44/25 da ONU, em 20/11/1989, e internalizada no ordenamento jurídico nacional mediante o DL 28/1990, *verbis*: "Os Estados-partes se comprometem a proteger a criança contra todas as formas de exploração e abuso sexual. Nesse sentido, os Estados-parte tomarão, em especial, todas as medidas de caráter nacional, bilateral e multilateral que sejam necessárias para impedir: (...) b) a exploração da criança na prostituição ou outras práticas sexuais ilegais; (...). Assim, é inviável inquinar de ilicitude a prova assim obtida, prestigiando o direito à intimidade e privacidade do acusado em detrimento da própria liberdade sexual da vítima absolutamente incapaz e em face de toda uma política estatal de proteção à criança e ao adolescente, enquanto ser em desenvolvimento."[69]

b) Aqueles que, por enfermidade ou deficiência mental, não têm o necessário discernimento para a prática do ato: art. 217-A, § 1.º, 1.ª parte

Na sistemática anterior à Lei 12.015/2009, presumia-se a violência se a vítima era alienada ou débil mental, e o agente conhecia essa circunstância.

O legislador acertou ao dispor sobre as pessoas com "enfermidade ou deficiência mental". Os predicados "alienada ou débil mental", além de pejorativos, estavam em discrepância com a terminologia utilizada pelas ciências médicas. A própria Constituição Federal emprega a expressão "pessoa portadora de deficiência", a exemplo do que se dá em seus arts. 7.º, inc. XXXI, 23, inc. II, 24, inc. XIV, 203, inc. V, entre outros.[70]

---

[68] AgRg no AResp 12.700/AC, rel. p/ acórdão Min. Gurgel Faria, 5.ª Turma, j. 10.03.2015, noticiado no *Informativo* 563.
[69] REsp 1.026.605/ES, rel. Min. Rogerio Schietti Cruz, 6.ª Turma, j. 13.05.2014, noticiado no *Informativo* 543.
[70] A Lei 13.146/2015 – Estatuto da Pessoa com Deficiência acertadamente utiliza a expressão "pessoa com deficiência".

A enfermidade ou deficiência mental pode ser **permanente ou temporária, congênita ou adquirida**. O fundamental é acarretar a eliminação do discernimento para a prática do ato. Em razão disso, exige-se **perícia médica** para demonstrar tanto sua existência (enfermidade ou deficiência mental) como seus efeitos (exclusão do discernimento para a prática do ato).

Consagrou-se, portanto, o **sistema biopsicológico**: para aferição da vulnerabilidade não basta a causa biológica (enfermidade ou deficiência mental), pois também se exige a afetação psicológica do ofendido (ausência de discernimento para o ato sexual).

No revogado art. 224, *b*, do Código Penal, existia a explicação no sentido de que somente se reconhecia a presunção de violência derivada do retardo mental "se o agente conhecia esta circunstância". Embora a Lei 12.015/2009 tenha se olvidado de igual fórmula, é inquestionável que apenas se pode falar em vulnerabilidade quando alguém praticou com a vítima o ato sexual consciente da sua enfermidade ou deficiência mental, sob pena de consagração da responsabilidade penal objetiva.

Finalmente, o legislador perdeu ótima oportunidade para reparar um velho equívoco. Não é suficiente, para caracterização da vulnerabilidade, a existência da enfermidade ou deficiência mental, ainda que o agente conheça essa circunstância. É imprescindível o **aproveitamento** dessa situação pelo sujeito.

A interpretação literal da lei, da forma em que se encontra redigida, retira dos portadores de enfermidades ou deficiências mentais o direito de amar, em flagrante oposição à dignidade da pessoa humana (CF, art. 1.º, inc. III). Pelo dispositivo legal em análise, tais indivíduos não têm direito à vida sexual, pois quem com eles se relaciona comete um delito, normalmente o estupro de vulnerável. E não se questiona que inúmeras pessoas, nada obstante os problemas mentais, casaram-se, tiveram filhos, constituíram autênticas famílias e, principalmente, vivem felizes com seus companheiros.

Destarte, o art. 217-A, § 1.º, 1.ª parte, do Código Penal deveria ter sido assim redigido, e desta forma há de ser lido: "Incorre na mesma pena quem pratica as ações descritas no *caput* com alguém que, por enfermidade ou deficiência mental, não tem o necessário discernimento para a prática do ato, desde que conheça e se aproveite desta circunstância".

c) Aqueles que, por qualquer outra causa, não podem oferecer resistência: art. 217-A, § 1.º, parte final

São vulneráveis as pessoas que, embora maiores de 14 anos de idade e sem qualquer tipo de enfermidade ou deficiência mental, por qualquer outra causa não podem oferecer resistência ao ato sexual.

A expressão "qualquer outra causa" precisa ser **interpretada em sentido amplo**, para o fim de alcançar todos os motivos que retirem de alguém a capacidade de resistir ao ato sexual. Com efeito, a vítima não reúne condições para manifestar seu dissenso em relação à conjunção carnal ou outro ato libidinoso.

São exemplos de vulneráveis, com fundamento no art. 217-A, § 1.º, *in fine*, do Código Penal, as pessoas em coma, em sono profundo, anestesiadas ou sedadas (exemplo: médico que pratica com o paciente atos libidinosos durante o estado de inconsciência resultante da anestesia geral), bem como as pessoas portadoras de deficiências físicas que, embora conscientes, não têm como se defender da agressão sexual (exemplo: sujeito que covardemente esfrega seu órgão genital no corpo de um tetraplégico).

Pouco importa seja a vítima colocada em estado de impossibilidade de resistência pelo agente, como na hipótese de quem embriaga completamente alguém, mediante o uso do álcool ou substância de efeitos análogos, para com ele ter conjunção carnal ou outro ato libidinoso, ou então se o sujeito simplesmente abusa da circunstância de a vítima estar previamente impossibilitada de resistir ao ato sexual (exemplo: "A" encontra "B" desacordada, em decorrência de acidente automobilístico, e disto se aproveita para nela praticar sexo oral). Como destaca Guilherme de Souza Nucci:

> (...) a incapacidade de oferecer resistência, igualmente, merece avaliação ponderada do magistrado. Afinal, há aquele que se coloca em posição de risco, sabendo das possíveis consequências, de modo que, advindo um ato libidinoso qualquer, não pode, depois, alegar estupro. Ex.: pessoa embriaga-se voluntariamente e decide participar de orgia sexual, envolvendo vários indivíduos. Ora, havendo relação sexual, por mais alcoolizado que esteja, tinha plena noção do que iria enfrentar. Essa incapacidade de resistência, em nosso entendimento, deve ser vista com reserva e considerada relativa. A prova produzida pelo réu de que a vítima tinha perfeita ciência de que haveria um bacanal e que ela mesma estava se embriagando para isso faz com que se afaste a *vulnerabilidade*. Ademais, se o agente, quando se embriaga voluntariamente, responde pelo crime (art. 28, II, CP), o mesmo critério deve ser aplicado à vítima, conferindo-lhe responsabilidade pelo que faz no estado de embriaguez desejada.[71]

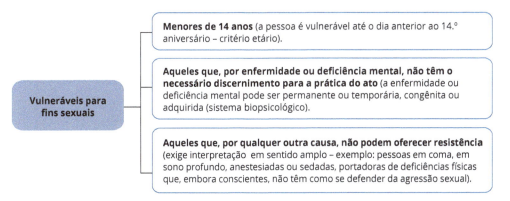

1.4.1.1. Crimes sexuais contra vulneráveis e Estatuto da Pessoa com Deficiência

Com a entrada em vigor da Lei 13.146/2015, surgiu uma interessante questão: como ficam os delitos sexuais contra vulneráveis, notadamente o estupro, com a vigência do Estatuto da Pessoa com Deficiência, tendo em vista que este diploma legislativo, em seu art. 6.º, inc. II, assegura o direito à gerência da vida sexual às pessoas com deficiência?

A resposta é simples: nada mudou. A Lei 13.146/2015 contempla diversas modalidades de deficiências. Mas, para fins dos crimes sexuais, interessa especialmente a de índole mental. E nesse contexto é importante destacar que o Código Penal não impede a gestão da vida sexual da pessoa com deficiência mental. Um indivíduo com essa enfermidade pode namorar, casar, constituir família etc. Enfim, ele tem o direito de amar e de ser amado. O que a lei penal veda é o abuso dessa situação, ou seja, alguém se valer da vulnerabilidade da vítima para com ela manter qualquer tipo de relação sexual.

1.4.1.2. Competência

Em regra, a competência para o processo e julgamento dos crimes sexuais contra vulneráveis, e também de outras vítimas menores de 18 anos, é da Justiça Penal (varas criminais). Entretanto, leis estaduais podem conferir tal prerrogativa à Justiça da Infância e da Juventude. Na visão do Superior Tribunal de Justiça:

---

[71] NUCCI, Guilherme de Souza. *Código Penal comentado*. 10. ed. São Paulo: RT, 2010. p. 931-932.

Lei estadual pode conferir poderes ao Conselho da Magistratura para, excepcionalmente, atribuir aos Juizados da Infância e da Juventude competência para processar e julgar crimes contra a dignidade sexual em que figurem como vítimas crianças ou adolescentes. Embora haja precedentes do STJ em sentido contrário, em homenagem ao princípio da segurança jurídica, é de se seguir o entendimento assentado nas duas Turmas do STF no sentido de ser possível atribuir à Justiça da Infância e da Juventude, entre outras competências, a de processar e julgar crimes de natureza sexuais praticados contra crianças e adolescentes. Precedentes citados do STF: HC 113.102-RS, Primeira Turma, *DJe* 18/2/2013; e HC 113.018-RS, Segunda Turma, *DJe* 14/11/2013.[72]

1.4.2. Divisão dos crimes sexuais contra vulnerável

O Capítulo II do Título VI da Parte Especial do Código Penal contém cinco crimes:

a) estupro de vulnerável (art. 217-A);

b) corrupção de menores (art. 218);

c) satisfação de lascívia mediante presença de criança ou adolescente (art. 218-A);

d) favorecimento da prostituição ou outra forma de exploração sexual de criança ou adolescente ou de vulnerável (art. 218-B); e

e) divulgação de cena de estupro ou de cena de estupro de vulnerável, de cena de sexo ou de pornografia (art. 218-C).

1.4.3. Art. 217 – Sedução

O crime de sedução, originariamente previsto no art. 217 do Código Penal, foi revogado pela Lei 11.106/2005. Operou-se autêntica *abolitio criminis*, pois houve a revogação formal do tipo penal, e também a supressão material do fato criminoso, que a partir de então não mais goza de relevância perante o Direito Penal.

1.4.4. Art. 217-A – Estupro de vulnerável[73]

1.4.4.1. Dispositivo legal

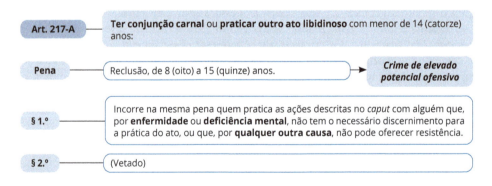

---

[72] HC 238.110/RS, rel. Min. Rogerio Schietti Cruz, 6.ª Turma, j. 26.08.2014, noticiado no *Informativo* 551.
[73] Em face da identidade de diversas elementares e de questões polêmicas, recomendamos o estudo conjunto com o art. 213 do Código Penal, local em que houve a análise minuciosa de pontos comuns aos crimes de estupro e de estupro de vulnerável.

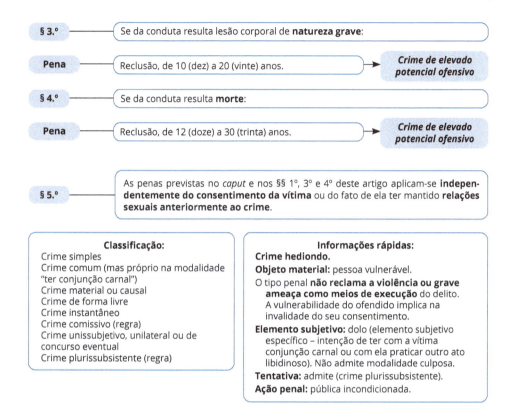

1.4.4.2. Introdução

O estupro de vulnerável representa uma das mais importantes inovações promovidas pela Lei 12.015/2009. Com a criação do art. 217-A, aboliu-se a presunção de violência nos crimes sexuais, mediante a revogação do art. 224 do Código Penal.[74]

Na redação original do Código Penal, existiam os crimes de estupro (art. 213) e de atentado violento ao pudor (art. 214). Agora, tais delitos estão reunidos no mesmo tipo penal, disciplinado no art. 213 e com o *nomen iuris* "estupro". Além disso, o estupro com violência real ou grave ameaça e o estupro com violência ficta integravam um único tipo penal, com penas idênticas.

Enquanto no estupro com violência real ou grave ameaça a adequação típica era imediata, permitindo a imputação ao agente do crime definido no art. 213 do Código Penal, no estupro com violência presumida a adequação típica era mediata, dependendo do socorro de norma de extensão da tipicidade. Com efeito, a imputação dizia respeito ao art. 213 c/c o art. 224 (em alguma das suas hipóteses).

Esta situação mudou. Existem atualmente dois crimes diversos, dependendo do perfil subjetivo do ofendido. Se a vítima é pessoa vulnerável, aplica-se o art. 217-A, ao passo que nas demais hipóteses incide o art. 213, ambos do Código Penal. Além disso, o estupro de vulnerável é crime mais grave, justificando-se a maior reprovabilidade na covardia do agente, na fragilidade da vítima e na amplitude dos efeitos negativos causados à pessoa de pouca idade, portadora de enfermidade ou deficiência mental ou sem possibilidade de resistir ao ato sexual.

---

[74] Na essência, contudo, as antigas hipóteses de presunção de violência assemelham-se em muito às atuais causas de vulnerabilidade.

1.4.4.3. Estupro de vulnerável: espécies do delito e Lei dos Crimes Hediondos

O art. 217-A do Código Penal contempla três espécies de estupro de vulnerável:

a) simples, que pode ser **própria** (*caput*) ou **por equiparação** (§ 1.º);
b) qualificada pela lesão corporal de natureza grave, prevista no § 3.º; e
c) qualificada pela morte, tipificada no § 4.º.

Em todas elas, o estupro de vulnerável constitui-se em **crime hediondo**, a teor do mandamento veiculado pelo art. 1.º, inc. VI, da Lei 8.072/1990.

1.4.4.3.1. A revogação tácita do art. 9.º da Lei 8.072/1990 – Lei dos Crimes Hediondos

A Lei 12.015/2009 inseriu o estupro de vulnerável no **rol dos crimes hediondos**, a teor do art. 1.º, inc. VI, da Lei 8.072/1990. No entanto, indiretamente a nova lei acabou por revogar tacitamente o art. 9.º da Lei dos Crimes Hediondos, em decorrência da revogação expressa do art. 224 do Código Penal.[75]

De fato, se não mais existe o art. 224 do Código Penal, não há como se aplicar o art. 9.º da Lei 8.072/1990. Em sintonia com a jurisprudência do Superior Tribunal de Justiça:

> Com o advento da Lei n.º 12.015, de 7 de agosto de 2009, os delitos de estupro e atentado violento ao pudor praticados contra menor de 14 (quatorze) anos passaram a ser regulados por um novo tipo penal, sob a denominação de estupro de vulnerável, previsto no art. 217-A do Código Penal, não sendo mais admissível a aplicação do art. 9.º da Lei n.º 8.072/90 aos fatos posteriores a sua vigência (STJ: HC 199.947/PB, rel. Min. Laurita Vaz, 5.ª Turma, j. 06.02.2014).[76]

1.4.4.4. Objetividade jurídica

O bem jurídico penalmente tutelado é a dignidade sexual dos vulneráveis e o direito ao desenvolvimento da personalidade livre de abusos, com a finalidade de proteger a integridade e a privacidade de tais pessoas no âmbito sexual.

1.4.4.5. Objeto material

É a pessoa vulnerável sobre a qual recai a conduta criminosa.

1.4.4.6. Núcleos do tipo

O tipo penal contempla duas condutas distintas, cada qual com um núcleo específico.[77]

1.ª conduta: Ter conjunção carnal com menor de 14 anos[78]

Ter é realizar ou efetuar. A **conjunção carnal** consiste na introdução total ou parcial do pênis na vagina, razão pela qual é imprescindível a existência de relação heterossexual.

---

[75] O art. 9.º da Lei 8.072/1990 tem a seguinte redação: "As penas fixadas no art. 6.º para os crimes capitulados nos arts. 157, § 3.º, 158, § 2.º, 159, *caput* e seus §§ 1.º, 2.º e 3.º, 213, *caput* e sua combinação com o art. 223, *caput* e parágrafo único, 214 e sua combinação com o art. 223, *caput* e parágrafo único, todos do Código Penal, são acrescidas de metade, respeitado o limite superior de trinta anos de reclusão, estando a vítima em qualquer das hipóteses referidas no art. 224 também do Código Penal".

[76] HC 199.947/PB, rel. Min. Laurita Vaz, 5.ª Turma, j. 06.02.2014.

[77] Vale notar que, ao contrário do que se verifica no art. 213 do Código Penal, não foi prevista a conduta de "permitir que com ele se pratique outro ato libidinoso".

[78] As duas condutas – "ter conjunção carnal e praticar outro ato libidinoso" – logicamente também alcançam os vulneráveis descritos no § 1.º do art. 217-A do Código Penal, quais sejam, aqueles que, por enfermidade ou deficiência mental, não têm o necessário discernimento para o ato, bem como quem, por qualquer outra causa, não pode oferecer resistência.

2.ª conduta: Praticar outro ato libidinoso com menor de 14 anos

Praticar é manter ou desempenhar. Na verdade, os verbos "ter" e "praticar" possuem igual sentido. **Ato libidinoso** é o revestido de conotação sexual, a exemplo do sexo oral, do sexo anal, dos toques íntimos, da introdução de dedos ou objetos na vagina ou no ânus, da masturbação etc. A propósito, a conjunção carnal constitui-se em ato libidinoso, mas foi expressamente destacada pelo legislador. Nesse caso, a relação entre o agente e a vítima pode ser heterossexual ou homossexual.[79]

O Superior Tribunal de Justiça já reconheceu o crime de estupro de vulnerável na hipótese de **contemplação lasciva virtual** entre o agente e uma pessoa menor de 14 anos de idade:

> O mentor intelectual dos atos libidinosos responde pelo crime de estupro de vulnerável. Discute-se a possibilidade de não tipificação do estupro de vulnerável em virtude da ausência de contato físico entre o agente e as vítimas. No caso, as instâncias de origem delinearam e reconheceram a ocorrência de todos os elementos contidos no art. 217-A do Código Penal, com destaque à qualidade de partícipe do réu, diante da autoria intelectual dos delitos, bem como da prescindibilidade de contato físico direto para a configuração dos crimes. Sobre o tema, frisa-se que é pacífica a compreensão de que o estupro de vulnerável se consuma com a prática de qualquer ato de libidinagem ofensivo à dignidade sexual da vítima, conforme já consolidado por este Superior Tribunal de Justiça. Doutrina e jurisprudência sustentam a prescindibilidade do contato físico direto do réu com a vítima, a fim de priorizar o nexo causal entre o ato praticado pelo acusado, destinado à satisfação da sua lascívia, e o efetivo dano à dignidade sexual sofrido pela ofendida. Ressalta-se que os precedentes desta Corte já delinearam a chamada contemplação lasciva como suficiente para a configuração de ato libidinoso, elemento indispensável constitutivo do delito do art. 217-A do Código Penal. A ênfase recai no eventual transtorno psíquico que a conduta praticada enseja na vítima e na real ofensa à sua dignidade sexual, o que torna despicienda efetiva lesão corporal física por força de ato direto do agente. Nesse sentido: HC 611.511/SP, Rel. Ministro Reynaldo Soares da Fonseca, 5.ª Turma., *DJe* 15/10/2020 e RHC n. 70.976/MS, Rel. Ministro Joel Ilan Paciornik, 5.ª Turma, *DJe* 10/08/2016. (...) Na situação em exame, ficou devidamente comprovado que o acusado agiu mediante nítido poder de controle psicológico sobre as outras duas agentes, dado o vínculo afetivo entre eles estabelecido. Assim, as incitou à prática dos atos de estupro contra as infantes (ambas menores de 14 anos), com o envio das respectivas imagens via aplicativo virtual, as quais permitiram a referida contemplação lasciva e a consequente adequação da conduta ao tipo do art. 217-A do Código Penal. Por fim, cumpre registrar que esta Corte Superior também reconhece a prática do delito de estupro no qual o agente concorre na qualidade de partícipe, tese que se coaduna com parte da fundamentação lançada pelo Juízo de origem e que, igualmente, se amolda ao caso dos autos.[80]

Na linha da posição do Superior Tribunal de Justiça, é preciso destacar que o estupro de vulnerável (e também o estupro) realmente não depende do contato físico entre o agente e a vítima. Em nossa opinião, entretanto, não se pode dispensar o envolvimento físico desta no ato sexual, mediante a prática de ato libidinoso (exemplos: automasturbação, relação sexual com animais etc.).

Com o merecido respeito, o julgado do Superior Tribunal de Justiça acima transcrito comporta uma crítica. No caso apreciado pela Corte, o estupro de vulnerável aperfeiçoou-se não em razão da contemplação lasciva pelo meio virtual, com o recebimento das imagens das vítimas via aplicativo de comunicação, e sim em momento anterior, quando as outras duas agentes – sobre as quais o acusado detinha poder de controle psicológico – praticaram atos libidinosos contra as menores de 14 anos.

---

[79] Em relação à discussão sobre a natureza do tipo penal (misto alternativo ou misto cumulativo), remetemos o leitor à análise efetuada no crime de estupro (item 1.2.1.6.5).

[80] HC 478.310/PA, rel. Min. Rogério Schietti, 6.ª Turma, j. 09.02.2021, noticiado no *Informativo* 685.

Finalmente, a Lei 13.431/2017, responsável pela implantação do sistema de garantia de direitos da criança e do adolescente vítima ou testemunha de violência, e regulamentada pela Resolução 299/2019, editada pelo CNJ – Conselho Nacional de Justiça, traz a seguinte definição de **violência sexual**:

> Art. 4.º Para os efeitos desta Lei, sem prejuízo da tipificação das condutas criminosas, são formas de violência: (...)
>
> III – violência sexual, entendida como qualquer conduta que constranja a criança ou o adolescente a praticar ou presenciar conjunção carnal ou qualquer outro ato libidinoso, inclusive exposição do corpo em foto ou vídeo por meio eletrônico ou não, que compreenda:
>
> a) abuso sexual, entendido como toda ação que se utiliza da criança ou do adolescente para fins sexuais, **seja conjunção carnal ou outro ato libidinoso**, realizado de modo presencial ou por meio eletrônico, para estimulação sexual do agente ou de terceiro.[81]

1.4.4.6.1. Art. 217-A do Código Penal e constrangimento do ofendido

No estupro (CP, art. 213), o núcleo do tipo é "constranger". No estupro de vulnerável, porém, o legislador optou pelos verbos "ter" e "praticar". Qual é a razão para essa diferença? A resposta é de fácil compreensão.

No estupro de vulnerável, o tipo penal **não reclama a violência ou grave ameaça como meios de execução** do delito. Basta a realização de conjunção carnal ou outro ato libidinoso com a vítima, inclusive com sua anuência. De fato, **a vulnerabilidade do ofendido implica a invalidade do seu consentimento**, com sua desconsideração pela lei e pelos operadores do Direito. Como já decidido pelo Superior Tribunal de Justiça:

> É anacrônico, a seu turno, o discurso que procura associar a modernidade, a evolução moral dos costumes sociais e o acesso à informação como fatores que se contrapõem à natural tendência civilizatória de proteger certas minorias, física, biológica, social ou psiquicamente fragilizadas. A sobrevivência de uma tal doxa – despida, pois, de qualquer lastro científico – acaba por desproteger e expor pessoas ainda imaturas – em menor ou maior grau, não importa – a todo e qualquer tipo de iniciação sexual precoce, nomeadamente quando promovida por quem tem o dever legal e/ou moral de proteger, de orientar, de acalentar, de instruir a criança e o adolescente sob seus cuidados, para que atinjam a idade adulta sem traumas, sem medos, sem desconfianças, sem, enfim, cicatrizes físicas e psíquicas que jamais poderão ser dimensionadas, porque muitas vezes escondidas no silêncio das palavras não ditas e na sombra de pensamentos perturbadores de almas marcadas pela infância roubada.[82]

Entretanto, na prática o sujeito pode se valer de violência ou grave ameaça para ter conjunção carnal ou praticar outro ato libidinoso com pessoa vulnerável. Nessa hipótese, subsiste o estupro de vulnerável, inclusive porque este delito é mais grave do que o estupro (CP, art. 213), justamente em razão da fragilidade da vítima.

E também devem ser a ele atribuídos, em concurso material, os crimes de lesão corporal leve (CP, art. 129, *caput*) ou de ameaça (CP, art. 147), resultantes da violência ou da grave ameaça, pois não funcionam com meios de execução do estupro de vulnerável. Se a vítima suportar lesão corporal de natureza grave (ou gravíssima) ou falecer, incidirão as figuras qualificadas descritas nos §§ 3.º e 4.º do art. 217-A do Código Penal.

---

[81] Esse dispositivo torna inquestionável a possibilidade do **estupro de vulnerável virtual**, realizado a distância, mediante a utilização de meios eletrônicos de comunicação (exemplos: Skype, Facetime, Whatsapp etc.), sem qualquer tipo de contato corporal entre o agente e a vítima, porém com o envolvimento físico desta no ato libidinoso.

[82] REsp 1.276.434/SP, rel. Min. Rogério Schietti Cruz, 6.ª Turma, j. 07.08.2014.

Embora normalmente seja cometido por ação (crime comissivo), o estupro de vulnerável também pode ser praticado mediante omissão imprópria, quando a pessoa que permaneceu inerte tinha o dever de agir para evitar o resultado. Exemplificativamente, comete o crime tipificado no art. 217-A do Código Penal a mulher que dolosamente se omite, em prejuízo de suas irmãs com menos de 14 anos de idade, diante dos abusos sexuais perpetrados por seu marido no âmbito da residência do casal. Nesse caso, não há falar em dever legal (art. 13, § 2.º, "a", do Código Penal), mas nada impede a incidência das hipóteses de omissão penalmente relevante contidas nas alíneas "b" e "c" do § 2.º do art. 13 do Código Penal.[83]

1.4.4.6.2. Estupro de vulnerável, continuidade delitiva, número indeterminado de atos sexuais e aumento da pena

No estupro de vulnerável em continuidade delitiva contra a mesma vítima, admite-se a aplicação do aumento em seu patamar máximo – dois terços – mesmo sem a identificação exata do número de atos sexuais praticados, desde que o longo período de tempo e a recorrência das condutas permitam concluir que houve sete ou mais repetições.

Como decidido pelo Superior Tribunal de Justiça, no **Tema 1.202 do Recurso Repetitivo**:

> A proximidade que o autor do delito de estupro de vulnerável normalmente possui com a vítima, a facilidade de acesso à sua residência e a menor capacidade que os vulneráveis possuem de se insurgir contra o agressor são condições que favorecem a repetição silenciosa, cruel e indeterminada de abusos sexuais. Não raras vezes, cria-se um ambiente de submissão perene da vítima ao agressor, naturalizando-se a repetição da violência sexual como parte da rotina cotidiana de crianças e adolescentes. Nessas hipóteses, a vítima, completamente subjugada e objetificada, não possui sequer condições de quantificar quantas vezes foi violentada. A violência contra ela deixou ser um fato extraordinário, convertendo-se no modo cotidiano de vida que lhe foi imposto. A torpeza do agressor, que submeteu a vítima a abusos sexuais tão recorrentes e constantes ao ponto de tornar impossível determinar o número exato de suas condutas, evidentemente não pode ser invocada para se pleitear uma majoração menor na aplicação da continuidade delitiva. Nos crimes de natureza sexual, o critério jurisprudencial objetivo para a fixação da fração de majoração na continuidade delitiva deve ser contextualizado com as circunstâncias concretas do delito, em especial o tempo de duração da situação de violência sexual e a recorrência das condutas no cotidiano da vítima, devendo-se aplicar o aumento no patamar que, de acordo com as provas dos autos, melhor se aproxime do número real de atos sexuais efetivamente praticados. De fato, ambas as turmas que compõem a Terceira Seção do Superior Tribunal de Justiça já se manifestaram, de forma unânime, no sentido de que, para aplicação do aumento decorrente da continuidade delitiva, é prescindível a indicação exata do número de condutas praticadas, sendo preponderante o exame do tempo de duração dos abusos e da sua recorrência.[84]

1.4.4.7. Sujeito ativo

Cuida-se de **crime comum** ou **geral**, podendo ser cometido por qualquer pessoa, homem ou mulher, e também pelos transexuais. Admitem-se a coautoria e a participação, bem como a autoria mediata, quando o sujeito se vale de um inculpável para a execução do delito.

É de se ressaltar, contudo, que na modalidade "ter conjunção carnal" o estupro de vulnerável é **crime próprio** ou **especial**, pois pressupõe uma relação heterossexual.

---

[83] STJ: HC 603.195/PR, rel. Min. Ribeiro Dantas, 5.ª Turma, j. 06.10.2020, noticiado no *Informativo* 681.
[84] STJ: REsp 2.029.482/RJ, rel. Min. Laurita Vaz, 3.ª Seção, j. 17.10.2023; e REsp 2.050.195/RJ, rel. Min. Laurita Vaz, 3.ª Seção, j. 17.10.2023, noticiados no *Informativo* 792.

1.4.4.8. Sujeito passivo

É a pessoa vulnerável, figurando nesse rol os menores de 14 anos,[85] os portadores de enfermidade ou deficiência mental que não têm o necessário discernimento para a prática do ato, bem como aqueles que, por qualquer outra causa, não podem oferecer resistência.

A eventual experiência sexual da vítima e até mesmo seu relacionamento amoroso com o agente são irrelevantes, ou seja, não excluem a caracterização do crime capitulado no art. 217-A do Código Penal, que se perfaz com a conduta do sujeito consistente em ter conjunção carnal ou praticar outro ato libidinoso com pessoa menor de 14 anos ou de qualquer modo vulnerável.

Com efeito, a idade da vítima é um dado objetivo e não comporta flexibilização. O art. 217-A do Código Penal foi taxativo ao proibir qualquer tipo de envolvimento sexual com pessoa menor de 14 anos.

Essa posição foi reforçada pela Lei 13.718/2018, que acrescentou o § 5.º ao art. 217-A do Código Penal: "As penas previstas no *caput* e nos §§ 1.º, 3.º e 4.º deste artigo aplicam-se independentemente do consentimento da vítima ou do fato de ela ter mantido relações sexuais anteriormente ao crime".[86]

A propósito desse assunto, vale a pena acompanhar um elucidativo julgado do Superior Tribunal de Justiça, no qual se firmou o **Tema 918 do Recurso Repetitivo**:

> Para a caracterização do crime de estupro de vulnerável previsto no art. 217-A, *caput*, do Código Penal, basta que o agente tenha conjunção carnal ou pratique qualquer ato libidinoso com pessoa menor de 14 anos. O consentimento da vítima, sua eventual experiência sexual anterior ou a existência de relacionamento amoroso entre o agente e a vítima não afastam a ocorrência do crime. (...) Com efeito, o fato de alterações legislativas terem sido incorporadas pela Lei 12.015/2009 ao "Título IV – Dos Crimes contra a Dignidade Sexual", especialmente ao "Capítulo II – Dos Crimes Sexuais contra Vulnerável", do CP, estanca, de uma vez por todas, qualquer dúvida quanto à irrelevância, para fins de aperfeiçoamento do tipo penal inscrito no *caput* do art. 217-A, de eventual consentimento da vítima ao ato libidinoso, de anterior experiência sexual ou da existência de relacionamento amoroso entre ela e o agente. Isso porque, a despeito de parte da doutrina sustentar o entendimento de que ainda se mantém a discussão sobre vulnerabilidade absoluta e vulnerabilidade relativa, o tipo penal do art. 217-A do CP não traz como elementar a expressão "vulnerável". É certo que o *nomem iuris* que a Lei 12.015/2009 atribui ao citado preceito legal estipula o termo "estupro de vulnerável". Entretanto, como salientado, a "vulnerabilidade" não integra o preceito primário do tipo. Na verdade, o legislador estabelece três situações distintas em que a vítima poderá se enquadrar em posição de vulnerabilidade, dentre elas: "Ter conjunção carnal ou praticar outro ato libidinoso com menor de 14 (catorze) anos". Não cabe, destarte, ao aplicador do direito relativizar esse dado objetivo, com o fim de excluir a tipicidade da conduta. A propósito, há entendimento doutrinário no viés de que: "Hoje, com louvor, visando acabar, de uma vez por todas, com essa discussão, surge em nosso ordenamento jurídico penal, fruto da Lei n.º 12.015, de 7 de agosto de 2009, o delito que se convencionou denominar de estupro de vulnerável, justamente para identificar a situação de vulnerabilidade que se encontra a vítima. Agora, não poderão os Tribunais entender de outra forma quando a vítima do ato sexual for alguém menor de 14 (quatorze) anos. (...). O tipo não está presumindo nada, ou seja, está tão somente proibindo que alguém tenha conjunção carnal ou pratique outro ato libidinoso com

---

[85] Como o tipo penal fala em "menor de 14 (catorze) anos", se a conjunção carnal ou outro ato libidinoso for praticado com alguém no dia do seu décimo quarto aniversário, e contar com seu consentimento, o fato será atípico. Inexiste estupro de vulnerável, pois a pessoa não é menor de 14 anos, e também não há falar em estupro (CP, art. 213), em razão do consentimento penalmente válido e da ausência de violência ou grave ameaça.

[86] Antes da Lei 13.718/2018, esta linha de pensamento já era acolhida pela Súmula 593 do Superior Tribunal de Justiça: "O crime de estupro de vulnerável se configura com a conjunção carnal ou prática de ato libidinoso com menor de 14 anos, sendo irrelevante eventual consentimento da vítima para a prática do ato, sua experiência sexual anterior ou existência de relacionamento amoroso com o agente".

menor de 14 anos, bem como com aqueles mencionados no § 1.º do art. 217-A do Código Penal. Como dissemos anteriormente, existe um critério objetivo para análise da figura típica, vale dizer, a idade da vítima". Dessa forma, não se pode qualificar ou etiquetar comportamento de crianças, de modo a desviar a análise da conduta criminosa ou justificá-la. Expressões como "amadurecimento sexual da adolescente", "experiência sexual pretérita da vítima" ou mesmo a utilização das expressões "criança prostituta" ou "criança sedutora" ainda frequentam o discurso jurisprudencial, como se o reconhecimento de tais circunstâncias, em alguma medida, justificasse os crimes sexuais perpetrados. Esse posicionamento, todavia, implica a impropriedade de se julgar a vítima da ação delitiva para, a partir daí, julgar-se o agente. Refuta-se, ademais, o frágil argumento de que o desenvolvimento da sociedade e dos costumes possa configurar fator que não permita a subsistência de uma presunção que toma como base a *innocentia consilli* da vítima. Basta um rápido exame da história das ideias penais – e, em particular, das opções de política criminal que deram ensejo às sucessivas normatizações do Direito Penal brasileiro – para se constatar que o caminho da "modernidade" é antípoda a essa espécie de proposição. Deveras, de um Estado ausente e de um Direito Penal indiferente à proteção da dignidade sexual de crianças e adolescentes, evoluiu-se, paulatinamente, para uma Política Social e Criminal de redobrada preocupação com o saudável crescimento físico, mental e afetivo do componente infantojuvenil de nossa população, preocupação que passou a ser compartilhada entre o Estado, a sociedade e a família, com reflexos na dogmática penal. Assim é que novas tipificações vieram reforçar a opção do Estado brasileiro – na linha de similar esforço mundial – de combater todo tipo de violência, sobretudo a sexual, contra crianças e adolescentes. É anacrônico, portanto, qualquer discurso que procure considerar a modernidade, a evolução moral dos costumes sociais e o acesso à informação como fatores que se contrapõem à natural tendência civilizatória de proteger certos grupos de pessoas física, biológica, social ou psiquicamente fragilizadas. Além disso, não há que se falar em aplicação do princípio da adequação social, porquanto no julgamento de caso de estupro de vulnerável deve-se evitar carga de subjetivismo, sob pena de ocorrência de possíveis danos relevantes ao bem jurídico tutelado – o saudável crescimento físico, psíquico e emocional de crianças e adolescentes – que, recorde-se, conta com proteção constitucional e infraconstitucional, não sujeito a relativizações. Ora, a tentativa de não conferir o necessário relevo à prática de relações sexuais entre casais em que uma das partes (em regra, a mulher) é menor de 14 anos, com respaldo nos costumes sociais ou na tradição local, tem raízes em uma cultura sexista – ainda muito impregnada no âmago da sociedade ocidental, sobretudo em comunidades provincianas, segundo a qual meninas de tenra idade, já informadas dos assuntos da sexualidade, estão aptas a manter relacionamentos duradouros e estáveis (envolvendo, obviamente, a prática sexual), com pessoas adultas. Ressalta-se, por fim, que praticamente todos os países do mundo repudiam o sexo entre um adulto e um adolescente – e, mais ainda, com uma criança – e tipificam como crime a conduta de praticar atos libidinosos com pessoa ainda incapaz de ter o seu consentimento reconhecido como válido".[87]

O Superior Tribunal de Justiça, todavia, já admitiu o *distinguishing* quanto ao mencionado Tema 918, na hipótese em que a diferença de idade entre o acusado e a vítima não se mostrou tão distante quanto do acórdão paradigma (o réu possuía 19 anos de idade, ao passo que a ofendida contava com 12 anos de idade), bem como há concordância dos pais da menor somada à vontade da vítima em conviver com o agente, além do nascimento do filho do casal, o qual foi registrado pelo genitor. Merecem destaque os seguintes pontos do acórdão:

Na questão tratada no acórdão proferido, sob a sistemática dos recursos repetitivos, a vítima era criança, com 8 anos de idade, enquanto o imputado possuía idade superior a 21 anos. No presente caso, o imputado possuía, ao tempo do fato, 19 anos de idade e a vítima, adolescente, contava

---

[87] STJ: REsp 1.480.881/PI, rel. Min. Rogerio Schietti Cruz, 3.ª Seção, j. 26.08.2015, noticiado no *Informativo* 568. Com igual conclusão: Processo em segredo de justiça, rel. Min. Rogerio Schietti Cruz, 6.ª Turma, j. 20.02.2024, noticiado no *Informativo* 803.

com apenas 12 anos de idade. A necessidade de realização da distinção feita no REsp Repetitivo 1.480.881/PI se deve em razão de que, no presente caso, a diferença de idade entre o acusado e a vítima não se mostrou tão distante quanto do acórdão paradigma, bem como porque houve o nascimento do filho do casal, devidamente registrado, fato social superveniente e relevante que deve ser considerado no contexto do crime. (...) Não se evidencia relevância social do fato a ponto de resultar a necessidade de sancionar o acusado, tendo em vista que o juízo de origem não identificou comportamento do denunciado que pudesse colocar em risco a sociedade, ou o bem jurídico protegido. As particularidades do presente feito, em especial, a vontade da vítima e o nascimento do filho do casal, somados às condições pessoais do acusado, denotam que não houve afetação relevante do bem jurídico a resultar na atuação punitiva estatal, de modo que não se evidencia a necessidade de pena, consoante os princípios da fragmentariedade, subsidiariedade e proporcionalidade. Não se registra proveito social com a condenação do recorrente, pois o fato delituoso não se mostra de efetiva lesão ao bem jurídico tutelado. Diversamente, e ao contrário, o encarceramento se mostra mais lesivo aos valores protegidos, em especial, à família e à proteção integral da criança, do que a resposta estatal para a conduta praticada, o que não pode ocasionar punição na esfera penal. O filho do casal também é merecedor de proteção, de modo que, de acordo com o princípio VI da Declaração Universal dos Direitos da Criança, "a criança necessita de amor e compreensão, para o desenvolvimento pleno e harmonioso de sua personalidade; sempre que possível, deverá crescer com o amparo e sob a responsabilidade de seus pais, mas, em qualquer caso, em um ambiente de afeto e segurança moral e material; salvo circunstâncias excepcionais, não se deverá separar a criança de tenra idade de sua mãe".[88]

No entanto, a Corte refutou tal *distinguishing* em situação na qual não houve consentimento dos responsáveis legais, somado ao fato de o acusado possuir gritante diferença de idade em relação à vítima. No caso concreto, a genitora da vítima, ao tomar conhecimento de que sua filha estava se relacionando com homem 36 (trinta e seis) anos mais velho, acionou o Conselho Tutelar e registrou os fatos na Delegacia de Polícia. Se não bastasse, a ofendida, após a prática do delito, apresentou comportamento agressivo, foi reprovada de ano na escola e precisou ser submetida a tratamento psicológico.[89]

1.4.4.8.1. Exceção de Romeu e Julieta

Romeu e Julieta, retrato clássico do amor juvenil, é um romance de William Shakespeare, no qual os personagens se apaixonaram fervorosamente com 16 e 13 anos, respectivamente.

Com base nessa obra literária, alguns Estados norte-americanos desenvolveram as *Romeo and Juliet laws*, normas pelas quais a vulnerabilidade dos menores de 14 anos pode ser relativizada em caso de pequena diferença de idade – até 5 anos – entre os envolvidos no ato de natureza sexual. Nesse contexto, estaria afastado o estupro de vulnerável quando o agente contasse com 18 anos – maior de idade e imputável, e a vítima com 13 anos de idade.

Essa teoria não pode ser acolhida no Brasil. De fato, os menores de 14 anos são vulneráveis no âmbito dos crimes contra a dignidade sexual. Além disso, a vulnerabilidade etária, de índole objetiva, não comporta qualquer tipo de flexibilização. Vale repetir o espírito do legislador: a ninguém é dado o direito de relacionar-se sexualmente com menores de 14 anos, ainda que exista consentimento do ofendido ou relacionamento amoroso entre os envolvidos.

---

[88] STJ: Processo em segredo de justiça, rel. Min. Olindo Menezes (Desembargador convocado do TRF1), rel. p/ acórdão Min. Sebastião Reis Júnior, 6.ª Turma, j. 16.05.2023, noticiado no *Informativo* 777. A Corte também fez a distinção em estupro de vulnerável imputado a jovem de 20 anos, trabalhador rural e com pouca escolaridade, que se relacionou com uma adolescente de 12 anos, com a anuência da família desta, sobrevindo uma filha e a efetiva constituição de núcleo familiar (STJ: Processo em segredo de justiça, rel. Min. Reynaldo Soares da Fonseca, 5.ª Turma, j. 12.03.2024, noticiado no *Informativo* 807).

[89] STJ: Processo em segredo de justiça, rel. Min. Reynaldo Soares da Fonseca, 5.ª Turma, j. 14.03.2023, noticiado no *Informativo* 769.

1.4.4.8.2. Estupro de vulnerável bilateral

O estupro de vulnerável bilateral (ou recíproco), para quem admite essa tipificação, ocorre na hipótese de relacionamento sexual entre duas pessoas menores de 14 anos (ou de qualquer forma vulneráveis). Nas palavras de Alamiro Velludo Salvador Netto:

> Dois adolescentes de 13 anos relacionam-se sexualmente. Nessa hipótese, quis o legislador, inconscientemente ou não, consagrar a enigmática figura do estupro bilateral. Afinal, se aplicado literalmente o Estatuto da Criança e do Adolescente (art. 103) e seu microssistema penal, ato infracional cometerão ambos os adolescentes, um contra o outro.[90]

Essa classificação jurídica, com o merecido respeito, não pode ser aceita. E o fundamento dessa conclusão é simples. O estupro de vulnerável pressupõe o abuso do agente, que se aproveita do seu *status* de maior discernimento – em razão da idade ou da higidez mental – para praticar algum ato de índole sexual com pessoa fragilizada pela vulnerabilidade. Em breve síntese, um indivíduo "não vulnerável" usufrui da hipossuficiência do vulnerável.

Logo, se ambos são vulneráveis, não se caracteriza a situação de abuso que o legislador visou coibir com o art. 217-A do Código Penal. Consequentemente, não há falar em atos infracionais para os dois adolescentes (ou para as duas crianças). Caso contrário, seria inevitável concluir pelo "estupro bilateral" quando duas crianças, cada qual com 3 anos de idade, tomam banho juntas e tocam as partes íntimas uma da outra, com a aplicação de medida de proteção, na forma prevista pelo art. 101 da Lei 8.069/1990 – Estatuto da Criança e do Adolescente.

1.4.4.8.3. Estupro de vulnerável e violação sexual mediante fraude: distinção

Como se observa da parte final do § 1.º do art. 217-A do Código Penal, são vulneráveis as pessoas que não podem, por qualquer outra causa diversa da menoridade de 14 anos e da enfermidade ou deficiência mental, oferecer resistência ao ato sexual. Essa causa que retira da vítima a capacidade de oposição à conjunção carnal ou outro ato libidinoso pode preexistir à atuação do agente, ou então ser por ele provocada. Nesse último caso, um exemplo clássico é a fraude.

Vejamos uma situação hipotética, mas infelizmente frequente nos dias atuais. Um determinado médico se vale da fraude para enganar sua paciente, e com ela praticar atos libidinosos. Por qual crime ele deve ser responsabilizado, estupro de vulnerável ou violação sexual mediante fraude?

Na hipótese em que a vítima é **totalmente privada da sua capacidade de resistência**, há que se reconhecer o **estupro de vulnerável**, pois da sua parte não há vontade de participar do ato. Exemplo: O profissional da medicina anestesia a vítima e, aproveitando-se do estado de inconsciência dolosamente causado, toca suas partes íntimas.

De outro lado, quando a vítima é enganada, mas estava **presente sua capacidade de resistência**, caracteriza-se a **violação sexual mediante fraude**, nos moldes do art. 215 do Código Penal. É o que se dá na situação em que o médico, a pretexto de realizar exame clínico no órgão genital, pede à vítima para se despir, e em seguida acaricia sua vagina e nela introduz seu dedo. Há vontade penalmente relevante em anuir ao ato, embora viciada pela fraude. A vítima não se encaixa na definição legal de pessoa vulnerável, porque tinha capacidade de resistência, e somente não resistiu em razão do engodo criminoso.[91]

---

[90] SALVADOR NETTO, Alamiro Velludo. Estupro bilateral: um exemplo limite. *Boletim IBCCRIM*, São Paulo, ano 17, n. 202, p. 8-9, set. 2009.

[91] STJ: HC 278.684/SP, rel. Min. Jorge Mussi, 5.ª Turma, j. 03.12.2013.

Esta é a razão pela qual a pena do crime de violação sexual mediante fraude (reclusão, de 2 a 6 anos), que não ostenta a nota da hediondez, é muito inferior à pena do estupro de vulnerável (reclusão, de 8 a 15 anos), crime de natureza hedionda, a teor do art. 1.º, inc. VI, da Lei 8.072/1990.

1.4.4.8.4. Estupro de vulnerável e importunação sexual: distinção

A prática de conjunção carnal ou de ato libidinoso diverso – ainda que breve ou superficial – com menor de 14 anos (ou com qualquer pessoa vulnerável) caracteriza o crime de estupro de vulnerável, não se admitindo a desclassificação para o delito de importunação sexual. O conflito aparente de normas é solucionado tanto pelo princípio da especialidade como também pela subsidiariedade expressa prevista no preceito secundário do art. 215-A do Código Penal. O Superior Tribunal de Justiça, no julgamento do Tema Repetitivo 1.121, compartilha dessa linha de pensamento:

> Presente o dolo específico de satisfazer à lascívia, própria ou de terceiro, a prática de ato libidinoso com menor de 14 anos configura o crime de estupro de vulnerável (art. 217-A do CP), independentemente da ligeireza ou da superficialidade da conduta, não sendo possível a desclassificação para o delito de importunação sexual (art. 215-A do CP). (...) Este Superior Tribunal de Justiça, em várias oportunidades, já se manifestou no sentido de que a prática de qualquer ato libidinoso, compreendido como aquele destinado à satisfação da lascívia, com menor de 14 anos, configura o delito de estupro de vulnerável (art. 217-A do CP). Não se prescinde do especial fim de agir: "para satisfazer à lascívia". Porém, não se tolera as atitudes voluptuosas, por mais ligeiras que possam parecer. Em alguns precedentes, ressaltou-se até mesmo que o delito prescinde inclusive de contato físico entre vítima e agressor. Nesse passo, é possível observar que a maior ou menor superficialidade dos atos libidinosos, a intensidade do contato ou a virulência da ação criminosa não são critérios relevantes para a tipificação do delito em questão. Além disso, é válido lembrar que outras circunstâncias incidentais, como o consentimento da vítima, sua experiência sexual anterior ou a existência de relacionamento amoroso entre vítima e agente delitivo, igualmente, não se revelam capazes de excluir o crime ou modificar a figura típica. Parcela da doutrina, já há muito, desde antes da reforma de 2009 que unificou em um só tipo penal o estupro e o atentado violento ao pudor, criticava o rigor legal com atos considerados fugazes. Assim, sugeria fossem essas condutas desclassificadas para a contravenção penal de importunação ofensiva ao pudor. Com efeito, a pretensão de se desclassificar a conduta de violar a dignidade sexual de pessoa menor de 14 anos para uma contravenção penal (punida, no máximo, com pena de prisão simples) já foi reiteradamente rechaçada pela jurisprudência desta Corte. A superveniência do art. 215-A do CP (crime de importunação sexual) trouxe novamente a discussão à tona, mas o conflito aparente de normas é resolvido pelo princípio da especialidade do art. 217-A do CP, que possui o elemento especializante "menor de 14 anos", e também pelo princípio da subsidiariedade expressa do art. 215-A do CP, conforme se verifica de seu preceito secundário *in fine*.[92]

1.4.4.9. Elemento subjetivo

É o dolo, acrescido de um especial fim de agir (elemento subjetivo específico), consistente na intenção de ter com a vítima conjunção carnal ou com ela praticar outro ato libidinoso. Não se admite a modalidade culposa.

1.4.4.9.1. Vulnerabilidade e erro de tipo

A vulnerabilidade tem natureza objetiva. A pessoa é ou não vulnerável, conforme reúna ou não as peculiaridades indicadas pelo *caput* ou pelo § 1.º do art. 217-A do Código Penal.

---

[92] STJ: REsp 1.959.697/SC, rel. Min. Ribeiro Dantas, 3.ª Seção, j. 08.06.2022, noticiado no *Informativo* 740.

Com a entrada em vigor da Lei 12.015/2009 não há mais espaço para a presunção de violência, absoluta ou relativa, na seara dos crimes sexuais.

No entanto, nada impede a incidência do instituto do **erro de tipo**, delineado no art. 20, *caput*, do Código Penal, no tocante ao estupro de vulnerável, e também aos demais crimes sexuais contra vulneráveis. Com efeito, o erro sobre elemento constitutivo do tipo legal de crime não se confunde com a existência ou não da vulnerabilidade da vítima.[93]

Vejamos um exemplo: João conhece Maria em um baile de carnaval reservado para maiores de 16 anos. Além disso, as características de Maria – seu corpo, sua postura e sua desenvoltura na conversa – fazem crer tratar-se de pessoa com idade superior a 16 anos. No final da festa, João convida Maria a ir até sua casa. Ela aceita, e com ele mantém conjunção carnal. No dia seguinte, policiais comparecem à residência de João e o levam para ser ouvido nos autos de inquérito policial, instaurado para apurar o crime de estupro de vulnerável, pois teve conjunção carnal com Maria, pessoa na verdade com 13 anos de idade.

Neste exemplo, é indiscutível a configuração do erro de tipo. João agiu com desconhecimento da elementar descrita no art. 217-A, *caput*, do Código Penal, consistente na idade de Maria. Ele sinceramente acreditava, e tinha inúmeras razões para tanto, que Maria não era menor de 14 anos, inclusive porque frequentava local destinado unicamente a maiores de 16 anos.

Nada obstante a vulnerabilidade objetiva de Maria, menor de 14 anos, João agiu sem dolo. E, como não foi prevista a modalidade culposa do estupro de vulnerável, o fato é atípico. Esta conclusão é inevitável, inclusive na hipótese de inescusabilidade do erro, em face da regra contida no art. 20, *caput*, do Código Penal.

1.4.4.10. Consumação

O estupro de vulnerável é **crime material** ou **causal**. Na modalidade "ter conjunção carnal", o delito se aperfeiçoa com a introdução total ou parcial do pênis na vagina, prescindindo-se da ejaculação ou do orgasmo. Por seu turno, na variante "praticar outro ato libidinoso" o crime se consuma no momento em que se concretiza no corpo da vítima o ato libidinoso (exemplos: sexo anal, sexo oral, toques íntimos etc.) desejado pelo agente. Como destacado pelo Superior Tribunal de Justiça:

> Na hipótese em que tenha havido a prática de ato libidinoso diverso da conjunção carnal contra vulnerável, não é possível ao magistrado – sob o fundamento de aplicação do princípio da proporcionalidade – desclassificar o delito para a forma tentada em razão de eventual menor gravidade da conduta. De fato, conforme o art. 217-A do CP, a prática de atos libidinosos diversos da conjunção carnal contra vulnerável constitui a consumação do delito de estupro de vulnerável. Entende o STJ ser inadmissível que o julgador, de forma manifestamente contrária à lei e utilizando-se dos princípios da razoabilidade e da proporcionalidade, reconheça a forma tentada do delito, em razão da alegada menor gravidade da conduta (REsp 1.313.369-RS, Sexta Turma, *DJe* 5/8/2013). Nesse contexto, o magistrado, ao aplicar a pena, deve sopesar os fatos ante os limites mínimo e máximo da reprimenda penal abstratamente prevista, o que já é suficiente para garantir que a pena aplicada seja proporcional à gravidade concreta do comportamento do criminoso.[94]

1.4.4.10.1. Crianças e adolescentes como vítimas do estupro de vulnerável, perícia e legista mulher

O estupro de vulnerável nem sempre deixa vestígios materiais. Entretanto, quando for o caso de realização de exame pericial, e o delito tiver sido praticado contra crianças e adoles-

---

[93] "O *error aetatis*, afetando o dolo do tipo, é relevante, afastando a adequação típica (art. 20, *caput* do C. Penal) e prejudicando, assim, a *quaestio* acerca da natureza da presunção" (STJ: REsp 450.318/GO, rel. Min. Félix Fischer, 5.ª Turma, j. 13.05.2003).

[94] STJ: REsp 1.353.575/PR, rel. Min. Rogerio Schietti Cruz, 6.ª Turma, j. 05.12.2013, noticiado no *Informativo* 533.

centes do sexo feminino, é recomendável seja o laudo elaborado por legista mulher, desde que tal medida não acarrete demora ou prejuízo da diligência. Como já decidido pelo Supremo Tribunal Federal:

> O Plenário, por maioria, concedeu medida cautelar em ação direta de inconstitucionalidade ajuizada contra a Lei 8.008/2018 do Estado do Rio de Janeiro, que institui o programa de atenção às vítimas de estupro com o objetivo de dar apoio e identificar provas periciais. Deu interpretação conforme à parte final do § 3.º do art. 1.º do referido diploma legal para reconhecer que as crianças e adolescentes do sexo feminino vítimas de violência deverão ser, obrigatoriamente, examinadas por legista mulher, desde que não importe retardamento ou prejuízo da diligência. (...) Entendeu haver aparente conflito com o direito de acesso à justiça (Constituição Federal, art. 5.º, XXXV) e os princípios da proteção integral e da prioridade absoluta (CF, art. 227, *caput*). Isso porque, apesar de salutar a iniciativa da norma de buscar proteger as crianças e adolescentes, o fato de impedir ou retardar a realização de exame por médico legista poderia acabar por deixá-las desassistidas da proteção criminal, direito que decorre do disposto no art. 39 da Convenção sobre os Direitos das Crianças e de outros diplomas legais. Além disso, na medida em que se nega o acesso à produção da prova na jurisdição penal, há também ofensa à proteção prioritária, porquanto se afasta a efetividade da norma, que exige a punição severa do abuso de crianças e adolescentes. Dessa forma, o colegiado concluiu ser o caso de dar "interpretação conforme", na linha do que prescreve o art. 249 do Código de Processo Penal, mantendo-se o dever estatal para fins de responsabilidade na proteção da criança, mas não para obstar a produção da prova.[95]

1.4.4.11. Tentativa

É possível, em face do caráter plurissubsistente do delito, permitindo o fracionamento do *iter criminis*. Exemplo: Um pedófilo,[96] via *internet*, convida uma criança para "brincar" em sua casa. Lá chegando, o sujeito a convence a tirar sua roupa. Mas, antes da conjunção carnal ou de qualquer ato libidinoso, policiais invadem a casa do sujeito e efetuam a prisão em flagrante.

O Superior Tribunal de Justiça já se pronunciou pela inadmissibilidade da tentativa, sustentando que qualquer contato libidinoso com a pessoa vulnerável acarreta a consumação do delito, pouco importando se a conduta foi interrompida ou superficial, pois o bem jurídico já estaria violado:

> "Não é cabível a modalidade tentada para o crime de estupro de vulnerável, uma vez que qualquer contato libidinoso com menor de 14 anos já consuma o delito, sendo irrelevante se a conduta foi interrompida ou superficial, pois o bem jurídico da dignidade e liberdade sexual da vítima já se encontra violado. O Superior Tribunal de Justiça (STJ), no julgamento do Tema Repetitivo 1.121, firmou o entendimento de que a prática de ato libidinoso contra menor de 14 anos, quando presente o dolo específico de satisfazer a lascívia do agente, configura o crime de estupro de vulnerável em sua forma consumada, independentemente da superficialidade do ato praticado. De acordo com o Tema 1121/STJ: "[...] Presente o dolo específico de satisfazer à lascívia, própria ou de terceiro, a prática de ato libidinoso com menor de 14 anos configura o crime de estupro de vulnerável (art. 217-A do CP), independentemente da ligeireza ou da superficialidade da conduta, não sendo possível a desclassificação para o delito de importunação sexual."[97]

Discordamos desse entendimento. A tentativa de estupro de vulnerável não pode ser excluída, notadamente nas hipóteses em que, nada obstante o dolo exigido pelo art. 217-A

---

[95] STF: ADI 6.039 MC/RJ, rel. Min. Edson Fachin, Plenário, j. 13.03.2019, noticiado no *Informativo* 933.
[96] O Código Penal, mesmo após a edição da Lei 12.015/2009, não utiliza em momento algum o termo "pedofilia", relacionado ao abuso sexual de crianças e adolescentes. Entretanto, é fora de dúvidas que os crimes sexuais contra vulneráveis, a exemplo do estupro de vulnerável, ingressam no rol dos atos de pedofilia.
[97] STJ: Processo em segredo de justiça, rel. Min. Daniela Teixeira, 5.ª Turma, j. 10.12.2024, noticiado no *Informativo* 837.

do Código Penal, inexista contato físico entre o agente e a vítima. Exemplo: "A" fala para "B", com 13 anos de idade, despir-se para terem relações sexuais. A adolescente foge e, perseguida por aquele, grita por socorro. Policiais militares presenciam a cena e efetuam a prisão em flagrante de "A". Ao agente deverá ser imputado, sem nenhuma dúvida, o crime de tentativa de estupro de vulnerável.

1.4.4.12. Ação penal

A ação penal é pública incondicionada.[98]

1.4.4.13. Lei 9.099/1995

Em face da pena cominada – reclusão, de 8 a 15 anos –, o estupro de vulnerável constitui-se em **crime de elevado potencial ofensivo**, incompatível com os benefícios elencados pela Lei 9.099/1995.

1.4.4.14. Classificação doutrinária

O estupro de vulnerável é crime **simples** (ofende um único bem jurídico); **comum** (pode ser praticado por qualquer pessoa), embora seja próprio na modalidade "constranger alguém a ter conjunção carnal", pois nesse caso exige a relação heterossexual; **material** ou **causal** (consuma-se com a prática da conjunção carnal ou de outro ato libidinoso); **de forma livre** (admite qualquer meio de execução); **instantâneo** (a consumação ocorre em um momento determinado, sem continuidade no tempo); em regra **comissivo**; **unissubjetivo, unilateral** ou **de concurso eventual** (pode ser cometido por uma única pessoa, mas admite o concurso); e normalmente **plurissubsistente** (a conduta pode ser fracionada em diversos atos).

1.4.4.15. Figuras qualificadas: art. 217-A, §§ 3.º e 4.º

Se da conduta resultar lesão corporal de natureza grave, aí também incluindo-se a de natureza gravíssima (CP, art. 129, §§ 1.º e 2.º), a pena do estupro de vulnerável será de reclusão, de 10 a 20 anos.

A lesão corporal de natureza leve (CP, art. 129, *caput*) e a contravenção penal de vias de fato (Decreto-lei 3.688/1941 – Lei das Contravenções Penais, art. 21) não qualificam o delito, por ausência de previsão legal.

O resultado agravador – lesão corporal de natureza grave ou morte – há de ser provocado a título de culpa. Em outras palavras, as formas qualificadas do estupro de vulnerável constituem-se em **crimes preterdolosos**. De fato, se a lesão corporal grave (ou gravíssima) ou a morte forem produzidas dolosamente, estará caracterizado o concurso material entre estupro de vulnerável simples (CP, art. 217-A) e a lesão corporal grave ou gravíssima (CP, art. 129, §§ 1.º e 2.º) ou homicídio/feminicídio (CP, art. 121 ou art. 121-A).

Finalmente, incidirão as figuras qualificadas mesmo se não se concretizar a conjunção carnal ou outro ato libidinoso, desde que sobrevenha o resultado agravador lesão corporal de natureza grave (ou gravíssima) ou morte.

---

[98] Como corolário da proteção integral à criança e ao adolescente enquanto dever do Estado, "não se pode condicionar à opção dos representantes legais da vítima, ou ao critério econômico, a persecução penal dos crimes definidos pela Constituição Federal como hediondos, excluindo da proteção do Estado as crianças submetidas à prática de delitos dessa natureza. Vale dizer, é descabida a necessidade de iniciativa dos pais quando o bem jurídico protegido é indisponível, qual seja, a liberdade sexual de criança, que, conquanto não tenha sofrido violência real, não possui capacidade plena para determinação dos seus atos, dada a sua vulnerabilidade" (STJ: Processo em segredo de justiça, rel. Min. Reynaldo Soares da Fonseca, 5.ª Turma, j. 28.11.2022, noticiado no *Informativo* 764).

1.4.4.16. Estupro de vulnerável e erro de proibição: a questão da prostituição infantil

A prostituição infantil lamentavelmente faz parte da realidade brasileira. Essa forma de comércio sexual, ligada ao tráfico de drogas e à lavagem de capitais, movimenta vultosa quantidade de dinheiro e envolve autênticas organizações criminosas. Inúmeros estrangeiros vêm ao Brasil unicamente com a finalidade de se divertirem no turismo sexual. "Compram" crianças e adolescentes, as quais não raramente são estimuladas pelos seus pais, vítimas da miséria, a trocarem seus corpos pelo dinheiro.

Essas pessoas que se aproveitam da prostituição infantil, praticando conjunção carnal ou outros atos libidinosos com menores de 14 anos, devem ser punidas pelo crime de estupro de vulnerável? Ou será que milita em seu favor o instituto do erro de proibição, delineado no art. 21 do Código Penal, com o argumento de que desconheciam a ilicitude do fato, pois a criança ou adolescente já atuava no comércio sexual?

Em nossa opinião, é obrigatório o reconhecimento do crime tipificado no art. 217-A do Código Penal. O fato é típico e ilícito. O agente é culpável, não se podendo falar em ausência da potencial consciência da ilicitude. Com efeito, inúmeras são as campanhas de combate à prostituição infantil, veiculadas inclusive no exterior.

Além disso, esses covardes que se aproveitam de crianças e adolescentes indefesos já se dirigem ao Brasil conscientes da ilegalidade das suas condutas. Procuram agências especializadas na exploração da prostituição infantil, agem na clandestinidade, negociam com criminosos e se disfarçam de turistas bem-intencionados, com a alegação de que contribuem para o desenvolvimento nacional. Assim sendo, mesmo provenientes de outros países, têm a obrigação de conhecer a legislação brasileira, até mesmo porque seu desconhecimento é inescusável, e efetivamente a conhecem, pois se informam acerca do funcionamento da indústria do sexo infantil.

Portanto, **não há falar em erro de proibição**, inevitável ou evitável. A condenação é medida de rigor, sem qualquer diminuição da pena. Tais indivíduos devem ser severamente punidos, como medida retributiva e também para a prevenção de outros delitos deste jaez, seja por ele próprio (prevenção especial), seja em relação a outras pessoas, despontando como fator de inibição para potenciais criminosos (prevenção geral).

Se não bastasse, o bem jurídico penalmente tutelado – dignidade sexual de pessoas vulneráveis – é indisponível, não se podendo falar em consentimento válido da vítima ou de seus representantes legais.

1.4.4.17. Infiltração de agentes de polícia na internet

A investigação do estupro de vulnerável admite um meio especial de obtenção de prova, consistente na infiltração de agentes de polícia na internet. A implementação dessa medida, a teor do art. 190-A da Lei 8.069/1990 – Estatuto da Criança e do Adolescente, obedecerá às seguintes regras:

> I – será precedida de autorização judicial devidamente circunstanciada e fundamentada, que estabelecerá os limites da infiltração para obtenção de prova, ouvido o Ministério Público;
>
> II – dar-se-á mediante requerimento do Ministério Público ou representação de delegado de polícia e conterá a demonstração de sua necessidade, o alcance das tarefas dos policiais, os nomes ou apelidos das pessoas investigadas e, quando possível, os dados de conexão ou cadastrais que permitam a identificação dessas pessoas;
>
> III – não poderá exceder o prazo de 90 (noventa) dias, sem prejuízo de eventuais renovações, desde que o total não exceda a 720 (setecentos e vinte) dias e seja demonstrada sua efetiva necessidade, a critério da autoridade judicial.

1.4.4.18. Competência, Varas Especializadas em Crimes contra a Criança e o Adolescente e Varas de Violência Doméstica e Familiar contra a Mulher

Quando o estupro de vulnerável é cometido contra criança ou adolescente, independentemente do gênero da vítima, a competência para o processo e julgamento do delito é da **Vara Especializada em Crimes contra a Criança e o Adolescente**, a teor da regra definida no art. 23, *caput*, da Lei 13.431/2017: "Os órgãos responsáveis pela organização judiciária poderão criar juizados ou varas especializadas em crimes contra a criança e o adolescente".

Nas comarcas em que tal vara ainda não tiver sido instalada, a competência será da **Vara Especializada em Violência Doméstica e Familiar**, pouco importando o gênero da vítima, nos termos do parágrafo único do art. 23 da Lei 13.431/2017: "Até a implementação do disposto no *caput* deste artigo, o julgamento e a execução das causas decorrentes das práticas de violência ficarão, preferencialmente, a cargo dos juizados ou varas especializadas em violência doméstica e temas afins."

Se na comarca não existir nenhuma das varas especializadas, a ação penal deverá tramitar na **vara criminal comum**. Este é o entendimento consagrado no Superior Tribunal de Justiça:

> Tratando-se de estupro de vulnerável (art. 217-A do CP) e não havendo na localidade Vara especializada em delitos contra a criança e o adolescente, as ações penais distribuídas até 30/11/2022 tramitarão nas Varas às quais foram distribuídas originalmente ou após determinação definitiva do Tribunal local ou superior. No julgamento conjunto do HC 728.173/RJ e dos EAResp 2.099.532/RJ (*DJe* de 30/11/2022), a Terceira Seção fixou a seguinte tese: "Após o advento do art. 23 da Lei n. 13.341/2017, nas comarcas em que não houver vara especializada em crimes contra a criança e o adolescente, compete ao juizado/vara de violência doméstica, onde houver, processar e julgar ações penais relativas a práticas de violência contra elas, independentemente do sexo da vítima, da motivação do crime, das circunstâncias do fato ou questões similares". (...) A norma legal, com o objetivo de atribuir maior proteção às vítimas e às testemunhas de crimes contra a criança e o adolescente, dispõe que, até a implementação dos juizados ou Varas especializadas, o julgamento das causas referentes à prática de violência contra menores ficará preferencialmente a cargo dos juizados ou Varas especializadas em violência doméstica e temas afins, independentemente de questões relacionadas ao gênero.[99]

1.4.5. Art. 218 – Corrupção de menores

1.4.5.1. *Dispositivo legal*

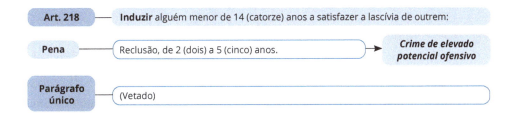

---

[99] Processo em segredo de justiça, rel. Min. Jesuíno Rissato (Desembargador convocado do TJDFT), 6.ª Turma, j. 18.04.2023, noticiado no *Informativo* 773. No mesmo sentido: Processo em segredo de justiça, rel. Min. Laurita Vaz, 6.ª Turma, j. 14.02.2023, noticiado no *Informativo* 765.

Classificação:	Informações rápidas:
Crime simples Crime comum Crime material ou causal Crime de forma livre Crime instantâneo Crime comissivo (regra) Crime unissubjetivo, unilateral ou de concurso eventual Crime plurissubsistente (regra)	**Objeto material:** pessoa menor de 14 anos de idade. A satisfação da lascívia há de limitar-se a atividades sexuais meramente contemplativas (contemplação passiva). **Elemento subjetivo:** dolo (elemento subjetivo específico – "satisfazer a lascívia de outrem"). Não admite modalidade culposa. **Tentativa:** admite (crime plurissubsistente). **Ação penal:** pública incondicionada.

1.4.5.2. Terminologia legal

O *nomen iuris* conferido pela Lei 12.015/2009 ao crime definido no art. 218 do Código Penal – "corrupção de menores" – não foi o mais acertado. Melhor teria sido a nomenclatura "mediação de menor vulnerável para satisfazer a lascívia de outrem", por três razões:

a) a conduta típica consiste em intermediar a satisfação do desejo sexual de terceiro, mediante algum comportamento erótico de parte do menor de 14 anos;

b) similitude dos crimes previstos nos arts. 218 e 227 do Código Penal, este último com a denominação "mediação para servir a lascívia de outrem", diferenciando-se unicamente em relação à idade da vítima; e

c) evitar confusão com o crime tipificado no art. 244-B do Estatuto da Criança e do Adolescente, também criado pela Lei 12.015/2009.[100]

Entretanto, o legislador utilizou a rubrica marginal "corrupção de menores", a qual deve ser respeitada em obediência ao comando normativo imposto pela Lei 12.015/2009.

1.4.5.3. Objetividade jurídica

O bem jurídico penalmente tutelado é a dignidade sexual da pessoa menor de 14 anos, bem como o direito ao desenvolvimento sexual sadio, equilibrado e compatível com sua idade.

1.4.5.4. Objeto material

É a pessoa menor de 14 anos de idade que suporta a conduta criminosa.

1.4.5.5. Núcleo do tipo

O núcleo do tipo é "**induzir**", no sentido de criar na mente de alguém a vontade de satisfazer a lascívia alheia, convencendo-a a agir dessa forma. **Lascívia** é o desejo sexual, o erotismo, a luxúria.

É indiscutível, portanto, a utilidade do art. 218 do Código Penal. O legislador incriminou o envolvimento de uma pessoa, que atua como intermediária, na atividade sexual de terceiros, relativamente aos menores de 14 anos.

---

[100] "Art. 244-B. Corromper ou facilitar a corrupção de menor de 18 (dezoito) anos, com ele praticando infração penal ou induzindo-o a praticá-la: Pena – reclusão, de 1 (um) a 4 (quatro) anos. § 1.º Incorre nas penas previstas no *caput* deste artigo quem pratica as condutas ali tipificadas utilizando-se de quaisquer meios eletrônicos, inclusive salas de bate-papo da internet. § 2.º As penas previstas no *caput* deste artigo são aumentadas de um terço no caso de a infração cometida ou induzida estar incluída no rol do art. 1.º da Lei n.º 8.072, de 25 de julho de 1990".

A conduta deve atingir **pessoa ou pessoas determinadas**, pois o tipo penal contém a elementar "alguém". Destarte, se o sujeito induzir pessoas indeterminadas, menores de 14 anos, a satisfazer a lascívia de outrem, estará caracterizado o crime de favorecimento da prostituição ou de outra forma de exploração sexual de criança ou adolescente ou de vulnerável, nos moldes do art. 218-B do Código Penal.

Também será reconhecível o delito de favorecimento da prostituição ou outra forma de exploração sexual de vulnerável quando a vítima (quem satisfaz a lascívia alheia) receber alguma contraprestação, do agente ou de terceiro, em decorrência do seu comportamento, o que não se verifica no crime tipificado no art. 218 do Código Penal.

1.4.5.5.1. Confronto entre corrupção de menores e estupro de vulnerável

No âmbito do art. 218 do Código Penal, o comportamento de induzir o vulnerável a satisfazer a lascívia de outrem encontra barreiras legais. A satisfação da lascívia há de limitar-se a **atividades sexuais meramente contemplativas** (**contemplação passiva**), tais como assistir à vítima dançar nua, fazer poses eróticas,[101] presencialmente ou mesmo valendo-se de meios tecnológicos (videoconferência, Internet etc.). O terceiro, beneficiado pela conduta do agente, atua como *voyeur*, pois busca prazer sexual mediante a observação de outras pessoas.

Em síntese, se o agente induzir alguém menor de 14 anos a ter conjunção carnal ou praticar outro ato libidinoso com terceira pessoa, e isto se concretizar, deverá responder pelo crime de estupro de vulnerável, definido no art. 217-A do Código Penal, na condição de partícipe.

Portanto, os crimes tipificados nos arts. 217-A e 218 do Código Penal são distintos, cada qual com seu raio de incidência. No estupro de vulnerável, exige-se a prática de conjunção carnal ou ato libidinoso diverso com a vítima; na corrupção de menores, por outro lado, basta o induzimento do vulnerável para satisfazer a lascívia de outrem, limitada à simples contemplação lasciva, **sem qualquer envolvimento físico do menor de 14 anos**. Destarte, não podemos concordar com Guilherme de Souza Nucci, que assim se posiciona acerca do art. 218 do Código Penal:

> O tipo penal criado pela Lei 12.015/2009 é desnecessário e poderá causar problemas. Terminou-se por dar origem a uma exceção pluralística à teoria monística, ou seja, a participação moral no estupro de vulnerável passa a ter pena mais branda. Afinal, se utilizássemos apenas o disposto no art. 29 do CP, no tocante ao induzimento do menor de 14 anos a ter relação sexual com outra pessoa, poder-se-ia tipificar na figura do art. 217-A (consumado ou tentado). No entanto, passa a existir figura autônoma, beneficiando o partícipe.[102]

Com o devido respeito, não há falar em exceção pluralista à teoria monista no concurso de pessoas, acolhida como regra pelo art. 29, *caput*, do Código Penal. Vale repetir, cada crime tem seu raio específico de incidência.

Aliás, no art. 218 do Código Penal o legislador propositalmente não faz menção à conjunção carnal ou outro ato libidinoso, com o escopo de compatibilizá-lo com a redação do crime de estupro de vulnerável. Aliás, a exceção pluralista (se existisse) seria inovadora, pois importaria em consequências diametralmente diversas para pessoas envolvidas em um mesmo crime, retirando a lógica que deve nortear a aplicação da lei penal.

---

[101] A conduta de fotografar cena erótica envolvendo criança ou adolescente se subsume ao art. 240, *caput*, da Lei 8.069/1990 – Estatuto da Criança e do Adolescente: "Produzir, reproduzir, dirigir, fotografar, filmar ou registrar, por qualquer meio, cena de sexo explícito ou pornográfica, envolvendo criança ou adolescente: Pena – reclusão, de 4 (quatro) a 8 (oito) anos, e multa".

[102] NUCCI, Guilherme de Souza. *Código Penal comentado*. 10. ed. São Paulo: RT, 2010. p. 933.

1.4.5.6. Sujeito ativo

A corrupção de menores é **crime comum** ou **geral**, podendo ser cometido por qualquer pessoa, do sexo masculino ou feminino. O responsável pelo delito é conhecido como **proxeneta**.[103]

1.4.5.6.1. A questão relacionada à pessoa beneficiada pelo comportamento da vítima

A conduta incriminada pelo art. 218 do Código Penal consiste em "induzir alguém menor de 14 (catorze) anos a satisfazer a lascívia de outrem". Consequentemente, esse delito não pode ser atribuído ao terceiro beneficiado pelo comportamento da vítima, é dizer, o "outrem" do tipo penal, a pessoa cuja lascívia se busca saciar. Realmente, é fácil notar que o crime de corrupção de menores tem sua abrangência limitada àquele que induz o vulnerável a satisfazer a lascívia alheia. Esta é a sua nota característica: o proxeneta atua com a finalidade de satisfazer a lascívia de terceiro, e não o seu próprio desejo sexual.

No entanto, se o terceiro vier a praticar conjunção carnal ou qualquer outro ato libidinoso com o menor de 14 anos, a ele deverá ser imputado o delito de estupro de vulnerável, de natureza hedionda e definido pelo art. 217-A do Código Penal.

1.4.5.7. Sujeito passivo

É a pessoa menor de 14 anos. A idade da vítima deve ser provada por documento hábil (certidão de nascimento, registro de identidade, etc.), em face da regra contida no art. 155, parágrafo único, do Código de Processo Penal.[104]

Se o ofendido apresentar idade igual ou superior a 18 anos, estará caracterizado o delito de mediação para satisfazer a lascívia de outrem, em sua modalidade fundamental (CP, art. 227, *caput*); se for maior de 14 e menor de 18 anos, incidirá a forma qualificada deste crime (CP, art. 227, § 1.º, 1.ª parte).

E se a vítima possuir 14 anos de idade, ou seja, se o delito for cometido na data exata do seu aniversário? Em face da grotesca falha do legislador, e como não se admite analogia *in malam partem* no Direito Penal, será inarredável a conclusão pelo crime de mediação para satisfazer a lascívia de outrem, em sua forma simples (CP, art. 227, *caput*). De fato, a vítima não é menor de 14 anos, afastando o tipo penal da corrupção de menores (CP, art. 218), e também não é maior de 14 e menor de 18 anos, excluindo a incidência do art. 227, § 1.º, 1.ª parte, do Código Penal.

1.4.5.8. Elemento subjetivo

É o dolo, acrescido de um especial fim de agir (elemento subjetivo específico), consistente na intenção de satisfazer a lascívia de outrem. Não se admite a modalidade culposa.

1.4.5.9. Consumação

Cuida-se de **crime material** ou **causal**: consuma-se com a realização, pelo menor de 14 anos, do ato destinado a satisfazer a lascívia de outrem. Não se reclama, contudo, a efetiva satisfação do desejo sexual alheio. Exemplo: "A" induz uma criança a dançar nua para "B", o que vem a se concretizar. Nesse caso, o delito alcançou a consumação, ainda que a conduta do menor não tenha despertado em "B" qualquer espécie de desejo sexual.

---

[103] Proxeneta é o sujeito que funciona como mediador para a satisfação do desejo sexual de outras pessoas, ou então mantém local destinado a encontros libidinosos.
[104] CPP, art. 155, parágrafo único: "Somente quanto ao estado das pessoas serão observadas as restrições estabelecidas na lei civil".

A corrupção de menores não ingressa no rol dos delitos habituais, razão pela qual é dispensável a reiteração de atos tendentes à satisfação da lascívia alheia. Trata-se de **crime instantâneo**, bastando um único comportamento da vítima em busca da satisfação do prazer sexual de terceira pessoa. A repetição de atos importará na pluralidade de delitos, a título de concurso material (CP, art. 69) ou de crime continuado, se presentes todos os requisitos exigidos pelo art. 71, *caput*, do Código Penal.

1.4.5.10. Tentativa

É possível, em face do caráter plurissubsistente do delito, permitindo o fracionamento do *iter criminis*.

1.4.5.11. Ação penal

A ação penal é pública incondicionada.

1.4.5.12. Lei 9.099/1995

Em face da pena cominada – reclusão, de dois a cinco anos, a corrupção de menores constitui-se em **crime de elevado potencial ofensivo**, e, portanto, incompatível com os benefícios previstos na Lei 9.099/1995.

1.4.5.13. Classificação doutrinária

A corrupção de menores é crime **simples** (ofende um único bem jurídico); **comum** (pode ser praticado por qualquer pessoa); **material** ou **causal** (consuma-se com a realização, pelo menor de 14 anos, de ato tendente a satisfazer a lascívia de outrem); **de forma livre** (admite qualquer meio de execução); **instantâneo** (a consumação ocorre em um momento determinado, sem continuidade no tempo); em regra **comissivo**; **unissubjetivo, unilateral** ou **de concurso eventual** (pode ser cometido por uma única pessoa, mas admite o concurso); e normalmente **plurissubsistente** (a conduta pode ser fracionada em diversos atos).

1.4.5.14. Art. 218 do Código Penal e art. 244-B do Estatuto da Criança e do Adolescente: distinção

Nada obstante o art. 218 do Código Penal apresente o *nomen iuris* "corrupção de menores", e o tipo penal elencado no art. 244-B da Lei 8.069/1990 – Estatuto da Criança e do Adolescente – envolva a conduta de "corromper ou facilitar a corrupção de menor", tais delitos não se confundem.

O art. 218 do Código Penal, inserido no Capítulo II do Título VI da Parte Especial, figura entre os crimes contra a dignidade sexual, mais especificamente entre os delitos sexuais contra vulnerável. A vítima é a pessoa menor de 14 anos, e a conduta típica consiste em induzi-la a satisfazer a lascívia de outrem. Trata-se de crime material (ou causal), pois a consumação reclama algum comportamento da vítima destinado à satisfação do desejo sexual de terceira pessoa.

Por sua vez, o crime definido no art. 244-B do Estatuto da Criança e do Adolescente, embora instituído pela Lei 12.015/2009, em nada se relaciona ao campo sexual. Sua redação é a seguinte:

> **Art. 244-B.** Corromper ou facilitar a corrupção de menor de 18 (dezoito) anos, com ele praticando infração penal ou induzindo-o a praticá-la:
> Pena – reclusão, de 1 (um) a 4 (quatro) anos.

> § 1.º Incorre nas penas previstas no *caput* deste artigo quem pratica as condutas ali tipificadas utilizando-se de quaisquer meios eletrônicos, inclusive salas de bate-papo da internet.
>
> § 2.º As penas previstas no *caput* deste artigo são aumentadas de um terço no caso de a infração cometida ou induzida estar incluída no rol do art. 1.º da Lei n.º 8.072, de 25 de julho de 1990.

Pune-se a conduta daquele que pratica alguma infração penal – crime ou contravenção penal – na companhia de menor de 18 anos, deturpando ou contribuindo de qualquer modo para sua depravação moral e para a má formação da sua personalidade. O crime se verifica mesmo quando a criança ou adolescente já se encontra afetada em sua idoneidade moral, pois a conduta ilícita prejudica ainda mais seu desenvolvimento ético.

Além disso, o art. 244-B do Estatuto da Criança e do Adolescente contempla um **crime formal**, **de consumação antecipada** ou **de resultado cortado**. É o que se extrai da Súmula 500 do Superior Tribunal de Justiça: "A configuração do crime do art. 244-B do ECA independe da prova da efetiva corrupção do menor, por se tratar de delito formal".

1.4.5.15. Infiltração de agentes de polícia na internet

A corrupção de menores admite um meio especial de obtenção de prova, consistente na infiltração de agentes de polícia na internet. A implementação dessa medida, a teor do art. 190-A da Lei 8.069/1990 – Estatuto da Criança e do Adolescente, obedecerá às seguintes regras:

I – será precedida de autorização judicial devidamente circunstanciada e fundamentada, que estabelecerá os limites da infiltração para obtenção de prova, ouvido o Ministério Público;

II – dar-se-á mediante requerimento do Ministério Público ou representação de delegado de polícia e conterá a demonstração de sua necessidade, o alcance das tarefas dos policiais, os nomes ou apelidos das pessoas investigadas e, quando possível, os dados de conexão ou cadastrais que permitam a identificação dessas pessoas; e

III – não poderá exceder o prazo de 90 (noventa) dias, sem prejuízo de eventuais renovações, desde que o total não exceda a 720 (setecentos e vinte) dias e seja demonstrada sua efetiva necessidade, a critério da autoridade judicial.

1.4.6. Art. 218-A – Satisfação de lascívia mediante presença de criança ou adolescente

1.4.6.1. Dispositivo legal

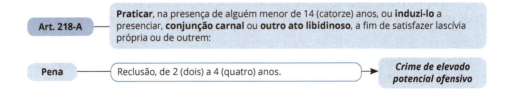

CAP. 1 – DOS CRIMES CONTRA A DIGNIDADE SEXUAL | 79

Classificação:
Crime simples
Crime comum
Crime formal, de consumação antecipada ou de resultado cortado
Crime de forma livre
Crime instantâneo
Crime comissivo (regra)
Crime unissubjetivo, unilateral ou de concurso eventual
Crime plurissubsistente (regra)

Informações rápidas:
Objeto material: menor de 14 anos que presencia a conjunção carnal ou outro ato libidinoso.
O menor de 14 anos limita-se a presenciar a conjunção carnal ou outro ato libidinoso (não há envolvimento corporal do vulnerável com qualquer pessoa).
Elemento subjetivo: dolo (elemento subjetivo específico – "a fim de satisfazer lascívia própria ou de outrem"). Não admite modalidade culposa.
Tentativa: admite (crime plurissubsistente).
Ação penal: pública incondicionada.

1.4.6.2. Introdução

A Lei 12.015/2009, responsável pela inclusão no Código Penal do art. 218-A, supriu uma grave lacuna anteriormente existente em nosso sistema penal.

A antiga redação do art. 218 do Código Penal, ao definir o crime de corrupção de menores, punia a conduta daquele que corrompia ou facilitava a corrupção de pessoa maior de 14 anos e menor de 18 anos de idade, com ela praticando ato de libidinagem, ou induzindo-a a praticá-lo ou presenciá-lo.[105]

Destarte, o tipo penal não alcançava as vítimas menores de 14 anos, deixando sem proteção justamente as pessoas mais indefesas. O fato, portanto, era atípico, em razão da ausência de previsão legal tanto no Código Penal como na Lei 8.069/1990 – Estatuto da Criança e do Adolescente –, e também em qualquer outro diploma legislativo.

Felizmente, esta brecha foi superada com o art. 218-A do Código Penal, responsável pela definição do crime de satisfação de lascívia mediante presença de criança ou adolescente.

1.4.6.3. Objetividade jurídica

O bem jurídico penalmente tutelado é a dignidade sexual da pessoa menor de 14 anos de idade, no tocante ao seu desenvolvimento sadio e equilibrado, bem como na sua íntegra formação moral.

1.4.6.4. Objeto material

É o menor de 14 anos que presencia a conjunção carnal ou outro ato libidinoso.

1.4.6.5. Núcleos do tipo

O tipo penal contém dois núcleos: "praticar" e "induzir". Cada um dos verbos relaciona-se a uma conduta distinta. Vejamos.

a) praticar, na presença de alguém menor de 14 anos, conjunção carnal ou outro ato libidinoso, a fim de satisfazer lascívia própria ou de outrem

Praticar é realizar ou executar. Nesse caso, o sujeito não induziu o menor de 14 anos a presenciar a conjunção carnal ou qualquer outro ato libidinoso. Mas ele sabia que sua relação sexual era assistida pela criança ou adolescente, e ainda assim prosseguiu. E mais: permitiu a presença do menor, como forma de atender sua própria lascívia ou de terceiro.

---

[105] Esta era a redação do art. 218 do Código Penal, antes da modificação promovida pela Lei 12.015/2009: "Corromper ou facilitar a corrupção de pessoa maior de catorze e menor de dezoito anos, com ela praticando ato de libidinagem, ou induzindo-a a praticá-lo ou presenciá-lo: Pena – reclusão, de um a quatro anos".

b) ou induzi-lo a presenciar, conjunção carnal ou outro ato libidinoso, a fim de satisfazer lascívia própria ou de outrem

Induzir tem o sentido de convencer ou persuadir alguém a fazer algo. Na seara do art. 218-A do Código Penal, o agente convence o menor de 14 anos a presenciar sua atividade sexual, pois isso lhe dá prazer erótico ou satisfaz a lascívia de terceiro.

Com essas ponderações, é preciso analisar conceitos inerentes às duas modalidades do delito. **Conjunção carnal** é a introdução, total ou parcial, do pênis na vagina. **Ato libidinoso** é qualquer ato capaz de atender aos anseios sexuais de determinada pessoa (sexo oral, sexo anal, toques íntimos etc.). Aliás, a conjunção carnal é espécie de ato libidinoso, mas foi expressamente destacada pelo legislador. **Lascívia** é o desejo ou volúpia sexual, a luxúria.

É fácil notar, no art. 218-A do Código Penal, a incriminação do *voyeurismo* às avessas. Como se sabe, *voyeur* é quem tem prazer em presenciar o ato sexual realizado por outras pessoas. Entretanto, no delito em análise, o sujeito atua no sentido de fazer que o menor de 14 anos assista à sua relação sexual ou de outrem.

Cuida-se de **tipo misto alternativo**, **crime de ação múltipla** ou **de conteúdo variado**. Se o agente praticar as duas condutas no tocante à mesma vítima, no mesmo contexto fático, estará caracterizado um único delito. Entretanto, a maior reprovabilidade da sua atuação deverá ser levada em conta pelo magistrado na dosimetria da pena-base, com fulcro no art. 59, *caput*, do Código Penal.

1.4.6.5.1. Desnecessidade da presença física do menor de 14 anos

Para a configuração do crime previsto no art. 218-A do Código Penal, é dispensável a presença física do vulnerável no local em que se realiza a conjunção carnal ou outro ato libidinoso.[106] Basta seja a relação sexual presenciada, isto é, assistida pelo menor de 14 anos, o qual pode estar em lugar distante, mas acompanhando a tudo e sendo igualmente acompanhado com o auxílio de meios tecnológicos (exemplos: *webcam*, videoconferência etc.). Exemplo: "A" e "B" praticam conjunção carnal na frente do computador. O menor assiste a relação sexual, e o casal também presencia suas reações.

Também é possível que o menor presencie relações sexuais ocorridas em local e tempo diversos, com a finalidade de satisfazer a lascívia de determinada pessoa. Exemplo: "A" convida um menor à sua casa, para juntos assistirem a filmes pornográficos, repletos de cenas envolvendo conjunções carnais e atos libidinosos, pois isso lhe confere prazer sexual. Sem dúvida alguma, sua conduta consistiu em induzir alguém menor de 14 anos a presenciar conjunção carnal ou outro ato libidinoso, a fim de satisfazer lascívia própria.

1.4.6.5.2. Ausência de envolvimento corporal do menor e estupro de vulnerável

No art. 218-A do Código Penal, o menor de 14 anos limita-se a presenciar a conjunção carnal ou outro ato libidinoso. Em síntese, **não há envolvimento corporal do vulnerável** com qualquer pessoa, seja aquele que pratica o ato sexual, seja um terceiro.

Com efeito, se o agente induz o menor de 14 anos a ter conjunção carnal ou praticar outro ato libidinoso, com ele próprio ou com outra pessoa, estará caracterizado o crime de estupro de vulnerável, consumado ou tentado (CP, art. 217-A).

1.4.6.6. Sujeito ativo

Pode ser qualquer pessoa (**crime comum** ou **geral**), homem ou mulher.

---

[106] Com igual raciocínio: GRECO, Rogério. *Curso de direito penal*. 7. ed. Niterói: Impetus, 2010. v. III, p. 540.

É possível o concurso de pessoas entre aquele que pratica a conjunção carnal ou outro ato libidinoso, na presença de menor de 14 anos, ou induz a criança ou adolescente a presenciar tais atos, a fim de satisfazer lascívia própria (autor), com quem não se envolve fisicamente no ato sexual perpetrado na presença do menor de 14 anos, mas concorre para sua realização, buscando a satisfação da lascívia (partícipe).

1.4.6.7. Sujeito passivo

É a **pessoa menor de 14 anos**, independentemente do seu sexo.

Nada obstante a inclusão do delito no Capítulo II do Título VI da Parte Especial do Código Penal – "Dos crimes sexuais contra vulnerável" –, o legislador não previu os demais vulneráveis como vítimas, quais sejam as pessoas que, por enfermidade ou deficiência mental, não têm o necessário discernimento para a prática do ato, ou que, por qualquer outra causa, não podem oferecer resistência.

1.4.6.8. Elemento subjetivo

É o dolo, acrescido de um especial fim de agir (elemento subjetivo específico), representado pela expressão "a fim de satisfazer lascívia própria ou de outrem". Não basta, portanto, a prática do ato sexual na presença de menor de 14 anos. É preciso fazê-lo com a finalidade de saciar o prazer sexual próprio ou de terceiro.

Destarte, o fato é atípico em situações usuais da vida cotidiana, a exemplo do que se verifica quando crianças de pouca idade tomam banho com seus genitores, ou andam nus pela casa, salvo se presente algum tipo de abuso sexual, como na hipótese do pai que se masturba na presença da filha, pois esta atividade lhe confere prazer erótico. O crime também não se caracteriza quando um menor de 14 anos, por curiosidade, adota providências para presenciar relações sexuais entre pessoas (exemplos: crianças que bisbilhotam pelo buraco da fechadura de quartos de hotéis).

Igualmente, não há crime nas hipóteses em que uma família mora em local simples (exemplos: barracos ou imóveis com apenas um quarto), o que pode levar os filhos menores de 14 anos a presenciarem as relações sexuais dos seus pais. Este comportamento, embora deva ser evitado, não configura o crime tipificado no art. 218-A do Código Penal, pois os genitores assim agem para a manutenção do matrimônio e até mesmo por necessidades biológicas, não se valendo da presença da prole para satisfação da lascívia.

1.4.6.9. Consumação

Cuida-se de **crime formal, de consumação antecipada** ou **de resultado cortado**. Consuma-se no momento em que o menor de 14 anos presencia a prática da conjunção carnal ou outro ato libidinoso, ainda que uma única vez, pois o tipo penal não reclama habitualidade na conduta ilícita.

Não se exige, entretanto, o efetivo prejuízo à formação moral ou à dignidade sexual da criança ou do adolescente, nem a satisfação da lascívia da pessoa envolvida na relação sexual ou de outrem.

1.4.6.10. Tentativa

É possível, em face do caráter plurissubsistente do delito, permitindo o fracionamento do *iter criminis*. Exemplo: "A", com a intenção de satisfazer sua própria lascívia, induz uma pessoa de 13 anos de idade a presenciar seu relacionamento sexual, mas vem a ser preso em flagrante no momento em que se despia para manter conjunção carnal com sua parceira, na presença do adolescente.

1.4.6.11. Ação penal

A ação penal é pública incondicionada.

1.4.6.12. Lei 9.099/1995

Em face da pena cominada – reclusão, de dois a quatro anos –, a satisfação de lascívia mediante presença de criança ou adolescente constitui-se em **crime de elevado potencial ofensivo**, incompatível com os benefícios elencados pela Lei 9.099/1995.

1.4.6.13. Classificação doutrinária

A satisfação de lascívia mediante presença de criança ou adolescente é crime **simples** (ofende um único bem jurídico); **comum** (pode ser cometido por qualquer pessoa); **formal, de consumação antecipada** ou **de resultado cortado** (consuma-se com a prática da conduta criminosa, independentemente da superveniência do resultado naturalístico); **de forma livre** (admite qualquer meio de execução); **instantâneo** (a consumação ocorre em um momento determinado, sem continuidade no tempo); em regra **comissivo**; **unissubjetivo, unilateral** ou **de concurso eventual** (pode ser cometido por uma única pessoa, mas admite o concurso); e normalmente **plurissubsistente** (a conduta pode ser fracionada em diversos atos).

1.4.6.14. Art. 218-A do Código Penal e art. 241-D do Estatuto da Criança e do Adolescente: distinção

Como estabelece o art. 241-D da Lei 8.069/1990 – Estatuto da Criança e do Adolescente:

> **Art. 241-D.** Aliciar, assediar, instigar ou constranger, por qualquer meio de comunicação, criança, com o fim de com ela praticar ato libidinoso:
>
> Pena – reclusão, de 1 (um) a 3 (três) anos, e multa.
>
> Parágrafo único. Nas mesmas penas incorre quem:
>
> I – facilita ou induz o acesso à criança de material contendo cena de sexo explícito ou pornográfica com o fim de com ela praticar ato libidinoso;
>
> II – pratica as condutas descritas no *caput* deste artigo com o fim de induzir criança a se exibir de forma pornográfica ou sexualmente explícita.

Esse crime não se confunde com o delito de satisfação de lascívia mediante presença de criança ou adolescente. No art. 218-A do Código Penal, o agente se contenta com a simples presença do menor de 14 anos (criança ou adolescente) durante o ato sexual, pois isto satisfaz sua própria lascívia ou atende a lascívia de terceiro.

Por seu turno, no art. 241-D do Estatuto da Criança e do Adolescente o sujeito busca a efetiva prática de ato libidinoso com a criança, sem previsão típica em relação ao adolescente. No entanto, se o ato libidinoso, aí incluindo-se a conjunção carnal, vier a se concretizar, estará caracterizado o crime de estupro de vulnerável (CP, art. 217-A).

1.4.6.15. Infiltração de agentes de polícia na internet

A investigação do delito de satisfação de lascívia mediante presença de criança ou adolescente admite um meio especial de obtenção de prova, consistente na infiltração de agentes de polícia na internet. A implementação dessa medida, a teor do art. 190-A da Lei 8.069/1990 – Estatuto da Criança e do Adolescente, obedecerá às seguintes regras:

I – será precedida de autorização judicial devidamente circunstanciada e fundamentada, que estabelecerá os limites da infiltração para obtenção de prova, ouvido o Ministério Público;

II – dar-se-á mediante requerimento do Ministério Público ou representação de delegado de polícia e conterá a demonstração de sua necessidade, o alcance das tarefas dos policiais, os nomes ou apelidos das pessoas investigadas e, quando possível, os dados de conexão ou cadastrais que permitam a identificação dessas pessoas; e

III – não poderá exceder o prazo de 90 (noventa) dias, sem prejuízo de eventuais renovações, desde que o total não exceda a 720 (setecentos e vinte) dias e seja demonstrada sua efetiva necessidade, a critério da autoridade judicial.

1.4.7. Art. 218-B – Favorecimento da prostituição ou de outra forma de exploração sexual de criança ou adolescente ou de vulnerável

1.4.7.1. Dispositivo legal

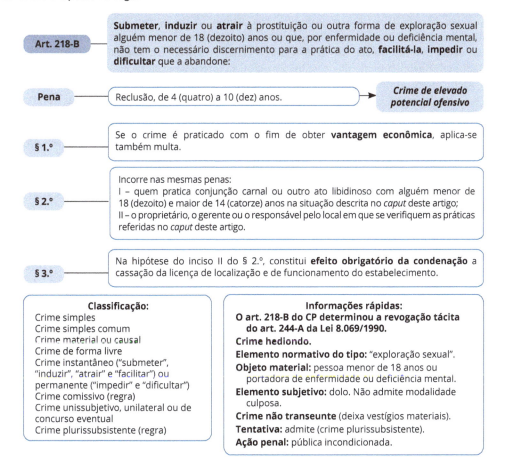

1.4.7.2. Revogação tácita do art. 244-A do Estatuto da Criança e do Adolescente

O art. 218-B do Código Penal, instituído pela Lei 12.015/2009, revogou tacitamente o crime anteriormente definido no art. 244-A da Lei 8.069/1990 – Estatuto da Criança e do Adolescente –, com a seguinte redação:

> **Art. 244-A.** Submeter criança ou adolescente, como tais definidos no *caput* do art. 2.º desta Lei, à prostituição ou à exploração sexual:
>
> Pena – reclusão de quatro a dez anos e multa, além da perda de bens e valores utilizados na prática criminosa em favor do Fundo dos Direitos da Criança e do Adolescente da unidade da Federação (Estado ou Distrito Federal) em que foi cometido o crime, ressalvado o direito de terceiro de boa-fé.
>
> § 1.º Incorrem nas mesmas penas o proprietário, o gerente ou o responsável pelo local em que se verifique a submissão de criança ou adolescente às práticas referidas no *caput* deste artigo.
>
> § 2.º Constitui efeito obrigatório da condenação a cassação da licença de localização e de funcionamento do estabelecimento.

1.4.7.3. Nome do delito e natureza hedionda

A Lei 12.978/2014 foi a responsável pela atribuição do *nomen iuris* "favorecimento da prostituição ou de outra forma de exploração sexual de criança ou adolescente ou de vulnerável" ao delito contido no art. 218-B do Código Penal. Antes dela, a terminologia utilizada pelo legislador era "favorecimento da prostituição ou outra forma de exploração sexual de vulnerável".

Além disso, a mencionada lei também incluiu o delito, em todas as suas modalidades (CP, art. 218-B, *caput*, e §§ 1.º e 2.º), *no rol dos crimes hediondos*. Como se extrai do art. 1.º, inc. VIII, da Lei 8.072/1990:

> Art. 1.º São considerados hediondos os seguintes crimes, todos tipificados no Decreto-Lei n.º 2.848, de 7 de dezembro de 1940 – Código Penal, consumados ou tentados:
>
> (...)
>
> VIII – favorecimento da prostituição ou de outra forma de exploração sexual de criança ou adolescente ou de vulnerável (art. 218-B, *caput*, e §§ 1.º e 2.º).

1.4.7.4. Introdução

Em seu art. 218-B, o Código Penal veicula uma modalidade específica do crime de favorecimento da prostituição ou outra forma de exploração sexual, tipificado no art. 228. A diferença repousa na qualidade das vítimas: neste crime, são as pessoas com idade igual ou superior a 18 anos e mentalmente saudáveis; naquele delito, são os menores de 18 anos e as pessoas que, por enfermidade ou deficiência mental, não têm o necessário discernimento para a prática do ato sexual, embora maiores de idade.

Em razão disso, o crime de favorecimento da prostituição ou de outra forma de exploração sexual de criança ou adolescente ou de vulnerável, classificado como hediondo, é sensivelmente mais grave. A pena cominada é de reclusão, de quatro a dez anos, enquanto no art. 228, não previsto no rol dos delitos hediondos, a pena reservada é também de reclusão, mas de dois a cinco anos, e multa.

Prostituição é o comércio sexual exercido com habitualidade. A reiteração do comércio sexual é imprescindível, ou seja, trata-se de atividade necessariamente habitual.

A prostituição pressupõe o **contato físico** (exemplos: conjunção carnal, sexo anal, sexo oral, masturbação etc.) entre as pessoas envolvidas na atividade sexual. Contudo, o art. 218-B do Código Penal alcança não somente o favorecimento da prostituição, mas também o favorecimento de **qualquer outra forma de exploração sexual**, a exemplo dos shows de *striptease* e de sexo explícito, e dos serviços de "disque sexo", os quais não dependem do envolvimento físico entre quem paga pelo prazer sexual e quem recebe a vantagem econômica.

A expressão "exploração sexual" representa, na esfera dos crimes contra a dignidade sexual, um autêntico **elemento normativo do tipo**, de índole cultural, devendo seu conceito ser obtido mediante a valoração do intérprete da lei penal.

O art. 4.º, inc. III, "b", da Lei 13.431/2017, responsável pela implantação do sistema de garantia de direitos da criança e do adolescente vítima ou testemunha de violência, traz a seguinte definição de **exploração sexual comercial**, como uma das formas de violência sexual: "exploração sexual comercial, entendida como o uso da criança ou do adolescente em atividade sexual em troca de remuneração ou qualquer outra forma de compensação, de forma independente ou sob patrocínio, apoio ou incentivo de terceiro, seja de modo presencial ou por meio eletrônico."

A exploração sexual deve ser diferenciada da **satisfação sexual**, ou seja, da livre busca do prazer erótico entre pessoas maiores de idade e com pleno discernimento para a prática do ato. Nessa hipótese, evidentemente, o fato não interessa ao Direito Penal.

Na verdade, a prostituição não deixa de ser uma espécie de exploração sexual. Chegou-se a esta conclusão no "I Congresso Mundial contra a Exploração Sexual Comercial de Crianças", realizado em Estocolmo no ano de 1996. Como informa Renata Maria Coimbra Libório:

> O Instituto Interamericano Del Niño estipulou, em 1998, que as 4 modalidades de exploração sexual comercial de crianças e adolescentes seriam: a prostituição, o turismo sexual, a pornografia e o tráfico para fins sexuais, cujas definições encontram-se a seguir:
>
> Prostituição infantil: é o uso de criança ou adolescente em atividades sexuais em troca de remuneração ou outras formas de consideração;
>
> Tráfico e venda de crianças e adolescentes para propósitos sexuais: é o tráfico consistente em todos os atos envolvendo o recrutamento ou transporte de pessoas entre ou através de fronteiras e implicam em engano, coerção, alojamento ou fraude com o propósito de colocar as pessoas em situação de exploração, como a prostituição forçada, práticas similares à escravização, trabalhos forçados ou serviços domésticos exploradores, com o uso de extrema crueldade;
>
> Pornografia infantil: é qualquer representação através de quaisquer meios de uma criança ou adolescente engajada em atividades sexuais explícitas, reais ou simuladas ou qualquer exibição impudica de seus genitais com a finalidade de oferecer gratificação sexual ao usuário, e envolve a produção, distribuição e/ou uso de tal material;
>
> Turismo sexual: é a exploração sexual de crianças ou adolescentes por pessoas que saem de seus países para outros, geralmente países em desenvolvimento, para ter atos sexuais com crianças ou adolescentes.[107]

1.4.7.5. Objetividade jurídica

O bem jurídico penalmente tutelado é a dignidade sexual do menor de 18 anos ou portador de doença ou enfermidade mental, bem como o direito ao desenvolvimento sexual saudável, equilibrado e compatível com sua idade ou condição pessoal.

1.4.7.6. Objeto material

É a pessoa menor de 18 anos ou portadora de enfermidade ou deficiência mental sobre a qual recai a conduta criminosa.

1.4.7.7. Núcleos do tipo

O tipo penal contém seis núcleos: "submeter", "induzir", "atrair", "facilitar", "impedir" e "dificultar".

---

[107] LIBÓRIO, Renata Maria Coimbra. Exploração sexual comercial infanto-juvenil: categorias explicativas e políticas de enfrentamento. In: SOUSA, Sônia M. Gomes (Org.). *A exploração sexual de crianças e adolescentes no Brasil*. São Paulo: Casa do Psicólogo, 2004. p. 23-24.

Submeter significa subjugar ou sujeitar alguém a determinado comportamento; **induzir** é dar a ideia ou inspirar; **atrair** equivale a aliciar ou seduzir; e **facilitar**, por sua vez, tem o sentido de simplificar o acesso, proporcionando os meios necessários (exemplos: indicar clientes, fornecer roupas sensuais etc.). Os verbos ligam-se à prostituição ou outra forma de exploração sexual.

Nessas hipóteses, a vítima ainda não se dedica ao mercado dos prazeres sexuais, e a conduta criminosa consiste em fazer com ela ingresse no ramo de tais práticas.

Impedir significa vedar ou obstar, enquanto **dificultar** é tornar mais oneroso, criando obstáculos. Tais núcleos ligam-se ao abandono da prostituição ou outra forma de exploração sexual, ou seja, a pessoa já se encontra no desempenho do comércio sexual.

No crime do art. 218-B do Código Penal, é importante destacar, não se exige a efetiva prática de conjunção carnal ou outro ato libidinoso com a vítima. O crime se esgota com o favorecimento da prostituição ou de outra forma de exploração sexual de criança ou adolescente ou de vulnerável. Pune-se o proxeneta (ou alcoviteiro), ou seja, o intermediário, o agenciador das relações sexuais entre as vítimas e terceiros.

Deveras, quem mantém conjunção carnal ou outro ato libidinoso com pessoas vulneráveis responde pelo crime de estupro de vulnerável, nos termos do art. 217-A do Código Penal.

Cuida-se de **tipo misto alternativo**, **crime de ação múltipla** ou **de conteúdo variado**. A lei descreve vários núcleos, e a realização de mais de um deles em relação à mesma vítima (exemplo: induzir uma adolescente à prostituição e posteriormente facilitar seu exercício) configura um único delito. Entretanto, a variedade de condutas deve ser sopesada pelo magistrado na dosimetria da pena-base, como circunstância judicial desfavorável, com fulcro no art. 59, *caput*, do Código Penal.

1.4.7.8. Sujeito ativo

O favorecimento da prostituição ou de outra forma de exploração sexual de criança ou adolescente ou de vulnerável é **crime comum** ou **geral**, podendo ser cometido por qualquer pessoa.

1.4.7.9. Sujeito passivo

É a pessoa menor de 18 anos[108] ou que, por enfermidade ou deficiência mental, não tem o necessário discernimento para o ato.

Os maiores de 14 – e menores de 18 anos –, embora não sejam penalmente classificados como vulneráveis, podem figurar como vítimas desse delito, pois o tipo penal fala em "menor de 18 anos". Nada obstante seja uma pessoa apta a manifestar sua vontade sexual, ela normalmente se entrega à prostituição em face da sua miserabilidade econômica,[109] tornando-se mais suscetível à atividade criminosa.

Se a vítima possuir 18 anos de idade ou mais, e apresentar discernimento para a prática do ato, estará configurado o crime de favorecimento da prostituição ou outra forma de exploração sexual, nos termos do art. 228 do Código Penal.

A pessoa já prostituída, evidentemente, não pode ser vítima do delito em apreço no tocante aos núcleos "submeter", "induzir", "atrair" e "facilitar". Com efeito, não há como submeter, induzir ou atrair à prostituição ou outra forma de exploração sexual, ou facilitar sua prática em relação a quem já dedica com habitualidade ao comércio sexual.

---

[108] A idade da vítima deve ser comprovada por documento idôneo (certidão de nascimento, carteira de identidade etc.), em face da determinação contida no art. 155, parágrafo único, do Código de Processo Penal: "Somente quanto ao estado das pessoas serão observadas as restrições estabelecidas na lei civil".

[109] STJ: HC 371.633/SP, rel. Min. Jorge Mussi, 5.ª Turma, j. 19.03.2019, noticiado no *Informativo* 645.

No entanto, nada impede a caracterização do delito em relação aos núcleos "impedir" e "dificultar", ou seja, a pessoa menor de 18 anos ou portadora de enfermidade ou deficiência mental já se encontra no exercício da prostituição, mas o agente obsta ou coloca obstáculos para seu abandono.

1.4.7.9.1. A pornografia infantil

A pornografia envolvendo crianças e adolescentes, pessoas menores de 18 anos de idade, constitui crimes disciplinados pela Lei 8.069/1990 – Estatuto da Criança e do Adolescente, em seus arts. 240, 241 e 241-A a 241-E. Nesses casos, não há prostituição ou exploração sexual, pois caso contrário seria aplicável o art. 218-B do Código Penal.

1.4.7.10. Elemento subjetivo

É o dolo, independentemente de qualquer finalidade específica. Não se admite a modalidade culposa.

1.4.7.10.1. Finalidade lucrativa e aplicação cumulativa da pena de multa

Se o crime é cometido com o fim de obter vantagem econômica, aplica-se também a pena de multa. É o que se extrai do § 1.º do art. 218-B do Código Penal. Não se reclama a efetiva obtenção do lucro. Basta a intenção de recebê-lo.

1.4.7.11. Consumação

Nos núcleos "submeter", "induzir", "atrair" e "facilitar", a consumação se dá no momento em que a pessoa menor de 18 anos ou portadora de doença ou enfermidade mental passa a se dedicar com habitualidade ao exercício da prostituição ou de outra forma de exploração sexual, ainda que não venha a atender nenhuma pessoa interessada em seus serviços.

O crime é **instantâneo**, pois sua consumação ocorre em um momento determinado, sem continuidade no tempo. Exemplificativamente, o delito estará consumado a partir do momento em que uma adolescente, com 15 anos de idade, encontrar-se à disposição para programas sexuais em um bordel, mesmo que nenhum cliente com ela mantenha atividades sexuais. Na linha da jurisprudência do Superior Tribunal de Justiça:

> O delito de favorecimento à exploração sexual de adolescente não exige habitualidade. Trata-se de crime instantâneo, que se consuma no momento em que o agente obtém a anuência para práticas sexuais com a vítima menor de idade, mediante artifícios como a oferta de dinheiro ou outra vantagem, ainda que o ato libidinoso não seja efetivamente praticado. As normas penais que tutelam a dignidade sexual de crianças e adolescentes devem ser interpretadas à luz das obrigações internacionais assumidas pelo Brasil quanto à proteção da pessoa humana em desenvolvimento contra todas as formas de exploração sexual e das disposições constitucionais que impõem o paradigma da proteção integral. De fato, ao ratificar a Convenção sobre os Direitos da Criança (Decreto 99.710/1990), o Brasil se comprometeu a adotar todas as medidas necessárias para proteger pessoas com idade inferior a 18 (dezoito) anos contra todas as formas de violência física ou mental, abuso ou tratamento negligente, maus tratos ou exploração, inclusive abuso sexual (arts. 19 e 34 da Convenção). Este compromisso internacional está em consonância com a norma constitucional que confere absoluta prioridade à proteção dos direitos da criança e do adolescente, determinando que a lei deve punir severamente o abuso, a violência e a exploração sexual contra elas praticado (art. 227, caput e § 4.º, da CF). Nesse contexto, é inadmissível a interpretação de que o delito previsto no art. 218-B do Código Penal exija a presença de habitualidade. De fato, o simples oferecimento de vantagem pecuniária à criança ou adolescente em troca de atos sexuais configura, por si só,

induzimento a situação de exploração sexual apta a justificar a tipificação da conduta. Conforme a compreensão já consagrada pela Terceira Seção desta Corte Superior, "[q]uem, se aproveitando da idade da vítima, oferece-lhe dinheiro em troca de favores sexuais está a explorá-la sexualmente, pois se utiliza da sexualidade de pessoa ainda em formação como mercancia" (EREsp 1.530.637/SP, relator Ministro Ribeiro Dantas, Terceira Seção, *DJe* 17.09.2021). Por essa razão, enquadra-se na situação de exploração sexual qualquer tipo de oferta econômica a criança ou adolescente em troca da prática de atos sexuais, mesmo que objetivando a obtenção de um único ato libidinoso ou que não haja intermediação de terceiros. O delito de favorecimento à exploração sexual de criança ou adolescente, portanto, não exige habitualidade, tratando-se de crime instantâneo, que se consuma no momento em que o agente obtém a anuência para práticas sexuais com a vítima menor de idade, mediante artifícios como a oferta de dinheiro ou outra vantagem, ainda que o ato libidinoso não seja efetivamente praticado. Esta interpretação da norma do art. 218-B, caput, do Código Penal é a única capaz de cumprir com a exigência de proteção integral da pessoa em desenvolvimento contra todas as formas de exploração sexual.[110]

Por seu turno, nas modalidades "impedir" e "dificultar" o crime atinge a consumação no instante em que a vítima decide abandonar a prostituição ou outra forma de exploração sexual, mas o sujeito não permite ou torna mais onerosa a concretização da sua vontade.[111] Exemplo: Uma prostituta, menor de 18 anos, decide voltar para sua cidade de origem e trabalhar como balconista em uma padaria, mas o sujeito ameaça matá-la se não continuar no ramo do comércio sexual. Nesses casos, o delito é **permanente**, pois sua consumação se protrai no tempo, perdurando durante todo o período em que subsistirem os entraves proporcionados pela conduta ilícita.

Note-se que, embora a prostituição seja o comércio sexual continuado, esta habitualidade se restringe ao comportamento da vítima. Em outras palavras, o aperfeiçoamento do delito impõe o exercício duradouro da prostituição, muito embora o crime tipificado no art. 218-B do Código Penal não se revista da habitualidade, ou seja, o agente não precisa reiteradamente favorecer a prostituição ou outra forma de exploração sexual. Exemplificativamente, não basta atrair alguém à prostituição. É preciso que a pessoa realmente venha a se prostituir. O crime é instantâneo, mas depende da habitualidade do comportamento da vítima.

Em todas as hipóteses, o delito é **material** ou **causal**, pois a consumação requer o efetivo exercício da prostituição ou de outra forma de exploração sexual pela vítima. Em síntese, é preciso alcançar o chamado **"estado de prostituição ou outra forma de exploração sexual"**.

1.4.7.12. Tentativa

É possível, em face do caráter plurissubsistente do delito, permitindo o fracionamento do *iter criminis*.

1.4.7.13. Ação penal

A ação penal é pública incondicionada.

1.4.7.14. Lei 9.099/1995

Como corolário da pena cominada – reclusão, de quatro a dez anos – o favorecimento da prostituição ou outra forma de exploração sexual contra vulnerável é **crime de elevado potencial ofensivo**, incompatível com os benefícios elencados pela Lei 9.099/1995.

---

[110] Processo sob segredo de justiça, rel. Min. Laurita Vaz, 6.ª Turma, j. 20.09.2022, noticiado no *Informativo* 754.
[111] No verbo "dificultar", o crime estará consumado mesmo que a vítima supere os obstáculos e consiga abandonar a prostituição ou outra forma de exploração sexual.

1.4.7.15. Classificação doutrinária

O favorecimento da prostituição ou de outra forma de exploração sexual de criança ou adolescente ou de vulnerável é crime **simples** (ofende um único bem jurídico); **comum** (pode ser praticado por qualquer pessoa); **material** ou **causal** (consuma-se com a produção do resultado naturalístico, consistente no exercício da prostituição ou outra forma de exploração sexual pela vítima); **de forma livre** (admite qualquer meio de execução); **instantâneo** (nos núcleos "submeter", "induzir", "atrair" e "facilitar") ou **permanente** (nas variantes "impedir" e "dificultar"); em regra **comissivo**; **unissubjetivo, unilateral** ou **de concurso eventual** (pode ser cometido por uma única pessoa, mas admite o concurso); e normalmente **plurissubsistente** (a conduta pode ser fracionada em diversos atos).

1.4.7.16. Figuras equiparadas: art. 218-B, § 2.º

Como estabelece o art. 218-B, § 2.º, do Código Penal:

> § 2.º Incorre nas mesmas penas:
> I – quem pratica conjunção carnal ou outro ato libidinoso com alguém menor de 18 (dezoito) e maior de 14 (catorze) anos na situação descrita no *caput* deste artigo;
> II – o proprietário, o gerente ou o responsável pelo local em que se verifiquem as práticas referidas no *caput* deste artigo.

1.4.7.16.1. Art. 218-B, § 2.º, inc. I

Aplica-se a pena de reclusão, de quatro a dez anos para quem pratica conjunção carnal ou outro ato libidinoso com alguém menor de 18 e maior de 14 anos na situação descrita no *caput* do art. 218-B do Código Penal, ou seja, desde que submetido, atraído ou induzido ou facilitado à prostituição ou outra forma de exploração sexual, ou então com a pessoa que tem a prostituição ou exploração sexual facilitada, obstada ou dificultada relativamente ao abandono.

Este dispositivo legal reforça o entendimento de que, no crime descrito no *caput* do art. 218-B do Código Penal, a vítima não realiza conjunção carnal ou qualquer espécie de ato libidinoso, embora se envolva com a prostituição ou outra forma de exploração sexual.

É fundamental que o agente, ou seja, a pessoa que pratica conjunção carnal ou outro ato libidinoso tenha conhecimento da idade da vítima submetida à prostituição ou outra forma de exploração sexual.

Cuida-se de **crime acessório**, **de fusão** ou **parasitário**, pois pressupõe a prática de um delito anterior, definido no *caput* do art. 218-B do Código Penal. O tipo penal pune o cliente do proxeneta, ou pessoa com ele relacionada, desde que tenha ciência do favorecimento da prostituição ou outra forma de exploração sexual.

Com efeito, o fato é atípico para quem mantém relações sexuais com a pessoa menor de 18 e maior de 14 anos que enveredou por conta própria pelo caminho da prostituição. De fato, nesse caso o menor não se encontra "na situação descrita no *caput* deste artigo", como exige a parte final do art. 218-B, § 2.º, inc. I, do Código Penal. O Superior Tribunal de Justiça, entretanto, já decidiu em sentido diverso:

> O delito previsto no art. 218-B, § 2º, inciso I, do Código Penal, na situação de exploração sexual, não exige a figura do terceiro intermediador. A controvérsia diz respeito à interpretação conferida ao delito previsto no art. 218-B, § 2º, I, do Código Penal ("favorecimento da prostituição ou outra forma de exploração sexual de criança ou adolescente ou de vulnerável"), que assim dis-

põe: "Art. 218-B. Submeter, induzir ou atrair à prostituição ou outra forma de exploração sexual alguém menor de 18 (dezoito) anos ou que, por enfermidade ou deficiência mental, não tem o necessário discernimento para a prática do ato, facilitá-la, impedir ou dificultar que a abandone: Pena – reclusão, de 4 (quatro) a 10 (dez) anos. (...) § 2º Incorre nas mesmas penas: I – quem pratica conjunção carnal ou outro ato libidinoso com alguém menor de 18 (dezoito) e maior de 14 (catorze) anos na situação descrita no *caput* deste artigo; (...)". No acórdão impugnado (REsp 1.530.637/SP), entendeu a Sexta Turma que a configuração do delito em questão não pressupõe a existência de terceira pessoa, bastando que o agente, por meio de pagamento, convença a vítima, maior de 14 e menor de 18 anos, a praticar com ele conjunção carnal ou outro ato libidinoso, de modo a satisfazer a sua própria lascívia. Já no aresto paradigma (AREsp 1.138.200/GO), concluiu a Quinta Turma que o tipo penal descrito no art. 218-B, § 2º, inciso I, do Código Penal exige necessariamente a figura do intermediário ou agenciador, não abarcando a conduta daquele que aborda diretamente suas vítimas para a satisfação de lascívia própria. Note-se que, apesar de o *nomen juris* do tipo em questão ter deixado de ser "favorecimento da prostituição ou outra forma de exploração sexual de vulnerável" para evitar confusão terminológica com a figura do vulnerável do art. 217-A do CP, é inegável que o legislador, em relação à pessoa menor de 18 e maior de 14 anos, trouxe uma espécie de presunção relativa de vulnerabilidade. Nesse ensejo, a exploração sexual é verificada sempre que a sexualidade da pessoa menor de 18 e maior de 14 anos é tratada como mercancia. A norma penal não exige a figura do intermediador, além disso, o ordenamento jurídico reconhece à criança e ao adolescente o princípio constitucional da proteção integral, bem como o respeito à condição peculiar de pessoa em desenvolvimento. Assim, é lícito concluir que a norma traz uma espécie de presunção relativa de maior vulnerabilidade das pessoas menores de 18 e maiores de 14 anos. Logo, quem, se aproveitando da idade da vítima, oferece-lhe dinheiro em troca de favores sexuais está a explorá-la sexualmente, pois se utiliza da sexualidade de pessoa ainda em formação como mercancia, independentemente da existência ou não de terceiro explorador.[112]

Em face de voluntária omissão legislativa, o delito não incide para quem pratica conjunção carnal ou outro ato libidinoso com pessoa com idade igual ou superior a 18 anos, mas portadora de enfermidade ou deficiência mental, que acarreta a ausência de discernimento para o ato. E aqui surge uma relevante indagação: Qual é a razão desta decisão do legislador?

A resposta é simples e facilmente alcançada pela interpretação sistemática da Lei 12.015/2009. Vejamos. Se alguém mantém conjunção carnal ou outro ato libidinoso com vulneráveis – (a) menores de 14 anos; (b) portadores de enfermidade ou deficiência mental sem o necessário discernimento para a prática do ato; e (c) pessoas que, por qualquer outra causa, não possam oferecer resistência – estará caracterizado o crime de estupro de vulnerável, tipificado no art. 217-A do Código Penal.

E, agora por falha legislativa, não se caracteriza o crime definido no art. 218-B, § 2.º, inc. I, do Código Penal quando alguém pratica conjunção carnal ou outro ato libidinoso com um adolescente no dia do seu aniversário de 14 anos, ainda que vítima do delito de favorecimento da prostituição ou de outra forma de exploração sexual de criança ou adolescente ou de vulnerável.

Nesse caso, o adolescente não é maior de 14 anos, afastando o crime em estudo, sob pena de reconhecimento da analogia *in malam partem*, inaceitável no Direito Penal. De igual modo, também não se encaixa no conceito de vulnerável, pois não é menor de 14 anos, impedindo a incidência do crime de estupro de vulnerável (CP, art. 217-A).

Pouco importa se a vítima já se encontra, ao tempo da conduta, há muito prostituída, e o agente conheça tal circunstância. Para o Superior Tribunal de Justiça:

---

[112] EREsp 1.530.637/SP, rel. Min. Ribeiro Dantas, 3.ª Seção, j. 24.03.2021, noticiado no *Informativo* 690.

"O fato de a vítima, menor de 18 e maior de 14 anos de idade, atuar na prostituição e ter conhecimento dessa condição é irrelevante para a configuração do crime de favorecimento à prostituição de adolescentes (art. 218-B, § 2º, I, do Código Penal). O art. 218-B, § 2º, I, do Código Penal afirma que incorre nas mesmas penas de quem submete, induz ou atrai à prostituição ou outra forma de exploração sexual alguém menor de 18 anos aquele que pratica conjunção carnal ou outro ato libidinoso com pessoa menor de 18 e maior de 14 anos, critério etário, notoriamente objetivo, que não dá margem para relativização quanto à vulnerabilidade da vítima, ao aferimento de seu consentimento e à sua experiência sexual anterior - argumentos esses sexistas, porquanto deslocam para a vítima a responsabilidade pela prática da violência sexual cometida pelo réu. (...) Autorizar esse viés argumentativo implicaria assumir, na espécie e em casos similares, a legitimidade de um escrutínio nada disfarçado das vítimas do sexo feminino de crimes sexuais e reconhecer que existe um paradigma de mulher apta ao sexo, de acordo com seu aspecto físico, de seu fenótipo, e, consequentemente, definidor de sua idade. Além disso, importaria a objetificação do corpo feminino e o reconhecimento, essencialmente, da impossibilidade da contenção da libido masculina."[113]

Finalmente, não se reclama habitualidade no relacionamento sexual entre o agente e a pessoa menor de 18 e maior de 14 anos. Na dicção do Superior Tribunal de Justiça, em julgado no qual fomos honrosamente citados:

O crime previsto no inciso I do § 2.º do artigo 218-B do Código Penal se consuma independentemente da manutenção de relacionamento sexual habitual entre o ofendido e o agente. Da leitura do art. 218-B, § 2.º, I, do Código Penal, verifica-se que são punidos tanto aquele que capta a vítima, inserindo-a na prostituição ou outra forma de exploração sexual (*caput*), como também o cliente do menor prostituído ou sexualmente explorado (§ 1.º). Sobre o tipo, diferentemente do caput do artigo 218-B da Lei Penal que reclama a habitualidade para a sua configuração, a figura do inciso I do § 2.º da aludida norma incriminadora, cuja caracterização independe da manutenção de relacionamento sexual habitual entre o ofendido e o agente. Sobre o assunto, Cleber Masson leciona que "nos núcleos 'submeter', 'induzir', 'atrair' e 'facilitar', a consumação se dá no momento em que a vítima passa a se dedicar com habitualidade ao exercício da prostituição ou de outra forma de exploração sexual, ainda que não venha a atender pessoa interessada em seus serviços", ao passo que o tipo do inciso I do § 1.º do artigo 218-B do Código Penal "não reclama a habitualidade no relacionamento sexual entre o agente e a pessoa menor de 18 e maior de 14 anos".[114]

1.4.7.16.1.1. *Sugar daddy* (ou *sugar mommy*), relação com o(a) *sugar baby* e reflexos penais

As relações sexuais entre pessoas mais velhas e financeiramente abastadas (*sugar daddy* ou *sugar mommy*) e jovens (*sugar baby*), em troca de vantagens em geral (pagamentos em dinheiro, entrega de presentes – como carros, joias e viagens –, ou mesmo custeio de aluguel ou mensalidade de escola ou faculdade) têm sido cada vez mais frequentes.

Indivíduos mais velhos, independentemente do sexo ou da orientação sexual, aproveitam-se da ingenuidade e da ambição dos mais novos. Estes, por sua vez, sentem-se recompensados e estimulados a manter o relacionamento. A troca de benefícios – sexuais para alguns e econômicos para outros – é a nota preponderante. As relações são pautadas por interesses materiais, e não por afeto genuíno.

A situação concreta, todavia, pode caracterizar algum delito de natureza sexual. Vejamos:

a) se o relacionamento sexual envolver menor de 14 anos ou vulnerável, estará caracterizado o **estupro de vulnerável** (CP, art. 217-A);

---

[113] Processo em segredo de justiça, rel. Min. Rogerio Schietti Cruz, 6.ª Turma, j. 20.08.2024, noticiado no *Informativo* 830.
[114] HC 371.633/SP, rel. Min. Jorge Mussi, 5.ª Turma, j. 19.03.2019, noticiado no *Informativo* 645.

b) se a conjunção carnal ou ato libidinoso for praticada contra maior de 18 anos, sem o seu consentimento, com emprego de violência à pessoa ou grave ameaça, estará configurado o **estupro** (CP, art. 213). Todavia, na hipótese de consentimento válido do(a) *sugar baby*, o fato será atípico; e

c) se a atividade sexual for praticada com pessoa maior de 14 e menor de 18 anos de idade, com o consentimento desta, será imputado ao agente o delito de **favorecimento da prostituição ou outra forma de exploração sexual** (CP, art. 218-B, § 2.º, I). Como já decidido pelo Superior Tribunal de Justiça:

> O relacionamento entre adolescente maior de 14 e menor de 18 anos (*sugar baby*) e um adulto (*sugar daddy* ou *sugar mommy*) que oferece vantagens econômicas configura o tipo penal previsto no art. 218-B, § 2.º, I, do Código Penal, porquanto essa relação se constrói a partir de promessas de benefícios econômicos diretos e indiretos, induzindo o menor à prática de conjunção carnal ou qualquer outro ato libidinoso. (...) A faixa etária entre 14 e 18 anos é um período crítico no desenvolvimento humano, marcado por intensas transformações físicas, emocionais e psicológicas. Os adolescentes estão em processo de formação de sua identidade e ainda não possuem maturidade plena para tomar decisões que envolvam aspectos complexos e sensíveis, como a sexualidade. A vulnerabilidade desses jovens é exacerbada por fatores como pressão social, falta de experiência e, muitas vezes, a influência de adultos que podem explorar essa imaturidade para fins lascivos. Outrossim, a intenção é prevenir que adultos usem de manipulação, poder econômico ou influência para envolver adolescentes em práticas sexuais. Ao tipificar a conduta de forma objetiva, a lei visa a desestimular comportamentos predatórios e garantir um ambiente mais seguro para o desenvolvimento dos jovens.[115]

1.4.7.16.2. Art. 218-B, § 2.º, inc. II

Também se aplica a pena de reclusão, de quatro a dez anos, para o proprietário, gerente ou responsável pelo local em que se verifiquem as práticas referidas no *caput* deste artigo, isto é, no qual ocorra a prostituição ou outra forma de exploração sexual do menor de 18 e maior de 14 anos, ou então da pessoa portadora de enfermidade ou deficiência mental, sem o necessário discernimento para a prática do ato.

Esse delito nada mais é do que uma **forma qualificada do crime de casa de prostituição**, definido no art. 229 do Código Penal. A pena mais elevada se justifica em face da vulnerabilidade da pessoa submetida à exploração sexual.

É imprescindível tenha a vítima ingressado na prostituição ou na exploração sexual mediante a conduta criminosa de alguém. Em outras palavras, não se caracteriza o delito quando o comércio sexual foi da livre escolha de qualquer das pessoas indicadas no tipo penal.

Além disso, o proprietário, gerente ou responsável pelo local precisa ter conhecimento do favorecimento da prostituição ou outra forma de exploração sexual, evitando-se a responsabilidade penal objetiva.

1.4.7.17. Art. 218-B, § 3.º – *Efeito da condenação*

Como estatui o § 3.º do art. 218-B do Código Penal: "Na hipótese do inciso II do § 2.º, constitui efeito obrigatório da condenação a cassação da licença de localização e de funcionamento do estabelecimento".

---

[115] Processo em segredo de justiça, rel. Min. Ribeiro Dantas, 5.ª Turma, j. 10.09.2024, noticiado no *Informativo* 825.

Portanto, a condenação definitiva do proprietário, gerente ou responsável pelo local em que se verifiquem as práticas atinentes ao favorecimento da prostituição ou de outra forma de exploração sexual de criança ou adolescente ou de vulnerável importa na cassação da licença de localização e de funcionamento do estabelecimento, sem prejuízo dos demais efeitos da condenação elencados nos arts. 91 e 92 do Código Penal.

Esse efeito da condenação, embora obrigatório, não é automático, razão pela qual deve ser motivadamente declarado na sentença. Se o magistrado se omitir, o Ministério Público poderá adotar as medidas cabíveis, nos âmbitos cível e administrativo, para a interdição do local utilizado para a prostituição ou outra forma de exploração sexual de pessoas menores de 18 anos ou vulneráveis.

1.4.7.18. Infiltração de agentes de polícia na internet

A investigação do favorecimento da prostituição ou de outra forma de exploração sexual de criança ou adolescente ou de vulnerável admite um meio especial de obtenção de prova, consistente na infiltração de agentes de polícia na internet. A implementação dessa medida, a teor do art. 190-A da Lei 8.069/1990 – Estatuto da Criança e do Adolescente, obedecerá às seguintes regras:

I – será precedida de autorização judicial devidamente circunstanciada e fundamentada, que estabelecerá os limites da infiltração para obtenção de prova, ouvido o Ministério Público;

II – dar-se-á mediante requerimento do Ministério Público ou representação de delegado de polícia e conterá a demonstração de sua necessidade, o alcance das tarefas dos policiais, os nomes ou apelidos das pessoas investigadas e, quando possível, os dados de conexão ou cadastrais que permitam a identificação dessas pessoas; e

III – não poderá exceder o prazo de 90 (noventa) dias, sem prejuízo de eventuais renovações, desde que o total não exceda a 720 (setecentos e vinte) dias e seja demonstrada sua efetiva necessidade, a critério da autoridade judicial.

1.4.8. Art. 218-C – Divulgação de cena de estupro ou de cena de estupro de vulnerável, de cena de sexo ou de pornografia

1.4.8.1. Dispositivo legal

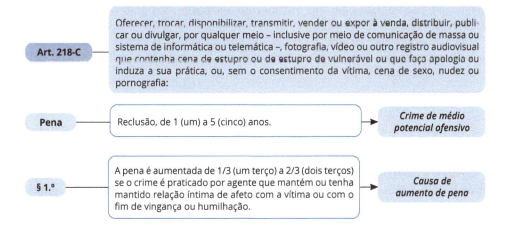

§ 2.º → Não há crime quando o agente pratica as condutas descritas no *caput* deste artigo em publicação de natureza jornalística, científica, cultural ou acadêmica com a adoção de recurso que impossibilite a identificação da vítima, ressalvada sua prévia autorização, caso seja maior de 18 (dezoito) anos. → *Exclusão de ilicitude*

Classificação:
Crime simples
Crime comum
Crime formal, de consumação antecipada ou de resultado cortado
Crime de dano
Crime de forma livre
Crime, em regra, comissivo
Crime instantâneo ou permanente
Crime unissubjetivo, unilateral ou de concurso eventual
Crime plurissubsistente

Informações rápidas:
Vítima não precisa ser pessoa vulnerável.
Tipo misto alternativo.
Não se exige nenhuma finalidade específica (basta o dolo).
Subsidiariedade expressa.
Exclusão da ilicitude: modalidade especial de exercício regular de direito.

1.4.8.2. Introdução

O avanço tecnológico e dos meios de comunicação, nada obstante seus inegáveis benefícios à humanidade, também tem causado problemas que antes sequer podiam ser imaginados. No passado, as máquinas fotográficas eram objetos de luxo, e as imagens levavam tempo para ser reveladas. As filmadoras, então, estavam ao alcance de poucos afortunados.

Hoje, a realidade é outra. Um aparelho de telefonia celular conta com recursos quase infinitos, e está à disposição de boa parte da população. Fotografias e vídeos são produzidos com facilidade, e aplicativos de comunicação permitem seu compartilhamento instantâneo com milhares – quiçá milhões – de pessoas espalhadas em todos os cantos do mundo.

Além disso, os crimes apresentam uma certa dose de *glamour*. Inúmeras pessoas têm interesse em compartilhar cenas de violação da lei penal, inclusive de estupros, independentemente da idade ou da condição pessoal da vítima. Acontecimentos que deveriam chocar acabam despertando o interesse coletivo. A solidariedade humana revela-se cada vez mais fragilizada.

Se não bastasse, tem sido comum a "viralização" de imagens e vídeos contendo cenas de sexo, nudez ou pornografia, muitas vezes sem o consentimento (e sem o conhecimento) da vítima. Vidas e honras são destruídas em minutos, e o Direito Penal ficava de braços cruzados, pois não contava com um instrumento adequado para punir e prevenir condutas desta envergadura.

Para preencher essa lacuna, a Lei 13.718/2018 incluiu no Código Penal o art. 218-C, tipificando a divulgação de cena de estupro ou de cena de estupro de vulnerável, de cena de sexo ou de pornografia.

1.4.8.3. Alocação

A divulgação de cena de estupro ou de cena de estupro de vulnerável, de cena de sexo ou de pornografia foi incluída no Capítulo II do Título XI da Parte Especial do Código Penal, entre os "crimes sexuais contra vulnerável".

Cumpre advertir, nesse ponto, que a vítima deste delito pode ser vulnerável, mas não necessariamente o será. De fato, o objeto material não será obrigatoriamente a fotografia, vídeo ou outro registro audiovisual contendo cena de estupro de vulnerável (CP, art. 217-A). A cena pode relacionar-se ao crime de estupro (CP, art. 213), como também pode simplesmente envolver um ato de sexo, nudez ou pornografia relativo a pessoa não vulnerável e sem guardar vinculação com qualquer delito.

1.4.8.4. Objetividade jurídica

O bem jurídico tutelado é a dignidade sexual, maculada pela divulgação de cena de estupro ou de cena de estupro de vulnerável, de cena de sexo, nudez ou pornografia.

1.4.8.5. Objetos materiais

O delito tem como objetos materiais a fotografia, o vídeo ou outro registro audiovisual que contenha cena de estupro ou de estupro de vulnerável ou que faça apologia ou induza a sua prática, ou, sem o consentimento da vítima, cena de sexo, nudez ou pornografia.

Fotografia é a arte que permite registrar e produzir imagens. Pode ser impressa ou digital. Nesse caso, dispensa o processo de revelação e estará armazenada em um arquivo apto a ser editado, impresso, armazenado (em sítio eletrônico ou em dispositivo específico) ou ainda enviado por e-mail ou método equivalente.

Vídeo é a tecnologia de processamento de sinais eletrônicos, digitais ou analógicos, destinada a capturar, armazenar e transmitir ou apresentar uma sequência de imagens com impressão de movimento.

Registro audiovisual, por sua vez, é qualquer meio residual de comunicação voltado a estimular, simultaneamente, os sentidos da visão e da audição.

A fotografia, vídeo ou registro audiovisual devem conter:

a) **cena de estupro ou de estupro de vulnerável**: delitos tipificados nos arts. 213 e 217-A do Código Penal, respectivamente; ou

b) **cena que faça apologia ou induza** à **prática do estupro ou do estupro de vulnerável**: **fazer apologia** é discursar no sentido de elogiar ou defender, **genericamente**, os crimes de estupro ou de estupro de vulnerável. **Induzir**, de seu turno, é estimular uma **pessoa determinada** a cometer o estupro ou o estupro de vulnerável. Nessa hipótese, somente incidirá o delito previsto no art. 218-C do Código Penal se a pessoa estimulada não praticar o delito. Em verdade, se tal pessoa vier a concretizar o estupro ou o estupro de vulnerável, será autora do delito, e quem estimulou mediante a fotografia, vídeo ou registro audiovisual será partícipe;

c) **cena de sexo, nudez ou pornografia**: não se exige qualquer tipo de abuso ou violência sexual. Basta seja a cena divulgada **sem o consentimento da vítima**. Exemplo: João instala uma câmera oculta no quarto de Maria, sua prima, maior de idade e capaz, e consegue filmá-la nua. Em seguida, sem a autorização desta, disponibiliza o vídeo para seus amigos.[116]

1.4.8.5.1. Art. 218-C do Código Penal e conflito com crimes definidos no Estatuto da Criança e do Adolescente

O art. 218-C do Código Penal fala em "cena de estupro de vulnerável ou que faça apologia ou induza a sua prática", bem como em "cena de sexo, nudez ou pornografia", que pode envolver pessoa vulnerável.

No campo dos vulneráveis, o art. 218-C do Código Penal deve ser **interpretado restritivamente**, para o fim de abranger unicamente as pessoas que, por enfermidade ou deficiência mental, não têm o necessário discernimento para a prática do ato, ou que, por qualquer outra

---

[116] O compartilhamento de imagens ou vídeos com conteúdo sexual nas redes sociais é chamado de "sexting".

causa, não podem oferecer resistência (CP, art. 217-A, § 1.º), **excluindo-se os menores de 14 anos**.

Com efeito, se a conduta for praticada contra menor de 14 anos, será enquadrada em algum dos crimes tipificados na Lei 8.069/1990 – Estatuto da Criança e do Adolescente, notadamente em seus arts. 240, 241, 241-A e 241-B, assim redigidos:

> **Art. 240.** Produzir, reproduzir, dirigir, fotografar, filmar ou registrar, por qualquer meio, cena de sexo explícito ou pornográfica, envolvendo criança ou adolescente: Pena – reclusão, de 4 (quatro) a 8 (oito) anos, e multa.
>
> § 1.º Incorre nas mesmas penas quem:
>
> I – agencia, facilita, recruta, coage ou de qualquer modo intermedeia a participação de criança ou adolescente nas cenas referidas no *caput* deste artigo, ou ainda quem com esses contracena;
>
> II – exibe, transmite, auxilia ou facilita a exibição ou transmissão, em tempo real, pela internet, por aplicativos, por meio de dispositivo informático ou qualquer meio ou ambiente digital, de cena de sexo explícito ou pornográfica com a participação de criança ou adolescente.
>
> § 2.º Aumenta-se a pena de 1/3 (um terço) se o agente comete o crime:
>
> I – no exercício de cargo ou função pública ou a pretexto de exercê-la;
>
> II – prevalecendo-se de relações domésticas, de coabitação ou de hospitalidade; ou
>
> III – prevalecendo-se de relações de parentesco consanguíneo ou afim até o terceiro grau, ou por adoção, de tutor, curador, preceptor, empregador da vítima ou de quem, a qualquer outro título, tenha autoridade sobre ela, ou com seu consentimento.
>
> **Art. 241.** Vender ou expor à venda fotografia, vídeo ou outro registro que contenha cena de sexo explícito ou pornográfica envolvendo criança ou adolescente: Pena – reclusão, de 4 (quatro) a 8 (oito) anos, e multa.
>
> **Art. 241-A.** Oferecer, trocar, disponibilizar, transmitir, distribuir, publicar ou divulgar por qualquer meio, inclusive por meio de sistema de informática ou telemático, fotografia, vídeo ou outro registro que contenha cena de sexo explícito ou pornográfica envolvendo criança ou adolescente: Pena – reclusão, de 3 (três) a 6 (seis) anos, e multa.
>
> § 1.º Nas mesmas penas incorre quem:
>
> I – assegura os meios ou serviços para o armazenamento das fotografias, cenas ou imagens de que trata o *caput* deste artigo;
>
> II – assegura, por qualquer meio, o acesso por rede de computadores às fotografias, cenas ou imagens de que trata o *caput* deste artigo.
>
> § 2.º As condutas tipificadas nos incisos I e II do § 1.º deste artigo são puníveis quando o responsável legal pela prestação do serviço, oficialmente notificado, deixa de desabilitar o acesso ao conteúdo ilícito de que trata o *caput* deste artigo.
>
> **Art. 241-B.** Adquirir, possuir ou armazenar, por qualquer meio, fotografia, vídeo ou outra forma de registro que contenha cena de sexo explícito ou pornográfica envolvendo criança ou adolescente:
>
> Pena – reclusão, de 1 (um) a 4 (quatro) anos, e multa.[117]
>
> § 1.º A pena é diminuída de 1 (um) a 2/3 (dois terços) se de pequena quantidade o material a que se refere o *caput* deste artigo.

---

[117] O art. 241-E do Estatuto da Criança e do Adolescente veicula uma norma penal explicativa ou complementar: "Para efeito dos crimes previstos nesta Lei, a expressão 'cena de sexo explícito ou pornográfica' compreende qualquer situação que envolva criança ou adolescente em atividades sexuais explícitas, reais ou simuladas, ou exibição dos órgãos genitais de uma criança ou adolescente para fins primordialmente sexuais".

> § 2.º Não há crime se a posse ou o armazenamento tem a finalidade de comunicar às autoridades competentes a ocorrência das condutas descritas nos arts. 240, 241, 241-A e 241-C desta Lei, quando a comunicação for feita por:
>
> I – agente público no exercício de suas funções;
>
> II – membro de entidade, legalmente constituída, que inclua, entre suas finalidades institucionais, o recebimento, o processamento e o encaminhamento de notícia dos crimes referidos neste parágrafo;
>
> III – representante legal e funcionários responsáveis de provedor de acesso ou serviço prestado por meio de rede de computadores, até o recebimento do material relativo à notícia feita à autoridade policial, ao Ministério Público ou ao Poder Judiciário.
>
> § 3.º As pessoas referidas no § 2.º deste artigo deverão manter sob sigilo o material ilícito referido.

O conflito aparente de normas penais é solucionado tanto pelo princípio da especialidade – pois o Estatuto da Criança e do Adolescente possui normas especiais, e o Código Penal contempla a norma geral –, como também pelo princípio da subsidiariedade expressa, assim declarado pelo preceito secundário do art. 218-C do Código Penal – "se o fato não constitui crime mais grave" –, uma vez que as penas dos delitos tipificados na Lei 8.069/1990 são mais elevadas do que aquela cominada no Código Penal.

1.4.8.6. Núcleos do tipo

O tipo penal contempla 9 (nove) núcleos:

a) **Oferecer:** é ofertar, propor ou apresentar algo;

b) **Trocar:** equivale a permutar uma coisa por outra;

c) **Disponibilizar:** significa ceder, liberar ou propiciar algo;

d) **Transmitir:** tem o significado de enviar, mandar ou remeter;

e) **Vender:** é alienar, ceder onerosamente um bem;

f) **Expor à venda:** é mostrar ou exibir um objeto, com o intuito de vendê-lo;

g) **Distribuir:** equivale a compartilhar, difundir ou disseminar algo a outras pessoas;

h) **Publicar:** é comunicar ou anunciar, no sentido de levar algo ao conhecimento de outras pessoas; e

i) **Divulgar:** é anunciar ou revelar algo, mediante qualquer forma de comunicação.

No núcleo "**expor à venda**" o crime é permanente; no verbo "**publicar**", pode ser instantâneo ou permanente (exemplo: publicação em *website* que permanece no ar por longo período, pela vontade do agente); nos demais núcleos, o delito é instantâneo.

O agente pratica um ou mais núcleos do tipo em relação a qualquer dos objetos materiais elencados pelo art. 218-C do Código Penal, a saber: fotografia, vídeo ou outro registro audiovisual que contenha cena de estupro ou de estupro de vulnerável ou que faça apologia ou induza a sua prática, ou, sem o consentimento da vítima, cena de sexo, nudez ou pornografia.

A conduta pode ser concretizada por qualquer meio (exemplos: distribuição de fotografia da nudez de uma mulher nas casas da vizinhança, transmissão de vídeo contendo cena de estupro aos colegas de trabalho etc.), inclusive por meio de comunicação de massa, tal como televisão, cinema e teatro, ou sistema de informática (*websites*, redes sociais etc.) ou telemática, é dizer, fusão de sistemas de telecomunicação e de informática, a exemplo dos aplicativos WhatsApp, Facetime, Telegram, Messenger e Skype.[118]

Trata-se de **tipo misto alternativo**, **crime de ação múltipla** ou **de conteúdo variado**. Se o agente cometer dois ou mais núcleos do tipo em relação ao mesmo objeto material e no mesmo contexto fático, estará caracterizado um único delito. A pluralidade de condutas deverá ser levada em conta pelo magistrado na aplicação da pena-base, como circunstância judicial desfavorável (CP, art. 59, *caput*).

Contudo, se as condutas forem praticadas contra objetos materiais diversos (exemplo: o agente publica um vídeo contendo cena de estupro de uma mulher, e também divulga uma fotografia de nudez de um homem), ou então em contextos fáticos diversos (exemplo: o sujeito transmite uma cena de estupro praticado contra Maria, e repete a conduta 60 dias depois), existirá concurso de crimes.

Embora a conduta típica seja normalmente exteriorizada por uma ação, nada impede sua realização mediante omissão, se o omitente podia e devia agir para evitar o resultado, nos termos do art. 13, § 2.º, do Código Penal. Exemplo: Um policial presencia a venda de um vídeo contendo cena de estupro de vulnerável, mas dolosamente permanece inerte, uma vez que a criança exposta no material proibido é filha do seu maior desafeto.

1.4.8.7. Sujeito ativo

O crime é **comum** ou **geral**. Pode ser praticado por qualquer pessoa, independentemente de relação fática ou jurídica com a vítima. Exemplificativamente, incide no art. 218-C do Código Penal tanto aquele que estuprou uma mulher e posteriormente divulgou para amigos um vídeo contendo a execução do delito (nessa hipótese, o agente responderá pelos dois crimes, em concurso material), como também aquele que recebeu tal vídeo e o publicou em sua rede social.

Se o agente mantém ou tiver mantido relação íntima de afeto com a vítima, a pena será aumentada de 1/3 (um terço) a 2/3 (dois terços), a teor da regra contida no § 1.º do art. 218-C do Código Penal.

1.4.8.8. Sujeito passivo

Pode ser qualquer pessoa, independentemente do sexo, da orientação sexual, da idade e de ter ou não qualquer ligação pessoal ou profissional com o responsável pelo crime.

Na divulgação de cena de estupro ou de cena de estupro de vulnerável, a pessoa que teve sua fotografia, vídeo ou registro audiovisual divulgado será vítima de dois delitos: art. 213 ou art. 217-A, e também do art. 218-C, todos do Código Penal.

1.4.8.9. Elemento subjetivo

É o dolo, independentemente de qualquer finalidade específica. É irrelevante o motivo que levou o agente a praticar o delito: promoção nas redes sociais, misoginia (ódio ou aversão a mulheres), hebefilia (interesse sexual de adultos por crianças e adolescentes), homofobia etc.

Nada obstante o tipo penal contenha os núcleos "vender" e "expor à venda", a intenção de lucro é dispensável, pois o delito admite diversas outras formas de execução, a exemplo da transmissão de vídeo gratuitamente em um sítio eletrônico, ou então da divulgação de fotografias em grupos de WhatsApp.

Não se admite a modalidade culposa.

---

[118] Quando o crime for praticado por meio de comunicação de massa, a pena-base deverá ser elevada, com fundamento nas consequências negativas do crime (CP, art. 59, *caput*).

1.4.8.10. Consumação

Cuida-se de **crime formal, de consumação antecipada ou de resultado cortado**: consuma-se com a prática da conduta prevista em lei, independentemente da efetiva lesão à vítima. É imprescindível, contudo, a **potencialidade lesiva**, ou seja, o comportamento do agente deve ser idôneo a causar danos ao ofendido em sua dignidade sexual. Exemplificativamente, a vítima (maior de idade e capaz) pode ficar profundamente abalada e depressiva com a divulgação, sem seu consentimento, de foto contendo cena de sua nudez, ou então pode simplesmente não se preocupar com tal fato. Em ambas as hipóteses, o crime estará consumado.

1.4.8.11. Tentativa

É possível, nas situações em que a conduta se apresentar como plurissubsistente, autorizando o fracionamento do *iter criminis*. Exemplo: José tenta publicar um vídeo contendo cena de estupro, mas não consegue fazê-lo em razão do controle de conteúdo impróprio pela rede social.

Na modalidade "oferecer", todavia, não se admite *conatus*, em face do caráter unissubsistente do delito. Com efeito, ou o agente oferece o material contendo a cena proibida pela lei, e o crime estará consumado, ou então não o faz, e o fato será atípico.

1.4.8.12. Ação penal

A ação penal é pública incondicionada.

1.4.8.13. Lei 9.099/1995

A divulgação de cena de estupro ou de cena de estupro de vulnerável, de cena de sexo ou de pornografia constitui-se em **crime de médio potencial ofensivo**. A pena mínima cominada – reclusão, de 1 (um) ano – é compatível com o benefício da suspensão condicional do processo, se estiverem presentes os demais requisitos elencados pelo art. 89 da Lei 9.099/1995.

1.4.8.14. Subsidiariedade expressa

O crime de divulgação de cena de estupro ou de cena de estupro de vulnerável, de cena de sexo ou de pornografia está previsto em norma expressamente subsidiária. O preceito secundário deixa claro que a pena – reclusão, de 1 (um) a 5 (cinco) anos – somente pode ser aplicada "se o fato não constituir crime mais grave".

Destarte, em caso de conflito aparente com outra norma penal definidora de crime mais grave (norma primária), o art. 218-C do Código Penal (norma subsidiária) terá que ceder espaço. Com efeito, sua incidência será reservada às hipóteses em que o fato praticado pelo agente não constituir um delito mais grave. Vejamos dois exemplos:

a) João disponibiliza a Maria, sua ex-esposa, uma foto em que ela aparece nua, e lhe manda um recado: se não receber em 5 dias a quantia de R$ 10.000,00 (dez mil reais), publicará um vídeo contendo cenas de sexo da época em que estavam juntos. Dentro do prazo estabelecido, Maria efetua o depósito na conta bancária de João. A ele deverá ser imputado o crime de extorsão, definido no art. 158 do Código Penal; e

b) Pedro disponibiliza a Fernanda um vídeo com cenas de sexo, gravado clandestinamente no tempo em que namoravam. Em seguida, começa a ameaçá-la, dizendo que irá colocar o vídeo em grupos de WhatsApp se ela não transar com ele novamente. Fernanda, intimidada, cede à ameaça. Nesse caso, Pedro deve responder pelo crime de estupro, na forma do art. 213 do Código Penal.

1.4.8.15. Classificação doutrinária

A divulgação de cena de estupro ou de cena de estupro de vulnerável, de cena de sexo ou de pornografia é crime **simples** (ofende um único bem jurídico); **comum** (pode ser cometido por qualquer pessoa); **formal, de consumação antecipada** ou **de resultado cortado** (consuma-se com a prática da conduta criminosa, independentemente da superveniência do resultado naturalístico); **de dano** (ofende a dignidade sexual da vítima); **de forma livre** (admite qualquer meio de execução); em regra **comissivo**; **instantâneo** ou **permanente** (dependendo do núcleo do tipo); **unissubjetivo**, **unilateral** ou **de concurso eventual** (normalmente cometido por um só agente, mas admite o concurso); e em regra **plurissubsistente**.

1.4.8.16. Causas de aumento de pena: art. 218-C, § 1.º

O § 1.º do art. 218-C do Código Penal contempla duas causas de aumento de pena, no patamar de 1/3 (um terço) a 2/3 (dois terços). Incidem na terceira e derradeira etapa da dosimetria da pena privativa de liberdade, e podem levá-la acima do máximo legalmente previsto. Vejamos cada uma delas.

a) Se o crime é praticado por agente que mantém ou tenha mantido relação íntima de afeto com a vítima.

Nessa modalidade o crime é **bipróprio**, pois reclama uma posição diferenciada tanto no tocante ao sujeito ativo como também em relação ao sujeito passivo.

A relação íntima de afeto pressupõe elevado grau de confiança entre as pessoas nela envolvidas, sendo possível identificá-la no casamento, na união estável e no namoro sério e duradouro. Pode ser atual ou pretérita, pois o dispositivo legal utiliza a expressão "que mantém ou tenha mantido relação íntima de afeto com a vítima".

A majorante não é aplicável aos crimes cometidos no contexto de relações casuais ou esporádicas, para as quais fica reservada a figura básica prevista no *caput* do art. 218-C do Código Penal.

A lealdade e a intimidade entre os integrantes da relação indiscutivelmente facilitam a prática do delito, e esta quebra de confiança provoca traumas psicológicos diferenciados à vítima, muitas vezes criando barreiras intransponíveis para a aceitação de novas relações amorosas. Estes são os fundamentos do tratamento mais rigoroso.

b) Se o crime é praticado com o fim de vingança ou humilhação.

Esta causa de aumento diz respeito à motivação do agente, que não deseja unicamente divulgar a cena de estupro ou de estupro de vulnerável, e especialmente a cena de sexo, nudez ou pornografia. Ele atua com o deliberado propósito de se vingar da vítima, ou então de humilhá-la.

A prática conhecida como **pornografia de vingança** (*revenge porn*) lamentavelmente tem sido frequente no Brasil. O indivíduo, normalmente ex-cônjuge, ex-convivente ou ex-namorado, não aceitando o término do relacionamento, divulga material contendo cenas de pornografia, nudez ou sexo da vítima, visando vingar-se e humilhá-la.[119]

Antes da criação do art. 218-C do Código Penal, ao agente normalmente era imputado somente um crime contra a honra, inviabilizando sua efetiva e justa punição, nada obstante os traumas psicológicos suportados pela vítima, causadores de pânico, depressão e outros problemas emocionais de difícil superação. Agora, pelo menos, ele responde pelo delito em análise, com a pena aumentada de um terço a dois terços.

---

[119] Em casos deste jaez, verificam-se as duas majorantes previstas no § 1.º do art. 218-C, razão pela qual o magistrado deve aplicar a pena considerando as disposições contidas no art. 68, parágrafo único, do Código Penal.

1.4.8.17. Exclusão da ilicitude: art. 218-C, § 2.º

Estatui o § 2.º do art. 218-C do Código Penal: "Não há crime quando o agente pratica as condutas descritas no *caput* deste artigo em publicação de natureza jornalística, científica, cultural ou acadêmica com a adoção de recurso que impossibilite a identificação da vítima, ressalvada sua prévia autorização, caso seja maior de 18 (dezoito) anos".

Trata-se de **modalidade especial de exercício regular de direito**, relacionada ao regular exercício da atividade jornalística, científica, cultural ou acadêmica. O fato é típico, porém acobertado por uma excludente da ilicitude.

O dispositivo abrange a publicação de natureza jornalística (exemplo: programa de televisão que divulga um vídeo contendo cena de estupro, solicitando o apoio da população para identificar o autor do delito) e também a de índole científica, cultural ou acadêmica (exemplo: livro de medicina legal com imagens demonstrando os vestígios materiais deixados pelo crime de estupro). Em qualquer caso, a publicação deve **impossibilitar** – e não meramente dificultar – a identificação da vítima, seja pelo seu nome, pela fisionomia ou por qualquer outro sinal característico, salvo se presente sua autorização prévia, é dizer, anterior à publicação.

A autorização somente será válida se a vítima for maior de idade e capaz, e se tiver sido obtida licitamente. Em outras palavras, será nula e não excluirá o crime a autorização obtida mediante violência à pessoa, grave ameaça ou fraude, ou então se a vítima for menor de idade ou portadora de alguma enfermidade ou deficiência mental.

A propósito, se a vítima for menor de 18 anos, o agente deverá responder por algum dos crimes definidos na Lei 8.069/1990 – Estatuto da Criança e do Adolescente (arts. 240, 241, 241-A ou art. 241-B).

1.4.8.18. Competência

Em princípio, o crime de divulgação de cena de estupro ou de cena de estupro de vulnerável, de cena de sexo ou de pornografia é de competência da Justiça Estadual, ainda que a conduta seja praticada mediante a utilização de sítio eletrônico, rede social ou aplicativo para computador ou aparelho de telefonia celular com sede no exterior.

Será competente a Justiça Federal, entretanto, se incidir alguma das situações versadas pelo art. 109, IV e V, da Constituição Federal, a exemplo da publicação de pornografia infantil, quando a execução foi iniciada no Brasil e o resultado tenha ou devesse ter ocorrido no estrangeiro, ou vice-versa.[120]

1.5. DO RAPTO

Os arts. 219 a 222 do Código Penal foram revogados pela Lei 11.106/2005.

No tocante à conduta anteriormente descrita no art. 219 do Código Penal – rapto violento –, não há falar em *abolitio criminis*, e sim em mera revogação formal. Com efeito, qualquer pessoa, e não somente as "mulheres honestas", podem ser vítimas do crime de sequestro ou cárcere privado qualificado pela privação da liberdade com fins libidinosos, nos termos do art. 148, § 1.º, inc. V, do Código Penal. Houve, portanto, o deslocamento da conduta criminosa para outro tipo penal, incidindo o **princípio da continuidade típico normativa**.

Por sua vez, o crime de rapto consensual, outrora descrito no art. 220 do Código Penal, foi objeto de autêntica *abolitio criminis*. O tipo penal foi revogado formalmente, e também se

---

[120] Pelo Decreto 5.007/2004, o Brasil promulgou o texto do Protocolo Facultativo à Convenção sobre os Direitos da Criança referente à venda de crianças, à prostituição infantil e à pornografia infantil, adotado em Nova York em 25 de maio de 2000.

operou a supressão material do fato criminoso, pois a conduta não encontra relevância penal em nenhum outro dispositivo legal.

Com a extinção do crime de rapto, os arts. 221 e 222, também revogados, não tinham mais razão para existir.

1.6. DISPOSIÇÕES GERAIS

Os arts. 223 e 224 do CP foram revogados pela Lei 12.015/2009.

1.6.1. Art. 225 – Ação penal

1.6.1.1. Dispositivo legal

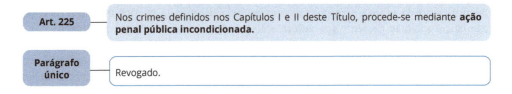

1.6.1.2. Comentários

Em sintonia com a regra contida no art. 225 do Código Penal, com a redação conferida pela Lei 13.718/2018, os crimes definidos nos Capítulos I e II do Título VI (arts. 213 a 218-C) são de ação penal pública incondicionada. Antes da reforma legislativa, a ação penal normalmente era pública condicionada à representação, salvo quando a vítima era menor de 18 anos ou pessoa vulnerável.

Nada obstante a finalidade do legislador – livrar a vítima da pressão de representar contra seu agressor, ou então de retratar-se da representação eventualmente já lançada –, essa alteração foi equivocada, e constitui-se em indisfarçável retrocesso na seara dos crimes contra a dignidade sexual.

Com efeito, a ação penal pública condicionada conferia maior coerência à persecução penal dos crimes sexuais. Se a vítima, maior de 18 anos e capaz, preferisse preservar sua intimidade, evitando o escândalo provocado pelo processo, bastava não representar, e ninguém poderia interferir em sua privacidade. Entretanto, se oferecesse a condição de procedibilidade, não precisava suportar o ônus da constituição de advogado, pois o Ministério Público estava legitimado a oferecer denúncia.

Agora, com a ação pública incondicionada, pode acontecer de a vítima optar pelo silêncio, por ser a publicidade do fato apta a lhe trazer ainda mais prejuízos psicológicos e emocionais, e mesmo assim ser instaurada a persecução penal. Basta pensar na hipótese em que, contra a vontade da vítima, a imprensa noticia um crime de estupro. A autoridade policial, tomando conhecimento do fato, será obrigada a instaurar o inquérito policial, e o Ministério Público, por dever de ofício, terá que oferecer denúncia.

Pode, inclusive, acontecer de a vítima recusar-se a prestar declarações em juízo, permanecendo em silêncio, e a ela não será imputado o crime tipificado no art. 342 do Código Penal, pois não é testemunha. Nesse caso, se o acusado negar a imputação, como normalmente acontece, e o fato não contar com nenhuma testemunha, a absolvição será inevitável. Em síntese, o Estado escancarou a privacidade e a intimidade de uma pessoa, já abalada por um delito covarde e de elevada gravidade, contra a sua vontade, para ao final ser proferida uma sentença absolutória.

Se não bastasse, convém destacar um erro técnico na alteração promovida pela Lei 13.718/2018. Diante da regra contida no art. 100, § 1.º, do Código Penal – "A ação pública é promovida pelo Ministério Público, dependendo, **quando a lei o exige**, de representação do ofendido ou de requisição do Ministro da Justiça", bastava ao legislador revogar o art. 225 do Código Penal, e automaticamente a ação penal nos crimes contra a dignidade sexual passaria a ser pública incondicionada, sem necessidade de subsistência desse dispositivo legal.

Por fim, cumpre destacar a possibilidade de utilização da **ação penal privada subsidiária da pública**, em decorrência da cláusula pétrea contida no art. 5.º, LIX, da Constituição Federal.

1.6.2. Art. 226 – Aumento de pena

1.6.2.1. Dispositivo legal

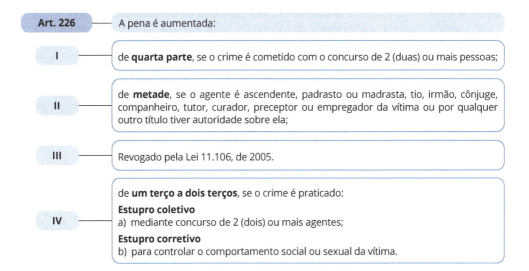

1.6.2.2. Natureza jurídica

O art. 226 do Código Penal contempla **causas de aumento da pena** aplicáveis aos crimes definidos nos Capítulos I, I-A e II do Título VI da Parte Especial do Código Penal, quais sejam:

- estupro (art. 213);
- violação sexual mediante fraude (art. 215);
- importunação sexual (art. 215-A);
- assédio sexual (art. 216-A);
- registro não autorizado da intimidade sexual (art. 216-B);
- estupro de vulnerável (art. 217-A);
- corrupção de menores (art. 218);
- satisfação de lascívia mediante presença de criança ou adolescente (art. 218-A);

- favorecimento da prostituição ou de outra forma de exploração sexual de criança ou adolescente ou de vulnerável (art. 218-B); e
- divulgação de cena de estupro ou de cena de estupro de vulnerável, de cena de sexo ou de pornografia (art. 218-C).

1.6.2.3. Causas de aumento da pena em espécie

1.6.2.3.1. Inc. I – "de quarta parte, se o crime é cometido com o concurso de 2 (duas) ou mais pessoas"

A majorante diz respeito ao **concurso de pessoas** para a prática de qualquer dos delitos estatuídos nos Capítulos I, I-A e II do Título VI da Parte Especial do Código Penal – Crimes contra a liberdade sexual e Crimes sexuais contra vulnerável, **com exceção do estupro.**

Com efeito, no tocante ao estupro há uma causa de aumento específica, com percentuais mais elevados (um terço a dois terços), prevista no art. 226, IV, "a", do Código Penal. Essa aparente antinomia, portanto, é solucionada pelo princípio da especialidade.

A justificativa para o tratamento penal mais severo repousa na maior facilidade para a prática do delito, bem como na possibilidade de causação de prejuízos mais extensos à vítima.

Como a lei empregou a expressão "concurso de 2 (duas) ou mais pessoas", o aumento da pena é cabível tanto na coautoria como na participação, incidindo para todos aqueles que concorrem de qualquer modo para a empreitada criminosa. De fato, se a majorante se limitasse à coautoria, excluindo a participação, o legislador teria utilizado a fórmula "se para a execução do crime se reúnem 2 (duas) ou mais pessoas", assim como fez no art. 146, § 1.º, do Código Penal.

1.6.2.3.2. Inc. II – "de metade, se o agente é ascendente, padrasto ou madrasta, tio, irmão, cônjuge, companheiro, tutor, curador, preceptor ou empregador da vítima ou por qualquer outro título tiver autoridade sobre ela (...)"

Estas causas de aumento de pena relacionam-se com a **qualidade do sujeito ativo**, pois são atinentes ao seu parentesco ou com sua posição de autoridade perante o ofendido. Não se restringem, portanto, ao poder familiar. Nos ensinamentos de Luiz Regis Prado:

> A maior gravidade do injusto, particularmente do desvalor da ação, nessas hipóteses, é evidente, já que o delito é praticado justamente por aquele que tem o especial dever de proteção, vigilância e formação moral da ofendida, o que debilita sobremaneira sua defesa. A exasperação da pena encontra fundamento ainda em considerações de ordem político-criminal, posto que o sujeito ativo pode se prevalecer voluntariamente das referidas relações também – ou unicamente – para favorecer sua impunidade.[121]

A condição de ascendente pode advir do nascimento ou da adoção. Como determina o art. 227, § 6.º, da Constituição Federal: "Os filhos, havidos ou não da relação do casamento, ou por adoção, terão os mesmos direitos e qualificações, proibidas quaisquer designações discriminatórias relativas à filiação". Os irmãos podem ser bilaterais (mesmo pai e mesma mãe) ou unilaterais (mesmo pai ou mesma mãe).

Preceptor é a pessoa incumbida de acompanhar e orientar a educação de uma criança ou adolescente. No tocante à expressão "ou por qualquer título tem autoridade sobre ela", o

---

[121] PRADO, Luiz Regis. *Curso de direito penal brasileiro*. 8. ed. São Paulo: RT, 2010. v. 2, p. 639-640.

agente tem com a vítima uma relação de direito (exemplo: carcereiro com o detento) ou de fato (exemplo: criança abandonada que passa a noite na casa de quem a recolhe da rua).

O Superior Tribunal de Justiça, interpretando a expressão "ou por qualquer outro título tiver autoridade sobre ela", reconheceu a incidência da majorante ao motorista de van escolar que pratica estupro de vulnerável contra criança ou adolescente sob sua vigilância, em face da sua posição de autoridade e garantidor da segurança e incolumidade moral das vítimas.[122]

O legislador olvidou-se do aumento da pena no tocante ao agente que figura na posição de **descendente** da vítima. Embora seja mais frequente o abuso sexual pelo ascendente contra o descendente, a situação inversa não pode ser descartada, a exemplo dos tristes episódios em que filhos praticam estupros contra suas genitoras.

Essa majorante, dependendo do caso concreto, mostra-se compatível com a agravante genérica elencada pelo art. 61, II, *f*, do Código Penal – crime cometido "com abuso de autoridade ou prevalecendo-se de relações domésticas, de coabitação ou de hospitalidade, ou com violência contra a mulher na forma da lei específica". É preciso avaliar os fatores que justificam a incidência de cada dispositivo legal, a fim de evitar o *bis in idem*. Como já decidido pelo Superior Tribunal de Justiça, no **Tema 1.215 do Recurso Repetitivo**:

> "Nos crimes contra a dignidade sexual, não configura *bis in idem* a aplicação simultânea da agravante genérica do art. 61, II, *f*, e da majorante específica do art. 226, II, ambos do Código Penal, salvo quando presente apenas a relação de autoridade do agente sobre a vítima, hipótese na qual deve ser aplicada tão somente a causa de aumento. (...) o único ponto de intersecção entre os dois dispositivos em análise é o atinente à existência de relação de autoridade. Na hipótese da majorante, o legislador previu cláusula casuística, na qual trouxe algumas situações em que o agente exerce naturalmente autoridade sobre a vítima, seguida de cláusula genérica, para abarcar outras situações não previstas expressamente no texto legal. No caso da agravante genérica, previu-se que a circunstância de o crime ser cometido com abuso de autoridade sempre agrava a pena. Nessa hipótese, revela-se evidente a sobreposição de situações. Contudo, nos demais casos do art. 61, II, *f*, do CP, a conclusão deve ser distinta. Isso porque a circunstância de o agente cometer o crime prevalecendo-se das relações domésticas, de coabitação, de hospitalidade ou com violência contra a mulher na forma da lei específica não pressupõe, tampouco exige, qualquer relação de autoridade entre o agente e a vítima. Da mesma forma, o agente pode possuir autoridade sobre a vítima, sem, contudo, incidir, necessariamente, em alguma dessas circunstâncias que agravam a pena. Portanto, se o agente, além de possuir relação de autoridade sobre a vítima, praticar o crime em alguma dessas situações, deve ser aplicada a agravante do art. 61, II, *f*, do CP, em conjunto com a majorante do art. 226, II, do CP. A aplicação simultânea da agravante genérica e da causa de aumento de pena, nessas hipóteses, não representa uma dupla valoração da mesma circunstância, não sendo possível falar em violação ao princípio do *ne bis in idem*. Se, do contrário, existir apenas a circunstância de ter o agente autoridade sobre a vítima, deve ser aplicada somente a causa de aumento dos crimes contra a dignidade sexual, diante de sua especialidade em relação à agravante."[123]

1.6.2.3.3. Inc. IV – "de 1/3 (um terço) a 2/3 (dois terços), se o crime é praticado (...)"

Estas majorantes foram criadas pela Lei 13.718/2018 e incidem unicamente ao crime de estupro.[124]

Como o dispositivo legal fala em "estupro", e o Código Penal reservou tal denominação somente ao crime tipificado em seu art. 213, não há como se aplicar essas majorantes ao estu-

---

[122] Processo em segredo de justiça, rel. Min. Ribeiro Dantas, 5.ª Turma, j. 08.10.2024, noticiado no *Informativo* 829.
[123] REsp 2.038.833/MG, rel. Min. Joel Ilan Paciornik, 3.ª Seção, j. 13.11.2024, noticiado no *Informativo* 834.
[124] Comentários mais detalhados foram efetuados na análise do art. 213 do Código Penal.

pro de vulnerável, definido no art. 217-A. Cuida-se de grave equívoco do legislador, mas que não pode ser suprido pelo operador do Direito Penal, sob pena de consagração da analogia *in malam partem*.

a) mediante concurso de 2 (dois) ou mais agentes;

Cuida-se do **estupro coletivo**. Ao contrário do que tal nomenclatura pode inicialmente sugerir, não se exige a prática do estupro por diversas pessoas contra uma única vítima. Basta seja o delito praticado por dois agentes.

O aumento da pena é cabível tanto na coautoria (exemplo: dois homens simultaneamente constrangem uma mulher à conjunção carnal) como na participação (exemplo: uma mulher contrata um homem para estuprar sua desafeta), e atinge todos os envolvidos na empreitada criminosa.

A majorante fundamenta-se na maior facilidade para a execução do estupro na hipótese de concurso de agentes, bem como na maior extensão dos danos – físicos, morais e psicológicos – causados à vítima.

b) para controlar o comportamento social ou sexual da vítima.

O estupro praticado para controlar o comportamento social ou sexual da vítima é chamado de **estupro corretivo**.

O agente, mediante violência ou grave ameaça, constrange a vítima a ter conjunção carnal ou a praticar ou permitir que com ele se pratique outro ato libidinoso, com a motivação de supostamente alterar sua orientação sexual ou identidade de gênero. É o que se dá no exemplo em que um homem estupra uma mulher por não aceitar sua orientação sexual: ele acredita que, com a conjunção carnal, fará com que ela comece a "gostar de homens", e assim estará "corrigindo" seu estilo de vida.

Esse inaceitável comportamento, preconceituoso e altamente reprovável, caracteriza o delito de estupro, com a pena aumentada de 1/3 (um terço) a 2/3 (dois terços).

1.6.2.4. A vedação do bis in idem

As causas de aumento da pena previstas no art. 226 do Código Penal somente serão aplicáveis quando não representarem elementares ou qualificadoras dos crimes contra a liberdade sexual ou dos crimes sexuais contra vulneráveis, em homenagem à proibição do *bis in idem* (dupla punição pelo mesmo fato). Exemplificativamente, não há falar na majorante inerente à circunstância de ser o agente "empregador da vítima" no delito de assédio sexual (CP, art. 216-A), pois caso contrário esta condição seria duplamente valorada, como elementar e também como causa de aumento da pena.

1.6.2.5. Confronto entre os arts. 226 e 234-A do Código Penal

As majorantes elencadas no art. 234-A do Código Penal incidem em relação a todos os delitos contra a dignidade sexual. Com efeito, o dispositivo legal estatui que "Nos crimes previstos neste Título", ou seja, em todo o Título VI da Parte Especial do Código Penal.

Por sua vez, a aplicabilidade do art. 226 do Código Penal limita-se aos delitos inscritos nos Capítulos I, I-A e II do Título VI da Parte Especial do Código Penal, quais sejam, crimes contra a liberdade sexual, crime de registro não autorizado da intimidade sexual e crimes sexuais contra vulnerável. Mas cuidado: o inc. IV do art. 226 do Código Penal é aplicável exclusivamente ao estupro (art. 213).

CAP. 1 – DOS CRIMES CONTRA A DIGNIDADE SEXUAL | 107

Art. 226 do Código Penal

Capítulos I, I-A e II do Título VI da Parte Especial do Código Penal: crimes tipificados nos arts. 213 a 218-C, com exceção do inc. IV do art. 226, aplicável unicamente ao estupro (art. 213)

Art. 234-A do Código Penal

Todo o Título VI da Parte Especial do Código Penal: crimes tipificados nos arts. 213 a 234

1.7. DO LENOCÍNIO E DO TRÁFICO DE PESSOA PARA FIM DE PROSTITUIÇÃO OU OUTRA FORMA DE EXPLORAÇÃO SEXUAL

No Capítulo V do Título VI da Parte Especial do Código Penal, o legislador poderia ter se limitado a utilizar a expressão "Do lenocínio", pois essa terminologia, em sentido amplo, engloba todas as figuras criminosas relacionadas aos mediadores e aos aproveitadores da prostituição e da exploração sexual,[125] incluindo o tráfico de pessoas com tal finalidade.

Com efeito, o lenocínio consiste em prestar assistência à libidinagem de outrem ou dela tirar proveito. Sua principal diferença com os demais crimes sexuais está em que, em vez de servir à concupiscência de seu próprio agente, opera em torno da lascívia alheia. Esta é a nota comum entre os delitos definidos neste capítulo: os proxenetas (ou alcoviteiros),[126] os rufiões e os traficantes de pessoas para fim de exploração sexual atuam em favor da libidinagem de outrem, ora como mediadores, fomentadores ou auxiliares, ora como aproveitadores. E como destaca Nélson Hungria, com contundência:

> São moscas da mesma cloaca, vermes da mesma podridão. No extremo ponto da escala da indignidade, porém, estão, por certo, os que agem *lucri faciendi causa*: o proxeneta de ofício, o rufião habitual, o "marchante" de mulheres para as feiras de Vênus Libertina. De tais indivíduos se pode dizer que são os espécimes mais abjetos do gênero humano. São as *tênias* da prostituição, os *parasitas* do vil mercado dos prazeres sexuais. Constituem, como diz Viazzi, um peso morto na luta solidária para a consecução dos fins coletivos.[127]

O lenocínio pode ser principal ou acessório. **Lenocínio principal** é a mediação para satisfazer a lascívia de outrem, definida no art. 227 do Código Penal. Por seu turno, os demais crimes previstos neste capítulo ingressam no conceito de **lenocínio acessório**.

Embora não se reclame no lenocínio o ânimo lucrativo, a prática demonstra ser isto o que normalmente acontece. E, quando o sujeito age em busca desta finalidade, o lenocínio é denominado **mercenário** ou **questuário**.

Com o tratamento penal conferido nos arts. 227 a 230 do Código Penal, busca-se tutelar a dignidade sexual das pessoas e a moralidade pública, evitando a disseminação da prostituição e de outras formas de exploração sexual, e consequentemente toda a depravação que gira ao seu redor.

---

[125] De acordo com o "II Congresso Mundial contra a Exploração Sexual Comercial de Crianças", realizado em 2001, na cidade de Yokohoma, no Japão, existem quatro modalidades de exploração sexual: a prostituição, o turismo sexual, a pornografia e o tráfico de pessoas para fins sexuais. Para o estudo aprofundado do assunto: LIBÓRIO, Renata Maria Coimbra. Exploração sexual comercial infanto-juvenil: categorias explicativas e políticas de enfrentamento. In: LIBÓRIO, Renata Maria Coimbra; SOUSA, Sônia M. Gomes (Org.). *A exploração sexual de crianças e adolescentes no Brasil*. São Paulo: Casa do Psicólogo, 2004. p. 23-24.

[126] Proxenetas são aqueles que mantêm locais destinados a encontros libidinosos, ou funcionam como mediadores para a satisfação do desejo sexual de outras pessoas.

[127] HUNGRIA, Nélson. *Comentários ao Código Penal*. 2. ed. Rio de Janeiro: Forense, 1958. v. VII, p. 249.

1.7.1. Art. 227 – Mediação para servir a lascívia de outrem

1.7.1.1. Dispositivo legal

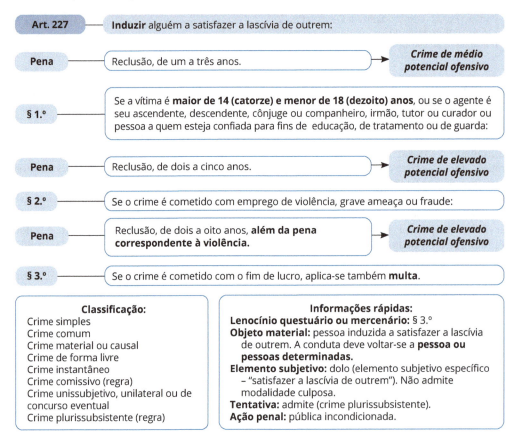

1.7.1.2. *Terminologia*

O *nomen iuris* do crime tipificado no art. 227 do Código Penal é "mediação para satisfazer a lascívia de outrem". Entretanto, como se trata do primeiro delito elencado no Capítulo V do Título XI da Parte Especial, convencionou-se chamá-lo de **lenocínio principal**, em oposição às figuras subsequentes, denominadas de lenocínio acessório.

1.7.1.3. *Objetividade jurídica*

O bem jurídico penalmente tutelado é a dignidade sexual, bem como a moralidade pública, em seu aspecto sexual.

Há quem sustente a inconstitucionalidade do art. 227, *caput*, do Código Penal, pelo fato de ser incriminada conduta direcionada à moralidade sexual de pessoas maiores de idade e capazes. Em síntese, faltaria legitimidade à atuação penal, centrada em valores de ordem material, em contrariedade ao princípio da lesividade (ou da ofensividade). Para Guilherme de Souza Nucci:

> Trata-se, a nosso ver, de crime que mereceria ser extirpado do Código Penal, pois a liberdade sexual, exercida sem violência ou grave ameaça, não deve ser tutelada pelo Estado. Crendo-se

ainda necessária tal figura típica, está-se fechando os olhos para a realidade, pois basta consultar as inúmeras ofertas de sexo feitas pelos mais variados meios de comunicação de massa do País para verificar o excessivo número de pessoas que estão, dia após dia, induzindo outras à satisfação da lascívia alheia e – o que é mais ostensivo – com a nítida finalidade de lucro.[128]

1.7.1.4. Objeto material

É a pessoa induzida a satisfazer a lascívia de outrem.

1.7.1.5. Núcleo do tipo

O núcleo do tipo é "induzir", no sentido de criar na mente de alguém a vontade de satisfazer a lascívia alheia, convencendo-a a agir desta forma. Lascívia é o desejo sexual, a luxúria. A satisfação da lascívia abrange qualquer atividade destinada a saciar a libido de uma pessoa, mediante a prática de atos sexuais (conjunção carnal, sexo anal, sexo oral etc.), a mera contemplação passiva (exemplo: assistir a alguém se masturbando), ou então qualquer outra atividade direcionada ao prazer erótico.

É fácil constatar, portanto, a finalidade do art. 227 do Código Penal. O legislador incriminou o envolvimento de uma pessoa, que atua como intermediária, na atividade sexual de terceiros, a qual muitas vezes não constitui delito algum.

A conduta deve voltar-se a pessoa ou pessoas determinadas, pois o tipo penal contém a elementar "alguém". Logo, se o agente induzir pessoas indeterminadas a satisfazer a lascívia de outrem, a ele será imputado o crime de favorecimento da prostituição ou outra forma de exploração sexual, nos termos do art. 228 do Código Penal.

Também será reconhecível o delito de favorecimento da prostituição ou outra forma de exploração sexual quando a vítima (quem satisfaz a lascívia alheia) receber alguma contraprestação, do agente ou de terceiro, em decorrência do seu comportamento, o que não se verifica no crime tipificado no art. 227 do Código Penal.

1.7.1.5.1. A questão da instigação para satisfação da lascívia alheia e o art. 241-D do Estatuto da Criança e do Adolescente

O art. 227, *caput*, do Código Penal pune a conduta de "induzir" alguém a satisfazer a lascívia de outrem. Destarte, não há falar neste delito quando o agente instiga uma pessoa, ou seja, reforça a vontade já existente de satisfazer a lascívia alheia. O fato, em princípio, é atípico.

Entretanto, se a vítima for criança, isto é, pessoa com menos de 12 anos de idade, e a instigação relacionar-se a ato libidinoso a ser realizado com o próprio instigador, estará caracterizado o crime de aliciamento de criança para fins libidinosos, previsto no art. 241-D da Lei 8.069/1990 – Estatuto da Criança e do Adolescente:

> Art. 241-D. Aliciar, assediar, instigar ou constranger, por qualquer meio de comunicação, criança, com o fim de com ela praticar ato libidinoso:
> Pena – reclusão, de 1 (um) a 3 (três) anos, e multa.
> Parágrafo único. Nas mesmas penas incorre quem:
> I – facilita ou induz o acesso à criança de material contendo cena de sexo explícito ou pornográfica com o fim de com ela praticar ato libidinoso;
> II – pratica as condutas descritas no *caput* deste artigo com o fim de induzir criança a se exibir de forma pornográfica ou sexualmente explícita.

---

[128] NUCCI, Guilherme de Souza. *Código Penal comentado*. 10. ed. São Paulo: RT, 2010. p. 942.

1.7.1.6. Sujeito ativo

Cuida-se de **crime comum** ou **geral**, podendo ser cometido por qualquer pessoa. O sujeito ativo do delito é chamado de proxeneta ou alcoviteiro.

Contudo, se o agente for ascendente, descendente, cônjuge ou companheiro, irmão, tutor ou curador ou pessoa a quem esteja confiada para fins de educação, de tratamento ou de guarda da vítima, estará caracterizada a qualificadora prevista no art. 227, § 1.º, *in fine*, do Código Penal.

A pessoa beneficiada pelo proxeneta, ou seja, aquele cuja lascívia é satisfeita pela vítima, não responde pelo delito, na condição de coautor ou partícipe, pois a lei incrimina o comportamento de induzir alguém a satisfazer a lascívia de "outrem", e não a própria. Nos ensinamentos de Rogério Sanches Cunha:

> Da simples leitura do tipo percebe-se que a mediação pressupõe um triângulo constituído pelo sujeito ativo (lenão), a vítima (pessoa induzida a satisfazer a lascívia de outrem) e o "destinatário" da atividade criminosa do primeiro. Este (consumidor) não pode ser considerado coautor do crime, ainda que haja instigado o mediador, pois a norma exige o fim de satisfazer a lascívia de outrem (e não própria).[129]

Nada impede, contudo, sua responsabilização por algum outro crime contra a dignidade sexual. Exemplo: "A" induziu "B", mulher maior de idade e capaz, a satisfazer a lascívia de "C", dançando eroticamente para ele, sem qualquer tipo de contato físico, e nada mais do que isso. No momento da dança, em que "A" sequer estava presente, "C" tenta convencer "B" a transar com ele, e, diante da sua recusa, vem a estuprá-la. Nessa hipótese, "A" será responsabilizado pelo crime de mediação para servir a lascívia de outrem (CP, art. 227, *caput*) e "C" por estupro (CP, art. 213, *caput*). Não há concurso de pessoas, em face da pluralidade de crimes, somado à ausência de dolo de "A" no tocante ao estupro cometido por "C".

1.7.1.7. Sujeito passivo

Pode ser qualquer pessoa, independentemente do sexo, e, mediatamente, a coletividade.

No caso de vítima maior de 14 e menor de 18 anos de idade, incide a qualificadora definida no art. 227, § 1.º, 1.ª parte, do Código Penal.

1.7.1.7.1. A problemática inerente à vulnerabilidade da vítima

A conduta de induzir pessoa menor de 14 anos a satisfazer a lascívia de outrem implica o reconhecimento do crime de corrupção de menores, tipificado no art. 218 do Código Penal. É fácil visualizar, portanto, que a idade da vítima é fundamental para a adequação típica, pois três situações podem ocorrer no tocante ao induzimento para satisfação da lascívia alheia:

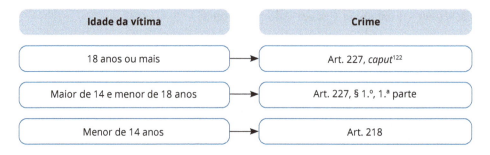

Idade da vítima	Crime
18 anos ou mais	Art. 227, *caput*[122]
Maior de 14 e menor de 18 anos	Art. 227, § 1.º, 1.ª parte
Menor de 14 anos	Art. 218

---

[129] CUNHA, Rogério Sanches. *Direito penal*. Parte especial. 3. ed. São Paulo: RT, 2010. p. 267.
[130] "Se o crime for cometido com emprego de violência, grave ameaça ou fraude, incide a qualificadora descrita no § 2.º do art. 227 do Código Penal".

E uma situação curiosa pode surgir na prática, como resultado da falta de técnica legislativa na construção dos tipos penais. De fato, se o sujeito induzir alguém, no dia do seu aniversário de 14 anos, a satisfazer a lascívia de outrem, deverá ser responsabilizado pelo crime previsto no art. 227, *caput*, do Código Penal, ou seja, pela modalidade fundamental da mediação para satisfazer a lascívia de outrem.

Com efeito, não incide a qualificadora do art. 227, § 1.º, 1.ª parte, pois a vítima não é pessoa maior de 14 anos. E também é vedado o reconhecimento do crime de corrupção de menores, pois nesse caso o ofendido precisa ser menor de 14 anos. Destarte, subsiste unicamente o art. 227, *caput*, do Código Penal. O equívoco do legislador não pode ser suprido à custa do prejuízo do réu, em face da inadmissibilidade da analogia *in malam partem* no Direito Penal.[131]

1.7.1.7.2. Exercício da prostituição e induzimento à satisfação da lascívia alheia

Não há crime quando uma pessoa prostituída é induzida a satisfazer a lascívia de outrem. Nesse caso, é dispensável o induzimento para a satisfação da lascívia alheia, pois quem exerce a prostituição já se dedica a esta finalidade.

1.7.1.8. Elemento subjetivo

É o dolo, acrescido de um especial fim de agir (elemento subjetivo específico), consistente na intenção de satisfazer a lascívia de outrem. Não se admite a modalidade culposa.

1.7.1.8.1. Fim de lucro e aplicação cumulativa da pena de multa

Se o crime é cometido com o fim de lucro, aplica-se também a multa. É o que se extrai do § 3.º do art. 227 do Código Penal. Não se reclama a efetiva obtenção da vantagem, sendo suficiente a intenção de recebê-la.

Lembre-se que, quando praticado com a finalidade de obter vantagem econômica, o lenocínio é rotulado de mercenário ou questuário.

1.7.1.9. Consumação

Trata-se de **crime material** ou **causal**. Nada obstante a redação do tipo penal, não basta a simples indução do ofendido para a consumação do delito. É imprescindível a realização de algum ato sexual pela vítima, voltado à satisfação da lascívia de alguém, não se exigindo seu efetivo prazer sexual, mediante ejaculação ou orgasmo.

A mediação para servir a lascívia de outrem é também **crime instantâneo**. Basta a realização de um único ato, dispensando-se a reiteração, pois a lei não reclama a habitualidade para o aperfeiçoamento do delito.

1.7.1.10. Tentativa

É possível, em face do caráter plurissubsistente do delito, comportando o fracionamento do *iter criminis*. Exemplo: "A" conversa com "B", mulher fiel ao marido, no sentido de convencê-la a praticar relações sexuais com "C", mas não obtém êxito.

1.7.1.11. Ação penal

A ação penal é pública incondicionada.

---

[131] Em sentido contrário, defendendo a figura qualificada descrita no art. 227, § 1.º, 1.ª parte, do Código Penal: ESTEFAM, André. *Crimes sexuais*. São Paulo: Saraiva, 2009. p. 103.

1.7.1.12. Lei 9.099/1995

Em sua modalidade fundamental, definida no art. 227, *caput*, do Código Penal, a mediação para satisfazer a lascívia de outrem constitui-se em **crime de médio potencial ofensivo**. A pena mínima cominada (um ano) autoriza a suspensão condicional do processo, se presentes os demais requisitos elencados pelo art. 89 da Lei 9.099/1995.

Por seu turno, as figuras qualificadas, previstas nos §§ 1.º e 2.º, são **crimes de elevado potencial ofensivo**, pois as penas mínimas (dois anos) inviabilizam os benefícios despenalizadores contidos na Lei 9.099/1995.

1.7.1.13. Classificação doutrinária

A mediação para servir a lascívia de outrem é crime **simples** (ofende um único bem jurídico); **comum** (pode ser praticado por qualquer pessoa); **material** ou **causal** (consuma-se com a produção do resultado naturalístico, consistente na satisfação da lascívia de alguém); **de forma livre** (admite qualquer meio de execução); **instantâneo** (a consumação ocorre em um momento determinado, sem continuidade no tempo); em regra **comissivo**; **unissubjetivo, unilateral** ou **de concurso eventual** (pode ser cometido por uma única pessoa, mas admite o concurso); e normalmente **plurissubsistente** (a conduta pode ser fracionada em diversos atos).

1.7.1.14. Figuras qualificadas: §§ 1.º e 2.º

Se a conduta criminosa enquadrar-se em mais de uma qualificadora (exemplo: crime cometido mediante violência contra pessoa maior de 14 e menor de 18 anos de idade), o magistrado, ao aplicar a pena, deve utilizar o § 2.º como qualificadora, em razão da sua maior gravidade, funcionando o § 1.º como circunstância judicial desfavorável, com fulcro no art. 59, *caput*, do Código Penal.

1.7.1.14.1. Art. 227, § 1.º

Como estabelece o art. 227, § 1.º, do Código Penal: "Se a vítima é maior de 14 (catorze) e menor de 18 (dezoito) anos, ou se o agente é seu ascendente, descendente, cônjuge ou companheiro, irmão, tutor ou curador ou pessoa a quem esteja confiada para fins de educação, de tratamento ou de guarda: Pena – reclusão, de dois a cinco anos".

Tais qualificadoras dizem respeito à **idade da vítima** e à **qualidade do sujeito ativo**. Essas circunstâncias devem ser provadas por documento hábil (certidão de nascimento, documento de identidade etc.), pois relacionam-se ao estado civil das pessoas, incidindo a regra contida no parágrafo único do art. 155 do Código de Processo Penal: "Somente quanto ao estado das pessoas serão observadas as restrições estabelecidas na lei civil".

Em relação ao crime praticado por ascendente, tutor ou curador, a condenação com trânsito em julgado acarreta a incapacidade para o exercício do poder familiar, da tutela ou da curatela nos crimes dolosos sujeitos à pena de reclusão cometidos contra outrem igualmente titular do mesmo poder familiar, contra filho, filha ou outro descendente ou contra tutelado ou curatelado, com fulcro no art. 92, inc. II, 1.ª parte, do Código Penal, desde que este efeito seja motivadamente declarado na sentença.

1.7.1.14.2. Art. 227, § 2.º

Como preceitua o art. 227, § 2.º, do Código Penal: "Se o crime é cometido com emprego de violência, grave ameaça ou fraude: Pena – reclusão, de dois a oito anos, além da pena correspondente à violência".

Violência é o emprego de força física contra alguém, mediante lesão corporal ou vias de fato. A lei impõe o **concurso material obrigatório** entre a figura qualificada da mediação para servir a lascívia de outrem e o crime resultante da violência (lesão corporal de qualquer espécie, homicídio consumado ou tentado etc.), somando-se as penas. As vias de fato são absorvidas, em face da sua subsidiariedade expressa, determinada pelo art. 21 do Decreto-lei 3.688/1941 – Lei das Contravenções Penais.

Grave ameaça é a promessa de mal injusto, grave e passível de realização. **Fraude** é o artifício ou ardil utilizado para ludibriar alguém.

Tais meios de execução facilitam a prática do crime, pela coação ou pelo engano da vítima, e a ela causam maiores danos. Estes são os fundamentos justificadores do tratamento penal mais rigoroso.

1.7.1.15. Mediação para servir a lascívia de outrem com o fim de lucro e rufianismo: distinção

Os crimes de mediação para servir a lascívia de outrem com o fim de lucro (CP, art. 227, § 3.º) e de rufianismo apresentam pontos em comum.

Inicialmente, ambos são espécies de lenocínio questuário ou mercenário, pois o sujeito é guiado pelo desejo de alcançar vantagem econômica com a atividade sexual de terceira pessoa. Mas não é só. O primeiro delito é chamado de lenocínio principal, enquanto o segundo é modalidade do lenocínio acessório.

Em que pesem tais semelhanças, tais crimes não se confundem. No rufianismo, a pessoa explorada exerce a prostituição, e sua configuração reclama habitualidade, pois o agente tira proveito da prostituição alheia, participando diretamente dos seus lucros ou fazendo-se sustentar, no todo ou em parte, por quem a exerça. Na mediação para servir a lascívia de outrem, a pessoa explorada não se prostitui, e o delito é instantâneo, ou seja, para sua consumação basta um único ato de induzir alguém a satisfazer a lascívia alheia.

1.7.1.16. Mediação para satisfazer a lascívia de outrem e realização de ato sexual consentido com pessoa menor de 18 e maior de 14 anos de idade

Pensemos um exemplo: "A" pratica conjunção carnal ou outro ato libidinoso, de forma consensual, com "B", pessoa maior de 14 e menor de 18 anos de idade, mediado por "C", um famoso proxeneta. Quais crimes devem ser imputados a "A" e a "C"?

Para "A", não há falar em estupro de vulnerável, pois "B" não é menor de 14 anos de idade. De igual modo, inviável o reconhecimento do estupro qualificado (CP, art. 213, § 1.º, *in fine*), pois o ato sexual contou com o consentimento de "B". Também não existe mediação para servir a lascívia de outrem, em sua forma qualificada (CP, art. 227, § 1.º, 1.ª parte), haja vista que esta figura típica se aplica unicamente ao proxeneta, e não ao destinatário do ato sexual, beneficiado em sua lascívia. Finalmente, não há corrupção de menores (CP, art. 218), pois "B", novamente, não é menor de 14 anos de idade. Portanto, o fato é atípico em relação a "A", em face do vácuo legislativo.

O proxeneta "C", todavia, será responsabilizado pela mediação para servir a lascívia de outrem, em sua forma qualificada (CP, art. 227, § 1.º, 1.ª parte), em decorrência da idade da vítima.

1.7.2. Art. 228 – Favorecimento da prostituição ou outra forma de exploração sexual

1.7.2.1. Dispositivo legal

1.7.2.2. Introdução

Prostituição é o comércio sexual exercido com habitualidade. Uma pessoa satisfaz ou tenta satisfazer a volúpia sexual alheia mediante o pagamento de determinado preço. Os atos de libertinagem gratuita, por opção ou desvio de comportamento, não caracterizam a prostituição. Exemplificativamente, não é prostituta a mulher que decide livremente transar a cada dia com um homem diferente até o fim da sua vida. Na exposição de Eva T. Silveira Faleiros:

> A prostituição é definida como a atividade na qual atos sexuais são negociados em troca de pagamento, não apenas monetário, mas podendo incluir a satisfação de necessidades básicas (alimentação, vestuário, abrigo) ou o acesso ao consumo de bens e de serviços (restaurantes, bares, hotéis, *shoppings*, butiques, diversão).[132]

---

[132] FALEIROS, Eva T. Silveira. A exploração sexual comercial de crianças e de adolescentes no mercado do sexo. In: LIBÓRIO, Renata Maria Coimbra; SOUSA, Sônia M. Gomes (Org.). *A exploração sexual de crianças e adolescentes no Brasil*. São Paulo: Casa do Psicólogo, 2004. p. 78.

A reiteração do comércio sexual é imprescindível, ou seja, trata-se de atividade necessariamente habitual. Destarte, não há falar em prostituição quando alguém, em uma única ou em poucas ocasiões, recebe vantagem econômica em troca do relacionamento sexual. É o que se dá quando uma pessoa ganha presentes em troca da sua participação em festa realizada em estabelecimento destinado ao sexo coletivo (as famosas casas de *swing*).

A prostituição, por si só, não constitui crime ou contravenção penal. Cuida-se de atividade lícita, embora normalmente seja rotulada de imoral. E, por mais contundente que essa afirmação possa se revelar, a prostituição é inseparável da vida humana. Sempre existiu e sempre existirá. A atração carnal, a necessidade de relacionamentos sexuais, a busca desenfreada por companhias capazes de proporcionar prazer, satisfação ou mesmo consolo, sem dúvida alguma a mantém inabalada ao longo de toda a história da humanidade.

No entanto, se a prostituição é irrelevante para o Direito Penal, o legislador não poderia agir de igual modo perante sua exploração, ou então no tocante ao seu estímulo. Se contra ela (prostituição) nada se pode fazer, é imperioso prevenir e combater sua proliferação desmedida, e notadamente seu aproveitamento por parte de pessoas inescrupulosas e de comportamento repugnante. Para Nélson Hungria:

> A prostituição é tolerada como uma *fatalidade* da vida social, mas a ordem jurídica faltaria à sua finalidade se deixasse de reprimir aqueles que, de qualquer modo, contribuem para maior fomento e extensão dessa chaga social. Se a prostituição é um mal deplorável, não deixa de ser, até certo ponto, em que pese aos moralistas teóricos, *necessário*. Embora se deva procurar reduzi-la ao mínimo possível, seria desacerto a sua incriminação.
>
> Sem querer fazer-lhe o elogio, cumpre-lhe reconhecer uma função preventiva na entrosagem da máquina social: é uma válvula de escapamento à pressão de irrecusável instinto, que jamais se apaziguou na fórmula social da monogamia, e reclama satisfação antes mesmo que o homem atinja a idade civil do casamento ou a suficiente aptidão para assumir os encargos da formação de um lar. Anular o meretrício, se isso fora possível, seria inquestionavelmente orientar a imoralidade para o recesso dos lares e fazer referver a libido para a prática de todos os crimes sociais.[133]

Façamos uma comparação com o suicídio: sua prática não ingressa no campo de atuação do Direito Penal. Contudo, quem induz, instiga ou auxilia alguém a suicidar-se comete o crime descrito no art. 122 do Código Penal. Igual fenômeno se verifica em relação à prostituição: quem se prostitui não realiza fato de importância penal, mas há crime para quem a favorece (CP, art. 228), contribui para sua manutenção, intermediando encontros amorosos (CP, art. 229), ou dela se aproveita materialmente (CP, art. 230).

O Código Penal brasileiro filiou-se ao sistema abolicionista, adotado na maioria dos países, pelo qual não se pune quem exerce a prostituição, mas se responsabilizam criminalmente as pessoas que a estimulam, a exploram ou dela tiram proveitos econômicos.

Há também o sistema da proibição, acolhido pelos Estados Unidos da América (e outros países), no qual a prostituição é totalmente proibida, e quem a exerce comete crime, bem como o sistema da regulamentação, recepcionado principalmente pela Holanda, no qual a prostituição é atividade regulamentada e apta a proporcionar direitos e deveres às prostitutas e prostitutos.

A prostituição reclama o contato físico (exemplos: conjunção carnal, sexo anal, sexo oral, masturbação etc.) entre as pessoas envolvidas na atividade sexual.[134] Com a edição da Lei

---

[133] HUNGRIA, Nélson; LACERDA, Romão Côrtes de. *Comentários ao Código Penal*. Rio de Janeiro: Forense, 1954. v. VIII, p. 249-250.

[134] Com entendimento diverso: "(...) podemos compreender o exercício da prostituição como aquela atividade ligada à prestação de um serviço de natureza sexual em troca de um preço, não importando se há ou não possibilidade de contato físico. O que o "comprador" deseja é a realização de seus prazeres sexuais, que lhe são oferecidos pela(o)

12.015/2009, o art. 228 do Código Penal passou a alcançar não somente o favorecimento da prostituição, mas também o favorecimento de qualquer outra forma de **exploração sexual**, a exemplo dos *shows* de *striptease* e de sexo explícito, e dos serviços de "disque sexo", os quais não dependem do envolvimento físico entre quem paga pelo prazer sexual e quem recebe a vantagem econômica. Damásio E. de Jesus assim define a exploração sexual:

> Considerando que o legislador equiparou essa ideia à de prostituição, utilizando-se da interpretação analógica, deve-se vincular os dois conceitos, que portanto se autolimitam (embora não se confundam); isto é, o espaço de incidência da exploração sexual há de ser paralelo ao da prostituição, incluindo-se no tipo penal situações em que o agente tire proveito da sexualidade alheia, tratando a vítima como mercadoria.[135]

A expressão "exploração sexual" representa, na esfera dos crimes contra a dignidade sexual, um autêntico **elemento normativo do tipo**, de índole cultural, devendo seu conceito ser obtido mediante a valoração do intérprete da lei penal.

A exploração sexual não se confunde com a **violência sexual**, pois não há emprego de violência ou grave ameaça contra a vítima. De fato, uma pessoa é explorada sexualmente quando vem a ser enganada para manter uma relação sexual, ou então nas situações em que permite a obtenção de vantagem econômica por terceira pessoa, em consequência da sua atividade sexual. Um estuprador, exemplificativamente, é autor de crime contra a dignidade sexual, mas não pode ser considerado explorador sexual.

Além disso, a exploração sexual deve ser diferenciada da **satisfação sexual**, ou seja, da livre busca do prazer erótico entre pessoas maiores de idade e com pleno discernimento para a prática do ato. Nessa hipótese, evidentemente, o fato não interessa ao Direito Penal.

1.7.2.3. Objetividade jurídica

O bem jurídico penalmente tutelado é a moralidade pública, em sua feição sexual.

1.7.2.4. Objeto material

É a pessoa (homem ou mulher) levada ou mantida à prostituição ou outra forma de exploração sexual.

1.7.2.5. Núcleos do tipo

O tipo penal contém cinco núcleos: "induzir", "atrair", "facilitar", "impedir" e "dificultar". **Induzir** é dar a ideia ou inspirar; **atrair** equivale a aliciar ou seduzir; e **facilitar**, por sua vez, tem o sentido de simplificar o acesso, proporcionando os meios necessários. Os verbos ligam-se à prostituição ou outra forma de exploração sexual.

Nesses casos, a vítima ainda não se dedica ao mercado de préstimos sexuais, e a conduta criminosa consiste em fazer que ela ingresse no ramo de tais práticas. Como já decidido pelo Superior Tribunal de Justiça: "Aquele que facilita, dando condições favoráveis à continuação ou ao desenvolvimento da prostituição, pratica o crime de favorecimento da prostituição".[136]

---

prostituta(o) haja ou não contato corporal" (GRECO, Rogério. *Curso de direito penal*. 7. ed. Niterói: Impetus, 2010. v. III, p. 582).
[135] JESUS, Damásio E. *Direito penal*. 20. ed. São Paulo: Saraiva, 2011. v. 3, p. 174.
[136] HC 94.168/MG, rel. Min. Jane Silva (Desembargadora convocada do TJMG), 6.ª Turma, j. 1.º.04.2008.

Impedir significa vedar ou obstar, enquanto **dificultar** é tornar mais oneroso, criando obstáculos. Tais núcleos vinculam-se ao abandono da prostituição ou outra forma de exploração sexual, ou seja, a pessoa já se encontra no desempenho do comércio sexual.

Trata-se de **tipo misto alternativo**, **crime de ação múltipla** ou **de conteúdo variado**. A lei descreve vários núcleos, e a realização de mais de um deles em relação à mesma vítima (exemplo: induzir uma mulher à prostituição e posteriormente facilitar seu exercício) configura um único delito. A pluralidade de condutas, entretanto, deve ser sopesada pelo magistrado na dosimetria da pena-base, como circunstância judicial desfavorável, com fundamento no art. 59, *caput*, do Código Penal.

1.7.2.6. Sujeito ativo

O favorecimento da prostituição ou outra forma de exploração sexual é **crime comum** ou **geral**, podendo ser praticado por qualquer pessoa.

Entretanto, se o agente é ascendente, padrasto, madrasta, irmão, enteado, cônjuge, companheiro, tutor ou curador, preceptor ou empregador da vítima, ou se assumiu, por lei ou outra forma, obrigação de cuidado, proteção ou vigilância, estará caracterizada a qualificadora definida no § 1.º do art. 228 do Código Penal.

1.7.2.7. Sujeito passivo

Pode ser qualquer pessoa, independentemente do sexo ou raça, desde que com idade igual ou superior a 18 anos e dotada de discernimento para a prática do ato, bem como a coletividade. Para Guilherme de Souza Nucci, a **pessoa já prostituída** não pode ser considerada vítima do delito. Em suas palavras:

> (...) deve-se afastar a possibilidade de considerar sujeito passivo a pessoa já prostituída, por total atipicidade. Como punir, por exemplo, aquele que induz (dá a ideia) alguém à prostituição se essa pessoa já está prostituída? A "disciplinada vida sexual", objeto jurídico do tipo penal, está nitidamente comprometida nessa hipótese, de forma que não se vê razão lógica para a punição do agente.[137]

Com o devido respeito, não comungamos deste entendimento, por uma simples razão. O art. 228, *caput*, do Código Penal contempla os núcleos "impedir" e "dificultar", ou seja, a pessoa já se encontra no exercício da prostituição, mas o agente obsta ou coloca obstáculos para seu abandono. É evidente, entretanto, a impossibilidade de induzir ou atrair à prostituição ou outra forma de exploração sexual, ou facilitar sua prática em relação a quem já se dedica com habitualidade ao comércio sexual.

1.7.2.7.1. Favorecimento da prostituição ou de outra forma de exploração sexual de criança ou adolescente ou de vulnerável

Se a vítima for pessoa menor de 18 anos de idade ou que, por enfermidade ou doença mental, não tenha o necessário discernimento para a prática do ato, incidirá o crime de favorecimento da prostituição ou outra forma de exploração sexual de vulnerável, contido no art. 218-B do Código Penal.

A situação de vulnerabilidade do ofendido acarreta o reconhecimento de delito mais grave, de natureza hedionda (Lei 8.072/1990, art. 1.º, inc. VIII). O conflito aparente de normas penais é solucionado pelo princípio da especialidade.

---

[137] NUCCI, Guilherme de Souza. *Código Penal comentado*. 10. ed. São Paulo: RT, 2010. p. 944.

1.7.2.7.2. A questão da pornografia infantil, de adultos e de vulneráveis

A pornografia envolvendo crianças e adolescentes constitui crimes disciplinados pela Lei 8.069/1990 – Estatuto da Criança e do Adolescente –, em seus arts. 240, 241 e 241-A a 241-E. Nessas hipóteses, não há prostituição ou exploração sexual, pois caso contrário seria aplicável o art. 218-B do Código Penal.

Por seu turno, o legislador pátrio ainda não incriminou a prostituição envolvendo pessoas maiores de idade e capazes. Se a vítima, embora maior de 18 anos, for vulnerável, incidirá algum dos delitos prescritos nos arts. 217-A a 218-B do Código Penal – "Dos crimes sexuais contra vulnerável".

1.7.2.8. Elemento subjetivo

É o dolo, independentemente de qualquer finalidade específica. Não se admite a modalidade culposa.

1.7.2.8.1. Finalidade lucrativa e aplicação cumulativa da pena de multa

Se o crime é cometido com o fim de lucro, aplica-se também a pena de multa. É o que consta do § 3.º do art. 228 do Código Penal. Trata-se de mais uma hipótese de **lenocínio mercenário** ou **questuário**. Não se reclama a efetiva obtenção da vantagem econômica, bastando a intenção de recebê-la.

1.7.2.9. Consumação

Nos núcleos "induzir", "atrair" e "facilitar", a consumação se dá no momento em que alguém passa a se dedicar com habitualidade ao exercício da prostituição ou outra forma de exploração sexual, ainda que não venha a atender nenhuma pessoa interessada em seus serviços. O crime é **instantâneo**, pois sua consumação ocorre em um momento determinado, sem continuidade no tempo. Exemplificativamente, o crime estará consumado a partir do momento em que uma mulher se encontrar à disposição para programas sexuais em um bordel, mesmo que nenhum cliente com ela mantenha atividades sexuais.

Por seu turno, nas modalidades "impedir" e "dificultar", o delito atinge a consumação no instante em que a vítima decide abandonar a prostituição ou outra forma de exploração sexual, mas o sujeito não permite ou torna mais onerosa a concretização da sua vontade.[138] Exemplo: A prostituta decide voltar para sua cidade de origem e trabalhar como empregada doméstica, mas o agente promete matá-la se não continuar no ramo do comércio sexual. Nesses casos, o crime é **permanente**, pois sua consumação se protrai no tempo, perdurando durante todo o período em que subsistirem os entraves proporcionados pela conduta ilícita.

Note-se que, embora a prostituição seja o comércio continuado de préstimos sexuais, esta habitualidade se limita ao comportamento do ofendido. Em outras palavras, o aperfeiçoamento do delito reclama o exercício duradouro da prostituição, muito embora o crime tipificado no art. 228 do Código Penal não se revista da habitualidade, ou seja, o agente não precisa reiteradamente favorecer a prostituição ou outra forma de exploração sexual. Exemplificativamente, não basta atrair alguém à prostituição. É preciso que a pessoa realmente venha a se prostituir. O crime é instantâneo, mas depende da habitualidade do comportamento da vítima.

---

[138] No verbo "dificultar", o crime estará consumado mesmo que a vítima supere os obstáculos e consiga abandonar a prostituição ou outra forma de exploração sexual.

Em todas as hipóteses, o crime é **material** ou **causal**, pois a consumação requer o efetivo exercício da prostituição ou outra forma de exploração sexual pela vítima. Em síntese, é preciso alcançar o chamado **"estado de prostituição ou outra forma de exploração sexual"**.

1.7.2.10. Tentativa

É possível, em face do caráter plurissubsistente do delito, permitindo o fracionamento do *iter criminis*.

1.7.2.11. Ação penal

A ação penal é pública incondicionada.

1.7.2.12. Lei 9.099/1995

Trata-se de **crime de elevado potencial ofensivo**. As penas cominadas, em todas as modalidades do delito, impedem a aplicação dos benefícios contidos na Lei 9.099/1995.

1.7.2.13. Classificação doutrinária

O favorecimento da prostituição ou outra forma de exploração sexual é crime **simples** (ofende um único bem jurídico); **comum** (pode ser praticado por qualquer pessoa); **material ou causal** (consuma-se com a produção do resultado naturalístico, consistente no exercício da prostituição ou outra forma de exploração sexual pela vítima); **de forma livre** (admite qualquer meio de execução); **instantâneo** (nos núcleos "induzir", "atrair" e "facilitar") ou **permanente** (nas variantes "impedir" e "dificultar"); em regra **comissivo**; **unissubjetivo, unilateral** ou **de concurso eventual** (pode ser cometido por uma única pessoa, mas admite o concurso); e normalmente **plurissubsistente** (a conduta pode ser fracionada em diversos atos).

1.7.2.14. Figuras qualificadas: art. 228, §§ 2.º e 3.º

Se a conduta criminosa enquadrar-se em mais de uma qualificadora (exemplo: crime cometido contra descendente com emprego de grave ameaça), o julgador, ao fixar a pena, deve utilizar o § 2.º como qualificadora, em face da sua maior gravidade, subsistindo o § 1.º como circunstância judicial desfavorável, nos moldes do art. 59, *caput*, do Código Penal.

1.7.2.14.1. Art. 228, § 1.º

Como estatui o art. 228, § 1.º, do Código Penal: "Se o agente é ascendente, padrasto, madrasta, irmão, enteado, cônjuge, companheiro, tutor ou curador, preceptor ou empregador da vítima, ou se assumiu, por lei ou outra forma, obrigação de cuidado, proteção ou vigilância: Pena – reclusão, de 3 (três) a 8 (oito) anos".

Estas qualificadoras relacionam-se com a **qualidade do sujeito ativo**. Tais circunstâncias devem ser provadas por documento hábil (certidão de nascimento, documento de identidade etc.), pois dizem respeito ao estado civil das pessoas, aplicando-se a regra contida no parágrafo único do art. 155 do Código de Processo Penal: "Somente quanto ao estado das pessoas serão observadas as restrições estabelecidas na lei civil".

Preceptor é a pessoa incumbida de acompanhar e orientar a educação de uma criança ou adolescente.

No tocante ao delito cometido por ascendente, tutor ou curador, a condenação definitiva importa na incapacidade para o exercício do poder familiar, da tutela ou da curatela nos crimes dolosos sujeitos à pena de reclusão cometidos contra outrem igualmente titular do mesmo poder familiar, contra filho, filha ou outro descendente ou contra tutelado ou curatelado, com fulcro no art. 92, inc. II, do Código Penal, desde que este efeito seja motivadamente declarado na sentença, pois consiste em crime doloso, punido com reclusão e cometido contra outrem igualmente titular do mesmo poder familiar, filho, filha ou outro descendente, tutelado ou curatelado.

A expressão "ou se assumiu, por lei ou outra forma, obrigação de cuidado, proteção ou vigilância", indicativa do dever de agir para evitar o resultado (CP, art. 13, § 2.º, *a* e *b*), deixa nítida a possibilidade de ser o crime praticado mediante omissão, inclusive autorizando a aplicação da forma qualificada.

1.7.2.14.2. Art. 228, § 2.º

Como proclama o art. 228, § 2.º, do Código Penal: "Se o crime é cometido com emprego de violência, grave ameaça ou fraude: Pena – reclusão, de quatro a dez anos, além da pena correspondente à violência".

Violência é o emprego de força física contra alguém, mediante lesão corporal ou vias de fato. A lei impõe o **concurso material obrigatório** entre a figura qualificada e o delito originário da violência (lesão corporal de qualquer espécie, homicídio consumado ou tentado etc.), somando-se as penas. As vias de fato são absorvidas, em decorrência da sua subsidiariedade expressa, determinada pelo art. 21 do Decreto-lei 3.688/1941 – Lei das Contravenções Penais.

Grave ameaça é a promessa de mal injusto, grave e passível de realização. **Fraude** é o artifício ou ardil utilizado para ludibriar alguém.

Estes meios de execução facilitam a prática do crime, pela coação ou pelo engano da vítima, e a ela causam maiores danos, justificando o tratamento penal mais severo.

1.7.3. Art. 229 – Casa de prostituição

1.7.3.1. Dispositivo legal

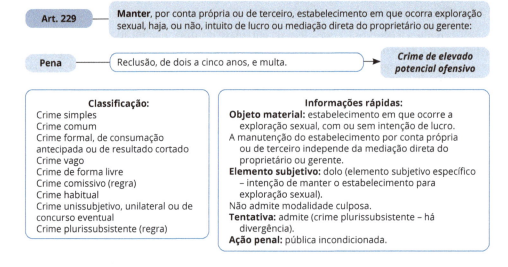

1.7.3.2. Introdução

As casas de prostituição, também conhecidas como bordéis, lupanares, casas de tolerância, "inferninhos" e "zonas", entre outras denominações, desempenham suas atividades em diversas cidades. Se não bastasse essa atuação ostensiva, diurna e noturna, lançam anúncios em jornais, revistas, *outdoors*, rádio, televisão e Internet.

O Estado, na maioria das vezes, faz vista grossa. E pior. Muitos agentes públicos protegem as casas de prostituição e seus beneficiários, em troca de propinas e até mesmo de favores sexuais. De vez em quando são efetuadas ações policiais, principalmente em busca da exploração sexual de crianças e adolescentes, mas nada de concreto acontece. Os estabelecimentos mudam de local e de nome, mas a atividade subsiste. Forma-se um círculo vicioso, invariavelmente relacionado com o tráfico de drogas e a lavagem de dinheiro.

Nada obstante a omissão estatal, com a consequente conivência da sociedade, não há falar em atipicidade material em face do princípio da adequação social. E muito menos em revogação da lei, como corolário do seu desuso. Como se sabe, a lei penal só perde sua força sancionadora pelo advento de outra lei que a revogue. A indiferença social não é excludente da ilicitude ou mesmo da culpabilidade, razão pela qual não pode elidir o crime definido no art. 229 do Código Penal. Na linha de raciocínio do Superior Tribunal de Justiça:

> O princípio da adequação social é um vetor geral de hermenêutica segundo o qual, dada a natureza subsidiária e fragmentária do direito penal, se o tipo é um modelo de conduta proibida, não se pode reputar como criminoso um comportamento socialmente aceito e tolerado pela sociedade, ainda que formalmente subsumido a um tipo incriminador. A aplicação deste princípio no exame da tipicidade deve ser realizada em caráter excepcional, porquanto ao legislador cabe precipuamente eleger aquelas condutas que serão descriminalizadas. A jurisprudência desta Corte Superior orienta-se no sentido de que eventual tolerância de parte da sociedade e de algumas autoridades públicas não implica a atipicidade material da conduta de manter casa de prostituição, delito que, mesmo após as recentes alterações legislativas promovidas pela Lei n. 12.015/2009, continuou a ser tipificada no artigo 229 do Código Penal. De mais a mais, a manutenção de estabelecimento em que ocorra a exploração sexual de outrem vai de encontro ao princípio da dignidade da pessoa humana, sendo incabível a conclusão de que é um comportamento considerado correto por toda a sociedade.[139]

Vale destacar que a edição da Lei 12.015/2009, conferindo a atual redação do art. 229 do Código Penal, demonstra a preocupação do legislador em incriminar essa conduta. Se o Estado não confere à lei sua efetiva aplicação, o problema não é de atipicidade, e sim de ineficiência dos órgãos responsáveis pela persecução penal.

É indiscutível, porém, que a desídia do Estado e a pretensa aceitação pela sociedade abrem largo caminho para o instituto do **erro de proibição**, nos moldes do art. 21 do Código Penal. A situação fática, que definirá a evitabilidade ou inevitabilidade do erro, poderá demonstrar que o sujeito, como corolário da realidade em que se encontrava, acreditava ser lícita a manutenção de estabelecimento para exploração sexual.

1.7.3.3. Objetividade jurídica

O bem jurídico penalmente tutelado é a dignidade sexual,[140] e não a moralidade pública.

1.7.3.4. Objeto material

É o estabelecimento em que ocorre a exploração sexual, com ou sem intenção de lucro.

É interessante destacar que, com a edição da Lei 12.015/2009, o campo de incidência do art. 229 do Código Penal foi sensivelmente aumentado. Antes, falava-se em "casa de prostitui-

---

[139] REsp 1.435.872/MG, rel. Min. Sebastião Reis Júnior, rel. p/ acórdão Min. Rogério Schietti Cruz, 6.ª Turma, j. 03.06.2014. O STF compartilha desta linha de pensamento: HC 104.467/RS, rel. Min. Cármen Lúcia, 1.ª Turma, j. 08.02.2011, noticiado no *Informativo* 615.

[140] STJ: REsp 1.683.375/SP, rel. Min. Maria Thereza de Assis Moura, 6.ª Turma, j. 14.08.2018, noticiado no *Informativo* 631.

ção ou lugar destinado a encontros para fim libidinoso";[141] agora, de modo mais abrangente, é usada a expressão "estabelecimento em que ocorra a exploração sexual", independentemente do nome utilizado pelo agente para disfarçar sua atividade criminosa. Portanto, agora também são alcançadas as boates de *striptease*, os clubes das mulheres etc., em que pese, repita-se, a omissão do Estado e a tolerância da sociedade.

Em razão dessa mudança, seria acertada a alteração do nome do delito, pois não mais se justifica a terminologia "casa de prostituição". Em nossa opinião, a nomenclatura "manutenção de estabelecimento para exploração sexual" se revela mais técnica e adequada.

1.7.3.5. Núcleo do tipo

O núcleo do tipo é "**manter**", ou seja, sustentar ou conservar estabelecimento em que ocorra exploração sexual. O verbo utilizado indica **habitualidade**, razão pela qual a caracterização do delito reclama a reiteração de atos evidenciadores da estabilidade do comportamento ilícito, ou seja, do estilo de vida contrário à lei adotado pelo sujeito.

A habitualidade pode ser comprovada por qualquer meio (testemunhas, confissão, filmagens etc.), **não se exigindo a instauração de sindicância prévia** pela Administração Pública, pela Polícia ou pelo Poder Judiciário.

A manutenção do estabelecimento pode se dar **por conta própria ou de terceiro**. Em outras palavras, o estabelecimento em que ocorre a exploração sexual pode ser custeado pelo seu proprietário ou por terceiro, desde que ciente da destinação ilícita do local.

De fato, a falta de conhecimento da finalidade ilícita do estabelecimento para o qual alguém contribui na manutenção conduz à atipicidade do fato, em face da ausência do dolo. Exemplo: Um pai de família encaminha mensalmente dinheiro para sua filha que cursa faculdade em cidade distante, para a compra de livros e de mantimentos pessoais. A moça, contudo, utiliza as verbas para pagamento das contas da sua "república", na qual explora sexualmente diversas amigas interessadas na obtenção de dinheiro em troca de programas libidinosos. Evidentemente, a responsabilidade penal é unicamente da filha, pois não há dolo no comportamento do seu genitor.

Em qualquer hipótese – manutenção do estabelecimento por conta própria ou de terceiro –, **prescinde-se da mediação direta do proprietário ou gerente**. Destarte, o proprietário do estabelecimento pode delegar a administração a outrem, o que não afasta sua responsabilidade pelo crime definido no art. 229 do Código Penal. De igual modo, o gerente pode administrar os negócios no próprio local ou à distância.

1.7.3.6. Sujeito ativo

A casa de prostituição é **crime comum** ou **geral**, podendo ser cometido por qualquer pessoa. Trata-se do **proxeneta**, ou seja, a pessoa que mantém locais destinados a encontros libidinosos, ou funciona como mediador para a satisfação da lascívia de terceiros. Em síntese, é o sujeito que atua como intermediário em relações sexuais alheias, mediante a exploração sexual de uma ou mais pessoas.

---

[141] Esta era a redação do art. 229 do Código Penal: "Manter, por conta própria ou de terceiro, caso de prostituição ou lugar destinado a encontros para fim libidinoso, haja, ou não, intuito de lucro ou mediação direta do proprietário ou gerente: Pena – reclusão, de dois a cinco anos, e multa".

1.7.3.7. Sujeito passivo

É a pessoa explorada sexualmente, independentemente do seu sexo ou da sua orientação sexual. De fato, a exploração sexual é indispensável à configuração do delito tipificado no art. 229 do Código Penal. Como destacado pelo Superior Tribunal de Justiça:

> O estabelecimento que não se volta exclusivamente à prática de mercancia sexual, tampouco envolve menores de idade ou do qual se comprove retirada de proveito, auferindo lucros da atividade sexual alheia mediante ameaça, coerção, violência ou qualquer outra forma de violação ou tolhimento à liberdade das pessoas, não dá origem a fato típico a ser punido na seara penal. A questão de direito delimitada na controvérsia trata da interpretação dada ao artigo 229 do Código Penal. Registre-se que, mesmo após a alteração legislativa introduzida pela Lei n. 12.015/2009, a conduta consistente em manter casa de prostituição segue sendo crime. Todavia, com a novel legislação, passou-se a exigir a 'exploração sexual' como elemento normativo do tipo, de modo que a conduta consistente em manter casa para fins libidinosos, por si só, não mais caracteriza crime, sendo necessário, para a configuração do delito, que haja exploração sexual, assim entendida como a violação à liberdade das pessoas que ali exercem a mercancia carnal. Dessa forma, crime é manter pessoa em condição de explorada, obrigada, coagida, não raro em más condições, ou mesmo em condição análoga à de escravidão, impondo-lhe a prática de sexo sem liberdade de escolha, ou seja, com tolhimento de sua liberdade sexual e em violação de sua dignidade sexual. Nesse sentido, o bem jurídico tutelado não é a moral pública mas sim a dignidade sexual como, aliás, o é em todos os crimes constantes do Título VI da Parte Especial do Código Penal, dentre os quais, o do artigo 229. E o sujeito passivo do delito não é a sociedade mas sim a pessoa explorada, vítima da exploração sexual. Assim, se não se trata de estabelecimento voltado exclusivamente para a prática de mercancia sexual, tampouco há notícia de envolvimento de menores de idade, nem comprovação de que o recorrido tirava proveito, auferindo lucros da atividade sexual alheia mediante ameaça, coerção, violência ou qualquer outra forma de violação ou tolhimento à liberdade das pessoas, não há falar em fato típico a ser punido na seara penal.[142]

1.7.3.7.1. A prostituição de menores de 18 anos de idade

A conduta de manter local destinado à prostituição de pessoas menores de 18 anos e maiores de 14 anos de idade implica o reconhecimento do crime de favorecimento da prostituição ou de outra forma de exploração sexual de criança ou adolescente ou de vulnerável, tipificado no art. 218-B, § 2.º, inc. II, do Código Penal e definido como hediondo (art. 1.º, inc. VIII, da Lei 8.072/1990). Também será responsabilizado por esse delito o cliente que praticar conjunção carnal ou outro ato libidinoso com as pessoas compreendidas na mencionada faixa etária (CP, art. 218-B, § 2.º, inc. I).

Entretanto, se no local houver a efetiva prostituição ou qualquer outra forma de exploração sexual de pessoa em situação de vulnerabilidade, estará caracterizado o crime de estupro de vulnerável, nos termos do art. 217-A do Código Penal, de natureza hedionda. Ao cliente o delito será imputado na condição de autor; ao intermediário, responsável pelo estabelecimento, na posição de partícipe.

1.7.3.8. Elemento subjetivo

É o dolo, acrescido de um especial fim de agir, consistente na intenção de manter o estabelecimento para exploração sexual. Aliás, a natureza habitual do delito está indissociavelmente ligada a este elemento subjetivo específico.

---

[142] REsp 1.683.375/SP, rel. Min. Maria Thereza de Assis Moura, 6.ª Turma, j. 14.08.2018, noticiado no *Informativo* 631.

O *animus lucrandi* é irrelevante para fins de tipicidade, pois com ou sem ele há ofensa à moralidade pública, mas deve ser utilizado pelo magistrado na dosimetria da pena-base, com fulcro no art. 59, *caput*, do Código Penal.

Não se admite a modalidade culposa.

1.7.3.9. Consumação

A casa de prostituição é **crime habitual**. Consequentemente, consuma-se com a efetiva manutenção do estabelecimento em que ocorra a exploração sexual, demonstrada com a reiteração de atos indicativos dessa finalidade. Um ato isolado é penalmente irrelevante, como na situação em que alguém coloca, por curto período, um letreiro em *neon* na porta da sua residência, com a finalidade de explorar sexualmente sua prima. No entanto, sem nenhum tipo de propaganda, somada à brevidade da empreitada, a "casa de prostituição" não chega ao conhecimento de quem quer que seja.

Prescinde-se da prática de qualquer ato sexual. Exemplo: "A" inaugura um estabelecimento chamado "Paraíso do Sexo", repleto de luzes vermelhas em seu entorno, e com muitas mulheres vestindo roupas extremamente sensuais em seu interior. Anuncia a abertura da casa no rádio e na televisão, cria um sítio eletrônico na rede mundial de computadores e distribui panfletos em bares e restaurantes. Passam-se semanas sem que nenhum interessado compareça ao local. Nada obstante o azar de "A", o crime por ele praticado alcançou a consumação.

É também **crime formal, de consumação antecipada** ou **de resultado cortado**, pois consuma-se com a prática da conduta legalmente descrita, independentemente da superveniência do resultado naturalístico, consistente na efetiva lesão da moralidade pública em seu aspecto sexual.

1.7.3.10. Tentativa

Muito embora diversos autores sejam contrários à tentativa, pelo fato de tratar-se de crime habitual, entendemos cabível o *conatus*, em face do caráter plurissubsistente do delito, permitindo o fracionamento do *iter criminis*.

1.7.3.11. Ação penal

A ação penal é pública incondicionada.

1.7.3.12. Lei 9.099/1995

Em face da pena cominada – reclusão, de dois a cinco anos, e multa – a casa de prostituição constitui-se em **crime de elevado potencial ofensivo**, incompatível com os benefícios elencados pela Lei 9.099/1995.

1.7.3.13. Classificação doutrinária

A casa de prostituição é crime **simples** (ofende um único bem jurídico); **comum** (pode ser praticado por qualquer pessoa); **formal, de consumação antecipada** ou **de resultado cortado** (consuma-se com a prática da conduta legalmente descrita, independentemente da superveniência do resultado naturalístico); **vago** (tem como sujeito passivo um ente destituído de personalidade jurídica, qual seja, a coletividade); **de forma livre** (admite qualquer meio de execução); em regra **comissivo**; **habitual** (reclama a reiteração de atos indicativos do estilo de vida ilícito adotado pelo agente); **unissubjetivo, unilateral** ou **de concurso eventual** (pode ser cometido por uma única pessoa, mas admite o concurso); e normalmente **plurissubsistente** (a conduta pode ser fracionada em diversos atos).

1.7.3.14. Motéis, casas de massagem, saunas, drives in, boates, casas de relaxamento, hotéis de alta rotatividade e estabelecimentos análogos

Em princípio, a manutenção de tais estabelecimentos não configura o delito de casa de prostituição, pois não se destinam à exploração sexual, e sim a outras atividades (hospedagem, encontro de casais, banhos, descanso etc.).

Todavia, se no caso concreto restar demonstrado que a denominação utilizada no estabelecimento destinava-se unicamente a acobertar sua verdadeira finalidade, consistente na exploração sexual, incidirá o crime definido no art. 229 do Código Penal. Exemplo: "A" mantém casa de massagem voltada à prática de relações sexuais, mediante pagamento, entre as "massagistas" e seus clientes.

Veja-se que, nada obstante a rubrica marginal do art. 229 do Código Penal tenha conservado o *nomen iuris* "casa de prostituição", a descrição típica é abrangente, pois fala em "estabelecimento em que ocorra exploração sexual". São indiferentes, portanto, o nome do estabelecimento e seu disfarçado ramo de atuação. O que deve ser levado em conta é o exercício reiterado ou não de exploração sexual em seu interior. A título ilustrativo, nada impede que o imóvel no qual funcione um restaurante tenha um cômodo nos fundos destinado à prática habitual de atos libidinosos entre as garçonetes e os clientes. Nesse caso, estará delineado o crime de casa de prostituição.

1.7.3.15. Casa de prostituição, habitualidade e prisão em flagrante

A natureza habitual do crime de casa de prostituição não impede a prisão em flagrante do seu responsável. Com efeito, uma vez demonstrada a consumação do delito, mediante a reiteração de atos indicativos da manutenção de estabelecimento em que ocorra a exploração sexual, é cabível a prisão em flagrante, com fundamentos nos arts. 301 e seguintes do Código de Processo Penal.[143]

1.7.4. Art. 230 – Rufianismo

1.7.4.1. Dispositivo legal

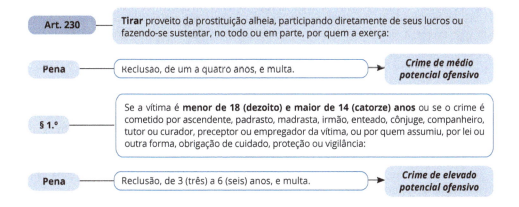

---

[143] Com posição contrária, sustentando a inviabilidade da prisão em flagrante: NUCCI, Guilherme de Souza. *Código Penal comentado*. 10. ed. São Paulo: RT, 2010. p. 951-954.

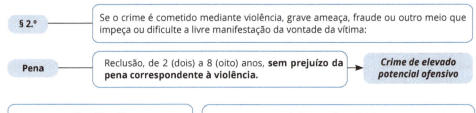

1.7.4.2. Introdução

Com a incriminação do rufianismo, a lei busca impedir a exploração das pessoas prostituídas. Muito embora a prostituição em si mesma não seja ilícita, o Código Penal não tolera a atividade daqueles que vivem à custa de quem se prostitui.

O rufianismo consiste na conduta de aproveitar-se da prostituição alheia. O sujeito explora materialmente quem exerce a prostituição e, consequentemente, fomenta o comércio sexual, em oposição à moralidade pública que deve ser preservada, inclusive no âmbito sexual.

Entretanto, como a prostituição não é contrária ao ordenamento jurídico, há vozes que se insurgem contra o delito em sua modalidade fundamental (CP, art. 230, *caput*), pois estaria a tutelar comportamentos meramente imorais, em contrariedade ao princípio da lesividade (ou da ofensividade), um dos vetores do Direito Penal moderno.

O argumento é o seguinte: se não há crime para quem lucra com a própria prostituição, qual seria a legitimidade na punição do terceiro que se aproveita do adulto (e plenamente capaz) que exerce a prostituição, sem se valer de violência à pessoa, grave ou fraude? Nas palavras de Renato de Mello Jorge Silveira:

> Por fim, e derradeiramente, parece pouco aceitável a manutenção de uma construção tipológica como a contida no art. 230 da lei nuclear, a saber, o rufianismo. Por mais reprovável que possa ser, desde um ponto de vista da sociedade patriarcal e machista, fazer-se sustentar pelo comércio do corpo e do sexo de outrem, isso só o é desde um ponto de vista moral. Espetáculos pornográficos de sexo explícito e mesmo a feitura de filmes televisivos ou cinematográficos de sexo explícito, ainda que não formas de prostituição clássica, envolvem a prática sexual mediante paga e não se imagina uma reprovação de quem venha a se sustentar por tais afazeres. Se existe uma censura moral por tais fatos, não pode haver uma reprovação penal.[144]

---

[144] SILVEIRA, Renato de Mello Jorge. *Crimes sexuais*. Bases críticas para a reforma do direito penal sexual. São Paulo: Quartier Latin, 2008. p. 337.

Para os partidários dessa linha de pensamento, seriam constitucionais somente determinadas figuras qualificadas do rufianismo: na primeira parte do § 1.º (vítima menor de 18 e maior de 14 anos de idade), como corolário do prejuízo à formação física, moral e psicológica do adolescente; e no § 2.º, em razão da coação ou do engodo proporcionado à vítima.

1.7.4.3. Objetividade jurídica

O bem jurídico penalmente tutelado é a moralidade pública, em sua conotação sexual.

1.7.4.4. Objeto material

É a pessoa prostituída e explorada pelo rufião ou pela cafetina.

1.7.4.5. Núcleo do tipo

O núcleo do tipo é "**tirar**" proveito, no sentido de extrair vantagem econômica ou aproveitar-se materialmente da prostituição alheia. Nesse contexto, cumpre destacar que a expressão "tirar proveito" em nada se relaciona ao aspecto sexual, é dizer, o rufião explora dinheiro ou bens da pessoa prostituída, e não o seu corpo.

Para evitar discussões desnecessárias, o legislador foi prudente ao fazer constar a elementar "alheia", ou seja, de pessoa diversa daquela que se aproveita, pois a prostituição, por si só, não configura delito no Brasil.

Não é imprescindível seja do agente a iniciativa da atividade, ou seja, o crime subsiste na hipótese de oferecimento espontâneo da prostituta para ser explorada em sua renda. Além disso, é indiferente se o rufião possui outras fontes de receita pecuniária, uma vez que não se exige sua dedicação exclusiva ao aproveitamento do comércio carnal de outrem.

Exige-se a **habitualidade**, pois a finalidade da lei é punir o comportamento de quem faz da exploração da prostituição alheia seu modo de vida. O crime pode ser concretizado pelas seguintes maneiras:

a) tirar proveito da prostituição alheia, participando diretamente de seus lucros

Cuida-se do **rufianismo ativo**. O sujeito, chamado de **cafetão**, forma uma autêntica "sociedade empresarial" com a pessoa prostituída. Enquanto esta vende seu corpo, aquele recebe parte dos valores obtidos com o exercício da prostituição, normalmente como desdobramento da organização dos negócios e da proteção conferida a quem se prostitui. Não há crime quando o agente reparte os lucros oriundos de outras atividades, a exemplo do aluguel de um imóvel percebido mensalmente pela prostituta, pois o tipo penal contém a elementar "diretamente".[145]

b) tirar proveito da prostituição alheia, fazendo-se sustentar, no todo ou em parte, por quem a exerça

Tem-se aqui o **rufianismo passivo**. O agente, conhecido como **gigolô**, muitas vezes envolvido afetivamente com a pessoa prostituída, não participa diretamente dos lucros advindos da prostituição, mas é sustentado por quem a exerce, aproveitando-se dos valores decorrentes do comércio sexual. O sustento não precisa ser obrigatoriamente em dinheiro, admitindo-se o recebimento de roupas, alimentação, presentes etc. Como o tipo penal utiliza a expressão "no todo ou em parte", fica nítido não ser preciso que subsista o rufião unicamente às custas da pessoa prostituída. Ele pode inclusive trabalhar licitamente, e mesmo assim ser sustentado economicamente pelos valores provenientes da prostituição alheia.

---

[145] "Para a configuração do crime de rufianismo, necessário que o ganho obtido seja diretamente auferido da prostituição e não do comércio paralelo de outros produtos, como bebidas e alojamentos" (STJ: REsp 1.206.068/RS, rel. Min. Laurita Vaz, 5.ª Turma, j. 05.06.2013).

1.7.4.6. Sujeito ativo

Trata-se de **crime comum** ou **geral**, podendo ser cometido por qualquer pessoa.

No entanto, se o agente for ascendente, padrasto, madrasta, irmão, enteado, cônjuge, companheiro, tutor ou curador, preceptor ou empregador da vítima, ou por quem assumiu, por lei ou outra forma de obrigação ou cuidado, proteção ou vigilância, incidirá a qualificadora delineada na parte final do § 1.º do art. 230 do Código Penal, punida com reclusão, de três a seis anos, e multa.

1.7.4.6.1. Distinção entre rufião e proxeneta

Rufião, também conhecido como gigolô (rufianismo passivo) ou cafetão (rufianismo ativo), é a pessoa que vive da prostituição alheia. **Proxeneta**, por sua vez, é intermediário de encontros sexuais de terceiros, bem como aquele que mantém espaços reservados para tanto, auferindo ou não vantagem econômica.

A diferença subsiste inclusive no tocante ao **proxenitismo lucrativo**, disciplinado no art. 228, § 3.º, do Código Penal. Com efeito, neste crime o sujeito obtém o lucro e se afasta (crime instantâneo), enquanto no rufianismo há percepção de lucros de forma continuada (crime habitual).

1.7.4.7. Sujeito passivo

É a pessoa que exerce a prostituição, explorada pela conduta criminosa, independentemente do seu sexo, e mediatamente a coletividade, pois o rufianismo atenta contra a moralidade pública, em sua conotação sexual.

Se a vítima for pessoa menor de 18 e maior de 14 anos, será aplicável a qualificadora estatuída na primeira parte do § 1.º do art. 230 do Código Penal. O fundamento do tratamento penal mais severo reside nos males causados à pessoa em fase de desenvolvimento físico, moral e psicológico.

1.7.4.7.1. A questão da idade ou da vulnerabilidade da vítima e o art. 218-B, § 1.º, do Código Penal

Se o sujeito tirar proveito da prostituição alheia, participando diretamente de seus lucros ou fazendo sustentar-se, no todo ou em parte, por quem a exerça, **no tocante à pessoa menor de 18 anos de idade ou vulnerável**, estará caracterizado o crime de favorecimento da prostituição ou de outra forma de exploração sexual de criança ou adolescente ou de vulnerável, tipificado no art. 218-B do Código Penal, de natureza hedionda (art. 1.º, VIII, da Lei 8.072/1990) e com aplicação cumulativa da pena de multa, nos termos do § 1.º, em face da indisfarçável intenção de obter vantagem econômica.

1.7.4.8. Elemento subjetivo

É o dolo, acrescido de um especial fim de agir, consistente da intenção de, habitualmente, tirar proveito da prostituição alheia. Este elemento subjetivo específico é inerente à natureza habitual do rufianismo. Não se admite a modalidade culposa.

1.7.4.9. Consumação

O rufianismo é **crime material** ou **causal**: consuma-se com o efeito proveito obtido pelo agente em decorrência da prostituição alheia.

Exige-se, contudo, a **habitualidade**, razão pela qual o aproveitamento deve ser duradouro, mas não necessariamente eterno, descartando-se as vantagens eventuais. Exemplificativamente, o delito estará consumado na hipótese em que um homem reside há meses em apartamento custeado por determinada prostituta. Entretanto, o fato é atípico para o sujeito presenteado pela amiga em razão de elevada soma em dinheiro auferida com o exercício da prostituição.

1.7.4.10. Tentativa

É possível, em face do caráter plurissubsistente do delito, permitindo o fracionamento do *iter criminis*.[146]

1.7.4.11. Ação penal

A ação penal é pública incondicionada.

1.7.4.12. Lei 9.099/1995

Em sua modalidade fundamental, prevista no *caput* do art. 230 do Código Penal, o rufianismo é **crime de médio potencial ofensivo**. A pena mínima cominada (um ano) autoriza a suspensão condicional do processo, se presentes os demais requisitos exigidos pelo art. 89 da Lei 9.099/1995.

Por seu turno, nas formas qualificadas (§§ 1.º e 2.º), o rufianismo constitui-se em **crime de elevado potencial ofensivo**, incompatível com os benefícios elencados na Lei 9.099/1995.

1.7.4.13. Classificação doutrinária

O rufianismo é crime **simples** (ofende um único bem jurídico); **comum** (pode ser praticado por qualquer pessoa); **material** ou **causal** (consuma-se com o efetivo proveito oriundo da prostituição alheia); **de forma livre** (admite qualquer meio de execução); em regra **comissivo**; **habitual** (reclama a reiteração de atos indicativos do estilo de vida ilícito adotado pelo agente); **unissubjetivo, unilateral** ou **de concurso eventual** (pode ser cometido por uma única pessoa, mas admite o concurso); e normalmente **plurissubsistente** (a conduta pode ser fracionada em diversos atos).

1.7.4.14. Figuras qualificadas: art. 230, §§ 1.º e 2.º

Se a conduta criminosa enquadrar-se em mais de uma qualificadora (exemplo: crime cometido mediante fraude contra pessoa de 17 anos de idade), o juiz deve utilizar a mais grave como qualificadora, e a remanescente como circunstância judicial desfavorável, com fulcro no art. 59, *caput*, do Código Penal.[147]

1.7.4.14.1. Art. 230, § 1.º

Como estabelece o art. 230, § 1.º, do Código Penal: "Se a vítima é menor de 18 (dezoito) e maior de 14 (catorze) anos ou se o crime é cometido por ascendente, padrasto, madrasta, irmão, enteado, cônjuge, companheiro, tutor ou curador, preceptor ou empregador da vítima, ou por quem assumiu, por lei ou outra forma, obrigação de cuidado, proteção ou vigilância: Pena – reclusão, de 3 (três) a 6 (seis) anos, e multa".

---

[146] Há entendimentos em contrário, sob o fundamento da inadmissibilidade do *conatus* nos crimes habituais.

[147] A qualificadora mais grave é a do § 2.º, com pena máxima de oito anos, embora a prevista no § 1.º apresente pena mínima mais elevada.

O dispositivo legal prevê qualificadoras relacionadas à **idade da vítima** e à **qualidade do sujeito ativo**. As circunstâncias ligadas ao estado civil das pessoas devem ser provadas por documento hábil (certidão de nascimento, documento de identidade etc.), aplicando-se a regra contida no parágrafo único do art. 155 do Código de Processo Penal: "Somente quanto ao estado das pessoas serão observadas as restrições estabelecidas na lei civil".

Em relação ao crime praticado por ascendente, tutor ou curador, a condenação definitiva importa na incapacidade para o exercício do poder familiar, da tutela ou da curatela nos crimes dolosos sujeitos à pena de reclusão cometidos contra outrem igualmente titular do mesmo poder familiar, contra filho, filha ou outro descendente ou contra tutelado ou curatelado, com fulcro no art. 92, inc. II, 1.ª parte, do Código Penal, desde que este efeito seja motivadamente declarado na sentença, pois consiste em crime doloso, punido com reclusão e cometido contra outrem igualmente titular do mesmo poder familiar, filho, filha ou outro descendente, tutelado ou curatelado.

Preceptor é a pessoa incumbida de acompanhar e orientar a educação de uma criança ou adolescente.

A fórmula final – "se assumiu, por lei ou outra forma, obrigação de cuidado, proteção ou vigilância" – é indicativa do **dever de agir**, nos moldes do art. 13, § 2.º, do Código Penal, e deve ser interpretada extensivamente, com o escopo de abranger qualquer situação, oriunda ou não de contrato, na qual alguém se colocou na posição de garantidor relativamente a outra pessoa.

1.7.4.14.2. Art. 230, § 2.º

Como preceitua o art. 230, § 2.º, do Código Penal: "Se o crime é cometido mediante violência, grave ameaça, fraude ou outro meio que impeça ou dificulte a livre manifestação da vontade da vítima: Pena – reclusão, de 2 (dois) a 8 (oito) anos, sem prejuízo da pena correspondente à violência".

Violência é o emprego de força física contra alguém, mediante lesão corporal ou vias de fato. A lei impõe o **concurso material obrigatório** entre o rufianismo qualificado e o crime resultante da violência (lesão corporal de qualquer espécie, homicídio consumado ou tentado etc.), somando-se as penas. As vias de fato, contudo, são absorvidas pelo rufianismo, em face da sua subsidiariedade expressa, determinada pelo art. 21 do Decreto-lei 3.688/1941 – Lei das Contravenções Penais.

Grave ameaça é a promessa de mal injusto, grave e passível de realização. **Fraude** é o artifício ou ardil utilizado para ludibriar alguém.

Finalmente, o legislador se valeu da **interpretação analógica** (ou *intra legem*). Após descrever uma fórmula casuística – "violência, grave ameaça ou fraude" – a lei contempla uma fórmula genérica – "ou outro meio que impeça ou dificulte a livre manifestação da vontade da vítima", visando alcançar outros meios similares àqueles, embora não indicados expressamente no tipo penal, a exemplo da utilização de drogas ou do álcool.

1.7.4.15. Rufianismo e favorecimento da prostituição ou outra forma de exploração sexual

Se o sujeito induz ou atrai alguém à prostituição ou outra forma de exploração sexual, e habitualmente tira proveito desta atividade, deve ser responsabilizado pelos crimes de favorecimento da prostituição ou outra forma de exploração sexual (CP, art. 228) e de rufianismo (CP, art. 230), em concurso material.

Em primeiro lugar, a pena cominada ao crime definido no art. 228 (reclusão, de dois a cinco anos, e multa) é mais elevada do que a pena reservada ao delito previsto no art. 230 (reclusão, de um a quatro anos, e multa). Além disso, a reprovabilidade da conduta daquele que leva alguém à prostituição, para daí tirar proveito, indiscutivelmente é maior quando comparada ao comportamento do agente que se limita a aproveitar-se de pessoa já enveredada pelo mundo da prostituição.

1.7.5. Art. 231 – Tráfico internacional de pessoa para fim de exploração sexual

O crime de tráfico internacional de pessoa para fim de exploração sexual, outrora definido no art. 231 do CP, foi formalmente revogado pela Lei 13.344/2016. Não houve, entretanto, *abolitio criminis*, pois o fato agora se subsume ao art. 149-A do CP, com o *nomen iuris* "tráfico de pessoas". Aplica-se ao caso o **princípio da continuidade normativa**, ou **da continuidade típico-normativa**, operando-se simplesmente o deslocamento do fato criminoso para tipo penal diverso.

1.7.6. Art. 231-A – Tráfico interno de pessoa para fim de exploração sexual

O tráfico interno de pessoa para fim de exploração sexual, anteriormente previsto no art. 231-A do CP, foi formalmente revogado pela Lei 13.344/2016, mas não houve *abolitio criminis*, pois o fato agora se enquadra na definição contida no art. 149-A do CP, com o rótulo "tráfico de pessoas". Incide na hipótese o **princípio da continuidade normativa**, ou **da continuidade típico-normativa**, acarretando tão somente no deslocamento do fato criminoso para outro tipo penal.

1.7.7. Art. 232-A – Promoção de migração ilegal

1.7.7.1. Dispositivo legal

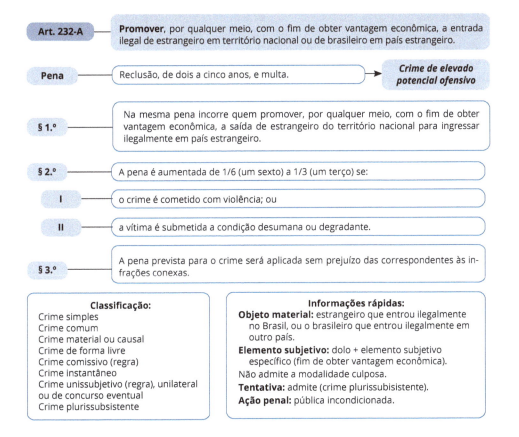

1.7.7.2. Introdução

O art. 232-A foi incluído no Código Penal pela Lei 13.445/2017 – Lei de Migração, responsável pela revogação da Lei 6.815/1980 – Estatuto do Estrangeiro.

Curiosamente, o legislador inseriu a promoção de migração ilegal no Título VI da Parte Especial do Código Penal ("Dos crimes contra a dignidade sexual"), mais especificamente em seu Capítulo V ("Do lenocínio e do tráfico de pessoa para fim de prostituição ou outra forma de exploração sexual").

Essa escolha não foi a mais acertada. A promoção de migração ilegal pode ser praticada para fim de prostituição ou outra forma de exploração sexual, mas não se restringe a esta finalidade. Como se sabe, nada impede a realização da conduta com finalidade diversa, a exemplo da redução do estrangeiro a condição análoga à de escravo em solo brasileiro, ou mesmo quando o sujeito cobra determinado valor para promover a entrada ilegal e voluntária de brasileiro em país estrangeiro, para lá trabalhar, firmar residência e quiçá constituir família.

Destarte, teria sido mais apropriada a inserção da promoção de migração ilegal entre os crimes contra a Administração Pública, uma vez que a descrição típica deixa evidente a ofensa a interesse da União, notadamente na entrada ilegal de estrangeiro no Brasil.

1.7.7.3. Objetividade jurídica

O bem jurídico penalmente tutelado é a Administração Pública, no tocante à manutenção da soberania nacional relacionada à regulamentação e ao controle da entrada e saída de pessoas do Brasil, bem como outros valores – ordem interna, saúde pública, ordem econômica e financeira, e notadamente a segurança dos nacionais –, os quais são afetados com a entrada ou saída ilegal de pessoa do território nacional.

Como o art. 232-A do Código Penal também incrimina a promoção de entrada ilegal de brasileiro em país estrangeiro (*caput*) e a saída ilegal de estrangeiro para outro país (§ 1.º), o tipo penal igualmente resguarda a integridade das relações diplomáticas do Brasil com outros países.

1.7.7.4. Objeto material

É o estrangeiro que entrou ilegalmente no Brasil, ou então o brasileiro que entrou ilegalmente em outro país.

O **estrangeiro**, a teor das definições contidas no art. 1.º, § 1.º, da Lei de Migração, divide-se em:

> a) **Imigrante:** pessoa nacional de outro país ou apátrida que trabalha ou reside e se estabelece temporária ou definitivamente no Brasil (inc. II);
>
> b) **Residente fronteiriço:** pessoa nacional de país limítrofe ou apátrida que conserva a sua residência habitual em município fronteiriço de país vizinho (inc. IV);
>
> c) **Visitante:** pessoa nacional de outro país ou apátrida que vem ao Brasil para estadas de curta duração, sem pretensão de se estabelecer temporária ou definitivamente no território nacional (inc. V); e
>
> d) **Apátrida:** pessoa que não seja considerada como nacional por nenhum Estado, segundo a sua legislação, nos termos da Convenção sobre o Estatuto dos Apátridas, de 1954, promulgada pelo Decreto 4.246, de 22 de maio de 2002, ou assim reconhecida pelo Estado brasileiro (inc. VI).

Por sua vez, o **art. 12 da Constituição Federal** define quem são os **brasileiros**, e os divide em dois grupos:

> **Inc. I – Natos:**
>
> a) os nascidos na República Federativa do Brasil, ainda que de pais estrangeiros, desde que estes não estejam a serviço de seu país;
>
> b) os nascidos no estrangeiro, de pai brasileiro ou mãe brasileira, desde que qualquer deles esteja a serviço da República Federativa do Brasil; e
>
> c) os nascidos no estrangeiro de pai brasileiro ou de mãe brasileira, desde que sejam registrados em repartição brasileira competente ou venham a residir na República Federativa do Brasil e optem, em qualquer tempo, depois de atingida a maioridade, pela nacionalidade brasileira.
>
> **Inc. II – Naturalizados:**
>
> a) os que, na forma da lei, adquiram a nacionalidade brasileira, exigidas aos originários de países de língua portuguesa apenas residência por um ano ininterrupto e idoneidade moral;
>
> b) os estrangeiros de qualquer nacionalidade, residentes na República Federativa do Brasil há mais de quinze anos ininterruptos e sem condenação penal, desde que requeiram a nacionalidade brasileira.

O art. 1.º, inc. III, da Lei de Migração rotula como **emigrante** o brasileiro que se estabelece temporária ou definitivamente no exterior.

1.7.7.5. Núcleo do tipo

O núcleo do tipo é "**promover**", no sentido de propiciar, providenciar ou viabilizar a entrada ilegal de estrangeiro em território nacional, ou então a entrada ilegal de brasileiro em país estrangeiro.

Essa promoção pode ser efetuada "**por qualquer meio**", ou seja, a entrada ilegal de estrangeiro no Brasil ou de brasileiro em outro país pode ocorrer por via terrestre, aérea, marítima ou fluvial, de forma clandestina, fraudulenta (exemplo: uso de passaporte falso) ou mediante a corrupção de agentes públicos (exemplo: propina entregue a policial federal para tolerar o ingresso ilegal de estrangeiro no Brasil).

Sempre se exige, entretanto, o **fim de obter vantagem econômica** por parte de quem realiza a conduta típica.

A globalização ensejou a tendência mundial de flexibilização do trânsito de pessoas em países diversos. As leis migratórias tornaram-se menos rígidas. Esse fenômeno, contudo, não se confunde com a total liberdade para entrada e saída de pessoas oriundas de diferentes países. Existe um sistema de controle, mais ou menos rígido, visando à preservação da ordem interna, da saúde pública, da ordem econômica e financeira, e notadamente da segurança dos nacionais.

Nesse contexto, estabelece o art. 6.º da Lei de Migração: "O visto é o documento que dá a seu titular **expectativa**[148] de ingresso em território nacional." Seu art. 12 contempla cinco espécies de vistos ao solicitar que pretenda ingressar ou permanecer em território nacional, voltados a finalidades e/ou pessoas diversas: I – de visita; II – temporário; III – diplomático; IV – oficial; e V – de cortesia.

Por sua vez, o art. 38 da Lei 13.445/2017 – Lei de Migração atribui à **Polícia Federal** as funções de polícia marítima, aeroportuária e de fronteira, nos pontos de entrada e de saída do território nacional.

---

[148] O visto não assegura ao estrangeiro o direito de entrada no território nacional, e sim a mera expectativa nesse sentido. A propósito, o art. 45 da Lei de Migração prevê hipóteses em que a pessoa poderá ser impedida de ingressar no Brasil, após entrevista individual e mediante ato fundamentado.

1.7.7.6. Sujeito ativo

Cuida-se de **crime comum** ou **geral**. Pode ser cometido por qualquer pessoa. Admite-se o concurso de agentes, tanto na modalidade coautoria como também na forma de participação, inclusive por omissão, quando o omitente podia e devia agir para evitar o resultado, na forma do art. 13, § 2.º, do Código Penal, a exemplo do que se verifica quando um policial de fronteira dolosamente se omite no tocante à sua obrigação de impedir a entrada ilegal de estrangeiro no Brasil.

É de se destacar que tanto ao estrangeiro que vem para o Brasil como ao brasileiro que parte para o exterior, ainda que beneficiado pela conduta ilícita, não pode ser imputado o delito previsto no art. 232-A do Código Penal. E o motivo dessa conclusão é simples: o tipo legal pune somente o comportamento do **terceiro que promove**, por qualquer meio, com o fim de obter vantagem econômica, a entrada ilegal de estrangeiro em território nacional ou de brasileiro em país estrangeiro.

Esse raciocínio ganha ainda mais força com a norma contida no art. 3.º, inc. III, da Lei de Migração: "Art. 3.º. A política migratória brasileira rege-se pelos seguintes princípios e diretrizes: (...) III – não criminalização da migração."

1.7.7.7. Sujeito passivo

É o Estado, mais precisamente a União, responsável pelo controle de entrada e saída de pessoas do Brasil e, mediatamente, a pessoa física prejudicada pela conduta criminosa.

Cumpre destacar que o estrangeiro e o brasileiro muitas vezes concordam com a promoção da entrada ilegal no Brasil ou em outro país, e inclusive paga elevada quantia em dinheiro para que isso se concretize. Nesse caso, é evidente que a União desponta com exclusividade como sujeito passivo do delito previsto no art. 232-A do Código Penal.

1.7.7.8. Elemento subjetivo

É o dolo, acrescido de um especial fim de agir (**elemento subjetivo específico**), representado pela expressão "com o fim de obter vantagem econômica".

Não se caracteriza esse delito, portanto, quando o agente promove, por qualquer meio, a entrada ilegal de estrangeiro em território nacional (ou de brasileiro em país estrangeiro), simplesmente para auxiliar o indivíduo a efetivar seu projeto de morar no exterior, ou então quando o faz em troca de relacionamento de natureza sexual, em reconhecimento a um favor que lhe foi dispensado no passado etc. É imprescindível a finalidade de obter vantagem econômica.

Não se admite a modalidade culposa.

1.7.7.9. Consumação

A promoção de migração ilegal é **crime material** ou **causal**: consuma-se com a efetiva entrada ilegal do estrangeiro no território nacional, ou então com a entrada ilegal do brasileiro em país diverso.

1.7.7.10. Tentativa

É possível, em face do caráter plurissubsistente do delito. Exemplo: o sujeito transporta um brasileiro em seu carro, dentro de uma caixa lacrada, a fim de levá-lo ilegalmente ao Uruguai em troca do pagamento de determinada quantia em dinheiro. Na fronteira, todavia, a Polícia Federal determina a parada do automóvel e procede a revista interna, vindo a localizar a pessoa escondida e efetuar a prisão em flagrante do agente.

1.7.7.11. Ação penal

A ação penal é pública incondicionada.

1.7.7.12. Lei 9.099/1995

A promoção de migração ilegal é **crime de elevado potencial ofensivo**, incompatível com os benefícios elencados pela Lei 9.099/1995, em face da pena privativa de liberdade cominada (reclusão, de 2 a 5 anos).

1.7.7.13. Classificação doutrinária

A promoção de migração ilegal é crime **simples** (ofende um único bem jurídico); **comum** (pode ser cometido por qualquer pessoa); **material** ou **causal** (consuma-se com a produção do resultado naturalístico); **de forma livre** (admite qualquer meio de execução); em regra **comissivo**; **instantâneo** (consuma-se em um momento determinado, sem continuidade no tempo); **unissubjetivo**, **unilateral** ou **de concurso eventual** (em regra cometido por uma única pessoa, mas admite o concurso); e **plurissubsistente**.

1.7.7.14. Figura equiparada: art. 232-A, § 1.º

Estatui o art. 232-A, § 1.º, do Código Penal: "Na mesma pena incorre quem promover, por qualquer meio, com o fim de obter vantagem econômica, a saída de estrangeiro do território nacional para ingressar ilegalmente em país estrangeiro."

No *caput*, o agente promove a entrada ilegal de estrangeiro no território nacional, ou então a entrada ilegal de brasileiro em outro país. No § 1.º, por sua vez, o sujeito promove, também por qualquer meio e com o fim de obter vantagem econômica, a saída de estrangeiro do território nacional para ingressar ilegalmente no Brasil. Exemplo: o agente oportuniza a entrada ilegal na Argentina de um chinês que residia no Brasil.

Pouco importa se o estrangeiro estava no Brasil em situação legal ou ilegal.

Essa modalidade equiparada também é **crime material** (ou **causal**): consuma-se com a efetiva saída do estrangeiro do território nacional.

1.7.7.15. Causas de aumento da pena: art. 232-A, § 2.º

Incidem na terceira (e última) fase da dosimetria da pena privativa de liberdade, e podem levá-la acima do máximo legal. Com efeito, a pena é aumentada de 1/6 (um sexto) a 1/3 (um terço) quando:

Inc. I – O crime é cometido com violência

O delito reveste-se de maior gravidade quando praticado com violência, consistente em emprego de força física contra alguém, mediante lesão corporal ou vias de fato.

A violência pode ser endereçada à pessoa atingida pela entrada ilegal no país ou no estrangeiro, como no exemplo do sujeito que é espancado até desmaiar e então vem a ser colocado no porta-malas de um carro e deixado em solo argentino, como também ao funcionário público responsável pelo controle da entrada ou saída de pessoas do Brasil, como se dá quando o indivíduo agride um policial federal para viabilizar a entrada ilegal de estrangeiro em território nacional.

Em qualquer caso, ao agente deverá ser imputado o delito de promoção de migração ilegal, em concurso material com o crime resultante da violência (lesão corporal, homicídio etc.).

Inc. II – A vítima é submetida à condição desumana ou degradante

A condição desumana ou degradante é imposta ao estrangeiro cuja entrada no Brasil foi ilegal, ou então ao brasileiro que entrou ilegalmente no exterior. Nessa hipótese, logicamente, a conduta foi praticada contra a vontade da vítima, é dizer, o estrangeiro não pretendia ingressar no Brasil, ou o brasileiro não queria entrar em país diverso.

Condição desumana é aquela que contraria a dignidade da pessoa humana, elencada pelo art. 1.º, inc. III, da Constituição Federal como um dos fundamentos da República Federativa do Brasil. Em outras palavras, é a situação extremamente cruel, perversa, incompatível com o respeito mínimo que deve ser dispensado a qualquer ser humano, a exemplo do transporte de estrangeiro ao Brasil no porão escuro, frio e úmido de um navio, em viagem que se prolonga por vários dias, com pouca água e nenhuma comida.

De seu turno, **condição degradante** é a ultrajante ou aviltante, pois tem capacidade para humilhar a pessoa a ela submetida, a exemplo de estrangeiro trazido de navio ao Brasil, amarrado, amordaçado e completamente nu.

1.7.7.16. Concurso material obrigatório: art. 232-A, § 3.º

O § 3.º do art. 232-A do Código Penal – "A pena prevista para o crime será aplicada sem prejuízo das correspondentes às infrações conexas" – prevê o **concurso material obrigatório** entre o delito de promoção de migração ilegal e as infrações penais (crimes ou contravenções penais) com ele relacionadas. Exemplificativamente, se o agente, com a finalidade de obter vantagem econômica, promoveu ilegalmente a entrada de estrangeiro no Brasil, acarretando na redução deste a condição análoga à de escravo, a ele deverão ser imputados os crimes tipificados nos arts. 232-A e 149 do Código Penal, em concurso material, com a soma das penas decorrentes de cada um deles.

Embora seja tecnicamente desnecessário, esse dispositivo elimina discussões acerca de eventual absorção da promoção de migração ilegal pelo crime conexo, ou vice-versa. Uma discussão que certamente surgiria na ausência desse dispositivo diz respeito à falsificação de documento, em especial o passaporte contendo um visto, para entrada ilegal de estrangeiro no Brasil ou de brasileiro em outro país. Diante do § 3.º do art. 232-A do Código Penal, não há espaço para dúvida: o agente deve responder pelos dois delitos.

1.7.7.17. Competência

A promoção de migração ilegal é crime de competência da **Justiça Federal**, com fundamento no art. 109, inc. IV, da Lei Suprema, pois ofende interesse da União ligado ao controle da regularidade da entrada de estrangeiros no país, ou então da saída de brasileiros para o exterior.

1.7.7.18. Promoção de migração ilegal e reingresso de estrangeiro expulso: distinção

Na promoção de migração ilegal o agente propicia, por qualquer meio e com a finalidade de obter vantagem econômica, a entrada ilegal de estrangeiro em território nacional, ou seja, o delito é praticado por pessoa diversa do sujeito de outra nacionalidade que ilicitamente ingressa no Brasil. Além disso, esse crime também pode ser cometido quando o indivíduo promove, por qualquer meio e com o fim de obter vantagem econômica, a entrada ilegal de brasileiro em país estrangeiro.

Por sua vez, no crime de reingresso de estrangeiro expulso, tipificado no art. 338 do Código Penal,[149] o estrangeiro que foi expulso do Brasil retorna, ilegalmente, ao território na-

---

[149] "Art. 338. Reingressar no território nacional o estrangeiro que dele foi expulso: Pena – reclusão, de um a quatro anos, sem prejuízo de nova expulsão após o cumprimento da pena."

cional. Em regra, ele pratica essa conduta sozinho, nada obstante seja admitida a participação de terceira pessoa.[150]

1.7.7.19. Promoção de migração ilegal e tráfico de pessoas

O tráfico de pessoas encontra-se definido no art. 149-A do Código Penal, com a seguinte redação:

> **Art. 149-A.** Agenciar, aliciar, recrutar, transportar, transferir, comprar, alojar ou acolher pessoa, mediante grave ameaça, violência, coação, fraude ou abuso, com a finalidade de:
> I – remover-lhe órgãos, tecidos ou partes do corpo;
> II – submetê-la a trabalho em condições análogas à de escravo;
> III – submetê-la a qualquer tipo de servidão;
> IV – adoção ilegal; ou
> V – exploração sexual.
> Pena – reclusão, de 4 (quatro) a 8 (oito) anos, e multa.
> § 1.º A pena é aumentada de um terço até a metade se:
> I – o crime for cometido por funcionário público no exercício de suas funções ou a pretexto de exercê-las;
> II – o crime for cometido contra criança, adolescente ou pessoa idosa ou com deficiência;
> III – o agente se prevalecer de relações de parentesco, domésticas, de coabitação, de hospitalidade, de dependência econômica, de autoridade ou de superioridade hierárquica inerente ao exercício de emprego, cargo ou função; ou
> IV – a vítima do tráfico de pessoas for retirada do território nacional.
> § 2.º A pena é reduzida de um a dois terços se o agente for primário e não integrar organização criminosa.

Esse delito não se confunde com a promoção de migração ilegal.

O tráfico de pessoas está no Título I da Parte Especial do Código Penal – Dos crimes contra a pessoa, em seu Capítulo VI – Dos crimes contra a liberdade individual, mais precisamente em sua Seção I – Dos crimes contra a liberdade pessoal. Por sua vez, a promoção de migração ilegal encontra-se no Título VI da Parte Especial do Código Penal – Dos crimes contra a dignidade sexual, especificamente em seu Capítulo V – Do lenocínio e do tráfico de pessoa para fim de prostituição ou outra forma de exploração sexual.[151] São diversos, portanto, os bens jurídicos tutelados.

Os sujeitos passivos também são diferentes. A promoção de migração ilegal tem como sujeito passivo o Estado (União), e apenas mediatamente a pessoa atingida pelo comportamento criminoso. No tráfico de pessoas, a vítima é somente a pessoa prejudicada pela conduta descrita no art. 149-A do Código Penal.

---

[150] O art. 45, inc. I, da Lei 13.445/2017 – Lei de Migração estatui que "poderá ser impedida de ingressar no País, após entrevista individual e mediante ato fundamentado, a pessoa: I – anteriormente expulsa do País, enquanto os efeitos da expulsão vigorarem".

[151] Repetimos nossa crítica acerca da infelicidade da escolha legislativa. A promoção de migração ilegal deveria estar catalogada entre os crimes contra a Administração Pública.

Além disso, o tráfico de pessoas pode ser praticado mediante a circulação legal da pessoa entre países diversos. Em outras palavras, a entrada ilegal do estrangeiro no Brasil ou do brasileiro em outro país não integra a descrição típica.

Finalmente, a promoção de migração ilegal reclama, além do dolo, o elemento subjetivo específico consistente no "fim de obter vantagem econômica", ao passo que o tráfico de pessoas contenta-se com o dolo de praticar qualquer das condutas tipificadas no art. 232-A do Código Penal.

1.8. DO ULTRAJE PÚBLICO AO PUDOR

Em sentido léxico, **pudor** é o sentimento de vergonha produzido pelos comportamentos contrários à honestidade.

No entanto, o legislador, ao incriminar o "ultraje público ao pudor" no Título VI da Parte Especial do Código Penal, no âmbito dos crimes sexuais, busca tutelar a moralidade coletiva, levando em conta o sentimento (aspecto interno) e a conduta (aspecto externo) normais relacionadas à sexualidade na vida social. Não se considera, portanto, a sensibilidade moral extraordinária de determinadas pessoas ou grupos, e sim a normalidade dos membros da coletividade.

Para a delimitação da expressão "pudor público", bem jurídico protegido nos arts. 233 e 234 do Código Penal, é fundamental analisar os hábitos sociais, variáveis no tempo e no espaço. Exemplificativamente, é de se admirar a mulher seminua em desfile de escola de samba na época do carnaval, mas não se pode conferir igual tratamento se tal atitude for tomada no interior de igreja de cidade pequena e repleta de pessoas conservadoras.

O pudor é sentimento diverso da decência. Esta é mais ampla; aquele, mais restrito. Nas lições de Magalhães Noronha:

> Não há confundi-lo com a decência. A esfera desta é mais vasta, abrangendo-o também. Um ato pode ser indecente, mas não o ferir, pois ele, no sentido em que a lei, aqui, o considera, é sinônimo de moralidade *sexual*. Sob pena de desagregação e dissolução, a sociedade necessita que os fatos da vida sexual, ainda que naturais e mesmo impostos para sua sobrevivência, obedeçam a exigências ditadas por um sentimento comum às pessoas que a compõem. Trata-se do *pudor público*, que faz com que, *v. g.*, um ato sexual normal, inspirado na perpetuação da espécie, se torne, entretanto, ofensivo se realizado em presença de outras pessoas.[152]

1.8.1. Art. 233 – Ato obsceno

1.8.1.1. Dispositivo legal

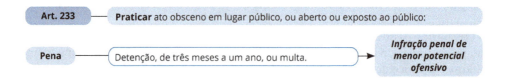

1.8.1.2. Objetividade jurídica

O bem jurídico penalmente protegido é o pudor público.

---
[152] MAGALHÃES NORONHA, E. *Direito penal*. 17. ed. São Paulo: Saraiva, 1984. v. 3, p. 285.

1.8.1.3. Objeto material

É a pessoa ou o grupo de pessoas contra as quais se dirige o ato obsceno, ou então a coletividade, nas situações em que o ato não tem como destinatária uma pessoa determinada.

1.8.1.4. Núcleo do tipo

O núcleo do tipo é "**praticar**", no sentido de realizar ou executar ato obsceno.

Ato obsceno é o ato dotado de sexualidade, idôneo a ferir o sentimento médio de pudor de determinada sociedade em dado momento histórico. Não precisa voltar-se à satisfação da lascívia de alguém, bastando sua conotação sexual. São exemplos as posturas exibicionistas de travestis nus ou seminus em vias públicas, bem como as famosas "chispadas", consistentes no trânsito de pessoas sem roupas em locais públicos.

A expressão "ato obsceno" representa autêntico **elemento normativo do tipo**, pois sua compreensão reclama um juízo de valor, a ser aferido em compasso com o **princípio da adequação social**.

Com efeito, muitos comportamentos reputados ofensivos no passado são tolerados nos dias atuais. De igual modo, atos frequentes nas grandes cidades invariavelmente causam repugnância em cidades interioranas e com hábitos conservadores. Exemplificativamente, uma prostituta com trajes provocantes e sensuais caminhará livremente em uma grande capital, mas talvez venha a ser agredida, física e verbalmente, se se portar de igual modo na praça da igreja de uma cidade pacata e com moradores adeptos dos mais tradicionais valores da família.

Como o tipo penal fala em "praticar ato obsceno", fica fácil concluir a exigência de uma **conduta positiva**, de um fazer, de uma **expressão corporal**. Destarte, a mera verbalização de palavras obscenas, com carga sexual (exemplo: convidar pessoa desconhecida para orgias sexuais, inclusive descrevendo detalhadamente as atividades desempenhadas nesses encontros), não autoriza a aplicação do art. 233 do Código Penal.

Evidentemente, o Direito Penal não pode interferir em comportamentos sexuais ou obscenos realizados em locais privados, nos quais as pessoas têm direito à intimidade. Seria absurdo, a título ilustrativo, preocupar-se com o rapaz que se masturba trancado no banheiro da sua casa, sem a exposição a outras pessoas, e igualmente com as relações sexuais entre pessoas capazes no quarto de um motel.

Em razão disso, o legislador foi peremptório ao estabelecer que somente se verifica o delito quando o ato obsceno é praticado em algum dos locais expressamente indicados no art. 233 do Código Penal: "lugar público, ou aberto ou exposto ao público". Vejamos cada um deles.

a) Lugar público

Também chamado de "lugar público por natureza", é aquele a que todas as pessoas têm acesso irrestrito, ou seja, independentemente da imposição de condições. Exemplos: ruas, praças, parques públicos etc.

b) Lugar aberto ao público

É também conhecido como "lugar relativamente público" ou "lugar público por destino". Qualquer pessoa nele pode ingressar, ainda que se sujeitando a determinadas condições, tais como revista pessoal ou pagamento de valores. Exemplos: estádios de futebol, cinemas, teatros etc.

Logicamente, o fato é atípico quando pessoas legalmente autorizadas pagam ingressos justamente para presenciar atos obscenos, tais como os *shows* de sexo explícito ou de *striptease*.

Equipara-se ao lugar aberto ao público o local particular, quando utilizado pelas pessoas em geral, mesmo sem o consentimento do seu proprietário. Trata-se do "lugar eventualmente público" ou "lugar público por acidente". Exemplos: casa cedida para reunião de estudantes e terreno próximo a uma praia utilizado como estacionamento pelos banhistas.

c) Lugar exposto ao público

É o local privado, mas acessível à vista de quem quer que seja. Não admite a acessibilidade física das pessoas em geral, mas permite a acessibilidade visual. Exemplo: varandas de apartamentos, piscinas de prédios, carros estacionados em vias públicas etc.

O reconhecimento de um lugar como exposto ao público reclama a **possibilidade de ser visto de outro local público**. Exemplificativamente, caracteriza-se o delito quando uma pessoa se masturba na garagem de sua casa, com o portão aberto e de frente para a rua, mas o fato é atípico na situação em que um casal mantém relações sexuais na sala do apartamento, ao mesmo tempo em que são observados pelo vizinho que bisbilhotava pela fechadura da porta.

De fato, se o ato for praticado em local privado, passível de ser visto unicamente de lugar de igual natureza, não há falar em ato obsceno.

Em relação aos três lugares – público, aberto ou exposto ao público – a lei não exige seja o ato efetivamente visto. **Basta a possibilidade de ver-se**, o que varia conforme o lugar. A publicidade diz respeito ao local da prática do fato, e não necessariamente à presença efetiva de pessoas. Além disso, em algumas situações (exemplos: tempestades, escuridão total, enchentes etc.) a publicidade do local pode deixar de existir, afastando a incidência do art. 233 do Código Penal. Nesse ponto, vale a pena acompanhar o lúcido raciocínio de Magalhães Noronha:

> Em se tratando de rua ou praça, pouco importa que o ato seja praticado altas horas da noite, pois são transitadas a qualquer hora. Se o lugar for aberto ou público, *v.g.*, um teatro, mister ser o ato obsceno realizado quando ali se encontrarem pessoas, não existindo o delito quando ele estiver fechado e deserto. Se, finalmente, for o lugar exposto ao público, é necessário haver *visibilidade* quando da prática do ato. Todavia, mais uma vez se diz que a publicidade se refere ao lugar e não à presença de pessoas. Estas podem estar ausentes, embora uma, pelo menos, seja necessária para a prova, desde que não se contente o julgador com a confissão do sujeito ativo.
>
> A publicidade pode deixar de existir, para os efeitos legais, por determinadas circunstâncias. Assim, um terreno ermo e longínquo, não obstante ser lugar público acessível a todos, não oferece a publicidade requerida. Por outro lado, ainda que público o lugar, se a *possibilidade* de ver o ato é nula, como, p. ex., pela escuridão completa e total, não se configurará o crime.[153]

1.8.1.4.1. A questão do beijo em local público

O beijo em local público pode ser compreendido como ato obsceno?

Em regra, não. Na realidade atual, seria absurdo falar em ultraje ao pudor público no ato de pessoas se beijarem em locais públicos, ou abertos ou expostos ao público. São frequentes e até mesmo admiráveis os beijos carinhosos, ainda que prolongados, entre casais, namorados ou mesmo entre "ficantes". Ninguém se sente, ou ao menos não deveria se sentir, ofendido com comportamentos deste jaez.

Evidentemente, este raciocínio há de ser interpretado com reservas. O exagero desmedido em beijos voluptuosos em determinados locais públicos pode, excepcionalmente, caracterizar ato obsceno, inclusive constrangendo as pessoas em razão do ataque ao pudor coletivo. Exemplo: João e Maria começam a se beijar no banco de um *shopping center*, repleto de crianças e pessoas idosas, na tarde de um domingo. De repente, o clima começa a "esquentar", os beijos passam a representar o desafogo da lascívia, despontado como típicos atos libidinosos, em local indiscutivelmente inadequado para tanto. Nesse caso, estará configurado o crime de ato obsceno.

1.8.1.5. Sujeito ativo

Trata-se de **crime comum** ou **geral**, podendo ser cometido por qualquer pessoa, homem ou mulher.

---

[153] MAGALHÃES NORONHA, E. *Direito penal*. 17. ed. São Paulo: Saraiva, 1984. v. 3, p. 288-289.

Entretanto, muitas vezes o delito é praticado por *exibicionistas*, ou seja, indivíduos dominados pela impulsão de mostrar os órgãos genitais. Nesses casos, é de bom alvitre a instauração de incidente de insanidade mental, com o escopo de aferir a imputabilidade penal destes sujeitos.

1.8.1.6. Sujeito passivo

É a coletividade (**crime vago**) e, em plano secundário, a pessoa que eventualmente tenha presenciado o ato.

1.8.1.7. Elemento subjetivo

É o dolo, independentemente de qualquer finalidade específica. Não se exige, portanto, seja o delito realizado com a intenção de ofender o pudor público ou para fins eróticos.

Destarte, o desnudar-se em local público, ainda que em busca da higiene proporcionada pelo banho de sol, caracteriza o crime definido no art. 233 do Código Penal. Além disso, o fato pode ser praticado por vingança, para ganhar uma aposta ou mesmo para diversão.

Não se admite a modalidade culposa.

1.8.1.7.1. A questão relativa à liberdade de expressão

O pudor público varia no tempo e seu conceito deve ser interpretado com base nos valores reinantes em cada sociedade. Muitas vezes, atos em tese considerados obscenos são indicativos da liberdade de expressão, notadamente nos dias atuais. A manifestação da indecência, da deselegância e da falta de educação não pode ensejar a atuação do Direito Penal, reservada para casos extremos, em obediência ao princípio da subsidiariedade (*ultima ratio*). Na linha da jurisprudência do Supremo Tribunal Federal:

> Simulação de masturbação e exibição das nádegas, após o término de peça teatral, em reação a vaias do público. Discussão sobre a caracterização da ofensa ao pudor público. Não se pode olvidar o contexto em que se verificou o ato incriminado. O exame objetivo do caso concreto demonstra que a discussão está integralmente inserida no contexto da liberdade de expressão, ainda que inadequada e deseducada. A sociedade moderna dispõe de mecanismos próprios e adequados, como a própria crítica, para esse tipo de situação, dispensando-se o enquadramento penal.[154]

1.8.1.8. Consumação

Cuida-se de **crime de mera conduta** ou **de simples atividade**, pois o tipo penal limita-se a descrever o comportamento ilícito, sem a previsão de qualquer espécie de resultado naturalístico.

Consuma-se com a prática do ato obsceno em lugar público, ou aberto ou exposto ao público, ainda que não seja presenciado por qualquer pessoa, desde que pudesse sê-lo. Como se sabe, a publicidade exigida pelo tipo penal diz respeito ao local do fato, e não à efetiva presença de pessoas ao tempo da sua prática. O crime também estará consumado quando quem assistiu ao ato não se sentiu ofendido, pois o bem jurídico tutelado é o pudor da coletividade.

É também **crime de perigo abstrato**, pois a lei presume e se contenta com a probabilidade de ofensa ao pudor público em decorrência da conduta criminosa.[155]

1.8.1.9. Tentativa

É cabível, em face do caráter plurissubsistente do delito, permitindo o fracionamento do *iter criminis*. Exemplo: "A" sobe na mesa de um bar e anuncia um *striptease*. Tira os sapatos,

---

[154] HC 83.996/RJ, rel. originário Min. Carlos Velloso, rel. para acórdão Min. Gilmar Mendes, 2.ª Turma, j. 17.08.2004.
[155] Contudo, há autores que defendem a classificação do ato obsceno como crime de perigo concreto.

o cinto e a camisa. Entretanto, no momento em que começava a baixar sua calça, é preso em flagrante pela Polícia.

Existem, entretanto, entendimentos diversos. É o caso de Nélson Hungria, contrário ao *conatus* no crime de ato obsceno. São suas palavras:

> Quanto à tentativa, dificilmente se poderá reconhecer um *começo de execução* de ato obsceno que não tenha em si mesmo a marca da obscenidade. De modo geral, pode dizer-se que ou o ato obsceno se realiza, e o crime se consuma, ou não se realiza, e o fato é penalmente imponderável.[156]

1.8.1.10. Ação penal

A ação penal é pública incondicionada.

1.8.1.11. Lei 9.099/1995

Em face da pena privativa de liberdade cominada em seu patamar máximo (um ano), o ato obsceno constitui-se em **infração penal de menor potencial ofensivo**, de competência do Juizado Especial Criminal e compatível com a transação penal e o rito sumaríssimo, em sintonia com as disposições da Lei 9.099/1995.

1.8.1.12. Classificação doutrinária

O ato obsceno é crime **simples** (ofende um único bem jurídico); **comum** (pode ser praticado por qualquer pessoa); **de mera conduta** ou **de simples atividade** (consuma-se com a prática da conduta legalmente descrita, e não há espaço para a superveniência de resultado naturalístico); **de perigo abstrato** (a lei presume a situação de perigo ao bem jurídico); **de forma livre** (admite qualquer meio de execução); em regra **comissivo**; **vago** (tem como sujeito passivo um ente destituído de personalidade jurídica, qual seja, a coletividade); **instantâneo** (consuma-se em um momento determinado, sem continuidade no tempo); **unissubjetivo, unilateral** ou **de concurso eventual** (pode ser cometido por uma única pessoa, mas admite o concurso); e normalmente **plurissubsistente** (a conduta pode ser fracionada em diversos atos).

1.8.1.13. Concurso de crimes

Se, no mesmo contexto fático, o sujeito realiza diversos atos obscenos (exemplo: passeia nu em uma rua e depois se masturba no mesmo local), estará configurado um único crime. Contudo, se as condutas forem cometidas em locais e em momentos distintos, a ele deverão ser imputados vários crimes, em concurso material ou em continuidade delitiva, se presentes os demais requisitos exigidos pelo art. 71, *caput*, do Código Penal.

Também é possível o concurso com algum outro delito, inclusive contra a dignidade sexual, a exemplo do estupro. A título ilustrativo, imagine a situação em que um homem, mediante violência à pessoa, constrange uma mulher a com ele praticar conjunção carnal em plena via pública, e, após o ato sexual, permanece nu, fumando tranquilamente um cigarro. Nesse caso, deverá ser responsabilizado por estupro (CP, art. 213) e ato obsceno, em concurso material.

---

[156] HUNGRIA, Nélson, LACERDA, Romão Côrtes de. *Comentários ao Código Penal*. Rio de Janeiro: Forense, 1954. v. VIII, p. 282.

1.8.2. Art. 234 – Escrito ou objeto obsceno

1.8.2.1. Dispositivo legal

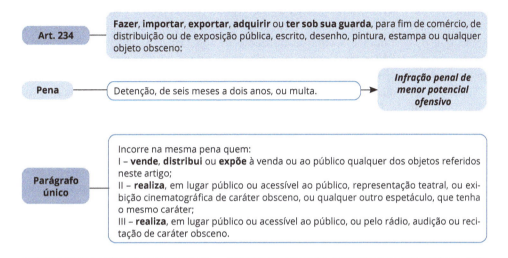

1.8.2.2. Introdução

O crime de escrito ou objeto obsceno reflete o descompasso entre a letra fria da lei e a realidade dos nossos tempos. Em qualquer banca de revistas é fácil visualizar a presença, para comércio, dos objetos mencionados no art. 234 do Código Penal. Tais produtos são livremente produzidos por diversas indústrias, com autorização do Poder Público e recolhimento dos tributos devidos.

E o que falar da televisão? Mesmo nos canais abertos, muitas vezes em horários inadequados, há cenas de nudez e de atos sexuais.

A Internet veicula sem qualquer interferência dos poderes constituídos material que deveria ser reservado somente aos adultos. As lojas de *sex shop* estão espalhadas pelas ruas, funcionando com a chancela do Estado e vendendo produtos ousados, das mais diversas e inimagináveis espécies, todas relacionadas ao erotismo e à sexualidade. Também não é difícil encontrar casas de sexo explícito e afins. Apenas o legislador parece não ver ou ouvir falar desse assunto.

Essa contradição entre o Código Penal e os valores atualmente reinantes na sociedade leva à banalização do Direito Penal e dos agentes públicos responsáveis pela sua aplicação.

Basta imaginar um Delegado de Polícia que efetuasse a prisão em flagrante do diretor de uma novela que contenha caráter obsceno. Certamente seria rotulado como louco, suportaria sanções administrativas e, quiçá, seria penalmente responsabilizado pelo seu "abuso de autoridade".

Destarte, a melhor saída seria a revogação do art. 234 do Código Penal. E mais, tais condutas deveriam ser eliminadas do raio de atuação do Direito Penal (*abolitio criminis*). Cuida-se de figura típica ultrapassada e em total desuso, de parte da população e do Estado. É sabido que os costumes e a falta de utilização de uma lei não autorizam sua revogação. Entretanto, se o legislador fosse atento, já teria observado o pensamento da coletividade no tocante a crimes desta natureza.

Enquanto o legislador não age, resta ao intérprete invocar o princípio da adequação social, concluindo pela ausência de tipicidade material dos comportamentos incriminados. Nessa linha de raciocínio, assim já se pronunciou o Superior Tribunal de Justiça:

> Se a peça publicitária de roupa íntima não incursiona pelo chulo, pelo grosseiro, tampouco pelo imoral, até porque exibe a nudez humana em forma de obra de arte, não há, inequivocadamente, atentado ao Código Penal, art. 234. O Código Penal, art. 234, se dirige a outras circunstâncias, visando, efetivamente, resguardar o pudor público de situações que possam evidentemente constituir constrangimento às pessoas nos lugares públicos. A moral vigente não se dissocia do costume vigente. Assim, quando os costumes mudam, avançando contra os preconceitos, os conceitos morais também mudam. O conceito de obsceno hoje não é mais o mesmo da inspiração do legislador do Código Penal em 1940. (...) A liberdade de criação artística é tutelada pela Constituição Federal, que não admite qualquer censura.[157]

1.8.2.3. Objetividade jurídica

O bem jurídico penalmente tutelado é o pudor público.

1.8.2.4. Objeto material

É o escrito, desenho, pintura, estampa ou qualquer objeto obsceno, ou seja, revestido de conotação sexual e atentatório ao pudor público. São coisas materiais, corpóreas, e o emprego da expressão "qualquer objeto obsceno" deixa nítido o aspecto exemplificativo da enumeração legal.

1.8.2.5. Núcleos do tipo

O tipo penal contempla cinco núcleos: fazer, importar, exportar, adquirir e ter sob sua guarda.

Fazer é fabricar, criar, elaborar; **importar** consiste em efetuar a entrada de algo no território nacional; **exportar** significa tirar alguma coisa do nosso país; **adquirir** é obter a propriedade de um bem, a título oneroso (exemplo: compra e venda) ou gratuito (exemplo: doação); finalmente, **ter sob sua guarda** é possuir a coisa em depósito, para utilização imediata ou futura.

Cuida-se de **tipo misto alternativo**, **crime de ação múltipla** ou **de conteúdo variado**. A lei descreve vários núcleos, e a realização de mais de um deles, no tocante ao mesmo objeto material e no mesmo contexto fático, caracteriza um único crime.

1.8.2.6. Sujeito ativo

Pode ser qualquer pessoa (**crime comum** ou **geral**).

---

[157] HC 7.809/SP, rel. Min. José Arnaldo da Fonseca, rel. p/ acórdão Min. Edson Vidigal, 5.ª Turma, j. 24.11.1998.

1.8.2.7. Sujeito passivo

É a coletividade (**crime vago**), atacada em seu pudor, e, mediatamente, a pessoa atingida pelo escrito ou objeto obsceno.

1.8.2.8. Elemento subjetivo

É o dolo, acrescido de um especial fim de agir (elemento subjetivo específico), representado pela expressão "para fim de comércio, de distribuição ou de exposição pública". Não se admite a modalidade culposa.

1.8.2.9. Consumação

Cuida-se de **crime formal**, **de consumação antecipada** ou **de resultado cortado**. Consuma-se com a realização de qualquer das condutas legalmente descritas, independentemente da produção do resultado naturalístico, pois a lei utiliza a expressão "para fim de comércio, de distribuição ou de exposição pública".

O escrito ou objeto obsceno também é **crime de perigo abstrato**, pois a lei presume a probabilidade de ofensa ao pudor público, e dispensa sua efetiva lesão.

1.8.2.10. Tentativa

É possível, em face do caráter plurissubsistente do delito, permitindo o fracionamento do *iter criminis*.

1.8.2.11. Ação penal

A ação penal é pública incondicionada.

1.8.2.12. Lei 9.099/1995

Em face do máximo da pena privativa de liberdade cominada (dois anos), o escrito ou objeto obsceno constitui-se em **infração penal de menor potencial ofensivo**, de competência do Juizado Especial Criminal e compatível com a transação penal e o rito sumaríssimo, em sintonia com as disposições da Lei 9.099/1995.

1.8.2.13. Classificação doutrinária

O escrito ou objeto obsceno é crime **simples** (ofende um único bem jurídico); **comum** (pode ser praticado por qualquer pessoa); **formal, de consumação antecipada** ou **de resultado cortado** (consuma-se com a prática da conduta legalmente descrita, independentemente da superveniência do resultado naturalístico); **de perigo abstrato** (a lei presume a situação de perigo ao bem jurídico); **de forma livre** (admite qualquer meio de execução); em regra **comissivo**; **vago** (tem como sujeito passivo um ente destituído de personalidade jurídica, qual seja, a coletividade); **instantâneo** (nas modalidades "fazer", "importar", "exportar" e "adquirir") ou **permanente** (no núcleo "ter sob sua guarda"); **unissubjetivo, unilateral** ou **de concurso eventual** (pode ser cometido por uma única pessoa, mas admite o concurso); e normalmente **plurissubsistente** (a conduta pode ser fracionada em diversos atos).

1.8.2.14. Figuras equiparadas

Como estatui o parágrafo único do art. 234 do Código Penal:

> Parágrafo único. Incorre na mesma pena quem:
>
> I – vende, distribui ou expõe à venda ou ao público qualquer dos objetos referidos neste artigo;
>
> II – realiza, em lugar público ou acessível ao público, representação teatral, ou exibição cinematográfica de caráter obsceno, ou qualquer outro espetáculo, que tenha o mesmo caráter;
>
> III – realiza, em lugar público ou acessível ao público, ou pelo rádio, audição ou recitação de caráter obsceno.

O inciso I diz respeito à comercialização do escrito ou objeto obsceno.

No inciso II, a lei se volta à representação teatral, à exibição cinematográfica ou qualquer outro espetáculo de caráter obsceno.

Representação teatral é a interpretação para o público, mediante cenas, de história fictícia ou verídica. **Exibição cinematográfica** é a mostra de película produzida para o cinema. Finalmente, o legislador se vale da interpretação analógica (ou *intra legem*), ao utilizar a expressão "**qualquer outro espetáculo**", referindo-se a eventos similares, mas diversos da representação teatral e da exibição cinematográfica. Todos devem possuir caráter obsceno, ou seja, atentatórios à moralidade pública na esfera sexual.

Finalmente, no inciso III a preocupação tem como foco a audição ou recitação de caráter obsceno. **Audição** é atividade de fazer ouvir, enquanto **recitação** é a leitura de um texto em alto e claro som. Também devem apresentar caráter obsceno.

1.8.2.15. Escrito ou objeto obsceno e Estatuto da Criança e do Adolescente

A Lei 8.069/1990 – Estatuto da Criança e do Adolescente – prevê em seus arts. 240, 241, 241-A, 241-B e 241-C condutas similares às delineadas no art. 234 do Código Penal, mas envolvendo pessoas menores de 18 anos de idade. Vejamos a redação dos citados dispositivos:

> **Art. 240.** Produzir, reproduzir, dirigir, fotografar, filmar ou registrar, por qualquer meio, cena de sexo explícito ou pornográfica, envolvendo criança ou adolescente:
>
> Pena – reclusão, de 4 (quatro) a 8 (oito) anos, e multa.
>
> § 1.º Incorre nas mesmas penas quem:
>
> I – agencia, facilita, recruta, coage ou de qualquer modo intermedia a participação de criança ou adolescente nas cenas referidas no *caput* deste artigo, ou ainda quem com esses contracena;
>
> II – exibe, transmite, auxilia ou facilita a exibição ou transmissão, em tempo real, pela internet, por aplicativos, por meio de dispositivo informático ou qualquer meio ou ambiente digital, de cena de sexo explícito ou pornográfica com a participação de criança ou adolescente.
>
> § 2.º Aumenta-se a pena de 1/3 (um terço) se o agente comete o crime:
>
> I – no exercício de cargo ou função pública ou a pretexto de exercê-la;
>
> II – prevalecendo-se de relações domésticas, de coabitação ou de hospitalidade; ou
>
> III – prevalecendo-se de relações de parentesco consanguíneo ou afim até o terceiro grau, ou por adoção, de tutor, curador, preceptor, empregador da vítima ou de quem, a qualquer outro título, tenha autoridade sobre ela, ou com seu consentimento.
>
> **Art. 241.** Vender ou expor à venda fotografia, vídeo ou outro registro que contenha cena de sexo explícito ou pornográfica envolvendo criança ou adolescente:
>
> Pena – reclusão, de 4 (quatro) a 8 (oito) anos, e multa.

Art. 241-A. Oferecer, trocar, disponibilizar, transmitir, distribuir, publicar ou divulgar por qualquer meio, inclusive por meio de sistema de informática ou telemático, fotografia, vídeo ou outro registro que contenha cena de sexo explícito ou pornográfica envolvendo criança ou adolescente:

Pena – reclusão, de 3 (três) a 6 (seis) anos, e multa.

§ 1.º Nas mesmas penas incorre quem:

I – assegura os meios ou serviços para o armazenamento das fotografias, cenas ou imagens de que trata o *caput* deste artigo;

II – assegura, por qualquer meio, o acesso por rede de computadores às fotografias, cenas ou imagens de que trata o *caput* deste artigo.

§ 2.º As condutas tipificadas nos incisos I e II do § 1.º deste artigo são puníveis quando o responsável legal pela prestação do serviço, oficialmente notificado, deixa de desabilitar o acesso ao conteúdo ilícito de que trata o *caput* deste artigo.

Art. 241-B. Adquirir, possuir ou armazenar, por qualquer meio, fotografia, vídeo ou outra forma de registro que contenha cena de sexo explícito ou pornográfica envolvendo criança ou adolescente:

Pena – reclusão, de 1 (um) a 4 (quatro) anos, e multa.

§ 1.º A pena é diminuída de 1 (um) a 2/3 (dois terços) se de pequena quantidade o material a que se refere o *caput* deste artigo.

§ 2.º Não há crime se a posse ou o armazenamento tem a finalidade de comunicar às autoridades competentes a ocorrência das condutas descritas nos arts. 240, 241, 241-A e 241-C desta Lei, quando a comunicação for feita por:

I – agente público no exercício de suas funções;

II – membro de entidade, legalmente constituída, que inclua, entre suas finalidades institucionais, o recebimento, o processamento e o encaminhamento de notícia dos crimes referidos neste parágrafo;

III – representante legal e funcionários responsáveis de provedor de acesso ou serviço prestado por meio de rede de computadores, até o recebimento do material relativo à notícia feita à autoridade policial, ao Ministério Público ou ao Poder Judiciário.

§ 3.º As pessoas referidas no § 2.º deste artigo deverão manter sob sigilo o material ilícito referido.

Art. 241-C. Simular a participação de criança ou adolescente em cena de sexo explícito ou pornográfica por meio de adulteração, montagem ou modificação de fotografia, vídeo ou qualquer outra forma de representação visual:

Pena – reclusão, de 1 (um) a 3 (três) anos, e multa.

Parágrafo único. Incorre nas mesmas penas quem vende, expõe à venda, disponibiliza, distribui, publica ou divulga por qualquer meio, adquire, possui ou armazena o material produzido na forma do *caput* deste artigo.

E, como se extrai do art. 241-E do Estatuto da Criança e do Adolescente:

Art. 241-E. Para efeito dos crimes previstos nesta Lei, a expressão "cena de sexo explícito ou pornográfica" compreende qualquer situação que envolva criança ou adolescente em atividades sexuais explícitas, reais ou simuladas, ou exibição dos órgãos genitais de uma criança ou adolescente para fins primordialmente sexuais.

Em face do envolvimento de pessoas ainda em fase de formação (física, intelectual e moral), e mais vulneráveis às atividades ilícitas, não se pode tolerar comportamentos deste jaez, criminosos e extremamente covardes. Portanto, o legislador agiu bem ao cominar penas severas e adequadas à gravidade dos delitos.

1.9. DISPOSIÇÕES GERAIS

As regras contidas nos arts. 234-A e 234-B do Código Penal são aplicáveis a **todos** os crimes contra a dignidade sexual, pois os dispositivos utilizam as expressões "crimes previstos neste Título" e "crimes definidos neste Título", abarcando integralmente o Título VI da Parte Especial do Código Penal.

1.9.1. Art. 234-A – Aumento da pena

1.9.1.1. Dispositivo legal

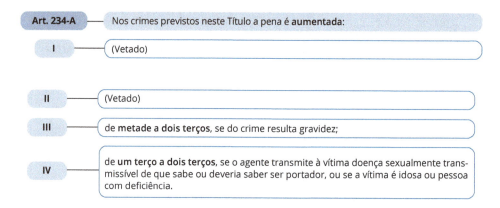

1.9.1.2. Natureza jurídica

O art. 234-A do Código Penal versa sobre **causas de aumento da pena** relacionadas aos crimes contra a dignidade sexual. Incidem, portanto, na terceira e derradeira etapa da fixação da pena privativa de liberdade, podendo elevá-la acima do máximo legalmente previsto.

1.9.1.3. Inciso III – "de metade a 2/3 (dois terços), se do crime resulta gravidez (...)"

Esta majorante diz respeito à gravidez como resultado do crime contra a dignidade sexual. Exige-se a realização de **exame pericial**, destinado a provar a gravidez e sua relação de causalidade com a conduta criminosa.

A preocupação do legislador tem em mira principalmente o estupro (CP, art. 213) e o estupro de vulnerável (CP, art. 217-A), embora a gravidez também possa ser fruto de outros delitos, a exemplo da violação sexual mediante fraude (CP, art. 215). Suas consequências são nefastas para a vítima e para seus familiares, aí se incluindo até mesmo o produto da concepção.

A gravidez como produto do estupro é tão grave que a lei admite, nesse caso, a prática do aborto. Trata-se do aborto sentimental ou humanitário, disciplinado no art. 128, inc. II, do Código Penal. Em outras palavras, as consequências do crime sexual são incalculáveis, resultando na prática em duas vítimas: a mulher, que engravidou, e o feto, eliminado precocemente pelo aborto.

Destarte, o fundamento do tratamento penal mais severo reside no aborto eventualmente realizado pela vítima, com os vultosos prejuízos físicos e mentais que lhe são proporcionados. Como já decidiu o Superior Tribunal de Justiça: "a gravidez da vítima não pode ser considerada fato inerente ao crime de estupro".[158] Portanto, a absorção da majorante contida no art. 234-A, inc. III, do Código Penal por qualquer dos crimes contra a dignidade sexual, notadamente o estupro, deve ser afastada.

1.9.1.3.1. Obrigatoriedade do aumento e equívoco legislativo

O inciso III do art. 234-A do Código Penal deixa nítida a obrigatoriedade do aumento da pena quando resultar gravidez. O legislador agiu de boa-fé, mas sua ingenuidade enseja a verificação de situações injustas e desproporcionais.

Com efeito, o aumento é acertado quando a gravidez resultar do estupro envolvendo pessoas desconhecidas. Os danos ocasionados à mulher e a autorização legal para o aborto, inserindo a vítima em difícil dilema (abortar ou não abortar), fundamentam o tratamento penal mais severo. Além disso, se a criança vier a nascer, provavelmente não terá contato algum com seu genitor. Contudo, outras hipóteses podem ocorrer.

Inicialmente, é possível, após a prática do estupro e a constatação da gravidez, o casamento entre a vítima e o estuprador. Mas não para por aí. No estupro de vulnerável, com o consentimento nulo da vítima (exemplo: relação sexual entre um homem e sua vizinha portadora de doença mental), resultando a gravidez, nada impede a constituição de família, inclusive com a demonstração de amor verdadeiro entre homem e mulher.

Seria mais acertado, portanto, se a exasperação da pena tivesse sido prevista como faculdade, transferindo seu exame à prudente análise do magistrado na situação concreta.

1.9.1.3.2. Crime praticado pela mulher e gravidez

O estupro é **crime bicomum**: qualquer pessoa pode figurar como seu sujeito ativo e também como seu sujeito passivo. Em síntese, na vida real o delito pode ser cometido pela mulher, tendo um homem como vítima. Essa situação, embora rara, não é impossível.

Nesse contexto, imagine a seguinte situação: Maria estupra João, e do ato resulta sua gravidez. Questiona-se: Aplica-se a causa de aumento de pena contida no art. 234-A, inc. III, do Código Penal?

A resposta é negativa. O objetivo da lei é alcançar somente as situações, mais frequentes, em que a mulher aparece como vítima do estupro. Como corolário do princípio da alteridade, a pena não pode ser aumentada quando a própria autora surge como prejudicada pelo crime.[159] Por igual razão, também não se admite o aborto, pois o art. 128, inc. II, do Código Penal igualmente se destina à proteção da mulher. A propósito, à época em que este último dispositivo foi redigido, sequer se imaginava a mulher como autora do estupro.

1.9.1.4. Inciso IV, 1.ª parte – Transmissão de doença sexualmente transmissível

Se o agente transmite à vítima doença sexualmente transmissível de que sabe ou deveria saber ser portador, a pena será aumentada de **1/3 (um terço) a 2/3 (dois terços)**.

Em face da sua redação, a lei reclama a efetiva transmissão da doença sexualmente transmissível: "se o agente transmite à vítima". O aumento da pena exige o dano, não sendo suficiente a simples exposição da vítima ao perigo. Destarte, é imprescindível o **exame pericial** para comprovar a transmissão da moléstia e sua respectiva causa.

Doenças sexualmente transmissíveis são as moléstias transmitidas por vírus, bactérias, fungos ou protozoários, normalmente pela via sexual, embora algumas delas sejam passíveis

---

[158] HC 137.719/MG, rel. Min. Laurita Vaz, 5.ª Turma, j. 16.12.2010.
[159] Com opinião diversa, sustentando que a lei não diferencia a pessoa grávida: CUNHA, Rogério Sanches. *Direito penal. Parte especial.* 3. ed. São Paulo: RT, 2010. p. 285-286.

de transmissão por outros meios, como é o caso da transfusão de sangue. São seus exemplos a sífilis, o herpes genital e a gonorreia, entre tantas outras moléstias. Para a lei, é indiferente se a doença sexualmente transmissível é ou não suscetível de cura pela medicina.

A incidência da causa de aumento da pena depende da presença do dolo direto ("sabe") ou eventual ("deve saber"), **unicamente no que diz respeito à possibilidade de contaminação da vítima**. É irrelevante se o sujeito tinha ou não a intenção de fazê-lo.

1.9.1.4.1. Cotejo entre o aumento da pena e o crime de perigo de contágio venéreo

Antes da entrada em vigor da Lei 12.015/2009, se do crime sexual resultava a contaminação da vítima pela doença sexualmente transmissível, o agente era responsabilizado pelo crime sexual e pelo perigo de contágio venéreo, tipificado no art. 130 do Código Penal, em concurso formal. No entanto, agora o panorama foi alterado.

Com efeito, deve o sujeito ser responsabilizado pelo crime contra a dignidade sexual, aumentando-se a pena de 1/3 (um terço) a 2/3 (dois terços), nos moldes do art. 234-A, inc. IV, 1.ª parte, do Código Penal. O delito de perigo de contágio venéreo é absorvido pela majorante, afastando-se o *bis in idem*. Se não fosse assim, a transmissão de doença sexualmente transmissível seria duplamente punida, como crime autônomo (CP, art. 130) e como causa de aumento da pena (CP, art. 234-A, inc. IV), o que não se admite.

1.9.1.5. Inciso IV, parte final – Vítima pessoa idosa ou com deficiência

Pessoa idosa é aquela com idade igual ou superior a 60 anos (Lei 10.741/2003 – Estatuto da Pessoa Idosa, art. 1.º). **Pessoa com deficiência**, por sua vez, é aquela que tem impedimento de longo prazo de natureza física, mental, intelectual ou sensorial, o qual, em interação com uma ou mais barreiras, pode obstruir sua participação plena e efetiva na sociedade em igualdade de condições com as demais pessoas (Lei 13.146/2015 – Estatuto da Pessoa com Deficiência, art. 2.º, *caput*).

O tratamento penal mais rigoroso é justificado pela fragilidade da vítima, bem como pela frieza e pela covardia acentuada do agente, que se aproveita da avançada idade ou da fragilidade de uma pessoa para praticar contra ela um crime contra a dignidade sexual.

É evidente que não incidirá a majorante quando a situação de fraqueza da vítima funcionar como elementar ou qualificadora do delito, sob pena de caracterização do inaceitável *bis in idem*. Exemplificativamente, não há falar no aumento da pena, pelo fato de a vítima do estupro ser pessoa com deficiência mental, na situação em que essa peculiaridade enseja sua vulnerabilidade, acarretando na configuração do crime de estupro de vulnerável (CP, art. 217-A).

1.9.1.6. Gravidez, doença sexualmente transmissível e uso de preservativo ou método contraceptivo

Os incisos III e IV do art. 234-A do Código Penal impõem o aumento da pena quando do crime resultar gravidez ou a efetiva transmissão de doença sexualmente transmissível.

Surge uma indagação: A pena deverá ser aumentada se o sujeito usar preservativo, ou qualquer outro método contraceptivo, e ainda assim a vítima engravidar, ou então suportar a contaminação por doença sexualmente transmissível?

Sim, e a razão é simples. No inciso III, o art. 234-A do Código Penal utiliza a fórmula "se do crime resultar gravidez". De igual modo, o inciso IV do citado dispositivo legal emprega a expressão "se o agente transmite à vítima".

Basta o dolo de praticar o crime contra a dignidade sexual. Se ocorreu o resultado agravador, a pena há de ser aumentada, nada obstante o sujeito tenha tomado cautelas que se mostraram ineficazes para evitar a gravidez ou a doença sexualmente transmissível. Pouco importa se o agente buscava ou não o resultado agravador. Ele não podia e não devia engravidar ou transmitir a moléstia, mas acabou por fazê-lo. Decidiu cometer o crime, causou um resultado mais danoso, e por esse motivo deve ser rigorosamente punido.

1.9.2. Art. 234-B – Segredo de justiça

1.9.2.1. Dispositivo legal

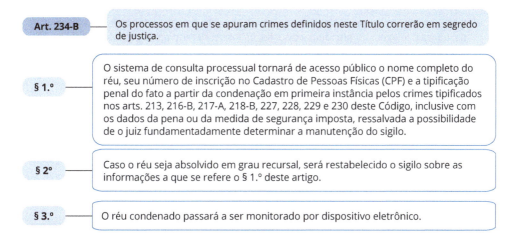

1.9.2.2. Fundamento constitucional

Nos processos em geral, incluindo os de natureza penal, vigora o princípio da publicidade plena. Os atos processuais, em regra, são públicos, pois todas as pessoas são titulares do direito à informação.

No entanto, em hipóteses excepcionais a Constituição Federal autoriza a **publicidade restrita**, limitando o acesso aos atos processuais a determinadas pessoas, normalmente as partes e seus procuradores. É o que se extrai do seu art. 5.º, inc. LX: "a lei só poderá restringir a publicidade dos atos processuais quando a defesa da intimidade ou o interesse social o exigirem".

Em igual sentido, estabelece o art. 93, inc. IX, da Lei Suprema:

> IX – todos os julgamentos dos órgãos do Poder Judiciário serão públicos, e fundamentadas todas as decisões, sob pena de nulidade, podendo a lei limitar a presença, em determinados atos, às próprias partes e a seus advogados, ou somente a estes, em casos nos quais a preservação do direito à intimidade do interessado no sigilo não prejudique o interesse público à informação.

Nos crimes contra a dignidade sexual é indiscutível a relação entre o segredo de justiça e o direito à intimidade da vítima. Na verdade, muitas vezes o prejuízo causado pela publicidade chega a ser mais gravoso do que o próprio delito. Exemplificativamente, talvez seja menos deletério à mulher estuprada superar o trauma da brutalidade contra ela praticada a ver seu nome e sua honra expostos à coletividade como uma pessoa ultrajada em seu aspecto sexual. De fato, ela pode vir a ser achincalhada e humilhada por muitas pessoas, às vezes rejeitada em relação ao casamento e constituição de família etc.

Como corolário do terrível constrangimento que pode ser causado à vítima do crime contra a dignidade sexual, andou bem o legislador ao traçar a norma contida no art. 234-B do

Código Penal, a qual se encontra em sintonia com a sistemática consagrada na Constituição Federal no âmbito da publicidade processual e suas limitações. Portanto, somente o juiz, o Ministério Público, a defesa, o réu e os auxiliares da Justiça terão acesso aos autos.

Veja-se, por oportuno, que o art. 234-B do Código Penal encontra-se na mesma direção do art. 201, § 6.º, do Código de Processo Penal, com a redação conferida pela Lei 11.690/2008, inserido no capítulo relativo ao ofendido:

> § 6.º O juiz tomará as providências necessárias à preservação da intimidade, vida privada, honra e imagem do ofendido, podendo, inclusive, determinar o segredo de justiça em relação aos dados, depoimentos e outras informações constantes dos autos a seu respeito para evitar sua exposição aos meios de comunicação.

O segredo de justiça deve imperar durante todo o trâmite da ação penal, inclusive na fase recursal.

1.9.2.3. Necessidade de segredo de justiça na fase investigatória

A lei assegurou o segredo de justiça exclusivamente durante a ação penal, pois valeu-se da expressão "processos em que se apuram crimes". Todavia, para conferir eficácia à norma, é fundamental a extensão do segredo de justiça à fase investigatória.

Seria inútil determinar o segredo de justiça em ação penal cujo objeto já se tornou de conhecimento geral em momento anterior, durante a apuração do fato e da sua autoria.

1.9.2.4. Sistema de consulta processual e acesso aos dados do réu

O art. 2.º-A da Lei 14.069/2020, acrescentado pela Lei 15.035/2024, determinou a criação do **Cadastro Nacional de Pedófilos e Predadores Sexuais**, sistema desenvolvido a partir dos dados constantes do Cadastro Nacional de Pessoas Condenadas por Crime de Estupro, que permitirá a consulta pública do nome completo e do número de inscrição no Cadastro de Pessoas Físicas (CPF) das pessoas condenadas por esse crime.

Sem prejuízo, a Lei 15.035/2024 também promoveu inovações no Código Penal.

Com efeito, estatui o art. 234-B, § 1.º, que o sistema de consulta processual (EPROC, ESAJ ou equivalente) tornará de **acesso público o nome completo do réu, seu número de inscrição no Cadastro de Pessoas Físicas (CPF) e a tipificação penal do fato a partir da condenação em primeira instância** pelos crimes tipificados nos arts. 213 (estupro), 216-B (registro não autorizado da intimidade sexual), 217-A (estupro de vulnerável), 218-B (favorecimento da prostituição ou de outra forma de exploração sexual de criança ou adolescente ou de vulnerável), 227 (mediação para servir a lascívia de outrem), 228 (favorecimento da prostituição ou outra forma de exploração sexual), 229 (casa de prostituição) e 230 (rufianismo) do Código Penal, **inclusive com os dados da pena ou da medida de segurança imposta, ressalvada a possibilidade de o juiz fundamentadamente determinar a manutenção do sigilo.**

A regra, portanto, passa a ser a publicidade da qualificação do acusado, inclusive do número de inscrição no Cadastro de Pessoas Físicas (CPF); o sigilo é a exceção, a ser fundamentadamente determinado pelo magistrado.

Discute-se a constitucionalidade desse dispositivo legal.

De um lado, argumenta-se pela violação do princípio da presunção de não culpabilidade (CF, art. 5.º, LVII), pois a divulgação dos dados do acusado é efetuada antes do trânsito em julgado da condenação.

De outro lado, é possível sustentar que o réu não é tratado como culpado, pois tal medida não acarreta a execução imediata da pena. Além disso, a ação penal, em regra, é pública, daí decorrendo a publicidade dos atos processuais, a qual somente poderá ser restringida pela lei quando a defesa da intimidade ou o interesse social o exigirem (CF, arts. 5.º, LX, e 93, IX).

Se o réu for **absolvido em grau de recurso, será restabelecido o sigilo acerca das suas informações pessoais** (CP, art. 234-B, § 2.º).

Finalmente, o réu condenado por tais delitos será **monitorado por dispositivo eletrônico** (CP, art. 234-B, § 3.º). Basta a condenação em 1.ª instância, até porque a lei é impositiva – "passará a ser monitorado" – e em muitos casos de condenação definitiva tal medida será inútil, notadamente quando o réu cumpre a pena privativa de liberdade em regime fechado.

Além disso, a finalidade dessa medida é evitar que uma pessoa, sobre a qual pairam fundadas suspeitas de responsabilidade por um crime sexual, volte a praticar novos delitos, especialmente de igual natureza. É prudente, a título exemplificativo, monitorar eletronicamente um sujeito primário condenado por estupro de vulnerável que foi contemplado com o direito de aguardar em liberdade o julgamento do recurso de apelação interposto pela sua defesa.

1.9.3. Audiência em juízo e respeito à vítima

O art. 400-A do Código de Processo Penal, criado pela Lei 14.245/2021, conhecida como "Lei Mariana Ferrer", possui a seguinte redação:

> **Art. 400-A.** Na audiência de instrução e julgamento, e, em especial, nas que apurem crimes contra a dignidade sexual, todas as partes e demais sujeitos processuais presentes no ato deverão zelar pela integridade física e psicológica da vítima, sob pena de responsabilização civil, penal e administrativa, cabendo ao juiz garantir o cumprimento do disposto neste artigo, vedadas:
>
> I – a manifestação sobre circunstâncias ou elementos alheios aos fatos objeto de apuração nos autos;
>
> II – a utilização de linguagem, de informações ou de material que ofendam a dignidade da vítima ou de testemunhas.[160]

A mola propulsora para essa previsão legislativa foi a veiculação, na *internet*, das cenas envolvendo a oitiva de Mariana Ferrer em audiência de instrução e julgamento na qual ela figurava como vítima do crime de estupro de vulnerável, definido no art. 217-A do Código Penal. Mariana foi reiteradamente humilhada, ridicularizada e constrangida, sobretudo pelo advogado de defesa.

O dispositivo consagra o óbvio: a vítima (e a testemunha) **de qualquer crime**, e notadamente de delito contra a dignidade sexual, **pouco importando seu sexo ou orientação sexual**, deve ser tratada com absoluto respeito à sua integridade física e psicológica, e eventuais abusos dos atores processuais – magistrado, representante do Ministério Público, defensor etc. – importam em responsabilidade civil, penal e administrativa. Ao juiz, como presidente da audiência, é imposto o papel de guardião desse dever, cabendo-lhe vedar a manifestação sobre circunstâncias ou elementos alheios aos fatos objeto de apuração nos autos, bem como a utilização de linguagem, de informações ou de material que ofendam a dignidade da vítima e das testemunhas.[161]

Busca-se coibir a **violência processual**, uma das espécies de **violência institucional**, entendida "como a praticada por instituição pública ou conveniada, inclusive quando gerar revitimização" (Lei 13.431/2017, art. 4.º, IV). Nos termos do art. 5.º, I, do Decreto 9.603/2018,

---

[160] A Lei 14.245/2021 também implementou o art. 474-A do Código de Processo Penal e o art. 81, § 1.º-A, da Lei 9.099/1995, os quais contemplam regras semelhantes aplicáveis, respectivamente, à instrução no plenário do Júri e no rito sumaríssimo dos Juizados Especiais Criminais.

[161] A necessidade de positivação desse dever revela um triste cenário: a falta de educação de parte da população, a qual se estende aos operadores do Direito.

considera-se violência institucional a "violência praticada por agente público no desempenho de função pública, em instituição de qualquer natureza, por meio de atos comissivos ou omissivos que prejudiquem o atendimento à criança ou ao adolescente vítima ou testemunha de violência."[162]

Nos dias atuais, não há – e não pode haver – espaço para autoritarismo, "estrelismo" e descaso nos palcos judiciais. Na "Casa da Justiça" a lei deve ser a senhora da razão, em atenção ao princípio da isonomia, em seus aspectos formal e material, e à dignidade da pessoa humana.

O desrespeito ao ofendido no Poder Judiciário leva à **revitimização ou vitimização secundária**: depois de suportar todos os efeitos malévolos do delito, a vítima vem a ser novamente prejudicada, agora em sua integridade física e psicológica. Essa atitude leva à descrença no sistema de justiça, à vingança privada e, consequentemente, ao descrédito do próprio Estado Democrático de Direito.

Em síntese, a ampla defesa, o contraditório e a busca da verdade real têm limites. Éticos, jurídicos e morais. O julgamento de uma causa, penal ou extrapenal, não autoriza a incursão indevida na vida da vítima (ou da testemunha), em seu modo de agir, em seu passado ou em qualquer outro fator irrelevante para o desfecho do processo.

Em pleno século 21, já passou da hora de repudiar veementemente os abusos contra pessoas fragilizadas. A população de bem não tolera tais tipos de comportamentos. Se a consciência de cada um não importa, infelizmente a legislação precisa impor barreiras intransponíveis àqueles que buscam vantagens a qualquer preço.

---

[162] Embora a Lei 13.431/2017 e o Decreto 9.603/2018 tenham em mira a proteção da criança e do adolescente, tais conceitos são aplicáveis às pessoas em geral.

CAPÍTULO 2

DOS CRIMES CONTRA A FAMÍLIA

2.1. FUNDAMENTO CONSTITUCIONAL E ASPECTOS INTRODUTÓRIOS

O fundamento dos crimes contra a família encontra-se no art. 226, *caput*, da Constituição Federal: "A família, base da sociedade, tem especial proteção do Estado". A razão dessa preocupação constitucional é louvável, pois não se discute que a pessoa humana se forma no seio familiar.

Com efeito, o sentimento familiar é força potente de moralidade, trabalho e sacrifício, e por isso deve ser não apenas respeitado e favorecido, mas energicamente protegido, inclusive pelo Direito Penal. Nesse sentido, a instituição da família desponta como bem jurídico nitidamente comunitário e imprescindível ao desenvolvimento humano. Na lapidar lição de Magalhães Noronha, lançada décadas atrás, mas ainda atual:

> Realmente, é no lar, é na família que se forma a criatura. É pela criação e educação da criança que se forma o homem de amanhã. É no lar que se ensinam os bons costumes, o respeito pelos bens alheios, a solidariedade etc., enfim, sentimentos, sem os quais impossível seria a vida em sociedade. Faltando esses elementos, não haverá propriamente lar nem família, mas antes grupos de indivíduos já formados ou em elaboração para o crime, ou, pelo menos, para a vida parasitária e nociva aos interesses da comunidade.
>
> Como quer que seja, no estágio da civilização em que o homem se encontra, nada pode substituir a família. É no aconchego dos pais, é guiado e orientado pelo amor destes, a que nada substitui, que a criatura se educa, instrui e aperfeiçoa, para se tornar elemento útil e prestante.[1]

Os crimes contra a família estão disciplinados no Título VII da Parte Especial do Código Penal, dividido em quatro capítulos, quais sejam: I – Dos crimes contra o casamento (arts. 235 a 239); II – Dos crimes contra o estado de filiação (arts. 241 a 243); III – Dos crimes contra a assistência familiar (arts. 244 a 247); e IV – Dos crimes contra o pátrio poder, tutela ou curatela (arts. 248 e 249).

---

[1] MAGALHÃES NORONHA, E. *Direito penal*. 17. ed. São Paulo: Saraiva, 1984. v. 3, p. 300.

Anote-se, por óbvio, que a previsão de crimes contra a família não exclui a proteção da instituição familiar por outros ramos do ordenamento jurídico, especialmente pelo Direito Civil (exemplos: ação de alimentos, guarda dos filhos menores etc.), que também abrange diversas outras situações não encampadas no âmbito criminal.[2] Esta afirmativa representa, em verdade, mera manifestação do princípio da fragmentariedade, também conhecido como caráter fragmentário do Direito Penal.

2.2. DOS CRIMES CONTRA O CASAMENTO

2.2.1. Fundamento constitucional

Os §§ 1.º, 2.º e 6.º do art. 226 da Constituição Federal fazem menção ao casamento, demonstrando a importância desta instituição e, consequentemente, conferindo legitimidade à previsão legal dos crimes definidos nos arts. 235 a 239 do Código Penal. Destarte, a defesa do matrimônio tem como finalidade a tutela de interesses públicos e sociais, razão pela qual não pode ser olvidada pelo Estado.[3]

É de observar, entretanto, que a **união estável**, nada obstante a regra traçada pelo art. 226, § 3.º, da Constituição Federal, não é alcançada pela proteção assegurada pelo Código Penal ao casamento, em face da inadmissibilidade da analogia *in malam partem* no campo das normas penais incriminadoras.

2.2.2. Art. 235 - Bigamia

2.2.2.1. Dispositivo legal

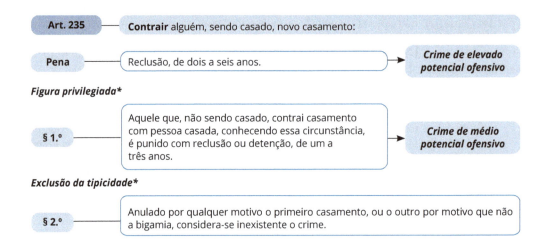

---

[2] PISAPIA, Domenico G. *Delitti contro la famiglia*. Torino: Torinese, 1953. p. 116-117.
[3] Para um estudo aprofundado do tema: GAMA, Guilherme Calmon Nogueira da. *A família no direito penal*. Rio de Janeiro: Renovar, 2000. p. 37 e ss.

Classificação:	Informações rápidas:
Crime simples Crime próprio Crime material ou causal Crime de dano Crime de forma vinculada Crime comissivo; instantâneo de efeitos permanentes (regra) Crime plurissubjetivo, plurilateral ou de concurso necessário Crime bilateral ou de encontro Crime plurissubsistente (regra)	O tipo abrange a **poligamia**. **Objeto material:** casamento. Separação judicial ou extrajudicial. União estável não pode ser utilizada como pressuposto do crime. Pressupõe **matrimônio válido anterior** (pessoa solteira, viúva ou divorciada que sabe do impedimento do outro contraente – exceção pluralística à teoria monista). Admite participação. **Elemento subjetivo:** dolo (não admite modalidade culposa). **Tentativa:** admite (há divergência). **Ação penal:** pública incondicionada.

2.2.2.2. Introdução

Bigamia é a convolação de novas núpcias por pessoa casada, e divide-se em duas classes: interna e internacional. Verifica-se aquela quando o novo casamento de pessoa já casada ocorre no mesmo país, e esta quando o matrimônio é realizado em país diverso. Neste último caso, fala-se ainda em bigamia internacional dupla, na hipótese em que o matrimônio é considerado bígamo e criminoso por ambos os países, a exemplo do que acontece entre Brasil e Paraguai.

O art. 1.521, inc. VI, do Código Civil proíbe expressamente a bigamia, preocupando-se com a proteção do casamento e da estrutura familiar.

O tipo penal incrimina somente a bigamia. Mas é indiscutível que o art. 235 do Código Penal também alcança a poligamia, ou seja, a contração de três ou mais casamentos simultâneos por uma mesma pessoa. Não há falar, nessa hipótese, na inaceitável analogia *in malam partem*, mas em interpretação extensiva da lei penal, interpretando-a com razoabilidade para buscar sua real finalidade e a perfeita compreensão do seu conteúdo.

Na verdade, a contração de três ou mais casamentos importa no reconhecimento de vários crimes, em continuidade delitiva (se presentes os requisitos exigidos pelo art. 71, *caput*, do Código Penal), ou residualmente em concurso material (CP, art. 69).

2.2.2.3. Objetividade jurídica

O bem jurídico penalmente protegido é a família, em sintonia com as regras contidas no art. 226 da Constituição Federal, especialmente no que diz respeito ao caráter monogâmico do matrimônio.[4]

2.2.2.4. Objeto material

É o casamento, que se realiza no momento em que os interessados manifestam, perante o juiz, a vontade de estabelecer vínculo conjugal, e este os declara casados (CC, art. 1.514).

2.2.2.5. Núcleo do tipo

O núcleo do tipo é "contrair", no sentido de ajustar, convolar, formalizar novas núpcias. Trata-se de crime de forma vinculada, uma vez que somente pode ser praticado mediante a contração de um segundo casamento, o qual depende do cumprimento de diversas formalidades estabelecidas pela lei civil.

---

[4] COLACCI, Marino Aldo. *Il delitto di bigamia*. Napoli: Jovene, 1958. p. 16.

A existência de **matrimônio válido anterior**, compreendido como aquele que preenche os requisitos indicados pela lei civil (CC, arts. 1.511 e seguintes), é pressuposto para configuração do crime de bigamia. Exige-se a presença de duas pessoas, devidamente habilitadas e com o objetivo de constituição de família.

É possível o reconhecimento do delito até a declaração da nulidade ou anulabilidade do primeiro casamento. É o que se extrai, *a contrario sensu*, da regra delineada no § 2.º do art. 235 do Código Penal: "Anulado por qualquer motivo o primeiro casamento, ou o outro por motivo que não a bigamia, considera-se inexistente o crime".

A separação judicial também não impede a caracterização do delito, pois a legislação brasileira reclama, para a dissolução do vínculo matrimonial, a morte de um dos cônjuges ou então o divórcio, aplicando-se a presunção legal quanto ao ausente (CC, art. 1.571, § 1.º).

A união estável, embora seja equiparada ao casamento para fins civis, não pode ser utilizada como pressuposto do crime de bigamia. Portanto, se alguém mantém união estável, possuindo anterior casamento válido, não estará configurado o crime tipificado no art. 235 do Código Penal.

De igual modo, não há falar em bigamia se anteriormente o sujeito havia se casado unicamente no âmbito religioso, sem atender aos mandamentos elencados nos arts. 1.515 e 1.516, § 1.º, do Código Civil, quais sejam: (a) que não tenha existido prévia habilitação ao casamento; ou (b) que não tenha sido a ata da cerimônia religiosa levada ao registro civil dentro do prazo de 90 dias após sua realização.

2.2.2.6. Sujeito ativo

O crime é **próprio** ou **especial**, pois somente pode ser cometido pelo homem ou mulher que, sendo casado, contrai novo matrimônio. Se não bastasse, a bigamia classifica-se como **crime plurissubjetivo**, **plurilateral** ou **de concurso necessário**, pois o tipo penal exige a presença de duas pessoas para o seu aperfeiçoamento. Cuida-se de **delito bilateral** ou **de encontro**, no qual o tipo penal reclama a presença de duas pessoas, cujas condutas tendem a se encontrar. É de se destacar que um dos cônjuges pode inclusive ser inimputável ou ignorar o impedimento do seu consorte.

A pessoa solteira, viúva ou divorciada que, sabendo do impedimento do outro contraente, com este convola núpcias responderá pela figura privilegiada definida no § 1.º do art. 235 do Código Penal, cuja pena é de reclusão ou detenção, de um a três anos. Trata-se de **exceção pluralista à teoria monista** no concurso de pessoas, adotada como regra pelo art. 29, *caput*, do Código Penal. Com efeito, ambas as pessoas buscam igual resultado – a convolação de novo matrimônio de forma espúria –, mas respondem por crimes diversos, em decorrência da opção do legislador, que preferiu conceder tratamento mais suave à pessoa que não era casada anteriormente, malgrado seu conhecimento acerca do impedimento do outro cônjuge.

Admite-se a participação, em todas as suas modalidades (*induzimento*, *instigação* e *auxílio*), nos crimes descritos no *caput* e no § 1.º do art. 235 do Código Penal. E vale atentar para um relevante detalhe mencionado por Celso Delmanto:

> Entretanto, em vista das duas figuras que o art. 235 contém (*caput* e § 1.º), pensamos que o partícipe do *caput* deva ficar sujeito à pena mais branda do § 1.º, pois, em face dos princípios da razoabilidade e da proporcionalidade, não se pode puni-lo com sanção superior à cominada para o próprio agente, que, não sendo casado, contrai casamento com pessoa já casada, ciente da circunstância (§ 1.º).[5]

---

[5] DELMANTO, Celso; DELMANTO, Roberto; DELMANTO JUNIOR, Roberto; DELMANTO, Fabio M. de Almeida. *Código Penal comentado*. 8. ed. São Paulo: Saraiva, 2010. p. 731.

2.2.2.7. Sujeito passivo

É o Estado, em face do seu interesse na preservação das instituições familiares e, mediatamente, o cônjuge inocente.

2.2.2.8. Elemento subjetivo

É o dolo, independentemente de qualquer finalidade específica. Não se admite a modalidade culposa.

Como o dolo, no âmbito do crime de bigamia, deve necessariamente abranger a ciência da existência de impedimento para o matrimônio, o desconhecimento do agente acerca de tal circunstância caracteriza erro de tipo (CP, art. 20), acarretando a atipicidade do fato. Exemplo: Uma pessoa vem a se casar após ser enganada pelo seu advogado, que lhe cobra honorários sob o argumento de que prestou serviços correspondentes à decretação judicial do seu divórcio. Nesse exemplo, o agente incidiu em falsa percepção acerca de uma situação fática, nota marcante do erro de tipo, excludente do dolo.

Vale destacar, porém, que a dúvida do agente no tocante ao seu estado civil configura o delito, a título de dolo eventual.

Entretanto, não se pode confundir o erro de tipo, no terreno do crime de bigamia, com o erro de proibição, inerente à ilicitude do fato, e não à situação fática propriamente dita. Exemplo: Um sujeito simples e de pouco estudo contrai casamento após a homologação em juízo de sua separação, acreditando que o rompimento do vínculo conjugal lhe autoriza a tanto. Nessa hipótese, o dolo está presente, mas estará excluída a culpabilidade, se o erro for inevitável, ou então a pena será diminuída de 1/6 a 1/3, se evitável o erro (CP, art. 21, *caput*).

2.2.2.9. Consumação

O crime é **material** ou **causal**: consuma-se com a efetiva celebração do segundo matrimônio, isto é, com a declaração de vontade dos nubentes homologada pelo juiz de paz, que os declara casados (CC, art. 1.514). Além disso, a bigamia desponta como **crime instantâneo de efeitos permanentes**, pois seus efeitos se arrastam no tempo, independentemente da vontade dos agentes, embora a consumação se concretize no momento em que se opera o segundo casamento.[6]

2.2.2.10. Tentativa

É possível. Discute-se, todavia, qual o momento em que se inicia a execução do delito, para em seguida falar no *conatus*. Há duas posições sobre o assunto. Vejamos.

> **1.ª posição:** A execução do crime de bigamia inicia-se com o **consentimento do sujeito ativo** durante a celebração do casamento, ao passo que os atos praticados visando esta declaração são meramente preparatórios. Antes de manifestada a vontade do contraente, não se pode falar em execução do delito, pois não há certeza se ele responderia afirmativamente à pergunta do celebrante. Logo, existiria tentativa somente **se após o sim e antes da homologação** da vontade dos nubentes o casamento não se aperfeiçoasse por circunstâncias alheias à vontade do agente.[7]
>
> **2.ª posição:** A execução do delito tipificado no art. 235 do Código Penal inicia-se com a **celebração do casamento**, e a partir daí é cabível o *conatus*. Mas não caracteriza tentativa, convém anotar, a mera publicação dos *proclamas*, ou processo de habilitação, que representam meros atos preparatórios.[8]

---

[6] RICCIO, Stefano. *La bigamia*. Napoli: Jovene, 1934. p. 228.
[7] HUNGRIA, Nélson; LACERDA, Romão Côrtes de. *Comentários ao Código Penal*. Rio de Janeiro: Forense, 1954. v. VIII, p. 324.
[8] PIERANGELI, José Henrique. *Manual de direito penal brasileiro*. 2. ed. São Paulo: RT, 2007. v. 2, p. 543.

2.2.2.11. Ação penal

A ação penal é pública incondicionada.

2.2.2.12. Lei 9.099/1995

A bigamia, em sua modalidade fundamental, é crime de elevado potencial ofensivo. A pena mínima cominada (dois anos) impede a incidência dos benefícios contidos na Lei 9.099/1995.

2.2.2.13. Classificação doutrinária

A bigamia é crime **simples** (ofende um único bem jurídico); **próprio** (somente pode ser praticado por pessoa casada); **material** ou **causal** (consuma-se com a efetiva celebração do segundo matrimônio); **de dano** (causa lesão ao casamento); **de forma vinculada** (o meio de execução é o casamento, o qual deve obedecer as formalidades da lei civil); em regra **comissivo**; **instantâneo de efeitos permanentes** (consuma-se em um momento determinado, mas seus efeitos se prolongam no tempo); **plurissubjetivo, plurilateral** ou **de concurso necessário** (exige a presença de duas pessoas) e **bilateral** ou **de encontro**; e normalmente **plurissubsistente** (a conduta pode ser fracionada em diversos atos).

2.2.2.14. Bigamia, falsidade e conflito aparente de leis penais

O Código Civil impõe um processo formal de habilitação para o casamento, iniciado pelo requerimento firmado por ambos os contraentes, acompanhado de "declaração do estado civil", e, se for o caso, "da certidão de óbito do cônjuge falecido, de sentença declaratória de nulidade ou de anulação de casamento, transitada em julgado, ou do registro da sentença de divórcio" (CC, art. 1.525, incs. IV e V).

Portanto, ao cometer o crime de bigamia, o agente obrigatoriamente também pratica o delito de falsidade ideológica (CP, art. 299) ao fazer inserir declaração falsa – estado civil diverso do verdadeiro (casado) – em documento público, com o fim de alterar a verdade sobre fato juridicamente relevante. Mas o falso desponta como crime-meio em face da bigamia (crime-fim), razão pelo qual é por esta absorvido. O conflito aparente de leis penais é solucionado pelo **princípio da consunção**.[9] Como já decidiu o Superior Tribunal de Justiça:

> O delito de bigamia exige para se consumar a precedente falsidade, isto é: a declaração falsa, no processo preliminar de habilitação do segundo casamento, de que inexiste impedimento legal. Constituindo-se a falsidade ideológica (crime-meio) etapa da realização da prática do crime de bigamia (crime-fim), não há concurso do crime entre estes delitos.[10]

É importante destacar que, se não restar concretizado o início da execução da bigamia, a falsidade ideológica haverá de ser punida de forma autônoma. Exemplo: após a conclusão do processo de habilitação, o cônjuge casado não comparece à cerimônia do segundo matrimônio.

---

[9] Como já afirmamos em outra obra: "De acordo com o princípio da consunção ou absorção, o fato mais amplo e grave consome, absorve os demais fatos menos amplos e graves, os quais atuam como meio normal de preparação ou execução daquele, ou ainda como seu mero exaurimento. (...) Seus fundamentos são claros: o bem jurídico resguardado pela lei penal menos vasta já está protegido pela mais ampla, e a prática de um ilícito definido por uma lei penal é indispensável para a violação de conduta tipificada por outra disposição legal" (MASSON, Cleber Rogério. *Direito penal esquematizado* – Parte geral. 3. ed. São Paulo: Método, 2010. v. 1, p. 119-120).

[10] HC 39.583/MS, rel. Min. Laurita Vaz, 5.ª Turma, j. 08.03.2005.

2.2.2.15. Bigamia e termo inicial da prescrição da pretensão punitiva

Nos termos do art. 111, inc. IV, do Código Penal, a prescrição, antes de transitar em julgado a sentença final, começa a correr no crime de bigamia "**da data em que o fato se tornou conhecido**". Cuida-se de exceção à regra geral adotada pelo legislador no tocante ao termo inicial da prescrição da pretensão punitiva, atinente à data da consumação do delito. Esta mudança foi promovida pela Lei 7.209/1984 – Reforma da Parte Geral do Código Penal –, com o escopo de evitar a impunidade conferida pelo regime anterior, cuja contagem fluía da data de celebração do casamento.

O conhecimento do fato, exigido pela lei, refere-se à autoridade pública que tenha poderes para apurar, processar ou punir o responsável pelo delito, aí se incluindo o Delegado de Polícia, o membro do Ministério Público e o órgão do Poder Judiciário.[11]

2.2.2.16. Bigamia privilegiada: art. 235, § 1.º, do Código Penal

A bigamia privilegiada encontra-se descrita no art. 235, § 1.º, do Código Penal, cuja redação é a seguinte: "Aquele que, não sendo casado, contrai casamento com pessoa casada, conhecendo essa circunstância, é punido com reclusão ou detenção, de um a três anos".

Como analisamos no item 2.2.2.6, no crime de bigamia o legislador mais uma vez rompeu com a teoria unitária ou monista, adotada como regra no tocante ao concurso de pessoas, a teor do art. 29, *caput*, do Código Penal. A pessoa casada que contrai novo casamento responde pelo delito definido no art. 235, *caput*, do Código Penal; por sua vez, à pessoa não casada que, ciente do impedimento alheio, contrai casamento com pessoa casada, incide o crime tipificado no § 1.º do art. 235 do Código Penal.

Fica nítida, portanto, a cominação de pena privativa de liberdade sensivelmente mais branda para a pessoa não casada que contrai casamento com pessoa já casada, consciente do seu estado civil. O legislador, nesse ponto, valeu-se de uma ferramenta rara e curiosa: o magistrado pode optar entre duas alternativas, quais sejam, penas de reclusão ou de detenção, levando em conta as circunstâncias judiciais ou inominadas elencadas pelo art. 59, *caput*, do Código Penal.

Nessa hipótese, o crime somente pode ser praticado a título de **dolo direto**, pois a lei utiliza a expressão "conhecendo esta circunstância".

A bigamia privilegiada é **crime de médio potencial ofensivo**. A pena mínima cominada (um ano) torna o delito compatível com a suspensão condicional do processo, desde que presentes os demais requisitos elencados no art. 89 da Lei 9.099/1995.

2.2.2.17. Causa de exclusão da tipicidade: art. 235, § 2.º, do Código Penal

Estabelece o § 2.º do art. 235 do Código Penal: "Anulado por qualquer motivo o primeiro casamento, ou o outro por motivo que não a bigamia, considera-se inexistente o crime".

Com efeito, se o primeiro casamento, existente à época do crime, vier a ser anulado, o novo matrimônio não caracterizará o delito definido no art. 235 do Código Penal. Nessa hipótese, o sujeito possui vínculo matrimonial com uma só pessoa. A declaração de nulidade do primeiro casamento tem eficácia *ex tunc*, retroagindo à data da celebração do matrimônio, revelando que o agente não era casado quando veio a contrair o "segundo" casamento, afastando o delito de bigamia. Igual raciocínio se aplica à anulação do segundo matrimônio, desde que ocorra por motivo diverso da bigamia.

Embora a lei faça alusão somente ao casamento "anulado", é indiscutível que o dispositivo também abrange, com maior razão, o casamento considerado "nulo" pela legislação civil. As

---

[11] STJ: RHC 7.206/RJ, rel. Min. José Dantas, 5.ª Turma, j. 28.04.1998.

causas de nulidade e anulabilidade do matrimônio encontram-se previstas nos arts. 1.548 e 1.550 do Código Civil.

O questionamento em ação cível acerca do estado civil do agente constitui, no âmbito penal, questão prejudicial heterogênea, de natureza obrigatória, nos moldes do art. 92 do Código de Processo Penal: "Se a decisão sobre a existência da infração depender da solução de controvérsia, que o juiz repute séria e fundada, sobre o estado civil das pessoas, o curso da ação penal ficará suspenso até que no juízo cível seja a controvérsia dirimida por sentença passada em julgado, sem prejuízo, entretanto, da inquirição das testemunhas e de outras provas de natureza urgente".

2.2.2.18. Casamento entre pessoas do mesmo sexo e bigamia

No julgamento da ADPF 132/RJ, o Supremo Tribunal Federal conferiu interpretação conforme à Constituição Federal ao art. 1.723 do Código Civil, para permitir o reconhecimento da família na união pública, contínua e duradoura entre pessoas de igual sexo:

> Ante a possibilidade de interpretação em sentido preconceituoso ou discriminatório do art. 1.723 do Código Civil, não resolúvel à luz dele próprio, faz-se necessária a utilização da técnica de "interpretação conforme à Constituição". Isso para excluir do dispositivo em causa qualquer significado que impeça o reconhecimento da união contínua, pública e duradoura entre pessoas do mesmo sexo como família. Reconhecimento que é de ser feito segundo as mesmas regras e com as mesmas consequências da união estável heteroafetiva.[12]

Em conformidade com o julgamento lançado pela Suprema Corte, o CNJ – Conselho Nacional de Justiça editou a Resolução 175/2013, a qual dispõe em seu art. 1.º ser vedado "às autoridades competentes a recusa de habilitação, celebração de casamento civil ou de conversão de união estável em casamento entre pessoas de mesmo sexo".

Portanto, atualmente é possível o casamento homoafetivo, circunstância apta a ensejar o impedimento para novas núpcias (Código Civil, art. 1.521, inc. VI). Consequentemente, se uma pessoa já casada, pouco importando o sexo do outro cônjuge, contrair novo matrimônio, com pessoa de qualquer sexo, estará caracterizado o crime de bigamia, na forma definida pelo art. 235 do Código Penal.

2.2.3. Art. 236 – Induzimento a erro essencial e ocultação de impedimento

2.2.3.1. Dispositivo legal

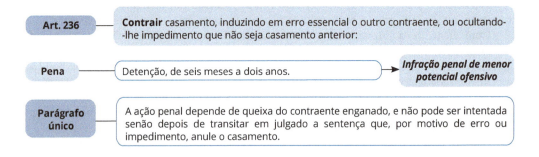

---

[12] ADPF 132/RJ, rel. Min. Ayres Britto, Plenário, j. 05.05.2011.

Classificação:	Informações rápidas:
Crime simples Crime comum Crime material ou causal Crime de dano Crime de forma vinculada Crime comissivo (regra) Crime instantâneo de efeitos permanentes Crime unissubjetivo, unilateral ou de concurso eventual Crime plurissubsistente (regra)	**Objeto material:** casamento. Lei penal em branco homogênea (ex. CC). **Elemento subjetivo:** dolo (não admite modalidade culposa). **Tentativa:** admite (diverg.). **Ação penal:** privada personalíssima (única hipótese no Brasil).

2.2.3.2. Objetividade jurídica

O bem jurídico penalmente protegido é a família, no tocante ao casamento e às suas consequências (vida em comum, prole, comunhão de bens, sucessão patrimonial etc.). O vício de vontade na celebração do casamento pode conduzir à sua anulabilidade (CC, art. 1.550, inc. III). Em hipóteses mais graves, como no induzimento a erro essencial ou ocultação de impedimento, optou o legislador também por conferir caráter penal ao comportamento ilícito.

2.2.3.3. Objeto material

É o casamento.

2.2.3.4. Núcleo do tipo

O núcleo do tipo é "**contrair**", no sentido de ajustar, convolar, formalizar núpcias, induzindo a erro essencial o outro cônjuge ou ocultando a existência de impedimento legal à realização do matrimônio. Trata-se de **lei penal em branco homogênea**, pois é preciso buscar em outra lei as hipóteses de erro essencial e dos impedimentos matrimoniais.

Em relação à conduta de contrair casamento, induzindo a erro essencial o outro contraente, o que acarreta sua anulabilidade (CC, art. 1.550, inc. III), invoca-se o art. 1.557 do Código Civil, assim redigido:

> **Art. 1.557.** Considera-se erro essencial sobre a pessoa do outro cônjuge:
> I – o que diz respeito à sua identidade, sua honra e boa fama, sendo esse erro tal que o seu conhecimento ulterior torne insuportável a vida em comum ao cônjuge enganado;
> II – a ignorância de crime, anterior ao casamento, que, por sua natureza, torne insuportável a vida conjugal;
> III – a ignorância, anterior ao casamento, de defeito físico irremediável que não caracterize deficiência ou de moléstia grave e transmissível, por contágio ou por herança, capaz de pôr em risco a saúde do outro cônjuge ou de sua descendência.

Por sua vez, o art. 1.521 do Código Civil estabelece os impedimentos matrimoniais – impedimentos dirimentes absolutos ou públicos –, que funcionam como causas de nulidade (CC, art. 1.548, inc. II):

> **Art. 1.521.** Não podem casar:
> I – os ascendentes com os descendentes, seja o parentesco natural ou civil;

> II – os afins em linha reta;
> III – o adotante com quem foi cônjuge do adotado e o adotado com quem o foi do adotante;
> IV – os irmãos, unilaterais ou bilaterais, e demais colaterais, até o terceiro grau inclusive;
> V – o adotado com o filho do adotante;
> VI – as pessoas casadas;
> VII – o cônjuge sobrevivente com o condenado por homicídio ou tentativa de homicídio contra o seu consorte.

Portanto, se o agente induz o outro contraente a erro essencial, em quaisquer das formas previstas no art. 1.557 do Código Civil, ou deste oculta quaisquer dos impedimentos legais, salvo o previsto no inciso VI do art. 1.521 do Código Civil – casamento anterior, pois nesse caso estará caracterizado o crime de bigamia (CP, art. 235) –, e o casamento se realiza, a ele será imputado o crime tipificado no art. 236 do Código Penal.

2.2.3.4.1. Distinção entre induzimento a erro essencial e ocultação de impedimento e conhecimento prévio de impedimento

A nota marcante do crime de induzimento a erro essencial e ocultação de impedimento é o emprego de **meio fraudulento**: as condutas de "induzir em erro essencial" e "ocultar impedimento" são indicativas do estratagema do sujeito ativo para ludibriar o outro contraente. A propósito, o parágrafo único do art. 236 do Código Penal fala expressamente em "contraente **enganado**". É de se notar que a ocultação de impedimento não pode ser simplesmente omissiva, exigindo, antes, uma ação que esconda o impedimento. Nos ensinamentos de Heleno Cláudio Fragoso:

> Embora a nossa lei não mencione, como a italiana, que a ocultação deve ser feita por meios fraudulentos, é evidente, em face do crime previsto no art. 237 do CP, que somente a ocultação comissiva, isto é, a que se realize através de ação, poderá integrar o elemento material da figura em exame.[13]

Esta é a única interpretação possível, extraída do confronto entre os arts. 236 e 237 do Código Penal. Em verdade, o art. 237 do Código Penal se refere aos impedimentos que causam a nulidade do casamento (impedimentos dirimentes absolutos ou públicos), e pune quem mesmo assim se casa, diante da ignorância do outro contraente (pois, se este soubesse, também praticaria o crime), considerando como conduta típica o simples silêncio do agente (omissão passiva).

Ora, se igual comportamento fosse incriminado pelo art. 236 do Código Penal, não haveria razão legitimadora do art. 237 do Código Penal. E o principal argumento repousa na sanção penal cominada a cada um dos delitos. Com efeito, a pena mais grave do art. 236 somente se justifica em razão da fraude utilizada na execução do delito, revelando o caráter subsidiário do art. 237, que será aplicado nas hipóteses de silêncio do agente, ou seja, nas situações em que não houver fraude para a contração do casamento.

2.2.3.5. Sujeito ativo

O crime é **comum** ou **geral**. Pode ser praticado por qualquer pessoa que venha a se casar induzindo outrem a erro ou ocultando-lhe impedimento. A propósito, o delito pode inclusive

---
[13] FRAGOSO, Heleno Cláudio. *Lições de direito penal*. Parte especial. São Paulo: José Bushatsky, 1959. v. 3, p. 563.

ser cometido por ambos os contraentes, na situação em que simultaneamente um engana o outro no tocante a determinado impedimento, desconhecido do outro consorte. Exemplo: "A" oculta de "B" o fato de ser seu pai, enquanto "B" esconde de "A" a prática de crime anterior ao casamento que, por sua natureza, torne insuportável a vida em comum.

2.2.3.6. Sujeito passivo

É o Estado, diretamente interessado na preservação das instituições familiares e na regularidade do casamento monogâmico, e, mediatamente, o contraente de boa-fé induzido pelo erro essencial quanto à outra pessoa ou de quem foi ocultado impedimento que não seja o casamento anterior.

Veja-se que um dos contraentes deve estar de boa-fé em relação ao impedimento que se busca ocultar ou induzir outrem a situação de erro, ou seja, deve ignorar a existência do motivo que conduza à nulidade do matrimônio, sob pena de incidir no crime previsto no art. 237 do Código Penal.

2.2.3.7. Elemento subjetivo

É o dolo, independentemente de qualquer finalidade específica. Não se admite a modalidade culposa.

2.2.3.8. Consumação

O crime é **material** ou **causal**: consuma-se com o casamento, que se aperfeiçoa no momento em que o homem e a mulher manifestam, perante o juiz, a sua vontade de estabelecer vínculo conjugal, e o juiz os declara casados (CC, art. 1.514). Há, entretanto, entendimentos no sentido de tratar-se de crime formal, pois não se exigiria a efetiva dissolução do matrimônio por conta do erro ou do impedimento.[14] Essa circunstância, em nossa opinião, constitui mero exaurimento.

2.2.3.9. Tentativa

Como o crime se consuma ao final da cerimônia do matrimônio, com a formal declaração de casados pelo juiz de paz, a tentativa em tese seria possível.

Entretanto, como a lei exige a propositura de queixa pelo contraente enganado, mas vincula o início da ação penal ao trânsito em julgado da sentença cível que declarar nulo ou anulável o casamento (CP, art. 236, parágrafo único), resta inviabilizada a forma tentada. Cuida-se, portanto, de **crime condicionado à anulação ou declaração de nulidade do casamento**, circunstância impeditiva do *conatus*.

Destarte, a sentença civil de nulidade ou anulação do casamento tem a natureza jurídica de **condição de procedibilidade** da ação penal.[15] Mas não se pode olvidar que há entendimentos no sentido de que a sentença civil representaria autêntica **condição objetiva de punibilidade**.[16]

2.2.3.10. Ação penal e seus reflexos

Estabelece o parágrafo único do art. 236 do Código Penal: "A ação penal depende de queixa do contraente enganado e não pode ser intentada senão depois de transitar em julgado a sentença que, por motivo de erro ou impedimento, anule o casamento".

---

[14] É o caso de NUCCI, Guilherme de Souza. *Código Penal comentado*. 10. ed. São Paulo: RT, 2010. p. 975.
[15] Com igual conclusão: OLIVEIRA, Eugênio Pacelli de; FISCHER, Douglas. *Comentários ao Código de Processo Penal e sua jurisprudência*. Rio de Janeiro: Lumen Juris, 2010. p. 85.
[16] Nesse sentido: MAGALHÃES NORONHA, E.. *Direito penal*. 17. ed. São Paulo: Saraiva, 1984. v. 3, p. 310.

Trata-se, portanto, de crime de **ação penal privada personalíssima**. Aliás, o art. 236 do Código Penal contém atualmente no Brasil a única hipótese de crime desta natureza, no qual a titularidade do direito de queixa é intransmissível até mesmo na hipótese de falecimento do contraente enganado. Sequer é possível a nomeação de curador especial ao incapaz ou o início da ação penal pelo seu representante legal.

Consequentemente, o termo inicial do prazo decadencial previsto no art. 38 do Código de Processo Penal é a data do trânsito em julgado da sentença anulatória do casamento, pois só então é possível o oferecimento de queixa pelo contraente enganado.

De igual modo, a prescrição da pretensão punitiva relativa ao crime tipificado no art. 236 do Código Penal somente se inicia a partir do trânsito em julgado da sentença anulatória do casamento, pois é partir daí que o Estado pode finalmente exercer seu poder-dever de punir o responsável pela prática do delito.

2.2.3.11. Lei 9.099/1995

O induzimento a erro essencial e ocultação de impedimento é infração penal de menor potencial ofensivo. O máximo da pena privativa de liberdade (dois anos) é compatível com a transação penal e com o rito sumaríssimo, nos termos da Lei 9.099/1995.

2.2.3.12. Classificação doutrinária

O induzimento a erro essencial e ocultação de impedimento é crime **simples** (ofende um único bem jurídico); **comum** (pode ser praticado por qualquer pessoa); **material** ou **causal** (consuma-se com a celebração do casamento); **de dano** (causa lesão à instituição familiar); **de forma vinculada** (o agente deve submeter-se ao casamento, em sintonia com as formalidades da lei civil); em regra **comissivo**; **instantâneo de efeitos permanentes** (consuma-se em um momento determinado, mas seus efeitos se prolongam no tempo); **unissubjetivo, unilateral** ou **de concurso eventual** (cometido por uma só pessoa, mas admite o concurso); e normalmente **plurissubsistente** (a conduta pode ser fracionada em diversos atos).

2.2.4. Art. 237 – Conhecimento prévio de impedimento

2.2.4.1. Dispositivo legal

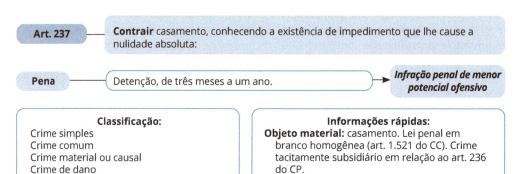

2.2.4.2. Objetividade jurídica

O bem jurídico penalmente tutelado é a família, com a finalidade de evitar a ocorrência de casamentos com violação dos impedimentos legais e suas consequências nefastas, prejudicando a prole, a vida em comum, a comunhão de bens etc. De fato, é nulo o casamento contraído com infringência de impedimento (CC, art. 1.548, inc. II).

2.2.4.3. Objeto material

É o casamento.

2.2.4.4. Núcleo do tipo

O núcleo do tipo é novamente "**contrair**", no sentido de ajustar, convolar, formalizar núpcias, ciente da existência de impedimento ao casamento, capaz de acarretar a declaração de sua nulidade. Trata-se mais uma vez de **lei penal em branco homogênea**, pois os impedimentos matrimoniais são indicados pelo art. 1.521 do Código Civil, conhecidos como impedimentos dirimentes absolutos ou públicos:

> Art. 1.521. Não podem casar:
> I – os ascendentes com os descendentes, seja o parentesco natural ou civil;
> II – os afins em linha reta;
> III – o adotante com quem foi cônjuge do adotado e o adotado com quem o foi do adotante;
> IV – os irmãos, unilaterais ou bilaterais, e demais colaterais, até o terceiro grau inclusive;[17]
> V – o adotado com o filho do adotante;
> VI – as pessoas casadas;
> VII – o cônjuge sobrevivente com o condenado por homicídio ou tentativa de homicídio contra o seu consorte.

Destarte, se o agente tem conhecimento da existência do impedimento – salvo no tocante ao previsto no inc. VI do art. 1.521 do Código Civil, pois, nessa hipótese, estará caracterizado o crime de bigamia –, e ainda assim convola matrimônio, a ele será imputado o crime em análise.

Anote-se que o crime definido no art. 237 é **tacitamente subsidiário** em relação ao delito tipificado no art. 236, ambos do Código Penal. Não há fraude para enganar o outro contraente. Basta não declarar o impedimento matrimonial, despontando como suficiente a simples omissão.[18]

2.2.4.5. Sujeito ativo

O crime é **comum** ou **geral**. Pode ser praticado por qualquer pessoa que contraia casamento, ciente da existência de impedimento matrimonial. Se ambos os contraentes têm conhecimento do impedimento, serão considerados coautores do delito.

---

[17] De acordo com o art. 2.º do Decreto-lei 3.200/1941: "Os colaterais do terceiro grau, que pretendam casar-se, ou seus representantes legais, se forem menores, requererão ao juiz competente para a habilitação que nomeie dois médicos de reconhecida capacidade, isentos de suspeição, para examiná-los e atestar-lhes a sanidade, afirmando não haver inconveniente, sob o ponto de vista da sanidade, afirmando não haver inconveniente, sob o ponto de vista da saúde de qualquer deles e da prole, na realização do matrimônio". Quanto aos colaterais do terceiro grau (tios e sobrinhos), portanto, somente restará configurado o delito se o contraente não providenciar os exames exigidos para o casamento.
[18] Vale a pena rever os comentários lançados no crime previsto no art. 236 do Código Penal, item 2.2.3.

2.2.4.6. Sujeito passivo

É o Estado, em face do seu interesse na preservação das instituições familiares e na regularidade dos casamentos, e, mediatamente, o outro contraente, desde que desconheça o impedimento matrimonial.

2.2.4.7. Elemento subjetivo

É unicamente o dolo direto, representado pela expressão "conhecendo a existência de impedimento que lhe cause a nulidade absoluta". Não se exige nenhuma finalidade específica, e também não se admite a modalidade culposa.

2.2.4.8. Consumação

O crime é material ou causal: consuma-se com o casamento, que se realiza no momento em que o homem e a mulher manifestam, perante o juiz, a sua vontade de estabelecer vínculo conjugal, e o juiz os declara casados (CC, art. 1.514).

2.2.4.9. Tentativa

É possível, em face do caráter plurissubsistente do delito, permitindo o fracionamento do *iter criminis*.[19]

2.2.4.10. Ação penal

A ação penal é pública incondicionada. Esta opção legislativa resulta do fato de poderem ser ambos os cônjuges coautores do delito. Portanto, estaria impossibilitada a persecução penal se a ação penal dependesse de queixa ou representação de tais pessoas.

No crime em análise, ao contrário do que se verifica no delito tipificado no art. 236 do Código Penal, prescinde-se da prévia decretação de nulidade do casamento por sentença com trânsito em julgado. Mas nada impede que o Ministério Público, com fulcro no art. 1.549 do Código Civil, ajuíze ação civil para decretação de nulidade do casamento, antes ou simultaneamente ao oferecimento da ação penal.

2.2.4.11. Lei 9.099/1995

Como corolário do máximo da pena privativa de liberdade (um ano), o conhecimento prévio de impedimento é infração penal de menor potencial ofensivo, compatível com a transação penal e com o rito sumaríssimo, nos moldes da Lei 9.099/1995.

2.2.4.12. Classificação do crime

O conhecimento prévio de impedimento é crime simples (ofende um único bem jurídico); comum (pode ser praticado por qualquer pessoa); material ou causal (consuma-se com a celebração do casamento); de dano (causa lesão à instituição familiar); de forma vinculada (o agente deve submeter-se ao casamento, em consonância com as formalidades da lei civil); em regra comissivo; instantâneo de efeitos permanentes (consuma-se em um momento determinado, mas seus efeitos se prolongam no tempo); unissubjetivo, unilateral ou de concurso eventual (cometido por uma só pessoa, mas admite o concurso); e normalmente plurissubsistente (a conduta pode ser fracionada em diversos atos).

---

[19] São válidas as anotações efetuadas em relação ao crime de bigamia (CP, art. 235, item 2.2.2).

2.2.5. Art. 238 – Simulação de autoridade para celebração de casamento

2.2.5.1. Dispositivo legal

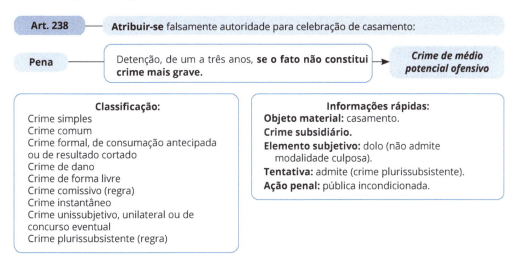

2.2.5.2. Objetividade jurídica

O bem jurídico penalmente tutelado é a família, especialmente em relação à regularidade do casamento. Em plano secundário, também se protege a regularidade do exercício de função pública relevante, qual seja juiz de casamentos (juiz de paz).[20]

2.2.5.3. Objeto material

É o casamento.

2.2.5.4. Núcleo do tipo

O núcleo do tipo é "atribuir-se", ou seja, imputar a si, falsamente, a qualidade de autoridade para celebração de casamentos. A palavra "falsamente", indicativa de situação em descompasso com a realidade, funciona como elemento normativo do tipo.

No tocante à autoridade para celebração de casamentos, dispõe o art. 98, inc. II, da Constituição Federal:

> Art. 98. A União, no Distrito Federal e nos Territórios, e os Estados criarão:
> (...)
> II – justiça de paz, remunerada, composta de cidadãos eleitos pelo voto direto, universal e secreto, com mandato de quatro anos e competência para, na forma da lei, celebrar casamentos, verificar, de ofício ou em face de impugnação apresentada, o processo de habilitação e exercer atribuições conciliatórias, sem caráter jurisdicional, além de outras previstas na legislação.

---

[20] Por esse motivo, há vozes que erroneamente criticam a inserção desse delito entre os crimes contra a família, pois seria mais correto, para quem assim pensa, alocá-lo entre os crimes contra a Administração Pública.

Nada obstante o transcurso de vários anos, a norma constitucional (de eficácia limitada) ainda não foi regulamentada em diversos Estados da federação. Nesses casos, a Constituição Estadual designa quem exercerá a função de juiz de casamentos até a organização da justiça de paz.

2.2.5.5. Sujeito ativo

Pode ser qualquer pessoa (**crime comum** ou **geral**).

2.2.5.6. Sujeito passivo

É o Estado e, mediatamente, as pessoas enganadas pela conduta criminosa.

2.2.5.7. Elemento subjetivo

É o dolo, independentemente de qualquer finalidade específica. Se o agente equivocadamente acredita ter autoridade para celebrar casamentos, exclui-se o dolo em razão do erro de tipo (CP, art. 20), resultando na atipicidade do fato.

Não se admite a modalidade culposa.

2.2.5.8. Consumação

O crime é **formal, de consumação antecipada** ou **de resultado cortado**: consuma-se com a atribuição de autoridade pelo agente, prescindindo-se da celebração de qualquer casamento.

2.2.5.9. Tentativa

É possível, em face do caráter plurissubsistente do delito, permitindo o fracionamento do *iter criminis*.

2.2.5.10. Ação penal

A ação penal é pública incondicionada.

2.2.5.11. Lei 9.099/1995

A pena mínima cominada ao delito tipificado no art. 238 do Código Penal é de um ano. Cuida-se, portanto, de crime de médio potencial ofensivo, compatível com a suspensão condicional do processo, desde que presentes os demais requisitos exigidos pelo art. 89 da Lei 9.099/1995.

2.2.5.12. Classificação doutrinária

A simulação de autoridade para celebração de casamento é crime **simples** (ofende um único bem jurídico); **comum** (pode ser praticado por qualquer pessoa); **formal, de consumação antecipada** ou **de resultado cortado** (consuma-se com a realização da conduta criminosa, independentemente da superveniência do resultado naturalístico); **de dano** (causa lesão à instituição familiar); **de forma livre** (admite qualquer meio de execução); em regra **comissivo**; **instantâneo** (consuma-se em um momento determinado, sem continuidade no tempo); **unissubjetivo, unilateral** ou **de concurso eventual** (cometido por uma só pessoa, mas admite o concurso); e normalmente **plurissubsistente** (a conduta pode ser fracionada em diversos atos).

2.2.5.13. Subsidiariedade expressa

O crime tipificado no art. 238 do Código Penal é **expressamente subsidiário**. Sua pena é de detenção, de um a três anos, "se o fato não constitui crime mais grave". É o que ocorre, a título ilustrativo, quando o fato caracteriza estelionato (CP, art. 171, *caput*), como na situação em que o farsante cobra dos noivos determinada quantia em dinheiro para supostamente celebrar o matrimônio.

Muitos doutrinadores exemplificam a subsidiariedade do delito de simulação de autoridade para celebração de casamento comparando-o com a usurpação de função pública (CP, art. 328). Este raciocínio deve ser afastado porque o crime contra a Administração Pública tem pena inferior ao crime contra a família, não podendo de modo algum absorvê-lo. O conflito aparente de leis penais entre tais delitos é solucionado pelo **princípio da especialidade**, uma vez que o crime previsto no art. 238 do Código Penal nada mais é do que uma forma específica de usurpação de função pública, voltada à celebração de casamentos.

2.2.6. Art. 239 – Simulação de casamento

2.2.6.1. Dispositivo legal

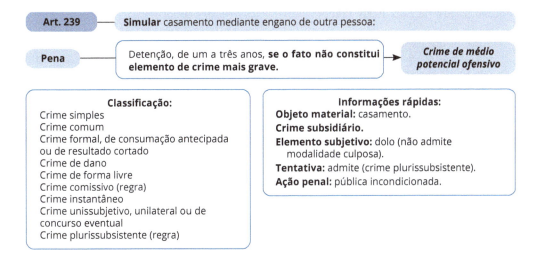

2.2.6.2. Objetividade jurídica

O bem jurídico penalmente protegido é a família, especialmente no que diz respeito à regularidade do casamento.

2.2.6.3. Objeto material

É o casamento.

2.2.6.4. Núcleo do tipo

O núcleo do tipo é "**simular**", ou seja, fingir a celebração do matrimônio, mediante o engano de outra pessoa.

O **engano** consiste em **elemento normativo do tipo**. Embora parte da doutrina entenda deva ser o engano voltado à pessoa do outro contraente, o art. 239 do Código Penal não faz essa distinção. Destarte, estará caracterizado o delito quando qualquer pessoa interessada no matrimônio for enganada pela simulação, a exemplo dos pais, tutores ou curadores que prestaram consentimento para o ato. Como consequência desta elementar típica ("engano"), é imprescindível a utilização de meio fraudulento para ludibriar alguém. Nas lições de Cezar Roberto Bitencourt:

> É indispensável a utilização de *meio enganoso* para a prática do crime. Se os dois contraentes simulam o casamento, não se configura este crime, uma vez que faltou o "engano de outra pessoa".
>
> Para configurar o crime é indispensável que a simulação de casamento ocorra por meio de engano (ardil, fraude, armadilha) do outro contraente. Assim, a simples *representação* de estar casando, para "pregar uma peça nos amigos", é insuficiente para caracterizá-lo.[21]

Veja-se que o tipo penal não reclama seja o casamento simulado realizado perante autoridade incompetente para sua celebração.

2.2.6.5. Sujeito ativo

O crime é **comum** ou **geral**. Pode ser praticado por qualquer pessoa que simule o matrimônio. E adverte Luiz Regis Prado:

> Todos os que participarem do casamento, tendo ciência da simulação, serão havidos como coautores do delito. A redação conferida ao dispositivo permite tal interpretação, já que não se exige que aquele que engane o outro contraente seja o mesmo que com ele simule se casar. Destarte, embora normalmente figure como sujeito ativo o outro nubente, é bem possível que o magistrado e o oficial do Registro Civil sejam os autores do delito, e as vítimas os contraentes enganados.[22]

2.2.6.6. Sujeito passivo

É o Estado, em decorrência do seu interesse na integridade do matrimônio, e, mediatamente, a pessoa enganada pela simulação de casamento.

2.2.6.7. Elemento subjetivo

É o dolo, independentemente de qualquer finalidade específica. Não se admite a modalidade culposa.

2.2.6.8. Consumação

O crime é **formal, de consumação antecipada** ou **de resultado cortado**: consuma-se com a simulação de qualquer ato relacionado à celebração do matrimônio, pouco importando se o agente conseguiu alcançar a falsa declaração de casado com outra pessoa.

2.2.6.9. Tentativa

É possível, em face do caráter plurissubsistente do delito, permitindo o fracionamento do *iter criminis*.

---

[21] BITENCOURT, Cezar Roberto. *Tratado de direito penal*. 5. ed. São Paulo: Saraiva, 2011. vol. 4, p. 218.
[22] PRADO, Luiz Regis. *Curso de direito penal brasileiro*. 8. ed. São Paulo: RT, 2010. v. 2, p. 695.

2.2.6.10. Ação penal

A ação penal é pública incondicionada.

2.2.6.11. Lei 9.099/1995

Cuida-se de crime de médio potencial ofensivo. A pena mínima cominada (um ano) torna o delito compatível com a suspensão condicional do processo, se presentes os demais requisitos exigidos pelo art. 89 da Lei 9.099/1995.

2.2.6.12. Classificação doutrinária

A simulação de casamento é crime **simples** (ofende um único bem jurídico); **comum** (pode ser praticado por qualquer pessoa); **formal, de consumação antecipada** ou **de resultado cortado** (consuma-se com a realização da conduta criminosa, independentemente da superveniência do resultado naturalístico); **de dano** (causa lesão à instituição familiar); **de forma livre** (admite qualquer meio de execução); em regra **comissivo**; **instantâneo** (consuma-se em um momento determinado, sem continuidade no tempo); **unissubjetivo, unilateral** ou **de concurso eventual** (cometido por uma só pessoa, mas admite o concurso); e normalmente **plurissubsistente** (a conduta pode ser fracionada em diversos atos).

2.2.6.13. Subsidiariedade expressa

A simulação de casamento é crime **expressamente subsidiário**. Sua pena é de detenção, de um a três anos, "se o fato não constitui elemento de crime mais grave". É o que se dá, exemplificativamente, no delito de violação sexual mediante fraude, tipificado no art. 215 do Código Penal, cuja pena é de reclusão, de dois a seis anos.

2.2.7. Art. 240 – Adultério

O crime de adultério foi revogado pela Lei 11.106/2005. Operou-se a *abolitio criminis* da conduta outrora tipificada pelo art. 240 do Código Penal. Com efeito, houve a revogação formal do dispositivo legal e, também, a supressão material do fato criminoso, pois não existe atualmente nenhum outro tipo penal incriminado o adultério.

Atualmente, portanto, o adultério produz efeitos somente na esfera civil (CC, arts. 1.572 e 1.573, inc. I), como causa autorizadora da separação judicial por violação aos deveres do casamento.

Vale destacar que, com a revogação do crime de adultério, o delito tipificado pelo art. 236 do Código Penal passou a ser o único exemplo de ação penal privada personalíssima subsistente em nosso ordenamento jurídico.

2.3. DOS CRIMES CONTRA O ESTADO DE FILIAÇÃO

Diversos delitos aqui previstos, a exemplo do registro de nascimento inexistente (art. 241) e do parto suposto (art. 242, 2.ª figura), despontam como verdadeiras falsidades, motivo pelo qual algumas vozes doutrinárias sustentam que deveriam figurar no Título X da Parte Especial do Código Penal, entre os crimes contra a fé pública.

O legislador pátrio, entretanto, preferiu alocá-los no Capítulo II do Título VII da Parte Especial do Código Penal, entre os crimes contra a família. Trata-se de critério de classificação no qual se deu prevalência ao bem jurídico atinente à estrutura jurídica da família, protegendo-a expressamente no setor do estado de filiação. Como leciona Magalhães Noronha:

A segurança da ordem jurídica da família é imperativo do Estado. Consequentemente, não pode ele deixar de volver suas vistas para os fatos que atentam contra o estado de filiação, ou seja, contra essa situação que vincula a pessoa a uma família e do qual se originam efeitos e consequências da mais elevada importância, consubstanciando não só interesses privados, como públicos.[23]

2.3.1. Art. 241 – Registro de nascimento inexistente

2.3.1.1. Dispositivo legal

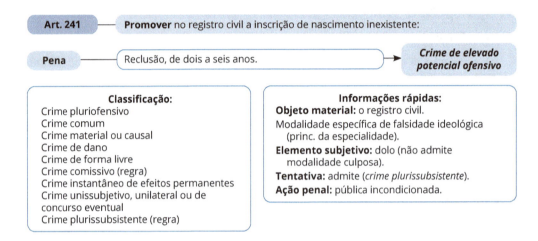

2.3.1.2. Objetividade jurídica

O bem jurídico penalmente tutelado é o estado de filiação, como medida protetora da instituição familiar. Mediatamente também se protege a regularidade do sistema de registro civil, pois os atos nele inscritos gozam de fé pública.

Com efeito, os arts. 50 e 54 da Lei 6.015/1973 – Lei de Registros Públicos – exigem que todo nascimento ocorrido no território nacional seja comunicado e registrado em livro próprio, com todos os dados a ele referentes, como data, hora, local de nascimento, nome dos pais e avós, entre outros. Da mesma forma, o art. 53, § 1.º, do citado diploma estatui que, no caso de a criança ter nascido morta, o registro será feito no livro "C Auxiliar".

2.3.1.3. Objeto material

É o registro civil no qual foi inscrito o nascimento inexistente.

2.3.1.4. Núcleo do tipo

O núcleo do tipo é "**promover**", no sentido de postular, provocar, requerer o registro de parto inexistente. Considera-se inexistente o nascimento quando, de fato, não ocorreu, ou então o feto foi expelido morto. Há, portanto, declaração falsa de nascimento de um ser humano.

Constata-se, destarte, que o crime previsto no art. 241 do Código Penal é uma modalidade específica de falsidade ideológica (CP, art. 299), pois o agente faz inserir declaração falsa em documento público, com o fim de prejudicar direito, criar obrigação ou alterar a verdade sobre

---
[23] MAGALHÃES NORONHA, E. *Direito penal*. 17. ed. São Paulo: Saraiva, 1984. v. 3, p. 321.

fato juridicamente relevante, compreendido como o falso nascimento de um ser humano. O conflito aparente de leis penais é solucionado pelo **princípio da especialidade**.

2.3.1.5. Sujeito ativo

Pode ser qualquer pessoa (**crime comum** ou **geral**). É possível o concurso de pessoas, tanto na modalidade coautoria como na participação, a exemplo do médico que dolosamente fornece o atestado de nascimento para que outrem promova no registro civil a inscrição de nascimento inexistente.

2.3.1.6. Sujeito passivo

É o Estado e, mediatamente, as pessoas lesadas pelo falso registro de nascimento.

2.3.1.7. Elemento subjetivo

É o dolo, independentemente de qualquer finalidade específica. Não se admite a modalidade culposa.

2.3.1.8. Consumação

O crime é **material** ou **causal**: consuma-se com a efetiva inscrição no registro civil do nascimento inexistente.

2.3.1.9. Tentativa

É cabível, em face do caráter plurissubsistente do delito, permitindo o fracionamento do *iter criminis*. Exemplo: o Oficial de Registro Civil, ao verificar as informações prestadas, descobre a inexistência de nascimento a legitimar o registro.

2.3.1.10. Ação penal

A ação penal é pública incondicionada.

2.3.1.11. Lei 9.099/1995

O art. 241 do Código Penal contempla um crime de elevado potencial ofensivo, pois a pena mínima cominada (dois anos) afasta a incidência dos benefícios previstos na Lei 9.099/1995.

2.3.1.12. Classificação doutrinária

O registro de nascimento inexistente é crime **pluriofensivo** (ofende mais de um bem jurídico: o estado de filiação e a credibilidade do registro civil); **comum** (pode ser praticado por qualquer pessoa); **material** ou **causal** (consuma-se com a produção do resultado naturalístico, consistente na efetiva inscrição no registro civil de nascimento inexistente); **de dano** (causa lesão à família); **de forma livre** (admite qualquer meio de execução); em regra **comissivo**; **instantâneo de efeitos permanentes** (consuma-se em um momento determinado, mas seus efeitos se prolongam no tempo, independentemente da vontade do agente); **unissubjetivo, unilateral** ou **de concurso eventual** (cometido por uma só pessoa, mas admite o concurso); e normalmente **plurissubsistente** (a conduta pode ser fracionada em diversos atos).

2.3.1.13. Registro de nascimento inexistente e prescrição

O termo inicial da prescrição da pretensão punitiva, no campo do crime de registro de nascimento inexistente, possui regra específica. De fato, a prescrição começa a correr da data em que o fato se tornou conhecido (CP, art. 111, inc. IV), e não a partir da consumação do delito.

2.3.2. Art. 242 – Parto suposto. Supressão ou alteração de direito inerente ao estado civil de recém-nascido

2.3.2.1. Dispositivo legal

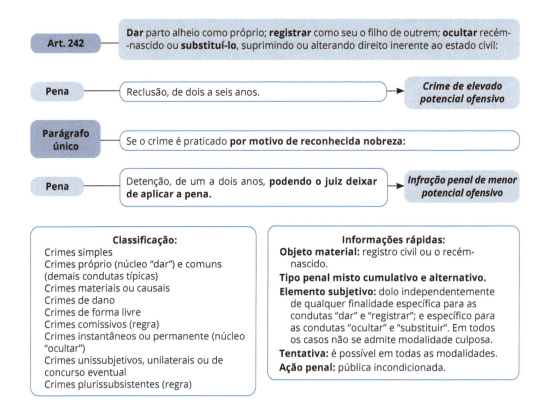

2.3.2.2. Objetividade jurídica

O art. 242 do Código Penal protege o estado de filiação, a instituição familiar e a regularidade do registro civil.

2.3.2.3. Objeto material

O objeto material pode ser o **registro** ou então o **recém-nascido**, dependendo da conduta criminosa praticada.

2.3.2.4. Núcleos do tipo

O tipo penal contém quatro condutas distintas, e cada uma delas possui um núcleo próprio. Vejamos:

a) "Dar parto alheio como próprio"

O núcleo do tipo é "**dar**", no sentido de atribuir para si a maternidade de filho alheio. A mulher provoca uma alteração na situação fática e jurídica da criança, fazendo-a passar como integrante da sua família biológica. Não se faz necessário o registro civil, fato que conduziria à conduta subsequente.

O comportamento criminoso é necessariamente acompanhado de uma simulação de gravidez, com o propósito de considerar como seu o parto de outra mulher. E, como corolário da ausência de previsão legal (princípio da reserva legal), não há crime na situação contrária, isto é, dar parto próprio como alheio.

b) "Registrar como seu o filho de outrem"

O núcleo do tipo é "**registrar**", ou seja, fazer constar do registro civil uma filiação inexistente, em prejuízo da identidade da criança e também de outros eventuais herdeiros. Esta conduta é conhecida como "**adoção à brasileira**", em razão de tratar-se de atividade comum no território nacional, quase uma criação pátria, no mais das vezes cometida por pessoas que buscam auxiliar amigos, parentes ou mesmo estranhos que não têm condições para cuidar do próprio filho, ou então para em conjunto criar, como se também seu filho fosse, o descendente de seu cônjuge ou companheiro.

Há nítido conflito aparente de leis penais entre o art. 242 do Código Penal, na conduta de "registrar como seu filho de outrem", e o art. 299, *caput*, do Código Penal (falsidade ideológica), na modalidade "fazer inserir declaração falsa com o fim de alterar a verdade sobre fato juridicamente relevante". Este conflito é solucionado com a utilização do **princípio da especialidade**, pois o art. 242 do Código Penal contém elementos especializantes, não contemplados no tipo penal inerente ao falso.

Na "adoção à brasileira" não se pode descartar a incidência do instituto do **erro de proibição**, regulado pelo art. 21 do Código Penal. É perfeitamente possível que alguém, em face de suas condições pessoais evidenciadas no caso concreto (grau de instrução, pouca cultura, condição social etc.), desconheça o caráter ilícito do fato praticado, acreditando que sua louvável intenção de proteger a criança ou auxiliar indivíduos necessitados lhe autorize a registrar como seu o filho alheio. Se o erro for inevitável, estará o agente isento de pena, excluindo-se sua culpabilidade em decorrência da ausência de potencial consciência da ilicitude do fato (CP, art. 21, *caput*, 1.ª parte); mas, se evitável o erro, a pena poderá ser diminuída, de 1/6 a 1/3 (CP, art. 21, *caput*, parte final).

c) "Ocultar recém-nascido, suprimindo ou alterando direito inerente ao estado civil"

O núcleo do tipo é "**ocultar**", que equivale a esconder o recém-nascido, evitando seu registro e alijando-o dos direitos inerentes ao seu estado civil.

Convém destacar que o tipo penal não se refere ao natimorto. Se a criança nasceu morta, o registro civil é obrigatório, mas sua omissão não configura crime de ocultação de recém-nascido, uma vez que a personalidade civil do homem começa com o nascimento com vida, nada obstante a lei ponha a salvo, desde a concepção, os direitos do nascituro (CC, art. 2.º). Como o natimorto não tem estado civil, a omissão do registro não lhe suprime ou altera qualquer direito.

d) "Substituir recém-nascido, suprimindo ou alterando direito inerente ao estado civil"

O núcleo do tipo é "**substituir**", no sentido de trocar um recém-nascido por outro, provocando alteração ou supressão no estado civil dos neonatos, que passam a integrar família diversa da biológica. Não se exige a inscrição do recém-nascido no registro civil.

Cuida-se de **tipo penal misto cumulativo e alternativo**. Há quatro condutas diversas: as duas primeiras ("dar parto alheio como próprio" e "registrar como seu filho o de outrem") são cumulativas entre si e também com alguma das duas últimas legalmente descritas. Consequentemente, ao agente serão imputados todos os crimes correspondentes ao número de condutas cometidas, se incidir na primeira, na segunda e na terceira (ou quarta).

Mas as duas últimas condutas apresentam relação de alternatividade ("ocultar recém-nascido **ou** substituí-lo, suprimindo ou alterando direito inerente ao estado civil"). Portanto, se o agente realizar ambos os núcleos do tipo, no tocante ao mesmo objeto material, responderá por um único delito.

2.3.2.5. Sujeito ativo

Como analisamos no item acima, relativo aos núcleos do tipo, são quatro as condutas descritas no art. 242 do Código Penal.

Na primeira conduta ("dar parto alheio como próprio"), o crime é **próprio** ou **especial**, pois somente pode ser cometido por mulher. Admite-se coautoria e participação, inclusive de parte da mãe biológica.

Nas demais condutas típicas, o crime é **comum** ou **geral**, podendo ser praticado por qualquer pessoa.

2.3.2.6. Sujeito passivo

É o Estado, interessado na regularidade da família, e, mediatamente, a pessoa prejudicada pela conduta criminosa (os herdeiros, nas duas primeiras condutas típicas, pois, a título de exemplo, precisarão repartir seus quinhões hereditários com outras pessoas, ou o recém-nascido, nas demais modalidades do delito).

2.3.2.7. Elemento subjetivo

Nas duas primeiras condutas ("dar parto alheio como próprio" e "registrar como seu o filho de outrem"), é o dolo, independentemente de qualquer finalidade específica.

De outro lado, nas duas últimas modalidades do delito ("ocultar recém-nascido ou substituí-lo, suprimindo ou alterando direito inerente ao estado civil"), também é o dolo, mas agora acrescido de um especial fim de agir, consistente na intenção de suprimir ou alterar direito inerente ao estado civil.

Não se admite, em nenhuma hipótese, a figura culposa.

2.3.2.8. Consumação

O crime de parto suposto ("dar parto alheio como próprio") consuma-se com a suposição do parto, ou, na hipótese de gravidez real, com a troca da criança que nasceu morta por outra. Não basta, portanto, a mera simulação da gravidez ou a falsa atribuição de maternidade no tocante a alguma criança. Há vozes que sustentam a necessidade de a criança ser civilmente registrada para o aperfeiçoamento do delito, com a alteração do seu *status* familiar, o que em nossa opinião desponta como exaurimento do delito, além de tratar-se de formalidade não exigida pelo tipo penal.

Na segunda conduta típica ("registrar como seu o filho de outrem"), a consumação se dá com a inscrição no registro do filho alheio como próprio.

Nas duas últimas hipóteses ("ocultar recém-nascido ou substituí-lo"), a consumação reclama a prática de ato que efetivamente importe na supressão ou alteração do estado civil do neonato. Não basta, portanto, sua simples ocultação ou substituição. Na forma "ocultar" o crime é permanente, subsistindo a consumação do delito durante todo o período em que se esconde o recém-nascido.

Destarte, é fácil notar que o art. 242 do Código Penal contempla **crimes materiais** ou **causais**, em todas as suas modalidades.

2.3.2.9. Tentativa

É possível, em todas as condutas típicas, em razão da natureza plurissubsistente dos delitos, permitindo o fracionamento do *iter criminis*.

2.3.2.10. Ação penal

A ação penal é pública incondicionada.

2.3.2.11. Lei 9.099/1995

Em face da pena mínima cominada (reclusão de dois anos), o art. 242 do Código Penal contempla um **crime de elevado potencial ofensivo**, insuscetível de aplicação dos benefícios disciplinados pela Lei 9.099/1995.

2.3.2.12. Classificação doutrinária

O art. 242 do Código Penal contém crimes **simples** (ofendem um único bem jurídico); **próprio** (na modalidade "dar parto alheio como próprio") e **comuns** (nas demais condutas típicas); **materiais** ou **causais** (consumam-se com a produção do resultado naturalístico); **de dano** (causam lesão à família); **de forma livre** (admitem qualquer meio de execução); em regra **comissivos**; **instantâneos** (consumam-se em um momento determinado, sem continuidade no tempo) ou **permanente** (no núcleo "ocultar recém-nascido", no qual a consumação se protrai no tempo, por vontade do agente); **unissubjetivos, unilaterais** ou **de concurso eventual** (cometidos por uma só pessoa, mas admitem o concurso); e normalmente **plurissubsistentes** (a conduta pode ser fracionada em diversos atos).

2.3.2.13. Figura privilegiada e perdão judicial: art. 242, parágrafo único

A pena é de detenção, de um a dois anos, podendo o juiz deixar de aplicá-la, "se o crime é praticado por motivo de reconhecida nobreza". Cuida-se, nesse caso, de infração penal de menor potencial ofensivo, compatível com a transação penal e com o rito sumaríssimo, nos moldes da Lei 9.099/1995.

O dispositivo legal é aplicável somente às duas primeiras modalidades do delito tipificado no art. 242 do Código Penal – "dar parto alheio como próprio" e "registrar como seu o filho de outrem", muito embora na prática normalmente se relacione com esta última, a famosa "adoção à brasileira". De fato, há incompatibilidade lógica entre o motivo de reconhecida nobreza e as condutas de "ocultar recém-nascido ou substituí-lo", especialmente quando levada em consideração a finalidade específica de "suprimir ou alterar direito inerente ao estado civil".

Motivo de reconhecida nobreza é o que revela caridade, altruísmo, enfim, a boa-fé e a generosidade de alguém. Exemplo: Marido e mulher registram em nome próprio o recém-nascido, para salvá-lo, protegê-lo e criá-lo com amor e afeto, pois essa criança fora anteriormente colocada em uma lata de lixo por sua mãe, moradora de rua, drogada e completamente desapegada à prole.

O juiz tem duas opções: a mais favorável, que é conceder o perdão judicial (causa extintiva da punibilidade – CP, art. 107, inc. IX), ou aplicar a pena diminuída. A escolha fica reservada ao caso concreto, e deve ser baseada em diversos parâmetros, especialmente nas condições pessoais do réu (antecedentes, primariedade ou reincidência, conduta social, personalidade etc.).

2.3.2.14. Art. 242 do Código Penal e prescrição da pretensão punitiva

O termo inicial da prescrição da pretensão punitiva do crime definido no art. 242 do Código Penal é a data em que o fato se tornou conhecido (CP, art. 111, inc. IV).

2.3.2.15. Legislação penal especial

O art. 229 da Lei 8.069/1990 – Estatuto da Criança e do Adolescente – prevê crime específico para os agentes de saúde que facilitarem a ocorrência das figuras penais em estudo:

> **Art. 229.** Deixar o médico, enfermeiro ou dirigente de estabelecimento de atenção à saúde de gestante de identificar corretamente o neonato e a parturiente, por ocasião do parto, bem como deixar de proceder aos exames referidos no art. 10 desta Lei:[24]
> Pena – detenção, de seis meses a dois anos.
> Parágrafo único. Se o crime é culposo:
> Pena – detenção, de dois a seis meses, ou multa.

2.3.3. Art. 243 – Sonegação de estado de filiação

2.3.3.1. Dispositivo legal

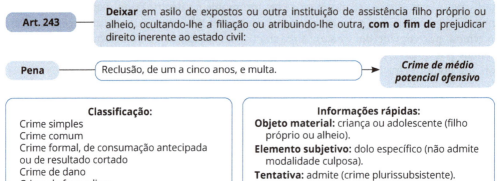

Classificação:
Crime simples
Crime comum
Crime formal, de consumação antecipada ou de resultado cortado
Crime de dano
Crime de forma livre
Crime comissivo (regra)
Crime instantâneo de efeitos permanentes
Crime unissubjetivo, unilateral ou de concurso eventual
Crime plurissubsistente (regra)

Informações rápidas:
Objeto material: criança ou adolescente (filho próprio ou alheio).
Elemento subjetivo: dolo específico (não admite modalidade culposa).
Tentativa: admite (crime plurissubsistente).
Ação penal: pública incondicionada.

---

[24] Art. 10 da Lei 8.069/1990: "Art. 10. Os hospitais e demais estabelecimentos de atenção à saúde de gestantes, públicos e particulares, são obrigados a: I – manter registro das atividades desenvolvidas, através de prontuários individuais, pelo prazo de dezoito anos; II – identificar o recém-nascido mediante o registro de sua impressão plantar e digital e da impressão digital da mãe, sem prejuízo de outras formas normatizadas pela autoridade administrativa competente; III – proceder a exames visando ao diagnóstico e terapêutica de anormalidades no metabolismo do recém-nascido, bem como prestar orientação aos pais; IV – fornecer declaração de nascimento onde constem necessariamente as intercorrências do parto e do desenvolvimento do neonato; V – manter alojamento conjunto, possibilitando ao neonato a permanência junto à mãe; VI – acompanhar a prática do processo de amamentação, prestando orientações quanto à técnica adequada, enquanto a mãe permanecer na unidade hospitalar, utilizando o corpo técnico já existente; VII – desenvolver atividades de educação, de conscientização e de esclarecimentos a respeito da saúde mental da mulher no período da gravidez e do puerpério".

2.3.3.2. Objetividade jurídica

O bem jurídico penalmente tutelado é o estado de filiação.

2.3.3.3. Objeto material

É a criança ou adolescente (filho próprio ou alheio) deixado em asilo de expostos ou outra instituição de assistência.

2.3.3.4. Núcleo do tipo

O núcleo do tipo é "**deixar**", no sentido de abandonar o menor de idade em asilo de expostos ou outra instituição de assistência, ocultando-lhe a filiação ou atribuindo-lhe outra, com o fim de prejudicar direito inerente ao estado civil. Exemplo: Uma pessoa, com o objetivo de excluir seu irmão mais novo da herança do pai de ambos, abandona-o em um orfanato, declarando ter encontrado tal infante na rua e sem nenhum documento de identidade.

Asilo de expostos é o orfanato ou local que abriga crianças abandonadas; a **instituição de assistência**, por sua vez, tem caráter residual, podendo ser qualquer tipo de creche ou abrigo.

Veja-se que a conduta de deixar criança em local diverso do asilo de expostos ou instituição de assistência configura, dependendo do caso concreto, os crimes de abandono de incapaz (CP, art. 133) ou de exposição ou abandono de recém-nascido (CP, art. 134), e não o crime em análise.

Há doutrinadores que sustentam ser necessária a ausência de registro civil, pois o propósito do agente é ocultar a filiação da criança ou atribuir-lhe outra. Esta posição, com o devido respeito, não pode ser acolhida. De fato, o art. 243 do Código Penal exige somente a ocultação ou alteração da filiação do infante abandonado, independentemente da existência ou não de registro prévio.

2.3.3.5. Sujeito ativo

O crime é **comum** ou **geral**. Pode ser cometido por qualquer pessoa, e não apenas pelos ascendentes, pois o tipo penal também incrimina o comportamento relativo ao "filho alheio", isto é, não exige a relação de parentesco entre a pessoa abandonada e o responsável pelo delito.

2.3.3.6. Sujeito passivo

É o Estado e, mediatamente, a criança ou adolescente abandonado e prejudicado em seus direitos inerentes ao estado de filiação.

No passado, chegou-se a sustentar que somente os filhos legítimos (quando concebidos no seio de um casamento válido ao tempo da concepção) poderiam figurar como vítimas do delito, uma vez que o art. 358 do Código Civil de 1916 proibia o reconhecimento de filhos incestuosos e adulterinos. Este argumento não pode mais ser invocado, pois o art. 227, § 6.º, da Constituição Federal estabelece que "os filhos, havidos ou não da relação do casamento, ou por adoção, terão os mesmos direitos e qualificações, proibidas quaisquer designações discriminatórias relativas à filiação".

2.3.3.7. Elemento subjetivo

É o dolo, acrescido de um especial fim de agir (elemento subjetivo específico), consistente na intenção de prejudicar direito inerente ao estado civil do filho próprio ou alheio abandonado. Nesse contexto, não se caracteriza o delito na hipótese em que o agente abandona a criança ou adolescente por outro motivo qualquer, tal como a ausência de condições financeiras para sustentá-lo.

2.3.3.8. Consumação

O crime é **formal, de consumação antecipada** ou **de resultado cortado**. Consuma-se com o abandono da criança ou adolescente em asilo de expostos ou instituição de assistência, com a consequente ocultação ou alteração do estado de filiação, ainda que não se alcance a finalidade específica de prejudicar direito inerente ao estado civil.

2.3.3.9. Tentativa

É possível, em face do caráter plurissubsistente do delito, permitindo o fracionamento do *iter criminis*. Exemplo: "A" é surpreendido ao abandonar seu filho na porta do orfanato, a título de criança abandonada, com o fim de não ser obrigado a prestar-lhe alimentos.

2.3.3.10. Ação penal

A ação penal é pública incondicionada.

2.3.3.11. Lei 9.099/1995

Em face da pena mínima cominada, a sonegação de estado de filiação é crime de médio potencial ofensivo, compatível com a suspensão condicional do processo, desde que presentes os demais requisitos exigidos pelo art. 89 da Lei 9.099/1995.

2.3.3.12. Classificação doutrinária

A sonegação de estado de filiação é crime **simples** (ofende um único bem jurídico); **comum** (pode ser praticado por qualquer pessoa); **formal, de consumação antecipada** ou **de resultado cortado** (consuma-se com a prática da conduta, prescindindo da produção do resultado naturalístico); **de dano** (causa lesão à família); **de forma livre** (admite qualquer meio de execução); em regra **comissivo**; **instantâneo de efeitos permanentes** (consuma-se em um momento determinado, sem continuidade no tempo); **unissubjetivo, unilateral** ou **de concurso eventual** (cometido por uma só pessoa, mas admite o concurso); e normalmente **plurissubsistente** (a conduta pode ser fracionada em diversos atos).

2.3.3.13. Sonegação de estado de filiação e supressão ou alteração de direito inerente ao estado civil de recém-nascido: diferenças

Os crimes de sonegação de estado de filiação (CP, art. 243) e de supressão ou alteração de direito inerente ao estado civil de recém-nascido (CP, art. 242, *in fine*), nada obstante apresentem alguma similitude no tocante à descrição típica, diferenciam-se por traços bem definidos. Vejamos:

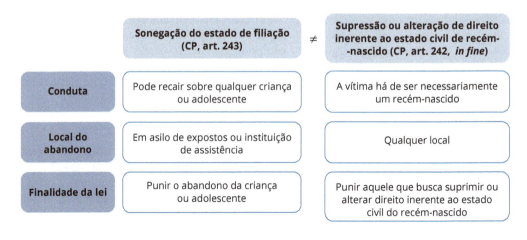

2.4. DOS CRIMES CONTRA A ASSISTÊNCIA FAMILIAR

Nos capítulos anteriores, o Código Penal preocupava-se com as condutas atentatórias à organização da família, protegendo o casamento e o estado de filiação. Agora, sua tarefa é disciplinar a manutenção, a permanência da família, punindo ações mais graves que a desagregam e a dissolvem. De fato, a assistência familiar é a sua preocupação não somente sob o aspecto material, mas também moral, como se extrai dos arts. 245 a 247.

É lamentável, embora seja a genuína realidade, que a evolução malévola da sociedade tenha cada vez mais repudiado os princípios fundamentais que devem nortear o núcleo familiar. Infelizmente, os membros de uma família muitas vezes não se ajudam, nem mesmo com a utilização dos instrumentos do Direito Civil (alimentos, tutela, direito de visitas etc.), legitimando-se, por essa razão, a intervenção do Direito Penal para resguardar valores que a própria moral deveria tornar invioláveis.[25] Nos precisos ensinamentos de Magalhães Noronha:

> Diante da evolução dos costumes, que vão perdendo aquele sentido de amor, respeito e solidariedade, que devem existir no lar, a lei penal, em boa hora, foi de alvitre – na sua autonomia normativa – que devia punir fatos, os quais, sujeitos apenas às sanções civis não recebem a justa reprimenda pela gravidade que apresentam. Definindo-os como crimes, o Estado mostra da maneira mais eloquente, pois emprega a sanção mais grave de que dispõe: a pena – o valor que confere ao bem aqui tutelado.[26]

E, como estatui o art. 229 da Constituição Federal: *"Os pais têm o dever de assistir, criar e educar os filhos menores, e os filhos maiores têm o dever de ajudar e amparar os pais na velhice, carência ou enfermidade"*.

2.4.1. Art. 244 – Abandono material

2.4.1.1. Dispositivo legal

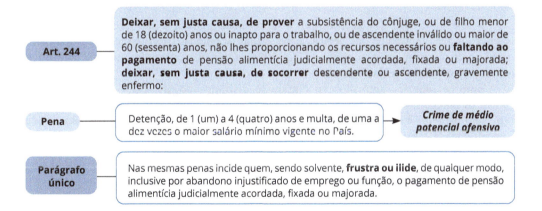

---

[25] "Contra esse surto de imoralidade que acanalha o homem e desvaloriza a mulher, havia de se insurgir o nosso legislador, que assim justificou a particularidade da repressão instituída em relação à previsão dos crimes contra a assistência familiar" (FARIA, Bento de. *Código Penal brasileiro comentado*. 3. ed. Rio de Janeiro: Distribuidora Record, 1961. v. VI, p. 169).
[26] MAGALHÃES NORONHA, E. *Direito penal*. 17. ed. São Paulo: Saraiva, 1984. v. 3, p. 330.

Classificação:	**Informações rápidas:**
Crime simples Crime próprio Crime formal, de consumação antecipada ou de resultado cortado Crime de perigo concreto Crime permanente Crime de forma livre Crime omissivo próprio ou puro Crime unissubjetivo, unilateral ou de concurso eventual Crime unissubsistente	**Objeto material:** renda, pensão ou outro auxílio. Não há falar em abandono material no âmbito da **união estável** (vedação ao emprego da analogia *in malam partem*). **Tipo misto cumulativo e alternativo.** **Elemento subjetivo:** dolo (não admite modalidade culposa). **Tentativa:** não é possível (exceção: figura equiparada – parágrafo único). **Ação penal:** pública incondicionada.

2.4.1.2. Objetividade jurídica

O bem jurídico penalmente tutelado é a assistência familiar, relativamente ao direito à vida e à dignidade no âmbito da família, especialmente na esfera da estrita necessidade material reciprocamente devida entre seus membros (alimentos, habitação, vestuários, remédios etc.).

2.4.1.3. Objeto material

É a renda, pensão ou outro auxílio.

2.4.1.4. Núcleos do tipo

O art. 244, *caput*, do Código Penal contempla três condutas criminosas distintas. Vejamos cada uma delas.

1) Deixar, sem justa causa, de prover os recursos necessários à subsistência do cônjuge, do filho menor de 18 anos ou inapto para o trabalho, ou do ascendente inválido ou maior de 60 anos

"Deixar de prover" (núcleo do tipo) a subsistência equivale a não fornecer os meios indispensáveis à sobrevivência das pessoas necessitadas, apontadas expressamente no tipo penal. É importante observar que o conceito de "subsistência" é mais restrito do que o de "alimentos", na forma prevista na legislação civil.

Como se sabe, os alimentos encontram-se definidos no art. 1.694 do Código Civil: "Podem os parentes, os cônjuges ou companheiros pedir uns aos outros os alimentos de que necessitem para **viver de modo compatível com a sua condição social**, inclusive para atender às necessidades de sua educação".

Por sua vez, a subsistência engloba tão somente as necessidades básicas, como alimentação, remédios, vestuário e habitação, não incluindo gastos secundários, tais como lazer, cursos de música, viagens etc.

O art. 226, § 3.º, da Constituição Federal reconhece a **união estável** como entidade familiar. No mesmo diapasão, estabelece o art. 1.724 do Código Civil: "As relações pessoais entre os companheiros obedecerão aos deveres de lealdade, respeito e assistência, e de guarda, sustento e educação dos filhos".

Entretanto, o tipo penal fala em deixar de prover a subsistência do cônjuge, do filho menor de 18 anos ou inapto para o trabalho, ou do ascendente inválido ou maior de 60 anos. Como não se admite a analogia *in malam partem* no Direito Penal, não há falar em abandono material, relativamente a essa modalidade criminosa, quando um dos conviventes deixa, sem justa causa, de prover à subsistência do outro.

2) Faltar ao pagamento da pensão alimentícia fixada judicialmente

"**Faltar ao pagamento**" consiste em não honrar uma obrigação. A nota marcante dessa modalidade criminosa é a existência de decisão judicial homologando acordo, fixando ou majorando os alimentos devidos, qualquer que seja sua natureza (definitivos, provisórios, gravídicos etc.), e o agente, sem justa causa, falta com seu pagamento.[27] É necessário que o agente deixe transcorrer *in albis* o prazo estipulado em juízo para o pagamento. Antes do decurso desse ínterim, somente é possível reconhecer o delito em sua primeira modalidade.

Anote-se, finalmente, que nessa espécie de abandono material é possível a imputação do crime ao convivente que, sem justa causa, falta ao pagamento da pensão alimentícia judicialmente fixada em prol do outro convivente.

3) Deixar de socorrer, sem justa causa, ascendente ou descendente gravemente enfermo

"**Deixar de socorrer**" é negar proteção e assistência. **Enfermidade grave** é a séria alteração ou perturbação da saúde, física ou mental.[28] Sua comprovação reclama análise médica da vítima no caso concreto.

Nessa modalidade criminosa, a lei excluiu o cônjuge da proteção penal, abarcando somente os ascendentes e descendentes. Como, entretanto, a proteção à vida encontra-se entre os meios necessários à subsistência, se o agente deixar de socorrer o cônjuge, tal conduta se amoldará na primeira espécie do delito.

2.4.1.5. Tipo penal misto cumulativo e alternativo

A análise do art. 244, *caput*, do Código Penal permite a constatação de que se cuida de **tipo misto cumulativo e alternativo**. As duas primeiras condutas são alternativas, e a prática de ambas contra a mesma vítima caracteriza um único crime. Exemplo: O pai deixa, sem justa causa, de prover a subsistência de filho menor de 18 anos, não lhe proporcionando os recursos necessários, e, simultaneamente, falta com o pagamento de pensão alimentícia judicialmente fixada.

Mas ao agente serão imputados vários crimes se as condutas se relacionarem com vítimas diversas. Exemplo: "A" deixa, sem justa causa, de prover a subsistência do cônjuge, e também falta ao pagamento de pensão alimentícia judicialmente fixada em favor do filho menor de idade.

De outro lado, a terceira conduta é autônoma e cumulativa com as duas anteriores, autorizando a conclusão no sentido de que o cometimento da primeira ou segunda condutas, somada à última, acarreta a punição do agente por dois crimes, em concurso material (CP, art. 69, *caput*). Exemplo: O pai deixa, sem justa causa, de prover a subsistência de filho menor de 18 anos, não lhe proporcionando os recursos necessários, ao mesmo tempo em que, deparando-se com enfermidade grave enfrentada pelo seu descendente, não lhe presta socorro.

2.4.1.6. Elemento normativo do tipo

A descrição típica do art. 244, *caput*, do Código Penal contém um elemento normativo, representado pela expressão "sem justa causa", que funciona como **elemento negativo do tipo**. Presente a justa causa para a falta de assistência material, o fato é atípico. Na linha da jurisprudência do Superior Tribunal de Justiça:

> (...) esse elemento não está no tipo penal apenas como adorno, mas, como o próprio nome indica, é uma parte essencial e a acusação dele deve se ocupar, demonstrando, em cada caso concreto, a razão do não pagamento da pensão, ou seja, se, pelos fatos ocorridos, há motivos justos para o

---

[27] STF: "O não pagamento de alimentos constitui, no direito brasileiro, o crime de abandono material (CP, art. 244)" (Ext 807, rel. Min. Nelson Jobim, Plenário, j. 13.06.2001).

[28] FRAGOSO, Heleno Cláudio. *Lições de direito penal*. Parte especial. São Paulo: José Bushatsky, 1959. v. 3, p. 598.

alimentante deixar de solver as prestações, o que não ocorreu na hipótese. Registrou, ademais, que, se assim não fosse, estar-se-ia igualando os ilícitos penal e civil, pois não haveria mais diferença entre eles, bastando que o alimentante falte ao seu dever para cometer um crime, o que não é possível, não é esse o espírito da lei penal.[29]

De fato, como a obrigação de proporcionar a subsistência e o socorro de seus familiares decorre de lei, cabe ao agente comprovar de forma idônea que se encontra em situação excepcional, justificadora da impossibilidade de cumprir com o encargo, a exemplo da doença grave ou da impossibilidade absoluta de exercer atividade lícita e remunerada, entre outras.

A justificativa pode ser apresentada inclusive na hipótese de pensão alimentícia estabelecida em juízo, pois a situação econômica do alimentante pode sofrer modificações ao longo do tempo. Além disso, o próprio art. 528, § 3.º, do Código de Processo Civil permite a escusa legítima do devedor quanto à obrigação alimentícia.

2.4.1.7. Sujeito ativo

O crime é **próprio** ou **especial**, pois somente pode ser cometido pelas pessoas expressamente indicadas no art. 244 do Código Penal, quais sejam:

a) **cônjuges**: homens ou mulheres, em decorrência da igualdade assegurada pelo art. 226, § 5.º, da Constituição Federal. A responsabilidade de um cônjuge perante o outro decorre do art. 1.566, inc. III, do Código Civil, pelo qual "são deveres de ambos os cônjuges (...) a mútua assistência";

b) **pais**: no tocante aos filhos menores de 18 anos ou inaptos para o trabalho. Com efeito, os filhos menores de idade estão sujeitos ao poder familiar (CC, art. 1.630), competindo aos pais seu sustento, guarda e educação (CC, art. 1.566, inc. IV). Por seu turno, os filhos inaptos para o trabalho podem ser de qualquer idade, inclusive maiores de 18 anos, e a inaptidão pode apresentar as mais diversas origens (física, mental, acidente grave, enfermidade incurável etc.). Essa inaptidão há de ser absoluta, pois, se o filho maior de idade possuir meios para prover seu próprio sustento, ainda que com esforço acima do normal, cessa a obrigação alimentícia dos pais, sob pena de privilegiar-se a preguiça e o comodismo;

c) **ascendentes, desde que não sejam os pais**: entram nesta categoria os avôs, bisavôs etc., de parte de pai ou de mãe. Tais pessoas somente podem cometer o delito em relação ao **descendente gravemente enfermo** (CP, art. 244, *caput*, parte final). A enfermidade grave pode ser física ou psicológica, congênita ou adquirida. De fato, a parte inicial do art. 244, *caput*, do Código Penal refere-se apenas ao "filho menor de 18 (dezoito) anos ou inapto para o trabalho", autorizando a conclusão no sentido de que só os pais podem figurar como responsáveis pelo delito;

d) **descendentes**: unicamente em relação a ascendentes inválidos, qualquer que seja sua idade, ou maiores de 60 anos, se necessitados de amparo material. Essa inovação foi acrescida pela Lei 10.741/2003 – Estatuto da Pessoa Idosa. É importante observar que somente podem figurar como sujeito ativo os descendentes **maiores de idade**, em obediência à regra delineada no art. 229 da Constituição Federal: "Os pais têm o dever de assistir, criar e educar os filhos menores, e os **filhos maiores** têm o dever de ajudar e amparar os pais na velhice, carência ou enfermidade".

---

[29] HC 141.069/RS, rel. Min. Maria Thereza de Assis Moura, 6.ª Turma, j. 22.08.2011, noticiado no *Informativo* 481.

2.4.1.8. Sujeito passivo

São os cônjuges (homens ou mulheres), o filho menor de 18 anos ou inapto para o trabalho, qualquer que seja sua idade, o ascendente inválido, pouco importando sua idade, ou maior de 60 anos, se dependente de assistência material, bem como qualquer descendente ou ascendente gravemente enfermo, pouco importando o grau de parentesco na linha reta.

2.4.1.8.1. Descendente ou ascendente enfermo e ordem preferencial da obrigação alimentícia

Na última modalidade criminosa contida no art. 244, *caput*, do Código Penal – "deixar, sem justa causa, de socorrer descendente ou ascendente, gravemente enfermo" –, discute-se se a configuração do crime de abandono material guarda relação com a ordem preferencial da obrigação alimentícia, indicada pelos arts. 1.696 a 1.698 do Código Civil:

> Art. 1.696. O direito à prestação de alimentos é recíproco entre pais e filhos, e extensivo a todos os ascendentes, recaindo a obrigação nos mais próximos em grau, uns em falta de outros.
> Art. 1.697. Na falta dos ascendentes cabe a obrigação aos descendentes, guardada a ordem de sucessão e, faltando estes, aos irmãos, assim germanos como unilaterais.
> Art. 1.698. Se o parente, que deve alimentos em primeiro lugar, não estiver em condições de suportar totalmente o encargo, serão chamados a concorrer os de grau imediato; sendo várias as pessoas obrigadas a prestar alimentos, todas devem concorrer na proporção dos respectivos recursos, e, intentada ação contra uma delas, poderão as demais ser chamadas a integrar a lide.

Há duas concepções doutrinárias sobre o assunto. Para uma primeira posição, o art. 244 do Código Penal deve ser interpretado em consonância com as disposições do Código Civil. Nesse contexto, um ascendente (ou descendente) remoto somente pode ser responsabilizado criminalmente quando o parente mais próximo demonstrar impossibilidade total de prestar a assistência material.

De outro lado, sustenta-se que a ordem estabelecida no Código Civil não interfere no campo do art. 244 do Código Penal, em face da autonomia entre o Direito Civil e o Direito Penal, bem como da finalidade almejada por cada um dos ramos do Direito. Com efeito, enquanto a tarefa do Direito Civil é compelir um membro da família a auxiliar seu parente, a missão do Direito Penal é punir aquele que revela descaso com o dever de solidariedade existente entre os integrantes do mesmo núcleo familiar. É a posição que adotamos, no sentido de que para o Código Penal não há ordem preferencial, pois impera uma **obrigação solidária** entre todos os ascendentes e descendentes.

Essa interessante celeuma doutrinária é muito bem resumida por Julio Fabbrini Mirabete. Confira:

> Não há que se observar para a aplicação da lei penal a ordem estabelecida pela lei civil na obrigação de prestar alimentos (arts. 1.696 a 1.698 do CC). Afirma Fragoso: "A inobservância da ordem que a lei civil estabelece para atribuir a obrigação de prestar alimentos é totalmente irrelevante e não constitui justa causa (ao contrário do que supõem Romão Côrtes de Lacerda e Pontes de Miranda). A obrigação que a lei penal estabelece é independente da civil, que atende aos fins do direito privado". Noronha, porém, anota que, "se no Direito Civil, não se permite ao *credor* de alimentos cobrá-los de todos os obrigados ou escolher um dentre eles, mas pedi-los do *mais próximo* que o possa fazer,

como responsabilizar criminalmente o mais remoto?". A lei penal, todavia, criou uma responsabilidade solidária, divergindo, nesse passo, da lei civil, parecendo-nos mais correta a opinião de Fragoso.[30]

2.4.1.9. Elemento subjetivo

É o dolo, independentemente de qualquer finalidade específica. Não se admite a modalidade culposa. Exemplificativamente, não há crime na conduta do pai que viaja ao exterior e negligentemente se esquece de depositar, no prazo legal, a pensão alimentícia judicialmente fixada em benefício do filho menor de 18 anos.

2.4.1.10. Consumação

O crime é **formal, de consumação antecipada** ou **de resultado cortado**: consuma-se no momento em que o agente deixa, dolosamente e sem justa causa, de assegurar os recursos necessários ou falta ao pagamento de pensão alimentícia judicialmente acordada, fixada ou majorada, ou, finalmente, quando deixa de socorrer descendente ou ascendente, gravemente enfermo.

Não se exige, entretanto, o efetivo prejuízo à vítima. Exemplo: Durante logo período, "A" deixa de pagar a "B", seu filho menor de idade, a pensão alimentícia fixada judicialmente. Nessa hipótese, o crime se consumou com a omissão do pai, ainda que o filho não tenha passado sérias dificuldades (fome, falta de remédios etc.) em razão da utilização de recursos auferidos pelo seu trabalho informal.

Embora exista divergência doutrinária, prevalece o entendimento no sentido de que o crime de abandono material subsiste na hipótese em que a subsistência, pagamento de pensão ou socorro sejam garantidos por terceira pessoa.

Trata-se de **crime de perigo concreto**, pois a consumação reclama a comprovação da exposição da vítima a uma situação de probabilidade de dano à sua integridade física ou psíquica.

2.4.1.11. Tentativa

Não se admite o *conatus*, pois o crime é omissivo próprio ou puro, e consequentemente unissubsistente, impossibilitando o fracionamento do *iter criminis*. De fato, ou o sujeito ativo dolosamente deixa, sem justa, de prover à subsistência do seu dependente, e o crime estará consumado, ou então o faz corretamente, e o fato será atípico.

2.4.1.12. Ação penal

A ação penal é pública incondicionada.

2.4.1.13. Lei 9.099/1995

Em face da pena mínima cominada (detenção de um ano), o abandono material constitui-se em crime de médio potencial ofensivo, compatível com a suspensão condicional do processo, desde que presentes os demais requisitos exigidos pelo art. 89 da Lei 9.099/1995.

2.4.1.14. Classificação doutrinária

O abandono material é crime **simples** (ofende um único bem jurídico); **próprio** (somente pode ser praticado pelas pessoas indicadas no tipo penal); **formal, de consumação antecipada** ou **de resultado cortado** (consuma-se com a prática da conduta criminosa, independentemente da produção do resultado naturalístico); **de perigo concreto** (exige prova da situação de

---
[30] MIRABETE, Julio Fabbrini. *Manual de direito penal*. 22. ed. São Paulo: Atlas, 2007. v. 3, p. 30.

perigo ao sujeito passivo); **permanente** (a consumação se prolonga no tempo, durante todo o período em que subsistir a falta dolosa e injustificada da assistência material); **de forma livre** (admite qualquer meio de execução); **omissivo próprio** ou **puro** (a omissão está descrita no tipo penal); **unissubjetivo, unilateral** ou **de concurso eventual** (cometido por uma só pessoa, mas admite o concurso); e **unissubsistente** (a conduta é composta de um único ato, necessário e suficiente à consumação).

2.4.1.15. Pena de multa

O preceito secundário do art. 244, *caput*, do Código Penal impõe a aplicação cumulativa da pena de multa, "de uma a dez vezes o maior salário mínimo vigente no País".

Nada obstante a redação legal, o magistrado deve, ao aplicar a pena de multa inerente ao crime de abandono material, fazer incidir o **sistema do dia-multa**, adotado pelo art. 49 do Código Penal em decorrência da Reforma da Parte Geral pela Lei 7.209/1984, abandonando o cálculo com base em salários mínimos.

O fundamento desse raciocínio encontra-se no art. 2.º da Lei 7.209/1984, cuja redação é a seguinte: "Art. 2.º São canceladas, na Parte Especial do Código Penal e nas leis especiais alcançadas pelo art. 12 do Código Penal, quaisquer referências a valores de multas, substituindo-se a expressão multa de por multa".

2.4.1.16. Figura equiparada: art. 244, parágrafo único

Nos termos do art. 244, parágrafo único, do Código Penal: "Nas mesmas penas incide quem, sendo solvente, frustra ou ilide, de qualquer modo, inclusive por abandono injustificado de emprego ou função, o pagamento de pensão alimentícia judicialmente acordada, fixada ou majorada".

Frustrar é iludir ou enganar; **elidir**, por sua vez, equivale a eliminar ou afastar.[31] Os núcleos estão vinculados à pessoa solvente, isto é, capaz de pagar pensão alimentícia, mas que de qualquer modo deixa de cumprir com sua obrigação (**crime de forma livre**). Sujeitos do crime, destarte, são o devedor de alimentos (sujeito ativo) e seu correspondente credor (sujeito passivo).

A figura equiparada preocupou-se em referir-se expressamente à pessoa que, para livrar-se da obrigação alimentícia, abandona injustificadamente seu emprego ou função, normalmente porque a pensão alimentícia era descontada pelo empregador, para buscar o trabalho informal.

Vale destacar que, nessa hipótese, o abandono material admite a tentativa, em face do caráter plurissubsistente do delito, permitindo o fracionamento do *iter criminis*. Exemplo: O empregador se recusa a autorizar seu funcionário (devedor de alimentos) a trabalhar sem carteira assinada para evitar o desconto mensal da pensão alimentícia.

O parágrafo único do art. 244 prevê ainda a responsabilização penal de quem *frustrar* ou *ilidir* de qualquer modo o pagamento de pensão alimentícia judicialmente fixada.[32]

Em tal hipótese, o agente possui recursos para pagamento dos valores devidos, mas usa de subterfúgios, como a utilização de meios protelatórios no âmbito judicial ou mesmo o abandono do emprego ou função, para evitar a cobrança dos alimentos. Nesse sentido, cumpre destacar que o mero ingresso em juízo para demonstrar a impossibilidade de cumprir a obri-

---

[31] O legislador, equivocando-se na grafia, impropriamente utilizou a palavra "ilidir", indicativa de "refutar" ou "rebater".
[32] Como adverte Julio Fabbrini Mirabete, "o dispositivo era, a rigor, dispensável, uma vez que quem frustra ou elide o pagamento da pensão já está *faltando* com esta, o que caracteriza o crime previsto na segunda figura típica. É evidente, porém, o intuito de evitar-se que o sujeito ativo abandone o emprego ou se coloque intencionalmente em situação de não poder efetuar o pagamento para alegar justa causa na sua omissão". *Manual de direito penal*: parte especial, arts. 235 a 361 do CP. 22. ed. rev. e atual. 2.ª reimpressão. São Paulo: Atlas, 2007. v. 3, p. 33.

gação alimentícia não afasta, por si só, o crime de abandono material. O delito pode ocorrer, notadamente se comprovado que o acesso à via judicial era manifestamente procrastinatório, visando a burlar ou adiar o pagamento.

2.4.1.17. Natureza jurídica da prisão civil por inadimplemento voluntário e inescusável de obrigação alimentícia

O art. 5.º, inc. LXVII, da Constituição Federal autoriza a prisão civil por dívida na hipótese de inadimplemento voluntário e inescusável de obrigação alimentícia. Em sintonia com a regra constitucional, o art. 528 do Código de Processo Civil dispõe:

> **Art. 528.** No cumprimento de sentença que condene ao pagamento de prestação alimentícia ou de decisão interlocutória que fixe alimentos, o juiz, a requerimento do exequente, mandará intimar o executado pessoalmente para, em 3 (três) dias, pagar o débito, provar que o fez ou justificar a impossibilidade de efetuá-lo.
> § 1.º Caso o executado, no prazo referido no *caput*, não efetue o pagamento, não prove que o efetuou ou não apresente justificativa da impossibilidade de efetuá-lo, o juiz mandará protestar o pronunciamento judicial, aplicando-se, no que couber, o disposto no art. 517.
> § 2.º Somente a comprovação de fato que gere a impossibilidade absoluta de pagar justificará o inadimplemento.
> § 3.º Se o executado não pagar ou se a justificativa apresentada não for aceita, o juiz, além de mandar protestar o pronunciamento judicial na forma do § 1.º, decretar-lhe-á a prisão pelo prazo de 1 (um) a 3 (três) meses.
> § 4.º A prisão será cumprida em regime fechado, devendo o preso ficar separado dos presos comuns.
> § 5.º O cumprimento da pena não exime o executado do pagamento das prestações vencidas e vincendas.
> § 6.º Paga a prestação alimentícia, o juiz suspenderá o cumprimento da ordem de prisão.
> § 7.º O débito alimentar que autoriza a prisão civil do alimentante é o que compreende até as 3 (três) prestações anteriores ao ajuizamento da execução e as que se vencerem no curso do processo.
> § 8.º O exequente pode optar por promover o cumprimento da sentença ou decisão desde logo, nos termos do disposto neste Livro, Título II, Capítulo III, caso em que não será admissível a prisão do executado, e, recaindo a penhora em dinheiro, a concessão de efeito suspensivo à impugnação não obsta a que o exequente levante mensalmente a importância da prestação.
> § 9.º Além das opções previstas no art. 516, parágrafo único, o exequente pode promover o cumprimento da sentença ou decisão que condena ao pagamento de prestação alimentícia no juízo de seu domicílio.

Essa modalidade de **prisão civil**, como seu próprio nome indica, em nada se relaciona com a pena atribuída ao responsável pela prática do crime tipificado no art. 244 do Código Penal. Com efeito, a prisão civil não tem caráter punitivo, ou seja, não é pena no sentido técnico da palavra, e, sim, meio coercitivo para obrigar o devedor ao cumprimento da obrigação alimentar, tanto que será imediatamente revogada com o pagamento da prestação alimentícia (CPC, art. 528, § 6.º). Consequentemente, se o débito alimentar for pago, resultando na revogação da prisão civil, esta situação não interfere na caracterização do crime de abandono material, cuja consumação ocorreu no momento do não pagamento doloso e injustificado dos alimentos.

2.4.1.17.1. Prisão civil e detração penal

No caso de decretação da prisão civil pelo inadimplemento voluntário e inescusável de obrigação alimentícia, com a consequente privação da liberdade do devedor, questiona-se: O tempo cumprido a título de prisão civil pode ser descontado do total da pena imposta em face da condenação pelo crime de abandono material? Em outras palavras, a prisão civil pode ser utilizada a título de detração penal, com fundamento no art. 42 do Código Penal?

Rogério Greco sustenta a admissibilidade da detração penal, por se tratar de medida favorável ao réu.[33] Com o merecido respeito, não concordamos com essa posição. O tempo de prisão civil não pode ser computado na pena privativa de liberdade atinente à condenação pelo crime de abandono material, pelos seguintes motivos:

a) o art. 42 do Código Penal permite a detração penal somente em relação ao tempo de prisão provisória, não mencionando a prisão civil;

b) a Constituição Federal é clara ao definir a natureza da prisão civil, que por esta razão não pode ser usada no âmbito penal; e

c) finalmente, os objetivos almejados pela prisão civil e pela prisão enquanto pena são completamente distintos. A primeira visa compelir o devedor a quitar prestações alimentícias já vencidas; a segunda se destina a punir (castigo) o responsável pelo abandono material, além de prevenir a prática de outros crimes. Com efeito, o pagamento da dívida não afasta o delito, que se aperfeiçoou no momento em que o agente, sem justa causa, deixou dolosamente de prover a subsistência da pessoa necessitada.

É preciso lembrar que raciocínio diverso poderia tornar inócuo o crime tipificado no art. 244 do Código Penal. Basta pensar na situação do devedor de alimentos que, preso civilmente, cumprisse toda a sanção sem quitar o débito. Como a pena do delito é sensivelmente branda, além de ser normalmente fixada no patamar mínimo (detenção de um ano), muitas vezes a prisão civil importaria na impossibilidade de execução da sanção penal, esvaziando o crime de abandono material.

2.4.1.18. Estatuto da Pessoa com Deficiência

O art. 90 da Lei 13.146/2015 – Estatuto da Pessoa com Deficiência – tipifica uma conduta similar ao abandono material:

> Art. 90. Abandonar pessoa com deficiência em hospitais, casas de saúde, entidades de abrigamento ou congêneres:
> Pena – reclusão, de 6 (seis) meses a 3 (três) anos, e multa.
> Parágrafo único. Na mesma pena incorre quem não prover as necessidades básicas de pessoa com deficiência quando obrigado por lei ou mandado.

Destarte, se o fato praticado pelo agente envolver pessoa com deficiência e enquadrar-se na descrição típica do art. 90 da Lei 13.146/2015, não poderá ser reconhecido o crime de abandono material (CP, art. 244). O conflito aparente de normas é solucionado pelo princípio da especialidade.

---

[33] GRECO, Rogério. *Curso de direito penal*. 7. ed. Niterói: Impetus, 2010. v. III, p. 686.

2.4.2. Art. 245 – Entrega de filho menor a pessoa inidônea

2.4.2.1. Dispositivo legal

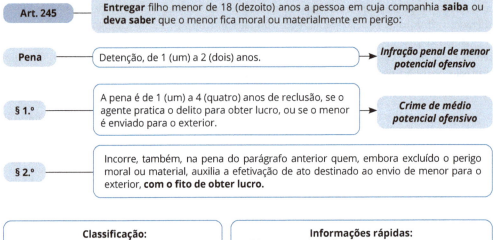

Classificação:
Crime simples
Crime próprio
Crime material ou causal
Crime de perigo concreto
Crime de forma livre
Crime comissivo (regra)
Crime unissubjetivo, unilateral ou de concurso eventual
Crime plurissubsistente (regra)

Informações rápidas:
Objeto material: filho menor de 18 anos.
Elemento subjetivo: dolo, direto ("saiba") ou eventual ("deva saber"). Não admite modalidade culposa.
Tentativa: admite (crime plurissubsistente).
Ação penal: pública incondicionada.
Revogação tácita dos §§ 1.º e 2.º pelo ECA.

2.4.2.2. Objetividade jurídica

O bem jurídico penalmente tutelado é a assistência familiar, relativamente aos cuidados a serem dispensados pelos pais aos filhos menores.

2.4.2.3. Objeto material

É o filho menor de 18 anos de idade.

2.4.2.4. Núcleo do tipo

O núcleo do tipo é "**entregar**", no sentido de deixar o filho menor de 18 anos de idade aos cuidados de pessoa que o agente sabia ou devia saber ser inidônea para tanto, ou seja, indivíduo apto a lhe proporcionar perigo moral ou material (exemplos: traficante de drogas, ébrio contumaz, sujeito extremamente violento e agressivo etc.), colocando em risco a íntegra formação da sua personalidade e seu normal desenvolvimento físico e psicológico.

2.4.2.5. Sujeito ativo

O crime é **próprio** ou **especial**, pois somente pode ser cometido pelos pais do menor de 18 anos de idade. Em face da vedação do emprego da analogia *in malam partem* no Direito Penal, os tutores ou guardiães não podem figurar como sujeito ativo do delito em análise.

2.4.2.6. Sujeito passivo

A vítima do crime de entrega de filho menor a pessoa inidônea é unicamente o filho menor de 18 anos de idade, ou seja, criança ou adolescente. É indiferente a origem do filho, se o parentesco é biológico ou civil, pois estabelece o art. 227, § 6.º, da Constituição Federal que "os filhos, havidos ou não da relação do casamento, ou por adoção, terão os mesmos direitos e qualificações, proibidas quaisquer designações discriminatórias relativas à filiação".

2.4.2.7. Elemento subjetivo

É o dolo, direto (representado pela palavra "saiba") ou eventual (indicado na expressão "deva saber"), independentemente de qualquer finalidade específica. Não se admite a modalidade culposa.

Há entendimentos no sentido de que a expressão "deva saber" é indicativa de anômala previsão de figura culposa.[34] Esse raciocínio não pode ser acolhido, por dois fundamentos contundentes:

a) a forma culposa de um crime depende de previsão legal expressa (CP, art. 18, parágrafo único). É o que se convencionou chamar de princípio da excepcionalidade do crime culposo; e

b) se o "deva saber" realmente correspondesse à modalidade culposa do delito, estaria consagrado um absurdo legislativo, pois o crime de entrega de filho menor a pessoa idônea comportaria a mesma pena para crimes dolosos e culposos, de distinta gravidade, ferindo gravemente o princípio da proporcionalidade.

2.4.2.8. Consumação

Cuida-se de *crime material* ou *causal*: consuma-se com a efetiva entrega do filho de menor de 18 anos de idade a pessoa cuja companhia lhe acarrete perigo. Esse é o resultado naturalístico indicado no tipo penal. Conclui-se, portanto, que se trata de *crime de perigo concreto*, pois é imprescindível a efetiva comprovação da situação de perigo material ou moral à vítima.[35]

Além disso, a entrega de filho menor a pessoa inidônea constitui-se em *crime instantâneo*, razão pela qual não se exige a permanência da criança ou do adolescente na companhia da pessoa inadequada por longo período.

2.4.2.9. Tentativa

É possível, em face do caráter plurissubsistente do delito, permitir o fracionamento do *iter criminis*. Exemplo: O pai está se aproximando de um ébrio para entregar-lhe seu filho de um ano de idade, momento em que é surpreendido por um integrante do Conselho Tutelar de sua cidade que fiscalizava seu comportamento familiar.

2.4.2.10. Ação penal

A ação penal é pública incondicionada.

---

[34] Cf. CAPEZ, Fernando. *Curso de direito penal*. 8. ed. São Paulo: Saraiva, 2010. v. 3, p. 211.
[35] Existem entendimentos em contrário, defendendo a natureza de crime de perigo abstrato.

2.4.2.11. Lei 9.099/1995

Em sua modalidade fundamental (CP, art. 245, *caput*), a entrega de filho menor a pessoa inidônea é infração penal de menor potencial ofensivo, comportando a transação penal e o rito sumaríssimo, nos moldes da Lei 9.099/1995.

2.4.2.12. Classificação doutrinária

A entrega de filho menor a pessoa inidônea é crime **simples** (ofende um único bem jurídico); **próprio** (somente pode ser praticado pelos pais do menor de 18 anos de idade); **material** ou **causal** (consuma-se com a produção do resultado naturalístico, consistente na efetiva entrega do filho menor de 18 anos a pessoa inidônea); **de perigo concreto** (exige prova da situação de perigo material ou moral à criança ou adolescente); **de forma livre** (compatível com qualquer meio de execução); em regra **comissivo**; **unissubjetivo, unilateral** ou **de concurso eventual** (cometido por uma só pessoa, mas admite o concurso); e normalmente **plurissubsistente** (a conduta pode ser fracionada em diversos atos).

2.4.2.13. Figuras qualificadas: art. 245, §§ 1.º e 2.º

Nos termos do art. 245, § 1.º, do Código Penal: "A pena é de 1 (um) a 4 (quatro) anos de reclusão, se o agente pratica o delito para obter lucro, ou se o menor é enviado para o exterior". E, de acordo com o art. 245, § 2.º: "Incorre, também, na pena do parágrafo anterior quem, embora excluído o perigo moral ou material, auxilia a efetivação de ato destinado ao envio de menor para o exterior, com o fito de obter lucro".

As modalidades qualificadas do crime de entrega de filho menor a pessoa inidônea, previstas no art. 245, § 1.º, *in fine*, e § 2.º, foram tacitamente revogadas pelos arts. 238 e 239 da Lei 8.069/1990 – Estatuto da Criança e do Adolescente:

> **Art. 238.** Prometer ou efetivar a entrega de filho ou pupilo a terceiro, mediante paga ou recompensa:
>
> Pena – reclusão, de um a quatro anos, e multa.
>
> Parágrafo único. Incide nas mesmas penas quem oferece ou efetiva a paga ou recompensa.
>
> **Art. 239.** Promover ou auxiliar a efetivação de ato destinado ao envio de criança ou adolescente para o exterior com inobservância das formalidades legais ou com o fito de obter lucro:
>
> Pena – reclusão, de quatro a seis anos, e multa.
>
> Parágrafo único. Se há emprego de violência, grave ameaça ou fraude:
>
> Pena – reclusão, de 6 (seis) a 8 (oito) anos, além da pena correspondente à violência.

Os crimes disciplinados no Estatuto da Criança e do Adolescente abarcam as mesmas situações versadas nos dispositivos indicados do Código Penal. Com efeito, o envio de menor para o exterior, inclusive em relação à conduta do partícipe (CP, art. 245, § 1.º, *in fine* e § 2.º), também se encontra regulado pelo art. 239, *caput*, do Estatuto da Criança e do Adolescente.

O fundamento das penas mais elevadas, previstas na Lei 8.069/1990, repousa na maior reprovabilidade da conduta, seja pela cupidez que norteia a conduta criminosa (paga ou promessa de recompensa), seja pelo envio do menor de 18 anos de idade para o exterior (crime mais grave em razão do resultado), dificultando sobremaneira sua localização e colocando a criança ou adolescente em posição ainda mais perigosa.

Nesses termos, subsiste apenas a qualificadora inerente ao fim de lucro, contida no art. 245, § 1.º, 1.ª parte, do Código Penal, que não se confunde com a paga ou promessa de recompensa do art. 238 do Estatuto da Criança e do Adolescente, pois esta reclama a entrega do filho menor de 18 anos acompanhada da paga ou promessa de recompensa. Essa qualificadora diferencia-se ainda do fim de lucro apontada no art. 239 da Lei 8.069/1990, pois nesse crime específico é imprescindível "envio de criança ou adolescente para o exterior (...) com o fito de obter lucro", exigindo-se, portanto, requisitos cumulativos.

O **fim de lucro** consiste no especial fim de agir buscado pelo agente, consistente na obtenção de vantagem econômica, a qual pressupõe o dolo, mas também o extravasa (elemento subjetivo específico), com a ressalva de que o lucro não precisa ser realmente alcançado no caso concreto para a caracterização do delito. Exemplo: "A" entrega seu filho a um morador de rua para, na companhia deste, pedir esmolas em semáforos de trânsito. Nesse caso, o crime estará configurado, ainda que o agente não receba qualquer valor em dinheiro.

A pena mais grave é justificada pela torpeza do agente, capaz de utilizar o filho menor de 18 anos, colocando-o em posição de perigo moral ou material, unicamente para o fim de alcançar alguma vantagem econômica.

De fato, na forma qualificada o crime classifica-se como de médio potencial ofensivo, pois a pena mínima cominada (reclusão de um ano) autoriza a suspensão condicional do processo, desde que presentes os demais requisitos exigidos pelo art. 89 da Lei 9.099/1995.

2.4.3. Art. 246 – Abandono intelectual

2.4.3.1. Dispositivo legal

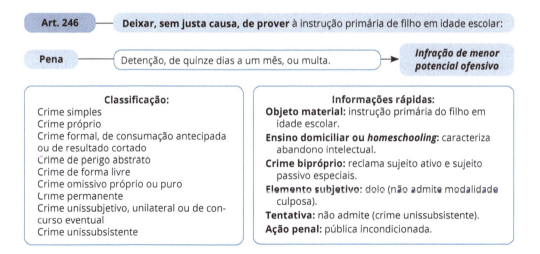

2.4.3.2. Objetividade jurídica

O bem jurídico penalmente tutelado é a assistência familiar, no que diz respeito ao direito de acesso ao ensino obrigatório do filho em idade escolar.

Com efeito, a educação é direito de todos e dever do Estado e da família (CF, art. 205). O Estado, portanto, deve proporcionar a todos o acesso gratuito ao ensino obrigatório (CF, art. 208, § 1.º) e aos pais compete o dever de assistir, criar e conferir educação aos seus filhos (CF, arts. 227 e 229).[36]

2.4.3.3. Objeto material

É a instrução primária do filho em idade escolar.

2.4.3.4. Núcleo do tipo

O núcleo do tipo é "**deixar de prover**", ou seja, omitir-se, não efetuar a matrícula do filho em idade escolar no estabelecimento de ensino de instrução primária, ou então impedir que este frequente o estabelecimento de ensino fundamental. Trata-se, portanto, de **crime omissivo próprio** ou **puro**, pois o tipo penal descreve uma conduta omissiva.

2.4.3.4.1. Elemento normativo do tipo

O art. 246 do Código Penal contém um elemento normativo, representado pela expressão "**sem justa causa**". Destarte, o fato é atípico nas situações em que há justificativa para a ausência de matrícula ou frequência do filho em idade escolar na instituição de ensino. Como exemplos de justa causa podem ser citadas a inexistência de vagas ou de escola na cidade de residência da criança ou adolescente. Em tais casos, os responsáveis pelo menor de idade deverão socorrer-se das autoridades competentes, inclusive do Ministério Público, para resguardar seus interesses.[37]

Na hipótese em que os pais não se encontram casados, compete àquele que não detém a guarda do filho menor verificar se o outro está garantindo seu acesso ao ensino primário, uma vez que reúne condições de postular providências judiciais para garantir que tais disposições constitucionais e legais sejam cumpridas, sob pena de responsabilização civil e criminal.

2.4.3.4.1.1. A questão do *homeschooling*

Discute-se se os pais, seja por questões de segurança, seja pela baixa qualidade da educação ofertada pelo Estado, podem oferecer o chamado "ensino domiciliar" aos seus filhos menores de idade, prática conhecida como *homeschooling* na Europa e nos Estados Unidos.

Para Damásio E. de Jesus, o fato seria atípico, uma vez que haveria a educação domiciliar da criança ou do adolescente e restaria ausente a lesividade da conduta. São suas palavras:

> A Carta Magna, após qualificar a educação como direito social (art. 6.º), impõe aos pais o dever de "educar" os filhos (art. 229). Não dispõe sobre a obrigação de educá-los em "escola" (pública ou particular). A Lei de Diretrizes e Bases, porém, uma das fontes da legislação ordinária sobre o assunto, não determina o dever de "educação" em sentido amplo (Lei n. 9.394/96). Restringe-se a disciplinar a "educação escolar" (art. 1.º, §§ 1.º e 2.º), prevendo a matrícula obrigatória no "ensino fundamental" (art. 6.º). E o Estatuto da Criança e do Adolescente (ECA – Lei n. 8.069/90), em seu art. 55, obriga os pais a matricularem seus filhos na "rede regular de ensino", cominando multa

---

[36] De acordo com o art. 12, VIII, da Lei 9.394/1996 – Diretrizes e Bases da Educação Nacional, com a redação conferida pela Lei 13.803/2019: "Os estabelecimentos de ensino, respeitadas as normas comuns e as do seu sistema de ensino, terão a incumbência de: VIII – notificar ao Conselho Tutelar do Município a relação dos alunos que apresentem quantidade de faltas acima de 30% (trinta por cento) do percentual permitido em lei".

[37] Como alerta Rogério Sanches Cunha: "A miserabilidade dos pais não pode ser invocada como razão excludente da obrigação, salvo quando o próprio Poder Público não cumpre com seu dever (constitucional): dispõe o art. 208, VII, da CF ser dever do Estado o atendimento ao educando, no ensino fundamental, através de programas suplementares de material didático-escolar, transporte, alimentação e assistência à saúde" (*Direito penal*. Parte especial. 3. ed. São Paulo: RT, 2010. p. 301).

civil no caso de descumprimento (art. 249). O Plano Nacional de Educação menciona a palavra "escola" dezenas de vezes (Lei n. 10.172, de 09 de janeiro de 2001). Nota-se, pois, que, enquanto a Constituição Federal (CF) dispõe sobre "educação", abrangendo a escolar e a domiciliar, a legislação ordinária regulamenta somente a "escolar" (pública ou privada). E mais: obriga os pais a matricular seus filhos em "escola". Sob esse aspecto, significa: para a legislação ordinária brasileira, a educação domiciliar é ilícita. De ver-se que, como a interpretação das leis deve atender ao princípio da conformidade à CF, conclui-se que a lei ordinária, restritiva, não pode imperar sobre a superior, tacitamente extensiva. É simples: se a Carta Maior impõe o dever de educação dos filhos, não se atendo, implicitamente, à escolar, não pode ser legal norma que considera criminoso o pai que provê o filho de educação domiciliar.[38]

De outro lado, há entendimentos no sentido de que a legislação brasileira não prevê o ensino domiciliar, de modo que não se estaria a resguardar os interesses do filho menor de idade caso se permitisse aos pais propiciar a educação dos filhos da maneira que bem entenderem. É a posição adotada pelo Supremo Tribunal Federal,[39] amparada nos seguintes fundamentos: (a) não há fiscalização do Poder Público quanto à frequência da criança ou adolescente às aulas; e (b) o Estado não tem como avaliar o desempenho do aluno, para o fim de constatar se a educação domiciliar está sendo suficiente e adequada.[40] Logo, transportando o raciocínio jurisprudencial para o campo penal, faltaria justa causa no comportamento dos pais que optarem por ensinar os filhos em sua residência, acarretando a configuração do crime tipificado no art. 246 do Código Penal.

2.4.3.5. Sujeito ativo

O crime é **próprio** ou **especial**, pois somente pode ser cometido pelos pais cujo filho esteja em idade escolar e carente de instrução primária. Como não se admite a analogia *in malam partem* no campo das leis penais incriminadoras, os tutores ou qualquer outra espécie de responsável legal pela guarda da criança ou adolescente não podem figurar como sujeito ativo do delito.

2.4.3.6. Sujeito passivo

O abandono intelectual é **crime biproprio**, ou seja, próprio quanto ao sujeito ativo e igualmente próprio no tocante ao sujeito passivo. De fato, somente se admite como vítima o filho dependente de instrução primária e em idade escolar.

Mas não há unanimidade em relação ao alcance da expressão "instrução primária" para concluir com segurança qual é a "idade escolar", na forma do art. 246 do Código Penal. Formaram-se duas posições sobre o assunto:

a) Instrução primária equivale ao **ensino fundamental**, nos moldes do art. 32, *caput*, da Lei 9.394/1996 – Lei de Diretrizes e Bases da Educação Nacional –, cuja redação é a seguinte: "O ensino fundamental obrigatório, com duração de 9 (nove) anos, gratuito na escola pública, iniciando-se aos 6 (seis) anos de idade, terá por objetivo a formação básica do cidadão (...)". Consequentemente, idade escolar é a que vai dos 6 até os 14 anos de idade.

---

[38] JESUS, Damásio E. de. Educação domiciliar constitui crime? *Jornal Carta Forense*, 1.º abr. 2010.
[39] RE 888.815/RS, rel. originário Min. Roberto Barroso, red. p/ acórdão Min. Alexandre de Moraes, Plenário, j. 12.09.2018.
[40] Nos países que admitem o *homeschooling*, há efetiva fiscalização do Estado quanto à carga horária e ao desempenho do estudante. De fato, se a criança ou adolescente não apresenta rendimento satisfatório, ou se o ensino oferecido é ineficaz, o Poder Público deve determinar o retorno do aluno ao sistema oficial de ensino.

b) Instrução primária é a inerente às pessoas com idade entre 4 a 17 anos, como se extrai do art. 208, inc. I, da Constituição Federal, com a redação atribuída pela Emenda Constitucional 59/2009:

> **Art. 208.** O dever do Estado com a educação será efetivado mediante a garantia de:
> I – educação básica obrigatória e gratuita dos 4 (quatro) aos 17 (dezessete) anos de idade, assegurada inclusive sua oferta gratuita para todos os que a ela não tiveram acesso na idade própria.

Salvo melhor juízo, a segunda posição é a mais adequada e consentânea com os mandamentos da Constituição Federal. Destarte, o art. 246 do Código Penal constitui-se em **lei penal em branco de fundo constitucional**, pois é complementado, no tocante à definição de "instrução primária", pelo art. 208, inc. I, da Constituição Federal.

2.4.3.7. Elemento subjetivo

É o dolo, independentemente de qualquer finalidade específica. Não se admite a modalidade culposa, como na hipótese dos pais que negligentemente se esquecem de promover a matrícula do filho em idade escolar no estabelecimento de ensino.

2.4.3.8. Consumação

O crime é **formal, de consumação antecipada** ou **de resultado cortado**. Consuma-se no momento em que os pais, agindo com dolo, deixam de efetuar a matrícula do filho em idade escolar em estabelecimento de ensino, isto é, quando se encerra o prazo para matrícula e os genitores permanecem inertes, ou então quando, por decisão dos pais, o filho em idade escolar definitivamente para de frequentar o estabelecimento de ensino. Nesse último caso, impõe-se a habitualidade quanto à ausência do filho menor, pois a falta ocasional não caracteriza o delito.

Tratando-se de crime formal, a consumação prescinde da comprovação de efetivo prejuízo à criança ou adolescente, o qual se presume em razão da falta de acesso à instrução primária constitucionalmente assegurada.

2.4.3.9. Tentativa

Não é cabível, em face do caráter unissubsistente do delito (crime omissivo próprio ou puro), incompatível com o fracionamento do *iter criminis*.

2.4.3.10. Ação penal

A ação penal é pública incondicionada.

2.4.3.11. Lei 9.099/1995

A pena cominada ao crime de abandono intelectual (detenção, de 15 dias a 1 mês, ou multa), é excessivamente baixa, mormente quando se leva em conta o prejuízo a ser causado, no presente e principalmente no futuro, à criança ou adolescente, em decorrência da falta de instrução primária. Essa opção legislativa, em nossa opinião, ofende o princípio da proporcionalidade, ao fomentar a proteção insuficiente do direito fundamental à educação escolar (CF, arts. 205 e seguintes).

Em que pese esta crítica, o abandono intelectual é infração penal de menor potencial ofensivo, sujeitando-se à transação penal e ao rito sumaríssimo, em conformidade com as disposições da Lei 9.099/1995.

2.4.3.12. Classificação doutrinária

O abandono intelectual é crime **simples** (ofende um único bem jurídico); **próprio** (somente pode ser praticado pelos pais de criança ou adolescente em idade escolar); **formal, de consumação antecipada** ou **de resultado cortado** (consuma-se com a prática da conduta criminosa, independentemente da superveniência do resultado naturalístico); **de perigo abstrato** (a prática da conduta importa na presunção absoluta de perigo à educação da criança ou adolescente); **de forma livre** (admite qualquer meio de execução); **omissivo próprio** ou **puro**; **permanente** (a consumação se prolonga no tempo, subsistindo durante todo o período em que a vítima em idade escolar estiver privada da instrução primária); **unissubjetivo, unilateral** ou **de concurso eventual** (cometido por uma só pessoa, mas admite o concurso); e **unissubsistente** (a conduta se exterioriza em único ato, necessário e suficiente para a consumação).

2.4.4. Art. 247 – Abandono moral

2.4.4.1. Dispositivo legal

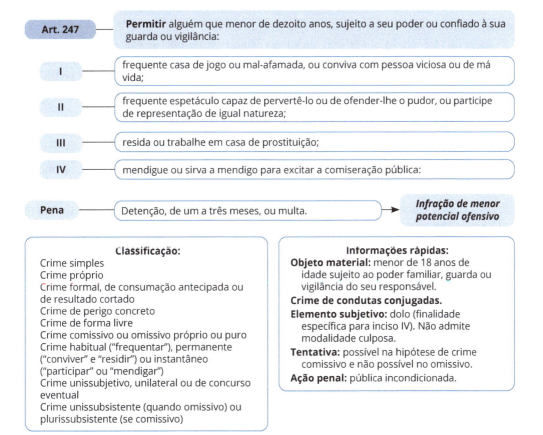

2.4.4.2. Nomenclatura e objetividade jurídica

O legislador não conferiu rubrica marginal ao crime tipificado no art. 247 do Código Penal. Em que pese essa omissão, a doutrina é unânime ao atribuir a esse delito a denominação "abandono moral", porque todas as condutas legalmente descritas são contrárias à formação moral do menor de 18 anos de idade, revelando o descaso daqueles que deveriam zelar pela sua educação e pela sua integridade.

Com efeito, o bem jurídico penalmente tutelado é a assistência familiar, relativamente à educação e à formação moral da criança e do adolescente.

2.4.4.3. Objeto material

É a pessoa menor de 18 anos de idade, e por esta razão sujeita ao poder familiar, à guarda ou à vigilância do seu responsável.

2.4.4.4. Núcleo do tipo

O núcleo do tipo é "**permitir**", que pode ser concretizado tanto por ação (crime comissivo) como mediante omissão (crime omissivo próprio ou puro), equivale a propiciar, consentir, deixar que o menor de 18 anos de idade realize qualquer dos comportamentos descritos nos incisos I a IV do art. 247 do Código Penal, a saber:

Inciso I – frequente casa de jogo ou mal-afamada, ou conviva com pessoa viciosa ou de má vida

Casa de jogo é o local em se pratica jogo de azar ou no qual se efetuam apostas. A atividade exercida, evidentemente, há de ser ilícita e proibida pelo Estado, a exemplo dos recintos de "jogo do bicho" ou palcos de brigas de animais. Evidentemente, não se pode considerar "casa de jogo", para fins do crime de abandono moral, as casas lotéricas e *lan houses*, pois versam sobre atividades permitidas e regulamentadas pelo Poder Público.

Casa mal-afamada é a de má reputação perante a coletividade em que se encontra instalada, tais como os prostíbulos, as casas de massagens eróticas etc.

Pessoa viciosa é a que apresenta algum vício em atividade inadequada (exemplos: usuários de drogas, alcoólatras etc.); **pessoa de má vida** é a que revela comportamentos imorais (exemplos: cafetões, traficantes de drogas etc.).

Inciso II – frequente espetáculo capaz de pervertê-lo ou de ofender-lhe o pudor, ou participe de representação de igual natureza

Espetáculo capaz de perverter ou ofender o pudor, no contexto do art. 247, inc. II, do Código Penal, é a representação teatral ou a exibição de cinema ou programa de televisão idôneos a corromper a criança ou adolescente, em face de sua depravação moral, a exemplo dos *shows* pornográficos.

O art. 240 da Lei 8.069/1990 contempla **crime específico** aplicável àquele que incidir na conduta de "produzir, reproduzir, dirigir, fotografar, filmar ou registrar, por qualquer meio, cena de sexo explícito ou pornográfica, envolvendo criança ou adolescente", cuja pena é de reclusão, de quatro a oito anos, e multa.

Inciso III – resida ou trabalhe em casa de prostituição

Casa de prostituição é o local, urbano ou rural, destinado ao comércio envolvendo relações sexuais. Em razão da incriminação desta conduta, o filho da meretriz não pode residir com ela no prostíbulo, bem como um menor de 18 anos de idade não pode trabalhar em estabelecimento desta natureza.

Inciso IV – mendigue ou sirva a mendigo para excitar a comiseração pública

Mendigo é aquele que pede esmola para viver, como no caso das pessoas que imploram por dinheiro aos motoristas de automóveis nos semáforos das cidades. **Comiseração pública** é o sentimento de compaixão causado nas demais pessoas.

O art. 60 do Decreto-lei 3.688/1941, outrora responsável pela tipificação da **contravenção penal de mendicância**, foi revogado pela Lei 11.983/2009.

É importante destacar, relativamente a todos os incisos do art. 247 do Código Penal, que o legislador se utilizou de diversos elementos normativos, dependentes de juízo de valor para identificação do alcance e conteúdo de cada um deles, razão pela qual será imprescindível a valoração do magistrado na ação penal submetida à sua apreciação.

2.4.4.4.1. A questão inerente ao concurso de crimes

Nada obstante o pensamento de alguns penalistas nesse sentido, o art. 247 do Código Penal **não se constitui em tipo misto cumulativo**. Com efeito, sua descrição típica contém um único núcleo ("permitir"), que se associa a diversas condutas.

Cuida-se, na verdade, de **crime de condutas conjugadas**, pois, se o agente cometer mais de uma delas, ainda que contra a mesma vítima, responderá pela pluralidade de crimes, em concurso material ou formal impróprio (ou imperfeito), dependendo do caso concreto.

2.4.4.5. Sujeito ativo

O crime é **próprio** ou **especial**, pois somente pode ser cometido pelo titular do poder familiar, ou então pela pessoa de qualquer modo responsável pela guarda ou vigilância da criança ou adolescente, a exemplo do diretor da escola em que o menor estuda.

2.4.4.6. Sujeito passivo

É o menor de 18 anos de idade submetido ao poder familiar ou confiado à guarda ou vigilância de alguém.

2.4.4.7. Elemento subjetivo

É o dolo, independentemente de qualquer finalidade específica, nas condutas descritas nos incisos I a III do art. 247 do Código Penal. Por sua vez, no inciso IV do citado dispositivo legal também se exige, além do dolo, um especial fim de agir (elemento subjetivo específico), representado pela expressão "para excitar a comiseração pública", ou seja, a compaixão ou piedade causada perante a coletividade.

Não se admite a modalidade culposa. Portanto, o fato é atípico quando o responsável pelo menor de 18 anos é negligente em sua proteção, deixando de controlar os lugares por ele frequentados.

2.4.4.8. Consumação

O momento consumativo varia em cada uma das espécies criminosas. Vejamos.

Nas modalidades "frequentar casa de jogo ou mal-afamada" e "frequentar espetáculo capaz de pervertê-lo ou de ofender-lhe o pudor", o crime reclama **habitualidade**. Logo, não basta um único comparecimento da criança ou adolescente a qualquer dos locais indicados. É imprescindível a reiteração de atos para revelar a intenção de prejudicar a índole moral do menor.

De outro lado, nas espécies "conviver com pessoa viciosa ou de má vida" e "residir ou trabalhar em casa de prostituição", exige-se a permanência do menor de 18 anos de idade por

tempo juridicamente relevante (capaz de colocar em risco sua formação moral) no local ou junto à pessoa apontada pelo tipo penal (**crime permanente**).

Finalmente, nas situações em que a criança ou adolescente "participa de representação capaz de pervertê-lo ou de ofender-lhe o pudor" ou "mendigue ou sirva a mendigo para excitar a comiseração pública", é suficiente a permissão do sujeito ativo quanto à conduta do menor para a consumação do delito (**crime instantâneo**).

Em todas as suas espécies, o crime é **formal, de consumação antecipada** ou **de resultado cortado**: consuma-se com a prática de cada uma das condutas descritas no art. 247 do Código Penal, pouco importando se acarretou efetivamente a má formação moral da criança ou adolescente.

Trata-se, também, de **crime de perigo concreto**, pois exige comprovação da real exposição do menor a situação de probabilidade de dano à sua formação moral. Vale destacar, entretanto, a existência de entendimentos em sentido contrário. É o caso de Luiz Regis Prado, que enquadra o abandono moral entre os crimes de perigo abstrato. São suas palavras:

> Cuida-se de delito de perigo abstrato, consumando-se o delito mesmo que no caso concreto não se tenha verificado qualquer perigo para o bem jurídico tutelado (integridade moral do menor). Não se exige que o perigo – inerente à ação, seja comprovado.[41]

2.4.4.9. Tentativa

É possível, nas hipóteses de crime comissivo (praticado mediante ação), nas quais o caráter plurissubsistente do delito mostra-se compatível com o fracionamento do *iter criminis*. Exemplo: O pai de um adolescente autoriza seu filho a trabalhar como garçom em casa de prostituição, mas o menor de idade não consegue ingressar no recinto em face da eficaz atuação policial destinada a interditar o estabelecimento.

Mas não será cabível o *conatus* nas modalidades omissivas do delito. A natureza de crime omissivo próprio (ou puro) e, consequentemente, unissubsistente afasta a figura tentada. De fato, ou o agente dolosamente se omite, de forma a permitir que o menor de idade sujeito à sua guarda ou vigilância incida em qualquer dos incisos do art. 247 do Código Penal, e o crime estará consumado, ou age de modo a não permitir o comportamento ilícito, e o fato será penalmente irrelevante.

2.4.4.10. Ação penal

A ação penal é pública incondicionada.

2.4.4.11. Lei 9.099/1995

A pena máxima do abandono moral é de três meses. Cuida-se, portanto, de infração penal de menor potencial ofensivo, sujeitando-se à transação penal e ao rito sumaríssimo, nos termos da Lei 9.099/1995.

2.4.4.12. Classificação doutrinária

O abandono moral é crime **simples** (ofende um único bem jurídico); **próprio** (somente pode ser praticado pelo titular do poder familiar ou pessoa a quem tenha sido confiada a guarda ou vigilância de menor de 18 anos de idade); **formal, de consumação antecipada** ou **de resultado cortado** (consuma-se com a prática da conduta criminosa, independentemente

---

[41] PRADO, Luiz Regis. *Curso de direito penal brasileiro*. 8. ed. São Paulo: RT, 2010. v. 2, p. 726.

da superveniência do resultado naturalístico); **de perigo concreto** (exige comprovação do perigo proporcionado à integridade moral do menor); **de forma livre** (admite qualquer meio de execução); **comissivo** ou **omissivo próprio** ou **puro**; **habitual** (nas modalidades "frequentar casa de jogo ou mal-afamada" e "frequentar espetáculo capaz de pervertê-lo ou de ofender-lhe o pudor"), **permanente** (nas espécies "conviver com pessoa viciosa ou de má vida" e "residir ou trabalhar em casa de prostituição") ou **instantâneo** (nas modalidades "participar de representação capaz de pervertê-lo ou de ofender-lhe o pudor" ou "mendigar ou servir a mendigo para excitar a comiseração pública"); **unissubjetivo, unilateral** ou **de concurso eventual** (cometido por uma só pessoa, mas admite o concurso); e **unissubsistente** (quando omissivo) ou **plurissubsistente** (se comissivo).

2.4.4.13. Abandono moral e entrega de filho menor a pessoa inidônea: distinção

Os crimes de abandono moral (CP, art. 247), e de entrega de filho menor a pessoa inidônea (CP, art. 245), muito embora apresentem pontos em comum, não se confundem. Em verdade, o art. 245 do Código Penal pune a conduta de "entregar filho menor de 18 (dezoito) anos a pessoa em cuja companhia saiba ou deva saber que o menor fica moral ou materialmente em perigo", a qual no fundo representa uma variante do abandono moral, na hipótese em que o menor fica moralmente em perigo.

No entanto, a correta interpretação dos tipos penais conduz à real diferença entre as duas figuras penais. O crime definido no **art. 245** consiste na **forma ativa** do abandono moral, na qual o agente entrega o menor de 18 anos a pessoa inidônea; por sua vez, o art. 247 representa a **forma passiva** do delito, pois o sujeito se limita a permitir o contato entre a criança ou adolescente e a pessoa de índole inadequada. Confira-se o exemplo de Magalhães Noronha: "Se um pai entrega o filho a uma prostituta para aí ficar durante certo tempo, comete o delito do art. 245; se, todavia, o menor está morando com ela e o genitor não age, não se opõe, pratica o crime do art. 247".[42]

2.5. DOS CRIMES CONTRA O PÁTRIO PODER, TUTELA OU CURATELA

Em seus arts. 248 e 249, o Código Penal enuncia fatos constitutivos de crimes contra o pátrio poder, a tutela e a curatela, protegendo mais uma vez a organização da família, base de toda a sociedade.

Pátrio poder, atualmente disciplinado a título de **poder familiar** (CC, arts. 1.630 e seguintes), é o complexo de direitos e deveres atribuídos ao pai e à mãe, em igualdade de condições, em relação aos filhos menores. É comum ser chamado de "poder-dever familiar", pois visa mais o benefício dos filhos do que o poder inerente aos genitores. Sua finalidade precípua é, na verdade, a criação, a educação e a formação dos filhos menores.

Tutela é o poder conferido por lei a alguém para proteger a pessoa menor de 18 anos de idade e administrar seus bens, cujos pais já faleceram ou foram judicialmente declarados ausentes, ou então decaíram do poder familiar (CC, arts. 1.728 e seguintes).

Finalmente, **curatela** é o encargo público imposto pela lei a alguém para proteger determinada pessoa e administrar seus bens. Sujeitam-se à curatela, nos termos do art. 1.767 do Código Civil: "I – aqueles que, por causa transitória ou permanente, não puderem exprimir sua vontade; II – (Revogado); III – os ébrios habituais e os viciados em tóxico; IV – (Revogado); V – os pródigos".

Para o integral desempenho dos seus relevantes misteres, os pais, tutores e curadores necessitam da proteção da lei, assegurando-lhes condições indispensáveis para que possam

---

[42] MAGALHÃES NORONHA, E. *Direito penal*. 17. ed. São Paulo: Saraiva, 1984. v. 3, p. 343.

agir no interesse do filho menor, do pupilo ou do interdito. É esse o bem jurídico que aqui se tem em vista. Cogita-se da proteção de direitos dos titulares do poder familiar, da tutela e da curatela, e, concomitantemente, dos interesses das pessoas a eles sujeitas.[43]

2.5.1. Art. 248 – Induzimento a fuga, entrega arbitrária ou sonegação de incapazes

2.5.1.1. Dispositivo legal

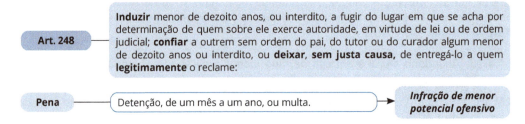

Art. 248 — **Induzir** menor de dezoito anos, ou interdito, a fugir do lugar em que se acha por determinação de quem sobre ele exerce autoridade, em virtude de lei ou de ordem judicial; **confiar** a outrem sem ordem do pai, do tutor ou do curador algum menor de dezoito anos ou interdito, ou **deixar, sem justa causa,** de entregá-lo a quem **legitimamente** o reclame:

Pena — Detenção, de um mês a um ano, ou multa.

Infração de menor potencial ofensivo

Classificação:
Crimes simples
Crimes comuns
Crimes formais (induzimento a fuga, com divergência doutrinária, e sonegação de incapazes) ou material (entrega arbitrária)
Crimes de forma livre
Crimes comissivos (induzimento a fuga e entrega arbitrária) ou omissivo próprio ou puro (sonegação de incapazes)
Crimes instantâneos
Crimes unissubjetivos, unilaterais ou de concurso eventual
Crimes plurissubsistentes (induzimento a fuga e entrega arbitrária) ou unissubsistente (sonegação de incapazes)

Informações rápidas:
Objeto material: menor de 18 anos de idade ou interditado judicialmente.
Tipo penal misto cumulativo e alternativo.
Elemento subjetivo: dolo (não admite modalidade culposa).
Tentativa: admite (exceção: sonegação de incapazes – crime unissubsistente).
Ação penal: pública incondicionada.

2.5.1.2. Objetividade jurídica

O art. 248 do Código Penal contempla três crimes distintos: (a) induzimento a fuga; (b) entrega arbitrária; e (c) sonegação de incapazes. Estes crimes têm como escopo a proteção do poder familiar, da tutela e da curatela.

2.5.1.3. Objeto material

É a pessoa menor de 18 anos de idade ou interditada judicialmente, é dizer, pessoa que foi submetida a procedimento judicial de interdição e encontra-se sob curatela, nos termos dos arts. 1.767 e seguintes do Código Civil.

2.5.1.4. Núcleos dos tipos penais

No delito de **induzimento a fuga**, o núcleo do tipo é "**induzir**", ou seja, criar a ideia, fazer nascer na mente do menor de 18 anos de idade ou interdito a vontade de fugir do lugar

---

[43] Cf. MAGALHÃES NORONHA, E. *Direito penal*. 17. ed. São Paulo: Saraiva, 1984. v. 3, p. 346.

em que se acha por determinação de quem sobre ele exerce autoridade, em virtude de lei ou decisão judicial.

Anote-se que a indução deve ter como finalidade a fuga a ser realizada pelo próprio menor de idade ou interdito. Com efeito, se o induzimento destinar-se a convencer a vítima a acompanhar o agente, estará caracterizado o crime de subtração de incapazes, na forma do art. 249 do Código Penal.

No crime de **entrega arbitrária**, o núcleo do tipo é "**confiar**", no sentido de entregar a outrem, sem ordem dos pais, do tutor ou do curador, a pessoa menor de 18 anos de idade ou interditada judicialmente. Há um elemento normativo do tipo, representado pela expressão "sem ordem do pai, tutor ou curador". Logo, presente a autorização de tais pessoas, o fato será atípico.

Finalmente, na **sonegação de incapazes** o núcleo do tipo é "**deixar**", que equivale a recusar-se a entregar o menor de 18 anos ou interdito a quem legitimamente o reclame, comportando-se desta forma sem justa causa. Cuida-se de **crime omissivo próprio** ou **puro**, pois o tipo penal descreve uma conduta omissiva.

Nota-se, nesse último delito, a presença de dois elementos normativos no tipo penal: "sem justa causa" e "legitimamente". Destarte, se houver justa causa para a recusa na entrega (exemplo: a criança está gravemente enferma e o médico não autoriza sua retirada precoce do hospital) ou se a pessoa o reclamar de modo ilegítimo (exemplo: mãe que, embora guardiã, pretenda receber o filho no horário de visita fixado ao pai por decisão judicial), não se poderá reconhecer o crime em apreço.

É lícito concluir, portanto, que o art. 248 do Código Penal contempla um tipo penal misto **cumulativo e alternativo**. Em verdade, a conduta inicial (induzir menor ou interdito a fugir) pode ser associada à segunda, que é alternativa (confiar a outrem **ou** deixar de entregá-lo), caracterizando dois delitos, em concurso material.

2.5.1.5. Sujeito ativo

Os crimes são **comuns** ou **gerais**, pois podem ser praticados por qualquer pessoa.

2.5.1.6. Sujeito passivo

São os pais, tutores ou curadores e, mediatamente, a pessoa menor de 18 anos de idade ou judicialmente interditada.[44]

2.5.1.7. Elemento subjetivo

É o dolo, independentemente de qualquer finalidade específica. Nao se admite a modalidade culposa.

2.5.1.8. Consumação

No tocante ao **induzimento à fuga**, a doutrina majoritária entende tratar-se de **crime material** ou **causal**, que somente se consuma com a efetiva fuga do menor ou interdito do lugar em que se achava por determinação de quem sobre ele exerce autoridade, em virtude de lei ou ordem judicial. Não basta, dessa forma, o simples induzimento, pois o crime depende da fuga, a qual deve perdurar por tempo juridicamente relevante.

---

[44] Para E. Magalhães Noronha, o pródigo não pode ser sujeito passivo do delito, pois se submete à "curatela especial, que diz respeito somente a seus bens, sendo sua pessoa *livre*. Exceção feita da esfera econômica, pode ele dirigir-se a seu talante" (*Direito penal*. 17. ed. São Paulo: Saraiva, 1984. v. 3, p. 346).

Ousamos discordar. Em nossa opinião, o induzimento à fuga é **crime formal**, **de consumação antecipada** ou **de resultado cortado**. Consuma-se com o simples induzimento à fuga, desde que idôneo ao convencimento, pois a lei não condicionou a pena à fuga concreta do menor de 18 anos de idade ou interdito. Portanto, se tais pessoas forem surpreendidas iniciando a fuga, sem ainda terem fugido, o delito estará consumado para quem as induziu a agir desse modo. Confiram-se as precisas lições de Guilherme de Souza Nucci a respeito do delito:

> É crime de perigo, pois retirar o menor ou interdito da esfera de quem legalmente o protege pode conduzi-lo a situações danosas, além de atingir diretamente o poder familiar, a tutela ou a curatela. Não vemos razão para aguardar que o menor ou interdito escape, efetivamente, do local onde deve permanecer para punir o agente indutor. O comando da norma penal é a proibição de inspirar menores ou interditos a fugir de seus pais ou guardas. Depois que eles estiverem convencidos a fazê-lo, torna-se mais difícil controlar o que lhes pode acontecer.[45]

A **entrega arbitrária**, por sua vez, é **crime material** ou **causal**, operando-se a consumação no momento em que se concretiza a entrega do menor de 18 anos ou interdito a terceira pessoa, sem autorização do pai, tutor ou curador.

Finalmente, a **sonegação de incapazes** é **crime formal**, **de consumação antecipada** ou **de resultado cortado**. Consuma-se no instante em que o agente deixa, sem justa causa, de entregar o menor ou interdito a quem legitimamente o reclame.

2.5.1.9. Tentativa

É possível, salvo na **sonegação de incapazes** (crime omissivo próprio ou puro), em razão do caráter unissubsistente do delito, incompatível com o fracionamento do *iter criminis*.

2.5.1.10. Ação penal

A ação penal é pública incondicionada.

2.5.1.11. Lei 9.099/1995

A pena cominada aos três crimes é de detenção, de um mês a um ano, ou multa. Constituem-se em infrações penais de menor potencial ofensivo, compatíveis com a transação penal e com o rito sumaríssimo, na forma prevista na Lei 9.099/1995.

2.5.1.12. Classificação doutrinária

Os crimes são **simples** (ofendem um único bem jurídico); **comuns** (podem ser cometidos por qualquer pessoa); **formais** (induzimento à fuga, com divergência doutrinária, e sonegação de incapazes) ou **material** (entrega arbitrária); **de forma livre** (admitem qualquer meio de execução); em regra **comissivos** (induzimento à fuga e entrega arbitrária) ou **omissivo próprio** ou **puro** (sonegação de incapazes); **instantâneos** (consumam-se em momentos determinados, sem continuidade no tempo); **unissubjetivos, unilaterais** ou **de concurso eventual** (cometidos por uma só pessoa, mas admitem o concurso); e **plurissubsistentes** (**induzimento à fuga** e **entrega arbitrária**) ou **unissubsistente** (sonegação de incapazes).

---

[45] NUCCI, Guilherme de Souza. *Código Penal comentado*. 10. ed. São Paulo: RT, 2010. p. 989.

2.5.2. Art. 249 – Subtração de incapazes

2.5.2.1. Dispositivo legal

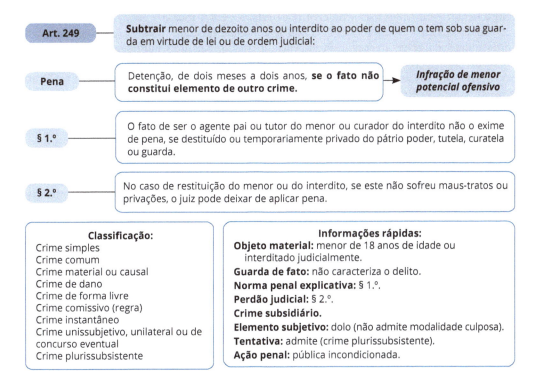

2.5.2.2. Objetividade jurídica

O bem jurídico penalmente protegido é o poder familiar, a tutela ou curatela, como medidas inerentes à instituição familiar.

2.5.2.3. Objeto material

É a pessoa menor de 18 anos de idade ou judicialmente interditada. Nada obstante o *nomen iuris* do crime seja "subtração de incapazes", o art. 249 do Código Penal não alcança todos os incapazes para os atos da vida civil (CC, arts. 3.º e 4.º), mas apenas aqueles expressamente indicados no tipo penal, pois não se admite a analogia *in malam partem* no tocante às leis penais incriminadoras.

2.5.2.4. Núcleo do tipo

O núcleo do tipo é "**subtrair**", no sentido de retirar o menor de 18 anos de idade ou interdito de quem detém sua guarda. A guarda pode emanar da lei (exemplo: decorrente do poder familiar) ou de decisão judicial (exemplo: nomeação de tutores e curadores). Destarte, a subtração do menor de 18 anos de idade ou interdito de quem possui sua **guarda de fato** (exemplo: criança que reside informalmente com os avós em virtude do falecimento dos pais) não caracteriza o delito, em razão da ausência das elementares "em virtude de lei ou de ordem judicial".

Eventual consentimento do menor de idade ou interdito é juridicamente irrelevante, pois, em decorrência do seu perfil subjetivo, presume-se sua incapacidade para anuir à conduta típica. Com efeito, o art. 228 da Constituição Federal e o art. 27 do Código Penal consideram inimputáveis os menores de 18 anos de idade, os quais também são incapazes (absoluta ou relativamente) para os atos da vida civil (CC, arts. 3.º e 4.º, inc. I).

Cuida-se de **crime de forma livre**, ou seja, admite qualquer meio de execução, a exemplo da fraude, da grave ameaça e da violência à pessoa. Nos dois últimos casos, deverão ser imputados ao agente a subtração de incapazes e o crime resultante da violência (exemplo: lesão corporal – CP, art. 129) ou da grave ameaça (exemplo: constrangimento ilegal – CP, art. 146), em concurso formal impróprio ou imperfeito, a teor do art. 70, *caput*, parte final, do Código Penal.

2.5.2.5. Sujeito ativo

O crime é **comum** ou **geral**. Pode ser praticado por qualquer pessoa, inclusive pelos pais, tutores ou curadores, se tiverem sido destituídos ou se encontrarem temporariamente privados do poder familiar, tutela, curatela ou guarda. É o que se extrai da **norma penal explicativa** contida no § 1.º do art. 249 do Código Penal.

Veja-se que o pai ou mãe separado judicialmente, mas que não foi destituído do poder familiar, não pode ser responsabilizado pelo crime de subtração de incapazes na hipótese em que retém o filho menor de idade por prazo superior ao judicialmente convencionado, mas eventualmente pelo delito de desobediência a decisão judicial sobre perda ou suspensão de direito, na forma prevista no art. 359 do Código Penal.[46]

2.5.2.6. Sujeito passivo

É o detentor da guarda do menor de 18 anos de idade ou interdito (pais, guardiães, tutores ou curadores) e, mediatamente, o próprio incapaz – menor de 18 anos de idade ou interdito.

Perceba-se que não será vítima do crime de subtração de incapazes o maior de 18 anos de idade, assim como a pessoa portadora de enfermidade ou deficiência mental que ainda não foi interditada judicialmente.

2.5.2.7. Elemento subjetivo

É o dolo, independentemente de qualquer finalidade específica. Não se admite a modalidade culposa.

2.5.2.8. Consumação

O crime é **material** ou **causal**: consuma-se no momento em que o menor de 18 anos de idade ou interdito é retirado da esfera de vigilância da pessoa que detinha sua guarda em virtude de lei ou de ordem judicial. Prescinde-se da posse tranquila da vítima pelo agente, é dizer, o crime estará consumado ainda que o menor de 18 anos ou interdito apresente resistência à conduta legalmente descrita.

2.5.2.9. Tentativa

É possível, em face do caráter plurissubsistente do delito, comportando o fracionamento do *iter criminis*.

---

[46] Cf. PENTEADO, Jaques de Camargo. *A família e a justiça penal*. São Paulo: RT, 1998. p. 81.

2.5.2.10. Ação penal

A ação penal é pública incondicionada.

2.5.2.11. Lei 9.099/1995

A pena máxima cominada ao delito é de dois anos. Cuida-se, portanto, de infração penal de menor potencial ofensivo, sujeitando-se à transação penal e ao rito sumaríssimo, nos moldes da Lei 9.099/1995.

2.5.2.12. Classificação doutrinária

A subtração de incapazes é crime **simples** (ofende um único bem jurídico); **comum** (pode ser praticado por qualquer pessoa); **material** ou **causal** (consuma-se com a produção do resultado naturalístico, consistente na efetiva retirada do menor de 18 anos ou interdito do poder de quem detém sua guarda); **de dano** (causa lesão à instituição familiar); **de forma livre** (admite qualquer meio de execução); em regra **comissivo**; **instantâneo** (consuma-se em um momento determinado, sem continuidade no tempo); **unissubjetivo, unilateral** ou **de concurso eventual** (cometido por uma só pessoa, mas admite o concurso); e normalmente **plurissubsistente** (a conduta pode ser fracionada em diversos atos).

2.5.2.13. Subsidiariedade expressa

O preceito secundário do art. 249, *caput*, do Código Penal evidencia a natureza expressamente subsidiária do crime de subtração de incapazes, cuja pena é de detenção, de dois meses a dois anos, "se o fato não constitui elemento de outro crime".

Exemplificativamente, se o agente subtrair o menor de 18 anos ou interdito para privá-lo de sua liberdade, mediante sequestro ou cárcere privado, estará configurado o crime tipificado no art. 148, § 1.º, IV, do Código Penal, cuja pena é de reclusão, de dois a cinco anos; de outro lado, se a vítima for sequestrada pelo sujeito ativo com o fim de obter, para si ou para outrem, qualquer vantagem, como condição ou preço do resgate, a ele será imputado o crime de extorsão mediante sequestro (CP, art. 159, § 1.º), punido com reclusão de 12 (doze) a 20 (vinte) anos, e de natureza hedionda (Lei 8.072/1990, art. 1.º, inc. IV).

2.5.2.14. Perdão judicial: art. 249, § 2.º

Em conformidade com o art. 249, § 2.º, do Código Penal: "No caso de restituição do menor ou do interdito, se este não sofreu maus-tratos ou privações, o juiz pode deixar de aplicar a pena".

Trata-se de causa extintiva da punibilidade (CP, art. 107, inc. IX), a ser reconhecida em sentença com natureza jurídica de declaratória da extinção da punibilidade, nos moldes da Súmula 18 do Superior Tribunal de Justiça.

Na seara doutrinária, há autores que criticam a ausência de previsão legal do perdão judicial nos crimes definidos no art. 248 do Código Penal, pois a causa extintiva da punibilidade foi reconhecida no delito mais grave de subtração de incapazes. Em nossa opinião, a opção legislativa foi acertada. Com efeito, na subtração de incapazes o menor de 18 anos ou interdito, nada obstante retirado do poder de quem o tem sob guarda, permanece sob a proteção do sujeito ativo ou de terceira pessoa, podendo ser restituído a quem de direito.

No art. 248 do Código Penal a situação é diferente. No induzimento à fuga, não se sabe qual o rumo a ser tomado pelo menor de 18 anos ou interdito, ficando praticamente impossível fazê-lo retornar à proteção do seu representante legal. Por sua vez, na entrega arbitrária são desconhecidas as condições da pessoa a quem foi confiada a vigilância do incapaz. Finalmente, na sonegação de incapazes o perdão judicial seria absolutamente contraditório, pois não se pode vislumbrar a "restituição do menor ou interdito", exigida para o reconhecimento do perdão judicial, na conduta de quem, dolosamente e sem justa causa, deixa de entregar tais pessoas a quem legitimamente o reclame.

2.5.2.15. Legislação penal especial: o art. 237 do Estatuto da Criança e do Adolescente

Como preceitua o art. 237 da Lei 8.069/1990 – Estatuto da Criança e do Adolescente:

> **Art. 237.** Subtrair criança ou adolescente ao poder de quem o tem sob sua guarda em virtude de lei ou ordem judicial, com o fim de colocação em lar substituto:
> Pena: reclusão, de dois a seis anos, e multa.

Percebe-se facilmente a existência de conflito aparente de leis penais, solucionado pelo **princípio da especialidade**, pois o art. 237 do Estatuto da Criança e do Adolescente contém elementos especializantes, representados pela finalidade específica almejada pelo agente ("com o fim de colocação em lar substituto").

Não se pode olvidar, igualmente, o **princípio da subsidiariedade**, pois o art. 249 do Código Penal somente se aplica se o fato não constitui elemento de crime mais grave, justamente o que se verifica no crime descrito pelo art. 237 da Lei 8.069/1990.

CAPÍTULO 3

DOS CRIMES CONTRA A INCOLUMIDADE PÚBLICA

Incolumidade é o estado de preservação ou segurança de pessoas ou de coisas em relação a possíveis eventos lesivos. Ao utilizar a expressão "incolumidade pública", o legislador incriminou condutas atentatórias à vida, ao patrimônio e à segurança de pessoas indeterminadas ou não individualizadas, ao contrário do que se verifica nos delitos disciplinados nos títulos anteriores da Parte Especial do Código Penal (crimes contra a pessoa, contra o patrimônio, contra a dignidade sexual etc.). Nos ensinamentos de Magalhães Noronha:

> É a incolumidade pública a objetividade jurídica tutelada neste Título. Compreende o complexo de bens e interesses relativos à vida, à integridade corpórea e à saúde de todos e de cada um dos indivíduos que compõem a sociedade. Característico desses crimes é que ultrapassam a ofensa a determinada pessoa, para se propagarem, ou, pelo menos, poderem estender-se a indeterminado número de indivíduos, prejudicando ou ameaçando a segurança da convivência social.[1]

Os crimes contra a incolumidade pública estão divididos em três capítulos:

a) Capítulo I – Dos crimes de perigo comum (arts. 250 a 259);

b) Capítulo II – Dos crimes contra a segurança dos meios de comunicação e transporte e outros serviços públicos (arts. 260 a 266); e

c) Capítulo III – Dos crimes contra a saúde pública (arts. 267 a 285).

3.1. DOS CRIMES DE PERIGO COMUM

No Direito Penal, perigo é a probabilidade de dano. Destarte, a consumação dos crimes de perigo não depende da efetiva lesão do bem jurídico; basta sua exposição a uma situação perigosa, evidenciada pela provável ocorrência de dano.

No Capítulo III do Título I da Parte Especial (arts. 130 a 136), no campo dos crimes contra a pessoa, o Código Penal previu os delitos de perigo individual, nos quais uma pessoa, ou então um número determinado de pessoas, tem sua vida ou sua saúde submetida a

---

[1] MAGALHÃES NORONHA, E. *Direito penal*. 17. ed. São Paulo: Saraiva, 1984. v. 3, p. 352.

uma situação perigosa. Agora, em seus arts. 250 a 259, inaugurando o rol dos crimes contra a incolumidade pública, o legislador elencou os delitos de perigo comum, caracterizados pela exposição ao perigo de um número indeterminado de pessoas, ameaçadas não apenas no tocante à vida e à saúde, mas também na esfera patrimonial.

De fato, é a **indeterminação do alvo** a nota característica do perigo comum, assim conceituado por Nélson Hungria, que em seguida faz uma importante observação:

> É o perigo dirigido contra um círculo, previamente incalculável na sua extensão, de pessoas ou coisas não individualmente determinadas. Cumpre observar, entretanto, que não deixa de haver perigo comum ainda quando uma só pessoa ou coisa venha a ser efetivamente ameaçada, desde que não individuada ou individuável *ex ante*. Assim, se alguém faz explodir dinamite numa praça pública, há perigo comum, mesmo se um só transeunte estivesse passando no momento, dentro do raio de ação do explosivo, pois um perigo que se dirige contra pessoa ou coisa indeterminada ou indeterminável de antemão (isto é, *qualquer* que esteja ou passe na sua zona de alcance) equivale a perigo contra indefinido número de pessoas ou coisas. Será por mero acidente que, dentre elas, uma, ao invés de outra, venha a ser efetivamente ameaçada.[2]

3.1.1. Art. 250 – Incêndio

3.1.1.1. Dispositivo legal

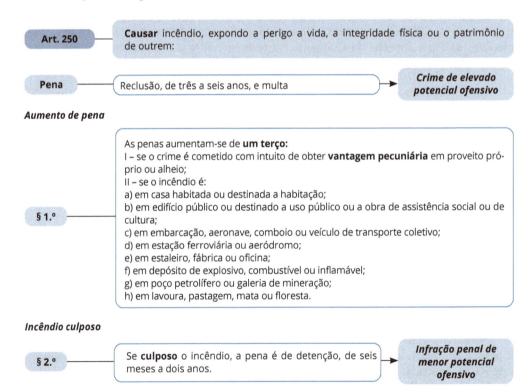

---
[2] HUNGRIA, Nélson. *Comentários ao Código Penal*. 2. ed. Rio de Janeiro: Forense, 1959. v. IX, p. 12.

Classificação:	**Informações rápidas:**
Crime comum Crime material ou causal e de perigo concreto Crime vago Crime de forma livre Crime instantâneo Crime não transeunte Crime unissubjetivo, unilateral ou de concurso eventual Crime comissivo (regra) Crime plurissubsistente (regra)	**Objeto material:** substância ou o objeto alvo de incêndio. **Elemento subjetivo:** dolo (elemento subjetivo específico – § 1.º, I). Só admite modalidade culposa na hipótese do § 2.º. **Crime não transeunte:** perícia imprescindível. **Tentativa:** admite (crime plurissubsistente). **Ação penal:** pública incondicionada.

3.1.1.2. Objetividade jurídica

O bem jurídico penalmente protegido é a incolumidade pública, ou seja, a lei busca manter a salvo e livre de perigo a saúde, a segurança e a tranquilidade de um número indeterminado de pessoas.

3.1.1.3. Objeto material

É a substância ou o objeto alvo de incêndio, a exemplo da casa ou do automóvel incendiados.

3.1.1.4. Núcleo do tipo

O núcleo do tipo é "**causar**", no sentido de dar origem, provocar ou produzir. Nesse contexto, realiza a conduta criminosa o agente que originar o incêndio, de modo a "**expor**" a perigo a vida, a integridade física ou o patrimônio de pessoas em geral.

Veja-se que o verbo "expor" já revela a ideia de colocar em perigo. Contudo, o legislador optou por enfatizar a necessidade da exposição da vida, da integridade física ou do patrimônio de quantidade indeterminada de indivíduos a uma situação de risco. Há nítida relação de causa (incêndio) e efeito (exposição a perigo).

Incêndio é o fogo com labaredas de grandes proporções, originado pela combustão de qualquer matéria, cujo poder de destruição e o de causar prejuízos se revelam idôneos no caso concreto. Não é necessário, entretanto, que o perigo seja resultado do fogo em si, bastando que da ocorrência do próprio fato (incêndio) haja a efetiva comprovação do perigo à vida, à integridade física ou ao patrimônio de terceiros. Exemplificando, é possível que se instale, como consectário do incêndio, uma situação de pânico generalizado ou tumulto, o que também possui capacidade de expor a perigo a coletividade.

3.1.1.5. Sujeito ativo

O incêndio é **crime comum** ou **geral**, podendo ser praticado por qualquer pessoa, inclusive pelo proprietário do bem incendiado, desde que da conduta resulte perigo comum, pois não há crime na conduta de danificar o próprio patrimônio.

3.1.1.6. Sujeito passivo

É a sociedade (**crime vago**), bem como as pessoas diretamente atingidas pelo incêndio, as quais tiveram seus bens jurídicos ameaçados ou até mesmo ofendidos, embora muitas vezes não seja possível identificá-las.

3.1.1.7. Elemento subjetivo

Na conduta descrita no *caput*, é o dolo de perigo, independentemente de qualquer finalidade específica. Portanto, o sujeito ativo deve, voluntariamente, provocar o incêndio, consciente de que tal comportamento poderá resultar em perigo comum. Destarte, não se exige tenha o agente a intenção de prejudicar terceiros, sendo suficiente a consciência da possibilidade de causação de dano.

A modalidade culposa é admitida na figura descrita no § 2.º do art. 250 do Código Penal.

3.1.1.7.1. Incêndio e intenção de matar ou ferir pessoa determinada

Se o incêndio for praticado com o propósito de matar ou ferir alguém, devem ser imputados ao agente dois crimes: homicídio qualificado pelo emprego de fogo (CP, art. 121, § 2.º, inc. III) ou lesão corporal (CP, art. 129) e incêndio, em concurso formal impróprio ou imperfeito, em razão da presença de desígnios autônomos para ofensa a bens jurídicos distintos (vida ou integridade física e incolumidade pública).

3.1.1.7.2. Incêndio e sabotagem ao Estado Democrático de Direito

Se o incêndio visar a destruição ou inutilização de meios de comunicação ao público, estabelecimentos, instalações ou serviços destinados à defesa nacional, com o fim de abolir o Estado Democrático de Direito, estará configurado o crime de sabotagem, tipificado no art. 359-R do Código Penal, em obediência ao **princípio da especialidade**.

3.1.1.8. Consumação

Trata-se de **crime material** ou **causal**: consuma-se no momento em que o incêndio provocado pelo agente expõe a perigo a vida, a integridade física ou o patrimônio de pessoas indeterminadas. Cuida-se também de **crime de perigo concreto**, pois é indispensável a prova da efetiva ocorrência da situação perigosa. Em sintonia com a jurisprudência do Superior Tribunal de Justiça:

> Na taxonomia generalizada, existem, no que se liga a resultado, duas abordagens. Em relação ao resultado jurídico (ofensa ao bem jurídico), os delitos poderiam ser de perigo (concreto ou, então, presumido) e de dano. Em relação ao resultado material (resultado material ou evento natural resultante inseparável), os crimes podem ser, segundo grande parte dos doutrinadores pátrios, materiais, formais e de mera conduta. Assim, de início, nesta linha, todo delito tem seu resultado jurídico (dano ou perigo a bem jurídico), mas nem todo crime apresenta um resultado natural ou material (só para os materiais ele se apresenta imprescindível). Nesta dupla abordagem, que não apresenta qualquer relação direta ou biunívoca, é de se notar que existem crimes de perigo e que são, simultaneamente, materiais. É o que ocorre com o delito de incêndio. Ele é material (sem o fogo ele não poderia existir) e de perigo concreto (e comum).[3]

Consequentemente, a simples provocação de incêndio não enseja, por si só, a incidência do tipo penal em apreço, se da conduta não resultar a efetiva exposição da coletividade a perigo concreto. Mas será possível reconhecer o crime de dano qualificado pelo emprego de substância inflamável ou explosiva, tipificado no art. 163, parágrafo único, inc. II, do Código Penal. Exemplo: "A" incendeia um imóvel situado em área rural, não se podendo falar em perigo comum, embora subsista o crime patrimonial.

---

[3] HC 104.371/SE, rel. Min. Felix Fischer, 5.ª Turma, j. 18.11.2008.

Note-se que esse crime patrimonial é expressamente subsidiário (**subsidiariedade expressa**), pois o tipo penal diz que a pena somente será aplicada "se o fato não constitui crime mais grave". E o incêndio doloso apresenta maior gravidade em abstrato, razão pela qual afasta o dano qualificado na situação em que como corolário do incêndio resta caracterizado o perigo comum.

3.1.1.8.1. Incêndio e prova da materialidade do fato criminoso

O exame pericial é necessário para comprovação de crime que deixa vestígios de ordem material (crimes não transeuntes), não podendo supri-lo a confissão do acusado (CPP, art. 158). Nesse contexto, estatui o art. 173 do Código de Processo Penal:

> **Art. 173.** No caso de incêndio, os peritos verificarão a causa e o lugar em que houver começado, o perigo que dele tiver resultado para a vida ou para o patrimônio alheio, a extensão do dano e o seu valor e as demais circunstâncias que interessarem à elucidação do fato.

Fica nítida, portanto, a imprescindibilidade da perícia como meio de prova do crime de incêndio, se presentes seus vestígios materiais. Não se deve perder de vista, porém, a disposição contida no art. 167 do Código de Processo Penal: "Não sendo possível o exame de corpo de delito, por haverem desaparecido os vestígios, a prova testemunhal poderá suprir-lhe a falta".

Nesse contexto, o Supremo Tribunal Federal já admitiu a comprovação do crime definido no art. 250 do Código Penal por testemunhas e, inclusive, por meios diversos, notadamente quando o responsável pelo incêndio dolosamente contribui para a não realização da perícia:

A Primeira Turma indeferiu a ordem em *habeas corpus* impetrado em favor de condenado pela prática do delito descrito no art. 250, § 1.º, I, do Código Penal (causar incêndio com o intuito de obter vantagem pecuniária). A sentença condenatória registrou que a inércia do paciente em comunicar, oportunamente, a ocorrência à autoridade policial inviabilizou a confecção da perícia pelo Instituto de Criminalística, ante o desaparecimento dos vestígios da infração. De acordo com a defesa, o título condenatório seria ilegal, pois fundado em prova inidônea. Nesse sentido, o laudo elaborado por seguradora (vítima) não poderia ter sido utilizado como fonte probatória, mas apenas o exame de corpo de delito. Além disso, a suposta desídia do paciente em comunicar a ocorrência à autoridade policial não teria valor probatório. O colegiado afirmou que o laudo elaborado de forma unilateral não constitui prova pericial, mas documental, razão pela qual a validade como elemento de convicção não se submete à observância dos requisitos previstos nos arts. 158 e seguintes do Código de Processo Penal. Assim, o laudo produzido pela empresa seguradora vítima, por não se qualificar como perícia, não consubstancia prova ilícita, surgindo passível de ser valorado pelo Juízo. A materialidade do delito versado no art. 250, § 1.º, I, do CP, cuja prática deixa vestígios, há de ser comprovada, em regra, mediante exame de corpo de delito. Nos termos do art. 167 do CPP, constatado o desaparecimento dos vestígios, mostra-se viável suprir a realização de exame por outros meios de prova. O paciente, orientado pelo Corpo de Bombeiros a registrar, imediatamente, ocorrência policial e solicitar perícia técnica ao Instituto de Criminalística, permaneceu inerte durante sete dias. A não elaboração de perícia oficial deu-se ante o desaparecimento dos vestígios do crime, considerada a demora em registrar a ocorrência e a falta de preservação do local, tendo sido a materialidade do delito revelada pela prova testemunhal, corroborada por cópias da apólice do seguro, aviso de sinistro, ocorrência policial, relatório de regulação de sinistros, fotografias, laudos de averiguação e exame pericial.

Levando em conta a justificada inviabilidade da elaboração do exame de corpo de delito e a demonstração da materialidade do crime por outros meios de prova, a incidência do previsto no art. 167 do CPP mostrou-se adequada.[4]

3.1.1.9. Tentativa

É cabível, em face do caráter plurissubsistente do delito, permitindo o fracionamento do *iter criminis*. Exemplo: "A", munido de galões de gasolina, a derrama por todos os cômodos de uma casa situada em rua movimentada e repleta de pessoas, e, antes de riscar o fósforo para atear o fogo, é detido pelo proprietário da residência.

Também será admissível o *conatus* na hipótese em que o sujeito ativo, nada obstante tenha produzido fogo em determinado local, não consiga causar perigo à incolumidade pública, por circunstâncias alheias à sua vontade. Exemplo: "A" ateia fogo no apartamento de um prédio; todavia, antes de as chamas tomarem proporções inerentes ao incêndio, estas são controladas pelos bombeiros.

3.1.1.10. Ação penal

A ação penal é pública incondicionada.

3.1.1.11. Lei 9.099/1995

O incêndio, em sua modalidade dolosa (CP, art. 250, *caput*), é **crime de elevado potencial ofensivo**. De fato, a pena mínima cominada (reclusão de três anos), inviabiliza a aplicação dos benefícios despenalizadores previstos na Lei 9.099/1995.

De outro lado, o incêndio culposo (CP, art. 250, § 2.º), com pena máxima de dois anos, é **infração penal de menor potencial ofensivo**, de competência dos Juizados Especiais Criminais, sujeitando-se à transação penal e ao rito sumaríssimo, nos moldes da Lei 9.099/1995.

3.1.1.12. Classificação doutrinária

O incêndio é crime **comum** (pode ser cometido por qualquer pessoa); **material** ou **causal** e **de perigo concreto** (a consumação reclama a superveniência do resultado naturalístico, consistente no efetivo perigo à vida, à integridade física ou ao patrimônio de pessoas indeterminadas); **vago** (tem como sujeito passivo a coletividade, ente destituído de personalidade jurídica); **de forma livre** (admite qualquer meio de execução); **instantâneo** (consuma-se em um momento determinado, sem continuidade no tempo); **não transeunte** (deixa vestígios materiais); **unissubjetivo, unilateral ou de concurso eventual** (pode ser cometido por uma só pessoa, mas admite o concurso); em regra **comissivo**; e normalmente **plurissubsistente** (a conduta criminosa pode ser fracionada em diversos atos).

3.1.1.13. Causas de aumento da pena: art. 250, § 1.º

O § 1.º do art. 250 do Código Penal contém causas de aumento da pena aplicáveis ao incêndio doloso. Incidem na terceira e última etapa da dosimetria da pena privativa de liberdade, majorando-a de um terço. Vejamos cada uma delas.

3.1.1.13.1. Se o crime é cometido com intuito de obter vantagem pecuniária em proveito próprio ou alheio: inc. I

Essa causa de aumento de pena pressupõe a presença de um especial fim de agir (**elemento subjetivo específico**), consistente no propósito do sujeito ativo de obter vantagem

---

[4] HC 136.964/RS, rel. Min. Marco Aurélio, 1.ª Turma, j. 18.02.2020, noticiado no *Informativo* 967.

pecuniária, em proveito próprio ou alheio, pouco importando se o lucro indevido venha ou não a ser efetivamente alcançado.

3.1.1.13.1.1. Incêndio agravado e fraude para recebimento de indenização ou valor de seguro

Na hipótese em que o agente pratica o incêndio com o intuito de obter vantagem pecuniária em proveito próprio ou alheio, e esta vantagem consiste em indenização ou valor de seguro (exemplo: "A" ateia fogo em seu automóvel, que apresentava diversos problemas e estava quebrado em movimentada via pública, com o propósito de ser indenizado pela seguradora), que vem a ser efetivamente recebida, quais crimes devem ser a ele imputados? Há duas posições sobre o assunto.

> 1.ª posição: Incêndio agravado (CP, art. 250, § 1.º, inc. I): O incêndio comum, de natureza mais grave, absorve a modalidade do crime de estelionato (CP, art. 171, § 2.º, inc. V).[5]
>
> 2.ª posição: Incêndio simples (CP, art. 250, *caput*) e fraude para recebimento ou valor de seguro (CP, art. 171, § 2.º, inc. V): Há dois crimes, pois são ofendidos bens jurídicos diversos, com titulares distintos (incolumidade pública, vinculada à coletividade em geral, e patrimônio da seguradora), nada obstante a unidade de conduta, em concurso formal impróprio ou imperfeito, em face da presença de desígnios autônomos, ou seja, o sujeito possui dolo em relação ao incêndio e à modalidade de estelionato. Mas, para afastar o *bis in idem*, há de reconhecer o incêndio em sua forma simples, pois a intenção de obter vantagem pecuniária não pode ser duplamente valorada, tanto para caracterizar o crime descrito no art. 171, § 2.º, inc. V, do Código Penal como para legitimar a incidência da causa de aumento da pena inerente ao delito de perigo comum. É a posição que adotamos.

3.1.1.13.2. Se o incêndio é cometido nas circunstâncias previstas no inc. II

Em seu inc. II, o art. 250, § 1.º, do Código Penal elenca diversas circunstâncias que justificam o tratamento mais rigoroso, seja pela possibilidade de o incêndio envolver um maior número de pessoas no local, aumentando o perigo de dano (alíneas "a", "b", "c", "d" e "e"), seja pelo fato de o risco da propagação do incêndio ser mais elevado (alíneas "f", "g" e "h").

Alínea "a" – Incêndio em casa habitada ou destinada à habitação

Essa majorante terá incidência mesmo que a casa (local destinado à moradia de alguém) não esteja habitada (na presença de pessoas) no momento do incêndio, haja vista que o tipo menciona a expressão "casa habitada ou destinada a habitação". Portanto, se alguém incendiar uma residência vazia cujos proprietários se encontram em viagem, o aumento da pena será obrigatório.

Alínea "b" – Incêndio em edifício público ou destinado a uso público ou a obra de assistência social ou de cultura

O aumento será cabível quando o incêndio for praticado em edifício público (prédio de propriedade do Poder Público – União, Estados, Distrito Federal e Municípios), ou destinado ao uso público, ou seja, voltado ao atendimento de um grande número de pessoas, embora de domínio particular (exemplos: estádios de futebol, teatros, casas de eventos etc.), e também a obra de assistência social ou de cultura, que igualmente representa uma utilidade pública (exemplos: tendas montadas por voluntários para atendimento de vítimas de enchentes).

---

[5] Cf. CAPEZ, Fernando. *Curso de direito penal*. 8. ed. São Paulo: Saraiva, 2010. v. 3, p. 226.

Alínea "c" – Incêndio em embarcação, aeronave, comboio ou veículo de transporte coletivo

Embarcação é a construção reservada para navegar sobre a água (exemplos: navios, barcos, balsas etc.). Aeronave, nos termos no art. 106 do Código Brasileiro de Aeronáutica, é "todo aparelho manobrável em voo, que possa sustentar-se e circular no espaço aéreo, mediante reações aerodinâmicas, apto a transportar pessoas ou coisas". Comboio é o agrupamento de veículos que se dirigem a um destino comum, a exemplo dos trens e metrôs. Finalmente, veículo de transporte coletivo é o meio utilizado para levar diversas pessoas de um lugar para outro, tais como as *vans* e ônibus.

Alínea "d" – Incêndio em estação ferroviária ou aeródromo

Estação ferroviária é o local destinado ao embarque e desembarque de pessoas ou cargas de trens. Aeródromo é o aeroporto, ou seja, espaço físico reservado ao pouso e à decolagem de aviões.

Alínea "e" – Incêndio em estaleiro, em fábrica ou oficina

Estaleiro é o lugar em que se constroem ou se consertam embarcações. Fábrica é o estabelecimento industrial. Oficina, por sua vez, é o local no qual alguém exerce determinado ofício. Atualmente, a palavra "oficina" tem o sentido de local em que se operam consertos em geral, notadamente de veículos automotores.

Alínea "f" – Incêndio em depósito de explosivo, combustível ou inflamável

Depósito é o local reservado para guarda ou armazenamento de alguma coisa. Explosivo é a substância apta a produzir estrondo.[6] Combustível é o produto dotado da propriedade de produzir energia e de se consumir em chamas. Inflamável, por sua vez, é o objeto idôneo a se converter em chamas.

Alínea "g" – Incêndio em poço petrolífero ou galeria de mineração

Poço petrolífero é a abertura produzida no solo para alcançar fonte natural de combustível líquido; galeria de mineração, por seu turno, é a passagem subterrânea destinada à extração de minérios.

Alínea "h" – Incêndio em lavoura, pastagem, mata ou floresta

Lavoura é a plantação ou terreno cultivado pelo homem; pastagem é o terreno revestido de vegetais para alimentação do gado; mata é o terreno em que se encontram árvores silvestres; floresta, finalmente, é o local em que há grande quantidade de árvores.

Essa causa de aumento da pena é perfeitamente compatível com o crime previsto no art. 41 da Lei 9.605/1998 – Lei dos Crimes Ambientais, que prevê a pena de reclusão, de dois a quatro anos, e multa, em relação à conduta de "provocar incêndio em floresta ou em demais formas de vegetação".

Com efeito, a configuração do crime de incêndio agravado depende da provocação de **perigo comum**, isto é, a exposição a provável dano (físico ou patrimonial) no tocante a pessoas indeterminadas. No crime ambiental, por seu turno, basta a causação de incêndio em mata ou floresta.

Conclui-se, portanto, que, se da ação incendiária à mata ou floresta resultar perigo comum, incidirá o crime tipificado no art. 250, § 1.º, inc. II, *h*, do Código Penal. Se ausente o perigo comum, estará caracterizado o delito de natureza ambiental.

---

[6] O Anexo III do Regulamento de Produtos Controlados, aprovado pelo Decreto 10.030/2019, define explosivo como o "tipo de matéria que, quando iniciada, sofre decomposição muito rápida, com grande liberação de calor e desenvolvimento súbito de pressão".

3.1.1.14. Incêndio culposo: art. 250, § 2.º

Verifica-se o crime de incêndio culposo quando alguém, agindo com imprudência, negligência ou imperícia, viola o dever objetivo de cuidado a todos imposto, expondo a perigo a vida, a integridade física ou o patrimônio de outras pessoas, mediante a provocação de incêndio que, embora objetivamente previsível, não tenha sido previsto no caso concreto. Exemplo: "A" lança um cigarro ainda aceso na direção de uma lixeira, que se incendeia e alastra as chamas para barracos de madeira instalados nas proximidades.

Nesse caso, a pena é sensivelmente inferior (detenção, de seis meses a dois anos), em face do menor desvalor da conduta, embora inexista diferença no tocante ao desvalor do resultado, pois o incêndio é igualmente produzido.

3.1.1.14.1. A questão relativa ao ato de soltar balões

O ato de soltar balões constitui crime ambiental, definido no art. 42 da Lei 9.605/1998:

> **Art. 42.** Fabricar, vender, transportar ou soltar balões que possam provocar incêndios nas florestas e demais formas de vegetação, em áreas urbanas ou qualquer tipo de assentamento humano:
> Pena – detenção de um a três anos ou multa, ou ambas as penas cumulativamente.

E se da soltura do balão resultar incêndio com perigo comum?

Em nosso entendimento, estará caracterizado o crime de **incêndio doloso**, na forma simples (CP, art. 250, *caput*) ou agravada (CP, art. 250, § 1.º, inc. II), dependendo do resultado produzido no caso concreto. Não há falar em culpa, mas em **dolo eventual**, pois as numerosas campanhas educativas destinadas a revelar os danos produzidos pelos balões evidenciam a assunção pelo agente dos diversos resultados que podem ser produzidos por essa conduta ilícita, especialmente o incêndio em casas, florestas e matas.

O delito ambiental resta absorvido, em respeito ao princípio da consunção, pois funciona como meio para a concretização do resultado final (incêndio).

3.1.1.15. Formas qualificadas: art. 258 do Código Penal

Como estatui o art. 258 do Código Penal:

> **Art. 258.** Se do crime doloso de perigo comum resulta lesão corporal de natureza grave, a pena privativa de liberdade é aumentada de metade; se resulta morte, é aplicada em dobro. No caso de culpa, se do fato resulta lesão corporal, a pena aumenta-se de metade; se resulta morte, aplica-se a pena cominada ao homicídio culposo, aumentada de um terço.

Destarte, se do incêndio, provocado dolosamente pelo agente, resultar lesão corporal de natureza grave, aí se incluindo a lesão corporal gravíssima (CP, art. 129, §§ 1.º e 2.º), aumentar-se-á pela metade a pena privativa de liberdade; caso resultar morte, aplicar-se-á a pena em dobro. O resultado agravador, que importa na configuração de crime preterdoloso, constitui-se em causa de aumento da pena, aplicável na terceira fase de aplicação da pena privativa de liberdade.

Por outro lado, se do incêndio culposo resultar lesão corporal, qualquer que seja sua natureza, aumentar-se-á a pena pela metade; se resultar morte, aplicar-se-á a pena cominada ao homicídio culposo, aumentada de um terço. Nesse caso, visualiza-se um crime culposo qualificado por resultado de igual natureza.

3.1.1.16. Incêndio e Estatuto do Desarmamento

O art. 16, § 1.º, III, da Lei 10.826/2003 – Estatuto do Desarmamento comina a pena de reclusão, de três a seis anos, e multa, àquele que "possuir, deter, fabricar ou empregar artefato explosivo ou incendiário, sem autorização ou em desacordo com determinação legal ou regulamentar".

Esse crime, de perigo abstrato ou presumido, não se confunde com o incêndio, delito de perigo comum e concreto. De fato, o crime previsto no Estatuto do Desarmamento se contenta com a simples utilização de artefato incendiário, sem autorização ou em desacordo com determinação legal ou regulamentar, a exemplo daquele que usa um lança-chamas em local deserto sem autorização para tanto; o incêndio, por sua vez, exige a efetiva exposição de pessoas indeterminadas ao risco de dano, no tocante à vida, à saúde ou ao patrimônio, como na hipótese da pessoa que coloca fogo em um *shopping center*.

3.1.2. Art. 251 – Explosão

3.1.2.1. Dispositivo legal

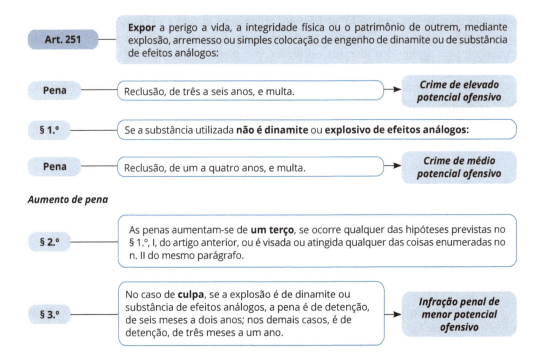

Classificação:	Informações rápidas:
Crime comum Crime material ou causal Crime de perigo comum e concreto Crime de forma livre Crime vago Crime instantâneo Crime unissubjetivo, unilateral ou de concurso eventual Crime comissivo (regra) Crime plurissubsistente (regra)	**Objeto material:** engenho de dinamite ou de substâncias de efeitos análogos. Prescindível a efetiva detonação do explosivo. **Crime não transeunte:** perícia imprescindível (crime de perigo concreto). **Elemento subjetivo:** dolo. Só admite modalidade culposa na hipótese do § 3.º. **Tentativa:** admite (*diverg.*). **Ação penal:** pública incondicionada.

3.1.2.2. Objetividade jurídica

O bem jurídico penalmente tutelado é a incolumidade pública.

3.1.2.3. Objeto material

É o **engenho de dinamite** ou **de substâncias de efeitos análogos**. O legislador valeu-se da interpretação analógica (ou *intra legem*), ou seja, prevê uma fórmula casuística ("engenho de dinamite") seguida de uma fórmula genérica ("substância de efeitos análogos"). Em outras palavras, tanto pode existir explosão com o engenho de dinamite como com o engenho de substâncias de efeitos análogos, isto é, diversas da dinamite, mas aptas a produzirem efeitos semelhantes no caso concreto. Nas lições de Magalhães Noronha:

> Dinamite é nitroglicerina de que se embebem matérias sólidas, geralmente areias. Engenho é a bomba, o aparelho que a contém. Refere-se também a lei a substâncias de efeitos análogos, dentre as quais podem ser mencionados os explosivos TNT, os explosivos de ar líquido, o trotil, as gelatinas explosivas etc., produzindo efeitos semelhantes aos daquelas.[7]

3.1.2.4. Núcleo do tipo

O núcleo do tipo é "**expor**", no sentido de colocar em perigo a vida, a integridade física ou o patrimônio de pessoas indeterminadas, mediante explosão, arremesso ou simples colocação de engenho de dinamite ou de substância de efeitos análogos.

Explosão é a perturbação ou abalo de alguma substância, contida normalmente em um recipiente, seguida de elevado ruído e detonação, a qual produz o desenvolvimento súbito de uma força ou a expansão inesperada de um gás.

Arremesso é o ato ou efeito de realizar o lançamento de algum objeto a distância, mediante o emprego de força. No caso, refere-se ao lançamento do engenho de dinamite ou de substância de efeitos análogos.

Além da explosão e do arremesso, o tipo penal também incrimina a **simples colocação** de engenho de dinamite ou de substâncias de efeitos análogos. Destarte, configura-se o delito com o mero ato de instalar em determinado local o objeto a ser explodido.

Fácil constatar, portanto, ser prescindível a efetiva detonação do explosivo para caracterização do crime tipificado no art. 251 do Código Penal, pois a lei pune autonomamente o lançamento do objeto (arremesso) e também sua simples colocação em lugar a ser acionado. Mas, em todos os casos, é fundamental a exposição de bens jurídicos de pessoas indeterminadas à situação de risco, pois a explosão constitui-se em crime de **perigo comum e concreto**, ou seja, reclama efetiva comprovação na situação real. Nesse sentido, não há falar na configuração

---

[7] MAGALHÃES NORONHA, E. *Direito Penal*. 17. ed. São Paulo: Saraiva, 1984. v. 3, p. 369.

do crime de explosão quando um explosivo é detonado em local desabitado. Em sintonia com a jurisprudência do Superior Tribunal de Justiça:

> O crime de explosão (de perigo comum), tal como descrito no art. 251 do CP, exige, como circunstância elementar, a comprovação de que a conduta perpetrada causou efetivamente afronta às vidas e integridade física das pessoas, ou mesmo concreto dano ao patrimônio de outrem. Daí que o arremesso de fogos de artifício em local ocasionalmente desabitado (no caso, a bilheteria de um cinema), que sequer causou danos ao ambiente, não pode denotar o crime de explosão.[8]

Nota-se, ainda, uma graduação nas condutas tipificadas: pune-se a explosão (mais grave), o arremesso (gravidade média) e a simples colocação (menos grave). O legislador, assim agindo, optou claramente por proibir a situação de risco proporcionada pelo emprego de explosivos, independentemente do seu grau.

3.1.2.5. Sujeito ativo

A explosão é **crime comum** ou **geral**. Pode ser praticado por qualquer pessoa.

3.1.2.6. Sujeito passivo

É a coletividade (**crime vago**), e também os titulares dos bens jurídicos colocados em perigo ou mesmo lesados pela conduta criminosa.

3.1.2.7. Elemento subjetivo

É o dolo, independentemente de qualquer finalidade específica. A modalidade culposa encontra-se prevista no art. 251, § 3.º, do Código Penal.

3.1.2.7.1. Explosão e intenção de matar

Se a explosão for provocada com o intuito de matar alguém (exemplo: explodir um barco para ceifar a vida do seu tripulante), estará configurado o crime de homicídio qualificado pelo emprego de explosivo (CP, art. 121, § 2.º, inc. III), de natureza hedionda, nos termos do art. 1.º, inc. I, da Lei 8.072/1990.

Entretanto, se da conduta resultar – além da morte de alguém – perigo à vida, à integridade física ou patrimônio de pessoas indeterminadas (exemplo: explodir com dinamite um automóvel que trafegava em via pública para matar seu condutor, expondo simultaneamente a perigo inúmeros indivíduos), serão imputados ao agente dois crimes, em concurso formal impróprio ou imperfeito, em face da presença de desígnios autônomos: homicídio qualificado pelo emprego de explosivo (CP, art. 121, § 2.º, inc. III) e explosão (CP, art. 251, *caput*). Não há falar em *bis in idem*, pois foram ofendidos dois bens jurídicos (vida humana e incolumidade pública), pertencentes a titulares diversos.

3.1.2.7.2. Explosão e sabotagem ao Estado Democrático de Direito

Se a explosão for praticada para destruir ou inutilizar meios de comunicação ao público, estabelecimentos, instalações ou serviços destinados à defesa nacional, com o fim de abolir o Estado Democrático de Direito, estará caracterizado o crime de sabotagem, catalogado no art. 359-R do Código Penal, em respeito ao **princípio da especialidade**.

---

[8] HC 104.952/SP, rel. Min. Maria Thereza de Assis Moura, 6.ª Turma, j. 10.02.2009, noticiado no *Informativo* 383.

3.1.2.7.3. Explosão e crime ambiental

Se o emprego de explosivos tem como finalidade a pesca, e não a provocação de perigo comum, estará delineado o crime previsto no art. 35, inc. I, da Lei 9.605/1998 – Lei dos Crimes Ambientais:

> **Art. 35.** Pescar mediante a utilização de:
> I – explosivos ou substâncias que, em contato com a água, produzam efeito semelhante;
> (...)
> Pena – reclusão de um ano a cinco anos.

3.1.2.8. Consumação

A explosão é **crime material** ou **causal**, e **de perigo concreto**. Consuma-se com a explosão, arremesso ou simples colocação de engenho de dinamite ou de substâncias de efeitos análogos, desde que da conduta resulte perigo à vida, à saúde ou ao patrimônio de pessoas indeterminadas, o qual não se presume, devendo ser demonstrado na situação concreta.

Se não restar provado o perigo comum, poderá restar caracterizado o crime de dano qualificado pelo emprego de substância explosiva, tipificado no art. 163, parágrafo único, inc. II, do Código Penal. Exemplo: "A" explode o automóvel de "B", em local deserto, sem expor a risco diversas pessoas. Na linha da jurisprudência do Superior Tribunal de Justiça:

> Estando o tipo do art. 251 do CP, crime de explosão, entre aqueles denominados de perigo comum, é de se exigir, como circunstância elementar, a comprovação de que a conduta explosiva causou efetiva afronta à vida e à integridade física das pessoas ou concreto dano ao patrimônio de outrem, sob pena de faltar à acusação a devida demonstração da tipicidade. Por isso, a ação de arremessar fogos de artifício em local ocasionalmente despovoado, cuja consequência danosa ao ambiente foi nenhuma, não pode ser tido pela vertente do crime de explosão.[9]

3.1.2.8.1. Crime de explosão e prova da materialidade

A explosão é **crime não transeunte**, pois deixa vestígios de ordem material. Dessa forma, a prova da materialidade do fato delituoso reclama a elaboração de exame de corpo de delito, que somente pode ser substituído pela prova testemunhal, na hipótese de desaparecimento dos vestígios (CPP, arts. 158 e 167).

Além disso, dispõe o art. 175 do Código de Processo Penal: "Serão sujeitos a exame os instrumentos empregados para a prática da infração, a fim de se lhes verificar a natureza e a eficiência".

É inegável que na explosão, dolosa ou culposa, em razão da sua natureza de **crime de perigo concreto**, a realização do exame pericial se torna imprescindível, pois é sua tarefa determinar se a explosão foi idônea a expor a perigo a vida, a integridade física ou o patrimônio de pessoas indeterminadas. Se não bastasse, na hipótese de arremesso ou simples colocação do artefato explosivo em determinado local, competirá à perícia a constatação da potencialidade do risco.

---

[9] HC 104.952/SP, rel. Min. Maria Thereza de Assis Moura, 6.ª Turma, j. 10.02.2009.

Ademais, caberá aos peritos constatar se a substância utilizada na empreitada criminosa possui efeitos análogos ao de engenho de dinamite. Em caso de resposta afirmativa, será atribuído ao autor o crime definido no *caput*; se negativa, a ele será imputado o crime tipificado no § 1.º do art. 251.

3.1.2.9. Tentativa

É possível, em face do caráter plurissubsistente do delito, permitindo o fracionamento do *iter criminis*. Exemplo: "A" é preso em flagrante no momento em que iria arremessar o engenho de dinamite em direção a local com grande concentração de pessoas (*v.g.*, briga entre torcedores em um estádio de futebol), somente não o fazendo em virtude da atuação de um terceiro, que retira o objeto de suas mãos. Nessa hipótese, se a conduta do agente não fosse impedida, fatalmente criaria o perigo comum.

Na prática, contudo, o *conatus* é de rara ocorrência, pois a lei pune, de forma autônoma, meros atos preparatórios da explosão. Exemplo: "A" instala um explosivo em praça pública, que não vem a ser detonado em razão da eficaz atuação da Polícia. Embora não se possa reconhecer a explosão, o crime estará consumado no tocante à simples colocação.

3.1.2.10. Ação penal

A ação é penal pública incondicionada, em todas as modalidades do delito.

3.1.2.11. Lei 9.099/1995

A explosão dolosa, em sua modalidade fundamental (CP, art. 251, *caput*), é **crime de elevado potencial ofensivo**. A pena mínima (três anos) afasta a aplicação dos benefícios contidos na Lei 9.099/1995.

3.1.2.12. Classificação doutrinária

O crime é **comum** (pode ser cometido por qualquer pessoa); **material** ou **causal** (depende da produção do resultado naturalístico, isto é, a efetiva exposição a perigo da vida, da integridade física ou do patrimônio de pessoas indeterminadas); **de perigo comum** e **concreto**; **de forma livre** (admite qualquer meio de execução); **vago** (tem como sujeito um ente destituído de personalidade jurídica, qual seja, a coletividade); **instantâneo** (consuma-se em um momento determinado, sem continuidade no tempo); **unissubjetivo, unilateral ou de concurso eventual** (pode ser cometido por uma só pessoa, mas admite o concurso); em regra **comissivo**; e normalmente **plurissubsistente** (a conduta criminosa pode ser fracionada em diversos atos).

3.1.2.13. Explosão privilegiada: art. 251, § 1.º

A pena é de reclusão, de um a quatro anos, e multa, "se a substância utilizada não é dinamite ou explosivo de efeitos análogos".

O legislador elegeu a dinamite e as substâncias de efeitos análogos, dotadas de elevado poder de destruição, como mais perigosas à coletividade. Conclui-se, portanto, que todos os produtos não enquadrados nos conceitos de dinamite e substâncias de efeitos análogos, mas idôneos a provocar explosão, ingressam na modalidade privilegiada. É o que se dá, exemplificativamente, na utilização de explosivos à base de pólvora.

Vale destacar, entretanto, que o reconhecimento da forma privilegiada do delito pressupõe a existência de exame pericial, comprovando tratar-se de produto apto a causar explosão, mas diverso da dinamite ou substâncias de efeitos análogos.

Cuida-se, nesse caso, de **crime de médio potencial ofensivo** (pena mínima igual ou inferior a um ano), compatível com a suspensão condicional do processo, se presentes os demais requisitos exigidos pelo art. 89 da Lei 9.099/1995.

3.1.2.14. Causa de aumento da pena: art. 251, § 2.º

Como estabelece o art. 251, § 2.º, do Código Penal: "As penas aumentam-se de um terço, se ocorre qualquer das hipóteses previstas no § 1.º, I, do artigo anterior, ou é visada ou atingida qualquer das coisas enumeradas no n.º II do mesmo parágrafo".

Para evitar repetições desnecessárias, remetemos o leitor ao item 3.1.1.13, relativo ao crime de incêndio, no qual efetuamos as observações correspondentes às causas de aumento da pena igualmente aplicáveis ao delito de explosão.

3.1.2.15. Explosão culposa: art. 251, § 3.º

A explosão culposa está definida no art. 251, § 3.º, do Código Penal, cuja redação é a seguinte: "No caso de culpa, se a explosão é de dinamite ou substância de efeitos análogos, a pena é de detenção, de seis meses a dois anos; nos demais casos, é de detenção, de três meses a um ano".

Nessa hipótese, a explosão tem como causa a imprudência, imperícia ou negligência do sujeito ativo, vindo a produzir resultado naturalístico involuntário, mas objetivamente previsível. Exemplo: "A" armazena produtos de alta potencialidade explosiva em local inadequado e nas proximidades de imóveis residenciais, ensejando explosão que vem a colocar em risco um elevado número de pessoas.

Evidentemente, não há crime quando o resultado vem a ser provocado por caso fortuito ou força maior, sob pena de configuração da responsabilidade penal objetiva. É o que ocorre, a título ilustrativo, quando uma empresa instalada em área industrial e autorizada pelo Poder Público a fabricar fogos de artifício, e por este motivo depositária de grande quantidade de pólvora, vem a ser atingida por um raio, resultando em explosão de grandes proporções.

A pena da explosão culposa varia conforme a natureza do objeto material, em face do maior ou menor desvalor do resultado. De fato, a pena é de detenção, de seis meses a dois anos, se a explosão é de dinamite ou substância de efeitos análogos; nos demais casos, elencados no § 1.º do art. 251 do Código Penal, a pena é de detenção, de três meses a um ano.

Anote-se, porém, que a explosão culposa, em qualquer dos casos, é **infração penal de menor potencial ofensivo**, de competência do Juizado Especial Criminal e compatível com a transação penal e com o rito sumaríssimo, nos moldes da Lei 9.099/1995.

3.1.2.16. Formas qualificadas: art. 258 do Código Penal

Nos termos do art. 258 do Código Penal:

> **Art. 258.** Se do crime doloso de perigo comum resulta lesão corporal de natureza grave, a pena privativa de liberdade é aumentada de metade; se resulta morte, é aplicada em dobro. No caso de culpa, se do fato resulta lesão corporal, a pena aumenta-se de metade; se resulta morte, aplica-se a pena cominada ao homicídio culposo, aumentada de um terço.

Destarte, se da explosão, arremesso ou simples colocação de engenho de dinamite ou de substâncias de efeitos análogos, provocados **dolosamente** pelo agente, resultar lesão corporal de natureza grave, aí se incluindo a gravíssima (CP, art. 129, §§ 1.º e 2.º), aumentar-se-á pela metade a pena privativa de liberdade; se resultar morte, aplicar-se-á a pena em dobro. São crimes preterdolosos: dolo na explosão e culpa no resultado agravador.

De outro lado, se da explosão, arremesso ou simples colocação de engenho de dinamite ou de substâncias de efeitos análogos, **provocados por culpa do agente**, resultar lesão corporal, aumentar-se-á a pena pela metade; se resultar morte, aplicar-se-á a pena cominada ao homicídio culposo, aumentada de um terço. São crimes culposos agravados por resultados de igual natureza.

3.1.2.17. Explosão e Estatuto do Desarmamento

O art. 16, § 1.º, III, da Lei 10.826/2003 – Estatuto do Desarmamento comina a pena de reclusão, de três a seis anos, e multa, àquele que "possuir, deter, fabricar ou empregar artefato explosivo ou incendiário, sem autorização ou em desacordo com determinação legal ou regulamentar".

Esse crime, de perigo abstrato ou presumido, não se confunde com a explosão, delito de perigo comum e concreto. Em verdade, o crime previsto no Estatuto do Desarmamento se contenta com a simples utilização de artefato explosivo, sem autorização ou em desacordo com determinação legal ou regulamentar, a exemplo daquele que detona uma bomba de grandes proporções em local deserto sem autorização para tanto; a explosão, por sua vez, reclama a efetiva exposição de pessoas indeterminadas ao risco de dano, no tocante à vida, à integridade física ou ao patrimônio, como na hipótese da pessoa que detona um engenho de dinamite em praça pública.

3.1.3. Art. 252 – Uso de gás tóxico ou asfixiante

3.1.3.1. Dispositivo legal

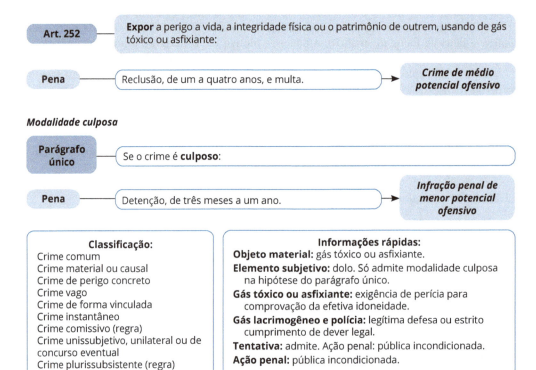

3.1.3.2. Objetividade jurídica

O bem jurídico penalmente tutelado é a incolumidade pública.

3.1.3.3. Objeto material

É o **gás tóxico** ou **asfixiante**. Para Julio Fabbrini Mirabete:

> A conduta típica é usar, utilizar, fazer uso, produzir **gás tóxico**, substância que, se em estado gasoso ou que para ser utilizada deve passar ao estado de gás ou de vapor, é perigosa para a segurança e para a incolumidade pública, como o ácido cianídrico, o amoníaco, o anidro sulfuroso etc., ou **asfixiante**, sufocante (que atua mecanicamente sobre as vias respiratórias), dificultando ou impedindo a respiração, como ocorre com o gás lacrimogêneo. É preciso que o gás tenha toxidade ou quantidade suficiente para pôr em risco a vida, a saúde ou o patrimônio de outrem.[10]

3.1.3.4. Núcleo do tipo

O núcleo do tipo, assim como nos crimes de incêndio e explosão, é "expor", no sentido de colocar em perigo um número indeterminado de pessoas, pois trata-se de **crime de perigo comum**. Nesse caso, entretanto, o meio de execução consiste na utilização de gás tóxico ou asfixiante. Cuida-se, portanto, de **crime de forma vinculada**, pois a lei penal aponta expressamente os meios de execução a serem utilizados na prática do delito.

3.1.3.5. Sujeito ativo

O uso de gás tóxico ou asfixiante é **crime comum** ou **geral**, podendo ser cometido por qualquer pessoa.

3.1.3.6. Sujeito passivo

É a coletividade (**crime vago**) e, mediatamente, as pessoas que tiveram seus bens jurídicos colocados em perigo ou lesados pela conduta ilícita.

3.1.3.7. Elemento subjetivo

É o dolo, independentemente de qualquer finalidade específica. A modalidade culposa encontra previsão no art. 252, parágrafo único, do Código Penal.

3.1.3.7.1. Uso de gás tóxico ou asfixiante e intenção homicida

Se o gás tóxico ou asfixiante for utilizado contra pessoa determinada, com o dolo de matá-la, estará caracterizado o crime de homicídio qualificado, de natureza hedionda, nos termos do art. 121, § 2.º, inc. III, do Código Penal.

Nada impede o concurso de crimes entre o homicídio e o crime tipificado no art. 252 do Código Penal, desde que, além da morte de uma pessoa determinada, seja também causado perigo à coletividade. Não há *bis in idem*, pois são atingidos bens jurídicos diversos (vida humana e incolumidade pública), pertencentes a titulares distintos.

3.1.3.8. Consumação

O crime é **material** ou **causal**: consuma-se no momento em que o agente, mediante a utilização de gás tóxico ou asfixiante, expõe efetivamente a perigo a vida, a integridade física

---

[10] MIRABETE, Julio Fabbrini. *Código Penal interpretado*. 6. ed. São Paulo: Atlas, 2008. p. 2.064.

ou o patrimônio de terceiros. E, pelo fato de constituir-se em **crime de perigo concreto**, o uso de gás tóxico ou asfixiante depende da comprovação da existência de perigo a um montante indeterminado de indivíduos.

3.1.3.8.1. A prova da materialidade do fato delituoso

A prova da materialidade do crime tipificado no art. 252 do Código Penal exige a elaboração de perícia, com a finalidade de demonstrar a efetiva idoneidade do gás tóxico ou asfixiante para colocar em risco a vida, a saúde ou o patrimônio de pessoas indeterminadas. É o que se extrai do art. 175 do Código de Processo Penal: "Serão sujeitos a exame os instrumentos empregados para a prática da infração, a fim de se lhes verificar a natureza e a eficiência".

3.1.3.9. Tentativa

A tentativa é perfeitamente possível, em face do caráter plurissubsistente do delito, permitindo o fracionamento do *iter criminis*. Suponha-se a situação em que alguém, munido com *spray* contendo gás tóxico ou asfixiante, inicia os atos executórios do crime em questão, ou seja, começa a expelir a substância gasosa nociva em certo local no qual se concentra grande quantidade de pessoas, mas, por circunstâncias alheias à sua vontade, é impedido de dar prosseguimento à conduta, antes de expor efetivamente a perigo a vida, a integridade física ou o patrimônio da coletividade.

3.1.3.10. Ação penal

A ação é penal pública incondicionada.

3.1.3.11. Lei 9.099/1995

O uso de gás tóxico ou asfixiante, em sua modalidade fundamental (CP, art. 252, *caput*), é **crime de médio potencial ofensivo** (pena mínima igual ou inferior a um ano), compatível com a suspensão condicional do processo, se presentes os demais requisitos exigidos pelo art. 89 da Lei 9.099/1995.

3.1.3.12. Classificação doutrinária

O crime é **comum** (pode ser cometido por qualquer pessoa); **material** ou **causal** (depende da produção do resultado naturalístico, consistente na exposição a perigo da vida, da integridade física ou do patrimônio de pessoas indeterminadas); **de perigo concreto**; **vago** (tem como sujeito passivo a coletividade, ente destituído de personalidade jurídica); **de forma vinculada** (o tipo penal aponta os meios de execução: uso de gás tóxico ou asfixiante); **instantâneo** (consuma-se em um momento determinado, sem continuidade no tempo); em regra **comissivo**; **unissubjetivo, unilateral ou de concurso eventual** (pode ser cometido por uma só pessoa, mas admite o concurso); e normalmente **plurissubsistente** (a conduta criminosa pode ser fracionada em diversos atos).

3.1.3.13. Modalidade culposa: art. 252, parágrafo único

O art. 252, parágrafo único, do Código Penal contempla a figura culposa do uso de gás tóxico ou asfixiante. Nesse crime, o sujeito, agindo com imprudência, negligência ou imperícia, viola o dever objetivo de cuidado a todos imposto, dando causa a resultado naturalístico objetivamente previsível, qual seja, a exposição a perigo da vida, da integridade física ou do patrimônio de pessoas não individualizadas, mediante o uso de gás tóxico ou asfixiante.

É o que se verifica, exemplificativamente, quando um químico emite gás tóxico ou asfixiante no interior de uma fábrica frequentada por inúmeras pessoas, sem ter conhecimento da natureza nociva da substância, expondo a perigo a vida, a integridade física ou o patrimônio de terceiros. De fato, o agente não quis o resultado, que era objetivamente previsível, nem assumiu o risco de produzi-lo, embora seja manifesta a imperícia.

A pena cominada à figura culposa é de detenção, de três meses a um ano. Cuida-se, portanto, de **infração penal de menor potencial ofensivo**, admitindo a transação penal e o rito sumaríssimo, nos termos da Lei 9.099/1995.

3.1.3.13.1. Poluição culposa e Lei dos Crimes Ambientais

Se alguém, desatendendo o dever objetivo de cuidado, causar poluição de qualquer natureza – inclusive mediante o emprego de gás tóxico ou asfixiante – em níveis tais que resultem ou possam resultar em danos à saúde humana, estará caracterizada a forma culposa do crime de poluição, prevista no art. 54, § 1.º, da Lei 9.605/1998 – Lei dos Crimes Ambientais.

3.1.3.14. Formas qualificadas: art. 258 do Código Penal

Em conformidade com a regra contida no art. 258 do Código Penal:

> **Art. 258.** Se do crime doloso de perigo comum resulta lesão corporal de natureza grave, a pena privativa de liberdade é aumentada de metade; se resulta morte, é aplicada em dobro. No caso de culpa, se do fato resulta lesão corporal, a pena aumenta-se de metade; se resulta morte, aplica-se a pena cominada ao homicídio culposo, aumentada de um terço.

Destarte, se do uso de gás tóxico ou asfixiante, provocado **dolosamente** pelo agente, resultar lesão corporal de natureza grave, aí se incluindo a de natureza gravíssima (CP, art. 129, §§ 1.º e 2.º), aumentar-se-á pela metade a pena privativa de liberdade; caso resultar morte, aplicar-se-á a pena em dobro. São figuras nitidamente preterdolosas.

Por outro lado, se do crime, provocado por **culpa** do agente, resultar lesão corporal, aumentar-se-á a pena pela metade; se resultar morte, aplicar-se-á a pena cominada ao homicídio culposo, aumentada de um terço. São crimes culposos qualificados por resultados de igual natureza.

3.1.3.15. A questão do uso de gás lacrimogêneo pela polícia

Na situação em que um policial (ou qualquer pessoa autorizada a portá-lo) faça uso moderado do gás lacrimogêneo, de índole asfixiante, para repelir injusta agressão, atual ou iminente, a direito seu ou de outrem, não há falar no crime definido no art. 252 do Código Penal, pois, nada obstante o fato seja típico, incide a causa excludente da ilicitude da legítima defesa, delineada no art. 25 do Código Penal.

Como sabido, uma das funções precípuas das Polícias Militares é a preservação da ordem pública (CF, art. 144, § 5.º). Logo, em momentos de conturbação social (greves, rebeliões, brigas generalizadas etc.) é dever não apenas legal, mas notadamente constitucional do agente de segurança, restabelecer a ordem em prol da segurança pública. Portanto, desde que não exista excesso ou abuso de poder na utilização do gás lacrimogêneo, incidirá outra causa de exclusão da ilicitude, qual seja, o estrito cumprimento de dever legal (CP, art. 23, inc. III).

Conclui-se, pois, que os policiais militares não estão impedidos de, no exercício da função pública, utilizar gás lacrimogêneo. Evidentemente, não podem atuar com excesso, sob pena de serem responsabilizados pelo crime em questão, e eventualmente por outros delitos (exemplo: lesão corporal), caso exponham a perigo a vida, a integridade física ou o patrimônio de pessoas indeterminadas, sem prejuízo da incidência das sanções civis e administrativas correlatas. Como lembra Bento de Faria:

> Não exclui esse conceito o seu emprego pela autoridade policial, o qual deve ser limitado ao efeito de paralisar a ação dos adversários, por ocasião de desordens ou motins de certa gravidade. Nem sempre, porém, procedem os seus agentes com esse critério e abusam do seu emprego. Esse ato da autoridade há de revestir, então, a forma criminosa para sujeitá-la à sanção da lei, visto como a qualidade do agente não tem a virtude de transformar em norma jurídica uma prática que expõe, desnecessariamente, a perigo a vida ou saúde. No exercício concreto de qualquer atividade, conforme as circunstâncias, todos podem incidir em responsabilidade civil ou penal.[11]

3.1.3.16. Uso de gás tóxico ou asfixiante e contravenção penal de emissão de fumaça, gás ou vapor: distinção

O art. 38 do Decreto-lei 3.688/1941 – Lei das Contravenções Penais – comina pena de multa para quem "provocar, abusivamente, emissão de fumaça, vapor ou gás, que possa ofender ou molestar alguém". O bem jurídico tutelado é a incolumidade pública, tal como no crime tipificado no art. 252 do Código Penal.

Questiona-se: Qual a distinção entre o crime de uso de gás tóxico ou asfixiante e a contravenção penal de emissão de fumaça, vapor ou gás?

A diferença repousa na **gravidade** da conduta, a ser indicada em **exame pericial** realizado com esta finalidade. De fato, no crime o fato expõe a perigo concreto a vida, a integridade física ou o patrimônio de pessoas indeterminadas, provocado pelo uso de gás tóxico ou asfixiante.

Na contravenção penal, por seu turno, a poluição é menos prejudicial, pois limita-se a ofender ou molestar alguém, sem colocar em risco a vida, a saúde ou o patrimônio de um elevado número de pessoas, como ocorre na emissão de gases e fumaças que causam somente pequenas irritações ou outros efeitos típicos de grandes centros urbanos. Atualmente, torna-se cada vez mais difícil o reconhecimento desta infração penal, pois a emissão de gases e congêneres é indissociável da sociedade moderna, fenômeno há muito percebido por Marcello Jardim Linhares:

> Em face do alto grau de desenvolvimento de nossas indústrias, a espécie jurídica assume hoje importância especial. A despeito dos avanços da tecnologia nelas empregada, não se consegue evitar a nociva emanação de gases fétidos, vapores ofensivos e incômodas fumaças, sendo a poluição fenômeno hoje comum nos polos progressistas dos grandes centros. Obrigado a respirar o ar disponível, sujeito à concentração de poluentes, fica o homem sujeito a seus efeitos agudos, tornando-se fácil presa de doenças profissionais, de que são frequentes exemplos as irritações de mucosas de seu sistema respiratório, as tosses, as bronquites, asmas, irritações dos órgãos visuais, sujeito às vezes ao envenenamento e até a morte. Doenças crônicas, encurtamento da vida, o câncer, o enfisema e doenças alérgicas são o fantasma desse paradoxal quadro que o progresso oferece, vivendo o homem atual sob o desconforto dos maus odores, sob a forte pressão de toda a gama de poluições.[12]

---

[11] FARIA, Bento de. *Código Penal brasileiro comentado*. 3. ed. Rio de Janeiro: Distribuidora Record, 1961. v. VI, p. 201-202.
[12] LINHARES, Marcello Jardim. *Contravenções penais*. São Paulo: Saraiva, 1980. p. 332.

3.1.4. Art. 253 – Fabrico, fornecimento, aquisição, posse ou transporte de explosivos ou gás tóxico, ou asfixiante

3.1.4.1. Dispositivo legal

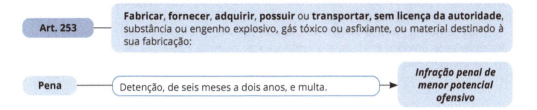

Classificação:	Informações rápidas:
Crime comum Crime formal, de consumação antecipa-da ou de resultado cortado e de perigo comum e abstrato Crime de forma livre Crime vago Crime instantâneo Crime comissivo (regra) Crime unissubjetivo, unilateral ou de concurso eventual Crime plurissubsistente	**Objeto material:** substância ou engenho explosivo, gás tóxico ou asfixiante, ou material destinado à sua fabricação. **Elemento normativo do tipo:** "sem licença da autoridade" (lei penal em branco heterogênea). **Elemento subjetivo:** dolo (não admite modalidade culposa). **Tentativa:** não admite. **Ação penal:** pública incondicionada. **Competência:** Justiça Estadual (sempre).

3.1.4.2. Objetividade jurídica

O bem jurídico penalmente tutelado é a incolumidade pública.

3.1.4.3. Objeto material

É a substância ou engenho explosivo, gás tóxico ou asfixiante, ou material destinado à sua fabricação.[13] O tipo penal também faz menção a "material destinado à sua fabricação". Acerca desse assunto, Damásio E. de Jesus assim se pronuncia:

> Para a configuração do delito é necessário que o material objeto da conduta seja especificamente destinado à fabricação daqueles engenhos ou substâncias. Exemplificando: a dinamite é formulada a partir do embebimento de matérias sólidas com nitroglicerina. Evidentemente, o fabrico da nitroglicerina constitui o crime em estudo, o mesmo não se podendo dizer do fabrico de areia, ou de qualquer outra matéria sólida, uma vez que estas não são destinadas especificamente à formação da substância explosiva.[14]

Vale destacar a desnecessidade de a substância ser unicamente reservada à fabricação de substância ou engenho explosivo, gás tóxico ou asfixiante. Contudo, é imprescindível demonstrar no caso concreto que o material seja dotado das destinações indicadas.

Destarte, é fundamental a elaboração de exame pericial para demonstrar a natureza explosiva, tóxica ou asfixiante da substância fabricada, fornecida, transportada ou possuída pelo sujeito ativo, sem licença da autoridade competente.

---

[13] Ver, acerca dos conceitos de engenho explosivo, gás tóxico ou asfixiante, os arts. 251, item 3.1.2.3., e 252, item 3.1.3.3.
[14] JESUS, Damásio E. de. *Direito penal*. 16. ed. São Paulo: Saraiva, 2007. v. 3, p. 272.

3.1.4.4. Núcleos do tipo

O tipo possui contém cinco núcleos: "fabricar", "fornecer", "adquirir", "possuir" e "transportar".

Fabricar é produzir, preparar ou construir. **Fornecer** equivale a dar ou entregar. **Adquirir** significa obter a propriedade. **Possuir** é entrar na posse de um bem, usufruindo-o. **Transportar**, finalmente, é levar algo de um lugar a outro.

Trata-se de **tipo misto alternativo**, **crime de ação múltipla** ou **de conteúdo variado**. A lei contempla diversos núcleos, e a realização de mais de um deles, no tocante ao mesmo objeto material, caracteriza um único crime. Exemplificativamente, há um só delito quando o sujeito fabrica gás tóxico e posteriormente o transporta para em seguida fornecê-lo a terceiros.

3.1.4.4.1. Elemento normativo do tipo

O art. 253 do Código Penal contém um elemento normativo, representado pela expressão "**sem licença da autoridade**". É preciso observar se o agente tinha ou não licença da autoridade pública para desempenhar as atividades indicadas no tipo penal. Se dotado da licença, o fato não se revestirá de tipicidade penal.

Cuida-se, portanto, de **lei penal em branco heterogênea**, pois a conduta criminosa reclama complementação por ato da Administração Pública, ente legitimado a conceder ou não licença para fabricar, fornecer, adquirir, possuir ou transportar substância ou engenho explosivo, gás tóxico ou asfixiante, ou material destinado à sua fabricação.

3.1.4.5. Sujeito ativo

O crime é **comum** ou **geral**. Pode ser cometido por qualquer pessoa.

3.1.4.6. Sujeito passivo

É a coletividade (**crime vago**).

3.1.4.7. Elemento subjetivo

É o dolo, independentemente de qualquer finalidade específica. Não se admite a modalidade culposa.

3.1.4.8. Consumação

O crime é **formal**, **de consumação antecipada** ou **de resultado cortado**: consuma-se no momento em que o sujeito fabrica, fornece, adquire, possui ou transporta, sem licença da autoridade, substância ou engenho explosivo, gás tóxico ou asfixiante, ou material destinado à sua fabricação, não se exigindo a causação de dano a alguém.

Além disso, cuida-se de **crime de perigo abstrato** ou **presumido**, ou seja, a prática da conduta criminosa acarreta na presunção absoluta de perigo à vida, à saúde ou ao patrimônio de pessoas indeterminadas. Em outras palavras, prescinde-se da comprovação do efetivo perigo à coletividade. Para Heleno Cláudio Fragoso:

> Contrariamente aos demais crimes deste capítulo, porém, não é este de perigo concreto, mas, sim, de *perigo abstrato*. Presume-se *juris et de jure*, isto é, de forma absoluta, a existência de perigo pela simples prática da ação incriminada, de nada valendo a prova de que foram tomadas todas as precauções para evitar a probabilidade de dano, desde que exista por parte do agente a consciência de poder criar o perigo.[15]

---

[15] FRAGOSO, Claudio Heleno. *Lições de direito penal*. São Paulo: José Bushatsky, 1959. v. 3, p. 641.

3.1.4.9. Tentativa

Não é possível, pois a lei incriminou de forma autônoma atos que representam fases de preparação de outros delitos. A título ilustrativo, se a fabricação de gás tóxico é interrompida por fatores externos à vontade do agente, ainda assim o crime estará consumado, porque a conduta relativa à aquisição ou posse de materiais destinados à sua fabricação já estaria aperfeiçoada.

3.1.4.10. Ação penal

A ação é penal pública incondicionada.

3.1.4.11. Lei 9.099/1995

O crime definido no art. 253 do Código Penal constitui-se em **infração penal de menor potencial ofensivo**, de competência do Juizado Especial Criminal. A pena privativa de liberdade cominada em seu patamar máximo (dois anos) autoriza a incidência da transação penal e do rito sumaríssimo, em consonância com as disposições da Lei 9.099/1995.

3.1.4.12. Classificação doutrinária

O fabrico, fornecimento, aquisição, posse ou transporte de explosivos ou gás tóxico, ou asfixiante é crime **comum** (pode ser cometido por qualquer pessoa); **formal, de consumação antecipada** ou **de resultado cortado** e **de perigo comum** e **abstrato** (consuma-se com a prática da conduta criminosa, independentemente da comprovação da situação perigosa a pessoas determinadas, presumida pela lei); **de forma livre** (admite qualquer meio de execução); **vago** (tem como sujeito um ente destituído de personalidade jurídico, qual seja, a coletividade); **instantâneo** (consuma-se em um momento determinado, sem continuidade no tempo); em regra **comissivo**; **unissubjetivo, unilateral ou de concurso eventual** (pode ser praticado por uma só pessoa, mas admite o concurso); e normalmente **plurissubsistente** (a conduta criminosa pode ser fracionada em diversos atos).

3.1.4.13. Formas qualificadas pelo resultado: art. 258 do Código Penal

Nos termos do art. 258, 1.ª parte, do Código Penal: "Se do crime doloso de perigo comum resulta lesão corporal de natureza grave, a pena privativa de liberdade é aumentada de metade; se resulta morte, é aplicada em dobro".[16]

Portanto, se de qualquer das condutas descritas no tipo penal resultar lesão corporal de natureza grave, aí se incluindo a gravíssima (CP, art. 129, §§ 1.º e 2.º), aumentar-se-á pela metade a pena privativa de liberdade; se resultar morte, aplicar-se-á a pena em dobro. São **crimes preterdolosos**.

3.1.4.14. Competência

O crime é de competência da Justiça Estadual, mesmo nas hipóteses em que a fiscalização das substâncias seja reservada a órgão federal. Como já decidido pelo Supremo Tribunal Federal:

> Competência. Explosivos (posse). Justiça Comum. Código Penal, art. 253. A fiscalização da produção e comércio de substâncias e engenhos explosivos atribuída, em regulamento, ao Exército, não tem o efeito de fazer recair a contravenção prevista no art. 18 da Lei das Contravenções Penais, tanto quanto o crime capitulado no art. 253 do Código Penal, na competência da Justiça Federal.[17]

---

[16] A parte final do art. 258 do Código Penal é inaplicável, pois o crime em apreço não admite a modalidade culposa.
[17] STF: RE 92.424/MG, rel. Min. Rafael Mayer, 1.ª Turma, j. 18.12.1980.

3.1.4.15. Estatuto da Criança e do Adolescente

Em conformidade com o art. 242 da Lei 8.069/1990 – Estatuto da Criança e do Adolescente:

> **Art. 242.** Vender, fornecer ainda que gratuitamente ou entregar, de qualquer forma, a criança ou adolescente arma, munição ou explosivo:
> Pena – reclusão, de 3 (três) a 6 (seis) anos.

3.1.4.16. Estatuto do Desarmamento

O art. 16, § 1.º, inc. III, da Lei 10.826/2003 – Estatuto do Desarmamento comina a pena de reclusão, de três a seis anos, e multa, a quem "possuir, deter, fabricar ou empregar artefato explosivo ou incendiário, sem autorização ou em desacordo com determinação legal ou regulamentar".

Por sua vez, o inc. VI do citado dispositivo legal reserva igual pena àquele que "produzir, recarregar ou reciclar, sem autorização legal, ou adulterar, de qualquer forma, munição ou explosivo".

3.1.4.17. Atividades nucleares

Nos termos dos arts. 22 e 26 da Lei 6.453/1977 – Responsabilidade civil por danos nucleares e responsabilidade criminal por atos relacionados com atividades nucleares:

> **Art. 22.** Possuir, adquirir, transferir, transportar, guardar ou trazer consigo material nuclear, sem a necessária autorização.
> Pena: reclusão, de dois a seis anos.
> (...)
> **Art. 26.** Deixar de observar as normas de segurança ou de proteção relativas à instalação nuclear ou ao uso, transporte, posse e guarda de material nuclear, expondo a perigo a vida, a integridade física ou o patrimônio de outrem.
> Pena: reclusão, de dois a oito anos.

O Decreto 9.967/2019 promulgou a Convenção Internacional para a Supressão de Atos de Terrorismo Nuclear, firmada pela República Federativa do Brasil, em Nova York, em 14 de setembro de 2005.

3.1.5. Art. 254 – Inundação

3.1.5.1. Dispositivo legal

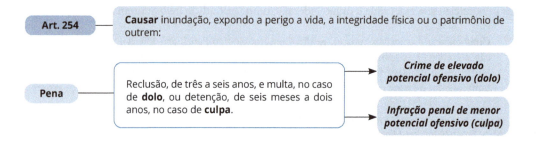

| **Classificação:** | **Informações rápidas:** |

Classificação:
Crime comum
Crime material ou causal e de perigo comum e concreto
Crime de forma livre
Crime vago
Crime instantâneo
Crime comissivo (regra)
Crime unissubjetivo, unilateral ou de concurso eventual
Crime plurissubsistente

Informações rápidas:
Objeto material: grande quantidade de água liberada.
Elemento subjetivo: dolo. Admite modalidade culposa.
Tentativa: admite (crime plurissubsistente).
Ação penal: pública incondicionada.

3.1.5.2. Objetividade jurídica

O bem jurídico penalmente tutelado é a incolumidade pública.

3.1.5.3. Objeto material

É a grande quantidade de água liberada.

3.1.5.4. Núcleo do tipo

O núcleo do tipo é "**causar**", ou seja, dar origem, produzir ou originar algo.

Inundação é "a invasão de determinado lugar por águas que nele não deveriam estar, porque não é o lugar destinado à sua contenção, ao seu depósito ou curso natural".[18] Destarte, causar inundação é provocá-la mediante a intervenção humana sobre a força natural das águas, represadas ou em curso, de tal forma que elas tomem proporções incontroláveis, colocando em risco um número indeterminado de pessoas.

Nesse contexto, pratica o delito aquele que dá origem à inundação, expondo efetivamente a perigo a vida, a integridade física ou o patrimônio da coletividade. A conduta é normalmente comissiva, mas nada impede a prática do crime via omissão imprópria (crime omissivo impróprio, espúrio ou comissivo por omissão), desde que o sujeito ativo ostente o dever jurídico de agir, na forma indicada pelo art. 13, § 2.º, do Código Penal.

Vale destacar que, se o alagamento não for idôneo a tomar proporções incontroláveis, de sorte a ocasionar perigo a número indeterminado de pessoas, isto é, se for de pequena gravidade, não há falar em crime de inundação, embora subsista a possibilidade de configuração do delito de dano (CP, art. 163).

3.1.5.4.1. Inundação e usurpação de águas: distinção

Na hipótese em que uma pessoa desvia ou represa águas alheias, em proveito próprio ou de outrem, sem provocação de perigo comum, não há falar em inundação, e sim no delito de usurpação, definido no art. 161, § 1.º, inc. I, do Código Penal e capitulado entre os crimes contra o patrimônio.

3.1.5.5. Sujeito ativo

Trata-se de **crime comum** ou **geral**: pode ser cometido por qualquer pessoa.

---

[18] Cf. TELES, Ney Moura. *Direito penal*. 2. ed. São Paulo: Atlas, 2006. v. 3, p. 136.

3.1.5.6. Sujeito passivo

É a coletividade (**crime vago**).

3.1.5.7. Elemento subjetivo

É o dolo, independentemente de qualquer finalidade específica. Admite-se a modalidade culposa, com pena sensivelmente inferior.

3.1.5.7.1. Inundação e ânimo homicida

Se a inundação, além de colocar em perigo a coletividade, também for realizada com a intenção de matar alguém, serão imputados ao agente dois crimes: inundação (CP, art. 254) e homicídio qualificado (CP, art. 121, § 2.º, inc. III), de natureza hedionda, em concurso formal impróprio ou imperfeito. Não há *bis in idem*, pois são violados dois bens jurídicos (vida humana e incolumidade pública), pertencentes a pessoas diversas. Além disso, o dano a uma pessoa não tem o condão de absorver o perigo proporcionado à coletividade.

3.1.5.8. Consumação

A inundação é **crime material** ou **causal** e **de perigo comum** e **concreto**: consuma-se no momento em que o agente, depois de praticar a conduta legalmente descrita, expõe a perigo efetivo e comprovado a vida, a integridade física ou o patrimônio de pessoas não individualizadas.

3.1.5.9. Tentativa

É possível, em face do caráter plurissubsistente do delito, permitindo o fracionamento do *iter criminis*. Exemplo: "A", almejando a criação de situação de perigo comum, dá origem à inundação, mas, por circunstâncias alheias à sua vontade, não consegue expor a coletividade a situação concreta de perigo.

Também estará configurado o *conatus* na hipótese em que o sujeito provoca a inundação, mas a situação é contida pelas autoridades públicas, sem provocação de perigo a pessoas indeterminadas.

3.1.5.10. Ação penal

A ação é penal pública incondicionada.

3.1.5.11. Lei 9.099/1995

Em face da pena cominada – reclusão, de três a seis anos, e multa –, a inundação, em sua modalidade dolosa, constitui-se em **crime de elevado potencial ofensivo**, incompatível com os benefícios elencados pela Lei 9.099/1995.

3.1.5.12. Classificação doutrinária

A inundação é crime **comum** (pode ser cometido por qualquer pessoa); **material** ou **causal** e **de perigo comum** e **concreto** (a consumação reclama a superveniência do resultado naturalístico, consistente na efetiva exposição a perigo da vida, da integridade física ou do patrimônio de pessoas indeterminadas); **de forma livre** (admite qualquer meio de execução); **vago** (tem como sujeito passivo um ente destituído de personalidade jurídica, qual seja, a coletividade); **instantâneo** (consuma-se em um momento determinado, sem continuidade no tempo); em regra **comissivo**; **unissubjetivo, unilateral ou de concurso eventual** (pode ser praticado por uma só pessoa, mas admite o concurso); e normalmente **plurissubsistente** (a conduta criminosa é suscetível de fracionamento em diversos atos).

3.1.5.13. Inundação culposa

O preceito secundário do art. 254 do Código Penal comina pena sensivelmente menor (detenção de seis meses a dois anos) à modalidade culposa de inundação. Cuida-se, nesse caso, de **infração penal de menor potencial ofensivo**, de competência do Juizado Especial Criminal e compatível com a transação penal e o rito sumaríssimo, nos moldes da Lei 9.099/1995.

3.1.5.14. Formas qualificadas: art. 258 do Código Penal

Como determina o art. 258 do Código Penal:

> Art. 258. Se do crime doloso de perigo comum resulta lesão corporal de natureza grave, a pena privativa de liberdade é aumentada de metade; se resulta morte, é aplicada em dobro. No caso de culpa, se do fato resulta lesão corporal, a pena aumenta-se de metade; se resulta morte, aplica-se a pena cominada ao homicídio culposo, aumentada de um terço.

Destarte, se da inundação, provocada **dolosamente** pelo agente, resultar lesão corporal de natureza grave, aí se inserindo também a gravíssima (CP, art. 129, §§ 1.º e 2.º), aumentar-se-á pela metade a pena privativa de liberdade; se resultar morte, aplicar-se-á a pena em dobro. São figuras estritamente preterdolosas.

Por outro lado, se o mesmo fato, provocado por **culpa** do agente, resultar em lesão corporal, aumentar-se-á a pena pela metade; e, se resultar morte, aplicar-se-á a pena cominada ao homicídio culposo, aumentada de um terço. São crimes culposos agravados por resultados de igual natureza.

3.1.6. Art. 255 – Perigo de inundação

3.1.6.1. Dispositivo legal

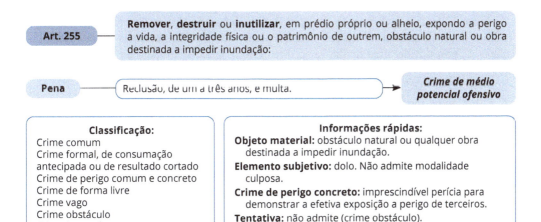

3.1.6.2. Objetividade jurídica

O bem jurídico penalmente protegido é a incolumidade pública.

3.1.6.3. Objeto material

É o **obstáculo natural**, compreendido como a barreira criada pela própria natureza (exemplos: montanhas, rochedos, margens de rios etc.), ou qualquer **obra destinada a impedir inundação**, ou seja, a construção humana cuja finalidade é obstar a inundação, barrando a força das águas (exemplos: diques, comportas, barragens etc.).

3.1.6.4. Núcleos do tipo

O art. 255 do Código Penal contém três núcleos: "remover", "destruir" e "inutilizar".

Remover é mudar de um lugar para outro, transferir, afastar; **destruir** significa desfazer, demolir, arruinar, fazer desaparecer; e, finalmente, **inutilizar** equivale a invalidar, tornar imprestável para a sua função. Destarte, responde pelo crime em apreço aquele que realizar ao menos uma destas condutas em relação ao obstáculo natural ou obra destinada a impedir a inundação, em prédio próprio ou alheio, expondo a perigo a vida, a integridade física ou o patrimônio de pessoas indeterminadas.

Veja-se que a ação de criar obstáculo idôneo a causar inundação não constitui o crime definido no art. 255 do Código Penal. Nada impede, entretanto, a configuração do crime de perigo para a vida ou saúde de outrem (CP, art. 132).

Trata-se de **tipo misto alternativo**, **crime de ação múltipla** ou **de conteúdo variado**. A prática de mais de um núcleo do tipo, no tocante ao mesmo objeto material e no mesmo contexto fático, caracteriza um único delito. Exemplo: "A" remove obstáculo destinado a impedir a inundação, instalado em prédio alheio, e logo em seguida o inutiliza, causando risco a inúmeras pessoas.

Prédio é o edifício ou casa, vale dizer, construção de madeira ou alvenaria, instalada em determinado terreno e delimitada por paredes e teto, destinada a servir de moradia, comércio ou indústria. Note-se que a conduta criminosa pode ser praticada em **prédio próprio ou alheio**, pois a lei não tutela nesse caso o patrimônio do titular do imóvel, e sim a incolumidade pública, razão suficiente a justificar limitação estatal ao direito de propriedade. Como enfatiza Damásio E. de Jesus: "É tanta a preocupação do legislador na defesa dos interesses coletivos, que impõe a todos o dever de manter intactas as eventuais barreiras existentes em suas propriedades particulares. É, sem dúvida, uma limitação ao direito de propriedade, ditada no interesse social".[19]

3.1.6.5. Sujeito ativo

O perigo de inundação é **crime comum** ou **geral**, pois pode ser cometido por qualquer pessoa, inclusive pelo proprietário do prédio no qual se encontra o obstáculo removido, destruído ou inutilizado.

3.1.6.6. Sujeito passivo

É a coletividade (**crime vago**).

3.1.6.7. Elemento subjetivo

É o dolo, independentemente de qualquer finalidade específica. Observe-se, contudo, que, se o sujeito deseja a provocação da inundação, a qual somente não alcança em razão da

---

[19] JESUS, Damásio E. de. *Direito penal*. 16. ed. São Paulo: Saraiva, 2007. v. 3, p. 257.

interferência de fatores alheios à sua vontade, a ele deve ser imputado o crime tipificado no art. 254 do Código Penal, em sua forma tentada.

Não se admite a modalidade culposa.

3.1.6.8. Consumação

O perigo de inundação é **crime formal, de consumação antecipada** ou **de resultado cortado** e **de perigo comum e concreto**. Consuma-se no momento em que restar demonstrada a situação de perigo à coletividade, provocada pela remoção, destruição ou inutilização de obstáculo natural ou obra destinada a impedir inundação, independentemente da efetiva invasão das águas em determinado local.

Na hipótese em que o dolo do agente limita-se à produção do perigo de inundação, mas esta, que era objetivamente previsível, vem a se concretizar, estarão caracterizados dois crimes, em concurso formal próprio ou perfeito: perigo de inundação e inundação culposa.

3.1.6.8.1. A prova da materialidade do fato delituoso

O perigo de inundação é **crime de perigo concreto**. Consequentemente, é imprescindível a elaboração de perícia para demonstrar a efetiva exposição a perigo de terceiros em face da remoção, destruição ou inutilização, em prédio próprio ou alheio, de obstáculo natural ou obra destinada a impedir inundação. Este argumento é reforçado pelo fato de tratar-se de crime que deixa vestígios de ordem material (CPP, art. 158).

3.1.6.9. Tentativa

Não é cabível, pois o perigo de inundação constitui-se em ato preparatório da inundação (CP, art. 254), que o legislador decidiu tipificar como crime autônomo. Classifica-se, portanto, como **crime obstáculo**.

3.1.6.10. Ação penal

A ação é penal pública incondicionada.

3.1.6.11. Lei 9.099/1995

Em face da pena mínima cominada (um ano), o perigo de inundação é **crime de médio potencial ofensivo**, compatível com a suspensão condicional do processo, se presentes os demais requisitos exigidos pelo art. 89 da Lei 9.099/1995.

3.1.6.12. Classificação doutrinária

O perigo de inundação é crime **comum** (pode ser cometido por qualquer pessoa); **formal, de consumação antecipada** ou de **resultado cortado** (consuma-se com a prática da conduta legalmente descrita, independentemente da efetiva inundação); **de perigo comum** e **concreto** (reclama a comprovação do perigo à vida, à integridade física ou ao patrimônio de pessoas indeterminadas); **de forma livre** (admite qualquer meio de execução); **vago** (tem como sujeito passivo um ente destituído de personalidade jurídica, qual seja, a coletividade); **obstáculo** (o legislador previu como crime autônomo atos que representam a preparação do delito de inundação); **instantâneo** (consuma-se em um momento determinado, sem continuidade no tempo); em regra **comissivo**; **unissubjetivo, unilateral ou de concurso eventual** (pode ser praticado por uma só pessoa, mas admite o concurso); e normalmente **plurissubsistente** (a conduta criminosa pode ser fracionada em diversos atos).

3.1.6.13. Formas qualificadas pelo resultado

Nos termos do art. 258, 1.ª parte, do Código Penal: "Se do crime doloso de perigo comum resulta lesão corporal de natureza grave, a pena privativa de liberdade é aumentada de metade; se resulta morte, é aplicada em dobro".[20]

Destarte, se do perigo de inundação gerado pelo agente resultar lesão corporal de natureza grave, aí também se incluindo a gravíssima (CP, art. 129, §§ 1.º e 2.º), aumentar-se-á pela metade a pena privativa de liberdade; se resultar morte, aplicar-se-á a pena em dobro. São casos típicos de **crimes preterdolosos**.

3.1.6.14. Diferença entre tentativa de inundação, inundação culposa e perigo de inundação

TENTATIVA DE INUNDAÇÃO	INUNDAÇÃO CULPOSA	PERIGO DE INUNDAÇÃO
Art. 254 c/c art. 14, inc. II, do CP Pena: a correspondente ao crime consumado (reclusão, de três a seis anos, e multa), diminuída de um a dois terços.	Art. 254 do CP Pena: detenção, de seis meses a dois anos.	Art. 255 do CP Pena: reclusão, de um a três anos, e multa.
Existe o **dolo** de criar a **situação de perigo**, consistente na inundação, mas o **resultado** "expor a perigo a vida, a integridade física ou o patrimônio de outrem" **não ocorre** por circunstâncias alheias à vontade do agente. Exemplo: "A", almejando a criação de situação de perigo comum, dá origem à inundação, mas a situação é contida pelas autoridades públicas, sem provocação de perigo a pessoas indeterminadas.	**Não há intenção** de causar inundação e/ou expor a perigo a vida, integridade física ou patrimônio de outrem, **mas o agente acaba produzindo o resultado** por imprudência, negligência ou imperícia. Exemplo: inundação de casas próximas a uma barragem decorrente de uma rachadura nesta. Não houve feridos. Após o incidente, constatou-se que os engenheiros que realizaram a obra cometeram erros no cálculo (imperícia), construindo barragem incapaz de suportar o volume de água represado. Os engenheiros respondem por inundação culposa. Nos termos do art. 258, *in fine*, do Código Penal, se da conduta resulta lesão corporal, a pena aumenta-se de metade; se resulta morte, aplica-se a pena aumentada ao homicídio culposo, aumentada de um terço.	Existe o **dolo na conduta** de remover, destruir ou inutilizar obstáculo natural ou obra destinada a impedir inundação, expondo a perigo a vida, a integridade física ou o patrimônio de outrem. Exemplo: o agente explode, mediante o uso de dinamite, um rochedo localizado em vila próxima à sua casa, com o objetivo de diminuir a distância e o tempo percorrido para chegar até sua residência. O agente não sabia que atrás do rochedo havia uma vila e um riacho. Não houve inundação, tampouco pessoas feridas ou casas destruídas, porque os moradores da vila agiram rapidamente e improvisaram uma barreira. Prescinde-se da inundação para que o crime esteja configurado. Não admite modalidade culposa nem tentativa. Se o agente tivesse a intenção de provocar inundação, responderia por tentativa de inundação. Se houvesse inundação, o agente responderia por perigo de inundação e inundação culposa, em concurso formal. Como estatui o art. 258, 1.ª parte, do Código Penal, se do perigo de inundação resulta lesão corporal de natureza grave, a pena privativa de liberdade é aumentada de metade; se resulta morte, a pena é aplicada em dobro.

---

[20] A parte final do art. 258 do Código Penal é inaplicável ao crime de perigo de inundação, pois não se admite sua modalidade culposa.

3.1.7. Art. 256 – Desabamento ou desmoronamento

3.1.7.1. Dispositivo legal

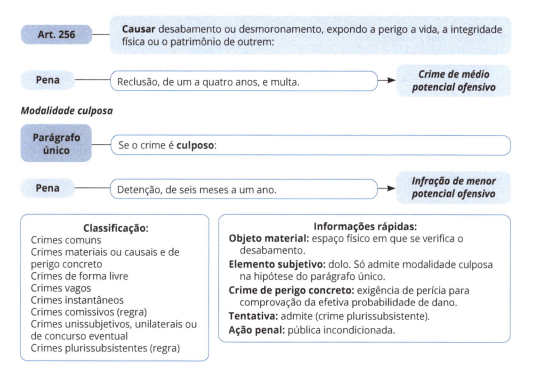

3.1.7.2. Objetividade jurídica

O bem jurídico penalmente tutelado é a incolumidade pública.

3.1.7.3. Objeto material

É o espaço físico em que se verifica o desabamento, como as construções em geral (casas ou edifícios), ou o desmoronamento, a exemplo dos morros e pedreiras.

Desabamento é a derrubada de obras produzidas pela ação humana. Exemplo: queda do teto de um *shopping center*. **Desmoronamento**, por sua vez, é fazer vir abaixo as partes do solo. Exemplo: o rolamento de terras em morros próximos a habitações humanas.

3.1.7.4. Núcleo do tipo

O núcleo do tipo é "**causar**", no sentido de provocar ou originar algo. No art. 256 do Código Penal, a conduta criminosa consiste em dar origem ao desabamento ou desmoronamento, ainda que parciais, expondo a perigo concreto a vida, a integridade física ou o patrimônio de pessoas indeterminadas.

3.1.7.5. Sujeito ativo

O desabamento e o desmoronamento são **crimes comuns** ou **gerais**. Podem ser cometidos por qualquer pessoa.

3.1.7.6. Sujeito passivo

É a coletividade (crime vago) e, mediatamente, a pessoa física ou jurídica prejudicada pelo desabamento ou desmoronamento.

3.1.7.7. Elemento subjetivo

É o dolo, independentemente de qualquer finalidade específica.

A forma culposa encontra-se disciplinada no parágrafo único do art. 256 do Código Penal.

3.1.7.7.1. Desabamento ou desmoronamento e intenção de lesar o patrimônio alheio

Se o agente provocar desabamento ou desmoronamento com o intuito de destruir, deteriorar ou inutilizar coisa alheia, e desde que da conduta não resulte perigo comum, a ele será imputado o crime de dano, simples (CP, art. 163, *caput*) ou qualificado (CP, art. 163, parágrafo único, inc. IV), se praticado por motivo egoístico.

3.1.7.8. Consumação

Os crimes são materiais ou causais. Consumam-se com a exposição a perigo da vida, da integridade física ou do patrimônio de pessoas indeterminadas em consequência do desabamento ou do desmoronamento. Cuidam-se também de crimes de perigo concreto, pois a probabilidade de dano não se presume, ao contrário, depende de efetiva comprovação.

3.1.7.9. Tentativa

É possível, em razão do caráter plurissubsistente dos delitos, permitindo o fracionamento do *iter criminis*. Exemplo: "A", contrário a determinada religião, e com o propósito de colocar em perigo a vida de inúmeros fiéis, instala explosivos na estrutura do teto de uma igreja. No momento em que se inicia o culto religioso, ele aciona o dispositivo de detonação das bombas, mas o desabamento não se verifica por circunstâncias alheias à sua vontade.

3.1.7.10. Ação penal

A ação penal é pública incondicionada.

3.1.7.11. Lei 9.099/1995

O desabamento e o desmoronamento dolosos são crimes de médio potencial ofensivo (pena mínima de um ano), compatíveis com a suspensão condicional do processo, desde que presentes os demais requisitos exigidos pelo art. 89 da Lei 9.099/1995.

3.1.7.12. Classificação doutrinária

O desabamento e o desmoronamento são crimes comuns (podem ser cometidos por qualquer pessoa); materiais ou causais e de perigo concreto (consumam-se com a produção do resultado naturalístico, daí decorrendo a efetiva situação de perigo a pessoas indeterminadas); de forma livre (admitem qualquer meio de execução); vagos (têm como sujeito passivo um ente destituído de personalidade jurídica, qual seja, a coletividade); instantâneos (consumam-se em um momento determinado, sem continuidade no tempo); em regra comissivos; unissubjetivos, unilaterais ou de concurso eventual (podem ser praticados por uma só pessoa, mas admitem o concurso); e normalmente plurissubsistentes (a conduta criminosa pode ser fracionada em diversos atos).

3.1.7.13. Modalidades culposas: art. 256, parágrafo único

O parágrafo único do art. 256 do Código Penal admite o desabamento e o desmoronamento culposos, ou seja, provocados por imprudência, negligência ou imperícia. Em face do máximo da pena privativa de liberdade cominada (detenção de um ano), constituem-se em **infrações penais de menor potencial ofensivo**, de competência do Juizado Especial Criminal e sujeitas à transação penal e ao rito sumaríssimo, em sintonia com as regras contidas na Lei 9.099/1995.

3.1.7.14. Formas qualificadas pelo resultado: art. 258 do Código Penal

Como estabelece o art. 258 do Código Penal:

> Art. 258. Se do crime doloso de perigo comum resulta lesão corporal de natureza grave, a pena privativa de liberdade é aumentada de metade; se resulta morte, é aplicada em dobro. No caso de culpa, se do fato resulta lesão corporal, a pena aumenta-se de metade; se resulta morte, aplica-se a pena cominada ao homicídio culposo, aumentada de um terço.

Destarte, se do desabamento ou desmoronamento **dolosamente** causado pelo agente resultar lesão corporal de natureza grave, aí também se incluindo a gravíssima (CP, art. 129, §§ 1.º e 2.º), aumentar-se-á pela metade a pena privativa de liberdade; se resultar morte, aplicar-se-á a pena em dobro. São hipóteses de crimes preterdolosos.

De outro lado, se do fato, provocado por **culpa**, resultar lesão corporal, aumentar-se-á a pena pela metade; se resultar morte, aplicar-se-á a pena cominada ao homicídio culposo, aumentada de um terço. São crimes culposos agravados por resultados de igual natureza.

3.1.7.15. Art. 256 do Código Penal e art. 29 da Lei das Contravenções Penais: distinção

O art. 29 do Decreto-lei 3.688/1941 contempla uma contravenção penal contra a incolumidade pública, nos seguintes termos:

> Art. 29. Provocar o desabamento de construção ou, por erro no projeto ou na execução, dar-lhe causa:
> Pena – multa, se o fato não constitui crime contra a incolumidade pública.

A mera leitura do tipo penal permite concluir que a contravenção penal apresenta a nota da **subsidiariedade expressa**, pois seu preceito secundário comina a pena de multa, "se o fato não constitui crime contra a incolumidade pública".

Portanto, se o fato de provocar desabamento de construção ou, por erro no projeto ou na execução, dar-lhe causa não expuser a perigo a vida, a integridade física ou o patrimônio de um número indeterminado de pessoas, estará caracterizada a contravenção penal. Por sua vez, será imperioso o reconhecimento do crime definido no art. 256 do Código Penal, quando restar demonstrada a situação de perigo comum.

3.1.8. Art. 257 – Subtração, ocultação ou inutilização de material de salvamento

3.1.8.1. Dispositivo legal

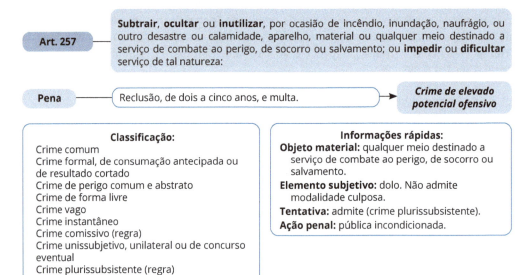

3.1.8.2. Objetividade jurídica

O bem jurídico penalmente tutelado é a incolumidade pública.

3.1.8.3. Objeto material

Para Luiz Regis Prado, "o objeto material é constituído por aparelho, material ou meio destinado a serviço de combate ao perigo (*v.g.*, extintores de incêndio, alarmes), de socorro (*v.g.*, ambulância, maca, medicamentos) ou salvamento (*v.g.*, salva-vidas, escadas, cordas, redes de salvamento, barcos)".[21]

Embora existam opiniões em contrário, deve prevalecer o entendimento segundo o qual a expressão "qualquer meio destinado a serviço de combate ao perigo, de socorro ou salvamento" não exclui outros objetos ou meios que, apesar de não serem unicamente direcionados ao serviço de combate ao perigo, de socorro ou salvamento, também podem servir para tais finalidades. Vejamos um exemplo: Milhares de pessoas encontram-se em uma festa realizada na zona rural, em local afastado e distante do centro urbano. De repente, inicia-se um incêndio de grandes proporções. Nesse momento, "A" dolosamente destrói o único aparelho de rádio então existente no local, de modo a impedir o pedido de socorro ao corpo de bombeiros.

3.1.8.4. Núcleos do tipo

O tipo penal contém cinco núcleos: "subtrair", "ocultar", "inutilizar", "impedir" e "dificultar". **Subtrair** é inverter a posse, ou seja, apoderar-se de algo; **ocultar** é esconder; **inutilizar** equivale a invalidar, danificar, tornar alguma coisa imprestável; **impedir** tem o sentido de embaraçar, servir de obstáculo; e, finalmente, **dificultar** é colocar empecilhos, embaraçar, tor-

---

[21] PRADO, Luiz Regis. *Curso de direito penal brasileiro*. 6. ed. São Paulo: RT, 2010. v. 3, p. 632.

nando algo mais custoso para ser realizado. Vale destacar que essas duas últimas modalidades do delito ("impedir" e "dificultar") não foram contempladas pela rubrica marginal do art. 257 do Código Penal, deixando de constar do *nomen iuris* do delito.

Admite-se qualquer meio de execução (crime de forma livre), destacando-se o emprego de violência ou fraude de qualquer natureza (artifício, ardil ou qualquer outro meio fraudulento). Como exemplo de fraude pode ser apontada a falsa indicação ao Corpo de Bombeiros do local do incêndio, dificultando a prestação de socorro aos necessitados.

Trata-se de tipo misto alternativo, crime de ação múltipla ou de conteúdo variado: há vários verbos, e a realização de mais de um deles, no tocante ao mesmo objeto material e no mesmo contexto fático, caracteriza um único delito. Exemplo: Durante um naufrágio, "A" oculta e posteriormente inutiliza as boias de salvamento que se encontravam na embarcação avariada.

Naufrágio é a perda de uma embarcação por motivo de encalhe, colisão em outro transporte marítimo ou fluvial, prejuízos provocados por forças da natureza (exemplos: *icebergs*, ondas gigantescas etc.) ou acidente de qualquer espécie. Pode ser lembrado, como exemplo, o célebre incidente envolvendo o navio *Titanic*.

Desastre ou calamidade são acontecimentos catastróficos ou desgraças públicas que normalmente se verificam subitamente, e têm forças para causar relevantes prejuízos. É o caso dos estragos provocados por enchentes e vendavais.

Destarte, incorre no art. 257 do Código Penal o sujeito que, por ocasião de incêndio, inundação,[22] naufrágio, ou outro desastre ou calamidade, realiza qualquer das condutas em relação a um dos objetos materiais indicados no tipo penal. Há, portanto, um cenário adequado para a prática do comportamento ilícito. De fato, ausente qualquer das situações fáticas indicadas no tipo penal, não há falar no crime de subtração, ocultação ou inutilização de material de salvamento, muito embora subsista a possibilidade de configuração de outros delitos, tais como furto (CP, art. 155) e dano (CP, art. 163).

3.1.8.5. Sujeito ativo

O crime é comum ou geral. Pode ser cometido por qualquer pessoa, inclusive pelo proprietário do aparelho, material ou qualquer meio destinado a serviço de combate ao perigo, de socorro ou salvamento.

3.1.8.6. Sujeito passivo

É a coletividade (crime vago).

3.1.8.7. Elemento subjetivo

É o dolo, independentemente de qualquer finalidade específica. Não há espaço para a modalidade culposa.

3.1.8.8. Consumação

Cuida-se de crime formal, de consumação antecipada ou de resultado cortado, e de perigo abstrato. Consuma-se com a prática da conduta legalmente descrita, capaz de, por si só, acarretar uma situação perigosa, prescindindo-se da lesão à vida, à saúde ou ao patrimônio de terceiros, bem como da comprovação da efetiva exposição a risco de dano a pessoas indeterminadas.

---

[22] Sobre os conceitos de incêndio e inundação, vide itens 3.1.1.4. e 3.1.5.4.

De fato, presume-se de forma inafastável (presunção absoluta ou *iuris et de iure*) o perigo à coletividade quando, no contexto de um incêndio, inundação, naufrágio, ou outro desastre ou calamidade, alguém subtrai, oculta ou inutiliza aparelho, material ou qualquer meio destinado a serviço de combate ao perigo, de socorro ou de salvamento, ou então impede ou dificulta serviço de tal natureza.

3.1.8.9. Tentativa

É possível, em face do caráter plurissubsistente do delito, permitindo o fracionamento do *iter criminis*. Exemplo: "A" pega um extintor de incêndio, com o propósito de levá-lo para longe de um prédio em chamas, mas populares percebem sua conduta e efetuam sua prisão em flagrante.

3.1.8.10. Ação penal

A ação penal é pública incondicionada.

3.1.8.11. Lei 9.099/1995

A subtração, ocultação ou inutilização de material de salvamento é **crime de elevado potencial ofensivo**. A pena mínima cominada (dois anos) afasta a aplicação dos benefícios contidos na Lei 9.099/1995.

3.1.8.12. Classificação doutrinária

A subtração, ocultação ou inutilização de material de salvamento é crime **comum** (pode ser cometido por qualquer pessoa); **formal, de consumação antecipada** ou **de resultado cortado** (consuma-se com a prática de qualquer das condutas legalmente descritas, independentemente da superveniência do resultado naturalístico); **de perigo comum** e **abstrato** (a lei presume o perigo a pessoas indeterminadas); **de forma livre** (admite qualquer meio de execução); **vago** (tem como sujeito passivo um ente destituído de personalidade jurídica, qual seja, a coletividade); **instantâneo** (consuma-se em um momento determinado, sem continuidade no tempo); em regra **comissivo**; **unissubjetivo, unilateral ou de concurso eventual** (pode ser praticado por uma só pessoa, mas admite o concurso); e normalmente **plurissubsistente** (a conduta criminosa pode ser fracionada em diversos atos).

3.1.8.13. Formas qualificadas pelo resultado

Estatui o art. 258, 1.ª parte, do Código Penal: "Se do crime doloso de perigo comum resulta lesão corporal de natureza grave, a pena privativa de liberdade é aumentada de metade; se resulta morte, é aplicada em dobro".[23]

Destarte, se da conduta resultar lesão corporal de natureza grave, aí também se inserindo a gravíssima (CP, art. 129, §§ 1.º e 2.º), aumentar-se-á pela metade a pena privativa de liberdade; se resultar morte, aplicar-se-á a pena em dobro. São crimes essencialmente **preterdolosos**.

3.1.8.14. Concurso de crimes

Se o agente que pratica qualquer das condutas descritas no art. 257 do Código Penal (exemplos: inutilizar o extintor de incêndio ou ocultar as boias salva-vidas) também provocar o incêndio ou a inundação, a ele serão imputados ambos os crimes, em concurso material (CP, art. 69). Igual raciocínio se aplica na hipótese em que o sujeito furta ou danifica o aparelho, material ou qualquer outro meio destinado a serviço de combate ao perigo, de socorro ou

---

[23] A parte final do art. 258 do Código Penal, atinente aos crimes culposos de perigo comum, é inaplicável, pois o delito em estudo admite somente a forma dolosa.

salvamento (exemplo: durante um incêndio, o sujeito dificulta o uso de escada de emergência pelos Bombeiros, e posteriormente leva este objeto para sua residência).

3.1.9. Art. 259 – Difusão de doença ou praga

3.1.9.1. Dispositivo legal

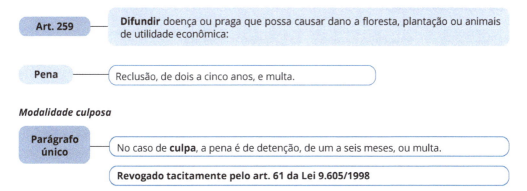

3.1.9.2. Revogação tácita do art. 259 do Código Penal pelo art. 61 da Lei 9.605/1998

O art. 259 do Código Penal foi revogado tacitamente pelo art. 61 da Lei 9.605/1998 – Lei dos Crimes Ambientais, cuja redação é a seguinte: "Disseminar doença ou praga ou espécies que possam causar dano à agricultura, à pecuária, à fauna, à flora ou aos ecossistemas: Pena – reclusão, de um a quatro anos, e multa".

Nota-se que o tipo penal contido na Lei dos Crimes Ambientais, além de ser mais recente, é também especial, pois possui elementares que o tornam mais abrangente do que a conduta típica definida no art. 259 do Código Penal. Destarte, a antinomia é solucionada mediante a utilização dos critérios cronológico e da especialidade.

Com efeito, o art. 61 da Lei 9.605/1998 dispõe sobre agricultura, pecuária, fauna, flora e, de modo geral, ecossistemas. Por sua vez, o art. 259 do Código Penal faz referência à floresta, plantação ou animais de utilidade econômica. Ora, é evidente que os termos "floresta" e "plantação" estão inseridos no significado de "flora" ou "agricultura", e a expressão "animais de utilidade econômica" está abrangida pela palavra "fauna". De igual modo, a palavra "ecossistemas" engloba, sem dúvida alguma, "floresta, plantação ou animais de utilidade econômica".

Portanto, se alguém difundir doença ou praga capaz de causar danos a floresta, plantação ou animais de utilidade econômica, será responsabilizado pelo crime previsto no art. 61 da Lei 9.605/1998.

Anote-se também que o art. 61 da Lei dos Crimes Ambientais comina pena sensivelmente inferior (reclusão, de um a quatro anos, e multa) àquela estatuída pelo art. 259 do Código Penal (reclusão, de dois a cinco anos, e multa), constituindo-se em autêntica *novatio legis in mellius*, pois favorece sobremaneira o responsável pela prática do delito.

Finalmente, é de se observar que a modalidade culposa do delito de difusão de doença ou praga, originariamente disciplinada no parágrafo único do art. 259 do Código Penal, deixou de existir. Atualmente, esse fato é atípico, uma vez que não foi contemplado pela Lei 9.605/1998. Operou-se, em verdade, a *abolitio criminis* da forma culposa da difusão de doença ou praga, pois, além da revogação tácita do art. 259 do Código Penal, o fato perdeu seu caráter criminoso perante o ordenamento jurídico em geral.

3.2. DOS CRIMES CONTRA A SEGURANÇA DOS MEIOS DE COMUNICAÇÃO E TRANSPORTE E OUTROS SERVIÇOS PÚBLICOS

3.2.1. Art. 260 – Perigo de desastre ferroviário

3.2.1.1. Dispositivo legal

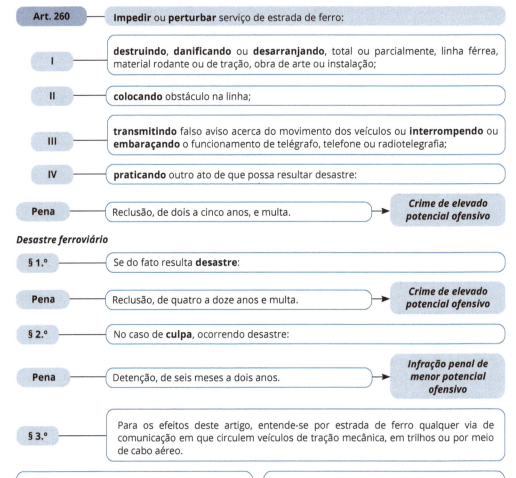

Art. 260 — Impedir ou perturbar serviço de estrada de ferro:

I — destruindo, danificando ou desarranjando, total ou parcialmente, linha férrea, material rodante ou de tração, obra de arte ou instalação;

II — colocando obstáculo na linha;

III — transmitindo falso aviso acerca do movimento dos veículos ou interrompendo ou embaraçando o funcionamento de telégrafo, telefone ou radiotelegrafia;

IV — praticando outro ato de que possa resultar desastre:

Pena — Reclusão, de dois a cinco anos, e multa. → *Crime de elevado potencial ofensivo*

Desastre ferroviário

§ 1.º — Se do fato resulta desastre:

Pena — Reclusão, de quatro a doze anos e multa. → *Crime de elevado potencial ofensivo*

§ 2.º — No caso de culpa, ocorrendo desastre:

Pena — Detenção, de seis meses a dois anos. → *Infração penal de menor potencial ofensivo*

§ 3.º — Para os efeitos deste artigo, entende-se por estrada de ferro qualquer via de comunicação em que circulem veículos de tração mecânica, em trilhos ou por meio de cabo aéreo.

Classificação:
Crime comum
Crime formal, de consumação antecipada ou de resultado cortado
Crime de perigo comum e concreto
Crime de forma vinculada
Crime vago
Crime instantâneo
Crime comissivo (regra)
Crime unissubjetivo, unilateral ou de concurso eventual
Crime plurissubsistente (regra)

Informações rápidas:
Objeto material: linha férrea, o material rodante ou de tração, a obra de arte ou instalação, o telégrafo, o telefone e a radiotelegrafia.
Elemento subjetivo: dolo. Admite modalidade culposa somente no § 2.º.
Tentativa: admite (crime plurissubsistente).
Ação penal: pública incondicionada.
Competência: Justiça Estadual.

3.2.1.2. Objetividade jurídica

O bem jurídico penalmente tutelado é a incolumidade pública, relativamente à segurança do transporte ferroviário.

3.2.1.3. Objetos materiais

O art. 260 do Código Penal prevê como objetos materiais a linha férrea, o material rodante ou de tração, a obra de arte ou instalação, o telégrafo, o telefone e a radiotelegrafia.

Linha férrea é a estrada composta por trilhos e dormentes, reservada à circulação de material rodante. **Material rodante** consiste nos veículos ferroviários, assim compreendidos como os de tração (exemplo: locomotivas) e os rebocados (exemplos: carros de passageiros e vagões de carga). **Material de tração**, por sua vez, é veículo ferroviário usado especificamente para tracionar os demais (exemplo: locomotiva ou automotriz).

Na expressão "**obra de arte**" incluem-se as pontes, os túneis e os viadutos. Por seu turno, "**instalação**" é o objeto dotado de utilidade à estrada de ferro (exemplos: sinais da linha férrea, placas, cabos, cancelas, cabines de bloqueio, chaves de desvio etc.).

Telégrafo é o sistema de transmissão de mensagens entre dois ou mais pontos distantes entre si, mediante sinais. **Telefone** é o aparelho destinado a transmitir a distância a palavra falada. Finalmente, **radiotelegrafia** é a telegrafia sem fio por meio de ondas eletromagnéticas.

3.2.1.4. Núcleos do tipo

O art. 260 do Código Penal possui dois núcleos: "impedir" e "perturbar". **Impedir** é obstruir, vedar, impossibilitar a normal circulação de veículos ferroviários; **perturbar**, por sua vez, tem o sentido de dificultar, atrapalhar, causar embaraço.

Os verbos relacionam-se com o **serviço de estrada de ferro**. A definição de estrada de ferro foi apresentada pela lei penal explicativa ou interpretativa veiculada no § 3.º do art. 260 do Código Penal: "Para os efeitos deste artigo, entende-se por estrada de ferro qualquer via de comunicação em que circulem veículos de tração mecânica, em trilhos ou por meio de cabo aéreo", destacando-se como exemplos as vias dos metrôs, trens ferroviários, bondes, e também a filovia, ou seja, a via de comunicação entre dois pontos distantes mediante fios ou cabos aéreos, como ocorre no morro do Pão de Açúcar, na cidade do Rio de Janeiro, e no morro do Elefante, em Campos do Jordão.

Os "veículos de tração mecânica, em trilhos ou por meio de cabo aéreo" devem ser necessariamente meios de **transporte coletivo**, isto é, serviço destinado à circulação de um número indeterminado de pessoas, pois o perigo de desastre ferroviário está catalogado entre os crimes contra a incolumidade pública.

E, além da redação do *caput*, o tipo penal é composto por condutas complementares, arroladas nos incisos I a IV do art. 260 do Código Penal. Vejamos cada uma delas.

Inciso I: Destruindo, danificando ou desarranjando, total ou parcialmente, linha férrea, material rodante ou de tração, obra de arte ou instalação.

Destruir é arruinar, extinguir, fazer desaparecer. **Danificar** significa deteriorar, estragar, prejudicar. Por sua vez, **desarranjar** equivale a tirar da ordem, desordenar, prejudicar o bom funcionamento.

Destarte, pratica o crime de perigo de desastre ferroviário quem realizar qualquer destas condutas em relação à linha férrea, material rodante ou de tração, obra de arte ou instalação, de modo a impedir ou perturbar serviço de estrada de ferro.

Inciso II: Colocando obstáculo na linha.

Colocar é pôr algo em determinado lugar. O sujeito insere obstáculo, ou seja, barreira, empecilho ou impedimento na linha, impedindo ou perturbando serviço de estrada de ferro. Exemplo: "A" dolosamente coloca pedras sobre os trilhos da linha férrea, provocando perigo a um número indeterminado de pessoas.

Inciso III: Transmitindo falso aviso acerca do movimento dos veículos ou interrompendo ou embaraçando o funcionamento de telégrafo, telefone ou radiotelegrafia.

Transmitir significa expedir, enviar, mandar algo de um lugar para outro, ou de uma pessoa para outra. Por seu turno, **interromper** é suspender a continuidade, fazer cessar. Finalmente, **embaraçar** é dificultar, estorvar.

Nessa conduta, comete o delito de perigo de desastre ferroviário o sujeito que transmite falso aviso (notícia que não corresponde à realidade) acerca do movimento dos veículos, bem como aquele que interrompe ou embaraça o funcionamento de telégrafo, telefone ou radiotelegrafia, impedindo ou perturbando serviço de estrada de ferro.

Inciso IV: Praticando outro ato de que possa resultar desastre.

O legislador valeu-se da **interpretação analógica** ou *intra legem*, que se verifica quando a lei contém em seu bojo uma fórmula casuística seguida de uma fórmula genérica. É necessária para possibilitar a aplicação da lei aos inúmeros e imprevisíveis casos que as situações práticas podem apresentar.[24] Este recurso afigura-se imprescindível para garantir a efetividade da lei, em vista da criatividade humana, sem olvidar-se do princípio da reserva legal.

Destarte, se o agente realizar qualquer outra conduta de que possa resultar desastre ferroviário, desde que semelhante a algum dos comportamentos versados nos incisos I a III, a ele será imputado o delito em apreço. Exemplo: "A" dolosamente danifica a rede de computadores da empresa ferroviária, impedindo o funcionamento do serviço da estrada de ferro.

Fácil notar, portanto, que o art. 260 do Código Penal constitui-se em **tipo misto alternativo**, **crime de ação múltipla** ou **de conteúdo variado**. A prática de mais de uma conduta, no tocante ao mesmo objeto material e no mesmo contexto fático, caracteriza um único delito de perigo de desastre ferroviário.

3.2.1.4.1. Perigo de desastre ferroviário e interrupção ou perturbação de serviço telegráfico ou telefônico: distinção

O art. 260, inc. III, *in fine*, do Código Penal contempla uma das hipóteses do crime de desastre ferroviário: "Impedir ou perturbar serviço de estrada de ferro: (...) interrompendo ou embaraçando o funcionamento de telégrafo, telefone ou radiotelegrafia".

Por seu turno, o art. 266 prevê o delito de perturbação de serviço telegráfico ou telefônico: "Interromper ou perturbar serviço telegráfico, radiotelegráfico ou telefônico, impedir ou dificultar-lhe o restabelecimento".

Estes tipos penais apresentam diversos pontos em comum. A solução para o conflito aparente de normas repousa na utilização do **princípio da especialidade**. De fato, se a conduta de interromper ou embaraçar o funcionamento de telégrafo, telefone ou radiotelegrafia for praticada com a finalidade de impedir ou perturbar serviço de estrada de ferro, estará configurado o crime de perigo de desastre ferroviário (CP, art. 260, inc. III, *in fine*); para as demais hipóteses incidirá o delito contido no art. 266 do Código Penal.

---

[24] Cf. MASSON, Cleber Rogério. *Direito penal* – parte geral. 3. ed. São Paulo: Método, 2010. v. 1, p. 97.

3.2.1.5. Sujeito ativo

Trata-se de **crime comum** ou **geral**. Pode ser cometido por qualquer pessoa.

3.2.1.6. Sujeito passivo

É a coletividade (**crime vago**).

3.2.1.7. Elemento subjetivo

É o dolo, independentemente de qualquer finalidade específica. A figura culposa é admitida unicamente no tocante ao desastre ferroviário (CP, art. 260, § 2.º).

A intenção criminosa deve direcionar-se à efetiva exposição a perigo de um número indeterminado de pessoas, em face da probabilidade de concretização do desastre ferroviário. Esse dolo não pode, em hipótese alguma, ser confundido com a **simulação de perigo**, pois nesse caso inexiste risco ao bem jurídico penalmente tutelado. Confira-se o exemplo de Francesco Carrara:

> Um vigia de linha, para obter o prêmio instituído pela companhia ferroviária a favor do empregado que impedisse algum desastre, simulou uma situação de perigo, deslocando os trilhos da linha, e, a seguir, correu a dar sinal de alarma ao comboio que se aproximava. Não se apresenta, aqui, dolo de perigo, porque *simular* uma situação de perigo não é querê-la.[25]

Em verdade, dolo de perigo é a vontade livre e consciente direcionada a perigo sério e autêntico, e não a uma simulação de perigo. Fingir o perigo é situação irrelevante no âmbito penal, salvo se, representando em si mesma uma imprudência, produzir um resultado lesivo, e este for punível a título de culpa.

No exemplo citado, não há falar em perigo de desastre ferroviário, mas em estelionato (CP, art. 171, *caput*), pois o sujeito buscou a obtenção de vantagem ilícita, em prejuízo alheio, como corolário da indução da vítima em erro resultante do emprego de meio fraudulento.

3.2.1.7.1. Perigo de desastre ferroviário e ânimo homicida

Como o perigo de desastre ferroviário encontra-se delineado no Título VIII da Parte Especial do Código Penal, atinente aos crimes contra a incolumidade pública, o dolo deve limitar-se à produção da situação perigosa. Daí a razão do *nomen iuris* utilizado pelo legislador: **perigo** de desastre ferroviário.

De fato, se o móvel do agente repousa na morte de um passageiro, ou seja, se o seu propósito consiste na efetiva lesão do bem jurídico vida humana, a ele será imputado o crime de homicídio, consumado ou tentado, e não o delito tipificado no art. 260 do Código Penal. Essa conclusão se fundamenta na presença do dolo de dano, o qual afasta o delito de perigo de desastre ferroviário.

3.2.1.8. Consumação

O perigo de desastre ferroviário é **crime formal**, **de consumação antecipada** ou **de resultado cortado** e **de perigo comum e concreto**. Consuma-se no momento em que restar comprovada a situação de perigo a pessoas indeterminadas, independentemente da efetiva

---

[25] CARRARA, Francesco. *Programa de derecho criminal*. Tradução para o espanhol de José J. Ortega Torres. 6. ed. Bogotá: Temis, 2001. v. 6, p. 247.

ocorrência do desastre. A propósito, se da conduta resultar desastre, estará caracterizada a figura qualificada prevista no art. 260, § 1.º, do Código Penal.

Mas o que se entende por perigo de desastre ferroviário? Vejamos as esclarecedoras lições de Nélson Hungria, baseadas nos estudos de Jachino:

> Um indivíduo, sabendo que dois comboios deverão partir, a uma certa hora, em sentido contrário, sobre binários distintos, abre a comunicação entre estes. Acontece, porém, que um dos trens não parte, por um motivo qualquer, e o abalroamento não se dá. Não se pode falar, aqui, em efetivo perigo de desastre. Se, entretanto, ambos os trens partem, mas o entrechoque é evitado pela tempestiva ação dos maquinistas ante os sinais de alarma dos guardas de linha, é inquestionável a consumação do crime, por isso que a situação de perigo foi uma palpitante realidade.[26]

3.2.1.9. Tentativa

É possível, em face do caráter plurissubsistente do delito, permitindo o fracionamento do *iter criminis*. Exemplo: "A" dolosamente coloca obstáculo na linha férrea, com o propósito de expor a perigo os usuários de trens, mas rapidamente os trilhos são desobstruídos pelo vigia de linha.

3.2.1.10. Ação penal

A ação penal é pública incondicionada.

3.2.1.11. Lei 9.099/1995

Em face da pena mínima cominada – reclusão, de dois a cinco anos, e multa –, o perigo de desastre ferroviário é **crime de elevado potencial ofensivo**, incompatível com os benefícios contidos na Lei 9.099/1995.

3.2.1.12. Classificação doutrinária

O perigo de desastre ferroviário é crime **comum** (pode ser cometido por qualquer pessoa); **formal, de consumação antecipada** ou **de resultado cortado** (consuma-se com a prática de qualquer das condutas legalmente descritas, independentemente da superveniência do desastre); **de perigo comum** e **concreto** (exige a comprovação da situação perigosa a pessoas indeterminadas); **de forma vinculada** (somente admite os meios de execução expressamente indicados em lei); **vago** (tem como sujeito passivo um ente destituído de personalidade jurídica, qual seja, a coletividade); **instantâneo** (consuma-se em um momento determinado, sem continuidade no tempo); em regra **comissivo**; **unissubjetivo, unilateral ou de concurso eventual** (pode ser praticado por uma só pessoa, mas admite o concurso); e normalmente **plurissubsistente** (a conduta criminosa pode ser fracionada em diversos atos).

3.2.1.13. Desastre ferroviário – figura qualificada: art. 260, § 1.º

Como se extrai do art. 260, § 1.º, do Código Penal, a pena é de reclusão, de quatro a doze anos, e multa, "se do fato resulta desastre".

Desastre é o acontecimento calamitoso, o acidente provocado pelo impedimento ou perturbação do serviço de estrada de ferro. Sua caracterização reclama a criação de uma situação de dano grave, extenso e complexo a pessoas (exemplo: passageiros ou funcionários do trem)

---

[26] HUNGRIA, Nélson. *Comentários ao Código Penal*. 2. ed. Rio de Janeiro: Forense, 1959. v. IX, p. 70.

ou coisas (exemplo: cargas). Sem essa nota marcante, deverá ser reconhecido o crime de perigo de desastre ferroviário.

Nessa hipótese, o crime é material ou causal, pois não basta a prática da conduta criminosa (perigo de desastre). É imprescindível a superveniência do resultado naturalístico (desastre). Esta é a razão do tratamento penal mais rigoroso, aumentando-se sensivelmente os limites mínimo e máximo da sanção penal.

Constitui-se também em crime preterdoloso. O desastre há de ser produzido a título de culpa, ou seja, não pode resultar da vontade livre e consciente do agente. Consequentemente, não há falar em tentativa no tocante à figura qualificada: ou o desastre se produz, e este crime estará consumado, ou o desastre não se verifica, e estará configurado o delito em sua modalidade fundamental.

3.2.1.14. Modalidade culposa de desastre ferroviário: art. 260, § 2.º

A modalidade culposa do crime de desastre ferroviário encontra-se no art. 260, § 2.º, do Código Penal: "No caso de culpa, ocorrendo desastre: Pena – detenção, de seis meses a dois anos". Cuida-se de infração penal de menor potencial ofensivo, compatível com a transação penal e com o rito sumaríssimo, nos moldes da Lei 9.099/1995.

A leitura do texto da lei permite a conclusão no sentido de que somente se admite a modalidade culposa do crime de desastre ferroviário, pois o legislador empregou a expressão "ocorrendo desastre". Em outras palavras, não há lugar para a culpa no âmbito do delito de perigo de desastre ferroviário.

Destarte, ou o sujeito age com culpa e provoca o desastre, e estará configurado o crime definido no art. 260, § 2.º, do Código Penal, ou então, ainda que atuando com imprudência, negligência ou imperícia, limita-se a causar perigo de desastre ferroviário, e o fato será atípico, como no exemplo em que um fazendeiro esquece seu trator estacionado sobre os trilhos da estrada de ferro, durante período em que nenhum trem vem a passar pelo local.

3.2.1.15. Formas qualificadas: art. 263 do Código Penal

Nos termos do art. 263 do Código Penal: "Se de qualquer dos crimes previstos nos arts. 260 a 262, no caso de desastre ou sinistro, resulta lesão corporal ou morte, aplica-se o disposto no art. 258". Embora o dispositivo legal utilize a expressão "forma qualificada", em seu bojo encontram-se causas de aumento da pena, e sua análise permite as seguintes conclusões:

a) se do fato doloso resultar desastre (CP, art. 260, § 1.º), e sobrevier lesão corporal de natureza grave em alguém, a pena privativa de liberdade será aumentada de metade;

b) se do fato doloso resultar desastre (CP, art. 260, § 1.º), daí resultando a morte de alguém, a pena privativa de liberdade será aplicada em dobro;

c) se da conduta culposa, ocorrendo desastre, resultar lesão corporal, a pena aumenta-se de metade; e

d) se da conduta culposa, ocorrendo desastre, resultar a morte, aplica-se a pena cominada ao homicídio culposo, aumentada de um terço.

Essas conclusões podem ser sintetizadas no seguinte quadro esquemático:

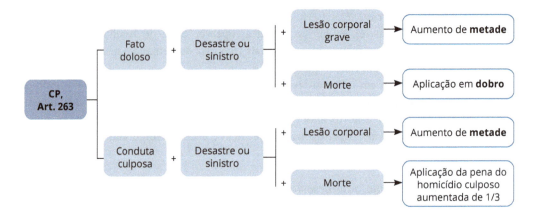

3.2.1.16. Desastre ferroviário e sabotagem ao Estado Democrático de Direito

Se o desastre ferroviário visar a destruição ou inutilização de meios de comunicação ao público, estabelecimentos, instalações ou serviços destinados à defesa nacional, com o fim de abolir o Estado Democrático de Direito, deverá ser imputado ao agente o crime de sabotagem, tipificado pelo art. 359-R do Código Penal.

3.2.1.17. O "surfe" de trem

Discute-se se o "surfe" ferroviário – atividade em que pessoas ficam sobre vagões de trens em movimento – caracteriza o crime de desastre ferroviário. Há duas posições sobre o assunto:

a) Não há falar no crime tipificado no art. 260 do Código Penal, pois a conduta do "surfista urbano" limita-se a expor a perigo sua própria vida. Falta, portanto, o dolo de criar a situação de perigo de desastre ferroviário, colocando em risco a incolumidade pública;[27] e

b) O "surfista" de trem, ao pendurar-se nos vagões, prejudica o sistema de acionamento de portas das composições férreas, impedindo seu regular funcionamento, colocando em risco não somente a si próprio, mas também a integridade física e a vida de inúmeras pessoas, ensejando o reconhecimento do crime de desastre ferroviário, na forma do art. 260, inc. IV, do Código Penal.

3.2.1.18. Competência

A competência para processar e julgar o crime de perigo de desastre ferroviário é da justiça estadual, pois o bem jurídico penalmente tutelado é a incolumidade pública e não há, em princípio, ofensa a bens ou interesses da União, de suas autarquias ou empresas públicas. Como já decidido pelo Superior Tribunal de Justiça:

> Não havendo ofensa direta a bens, serviços e interesses da União ou de suas entidades autárquicas ou empresas públicas (art. 109, IV, da CF), compete à Justiça Estadual – e não à Justiça Federal – processar e julgar suposto crime de perigo de desastre ferroviário qualificado pelo resultado lesão corporal e morte (art. 260, IV, § 2.º, c/c art. 263 do CP) ocorrido por ocasião de descarrilamento

---

[27] CUNHA, Rogério Sanches. *Direito penal.* 2. ed. São Paulo: RT, 2010. v. 3, p. 364.

de trem em malha ferroviária da União. De fato, o bem jurídico tutelado pelo crime de perigo de desastre ferroviário é a incolumidade pública, consubstanciada na segurança dos meios de comunicação e transporte. Indiretamente, também se tutelam a vida e a integridade física das pessoas vítimas do desastre. O sujeito passivo do delito é, portanto, a coletividade em geral e, de forma indireta, as pessoas que, eventualmente, sofram lesões corporais ou morte.[28]

3.2.2. Art. 261 – Atentado contra a segurança de transporte marítimo, fluvial ou aéreo

3.2.2.1. Dispositivo legal

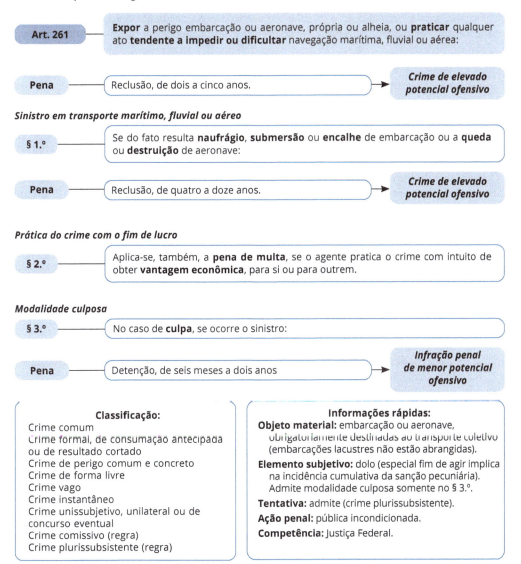

---

[28] RHC 50.054/SP, rel. Min. Nefi Cordeiro, 6.ª Turma, j. 04.11.2014, noticiado no *Informativo* 551.

3.2.2.2. Objetividade jurídica

O bem jurídico penalmente tutelado é a incolumidade pública, especificamente no que concerne à segurança dos meios de transporte.

3.2.2.3. Objeto material

É a embarcação ou aeronave, obrigatoriamente destinadas ao transporte coletivo, ou seja, transporte de pessoas indeterminadas, pois o atentado contra a segurança de transporte marítimo, fluvial ou aéreo está previsto entre os crimes contra a incolumidade pública.

Embarcação é a construção, de qualquer porte, destinada a navegar sobre a água (exemplos: barcos, navios, balsas, lanchas etc.). **Aeronave**, por sua vez, é "todo aparelho manobrável em voo, que possa sustentar-se e circular no espaço aéreo, mediante reações aerodinâmicas, apto a transportar pessoas ou coisas"[29] (exemplos: avião, helicóptero, dirigível, balão etc.).

3.2.2.4. Núcleos do tipo

Os núcleos do tipo são "expor", "praticar", "impedir" e "dificultar".

Expor é colocar em perigo, proporcionar risco; **praticar** equivale a cometer, executar; **impedir** é servir de obstáculo, vedar a prática de algo; e, finalmente, **dificultar** é tornar algo custoso de ser efetuado, criando empecilhos. Destarte, comete o crime em apreço aquele que expõe a perigo embarcação ou aeronave, própria ou alheia, ou pratica qualquer ato tendente a impedir ou dificultar navegação marítima, fluvial ou aérea.

Cuida-se de **tipo misto alternativo, crime de ação múltipla** ou **de conteúdo variado**. O tipo penal contém vários núcleos, e a realização de mais de um deles, desde que no mesmo contexto fático e contra o mesmo objeto material, caracteriza um único delito.

Navegação é a atividade de conduzir uma embarcação ou aeronave de um ponto a outro. Como estamos diante de crime contra a incolumidade pública, a navegação há de ser, necessariamente, de natureza coletiva. **Marítima** é a relacionada aos mares e oceanos, e **fluvial** a pertinente aos rios. A navegação marítima e a fluvial, portanto, dizem respeito às embarcações. Por último, navegação aérea é a condução de aeronaves.

É fácil perceber que o art. 261 do Código Penal prevê um **crime de forma livre**, compatível com qualquer meio de execução. Como leciona Magalhães Noronha:

> Por vários modos podem ser praticadas as ações contempladas no artigo: danos que tornem precárias as condições de navegabilidade; subtração de peças necessárias ao governo do veículo; abalroamento ou colisão; remoção ou inutilização de sinais do tráfego; colocação de falsos faróis etc.[30]

O crime de atentado contra a segurança de transporte marítimo, fluvial ou aéreo não alcança, por ausência de previsão legal, as **embarcações lacustres**, é dizer, o transporte de pessoas nos lagos e lagoas. Mas não se pode dizer que o atentado direcionado a embarcações desta natureza é penalmente irrelevante. Na verdade, incide nesse caso o art. 262 do Código Penal, responsável pela definição do delito de atentado contra a segurança de outro meio de transporte.

3.2.2.5. Sujeito ativo

O crime é **comum** ou **geral**. Pode ser cometido por qualquer pessoa, inclusive pelo proprietário da embarcação ou aeronave.

---

[29] Esse é o conceito apresentado pelo art. 106, *caput*, da Lei 7.565/1986 – Código Brasileiro de Aeronáutica.
[30] MAGALHÃES NORONHA, E. *Direito penal*. 17. ed. São Paulo: Saraiva, 1984. v. 3, p. 404.

3.2.2.6. Sujeito passivo

É a coletividade (crime vago).

3.2.2.7. Elemento subjetivo

É o dolo, independentemente de qualquer finalidade específica.

Se o crime, em sua forma simples (*caput*) ou qualificada (§ 1.º), foi cometido com o intuito de obter vantagem econômica, para si ou para outrem, aplica-se também a pena de multa. Conclui-se, portanto, que o especial fim de agir (elemento subjetivo específico) implica a incidência cumulativa da sanção pecuniária.

A modalidade culposa é admitida unicamente nas hipóteses em que se verifica o sinistro (CP, art. 261, § 3.º).

3.2.2.8. Consumação

Trata-se de **crime formal, de consumação antecipada** ou **de resultado cortado** e **de perigo comum** e **concreto**. Consuma-se com a prática da conduta criminosa, a qual acarreta o efetivo perigo a um número indeterminado de pessoas, independentemente do efetivo prejuízo à navegação marítima, fluvial ou aérea. Exemplo: Durante um voo e com o propósito de dificultar o trabalho do comandante da aeronave, "A" utiliza seu aparelho de telefonia celular, acarretando pouso perigoso, pois o piloto não recebeu da torre de comando o aviso de que a pista estava molhada e escorregadia.

3.2.2.9. Tentativa

É possível, em face do caráter plurissubsistente do delito, permitindo o fracionamento do *iter criminis*.

3.2.2.10. Ação penal

A ação penal é pública incondicionada.

3.2.2.11. Lei 9.099/1995

Em face da pena cominada – reclusão, de dois a cinco anos –, o atentado contra a segurança de transporte marítimo, fluvial ou aéreo constitui-se em **crime de elevado potencial ofensivo**, incompatível com os benefícios elencados pela Lei 9.099/1995.

3.2.2.12. Classificação doutrinária

O atentado contra a segurança de transporte marítimo, fluvial ou aéreo é crime **comum** (pode ser cometido por qualquer pessoa); **formal, de consumação antecipada** ou **de resultado cortado** (consuma-se com a prática de qualquer das condutas legalmente descritas, independentemente da superveniência do sinistro); **de perigo comum** e **concreto** (exige a comprovação da situação perigosa a pessoas indeterminadas); **de forma livre** (admite qualquer meio de execução); **vago** (tem como sujeito passivo um ente destituído de personalidade jurídica, qual seja, a coletividade); **instantâneo** (consuma-se em um momento determinado, sem continuidade no tempo); **unissubjetivo, unilateral ou de concurso eventual** (pode ser cometido por uma só pessoa, mas admite o concurso); em regra **comissivo**; e normalmente **plurissubsistente** (a conduta criminosa pode ser fracionada em diversos atos).

3.2.2.13. Sinistro em transporte marítimo, fluvial ou aéreo: art. 261, § 1.º

O § 1.º do art. 261 do Código Penal contém uma **qualificadora**, punida com reclusão, de quatro a doze anos, "se do fato resulta naufrágio, submersão ou encalhe de embarcação ou a queda ou destruição de aeronave".

Sinistro é o desastre, o acidente de grandes proporções envolvendo pessoas ou coisas, no âmbito do transporte marítimo, fluvial ou aéreo.

Naufrágio é a perda total ou parcial de uma embarcação por motivo de encalhe, colisão em outro transporte marítimo ou em *iceberg*, ou acidente diverso. **Submersão** é o afundamento total ou parcial da embarcação. **Encalhe** é ficar em lugar seco, impedindo-se a flutuação, mas sem submersão, a exemplo do que se verifica quando a quilha da embarcação se prende a um banco de areia ou outro obstáculo.

Queda da aeronave é o ato ou efeito de cair, projetando-se contra a terra ou sobre águas. **Destruição** é a demolição ou aniquilação, total ou parcial, da embarcação ou da aeronave.

Esta figura qualificada constitui-se em **crime preterdoloso**, isto é, o sinistro há de ser produzido unicamente a título de culpa. De fato, o art. 261, § 1.º, do Código Penal encontra-se alocado entre os crimes contra a incolumidade pública, despontando como crime de perigo comum. Consequentemente, não há lugar para a incidência do dolo de dano, sob pena de configuração de delito diverso, a exemplo do homicídio.

Em síntese, a situação de perigo ao transporte marítimo, fluvial ou aéreo é dolosamente provocada pelo agente, ao passo que o naufrágio, submersão ou encalhe de embarcação, ou a queda ou destruição da aeronave são resultados involuntários, derivados da atuação culposa do sujeito.

3.2.2.14. Modalidade culposa de sinistro: art. 261, § 3.º

A modalidade culposa de sinistro em transporte marítimo, fluvial ou aéreo está prevista no art. 261, § 3.º, do Código Penal: "No caso de culpa, se ocorre o sinistro: Pena – detenção, de seis meses a dois anos". Trata-se de **infração penal de menor potencial ofensivo**, compatível com a transação penal e com o rito sumaríssimo, nos moldes da Lei 9.099/1995.

A leitura atenta da lei permite notar que somente se admite a modalidade culposa do crime de sinistro em transporte marítimo, fluvial ou aéreo, pois o legislador empregou a expressão "**se ocorre o sinistro**". Com efeito, não há espaço para a culpa no âmbito do delito de atentado contra a segurança de transporte marítimo, fluvial ou aéreo (CP, art. 261, *caput*).

De fato, ou o sujeito age com culpa e dá causa ao sinistro, e estará caracterizado o crime definido no art. 261, § 3.º, do Código Penal, ou então, ainda que atuando com imprudência, negligência ou imperícia, limita-se a atentar contra a segurança de transporte marítimo, fluvial ou aéreo, e o fato será atípico, como no exemplo em que o operador da torre de comando negligentemente dorme durante seu horário de serviço, mas nesse período nenhuma aeronave pousa ou decola do aeroporto.

3.2.2.15. Formas qualificadas: art. 263 do Código Penal

Nos termos do art. 263 do Código Penal: "Se de qualquer dos crimes previstos nos arts. 260 a 262, no caso de desastre ou sinistro, resulta lesão corporal ou morte, aplica-se o disposto no art. 258". Embora o dispositivo legal utilize a expressão "forma qualificada", em seu bojo encontram-se **causas de aumento da pena**, e sua análise permite as seguintes conclusões:

a) se do fato doloso resultar sinistro (CP, art. 261, § 1.º), e sobrevier lesão corporal de natureza grave em alguém, a pena privativa de liberdade será aumentada de metade;

b) se do fato doloso resultar sinistro (CP, art. 261, § 1.º), daí resultando a morte de alguém, a pena privativa de liberdade será aplicada em dobro;

c) se da conduta culposa, ocorrendo sinistro (CP, art. 261, § 3.º), resultar lesão corporal, a pena aumenta-se de metade; e

d) se da conduta culposa, ocorrendo sinistro (CP, art. 261, § 3.º), resultar a morte, aplica-se a pena cominada ao homicídio culposo, aumentada de um terço.

Tais conclusões podem ser visualizadas no seguinte quadro esquemático:

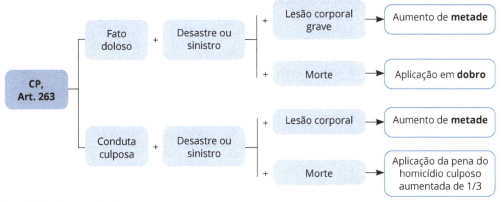

3.2.2.16. Competência

A competência para processar e julgar os crimes cometidos a bordo de navios e aeronaves é da Justiça Federal, nos termos do art. 109, inc. IX, da Constituição Federal. Veja-se que o texto constitucional fala em "navios", compreendidos como embarcações de grande porte. Logo, os crimes praticados a bordo de embarcações de pequeno e médio porte são, em regra, de competência da Justiça Estadual.

3.2.2.17. Abuso na prática da aviação

O art. 35 do Decreto-lei 3.688/1941 – Lei das Contravenções Penais comina a pena de prisão simples, de quinze dias a três meses, ou multa, a quem "entregar-se na prática da aviação, a acrobacias ou a voos baixos, fora da zona em que a lei o permite, ou fazer descer a aeronave fora dos lugares destinados a esse fim".

O sujeito realiza acrobacias ou voos baixos, ou faz descer a aeronave fora dos lugares destinados a esse fim, com domínio da situação, de modo a eliminar ou diminuir o risco de dano à vida, à integridade física ou à saúde de pessoas indeterminadas.

Entretanto, se o agente pratica tais comportamentos sem possuir conhecimento e técnica para tanto, ensejando o surgimento do perigo à incolumidade pública, estará configurado o crime tipificado no art. 261 do Código Penal.

3.2.3. Art. 262 – Atentado contra a segurança de outro meio de transporte

3.2.3.1. Dispositivo legal

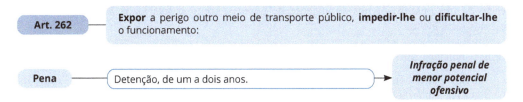

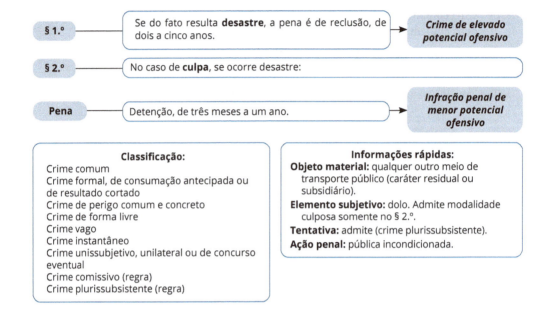

3.2.3.2. Objetividade jurídica

O bem jurídico penalmente tutelado é a incolumidade pública, relativamente à segurança dos meios de transporte público.

3.2.3.3. Objeto material

É **qualquer outro meio de transporte público**, desde que não abrangido pelos arts. 260 e 261 do Código Penal. Exemplos: transporte rodoviário (exemplos: ônibus, táxis etc.), transporte lacustre, bem como meio de natureza diversa, a exemplo dos elevadores públicos, como acontece na cidade de Salvador, em que a comunicação entre as cidades alta e baixa é realizada dessa forma etc.

A expressão "meio de transporte público" abrange o serviço prestado diretamente pelo Poder Público ou mediante concessão, bem como toda e qualquer atividade desta natureza efetuada em prol da coletividade, ainda que realizada por particulares. É o que se verifica na condução de crianças em ônibus ou *vans* escolares, e também nos famosos ônibus fretados, que levam os trabalhadores aos seus locais de trabalho.

Fácil notar, portanto, que o art. 262 do Código Penal apresenta **caráter residual ou subsidiário**, pois será aplicável unicamente quando a conduta criminosa não atingir quaisquer dos meios de transporte indicados nos artigos precedentes.

Vale destacar que a pena cominada às condutas descritas no art. 262 do Código Penal é inferior às sanções penais aplicáveis aos crimes definidos nos dois artigos anteriores. Entendeu o legislador que, nesse caso, o risco à incolumidade pública é menor, em face da exposição a perigo de um número menos abrangente de pessoas, como corolário da amplitude do meio de transporte eleito.

3.2.3.4. Núcleos do tipo

O tipo penal contém três núcleos: "**expor**", no sentido de colocar em perigo; "**impedir**", que significa embaraçar ou servir de obstáculo; e "**dificultar**", ou seja, tornar mais custosa a realização de algo. Os verbos relacionam-se com a segurança do meio de transporte público ou com o seu funcionamento.

Trata-se de **tipo misto alternativo**, **crime de ação múltipla** ou **de conteúdo variado**. A lei descreve vários núcleos, e a prática de mais de um deles, no mesmo contexto fático e contra o mesmo objeto material, caracteriza um só delito. Exemplificativamente, há um único crime na conduta daquele que, após desregular os freios de um ônibus, murcha seus pneus, expondo a perigo a vida e a saúde de inúmeras pessoas e dificultando o regular funcionamento do meio de transporte.

3.2.3.5. Sujeito ativo

O crime é **comum** ou **geral**. Pode ser cometido por qualquer pessoa, inclusive pelo proprietário do meio de transporte público.

3.2.3.6. Sujeito passivo

É a coletividade (**crime vago**). Em caso de desastre, também são vítimas as pessoas lesadas pela conduta criminosa.

3.2.3.7. Elemento subjetivo

É o dolo, independentemente de qualquer finalidade específica. A modalidade culposa encontra-se prevista no § 2.º do art. 262 do Código Penal.

3.2.3.7.1. A presença do ânimo homicida

Se, além de expor a perigo o meio de transporte público, impedir-lhe ou dificultar-lhe o funcionamento, o agente também revelar a intenção de matar alguém, a ele serão imputados os crimes de atentado contra a segurança de outro meio de transporte e de homicídio, em concurso formal impróprio ou imperfeito (CP, art. 70, *caput*, 2.ª parte), em face da presença de desígnios autônomos. Não há falar em *bis in idem*, pois tais crimes ofendem bens jurídicos diversos e são direcionados a vítimas diferentes.

3.2.3.8. Consumação

Trata-se de **crime formal**, **de consumação antecipada** ou **de resultado cortado**: consuma-se com a prática da conduta criminosa, independentemente do desastre. Vale a pena conferir o exemplo de Cezar Roberto Bitencourt:

> Expõe a perigo por meio de transporte quem, de forma rudimentar e caseira, adapta seu veículo a GLP. Havendo na adaptação feita "pequenos vazamentos" de gás no interior do veículo (perigo real), é o que basta para tipificar o crime do art. 262 do CP. Ocorrendo, porventura, alguma explosão, o crime, por certo, será outro mais grave.[31]

Além disso, o atentado contra a segurança de outro meio de transporte é **crime de perigo comum** e **concreto**, pois exige a comprovação da exposição de pessoas indeterminadas à probabilidade de dano.

3.2.3.9. Tentativa

É possível, em face do caráter plurissubsistente do delito, permitindo o fracionamento do *iter criminis*.

---

[31] BITENCOURT, Cezar Roberto. *Tratado de direito penal*. 5. ed. São Paulo: Saraiva, 2011. v. 4, p. 282.

3.2.3.10. Ação penal

A ação penal é pública incondicionada.

3.2.3.11. Lei 9.099/1995

O atentado contra a segurança de outro meio de transporte, em sua modalidade fundamental (CP, art. 262, *caput*), é **infração penal de menor potencial ofensivo**, de competência do Juizado Especial Criminal. A pena privativa de liberdade cominada em seu patamar máximo (dois anos) autoriza a transação penal e o rito sumaríssimo, na forma disciplinada pela Lei 9.099/1995.

3.2.3.12. Classificação doutrinária

O atentado contra a segurança de outro meio de transporte é crime **comum** (pode ser cometido por qualquer pessoa); **formal, de consumação antecipada** ou **de resultado cortado** (consuma-se com a prática da conduta criminosa, independentemente da superveniência do desastre); **de perigo comum** e **concreto** (exige a comprovação da situação perigosa a pessoas indeterminadas); **de forma livre** (admite qualquer meio de execução); **vago** (tem como sujeito passivo um ente destituído de personalidade jurídica, qual seja, a coletividade); **instantâneo** (consuma-se em um momento determinado, sem continuidade no tempo); **unissubjetivo, unilateral ou de concurso eventual** (pode ser cometido por uma só pessoa, mas admite o concurso); em regra **comissivo**; e normalmente **plurissubsistente** (a conduta criminosa pode ser fracionada em diversos atos).

3.2.3.13. Modalidade qualificada: art. 262, § 1.º

Como preceitua o art. 262, § 1.º, do Código Penal: "Se do fato resulta desastre, a pena é de reclusão, de dois a cinco anos". Em face da pena mínima em abstrato, é vedada a incidência das disposições contidas na Lei 9.099/1995 (**crime de elevado potencial ofensivo**).

Desastre é o acidente grave, complexo e idôneo a colocar em perigo um número indeterminado de pessoas ou coisas. Cuida-se de crime preterdoloso, ou seja, o desastre há de ser produzido a título de culpa.

3.2.3.14. Figura culposa: art. 262, § 2.º

Nos termos do art. 262, § 2.º, do Código Penal: "No caso de culpa, se ocorre desastre: Pena – detenção, de três meses a um ano".

A conduta culposa somente será punida se sobrevier o desastre (**crime material** ou **causal**). Destarte, se o sujeito, atuando com imprudência, negligência ou imperícia, expuser a perigo outro meio de transporte público, impedir-lhe ou dificultar-lhe o funcionamento, mas sem a produção do desastre, o fato será atípico.

3.2.3.15. Formas qualificadas: art. 263 do Código Penal

Nos termos do art. 263 do Código Penal: "Se de qualquer dos crimes previstos nos arts. 260 a 262, no caso de desastre ou sinistro, resulta lesão corporal ou morte, aplica-se o disposto no art. 258". Nada obstante a lei utilize a expressão "forma qualificada", em seu interior encontram-se **causas de aumento da pena**, e sua análise permite as seguintes conclusões:

a) se do fato doloso resultar desastre (CP, art. 262, § 1.º), e sobrevier lesão corporal de natureza grave em alguém, a pena privativa de liberdade será aumentada de metade;

b) se do fato doloso resultar desastre (CP, art. 262, § 1.º), daí resultando a morte de alguém, a pena privativa de liberdade será aplicada em dobro;
c) se da conduta culposa, ocorrendo desastre (CP, art. 262, § 2.º), resultar lesão corporal, a pena aumenta-se de metade; e
d) se da conduta culposa, ocorrendo desastre (CP, art. 262, § 2.º), resultar a morte, aplica-se a pena cominada ao homicídio culposo, aumentada de um terço.

Estas conclusões podem ser graficamente assim representadas:

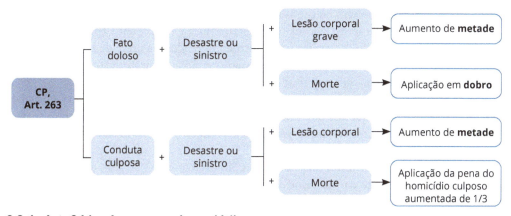

3.2.4. Art. 264 – Arremesso de projétil

3.2.4.1. Dispositivo legal

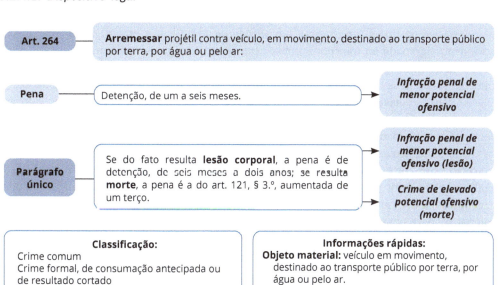

Classificação:
Crime comum
Crime formal, de consumação antecipada ou de resultado cortado
Crime doloso
Crime de forma livre
Crime plurissubsistente (regra)
Crime unissubjetivo, unilateral ou de concurso eventual
Crime instantâneo
Crime de perigo comum e abstrato

Informações rápidas:
Objeto material: veículo em movimento, destinado ao transporte público por terra, por água ou pelo ar.
Elemento subjetivo: dolo. Não admite modalidade culposa. Se presente a intenção de matar estará caracterizado o crime de homicídio
Tentativa: admite (crime plurissubsistente).
Ação penal: pública incondicionada.

3.2.4.2. Objetividade jurídica

O bem jurídico penalmente tutelado é a incolumidade pública, especificamente no que diz respeito à segurança dos meios de transporte.

3.2.4.3. Objeto material

É o veículo em movimento, destinado ao transporte público por terra, por água ou pelo ar.

A expressão "**veículo destinado ao transporte público**" relaciona-se com qualquer meio de transporte coletivo de pessoas ou coisas (cargas em geral) de um lugar para outro. Exemplos: ônibus, metrô e trens (por terra), navios (por água), aviões e helicópteros (pelo ar).

Basta a natureza pública do transporte, pouco importando seja prestado diretamente pelo Estado ou por particulares, em regime de concessão (exemplo: transporte coletivo municipal) ou de permissão (exemplo: *vans* autorizadas a efetuar o transporte escolar).

Fácil perceber, portanto, que o tipo penal não alcança os veículos particulares utilizados para fins privados, ainda que em seu interior se encontrem várias pessoas. Portanto, o arremesso de projétil contra um automóvel particular repleto de passageiros não configura crime contra a incolumidade pública.

Finalmente, é imprescindível esteja o veículo "**em movimento**", ou seja, deslocando-se no espaço, independentemente da sua velocidade. Destarte, se o projétil for arremessado contra veículo de transporte público parado (exemplo: estacionado) estará caracterizado o crime de dano (CP, art. 163), e não o de arremesso de projétil, em razão da ausência de uma elementar típica.

3.2.4.4. Núcleo do tipo

O núcleo do tipo é "**arremessar**", no sentido de atirar, lançar projétil contra veículo, em movimento, destinado ao transporte público por terra, por água ou pelo ar.

O lançamento pode ser feito com as próprias mãos ou mediante a utilização de instrumento capaz de aplicar sobre o projétil força impulsiva (exemplos: estilingue e catapulta).

Projétil é o objeto idôneo a provocar danos, a exemplo das pedras, pedaços de vidro ou de madeira, peças de metal etc. Não ingressam no conceito de projétil os produtos incapazes de ofender a incolumidade pública, como ovos, tomates, sacos plásticos com urina, entre outros.

O projétil, embora normalmente constitua-se em objeto sólido, também pode ser representado por meios líquidos, desde que dotados de eficácia lesiva (exemplo: ácidos em geral), pois são aptos a atacar a incolumidade pública protegida pela lei penal. Há, contudo, entendimentos em contrário, no sentido de que a palavra projétil pressupõe a existência de material sólido e pesado.[32]

3.2.4.4.1. Arma de fogo e o Estatuto do Desarmamento

Se o projétil consistir em munição de arma de fogo, e for lançado em lugar habitado ou em suas adjacências, em via pública ou em direção a ela, estará caracterizado o crime de disparo de arma de fogo, previsto no art. 15 da Lei 10.826/2003 – Estatuto do Desarmamento, cuja redação é a seguinte:

---

[32] Cf. MIRABETE, Julio Fabbrini. *Código Penal interpretado*. 6. ed. São Paulo: Atlas, 2008. p. 2.093.

> **Art. 15.** Disparar arma de fogo ou acionar munição em lugar habitado ou em suas adjacências, em via pública ou em direção a ela, desde que essa conduta não tenha como finalidade a prática de outro crime:
>
> Pena – reclusão, de 2 (dois) a 4 (quatro) anos, e multa.

Como deixa claro o próprio tipo penal, só estará caracterizado o disparo de arma de fogo quando a conduta não servir como meio de execução de outro crime, como ocorre no homicídio (exemplo: disparo de arma de fogo visando a morte de alguém).

3.2.4.5. Sujeito ativo

O arremesso de projétil é **crime comum** ou **geral**, podendo ser cometido por qualquer pessoa.

3.2.4.6. Sujeito passivo

É a coletividade (**crime vago**).

3.2.4.7. Elemento subjetivo

É o dolo, independentemente de qualquer finalidade específica. Não se admite a modalidade culposa.

3.2.4.7.1. Arremesso de projétil e intenção de matar

Se o arremesso de projétil visar a morte de pessoa determinada, ou seja, se presente a intenção de matar (*animus necandi* ou *animus occidendi*), estará caracterizado o crime de homicídio. Nesse caso, não há crime contra a incolumidade pública, e sim crime doloso contra a vida, pois o arremesso contra veículo em movimento destinava-se, na verdade, a eliminar a vida de alguém.[33]

Evidentemente, estará caracterizado o concurso formal impróprio ou imperfeito, a teor do art. 70, *caput*, parte final, do Código Penal, entre homicídio e arremesso de projétil quando presentes desígnios autônomos, isto é, quando houver dolo para matar alguém e também para expor a perigo a incolumidade pública. Não há falar em *bis in idem*, em face da diversidade de vítimas e de bens jurídicos protegidos pela lei penal.

3.2.4.8. Consumação

Trata-se de **crime formal, de consumação antecipada** ou **de resultado cortado**, e **de perigo abstrato**. Consuma-se com o arremesso do projétil contra um veículo, em movimento, destinado ao transporte público por terra, pela água ou pelo ar, prescindindo-se da comprovação da situação de perigo, a qual é presumida de forma absoluta pela lei (presunção *iuris et de iure*).[34]

---

[33] Igual raciocínio é aplicável ao crime de lesão corporal dolosa, em suas variadas formas.
[34] Rogério Greco entende tratar-se de crime de perigo concreto, sob pena de violação do princípio da lesividade. Cf. *Curso de direito penal*. 6. ed. Niterói: Impetus, 2010. v. IV.

3.2.4.9. Tentativa

É possível, em face do caráter plurissubsistente do delito, permitindo o fracionamento do *iter criminis*. Exemplo: "A" faz o movimento de lançar um tijolo na direção de um ônibus em movimento, mas seu braço é segurado por um policial que passava pelo local.

3.2.4.10. Ação penal

A ação é penal pública incondicionada.

3.2.4.11. Lei 9.099/1995

Em sua modalidade fundamental (CP, art. 264, *caput*), o arremesso de projétil é **infração penal de menor potencial ofensivo**, de competência do Juizado Especial Criminal e compatível com a transação penal e o rito sumaríssimo, nos termos da Lei 9.099/1995.

3.2.4.12. Classificação doutrinária

O crime é **comum** (pode ser cometido por qualquer pessoa); **formal, de consumação antecipada** ou **de resultado cortado** (independe da produção do resultado naturalístico, qual seja, a efetiva existência de dano ou perigo concreto a terceiros); **doloso**; **de forma livre** (admite qualquer meio de execução); em regra **plurissubsistente** (a conduta pode ser fracionada em diversos atos); **unissubjetivo, unilateral ou de concurso eventual** (pode ser cometido por uma só pessoa, mas admite o concurso); **instantâneo** (a consumação se verifica em um momento determinado, sem continuidade no tempo); e de **perigo comum** e **abstrato** (não se exige a efetiva comprovação da ocorrência da situação de perigo a pessoas indeterminadas).

3.2.4.13. Figuras qualificadas pelo resultado: art. 264, parágrafo único

O parágrafo único do art. 264 do Código Penal prevê pena sensivelmente maior nos casos em que o arremesso de projétil resultar em lesão corporal ou morte. No primeiro caso, a pena é de detenção, de seis meses a dois anos, constituindo-se em **infração penal de menor potencial ofensivo**; no segundo, a pena é a do art. 121, § 3.º, relativa ao homicídio culposo (detenção de um a três anos), aumentada de um terço. São hipóteses de **crimes preterdolosos**.

3.2.5. Art. 265 – Atentado contra a segurança de serviço de utilidade pública

3.2.5.1. Dispositivo legal

Art. 265 — Atentar contra a segurança ou o funcionamento de serviço de água, luz, força ou calor, ou qualquer outro de utilidade pública:

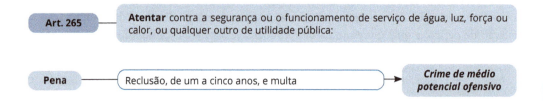

Pena — Reclusão, de um a cinco anos, e multa → *Crime de médio potencial ofensivo*

| **Parágrafo único** | Aumentar-se-á a pena **de 1/3 (um terço) até a metade**, se o dano ocorrer em virtude de subtração de material essencial ao funcionamento dos serviços. |

Classificação:
Crime comum
Crime formal, de consumação antecipada ou de resultado cortado
Crime de perigo comum e abstrato
Crime de forma livre
Crime vago
Crime instantâneo
Crime em regra comissivo
Crime unissubjetivo, unilateral ou de concurso eventual
Crime plurissubsistente (regra)

Informações rápidas:
Objeto material: serviços de utilidade pública.
Elemento subjetivo: dolo. Não admite modalidade culposa.
Tentativa: admite (crime plurissubsistente).
Ação penal: pública incondicionada.
Competência: Justiça Estadual (exceção: serviço de utilidade pública de interesse da União – Justiça Federal).

3.2.5.2. Objetividade jurídica

É a incolumidade pública, no tocante à segurança de serviço de utilidade pública.

3.2.5.3. Objeto material

É o serviço de água, luz, força, calor ou qualquer outro de utilidade pública. O legislador valeu-se da interpretação analógica (ou *intra legem*), ao prever uma fórmula casuística – "água, luz, força, calor" – seguida de uma fórmula genérica – "qualquer outro de utilidade pública", a exemplo do gás, da limpeza pública, da Internet e da assistência hospitalar. Em outras palavras, aqueles são, indiscutivelmente, serviços de utilidade pública, embora não sejam os únicos dessa natureza.

É de se destacar que, embora seja serviço de utilidade pública, o atentado à segurança ou ao funcionamento da telefonia não configura o delito em apreço, pois nesse caso há crime específico, contido no art. 266 do Código Penal.

3.2.5.4. Núcleo do tipo

O núcleo do tipo é "**atentar**", no sentido de ofender, atrapalhar, importunar ou colocar em risco a segurança ou o funcionamento do serviço de água, luz, força, calor ou qualquer outro de utilidade pública. Como esclarece Guilherme de Souza Nucci:

> Presta o poder público à sociedade o serviço de fornecimento de água, luz, força, calor e outros, mantendo-os em rigoroso controle, para evitar quaisquer danos ("segurança") e cortes indesejáveis no abastecimento ("funcionamento"). Dessa forma, qualquer tentativa de colocar em risco a segurança ou o funcionamento encaixa-se neste tipo penal.[35]

O atentado pode consistir tanto na destruição, danificação ou inutilização dos meios de produção ou captação (usinas, oficinas, construções, aparelhos, depósitos, represas etc.) como na distribuição (postes, fios, encanamentos etc.) dos serviços de água, luz, força, calor ou qualquer outro de utilidade pública, a exemplo dos serviços de gás, limpeza pública e assistência hospitalar.

---

[35] NUCCI, Guilherme de Souza. *Código Penal comentado*. 10. ed. São Paulo: RT, 2010. p. 1.011.

3.2.5.5. Sujeito ativo

O crime é comum ou geral. Pode ser cometido por qualquer pessoa.

3.2.5.6. Sujeito passivo

É a coletividade (crime vago).

3.2.5.7. Elemento subjetivo

É o dolo, independentemente de qualquer finalidade específica. Não se admite a modalidade culposa.

3.2.5.8. Consumação

Cuida-se de crime formal, de consumação antecipada ou de resultado cortado e de perigo abstrato. Consuma-se com a prática da conduta legalmente descrita, que acarreta a presunção absoluta de exposição a perigo de um número indeterminado de pessoas, em face da relevância à sociedade dos serviços de utilidade pública. Prescinde-se, portanto, da efetiva lesão à segurança ou funcionamento do serviço de utilidade pública.

3.2.5.9. Tentativa

Embora existam opiniões em contrário, é cabível o *conatus*, em face do caráter plurissubsistente do delito. Exemplo: O funcionário da empresa de abastecimento de água de uma cidade, responsável pela sua distribuição, decide arbitrariamente cortar o fornecimento de água em determinado bairro, para prejudicar seus moradores. Entretanto, antes de concretizar a conduta, é impedido por outro funcionário que havia percebido a intenção criminosa do agente.

3.2.5.10. Ação penal

A ação é penal pública incondicionada.

3.2.5.11. Lei 9.099/1995

Trata-se de crime de médio potencial ofensivo. A pena mínima cominada (um ano) autoriza a suspensão condicional do processo, desde que presentes os demais requisitos exigidos pelo art. 89 da Lei 9.099/1995.

3.2.5.12. Classificação doutrinária

O atentado contra a segurança de serviço de utilidade pública é crime comum (pode ser cometido por qualquer pessoa); formal, de consumação antecipada ou de resultado cortado (consuma-se com a prática da conduta legalmente descrita, independentemente da superveniência do resultado naturalístico); de perigo comum e abstrato (a lei presume o perigo a pessoas indeterminadas); de forma livre (admite qualquer meio de execução); vago (tem como sujeito passivo um ente destituído de personalidade jurídica, qual seja, a coletividade); instantâneo (consuma-se em um momento determinado, sem continuidade no tempo); em regra comissivo; unissubjetivo, unilateral ou de concurso eventual (pode ser praticado por uma só pessoa, mas admite o concurso); e normalmente plurissubsistente (a conduta criminosa pode ser fracionada em diversos atos).

3.2.5.13. Causa de aumento da pena: art. 265, parágrafo único

Como estabelece o parágrafo único do art. 265 do Código Penal: "Aumentar-se-á a pena de 1/3 (um terço) até a metade, se o dano ocorrer em virtude de subtração de material essencial ao funcionamento dos serviços".

Na expressão "material essencial ao funcionamento dos serviços" ingressam as peças, maquinários e demais componentes indispensáveis à eficaz prestação dos serviços de utilidade pública.

É imprescindível, para incidência da majorante, tenha ocorrido dano efetivo como corolário da subtração de material essencial ao funcionamento dos serviços. Há necessidade, portanto, de que a subtração tenha sido efetuada com o intuito de colocar em risco a segurança ou o funcionamento dos serviços. Caso contrário, estará caracterizado crime de furto (CP, art. 155).[36] Na verdade, a figura agravada nada mais é do que um furto com a finalidade de prejudicar pessoas indeterminadas.

Anote-se que, se o agente subtrai material essencial ao funcionamento do serviço de utilidade pública com o único objetivo de aumentar seu patrimônio (exemplo: furto de cabos de cobre), e, como consequência disso, prejudica o serviço de energia elétrica, deve responder somente pelo crime de furto, pois este era o seu dolo, e o crime tipificado no art. 265 do Código Penal não contempla a figura culposa.

3.2.5.14. Competência

O crime de atentado contra a segurança de serviço de utilidade pública, em regra, é de competência da Justiça Estadual. Entretanto, será competente a Justiça Federal quando o atentado for praticado contra a segurança ou o funcionamento de serviço de utilidade pública de interesse da União. É o que se verifica, exemplificativamente, com o serviço de energia elétrica, nos termos do art. 21, inc. XII, *b*, da Constituição Federal.

3.2.5.15. Atentado contra a segurança de serviço de utilidade pública e sabotagem contra o Estado Democrático de Direito

Se o atentado contra a segurança de serviço de utilidade pública for cometido para destruir ou inutilizar meios de comunicação ao público, estabelecimentos, instalações ou serviços destinados à defesa nacional, com o fim de abolir o Estado Democrático de Direito, estará caracterizado o crime de sabotagem, definido no art. 359-R do Código Penal.

3.2.5.16. Código Penal Militar

O art. 287 do Decreto-lei 1.001/1969 – Código Penal Militar define o crime de atentado contra serviço de utilidade militar:

> **Art. 287.** Atentar contra a segurança ou o funcionamento de serviço de água, luz, força ou acesso, ou qualquer outro de utilidade, em edifício ou outro lugar sujeito à administração militar:
>
> Pena – reclusão, até cinco anos.
>
> Parágrafo único. Aumentar-se-á a pena de um terço até metade, se o dano ocorrer em virtude de subtração de material essencial ao funcionamento do serviço.

---

[36] Cf. SILVA, César Dario Mariano da. *Manual de direito penal*. 3. ed. Rio de Janeiro: Forense, 2007. v. III, p. 60.

3.2.5.17. Atentado contra instalação nuclear

Se o atentado for praticado contra instalação nuclear, estará caracterizado o crime definido no art. 27 da Lei 6.453/1977:

> **Art. 27.** Impedir ou dificultar o funcionamento de instalação nuclear ou o transporte de material nuclear.
>
> Pena: reclusão, de quatro a dez anos.

3.2.6. Art. 266 – Interrupção ou perturbação de serviço telegráfico, telefônico, informático, telemático ou de informação de utilidade pública

3.2.6.1. Dispositivo legal

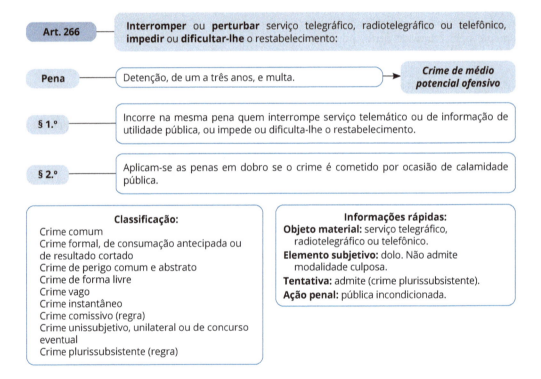

3.2.6.2. Objetividade jurídica

É a incolumidade pública, no que diz respeito à segurança do serviço telegráfico, radiotelegráfico ou telefônico.

3.2.6.3. Objeto material

É o serviço telegráfico, radiotelegráfico ou telefônico. **Serviço telegráfico** é o relacionado ao desempenho de atividades inerentes ao sistema de transmissão de mensagens entre dois ou mais pontos distantes entre si, mediante sinais convencionais. Compreende o telégrafo elétrico – terrestre ou submarino – e o semafórico. Por sua vez, **serviço radiotelegráfico** é a atividade concernente à telegrafia sem fio, por meio de ondas eletromagnéticas, da qual é exemplo atual o rádio Nextel. Finalmente, o **serviço telefônico** consiste na atividade referente à transmissão a distância de palavra falada ou outro som, mediante fios (telefonia comum) ou sinais (telefonia celular).

3.2.6.4. Núcleos do tipo

O art. 266 do Código Penal contém quatro núcleos: "interromper", "perturbar", "impedir" e "dificultar".

Interromper é fazer cessar ou romper a continuidade. **Perturbar** equivale a dificultar ou atrapalhar. **Impedir** significa obstruir ou embaraçar. **Dificultar**, por sua vez, é colocar empecilhos, tornando mais custosa a realização de alguma atividade. Os verbos ligam-se aos serviços telegráfico, radiotelegráfico ou telefônico.

Cuida-se **tipo misto alternativo**, **crime de ação múltipla** ou **de conteúdo variado**. A lei contempla mais de um núcleo, e a realização de vários deles, no mesmo contexto fático e contra o mesmo objeto material, caracteriza um único delito.

3.2.6.4.1. Distinção com o crime de violação de comunicação telegráfica, radioelétrica ou telefônica

O delito tipificado no art. 266 do Código Penal está previsto entre os crimes contra a incolumidade pública. Exige, portanto, a exposição a perigo de pessoas indeterminadas, ofendendo toda a coletividade. Destarte, se a conduta limitar-se a impedir a comunicação ou a conversação de pessoas determinadas, estará configurado o crime de violação de comunicação telegráfica, radioelétrica ou telefônica, disciplinado no art. 151, § 1.º, inc. III, do Código Penal.

3.2.6.5. Sujeito ativo

O crime é **comum** ou **geral**. Pode ser cometido por qualquer pessoa.

3.2.6.6. Sujeito passivo

É a coletividade (**crime vago**).

3.2.6.7. Elemento subjetivo

É o dolo, independentemente de qualquer finalidade específica. Não se admite a modalidade culposa.

3.2.6.8. Consumação

A interrupção ou perturbação de serviço telegráfico, radiotelegráfico ou telefônico é **crime formal, de consumação antecipada** ou **de resultado cortado**, e também de **perigo comum** e **abstrato**. Consuma-se com a prática da conduta criminosa, independentemente da causação de dano aos serviços telegráfico, radiotelegráfico ou telefônico. Igualmente, a comprovação do efetivo perigo a um número indeterminado de pessoas é prescindível, pois a lei o presume de forma absoluta (presunção *iuris et de iure*).

3.2.6.9. Tentativa

É possível, em face do caráter plurissubsistente do delito, permitindo o fracionamento do *iter criminis*.

3.2.6.10. Ação penal

A ação penal é pública incondicionada.

3.2.6.11. Lei 9.099/1995

A pena mínima cominada ao delito é de detenção de um ano. Constitui-se, portanto, em **crime de médio potencial ofensivo**, compatível com a suspensão condicional do processo, se presentes os demais requisitos exigidos pela Lei 9.099/1995.

3.2.6.12. Classificação doutrinária

A interrupção ou perturbação de serviço telegráfico, telefônico, informático, telemático ou de informação de utilidade pública é crime **comum** (pode ser cometido por qualquer pessoa); **formal, de consumação antecipada** ou **de resultado cortado** (consuma-se com a prática da conduta legalmente descrita, independentemente da superveniência do resultado naturalístico); **de perigo comum** e **abstrato** (a lei presume o perigo a pessoas indeterminadas); **de forma livre** (admite qualquer meio de execução); **vago** (tem como sujeito passivo um ente destituído de personalidade jurídica, qual seja, a coletividade); **instantâneo** (consuma-se em um momento determinado, sem continuidade no tempo); em regra **comissivo**; **unissubjetivo, unilateral ou de concurso eventual** (pode ser praticado por uma só pessoa, mas admite o concurso); e normalmente **plurissubsistente** (a conduta criminosa pode ser fracionada em diversos atos).

3.2.6.13. Figuras equiparadas: art. 266, § 1.º

O § 1.º do art. 266 do Código Penal foi criado pela Lei 12.737/2012, conhecida como Lei Carolina Dieckmann, com a finalidade de tutelar meios modernos de comunicação, não se limitando aos serviços telefônico e radiotelegráfico, e ao esquecido serviço telegráfico. Sua redação é a seguinte: "Incorre na mesma pena quem interrompe serviço telemático ou de informação de utilidade pública, ou impede ou dificulta-lhe o restabelecimento".[37]

Serviço telemático é a transmissão de dados mediante a união entre recursos das telecomunicações (telefonia, cabo, fibras óticas etc.) e da informática (computadores, *softwares*, sistemas de redes etc.), e tem como principal exemplo a rede mundial de computadores, também conhecida como *internet*. Sua grande vantagem é proporcionar o processamento, o armazenamento e a comunicação de elevada quantidade de dados, em formatos de textos, imagens e sons, em pequeno intervalo temporal, entre usuários localizados em qualquer ponto do planeta.

Ao utilizar a expressão "serviço de informação de utilidade pública", o legislador socorreu-se da **interpretação analógica** (ou *intra legem*), com a finalidade de proteger qualquer outro meio diverso dos serviços telegráfico, radiotelegráfico, telefônico ou telemático, a exemplo dos jornais e revistas impressos.

Portanto, também comete o delito previsto no art. 266 do Código Penal aquele que interrompe (rompe a continuidade ou fazer cessar) serviço telemático ou de informação de utilidade pública, ou impede (obstrui) ou dificulta-lhe (onera ou torna mais árdua) o restabelecimento. É o que se dá, a título ilustrativo, quando alguém dolosamente "derruba" o serviço de *internet* em determinada cidade, privando as pessoas desse meio de comunicação e de acesso ao conhecimento e informações em geral.

---

[37] A maior amplitude do tipo penal justificou a mudança do *nomen iuris* do delito, denominado antes da Lei 12.737/2012 apenas como "interrupção ou perturbação de serviço telegráfico ou telefônico".

3.2.6.14. Causa de aumento da pena: art. 266, § 2.º

Nos termos do art. 266 § 2.º, do Código Penal: "Aplicam-se as penas em dobro se o crime é cometido por ocasião de calamidade pública".

O tratamento mais rigoroso se fundamenta na maior reprovabilidade da conduta, praticada no período em que a sociedade se encontra diante de desgraça pública, em geral surgida repentinamente e apta a causar graves prejuízos de todas as ordens (exemplos: enchentes, terremotos, epidemias etc.). De fato, os serviços de telegrafia, radiotelegrafia, telefonia, telemático ou de informação de utilidade pública são de extrema importância, e até mesmo imprescindíveis em situações deste jaez, como forma para buscar socorro perante as autoridades públicas e manter contato com familiares ou pessoas queridas.

3.2.6.15. Instalação clandestina de aparelhos de telecomunicação

A instalação ou utilização de aparelhos clandestinos de telecomunicações configura, em tese, o crime tipificado pelo art. 70 da Lei 4.117/1962 – Código Brasileiro de Telecomunicações:

> **Art. 70.** Constitui crime punível com a pena de detenção de 1 (um) a 2 (dois) anos, aumentada da metade se houver dano a terceiro, a instalação ou utilização de telecomunicações, sem observância do disposto nesta Lei e nos regulamentos.

É o que se verifica, exemplificativamente, nas famosas "rádios pirata", em que pessoas promovem ilicitamente a difusão de sinais de rádio, sem autorização do Poder Público, colocando em risco diversas pessoas e até mesmo o serviço aéreo de transporte.

3.2.6.16. Transmissão clandestina de sinal de internet por radiofrequência

O crime de transmissão clandestina de sinal de internet via radiofrequência encontra-se tipificado no art. 183 da Lei 9.472/1997.

Cuida-se de **crime de perigo comum ou abstrato**, atentatório dos serviços de telecomunicação e apto a colocar em risco inclusive a segurança aérea, razão pela qual desponta como incompatível com o princípio da insignificância. Como estabelece a Súmula 606 do Superior Tribunal de Justiça: "Não se aplica o princípio da insignificância a casos de transmissão clandestina de sinal de internet via radiofrequência, que caracteriza o fato típico previsto no art. 183 da Lei 9.472/1997".

3.3. DOS CRIMES CONTRA A SAÚDE PÚBLICA

Os crimes contra a saúde pública estão previstos nos arts. 267 a 285 do Código Penal. A nota marcante dessas infrações penais é o dano ou perigo de dano à saúde de um número indeterminado de pessoas. Não há ataque à integridade corporal de uma única pessoa; o bem jurídico penalmente tutelado é a saúde pública, compreendida como a preservação das condições saudáveis de subsistência e desenvolvimento da coletividade como um todo.

Todas as pessoas têm direito ao ar puro, aos alimentos íntegros, à água potável e aos medicamentos eficazes. Se alguém ofende individualmente algum desses direitos, estará caracterizado algum crime contra a pessoa. Exemplo: "A" envenena alimentos, posteriormente ingeridos por "B", que em razão disso vem a falecer. Sua conduta configura crime de homicídio (CP, art. 121). Mas, se tais direitos são coletivamente atacados, abre-se espaço para a incidência dos crimes contra a saúde pública. Exemplo: "A" dolosamente lança veneno no reservatório de água de uma cidade, ensejando o reconhecimento do crime de envenenamento de água potável (CP, art. 270).

Há delitos, outrora elencados nesse capítulo, que atualmente são disciplinados por leis especiais, a exemplo do que se verifica com o então denominado "comércio, posse ou uso de entorpecente ou substância que determine dependência física ou psíquica". Este crime, inicialmente tipificado no art. 281 do Código Penal, agora é alvo de vários tipos penais inseridos na Lei 11.343/2006 – Lei de Drogas.

3.3.1. Art. 267 – Epidemia

3.3.1.1. Dispositivo legal

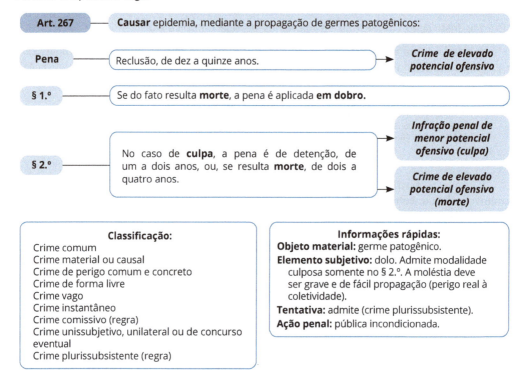

3.3.1.2. Objetividade jurídica

O bem jurídico penalmente protegido é a saúde pública.

3.3.1.3. Objeto material

É o **germe patogênico**, compreendido como o micro-organismo capaz de produzir moléstia infectocontagiosa, nociva à saúde humana. Exemplos: bactérias, bacilos, vírus, protozoários, fungos etc.

3.3.1.4. Núcleo do tipo

O núcleo do tipo é "**causar**", no sentido de produzir ou dar origem. A conduta, portanto, consiste em dar origem à epidemia, mediante a propagação de tais micro-organismos. A propagação, ou seja, a proliferação ou disseminação, pode ser efetuada direta (exemplo: lançando vírus ao ar) ou indiretamente (exemplo: pessoa portadora de moléstia infecciosa que comparece a recinto público e dolosamente tosse na direção de outros indivíduos).

Epidemia, segundo a definição de Flamínio Fávero, é "o contágio de uma doença infecciosa que atinge grande número de pessoas habitantes da mesma localidade ou região. Exemplos: epidemia de varíola, febre amarela, febre tifoide, etc.".[38] Em outras palavras, é a doença contagiosa que surge rapidamente em um local e atinge simultaneamente um grande número de pessoas.

A epidemia não se confunde com a endemia e com a pandemia.

Endemia é a doença infecciosa que, em face das características do ambiente, manifesta-se em determinada região. É o caso da dengue, frequente nas regiões tropicais. **Pandemia**, por sua vez, é a epidemia que se alastra de forma desproporcional e simultaneamente em várias regiões, difundindo-se por diversos países ou até mesmo por vários continentes, provocando inúmeros óbitos, a exemplo da tuberculose, da peste e da gripe espanhola.

3.3.1.5. Sujeito ativo

O crime é **comum** ou **geral**. Pode ser cometido por qualquer pessoa, inclusive por quem esteja contaminado pela moléstia infecciosa.

3.3.1.6. Sujeito passivo

É a coletividade (**crime vago**).

3.3.1.7. Elemento subjetivo

É o dolo, independentemente de qualquer finalidade específica. A modalidade culposa encontra-se descrita no § 2.º do art. 267 do Código Penal.

3.3.1.7.1. Transmissão de doenças a pessoa determinada e dolo de dano

A epidemia é delito contra a saúde pública, uma das espécies de crimes contra a incolumidade pública. Destarte, o sujeito tem a intenção de ofender o corpo social, e não de atingir uma pessoa individualmente considerada.

Nesse contexto, se o propósito do agente consistir na transmissão a alguém da doença grave de que está contaminado, será forçoso reconhecer o delito de perigo de contágio de moléstia grave, nos termos do art. 131 do Código Penal. Além disso, se o sujeito possuir o dolo de matar ou de ofender a integridade corporal ou a saúde de outrem, a ele será imputado o crime de homicídio qualificado pelo meio de que possa resultar perigo comum (CP, art. 121, § 2.º, inc. III) ou de lesão corporal (CP, art. 129), consumado ou tentado, conforme o caso.

3.3.1.8. Consumação

A epidemia é **crime material** ou **causal**. Consuma-se com a produção do resultado naturalístico, ou seja, com a superveniência da epidemia. Além disso, é **crime de perigo comum** e **concreto**, razão pela qual se exige a comprovação do risco efetivo à saúde de pessoas indeterminadas. Não se pode conceber a epidemia como delito de perigo abstrato, pois há necessidade de demonstração da eficácia dos germes patogênicos.

É imprescindível, portanto, seja a moléstia grave e de fácil propagação, pois caso contrário não existiria perigo real à coletividade. Como observa Heleno Cláudio Fragoso, desponta como fundamental a "meticulosa verificação da idoneidade dos meios empregados, pois não

---

[38] FÁVERO, Flamínio. *Código Penal brasileiro comentado*. São Paulo: Saraiva, 1950. v. 9, p. 15.

é fácil conseguir obter condições satisfatórias para a propagação de bacilos e vírus, de modo que possa resultar epidemia".[39]

Vale destacar que, depois da consumação do delito, é possível a coexistência do dano (pessoas infectadas) com a situação de perigo (pessoas expostas aos germes patogênicos).

3.3.1.9. Tentativa

É possível, em face do caráter plurissubsistente do delito, permitindo o fracionamento do *iter criminis*. Exemplo: Um cientista está estudando um vírus altamente infeccioso e, revoltado com a sociedade que elege certo político que não lhe agrada, decide espalhar os micro-organismos no ambiente com o escopo de provocar uma epidemia. Sai do laboratório com os vírus em um tubo de ensaio, e, no momento em que os germes são lançados ao ar, outro cientista aparece e dispara contra os vírus uma potente composição química, eliminando sua eficácia contagiosa.

3.3.1.10. Ação penal

A ação penal é pública incondicionada.

3.3.1.11. Lei 9.099/1995

Em face da pena cominada – reclusão, de dez a quinze anos –, a epidemia constitui-se em **crime de elevado potencial ofensivo**, incompatível com os benefícios contidos na Lei 9.099/1995.

3.3.1.12. Classificação doutrinária

A epidemia é crime **comum** (pode ser cometido por qualquer pessoa); **material** ou **causal** (consuma-se com a produção do resultado naturalístico, ou seja, com a provocação da epidemia); **de perigo comum** e **concreto** (depende da comprovação da situação de perigo a pessoas indeterminadas); **de forma livre** (admite qualquer meio de execução); **vago** (tem como sujeito passivo um ente destituído de personalidade jurídica, qual seja, a coletividade); **instantâneo** (consuma-se em um momento determinado, sem continuidade no tempo); em regra **comissivo**; **unissubjetivo, unilateral ou de concurso eventual** (pode ser praticado por uma só pessoa, mas admite o concurso); e normalmente **plurissubsistente** (a conduta criminosa pode ser fracionada em diversos atos).

3.3.1.13. Causa de aumento da pena: art. 267, § 1.º

Como se extrai do art. 267, § 1.º, do Código Penal: "Se do fato resulta morte, a pena é aplicada em dobro".

Destarte, se da causação da epidemia resultar a morte de alguém, a pena será aplicada em dobro. Trata-se de **causa de aumento da pena**, aplicável na terceira fase da dosimetria da pena privativa de liberdade, e para seu reconhecimento basta uma única morte, como corolário da epidemia. E, se ocorrer mais de uma morte, será imputado ao agente um único crime de epidemia circunstanciada, não se podendo falar em concurso de delitos. Contudo, a pluralidade de mortes deve ser utilizada pelo magistrado como circunstância judicial desfavorável, com fulcro no art. 59, *caput*, do Código Penal.

Cuida-se de **crime preterdoloso**: a conduta inicial (epidemia) é dolosa, ao passo que o resultado agravador (morte) sobrevém a título de culpa. De fato, se o sujeito deu causa à morte

---

[39] FRAGOSO, Heleno Cláudio. *Lições de direito penal*. Parte especial. São Paulo: José Bushatsky, 1959. v. 3, p. 681.

dolosamente, será responsabilizado por epidemia, na modalidade fundamental, e homicídio (ou genocídio, conforme o caso), em concurso formal impróprio ou imperfeito, nos termos do art. 70, *caput*, parte final, do Código Penal.

A epidemia agravada pela morte é **crime hediondo**, a teor do art. 1.º, inc. VII, da Lei 8.072/1990.[40] A propósito, foi a Lei dos Crimes Hediondos que conferiu ao preceito secundário do art. 267 do Código Penal a pena atualmente cominada, qual seja reclusão, de dez a quinze anos. Vale também recordar que o crime de epidemia seguida de morte admite a decretação da prisão temporária (Lei 7.960/1989, art. 1.º, inc. III, *i*).

3.3.1.14. Epidemia culposa: art. 267, § 2.º

Como estabelece o art. 267, § 2.º, do Código Penal: "No caso de culpa, a pena é de detenção, de um a dois anos, ou, se resulta morte, de dois a quatro anos". Na primeira hipótese (sem morte), a epidemia culposa é infração penal de **menor potencial ofensivo**, compatível com a transação penal e com o rito sumaríssimo, nos moldes da Lei 9.099/1995; na segunda modalidade (com morte), constitui-se em **crime de elevado potencial ofensivo**, insuscetível da incidência dos benefícios contidos na Lei 9.099/1995.

A propagação dos germes patogênicos surge em razão da imprudência, negligência ou imperícia do sujeito ativo, que assim viola o dever objetivo de cuidado a todos imposto. Exemplo: Um médico negligentemente troca as injeções a serem distribuídas à população a título de vacina contra gripe suína, colocando no lugar outro vírus, provocando uma epidemia.

3.3.2. Art. 268 – Infração de medida sanitária preventiva

3.3.2.1. Dispositivo legal

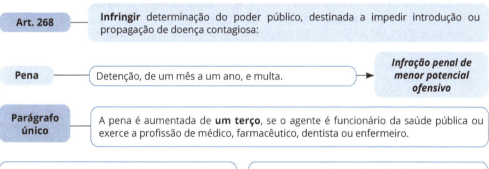

Classificação:
Crime comum
Crime formal, de consumação antecipada ou de resultado cortado
Crime de perigo comum e abstrato
Crime de forma livre
Crime vago
Crime instantâneo
Crime comissivo (regra)
Crime unissubjetivo, unilateral ou de concurso eventual
Crime plurissubsistente (regra)

Informações rápidas:
Objeto material: determinação do poder público (lei penal em branco, homogênea ou heterogênea). A lei só se preocupa com as doenças contagiosas que atingem os seres humanos.
Elemento subjetivo: dolo. Não admite modalidade culposa.
Tentativa: admite (crime plurissubsistente).
Ação penal: pública incondicionada.

---

[40] Cuidado: a epidemia somente é crime hediondo quando resulta a morte. Em sua modalidade fundamental (CP, art. 267, *caput*), o delito não suporta os efeitos da Lei 8.072/1990.

3.3.2.2. Objetividade jurídica

O bem jurídico penalmente tutelado é a saúde pública.

3.3.2.3. Objeto material

É a **determinação do poder público**, destinada a impedir introdução ou propagação de doença contagiosa, a qual é violada pelo comportamento que expõe a perigo a saúde pública.

A expressão "determinação do poder público" nada mais é do que a ordem emanada das autoridades responsáveis pela realização das finalidades do Estado (exemplos: leis, decretos, portarias, resoluções etc.), voltada a preservar a saúde pública. Esta ordem, evidentemente, deve ser de **cunho imperativo ou obrigatório**, excluindo-se meros conselhos ou advertências.

O "Poder Público" que baixa a determinação pode ser qualquer autoridade (federal, estadual, distrital ou municipal) com competência para o ato, a qual deve constar do rol de suas atribuições constitucionais e legais. Esse foi o entendimento do Supremo Tribunal Federal no tocante à pandemia da Covid-19:

> O Plenário, por maioria, referendou medida cautelar em ação direta, deferida pelo Ministro Marco Aurélio (Relator), acrescida de interpretação conforme à Constituição ao § 9.º do art. 3.º da Lei 13.979/2020, a fim de explicitar que, preservada a atribuição de cada esfera de governo, nos termos do inciso I do art. 198 da Constituição Federal, o Presidente da República poderá dispor, mediante decreto, sobre os serviços públicos e atividades essenciais. A ação foi ajuizada em face da Medida Provisória 926/2020, que alterou o art. 3.º, *caput*, incisos I, II e VI, e parágrafos 8.º, 9.º, 10 e 11, da Lei federal 13.979/2020. O relator deferiu, em parte, a medida acauteladora, para tornar explícita, no campo pedagógico, a competência concorrente. Afirmou que o *caput* do art. 3.º sinaliza a quadra vivenciada, ao referir-se ao enfrentamento da emergência de saúde pública, de importância internacional, decorrente do coronavírus. Mais do que isso, revela o endosso a atos de autoridades, no âmbito das respectivas competências, visando o isolamento, a quarentena, a restrição excepcional e temporária, conforme recomendação técnica e fundamentada da Agência Nacional de Vigilância Sanitária (Anvisa), por rodovias, portos ou aeroportos de entrada e saída do País, bem como locomoção interestadual e intermunicipal. (...) A Corte enfatizou que a emergência internacional, reconhecida pela Organização Mundial da Saúde (OMS), não implica, nem menos autoriza, a outorga de discricionariedade sem controle ou sem contrapesos típicos do Estado de Direito Democrático. As regras constitucionais não servem apenas para proteger a liberdade individual e, sim, também, para o exercício da racionalidade coletiva, isto é, da capacidade de coordenar as ações de forma eficiente. O Estado de Direito Democrático garante também o direito de examinar as razões governamentais e o direito da cidadania de criticá-las. Os agentes públicos agem melhor, mesmo durante as emergências, quando são obrigados a justificar suas ações. O exercício da competência constitucional para as ações na área da saúde deve seguir parâmetros materiais a serem observados pelas autoridades políticas. Esses agentes públicos devem sempre justificar as suas ações, e é à luz dessas ações que o controle dessas próprias ações pode ser exercido pelos demais Poderes e, evidentemente, por toda sociedade. Sublinhou que o pior erro na formulação das políticas públicas é a omissão, sobretudo a omissão em relação às ações essenciais exigidas pelo art. 23 da CF. É grave do ponto de vista constitucional, que, sob o manto de competência exclusiva ou privativa, que sejam premiadas as inações do Governo Federal, impedindo que estados e municípios, no âmbito de suas respectivas competências, implementem as políticas públicas essenciais. O Estado garantidor dos direitos fundamentais não é apenas a União, mas também os estados-membros e os municípios. Asseverou que o Congresso Nacional pode regular, de forma harmonizada e nacional, determinado tema ou política pública. No entanto, no seu silêncio, na ausência de manifestação legislativa, quer por iniciativa do Congresso Nacional, quer da chefia do

Poder Executivo federal, não se pode tolher o exercício da competência dos demais entes federativos na promoção dos direitos fundamentais.[41]

Cuida-se, portanto, de **norma penal em branco**, pois o preceito primário da lei penal depende de complementação, a qual pode ser veiculada por uma lei (norma penal em branco homogênea ou *lato sensu*) ou por algum ato administrativo (norma penal em branco heterogênea ou *stricto sensu*). Essa linha de raciocínio restou consolidada, pelo Supremo Tribunal Federal, no **Tema 1.246 da Repercussão Geral**:

> O art. 268 do Código Penal veicula norma penal em branco que pode ser complementada por atos normativos infralegais editados pelos entes federados (União, estados, Distrito Federal e municípios), respeitadas as respectivas esferas de atuação, sem que isso implique ofensa à competência privativa da União para legislar sobre direito penal (CF, art. 22, I).

3.3.2.4. Núcleo do tipo

O núcleo do tipo é "**infringir**", no sentido de violar ou transgredir determinação do poder público destinada a impedir a introdução (ingresso ou entrada) ou propagação (disseminação ou difusão) da doença contagiosa, compreendida como toda moléstia capaz de ser transmitida de uma pessoa a outra mediante contato direto ou indireto. Exemplo: João, sem justa causa, desrespeita o *lockdown* decretado em determinado município com a finalidade de conter a pandemia do coronavírus.

A lei só se preocupa com as doenças contagiosas que atingem os seres humanos, e não os animais ou vegetais. Nada impede, contudo, seja a determinação do poder público voltada aos cuidados com os animais ou vegetais, quando estes possam constituir-se em meios para a propagação das moléstias, em prejuízo das pessoas.

3.3.2.5. Sujeito ativo

O crime é **comum** ou **geral**, podendo ser cometido por qualquer pessoa.

3.3.2.6. Sujeito passivo

É a coletividade (**crime vago**).

3.3.2.7. Elemento subjetivo

É o dolo, independentemente de qualquer finalidade específica. Não se admite a modalidade culposa.

Em se tratando-se de crime contra a saúde pública, não se caracteriza o delito na hipótese em que uma pessoa abate clandestinamente um animal (bovino ou análogo) para utilizar a carne em seu consumo particular, pois nesse caso não há dolo de expor a perigo um número indeterminado de pessoas.

3.3.2.8. Consumação

A infração de medida sanitária preventiva é **crime formal, de consumação antecipada** ou **de resultado cortado**. Consuma-se com a violação da determinação do poder público, pouco importando venha a doença contagiosa a ser efetivamente introduzida ou propagada. Basta, portanto, a possibilidade de introdução ou propagação da moléstia contagiosa.

---

[41] ADI 6.341 MC-Ref/DF, rel. Min. Marco Aurélio, red. p/ o ac. Min. Edson Fachin, Plenário, j. 15.04.2020, noticiado no *Informativo* 973.

Constitui-se, também, em **crime de perigo comum** e **abstrato**, pois a lei presume de forma absoluta o risco causado à saúde pública com a prática da conduta criminosa. Nem poderia ser diferente, pois não há como individualizar as pessoas expostas a perigo em decorrência da violação à determinação do poder público.

3.3.2.9. Tentativa

É possível, em face do caráter plurissubsistente do delito, permitindo o fracionamento do *iter criminis*.

3.3.2.10. Ação penal

A ação penal é pública incondicionada.

3.3.2.11. Lei 9.099/1995

A pena máxima cominada ao delito é de um ano. Trata-se, portanto, de **infração penal de menor potencial ofensivo**, de competência do Juizado Especial Criminal e compatível com a transação penal e com o rito sumaríssimo, em consonância com as regras estatuídas pela Lei 9.099/1995.

3.3.2.12. Classificação doutrinária

A infração de medida sanitária preventiva é crime **comum** (pode ser cometido por qualquer pessoa); **formal, de consumação antecipada** ou **de resultado cortado** (consuma-se com a prática da conduta criminosa, prescindindo-se da superveniência do resultado naturalístico); **de perigo comum** e **abstrato** (a lei presume a situação de perigo à saúde pública); **de forma livre** (admite qualquer meio de execução); **vago** (tem como sujeito passivo um ente destituído de personalidade jurídica, qual seja, a coletividade); **instantâneo** (consuma-se em um momento determinado, sem continuidade no tempo); em regra **comissivo**; **unissubjetivo, unilateral ou de concurso eventual** (pode ser praticado por uma só pessoa, mas admite o concurso); e normalmente **plurissubsistente** (a conduta criminosa pode ser fracionada em diversos atos).

3.3.2.13. Causa de aumento da pena: art. 268, parágrafo único

Nos termos do parágrafo único do art. 268 do Código Penal: "A pena é aumentada de um terço, se o agente é funcionário da saúde pública ou exerce a profissão de médico, farmacêutico, dentista ou enfermeiro".

O delito de infração de medida sanitária preventiva pode ser cometido por qualquer pessoa (crime comum ou geral). Entretanto, se for praticado por funcionário da saúde pública, médico, farmacêutico, dentista ou enfermeiro, a pena será aumentada de um terço.

Tais pessoas, em razão do cargo público ocupado ou da função exercida, têm o dever de evitar a introdução ou propagação de doença contagiosa. Se não bastasse, são dotadas de conhecimentos técnicos para avaliar a gravidade de seus comportamentos. Estes são os fundamentos do tratamento penal mais severo.

3.3.2.14. Formas qualificadas pelo resultado: art. 285 do Código Penal

O art. 285 do Código Penal determina a incidência das regras contidas em seu art. 258 ao crime de infração de medida sanitária preventiva. Destarte, se da conduta resultar lesão corporal de natureza grave (ou gravíssima), aumentar-se-á pela metade a pena privativa de liberdade; se resultar morte, aplicar-se-á a pena em dobro.

São **causas de aumento da pena**, nada obstante o legislador tenha utilizado a expressão "forma qualificada", e representam **crimes preterdolosos**, pois o resultado agravador (lesão corporal grave ou morte) há de ser produzido a título de culpa.

3.3.3. Art. 269 – Omissão de notificação de doença

3.3.3.1. Dispositivo legal

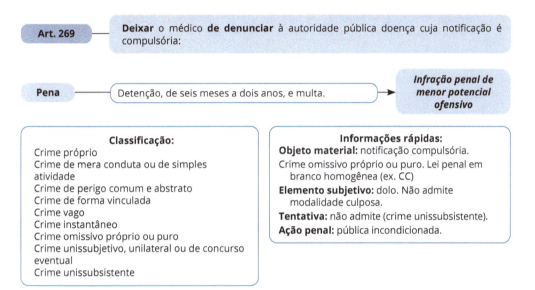

3.3.3.2. Objetividade jurídica

O bem jurídico penalmente protegido é a saúde pública.

3.3.3.3. Objeto material

É a **notificação compulsória**, ou seja, a comunicação de cunho obrigatório. No presente caso, a obrigatoriedade se refere à notícia de certas doenças que deve ser dada pelo médico às autoridades públicas, mormente em face do seu alto grau de contágio, em atendimento ao interesse público.

3.3.3.4. Núcleo do tipo

O núcleo do tipo é "**deixar**" de denunciar, no sentido de não comunicar, permitindo que determinada situação denunciável permaneça desconhecida. A omissão diz respeito ao dever do médico de comunicar à autoridade pública doença cuja notificação seja compulsória.

Fácil perceber, portanto, que o art. 269 do Código Penal veicula um **crime omissivo próprio** ou **puro**, uma vez que a omissão está descrita expressamente no tipo penal. O médico dolosamente permanece inerte, e assim desrespeita seu dever legal de informar à autoridade pública doença cuja notificação é compulsória.

E quais são as doenças de notificação compulsória? O art. 269 do Código Penal constitui-se em **lei penal em branco**, pois seu preceito primário é incompleto, dependendo de complementação emanada de outras leis e de atos da Administração Pública.

A propósito, o art. 7.º da Lei 6.259/1975, regulamentado pela Portaria 1.100/1996, expedida pelo Ministério da Saúde, elenca diversas doenças de notificação compulsória, seja em todo o território nacional (exemplos: cólera, dengue, difteria, hanseníase, rubéola, tuberculose, hepatite etc.), seja em áreas específicas (exemplos: esquistossomose, filariose e malária). Com igual finalidade, dispõe o art. 169 da Consolidação das Leis do Trabalho (CLT):

> **Art. 169.** Será obrigatória a notificação das doenças profissionais e das produzidas em virtude de condições especiais de trabalho, comprovadas ou objeto de suspeita, de conformidade com as instruções expedidas pelo Ministério do Trabalho.

A expressão "**autoridade pública**" relaciona-se com as autoridades sanitárias, a exemplo do Ministério da Saúde, no âmbito da União, e da Vigilância Sanitária, no campo dos municípios.

3.3.3.5. Sujeito ativo

Trata-se de **crime próprio** ou **especial**, pois somente pode ser cometido pelo médico. É cabível o concurso de pessoas, a exemplo do farmacêutico e da enfermeira que concorrem para o ato do profissional da medicina.

3.3.3.5.1. Confronto entre omissão de notificação de doença e violação do segredo profissional

O crime de violação do segredo profissional está previsto no art. 154 do Código Penal:

> **Art. 154.** Revelar alguém, sem justa causa, segredo, de que tem ciência em razão de função, ministério, ofício ou profissão, e cuja revelação possa produzir dano a outrem:
> Pena – detenção, de três meses a um ano, ou multa.

Questiona-se: O médico que comunica a notificação de doença, atendendo ao comando normativo do art. 269 do Código Penal, comete o delito de violação do segredo profissional?

A resposta é negativa, sob pena de incoerência do sistema jurídico-penal. Na verdade, os arts. 154 e 269 do Código Penal se complementam. Com efeito, somente se verifica o crime de violação do segredo profissional quando a revelação é efetuada **sem justa causa** (elemento normativo do tipo). E na comunicação de doença de notificação compulsória o médico atua no estrito cumprimento do dever legal que lhe é imposto, afastando-se a tipicidade do delito contido no art. 154 do Código Penal, pois presente a justa causa. O interesse particular do paciente cede espaço para o interesse coletivo da saúde pública. Como adverte Nélson Hungria:

> Apresenta-se, no caso, uma notável exceção à regra do segredo profissional: quando está em causa doença de notificação compulsória, a violação do segredo médico, no sentido de comunicação à autoridade competente, deixa de ser crime, para ser um dever legal.[42]

3.3.3.6. Sujeito passivo

É a coletividade (**crime vago**).

---

[42] HUNGRIA, Nélson. *Comentários ao Código Penal*. 2. ed. Rio de Janeiro: Forense, 1959. v. IX, p. 104.

3.3.3.7. Elemento subjetivo

É o dolo, independentemente de qualquer finalidade específica. Não se admite a modalidade culposa.

3.3.3.8. Consumação

A omissão de notificação de doença é **crime de mera conduta** ou **de simples atividade**: consuma-se com a omissão do médico em denunciar à autoridade pública doença de notificação compulsória. Constitui-se também em **crime de perigo comum** e **abstrato**, pois a lei presume o risco à saúde de um número indeterminado de pessoas.

3.3.3.9. Tentativa

Não é cabível, pois a conduta se exterioriza em um único ato, necessário e suficiente para a consumação (**crime unissubsistente**). De fato, tratando-se de **crime omissivo próprio** ou **puro**, não há falar em fracionamento do *iter criminis*: ou o médico denuncia à autoridade pública doença de notificação compulsória, e o fato será atípico, ou deixa de fazê-lo, e o crime estará consumado.

3.3.3.10. Ação penal

A ação penal é pública incondicionada.

3.3.3.11. Lei 9.099/1995

Trata-se de **infração penal de menor potencial ofensivo**, de competência do Juizado Especial Criminal. A pena máxima cominada, de dois anos, autoriza a transação penal e o rito sumaríssimo, em sintonia com as disposições da Lei 9.099/1995.

3.3.3.12. Classificação doutrinária

A omissão de notificação de doença é crime **próprio** (somente pode ser cometido pelo médico); **de mera conduta** ou **de simples atividade** (consuma-se com a prática da conduta criminosa, e o tipo não prevê resultado naturalístico); **de perigo comum** e **abstrato** (a lei presume a situação de perigo à saúde pública); **de forma vinculada** (somente pode ser executado pela forma descrita na lei penal); **vago** (tem como sujeito passivo um ente destituído de personalidade jurídica, qual seja, a coletividade); **instantâneo** (consuma-se em um momento determinado, sem continuidade no tempo); **omissivo próprio** ou **puro** (o tipo penal descreve uma conduta omissiva); **unissubjetivo, unilateral ou de concurso eventual** (pode ser praticado por uma só pessoa, mas admite o concurso); e **unissubsistente** (a conduta criminosa é composta de um único ato).

3.3.3.13. Formas qualificadas pelo resultado: art. 285 do Código Penal

O art. 285 do Código Penal determina a incidência das regras contidas em seu art. 258 ao crime de omissão de notificação de doença. Logo, se da conduta resultar lesão corporal de natureza grave (ou gravíssima), aumentar-se-á pela metade a pena privativa de liberdade; se resultar morte, aplicar-se-á a pena em dobro.

São **causas de aumento da pena**, embora o legislador tenha utilizado a expressão "forma qualificada", e deixam nítido que se constituem em **crimes preterdolosos**, pois o resultado agravador (lesão corporal grave ou morte) há de ser produzido a título de culpa.

3.3.4. Art. 270 – Envenenamento de água potável ou de substância alimentícia ou medicinal

3.3.4.1. Dispositivo legal

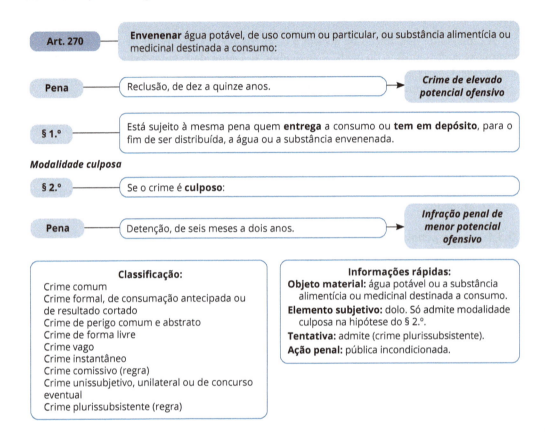

3.3.4.2. Introdução

A pena cominada ao delito de envenenamento de água potável ou de substância alimentícia ou medicinal – reclusão, de dez a quinze anos – foi atribuída pela Lei 8.072/1990 – Lei dos Crimes Hediondos. Aliás, na redação original desta lei o delito em apreço estava previsto entre os crimes de natureza hedionda.

No entanto, com a edição da Lei 8.930/1994, responsável por diversas modificações na Lei 8.072/1990, o delito tipificado no art. 270 do Código Penal foi retirado do rol taxativo dos crimes hediondos, situação mantida nos dias atuais.

O crime de envenenamento de água potável ou de substância alimentícia ou medicinal qualificado pela morte é compatível com a prisão temporária, como se infere da leitura do art. 1.º, inc. III, *j*, da Lei 7.960/1989.

3.3.4.3. Objetividade jurídica

O bem jurídico tutelado pela lei penal é a saúde pública.

3.3.4.4. Objeto material

É a água potável ou a substância alimentícia ou medicinal destinada a consumo.

Água potável é aquela que não apresenta risco à saúde humana, razão pela qual é utilizável como bebida ou no preparo de alimentos. Não precisa ser quimicamente pura. Pode ser **de uso comum** ou **particular**, ou seja, destinada a qualquer pessoa (exemplos: água do poço que serve toda a comunidade, bicas, riachos etc.) ou então de consumo restrito (exemplos: caixa d'água de uma escola particular ou de uma indústria).

Extrai-se da leitura do art. 270, *caput*, do Código Penal que, ao contrário da substância alimentícia ou medicinal, a lei não exige seja a água potável destinada ao consumo. E não precisava exigi-lo, pois, justamente pelo fato de ser potável e indispensável à vida humana, presume-se venha a ser ingerida a qualquer momento.

Substância alimentícia é a matéria líquida ou sólida destinada à alimentação dos seres vivos (exemplos: sucos, leite, ovos, carnes, frutas, cereais etc.). Finalmente, **substância medicinal** é a matéria líquida ou sólida que serve de remédio visando a cura ou a prevenção de algum mal que acomete os seres vivos (exemplos: comprimidos, cápsulas, xaropes, ervas medicinais etc.).

Em qualquer dos casos – água potável, substância alimentícia ou medicinal – o objeto material deve ser necessariamente destinado a pessoas indeterminadas, ainda que de uso particular (exemplos: alimentos na prateleira de um supermercado, água à venda em um restaurante, medicamentos expostos no balcão da farmácia etc.), pois o art. 270 do Código Penal contempla um crime contra a incolumidade pública. Como já decidido pelo Superior Tribunal de Justiça:

> O objeto jurídico tutelado pelo tipo penal inscrito no art. 270 do Código Penal é a incolumidade pública, não importando o fato de as águas serem de uso comum ou particular, bastando que sejam destinadas ao consumo de indeterminado número de pessoas. No caso dos autos, apesar de se tratar de poço situado em propriedade particular, verifica-se que o consumo da sua água era destinado a todos os que a ele tinham acesso, de modo que eventual envenenamento dessa água configuraria, em tese, o crime do art. 270 do Código Penal, cuja ação penal é pública incondicionada, nos termos do art. 100 do Código Penal.[43]

Além disso, se o envenenamento de água potável, substância alimentícia ou medicinal direcionar-se a pessoa determinada, estará caracterizado crime de homicídio, consumado ou tentado. E, na hipótese de somente colocar em perigo pessoa determinada, deverá ser reconhecido o crime de perigo para a vida ou saúde de outrem (CP, art. 132).

Finalmente, se a água não era potável, ou se a substância alimentícia ou medicinal já estava contaminada, e, portanto, os produtos eram imprestáveis ao consumo humano, não haverá espaço para o delito de envenenamento de água potável ou de substância alimentícia ou medicinal. Configura-se, na verdade, o instituto do crime impossível, em face da impropriedade absoluta do objeto, nos moldes do art. 17 do Código Penal.

3.3.4.5. Núcleo do tipo

O núcleo do tipo é "**envenenar**", ou seja, ministrar veneno, intoxicar. O envenenamento tem como objeto a água potável, de uso comum ou particular, ou a substância alimentícia ou medicinal destinada a consumo. Nos ensinamentos de Bento de Faria:

> Envenenamento da água ou das substâncias referidas é todo o fato que as torna tóxicas, mediante o adicionamento de elementos inorgânicos (essências, sais, ácidos, cores venenosas) ou orgânicos (cultura de germes patogênicos): o vírus da cólera, da sífilis, da tuberculose, etc. Daí resulta que:

---

[43] HC 55.504/PI, rel. Min. Laurita Vaz, 5.ª Turma, j. 11.12.2007.

a) o efeito tóxico pode ser imediato ou mediato, desde que seja a causa eficiente e determinante do perigo para a saúde pública;

b) não é necessário que o veneno seja absolutamente mortal, bastando que produza um mal, fazendo, assim, surgir o referido perigo para a saúde das pessoas.[44]

3.3.4.6. Sujeito ativo

O crime é **comum** ou **geral**. Pode ser cometido por qualquer pessoa, inclusive pelo proprietário da água potável de uso particular, ou da substância alimentícia ou medicinal destinada ao consumo.

3.3.4.7. Sujeito passivo

É a coletividade (**crime vago**).

3.3.4.8. Elemento subjetivo

É o dolo, independentemente de qualquer finalidade específica. A modalidade culposa é admitida pelo art. 270, § 2.º, do Código Penal.

3.3.4.8.1. Envenenamento dirigido a pessoa determinada e ânimo homicida

No crime de envenenamento de água potável ou de substância alimentícia ou medicinal, o dolo do agente limita-se a colocar em perigo a saúde pública. Destarte, se o sujeito, exemplificativamente, envenena água potável com a intenção de provocar a morte de pessoa determinada, obtendo êxito em seu intento, a ele será imputado o crime de homicídio qualificado pelo emprego de veneno (CP, art. 121, § 2.º, inc. III).

3.3.4.9. Consumação

Cuida-se de **crime formal, de consumação antecipada** ou **de resultado cortado**: consuma-se com o envenenamento da água potável, de uso comum ou particular, ou da substância alimentícia ou medicinal destinada a consumo, prescindindo-se da causação de dano a alguém e até mesmo da ingestão da água ou da substância alimentícia ou medicinal.

É também **crime de perigo comum** e **abstrato**, pois a lei presume, de forma absoluta, a situação de risco a pessoas indeterminadas como consequência da prática da conduta legalmente descrita.

3.3.4.10. Tentativa

É possível, em face do caráter plurissubsistente do delito, permitindo o fracionamento do *iter criminis*. Exemplo: O sujeito é impedido pelo segurança do supermercado no momento em que iria lançar veneno sobre as carnes estocadas na câmara fria.

3.3.4.11. Ação penal

A ação penal é pública incondicionada.

3.3.4.12. Lei 9.099/1995

Em face da pena cominada – reclusão, de dez a quinze anos –, o envenenamento de água potável ou substância alimentícia ou medicinal constitui-se em **crime de elevado potencial ofensivo**, incompatível com os benefícios elencados pela Lei 9.099/1995.

---

[44] FARIA, Bento de. *Código Penal brasileiro comentado*. 3. ed. Rio de Janeiro: Distribuidora Record, 1961. v. VI, p. 241.

3.3.4.13. Classificação doutrinária

O envenenamento de água potável ou de substância alimentícia ou medicinal é crime **comum** (pode ser cometido por qualquer pessoa); **formal, de consumação antecipada** ou **de resultado cortado** (consuma-se com a prática da conduta criminosa, prescindindo-se da superveniência do resultado naturalístico); **de perigo comum** e **abstrato** (a lei presume a situação de perigo à saúde pública); **de forma livre** (admite qualquer meio de execução); **vago** (tem como sujeito passivo um ente destituído de personalidade jurídica, qual seja a coletividade); **instantâneo** (consuma-se em um momento determinado, sem continuidade no tempo); em regra **comissivo**; **unissubjetivo, unilateral ou de concurso eventual** (pode ser praticado por uma só pessoa, mas admite o concurso); e normalmente **plurissubsistente** (a conduta criminosa pode ser fracionada em diversos atos).

3.3.4.14. Figura equiparada: art. 270, § 1.º

Estatui o art. 270, § 1.º, do Código Penal: "Está sujeito à mesma pena quem entrega a consumo ou tem em depósito, para o fim de ser distribuída, a água ou a substância envenenada".

Agora, os núcleos do tipo são "**entregar a consumo**" e "**ter em depósito**". Aquele tem o sentido de passar algo à posse de alguém para ser ingerido; este, por sua vez, significa manter alguma coisa acondicionada em determinado local. Neste último caso, o crime é permanente, pois a consumação se prolonga no tempo, por vontade do agente.

A figura equiparada é reservada à terceira pessoa, **diversa da responsável pelo envenenamento**, que pratica fato posterior consistente em entregar a consumo a água ou então a substância alimentícia ou medicinal **já envenenadas**, ou então as mantêm em depósito para distribuição futura (elemento subjetivo específico) a pessoas indeterminadas. Em síntese, constitui-se em intervenção de terceira pessoa e posterior ao envenenamento.

A pessoa que efetuou o envenenamento não pode ser responsabilizada pela figura equiparada, mas somente pela modalidade fundamental, prevista no art. 270, *caput*, do Código Penal, ainda que venha a entregar a consumo ou ter em depósito, para o fim de ser distribuída, a água ou a substância envenenada. Nessa hipótese, a conduta ulterior funciona como mero desdobramento do fato principal, restando por este absorvida. O conflito aparente de leis penais é solucionado pelo princípio da consunção.

3.3.4.15. Modalidade culposa

Como estabelece o art. 270, § 2.º, do Código Penal: "Se o crime é culposo: Pena – detenção, de seis meses a dois anos". Cuida-se de **infração penal de menor potencial ofensivo**, de competência do Juizado Especial Criminal e compatível com a transação penal e o rito sumaríssimo, nos moldes da Lei 9.099/1995.

Nessa hipótese, o perigo à saúde pública como corolário do envenenamento de água potável, de uso comum ou particular, ou de substância alimentícia ou medicinal, destinada ao consumo, é provocado em razão da imprudência, negligência ou imperícia do agente. Exemplo: Um morador da zona rural, ao transportar veneno destinado ao combate de insetos, dirige seu carro em excesso de velocidade, e parte da substância tóxica vem a cair em um riacho, contaminando a água potável de uso comum dos moradores de um pequeno vilarejo.

3.3.4.16. Formas qualificadas pelo resultado: art. 285 do Código Penal

O art. 285 do Código Penal determina a incidência das regras contidas em seu art. 258 ao crime de envenenamento de água potável ou de substância alimentícia ou medicinal. Nada obstante o legislador tenha utilizado a expressão "forma qualificada", cuidam-se de **causas de aumento da pena**.

Portanto, se do fato doloso resultar lesão corporal de natureza grave (ou gravíssima), aumentar-se-á pela metade a pena privativa de liberdade; se resultar morte, aplicar-se-á a pena em dobro. São hipóteses de **crimes preterdolosos**, pois o resultado agravador (lesão corporal grave ou morte) há de ser produzido a título de culpa.

Por sua vez, no caso de culpa, se do fato resulta lesão corporal, a pena aumenta-se de metade; e, se resulta morte, aplica-se a pena cominada ao homicídio culposo, aumentada de um terço. Cuida-se de crime culposo agravado por resultados de igual natureza.

3.3.5. Art. 271 – Corrupção ou poluição de água potável

3.3.5.1. Dispositivo legal

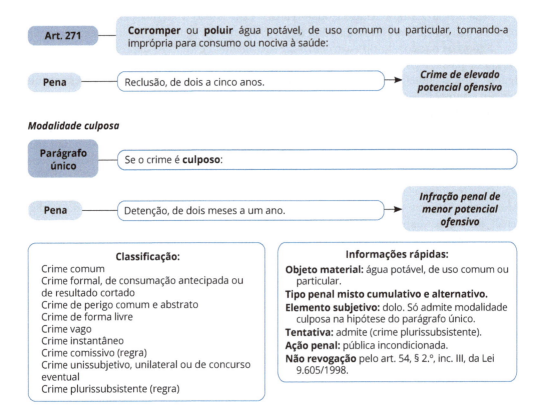

3.3.5.2. Objetividade jurídica

O bem jurídico penalmente tutelado é a saúde pública.

3.3.5.3. Objeto material

É a **água potável**, de uso comum ou particular.[45]

---
[45] Para evitar repetições desnecessárias, remetemos o leitor ao estudo do art. 270 do Código Penal, item 3.3.4.4.

Não há falar no delito em apreço se a água já estava poluída antes da atuação do agente. Visualiza-se nesse caso a impropriedade absoluta do objeto, acarretando o reconhecimento do crime impossível, nos termos do art. 17 do Código Penal.

3.3.5.4. Núcleos do tipo

O tipo penal contém dois núcleos: "corromper" e "poluir".

Corromper a água é modificar sua essência ou composição, tornando-a nociva à saúde ou intolerável pelo mau sabor ou odor; **poluir** a água é sujá-la, transformando-a em líquido impróprio para consumo pelo ser humano. Não basta, portanto, o simples ato de corromper ou poluir água potável. É imprescindível torná-la imprópria para consumo ou nociva à saúde de pessoas indeterminadas.

Em síntese, é fundamental que a água, outrora potável, passe a ser inadequada para ser ingerida ou utilizada no preparo de alimentos de um número indeterminado de pessoas, ou então prejudicial à saúde pública. Como a lei utiliza a expressão "água potável", não há crime na corrupção ou poluição da água destinada a outros fins, tais como lavagem de automóveis, irrigação, banho de animais etc.

O art. 271 do Código Penal contempla um **tipo misto alternativo, crime de ação múltipla** ou **de conteúdo variado**. Nesse contexto, há um único crime na situação em que o agente corrompe e polui a mesma água potável.

3.3.5.4.1. Envenenamento de água potável e corrupção ou poluição de água potável: distinção

Os crimes de envenenamento de água potável (CP, art. 270) e de corrupção ou poluição de água potável (CP, art. 271) têm como objeto material a água potável, de uso comum ou particular. Entretanto, tais delitos não se confundem.

No art. 270 do Código Penal, o núcleo do tipo é "envenenar", ao passo que em seu art. 271 as condutas típicas são "corromper" e "poluir". Nos dois casos, a água inicialmente potável torna-se imprópria ao consumo ou nociva à saúde. Todavia, no primeiro delito o perigo à saúde pública é sensivelmente maior, pois o envenenamento de água potável é idôneo a produzir danos mais graves e mais amplos à coletividade do que a corrupção ou poluição.

Este é o fundamento da opção legislativa em punir com reclusão, de dez a quinze anos, o envenenamento de água potável, reservando a pena também de reclusão, mas de dois a cinco anos, à corrupção ou poluição.

3.3.5.5. Sujeito ativo

O crime é **comum** ou **geral**. Pode ser cometido por qualquer pessoa, inclusive pelo proprietário da água potável.

3.3.5.6. Sujeito passivo

É a coletividade (**crime vago**).

3.3.5.7. Elemento subjetivo

É o dolo, independentemente de qualquer finalidade específica. A modalidade culposa encontra-se prevista no parágrafo único do art. 271 do Código Penal.

3.3.5.8. Consumação

A corrupção ou poluição de água potável é **crime formal, de consumação antecipada** ou **de resultado cortado**. Consuma-se no instante em que a água potável, de uso comum ou particular, é corrompida ou poluída, de modo a torná-la imprópria para consumo ou nociva à saúde, independentemente de ser consumida por alguém ou da efetiva causação de dano à saúde pública. Constitui-se também em **crime de perigo comum** e **abstrato**, uma vez que a lei presume, de forma absoluta, a situação de risco a pessoas indeterminadas.

3.3.5.9. Tentativa

É possível, em face do caráter plurissubsistente do delito, permitindo o fracionamento do *iter criminis*. Exemplo: "A" é interrompido por policiais no momento em que iria lançar um balde repleto de fezes na caixa d'água de um fórum.

3.3.5.10. Ação penal

A ação penal é pública incondicionada.

3.3.5.11. Lei 9.099/1995

Em face da pena cominada – reclusão, de dois a cinco anos –, a corrupção ou poluição de água potável constitui-se em **crime de elevado potencial ofensivo**, incompatível com os benefícios elencados pela Lei 9.099/1995.

3.3.5.12. Classificação doutrinária

A corrupção ou poluição de água potável é crime **comum** (pode ser cometido por qualquer pessoa); **formal, de consumação antecipada** ou **de resultado cortado** (consuma-se com a prática da conduta criminosa, prescindindo-se da superveniência do resultado naturalístico); **de perigo comum** e **abstrato** (a lei presume a situação de perigo à saúde pública); **de forma livre** (admite qualquer meio de execução); **vago** (tem como sujeito passivo um ente destituído de personalidade jurídica, qual seja, a coletividade); **instantâneo** (consuma-se em um momento determinado, sem continuidade no tempo); em regra **comissivo**; **unissubjetivo, unilateral ou de concurso eventual** (pode ser praticado por uma só pessoa, mas admite o concurso); e normalmente **plurissubsistente** (a conduta criminosa pode ser fracionada em diversos atos).

3.3.5.13. Modalidade culposa: art. 271, parágrafo único

Em consonância com o parágrafo único do art. 271 do Código Penal: "Se o crime é culposo: Pena – detenção, de dois meses a um ano". Trata-se de **infração penal de menor potencial ofensivo**, de competência do Juizado Especial Criminal e compatível com a transação penal e com o rito sumaríssimo, nos termos da Lei 9.099/1995.

O agente dá causa à corrupção ou poluição da água potável em razão da sua imprudência, negligência ou imperícia, violando o dever objetivo de cuidado a todos imposto. Exemplo: O funcionário da limpeza de um *shopping center* inadvertidamente derruba grande quantidade de sujeira na caixa d'água do estabelecimento comercial, colocando em risco a saúde de todos os seus usuários e trabalhadores.

3.3.5.14. Formas qualificadas pelo resultado: art. 285 do Código Penal

O art. 285 do Código Penal determina a incidência das regras contidas em seu art. 258 ao crime de corrupção ou poluição de água potável. Embora a lei tenha utilizado a expressão "forma qualificada", cuidam-se de **causas de aumento da pena**.

Portanto, se do fato doloso resultar lesão corporal de natureza grave (ou gravíssima), aumentar-se-á pela metade a pena privativa de liberdade; se resultar morte, aplicar-se-á a pena em dobro. São hipóteses de **crimes preterdolosos**, pois o resultado agravador (lesão corporal grave ou morte) há de ser produzido a título de culpa.

Por sua vez, no caso de culpa, se do fato resulta lesão corporal, a pena aumenta-se de metade; e, se resulta morte, aplica-se a pena cominada ao homicídio culposo, aumentada de um terço. Cuida-se de crime culposo agravado por resultados de igual natureza.

3.3.5.15. Lei dos Crimes Ambientais

Se a poluição hídrica tornar necessária a interrupção do abastecimento público de água de uma comunidade, estará caracterizado o crime tipificado no art. 54, § 2.º, inc. III, da Lei 9.605/1998 – Crimes Ambientais, cuja pena é de reclusão, de um a cinco anos.

Esse crime não revogou o delito de corrupção ou poluição de água potável, pois sua redação típica contém elementos especializantes. De fato, a aplicação do art. 54, § 2.º, inc. III, da Lei 9.605/1998 pressupõe a interrupção do abastecimento público de água de uma comunidade; se isso não ocorrer, mas ainda assim a água potável, de uso comum ou particular, for corrompida ou poluída, restando imprópria ao consumo ou nociva à saúde, incidirá o art. 271 do Código Penal. O conflito aparente de leis penais é solucionado pelo princípio da especialidade.

3.3.6. Art. 272 – Falsificação, corrupção, adulteração ou alteração de substância ou produtos alimentícios

3.3.6.1. Dispositivo legal

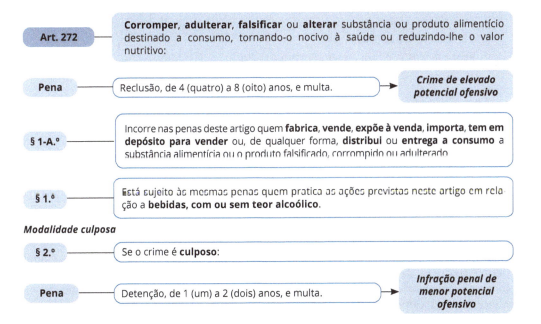

Classificação:	**Informações rápidas:**
Crime comum Crime formal, de consumação antecipada ou de resultado cortado Crime de perigo comum e concreto Crime de forma livre Crime vago Crime instantâneo Crime comissivo (regra) Crime unissubjetivo, unilateral ou de concurso eventual Crime plurissubsistente (regra)	**Objeto material:** substância ou produto alimentício destinado a consumo (no § 1.º-A é a substância alimentícia ou produto falsificado, corrompido ou adulterado). É imprescindível acarrete a conduta em nocividade à saúde ou redução do valor nutritivo. **Elemento subjetivo:** dolo. Admite modalidade culposa somente no § 2.º. **Tentativa:** admite (crime plurissubsistente). **Ação penal:** pública incondicionada.

3.3.6.2. Objetividade jurídica

O bem jurídico penalmente protegido é a saúde pública.

3.3.6.3. Pena cominada às figuras dolosas e princípios da proporcionalidade e da isonomia

Na redação original de 1940, o art. 272 do Código Penal estava assim descrito:

> **Art. 272.** Corromper, adulterar ou falsificar substância alimentícia ou medicinal destinada a consumo, tornando-a nociva à saúde:
>
> Pena – reclusão, de dois a seis anos, e multa.
>
> § 1.º Está sujeito à mesma pena quem vende, expõe à venda, tem em depósito para vender ou, de qualquer forma, entrega a consumo a substância corrompida, adulterada ou falsificada.
>
> **Modalidade culposa**
>
> § 2.º Se o crime é culposo:
>
> Pena – detenção, de seis meses a um ano, e multa.

Com o advento da Lei 9.677/1998, várias mudanças foram promovidas:

a) retirou-se do *caput* a elementar "medicinal" e incluiu-se o núcleo "alterar";

b) no § 1.º, agora indicado como § 1.º-A, diversas condutas foram acrescentadas (fabricar, importar e distribuir);

c) inseriu-se uma regra explicativa no § 1.º, inerente às bebidas em geral; e

d) elevou-se a pena da figura culposa.

No entanto, os pontos mais interessantes residem na adição da expressão "ou reduzindo-lhe o valor nutritivo", no *caput*, bem como na elevação da pena cominada às modalidades dolosas do crime (reclusão, de quatro a oito anos, e multa). Em razão disso, diversas vozes sustentam a inconstitucionalidade da sanção penal, por violação ao princípio da proporcionalidade, em sua face de **proibição do excesso**, e também do princípio da isonomia, pois situações diversas estariam recebendo idêntico tratamento penal.

Exemplificativamente, o art. 272 do Código Penal pune com igual intensidade o sujeito que falsifica o produto alimentício destinado a consumo, tornando-o nocivo à saúde, e também a pessoa que se limita a reduzir seu valor nutritivo, quando se sabe que tornar algo prejudicial ao organismo humano é muito mais grave do que somente diminuir sua carga nutritiva. Portanto, é desproporcional e contrária à isonomia a punição de condutas distintas e com gravidades diversas com a mesma pena, a propósito bastante elevada (mínimo de quatro anos).

3.3.6.4. Objeto material

É a **substância ou produto alimentício destinado a consumo**, ou seja, a matéria líquida (exemplos: bebidas em geral, alcoólicas ou não) ou sólida (exemplos: chocolates, cereais etc.) destinada à alimentação de pessoas indeterminadas, pois trata-se de crime contra a incolumidade pública.

Vale destacar que as bebidas, com ou sem teor alcoólico, foram incluídas expressamente no art. 272, § 1.º, do Código Penal, pela Lei 9.677/1998, desempenhando o papel de lei penal explicativa, buscando-se evitar qualquer discussão acerca do assunto.

A destinação da substância ou produto alimentício a consumo de um número indeterminado de pessoas deve ser provada no caso concreto, levando-se em conta circunstâncias objetivas, tais como o local em que se encontram, o modo de exposição e a quantidade. Exemplificativamente, não se discute esta finalidade quando várias embalagens lacradas contendo alimentos falsificados são encontradas no depósito de um supermercado.

3.3.6.5. Núcleos do tipo

O tipo penal contém quatro núcleos: "corromper", "adulterar", "falsificar" e "alterar".

Corromper é desnaturar algo, estragando-o; **adulterar** é deturpar, alterar alguma coisa, piorando-a; **falsificar**, por seu turno, equivale a alterar a verdade, dar a aparência de verdadeira a alguma coisa de qualidade inferior; e, finalmente, **alterar** tem o sentido de modificar ou transformar. Todas as condutas são praticadas em relação a substância ou produto alimentício destinado a consumo por um número indeterminado de pessoas.[46]

Trata-se de **tipo misto alternativo**, **crime de ação múltipla** ou **de conteúdo variado**. A lei possui diversos núcleos, e a prática de mais de um deles no tocante ao mesmo objeto material caracteriza um único delito.

Entretanto, não basta a corrupção, adulteração, falsificação ou alteração do objeto material. É imprescindível acarrete a conduta **nocividade à saúde** (caráter prejudicial ao ser humano em suas funções orgânicas, físicas ou mentais) **ou redução do valor nutritivo** (qualidade para alimentar as pessoas em geral) da substância ou produto alimentício destinado a consumo, circunstâncias a serem provadas em exame pericial realizado com essa finalidade.

3.3.6.6. Sujeito ativo

O crime é **comum** ou **geral**. Pode ser cometido por qualquer pessoa.

3.3.6.7. Sujeito passivo

É a coletividade (**crime vago**).

---

[46] "A conduta punível prevista no art. 272 do CP é de corromper (deteriorar, modificar para pior), adulterar (deturpar, deformar), falsificar (reproduzir por meio de imitação) ou alterar (transformar ou modificar) substância ou produto alimentício destinado a consumo, tornando-o nocivo, ou seja, capaz de causar efetivo dano ao organismo, seja pela prejudicialidade à saúde ou pela redução do valor nutritivo" (STJ: AgRg no AREsp 1.361.693/GO, rel. Min. Reynaldo Soares de Mello, 5.ª Turma, j. 02.04.2019).

3.3.6.8. Elemento subjetivo

É o dolo, independentemente de qualquer modalidade específica. A modalidade culposa encontra-se prevista no § 2.º do art. 272 do Código Penal.

3.3.6.9. Consumação

Cuida-se de **crime formal, de consumação antecipada** ou **de resultado cortado**: consuma-se no momento em que se pratica a conduta de corromper, adulterar, falsificar ou alterar substância ou produto alimentício destinado a consumo, tornando-o nocivo à saúde ou reduzindo-lhe o valor nutritivo, pouco importando se sobrevém ou não prejuízo a diversas pessoas como desdobramento da sua comercialização ou consumo.

Consequentemente, será competente para processo e julgamento do delito o local em que se concretizar a nocividade do produto ou a redução do seu valor nutritivo, nos termos do art. 70, *caput*, 1.ª parte, do Código de Processo Penal.[47]

De fato, a falsificação, corrupção, adulteração ou alteração de substância ou produtos alimentícios é **crime de perigo comum** e **concreto**, pois exige a demonstração da nocividade do produto à saúde de pessoas indeterminadas, ou então a diminuição do seu valor nutritivo. Vale destacar, entretanto, a existência de entendimentos no sentido de constituir-se em crime de perigo abstrato, sob o argumento de que, com a prática da conduta legalmente descrita, presume-se a situação de perigo a um elevado número de pessoas.

3.3.6.10. Tentativa

É possível, em face do caráter plurissubsistente do delito, permitindo o fracionamento do *iter criminis*.

3.3.6.11. Ação penal

A ação penal é pública incondicionada.

3.3.6.12. Lei 9.099/1995

Em face da pena cominada – reclusão, de quatro a oito anos, e multa –, a falsificação, corrupção, adulteração ou alteração de substância ou produto alimentícios é **crime de elevado potencial ofensivo**, incompatível com os benefícios contidos na Lei 9.099/1995.

3.3.6.13. Classificação doutrinária

A falsificação, corrupção, adulteração ou alteração de substância ou produtos alimentícios é crime **comum** (pode ser cometido por qualquer pessoa); **formal, de consumação antecipada** ou **de resultado cortado** (consuma-se com a prática da conduta criminosa, prescindindo-se da superveniência do resultado naturalístico); **de perigo comum** e **concreto** (exige-se a comprovação da nocividade do produto à saúde pública ou da redução do seu valor nutritivo); **de forma livre** (admite qualquer meio de execução); **vago** (tem como sujeito passivo um ente destituído de personalidade jurídica, qual seja, a coletividade); **instantâneo** (consuma-se em um momento determinado, sem continuidade no tempo); em regra **comissivo**; **unissubjetivo, unilateral ou de concurso eventual** (pode ser praticado por uma só pessoa, mas admite o concurso); e normalmente **plurissubsistente** (a conduta criminosa pode ser fracionada em diversos atos).

---

[47] STJ: CC 34.540/SP, rel. Min. Felix Fischer, 3.ª Seção, j. 26.06.2002.

3.3.6.14. Figuras equiparadas: art. 272, § 1.º-A

Estabelece o § 1.º-A do art. 272 do Código Penal: "Incorre nas penas deste artigo quem fabrica, vende, expõe à venda, importa, tem em depósito para vender ou, de qualquer forma, distribui ou entrega a consumo a substância alimentícia ou o produto falsificado, corrompido ou adulterado".

Qualquer pessoa pode ser sujeito ativo do delito (**crime comum** ou **geral**), com exceção do envolvido nas condutas descritas no *caput* do art. 272 do Código Penal. De fato, aquele que corrompeu, adulterou, falsificou ou alterou o produto ou substância alimentícia, e posteriormente realizou algum dos comportamentos previstos no § 1.º-A, deve ser responsabilizado unicamente pelo crime previsto no art. 272, *caput*, do Código Penal. O conflito aparente de leis penais é solucionado pelo princípio da consunção.

Cuida-se novamente de **tipo misto alternativo**, **crime de ação múltipla** ou **de conteúdo variado**: são indicados vários núcleos, e a prática de mais de um deles, no tocante ao mesmo objeto material, configura um único delito. Vejamos cada um deles.

Fabricar é manufaturar, preparar ou construir; **vender** equivale a alienar ou ceder por determinado preço; **expor à venda** é exibir com a intenção de alienar mediante determinada contraprestação; **importar** é fazer ingressar no País produto oriundo do estrangeiro; **ter em depósito para vender** significa manter acondicionado em algum lugar visando posterior alienação; **distribuir** é dar, entregar, repartir; e, finalmente, **entregar a consumo** tem o sentido de passar algo à posse de alguém para ser ingerido.

O objeto material é a **substância alimentícia ou produto falsificado, corrompido ou adulterado**.

Em regra, o elemento subjetivo é o dolo, sem qualquer finalidade específica, exceto na conduta de "ter em depósito para venda", na qual o propósito de transmissão onerosa da propriedade representa o especial fim de agir buscado pelo agente. Não se admite a modalidade culposa.

Em todas as suas modalidades, o delito é **formal, de consumação antecipada** ou **de resultado cortado**, consumando-se com a prática das condutas legalmente descritas, independentemente do efetivo prejuízo à saúde pública. No geral, as figuras equiparadas constituem-se em **crimes instantâneos**, salvo nas variantes "expor à venda" e "ter em depósito para venda", em que se notam **crimes permanentes**, pois a consumação se prolonga no tempo, por vontade do agente. A tentativa é possível, em razão do caráter plurissubsistente do delito.

3.3.6.15. Modalidade culposa: art. 272, § 2.º

Como estatui o art. 272, § 2.º, do Código Penal: "Se o crime é culposo: Pena – detenção, de 1 (um) a 2 (dois) anos, e multa". Trata-se de **infração penal de menor potencial ofensivo**, de competência do Juizado Especial Criminal e compatível com a transação penal e o rito sumaríssimo, em sintonia com as disposições da Lei 9.099/1995.

A figura culposa incide sobre a modalidade fundamental (CP, art. 272, *caput*) e também sobre as modalidades equiparadas (CP, art. 272, § 1.º) do delito. O sujeito pratica qualquer das condutas legalmente incriminadas agindo com imprudência, negligência ou imperícia, produzindo resultado involuntário, mas objetivamente previsível.

Anote-se que, embora a lei não tenha estabelecido restrições, é indiscutível a incompatibilidade da culpa com alguns núcleos do tipo penal, especialmente a falsificação, pois a esta conduta é inerente a fraude, e ninguém falsifica algo involuntariamente. Como se sabe, a intenção de alterar a verdade é indissociável do ato de falsificar.[48]

---

[48] Em sentido contrário, admitindo a culpa em todos os núcleos do tipo: NUCCI, Guilherme de Souza. *Código Penal comentado*. 10. ed. São Paulo: RT, 2010. p. 1.021.

3.3.6.16. Formas qualificadas pelo resultado: art. 285 do Código Penal

O art. 285 do Código Penal determina a incidência das regras contidas em seu art. 258 ao crime de falsificação, corrupção, adulteração ou alteração de substância ou produtos alimentícios. Nada obstante a lei tenha empregado a expressão "forma qualificada", constituem-se em **causas de aumento da pena**.

Se do fato doloso resultar lesão corporal de natureza grave (ou gravíssima), aumentar-se-á pela metade a pena privativa de liberdade; se resultar morte, aplicar-se-á a pena em dobro. São hipóteses de **crimes preterdolosos**, pois o resultado agravador (lesão corporal grave ou morte) há de ser produzido a título de culpa.

Por sua vez, no caso de culpa, se do fato resulta lesão corporal, a pena aumenta-se de metade; e, se resulta morte, aplica-se a pena cominada ao homicídio culposo, aumentada de um terço. Cuida-se de crime culposo agravado por resultados de igual natureza.

3.3.6.17. Crime contra a economia popular

O art. 2.º, incisos III e V, da Lei 1.521/1951 define os seguintes crimes contra a economia popular:

> Art. 2.º São crimes desta natureza:
> (...)
> III – expor à venda ou vender mercadoria ou produto alimentício, cujo fabrico haja desatendido a determinações oficiais, quanto ao peso e composição;
> (...)
> V – misturar gêneros e mercadorias de espécies diferentes, expô-los à venda ou vendê-los, como puros; misturar gêneros e mercadorias de qualidades desiguais para expô-los à venda ou vendê-los por preço marcado para os de mais alto custo.

Nesses casos, não há perigo à saúde pública em razão da nocividade do produto ou substância ou da diminuição do seu valor nutritivo. Portanto, o conflito aparente de leis penais é solucionado pelo **princípio da especialidade**.

3.3.7. Art. 273 – Falsificação, corrupção, adulteração ou alteração de produto destinado a fins terapêuticos ou medicinais

3.3.7.1. Dispositivo legal

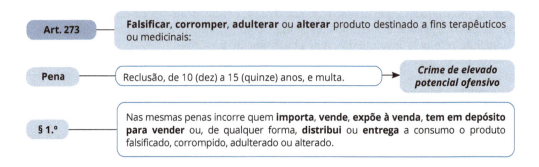

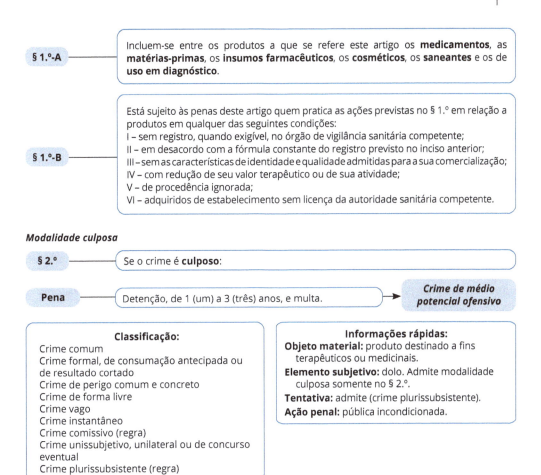

3.3.7.2. Objetividade jurídica

O bem jurídico penalmente tutelado é a saúde pública.

3.3.7.3. Objeto material

É o **produto destinado a fins terapêuticos ou medicinais**, ou seja, a substância líquida ou sólida voltada à atenuação da dor ou à cura dos enfermos, ou ainda a matéria destinada à prevenção dos males que acometem os seres humanos.

3.3.7.3.1. Art. 273, § 1.°-A: lei penal explicativa

O § 1.°-A do art. 273 do Código Penal, classificado como lei penal explicativa, ampliou o rol das substâncias alcançadas pelo tipo penal, ao estatuir que "incluem-se entre os produtos a que se refere este artigo os medicamentos, as matérias-primas, os insumos farmacêuticos, os cosméticos, os saneantes e os de uso em diagnóstico".

Medicamentos são os produtos destinados ao tratamento de uma doença ou ao controle dos seus efeitos. Nesse sentido, o art. 4.°, inc. II, da Lei 5.991/1973 define o medicamento como o "produto farmacêutico, tecnicamente obtido ou elaborado, com finalidade profilática, curativa, paliativa ou para fins de diagnóstico".

Matérias-primas são as substâncias brutas essenciais para o fabrico de produtos destinados a fins terapêuticos ou medicinais. Nos termos do art. 3.º, inc. XII, da Lei 6.360/1976: "Matérias-primas: substâncias ativas ou inativas que se empregam na fabricação de medicamentos e de outros produtos abrangidos por esta Lei, tanto as que permanecem inalteradas quanto as passíveis de sofrer modificações".

Por sua vez, o art. 4.º, inc. III, da Lei 5.991/1973 conceitua o **insumo farmacêutico** como a "droga ou matéria-prima aditiva ou complementar de qualquer natureza, destinada a emprego em medicamentos, quando for o caso, e seus recipientes".

Cosméticos, de acordo com a definição contida no art. 3.º, inc. V, da Lei 6.360/1976, são os "produtos para uso externo, destinados à proteção ou ao embelezamento das diferentes partes do corpo, tais como pós faciais, talcos, cremes de beleza, creme para as mãos e similares, máscaras faciais, loções de beleza, soluções leitosas, cremosas e adstringentes, loções para as mãos, bases de maquilagem e óleos cosméticos, ruges, *blushes*, batons, lápis labiais, preparados antissolares, bronzeadores e simulatórios, rímeis, sombras, delineadores, tinturas capilares, agentes clareadores de cabelos, preparados para ondular e para alisar cabelos, fixadores de cabelos, laquês, brilhantinas e similares, loções capilares, depilatórios e epilatórios, preparados para unhas e outros".

Por sua vez, **saneantes** são os produtos voltados à higienização e limpeza de locais e de pessoas, visando assegurar as condições sanitárias necessárias à qualidade de vida dos indivíduos em geral, a exemplo dos detergentes, dos desinfetantes e do álcool em gel.

Qual a razão da inclusão dos cosméticos e dos saneantes no âmbito de proteção do art. 273 do Código Penal? César Dario Mariano da Silva responde:

> Os cosméticos são utilizados na pele humana e poderão criar perigo para a saúde, desde que fraudados ou alterados. O mesmo ocorre com os saneantes, que visam a higienizar, além de residências, centros cirúrgicos, corredores de hospitais etc. Caso não contenham o poder de combater as bactérias e outros micro-organismos, poderão causar, dentre outros problemas, a terrível infecção hospitalar.[49]

Finalmente, **produtos de uso em diagnóstico** são os utilizados para conhecimento ou determinação de doenças.

3.3.7.3.1.1. Cosméticos e saneantes e princípio da proporcionalidade

Critica-se a opção adotada pela Lei 9.677/1998, responsável pela equiparação dos cosméticos e saneantes aos medicamentos. O legislador, assim agindo, incorreu em grave erro, afrontando o princípio da proporcionalidade, pois colocou em igual patamar produtos incapazes de ofender a saúde pública com a mesma intensidade. Nas lições de Alberto Silva Franco:

> Não há como equiparar, na sua ofensabilidade à saúde pública, produtos destinados a fins terapêuticos ou medicinais a meros cosméticos, ou seja, a produtos que servem ao embelezamento ou à preservação da beleza ou a simples saneantes, produtos dirigidos à higienização ou à desinfecção ambiental. São tais produtos qualitativamente autônomos e não suportam uma igualdade conceitual, nem devem receber, por isso, o mesmo tratamento punitivo.[50]

---

[49] SILVA, César Dario Mariano da. *Manual de direito penal*. 3. ed. Rio de Janeiro: Forense, 2007. v. III, p. 75.
[50] FRANCO, Alberto Silva. Há produto novo na praça. *Boletim do Instituto Brasileiro de Ciências Criminais*, São Paulo, Edição Especial, n. 70, p. 5, 1998.

A situação se agrava ao recordarmos que o delito previsto no art. 273, § 1.º-A, do Código Penal é crime hediondo, a teor da regra contida no art. 1.º, inc. VII-B, da Lei 8.072/1990. Em outras palavras, o sujeito que, exemplificativamente, realizar a conduta de falsificar produto saneante ou cosmético (exemplo: batom) deve suportar todas as graves consequências inerentes à hediondez do crime. Como alerta Luiz Regis Prado, "há uma desproporção entre o valor do injusto e a gravidade da pena, em clara transgressão ao princípio constitucional da proporcionalidade".[51]

3.3.7.4. Núcleos do tipo

O tipo penal possui quatro núcleos: "falsificar", "corromper", "adulterar" e "alterar".[52] Cuida-se de **tipo misto alternativo**, **crime de ação múltipla** ou **de conteúdo variado**, pois contém diversos verbos, e a realização de mais de um deles, no tocante ao mesmo objeto material e no mesmo contexto fático, caracteriza um único delito.

3.3.7.5. Sujeito ativo

O crime é **comum** ou **geral**, podendo ser cometido por qualquer pessoa.

3.3.7.6. Sujeito passivo

É a coletividade (**crime vago**).

3.3.7.7. Elemento subjetivo

É o dolo, independentemente de qualquer finalidade específica. A modalidade culposa encontra-se prevista no art. 273, § 2.º, do Código Penal.

3.3.7.8. Consumação

Trata-se de **crime formal**, **de consumação antecipada** ou **de resultado cortado**: consuma-se com a prática de qualquer das condutas legalmente descritas, pouco importando se sobrevém ou não prejuízo a alguém. É também **crime de perigo comum** e **abstrato**, pois a lei presume, de forma absoluta, o risco criado a pessoas indeterminadas em razão do comportamento ilícito.

3.3.7.9. Tentativa

É possível, em face do caráter plurissubsistente do delito, permitindo o fracionamento do *iter criminis*.

3.3.7.9.1. A questão relativa aos atos preparatórios e a configuração do crime de substância destinada à falsificação

Se o agente tem em depósito substância destinada à falsificação de produtos terapêuticos ou medicinais, a ele será imputado o crime de substância destinada à falsificação. Este fato representaria um simples ato preparatório do crime de falsificação de produto destinado a fins terapêuticos ou medicinais (CP, art. 273, *caput*), e, portanto, fato atípico, se o legislador não tivesse optado por incriminar autonomamente a conduta descrita no art. 277 do Código Penal.

---

[51] PRADO, Luiz Regis. *Curso de direito penal brasileiro*. 6. ed. São Paulo: RT, 2010. v. 3, p. 139.
[52] Como são os mesmos núcleos previstos no art. 272, *caput*, do Código Penal, remetemos o leitor ao item 3.3.6.5, no qual analisamos o significado de cada um dos verbos.

3.3.7.10. Ação penal

A ação penal é pública incondicionada.

3.3.7.11. Lei 9.099/1995

Em face da pena cominada – reclusão, de dez a quinze anos, e multa –, a falsificação, corrupção, adulteração ou alteração de produtos destinados a fins terapêuticos ou medicinais constitui-se em **crime de elevado potencial ofensivo**, incompatível com os benefícios previstos pela Lei 9.099/1995.

3.3.7.12. Classificação doutrinária

A falsificação, corrupção, adulteração ou alteração de produto destinado a fins terapêuticos ou medicinais é crime **comum** (pode ser cometido por qualquer pessoa); **formal, de consumação antecipada** ou **de resultado cortado** (consuma-se com a prática da conduta criminosa, prescindindo-se da superveniência do resultado naturalístico); **de perigo comum** e **abstrato** (a lei presume o risco à saúde de um número indeterminado de pessoas); **de forma livre** (admite qualquer meio de execução); **vago** (tem como sujeito passivo um ente destituído de personalidade jurídica, qual seja, a coletividade); **instantâneo** (consuma-se em um momento determinado, sem continuidade no tempo); em regra **comissivo**; **unissubjetivo, unilateral ou de concurso eventual** (pode ser praticado por uma só pessoa, mas admite o concurso); e normalmente **plurissubsistente** (a conduta criminosa pode ser fracionada em diversos atos).

3.3.7.13. Figura equiparada: art. 273, § 1.º

Como estabelece o art. 273, § 1.º, do Código Penal: "Nas mesmas penas incorre quem importa, vende, expõe à venda, tem em depósito para vender ou, de qualquer forma, distribui ou entrega a consumo o produto falsificado, corrompido, adulterado ou alterado".

Nesse caso, o objeto material é o produto já falsificado, corrompido, adulterado ou alterado. Por sua vez, os núcleos do tipo derivado são idênticos aos contidos no art. 272, § 1.º-A, do Código Penal.[53]

3.3.7.14. Figura equiparada: art. 273, § 1.º-B

A Lei 9.677/1998 inseriu o § 1.º-B ao art. 273 do Código Penal, com o escopo de ampliar a relação dos objetos materiais do delito. Sua redação é a seguinte:

> § 1.º-B. Está sujeito às penas deste artigo quem pratica as ações previstas no § 1.º em relação a produtos em qualquer das seguintes condições:
> I – sem registro, quando exigível, no órgão de vigilância sanitária competente;
> II – em desacordo com a fórmula constante do registro previsto no inciso anterior;
> III – sem as características de identidade e qualidade admitidas para a sua comercialização;
> IV – com redução de seu valor terapêutico ou de sua atividade;
> V – de procedência ignorada;
> VI – adquiridos de estabelecimento sem licença da autoridade sanitária competente.

---

[53] Valem, portanto, todas as observações efetuadas no item 3.3.6.14.

O legislador trouxe para a seara penal condutas de natureza administrativa, em face do elevado risco proporcionado à saúde pública. Passemos à análise de cada um dos incisos.

Inc. I – sem registro, quando exigível, no órgão de vigilância sanitária competente

Pune-se a conduta daquele que importa, vende, expõe à venda, tem em depósito para vender ou, de qualquer forma, distribui ou entrega a consumo produto sem o devido registro no órgão de vigilância sanitária, quando lhe é exigível.

O Plenário do Supremo Tribunal Federal decidiu, no Tema 1.003 da Repercussão Geral, pela inconstitucionalidade da pena cominada a essa figura delitiva, em face da violação dos princípios da proporcionalidade, em sua vertente da proibição do excesso, e da individualização da pena. Consequentemente, determinou-se a repristinação da pena prevista ao art. 273 do Código Penal, em sua redação original – antes das alterações promovidas pela Lei 9.677/1998 –, qual seja, reclusão, de 1 (um) a 3 (três) anos, e multa. Fixou-se a seguinte tese:

> É inconstitucional a aplicação do preceito secundário do art. 273 do Código Penal, com redação dada pela Lei 9.677/1998 (reclusão, de 10 a 15 anos, e multa), à hipótese prevista no seu § 1.º-B, I, que versa sobre importar, vender, expor à venda, ter em depósito para vender ou, de qualquer forma, distribuir ou entregar produto sem registro no órgão de vigilância sanitária. Para estas situações específicas, fica repristinado o preceito secundário do art. 273, na sua redação originária (reclusão, de 1 a 3 anos, e multa).[54]

Inc. II – em desacordo com a fórmula constante do registro previsto no inciso anterior

O registro também é exigível, porém o sujeito ativo importa, vende, expõe à venda, tem em depósito para vender ou, de qualquer forma, distribui ou entrega a consumo o produto em desconformidade com o que nele consta.

Inc. III – sem as características de identidade e qualidade admitidas para a sua comercialização

Nesse caso, o objeto material é o produto que não possui as características de identidade e qualidade admitidas para a sua comercialização.

Inc. IV – com redução de seu valor terapêutico ou de sua atividade

O produto não apresenta o grau de eficácia curativa a ele inerente.

Inc. V – de procedência ignorada

O objeto material é o produto de origem desconhecida, não havendo como garantir sua qualidade e eficácia no tratamento de moléstias.

Para o Superior Tribunal de Justiça, o preceito secundário do inc. V do art. 273, § 1.º-B, é inconstitucional, pois viola o princípio da proporcionalidade, em sua vertente inerente à proibição do excesso. Para superar este vício, deve ser aplicada a pena cominada ao tráfico de drogas, inclusive com a eventual incidência da causa de diminuição da pena contida no § 4.º do art. 33 da Lei 11.343/2006. Vale a pena conferir um interessante julgado:

> É inconstitucional o preceito secundário do art. 273, § 1.º-B, V, do CP – "reclusão, de 10 (dez) a 15 (quinze) anos, e multa" –, devendo-se considerar, no cálculo da reprimenda, a pena prevista no *caput* do art. 33 da Lei 11.343/2006 (Lei de Drogas), com possibilidade de incidência da causa de diminuição de pena do respectivo § 4.º. De fato, é viável a fiscalização judicial da constitucionalidade de preceito legislativo que implique intervenção estatal por meio do Direito Penal, examinando se o legislador considerou suficientemente os fatos e prognoses e se utilizou de sua margem de ação de

---

[54] RE 979.962/RS, rel. Min. Roberto Barroso, Plenário, j. 24.03.2021, noticiado no *Informativo* 1.011.

forma adequada para a proteção suficiente dos bens jurídicos fundamentais. Nesse sentido, a Segunda Turma do STF (HC 104.410-RS, *DJe* 27/03/2012) expôs o entendimento de que os "mandados constitucionais de criminalização (...) impõem ao legislador (...) o dever de observância do princípio da proporcionalidade como proibição de excesso e como proibição de proteção insuficiente. A ideia é a de que a intervenção estatal por meio do Direito Penal, como *ultima ratio*, deve ser sempre guiada pelo princípio da proporcionalidade (...) Abre-se, com isso, a possibilidade do controle da constitucionalidade da atividade legislativa em matéria penal". Sendo assim, em atenção ao princípio constitucional da proporcionalidade e razoabilidade das leis restritivas de direitos (CF, art. 5.º, LIV), é imprescindível a atuação do Judiciário para corrigir o exagero e ajustar a pena de "reclusão, de 10 (dez) a 15 (quinze) anos, e multa" abstratamente cominada à conduta inscrita no art. 273, § 1.º-B, V, do CP, referente ao crime de ter em depósito, para venda, produto destinado a fins terapêuticos ou medicinais de procedência ignorada. Isso porque, se esse delito for comparado, por exemplo, com o crime de tráfico ilícito de drogas (notoriamente mais grave e cujo bem jurídico também é a saúde pública), percebe-se a total falta de razoabilidade do preceito secundário do art. 273, § 1.º-B, do CP, sobretudo após a edição da Lei 11.343/2006 (Lei de Drogas), que, apesar de ter aumentado a pena mínima de 3 para 5 anos, introduziu a possibilidade de redução da reprimenda, quando aplicável o § 4.º do art. 33, de 1/6 a 2/3. Com isso, em inúmeros casos, o esporádico e pequeno traficante pode receber a exígua pena privativa de liberdade de 1 ano e 8 meses. E mais: é possível, ainda, sua substituição por restritiva de direitos. De mais a mais, constata-se que a pena mínima cominada ao crime ora em debate excede em mais de três vezes a pena máxima do homicídio culposo, corresponde a quase o dobro da pena mínima do homicídio doloso simples, é cinco vezes maior que a pena mínima da lesão corporal de natureza grave, enfim, é mais grave do que a do estupro, do estupro de vulnerável, da extorsão mediante sequestro, situação que gera gritante desproporcionalidade no sistema penal. Além disso, como se trata de crime de perigo abstrato, que independe da prova da ocorrência de efetivo risco para quem quer que seja, a dispensabilidade do dano concreto à saúde do pretenso usuário do produto evidencia ainda mais a falta de harmonia entre esse delito e a pena abstratamente cominada pela redação dada pela Lei 9.677/1998 (de 10 a 15 anos de reclusão). Ademais, apenas para seguir apontando a desproporcionalidade, deve-se ressaltar que a conduta de importar medicamento não registrado na ANVISA, considerada criminosa e hedionda pelo art. 273, § 1.º-B, do CP, a que se comina pena altíssima, pode acarretar mera sanção administrativa de advertência, nos termos dos arts. 2.º, 4.º, 8.º (IV) e 10 (IV), todos da Lei 6.437/1977, que define as infrações à legislação sanitária. A ausência de relevância penal da conduta, a desproporção da pena em ponderação com o dano ou perigo de dano à saúde pública decorrente da ação e a inexistência de consequência calamitosa do agir convergem para que se conclua pela falta de razoabilidade da pena prevista na lei, tendo em vista que a restrição da liberdade individual não pode ser excessiva, mas compatível e proporcional à ofensa causada pelo comportamento humano criminoso.[55]

Inc. VI – adquiridos de estabelecimento sem licença da autoridade sanitária competente

Pune-se o comportamento de quem pratica qualquer das condutas descritas no § 1.º em relação a produto obtido de estabelecimento que não possui a licença da autoridade sanitária competente.

É de se ressaltar que a incriminação de tais condutas – incisos I a VI – não obsta a responsabilização simultânea do infrator no âmbito administrativo. Na linha de raciocínio do Superior Tribunal de Justiça:

O art. 273, § 1.º-B, I, do Código Penal, tipifica a ação de vender, expor à venda ou ter em depósito para fins de comércio, distribuir ou entregar a consumo produto sem registro, quando este é

---

[55] AI no HC 239.363/PR, rel. Min. Sebastião Reis Júnior, Corte Especial, j. 26.02.2015, noticiado no *Informativo* 559. No mesmo sentido: RvCr 5.627/DF, rel. Min. Joel Ilan Paciornik, 3.ª Seção, j. 13.10.2021, noticiado no *Informativo* 714.

exigível, no órgão de vigilância sanitária. Não há óbice legal à punição de uma conduta na esfera administrativa e na esfera penal, se houver sua previsão como infração à legislação sanitária federal, assim como sua tipificação no Código Penal ou na legislação penal especial.[56]

3.3.7.15. Figuras dolosas do art. 273 do Código Penal e Lei dos Crimes Hediondos

A Lei 9.695/1998 incluiu o inc. VII-B no art. 1.º da Lei 8.072/1990, para o fim de definir como hediondos os crimes tipificados nos 273, *caput*, §§ 1.º, 1.º-A e 1.º-B, do Código Penal, com todas as consequências gravosas daí decorrentes.

Logo, somente a modalidade culposa do crime de falsificação, corrupção, adulteração ou alteração de produto destinado a fins terapêuticos ou medicinais, definida no art. 273, § 2.º, do Código Penal, não possui a nota da hediondez.

3.3.7.16. Modalidade culposa: art. 273, § 2.º

Se o crime é culposo, a pena é detenção, de um a três anos, e multa. Em face da pena mínima cominada, cuida-se de **crime de médio potencial ofensivo**, compatível com a suspensão condicional do processo, se presentes os demais requisitos exigidos pelo art. 89 da Lei 9.099/1995.

Responde pelo delito, em sua forma culposa, a pessoa que de modo negligente, imprudente ou imperito, em inobservância do dever geral de cuidado objetivo, e sendo previsível o resultado, realiza qualquer das condutas previstas no art. 273 do Código Penal, colocando em perigo a saúde pública. É o que se verifica, exemplificativamente, na situação em que um farmacêutico desastrado derruba acetona em cápsulas de medicamentos que estavam prontas para acondicionamento.

3.3.7.17. Formas qualificadas pelo resultado: art. 285 do Código Penal

O art. 285 do Código Penal determina a incidência das regras contidas em seu art. 258 ao crime de falsificação, corrupção, adulteração ou alteração de produto destinado a fins terapêuticos ou medicinais. Embora a lei tenha utilizado a expressão "forma qualificada", constituem-se em **causas de aumento da pena**.

Destarte, se do fato doloso resultar lesão corporal de natureza grave (ou gravíssima), aumentar-se-á pela metade a pena privativa de liberdade; se resultar morte, aplicar-se-á a pena em dobro. São hipóteses de **crimes preterdolosos**, pois o resultado agravador (lesão corporal grave ou morte) há de ser produzido a título de culpa.

No caso de culpa, se do fato resulta lesão corporal, a pena aumenta-se de metade; e, se resulta morte, aplica-se a pena cominada ao homicídio culposo, aumentada de um terço. Cuida-se de crime culposo agravado por resultados de igual natureza.

3.3.7.18. Art. 273 do Código Penal e princípio da insignificância

O crime tipificado no art. 273 do Código Penal, em qualquer das suas modalidades, é incompatível com o princípio da insignificância (causa supralegal de exclusão da tipicidade), mesmo nas hipóteses de pequeno valor da venda do produto terapêutico ou medicinal falsificado, corrompido, adulterado ou alterado, pois o bem jurídico penalmente tutelado é a saúde pública, a qual jamais pode ser considerada ínfima, independentemente da amplitude da lesão patrimonial. Como já decidido pelo Superior Tribunal de Justiça:

---

[56] RHC 12.264/RS, rel. Min. Gilson Dipp, 5.ª Turma, j. 10.12.2002.

O princípio da insignificância, como derivação necessária do princípio da intervenção mínima do direito penal, busca afastar desta seara as condutas que, embora típicas, não produzam efetiva lesão ao bem jurídico protegido pela norma penal incriminadora. Trata-se, na espécie, de crime em que o bem jurídico tutelado é a saúde pública. Irrelevante considerar o valor da venda do medicamento para desqualificar a conduta.[57]

3.3.7.19. Competência

Em regra, é da Justiça Estadual a competência para o processo e o julgamento do crime de falsificação, corrupção, adulteração ou alteração de produto destinado a fins terapêuticos ou medicinais. Entretanto, será competente a Justiça Federal se caracterizada a procedência internacional do medicamento. Na esteira da jurisprudência do Superior Tribunal de Justiça:

> Compete à Justiça Federal processar e julgar os crimes de produção de medicamentos sem registro no órgão competente, mesmo na ausência de prova incontestável sobre a transnacionalidade das condutas, contanto que haja indícios concretos de que as matérias-primas foram adquiridas do exterior.[58]

3.3.7.20. Conflito aparente entre falsificação de medicamentos e tráfico de drogas

Se o agente mantém em depósito e posteriormente vende produtos falsificados destinados a fins terapêuticos e medicinais, contendo o princípio ativo de alguma droga, deve responder unicamente pelo crime tipificado no art. 273 do Código Penal, restando absorvido o delito previsto no art. 33, *caput*, da Lei 11.343/2006 (tráfico de drogas), pois funciona como meio para a prática da falsificação, corrupção, adulteração ou alteração de produto destinado a fins terapêuticos ou medicinais. O conflito aparente de normas é solucionado pelo **princípio da consunção**. Para o Superior Tribunal de Justiça:

> Ainda que alguns dos medicamentos e substâncias ilegais manipulados, prescritos, alterados ou comercializados contenham substâncias psicotrópicas capazes de causar dependência elencadas na Portaria n. 344/1998 da SVS/MS – o que, em princípio, caracterizaria o tráfico de drogas –, a conduta criminosa dirigida, desde o início da empreitada, numa sucessão de eventos e sob a fachada de uma farmácia, para a única finalidade de manter em depósito e vender ilegalmente produtos falsificados destinados a fins terapêuticos ou medicinais enseja condenação unicamente pelo crime descrito no art. 273 do CP – e não por este delito em concurso com o tráfico de drogas (art. 33, *caput*, da Lei de Drogas).[59]

3.3.8. Art. 274 – Emprego de processo proibido ou de substância não permitida

3.3.8.1. Dispositivo legal

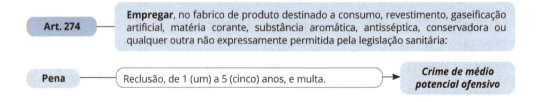

___
[57] RHC 17.942/SP, rel. Min. Hélio Quaglia Barbosa, 6.ª Turma, j. 08.11.2005.
[58] CC 188.135/GO, rel. Min. Laurita Vaz, rel. p/ acórdão Min. Rogerio Schietti Cruz, 3.ª Seção, j. 08.02.2023, noticiado no *Informativo* 779. Em igual sentido: AgRg no CC 158.212/AM, rel. Min. Sebastião Reis Júnior, 3.ª Seção, j. 12.06.2019.
[59] REsp 1.537.773/SC, rel. Min. Sebastião Reis Júnior, rel. p/ acórdão Min. Rogerio Schietti Cruz, 6.ª Turma, j. 16.08.2016, noticiado no *Informativo* 590.

Classificação:	Informações rápidas:
Crime comum Crime formal, de consumação antecipada ou de resultado cortado Crime de perigo comum e abstrato Crime de forma livre Crime vago Crime instantâneo Crime comissivo (regra) Crime unissubjetivo, unilateral ou de concurso eventual Crime plurissubsistente (regra)	**Objeto material:** produto fabricado e destinado a consumo (qualquer tipo de produto). **Lei penal em branco homogênea** (legislação sanitária). **Elemento subjetivo:** dolo. Não admite modalidade culposa. **Tentativa:** admite (crime plurissubsistente). **Ação penal:** pública incondicionada.

3.3.8.2. Objetividade jurídica

O bem jurídico penalmente tutelado é a saúde pública.

3.3.8.3. Objeto material

É o **produto fabricado e destinado a consumo**, compreendido como todo material produzido em razão da intervenção humana, resultante de qualquer processo ou atividade, para ser utilizado ou ingerido por um número indeterminado de pessoas. Não pode ter como destinatários indivíduos certos e determinados, pois o art. 274 do Código Penal encontra-se capitulado entre os crimes contra a incolumidade pública.

O fato de a lei referir-se ao "fabrico de produto destinado a consumo" autoriza a conclusão no sentido de que o objeto material não se restringe unicamente às substâncias alimentícias ou medicinais, podendo a conduta típica recair sobre qualquer tipo de produto destinado a consumo, a exemplo dos artigos de perfumaria ou de higiene pessoal, brinquedos, roupas e calçados.

Imagine-se, a título ilustrativo, que durante a fabricação de um perfume venha a ser utilizada substância aromática não expressamente permitida pela legislação sanitária. Nesse caso, é patente o risco acarretado pela conduta, atentatória à saúde pública, pois revela-se idônea a causar irritações na pele, alergias e outros danos aos destinatários do produto.

3.3.8.4. Núcleo do tipo

O núcleo do tipo é "**empregar**", ou seja, utilizar ou aplicar alguma coisa. Nas lições de Damásio E. de Jesus:

> O fato se perfaz com a conduta de utilizar, no fabrico de produto destinado a consumo, **revestimento** (o invólucro que cobre o produto), **gaseificação artificial** (processo utilizado na fabricação de refrigerantes ou de certas bebidas alcoólicas), **matéria corante** (substância utilizada para dar cor aos alimentos), **substância aromática** (substância empregada para conferir determinado aroma aos alimentos), **substância antisséptica** (substância utilizada para evitar a fermentação de alimentos), **conservadora** (substância que retarda ou impede a deterioração de alimentos) **ou qualquer outra não expressamente permitida pela legislação sanitária** (substâncias estabilizantes, acidulantes, flavorizantes etc.).[60]

Na parte final do art. 274 do Código Penal, o legislador valeu-se da interpretação analógica (ou *intra legem*), contida na expressão "ou qualquer outra não expressamente permitida pela

---

[60] JESUS, Damásio E. de. *Direito penal*. 16. ed. São Paulo: Saraiva, 2007. v. 3, p. 358.

legislação sanitária", pois a imaginação humana e o avanço tecnológico impedem a previsão em lei de todas as substâncias não permitidas expressamente pela legislação sanitária.

Além disso, cuida-se de **lei penal em branco homogênea**, pois o preceito primário depende de complementação, a ser efetuada por outra lei. Com efeito, o intérprete precisa socorrer-se da legislação sanitária para saber quais substâncias não são expressamente permitidas no tocante ao fabrico de produto destinado a consumo.

3.3.8.5. Sujeito ativo

O crime é **comum** ou **geral**. Pode ser cometido por qualquer pessoa.

3.3.8.6. Sujeito passivo

É a coletividade (**crime vago**).

3.3.8.7. Elemento subjetivo

É o dolo, independentemente de qualquer finalidade específica. Não se admite a modalidade culposa.

3.3.8.8. Consumação

Trata-se de **crime formal**, **de consumação antecipada** ou **de resultado cortado**: consuma-se no momento em que o sujeito emprega, no fabrico de produto destinado a consumo, revestimento, gaseificação artificial, matéria corante, substância aromática, antisséptica, conservadora, ou qualquer outra não permitida expressamente pela legislação sanitária, pouco importando se sobrevém ou não dano a alguém.

Constitui-se também em **crime de perigo comum** e **abstrato**, pois a lei presume, de forma absoluta, o perigo à saúde pública, ou seja, a situação de risco à saúde de pessoas indeterminadas.

3.3.8.9. Tentativa

É possível, em face do caráter plurissubsistente do delito, permitindo o fracionamento do *iter criminis*. Exemplo: "A", proprietário de uma fábrica clandestina de refrigerantes, adquire matéria corante não expressamente permitida pela legislação sanitária, para empregá-la no fabrico da bebida. Contudo, vem a ser surpreendido por fiscais da vigilância sanitária no instante em que iria iniciar a mistura proibida e prejudicial à saúde pública.

3.3.8.10. Ação penal

A ação penal é pública incondicionada.

3.3.8.11. Lei 9.099/1995

A pena mínima cominada ao delito é de um ano. Cuida-se, portanto, de **crime de médio potencial ofensivo**, compatível com a suspensão condicional do processo, desde que presentes os demais requisitos exigidos pelo art. 89 da Lei 9.099/1995.

3.3.8.12. Classificação doutrinária

O emprego de processo proibido ou de substância não permitida é crime **comum** (pode ser cometido por qualquer pessoa); **formal**, **de consumação antecipada** ou **de resultado cor-**

tado (consuma-se com a prática da conduta criminosa, prescindindo-se da superveniência do resultado naturalístico); **de perigo comum** e **abstrato** (a lei presume a situação de perigo à saúde pública); **de forma livre** (admite qualquer meio de execução); **vago** (tem como sujeito passivo um ente destituído de personalidade jurídica, qual seja, a coletividade); **instantâneo** (consuma-se em um momento determinado, sem continuidade no tempo); em regra **comissivo**; **unissubjetivo, unilateral ou de concurso eventual** (pode ser praticado por uma só pessoa, mas admite o concurso); e normalmente **plurissubsistente** (a conduta criminosa pode ser fracionada em diversos atos).

3.3.8.13. Formas qualificadas pelo resultado: art. 285 do Código Penal

O art. 285 do Código Penal determina a incidência das regras contidas em seu art. 258 ao crime de emprego de processo proibido ou de substância não permitida. Embora a lei tenha utilizado a expressão "forma qualificada", cuidam-se de **causas de aumento da pena**.

Portanto, se do fato resultar lesão corporal de natureza grave (ou gravíssima), aumentar-se-á pela metade a pena privativa de liberdade; se resultar morte, aplicar-se-á a pena em dobro. São hipóteses de **crimes preterdolosos**, pois o resultado agravador (lesão corporal grave ou morte) há de ser produzido a título de culpa.

3.3.8.14. Crime contra a economia popular

Se a conduta consistir na exposição à venda ou venda de mercadoria ou produto alimentício, cujo fabrico haja desatendido a determinações oficiais, quanto ao peso e composição, estará caracterizado o crime tipificado pelo art. 2.º, inc. III, da Lei 1.521/1951 – Crimes contra a Economia Popular, punido com detenção, de seis meses a dois anos, e multa.

3.3.9. Art. 275 – Invólucro ou recipiente com falsa indicação

3.3.9.1. Dispositivo legal

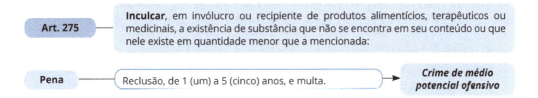

Classificação:
Crime comum
Crime formal, de consumação antecipada ou de resultado cortado
Crime de perigo comum e abstrato
Crime de forma livre
Crime vago
Crime instantâneo
Crime comissivo (regra)
Crime unissubjetivo, unilateral ou de concurso eventual
Crime plurissubsistente (regra)

Informações rápidas:
Objeto material: invólucro ou recipiente de produtos alimentícios, terapêuticos ou medicinais.
Elemento subjetivo: dolo. Não admite modalidade culposa.
Tentativa: admite (crime plurissubsistente).
Ação penal: pública incondicionada.

3.3.9.2. Objetividade jurídica

O bem jurídico penalmente protegido é a saúde pública.

3.3.9.3. Objeto material

É o **invólucro ou recipiente de produtos alimentícios, terapêuticos ou medicinais**.

Invólucro é tudo o que serve para envolver (exemplos: capas, rótulos, bulas, pacotes e *eppendorfs*). **Recipiente** é o receptáculo, ou seja, o objeto capaz de conter líquidos ou sólidos (exemplos: potes, sacos plásticos, latas e frascos).

Como o tipo penal faz menção somente ao invólucro e ao recipiente, não são alcançados os boletins, os catálogos, os prospectos, as propagandas, os folhetos e os anúncios, entre outros. Consequentemente, se a conduta recair sobre tais objetos, não se caracterizará o delito em apreço, sem prejuízo da configuração do crime de fraude no comércio, definido no art. 175 do Código Penal.[61]

Produtos alimentícios, terapêuticos ou medicinais são as substâncias destinadas à nutrição do organismo (alimentícias), à atenuação da dor ou à cura dos enfermos (terapêuticas), ou ao tratamento de males ou doenças (medicinais). Não se verifica o crime tipificado no art. 275 do Código Penal, portanto, nas situações em que a conduta recai sobre produtos diversos, a exemplo das bebidas alcoólicas e cigarros.

3.3.9.4. Núcleo do tipo

O núcleo do tipo é "**inculcar**", no sentido de imprimir, apregoar, demonstrar, dar a entender. O sujeito imprime, em invólucro ou recipiente de produto alimentício, terapêutico ou medicinal, a existência de substância que não se encontra em seu conteúdo ou que nele está presente em quantidade menor que a mencionada.

Nesse contexto, é inerente ao tipo penal a declaração de informação falsa, afirmando a presença de alguma substância que, na realidade, não compõe o produto, ou nele exista em quantidade inferior à mencionada. O crime, portanto, é praticado com o emprego da fraude.

A conduta deve direcionar-se a pessoas indeterminadas, pois o delito encontra-se catalogado entre os crimes contra incolumidade pública.

Embora existam entendimentos em sentido contrário, parece-nos evidente deva a conduta implicar riscos à saúde de pessoas indeterminadas, por duas razões inarredáveis:

a) o art. 275 está inserido entre os crimes contra a saúde pública; e

b) o art. 278 contém o crime denominado "outras substâncias nocivas à saúde pública", deixando claro que os crimes anteriores apresentam nocividade ao bem jurídico penalmente tutelado.

Se assim não fosse, a incriminação seria ilegítima, pois representaria ofensiva ao princípio da lesividade (ou da ofensividade), um dos pilares do Direito Penal moderno.

3.3.9.5. Sujeito ativo

O crime é **comum** ou **geral**. Pode ser cometido por qualquer pessoa.

3.3.9.6. Sujeito passivo

É a coletividade (**crime vago**).

---

[61] Cf. PRADO, Luiz Regis. *Curso de direito penal brasileiro*. 6. ed. São Paulo: RT, 2010. v. 3, p. 149.

3.3.9.7. Elemento subjetivo

É o dolo, independentemente de qualquer finalidade específica. Não se admite a modalidade culposa.

3.3.9.8. Consumação

O invólucro ou recipiente com falsa indicação é **crime formal, de consumação antecipada** ou **de resultado cortado**. Consuma-se com a prática da conduta legalmente descrita, prescindindo-se da lesão a alguém. Exemplo: Um farmacêutico disponibiliza xaropes em quantidade menor do que a mencionada no rótulo do produto, de forma a revelar-se insuficiente para o tratamento de doenças.

Cuida-se também de **crime de perigo comum** e **abstrato**, pois a lei presume, de forma absoluta, a exposição a risco da saúde de pessoas indeterminadas como consequência do comportamento criminoso.

3.3.9.9. Tentativa

É possível, em face do caráter plurissubsistente do delito, permitindo o fracionamento do *iter criminis*. Exemplo: O farmacêutico é preso em flagrante no momento em que colava em recipientes rótulos com falsa indicação da quantidade de pílulas com propriedades medicinais.

3.3.9.10. Ação penal

A ação penal é pública incondicionada.

3.3.9.11. Lei 9.099/1995

A pena mínima cominada é de um ano. Constitui-se, portanto, em **crime de médio potencial ofensivo**, compatível com a suspensão condicional do processo, se presentes os demais requisitos exigidos pelo art. 89 da Lei 9.099/1995.

3.3.9.12. Classificação doutrinária

O invólucro ou recipiente com falsa indicação é crime **comum** (pode ser cometido por qualquer pessoa); **formal, de consumação antecipada** ou **de resultado cortado** (consuma-se com a prática da conduta criminosa, prescindindo-se da superveniência do resultado naturalístico); **de perigo comum** e **abstrato** (a lei presume a situação de perigo à saúde pública); **de forma livre** (admite qualquer meio de execução); **vago** (tem como sujeito passivo um ente destituído de personalidade jurídica, qual seja, a coletividade); **instantâneo** (consuma-se em um momento determinado, sem continuidade no tempo); em regra **comissivo**; **unissubjetivo, unilateral ou de concurso eventual** (pode ser praticado por uma só pessoa, mas admite o concurso); e normalmente **plurissubsistente** (a conduta criminosa pode ser fracionada em diversos atos).

3.3.9.13. Formas qualificadas pelo resultado: art. 285 do Código Penal

O art. 285 do Código Penal determina a incidência das regras contidas em seu art. 258 ao crime de invólucro ou recipiente com falsa indicação. Nada obstante a lei tenha utilizado a expressão "forma qualificada", cuidam-se de **causas de aumento da pena**.

Destarte, se do fato resultar lesão corporal de natureza grave (ou gravíssima), aumentar-se-á pela metade a pena privativa de liberdade; se resultar morte, aplicar-se-á a pena em dobro. São hipóteses de **crimes preterdolosos**, pois o resultado agravador (lesão corporal grave ou morte) há de ser produzido a título de culpa.

3.3.9.14. Art. 275 do Código Penal e art. 66 da Lei 8.078/1990: distinção

Embora apresentem redações semelhantes, o crime definido no art. 275 do Código Penal não se confunde com o delito contido no art. 66 da Lei 8.078/1990 – Código de Defesa do Consumidor, cuja redação é a seguinte:

> **Art. 66.** Fazer afirmação falsa ou enganosa, ou omitir informação relevante sobre a natureza, característica, qualidade, quantidade, segurança, desempenho, durabilidade, preço ou garantia de produtos ou serviços:
>
> Pena – detenção de três meses a um ano, e multa.
>
> § 1.º Incorrerá nas mesmas penas quem patrocinar a oferta.
>
> § 2.º Se o crime é culposo;
>
> Pena – detenção de um a seis meses, ou multa.

É fácil perceber que, se a conduta recair sobre produtos alimentícios, terapêuticos ou medicinais, incidirá o art. 275 do Código Penal. Nas demais hipóteses, que inclusive admitem a modalidade culposa, terá lugar o art. 66 da Lei 8.078/1990. Portanto, o conflito aparente de leis penais é solucionado pelo **princípio da especialidade**.

3.3.10. Art. 276 – Produto ou substância nas condições dos dois artigos anteriores

3.3.10.1. Dispositivo legal

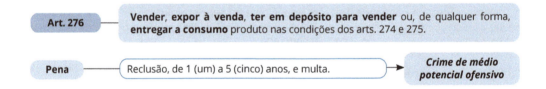

Art. 276 — Vender, expor à venda, ter em depósito para vender ou, de qualquer forma, entregar a consumo produto nas condições dos arts. 274 e 275.

Pena — Reclusão, de 1 (um) a 5 (cinco) anos, e multa. → Crime de médio potencial ofensivo

Classificação:
Crime comum
Crime formal, de consumação antecipada ou de resultado cortado
Crime de perigo comum e abstrato
Crime de forma livre
Crime vago
Crime remetido (a definição típica se reporta aos arts. 274 e 275 do Código Penal);
Crime instantâneo ("vender" e "entregar a consumo") ou permanente ("expor à venda" e "ter em depósito para vender")
Crime comissivo (regra)
Crime unissubjetivo, unilateral ou de concurso eventual
Crime plurissubsistente (regra)

Informações rápidas:
Objeto material: produto cf. arts. 274 e 275 do CP (crime remetido).
Elemento subjetivo: dolo (elemento subjetivo específico apenas na conduta "ter em depósito para vender"). Não admite modalidade culposa.
Tentativa: admite (crime plurissubsistente).
Ação penal: pública incondicionada.

3.3.10.2. Objetividade jurídica

O bem jurídico tutelado pela lei penal é a saúde pública.

3.3.10.3. Objeto material

É o produto nas condições indicadas nos arts. 274 e 275 do Código Penal.[62] Trata-se, portanto, de **crime remetido**, pois sua definição típica se reporta a outros crimes, que passam a integrá-lo.

3.3.10.4. Núcleos do tipo

O tipo penal contém quatro núcleos: "vender", "expor à venda", "ter em depósito para vender" e "entregar a consumo".

Vender é alienar ou ceder algo por preço certo, transferindo a propriedade de um bem em troca do recebimento de determinado valor. **Expor à venda** equivale a exibir um objeto com a intenção de vendê-lo. **Ter em depósito para vender** significa manter um bem acondicionado em algum local visando vendê-lo no futuro. Finalmente, **entregar a consumo** é transferir um bem a outrem para ser utilizado ou ingerido.

Destarte, o crime em apreço consiste em realizar qualquer dos comportamentos mencionados em relação a produto nas condições dos arts. 274 e 275 do Código Penal.

Trata-se de **tipo misto alternativo**, **crime de ação múltipla** ou **de conteúdo variado**. A lei descreve vários núcleos, e a prática de mais de um deles no tocante ao mesmo objeto material configura um único delito.

3.3.10.5. Sujeito ativo

O crime é **comum** ou **geral**, podendo ser cometido por qualquer pessoa, e não necessariamente pelos comerciantes. Exclui-se, contudo, o responsável pela prática dos crimes tipificados nos arts. 274 e 275 do Código Penal, pois a posterior comercialização dos produtos representa mero *post factum* impunível, restando absorvida pelo crime principal (princípio da consunção).

3.3.10.6. Sujeito passivo

É a coletividade (**crime vago**).

3.3.10.7. Elemento subjetivo

É o dolo, independentemente de qualquer finalidade específica, salvo no tocante à conduta de "**ter em depósito para vender**", na qual se exige a intenção de guardar o produto para aliená-lo por determinado preço.

Não se admite a modalidade culposa.

3.3.10.8. Consumação

Trata-se de **crime formal**, **de consumação antecipada** ou **de resultado cortado**: consuma-se no momento em que o sujeito vende, expõe à venda, tem em depósito para vender ou, de qualquer forma, entrega a consumo produto nas condições dos arts. 274 e 275 do Código Penal, pouco importando se sobrevém ou não dano a alguém.

É também **crime de perigo comum** e **abstrato**, pois a lei presume, de forma absoluta, a situação perigosa à saúde de pessoas indeterminadas como corolário da prática das condutas legalmente descritas.

Vale destacar que nas modalidades "vender" e "entregar a consumo", o art. 276 é **crime instantâneo**, consumando-se em momento determinado, sem continuidade no tempo; de outro

---

[62] Para evitar repetições desnecessárias, remetemos o leitor aos itens 3.3.8.3. e 3.3.9.3.

lado, é **crime permanente** nas modalidades "expor à venda" e "ter em depósito para vender", pois nesses casos a consumação se prolonga no tempo, por vontade do agente.

3.3.10.9. Tentativa

É possível, em face do caráter plurissubsistente do delito, permitindo o fracionamento do *iter criminis*.

3.3.10.10. Ação penal

A ação penal é pública incondicionada.

3.3.10.11. Lei 9.099/1995

A pena mínima cominada é de um ano. Constitui-se, pois, em **crime de médio potencial ofensivo**, compatível com a suspensão condicional do processo, se presentes os demais requisitos exigidos pelo art. 89 da Lei 9.099/1995.

3.3.10.12. Classificação doutrinária

O crime tipificado no art. 276 do Código Penal é **comum** (pode ser cometido por qualquer pessoa); **formal, de consumação antecipada** ou **de resultado cortado** (consuma-se com a prática da conduta criminosa, prescindindo-se da superveniência do resultado naturalístico); **de perigo comum** e **abstrato** (a lei presume a situação de perigo à saúde pública); **de forma livre** (admite qualquer meio de execução); **vago** (tem como sujeito passivo um ente destituído de personalidade jurídica, qual seja, a coletividade); **remetido** (a definição típica se reporta aos arts. 274 e 275 do Código Penal); **instantâneo** (nas modalidades "vender" e "entregar a consumo") ou **permanente** (nas variantes "expor à venda" e "ter em depósito para vender"); em regra **comissivo**; **unissubjetivo, unilateral ou de concurso eventual** (pode ser praticado por uma só pessoa, mas admite o concurso); e normalmente **plurissubsistente** (a conduta criminosa pode ser fracionada em diversos atos).

3.3.10.13. Formas qualificadas pelo resultado: art. 285 do Código Penal

O art. 285 do Código Penal determina a incidência das regras contidas em seu art. 258 ao crime definido no art. 276 do Código Penal. Embora a lei tenha utilizado a expressão "forma qualificada", cuidam-se de **causas de aumento da pena**.

Se do fato resultar lesão corporal de natureza grave (ou gravíssima), aumentar-se-á pela metade a pena privativa de liberdade; se resultar morte, aplicar-se-á a pena em dobro. São hipóteses de **crimes preterdolosos**, pois o resultado agravador (lesão corporal grave ou morte) há de ser produzido a título de culpa.

3.3.11. Art. 277 – Substância destinada à falsificação

3.3.11.1. Dispositivo legal

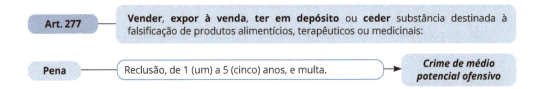

Classificação:
Crime comum
Crime formal, de consumação antecipada ou de resultado cortado
Crime de perigo comum e abstrato
Crime de forma livre
Crime vago
Crime obstáculo
Crime instantâneo ("vender" e "ceder") ou permanente ("expor à venda" e "ter em depósito")
Crime comissivo (regra)
Crime unissubjetivo, unilateral ou de concurso eventual
Crime plurissubsistente (regra)

Informações rápidas:
Objeto material: substância destinada à falsificação de produtos alimentícios, terapêuticos ou medicinais.
Elemento subjetivo: dolo. Não admite modalidade culposa.
Tentativa: não admite (incriminação autônoma dos atos preparatórios).
Ação penal: pública incondicionada.

3.3.11.2. Objetividade jurídica

O bem jurídico penalmente tutelado é a saúde pública.

3.3.11.3. Objeto material

É a **substância destinada à falsificação de produtos alimentícios, terapêuticos ou medicinais**, ou seja, a matéria cuja finalidade é desvirtuar ou adulterar tais produtos, conferindo-lhes suposta aparência de autenticidade, de modo a colocar em perigo a saúde pública.[63] Flamínio Fávero exemplifica:

> A farinha de linhaça misturada com o farelo de trigo, de milho, de arroz; a farinha de mostarda, com farelo de trigo; a uva ursi misturada com mate; as diversas plantas medicinais expostas à venda após a retirada dos seus princípios ativos com o fabrico de extratos fluidos e tinturas, sendo que tais plantas, depois de esgotadas, são secas, empacotadas, servindo a novas manipulações.[64]

Como a lei se refere unicamente à substância destinada à falsificação, o tipo penal não abrange os aparelhos ou petrechos utilizados na falsificação de produtos alimentícios, terapêuticos ou medicinais.

3.3.11.4. Núcleos do tipo

O tipo penal contém quatro núcleos: "vender", "expor à venda", "ter em depósito" e "ceder". Cuida-se de **tipo misto alternativo, crime de ação múltipla** ou **de conteúdo variado**. A lei apresenta diversos núcleos, e a prática de mais de um deles no tocante ao mesmo objeto material caracteriza um único delito.

Vender é alienar um bem por determinado preço. **Expor à venda** significa colocar um produto à mostra com a finalidade de vendê-lo. **Ter em depósito** equivale a manter algo acondicionado em determinado local. **Ceder**, finalmente, é transferir ou colocar um bem à disposição de terceira pessoa.

Destarte, incide no tipo penal o sujeito que realiza qualquer das condutas típicas em relação à substância destinada à falsificação de produtos alimentícios, terapêuticos ou medicinais. Visualiza-se, nesse contexto, a incriminação autônoma de comportamentos representativos de atos preparatórios dos delitos definidos nos arts. 272 e 273 do Código Penal. Trata-se, portanto, de **crime obstáculo**.

---

[63] Para a análise dos conceitos de produtos alimentícios, terapêuticos ou medicinais, vide item 3.3.9.3.
[64] FÁVERO, Flamínio. *Código Penal brasileiro comentado*. São Paulo: Saraiva, 1950. v. 9, p. 129.

3.3.11.5. Sujeito ativo

O crime é **comum** ou **geral**, podendo ser cometido por qualquer pessoa.

3.3.11.6. Sujeito passivo

É a coletividade (**crime vago**).

3.3.11.7. Elemento subjetivo

É o dolo, independentemente de qualquer finalidade específica. Como destaca Heleno Cláudio Fragoso:

> É indispensável que o agente conheça a natureza da substância ou a destinação que lhe vai ser dada por quem a recebe ou adquire. Na modalidade de expor à venda ou ter em depósito será impossível afirmar a vontade criminosa nos casos de substâncias que podem ser destinadas a outros fins lícitos. O conhecimento do fim lícito pode ser evidenciado pela qualidade do comprador e pela atividade a que se dedica.[65]

Não se admite a modalidade culposa.

3.3.11.8. Consumação

O crime de substância destinada à falsificação é **formal, de consumação antecipada** ou **de resultado cortado**. Consuma-se com a prática de qualquer das condutas criminosas, prescindindo-se da causação de dano a alguém. É também **crime de perigo comum** e **abstrato**, pois a lei presume, de forma absoluta, a exposição a perigo de pessoas indeterminadas como corolário do comportamento penalmente ilícito.

Nos núcleos "vender" e "ceder" o crime é **instantâneo**, consumando-se em um momento determinado, sem continuidade no tempo; por sua vez, nas modalidades "expor à venda" e "ter em depósito" o delito é **permanente**, pois a consumação se protrai no tempo, por vontade do agente.

3.3.11.9. Tentativa

Não se admite o *conatus*, pois a lei incriminou de modo autônomo atos preparatórios dos delitos contidos nos arts. 272 e 273 do Código Penal. Como alerta Guilherme de Souza Nucci:

> Não teria sentido punir a preparação de um determinado delito – que normalmente não é punível – como crime autônomo prevendo-se para este também a figura da tentativa. Seria a ilogicidade de punir a tentativa de preparação de um delito que somente é objeto de punição porque, excepcionalmente, o legislador construiu um tipo penal para tanto. Assim, ter em depósito substância destinada à falsificação de um produto medicinal, não fosse o tipo do art. 277, seria conduta impunível, não podendo ser considerada ato executório do crime do art. 273, porque mera preparação. É incabível, pois, ao intérprete aumentar a exceção criada pelo legislador.[66]

3.3.11.10. Ação penal

A ação penal é pública incondicionada.

---

[65] FRAGOSO, Claudio Heleno. *Lições de direito penal. Parte especial*. São Paulo: José Bushatsky, 1959. v. 3, p. 708-709.
[66] NUCCI, Guilherme de Souza. *Código Penal comentado*. 10. ed. São Paulo: RT, 2010. p. 1.029.

3.3.11.11. Lei 9.099/1995

A pena mínima cominada é de um ano. Constitui-se, portanto, em **crime de médio potencial ofensivo**, compatível com a suspensão condicional do processo, desde que presentes os demais requisitos exigidos pelo art. 89 da Lei 9.099/1995.

3.3.11.12. Classificação doutrinária

O crime de substância destinada à falsificação é **comum** (pode ser cometido por qualquer pessoa); **formal, de consumação antecipada** ou **de resultado cortado** (consuma-se com a prática da conduta criminosa, prescindindo-se da superveniência do resultado naturalístico); **de perigo comum** e **abstrato** (a lei presume a situação de perigo à saúde pública); **de forma livre** (admite qualquer meio de execução); **vago** (tem como sujeito passivo um ente destituído de personalidade jurídica, qual seja, a coletividade); **obstáculo** (o legislador incriminou autonomamente atos preparatórios de outros delitos); **instantâneo** (nas modalidades "vender" e "ceder") ou **permanente** (nas variantes "expor à venda" e "ter em depósito"); em regra **comissivo**; **unissubjetivo, unilateral ou de concurso eventual** (pode ser praticado por uma só pessoa, mas admite o concurso); e normalmente **plurissubsistente** (a conduta criminosa pode ser fracionada em diversos atos).

3.3.11.13. Formas qualificadas pelo resultado: art. 285 do Código Penal

O art. 285 do Código Penal determina a incidência das regras contidas em seu art. 258 ao crime de substância destinada à falsificação. Nada obstante a lei tenha utilizado a expressão "forma qualificada", cuidam-se de **causas de aumento da pena**.

Destarte, se do fato resultar lesão corporal de natureza grave (ou gravíssima), aumentar-se-á pela metade a pena privativa de liberdade; se resultar morte, aplicar-se-á a pena em dobro. São hipóteses de **crimes preterdolosos**, pois o resultado agravador (lesão corporal grave ou morte) há de ser produzido a título de culpa.

3.3.12. Art. 278 – Outras substâncias nocivas à saúde pública

3.3.12.1. Dispositivo legal

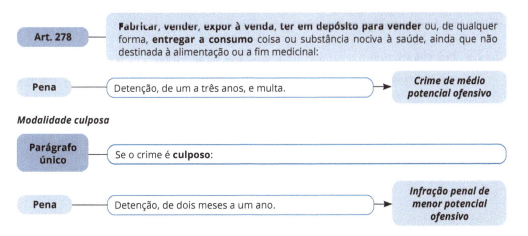

Classificação:	**Informações rápidas:**
Crime comum Crime formal, de consumação antecipada ou de resultado cortado Crime de perigo comum e concreto Crime de forma livre Crime vago Crime instantâneo ("fabricar", "vender" e "entregar a consumo") ou permanente ("expor à venda" e "ter em depósito") Crime comissivo (regra) Crime unissubjetivo, unilateral ou de concurso eventual Crime plurissubsistente (regra)	**Objeto material:** coisa ou substância nociva à saúde (exceto a de natureza alimentícia ou medicinal e drogas). **Elemento subjetivo:** dolo (elemento subjetivo específico na modalidade "ter em depósito para vender"). Só admite modalidade culposa na hipótese do parágrafo único. **Tentativa:** admite (crime plurissubsistente). **Ação penal:** pública incondicionada.

3.3.12.2. Objetividade jurídica

O bem jurídico penalmente tutelado é a saúde pública.

3.3.12.3. Objeto material

É a **coisa ou substância nociva à saúde**, salvo a de natureza alimentícia ou medicinal, pois ambas são abrangidas pelos crimes definidos nos arts. 272 e 273 do Código Penal. Nos ensinamentos de Luiz Regis Prado:

> Os objetos materiais indicados são a coisa (objeto corpóreo), de qualquer natureza, ou a substância, dotada de propriedades específicas, nocivas. Vale dizer, esses objetos são lesivos, danosos à saúde humana (às funções fisiopsíquicas), ainda que não destinados à alimentação ou a fim medicinal (*v.g.*, loções, esmaltes, perfumes, cosméticos, papéis, roupas, tintas, canetas, selos, cigarros, brinquedos, chupetas, mamadeiras etc.). Como se observa, desses objetos estão excluídas as coisas ou substâncias nocivas à saúde destinadas à alimentação ou a fim medicinal. Isso porque a sua tutela se dá através de outros delitos (citem-se, por exemplo, os arts. 272 e 273, CP).[67]

3.3.12.3.1. Drogas e princípio da especialidade

Se o objeto material consistir em droga, assim definida em lei ou em ato administrativo, substância igualmente nociva à saúde pública, estará configurado o crime de tráfico de drogas, contido no art. 33, *caput*, da Lei 11.343/2006 – Lei de Drogas. O conflito aparente de leis penais é solucionado pelo **princípio da especialidade**.

3.3.12.4. Núcleos do tipo

O tipo penal contém cinco núcleos: "fabricar, "vender", "expor à venda", "ter em depósito para vender" e "entregar a consumo".

Fabricar é manufaturar, preparar ou construir. **Vender** equivale a transferir a propriedade de um bem, alienando-se por determinado valor. **Expor à venda** tem o sentido de exibir um objeto com a intenção de vendê-lo. **Ter em depósito para vender**, por sua vez, significa manter um produto acondicionado em algum local, para posteriormente vendê-lo. **Entregar a consumo**, finalmente, é transmitir um bem à posse de terceiro, para ser ingerido ou utilizado.

---

[67] PRADO, Luiz Regis. *Curso de direito penal brasileiro*. 6. ed. São Paulo: RT, 2010. v. 3, p. 157.

Trata-se de **tipo misto alternativo**, **crime de ação múltipla** ou **de conteúdo variado**. A lei contempla vários núcleos, e a realização de mais de um deles, no tocante ao mesmo objeto material, acarreta a caracterização de um único delito.

3.3.12.5. Sujeito ativo

O crime é **comum** ou **geral**, podendo ser cometido por qualquer pessoa.

3.3.12.6. Sujeito passivo

É a coletividade (**crime vago**).

3.3.12.7. Elemento subjetivo

É o dolo, independentemente de qualquer finalidade específica, salvo no tocante à modalidade "ter em depósito para vender", no qual o propósito de venda representa o especial fim de agir buscado pelo agente (elemento subjetivo específico).

A figura culposa é admitida pelo parágrafo único do art. 278 do Código Penal.

3.3.12.8. Consumação

O crime de outras substâncias nocivas à saúde é **formal**, **de consumação antecipada** ou **de resultado cortado**. Consuma-se com a prática de qualquer das condutas ilícitas, pouco importando se sobrevém a causação de dano a alguém. É também **crime de perigo comum** e **concreto**, reclamando a comprovação da nocividade da coisa ou substância à saúde de um número indeterminado de pessoas.

Nos núcleos "fabricar", "vender" e "entregar a consumo" o crime é **instantâneo**, pois se consuma em um momento determinado, qual seja, o da prática da conduta legalmente descrita; por sua vez, nas modalidades "expor à venda" e "ter em depósito para vender" o delito é **permanente**, pois a consumação se prolonga no tempo, por vontade do agente.

3.3.12.9. Tentativa

É possível, em face do caráter plurissubsistente do delito, permitindo o fracionamento do *iter criminis*.

3.3.12.10. Ação penal

A ação penal é pública incondicionada.

3.3.12.11. Lei 9.099/1995

A pena mínima cominada ao delito previsto no art. 278 do Código Penal é de um ano. Constitui-se, portanto, em **crime de médio potencial ofensivo**, afigurando-se cabível a suspensão condicional do processo, se presentes os demais requisitos exigidos pelo art. 89 da Lei 9.099/1995.

3.3.12.12. Classificação doutrinária

O crime de outras substâncias nocivas à saúde é **comum** (pode ser cometido por qualquer pessoa); **formal**, **de consumação antecipada** ou **de resultado cortado** (consuma-se com a prática de qualquer das condutas criminosas, prescindindo-se da superveniência do resultado naturalístico); **de perigo comum** e **concreto** (depende da comprovação da situação de risco à saúde pública); **de forma livre** (admite qualquer meio de execução); **vago** (tem como sujeito passivo um ente destituído de personalidade jurídica, qual seja, a coletividade); **instantâneo** (nas modalidades "fabricar", "vender" e "entregar a consumo") ou **permanente** (nas variantes "expor à venda" e "ter em depósito"); em regra **comissivo**; **unissubjetivo, unilateral ou de concurso eventual** (pode ser praticado por uma só pessoa, mas admite o concurso); e normalmente **plurissubsistente** (a conduta criminosa pode ser fracionada em diversos atos).

3.3.12.13. Modalidade culposa: art. 278, parágrafo único

Nos termos do art. 278, parágrafo único, do Código Penal: "Se o crime é culposo: Pena – detenção, de dois meses a um ano". Trata-se de **infração penal de menor potencial ofensivo**, de competência do Juizado Especial Criminal e compatível com a transação penal e o rito sumaríssimo, em consonância com as disposições da Lei 9.099/1995.

É o que se verifica, a título ilustrativo, na situação em que um industrial, deixando negligentemente de observar o dever objetivo de cuidado a todos imposto, fabrica uma substância nociva à saúde pública, em razão de não ter pesquisado adequadamente seus efeitos malévolos ao organismo humano.

3.3.12.14. Formas qualificadas pelo resultado: art. 285 do Código Penal

O art. 285 do Código Penal determina a incidência das regras contidas em seu art. 258 ao crime de outras substâncias nocivas à saúde pública. Embora a lei tenha utilizado a expressão "forma qualificada", cuidam-se de **causas de aumento da pena**.

Portanto, se do fato doloso resultar lesão corporal de natureza grave (ou gravíssima), aumentar-se-á pela metade a pena privativa de liberdade; se resultar morte, aplicar-se-á a pena em dobro. São hipóteses de **crimes preterdolosos**, pois o resultado agravador (lesão corporal grave ou morte) há de ser produzido a título de culpa.

Por sua vez, no caso de culpa, se do fato resulta lesão corporal, a pena aumenta-se de metade; e, se resulta morte, aplica-se a pena cominada ao homicídio culposo, aumentada de um terço. Cuida-se de crime culposo agravado por resultados de igual natureza.

3.3.13. Art. 279 – Substância avariada

O art. 279 do Código Penal, que continha a definição típica do crime de substância avariada, foi expressamente revogado pelo art. 23 da Lei 8.137/1990. Atualmente, a conduta configura crime contra as relações de consumo, e encontra-se definida no art. 7.º, inc. IX, do citado diploma legal, cuja redação é a seguinte:

> **Art. 7.º** Constitui crime contra as relações de consumo:
> (...)
> IX – vender, ter em depósito para vender ou expor à venda ou, de qualquer forma, entregar matéria-prima ou mercadoria, em condições impróprias ao consumo.
> Pena – detenção, de 2 (dois) a 5 (cinco) anos, ou multa.

O parágrafo único do art. 7.º da Lei 8.137/1990 pune inclusive a modalidade culposa, reduzindo a pena de detenção de um terço ou a de multa à quinta parte.

3.3.14. Art. 280 – Medicamento em desacordo com receita médica

3.3.14.1. Dispositivo legal

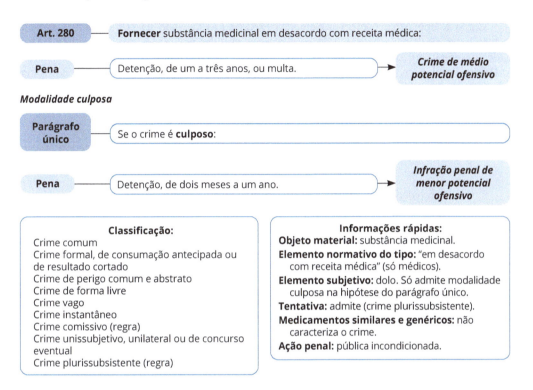

3.3.14.2. Objetividade jurídica

O bem jurídico penalmente tutelado é a saúde pública.

3.3.14.3. Objeto material

É a **substância medicinal**, ou seja, o produto destinado a servir de medicamento, cuja finalidade é a prevenção ou cura de alguma doença ou mal.

3.3.14.4. Núcleo do tipo

O núcleo do tipo é "**fornecer**", no sentido de entregar ou proporcionar a alguém, a título oneroso ou gratuito, substância medicinal em desacordo com receita médica, no tocante à sua espécie, qualidade ou quantidade.

A expressão contida na parte final do art. 280 do Código Penal – "em desacordo com receita médica" – representa **elemento normativo do tipo**. Destarte, não é todo e qualquer fornecimento de medicamento que configura o crime em análise, mas somente o efetuado em contrariedade com a prescrição do profissional da medicina.

Receita médica é a indicação escrita elaborada pelo médico regularmente inscrito nos quadros do Conselho Regional de Medicina. Sua relevância é indiscutível, razão pela qual o art. 11 da Resolução 2.217/2018, emitida pelo Conselho Federal de Medicina e denominado de Código de Ética Médica, no tocante à responsabilidade pessoal dos profissionais da medicina, estatui ser vedado ao médico "receitar, atestar ou emitir laudos de forma secreta ou ilegível, sem a devida identificação de seu número de registro no Conselho Regional de Medicina da sua jurisdição, bem como assinar em branco folhas de receituários, atestados, laudos ou quaisquer outros documentos médicos".

Como o tipo penal contém a elementar "receita médica", não há crime no fornecimento de substância medicinal em desacordo com receitas emitidas por outros profissionais da área de saúde, a exemplo dos dentistas e das parteiras, em face da vedação da analogia *in malam partem* no Direito Penal. Entretanto, embora se reconheça a incompatibilidade com o art. 280 do Código Penal, convém ressaltar a existência de hipóteses excepcionais, previstas nos arts. 30 e 37, *d*, do Decreto 20.931/1932, nas quais é autorizada a prescrição de medicamentos por dentistas e parteiras:

> Art. 30. O cirurgião-dentista somente poderá prescrever agentes anestésicos de uso tópico e medicamento de uso externo para os casos restritos de sua especialidade.
> (...)
> Art. 37. É vedado às parteiras:
> (...)
> d) prescrever medicações, salvo a que for urgentemente reclamada pela necessidade de evitar ou combater acidentes graves que comprometam a vida da parturiente, do feto ou recém-nascido.

Subsiste o delito ainda que o fornecimento da substância medicinal em descompasso com a receita médica seja benéfico ao paciente, pois o bem jurídico protegido é a saúde pública, incompatível com arbitrariedades na entrega de medicamentos. Trata-se de **crime de perigo abstrato**, no qual a lei presume o risco à saúde pública como corolário da prática da conduta legalmente descrita.[68]

3.3.14.4.1. Prescrição médica em dose excessiva: limites da atuação do farmacêutico

Se o médico prescrever determinada substância medicinal em dose excessiva, e o farmacêutico constatar o equívoco, estará autorizado a fornecer o medicamento em desacordo com a receita médica?

A resposta é negativa. Por cautela, o farmacêutico deverá consultar o médico, que retificará a receita, ou então fará declaração expressa, por escrito, de que assume a responsabilidade pela prescrição.

E se, em situação de emergência, o farmacêutico não localizar o médico para consultá-lo? Nesse caso, será facultada em caráter excepcional a correção da receita médica, sem acarretar sua responsabilização penal, em decorrência do **estado de necessidade**, causa de exclusão da ilicitude delineada no art. 24 do Código Penal.

3.3.14.4.2. Fornecimento de medicamento similar ou genérico

Nos dias atuais, os medicamentos similares e genéricos têm assumido importante papel no combate das mais variadas doenças. Questiona-se: Caracteriza-se o crime definido no art. 280 do Código Penal na hipótese em que o médico prescreve determinada substância medicinal, conhecida pelo seu nome comercial (exemplo: Novalgina), e o farmacêutico fornece

---

[68] Com opinião diversa, Bento de Faria sustenta a necessidade de o medicamento fornecido ser de pior qualidade do que o prescrito pelo médico, ou que possa prejudicar a cura da moléstia. E, para ele, se a diversidade recair sobre a quantidade da substância medicinal, é imprescindível sua idoneidade para produzir efeitos negativos à saúde. *Código Penal brasileiro comentado*. 3. ed. Rio de Janeiro: Distribuidora Record, 1961. v. VI, p. 262-263.

medicamento genérico (exemplo: dipirona sódica produzida por outro laboratório) ou similar (exemplo: Anador)?

Antes de responder à indagação, vejamos os conceitos de medicamento genérico e de medicamento similar, apresentados pela Lei 6.360/1976.

Em sintonia com o art. 3.º, inc. XX, **medicamento similar** é "aquele que contém o mesmo ou os mesmos princípios ativos, que apresenta a mesma concentração, forma farmacêutica, via de administração, posologia e indicação terapêutica e que é equivalente ao medicamento registrado no órgão federal responsável pela vigilância sanitária, podendo diferir somente em características relativas ao tamanho e forma do produto, prazo de validade, embalagem, rotulagem, excipientes e veículos, comprovada a sua eficácia, segurança e qualidade, devendo sempre ser identificado por nome comercial ou marca".

Por sua vez, **medicamento genérico**, a teor do art. 3.º, inc. XXI, é o "medicamento similar a um produto de referência ou inovador, que se pretende ser com este intercambiável, geralmente produzido após a expiração ou renúncia da proteção patentária ou de outros direitos de exclusividade, comprovada a sua eficácia, segurança e qualidade, e designado pela DCB ou, na sua ausência, pela DCI".[69]

Destarte, é fácil concluir que os medicamentos similares e genéricos possuem o mesmo princípio ativo do medicamento "original". Logo, não há falar na prática do crime tipificado no art. 280 do Código Penal, até porque seria ilógico e absurdo a legislação permitir a circulação destes medicamentos, e, ao mesmo tempo, incriminar seu fornecimento em prejuízo da população que ficaria ainda mais alijada do direito constitucional à saúde.

3.3.14.5. Sujeito ativo

O crime é **comum** ou **geral**, podendo ser cometido por qualquer pessoa. Com efeito, o tipo penal não faz referência aos farmacêuticos, nada obstante tais pessoas normalmente sejam as responsáveis pelo delito. Como destaca Flamínio Fávero:

> A lei não faz qualquer restrição; portanto, qualquer pessoa, seja formada ou não em farmácia. É de notar que o fornecimento regular só pode ser feito por quem exerce legalmente a profissão (...). Entretanto, pode haver fornecimento de substância medicinal por um prático de farmácia ou até por quem não tenha qualquer título que o habilite a manipular remédios. O resultado será um duplo crime: o do artigo 280 e o do artigo 282.[70]

3.3.14.6. Sujeito passivo

É a coletividade (**crime vago**).

3.3.14.7. Elemento subjetivo

É o dolo, independentemente de qualquer finalidade específica. A modalidade culposa é admitida pelo parágrafo único do art. 280 do Código Penal.

3.3.14.7.1. Medicamento em desacordo com receita médica e ânimo homicida

Se o sujeito possuir a intenção de matar (*animus necandi* ou *occidendi*) a vítima, fornecendo substância médica diversa da prescrita ou em dose manifestamente excessiva, estará

---

[69] DCB representa a Denominação Comum Brasileira; DCI, por sua vez, diz respeito à Denominação Comum Internacional.
[70] FÁVERO, Flamínio. *Código Penal brasileiro comentado*. São Paulo: Saraiva, 1950. v. 9, p. 140-141. Em sentido contrário, sustentando tratar-se de crime próprio ou especial: MAGALHÃES NORONHA, E. *Direito penal*. 16. ed. São Paulo: Saraiva, 1983. v. 4, p. 57.

configurado o homicídio qualificado pelo emprego de meio insidioso, a teor do art. 121, § 2.º, inc. III, do Código Penal, o qual absorve o delito de medicamento em desacordo com receita médica. O conflito aparente de normas penais é solucionado pelo princípio da consunção.

É o que se verifica, exemplificativamente, quando um farmacêutico recebe uma receita médica e, ao constatar que o produto tem como destinatário seu desafeto, fornece-lhe substância medicinal diversa, ciente da reação alérgica letal a ser provocada na vítima.

3.3.14.8. Consumação

O delito tipificado no art. 280 do Código Penal é **formal, de consumação antecipada** ou **de resultado cortado**. Consuma-se no momento do fornecimento da substância medicinal em desacordo com a receita médica, e nesse caso não há falar em perigo somente ao destinatário do medicamento, mas para toda a coletividade, pois outras pessoas podem ser prejudicadas pelo produto ilegalmente em circulação, colocando em risco a saúde pública. Além disso, o sujeito que assim se comporta revela a probabilidade de a conduta ser reiterada perante outros indivíduos. Não se exige a causação de dano efetivo a alguém.

Constitui-se também em **crime de perigo comum** e **abstrato**, pois a lei presume, de forma absoluta, a exposição a perigo da saúde de um número indeterminado de pessoas em razão da prática da conduta criminosa. Entretanto, convém destacar a existência de entendimentos em contrário, no sentido de que o delito de medicamento em desacordo com receita médica foi impropriamente alocado entre os crimes contra a saúde pública. É o que defende Rogério Greco:

> Deve ser observado, ainda, que embora o delito tipificado no art. 280 do Código Penal se encontre no rol relativo aos crimes contra a incolumidade pública, dando a entender que o comportamento levado a efeito pelo agente atinge um número indeterminado de pessoas, não é isso que ocorre com a infração penal em estudo, pois somente uma pessoa específica se vê numa situação de risco com a conduta praticada pelo agente. Nesse caso, melhor seria que o delito em questão estivesse contido no Capítulo III (Da Periclitação da Vida e da Saúde) do Título I (dos Crimes contra a Pessoa) da Parte Especial do Código Penal.[71]

3.3.14.9. Tentativa

É possível, em face do caráter plurissubsistente do delito, permitindo o fracionamento do *iter criminis*.

3.3.14.10. Ação penal

A ação penal é pública incondicionada.

3.3.14.11. Lei 9.099/1995

A pena mínima cominada ao delito previsto no art. 280 do Código Penal é de um ano. Cuida-se, portanto, de **crime de médio potencial ofensivo**, compatível com a suspensão condicional do processo, se presentes os demais requisitos exigidos pelo art. 89 da Lei 9.099/1995.

3.3.14.12. Classificação doutrinária

O medicamento em desacordo com receita médica é crime **comum** (pode ser cometido por qualquer pessoa); **formal, de consumação antecipada** ou **de resultado cortado** (consuma-se com a prática da conduta criminosa, prescindindo-se da superveniência do resultado naturalístico);

---

[71] GRECO, Rogério. *Curso de direito penal*. 6. ed. Niterói: Impetus, 2010. v. IV, p. 170.

de perigo comum e abstrato (a lei presume a situação de perigo à saúde pública); de forma livre (admite qualquer meio de execução); vago (tem como sujeito passivo um ente destituído de personalidade jurídica, qual seja, a coletividade); instantâneo (consuma-se em um momento determinado, sem continuidade no tempo); em regra comissivo; unissubjetivo, unilateral ou de concurso eventual (pode ser praticado por uma só pessoa, mas admite o concurso); e normalmente plurissubsistente (a conduta criminosa pode ser fracionada em diversos atos).

3.3.14.13. Modalidade culposa: art. 280, parágrafo único

Como estabelece o parágrafo único do art. 280 do Código Penal: "Se o crime é culposo: Pena – detenção, de dois meses a um ano". Cuida-se de infração penal de menor potencial ofensivo, de competência do Juizado Especial Criminal, sujeitando-se à transação penal e ao rito sumaríssimo, nos moldes da Lei 9.099/1995.

É o que ocorre, a título ilustrativo, na situação em que o balconista de uma drogaria, sem intenção de colocar em perigo a saúde pública, expõe a risco diversas pessoas, entregando-lhes medicamentos equivocados em face da sua negligência, pois não leu com atenção o receituário médico.

3.3.14.14. Formas qualificadas pelo resultado: art. 285 do Código Penal

O art. 285 do Código Penal determina a incidência das regras contidas em seu art. 258 ao crime de medicamento em desacordo com receita médica. Nada obstante a lei tenha utilizado a expressão "forma qualificada", cuidam-se de causas de aumento da pena.

Portanto, se do fato doloso resultar lesão corporal de natureza grave (ou gravíssima), aumentar-se-á pela metade a pena privativa de liberdade; se resultar morte, aplicar-se-á a pena em dobro. São hipóteses de crimes preterdolosos, pois o resultado agravador (lesão corporal grave ou morte) há de ser produzido a título de culpa.

Por sua vez, no caso de culpa, se do fato resulta lesão corporal, a pena aumenta-se de metade; e, se resulta morte, aplica-se a pena cominada ao homicídio culposo, aumentada de um terço. Trata-se de crime culposo agravado por resultados de igual natureza.

3.3.15. Art. 281 – Comércio, posse ou uso de entorpecente ou substância que determine dependência física ou psíquica

O art. 281 do Código Penal foi expressamente revogado pela Lei 6.368/1976 – Lei de Tóxicos. Esta última, por sua vez, foi revogada expressamente pela Lei 11.343/2006 – Lei de Drogas, a qual atualmente disciplina os ilícitos penais relativos às drogas em geral.

3.3.16. Art. 282 – Exercício ilegal da medicina, arte dentária ou farmacêutica

3.3.16.1. Dispositivo legal

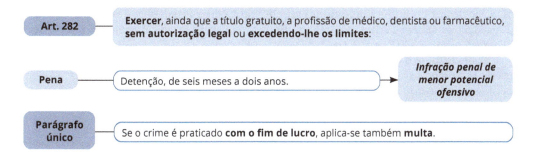

Classificação:	Informações rápidas:
Crime comum ("exercer a profissão sem autorização legal") ou próprio ("exercer a profissão excedendo-lhe os limites") Crime formal, de consumação antecipada ou de resultado cortado Crime habitual Crime de perigo comum e abstrato Crime de forma livre Crime vago Crime instantâneo Crime comissivo (regra) Crime unissubjetivo, unilateral ou de concurso eventual Crime plurissubsistente (regra)	**Objeto material:** profissão de médico, dentista ou farmacêutico (rol taxativo). Exercício ainda que a título gratuito caracteriza o crime. Exige-se ainda habitualidade. **Elemento normativo do tipo:** "sem autorização legal". Lei penal em branco homogênea (transposição dos limites da profissão – fixação em lei). **Elemento subjetivo:** dolo. Não admite modalidade culposa. **Tentativa:** não admite (habitualidade – doutrina dominante). **Ação penal:** pública incondicionada.

3.3.16.2. Fundamento constitucional

Como estatui o art. 5.º, inc. XIII, da Constituição Federal: "é livre o exercício de qualquer trabalho, ofício ou profissão, atendidas as qualificações profissionais que a lei estabelecer". Trata-se de **norma constitucional de eficácia contida**. A regra é a liberdade de trabalho, ofício ou profissão, mas o próprio constituinte originário admitiu a imposição de exigências, pelo legislador ordinário, para o desempenho de tais atividades.

Nesse contexto, há requisitos legais para o exercício da medicina, da odontologia e da atividade farmacêutica. E, levando em conta a relevância da saúde pública, o art. 282 do Código Penal acertadamente erigiu à categoria de crime a atuação ilegal relacionada a tais profissões.

3.3.16.3. Objetividade jurídica

O bem jurídico penalmente tutelado é a saúde pública.

3.3.16.4. Objeto material

É a profissão de médico, dentista ou farmacêutico. Como destaca Heleno Cláudio Fragoso:

> Os atos inerentes à profissão de médico são os que visam ao tratamento da pessoa humana, na cura ou prevenção de moléstias ou correção de defeitos físicos. A profissão de farmacêutico diz com o exercício da farmácia, que é a arte de preparar os medicamentos. A profissão de dentista tem por objeto o tratamento das moléstias dentárias.[72]

3.3.16.4.1. A discussão relativa a outras profissões e a taxatividade do art. 282 do Código Penal

O rol do art. 282, *caput*, do Código Penal é taxativo, abarcando somente o exercício ilegal da medicina, arte dentária ou farmacêutica, e nada mais.

De fato, o exercício da profissão de **médico veterinário**, sem autorização legal, não autoriza a incidência do crime tipificado no art. 282 do Código Penal, pois é vedada a utilização da analogia *in malam partem* no âmbito criminal, em respeito ao princípio da reserva legal (CF, art. 5.º, inc. XXXIX, e CP, art. 1.º).[73]

Com efeito, se o legislador desejasse tutelar a saúde pública também na esfera veterinária, deveria tê-lo feito expressamente. Como se sabe, a elementar "médico" não alcança o sujeito que desempenha atos inerentes à medicina veterinária.

---

[72] FRAGOSO, Heleno Cláudio. *Lições de direito penal*. Parte especial. São Paulo: José Bushatsky, 1959. v. 3, p. 735.

[73] No mesmo sentido: PIERANGELI, José Henrique. *Manual de direito penal brasileiro*. Parte especial. 2. ed. São Paulo: RT, 2007. v. 2, p. 657.

Igual raciocínio deve ser aplicado à atuação dos **enfermeiros**, dos **massagistas** e especialmente das **parteiras**, as quais, embora cada vez mais raras, ainda existem nos longínquos rincões brasileiros, em face da dificuldade de encontrar médicos ginecologistas e obstetras.

3.3.16.5. Núcleo do tipo

O núcleo do tipo é "**exercer**", no sentido de praticar, desempenhar ou exercitar, **ainda que a título gratuito**, a profissão de médico, dentista ou farmacêutico. A redação típica deixa claro ser prescindível o fim de lucro para a caracterização do delito. No entanto, se este for o móvel do agente, deve ser aplicada cumulativamente a pena de multa, nos termos do art. 282, parágrafo único, do Código Penal.

O verbo "exercer" é indicativo da **habitualidade** do delito. Destarte, não basta a realização de um único ato privativo do médico, dentista ou farmacêutico. Exige-se a reiteração de atos, reveladores do estilo de vida ilícito assumido pelo farsante.

O crime pode ser praticado de duas formas:

a) quando o sujeito exerce, ainda que a título gratuito, a profissão de médico, dentista ou farmacêutico, sem autorização legal. É a famosa "**falta de autorização legal**"; ou

b) quando ele a exerce, ainda que a título gratuito, excedendo-lhe os limites. Trata-se da "**transposição dos limites da profissão**".

Vejamos cada uma delas.

a) Falta de autorização legal

O agente não possui autorização legal para exercer a profissão de médico, dentista ou farmacêutico.

A expressão "sem autorização legal" representa um **elemento normativo do tipo**: o sujeito não está autorizado a desempenhar a profissão porque não possui o título que o habilite para tanto (falta de capacidade profissional), como no exemplo daquele que atende doentes em seu consultório, sem nunca ter frequentado a faculdade de medicina, ou então porque seu título, embora exista, não foi registrado perante o órgão competente (falta de capacidade legal), tal como se verifica na situação em que o graduado em ciências médicas não teve seu diploma registrado perante o Conselho Regional de Medicina respectivo.

b) Transposição dos limites da profissão

O agente possui autorização legal para exercer a medicina, arte dentária ou farmacêutica, mas extrapola os limites que a lei lhe impõe. Em outras palavras, o sujeito concluiu o curso superior de medicina, odontologia ou farmácia, e seu título encontra-se devidamente registrado perante o órgão competente, mas ele extravasa os limites da autorização para o exercício da profissão. É o que se verifica, a título ilustrativo, quando um médico ortopedista se aventura a realizar cirurgias cardíacas.

Cuida-se de **norma penal em branco homogênea**, pois é preciso analisar os limites de atuação conferidos a cada profissional pelas leis atinentes às áreas da medicina, da odontologia e da farmácia.

3.3.16.6. Sujeito ativo

No tocante à primeira conduta – "exercer, ainda que a título gratuito, a profissão de médico, dentista ou farmacêutico, sem autorização legal" –, o art. 282 do Código Penal contempla um **crime comum** ou **geral**, uma vez que pode ser cometido por qualquer pessoa. Na prática, contudo, normalmente o agente possui conhecimentos da profissão, ainda que a título precário, pois somente assim reúne condições para ludibriar um número indeterminado de pessoas, proporcionando-lhes tratamento típico daqueles que se fazem com médico, dentista ou farmacêutico.[74]

Nesse caso, apresenta-se o exercício profissional sem qualquer título de habilitação ou sem registro deste na repartição competente (Conselho Regional de Medicina, de Odontologia ou de Farmácia). Não basta o diploma universitário: exige-se ainda seu registro na repartição competente.

Por sua vez, na conduta de "exercer, ainda que a título gratuito, a profissão de médico, dentista ou farmacêutico, (...) excedendo-lhe os limites", cuida-se de crime próprio ou especial, pois somente pode ser praticado pelo médico, dentista ou farmacêutico devidamente habilitado e registrado que extrapola os quadrantes da sua atuação.

Nessa hipótese, incide o jargão popular "cada macaco no seu galho", ou, mais tecnicamente, "a cada um o seu ofício": o médico não pode atrever-se a manipular remédios, o farmacêutico não pode prescrever medicamentos, o dentista não pode meter-se a tratar câncer de boca etc.

Anote-se que o excesso apontado pelo texto legal é somente o funcional, não abrangendo o de natureza territorial (ou espacial). Exemplificativamente, o médico registrado perante o Conselho Regional de Medicina de São Paulo não praticará o delito tipificado no art. 282 do Código Penal, mas somente um ilícito administrativo, se passar a exercer sua profissão no Estado do Ceará, sem efetuar seu registro no Conselho Regional de Medicina respectivo.

3.3.16.6.1. Médico, dentista ou farmacêutico e suspensão das suas atividades

Se o médico, dentista ou farmacêutico realizar atos inerentes às suas profissões, no período em que se encontrava suspenso das suas atividades, duas situações deverão ser diferenciadas:

a) Em caso de suspensão judicial, estará caracterizado o crime de desobediência à decisão judicial sobre perda ou suspensão de direito, definido no art. 359 do Código Penal:

> Art. 359. Exercer função, atividade, direito, autoridade ou múnus, de que foi suspenso ou privado por decisão judicial:
> Pena – detenção, de três meses a dois anos, ou multa.

b) Tratando-se, porém, de suspensão administrativa, incidirá o crime de exercício de atividade com infração de decisão administrativa, tipificado no art. 205 do Código Penal:

> Art. 205. Exercer atividade, de que está impedido por decisão administrativa:
> Pena – detenção, de três meses a dois anos, ou multa.

3.3.16.6.2. A profissão de dentista exercida pelo protético

Nos termos do art. 4.º, incisos I, II e III, da Lei 6.710/1979, aos técnicos em prótese dentária é vedado prestar, sob qualquer forma, assistência direta a clientes; manter, em sua oficina, equipamento e instrumental específico de consultório dentário, bem como fazer propaganda de seus serviços ao público em geral.

---

[74] STF: HC 85.718/DF, rel. Min. Cezar Peluso, 2.ª Turma, j. 18.11.2008, noticiado no *Informativo* 529.

Consequentemente, se o técnico em prótese dentária exercer de forma habitual a profissão de dentista, a ele será imputado o crime definido no art. 282 do Código Penal. Este efeito, a propósito, consta expressamente do art. 8.º da Lei 6.710/1979.

3.3.16.7. Sujeito passivo

É a coletividade (**crime vago**) e, mediatamente, as pessoas atendidas pelo falso profissional da medicina, arte dentária ou farmacêutica.

3.3.16.8. Elemento subjetivo

É o dolo, independentemente de qualquer finalidade específica. Não se admite a modalidade culposa.

3.3.16.8.1. Exercício ilegal da medicina, arte dentária ou farmacêutica e finalidade lucrativa

Se o crime for praticado com fim de lucro, aplica-se também a pena de multa. É o que se extrai do art. 282, parágrafo único, do Código Penal. Exige-se o exercício ilegal da medicina, arte dentária ou farmacêutica com o ânimo de obter vantagem ou benefício econômico, a exemplo do que se verifica nas atividades remuneradas. Pela redação do dispositivo legal, é fácil perceber ser bastante a finalidade lucrativa, pouco importando venha esta a ser alcançada ou não.

3.3.16.8.2. Atos praticados em situações emergenciais ou na falta de profissionais habilitados (estado de necessidade) e pequenos auxílios no âmbito familiar (ausência de dolo)

Não há crime, em razão da incidência da causa excludente da ilicitude atinente ao **estado de necessidade** (CP, arts. 23, inc. I, e 24), nas situações em que uma pessoa, sem estar devidamente habilitada para o exercício da profissão, desempenha atividade inerente aos médicos, dentistas ou farmacêuticos, **quando ausentes tais profissionais**, para salvar de perigo atual, que não provocou por sua vontade, nem podia de outro modo evitar, direito alheio, cujo sacrifício, nas circunstâncias, não era razoável exigir.

Visualiza-se um nítido conflito de interesses: de um lado, a tutela da saúde pública, pois não se permite o exercício da medicina, arte dentária ou farmacêutica por pessoas não habilitadas e legitimamente autorizadas para tais misteres; de outro lado, a proteção da vida ou da integridade física de indivíduos desamparados por profissionais da área de saúde. Para a solução desse entrave, deve prevalecer o bem jurídico de maior importância. E, sem dúvida alguma, no cotejo de valores sobressai como mais relevante a vida ou a integridade física do ser humano.

Pensemos em um exemplo: "A", estudante de medicina em uma grande cidade e "mochileiro" no período de férias, sai em viagem pelos pontos mais isolados do Brasil. Ao chegar em uma comunidade situada no meio de uma floresta, depara-se com uma situação alarmante, na qual diversas crianças enfrentam graves crises de diarreia e vômitos, e descobre que não há sequer um profissional da medicina nas proximidades. Preocupado, "A" decide atender e medicar as crianças, promovendo a cura de todas elas, além de orientar seus pais a enfrentar tais problemas.[75]

Questiona-se: No exemplo narrado, "A" praticou o crime descrito no art. 282 do Código Penal? A resposta há de ser negativa, em face do reconhecimento do estado de necessidade.

---

[75] O exemplo pode ser facilmente adaptado para os dentistas e farmacêuticos.

Com efeito, entre manter a situação de risco à vida de crianças indefesas e optar pela atuação de boa-fé de pessoa disposta a evitar maiores sofrimentos em terceiros, mesmo sem possuir autorização legal para o exercício da medicina, não há dúvida que esta última posição, além de mais humana, é também juridicamente a mais acertada.

Também não há crime, **agora por ausência de dolo**, nos pequenos auxílios prestados a enfermos no âmbito do recinto familiar. É o que ocorre, exemplificativamente, com a mãe de família que habitualmente ministra aos seus filhos xaropes caseiros para cura de resfriados. Nessas situações, indiscutivelmente há crime do ponto de vista objetivo, pois encontram-se presentes as elementares do art. 282, *caput*, do Código Penal. Mas não se nega, sob o prisma subjetivo, a ausência de dolo, indispensável para a concretização da conduta criminosa. Acerca desse assunto, Nélson Hungria invoca uma marcante passagem histórica:

> Quando da elaboração da lei francesa repressiva do exercício ilegal da medicina, o senador Hervé de Saisy indagava: "Será que ireis também processar, atingir, no lar doméstico, a mãe de família que, na ausência de um médico, ou não dispondo do suficiente em sua bolsa para chamá-lo, ou se encontre em circunstâncias que lhe acarretam a impossibilidade de recorrer a ele, preenche o dever sagrado de tratar de seu marido, de seus filhos ou de seus velhos pais, ainda que habitualmente, pois tal dever é de todos os dias e de todos os instantes?". O decano Brouardel, presente como comissário do Governo, deu resposta imediata: "Jamais de la vie, sous aucun pretexte!".[76]

3.3.16.9. Consumação

O exercício ilegal da medicina, arte dentária ou farmacêutica é **crime habitual**. O núcleo do tipo – "exercer" – autoriza a conclusão no sentido de que o delito somente se consuma com a prática reiterada e uniforme da conduta legalmente descrita, de modo a revelar o estilo de vida ilícito adotado pelo agente. Destarte, um ato isoladamente considerado é penalmente irrelevante, como no exemplo do estudante de medicina que realiza uma única consulta em seu pai, inclusive ministrando-lhe medicamentos.

Se assim não fosse, cada ato isoladamente considerado representaria um crime autônomo, e a totalidade deles poderia caracterizar a continuidade delitiva, nos moldes do art. 71, *caput*, do Código Penal. Mas, como corolário da nota da habitualidade, a reiteração de atos importa na configuração de um único crime.

No entanto, ao contrário do que uma análise precipitada pode revelar, a habitualidade não se condiciona à pluralidade de "pacientes": os repetidos atos de tratamento de um doente, um só que seja, são aptos a concretizá-la. Vislumbra-se o exercício ilegal da medicina, arte dentária ou farmacêutica, portanto, tanto quando o sujeito atende diversas pessoas, ainda que no mesmo dia, ou então um único indivíduo, continuadamente.

Cuida-se também de **crime formal**, **de consumação antecipada** ou **de resultado cortado**: consuma-se com a prática reiterada da conduta prevista no art. 282, *caput*, do Código Penal, prescindindo-se da superveniência do resultado naturalístico, ou seja, da provocação de mal a quem quer que seja.

A propósito, o exercício ilegal da medicina, arte dentária ou farmacêutica igualmente desponta como **crime de perigo comum** e **abstrato**, pois a lei presume, de forma absoluta, o risco à saúde de pessoas indeterminadas como desdobramento da conduta criminosa. Logo, ainda que o atendimento prestado seja de alto nível e proporcione resultado eficaz, o crime estará consumado. Como já decidido pelo Superior Tribunal de Justiça:

---

[76] HUNGRIA, Nélson. *Comentários ao Código Penal*. 2. ed. Rio de Janeiro: Forense, 1959. v. IX, p. 151. A expressão francesa comporta a seguinte tradução: "Jamais na vida, sob pretexto algum!".

O tipo penal previsto no art. 282 do Código Penal (exercício ilegal da medicina, arte dentária ou farmacêutica) pune a conduta daquele que sem autorização legal, é dizer, sem qualquer título de habilitação ou sem registro deste na repartição competente (Nelson Hungria in "Comentários ao Código Penal – Volume IX", Ed. Forense, 2.ª edição, 1959, página 145), ou ainda, exorbitando os limites desta, exerce, ainda que a título gratuito, a profissão de médico, dentista ou farmacêutico. Trata-se de crime de perigo abstrato, habitual, que procura tutelar a saúde pública do dano que pode resultar do exercício ilegal e abusivo da medicina, bem como da arte dentária ou farmacêutica (Heleno Cláudio Fragoso in "Lições de Direito Penal – Parte Especial – Volume II", Ed. Forense, 1.ª edição, 1989, página 275).[77]

3.3.16.10. Tentativa

A doutrina amplamente majoritária sustenta a inadmissibilidade do *conatus*, com um argumento bastante simples: o exercício ilegal da medicina, arte dentária ou farmacêutica é crime habitual, e delitos desta estirpe são incompatíveis com a tentativa.

Com o devido respeito, acreditamos que esse raciocínio, generalizado e extremamente simplista, deva ser rechaçado. Em nossa opinião, os crimes habituais são, **em regra**, contrários à figura da tentativa. Todavia, o caso concreto pode, **excepcionalmente**, revelar o cabimento do *conatus*, especialmente no terreno do crime previsto no art. 282 do Código Penal. Pensemos em um exemplo.

Um professor de determinado curso preparatório para concursos públicos é procurado por um aluno inquieto às vésperas da prova. Com o propósito de ajudá-lo, o docente prescreve ao candidato um medicamento que utilizou durante seu período de estudos, destinado a acalmá-lo e permitir seu descanso noturno. O método funciona, o aluno obtém êxito no exame e rapidamente a fama do professor se espalha nos corredores da instituição de ensino.

O mestre, seduzido pela possibilidade de ganhar muito dinheiro, começa a anunciar aos quatros ventos que, além de bacharel em Direito, é também formado em Medicina. Como passa a ser cada vez mais procurado pelos desesperados alunos, o professor decide instalar, em frente ao curso em que leciona, uma clínica médica, com atuação exclusiva na cura de problemas que acometem os concursandos em geral: ansiedade, insônia, sensação de impotência, falhas na memória etc.

Antes da inauguração do consultório "médico", o farsante veicula inúmeros comerciais dos seus trabalhos, em jornais, revistas, rádio e televisão. Consequentemente, centenas de consultas são agendadas e pagas com antecedência. No primeiro dia de funcionamento da clínica, diversas pessoas aguardam ansiosas o atendimento na sala de espera. Quando o golpista está examinando o primeiro paciente, a polícia invade o local e efetua sua prisão em flagrante.

Nesse exemplo, é indiscutível a finalidade de exercer, com habitualidade, o exercício ilegal da medicina. Houve somente um ato privativo de médico, sem reiteração. O sujeito iniciou a execução do delito, e somente não o consumou por circunstâncias alheias à sua vontade. Fica nítida, portanto, a tentativa do crime tipificado no art. 282 do Código Penal.

3.3.16.11. Ação penal

A ação penal é pública incondicionada.

3.3.16.12. Lei 9.099/1995

Em face do máximo da pena privativa de liberdade cominada (dois anos), o exercício ilegal da medicina, arte dentária ou farmacêutica constitui-se em **infração penal de menor potencial ofensivo**, de competência do Juizado Especial Criminal e compatível com a transação penal e o rito sumaríssimo, em consonância com as regras estatuídas pela Lei 9.099/1995.

---

[77] HC 139.667/RJ, rel. Min. Felix Fischer, 5.ª Turma, j. 17.12.2009.

3.3.16.13. Classificação doutrinária

O exercício ilegal da medicina, arte dentária ou farmacêutica é crime **comum** (na conduta de exercer a profissão sem autorização legal) ou **próprio** (na modalidade de exercer a profissão excedendo-lhe os limites); **formal, de consumação antecipada** ou **de resultado cortado** (consuma-se com a prática da conduta criminosa, prescindindo-se da superveniência do resultado naturalístico); **habitual** (reclama a reiteração de atos indicativos do estilo de vida ilícito do agente); **de perigo comum** e **abstrato** (a lei presume a situação de perigo à saúde pública); **de forma livre** (admite qualquer meio de execução); **vago** (tem como sujeito passivo um ente destituído de personalidade jurídica, qual seja, a coletividade); **instantâneo** (consuma-se em um momento determinado, sem continuidade no tempo); em regra **comissivo**; **unissubjetivo, unilateral ou de concurso eventual** (pode ser praticado por uma só pessoa, mas admite o concurso); e normalmente **plurissubsistente** (a conduta criminosa pode ser fracionada em diversos atos).

3.3.16.14. Formas qualificadas pelo resultado: art. 285 do Código Penal

O art. 285 do Código Penal determina a incidência das regras contidas em seu art. 258 ao crime de exercício ilegal da medicina, arte dentária ou farmacêutica. Nada obstante o legislador tenha empregado a expressão "forma qualificada", cuidam-se de **causas de aumento da pena**.

Destarte, se do fato doloso resultar lesão corporal de natureza grave (ou gravíssima), aumentar-se-á pela metade a pena privativa de liberdade; se resultar morte, aplicar-se-á a pena em dobro. São hipóteses de **crimes preterdolosos**, pois o resultado agravador (lesão corporal grave ou morte) há de ser produzido a título de culpa.

3.3.16.15. A questão relativa à falsificação do diploma universitário para o exercício ilegal da profissão

A falsificação do diploma universitário, visando o exercício ilegal da medicina, arte dentária ou farmacêutica, é absorvida pelo crime previsto no art. 282 do Código Penal, pois funciona como meio de execução para a prática do crime contra a saúde pública. O conflito aparente de leis penais é solucionado pelo princípio da consunção. Em sintonia com a jurisprudência do Superior Tribunal de Justiça:

> Falsificação de documento público. Exercício ilegal da medicina. (...) Consunção do falso pelo crime previsto no art. 282 do Código Penal. Ocorrência. (...) A falsificação de documentos públicos (diploma de conclusão do curso superior de medicina) visando ao exercício ilegal da profissão de médico, consubstanciado no requerimento de exames clínicos, prescrição de medicamentos e realização de plantões médicos em hospital, constitui crime-meio, que deve ser absorvido pelo crime-fim, pois a falsificação em questão se exauriu no exercício ilegal da medicina, sem mais potencialidade lesiva.[78]

3.3.16.16. Concurso de crimes entre exercício ilegal da medicina, arte dentária ou farmacêutica e curandeirismo

É possível falar em concurso de crimes na hipótese em que o agente exerce o curandeirismo e também pratica atos inerentes aos profissionais da medicina ou da arte dentária ou farmacêutica, sem possuir habilitação para tanto? Há duas posições sobre o assunto.

Para o Supremo Tribunal Federal, é vedado o reconhecimento do concurso de crimes, pois o curandeirismo e o exercício ilegal da medicina, arte dentária ou farmacêutica são delitos logicamente incompatíveis entre si:

---

[78] STJ: HC 138.221/RS, rel. Min. Laurita Vaz, 5.ª Turma, j. 27.09.2009.

(...) assentou-se a contradição lógico-jurídica intrínseca às condenações impostas aos pacientes, porquanto os delitos imputados excluem-se mutuamente, já que, no crime previsto no art. 282 do CP, exige-se que o agente apresente aptidões ou conhecimentos médicos, ainda que sem a devida autorização legal para exercer o respectivo ofício, enquanto, para se configurar o do art. 284, é necessário que o sujeito ativo seja pessoa inculta ou ignorante.[79]

Com entendimento diverso, o Superior Tribunal de Justiça admite o concurso de crimes, afastando inclusive o *bis in idem* e o princípio da consunção, pois não há falar em conflito aparente de leis penais:

> Embora o curandeirismo seja prática delituosa típica de pessoa rude, sem qualquer conhecimento técnico-profissional da medicina e que se dedica a prescrever substâncias ou procedimentos com o fim de curar doenças, não se pode descartar a possibilidade de existência do concurso entre tal crime e o de exercício ilegal de arte farmacêutica, se o agente também não tem habilitação profissional específica para exercer tal atividade. Reconhecida a prática de duas condutas distintas e independentes, não há como se proclamar ilegal a condenação por cada uma delas, não se mostrando, *in casu*, ter havido *bis in idem* ou indevida atribuição de concurso de crimes, não cabendo, ainda, aplicação da consunção entre os delitos.[80]

3.3.16.17. Concurso de crimes entre exercício ilegal da medicina, arte dentária ou farmacêutica e tráfico de drogas: possibilidade

Para a prática do crime tipificado no art. 282 do Código Penal, é suficiente o exercício ilegal da medicina, arte dentária ou farmacêutica. Não é preciso seja prescrita ou ministrada alguma droga para o tratamento de moléstia da qual o enfermo seja portador. Mas, se isso ocorrer, o sujeito deverá responder pelo crime contra a saúde pública e pelo tráfico de drogas (Lei 11.343/2006, art. 33, *caput*), em concurso formal, pois tais delitos são perfeitamente compatíveis entre si. Na linha da jurisprudência do Superior Tribunal de Justiça:

> Não existe a vinculação necessária, que se pretende estabelecer, da prática do crime previsto no art. 282 do Código Penal com o crime de tráfico de drogas. De fato, não se exige para a configuração do crime de exercício ilegal da medicina que o agente prescreva substância tida pela legislação como droga para os fins da Lei n.º 11.343/2006. O vulgar exercício da medicina por parte daquele que não possui autorização legal para tanto é suficiente para a delimitação do tipo em destaque. Se o agente ao exercer irregularmente a medicina ainda prescreve droga, resta configurado, em tese, conforme já reconhecido por esta Corte em outra oportunidade (HC 9.126/GO, 6.ª Turma, Rel. Min. Hamilton Carvalhido, DJ de 13/08/2001), o concurso formal entre o art. 282 do Código Penal e o art. 33, *caput*, da Lei n.º 11.343/2006.[81]

3.3.16.18. Art. 282 do Código Penal e art. 47 da Lei das Contravenções Penais: distinção

O art. 47 do Decreto-lei 3.688/1941 – Lei das Contravenções Penais possui a seguinte redação:

> **Art. 47.** Exercer profissão ou atividade econômica ou anunciar que a exerce, sem preencher as condições a que por lei está subordinado o seu exercício:
> Pena – prisão simples, de quinze dias a três meses, ou multa.

---

[79] HC 85.718/DF, rel. Min. Cezar Peluso, 2.ª Turma, j. 18.11.2008, noticiado no *Informativo* 529.
[80] HC 36.244/DF, rel. Min. José Arnaldo da Fonseca, 5.ª Turma, j. 22.02.2005.
[81] HC 139.667/RJ, rel. Min. Felix Fischer, 5.ª Turma, j. 17.12.2009.

No art. 282 do Código Penal o bem jurídico protegido é a saúde pública, pois o comportamento ilícito atinge a profissão de médico, dentista ou farmacêutico. Por seu turno, o art. 47 do Decreto-lei 3.688/1941 está inserido no capítulo relativo às contravenções relativas à organização do trabalho.

Destarte, incide a mencionada contravenção penal ao profissional – **com exceção do médico, dentista ou farmacêutico** – que exerce suas atividades, ou anuncia exercê-las, sem preencher as condições a que por lei está subordinado o seu exercício. É o que se dá com o bacharel em Direito que advoga sem estar regularmente inscrito nos quadros da Ordem dos Advogados do Brasil.

3.3.16.19. A atipicidade do exercício da acupuntura

A prática da acupuntura constitui-se em fato atípico. Não se pode falar na caracterização do crime tipificado no art. 282 do Código Penal, pois tal atividade não é regulamentada pela legislação federal como exclusiva dos profissionais da medicina. Na linha da jurisprudência do Superior Tribunal de Justiça:

> O exercício da acupuntura não configura o delito previsto no art. 282 do CP (exercício ilegal da medicina, arte dentária ou farmacêutica). É cediço que o tipo penal descrito no art. 282 do CP é norma penal em branco e, por isso, deve ser complementado por lei ou ato normativo em geral, para que se discrimine e detalhe as atividades exclusivas de médico, dentista ou farmacêutico. Segundo a doutrina, "A complementação do art. 282 há de ser buscada na legislação federal que regulamenta as profissões de médico, dentista ou farmacêutico. Dispõem sobre o exercício da medicina a Lei n. 3.268, de 20.09.57, e o Dec. n. 20.931, de 11.01.32". Das referidas leis federais, observa-se que não há menção ao exercício da acupuntura. Nesse passo, o STJ reconhece que não há regulamentação da prática da acupuntura, sendo da União a competência privativa para legislar sobre as condições para o exercício das profissões, consoante previsto no art. 22, XVI, da CF (RMS 11.272-RJ, Segunda Turma, DJ 4/6/2001). Assim, ausente complementação da norma penal em branco, o fato é atípico.[82]

3.3.17. Art. 283 – Charlatanismo

3.3.17.1. Dispositivo legal

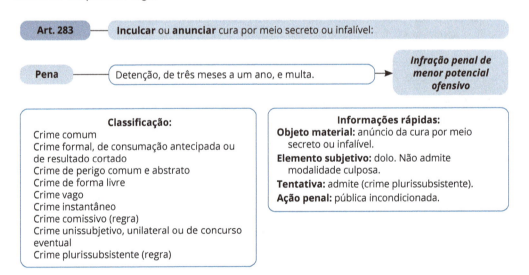

---

[82] RHC 66.641/SP, rel. Min. Nefi Cordeiro, 6.ª Turma, j. 03.03.2016, noticiado no *Informativo* 578.

3.3.17.2. Objetividade jurídica

O bem jurídico penalmente tutelado é a saúde pública. O anúncio da falsa cura muitas vezes acarreta a decisão de pessoas ingênuas no sentido de ser desnecessário o auxílio médico para proceder ao tratamento convencional da doença, resultando em riscos para a saúde ou mesmo para a vida.

3.3.17.3. Objeto material

É o anúncio da cura por meio secreto ou infalível. **Cura secreta** é o tratamento de doença de maneira oculta, mediante a utilização de procedimentos ignorados pelas ciências médicas. **Cura infalível**, por sua vez, é o tratamento plenamente eficaz, apto a restabelecer, inevitavelmente, a saúde do paciente.

3.3.17.4. Núcleos do tipo

O tipo penal contém dois núcleos: "inculcar" e "anunciar". Trata-se de **tipo misto alternativo**, **crime de ação múltipla** ou **de conteúdo variado**, pois o tipo penal contém dois núcleos, e a prática de ambos, no tocante ao mesmo objeto material e no mesmo contexto fático, configura um único delito.

Inculcar é aconselhar, apregoar, sugerir; **anunciar** é noticiar, divulgar pelos mais variados meios (panfletos, cartazes, rádio, televisão etc.). Com efeito, incide no art. 283 do Código Penal aquele que apregoa ou divulga tratamento de doença mediante cura secreta ou infalível. Para Flamínio Fávero, o termo charlatanismo:

> (...) parece vir do italiano *ciarlare* que quer dizer *taramelar, parlar, falar muito, tagalerar, conversar*. De início, parece que só isso satisfazia os charladores. Enchiam o seu tempo e dos ouvintes, mais ou menos agradavelmente, conversando apenas. É como quem diz "conversando fiado" ou "dando ponto sem nós". Depois, esses charladores julgaram de bom aviso unir o útil ao agradável e, então, vendiam drogas, apregoando-as com exagero: são os pontos com nós (...) Mas a concorrência na luta pela vida é cada vez mais intensa. Daí, para a vitória, não bastou mais o exagero dos preconícios, envolvidos ainda de certa licitude e moralidade. Achou-se razoável prometer mais do que seria possível, oferecer coisas inexistentes, usar a embusteirice e a impostura (...). Cabe-lhe curar algumas vezes, aliviar muitas e consolar sempre. Mas isto, que satisfaria a medicina, não acalma os anseios da maioria dos homens. Então surge a medicina desonesta. Os homens querem, mais do que o alívio e o consolo, a cura, e por qualquer preço. E assim confiam em tudo que sejam promessas. E estimulam mesmo essas promessas, embora saibam que, às vezes, oferecem apenas embusteirice e impostura (...) É o terreno propício para os charlatães que medram como os cogumelos no terreno úmido e sombrio.[83]

Destarte, a ilicitude do comportamento reside no segredo e na infalibilidade da cura de determinada doença, pois às ciências médicas não é dado prometê-la por meios secretos, tampouco anunciar procedimento que inevitavelmente irá alcançá-la. É sabido, a propósito, que a medicina, em sua grande parte, é considerada atividade-meio, e não atividade-fim.

3.3.17.5. Sujeito ativo

O crime é **comum** ou **geral**, podendo ser cometido por qualquer pessoa, inclusive pelos profissionais da área da saúde (médicos, enfermeiros, fisioterapeutas, dentistas, farmacêuticos etc.).

---

[83] FÁVERO, Flamínio. *Código Penal brasileiro comentado*. São Paulo: Saraiva, 1950. v. 9, p. 194.

3.3.17.6. Sujeito passivo

É a coletividade (**crime vago**).

3.3.17.7. Elemento subjetivo

É o dolo, independentemente de qualquer finalidade específica. O sujeito deve possuir ciência da falsidade do meio secreto ou infalível por ele inculcado ou anunciado, pois nesse ponto repousa sua fraude. Mas não se exige a finalidade de obtenção de vantagem econômica, malgrado esta seja normalmente a meta buscada pelo charlatão. Com entendimento diverso, assim se manifesta Guilherme de Souza Nucci:

> Não vemos necessidade de se exigir do agente que saiba que seu método não é infalível ou ineficaz. Ainda que seja um crédulo no que faz, o fato é que não deve assim proceder, por colocar em risco a saúde pública, podendo levar pessoas a não se tratarem em outros locais para se aventurarem em seara desconhecida e perigosa. A vontade, pois, deve voltar-se a divulgar cura por método infalível, creia nisso ou não.[84]

Não se admite a modalidade culposa.

3.3.17.7.1. Charlatanismo e exercício ilegal da medicina: distinção

Os crimes de charlatanismo e de exercício ilegal da medicina (CP, art. 282) não se confundem. Aquele é de natureza instantânea e pode ser cometido inclusive pelo médico; este é habitual e, via de regra, não pode ter o profissional da medicina como sujeito ativo.[85] Mas não para por aí. O ponto fundamental que os diferencia repousa no elemento subjetivo, e foi assim explicado por Nélson Hungria:

> Entre aquele que exerce ilegalmente a medicina e o "charlatão" a diferença é a seguinte: o primeiro acredita na eficácia do tratamento que aconselha ou aplica (indicado, aliás, ou não desaprovado pela ciência oficial, desde que prescrito por médico), ao passo que o segundo é um *insincero*, sabendo que nenhum efeito curativo pode ter o tratamento que inculca ou anuncia (as mais das vezes consistente em alguma *panaceia* não oficializada ou sem as virtudes atribuídas). Ainda mais: o agente do charlatanismo pode ser, e frequentemente o é, até mesmo um médico profissional e legalmente habilitado, que se torna, assim, um infrator consciente do código de ética da classe médica.[86]

3.3.17.7.2. Charlatanismo e estelionato: diferença e concurso de crimes

O charlatanismo, cuja nota característica é a fraude, guarda muita afinidade com o estelionato. Cuida-se de autêntico "estelionato contra a saúde pública". Como leciona Magalhães Noronha: "A expressão vem do latim *ciarlare*, que significa falar muito, tagarelar, parlar etc. É o crime do 'conversa-fiada', do que, com lábia, ilude os incautos, fazendo-os crer em curas maravilhosas, em processos infalíveis etc.".[87]

De qualquer modo, o legislador decidiu inserir o charlatanismo de forma autônoma no rol dos crimes contra a saúde pública, e não entre os delitos patrimoniais, por duas razões:

a) embora seja a regra geral, nem sempre o sujeito é movido pela intenção de obter vantagem ilícita em prejuízo alheio; e

---

[84] NUCCI, Guilherme de Souza. *Código Penal comentado*. 10. ed. São Paulo: RT, 2010. p. 1.034.
[85] O médico somente pode cometer o crime tipificado no art. 282 do Código Penal quando excede os limites da profissão.
[86] HUNGRIA, Nélson. *Comentários ao Código Penal*. 2. ed. Rio de Janeiro: Forense, 1959. v. IX, p. 152.
[87] MAGALHÃES NORONHA, E. *Direito penal*. 16. ed. São Paulo: Saraiva, 1983. v. 4, p. 69.

b) sua prática implica perigo à saúde pública, pois diversas pessoas deixam de receber tratamento médico adequado pelo fato de acreditarem na "conversa-fiada" do charlatão.

Entretanto, se o falsário, além de inculcar ou anunciar cura por meio secreto ou infalível, também obtiver vantagem ilícita em prejuízo alheio, a ele serão imputados os crimes de charlatanismo e estelionato, em concurso material, pois há ofensa a bens jurídicos diversos, quais sejam, a saúde pública e o patrimônio. É o que se verifica, a título ilustrativo, quando um golpista anuncia a cura da Aids ou do câncer mediante o consumo de um chá especial, que vem a ser vendido aos interessados por elevado preço.

3.3.17.8. Consumação

O charlatanismo é crime formal, de consumação antecipada ou de resultado cortado. Consuma-se com o ato de inculcar ou anunciar a cura por meio secreto ou infalível, pouco importando se a pessoa enferma venha ou não a ser efetivamente "tratada" pelo charlatão. É também crime de perigo comum e abstrato, pois a lei presume, de forma absoluta, a situação de risco a pessoas indeterminadas como consequência da prática da conduta ilícita.

Trata-se de crime instantâneo, e não de crime habitual. Portanto, é dispensável a reiteração do comportamento para a configuração do charlatanismo. Basta um único anúncio fraudulento de cura para o aperfeiçoamento do delito.

3.3.17.9. Tentativa

É possível, em face do caráter plurissubsistente do delito, permitindo o fracionamento do *iter criminis*.

3.3.17.10. Ação penal

A ação penal é pública incondicionada.

3.3.17.11. Lei 9.099/1995

O charlatanismo é infração penal de menor potencial ofensivo. A pena privativa de liberdade cominada em seu patamar máximo (um ano) autoriza a transação penal e o rito sumaríssimo, incluindo o delito na competência do Juizado Especial Criminal.

3.3.17.12. Classificação doutrinária

O charlatanismo é crime comum (pode ser cometido por qualquer pessoa); formal, de consumação antecipada ou de resultado cortado (consuma-se com a prática da conduta criminosa, prescindindo-se da superveniência do resultado naturalístico); de perigo comum e abstrato (a lei presume a situação de perigo à saúde pública); de forma livre (admite qualquer meio de execução); vago (tem como sujeito passivo um ente destituído de personalidade jurídica, qual seja, a coletividade); instantâneo (consuma-se em um momento determinado, sem continuidade no tempo); em regra comissivo; unissubjetivo, unilateral ou de concurso eventual (pode ser praticado por uma só pessoa, mas admite o concurso); e normalmente plurissubsistente (a conduta criminosa pode ser fracionada em diversos atos).

3.3.17.13. Formas qualificadas pelo resultado: art. 285 do Código Penal

O art. 285 do Código Penal determina a incidência das regras contidas em seu art. 258 ao crime de charlatanismo. Embora o legislador tenha empregado a expressão "forma qualificada", cuidam-se de causas de aumento da pena.

Portanto, se do fato doloso resultar lesão corporal de natureza grave (ou gravíssima), aumentar-se-á pela metade a pena privativa de liberdade; se resultar morte, aplicar-se-á a pena em dobro. São hipóteses de **crimes preterdolosos**, pois o resultado agravador (lesão corporal grave ou morte) há de ser produzido a título de culpa.

3.3.18. Art. 284 – Curandeirismo

3.3.18.1. Dispositivo legal

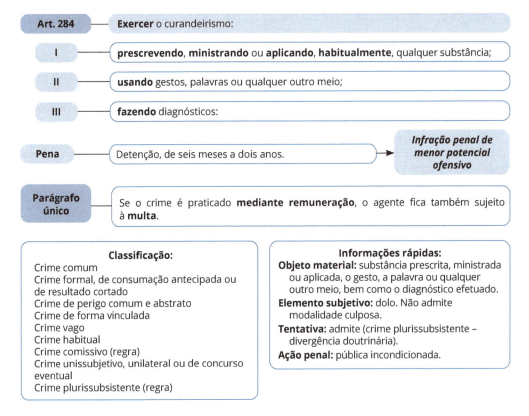

3.3.18.2. Objetividade jurídica

O bem jurídico penalmente tutelado é a saúde pública.

3.3.18.3. Objeto material

É a **substância prescrita** (matéria receitada, determinada ou indicada), **ministrada** (prestada, fornecida ou servida) ou **aplicada** (empregada, administrada), o **gesto** (movimento corporal, especialmente dos membros superiores e da cabeça, que pode servir para manifestar ideias ou sentimentos), a **palavra** ou **qualquer outro meio** (fórmula residual), bem como o **diagnóstico** efetuado (avaliação do problema ostentado por alguém).

3.3.18.4. Núcleo do tipo

O núcleo do tipo é "**exercer**", no sentido de desempenhar ou praticar determinado comportamento com **habitualidade**. Com efeito, o verbo "exercer" é indicativo da reiteração de atos, razão pela qual a realização isolada da conduta legalmente descrita não constitui o delito.

Curandeirismo, por seu turno, é a prática consistente no ato de restabelecer a saúde alheia por pessoa a quem não é atribuída função, capacidade ou poder para tal fim. Em regra, é realizada por indivíduo sem qualquer título ou idoneidade técnica ou profissional para alcançar a cura. A atividade do curandeiro não precisa ser completamente inovadora e totalmente falha, de modo a permitir que somente as pessoas menos esclarecidas possam cair no golpe.

Cuida-se de **crime de forma vinculada**, pois o tipo penal arrola expressamente seus meios de execução. Vejamos.

Inciso I – prescrevendo, ministrando ou aplicando, habitualmente, qualquer substância

Prescrever é receitar ou recomendar; **ministrar** equivale a entregar para consumir ou inocular; e **aplicar** tem o sentido de empregar ou utilizar. As ações ligam-se a "**qualquer substância**", de origem vegetal, animal ou mineral (exemplos: pomadas, líquidos, tripas de animais, penas de aves etc.), seja ou não nociva à saúde humana pois, nada obstante sua inocuidade, ela impede ou retarda o tratamento correto do enfermo pelo profissional da área de saúde.

O dispositivo legal enfatiza a necessidade de qualquer dos comportamentos ser realizado de forma habitual. Cumpre destacar, contudo, ser esta condição intrínseca a todas as modalidades do crime de curandeirismo, pois o tipo penal utiliza no *caput* o verbo "exercer".

Inciso II – usando gestos, palavras ou qualquer outro meio

Gestos consistem no emprego de movimentos corporais, especialmente dos membros superiores e da cabeça, que podem servir para manifestar ideias ou sentimentos, a exemplo dos passes, atitudes e posturas. **Palavras** são os meios utilizados para facilitar a comunicação interpessoal, mediante linguagem escrita ou falada, tais como as rezas, benzeduras, encomendações e esconjuros.

Além disso, o legislador socorreu-se mais uma vez da interpretação analógica (ou *intra legem*), empregando a expressão "**ou qualquer outro meio**" para abarcar atos análogos aos gestos e às palavras, criados pela imaginação humana e impossíveis de serem esgotados no plano abstrato (exemplo: telepatia).

No inciso II do art. 284 do Código Penal, impera a superstição das pessoas, independentemente da sua classe social, raça, origem ou nacionalidade. A força e a autoridade do curandeiro não existiriam sem os supersticiosos. A propósito, é raro encontrar alguém que não tenha sua superstição: sexta-feira 13, gato preto em noite de lua cheia, passar por baixa de escada, descer da cama ao acordar e pisar com o pé direito, e assim por diante. Nessa linha de raciocínio, Magalhães Noronha apresenta técnicas corriqueiras dos curandeiros:

> Para a facilitação do parto, deve a mulher calçar os sapatos do marido e pôr seu chapéu. Picada de cobra é curada com água benta pelo curandeiro com um ramo de alecrim. Tosse rebelde (coqueluche) com chá de fezes secas de cachorro. A febre é extinta abrindo-se ao meio uma pomba e *calçando-a* no pé da criança. O sangue é estancado com a aplicação de teia de aranha. E assim outras práticas imbecis.[88]

Inciso III – fazendo diagnósticos

Nessa hipótese, o comportamento ilícito reduz-se a fazer diagnósticos, ato privativo do médico, mediante a constatação de uma doença ou enfermidade pelos seus sintomas ou sinais característicos. Assim agindo, o curandeiro retarda a cura ou o tratamento de uma doença, comprometendo a saúde e até mesmo a vida do enfermo. É o caso daquele que identifica um câncer no crânio como uma simples dor de cabeça, impedindo a terapia eficaz e, no mais das vezes, a preservação da vida humana.

---

[88] MAGALHÃES NORONHA, E. *Direito penal*. 16. ed. São Paulo: Saraiva, 1983. v. 4, p. 79.

3.3.18.5. Sujeito ativo

O curandeirismo é **crime comum** ou **geral**. Pode ser cometido por qualquer pessoa desprovida de conhecimentos médicos.[89]

3.3.18.6. Sujeito passivo

É a coletividade (**crime vago**).

3.3.18.7. Elemento subjetivo

É o dolo, independentemente de qualquer finalidade específica. Prescinde-se da cupidez, ou seja, da intenção de alcançar vantagem indevida em consequência da conduta ilícita. De fato, o proceder gratuito do curandeiro não desnatura o crime, pois o bem jurídico protegido é a saúde pública, pouco importando eventual lucro do agente.

Não se admite a modalidade culposa.

3.3.18.7.1. Atuação remunerada e aplicação cumulativa da pena de multa: art. 284, parágrafo único

Se o curandeirismo for praticado mediante remuneração, e é isto o que normalmente acontece, incidirá também a pena de multa. A lei fere no bolso o sujeito ganancioso. É o que se extrai da leitura do art. 284, parágrafo único, do Código Penal.

3.3.18.8. Consumação

O curandeirismo é **crime habitual**. Sua consumação reclama a prática reiterada de qualquer dos atos descritos no art. 284 do Código Penal, demonstrando um estilo de vida ilícito por parte do agente. A propósito, confira-se o exemplo fornecido pelo Superior Tribunal de Justiça: "O curandeirismo ficou comprovado com a habitualidade com que o réu ministrava os 'passes' e obrigava, adultos e menores, a ingerirem sangue de animais e bebida alcoólica, colocando em perigo a saúde e levando os adolescentes à dependência do álcool".[90]

Com efeito, um único ato, ou mesmo poucos atos isoladamente considerados, não caracterizam o delito. Exemplificativamente, é atípica a conduta daquele que, com a intenção de ajudar um amigo enfermo, prescreve-lhe uma só vez uma erva supostamente dotada de propriedades medicinais.

Se cada ato isolado acarretasse a configuração do delito, o curandeirismo não seria crime habitual. Na verdade, existiriam diversos crimes de curandeirismo, em continuidade delitiva, nos termos do art. 71, *caput*, do Código Penal.

Anote-se, entretanto, que a habitualidade não exige o exercício dos comportamentos legalmente descritos durante longo período, ou mesmo em dias sucessivos. Uma reiteração de atos (exemplos: aplicações de substâncias, passes etc.), em um mesmo dia e para diversas pessoas, é prova inequívoca do exercício efetivo do curandeirismo.

Além disso, para comprovação da habitualidade prescinde-se, de parte do sujeito ativo, do desempenho exclusivo do curandeirismo. Pode ele entregar-se a outras atividades, e nem por isso deixará de ser curandeiro, quando realizar reiteradamente as ações delineadas no art. 284 do Código Penal.

O curandeirismo, além de reclamar a habitualidade, é também **crime formal**, **de consumação antecipada** ou **de resultado cortado**. Consuma-se com a prática repetida de qualquer

---

[89] STF: HC 85.718/DF, rel. Min. Cezar Peluso, 2.ª Turma, j. 18.11.2008, noticiado no *Informativo* 529.
[90] REsp 50.426/MG, rel. Min. Jesus Costa Lima, 5.ª Turma, j. 10.08.1994.

dos comportamentos descritos pelo tipo penal, pouco importando se sobrevém dano ou prejuízo a alguém. Cuida-se ainda de **crime de perigo abstrato**, pois o legislador presume, de forma absoluta, o risco à saúde pública em decorrência da prática das condutas legalmente previstas. Em outras palavras, a finalidade da lei é proteger a sociedade daqueles que se aventuram a tratar pessoas sem possuir conhecimento científico e especializado para tanto.

3.3.18.9. Tentativa

Embora a doutrina majoritária sustente a inadmissibilidade do *conatus* no âmbito do curandeirismo, em face da sua natureza habitual, ousamos discordar. Em nosso entendimento, o delito é compatível com a figura da tentativa, como corolário do seu caráter plurissubsistente, permitindo o fracionamento do *iter criminis*.[91]

Vejamos um exemplo: "A" instala uma barraca em praça pública, com a finalidade de prescrever a inúmeras pessoas uma erva dotada de fantásticos poderes curativos no tocante à impotência sexual. Após anunciar seu cobiçado produto com o auxílio de um megafone, forma-se uma fila com diversos interessados. Entretanto, depois de "A" atender somente um homem, surgem policiais que o conduzem ao Distrito Policial. É indiscutível que, nesse caso, o sujeito iniciou a execução do delito de curandeirismo (CP, art. 284, inc. I), somente não o consumando por circunstâncias alheias à sua vontade.

3.3.18.10. Ação penal

A ação penal é pública incondicionada.

3.3.18.11. Lei 9.099/1995

A pena máxima cominada ao delito de curandeirismo é de dois anos. Trata-se, portanto, de **infração penal de menor potencial ofensivo**, de competência do Juizado Especial Criminal e compatível com a transação penal e com o rito sumaríssimo, em consonância com as regras estatuídas pela Lei 9.099/1995.

3.3.18.12. Classificação doutrinária

O curandeirismo é crime **comum** (pode ser cometido por qualquer pessoa); **formal, de consumação antecipada** ou **de resultado cortado** (consuma-se com a prática da conduta criminosa, prescindindo-se da superveniência do resultado naturalístico); **de perigo comum** e **abstrato** (a lei presume a situação de perigo à saúde pública); **de forma vinculada** (somente pode ser praticado pelos meios de execução indicados no tipo penal); **vago** (tem como sujeito passivo um ente destituído de personalidade jurídica, qual seja, a coletividade); **habitual** (a consumação reclama a reiteração de atos indicativos do estilo de vida ilícito do agente); em regra **comissivo**; **unissubjetivo, unilateral ou de concurso eventual** (pode ser praticado por uma só pessoa, mas admite o concurso); e normalmente **plurissubsistente** (a conduta criminosa pode ser fracionada em diversos atos).

3.3.18.13. Formas qualificadas pelo resultado: art. 285 do Código Penal

O art. 285 do Código Penal determina a incidência das regras contidas em seu art. 258 ao crime de curandeirismo. Nada obstante o legislador tenha utilizado a expressão "forma qualificada", estamos diante de **causas de aumento da pena**.

---

[91] Aplica-se o mesmo raciocínio efetuado em relação ao crime de exercício ilegal da medicina, arte dentária ou farmacêutica (item 3.3.16).

Destarte, se do fato doloso resultar lesão corporal de natureza grave (ou gravíssima), aumentar-se-á pela metade a pena privativa de liberdade; se resultar morte, aplicar-se-á a pena em dobro. São hipóteses de **crimes preterdolosos**, pois o resultado agravador (lesão corporal grave ou morte) há de ser produzido a título de culpa.

3.3.18.14. Curandeirismo e rituais religiosos: limites constitucionais e distinção

O Brasil é um Estado laico, ou seja, não adota oficialmente nenhuma religião. Como dispõe o art. 19, inc. I, da Constituição Federal:

> **Art. 19.** É vedado à União, aos Estados, ao Distrito Federal e aos Municípios:
> I – estabelecer cultos religiosos ou igrejas, subvencioná-los, embaraçar-lhes o funcionamento ou manter com eles ou seus representantes relações de dependência ou aliança, ressalvada, na forma da lei, a colaboração de interesse público.

Se não bastasse, o art. 5.º, inc. VI, da Lei Suprema assegura a liberdade de consciência e de crença, bem como o livre exercício dos cultos religiosos: "é inviolável a liberdade de consciência e de crença, sendo assegurado o livre exercício dos cultos religiosos e garantida, na forma da lei, a proteção aos locais de culto e a suas liturgias".

Portanto, os atos inerentes aos rituais religiosos – a exemplo dos passes efetuados no espiritismo e das benzeduras dos padres católicos – constituem-se em autênticas manifestações da fé, e não se encaixam no tipo penal do curandeirismo, pois são incapazes de oferecer perigo à saúde pública.

No entanto, a atuação fundada na crença religiosa, fomentada e protegida pelo ordenamento jurídico, há de ser diferenciada das atividades desempenhadas por indivíduos rudes e despreparados e sem amparo em qualquer religião ou doutrina, ainda que acreditem serem dotados de poderes curativos e até mesmo milagrosos, pois nessas situações estará caracterizado o crime tipificado no art. 284 do Código Penal, em face da criação de perigo ao bem jurídico penalmente tutelado.[92]

3.3.18.14.1. A problemática relacionada aos abusos da atividade religiosa

Existem indivíduos que, sob o manto da proteção constitucional da liberdade de consciência e de crença, e do livre exercício dos cultos religiosos, extrapolam os limites consagrados à atividade religiosa, provocando danos à saúde e até mesmo à vida de pessoas simples e incautas que depositam a esperança da cura de suas enfermidades nos poderes a eles supostamente atribuídos pelos deuses. É o que se dá nas "cirurgias" de amputações de membros do corpo humano ou de retirada de órgãos, ou ainda nas perfurações efetuadas para operações das mais variadas espécies.

Mesmo nesses casos extremos, não se pode reconhecer o crime de curandeirismo, porque está em jogo a crença religiosa da pessoa submetida ao tratamento sobrenatural. Contudo, o Direito Penal não pode se omitir. Sua atuação fica restrita à esfera de disponibilidade do paciente. Destarte, quando a vítima suportar ferimentos graves ou vier a falecer, ou seja, quando for atingida em bens jurídicos indisponíveis, o sujeito deverá ser responsabilizado pela lesão corporal grave (ou gravíssima), ou então pelo crime de homicídio.

---

[92] STF: RHC 62.240/SP, rel. Min. Francisco Rezek, 2.ª Turma, j. 13.12.1984.

3.3.18.15. Exercício ilegal da medicina, charlatanismo e curandeirismo

No **exercício ilegal da medicina** (CP, art. 282), o sujeito ativo pode ser qualquer pessoa (crime comum ou geral), inclusive aquela dotada de conhecimentos médicos, desde que não esteja devidamente habilitada para o exercício da profissão. Destarte, o crime se subsume à conduta de quem desempenha a atividade médica sem autorização legal (qualquer pessoa), ou excedendo-lhe os limites (profissional que extrapola seu campo de atuação).

De igual modo, o **charlatanismo** (CP, art. 283) é crime comum, podendo ser cometido inclusive pelo médico. Entretanto, o charlatão funciona como autêntico estelionatário da medicina, pois anuncia a cura de determinada enfermidade por meio secreto ou infalível, ciente de que seu procedimento não é idôneo para tanto.

Finalmente, o **curandeirismo** (CP, art. 284) também pode ser praticado por qualquer pessoa. Todavia, aqui o sujeito ativo não se passa por médico, dentista ou farmacêutico. Sua conduta consiste em promover habitualmente a cura, por meio de métodos vulgares, sem qualquer base técnico-científica. No entanto, ao contrário do charlatão, o curandeiro acredita ser capaz de curar seu paciente mediante a utilização de fórmulas mágicas ou sobrenaturais. Como destaca Nélson Hungria:

> Segundo o conceito tradicional ou vulgar, *curandeiro* é o indivíduo inculto, ou sem qualquer habilitação técnico-profissional, que se mete a curar, com o mais grosseiro empirismo. Enquanto o *exercente ilegal da medicina* tem conhecimentos médicos, embora não esteja devidamente habilitado para praticar a arte de curar, e o *charlatão* pode ser o próprio médico que abastarda a sua profissão com falsas promessas de cura, o *curandeiro* (*carimbamba, mezinheiro, raizeiro*) é o ignorante chapado, sem elementares conhecimentos de medicina, que se arvora em debelador dos males corpóreos.[93]

Podemos sintetizar o que foi dito acima no seguinte quadro esquemático:

	Exercício ilegal da medicina (CP, art. 282)	**Charlatanismo**	**Curandeirismo**
Sujeito ativo	Pode ser qualquer pessoa (inclusive pela pessoa dotada de conhecimentos médicos, desde que não esteja devidamente habilitada para o exercício da profissão).	Pode ser qualquer pessoa (inclusive o médico).	Pode ser por qualquer pessoa (mas o sujeito ativo não se passa por médico, dentista ou farmacêutico).
Conduta	Consiste no desempenho da atividade médica sem autorização legal (qualquer pessoa) ou excedendo-lhe os limites (profissional que extrapola seu campo de atuação).	Consiste em anunciar a cura de determinada enfermidade por meio secreto ou infalível, ciente de que seu procedimento não é idôneo para tanto.	Consiste em promover habitualmente a cura, por meio de métodos vulgares, sem qualquer base técnico-científica acreditando, porém, ser capaz de curar seu paciente.

---

[93] HUNGRIA, Nélson. *Comentários ao Código Penal*. 2. ed. Rio de Janeiro: Forense, 1959. v. IX, p. 154.

3.3.18.16. Curandeirismo e estelionato

O curandeiro é a pessoa que acredita ser capaz de curar doenças e males do corpo humano mediante o emprego de fórmulas mágicas e completamente em descompasso com os postulados da medicina. Por seu turno, o estelionatário é o sujeito de má-fé que se aproveita da simplicidade da vítima para, valendo-se da fraude, induzi-la ou mantê-la erro, obtendo vantagem ilícita em prejuízo alheio.

Nesse contexto, se o agente atuar travestido de curandeiro, prometendo solucionar moléstias de modo sobrenatural, mas com o propósito deliberado de obter vantagem ilícita, de ordem econômica, em prejuízo de alguém, a ele será imputado o crime de estelionato (CP, art. 171, *caput*), e não o de curandeirismo. De fato, a simulação da condição de curandeiro funciona efetivamente como fraude, meio de execução do delito contra o patrimônio.

Vejamos um exemplo: "A" vende a "B" um pote contendo em seu interior substância que diz possuir características milagrosas, destinada ao tratamento da Aids, pois teria sido extraída de uma ave raríssima e conhecida unicamente por pessoas "abençoadas" e "especiais". Na verdade, o produto era constituído de água e corantes, e fabricado por "A" no fundo de sua residência. Trata-se de estelionato, e não de curandeirismo.

3.3.18.17. Curandeirismo, violação sexual mediante fraude e estupro de vulnerável

Se o sujeito, a pretexto de curar determinada pessoa de males que acometem seu corpo ou sua mente, com ela mantém conjunção carnal ou outro ato libidinoso, mediante fraude ou outro meio que impeça ou dificulte sua livre manifestação de vontade, deverá ser responsabilizado pelo crime de violação sexual mediante fraude (CP, art. 215), restando absorvido o curandeirismo, o qual desponta como meio de execução para a prática do fato principal. É o caso daquele que alega possuir poderes sobrenaturais e diz a uma mulher que, para debelar os espíritos negativos alojados em seu corpo, precisa com ela manter conjunção carnal, no que vem a ser atendido.

E se a vítima for pessoa menor de 14 anos de idade, ou então portadora de doença ou enfermidade mental, e consequentemente não possuir discernimento para a prática do ato sexual, ou finalmente não puder, por qualquer outra causa, oferecer resistência, estará caracterizado o crime de estupro de vulnerável, de natureza hedionda, definido no art. 217-A do Código Penal.

CAPÍTULO 4

DOS CRIMES CONTRA A PAZ PÚBLICA

4.1. INTRODUÇÃO

São quatro os delitos contra a paz pública previstos no Código Penal: incitação ao crime (art. 286), apologia de crime ou criminoso (art. 287), associação criminosa (art. 288) e constituição de milícia privada (art. 288-A).

A expressão "paz pública" foi utilizada pelo legislador em sua **concepção subjetiva**, ou seja, como o sentimento coletivo de paz assegurado pela ordem jurídica. Nos ensinamentos de Nélson Hungria:

> Com os crimes de que ora se trata (pelo menos com os arrolados pela nossa lei comum), não se apresenta efetiva perturbação da *ordem pública* ou da *paz pública* no sentido material, mas apenas se cria a possibilidade de tal perturbação, decorrendo daí uma situação de alarma no seio da coletividade, isto é, a quebra do sentimento geral de tranquilidade, de sossego, de paz, que corresponde à confiança na continuidade normal da ordem jurídico-social.[1]

Com efeito, ao Poder Público não basta garantir a incolumidade da ordem pública objetivamente considerada, compreendida como o estado de pacífica vida coletiva. É preciso que na mentalidade das pessoas permaneça inabalada a consciência de normalidade, e entre os deveres do Estado está o de resguardar essa consciência.

No Título IX da Parte Especial do Código Penal, a lei incriminou autonomamente condutas que, em princípio, representariam meros atos preparatórios de outros crimes ("**crimes obstáculo**"), contentando-se com a simples ameaça a direitos alheios. Como ensina Magalhães Noronha: "São quase todos esses crimes autênticos *atos preparatórios* e a razão de puni-los está ou no relevo que o legislador dá ao bem ameaçado ou porque sua frequência está a indicar a necessidade da repressão, em qualquer caso, em nome da paz social".[2]

O legislador não fica passivo aguardando o cometimento de um delito para só depois autorizar a incidência do poder punitivo estatal. Ele age de forma antecipada, punindo comportamentos que poderiam resultar na prática de crimes. Exemplificativamente, pune-se a associação criminosa (CP, art. 288) para prevenir a prática de roubos, homicídios, latrocínios etc.

---

[1] HUNGRIA, Nélson. *Comentários ao Código Penal*. 2. ed. Rio de Janeiro: Forense, 1959. v. IX, p. 163.
[2] MAGALHÃES NORONHA, E. *Direito penal*. 16. ed. São Paulo: Saraiva, 1983. v. 4, p. 86.

4.2. ART. 286 – INCITAÇÃO AO CRIME

4.2.1. Dispositivo legal

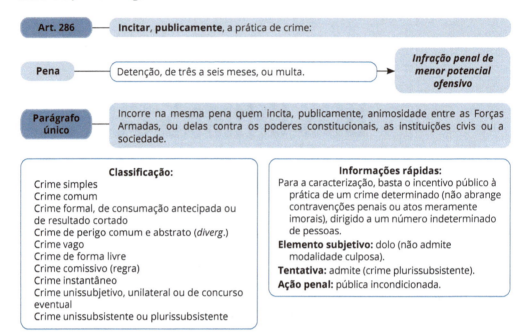

Classificação:
Crime simples
Crime comum
Crime formal, de consumação antecipada ou de resultado cortado
Crime de perigo comum e abstrato (*diverg.*)
Crime vago
Crime de forma livre
Crime comissivo (regra)
Crime instantâneo
Crime unissubjetivo, unilateral ou de concurso eventual
Crime unissubsistente ou plurissubsistente

Informações rápidas:
Para a caracterização, basta o incentivo público à prática de um crime determinado (não abrange contravenções penais ou atos meramente imorais), dirigido a um número indeterminado de pessoas.
Elemento subjetivo: dolo (não admite modalidade culposa).
Tentativa: admite (crime plurissubsistente).
Ação penal: pública incondicionada.

4.2.2. Introdução

No art. 286 do Código Penal, assim como nos demais delitos contra a paz pública, o legislador incriminou de forma autônoma comportamentos que, em princípio, representam atos preparatórios de outros crimes. Excepcionou-se, dessa forma, a regra traçada no art. 31 do Código Penal: "O ajuste, a determinação ou instigação e o auxílio, salvo disposição expressa em contrário, não são puníveis, se o crime não chega, pelo menos, a ser tentado".

Enfim, não se aplica o art. 31 do Código Penal por duas razões:

a) a incitação ao crime não se confunde com a participação, pois tem em mira não um único sujeito, mas diversas pessoas ("incitar publicamente"); e

b) o próprio dispositivo legal admite exceções, ao utilizar a expressão "salvo disposição expressa em contrário".

Na verdade, o art. 286 do Código Penal não reclama a efetiva prática do crime incitado. Basta o incentivo público à sua concretização, pois a partir de então a paz pública já se encontra em perigo. Em outras palavras, o delito de incitação ao crime estará caracterizado com o simples estímulo público de um crime, que sequer precisa ingressar na esfera da tentativa, mediante o início da sua execução.

4.2.3. Objetividade jurídica

O bem jurídico penalmente tutelado é a paz pública, compreendida como o sentimento coletivo de paz e segurança assegurado pela ordem jurídica.

4.2.4. Núcleo do tipo

O núcleo do tipo é "**incitar**", no sentido de estimular, incentivar publicamente a prática de crime, imediatamente ou no futuro.

A palavra "crime" foi utilizada em sentido técnico, motivo pelo qual não se caracteriza o delito na hipótese de incitação, embora pública, de contravenção penal (exemplo: incitar pessoas ao jogo do bicho) ou de atos meramente imorais (exemplo: incitar pessoas ao ócio).

A incitação deve relacionar-se com a prática de **crime determinado**, embora não se exija a indicação dos meios de execução a serem empregados ou as vítimas dos delitos a serem perpetrados. Exemplo: "A" circula em via pública com um carro de som estimulando as pessoas a roubarem os bancos para quitarem suas dívidas. Em síntese, não se admite a incitação genérica ao cometimento de crimes.

Como o tipo penal contém a elementar "**publicamente**", é necessário que a incitação ao crime atinja um **número indeterminado de pessoas**, pois só assim é possível falar em crime contra a "paz pública". Admite-se, excepcionalmente, o incitamento a uma única pessoa, desde que seja percebido ou no mínimo perceptível por número indefinido de pessoas. A residência particular não pode ser compreendida como local público, ainda que em seu interior se encontrem diversas pessoas. Igual raciocínio se aplica aos pequenos estabelecimentos comerciais.

Com efeito, se a incitação ao crime tiver como destinatário um único indivíduo, ou então indivíduos determinados, não há falar no crime autônomo do art. 286 do Código Penal. O que se verifica, nesse caso, é a **participação**, como modalidade do concurso de pessoas (CP, art. 29, *caput*), relativamente ao crime praticado pelo destinatário da incitação.[3]

4.2.5. Sujeito ativo

O crime é **comum** ou **geral**. Pode ser praticado por qualquer pessoa.

4.2.6. Sujeito passivo

É a coletividade, pois a paz pública é do interesse de todos.[4] Classifica-se, portanto, como **crime vago**, pois tem como sujeito passivo um ente destituído de personalidade jurídica. Além disso, é **crime de perigo comum**, uma vez que coloca em risco um número indeterminado de pessoas.

4.2.7. Elemento subjetivo

É o dolo, independentemente de qualquer finalidade específica. Não se admite a modalidade culposa.

4.2.8. Consumação

O crime é **formal, de consumação antecipada** ou **de resultado cortado**: consuma-se no momento que o agente, incitando publicamente a prática de crime (**crime de perigo comum**), coloca em perigo a paz pública, criando uma sensação de insegurança na coletividade (**crime de perigo abstrato**), em razão da probabilidade de cometimento de crimes por outras pessoas. Pouco importa se o crime incitado venha ou não a ser praticado por alguma pessoa.

Entretanto, se uma das pessoas incitadas efetivamente cometer o delito objeto da incitação, o agente deverá ser responsabilizado pelo delito tipificado no art. 286 do Código Penal e também pelo crime praticado pelo incitado, na condição de partícipe, em concurso formal (CP, art. 70, *caput*), próprio ou impróprio, dependendo do caso concreto.

---

[3] STF: HC 75.755/GO, rel. Min. Sepúlveda Pertence, 1.ª Turma, j. 17.02.1998.
[4] STF: RE 166.943/PR, rel. Min. Moreira Alves, 1.ª Turma, j. 03.03.1995.

4.2.9. Tentativa

É possível, na hipótese em que a conduta de incitação despontar como plurissubsistente, permitindo o fracionamento do *iter criminis*. É o que se dá na utilização de cartazes, faixas, panfletos etc. Exemplo: O agente é preso em flagrante no momento em que afixava uma faixa com conteúdo destinado a incitar a prática de crime em uma praça pública.

Mas não será cabível o *conatus* quando a conduta for cometida oralmente, em razão da natureza unissubsistente do delito.

4.2.10. Ação penal

A ação penal é pública incondicionada.

4.2.11. Lei 9.099/1995

Em face do máximo da pena privativa de liberdade cominada (detenção de seis meses), a incitação ao crime é **infração penal de menor potencial ofensivo**, admitindo a transação penal e o rito sumaríssimo, nos moldes da Lei 9.099/1995.

4.2.12. Classificação doutrinária

A incitação ao crime classifica-se como crime **simples** (ofende um único bem jurídico); **comum** (pode ser praticado por qualquer pessoa); **formal, de consumação antecipada** ou **de resultado cortado** (consuma-se com a realização da conduta criminosa, independentemente da superveniência do resultado naturalístico); **de perigo comum** (coloca em risco uma pluralidade de pessoas) e **abstrato** (presumido pela lei), embora existam posições no sentido de tratar-se de crime de perigo concreto; **vago** (tem como sujeito passivo um ente destituído de personalidade jurídica); **de forma livre** (admite qualquer meio de execução); em regra **comissivo**; **instantâneo** (consuma-se em um momento determinado, sem continuidade no tempo); **unissubjetivo, unilateral** ou **de concurso eventual** (cometido por uma só pessoa, mas admite o concurso); e **unissubsistente** ou **plurissubsistente**, dependendo da situação concreta.

4.2.13. Figura equiparada: art. 286, parágrafo único

Nos termos do art. 286, parágrafo único, do Código Penal: "Incorre na mesma pena quem incita, publicamente, animosidade entre as Forças Armadas, ou delas contra os poderes constitucionais, as instituições civis ou a sociedade".

Esse dispositivo foi acrescentado pela Lei 14.197/2021, responsável pela criação do Título XII da Parte Especial do Código Penal – "Dos crimes contra o Estado Democrático de Direito".

A propósito, o art. 23, II, da Lei 7.170/1983 – Lei de Segurança Nacional, revogada pela Lei 14.197/2021, continha delito semelhante, com a seguinte descrição típica: "Art. 23. Incitar: (...) II – à animosidade entre as Forças Armadas ou entre estas e as classes sociais ou as instituições civis".

A incitação, direcionada a um número indeterminado de pessoas, deve ser **pública**, visando a animosidade, é dizer, o rancor ou aversão em alguma das seguintes situações:

a) entre as Forças Armadas: a teor da regra contida no art. 142, *caput*, da Constituição Federal, as Forças Armadas são constituídas pela Marinha, pelo Exército e pela Aeronáutica.

A conduta criminosa limita-se às Forças Armadas, ou seja, não abrange as instituições de segurança pública elencadas pelo art. 144 da Lei Suprema (Polícia Federal, Polícia Civil, Polícia Militar etc.).

b) entre as Forças Armadas e os Poderes Constitucionais: o art. 2.º da Constituição Federal prevê os Poderes Legislativo, Executivo e Judiciário.

A animosidade deve ocorrer entre as Forças Armadas e algum (ou alguns, ou ainda todos) dos Poderes. Não basta a discórdia com integrantes de algum dos Poderes, salvo quando tal agente público funcionar como instrumento para ofensa ao Poder que ele integra. Exemplo: o agente incita a animosidade do Exército contra um Ministro do Supremo Tribunal Federal, visando o rancor da instituição militar com o Poder Judiciário.

c) entre as Forças Armadas e as instituições civis: são as instituições não militares, de natureza pública (exemplos: Ministério Público e Defensoria Pública) ou criadas pelo Poder Público (exemplos: universidades públicas, agências reguladoras etc.).

d) entre as Forças Armadas e a sociedade: a palavra "sociedade" deve ser compreendida como comunidade, ou seja, a população em geral. É o "povo", como determina o art. 1.º, parágrafo único, da Constituição Federal: homens e mulheres em suas atividades cotidianas, não integrantes das Forças Armadas, dos Poderes Constitucionais e das instituições civis.

O delito se esgota na incitação à animosidade das Forças Armadas, ou seja, na mera provocação do agente à rivalidade do Exército, Marinha ou Aeronáutica entre si ou com os Poderes Constitucionais, as instituições civis ou a sociedade.

De fato, se as Forças Armadas efetivamente entrarem em confronto com qualquer dos entes apontados pelo tipo penal, estará caracterizado delito diverso (e mais grave), a exemplo do golpe de Estado, catalogado no art. 359-M do Código Penal, na conduta de tentar depor, por meio de violência ou grave ameaça, o governo legitimamente constituído.

4.2.14. Legislação penal especial

4.2.14.1. Incitação ao crime e genocídio

Se a incitação tiver como objetivo a prática de genocídio, estará caracterizado o crime tipificado no art. 3.º da Lei 2.889/1956:

> **Art. 3.º** Incitar, direta e publicamente, alguém a cometer qualquer dos crimes de que trata o art. 1.º:
> Pena – Metade das penas ali cominadas.
> § 1.º A pena pelo crime de incitação será a mesma do crime incitado, se este se consumar.
> § 2.º A pena será aumentada de 1/3 (um terço), quando a incitação for cometida pela imprensa.

4.2.14.2. Incitação ao crime e Código Penal Militar

O art. 155 do Decreto-lei 1.001/1969 – Código Penal Militar – prevê o crime de incitamento:

> **Art. 155.** Incitar à desobediência, à indisciplina ou à prática de crime militar:
> Pena – reclusão, de dois a quatro anos.

> Parágrafo único. Na mesma pena incorre quem introduz, afixa ou distribui, em lugar sujeito à administração militar, material impresso, manuscrito ou produzido por meio eletrônico, fotocopiado ou gravado que contenha incitamento à prática dos atos previstos no *caput* deste artigo.

4.2.14.3. Incitação ao crime e preconceito ou discriminação

Se a incitação ao crime possuir como finalidade a discriminação ou preconceito de raça, cor, etnia, religião ou procedência nacional, estará caracterizado o crime descrito no art. 20, *caput*, da Lei 7.716/1989:

> **Art. 20.** Praticar, induzir ou incitar a discriminação ou preconceito de raça, cor, etnia, religião ou procedência nacional.
> Pena – reclusão de um a três anos, e multa.

4.2.14.4. Confronto entre incitação ao crime e imunidade parlamentar

Em 2014, o então Deputado Federal Jair Bolsonaro afirmou, na Câmara dos Deputados e também em entrevista a jornal, que sua colega de parlamento, Maria do Rosário, "não merecia ser estuprada", porque ele a considerava "muito feia" e "não fazia seu tipo".

O Supremo Tribunal Federal foi instado a se manifestar e decidiu que as palavras do Deputado Federal não estavam protegidas pela imunidade parlamentar. Vale a pena acompanhar o teor do julgado:

> O Colegiado explicou que a defesa sustentava atipicidade da conduta de incitação ao crime, pois as afirmações seriam genéricas. A respeito, registrou que o tipo penal em análise dá ênfase ao aspecto subjetivo da ordem pública, ao sentimento de paz e à tranquilidade social. O bem jurídico tutelado é diverso daquele que é ofendido pelo crime objeto da instigação. Não se trata da proteção direta de bens jurídicos primários, mas de formas de proteção mediata daqueles, pois se enfrenta uma das condições favoráveis à prática de graves danos para a ordem e a perturbação sociais. Assim, a incitação ao crime não envolve ataque concreto ao bem jurídico tutelado, mas sim destina-se a salvaguardar o valor desse bem jurídico do crime objeto de incitação.
>
> No caso, a integridade física e psíquica da mulher encontra ampla guarida na ordem jurídica, por meio de normas exsurgidas de um pano de fundo aterrador, de cotidianas mortes, lesões e imposição de sofrimento ao gênero feminino no País. Assim, em tese, a manifestação do acusado tem o potencial de incitar outros homens a expor as mulheres à fragilidade e à violência física, sexual, psicológica e moral, porquanto proferida por parlamentar, que não pode desconhecer os tipos penais. Especialmente, o crime de estupro tem consequências graves, e sua ameaça perene mantém todas as mulheres em situação de subordinação. Portanto, discursos que relativizam essa gravidade e a abjeção do delito contribuem para agravar a vitimização secundária produzida pelo estupro.
>
> A Turma enfatizou, ainda, que a utilização do vocábulo "merece" tivera por fim conferir ao delito o atributo de prêmio, favor, benesse à mulher. Além disso, confere às vítimas o merecimento dos sofrimentos a elas infligidos. Essa fala reflete os valores de uma sociedade desigual, que ainda tolera e até incentiva a prática de atitudes machistas e defende a naturalidade de uma posição superior do homem, nas mais diversas atividades. Não se podem subestimar os efeitos de discursos que reproduzem o rebaixamento da dignidade sexual da mulher, que podem gerar perigosas conse-

quências sobre a forma como muitos irão considerar o crime de estupro, podendo, efetivamente, encorajar sua prática.

O desprezo demonstrado pela dignidade sexual reforça e incentiva a perpetuação dos traços de uma cultura que ainda subjuga a mulher, com o potencial de instigar variados grupos a lançarem sobre a própria vítima a culpa por ser alvo de criminosos sexuais.

Portanto, não é necessário que se apregoe, verbal e literalmente, a prática de determinado crime. O tipo do art. 286 do CP abrange qualquer conduta apta a provocar ou a reforçar a intenção da prática criminosa de terceiros. A Turma sublinhou outra alegação da defesa, segundo a qual, se as palavras do parlamentar fossem consideradas incitação ao estupro, então as mulheres que aderiram ao movimento iniciado na internet ("eu não mereço ser estuprada") também o teriam praticado. Ressaltou que se tratara de campanha de crítica e repúdio às declarações do parlamentar. O sentido conferido, na referida campanha, ao verbo "merecer" revela-se oposto ao empregado pelo acusado nas manifestações que externara publicamente. Essas mensagens buscaram restabelecer o sentimento social de que o estupro é uma crueldade intolerável.

Ademais, o tipo penal da incitação ao crime é formal, de perigo abstrato, e independe da produção de resultado. Além disso, não exige o fim especial de agir, mas apenas o dolo genérico, consistente na consciência de que o comportamento do agente instigará outros a praticar crimes. No caso, a frase do parlamentar tem potencial para estimular a perspectiva da superioridade masculina e a intimidação da mulher pela ameaça de uso da violência. Assim, a afirmação pública do imputado tem, em tese, o potencial de reforçar eventual propósito existente em parte daqueles que depreenderam as declarações, no sentido da prática de violência contra a mulher, inclusive novos crimes contra a honra da vítima e de mulheres em geral.[5]

4.3. ART. 287 - APOLOGIA DE CRIME OU CRIMINOSO

4.3.1. Dispositivo legal

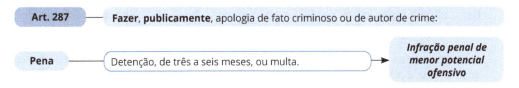

Art. 287 — **Fazer, publicamente**, apologia de fato criminoso ou de autor de crime:

Pena — Detenção, de três a seis meses, ou multa.

Infração penal de menor potencial ofensivo

Classificação:
Crime simples
Crime comum
Crime formal, de consumação antecipada ou de resultado cortado
Crime de perigo comum
Crime vago
Crime de forma livre
Crime comissivo (regra)
Crime instantâneo
Crime unissubjetivo, unilateral ou de concurso eventual
Crime unissubsistente ou plurissubsistente

Informações rápidas:
A expressão "fato criminoso" não abrange contravenções penais ou atos meramente imorais.
A expressão "autor de crime" abrange a autoria, coautoria e a participação.
Na apologia de crime ou criminoso o agente estimula indiretamente o cometimento de crimes, ao passo que na incitação o estímulo é direto.
Elemento subjetivo: dolo (não admite modalidade culposa).
Tentativa: admite (exceto no caso de apologia oral).
Ação penal: pública incondicionada.

---

[5] Inq. 3.932/DF, rel. Min. Luiz Fux, e Pet. 5.243/DF, rel. Min. Luiz Fux, 1.ª Turma, j. 21.06.2016, noticiados no *Informativo* 831.

4.3.2. Objetividade jurídica

O bem jurídico penalmente protegido é a paz pública, ou seja, o sentimento coletivo de paz e segurança assegurado pela ordem jurídica. Nenhum crime ou seu autor, ainda que seja nobre o motivo determinante, pode ser publicamente exaltado. O ato de louvar, de público, um crime (sempre estúpido) ou o invulgar malfeitor é inaceitável, pois apresenta-se como uma perigosa sugestão a pessoas já propensas à delinquência ou facilmente insinuáveis a enveredar pelo caminho da ilicitude.

4.3.3. Núcleo do tipo

O núcleo do tipo é "**fazer**" **apologia**, no sentido de elogiar, louvar, enaltecer, exaltar **fato criminoso** ou **autor de crime**.

Como a lei se refere a "**fato criminoso**" – cuja definição pode se encontrar no Código Penal ou na legislação extravagante –, a apologia de contravenção penal (ou de seu autor), e também de comportamentos meramente imorais (ou de seu autor), constitui-se em fato atípico, em face da ausência de elemento constitutivo do tipo.

A doutrina discute o alcance da expressão "fato criminoso": diz respeito a crimes já praticados, ou também se refere a delitos futuros, é dizer, ainda não cometidos? Há duas posições sobre o assunto:

Para Nélson Hungria, a elementar "fato criminoso" abrange crimes passados e futuros. São suas palavras:

> Em se tratando de apologia de "fato criminoso" (que outra coisa não quer dizer senão *crime*, como deixa claro, aliás, a rubrica lateral do artigo), pouco importa que o mesmo seja considerado *in concreto* ou *in abstrato*, como episódio já ocorrido ou acontecimento futuro. A lei não distingue, nem podia distinguir. O alarma coletivo tanto pode ser provocado pela possibilidade de que o crime seja repetido por outrem, quanto, como é óbvio, pela possibilidade de que alguém tenha a iniciativa de praticá-lo.[6]

Com entendimento contrário, assim se pronuncia Magalhães Noronha, defendendo a aplicabilidade da expressão "fato criminoso" apenas a delitos já concretizados:

> A lei fala em *fato* criminoso, isto é, que se realizou ou aconteceu. Não fosse isso e, realmente, mínima seria a diferença entre esse crime e o antecedente. Mas assim não é. Enquanto o do art. 286 só pode ter por objeto um crime futuro, pois não se pode incitar ou instigar ao que já se consumou, o presente dispositivo alcança somente o crime praticado. É elogiando ou exaltando-o (fazendo apologia), que o agente *indiretamente* incita.[7]

De outro lado, a expressão "**autor de crime**" foi utilizada em sentido amplo, devendo ser compreendida como toda e qualquer pessoa envolvida com a prática do delito, na condição de autora, coautora ou partícipe. É indiferente se o autor do crime já foi condenado, ou mesmo se contra ele foi ajuizada ação penal.

Anote-se que nem toda manifestação favorável ao autor do crime ou ao fato por ele praticado configura o crime definido no art. 287 do Código Penal. Com efeito, só há falar em apologia de criminoso quando o elogio diz respeito unicamente ao delito cometido. Se a exaltação relaciona-se à pessoa do agente (exemplos: ao seu passado honesto, à sua origem humilde), o fato é atípico, o que também se verifica no tocante à crítica fundamentada ao enquadramento do fato impu-

---

[6] HUNGRIA, Nélson. *Comentários ao Código Penal*. 2. ed. Rio de Janeiro: Forense, 1959. v. IX, p. 172-173.
[7] MAGALHÃES NORONHA, E. *Direito penal*. 16. ed. São Paulo: Saraiva, 1983. v. 4, p. 89.

tado ao agente (exemplo: rebater a acusação formal pelo tráfico de drogas, quando se defende a prática de porte de droga para consumo pessoal por pessoa dependente). Estes comportamentos consistem em exercício da ampla defesa, direito fundamental assegurado pelo art. 5.º, inc. LV, da Constituição Federal, e não em apologia de crime ou criminoso.

Por último, o tipo penal contém a elementar "**publicamente**". Não basta a apologia de crime ou criminoso. A conduta deve ser praticada em local público, de modo a alcançar pessoas indeterminadas, pois somente desta forma será possível falar em perigo à paz pública. Não há crime, portanto, quando a apologia é realizada no interior de uma residência, ou mesmo no âmbito de locais frequentados por poucos indivíduos. Como já decidido pelo Superior Tribunal de Justiça:

> Além disso, imprescindível registrar que a apologia se deu publicamente, isto é, dirigida ou presenciada por número indeterminado de pessoas, ou em circunstância em que a elas possa chegar a mensagem. Só assim será relatado o resultado (perigo à paz pública), juridicamente entendido como a probabilidade de o crime ser repetido por outrem, ou seja, estimular terceiros à delinquência.[8]

4.3.3.1. Apologia de crime ou criminoso e incitação ao crime: distinção

Apologia de crime ou criminoso e incitação ao crime (CP, art. 286) são condutas atentatórias à paz pública, caracterizadas pelo estímulo à prática de crimes. As diferenças entre tais delitos, entretanto, são nítidas. Vejamos.

Na **incitação ao crime** há **estímulo direto** à prática de delitos. Exemplo: "A" sobe em um carro de som e incentiva a população a agredir moradores de rua até a morte. Na **apologia de crime ou criminoso**, por sua vez, o agente **estimula indiretamente** o cometimento de crimes, seja exaltando um delito (exemplo: "A" elogia publicamente a execução de assaltantes por grupos de extermínio), seja louvando a atitude do seu autor (exemplo: "A" diz em rede de televisão que determinado policial militar, responsável pela morte de menores abandonados, fez uma "faxina" em prol da coletividade, e que seus colegas de farda deveriam imitá-lo).

4.3.4. Sujeito ativo

O crime é **comum** ou **geral**. Pode ser praticado por qualquer pessoa. Entretanto, determinados indivíduos são beneficiados por imunidades, que também alcançam o crime tipificado no art. 287 do Código Penal. É o que se dá em relação aos deputados federais e senadores (CF, art. 53, *caput*), aos deputados estaduais (CF, art. 27, § 1.º) e também aos vereadores (CF, art. 29, inc. VIII). Para o Superior Tribunal de Justiça:

> O paciente, que é vereador, utilizou-se da tribuna da Câmara Municipal para fazer a apologia de extermínio de meninos de rua. Foi, em decorrência, denunciado como incurso no art. 287 do C.P. Ajuizou *habeas corpus*, invocando sua inviolabilidade parlamentar (CF, art. 29, VIII). O *writ* foi denegado. Não resta dúvida de que o paciente pregou sua sandice, própria de mente vazia. Mas mesmo assim não se pode falar tenha ele cometido o crime. A Constituição Federal de 88, afastando-se do federalismo clássico, alçou o Município à condição de ente federado (art. 1.º, *caput*). Coerente com a nova filosofia política, que encontra raízes históricas na aurora de nosso Estado, deu imunidade ao vereador no art. 29, inciso VIII: "inviolabilidade dos vereadores por suas opiniões, palavras e votos no exercício do mandato e na circunscrição do Município". Desse modo, ainda que o parlamentar (*lato sensu*) se utilize mal da grandeza e finalidade da instituição a que devia servir, a Constituição, no interesse maior, o protege com a imunidade.[9]

---

[8] RHC 4.660/RJ, rel. Min. Luiz Vicente Cernicchiaro, 6.ª Turma, j. 05.09.1995.
[9] RHC 3.891/RS, rel. Min. Pedro Acioli, rel. p/ acórdão Min. Adhemar Maciel, 6.ª Turma, j. 15.12.1994.

4.3.5. Sujeito passivo

É a coletividade (**crime vago**).

4.3.6. Elemento subjetivo

É o dolo, independentemente de qualquer finalidade específica. Não se admite a modalidade culposa.

O fato é atípico, por ausência de dolo, nos comportamentos relacionados aos debates e críticas imprescindíveis à evolução e ao aperfeiçoamento do Direito Penal, discutindo-se a viabilidade da revogação de determinados tipos penais, tal como muitas vezes ocorre em relação ao crime de aborto provocado pela gestante ou com seu consentimento (CP, art. 124) e no porte de droga para consumo pessoal (Lei 11.343/2006, art. 28, *caput*). De fato, o que não se tolera é a exaltação fria e deliberada a respeito de um crime ou de seu autor.

4.3.7. Consumação

Cuida-se de **crime formal, de consumação antecipada** ou **de resultado cortado**: consuma-se no instante em que o agente faz, publicamente (**crime de perigo comum**), apologia de fato criminoso ou de autor de crime, criando situação de perigo à paz pública (**crime de perigo abstrato**), mediante o sentimento de insegurança transmitido à coletividade, proporcionado pela probabilidade da prática de novos delitos. É indiferente, contudo, se outras pessoas repetem ou não o fato criminoso enaltecido pelo sujeito ativo.

4.3.8. Tentativa

É possível nas hipóteses em que a conduta se apresentar como plurissubsistente (exemplo: apologia veiculada em panfletos que se extraviam antes de chegar a um número indeterminado de pessoas). No entanto, não será cabível o *conatus* quando, no caso de apologia oral, em face do caráter unissubsistente do delito, incompatível com o fracionamento do *iter criminis*.

4.3.9. Ação penal

A ação penal é pública incondicionada.

4.3.10. Lei 9.099/1995

Em face do máximo da pena privativa de liberdade cominada (detenção de seis meses), a apologia de crime ou criminoso constitui-se em **infração penal de menor potencial ofensivo**, sujeitando-se à transação penal e ao rito sumaríssimo, nos moldes da Lei 9.099/1995.

4.3.11. Classificação doutrinária

A apologia de crime ou criminoso é delito **simples** (ofende um único bem jurídico); **comum** (pode ser praticado por qualquer pessoa); **formal, de consumação antecipada** ou **de resultado cortado** (consuma-se com a realização da conduta criminosa, independentemente da superveniência do resultado naturalístico); **de perigo comum** (coloca em risco uma pluralidade de pessoas); **vago** (tem como sujeito passivo um ente destituído de personalidade jurídica); **de forma livre** (admite qualquer meio de execução); em regra **comissivo**; **instantâneo** (consuma-se em um momento determinado, sem continuidade no tempo); **unissubjetivo, unilateral** ou **de concurso eventual** (cometido por uma só pessoa, mas admite o concurso); e **unissubsistente** ou **plurissubsistente**, dependendo do caso concreto.

4.3.12. Concurso de crimes

Se o agente, no mesmo contexto fático, fizer apologia de dois ou mais fatos criminosos, ou então de dois ou mais autores de crimes, a ele serão imputados dois ou mais delitos tipificados no art. 287 do Código Penal, em concurso formal impróprio ou imperfeito (CP, art. 70, *caput*, parte final). Entretanto, se o sujeito ativo efetuar, com uma só conduta, a apologia de um fato criminoso e também do seu autor, responderá por um só delito.

4.4. ART. 288 – ASSOCIAÇÃO CRIMINOSA
4.4.1. Dispositivo legal

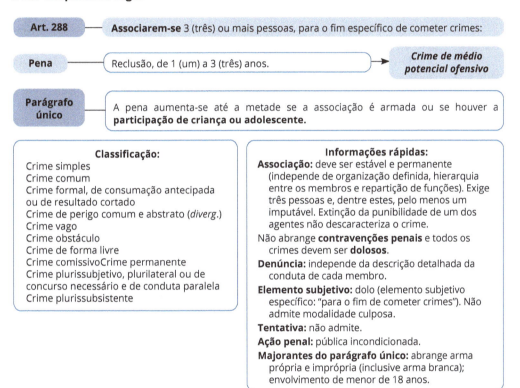

4.4.2. Introdução

Em sua redação original, o art. 288 do Código Penal contemplava dois crimes: quadrilha e bando.[10] Com a entrada em vigor da Lei 12.850/2013 – Lei do Crime Organizado, o *nomen iuris* do delito foi alterado para **associação criminosa**.

A pena privativa de liberdade foi mantida: reclusão, de um a três anos. Mas a Lei 12.850/2013 constitui-se em norma penal mais gravosa, aplicável somente a fatos futuros, pois bastam três pessoas para a configuração da associação criminosa, enquanto na quadrilha e no bando exigiam-se ao menos quatro indivíduos.

---

[10] Esta era a redação do tipo penal: "Associarem-se mais de três pessoas, em quadrilha ou bando, para o fim de cometer crimes". Nada obstante a divergência doutrinária, prevalecia o entendimento de que quadrilha e bando eram delitos distintos. Aquela tinha atuação na área urbana e gozava de organização estrutural e funções hierarquicamente divididas entre seus membros; este, por outro lado, tinha atuação na zona rural e caracterizava-se pela desorganização interna e pela precariedade na repartição das atribuições entre seus integrantes.

4.4.3. Objetividade jurídica

O bem jurídico penalmente tutelado é a paz pública.

4.4.4. Núcleo do tipo

O núcleo do tipo é "**associarem-se**", ou seja, aliarem-se, reunirem-se, congregarem-se três ou mais pessoas para o fim específico de cometer crimes. Para uma análise didática, convém fracionar o delito em duas partes, salientando que o tema relacionado ao número de agentes será abordado no tópico atinente ao sujeito ativo (item 4.4.5.). Vejamos cada uma delas.

4.4.4.1. União estável e permanente

A união estável e permanente é a nota característica que diferencia a associação criminosa do concurso de pessoas (coautoria ou participação) para a prática de delitos em geral.

No art. 288 do Código Penal é imprescindível o vínculo associativo, revestido de estabilidade e permanência, entre seus integrantes.[11] Em outras palavras, o acordo ilícito entre três ou mais pessoas deve versar sobre uma duradoura, mas não necessariamente perpétua, atuação em comum, no sentido da realização de crimes indeterminados ou somente ajustados quanto à espécie, que pode ser de igual natureza ou homogênea (exemplo: furtos), ou ainda de natureza diversa ou heterogênea (exemplo: furtos, estelionatos e apropriações indébitas), mas nunca no tocante à quantidade. Exemplo: cinco pessoas se unem, sem previsão de data para a dissolução do agrupamento, visando a concretização de furtos de automóveis no estado do Ceará.

Ausente esse vínculo associativo, a união de três ou mais indivíduos para a prática de um ou mais crimes caracteriza o concurso de pessoas (coautoria ou participação), nos moldes do art. 29, *caput*, do Código Penal. Exemplo: cinco pessoas se reúnem para furtar dois automóveis em Salvador. Alcançado o objetivo, os veículos são vendidos, reparte-se o dinheiro arrecadado e os sujeitos retornam cada um às suas vidas.

Vale a pena apresentar graficamente o que foi dito:

Associação criminosa	Concurso de pessoas (*coautoria* ou *participação*)
União estável e permanente de **três ou mais** pessoas	União eventual ou momentânea de pessoas
Intenção de praticar um número **indeterminado** de crimes	Intenção de cometer **um ou alguns** crimes determinados
Consuma-se com a simples associação estável e permanente, ainda que nenhum delito seja efetivamente praticado	Consuma-se com a prática de atos de execução da empreitada criminosa

Além disso, mais uma importante diferença pode ser apontada entre a associação criminosa e o concurso de pessoas.

---

[11] "A resolução comum é, pois, indispensável. Não bastam meros atos preparatórios da convenção comum; não é suficiente simples troca de ideias, ou conversa 'por alto' acerca do fim, mas o propósito firme e deliberado, a resolução seriamente formada, com programa a ser posto em execução em tempo relativamente próximo, de modo que se possam divisar no fato a lesão jurídica e o perigo social, contra os quais se dirige a tutela penal" (MANZINI, Vicenzo. *Trattato di diritto penale italiano*. 5. ed. Torino: UTET, 1956. v. 5, p. 101).

Na associação criminosa, pouco importa se os delitos para os quais foi constituída venham ou não a ser praticados. Em outras palavras, o crime tipificado no art. 288 do Código Penal é de natureza formal, consumando-se com a simples associação estável e permanente de três ou mais pessoas para a prática de crimes, ainda que no futuro nenhum delito seja efetivamente realizado.

Por sua vez, afasta-se a punição do concurso de pessoas na hipótese em que, nada obstante a reunião de dois ou mais indivíduos em busca de um fim comum, não se dá causa, no mínimo, a um crime tentado. Em outras palavras, a punibilidade do concurso de pessoas pressupõe a prática de atos de execução por no mínimo um dos envolvidos na empreitada criminosa. É o que se convencionou chamar de **participação impunível**, descrita no art. 31 do Código Penal: "O ajuste, a determinação ou instigação e o auxílio, salvo disposição expressa em contrário, não são puníveis, se o crime não chega, pelo menos, a ser tentado".

É importante destacar, ainda, que a exigência legal de associação de três ou mais pessoas não se confunde com a obediência rígida a regulamentos, estatutos ou normas disciplinares. Obviamente, também não se pode exigir, em face do seu caráter ilícito, o registro da associação criminosa perante os órgãos públicos competentes. Basta a presença de uma organização social rudimentar apta a evidenciar a união estável e permanente direcionada à prática de crimes indeterminados.

Como se sabe, normalmente a associação criminosa tem um chefe, e entre os seus componentes são destacados alguns para funções específicas. Mas isso sequer é necessário para que se reconheça o delito. Nem mesmo é preciso que todos os seus integrantes se conheçam mutuamente, ou residam na mesma localidade, ou tenham sede habitual de reunião. Para o acordo associativo não é obrigatória a presença conjunta dos comparsas, e poderá efetuar-se até mesmo mediante emissários, telefonemas ou qualquer meio de comunicação.

Em síntese, para a caracterização da associação estável e permanente inerente ao crime tipificado no art. 288 do Código Penal é prescindível a existência de uma organização detalhadamente definida, com hierarquia entre seus membros e repartição prévia de funções entre cada um deles. Aliás, se tais elementos estiverem presentes, serão indicativos da possibilidade de configuração de alguma organização criminosa, como será estudado no item 4.4.16.

4.4.4.1.1. Reunião de três ou mais pessoas para a prática de crimes em continuidade: concurso de pessoas ou delito autônomo do art. 288 do Código Penal?

A continuidade delitiva é a forma de concurso de crimes delineada no art. 71, *caput*, do Código Penal, na qual o agente, mediante mais de uma ação ou omissão, pratica dois ou mais crimes da mesma espécie e, pelas condições de tempo, lugar, maneira de execução e outras semelhantes, devem os subsequentes ser havidos como continuação do primeiro. Adotou-se a teoria da ficção jurídica, razão pela qual a pluralidade de crimes parcelares é considerada como um único delito, exclusivamente para fins de aplicação da pena.

Na hipótese em que três ou mais pessoas reúnem-se para a prática de crime continuado, há associação criminosa ou mero concurso de pessoas? Existem duas posições sobre o assunto:

1.ª posição: Trata-se de associação criminosa, pois os indivíduos estão agrupados com a finalidade específica de cometer crimes, ainda que venham a ser considerados, para efeito de aplicação da pena, uma continuidade.

2.ª posição: Cuida-se de concurso de pessoas, uma vez que na continuidade delitiva não se verifica a associação estável e permanente entre os envolvidos nos diversos crimes parcelares, razão pela qual deve ser reconhecida a coautoria ou participação, dependendo do caso concreto.

4.4.4.2. Para o fim específico de cometer crimes

O art. 288, *caput*, do Código Penal utilizou a palavra "crimes" em sentido técnico, razão pela qual o agrupamento de três ou mais pessoas para o fim de cometer **contravenções penais** não enseja o reconhecimento da associação criminosa. De igual modo, se o fim é diverso da prática de crimes, ainda que ilícito e imoral, não há falar no delito contra a paz pública.

E, como o tipo penal faz menção a "crimes", impõe-se a união estável e permanente de no mínimo três indivíduos para a prática de **crimes indeterminados**, qualquer que seja o bem jurídico ofendido (vida, patrimônio, dignidade sexual, fé pública etc.). De fato, a reunião de pessoas para a realização de crimes determinados (ainda que vários) caracteriza concurso de pessoas (coautoria ou participação), e não associação criminosa.

Em nossa opinião, os crimes apontados pelo art. 288, *caput*, do Código Penal precisam ser **dolosos**. Com efeito, a associação criminosa é incompatível com o propósito de praticar crimes culposos ou preterdolosos, pois nestes o resultado naturalístico é involuntário, sendo inconcebível que alguém se proponha a um resultado que não quer ou sequer assuma o risco de produzi-lo.

4.4.5. Sujeito ativo

A associação criminosa é **delito comum** ou **geral**: pode ser praticado por qualquer pessoa, independentemente de especial situação fática ou jurídica. O crime estará caracterizado tanto para aqueles que se reuniram *ab initio* como para as pessoas que ingressaram no agrupamento ilícito após a sua efetiva constituição.

Desponta também como **crime plurissubjetivo**, **plurilateral** ou **de concurso necessário**, pois o tipo penal reclama a pluralidade de indivíduos para a sua caracterização. E, no âmbito dessa classificação, constitui-se em **crime de condutas paralelas**, uma vez que os diversos sujeitos (ao menos três) auxiliam-se, mutuamente, com o objetivo de produzirem o mesmo resultado, qual seja, a união estável e permanente especificamente voltada à prática de crimes.

4.4.5.1. Inimputáveis e número mínimo de pessoas para reconhecimento da associação criminosa

O delito previsto no art. 288 do Código Penal reclama a associação de no mínimo três pessoas para o fim específico de cometer crimes. Incluem-se nesse número os inimputáveis, qualquer que seja a causa da inimputabilidade penal (menoridade, doença mental, desenvolvimento mental incompleto ou desenvolvimento mental retardado), haja vista que, em se tratando de crime plurissubjetivo (plurilateral ou de concurso necessário), basta que apenas um dos agentes seja maior de 18 anos de idade e penalmente imputável.

Exemplificativamente, nada impede a constituição da associação criminosa com o envolvimento de um maior de idade e de dois jovens de 17 anos de idade. Aquele será processado e julgado pela justiça penal; estes serão submetidos a procedimento para apuração de ato infracional, perante a Vara da Infância e da Juventude, nos moldes da Lei 8.069/1990 – Estatuto da Criança e do Adolescente.

Entretanto, é de analisar com cautela o envolvimento na associação criminosa de pessoa menor de 18 anos de idade. Com efeito, o inimputável deve apresentar um mínimo de discernimento mental para ser computado como integrante da associação ilícita. Sirva-se como ilustração a artimanha corriqueiramente utilizada nas grandes cidades: uma criança contando com quatro anos de idade é explorada por assaltantes na prática de roubos em semáforos instalados em vias públicas. No momento em que o infante pede ajuda ao motorista do automóvel, que abre o vidro para lhe entregar dinheiro ou comida, dois roubadores com armas em punho aproveitam-se da facilidade proporcionada pela vítima e anunciam o assalto. Nessa hipótese, evidentemente, não se pode considerar a criança como membro da associação criminosa, que na verdade não existe, em face da união de somente duas pessoas.

4.4.5.2. Associação criminosa e pessoas não identificadas

Pode o Ministério Público oferecer denúncia pela associação criminosa na hipótese em que somente um dos seus integrantes foi identificado?

A resposta é positiva. Contudo, logicamente, deve existir prova segura (testemunhas, interceptação telefônica, documentos etc.) da união estável e permanente dessa pessoa com pelo menos outros dois indivíduos, para o fim específico de cometer crimes. É o que se verifica, exemplificativamente, quando se comprova em interceptação telefônica que um sujeito, devidamente identificado, se encontra associado com outras duas pessoas, de qualificação ignorada, para a prática de roubos em agências bancárias.

Nesse caso, aquele que foi identificado será processado pelo crime definido no art. 288 do Código Penal, sem prejuízo da continuidade das investigações para elucidar a qualificação dos demais integrantes do grupo.

4.4.5.3. A problemática inerente à admissibilidade da participação na associação criminosa

Questiona-se a possibilidade da **participação**, modalidade de concurso de pessoas, no delito de associação criminosa. Há duas posições sobre o assunto:

1.ª posição: Não é possível. Em face do caráter plurissubjetivo do crime tipificado no art. 288 do Código Penal, aquele que de qualquer modo concorre para sua prática deve ser considerado seu autor, pois figura como integrante da associação criminosa.

2.ª posição: É possível. É partícipe o sujeito que concorre para a associação criminosa, sem praticar qualquer ato executório do delito. Entretanto, é preciso que o crime esteja completo em todos os seus elementos, e o partícipe figure como pessoa diversa dos sujeitos essenciais, isto é, das três pessoas (no mínimo) indispensáveis para a constituição da associação ilícita. Exemplo: "A", conhecedor da existência de uma associação criminosa voltada à prática de furtos, empresta uma única vez seu veículo aos integrantes desta, ciente de que o automóvel será utilizado no cometimento de somente um crime patrimonial. Nessa hipótese, "A" auxiliou na atuação da associação criminosa, agindo como partícipe, mas sem integrá-la, pois não há efetiva associação voltada à prática de diversos crimes.

4.4.5.4. A questão relativa à imputação na denúncia: é imprescindível a descrição detalhada da conduta de cada um dos membros da associação criminosa? Denúncia geral versus processo penal kafkiano (criptoimputação)

No âmbito dessa discussão, há entendimentos no sentido de ser exigível, de parte do Ministério Público, a precisa descrição da conduta praticada individualmente pelos integrantes da associação criminosa. Somente assim estaria assegurada a ampla defesa (CF, art. 5.º, inc. LV), pois o réu defende-se dos fatos descritos na denúncia, pouco importando a tipificação imputada pelo *Parquet*.

Entretanto, tem prevalecido o entendimento pelo qual, nos chamados crimes de autoria coletiva, "embora a vestibular acusatória não possa ser de todo genérica, é válida quando, apesar de não descrever minuciosamente as atuações individuais dos acusados, demonstra um liame entre o seu agir e a suposta prática delituosa, estabelecendo a plausibilidade da imputação e possibilitando o exercício da ampla defesa".[12]

Nesse contexto, não é inepta a denúncia – geral – que apresenta uma narrativa fática congruente, de modo a permitir o devido processo legal, descrevendo conduta típica que, "atentando aos ditames do art. 41 do CPP, qualifica os acusados, descreve o fato criminoso e suas circunstâncias. O fato, por si só, de o Ministério Público ter imputado ao recorrente a mesma conduta dos demais denunciados não torna a denúncia genérica, indeterminada ou imprecisa".[13]

É imprescindível distinguir a **denúncia genérica** da **denúncia geral**. A denúncia genérica é aquela cuja imputação é gravemente contaminada por "situação de deficiência na narração do fato imputado, quando não contém os elementos mínimos de sua identificação como crime, como às vezes ocorre com a simples alusão aos elementos do tipo penal abstrato".[14] A denúncia genérica sofre com a pecha da **criptoimputação**[15] (imputação truncada, criptografada), por consagrar um **sistema processual kafkiano**, por meio do qual o denunciado não tem ideia do que se defende.[16]

De seu turno, a denúncia geral é largamente admitida na jurisprudência, porquanto nessa modalidade há a descrição dos fatos e da atuação, ainda que de maneira geral, de cada um dos imputados. Como já decidido pelo Superior Tribunal de Justiça:

> Nos chamados crimes de autoria coletiva, defronta-se o órgão acusatório, no momento de oferecer a denúncia, com uma pluralidade de acusados envolvidos na prática delituosa. Nessa situação, a narrativa minudente de cada uma das condutas atribuídas aos vários agentes é tarefa bastante dificultosa, muitas vezes impraticável, sobretudo diante de organizações numerosas. Nesse contexto, a jurisprudência do Superior Tribunal de Justiça vem admitindo, excepcionalmente, em crimes de autoria coletiva, possa o titular da ação penal descrever os fatos de forma geral, tendo em vista a incapacidade de se mensurar, com precisão, em detalhes, o modo de participação de cada um dos acusados na empreitada criminosa. Portanto, será regular a peça acusatória quando, a despeito de não delinear as condutas individuais dos corréus, anunciar o liame entre a atuação do denunciado e a prática delituosa, demonstrando a plausibilidade da imputação e garantindo o pleno exercício do direito de defesa.[17]

Na seara dos **crimes societários**, a jurisprudência do Superior Tribunal de Justiça exige, para o reconhecimento da associação criminosa, a descrição mínima, na denúncia, da conduta de cada acusado e da relação de causalidade para a produção do resultado lesivo, a qual não pode ser extraída unicamente da posição ocupada pela pessoa física na empresa:

---

[12] STJ: RHC 68.903/RJ, rel. Min. Jorge Mussi, 5.ª Turma, j. 20.05.2016.
[13] STJ: HC 311.571/SP, rel. Min. Gurgel de Faria, 5.ª Turma, j. 19.11.2015.
[14] FERNANDES, Antonio Scarance. *A reação defensiva à imputação*. São Paulo: RT, 2002. p. 184.
[15] No exemplo de Hugo Nigro Mazzilli, ocorre a criptoimputação quando o Ministério Público "atribui ao réu uma conduta culposa, por ter sido imprudente porque não teve cautela... Mas qual, precisamente, a cautela que o réu omitiu? É como se a denúncia dissesse que o réu teve culpa porque foi imprudente; foi imprudente porque não teve cautela; e, porque não teve cautela, teve culpa... Um círculo vicioso" (MAZZILLI, Hugo Nigro. *A descrição do fato típico na acusação penal*. Disponível em: http://www.mazzilli.com.br. Acesso em: 01.11.2016).
[16] "O ordenamento positivo brasileiro [...] repudia as imputações criminais genéricas e não tolera, porque ineptas, as acusações que não individualizam nem especificam, de maneira concreta, a conduta penal atribuída ao denunciado. [...] A pessoa sob investigação penal tem o direito de não ser acusada com base em denúncia inepta" (STF: HC 80.084/PE, rel. Celso de Mello, 2.ª Turma, j. 09.05.2000).
[17] RHC 68.848/RN, rel. Min. Antonio Saldanha Palheiro, 6.ª Turma, j. 27.09.2016. Para o STF: "Não há abuso de acusação na denúncia que, ao tratar de crimes de autoria coletiva, deixa, por absoluta impossibilidade, de esgotar as minúcias do suposto cometimento do crime. Há diferença entre denúncia genérica e geral. Enquanto naquela [genérica] se aponta fato incerto e imprecisamente descrito, na última [geral] há acusação da prática de fato específico atribuído a diversas pessoas, ligadas por circunstâncias comuns, mas sem a indicação minudente da responsabilidade interna e individual dos imputados [...], não há que se falar em inépcia quando a acusação descreve minimamente o fato tido como criminoso" (HC 118.891/SP, rel. Min. Edson Fachin, 1.ª Turma, j. 01.09.2015).

Para a caracterização do delito de associação criminosa inserido em contexto societário, é imprescindível que a denúncia contenha a descrição da predisposição comum de meios para a prática de uma série indeterminada de delitos e uma contínua vinculação entre os associados com essa finalidade, não bastando a menção da posição/cargo ocupado pela pessoa física na empresa. A jurisprudência deste Superior Tribunal é firme na direção de que nos crimes societários, mostra-se impositivo que a denúncia contenha a descrição mínima da conduta de cada acusado e do nexo de causalidade, sob pena de ser considerada inepta. Registre-se que o nexo causal não pode ser aferido pela simples posição ocupada pela pessoa física na empresa. A imputação de responsabilidade individual exige como substrato mínimo a identificação de comportamento concreto violador de um determinado tipo penal. Afinal, não se trata de responsabilizar os sujeitos pelo mero pertencimento à organização empresarial, mas pelo suposto cometimento de delitos a partir dela. É insuficiente e equivocado afirmar que um indivíduo é autor porque detém o domínio do fato se, no plano intermediário ligado aos fatos, não há nenhuma circunstância que estabeleça o nexo entre sua conduta e o resultado lesivo (comprovação da existência de plano delituoso comum ou contribuição relevante para a ocorrência do fato criminoso). (...) Para a caracterização do delito previsto no art. 288 do Código Penal é necessário que, além da reunião de mais de três pessoas, seja indicado, na denúncia, o vínculo associativo permanente para a prática de crimes; vale dizer é impositivo que haja a descrição da predisposição comum de meios para a prática de uma série indeterminada de delitos e uma contínua vinculação entre os associados com essa finalidade.[18]

4.4.5.5. Associação criminosa e delitos agravados pelo concurso de pessoas: concurso material e análise de eventual bis in idem

Existem crimes cujas penas são exasperadas, mediante a previsão de qualificadoras ou causas de aumento da pena, quando praticados em concurso de pessoas. É o que ocorre, entre outros casos, no furto (CP, art. 155, § 4.º, inc. IV), no roubo (CP, art. 157, § 2.º, inc. II) e na extorsão (CP, art. 158, § 1.º, 1.ª parte).

Com base nessa informação, e escolhendo como exemplo, aleatoriamente, o crime de furto, indaga-se: se os membros da associação criminosa cometerem um delito dessa natureza, quais crimes deverão ser a ele imputados? Formaram-se duas posições acerca do assunto. Vejamos.

1.ª posição: Furto qualificado pelo concurso de pessoas e associação criminosa, em concurso material

Para os adeptos dessa linha de pensamento, entre os quais nos incluímos, não há falar em *bis in idem* (dupla punição pelo mesmo fato), pois a pluralidade de pessoas é aferida em momentos distintos. Além disso, os crimes são autônomos e independentes entre si, ofendem bens jurídicos diversos e consumam-se em momentos diferentes.

A associação criminosa é delito contra a paz pública, de perigo comum e abstrato, de natureza formal e permanente. Destarte, coloca em risco toda a coletividade, intranquilizando seus membros, e não uma pessoa determinada. Se não bastasse, consuma-se com a simples associação de três ou mais pessoas para o fim específico de cometer crimes, e essa consumação se prolonga no tempo.

De outro lado, o furto desponta como crime contra o patrimônio, de dano, material e instantâneo. Em outras palavras, não basta o perigo ao bem jurídico, exigindo-se a efetiva lesão do patrimônio de uma ou mais pessoas, obrigatoriamente determinadas. E sua consumação verifica-se com a inversão da posse do bem subtraído, momento deveras posterior ao aperfeiçoamento da associação criminosa. Em verdade, o delito tipificado no art. 288 do Código Penal consuma-se previamente ao crime patrimonial.

---

[18] RHC 139.465/PA, rel. Min. Rogerio Schietti Cruz, 6.ª Turma, j. 23.08.2022, noticiado no *Informativo* 748.

Este era o entendimento adotado pelo Supremo Tribunal Federal e igualmente pelo Superior Tribunal de Justiça em relação ao crime de quadrilha (atual associação criminosa).[19]

2.ª posição: Associação criminosa e furto simples, em concurso material

Para os partidários desse raciocínio, a pluralidade de pessoas envolvidas na empreitada ilícita já foi punida a título de associação criminosa, motivo pelo qual o reconhecimento da qualificadora do furto (concurso de pessoas) caracterizaria *bis in idem*.

4.4.5.6. Associação criminosa e extinção da punibilidade no tocante a algum dos seus membros

A extinção da punibilidade em relação a um ou mais integrantes da associação criminosa não exclui o delito previsto no art. 288 do Código Penal. A extinção atinge somente a punibilidade, deixando intacto o crime. O raciocínio se fortalece ainda mais ao recordarmos que nem mesmo a inimputabilidade de um dos membros da associação ilícita afasta o crime para os demais.

De igual modo, é possível que somente um dos membros da associação criminosa seja processado, em decorrência do falecimento de todos os seus comparsas em confronto com a polícia, pois o crime já havia se consumado. É fundamental, entretanto, faça a denúncia referência aos demais integrantes do agrupamento.

4.4.6. Sujeito passivo

É a coletividade. Trata-se de **crime vago**, pois tem como sujeito passivo um ente destituído de personalidade jurídica.

4.4.7. Elemento subjetivo

É o dolo, acrescido de um especial fim de agir (**elemento subjetivo específico**), representado pela expressão "para o fim específico de cometer crimes", independentemente da sua natureza (crimes contra a pessoa, contra o patrimônio, contra a fé pública etc.) e da pena cominada (reclusão, detenção, com ou sem multa, etc.). De fato, é essa finalidade específica, indicativa da exigência de união estável e permanente de ao menos três indivíduos, que diferencia a associação criminosa da simples reunião eventual de pessoas para a prática de um ou mesmo de vários delitos (concurso de pessoas).

Vale destacar que, malgrado na maioria das vezes a associação criminosa se forme para fazer da prática de delitos uma atividade lucrativa, a torpeza não se revela imprescindível. Há casos em que o agrupamento objetiva o cometimento de delitos sem nenhum propósito econômico, como no exemplo de jovens abastados que se reúnem para ceifar a vida de moradores de ruas.

Não há lugar para a modalidade culposa.

4.4.8. Consumação

A associação criminosa é **crime formal, de consumação antecipada** ou **de resultado cortado**: consuma-se no momento em que se concretiza a convergência de vontades, independentemente da realização ulterior do fim visado. Em síntese, a consumação se verifica no momento em que três ou mais pessoas se associam para a prática de crimes, ainda que nenhum delito venha a ser efetivamente praticado. E, para as pessoas que ingressarem no grupo posteriormente, o delito estará aperfeiçoado no momento da adesão à associação já existente.

---

[19] STF: HC 77.287/SP, rel. Min. Sydney Sanches, 1.ª Turma, j. 17.11.1998; e HC 70.395/RJ, rel. Min. Paulo Brossard, 2.ª Turma, j. 08.03.1994. No STJ: HC 123.932/SP, rel. Min. Arnaldo Esteves Lima, 5.ª Turma, j. 16.06.2009.

A justificativa desta conclusão é simples. Cuida-se de **crime de perigo abstrato**, e com o momento associativo já se apresenta perigo suficientemente grave para alardear a população e tumultuar a paz no âmbito da coletividade.

Portanto, a associação criminosa é juridicamente independente dos delitos que venham a ser cometidos pelos agentes reunidos no agrupamento espúrio, e subsiste autonomamente ainda que os crimes para os quais foi organizada sequer venham a ser realizados.

Entretanto, os membros que praticarem os delitos para cuja execução foi constituída a associação criminosa sujeitam-se, nos termos do art. 69 do Código Penal, à regra do concurso material. Vejamos um exemplo: "A", "B" e "C" formam uma associação destinada ao cometimento de roubos. Deverão ser responsabilizados pelo delito tipificado no art. 288 do Código Penal, ainda que não executem nenhum crime de índole patrimonial. Mas, se eles concretizarem algum roubo, terão imputados contra si os crimes contra o patrimônio e contra a paz pública, em concurso material.

Além disso, a associação criminosa é **delito permanente**, pois a consumação se prolonga no tempo, enquanto perdurar a união pela vontade dos seus integrantes. Daí decorrem três importantes consequências:

a) é possível a prisão em flagrante a qualquer tempo, enquanto subsistir a associação criminosa;

b) a prescrição da pretensão punitiva tem como termo inicial a data da cessação da permanência, a teor da regra inscrita no art. 111, inc. III, do Código Penal; e

c) se qualquer dos delitos for cometido no território de duas ou mais comarcas, a competência será firmada pelo critério da prevenção, nos moldes do art. 83 do Código de Processo Penal.

4.4.8.1. Abandono de integrante da associação criminosa e reflexos jurídicos

Imaginemos uma associação criminosa já constituída e composta por três membros, o número mínimo exigido pelo art. 288 do Código Penal. Se um deles retirar-se do agrupamento ilícito, estará excluído o delito?

A resposta é negativa, pois o crime já havia se consumado no momento da efetiva associação, razão pela qual não se pode falar em desistência voluntária ou arrependimento eficaz (CP, art. 15). No entanto, a partir da retirada de um dos integrantes, rompendo-se o mínimo de pessoas exigido para configuração da associação criminosa, estará afastado o delito contra a paz pública.[20]

4.4.8.2. Associação criminosa e manutenção do estado ilícito após o início da ação penal

Se, após o oferecimento de denúncia pela prática do crime tipificado no art. 288 do Código Penal, os integrantes da associação criminosa vierem a praticar novos atos indicativos deste delito, deverá ser intentada outra ação penal.

Com efeito, a associação criminosa, de natureza permanente, embora envolva uma série de atos, forma uma só unidade jurídica, ensejando a propositura de uma única ação penal. Se após oferecida a denúncia em razão da prática do delito, a *societas sceleris* tem continuidade pela prática de novos atos configuradores do crime, é cabível a promoção de nova ação penal, pois o raciocínio contrário implicaria patente teratologia jurídica, ao admitir-se que atos futuros cometidos pela associação criminosa sejam compreendidos em denúncia anterior.

---

[20] Igual raciocínio se aplica na hipótese em que a associação criminosa é composta por três membros, e um deles é absolvido pelo fato de ter sido comprovado que ele não fazia parte da associação ilícita. Nesse caso, estará excluído o crime definido no art. 288 do Código Penal.

Não há falar, nesse caso, em dupla punição pelo mesmo fato (*bis in idem*), pois existe mais de um delito no plano fático.

4.4.8.3. Associação criminosa e prática de delitos somente por alguns dos seus integrantes

Pensemos em uma associação criminosa constituída para a prática de estelionatos e composta de três integrantes: "A", "B" e "C". Imaginemos agora que somente dois deles ("A" e "B") venham a praticar um crime abrangido pelo plano do grupo, em relação ao qual o último associado ("C") não tenha de qualquer modo participado. Pergunta-se: qual ou quais crimes devem ser atribuídos aos membros da associação ilícita?

"A" e "B" devem ser responsabilizados pela associação criminosa (CP, art. 288), em concurso material com estelionato (CP, art. 171, *caput*), pois apenas eles executaram ou de qualquer modo concorreram para o crime contra o patrimônio. Por sua vez, "C" terá contra si imputado unicamente o delito contra a paz pública, pois o fato de pertencer à associação criminosa não acarreta automaticamente a sua responsabilização por toda e qualquer infração cometida pelos demais integrantes do agrupamento espúrio, na hipótese em que se encontra alheio à sua determinação ou execução, sob pena de configuração da responsabilidade penal objetiva.

4.4.9. Tentativa

A associação criminosa, compreendida como **crime obstáculo**, é incompatível com o *conatus*. Como o art. 288 do Código Penal exige a associação de três ou mais pessoas para o fim específico de cometer crimes, conclui-se que, se a estabilidade e a permanência do agrupamento estiverem presentes, o delito estará consumado; caso contrário, o fato será atípico.

4.4.10. Ação penal

A ação penal é pública incondicionada.

4.4.11. Lei 9.099/1995

Em sua modalidade fundamental, prevista no art. 288, *caput*, do Código Penal, a associação criminosa constitui-se em **delito de médio potencial ofensivo**, pois a pena mínima (um ano) autoriza o benefício da suspensão condicional do processo, se presentes os demais requisitos exigidos pelo art. 89 da Lei 9.099/1995.

4.4.12. Classificação doutrinária

A associação criminosa é crime **simples** (ofende um único bem jurídico); **comum** (pode ser praticado por qualquer pessoa); **formal**, **de consumação antecipada** ou **de resultado cortado** (consuma-se com a realização da conduta criminosa, independentemente da superveniência do resultado naturalístico); **de perigo comum** (coloca em risco uma pluralidade de pessoas) e **abstrato** (presumido pela lei), malgrado existam opiniões em contrário, no sentido de constituir-se em crime de perigo concreto; **vago** (tem como sujeito passivo um ente destituído de personalidade jurídica); **de forma livre** (admite qualquer meio de execução); **comissivo**; **permanente** (a consumação se prolonga no tempo, por vontade dos agentes); **plurissubjetivo**, **plurilateral** ou **de concurso necessário** (o tipo penal reclama a presença de pelo menos três pessoas) e **de condutas paralelas** (as condutas se unem em torno de um fim comum); **obstáculo** (o legislador antecipou a tutela penal, a fim incriminar de forma autônoma atos representativos da preparação de outros delitos); e **plurissubsistente**.

4.4.13. Causas de aumento da pena: art. 288, parágrafo único

Estatui o art. 288, parágrafo único, do Código Penal: "A pena aumenta-se até a metade se a associação é armada ou se houver a participação de criança ou adolescente".

São previstas duas **causas de aumento da pena**, aplicáveis na terceira e derradeira fase da dosimetria da pena privativa de liberdade. É de se atentar que a pena não será aumentada obrigatoriamente de metade, pois o dispositivo contém a expressão **"até a metade"**. É cabível, portanto, a elevação da reprimenda em percentual inferior (um terço, um quarto etc.). Vejamos cada uma delas.

a) Associação armada

Como a lei não fez qualquer tipo de restrição, a causa de aumento da pena incidirá tanto na hipótese de **arma própria**, ou seja, instrumento concebido com a finalidade precípua de ataque ou defesa (exemplos: revólver, pistola, espingarda, punhal etc.), como no caso de **arma imprópria**, é dizer, objetivo criado com finalidade diversa, mas que pode ser utilizado para ataque ou defesa (exemplos: barra de ferro, chave de fenda, taco de beisebol etc.). A **arma branca**, compreendida como o instrumento dotado de ponta ou gume (faca, espada, machado etc.) igualmente enseja o aumento da reprimenda.

O fundamento do tratamento penal mais rigoroso repousa na maior potencialidade lesiva da associação criminosa, agravando o sentimento de intranquilidade no seio social e ofendendo em grau mais elevado a paz pública.

Basta, para o aumento da sanção penal, que somente um dos integrantes do grupo esteja armado, desde que os demais tenham ciência da existência da arma, sob risco de configuração da responsabilidade penal objetiva. Em verdade, não será aplicável a majorante no tocante àqueles que ignorarem a presença da arma no âmbito da associação criminosa.[21]

b) Participação de criança ou adolescente

A majorante se contenta com o envolvimento do menor de 18 anos na associação criminosa, prescindindo da sua participação nos delitos eventualmente praticados pelo grupo.

O art. 288 do Código Penal contempla um **crime plurissubjetivo, plurilateral** ou **de concurso necessário**. Destarte, basta que um dos integrantes da associação seja maior de idade e penalmente imputáveis. Se os demais – no mínimo dois – forem crianças ou adolescentes, estará caracterizado o delito, inclusive com a incidência da causa de aumento da pena para o agente dotado de culpabilidade.

A propósito, a participação de criança ou de adolescente na associação criminosa também acarreta a caracterização da corrupção de menores, disciplinada pelo art. 244-B da Lei 8.069/1990 – Estatuto da Criança e do Adolescente. Este crime, de natureza formal, independe de prova da efetiva deturpação moral do menor de 18 anos, pois se constitui em crime de perigo. É o que se extrai da Súmula 500 do Superior Tribunal de Justiça: "A configuração do crime do art. 244-B do ECA independe da prova da efetiva corrupção do menor, por se tratar de delito formal".

4.4.13.1. Associação criminosa armada e prática de delito agravado pelo emprego de arma

Há crimes previstos na Parte Especial do Código Penal, e também na legislação extravagante, em que o emprego de arma eleva sensivelmente a pena cominada à modalidade

---

[21] O Supremo Tribunal Federal já ostentava este pensamento antes da entrada em vigor da Lei 12.850/2013 (HC 72.992/SP, rel. Min. Celso de Mello, 1.ª Turma, j. 21.11.1995).

fundamental, seja como qualificadora, seja como causa de aumento da pena. É o que se dá, exemplificativamente, no roubo com violência ou grave ameaça exercida com emprego de arma de fogo (CP, art. 157, § 2.º-A, inc. I) e na extorsão (CP, art. 158, § 1.º).

Pensemos agora em uma situação hipotética: os membros de uma associação criminosa armada invadem um estabelecimento comercial e praticam um roubo, valendo-se das armas de fogo para intimidação das vítimas. Quais crimes devem ser a eles imputados?

Nada obstante entendimentos em sentido contrário, os agentes devem ser responsabilizados pelos delitos de associação criminosa armada (CP, art. 288, parágrafo único, 1.ª parte) e roubo circunstanciado (CP, art. 157, § 2.º-A, inc. I), em concurso material.[22]

No tocante ao emprego de arma de fogo, não há falar em *bis in idem*, pois inexiste dupla punição pelo mesmo fato. Estão em jogo bens jurídicos distintos: patrimônio, no roubo, e paz pública, na associação criminosa. Se não bastasse, os crimes são independentes e autônomos entre si.

Com efeito, no momento em que o roubo (crime de dano) é praticado, violando o patrimônio e a integridade física ou a liberdade individual de vítima determinada, o delito tipificado no art. 288 do Código Penal (crime de perigo) já estava há muito consumado, com a associação estável e permanente de três ou mais pessoas para a prática de crimes, ofendendo a paz pública e o sentimento social de tranquilidade.

4.4.14. Lei dos Crimes Hediondos e figura qualificada

Como estabelece o art. 8.º, *caput*, da Lei 8.072/1990 – Lei dos Crimes Hediondos:

> Art. 8.º Será de três a seis anos de reclusão a pena prevista no art. 288 do Código Penal, quando se tratar de crimes hediondos, prática da tortura, tráfico ilícito de entorpecentes e drogas afins ou terrorismo.

Este dispositivo legal abre espaço para uma modalidade qualificada de associação criminosa, aplicável unicamente aos agrupamentos ilícitos constituídos com a finalidade de praticar delitos hediondos ou assemelhados, **com exceção do tráfico de drogas**, pois em relação a este crime incide a figura contida no art. 35 da Lei 11.343/2006 – Lei de Drogas (associação para o tráfico de drogas).

4.4.15. Associação para o tráfico de drogas – art. 35 da Lei 11.343/2006

O art. 35 da Lei 11.343/2006 – Lei de Drogas – contempla o crime de associação para o tráfico:

> Art. 35. Associarem-se duas ou mais pessoas para o fim de praticar, reiteradamente ou não, qualquer dos crimes previstos nos arts. 33, *caput* e § 1.º, e 34 desta Lei:
>
> Pena – reclusão, de 3 (três) a 10 (dez) anos, e pagamento de 700 (setecentos) a 1.200 (mil e duzentos) dias-multa.
>
> Parágrafo único. Nas mesmas penas do *caput* deste artigo incorre quem se associa para a prática reiterada do crime definido no art. 36 desta Lei.

---

[22] Este sempre foi o entendimento consagrado nos Tribunais Superiores acerca do delito de quadrilha armada, e não há razões jurídicas para a sua alteração (STF: RHC 102.984/RJ, rel. Min. Dias Toffoli, 1.ª Turma, j. 08.02.2011, noticiado no *Informativo* 615; e HC 85.183/RJ, rel. Min. Gilmar Mendes, 2.ª Turma, j. 02.08.2005. No STJ: HC 91.129/SP, rel. Min. Arnaldo Esteves Lima, 5.ª Turma, j. 10.06.2008).

As diferenças entre este delito e a associação criminosa (CP, art. 288) são nítidas, como demonstra o gráfico a seguir:

Associação criminosa (art. 288 do CP)	Associação para o tráfico (art. 35 da Lei 11.343/2006)
Mínimo de **três** pessoas	Mínimo de **duas** pessoas
Prática de crimes em geral	Prática dos crimes definidos nos arts. 33, *caput* e § 1.º, 34 e 36 da Lei de Drogas

Nada obstante o *caput* do art. 35 da Lei de Drogas faça menção à expressão "reiteradamente ou não", a jurisprudência acertadamente tem decidido pela imprescindibilidade de estabilidade e permanência para a caracterização do delito. Com efeito, o agrupamento eventual de duas ou mais pessoas permite o reconhecimento do concurso de pessoas, mas jamais de autêntica associação. Como já decidido pelo Superior Tribunal de Justiça:

> Exige-se o dolo de se associar com permanência e estabilidade para a caracterização do crime de associação para o tráfico, previsto no art. 35 da Lei n. 11.343/2006. Dessa forma, é atípica a conduta se não houver ânimo associativo permanente (duradouro), mas apenas esporádico (eventual).[23]

4.4.16. Associação criminosa e organização criminosa: análise comparativa e reflexos jurídicos

Um ponto interessante a ser analisado é a relação entre a associação criminosa, disciplinada no art. 288 do Código Penal, e a definição jurídica de organização criminosa, prevista no art. 1.º, § 1.º, da Lei 12.850/2013 – Lei do Crime Organizado:

> Considera-se organização criminosa a associação de 4 (quatro) ou mais pessoas estruturalmente ordenada e caracterizada pela divisão de tarefas, ainda que informalmente, com objetivo de obter, direta ou indiretamente, vantagem de qualquer natureza, mediante a prática de infrações penais cujas penas máximas sejam superiores a 4 (quatro) anos, ou que sejam de caráter transnacional.

A organização criminosa reclama a associação de no mínimo quatro pessoas. Além disso, sua estrutura é bem definida, e destina-se à prática infrações penais dotadas de maior gravidade, revelando-se como autêntica **estrutura ilícita de poder**, ditando e seguindo regras próprias, à margem da autoridade estatal. Existe um modelo empresarial, com comandantes e comandados, todos voltados à prática atos contrários ao Direito Penal, a exemplo do PCC – Primeiro Comando da Capital e do CV – Comando Vermelho, entre tantas outras facções criminosas.

O art. 2.º, *caput*, da Lei 12.850/2013 incrimina a conduta de promover, constituir, financiar ou integrar, pessoalmente ou por interposta pessoa, organização criminosa, cominando-lhe a pena de reclusão, de três a oitos anos, e multa, sem prejuízo das penas correspondentes às demais infrações penais praticadas pela organização criminosa.

---

[23] HC 139.942/SP, rel. Min. Maria Thereza de Assis Moura, 6.ª Turma, j. 19.11.2012, noticiado no *Informativo* 509.

Finalmente, a caracterização da organização criminosa autoriza a incidência dos institutos contidos na Lei 12.850/2013, a exemplo da colaboração premiada, da ação controlada e da infiltração de agentes policiais.

4.4.17. Genocídio – Lei 2.889/1956

Estatui o art. 2.º da Lei 2.889/1956 que a associação de mais de três pessoas para a prática de crimes de genocídio, nas suas variadas formas, definidas no art. 1.º do citado diploma legal, importa na imposição de pena consistente na metade da cominada aos crimes ali previstos.

4.4.18. Formação de cartel e acordo de leniência – Lei 12.529/2011

Se a associação criminosa relacionar-se diretamente à formação de cartel, a celebração de acordo de leniência determina a suspensão da prescrição e impede o oferecimento da denúncia com relação ao agente beneficiário da leniência.

O acordo de leniência é possível com pessoas físicas que forem autoras de infração contra a ordem econômica, desde que colaborem efetivamente com as investigações e o processo administrativo, e que dessa colaboração resulte a identificação dos demais envolvidos na ação e a obtenção de informações e documentos que comprovem a infração noticiada ou sob investigação. O cumprimento do acordo de leniência acarreta a automática extinção da punibilidade (Lei 12.529/2011, art. 86, incs. I e II, e art. 87, *caput* e parágrafo único).

4.5. ART. 288-A – CONSTITUIÇÃO DE MILÍCIA PRIVADA

4.5.1. Dispositivo legal

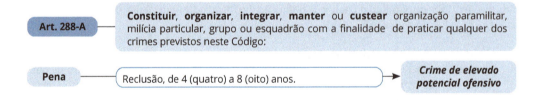

Classificação:
Crime simples
Crime comum ou geral
Crime formal, de consumação antecipada ou de resultado cortado
Crime de perigo comum e abstrato
Crime vago
Crime de forma livre
Crime comissivo
Crime permanente
Crime plurissubjetivo, plurilateral ou de concurso necessário
Crime de condutas paralelas
Crime de ação múltipla ou de conteúdo variado
Crime obstáculo

Informações rápidas:
Milícia privada: associação permanente e estável, de ao menos três pessoas e pelo menos um imputável. Extinção da punibilidade de um agente não descaracteriza o crime.
Não abrange **contravenções penais** e crimes previstos em **leis extravagantes**. Todos os crimes devem estar previstos no CP e ser **dolosos**.
Objeto material: organização paramilitar, milícia particular, grupo e esquadrão.
Elemento subjetivo: dolo (elemento subjetivo específico: "com a finalidade de praticar qualquer dos crimes previstos neste Código"). Não admite a modalidade culposa.
Tentativa: não admite (crime obstáculo).
Ação penal: pública incondicionada.

4.5.2. Introdução

O crime de constituição de milícia privada foi incorporado ao Código Penal pela Lei 12.720/2012.

Não se desconhece a existência, no Brasil e provavelmente em todos os países, de organizações paramilitares, milícias particulares, grupos e esquadrões, autênticas formas de "poder paralelo".

Entretanto, a legitimidade do art. 288-A do Código Penal é questionável. Com efeito, as condutas nele descritas já se enquadravam nas figuras da associação criminosa, inclusive na modalidade agravada pela presença de armas (CP, art. 288, *caput* e parágrafo único),[24] ou então na associação para o tráfico de drogas (Lei 11.343/2006). Sem prejuízo, também se revelava possível a incidência das regras contidas na Lei 9.034/1995 – Lei do Crime Organizado, se caracterizada a existência de organização criminosa, notadamente diante do conceito apresentado pela Lei 12.694/2012.[25] Dessa forma, é fácil notar a ausência do fenômeno da **neocriminalização**: as condutas atualmente elencadas pelo art. 288-A do Código Penal não passavam despercebidas pelo Direito Penal antes da Lei 12.720/2012, pois já constituíam crimes, embora com rótulos diversos.

No entanto, alguém poderia questionar a maior gravidade da constituição de milícia privada. É verdade, e o legislador poderia ter simplesmente optado pela criação de uma qualificadora no art. 288 do Código Penal. Todavia, os representantes do povo brasileiro preferiram seguir caminho diverso.

E, ao fazê-lo, criaram um **tipo penal aberto**, colocando em risco a constitucionalidade do art. 288-A do Código Penal frente ao princípio da reserva legal ou da estrita legalidade. Deveras, o tipo penal não contém as definições de "organização militar, milícia particular, grupo ou esquadrão".

Certamente tais conceitos serão apresentados pela doutrina e pela jurisprudência, como já aconteceu várias vezes no Código Penal. Entre tantos outros exemplos, basta lembrar da "rixa" (art. 137) e do "ato obsceno" (art. 233).

Em tempos de crescente insegurança jurídica, com interpretações cada vez mais confusas, especialmente em assuntos ligados ao crime organizado, o legislador poderia ter evitado as polêmicas que sempre acompanharão a aplicação prática do art. 288-A do Código Penal.

4.5.3. Objetividade jurídica

O bem jurídico protegido pelo art. 288-A do Código Penal é a **paz pública**, ou seja, o sentimento coletivo de paz e tranquilidade assegurado pela ordem jurídica.

4.5.4. Objeto material

É a organização paramilitar, a milícia particular, o grupo e o esquadrão.

Organização paramilitar é uma associação civil, desvinculada do Estado, armada e com estrutura análoga às instituições militares, que utiliza táticas e técnicas policiais ou militares para alcançar seus objetivos. Não raramente, membros das forças militares (Exército, Marinha, Aeronáutica, polícias) clandestinamente também integram as organizações paramilitares, com motivação ilícita (político-partidária, religiosa ou de outra natureza).

A Constituição Federal, em seu art. 5.º, inc. XVII, proíbe expressamente as organizações paramilitares: "é plena a liberdade de associação para fins lícitos, vedada a de caráter paramilitar". Este mandamento se fundamenta na exclusividade do Estado no tocante ao uso do poder coercitivo frente às pessoas em geral, razão pela qual não se autoriza a atuação bélica e a prestação da segurança pública a entes particulares, o que colocaria em risco a ordem social e o regime democrático.

---

[24] Na redação original do Código Penal, e agora no delito de associação criminosa, com as inovações promovidas pela Lei 12.850/2013.

[25] As organizações criminosas encontram-se atualmente disciplinadas pela Lei 12.850/2013 – Lei do Crime Organizado.

Milícia particular é o agrupamento armado e estruturado de civis – inclusive com a participação de militares fora das suas funções – com a pretensa finalidade de restaurar a segurança em locais controlados pela criminalidade, em face da inoperância e desídia do Poder Público. Para tanto, seus integrantes apresentam-se como verdadeiros "heróis" de uma comunidade carente e fragilizada, e como recompensa são remunerados por empresários e pelas pessoas em geral.

Contudo, a realidade é diversa do romantismo que cerca o discurso dos novos "guerreiros da paz". Diversas pessoas são coagidas à colaboração financeira, mediante violência física ou grave ameaça. Se não o fizerem, suportam castigos físicos, torturas e, aos mais rebeldes, impõe-se até mesmo a pena capital, para demonstração da autoridade do poder paralelo imposto na dominação do território.[26]

Grupo e **esquadrão**[27] ligam-se aos **grupos de extermínio**. Esta conclusão é extraída da interpretação sistemática da Lei 12.720/2012, que acrescentou os §§ 6.º e 7.º, respectivamente, aos arts. 121 e 129 do Código Penal.

Grupo de extermínio é a associação de matadores, composta de particulares e muitas vezes também por policiais autointitulados de "justiceiros", que buscam eliminar pessoas deliberadamente rotuladas como perigosas ou inconvenientes aos anseios da coletividade. Sua existência se deve à covardia e à omissão do Estado, bem como à simpatia e não raras vezes ao financiamento de particulares e de empresários, que contam com a ajuda destes exterminadores para enfrentar supostos ou verdadeiros marginais, sem a intervenção do Poder Público.

O enfrentamento dessas associações espúrias – organizações paramilitares, milícias privadas e grupos de extermínio – é muito difícil, quiçá impossível, seja pelo envolvimento de órgãos do Estado, especialmente das Polícias, seja pela intimidação ou mesmo pela eliminação de testemunhas que poderiam identificar os membros dos grupos e descrever seus comportamentos, possibilitando a aplicação das sanções penais e administrativas cabíveis.

4.5.5. Núcleos do tipo

O tipo penal contém cinco núcleos: constituir, organizar, integrar, manter e custear.

Constituir é formar, fundar ou dar existência a algo; **organizar** tem o sentido de formar, estruturar ou colocar em ordem;[28] **integrar**, por sua vez, equivale a incorporar-se ou tornar-se parte de um grupo qualquer; **manter** traduz a ideia de conservar ou defender; e, finalmente, **custear** significa arcar com os custos financeiros da manutenção de algo. O custeio pode ser rateado entre todos os agentes, ou então ser efetuado por somente um ou alguns deles.

Esses núcleos autorizam a conclusão de que o crime deverá ser imputado tanto para aqueles que constituíram, isto é, fundaram a estrutura ilícita de poder, bem como para aqueles que nela ingressaram após a sua efetiva formação.

Trata-se de **tipo misto alternativo**, **crime de ação múltipla** ou **de conteúdo variado**: o tipo penal contém vários núcleos e, se os sujeitos realizarem mais de um deles contra o mesmo objeto material – organização paramilitar, milícia particular, grupo ou esquadrão –, estará caracterizado um único delito.

---

[26] A atuação de milícias privadas, desta vez em comunidades carentes do Rio de Janeiro, foi apresentada com brilhantismo no filme "Tropa de Elite 2", de 2010, protagonizado por Wagner Moura e dirigido por José Padilha. Esse vídeo, acessado em 29.10.2012, bem ilustra a situação: http://migre.me/bqcDZ.

[27] À época do regime militar, o "Esquadrão da Morte", composto por criminosos travestidos de policiais, ganhou notoriedade e instalou o pânico no Brasil.

[28] Há distinção entre "constituir" e "organizar": quem constitui inaugura alguma entidade, até então inexistente, ao passo que aquele que "organiza" não participou, necessariamente, da fundação da entidade, mas intervém, posteriormente, no seu funcionamento.

4.5.5.1. União estável e permanente

A união estável e permanente dos agentes é fundamental para a constituição de milícia privada, e também para diferenciá-la do concurso de pessoas (coautoria e participação) para a prática de delitos em geral.

No crime tipificado no art. 288-A do Código Penal é imprescindível o vínculo associativo, caracterizado pela estabilidade e pela permanência entre seus integrantes.[29] O acordo ilícito entre os agentes deve envolver uma duradoura, mas não necessariamente perpétua, atuação em comum, no sentido da realização de **crimes indeterminados ou somente ajustados quanto à espécie**, que pode ser de igual natureza ou homogênea (exemplo: homicídios), ou ainda de natureza diversa ou heterogênea (exemplo: homicídios e roubos), desde que previstos no Código Penal, mas nunca no tocante à quantidade. Exemplo: Dez pessoas se reúnem, sem previsão de data para a dissolução do agrupamento, objetivando a prática de homicídios de adolescentes infratores na cidade de Maceió – Alagoas.

Na ausência desse vínculo associativo, a união de indivíduos para a prática de um ou mais crimes caracteriza o concurso de pessoas (coautoria ou participação), nos moldes do art. 29, *caput*, do Código Penal. Exemplo: Cinco pessoas se reúnem para praticar cinco homicídios em Natal – RN. Depois de alcançado o objetivo, os sujeitos retornam às suas rotinas.

Sem prejuízo, mais uma importante diferença pode ser apontada entre a constituição de milícia privada e o concurso de pessoas.

No art. 288-A do Código Penal, é irrelevante se os crimes para os quais foi constituída a milícia privada venham ou não a ser praticados. De fato, esse delito tem natureza formal, consumando-se com a simples associação estável e permanente de três ou mais pessoas para a prática de crimes previstos no Código Penal, ainda que no futuro nenhum delito seja efetivamente realizado.

De seu turno, afasta-se a punição do concurso de pessoas na hipótese em que, nada obstante a reunião de dois ou mais indivíduos em busca de um fim comum, não se dá causa, no mínimo, a um crime tentado. Em outras palavras, a punibilidade do concurso de pessoas pressupõe a prática de atos de execução por, no mínimo, um dos envolvidos na empreitada criminosa. É o que se convencionou chamar de **participação impunível**, descrita no art. 31 do Código Penal: "O ajuste, a determinação ou instigação e o auxílio, salvo disposição expressa em contrário, não são puníveis, se o crime não chega, pelo menos, a ser tentado".

É válido apresentar graficamente o que foi dito:

Constituição de milícia privada	**Concurso de pessoas** (*coautoria* ou *participação*)
União estável e permanente de **três ou mais** pessoas	União eventual ou momentânea de pessoas
Intenção de praticar um número **indeterminado** de crimes, **previstos no Código Penal**	Intenção de cometer **um ou alguns** crimes determinados
Consuma-se com a simples associação estável e permanente, ainda que nenhum delito seja praticado	Consuma-se com a prática de atos de execução da empreitada criminosa

---

[29] A problemática do número mínimo de pessoas para a caracterização do delito será abordada no tópico atinente ao sujeito ativo (item 4.5.6).

Vale frisar que a exigência legal de associação de três ou mais pessoas não se confunde com a obediência rígida a regulamentos, estatutos ou normas disciplinares. Logicamente, também não se pode pretender, em face do seu caráter ilícito, o registro da organização paramilitar, da milícia privada, do grupo ou esquadrão perante os órgãos públicos competentes. É suficiente a presença de uma organização social rudimentar apta a evidenciar a união estável e permanente direcionada à prática de crimes indeterminados.

4.5.5.2. Com a finalidade de praticar qualquer dos crimes previstos no Código Penal

A constituição de milícia privada limita-se aos **crimes previstos no Código Penal**, independentemente do bem jurídico tutelado (vida, patrimônio, dignidade sexual, fé pública etc.), ou da qualidade (reclusão ou detenção) ou quantidade da pena cominada.

A fórmula legislativa, embora ampla – "qualquer dos crimes previstos neste Código" –, deve ser interpretada com cautela. Com efeito, o dispositivo somente se aplica aos **crimes dolosos**, uma vez que a constituição de milícia privada é logicamente incompatível com o propósito de praticar crimes *culposos* ou *preterdolosos*, pois nestes o resultando é involuntário, despontando como inconcebível que alguém se proponha a um resultado que não quer ou sequer assume o risco de produzir.

A palavra "**crimes**" foi utilizada em sentido técnico, excluindo as **contravenções penais**. Nessa seara, vale lembrar que estas espécies de infração penal também estão afastadas pelo fato de não serem contempladas no Código Penal.

Também não se caracteriza o delito de constituição de milícia privada se a finalidade do agrupamento é a prática de atos ilícitos ou imorais, a exemplo dos atos de improbidade administrativa, pois não ensejam obrigatoriamente o reconhecimento de crimes previstos no Código Penal.

O legislador optou em afastar a incidência do art. 288-A do Código Penal frente à união de pessoas para a prática de crimes previstos em **leis extravagantes**. Exemplificativamente, se várias pessoas constituírem uma organização paramilitar para a prática de delitos de tráfico internacional de armas de fogo (Lei 10.826/2003 – Estatuto do Desarmamento, art. 18), não responderão pela constituição de milícia privada. Mas o fato não será atípico, pois estará configurado o delito de associação criminosa **armada**, na forma do art. 288, parágrafo único, do Código Penal.

Por sua vez, se o objetivo da organização paramilitar, milícia privada, grupo ou esquadrão consistir nos crimes previstos nos arts. 33, *caput* ou § 1.º, ou 34 da Lei 11.343/2006 – Lei de Drogas, restará delineada a figura da **associação para o tráfico de drogas**, na forma do art. 35 do citado diploma legal.

O Superior Tribunal de Justiça já se pronunciou nesse sentido:

> Somente configura o crime de constituição de milícia privada se a atuação do grupo criminoso se restringe aos delitos previstos no Código Penal. A controvérsia está em definir se somente configura o crime de milícia privada se o grupo praticar exclusivamente delitos previstos no Código Penal. Na hipótese, o Tribunal estadual desclassificou o crime de constituição de milícia privada (art. 288-A do CP) para o delito de associação criminosa armada (art. 288, parágrafo único, do CP), mais favorável aos réus, em razão de o grupo criminoso não ter se limitado a praticar somente os delitos dispostos no Código Penal, destacando que também praticavam outros crimes previstos em legislação extravagante, notadamente o porte ou posse ilegal de arma de fogo. Com efeito, comete o crime de constituição de milícia privada, nos termos do art. 288-A do Código Penal, quem "Constituir, organizar, integrar, manter ou custear organização paramilitar, milícia particular, grupo ou esquadrão com a finalidade de praticar qualquer dos crimes previstos neste Código". Depreende-se da interpretação literal da norma acima descrita, que o legislador restringiu as hipóteses para a caracterização da milícia privada à prática dos crimes previstos no Código Pe-

nal. Desse modo, deve prevalecer a desclassificação para o delito de associação criminosa armada, pois a ampliação do alcance da norma disposta no art. 288-A do Código Penal, para incluir no âmbito de atuação do grupo criminoso os crimes previstos em legislação extravagante, não pode ser admitida, na medida em que a interpretação extensiva em prejuízo ao réu (*in malam partem*) é vedada no âmbito do direito penal.[30]

4.5.6. Sujeito ativo

A constituição de milícia privada é **crime comum** ou **geral**, podendo ser praticado por qualquer pessoa.

É também **crime plurissubjetivo**, **plurilateral** ou **de concurso necessário**, pois o tipo penal exige a pluralidade de indivíduos para a sua caracterização. E, nesta seara, desponta como **crime de condutas paralelas**, uma vez que os diversos sujeitos se auxiliam, mutuamente, com o objetivo de produzirem o mesmo resultado, consistente na prática de crimes previstos no Código Penal.

E aqui surge uma importante indagação. Qual é o número mínimo de pessoas que devem estar agrupadas para a configuração do crime definido no art. 288-A do Código Penal?

Ao contrário do que se verifica na associação criminosa, disciplinada no art. 288 do Código Penal, em que se exigem ao menos três pessoas, o legislador calou-se. Seria razoável a preservação desta coerência, mas infelizmente isto não ocorreu.

Diante da omissão normativa, é seguro afirmar que devem existir ao menos **três** pessoas. Com efeito, quando o Código Penal quer a presença de pelo menos duas (exemplos: art. 155, § 4.º, inc. IV; art. 157, § 2.º, inc. II; e art. 158, § 1.º) ou então de quatro pessoas (exemplo: art. 146, § 1.º), ele o faz expressamente. De seu turno, nas situações em que se exige a pluralidade de indivíduos, sem indicação do número, devem existir ao menos três pessoas. Esta é a **técnica de elaboração legislativa** adotada no Brasil, e presente em diversos dispositivos do Código Penal, destacando-se, entre outros, os arts. 137 e 141, inc. III, 1.ª parte.

4.5.6.1. Inimputáveis e número mínimo de pessoas para reconhecimento do delito

No número mínimo de três pessoas exigidas para a constituição de milícia privada incluem-se os inimputáveis, qualquer que seja a causa da inimputabilidade (menoridade, doença mental, desenvolvimento mental incompleto ou retardado). Com efeito, trata-se de **crime plurissubjetivo**, **plurilateral** ou **de concurso necessário**, e por esta razão é suficiente que apenas um dos agentes seja maior de 18 anos e penalmente imputável.

A título ilustrativo, é perfeitamente possível a constituição de milícia privada com o envolvimento de dois maiores de idade e penalmente capazes e um adolescente. Os imputáveis serão processados e julgados pela justiça penal; este será submetido a procedimento para apuração de ato infracional, perante a Vara da Infância e da Juventude, com fundamento na Lei 8.069/1990 – Estatuto da Criança e do Adolescente.

Entretanto, é preciso analisar com cautela o envolvimento de pessoa menor de 18 anos na milícia privada. Sem dúvida alguma, o inimputável deve apresentar um mínimo de desenvolvimento mental para ser computado como integrante do agrupamento ilícito. Vejamos um exemplo: em troca de guloseimas, uma criança de 5 anos de idade fica na entrada da comunidade vigiando a aproximação de policiais. Quando as viaturas oficiais rondam o local, ela empina uma pipa. Nessa hipótese, evidentemente, não se pode considerar a criança como membro da milícia privada, o que seria atentar ao bom senso e à lógica que devem pautar a atuação dos operadores do Direito.

---

[30] REsp 1.986.629/RJ, rel. Min. Joel Ilan Paciornik, 5.ª Turma, j. 08.08.2023, noticiado no *Informativo* 788.

4.5.6.2. A existência de pessoas não identificadas

A milícia privada pressupõe a união de ao menos três pessoas. Mas na prática pode acontecer de somente uma ou duas delas serem identificadas.

Nesse caso, nada impede o oferecimento de denúncia somente em relação aos sujeitos conhecidos, desde que existam provas suficientes (documentos, testemunhas, interceptação telefônica etc.) da reunião de, no mínimo, três indivíduos, em organização paramilitar, milícia particular, grupo ou esquadrão, para o fim de cometer crimes previstos no Código Penal.

Sem dúvida alguma, as pessoas identificadas deverão ser processadas pelo crime tipificado no art. 288-A do Código Penal, sem prejuízo da continuidade das investigações, em autos apartados, para elucidar a qualificação dos demais envolvidos na milícia privada.

4.5.6.3. A imputação na denúncia: é fundamental a descrição minuciosa da conduta de cada um dos agentes?

Existem, em todos os crimes plurissubjetivos, entendimentos no sentido de ser imprescindível, pelo Ministério Público, a descrição detalhada da conduta de cada um dos membros do grupo criminoso, em respeito ao princípio da ampla defesa, consagrado no art. 5.º, inc. LV, da Constituição Federal.

Contudo, sempre prevaleceu a posição pela admissibilidade da descrição genérica. E aqui o raciocínio não há de ser diferente. Portanto, na denúncia é suficiente a demonstração da união de pelo menos três pessoas em organização paramilitar, milícia particular, grupo ou esquadrão para a prática de crimes previstos no Código Penal. A individualização das condutas poderá ser demonstrada durante a instrução criminal em juízo, com a produção de todas as provas legalmente permitidas.

4.5.6.4. Milícia privada e extinção da punibilidade em relação a algum dos seus membros

A extinção da punibilidade no tocante a um ou mais membros da organização paramilitar, milícia particular, grupo ou esquadrão não exclui o crime definido no art. 288-A do Código Penal. Como se sabe, a extinção atinge somente a punibilidade, consequência do delito. Este permanece intacto.

Consequentemente, nada impede que somente um dos integrantes da milícia privada seja processado e condenado, em face do falecimento de todos os seus comparsas, pois o crime já havia se consumado. Mas nesse caso é preciso constar, no corpo da denúncia, a referência aos demais agentes.

4.5.7. Sujeito passivo

É a coletividade. A constituição de milícia privada é **crime vago**, pois tem como sujeito passivo um ente destituído de personalidade jurídica.

4.5.8. Elemento subjetivo

É o dolo, acrescido de um especial fim de agir (**elemento subjetivo específico**) representado pela expressão "com a finalidade de praticar qualquer dos crimes previstos neste Código", independentemente da sua natureza (crimes contra a pessoa, contra o patrimônio, contra a dignidade sexual etc.).

Esta finalidade específica – "praticar qualquer dos crimes previstos neste Código" – é o fator de distinção entre a constituição de milícia privada (CP, art. 288-A) e o concurso de pessoas, consistente na união ocasional de pessoas para o cometimento de um ou vários delitos.

Nada obstante na maioria das vezes a organização paramilitar, milícia particular, grupo ou esquadrão faça da prática de crimes uma atividade lucrativa, a torpeza não funciona como elementar do tipo penal. Nada impede, portanto, a prática de crimes pela associação espúria com finalidade diversa, a exemplo da conquista de prestígio com as mulheres de uma comunidade carente mediante a proteção do local.

Não se admite a modalidade culposa.

4.5.9. Consumação

A constituição de milícia privada é **crime formal, de consumação antecipada** ou **de resultado cortado**: consuma-se com a concretização da convergência de vontades, mediante a associação de três ou mais pessoas para a prática de delitos previstos no Código Penal, ainda que nenhum ilícito penal venha a ser efetivamente cometido.

No tocante às pessoas que ingressarem na organização paramilitar, milícia particular, grupo ou esquadrão posteriormente, o delito estará aperfeiçoado no momento da adesão à união já existente.

O fundamento desta conclusão é inquestionável. A constituição de milícia privada é **crime de perigo abstrato** (ou presumido), e com a reunião de pessoas para a prática de crimes previstos no Código Penal já existe força suficiente para ofender a paz pública, perturbando a tranquilidade no âmbito da sociedade.

Em verdade, a constituição de milícia privada é crime juridicamente independente daqueles que venham a ser cometidos pelas pessoas reunidas na organização espúria, e subsiste autonomamente ainda que os delitos para os quais foi formada a organização paramilitar, milícia particular, grupo ou esquadrão sequer sejam realizados.

Contudo, os integrantes que praticarem os crimes para cuja execução foi constituída a milícia privada submetem-se, com fulcro no art. 69 do Código Penal, à regra do **concurso material**. Exemplo: "A", "B" e "C" formaram um esquadrão para a prática de homicídios. Deverão ser responsabilizados pelo crime definido no art. 288-A do Código Penal, mesmo se não executarem nenhum crime contra a vida. Mas, se eles cometerem algum homicídio, terão imputados contra si os crimes contra a vida e contra a paz pública, em concurso material.

Finalmente, a constituição de milícia privada é **crime permanente**, pois a consumação se prolonga no tempo, pela vontade dos agentes. Daí resultam três importantes consequências:

a) admite-se a prisão em flagrante a qualquer tempo, enquanto subsistir o delito;

b) a prescrição da pretensão punitiva tem como termo inicial a data da cessação da permanência, nos moldes do art. 111, inc. III, do Código Penal; e

c) se o delito for cometido no território de duas ou mais comarcas, a competência será firmada pelo critério da prevenção, nos termos do art. 83 do Código de Processo Penal.

4.5.9.1. Abandono de integrante do grupo e reflexos jurídicos

Se no bojo de uma organização paramilitar, milícia particular, grupo ou esquadrão, composta de três pessoas, uma delas retirar-se da estrutura ilícita, estará excluído o crime catalogado no art. 288-A do Código Penal?

A resposta é negativa, pois o delito já estava consumado no momento da efetiva união dos três indivíduos, não sendo possível o reconhecimento da desistência voluntária ou do arrependimento eficaz, disciplinados no art. 15 do Código Penal. Mas, a partir da saída de um dos membros, rompendo-se o mínimo de pessoas exigidas para a caracterização da figura típica, estará afastado o crime contra a paz pública.

4.5.9.2. Constituição de milícia privada e manutenção da situação ilícita após o início da ação penal

Se, depois do oferecimento da denúncia pelo crime delineado no art. 288-A do Código Penal, os membros da milícia privada praticarem novos atos indicativos da união espúria, o Ministério Público deverá oferecer outra denúncia, como corolário do novo delito.

Nesse caso, não há *bis in idem* (dupla punição pelo mesmo fato), pois existe mais de um delito no plano da realidade.

4.5.9.3. A prática de crimes somente por alguns dos membros da milícia privada

Pensemos em uma organização paramilitar constituída para a prática de extorsões, e composta por três integrantes: "A", "B" e "C". Se apenas dois deles ("A" e "B") praticarem uma extorsão, e o terceiro membro ("C") com esta não guardar nenhum envolvimento, qual ou quais crimes deverão ser a eles imputados?

"A" e "B" deverão ser responsabilizados pela constituição de milícia privada (CP, art. 288-A), em concurso material com a extorsão (CP, art. 158, § 1.º). Por sua vez, "C" terá contra si imputado unicamente o delito contra a paz pública. O fato de integrar a organização paramilitar não acarreta na sua responsabilização automática por todo e qualquer crime cometido pelos demais membros do grupo, sob pena de caracterização da responsabilidade penal objetiva.

4.5.10. Tentativa

A constituição de milícia privada é incompatível com o *conatus*.

Com efeito, duas situações podem ocorrer: (a) os três ou mais sujeitos efetivamente constituíram, organizaram, integraram, mantiveram ou custearam organização paramilitar, milícia particular, grupo ou esquadrão com a finalidade de praticar qualquer dos crimes previstos no Código Penal, e o delito estará consumado, independentemente da prática de qualquer crime; ou (b) os três ou mais sujeitos agiram de forma diversa, e não estará configurado o crime definido no art. 288-A do Código Penal.

Esta circunstância é reforçada pelo fato de a constituição de milícia privada despontar como **crime obstáculo**, pois o legislador incriminou, de forma autônoma, atos representativos da preparação de outros delitos. E crimes desta natureza não comportam a forma tentada.

4.5.11. Ação penal

A ação penal é pública incondicionada.

4.5.12. Lei 9.099/1995

Em face da pena cominada – reclusão, de 4 (quatro) a 8 (oito) anos –, a constituição milícia privada é **crime de elevado potencial ofensivo**, incompatível com os benefícios elencados pela Lei 9.099/1995.

4.5.13. Classificação doutrinária

A constituição de milícia privada é crime **simples** (ofende um único bem jurídico); **comum** (pode ser cometido por qualquer pessoa); **formal, de consumação antecipada** ou **de resultado cortado** (consuma-se com a prática da conduta criminosa, independentemente da superveniência do resultado naturalístico); **de perigo comum** (coloca em risco uma pluralidade de pessoas) e **abstrato** (presumido pela lei); **vago** (tem como sujeito passivo um ente destituído de personalidade jurídica); **de forma livre** (admite qualquer meio de execução); **comissivo**;

permanente (a consumação se prolonga no tempo, por vontade dos agentes); **plurissubjetivo, plurilateral** ou **de concurso necessário** (o tipo penal reclama a presença de pelo menos três pessoas) e **de condutas paralelas** (os agentes buscam o mesmo fim); e **obstáculo** (o legislador incriminou, autonomamente, atos que representariam a fase de preparação de outros delitos).

4.5.14. Constituição de milícia privada e concurso de crimes

A constituição de milícia privada, como corolário da sua natureza formal, consuma-se no momento em que três ou mais agentes se associam, de modo estável e permanente, em organização paramilitar, milícia privada, grupo ou esquadrão, para o fim de cometer qualquer dos crimes previstos no Código Penal. Não se exige a efetiva prática dos crimes. Basta a intenção de perpetrá-los em número indeterminado.

No entanto, pode acontecer, e normalmente acontece, de os membros do agrupamento praticarem os crimes para os quais se uniram. Nesse caso, os integrantes envolvidos na execução dos delitos deverão responder por estes e também pela figura típica contida no art. 288-A do Código Penal, em concurso material.

É possível, inclusive, que sejam praticados homicídios ou lesões corporais. Se isso ocorrer, deverão incidir as causas de aumento de pena previstas, respectivamente, nos §§ 6.º e 7.º dos arts. 121 e 129 do Código Penal. Não há falar em *bis in idem*, pois inexiste dupla punição pelo mesmo fato. Estão em jogo bens jurídicos diversos: no homicídio, a vida humana (na lesão corporal, a integridade física ou a saúde); na constituição de milícia privada, a paz pública.

Além disso, os crimes são independentes e autônomos entre si. No momento da prática do homicídio ou da lesão corporal (crimes de dano) pela milícia privada ou pelo grupo de extermínio, contra vítima determinada, o crime definido no art. 288-A do Código Penal, de perigo comum e abstrato, já estava há muito consumado, com indiscutível ofensa à paz pública.

4.5.15. Audiência de custódia, confisco alargado e reflexos na Execução Penal

Na **audiência de custódia** do preso envolvido com milícia privada será vedada a liberdade provisória, com ou sem medidas cautelares (CPP, art. 310, § 2.º).

Na hipótese de crime praticado por milícia privada, é cabível o **confisco alargado ou ampliado de bens**: os instrumentos utilizados para a prática do delito – qualquer que seja a sua natureza – deverão ser declarados perdidos em favor da União ou do Estado, dependendo da Justiça em que tramita a ação penal, ainda que não ponham em perigo a segurança das pessoas, a moral ou a ordem pública, nem ofereçam sério risco de ser utilizados para o cometimento de novos crimes (CP, art. 91-A, § 5.º).

Além disso, admite-se a inclusão do preso, condenado ou definitivo, no **RDD – Regime Disciplinar Diferenciado** (LEP, art. 52, § 1.º). Se existirem indícios de ser o preso líder da milícia privada, o RDD será cumprido em estabelecimento federal de segurança máxima (LEP, art. 52, § 3.º).

Finalmente, o condenado pelo crime definido no art. 288-A do Código Penal somente poderá obter a progressão de regime prisional após o cumprimento de 50% da pena privativa de liberdade no regime anterior.

4.5.16. Varas Criminais Colegiadas

Com fundamento no art. 1.º-A, II e III, da Lei 12.694/2012, com a redação dada pela Lei 13.964/2019 – Pacote Anticrime, os Tribunais de Justiça e os Tribunais Regionais Federais poderão instalar, nas comarcas sedes de Circunscrição ou Seção Judiciária, mediante resolução, Varas Criminais Colegiadas com competência para o processo e julgamento do crime de constituição de milícia privada, bem como para as infrações penais que lhe forem conexas.

As Varas Criminais Colegiadas terão competência para todos os atos jurisdicionais no decorrer da investigação, da ação penal e da execução da pena, inclusive a transferência do preso para estabelecimento prisional de segurança máxima ou para regime disciplinar diferenciado (Lei 12.694/2012, art. 1.º-A, § 1.º).

CAPÍTULO 5

DOS CRIMES CONTRA A FÉ PÚBLICA

5.1. INTRODUÇÃO

A **fé pública** constitui-se em realidade e interesse que a lei deve proteger, pois sem ela seria impossível a vida em sociedade. De fato, o homem necessita acreditar na veracidade ou na genuinidade de certos atos, documentos, sinais e símbolos empregados na multiplicidade das relações diárias, nas quais intervém.

Não se trata de bem particular ou privado. Ainda que, no caso, exista ofensa real ou perigo de lesão ao interesse de uma pessoa isoladamente considerada, é ofendida a fé pública, ou seja, a crença ou convicção geral na autenticidade e valor dos documentos e atos prescritos para as relações coletivas. Esta é a razão da tutela penal do Estado, porque sem a fé pública a ordem jurídica correria sérios riscos.

Para ilustrar esse raciocínio, convém imaginar a confusão generalizada que reinaria no âmbito social se, em toda e qualquer relação jurídica, uma pessoa tivesse que provar sua verdadeira identidade, é dizer, demonstrar ser ele quem realmente afirma ser. Entretanto, a partir do momento em que a identidade civil de alguém consta de um documento, formal e materialmente válido (exemplos: certidão de nascimento, carteira nacional de habilitação, carteira funcional etc.), seu titular está livre de provar sua qualificação, pois o documento se reveste de fé pública, ou seja, a sociedade acredita em sua legitimidade.

Quem atenta contra a certeza das relações jurídicas, substituindo o não verdadeiro ao verdadeiro, ataca em seu escopo fundamental a fé inerente à sociedade humana. **A violação da fé pública caracteriza o crime de falso** (*delicta falsum*). É ele que ofende o bem jurídico protegido pela lei penal, pois é o contrário da certeza ou verdade jurídica, exigida pela ordem social.[1] Em síntese, o falso é a contraposição ao real, ao verdadeiro, ao legítimo.

De fato, ao punir os crimes contra a fé pública o legislador protege os sinais representativos de valor e os documentos não pela confiança que despertam, mas porque, com a lesão de sua integridade, são ameaçados os interesses ou bens jurídicos de várias naturezas:

a) os interesses patrimoniais dos indivíduos;

b) o interesse público na segurança das relações jurídicas;

---

[1] Cf. MAGALHÃES NORONHA, E. *Direito penal*. 16. ed. São Paulo: Saraiva, 1983. v. 4, p. 109-110.

c) o privilégio monetário do Estado; e

d) os meios de prova.

5.2. CRIMES DE FALSO: REQUISITOS

Os crimes de falso reclamam três requisitos, a saber: (a) dolo; (b) imitação da verdade; e (c) dano potencial. Vejamos cada um deles.

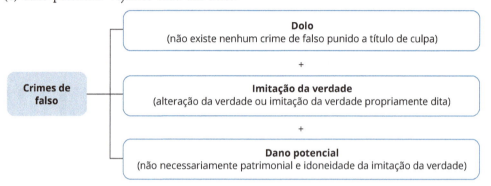

5.2.1. Dolo

Os crimes contra a fé pública são dolosos. A lei não abriu espaço para figuras culposas, ou seja, não existe nenhum crime de falso punido a título de culpa.

O dolo do *falsum* é a consciência e a vontade da imitação da verdade inerente a determinados objetos, sinais ou formas, de modo a criar a possibilidade de vilipendiar relações jurídicas, com o consequente rompimento da confiança pública nesses objetos, sinais ou formas.

Se não bastasse, alguns crimes de falso exigem também um especial fim de agir (elemento subjetivo específico), a exemplo do que se verifica na falsidade ideológica (CP, art. 299), na qual o sujeito omite, em documento público ou particular, declaração que dele devia constar, ou nele insere ou faz inserir declaração falsa ou diversa da que devia ser escrita, "com o fim de prejudicar direito, criar obrigação ou alterar a verdade sobre fato juridicamente relevante".

5.2.2. Imitação da verdade

A imitação da verdade (ou imitação do verdadeiro) pode ser realizada por duas formas distintas:

a) alteração da verdade ou *immutatio veri*: é a mudança do verdadeiro, ou seja, altera-se o conteúdo do documento ou moeda verdadeiros; e

b) imitação da verdade propriamente dita ou *imitatio veritatis*: o sujeito cria documento ou moeda falsos, formando-os ou fabricando-os.[2]

A concretização da imitação da verdade (em sentido amplo) é suscetível de ser produzida pelos seguintes meios:

a) **contrafação**: também conhecida como **fabricação**, consiste em criar materialmente uma coisa semelhante à verdadeira;

---
[2] Cf. CARNELUTTI, Francesco. *Teoria del falso*. Padova: Cedam, 1935. p. 42 e ss.

b) **alteração**: é a transformação da coisa verdadeira, de forma a representar algo diverso da situação original;

c) **supressão**: equivale a destruir ou ocultar a coisa ou objeto, para que a verdade não apareça;

d) **simulação**: é a falsidade ideológica, relativa ao conteúdo do documento, pois seu aspecto exterior ou formal permanece autêntico; e

e) **uso**: é a utilização da coisa falsificada.

5.2.3. Dano potencial

O prejuízo atinente ao crime de falso não precisa ser efetivo. Basta a potencialidade da sua ocorrência. Se não bastasse, o dano não há de ser necessariamente de índole patrimonial, pois do contrário o legislador teria inserido tais crimes no título correspondente aos delitos contra o patrimônio.

Para reconhecimento do dano potencial, a imitação da verdade deve revestir-se de **idoneidade**, ou seja, é fundamental sua capacidade para iludir ou enganar um número indeterminado de pessoas de inteligência e prudência medianas.

Somente há dano potencial quando o documento falsificado é capaz de iludir ou enganar as pessoas em geral. Destarte, a falsificação grosseira, passível de reconhecimento *ictu oculi* (a olho nu), não caracteriza o falso, pois não representa perigo à fé pública. Com efeito, o abalo da fé pública está condicionado aos malefícios da falsificação.

A imitação da verdade destituída de capacidade lesiva não afeta o sentimento coletivo de confiança tutelado pela lei penal. Mas, se, nada obstante sua natureza precária, a falsidade revelar-se capaz de enganar uma pessoa na situação concreta, subsistirá o crime de estelionato, nos moldes do art. 171, *caput*, do Código Penal.

De igual modo, não há falar em dano potencial, e, por corolário, em crime contra a fé pública, quando a imitação da verdade carece de eficácia jurídica, constituindo um documento manifestamente nulo, a exemplo do que se verifica quando se falsifica a assinatura de alguém que se obriga a ceder a outrem todos os terrenos situados na Lua e registrados em seu nome. Nos precisos ensinamentos de Nélson Hungria:

> O *falsum* integra-se com a dolosa *imitatio veri*, mas, entenda-se: *imitatio* potencialmente capaz de enganar, para o efeito de conculcar uma relação jurídica e, portanto, de acarretar o *praejudicium alterius*. Se não se apresenta essa potencialidade, ou porque a imitação não convence ao *homo medius* ou porque cria coisa inócua ou nula (por motivo outro que não a própria falsidade), não se dá a conturbação da fé pública e não há falar-se em *crimen falsi*. (...) O *falsum* como um fim em si mesmo, abstraído da potencialidade do *praejudicium alterius*, é uma inanidade, que deixaria imperturbada ou intacta a fé pública (no sentido legal que aqui importa).[3]

5.3. ESPÉCIES DE FALSIDADE

Os crimes delineados nos arts. 289 a 311-A do Código Penal comportam três espécies de falsidade: material (ou externa), ideológica e pessoal.

Falsidade material, também conhecida como **falsidade externa**, é a que incide materialmente sobre a coisa. A imitação da verdade se dá mediante *contrafação* (exemplo: criação de

---

[3] HUNGRIA, Nélson. *Comentários ao Código Penal*. 2. ed. Rio de Janeiro: Forense, 1959. v. IX, p. 195-196.

um documento falso, a exemplo de uma carteira de identidade falsa), *alteração* (exemplo: inserir palavras em um documento já existente, modificando seu conteúdo) ou *supressão* (exemplo: retirar uma determinada expressão de um contrato).

Falsidade ideológica, por sua vez, é aquela em que o documento é materialmente verdadeiro, ou seja, há autenticidade em seus requisitos extrínsecos, mas seu conteúdo é falso. Sua característica primordial é a genuinidade formal do escrito, mas não existe veracidade intelectual do conteúdo. Não há contrafação, alteração ou supressão de natureza material. A imitação da verdade é viabilizada unicamente pela *simulação* (exemplo: "A" declara perante o tabelião, durante a lavratura de escritura pública relativa à aquisição de um imóvel, o estado civil de solteiro, quando na verdade era casado).

Falsidade pessoal, finalmente, é a que se relaciona não à pessoa física, mas à sua qualificação (idade, filiação, nacionalidade, profissão etc.), como no exemplo do sujeito que atribui a si mesmo falsa identidade para obter vantagem em proveito próprio. E, como lembra Magalhães Noronha: "A fé pública não deixa de ser ofendida com essa falsidade, pois é iludida e enganada acerca da pessoa, em seus atributos ou qualidades".[4]

Sintetizamos com o seguinte gráfico:

5.4. DIVISÃO DOS CRIMES CONTRA A FÉ PÚBLICA

Os crimes contra a fé pública, previstos no Título X da Parte Especial do Código Penal, estão divididos em quatro capítulos, a saber:

Capítulo I – Da moeda falsa (arts. 289 a 292);

Capítulo II – Da falsidade de títulos e outros papéis públicos (arts. 293 a 295);

Capítulo III – Da falsidade documental (arts. 296 a 305);

Capítulo IV – De outras falsidades (arts. 306 a 311); e

Capítulo V – Das fraudes em certames de interesse público (art. 311-A).

---

[4] MAGALHÃES NORONHA, E. *Direito penal*. 16. ed. São Paulo: Saraiva, 1983. v. 4, p. 112.

5.5. DA MOEDA FALSA
5.5.1. Art. 289 – Moeda falsa
5.5.1.1. Dispositivo legal

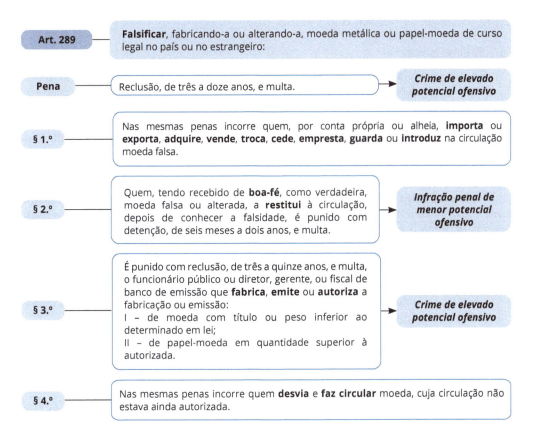

Classificação:	Informações rápidas:
Crime simples	**Objeto material:** moeda metálica ou o papel-moeda de curso legal no país ou no estrangeiro.
Crime comum (§ 3.º é crime próprio)	**Princípio da insignificância: não** é admitido na seara dos crimes contra a fé pública.
Crime formal, de consumação antecipada ou de resultado cortado	A falsificação pode se dar mediante fabricação ou alteração.
Crime de perigo concreto	A falsificação **grosseira**, perceptível a olho nu, exclui o crime (crime impossível).
Crime de forma livre	**Elemento subjetivo:** dolo (não se exige intenção lucrativa). Não admite modalidade culposa.
Crime comissivo (regra)	É crime não transeunte (deixa vestígios de ordem material).
Crime não transeunte	**Tentativa:** admite (crime plurissubsistente).
Crime instantâneo	**Ação penal:** pública incondicionada.
Crime unissubjetivo, unilateral ou de concurso eventual	**Competência:** Justiça Federal.
Crime plurissubsistente (regra)	

5.5.1.2. Objetividade jurídica

O bem jurídico penalmente protegido é a fé pública, relativamente à confiabilidade do sistema de emissão e circulação da moeda. Nas ponderações de Teodolindo Castiglione: "Perante o art. 289, a defesa da fé pública está em preservar a legitimidade da emissão e da circulação da moeda e de tudo o que possa dificultar, em todos os seus aspectos, as transações regulares que, na sociedade, se realizam com a moeda".[5]

5.5.1.3. Objeto material

É a **moeda metálica** ou o **papel-moeda de curso legal no País ou no estrangeiro**.

Moeda, em sentido amplo, é a medida comum dos valores (como o metro, o grama e o litro o são das quantidades) e o instrumento ou meio de escambo. É o valorímetro dos bens econômicos, o denominador comum a que se reduz o valor das coisas úteis.[6]

Somente podem ser objeto material do crime tipificado no art. 289 do Código Penal a moeda metálica ou papel-moeda de curso legal no País ou no estrangeiro. Consideram-se de **curso legal** as moedas metálicas e cédulas que não podem ser recusados como forma de pagamento, tal como acontece no Brasil com o Real, nos termos do art. 1.º da Lei 9.069/1995.[7]

Portanto, a definição não abrange outros documentos ou objetos aceitos consuetudinariamente como medida de valor ou troca sem curso forçado, a exemplo dos cheques de viagem. Como já decidido pelo Superior Tribunal de Justiça:

> A possível falsificação que permeia a hipótese não é de outro documento senão cheques de viagem, os quais não se confundem com moeda, elemento objetivo do tipo de moeda falsa (art. 289 do CPB). (...) Conforme extrai-se do próprio tipo, o crime de moeda falsa apenas terá vez se houver falsificação, por fabricação ou alteração, de moeda metálica ou papel-moeda de curso legal no país ou no estrangeiro.[8]

Pela mesma razão, também não podem ser objeto material do crime em apreço o padrão monetário já extinto (exemplo: Cruzeiro Real – Lei 9.069/1995, art. 2.º) ou inexistente, pois não se enquadram no conceito de **moeda**. Tais condutas, todavia, não são penalmente irrelevantes, pois é possível subsistir o crime de estelionato (CP, art. 171, *caput*).

Em consonância com o art. 48, inc. XIV, da Constituição Federal, é atribuição do Congresso Nacional dispor sobre moeda e seus limites de emissão:

> **Art. 48.** Cabe ao Congresso Nacional, com a sanção do Presidente da República, não exigida esta para o especificado nos arts. 49, 51 e 52, dispor sobre todas as matérias de competência da União, especialmente sobre:
> (...)
> XIV – moeda, seus limites de emissão, e montante da dívida mobiliária federal.

A competência para emissão da moeda é da União, a ser exercida exclusivamente pelo Banco Central do Brasil, a teor da regra contida no art. 164, *caput*, da Constituição Federal.

---

[5] CASTIGLIONE, Teodolindo. *Código Penal brasileiro comentado*. São Paulo: Saraiva, 1956. v. 10, 1.ª parte, p. 135.
[6] HUNGRIA, Nélson. *Comentários ao Código Penal*. 2. ed. Rio de Janeiro: Forense, 1959. v. 9, p. 202-203.
[7] A propósito, a recusa de moeda de curso legal configura a contravenção penal prevista no art. 43 do Decreto-lei 3.688/1941 – Lei das Contravenções Penais, punida com multa.
[8] CC 94.848/SP, rel. Min. Napoleão Nunes Maia Filho, 3.ª Seção, j. 16.02.2009.

Essa competência, aplicável à moeda metálica e ao papel-moeda, deve ser exercida nas condições e limites autorizados pelo Conselho Monetário Nacional (Lei 4.595/1964, art. 10, inc. I).

Finalmente, a fabricação do papel-moeda e da moeda metálica será realizada, em caráter exclusivo, pela Casa da Moeda, em obediência ao comando imposto pelo art. 2.º, *caput*, da Lei 5.895/1973: "A Casa da Moeda do Brasil terá por finalidade, em caráter de exclusividade, a fabricação de papel-moeda e moeda metálica e a impressão de selos postais e fiscais federais e títulos da dívida pública federal".

5.5.1.3.1. Princípio da insignificância

O princípio da insignificância – causa supralegal de exclusão da tipicidade – não é admitido na seara dos crimes contra a fé pública, aí incluindo-se a moeda falsa, ainda que a contrafação ou alteração recaia sobre moedas metálicas ou papéis-moeda de ínfimo valor. Na linha da jurisprudência do Supremo Tribunal Federal:

> Ambas as Turmas do Supremo Tribunal Federal já consolidaram o entendimento de que é "inaplicável o princípio da insignificância aos crimes de moeda falsa, em que objeto de tutela da norma a fé pública e a credibilidade do sistema financeiro, não sendo determinante para a tipicidade o valor posto em circulação" (HC 105.638, Rel. Min. Rosa Weber). Precedentes.[9]

5.5.1.4. Núcleo do tipo

O núcleo do tipo é "falsificar", no sentido de imitar, reproduzir ou modificar moeda de curso obrigatório no País ou no estrangeiro. A falsificação pode se dar mediante fabricação ou alteração.

A fabricação, também conhecida como contrafação, exige a criação material da moeda metálica ou papel-moeda, conferindo-lhes aparência de objetos verdadeiros. Exemplo: O sujeito, valendo-se de papel e tintas especiais, fabrica cédulas de dinheiro.

Na alteração, por sua vez, opera-se a modificação da moeda metálica ou do papel-moeda originariamente verdadeiro, para ostentar valor superior ao real. Exemplo: O agente faz com que cédulas de R$ 1,00 (um Real) se pareçam com notas de R$ 100,00 (cem reais).

A alteração apresenta-se como uma fraude à fé pública. Consequentemente, é imprescindível sua potencialidade lesiva à crença coletiva na moeda. Destarte, não basta a mera supressão ou modificação de símbolos ou emblemas nas cédulas, ou então a substituição de letras e números, se da conduta não resultar o aumento do valor representado pela moeda. Exemplificativamente, não comete o crime definido no art. 289, *caput*, do Código Penal o sequestrador que, depois de receber vultosa quantia em dinheiro em troca da libertação da vítima, suprime alguns numerais das notas, visando evitar o rastreamento posterior do dinheiro pela Polícia.

Também não caracteriza o delito a raríssima e esdrúxula situação em que alguém falsifica moeda metálica ou papel-moeda, diminuindo seu valor. Como alerta Nélson Hungria:

> (...) somente um rematado insensato poderia entregar-se à tarefa de alterar moeda em prejuízo próprio, substituindo, por exemplo, na moeda metálica, chumbo por ouro, ou, no papel-moeda, trocando dizeres ou algarismos para inculcar menor valor. Tal indivíduo não deveria ser submetido a processo penal, mas a processo de interdição, ou ser metido numa casa de orates, pois o seu ato equivaleria ao de *jogar fora* ou *rasgar* dinheiro, isto é, ao mais iludível indício de loucura, segundo o jocoso mas acertado provérbio popular.[10]

---

[9] HC 108.193/SP, rel. Min. Roberto Barroso, 1.ª Turma, j. 19.08.2014. É também o entendimento consagrado no Superior Tribunal de Justiça: AgRg no AREsp 1.131.701/SP, rel. Min. Rogerio Schietti Cruz, 6.ª Turma, j. 17.04.2018.
[10] HUNGRIA, Nélson. *Comentários ao Código Penal*. 2. ed. Rio de Janeiro: Forense, 1959. v. IX, p. 208.

5.5.1.4.1. A questão da falsificação grosseira

A moeda falsa, assim como os demais crimes contra a fé pública, tem como requisitos a imitação da verdade e o dano potencial.

Para reconhecimento da potencialidade de dano, a imitação da verdade deve ser dotada de **idoneidade**, isto é, precisa despontar como apta a ludibriar as pessoas em geral. Em outras palavras, é fundamental a capacidade de circulação da moeda falsa na sociedade como se verdadeira fosse.[11]

Nesse contexto, a falsificação grosseira, perceptível *ictu oculi* (a olho nu), exclui o crime definido no art. 289, *caput*, do Código Penal. Trata-se, na verdade, de crime impossível (CP, art. 17), em face da ineficácia absoluta do meio de execução no tocante à fé pública.

No entanto, se na prática a moeda falsa, nada obstante a precariedade da sua fabricação ou alteração, funcionar como meio fraudulento para obtenção de vantagem ilícita em prejuízo alheio, estará caracterizado o crime de estelionato, delineado no art. 171, *caput*, do Código Penal. Em sintonia com a Súmula 73 do Superior Tribunal de Justiça: "A utilização de papel-moeda grosseiramente falsificado configura, em tese, o crime de estelionato, de competência da Justiça Estadual".

5.5.1.4.2. Moeda falsa e art. 290, *caput*, 1.ª figura, do Código Penal: distinção

A conduta de inserir em papel-moeda verdadeiro números e letras retirados de outra cédula, igualmente verdadeira, para aumentar seu valor, acarreta a configuração do crime de moeda falsa (CP, art. 289, *caput*), pois o comportamento do sujeito não implica a formação de um exemplar da moeda com fragmentos verdadeiros, mas em sua alteração. Exemplo: "A" modifica uma nota de R$ 1,00 (um Real), colando sem corpo os dizeres retirados de uma cédula de R$ 100,00 (cem reais).

De outro lado, se o agente forma uma cédula com fragmentos de notas verdadeiras, a ele será imputado o crime definido no art. 290, *caput*, 1.ª figura, do Código Penal. Exemplo: "A" guardava em sua carteira somente a metade de uma cédula, anteriormente rasgada pelo seu filho. Ao encontrar em via pública outra metade, de nota diversa mas também verdadeira, decide formar uma nova cédula.

5.5.1.5. Sujeito ativo

Cuida-se de **crime comum** ou **geral**, podendo ser cometido por qualquer pessoa.[12]

5.5.1.6. Sujeito passivo

É o Estado, interessado na preservação da fé pública, e, mediatamente, a pessoa física ou jurídica prejudicada pela conduta criminosa.

5.5.1.7. Elemento subjetivo

É o dolo, independentemente de qualquer finalidade específica. Não se exige a intenção lucrativa (*animus lucrandi*), mediante a colocação da moeda falsa em circulação, e também não se admite a modalidade culposa.

---

[11] STF: HC 83.526/CE, rel. Min. Joaquim Barbosa, 1.ª Turma, j. 16.03.2004; e STJ: HC 129.592/AL, rel. Min. Laurita Vaz, 5.ª Turma, j. 07.05.2009.

[12] Vale destacar que figura qualificada contida no art. 289, § 3.º, do Código Penal constitui-se em crime próprio ou especial.

5.5.1.8. Consumação

A moeda falsa é crime formal, de consumação antecipada ou de resultado cortado: consuma-se com a falsificação da moeda metálica ou papel-moeda, mediante fabricação ou alteração, desde que idônea a enganar as pessoas em geral. É irrelevante se o objeto vem a ser colocado em circulação, bem como se alguém suporta efetivo prejuízo.

É suficiente a falsificação de uma só moeda metálica ou papel-moeda. A contrafação ou alteração de várias moedas no mesmo contexto fático configura crime único. Por seu turno, a falsificação de diversas moedas em momentos distintos importa no reconhecimento da pluralidade de crimes, em concurso material ou crime continuado, se presentes os demais requisitos exigidos pelo art. 71, *caput*, do Código Penal.

5.5.1.8.1. A prova da materialidade do fato

A moeda falsa insere-se no rol dos crimes não transeuntes, isto é, deixa vestígios de ordem material. Destarte, a prova da materialidade do fato reclama a elaboração de exame de corpo de delito, direto ou indireto, não podendo supri-lo a confissão do acusado (CPP, art. 158).

5.5.1.9. Tentativa

É cabível, em face do caráter plurissubsistente do delito, permitindo o fracionamento do *iter criminis*.

Vale destacar que a simples posse ou guarda de instrumento ou qualquer objeto especialmente destinado à fabricação de moeda enseja o reconhecimento do crime de petrechos para falsificação de moeda, tipificado no art. 291 do Código Penal.

5.5.1.10. Ação penal

A ação penal é pública incondicionada, em todas as modalidades do delito.

5.5.1.11. Lei 9.099/1995

A moeda falsa, em sua modalidade fundamental, na forma equiparada e nas figuras qualificadas (CP, art. 289, *caput* e §§ 1.º, 3.º e 4.º), é crime de elevado potencial ofensivo. A pena mínima cominada inviabiliza a incidência dos institutos previstos na Lei 9.099/1995.

5.5.1.12. Classificação doutrinária

A moeda falsa é crime simples (ofende um único bem jurídico); comum (pode ser praticado por qualquer pessoa); formal, de consumação antecipada ou de resultado cortado (consuma-se com a prática da conduta legalmente descrita, independentemente da superveniência do resultado naturalístico); de perigo concreto (basta a potencialidade de dano à fé pública, reclamando prova da idoneidade da falsificação); de forma livre (admite qualquer meio de execução); em regra comissivo; não transeunte (deixa vestígios materiais); instantâneo (consuma-se em um momento determinado, sem continuidade no tempo); unissubjetivo, unilateral ou de concurso eventual (pode ser cometido por uma única pessoa, mas admite o concurso); e normalmente plurissubsistente (a conduta pode ser fracionada em diversos atos).

5.5.1.13. Competência

O crime de moeda falsa, em qualquer das suas modalidades, é de competência da Justiça Federal, pois ofende interesses da União (CF, art. 109, inc. IV).[13]

---

[13] STJ: CC 135.461/PB, rel. Min. Ribeiro Dantas, 3.ª Seção, j. 28.06.2017.

De fato, compete à União a emissão de moeda, bem como legislar sobre sistema monetário e de medidas, títulos e garantias dos metais (CF, art. 21, inc. VII, e art. 22, inc. VI). Além disso, a competência da União para emitir moeda será exercida exclusivamente pelo Banco Central (CF, art. 164, *caput*).

Anote-se, porém, a exceção atinente à falsificação grosseira, com incidência da Súmula 73 do Superior Tribunal de Justiça: "A utilização de papel-moeda grosseiramente falsificado configura, em tese, o crime de estelionato, de competência da Justiça Estadual". Na hipótese de dúvida quanto à qualidade da falsificação, subsiste a competência da Justiça Federal.

5.5.1.14. Figura equiparada: art. 289, § 1.º

Como estabelece o art. 289, § 1.º, do Código Penal: "Nas mesmas penas incorre quem, por conta própria ou alheia, importa ou exporta, adquire, vende, troca, cede, empresta, guarda ou introduz na circulação moeda falsa".

O objetivo do legislador é punir a **circulação da moeda falsa**. Com efeito, o § 1.º do art. 289 do Código Penal incrimina conduta posteriores à falsificação da moeda, razão pela qual o autor do crime antecedente não pode figurar como sujeito ativo do delito. Para ele, as condutas representam fatos impuníveis (*post factum* impunível). De fato, se o falsário realizar qualquer das ações aqui descritas, responderá somente pelo crime tipificado no *caput* do art. 289 do Código Penal, solucionando-se o conflito aparente de leis penais com a utilização do princípio da consunção.

Trata-se de **tipo misto alternativo**, **crime de ação múltipla** ou **de conteúdo variado**. A lei descreve vários núcleos, e a prática de mais de um deles, no tocante ao mesmo objeto material, configura um único crime.

Pouco importa o motivo que levou o agente a colocar em circulação a moeda falsa. A fé pública é violada ainda que a moeda metálica ou o papel-moeda falso seja utilizado para o pagamento de atos imorais (exemplo: dívida de jogo ou de prostituição) ou ilícitos (exemplo: preço cobrado para a morte de alguém).

A consumação ocorre na entrada da moeda falsa em território nacional ("importar"), na saída para o exterior ("exportar"), no momento da tradição ("adquirir", "vender", "trocar", "ceder" e "emprestar"), com a permanência em determinado local ("guardar") ou no instante em que o agente introduz, de qualquer modo, a moeda falsa em circulação.

Os crimes são formais, de consumação antecipada ou de resultado cortado, pois aperfeiçoam-se com a prática das condutas legalmente descritas, salvo no núcleo "**vender**", no qual o delito é material ou causal, pois reclama a produção do resultado naturalístico, consistente no recebimento de determinado valor em troca da entrega da moeda falsa.

São também crimes instantâneos, pois consumam-se em um momento determinado, sem continuidade no tempo, exceto no núcleo "**guardar**", de natureza permanente, no qual a consumação se prolonga no tempo, por vontade do agente.

A tentativa é cabível, em todas as modalidades do delito, em face do seu caráter plurissubsistente, permitindo o fracionamento do *iter criminis*.

Embora se trate de delito contra a fé pública, nada impede a existência de um sujeito passivo mediato, consistente na pessoa física ou jurídica prejudicada pela conduta criminosa. Consequentemente, nada impede a incidência das agravantes genéricas previstas no art. 61, inc. II, do Código Penal à circulação de moeda falsa. Na visão do Superior Tribunal de Justiça:

> Nos casos de prática do crime de introdução de moeda falsa em circulação (art. 289, § 1.º, do CP), é possível a aplicação das agravantes dispostas nas alíneas "e" e "h" do inciso II do art. 61 do CP, incidentes quando o delito é cometido "contra ascendente, descendente, irmão ou cônjuge" ou "contra criança, maior de 60 (sessenta) anos, enfermo ou mulher grávida". De fato, a fé pública

do Estado é o bem jurídico tutelado no delito do art. 289, § 1.º, do CP. Isso, todavia, não induz à conclusão de que o Estado seja vítima exclusiva do delito. Com efeito, em virtude da diversidade de meios com que a introdução de moeda falsa em circulação pode ser perpetrada, não há como negar que vítima pode ser, além do Estado, uma pessoa física ou um estabelecimento comercial, dado o notório prejuízo experimentado por esses últimos. Efetivamente, a pessoa a quem, eventualmente, são passadas cédulas ou moedas falsas pode ser elemento crucial e definidor do grau de facilidade com que o crime será praticado, e a fé pública, portanto, atingida. A propósito, a maior parte da doutrina não vê empecilho para que figure como vítima nessa espécie de delito a pessoa diretamente ofendida.[14]

5.5.1.15. Figura privilegiada: art. 289, § 2.º

Nos termos do art. 289, § 2.º, do Código Penal: "Quem, tendo recebido de boa-fé, como verdadeira, moeda falsa ou alterada, a restitui à circulação, depois de conhecer a falsidade, é punido com detenção, de seis meses a dois anos, e multa". Cuida-se de **infração penal de menor potencial ofensivo**, de competência do Juizado Especial Criminal e compatível com a transação penal e com o rito sumaríssimo, em conformidade com as disposições da Lei 9.099/1995.

Trata-se de autêntico **privilégio**, pois o legislador previu, no tocante à pena privativa de liberdade, limites mínimo e máximo sensivelmente inferiores. O fundamento do tratamento penal mais brando repousa no princípio da proporcionalidade[15] e no móvel do agente: sua finalidade não é lesar a fé pública, mas simplesmente evitar prejuízo econômico, transferindo-o a outra pessoa.

O recebimento de boa-fé da moeda falsa é pressuposto do delito. Com efeito, se o agente recebeu a moeda falsa de má-fé, ou seja, com conhecimento da sua falsidade, incorrerá no crime definido no art. 289, § 1.º, do Código Penal.

Para o reconhecimento do delito, exige-se o **dolo direto**, evidenciado pela expressão "depois de conhecer a falsidade". Em outras palavras, o fato será atípico, evitando-se a responsabilidade penal objetiva, se o sujeito restitui a moeda à circulação, desconhecendo a falsidade.

A consumação se dá no momento em que o agente, ciente da falsidade, restitui a moeda à circulação. A tentativa é admissível, em face do caráter plurissubsistente do delito, permitindo o fracionamento do *iter criminis*.

5.5.1.16. Figuras qualificadas: art. 289, §§ 3.º e 4.º

O legislador incidiu em grave equívoco nos §§ 3.º e 4.º do art. 289 do Código Penal, ao prever tais delitos como qualificadoras da moeda falsa. Nesses crimes, **a moeda é verdadeira**. A ilicitude recai na forma ou na quantidade de sua fabricação ou emissão (§ 3.º), ou então no destino a ela conferido ou no momento em que vem a ser colocada em circulação (§ 4.º).

5.5.1.16.1. Art. 289, § 3.º: Crime próprio

De acordo com o art. 289, § 3.º, do Código Penal: "É punido com reclusão, de três a quinze anos, e multa, o funcionário público ou diretor, gerente, ou fiscal de banco de emissão que fabrica, emite ou autoriza a fabricação ou emissão: I – de moeda com título ou peso inferior ao determinado em lei; e II – de papel-moeda em quantidade superior à autorizada".

Trata-se de **crime próprio** ou **especial**, pois somente pode ser cometido pelas pessoas expressamente indicadas no tipo penal: funcionário público,[16] diretor, gerente ou fiscal de banco

---

[14] HC 211.052/RO, rel. Min. Sebastião Reis Júnior, rel. p/ acórdão Min. Rogerio Schietti Cruz, 6.ª Turma, j. 05.06.2014, noticiado no *Informativo* 546.
[15] STJ: HC 124.039/SC, rel. Min. Laurita Vaz, 5.ª Turma, j. 23.02.2010.
[16] O conceito de funcionário público para fins penais encontra-se descrito no art. 327 do Código Penal.

de emissão da moeda. O fundamento do tratamento penal mais severo repousa na traição dos deveres inerentes ao cargo do sujeito ativo.

O inciso I é aplicável à moeda metálica. Pune-se a conduta de fabricá-la, emiti-la ou autorizar sua fabricação ou emissão com título ou peso inferior ao determinado em lei.

Título é o texto veiculado na moeda (exemplo: 1 Real); **peso**, por sua vez, representa a quantidade de metal utilizado na confecção da moeda. Como a lei fala somente em "peso inferior ao determinado em lei" (lei penal em branco homogênea), o fato é atípico quando o peso da moeda é superior ao legalmente previsto.

O inciso II, por seu turno, diz respeito ao papel-moeda. A legislação, mediante o controle do Conselho Monetário Nacional e do Banco Central, limita a fabricação ou emissão de papel-moeda. Se o sujeito dolosamente ultrapassa esse limite, incide no crime definido no art. 289, § 3.º, inc. II, do Código Penal. Cuida-se de **lei penal em branco homogênea**, pois é preciso analisar o limite fixado em lei para emissão ou fabricação de papel-moeda. Exemplificativamente, o art. 1.º da Lei 8.891/1994, editada à época da criação do Real como padrão monetário, autorizou a impressão de um bilhão e quinhentos milhões de unidades do novo papel-moeda.

Pune-se somente a fabricação ou emissão de papel-moeda em quantidade superior à autorizada. Destarte, não há crime, mas ilícito administrativo, na hipótese de emissão ou fabricação de **moeda metálica** em montante superior ao autorizado, pois não se admite a analogia *in malam partem* no Direito Penal.

Os crimes são formais, de consumação antecipada ou de resultado cortado: consumam-se com a realização das condutas legalmente descritas, independentemente da circulação da moeda ou de prejuízo a alguém. A tentativa é possível.

5.5.1.16.2. Art. 289, § 4.º: Desvio de moeda e circulação antecipada

Como estatui o art. 289, § 4.º, do Código Penal: "Nas mesmas penas incorre quem desvia e faz circular moeda, cuja circulação não estava ainda autorizada".

O crime é **comum** ou **geral**, podendo ser cometido por qualquer pessoa. A moeda é verdadeira, mas o agente altera seu destino ou a coloca em circulação antes da autorização da autoridade competente. Consuma-se com o desvio ou com a efetiva circulação antecipada da moeda, pouco importando se sobrevém prejuízo a alguém (crime formal). A tentativa é cabível.

5.5.2. Art. 290 – Crimes assimilados ao de moeda falsa

5.5.2.1. Dispositivo legal

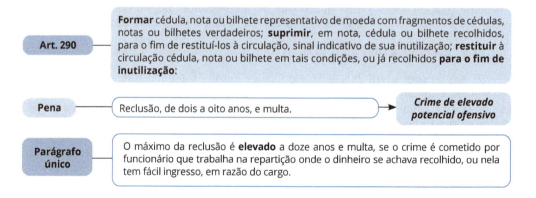

Classificação:	Informações rápidas:
Crimes simples Crimes comuns (parágrafo único é crime próprio) Crimes formais, de consumação antecipada ou de resultado cortado Crimes de perigo concreto Crimes de forma livre Crimes comissivos (regra) Crimes não transeuntes Crimes instantâneos Crimes unissubjetivos, unilaterais ou de concurso eventual Crimes plurissubsistentes (regra)	**Objeto material:** cédula, nota ou bilhete representativo da moeda. **Elemento subjetivo:** dolo (elemento subjetivo específico no núcleo "suprimir" – "para o fim de restituí-los à circulação"). Não admite modalidade culposa. **Crime não transeunte** (deixam vestígios de ordem material). Tentativa: admite (crime plurissubsistente). **Ação penal:** pública incondicionada. **Competência:** Justiça Federal.

5.5.2.2. Objetividade jurídica

O bem jurídico penalmente tutelado é a fé pública, no tocante à confiabilidade do sistema de emissão e circulação de moeda.

5.5.2.3. Objeto material

É a **cédula, nota ou bilhete representativo da moeda**. São termos análogos, relacionados ao papel-moeda e compreendidos como aqueles emitidos por órgão autorizado do governo e dotados de curso forçado, ou seja, não podem ser recusados.[17]

5.5.2.4. Núcleos do tipo

O art. 290 do Código Penal, com a rubrica "crimes assimilados aos de moeda falsa", incrimina três condutas distintas. Vejamos cada uma delas.

a) Formar cédula, nota ou bilhete representativo de moeda com fragmentos de cédulas, notas ou bilhetes verdadeiros

O núcleo é "**formar**", no sentido de compor ou montar cédula, nota ou bilhete representativo da moeda, com base em partes de papel-moeda verdadeiro. Cria-se um novo e falso papel-moeda, partindo-se de fragmentos imprestáveis de outros.

b) Suprimir, em nota, cédula ou bilhete recolhidos, para o fim de restituí-los à circulação, sinal indicativo de sua inutilização

O núcleo é "**suprimir**", ou seja, retirar ou eliminar de cédula, nota ou bilhete recolhido o sinal indicativo de sua inutilização. O sujeito elimina do papel-moeda a informação de que foi retirada de circulação.

c) Restituir à circulação cédula, nota ou bilhete em tais condições, ou já recolhidos para o fim de inutilização

Restituir à circulação é devolver, retornar ao manejo público a cédula, nota ou bilhete objeto das condutas anteriores ("formar" e "suprimir"), ou já recolhidos. De acordo com o art. 14 da Lei 4.511/1964, o recolhimento do papel-moeda é efetivado sempre que este apresentar marcas, símbolos, desenhos ou outros caracteres a ele estranhos, perdendo seu poder de circulação.

---

[17] Em igual sentido: PRADO, Luis Regis. *Curso de direito penal brasileiro*. 6. ed. São Paulo: RT, 2010. v. 3, p. 221.

Nessa hipótese, o comportamento criminoso limita-se à colocação do papel-moeda em circulação. Não há emprego de fraude, ao contrário das condutas anteriores.

O delito somente pode ser praticado pelo sujeito que não participou da falsificação do papel-moeda ou da retirada de sinal indicativo da sua inutilização. De fato, aquele que praticar qualquer das condutas anteriores, e posteriormente restituir à circulação a cédula, bilhete ou papel-moeda, será responsabilizado unicamente pelo comportamento inicial, pois a conduta posterior será absorvida, em homenagem ao princípio da consunção (*post factum* impunível).

5.5.2.4.1. Tipo misto alternativo e tipo misto cumulativo

O art. 290 do Código Penal constitui-se em **tipo misto alternativo, crime de ação múltipla** ou **de conteúdo variado**. Estará caracterizado um único delito quando o agente realizar mais de uma conduta no tocante ao mesmo objeto material (cédula, nota ou bilhete). Exemplo: "A" forma uma cédula com fragmentos de cédulas verdadeiras e, em seguida, a coloca em circulação.

Contudo, será forçoso o reconhecimento do concurso de crimes (**tipo misto cumulativo**) quando o agente praticar duas ou mais condutas em relação a objetos diversos. Exemplo: "A" forma uma cédula com fragmentos de cédulas verdadeiras, e também suprime sinal indicativo de inutilização de cédula já recolhida, para o fim de restituí-la à circulação.

5.5.2.5. *Sujeito ativo*

Os crimes são **comuns** ou **gerais**, podendo ser cometidos por qualquer pessoa.

Aquele que recebe o papel-moeda fraudado, nas condições apontadas pelo art. 290 do Código Penal, deve ser responsabilizado por receptação (CP, art. 180) ou favorecimento real (CP, art. 349), dependendo do caso concreto, pois o legislador não previu figura equiparada, como fez em relação ao crime de moeda falsa no art. 289, § 1.º, do Código Penal.

5.5.2.6. *Sujeito passivo*

É o Estado e, mediatamente, a pessoa física ou jurídica prejudicada pela conduta criminosa.

5.5.2.7. *Elemento subjetivo*

É o dolo. No núcleo "suprimir" também se reclama uma especial finalidade (elemento subjetivo específico), representado pela expressão "para o fim de restituí-los à circulação". Não são admitidas as modalidades culposas.

5.5.2.8. *Consumação*

O art. 290 do Código Penal contempla **crimes formais, de consumação antecipada** ou **de resultado cortado**: consumam-se com a formação de cédula, nota ou bilhete representativo de moeda com fragmentos de cédulas, notas ou bilhetes verdadeiros (1.ª conduta); com a supressão, em nota, cédula ou bilhete recolhidos, para o fim de restituí-los à circulação, de sinal indicativo de sua inutilização (2.ª conduta); ou com a restituição à circulação de cédula, nota ou bilhete em tais condições, ou já recolhidos para o fim de inutilização (3.ª conduta), independentemente de prejuízo econômico a alguém.

São também **crimes de perigo concreto**, pois é preciso demonstrar a idoneidade das condutas para colocar em risco a fé pública. A falsificação grosseira, incapaz de enganar a normalidade das pessoas, afasta o delito, abrindo espaço para a figura do crime impossível (CP, art. 17).

5.5.2.8.1. A prova da materialidade do fato

Os crimes assimilados aos de moeda falsa pertencem ao rol dos delitos **não transeuntes**, pois deixam vestígios de ordem material. Destarte, a prova da materialidade do fato exige a elaboração de exame de corpo de delito, direto ou indireto, não podendo supri-lo a confissão do acusado (CPP, art. 158).

5.5.2.9. Tentativa

É cabível, em face do caráter plurissubsistente dos delitos, permitindo o fracionamento do *iter criminis*.

5.5.2.10. Ação penal

A ação penal é pública incondicionada.

5.5.2.11. Lei 9.099/1995

Em face da pena privativa de liberdade cominada – reclusão, de dois a oito anos, os delitos tipificados no art. 290 do Código Penal constituem-se em **crimes de elevado potencial ofensivo**, incompatíveis com os benefícios contidos na Lei 9.099/1995.

5.5.2.12. Classificação doutrinária

Os crimes assimilados aos de moeda falsa são **simples** (ofendem um único bem jurídico); **comuns** (podem ser praticados por qualquer pessoa); **formais, de consumação antecipada** ou **de resultado cortado** (consumam-se com a prática da conduta legalmente descrita, independentemente da superveniência do resultado naturalístico); **de perigo concreto** (basta a potencialidade de dano à fé pública, reclamando prova da idoneidade da falsificação); **de forma livre** (admitem qualquer meio de execução); em **regra comissivos**; **não transeuntes** (deixam vestígios materiais); **instantâneos** (consumam-se em um momento determinado, sem continuidade no tempo); **unissubjetivos**, **unilaterais** ou **de concurso eventual** (podem ser cometidos por uma única pessoa, mas admitem o concurso); e normalmente **plurissubsistentes** (a conduta pode ser fracionada em diversos atos).

5.5.2.13. Competência

Os crimes tipificados no art. 290 do Código Penal ofendem interesses da União. Encaixam-se, portanto, na competência da Justiça Federal, nos moldes do art. 109, inc. IV, da Constituição Federal.

5.5.2.14. Figura qualificada: art. 290, parágrafo único

Como preceitua o art. 290, parágrafo único, do Código Penal: "O máximo da reclusão é elevado a doze anos e multa, se o crime é cometido por funcionário que trabalha na repartição onde o dinheiro se achava recolhido, ou nela tem fácil ingresso, em razão do cargo".

Cuida-se de **crime próprio** ou **especial**, pois somente pode ser praticado pelo funcionário que trabalha na repartição onde o dinheiro se acha recolhido, ou nela tem fácil ingresso, em razão do cargo. Aliás, o fundamento da majoração da pena reside justamente na violação dos deveres inerentes ao cargo do sujeito ativo, que dele se aproveita para a execução do delito.

5.5.3. Art. 291 – Petrechos para falsificação de moeda

5.5.3.1. Dispositivo legal

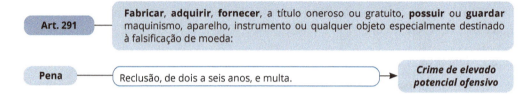

Classificação:
Crime simples
Crime comum
Crime formal, de consumação antecipada ou de resultado cortado
Crime de forma livre
Crime comissivo (regra)
Crime não transeunte
Crime instantâneo ("fabricar", "adquirir" e "fornecer") ou permanente ("possuir" e "guardar")
Crime unissubjetivo, unilateral ou de concurso eventual
Crime plurissubsistente (regra)

Informações rápidas:
Crime obstáculo.
Objeto material: maquinismo, aparelho, instrumento ou qualquer outro objeto especialmente destinado à falsificação de moeda.
Elemento subjetivo: dolo. Não admite modalidade culposa.
Crime não transeunte (deixam vestígios de ordem material).
Tentativa: não admite (crime obstáculo).
Ação penal: pública incondicionada.
Competência: Justiça Federal.

5.5.3.2. Objetividade jurídica

O bem jurídico penalmente tutelado é a fé pública, no tocante à confiabilidade do sistema de emissão da moeda. A preocupação do legislador com a moeda falsa é nítida, circunstância que o levou a incriminar atos que representariam mera fase de preparação do crime tipificado no art. 289, *caput*, do Código Penal. Cuida-se, portanto, de autêntico "crime obstáculo".

5.5.3.3. Objeto material

É o **maquinismo, aparelho, instrumento ou qualquer outro objeto especialmente destinado à falsificação de moeda.**

O Código Penal utilizou mais uma vez a interpretação analógica (ou *intra legem*), pois apresenta uma fórmula casuística ("maquinismo, aparelho e instrumento") seguida de uma fórmula genérica ("ou qualquer objeto especialmente destinado à falsificação de moeda"), com o propósito de alcançar as mais diversas situações surgidas na vida prática.

O termo "especialmente" diz respeito à finalidade precípua do maquinismo, aparelho, instrumento ou objeto, consistente na falsificação de moeda. Em outras palavras, o bem pode até ser utilizado com outros fins, embora seja prioritariamente empregado na contrafação de moedas. Como já decidido pelo Superior Tribunal de Justiça:

> Para tipificar o crime descrito no art. 291 do CP, basta que o agente detenha a posse de petrechos com o propósito de contrafação da moeda, sendo prescindível que o maquinário seja de uso exclusivo para tal fim. De início, ressalta-se que o art. 291 do Código Penal tipifica, entre outras condutas, a posse ou guarda de maquinismo, aparelho, instrumento ou qualquer objeto especialmente destinado à falsificação de moeda. A expressão "especialmente destinado" não se refere a uma característica intrínseca ou inerente do objeto. Se assim fosse, só a posse ou guarda de maquinário exclusivamente voltado para a fabricação ou falsificação de moedas consubstanciaria

o crime, o que implicaria a inviabilidade de sua consumação (crime impossível), pois nem mesmo o maquinário e insumos utilizados pela Casa de Moeda são direcionados exclusivamente para a fabricação de moedas. Tal dicção está relacionada ao uso que o agente pretende dar a esse objeto, ou seja, a consumação depende da análise do elemento subjetivo do tipo (dolo), de modo que se o agente detém a posse de impressora, ainda que manufaturada visando ao uso doméstico, mas com o propósito de a utilizar precipuamente para contrafação de moeda, incorre no referido crime.[18]

Embora os petrechos normalmente sejam falsos, a circunstância de serem verdadeiros, é dizer, efetivamente destinados à cunhagem e impressão de moedas, não exclui o delito, pois o bem jurídico protegido é a fé pública e a emissão de moeda é constitucionalmente reservada à União. Nesse contexto, há crime quando alguém é surpreendido na posse de máquinas subtraídas da Casa da Moeda, instituição dotada de exclusividade para fabricação de moeda (Lei 5.895/1973, art. 2.º, *caput*).

5.5.3.4. Núcleos do tipo

O tipo penal contém cinco núcleos: "**fabricar**" (criar, montar, construir ou produzir), "**adquirir**" (comprar ou obter), "**fornecer**", a título oneroso ou gratuito (proporcionar, dar, vender ou entregar), "**possuir**" (exercer a posse) e "**guardar**" (conservar, manter ou proteger) maquinismo, aparelho, instrumento ou qualquer outro objeto especialmente destinado à falsificação de moeda.

Trata-se de **tipo misto alternativo**, **crime de ação múltipla** ou **de conteúdo variado**. A lei descreve vários núcleos, e a realização de mais de um deles, em relação ao mesmo objeto material e no mesmo contexto fático, caracteriza um único delito.

5.5.3.5. Sujeito ativo

O crime é **comum** ou **geral**, podendo ser cometido por qualquer pessoa.

5.5.3.6. Sujeito passivo

É o Estado.

5.5.3.7. Elemento subjetivo

É o dolo, independentemente de qualquer finalidade específica. Não se admite a modalidade culposa.

5.5.3.8. Consumação

Cuida-se de **crime formal, de consumação antecipada** ou **de resultado cortado**: consuma-se com a fabricação, aquisição, fornecimento, posse ou guarda dos objetos destinados à falsificação de moeda, independentemente da sua efetiva utilização pelo agente.

Nos núcleos "possuir" e "guardar" o crime é permanente, ensejando a prisão em flagrante a qualquer tempo, enquanto subsistir a conduta contrária ao Direito. Nos demais núcleos o crime é instantâneo.

5.5.3.8.1. A prova da materialidade do fato

O crime de petrechos para falsificação de moeda deixa vestígios de ordem material, ingressando na seara dos delitos **não transeuntes**. Assim sendo, a prova da materialidade do

---

[18] REsp 1.758.958/SP, rel. Min. Sebastião Reis Júnior, 6.ª Turma, j. 11.09.2018, noticiado no *Informativo* 633.

fato exige a elaboração de exame de corpo de delito, direto ou indireto, não podendo supri-lo a confissão do acusado (CPP, art. 158).

5.5.3.9. Tentativa

Não é cabível, pois a lei incriminou de forma autônoma atos representativos da preparação do delito tipificado no art. 289 do Código Penal (moeda falsa). E, como se sabe, os crimes de obstáculo são incompatíveis com o *conatus*.

5.5.3.10. Ação penal

A ação penal é pública incondicionada.

5.5.3.11. Lei 9.099/1995

Diante da pena privativa de liberdade cominada – reclusão, de dois a seis anos, o delito tipificado no art. 291 do Código Penal constitui-se em **crime de elevado potencial ofensivo**, incompatível com os benefícios contidos na Lei 9.099/1995.

5.5.3.12. Classificação doutrinária

O crime de petrechos para falsificação de moeda é **simples** (ofende um único bem jurídico); **comum** (pode ser praticado por qualquer pessoa); **formal, de consumação antecipada** ou **de resultado cortado** (consuma-se com a prática da conduta legalmente descrita, independentemente da superveniência do resultado naturalístico); **de forma livre** (admite qualquer meio de execução); em regra **comissivo**; **não transeunte** (deixa vestígios materiais); **instantâneo** (nos núcleos "fabricar", "adquirir" e "fornecer") ou **permanente** (nas modalidades "possuir" e "guardar"); **unissubjetivo, unilateral** ou **de concurso eventual** (pode ser cometido por uma única pessoa, mas admite o concurso); e normalmente **plurissubsistente** (a conduta pode ser fracionada em diversos atos).

5.5.3.13. Competência

O crime de petrecho para falsificação de moeda ofende interesses da União, ligados à emissão de moeda, exercida exclusivamente pelo Banco Central (CF, art. 164). Destarte, ingressa na competência da Justiça Federal, nos termos do art. 109, inc. IV, da Constituição Federal.

5.5.3.14. Petrechos para falsificação de moeda e moeda falsa: unidade ou pluralidade de crimes

Qual o tratamento penal reservado ao sujeito que possui aparelhos especialmente destinados à fabricação de moeda e efetivamente os utiliza, criando moedas falsas? Há duas posições sobre o assunto:

a) O agente deve ser responsabilizado pelos crimes de petrechos de falsificação de moeda e de moeda falsa, em concurso material. Tais crimes consumam-se em momentos distintos, não havendo falar em absorção do crime previsto no art. 291 do Código Penal pelo crime definido em seu art. 289. É a posição que adotamos.[19]

b) Incide o princípio da consunção, resultando na absorção do crime-meio (petrechos para falsificação de moeda), que funciona como antefactum impunível, pelo crime-fim (moeda falsa). É o entendimento de Nélson Hungria:

---

[19] É também a conclusão de GRECO, Rogério. *Curso de direito penal*. 6. ed. Niterói: Impetus, 2010. v. IV, p. 240.

Se à fabricação, aquisição ou detenção dos objetos em questão se segue o seu efetivo emprego na falsificação de moeda, e se há identidade de agente ou agentes, o crime será um só (crime progressivo), isto é, o de falsificação de moeda (absorvido por este o primeiro crime), pois, de outro modo, haveria *bis in idem*: punição do agente do crime na fase preparatória e nova punição dele na fase executiva. No caso de tentativa de falsificação, se há desistência voluntária do agente, ainda pressuposta a unidade deste, o crime do art. 291 persistirá *residualmente* (crime subsidiário).[20]

5.5.4. Art. 292 – Emissão de título ao portador sem permissão legal

5.5.4.1. Dispositivo legal

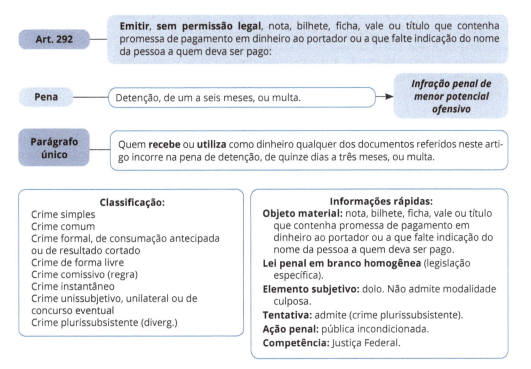

5.5.4.2. Objetividade jurídica

O bem jurídico penalmente tutelado é a fé pública, relativamente à confiança da população na moeda e em seu respectivo valor. Como esclarece José Henrique Pierangeli:

> Nos primórdios da independência, as instituições bancárias passaram a emitir letras ao portador, fazendo-o com autorização governamental central ou com a permissão dos poderes municipais, fazendo-o, inclusive, até mesmo sem autorização, uma prática abusiva que passou a representar perigo para o Tesouro e para a jovem nação. Esses títulos ao portador, portanto, significavam uma moeda paralela que se mantinha indefinidamente na circulação, fazendo concorrência com o papel-moeda emitido pelo Tesouro. A partir de 1860 vários diplomas legislativos foram editados, todos no intuito de restringir a emissão de notas, bilhetes, vales, papéis ou títulos ao portador com o nome do destinatário em branco. (...) a conduta incriminada perturba efetivamente, ou pode perturbar a normalidade da vida econômica do país, concorrendo esses papéis com o dinheiro que

---

[20] HUNGRIA, Nélson. *Comentários ao Código Penal.* 2. ed. Rio de Janeiro: Forense, 1959. v. 9, p. 231.

o Estado põe em circulação, colocando em cheque a fé pública, no caso a garantia que o Estado apõe na moeda que faz circular.[21]

5.5.4.3. Objeto material

É a **nota, bilhete, ficha, vale ou título que contenha promessa de pagamento em dinheiro ao portador ou a que falte indicação do nome da pessoa a quem deva ser pago**.

Na verdade, tais objetos se amoldam ao conceito de **título de crédito**, indicado pelo art. 887 do Código Civil: "O título de crédito, documento necessário ao exercício do direito literal e autônomo nele contido, somente produz efeito quando preencha os requisitos da lei".

O tipo penal fala inicialmente em "**título ao portador**", compreendido como aquele que circula pela mera tradição, pois não há identificação expressa do seu credor. Consequentemente, qualquer pessoa que esteja em sua posse é considerada titular do crédito e a transferência do documento acarreta igualmente a transferência do crédito nele consignado. O título ao portador se opõe ao título nominal, o qual identifica explicitamente seu credor. E como alerta Magalhães Noronha:

> Nem todos os títulos ao portador oferecem tipicidade ao fato. A lei diz bem claramente que ele deve conter *promessa de pagamento em dinheiro*, porque há outros que, entretanto, representam mercadorias, serviços, utilidades etc. (*warrants*, conhecimentos a ordem, passagens de veículos e outros). Lembra Nélson Hungria, citando Pontes de Miranda, que também não se incluem os chamados "vales íntimos", ou papel que se dá, como lembrete, a quem, num estabelecimento (agrícola, comercial ou industrial) ou escritório ou consultório, entrega quantia ou coisa, já que não podem prejudicar o dinheiro, por não possuírem função de papel de crédito. Igualmente os chamados "vales de caixa", explicados para comprovarem suprimento urgente, retirada de dinheiro, adiantamento ou mesmo um empréstimo rápido ou momentâneo.
>
> Tais papéis não se destinam à circulação, fazendo concorrência à moeda; sua posse não se transfere pela tradição, como nas coisas móveis em geral.[22]

Mas não para por aí. O tipo penal equipara ao título ao portador aqueles **a que falte a indicação do nome da pessoa a quem deve ser pago**, pois podem circular livremente para serem preenchidos, oportunamente, por quem ao final pretendesse receber o crédito. Portanto, assim como ocorre nos títulos ao portador, qualquer pessoa de posse do título pode ser considerada titular dos valores nele descritos.

5.5.4.4. Núcleo do tipo

O núcleo do tipo é "**emitir**", ou seja, colocar em circulação a nota, bilhete, ficha, vale ou título que contenha promessa de pagamento em dinheiro ao portador ou a que falte indicação do nome da pessoa a quem deva ser pago. O objeto deve ser destinado a circular como dinheiro. E como destaca Heleno Cláudio Fragoso: "A forma do título ou a inscrição nele contida é perfeitamente irrelevante, desde que contenha inequívoca promessa de pagamento *em dinheiro*".[23]

Trata-se de **lei penal em branco homogênea**, pois o tipo penal reclama a emissão de promessa de pagamento em dinheiro "**sem permissão legal**". Destarte, é preciso analisar a legislação específica para saber quais títulos podem circular ao portador ou sem indicação da pessoa a quem deva ser pago, a exemplo do cheque.

---

[21] PIERANGELI, José Henrique. *Manual de direito penal brasileiro*. 2. ed. São Paulo: RT, 2007. v. 2, p. 705-706.
[22] MAGALHÃES NORONHA, E. *Direito penal*. 16. ed. São Paulo: Saraiva, 1983. v. 4, p. 135.
[23] FRAGOSO, Heleno Cláudio. *Lições de direito penal*. Parte especial. São Paulo: José Bushatsky, 1959. v. 3, p. 793.

5.5.4.5. Sujeito ativo

O crime é **comum** ou **geral**, podendo ser praticado por qualquer pessoa. Nada impede o concurso de pessoas com o responsável pela criação do título, desde que ciente de que seria colocado em circulação. Vale destacar, contudo, que normalmente as condições de criador e emissor do título recaem no mesmo indivíduo.

5.5.4.6. Sujeito passivo

É o Estado e, mediatamente, a pessoa física ou jurídica prejudicada pela conduta criminosa, em razão do não pagamento, pelo emitente, do crédito indicado no título.

5.5.4.7. Elemento subjetivo

É o dolo, independentemente de qualquer finalidade específica. Não se admite a modalidade culposa.

5.5.4.8. Consumação

Cuida-se de **crime formal**, **de consumação antecipada** ou **de resultado cortado**: consuma-se com a emissão do título ao portador, isto é, com sua colocação em circulação, independentemente da causação de prejuízo efetivo a alguém. Anote-se que não basta a criação (ou subscrição do título). É imprescindível sua emissão, utilizando-o como substitutivo da moeda corrente ou de outros títulos legalmente permitidos.

Em que pese a semelhança desse delito com o crime de moeda falsa (CP, art. 289), a simples criação do título é ato preparatório, irrelevante para o Direito Penal.

5.5.4.9. Tentativa

É cabível, em face do caráter plurissubsistente do delito, comportando o fracionamento do *iter criminis*. Exemplo: O emitente do título ao portador sem permissão legal é preso em flagrante no momento em que iria entregá-lo a terceiro.[24]

5.5.4.10. Ação penal

A ação penal é pública incondicionada.

5.5.4.11. Lei 9.099/1995

A emissão de título ao portador sem permissão legal constitui-se em **infração penal de menor potencial ofensivo**, de competência do Juizado Especial Criminal. A pena máxima cominada – detenção de seis meses – torna o delito compatível com a transação penal e com o rito sumaríssimo, nos moldes da Lei 9.099/1995.

5.5.4.12. Classificação doutrinária

A emissão de título ao portador sem permissão legal é crime **simples** (ofende um único bem jurídico); **comum** (pode ser praticado por qualquer pessoa); **formal**, **de consumação antecipada** ou **de resultado cortado** (consuma-se com a prática da conduta legalmente des-

---

[24] Há entendimentos em contrário: "Cremos ser impossível encontrar *iter criminis* válido, pois a conduta punida é a *emissão* (colocação do título em circulação). Portanto, ou o agente efetivamente *emite* o título ou trata-se de um irrelevante penal" (NUCCI, Guilherme de Souza. *Código Penal comentado*. 10. ed. São Paulo: RT, 2010. p. 1.051).

crita, independentemente da superveniência do resultado naturalístico); **de forma livre** (admite qualquer meio de execução); em regra **comissivo**; **instantâneo** (consuma-se em um momento determinado, sem continuidade no tempo); **unissubjetivo, unilateral** ou **de concurso eventual** (pode ser cometido por uma única pessoa, mas admite o concurso); e normalmente **plurissubssistente** (a conduta pode ser fracionada em diversos atos), embora exista divergência doutrinária acerca do assunto.

5.5.4.13. Competência

O crime tipificado no art. 292 do Código Penal, capitulado entre os crimes de moeda falsa, é de competência da Justiça Federal. Com efeito, o delito coloca em risco a confiança da população na moeda, ao pretender substituí-la ilicitamente, ofendendo interesses da União, na forma delineada no art. 109, inc. IV, da Constituição Federal.

5.5.4.14. Figura privilegiada: art. 292, parágrafo único

Em consonância com o art. 292, parágrafo único, do Código Penal: "Quem recebe ou utiliza como dinheiro qualquer dos documentos referidos neste artigo incorre na pena de detenção, de quinze dias a três meses, ou multa".

Trata-se igualmente de **infração penal de menor potencial ofensivo**, de competência do Juizado Especial Criminal. Pune-se agora não o emissor do título, mas o seu **tomador**, isto é, aquele que o recebe ou o utiliza como dinheiro, contribuindo para sua indevida circulação e reiterando a ofensa à fé pública.

5.6. DA FALSIDADE DE TÍTULOS E OUTROS PAPÉIS PÚBLICOS

5.6.1. Art. 293 – Falsificação de papéis públicos

5.6.1.1. Dispositivo legal

Art. 293 — **Falsificar, fabricando-os** ou **alterando-os:**

I — selo destinado a controle tributário, papel selado ou qualquer papel de emissão legal destinado à arrecadação de tributo;

II — papel de crédito público que não seja moeda de curso legal;

III — vale postal;

IV — cautela de penhor, caderneta de depósito de caixa econômica ou de outro estabelecimento mantido por entidade de direito público;

V — talão, recibo, guia, alvará ou qualquer outro documento relativo a arrecadação de rendas públicas ou a depósito ou caução por que o poder público seja responsável;

VI — bilhete, passe ou conhecimento de empresa de transporte administrada pela União, por Estado ou por Município:

Pena — Reclusão, de dois a oito anos, e multa. → *Crime de elevado potencial ofensivo*

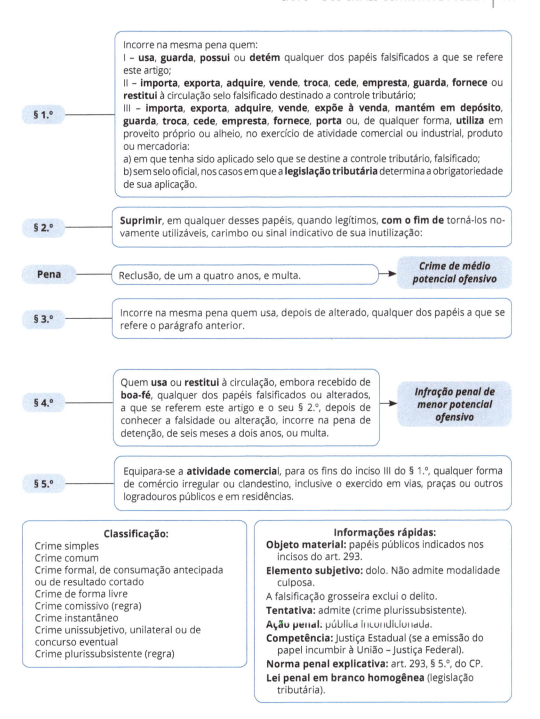

5.6.1.2. Objetividade jurídica

O bem jurídico penalmente tutelado é a fé pública, no tocante à confiabilidade e legitimidade dos papéis públicos.

5.6.1.3. Objeto material

São os **papéis públicos** indicados nos incisos do art. 293, *caput*, do Código Penal, quais sejam:

Inciso I – selo destinado a controle tributário, papel selado ou qualquer papel de emissão legal destinado à arrecadação de tributo

Esse inciso diz respeito aos **documentos destinados à arrecadação de tributos**, salvo os especificados no inciso V, a exemplo do antigo selo pedágio, o qual era colado no para-brisa do veículo para comprovar o extinto tributo.

Inciso II – papel de crédito público que não seja moeda de curso legal

São os denominados **títulos da dívida pública**, federais, estaduais ou municipais. Embora possam servir como meios de pagamento, não se confundem com a moeda de curso legal no País.

Inciso III – vale postal

Esse inciso foi revogado pelo art. 36 da Lei 6.538/1978:

> **Art. 36.** Falsificar, fabricando ou adulterando, selo, outra fórmula de franqueamento ou vale postal:
> Pena – reclusão, até oito anos, e pagamento de cinco a quinze dias-multa.

O art. 47 do citado diploma legal assim define o vale postal: "título emitido por uma unidade postal à vista de um depósito de quantia para pagamento na mesma ou em outra unidade postal".

Inciso IV – cautela de penhor, caderneta de depósito de caixa econômica ou de outro estabelecimento mantido por entidade de direito público

Cautela de penhor é o título de crédito representativo do direito real de garantia registrado no Cartório de Títulos e Documentos, a teor do art. 1.432 do Código Civil. Com seu pagamento a coisa empenhada pode ser retirada.

A **caderneta de depósito de caixa econômica ou de outro estabelecimento mantido por entidade de direito público** designa o documento em que está consignada a movimentação da conta corrente no estabelecimento bancário. Por sua vez, a falsificação de cadernetas de estabelecimentos privados configura o crime de falsificação de documento particular (CP, art. 298), e não o delito em análise.

Inciso V – talão, recibo, guia, alvará ou qualquer outro documento relativo a arrecadação de rendas públicas ou a depósito ou caução por que o poder público seja responsável

Talão é a parte destacável de livro ou caderno, no qual permanece um canhoto com idênticos dizeres. **Recibo** é a declaração de quitação ou recebimento de coisas ou valores. **Guia** é o documento emitido por repartição arrecadadora, ou adquirido em estabelecimentos privados, com a finalidade de recolhimento de valores, impostos, taxas, contribuições de melhoria etc. **Alvará**, no sentido do texto, é qualquer documento destinado a autorizar o recolhimento de rendas públicas ou depósito ou caução por que o Poder Público seja responsável.

Exemplo clássico de conduta passível de subsunção no art. 293, inc. V, do Código Penal consiste na falsificação de guias de arrecadação da Receita Federal (DARFs), mediante inserção de autenticação bancária, como forma de comprovação do recolhimento dos tributos devidos.[25]

---

[25] No STF: PET 4.680/MG, rel. Min. Marco Aurélio, Plenário, j. 29.09.2010, noticiado no *Informativo* 602. No STJ: CC 110.529/SP, rel. Min. Maria Thereza de Assis Moura, 3.ª Seção, j. 09.06.2010, noticiado no *Informativo* 438.

Inciso VI – bilhete, passe ou conhecimento de empresa de transporte administrada pela União, por Estado ou por Município.

Bilhete é o papel impresso que confere ao seu portador o direito de usufruir de meio de transporte coletivo por determinado percurso. **Passe** é o bilhete de trânsito, oneroso ou gratuito, concedido por empresa de transporte coletivo. **Conhecimento**, finalmente, é o documento comprobatório de mercadoria depositada ou entregue para transporte.

O bilhete, o passe e o conhecimento devem emanar de empresa de transporte administrada pela União, por Estado ou por Município. Destarte, não se perfaz este delito quando qualquer dos objetos materiais provém de empresa privada, sem prejuízo do reconhecimento do crime de falsificação de documento particular, delineado no art. 298 do Código Penal.

5.6.1.4. Núcleo do tipo

O núcleo do tipo é "**falsificar**", isto é, imitar, reproduzir ou modificar os papéis públicos indicados nos diversos incisos do art. 293, *caput*, do Código Penal. A falsificação pode ocorrer mediante fabricação ou alteração.

Na **fabricação**, também denominada de **contrafação**, o agente procede à criação do papel público, o qual surge revestido pela falsidade. Por seu turno, na **alteração** opera-se a modificação de papel inicialmente verdadeiro, com a finalidade de ostentar valor superior ao real.

Convém destacar que a falsificação somente resultará no reconhecimento do crime em apreço quando incidir nos papéis públicos taxativamente mencionados pelo art. 293 do Código Penal. De fato, a falsificação de moeda importa no crime de moeda falsa (CP, art. 289), enquanto a falsificação de papel público diverso caracteriza o delito de falsificação de documento público (CP, art. 297).

5.6.1.5. Sujeito ativo

O crime é **comum** ou **geral**, podendo ser praticado por qualquer pessoa.

Contudo, se o sujeito ativo for funcionário público,[26] e cometer o crime prevalecendo-se do cargo, aumentar-se-á a pena de sexta parte, com fulcro no art. 295 do Código Penal. Para a incidência da causa de aumento da pena, não basta a condição funcional: é necessário seja o delito perpetrado em razão das facilidades proporcionadas pela posição de funcionário público.

5.6.1.6. Sujeito passivo

É o Estado e, mediatamente, a pessoa física ou jurídica prejudicada pela conduta criminosa.

5.6.1.7. Elemento subjetivo

É o dolo, independentemente de qualquer finalidade específica. Não se admite a modalidade culposa.

5.6.1.8. Consumação

Trata-se de **crime formal**, **de consumação antecipada** ou **de resultado cortado**: consuma-se com a realização de qualquer das condutas legalmente descritas, prescindindo-se da efetiva circulação do papel público falsificado ou da causação de prejuízo a alguém.

Tratando-se de crime contra a fé pública, é fundamental que a atuação do agente empreste ao papel idoneidade suficiente para enganar as pessoas em geral, pois a falsificação grosseira exclui o delito, ensejando o reconhecimento do crime impossível (CP, art. 17).

---

[26] O conceito de funcionário público, para fins penais, é apresentado pelo art. 327 do Código Penal.

5.6.1.9. Tentativa

É possível, em face do caráter plurissubsistente do delito, permitindo o fracionamento do *iter criminis*.

5.6.1.10. Ação penal

A ação penal é pública incondicionada, em todas as modalidades do delito.

5.6.1.11. Classificação doutrinária

A falsificação de papéis públicos é crime **simples** (ofende um único bem jurídico); **comum** (pode ser praticado por qualquer pessoa); **formal, de consumação antecipada** ou **de resultado cortado** (consuma-se com a prática da conduta legalmente descrita, independentemente da superveniência do resultado naturalístico); **de forma livre** (admite qualquer meio de execução); em regra **comissivo**; **instantâneo** (consuma-se em um momento determinado, sem continuidade no tempo); **unissubjetivo, unilateral** ou **de concurso eventual** (pode ser cometido por uma única pessoa, mas admite o concurso); e normalmente **plurissubsistente** (a conduta pode ser fracionada em diversos atos).

5.6.1.12. Competência

A falsificação de papéis públicos, em regra, é crime de competência da Justiça Estadual. Se, entretanto, a emissão do papel incumbir à União, suas empresas públicas ou autarquias, e a falsificação acarretar prejuízo a tais entes, o delito será de competência da Justiça Federal, nos moldes do art. 109, inc. IV, da Constituição Federal.[27]

5.6.1.13. Figura equiparada: art. 293, § 1.º

A Lei 11.035/2004 conferiu nova redação ao art. 293, § 1.º, do Código Penal, para ampliar seu âmbito de incidência, que antes se limitava aos papéis falsificados, forçando muitas vezes a utilização dos crimes de receptação (CP, art. 180) e de favorecimento real (CP, art. 349) para evitar a impunidade de pessoas envolvidas com papéis públicos falsificados.

Destarte, incorre na mesma pena prevista no *caput* – reclusão, de dois a oito anos, e multa – quem:

Inciso I – usa, guarda, possui ou detém qualquer dos papéis falsificados a que se refere este artigo

Trata-se de **conduta posterior à falsificação dos papéis públicos**, realizada por pessoa diversa do falsário. De fato, se o autor da falsificação praticar qualquer dos comportamentos aqui descritos, será responsabilizado unicamente pela ação inicial, constituindo as ações subsequentes meros fatos impuníveis (princípio da consunção).

Inciso II – importa, exporta, adquire, vende, troca, cede, empresta, guarda, fornece ou restitui à circulação selo falsificado destinado a controle tributário

O raio de incidência deste inciso é inferior ao do inciso anterior, pois se limita ao selo falsificado destinado a controle tributário.

---

[27] Este raciocínio encontra amparo na Súmula 107 do Superior Tribunal de Justiça: "Compete à Justiça Comum Estadual processar e julgar crime de estelionato praticado mediante falsificação das guias de recolhimento das contribuições previdenciárias, quando não ocorre lesão à autarquia federal".

Inciso III – importa, exporta, adquire, vende, expõe à venda, mantém em depósito, guarda, troca, cede, empresta, fornece, porta ou, de qualquer forma, utiliza em proveito próprio ou alheio, no exercício de atividade comercial ou industrial, produto ou mercadoria:

a) em que tenha sido aplicado selo que se destine a controle tributário, falsificado;

b) sem selo oficial, nos casos em que a legislação tributária determina a obrigatoriedade de sua aplicação.

O crime é doloso. Contudo, além do dolo, afigura-se indispensável a presença do especial fim de agir (elemento subjetivo específico) representado pela expressão "em proveito próprio ou alheio".

Trata-se de **crime próprio** ou **especial**, pois somente pode ser cometido pela pessoa que se encontre no exercício de atividade comercial ou industrial. E, nessa seara, o § 5.º do art. 293 do Código Penal veicula uma **norma penal explicativa**, assim redigida: "Equipara-se a atividade comercial, para os fins do inciso III do § 1.º, qualquer forma de comércio irregular ou clandestino, inclusive o exercido em vias, praças ou outros logradouros públicos e em residências".

A alínea *b* constitui-se em **lei penal em branco homogênea**, pois é preciso analisar a legislação tributária para identificação das hipóteses de obrigatoriedade do selo oficial. Fica nítida, ademais, a verdadeira preocupação do legislador: a fé pública foi colocada em plano secundário para se proteger a ordem tributária, mediante o combate à sonegação fiscal. De fato, não há pertinência lógica entre falsificar selo (crime contra a fé pública) e vender cigarro sem selo oficial (delito tributário). A consumação desse crime, de cunho formal, prescinde da constituição definitiva do crédito tributário. Como já decidido pelo Superior Tribunal de Justiça:

> É dispensável a constituição definitiva do crédito tributário para que esteja consumado o crime previsto no art. 293, § 1.º, III, "b", do CP. Isso porque o referido delito possui natureza formal, de modo que já estará consumado quando o agente importar, exportar, adquirir, vender, expuser à venda, mantiver em depósito, guardar, trocar, ceder, emprestar, fornecer, portar ou, de qualquer forma, utilizar em proveito próprio ou alheio, no exercício de atividade comercial ou industrial, produto ou mercadoria sem selo oficial. Não incide na hipótese, portanto, a Súmula Vinculante 24 do STF, segundo a qual "Não se tipifica crime material contra a ordem tributária, previsto no art. 1.º, incisos I a IV, da Lei n.º 8.137/90, antes do lançamento definitivo do tributo". Com efeito, conforme já pacificado pela jurisprudência do STJ, nos crimes tributários de natureza formal é desnecessário que o crédito tributário tenha sido definitivamente constituído para a instauração da persecução penal. Essa providência é imprescindível apenas para os crimes materiais contra a ordem tributária, pois, nestes, a supressão ou redução do tributo é elementar do tipo penal.[28]

5.6.1.14. Supressão de carimbo ou sinal de inutilização de papéis públicos: art. 293, § 2.º

A pena é de reclusão, de um a quatro anos, e multa, para quem "suprimir, em qualquer desses papéis, quando legítimos, com o fim de torná-los novamente utilizáveis, carimbo ou sinal indicativo de sua inutilização". Trata-se de **crime de médio potencial ofensivo**, compatível com a suspensão condicional do processo, se presentes os demais requisitos exigidos pelo art. 89 da Lei 9.099/1995.

Nessa hipótese, os papéis públicos são legítimos, ou seja, não foram falsificados mediante contrafação ou alteração, mas já foram inutilizados. A conduta criminosa consiste em suprimir (eliminar ou retirar) o carimbo ou sinal indicativo da inutilização. Não basta o dolo. Exige-se

---

[28] REsp 1.332.401/ES, rel. Min. Maria Thereza de Assis Moura, 6.ª Turma, j. 19.08.2014, noticiado no *Informativo* 546.

um especial fim de agir (elemento subjetivo específico), contido na expressão "com o fim de torná-los novamente utilizáveis".

5.6.1.15. Uso de papéis públicos com carimbo ou sinal de inutilização suprimidos: art. 293, § 3.º

Incorre na mesma pena cominada ao art. 293, § 2.º, do Código Penal aquele que usa, depois de alterado, qualquer dos papéis nele indicados. Se a lei comina igual pena, cuida-se novamente de **crime de médio potencial ofensivo**.

Os §§ 2.º e 3.º do art. 293 do Código Penal não são cumuláveis, ou seja, se o sujeito suprimir o carimbo ou sinal indicativo da inutilização do papel público, e depois utilizá-lo, responderá somente pela supressão, figurando o uso mero *post factum* impunível (princípio da consunção).

5.6.1.16. Figura privilegiada: art. 293, § 4.º

A pena é de detenção, de seis meses a dois anos, ou multa, para quem usa ou restitui à circulação, embora recebido de boa-fé, qualquer dos papéis falsificados ou alterados, a que se refere este artigo e o seu § 2.º, depois de conhecer a falsidade ou alteração. Trata-se de **infração penal de menor potencial ofensivo**, de competência do Juizado Especial Criminal, admitindo a transação penal e o rito sumaríssimo, em sintonia com as disposições da Lei 9.099/1995.

O tratamento penal mais suave se deve ao móvel do agente, que não se dirige à lesão da fé pública, e sim em repassar a terceiro seu prejuízo patrimonial. Com efeito, se o sujeito receber o papel de má-fé, ou seja, com conhecimento da falsidade, e ainda assim usá-lo ou restituí-lo à circulação, terá contra si imputado o crime definido no art. 293, § 1.º, do Código Penal.

5.6.1.17. Art. 293, §§ 2.º a 4.º, do Código Penal e art. 37 da Lei 6.538/1978

Se as condutas descritas no art. 293, §§ 2.º a 4.º, do Código Penal recaírem sobre selo, outra forma de franqueamento ou vale postal, estará configurado o crime específico delineado no art. 37 da Lei 6.538/1978, inerente ao serviço postal e ao serviço de telegrama, cuja redação é a seguinte:

> **Art. 37.** Suprimir, em selo, outra fórmula de franqueamento ou vale postal, quando legítimos, com o fim de torná-los novamente utilizáveis; carimbo ou sinal indicativo de sua utilização:
>
> Pena: reclusão, até quatro anos, e pagamento de cinco a quinze dias-multa.
>
> **Forma assimilada**
>
> § 1.º Incorre nas mesmas penas quem usa, vende, fornece ou guarda, depois de alterado, selo, outra fórmula de franqueamento ou vale postal.
>
> § 2.º Quem usa ou restitui a circulação, embora recebido de boa-fé, selo, outra fórmula de franqueamento ou vale postal, depois de conhecer a falsidade ou alteração, incorre na pena de detenção, de três meses a um ano, ou pagamento de três a dez dias-multa.

5.6.1.18. Crime contra a ordem tributária

O art. 1.º, inc. III, da Lei 8.137/1990 – Crimes contra a ordem tributária – prevê um delito de natureza específica, nos seguintes termos:

> Art. 1.º Constitui crime contra a ordem tributária suprimir ou reduzir tributo, ou contribuição social e qualquer acessório, mediante as seguintes condutas:
> (...)
> III – falsificar ou alterar nota fiscal, fatura, duplicata, nota de venda, ou qualquer outro documento relativo à operação tributável.

Cabe destacar que o crime contra a ordem tributária é de natureza material ou causal, reclamando para sua consumação a supressão ou redução do tributo. Por sua vez, o delito definido no art. 293 do Código Penal é formal, de consumação antecipada ou de resultado cortado, aperfeiçoando-se com a realização da conduta legalmente descrita, independentemente da produção de prejuízo a alguém.

5.6.2. Art. 294 – Petrechos de falsificação

5.6.2.1. Dispositivo legal

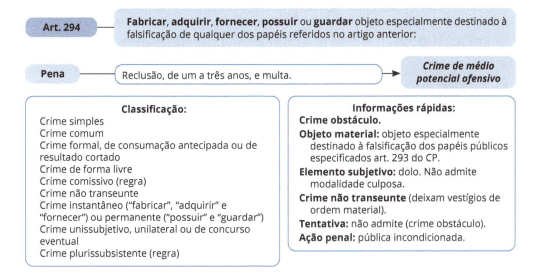

5.6.2.2. Objetividade jurídica

O bem jurídico penalmente protegido é a fé pública, no que diz respeito à confiabilidade e legitimidade dos papéis públicos. O legislador, preocupado com a falsificação de papéis públicos, não aguardou sua concretização para autorizar o Estado a exercer seu poder punitivo. Ele antecipou a tutela penal, incriminando condutas representativas de atos preparatórios do crime tipificado no art. 293 do Código Penal. Destarte, o art. 294 do Código Penal, com a rubrica "petrechos de falsificação", veicula um autêntico **crime obstáculo**.

5.6.2.3. Objeto material

É o **objeto especialmente destinado à falsificação dos papéis públicos especificados art. 293 do Código Penal**.

A elementar "**especialmente**" relaciona-se à finalidade precípua do objeto destinado à falsificação de papéis públicos. Em síntese, nada impede seja o bem utilizado também para outros fins, embora seja prioritariamente empregado na contrafação de papéis públicos. Ademais, não é preciso sirva o petrecho unicamente à contrafação ou alteração, mesmo porque será difícil, quiçá impossível, identificar algum objeto que não tenha nenhuma outra serventia que não a falsificação de papéis públicos.

Tratando-se de objeto destinado à falsificação de selo, fórmula de franqueamento ou vale postal, estará configurado o crime definido no art. 38 da Lei 6.538/1978, cuja redação é a seguinte:

> **Art. 38.** Fabricar, adquirir, fornecer, ainda que gratuitamente, possuir, guardar, ou colocar em circulação objeto especialmente destinado à falsificação de selo, outra fórmula de franqueamento ou vale postal:
> Pena – reclusão, até três anos, e pagamento de cinco a quinze dias-multa.

5.6.2.4. Núcleos do tipo

O tipo penal possui cinco núcleos: "**fabricar**" (criar, montar, construir ou produzir), "**adquirir**" (comprar ou obter), "**fornecer**" (proporcionar, dar, vender ou entregar), "**possuir**" (ter a posse) e "**guardar**" (manter, conservar ou proteger). Todos os verbos se ligam ao objeto especialmente destinado à falsificação de papéis públicos.

Trata-se de **tipo misto alternativo**, **crime de ação múltipla** ou **de conteúdo variado**. A lei apresenta diversos núcleos, e a realização de mais de um deles, no tocante ao mesmo objeto material, caracteriza um único delito.

5.6.2.5. Sujeito ativo

O crime é **comum** ou **geral**, podendo ser praticado por qualquer pessoa. Entretanto, se o sujeito ativo for funcionário público,[29] e cometer o crime prevalecendo-se do cargo, aumentar-se-á a pena da sexta parte, com fulcro no art. 295 do Código Penal. Para a incidência da causa de aumento da pena não basta a condição funcional: é imprescindível seja o delito executado em razão das facilidades proporcionadas pela posição de funcionário público.

5.6.2.6. Sujeito passivo

É o Estado, interessado na preservação da fé pública no que diz respeito ao sistema de emissão de papéis públicos.

5.6.2.7. Elemento subjetivo

É o dolo, independentemente de qualquer finalidade específica. Não se admite a modalidade culposa.

5.6.2.8. Consumação

Cuida-se de **crime formal**, **de consumação antecipada** ou **de resultado cortado**: consuma-se com a fabricação, aquisição, fornecimento, posse ou guarda dos objetos destinados à falsificação, independentemente da sua efetiva utilização pelo agente ou por qualquer outra pessoa.

---

[29] O conceito de funcionário público, para fins penais, é apresentado pelo art. 327 do Código Penal.

Nos núcleos "**guardar**" e "**possuir**" o crime é permanente, comportando a prisão em flagrante enquanto perdurar a situação de contrariedade ao Direito; nas demais variantes, o crime é instantâneo.

5.6.2.9. Tentativa

Não é cabível, pois o legislador incriminou de forma autônoma atos representativos da preparação do delito tipificado no art. 293 do Código Penal (falsificação de papéis públicos). Em outras palavras, o delito de petrechos de falsificação é classificado como crime obstáculo, logicamente incompatível com o *conatus*.

5.6.2.10. Ação penal

A ação penal é pública incondicionada.

5.6.2.11. Lei 9.099/1995

Em razão da pena mínima cominada (um ano), o art. 294 do Código Penal contempla **crime de médio potencial ofensivo**, compatível com a suspensão condicional do processo, se presentes os demais requisitos exigidos pelo art. 89 da Lei 9.099/1995.

5.6.2.12. Classificação doutrinária

O crime de petrechos de falsificação é **simples** (ofende um único bem jurídico); **comum** (pode ser praticado por qualquer pessoa); **formal, de consumação antecipada** ou **de resultado cortado** (consuma-se com a prática da conduta legalmente descrita, independentemente da superveniência do resultado naturalístico); **de forma livre** (admite qualquer meio de execução); em regra **comissivo**; **não transeunte** (deixa vestígios materiais); **instantâneo** (nos núcleos "fabricar", "adquirir" e "fornecer") ou **permanente** (nas modalidades "possuir" e "guardar"); **unissubjetivo, unilateral** ou **de concurso eventual** (pode ser cometido por uma única pessoa, mas admite o concurso); e normalmente **plurissubsistente** (a conduta pode ser fracionada em diversos atos).

5.6.2.13. Petrechos de falsificação e falsificação de papéis públicos: unidade ou pluralidade de crimes

Qual ou quais crimes devem ser imputados ao sujeito que possui objeto especialmente destinado à falsificação de papéis públicos, e efetivamente os falsifica? Há duas posições sobre o assunto:

a) O agente deve ser responsabilizado pelos crimes de petrechos de falsificação e de falsificação de papéis públicos, em concurso material. Tais crimes consumam-se em momentos distintos, não havendo falar em absorção do crime previsto no art. 294 do Código Penal pelo crime definido em seu art. 293.

b) Incide o princípio da consunção, resultando na absorção do crime-meio (petrechos de falsificação), que funciona como *ante factum* impunível, pelo delito-fim (falsificação de papéis públicos). Como já decidido pelo Superior Tribunal de Justiça: "Falsificação de papéis públicos. Petrechos de falsificação. Concurso aparente de normas. *Ante factum* impunível. Não há concurso material de crimes na hipótese em que o agente fabrica, adquire, fornece, possui ou guarda objetos destinados à falsificação de papéis públicos, pois a segunda consubstancia mero ato preparatório ou *ante factum* impunível."[30]

---

[30] HC 11.799/SP, rel. Min. Vicente Leal, 6.ª Turma, j. 16.05.2000.

5.7. DA FALSIDADE DOCUMENTAL

5.7.1. Art. 296 – Falsificação do selo ou sinal público

5.7.1.1. Dispositivo legal

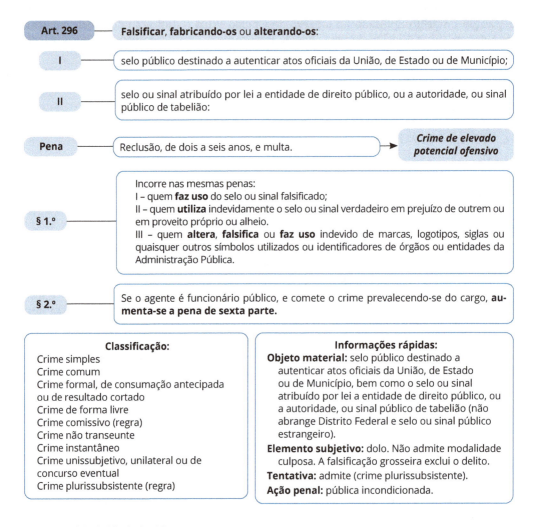

5.7.1.2. Objetividade jurídica

O bem jurídico penalmente protegido é a fé pública, relativamente aos selos e sinais públicos de autenticação.

5.7.1.3. Objeto material

É o **selo público destinado a autenticar atos oficiais da União, de Estado ou de Município**, bem como o **selo ou sinal atribuído por lei a entidade de direito público, ou a autoridade, ou sinal público de tabelião**.

No inciso I do art. 296, o selo público não se confunde com o "selo destinado a controle tributário, papel selado ou qualquer papel de emissão legal destinado à arrecadação de tributo", o qual importa no crime tipificado no art. 293, inc. I, do Código Penal.

É preciso destacar que, muito embora o legislador tenha inserido o crime no Capítulo III do Título X da Parte Especial do Código Penal, no âmbito "Da falsidade documental", o selo e o sinal público não são propriamente documentos, mas objetos cuja utilidade é conferir autenticação, origem ou legitimidade a um documento, e somente após sua utilização é que passam a integrá-lo. Como leciona Heleno Cláudio Fragoso:

> Os selos e sinais públicos a que a lei penal aqui se refere, não constituem *documento*. São, porém, comumente empregados como elementos de certificação ou autenticação documental, o que justifica a classificação. Uma vez apostos ao documento, tais selos passam a fazer parte integrante dele.[31]

O art. 296 do Código Penal não incrimina a falsificação de selo público destinado a autenticar atos oficiais do Distrito Federal, e a omissão legislativa não pode ser suprida pelo operador do Direito, pois não há espaço no Direito Penal para a analogia *in malam partem*, como corolário do princípio da reserva legal ou estrita legalidade (CF, art. 5.º, inc. XXXIX e CP, art. 1.º). De igual modo, também não se pune a falsificação do selo ou sinal público estrangeiro.

5.7.1.4. Núcleo do tipo

O núcleo do tipo é "falsificar", no sentido de imitar, reproduzir ou modificar selo ou sinal público. A falsificação pode ser efetuada por fabricação ou alteração.

Na fabricação, também conhecida como contrafação, opera-se a formação ou reprodução integral do selo ou sinal público. Na alteração, por sua vez, há modificação do selo ou sinal público, para que passe a ostentar, mediante acréscimo ou supressão, informação diversa da original.

5.7.1.5. Sujeito ativo

Pode ser qualquer pessoa (crime comum ou geral).

Contudo, se o delito for cometido por funcionário público, prevalecendo-se do cargo, a pena será aumentada da sexta parte, a teor da regra inserida no § 2.º do art. 296 do Código Penal. Trata-se de causa de aumento da pena, e sua incidência reclama não somente a condição funcional, mas também a utilização das facilidades proporcionadas pelo cargo para a prática do crime. Destarte, se o agente for funcionário público, mas executar o delito sem se prevalecer do cargo, será vedada a aplicação da majorante.

5.7.1.6. Sujeito passivo

É o Estado e, mediatamente, a pessoa física ou jurídica prejudicada pela conduta criminosa.

5.7.1.7. Elemento subjetivo

É o dolo, independentemente de qualquer finalidade específica. Não se admite a modalidade culposa.

5.7.1.8. Consumação

Cuida-se de crime formal, de consumação antecipada ou de resultado cortado: consuma-se no momento da falsificação, mediante fabricação ou alteração, do selo ou sinal público,

---

[31] FRAGOSO, Heleno Cláudio. *Lições de direito penal*. Parte especial. São Paulo: José Bushatsky, 1959. v. 4, p. 812.

independentemente da obtenção de vantagem indevida ou da provocação de prejuízo a alguém. Como já decidido pelo Supremo Tribunal Federal:

> O tipo restringe-se à mera conduta, sendo despiciendo o prejuízo a terceiro. A substituição de folha do processo por outra numerada por pessoa estranha ao Cartório, com imitação da rubrica do serventuário, alcança o objeto jurídico protegido pelo dispositivo legal – a fé pública, considerado o sinal de autenticidade. O dolo decorre da vontade livre e consciente de praticar o ato.[32]

A propósito, o uso do selo ou sinal falsificado é punido como crime autônomo, nos moldes do art. 296, § 1.º, inc. I, do Código Penal.

5.7.1.9. Tentativa

É possível, em face do caráter plurissubsistente do delito, permitindo o fracionamento do *iter criminis*.

5.7.1.10. Ação penal

A ação penal é pública incondicionada.

5.7.1.11. Lei 9.099/1995

Em face da pena cominada (reclusão, de dois a seis anos, e multa), a falsificação do selo ou sinal público é **crime de elevado potencial ofensivo**, incompatível com os benefícios contidos na Lei 9.099/1995.

5.7.1.12. Classificação doutrinária

A falsificação do selo ou sinal público é crime **simples** (ofende um único bem jurídico); **comum** (pode ser praticado por qualquer pessoa); **formal, de consumação antecipada** ou **de resultado cortado** (consuma-se com a prática da conduta legalmente descrita, independentemente da superveniência do resultado naturalístico); **de forma livre** (admite qualquer meio de execução); em regra **comissivo**; **não transeunte** (deixa vestígios materiais); **instantâneo** (consuma-se em um momento determinado, sem continuidade no tempo); **unissubjetivo, unilateral** ou **de concurso eventual** (pode ser cometido por uma única pessoa, mas admite o concurso); e normalmente **plurissubsistente** (a conduta pode ser fracionada em diversos atos).

5.7.1.13. Figuras equiparadas: art. 296, § 1.º

Como estabelece o § 1.º do art. 296 do Código Penal, incorre nas mesmas penas:

Inciso I – quem faz uso do selo ou sinal falsificado

A lei se preocupa, nesse caso, com a efetiva utilização do selo ou sinal público falsificado na autenticação de documentos.

Se o próprio falsificador fizer uso do selo ou sinal falsificado, deverá ser responsabilizado unicamente pela falsificação. O uso constitui *post factum* impunível, e por essa razão resta absorvido, solucionando-se o conflito aparente de normas com o princípio da consunção.

---

[32] HC 68.433/DF, rel. Min. Marco Aurélio, 2.ª Turma, j. 19.02.1991.

Inciso II – **quem utiliza indevidamente o selo ou sinal verdadeiro em prejuízo de outrem ou em proveito próprio ou alheio**

Nessa hipótese, o selo ou sinal público são verdadeiros, mas o seu uso é indevido (elemento normativo do tipo), podendo causar prejuízo a terceiro ou benefício ao agente ou a outra pessoa. O Superior Tribunal de Justiça reconheceu este delito na conduta do presidente de entidade de ensino não reconhecida ou autorizada, que se utilizava de certificados encimados com o selo da República Federativa do Brasil comumente usado em documentação oficial do Ministério da Educação, para que candidatos a cargos públicos se habilitassem.[33]

Em nossa opinião, não se exige o efetivo prejuízo de outrem ou o prejuízo próprio ou alheio, sendo suficiente a potencialidade para tanto (**crime formal, de consumação antecipada** ou **de resultado cortado**). Existem, contudo, entendimentos em contrário, no sentido de se tratar de **crime material** ou **causal**, reclamando, portanto, a superveniência do resultado naturalístico.[34]

Inciso III – **quem altera, falsifica ou faz uso indevido de marcas, logotipos, siglas ou quaisquer outros símbolos utilizados ou identificadores de órgãos ou entidades da Administração Pública**

Este inciso foi acrescentado pela Lei 9.983/2000, voltado precipuamente aos crimes contra a Previdência Social. No entanto, aqui não é preciso seja a conduta relacionada precisamente a este órgão, podendo envolver qualquer órgão ou entidade da Administração Pública.

Por seu turno, a Lei 5.700/1971 dispõe sobre a forma e a apresentação dos símbolos nacionais. O art. 35 desta lei estabelece que a violação de qualquer das suas disposições constitui contravenção penal, a exemplo da conduta de usar a bandeira nacional como roupagem.

5.7.2. Art. 297 – Falsificação de documento público

5.7.2.1. Dispositivo legal

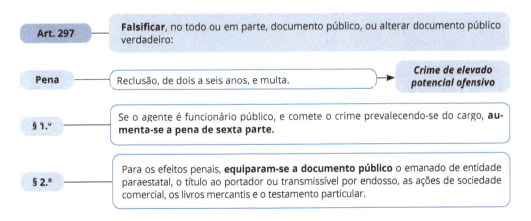

---

[33] RHC 1.829/SP, rel. Min. Adhemar Maciel, 6.ª Turma, j. 29.03.1993.
[34] Há decisão do Superior Tribunal de Justiça no sentido de tratar-se de crime de mera conduta, pois "mostra-se irrelevante para sua consumação apurar a existência de prejuízo" (RHC 29.397/SP, rel. Min. Og Fernandes, 6.ª Turma, j. 14.06.2011, noticiado no *Informativo* 477). Nada obstante, a leitura da fundamentação do julgado transmite a ideia da conclusão da Corte pela natureza formal do delito.

§ 3.º — Nas mesmas penas incorre quem **insere** ou **faz inserir**:
I – na folha de pagamento ou em documento de informações que seja destinado a fazer prova perante a previdência social, pessoa que não possua a qualidade de segurado obrigatório;
II – na Carteira de Trabalho e Previdência Social do empregado ou em documento que deva produzir efeito perante a previdência social, declaração falsa ou diversa da que deveria ter sido escrita;
III – em documento contábil ou em qualquer outro documento relacionado com as obrigações da empresa perante a previdência social, declaração falsa ou diversa da que deveria ter constado.

§ 4.º — Nas mesmas penas incorre quem **omite**, nos documentos mencionados no § 3.º, nome do segurado e seus dados pessoais, a remuneração, a vigência do contrato de trabalho ou de prestação de serviços.

Classificação:
Crime simples
Crime comum
Crime formal, de consumação antecipada ou de resultado cortado
Crime não transeunte
Crime de forma livre
Crime comissivo (regra)
Crime instantâneo
Crime unissubjetivo, unilateral ou de concurso eventual
Crime plurissubsistente (regra)

Informações rápidas:
Objeto material: documento público falsificado ou o documento público verdadeiro alterado (elemento normativo do tipo).
Documento: forma escrita + elaboração por pessoa determinada + conteúdo revestido de relevância jurídica e eficácia probatória.
Telegrama: não é documento público.
A falsificação **grosseira**, perceptível a olho nu, exclui o crime (crime impossível).
Elemento subjetivo: dolo. Não admite modalidade culposa.
Crime não transeunte (deixa vestígios materiais).
Tentativa: admite (crime plurissubsistente).
Ação penal: pública incondicionada.
Competência: Justiça Estadual (exceções: art. 109, IV, da CF – Justiça Federal).

5.7.2.2. Introdução

O art. 297 do Código Penal claramente se preocupa com a forma do documento público, pois a falsificação recai sobre seu corpo, sua exterioridade. Esta é a razão de falar em **falsidade material**.

O legislador brasileiro acompanhou a tendência mundial, e criou dois crimes distintos, estabelecendo pena mais grave para a falsificação de documento público (reclusão, de dois a seis anos, e multa) do que para a falsificação de documento particular (reclusão, de um a cinco anos, e multa). Em conformidade com os ensinamentos de Sylvio do Amaral:

> Tal ocorre porque a violação da verdade expressa nos documentos emitidos pelo Estado afeta diretamente o prestígio da organização política, além de atingir a fé pública inspirada pelo documento violado. Em torno do Estado existe a presunção da absoluta veracidade de todas as suas manifestações, documentais ou não, de modo tal que qualquer ato atentatório dessa presunção repercute desmesuradamente na confiança da coletividade, fazendo periclitar um dos fatores fundamentais da harmonia e da ordem nas relações do cidadão com o Estado. Assim pois, o crédito incondicionado que os documentos expedidos pelo Estado merecem do povo a ele sujeito faz com que seja incomparavelmente maior a possibilidade de dano decorrente da falsificação desses documentos.[35]

---
[35] AMARAL, Sylvio do. *Falsidade documental*. São Paulo: RT, 1958. p. 10-11.

5.7.2.3. Objetividade jurídica

É a fé pública, relativamente à confiança depositada nos documentos públicos.

5.7.2.4. Objeto material

É o **documento público** falsificado, no todo ou em parte, ou o documento público verdadeiro alterado. Além de funcionar como objeto material, o documento público também atua como **elemento normativo do tipo**, pois a compreensão do seu significado reclama um juízo de valor de índole jurídica.

5.7.2.4.1. A definição jurídico-penal de documento

Documento, no âmbito penal, é o escrito elaborado por pessoa determinada e representativo de uma declaração de vontade ou da existência de fato, direito ou obrigação, dotado de relevância jurídica e com eficácia probatória.[36] Vejamos suas características.

a) Forma escrita

Em primeiro lugar, documento é a palavra escrita, embora nem todo escrito ingresse no conceito de documento, pois é imprescindível seja dotado de relevância jurídica.

Como corolário desta exigência, excluem-se as fotografias isoladas,[37] pinturas e desenhos, uma vez que não apresentam escrito algum, sem prejuízo da configuração de crime de outra natureza, a exemplo do dano (CP, art. 163), do furto (CP, art. 155) e da fraude processual (CP, art. 347) etc.

O escrito deve ser lançado em coisa móvel, suscetível de ser transportada e transmissível (exemplos: papel, pergaminho, tela etc.), razão pela qual não são considerados documentos as palavras inscritas em paredes, muros, estátuas, árvores, rochas, veículos e objetos análogos, pois não podem ser transmitidos para as mãos de outras pessoas.

Exige-se a *permanência* do escrito, que não precisa ser indelével, afigurando-se irrelevante o meio empregado, desde que idôneo para a documentação (tinta, lápis, sangue etc.).[38]

O escrito pode ser feito à mão ou mediante processo mecânico ou químico de reprodução de caracteres, **independentemente do idioma**,[39] e inclusive códigos em geral, desde que representem a expressão do pensamento de alguém. No tocante à reprodução mecânica (exemplos: escritos impressos ou datilografados), é imprescindível a subscrição manuscrita ou digitalizada pelo seu autor.

Não constitui documento o escrito indecifrável ou aquele que somente seu autor pode entender.

A fotocópia sem autenticação não tem eficácia probatória, motivo pelo qual não pode ser classificada como documento. Contudo, se for autenticada pelo oficial público ou conferida em cartório, será considerada documento. Como determina o art. 232, parágrafo único, do

---

[36] A propósito, dispõe o art. 232, *caput*, do Código de Processo Penal, alocado no Título VII ("Da prova"): "Consideram-se documentos quaisquer escritos, instrumentos ou papéis, públicos ou particulares". A Lei 12.527/2011 – Lei de Acesso à Informação, em seu art. 4.º, inc. II, define documento de forma mais ampla, como "unidade de registro de informações, qualquer que seja o suporte ou formato". Informação, por sua vez, são os "dados, processados ou não, que podem ser utilizados para produção e transmissão de conhecimento, contidos em qualquer meio, suporte ou formato" (art. 4.º, inc. I).

[37] Entretanto, a troca de fotografia de documento configura o crime de falsificação de documento, pois nessa hipótese a fotografia é parte integrante de um documento que, em sua integralidade, possui a forma escrita.

[38] Cf. FRAGOSO, Heleno Cláudio. *Lições de direito penal*. Parte especial. São Paulo: José Bushatsky, 1959. v. 4, p. 807. Há controvérsias, entretanto, no que concerne ao escrito a lápis.

[39] De acordo com o art. 236 do Código de Processo Penal: "Art. 236. Os documentos em língua estrangeira, sem prejuízo de sua juntada imediata, serão, se necessário, traduzidos por tradutor público, ou, na falta, por pessoa idônea nomeada pela autoridade".

Código de Processo Penal: "À fotografia do documento, devidamente autenticada, se dará o mesmo valor do original".

b) Elaborado por pessoa determinada

O autor do escrito – que não é necessariamente a pessoa que o escreveu, e sim aquela a quem se deve a declaração de vontade ou expressão de pensamento que o escrito contém – há de ser identificado. De fato, a autoria certa exigida para que um escrito seja considerado documento é daquele de quem o documento deveria ter emanado, e não do autor da falsidade. A autoria da falsidade é fundamental para a condenação do falsário, mas em nada se relaciona com o conceito penal de documento.

O escrito anônimo (exemplo: uma carta apócrifa) não é documento, pois na verdade se constitui na inafastável intenção de não documentar um pensamento.[40]

Em regra, a identificação do autor se dá pela assinatura contida no documento, nada obstante possa decorrer do próprio conteúdo, desde que a lei não imponha expressamente sua subscrição. A assinatura pode ser feita por extenso (exemplo: "João da Silva"), por abreviação, por indicação de parentesco ou relação de intimidade (exemplos: "seu pai", "seu noivo" etc.), e até mesmo por pseudônimo, quando possível reconhecer seu autor.

c) Conteúdo revestido de relevância jurídica e eficácia probatória

Não existe documento sem conteúdo. A simples assinatura aposta a papel em branco não é documento, pois este deve conter uma manifestação do pensamento, realizada mediante a narração ou exposição de um fato, direito ou obrigação, ou então de uma declaração de vontade. Consequentemente, o escrito ininteligível ou sem sentido também não pode ser considerado documento.

Mas nem todo conteúdo é idôneo a ensejar a formação de um documento. O conteúdo há de apresentar relevância jurídica e eficácia probatória, pois pode ser utilizado como prova de determinado fato, implicando consequências no plano jurídico. Destarte, o ato nulo, juridicamente irrelevante, não constitui documento, pois ausente a capacidade para produzir efeitos válidos no mundo do Direito.

5.7.2.4.2. Documento público: conceito e espécies

Documento público é aquele criado pelo funcionário público, nacional ou estrangeiro, no desempenho das suas atividades, em conformidade com as formalidades prescritas em lei.[41]

Fácil visualizar, portanto, os requisitos essenciais à formação do documento público:

a) qualidade de funcionário público em que o elabora;

b) a criação do documento no exercício das funções públicas; e

c) cumprimento das formalidades legais.

Os documentos públicos dividem-se em duas espécies:

1.ª espécie: Documentos formal e substancialmente públicos: São os documentos criados por funcionários públicos, no desempenho de suas atribuições legais, com conteúdo e relevância jurídica de direito público. Exemplos: atos do Poder Executivo, Legislativo, Judiciário e do Ministério Público, entre outros.

---

[40] STJ: HC 67.519/MG, rel. Min. Nelson Naves, 6.ª Turma, j. 1.º.10.2009, noticiado no *Informativo* 409.

[41] O STF compartilha desse conceito: Inq 2.593/DF, rel. Min. Edson Fachin, Plenário, j. 01.12.2016, noticiado no *Informativo* 849; e AP 530/MS, rel. orig. Min. Rosa Weber, rel. p/ o acórdão Min. Roberto Barroso, 1.ª Turma, j. 09.09.2014, noticiado no *Informativo* 758.

2.ª espécie: Documentos formalmente públicos e substancialmente privados: São os documentos elaborados por funcionários públicos, no desempenho de suas atribuições legais, mas com conteúdo de natureza privada. Exemplos: escritura pública de compra e venda de bem particular, reconhecimento de firma pelo tabelião em escritura particular etc.

A cópia autenticada de documento particular extraída pelo tabelião não se transforma em documento público. No entanto, se a falsidade incidir especificamente sobre o selo de autenticação, estará caracterizado o crime de falsificação do selo ou sinal público, definido no art. 296, inc. II, do Código Penal.

Na prática, a divisão dos documentos públicos é inócua, pois a lei confere igual tratamento (pena idêntica) à falsificação em ambas as situações. A força probante do documento público (exemplo: documento dotado de fé pública) também é irrelevante no plano da tipicidade, mas pode ser utilizada pelo magistrado na dosimetria da pena-base, como circunstância judicial, nos moldes do art. 59, *caput*, do Código Penal.

5.7.2.4.2.1. A falsificação de telegramas

O telegrama emitido por ordem de particular não é documento público, malgrado exista interferência de agente público. Na verdade, o funcionário público pertencente aos quadros da Empresa de Correios e Telégrafos (ECT) limita-se a reproduzir de forma mecânica o conteúdo privado do documento, o que não lhe empresta caráter público.

Contudo, se o telegrama for expedido em obediência à ordem de funcionário público, no exercício das suas funções, será considerado documento público. E, se forem realizadas alterações no telegrama, no tocante às anotações lançadas pelo agente público, estará caracterizado o crime definido no art. 297 do Código Penal.[42]

5.7.2.4.3. Documentos públicos por equiparação: art. 297, § 2.º

Como preceitua o art. 297, § 2.º, do Código Penal: "Para os efeitos penais, equiparam-se a documento público o emanado de entidade paraestatal, o título ao portador ou transmissível por endosso, as ações de sociedade comercial, os livros mercantis e o testamento particular".

São documentos particulares que o legislador, para fins de aplicação da pena, decidiu colocar no mesmo patamar dos documentos públicos. Façamos a análise de cada um deles.

a) documento emanado de entidade paraestatal

Entidades paraestatais, integrantes do terceiro setor, são as pessoas jurídicas de direito privado, sem fins lucrativos, que atuam ao lado e em colaboração com o Estado. São seus exemplos o Sesc, o Senai e o Sesi, bem como as entidades de apoio e as organizações não governamentais (ONGs).[43]

b) título ao portador ou transmissível por endosso

Título ao portador é o que circula pela mera tradição, a teor da regra contida no art. 904 do Código Civil. São exemplos o cheque ao portador, com valor não superior a R$ 100,00 (cem reais), nos moldes do art. 69 da Lei 9.069/1995.

Nos títulos ao portador, a identificação do credor não é realizada expressamente, razão pela qual a pessoa que se encontre na posse do título é considerada titular do crédito nele indicado. Logo, a simples transferência do título (cártula) opera a transferência da titularidade do crédito.

---

[42] Com igual raciocínio: MAGALHÃES NORONHA, E. *Direito penal*. 16. ed. São Paulo: Saraiva, 1983. v. 4, p. 152.

[43] Nesse sentido: DI PIETRO, Maria Sylvia Zanella. *Direito administrativo*. 23. ed. São Paulo: Atlas, 2010. p. 491-492.

Título transmissível por endosso, também conhecido como título nominal à ordem, é o que identifica de forma expressa seu titular, ou seja, o credor. A transferência do crédito reclama, além da tradição, o endosso, a teor do art. 910 do Código Civil.[44] São exemplos o cheque em geral, a duplicata, a nota promissória e a letra de câmbio.

c) ações de sociedade comercial

As sociedades dotadas de ações são as sociedades anônimas, disciplinadas pela Lei 6.404/1976, e as sociedades em comandita por ações, reguladas pelos arts. 1.090 a 1.092 do Código Civil.

d) livros mercantis

Livros mercantis são os destinados a registrar as atividades empresariais. Podem ser obrigatórios (exemplo: Livro Diário, com as ressalvas lançadas pelo art. 1.180 do Código Civil) ou facultativos (exemplo: Livro-Caixa, Livro Estoque etc.).

e) testamento particular

O testamento particular, também chamado de hológrafo, destinado à sucessão de bens de pessoa capaz, para depois da sua morte, encontra-se disciplinado pelos arts. 1.876 a 1.880 do Código Civil. É escrito pelo testador, de próprio punho ou mediante processo mecânico. Como não há espaço para a analogia *in malam partem* no Direito Penal, é vedada a inclusão do *codicilo* (Código Civil, arts. 1.881 a 1.885) no rol dos documentos públicos por equiparação.

5.7.2.5. Núcleos do tipo

O tipo penal contempla duas condutas distintas: (a) falsificar, no todo ou em parte, documento público; e (b) alterar documento público verdadeiro. Vejamos cada uma delas separadamente.

1.ª conduta: falsificar, no todo ou em parte, documento público

O núcleo do tipo é "falsificar", no sentido de fabricar um documento público até então inexistente. A falsificação também é chamada de *contrafação*. A lei contém a expressão "no todo ou em parte", indicando que a falsificação pode ser total ou parcial.

Na falsificação total, o documento é criado em sua integralidade (exemplo: o sujeito fabrica em sua residência uma carteira nacional de habilitação).

Por seu turno, na falsificação parcial o agente acrescenta palavras, letras ou números ao objeto, sem estar autorizado a fazê-lo, fazendo surgir um documento parcialmente inverídico. Exemplo: "A" subtrai do órgão público um espelho de documento em branco, e preenche seus espaços.[45] Cabe aqui uma importante ressalva. Se o sujeito estava autorizado a preencher o documento, mas nele inseriu dados falsos, deverá ser responsabilizado pelo crime de falsidade ideológica, definido no art. 299 do Código Penal.

2.ª conduta: alterar documento público verdadeiro

O verbo "alterar" tem o sentido de modificar um documento público verdadeiro, já existente, mediante a substituição do seu conteúdo com frases, palavras ou números que

---

[44] Art. 910. O endosso deve ser lançado pelo endossante no verso ou anverso do próprio título. § 1.º Pode o endossante designar o endossatário, e para validade do endosso, dado no verso do título, é suficiente a simples assinatura do endossante. § 2.º A transferência por endosso completa-se com a tradição do título. § 3.º Considera-se não escrito o endosso cancelado, total ou parcialmente.

[45] Não se esqueça que o papel em branco, por si só, não pode ser considerado documento. O STJ também exemplifica: "Configura o crime do art. 297 do CP a inserção de dados falsos (visto consular falsificado) em passaporte nacional" (REsp 1.160.651/ES, rel. Min. Felix Fischer, 5.ª Turma, j. 26.08.2010).

acarretem mudança na sua essência. Exemplo: O sujeito modifica a data de validade da sua carteira nacional de habilitação. Em relação à substituição da fotografia dos documentos, assim já se pronunciou o Supremo Tribunal Federal:

> Substituição de fotografia em documento público de identidade. Tipificação. Sendo a alteração de documento público verdadeiro uma das duas condutas típicas do crime de falsificação de documento público (artigo 297 do Código Penal), a substituição da fotografia em documento de identidade dessa natureza caracteriza a alteração dele, que não se cinge apenas ao seu teor escrito, mas que alcança essa modalidade de modificação que, indiscutivelmente, compromete a materialidade e a individualização desse documento verdadeiro, até porque a fotografia constitui parte juridicamente relevante dele.[46]

No campo da alteração, surge uma relevante indagação. Qual é a diferença entre alteração e falsificação parcial do documento?

Na alteração, existe um documento verdadeiro, cujo conteúdo é modificado pela conduta criminosa. É por essa razão que o tipo penal possui a elementar **verdadeiro** ("alterar documento público verdadeiro").[47] Por seu turno, na falsificação parcial o documento nasce como obra do falsário, isto é, o documento verdadeiro jamais existiu.

De modo esquematizado, temos:

Mas cuidado. Uma importante **exceção** deve ser observada. Com efeito, a falsificação parcial também pode restar caracterizada quando, em **documento verdadeiro preexistente**, vem a ser efetuado um **acréscimo totalmente individualizável** (exemplo: inserção de aval falso em cheque autêntico). Não há falar, nessa situação, em alteração, pois não foi atingida a parte já existente do documento, e sim incluída uma parte absolutamente autônoma. De outro lado, estaria configurada a alteração se o sujeito modificasse o texto lançado na cártula, aumentando seu valor, uma vez que sua conduta alcançaria parte já existente do documento verdadeiro. É também a opinião de Sylvio do Amaral:

> O que caracteriza a falsificação parcial e permite discerni-la da alteração é o fato de recair aquela, necessariamente, em documento composto de duas ou mais partes perfeitamente individuáveis. Assim, na emissão do *warrant* e do conhecimento de depósito (*títulos xifópagos*, na expressão de Waldemar Ferreira) há possibilidade de falsificação parcial de documento, a reconhecer-se sempre que o agente haja falsificado uma das partes do título, sendo a outra inteiramente legítima. (...)[48]

Nessas hipóteses há da parte do criminoso a fabricação de uma porção do documento que se caracteriza por sua autonomia em relação à outra ou às outras porções. Com tal sentido deve ser entendida a expressão *falsificação parcial*, do Código Penal, sob pena de não poder o intérprete estabelecer distinção aceitável entre *falsificação parcial* e *alteração*.

---

[46] HC 75.690/SP, rel. Min. Moreira Alves, 1.ª Turma, j. 10.03.1998.
[47] Além disso, o ordenamento jurídico não tutela documentos falsos.
[48] AMARAL, Sylvio do. *Falsidade documental*. São Paulo: RT, 1958. p. 44-45.

5.7.2.5.1. A questão da falsificação (ou alteração) grosseira

Como nos demais crimes contra a fé pública, a falsificação – total ou parcial –, e também a alteração, precisam revestir-se de idoneidade para ludibriar as pessoas em geral. Em outras palavras, é imprescindível a **potencialidade de dano**. Logo, a falsificação não pode ser grosseira, sob pena de exclusão do delito de falso, em razão da atipicidade do fato pelo crime impossível (CP, art. 17), sem prejuízo do aperfeiçoamento de algum crime patrimonial, notadamente o estelionato. Nos ensinamentos de Nélson Hungria:

> (...) não há falsidade sem a possibilidade objetiva de enganar (isto é, sem a capacidade de, por si mesma, iludir o *homo medius*). Não basta a *immutatio veri*: é também necessária a *imitatio veri*. Sem esta (ou seja, sem a potencialidade de engano), inexiste, praticamente, a ofensa à fé pública ou possibilidade de dano (elemento condicionante do crime).
>
> Cabe aqui reiterar o que já dissemos a respeito ao *falsum* em geral: se a imitação é grosseira ou reconhecível *prima facie*, e, nada obstante, alcança êxito, dada a supina desatenção ou cega credulidade do lesado, o crime a identificar-se já não será o de falsidade, mas o estelionato ou outra fraude patrimonial.[49]

5.7.2.5.2. Unidade ou pluralidade de crimes. A problemática da falsificação destinada a acobertar outro crime

Se o agente, no mesmo contexto fático e visando alcançar uma determinada finalidade, falsifica diversos documentos públicos, deve responder por um único crime. Exemplo: Depois de furtar um veículo automotor, "A" falsifica todos os documentos relativos ao automóvel (certificado de propriedade, guia de IPVA, comprovante de licenciamento etc.).

Entretanto, se as diversas falsificações forem realizadas em momentos distintos, e com finalidades diversas (exemplo: falsificação dos documentos do veículo furtado e, após, falsificação de passaporte para fugir do Brasil), estarão configurados dois crimes, em continuidade delitiva, se presentes os requisitos exigidos pelo art. 71, *caput*, do Código Penal, ou então em concurso material, na situação contrária.

A propósito, **a falsificação de documento público destinada a acobertar a prática de algum crime goza de autonomia**, e jamais será absorvida pelo delito anterior. Com efeitos, os crimes têm momentos consumativos distintos e ofendem bens jurídicos diversos, afastando a incidência do princípio da consunção. Exemplo: "A" rouba um automóvel, e posteriormente falsifica os documentos inerentes ao veículo automotor, com o objetivo de assegurar a posse do bem. Nesse caso, serão a ele imputados dois crimes – roubo e falsificação de documento público, atentatórios ao patrimônio e à fé pública – em concurso material.

5.7.2.5.3. Falsificação e supressão de documento: distinção

A conduta que se limita a cancelar ou rasurar palavras, frases ou números de um documento, sem implicar inserção de novos dados ou modificação do seu conteúdo, caracteriza o crime de supressão de documento, na forma prevista pelo art. 305 do Código Penal.

5.7.2.5.4. Falsificação de documento público e adulteração de sinal identificador de veículo automotor

A adulteração, remarcação ou supressão de número de chassi ou de qualquer sinal identificador de veículo, de seu componente ou equipamento (exemplos: números e letras das

---

[49] HUNGRIA, Nélson. *Comentários ao Código Penal*. 2. ed. Rio de Janeiro: Forense, 1959. v. IX, p. 263-264.

placas ou códigos inscritos no câmbio e no motor) configura o crime descrito no art. 311 do Código Penal.

Contudo, se a alteração recair no número do chassi ou das placas **constantes do documento** do veículo automotor, estará caracterizado o crime de falsificação de documento público, tipificado no art. 297, *caput*, do Código Penal.

5.7.2.6. Sujeito ativo

A falsificação de documento público é **crime comum** ou **geral**, podendo ser cometido por qualquer pessoa.

De fato, um particular pode ser responsabilizado pelo delito tipificado no art. 297 do Código Penal, desde que a falsificação recaia em documento que deveria ter sido elaborado por funcionário público, ou então altere documento verdadeiro efetivamente criado por este.

Entretanto, se o agente é funcionário público, e comete o crime prevalecendo-se do cargo, aumenta-se a pena de sexta parte, a teor da regra inserida no § 1.º do art. 297 do Código Penal. Para incidência da **causa de aumento**, na terceira fase da dosimetria da pena privativa de liberdade, não basta a posição de funcionário público. Exige-se também seja o delito praticado em razão das facilidades proporcionadas pelo cargo público.

5.7.2.7. Sujeito passivo

É o Estado e, mediatamente, a pessoa física ou jurídica prejudicada pela conduta criminosa.[50]

5.7.2.8. Elemento subjetivo

É o dolo, independentemente de qualquer finalidade específica. Não se admite a modalidade culposa.

5.7.2.8.1. Falsificação de documento público para fins eleitorais

A falsificação de documento público para fins eleitorais configura o crime específico definido no art. 348 da Lei 4.737/1965 – Código Eleitoral, cuja redação é a seguinte:

> Art. 348. Falsificar, no todo ou em parte, documento público, ou alterar documento público verdadeiro, para fins eleitorais:
>
> Pena – reclusão de dois a seis anos e pagamento de 15 a 30 dias-multa.
>
> § 1.º Se o agente é funcionário público e comete o crime prevalecendo-se do cargo, a pena é agravada.
>
> § 2.º Para os efeitos penais, equipara-se a documento público o emanado de entidade paraestatal inclusive Fundação do Estado.

5.7.2.9. Consumação

Cuida-se de **crime formal, de consumação antecipada** ou **de resultado cortado**: consuma-se com a falsificação, no todo ou em parte, de documento público, ou com a alteração de documento público verdadeiro, prescindindo-se do seu uso posterior, bem como da obtenção de qualquer vantagem ou da causação de efetivo prejuízo a alguém. Na linha da jurisprudência do Supremo Tribunal Federal:

---

[50] STJ: CC 97.485/SP, rel. Min. Og Fernandes, 3.ª Seção, j. 08.10.2008.

Falsificação de documento público. Crime formal. Inexistência de prejuízo. Irrelevância. Consumação no momento da falsificação ou alteração. Recurso a que se nega provimento. O delito de falsificação de documento público é crime formal, cuja consumação se dá no momento da falsificação ou da alteração do documento.[51]

É também **crime instantâneo**, pois a consumação se esgota no momento da falsificação, total ou parcial, ou da alteração do documento público, não se prolongando no tempo.[52]

5.7.2.9.1. A prova da materialidade do fato criminoso

A falsificação de documento público é **crime não transeunte**, pois deixa vestígios materiais. Consequentemente, é indispensável o exame de corpo de delito, direto ou indireto, não podendo supri-lo a confissão do acusado, nos termos do art. 158 do Código de Processo Penal.

Em regra, a perícia inerente à falsificação de documento público destinada à prova da materialidade do fato consiste no **exame documentoscópico**. E, sempre que possível, deverá ser também realizado o **exame grafotécnico**, com o escopo de apurar, com base na comparação dos padrões gráficos, se determinada pessoa realmente foi a autora do documento, relativamente à assinatura nele lançada e ao seu conteúdo. Suas balizas encontram-se no art. 174 do Código de Processo Penal.[53]

Entretanto, como ninguém é obrigado a produzir prova contra si mesmo (*nemo tenetur se detegere*), o acusado (ou investigado) não pode ser compelido a fornecer material gráfico para realização do exame pericial. Como já decidido pelo Supremo Tribunal Federal:

> Diante do princípio *nemo tenetur se detegere*, que informa o nosso direito de punir, é fora de dúvida que o dispositivo do inciso IV do art. 174 do Código de Processo Penal há de ser interpretado no sentido de não poder ser o indiciado compelido a fornecer padrões gráficos do próprio punho, para os exames periciais, cabendo apenas ser intimado para fazê-lo a seu alvedrio. É que a comparação gráfica configura ato de caráter essencialmente probatório, não se podendo, em face do privilégio de que desfruta o indiciado contra a autoincriminação, obrigar o suposto autor do delito a fornecer prova capaz de levar à caracterização de sua culpa. Assim, pode a autoridade não só fazer requisição a arquivos ou estabelecimentos públicos, onde se encontrem documentos da pessoa a qual é atribuída a letra, ou proceder a exame no próprio lugar onde se encontrar o documento em questão, ou ainda, é certo, proceder à colheita de material, para o que intimará a pessoa, a quem se atribui ou pode ser atribuído o escrito, a escrever o que lhe for ditado, não lhe cabendo, entretanto, ordenar que o faça, sob pena de desobediência, como deixa transparecer, a um apressado exame, o CPP, no inciso IV do art. 174.[54]

5.7.2.10. Tentativa

É possível, em face do caráter plurissubsistente do delito, permitindo o fracionamento do *iter criminis*.

---

[51] RHC 91.189/PR, rel. Min. Cezar Peluso, 2.ª Turma, j. 09.03.2010.
[52] STJ: HC 109.966/PA, rel. Min. Jorge Mussi, 5.ª Turma, j. 26.08.2010.
[53] "Documentoscopia constitui capítulo da Criminalística, com o objetivo específico de verificar a autenticidade ou determinar a autoria dos documentos. Para atingir seus objetivos, recorre a todos os conhecimentos, quaisquer que sejam as artes ou ciências em que se encontrem enquadrados. (...) Grafoscopia é o capítulo da Documentoscopia que trata exclusivamente do grafismo, isto é, da resultante direta do gesto escritural executado pelo homem" (DEL PICCHIA FILHO, José; DEL PICCHIA, Celso Mauro Ribeiro; DEL PICCHIA, Ana Maura Gonçalves. *Tratado de documentoscopia*. Da falsidade documental. 2. ed. São Paulo: Pillares, 2005. p. 61-63).
[54] HC 77.135/SP, rel. Min. Ilmar Galvão, 1.ª Turma, j. 08.09.1998.

5.7.2.11. Ação penal

A ação penal é pública incondicionada, em todas as modalidades do delito.

5.7.2.12. Lei 9.099/1995

Em face da pena cominada (reclusão, de dois a seis anos, e multa), a falsificação de documento público constitui-se em **crime de elevado potencial ofensivo**, incompatível com os benefícios disciplinados pela Lei 9.099/1995.

5.7.2.13. Classificação doutrinária

A falsificação de documento público é crime **simples** (ofende um único bem jurídico); **comum** (pode ser cometido por qualquer pessoa); **formal, de consumação antecipada** ou **de resultado cortado** (consuma-se com a prática da conduta legalmente descrita, independentemente da superveniência do resultado naturalístico); **não transeunte** (deixa vestígios materiais); **de forma livre** (admite qualquer meio de execução); em regra **comissivo**; **instantâneo** (consuma-se em um momento determinado, sem continuidade no tempo); **unissubjetivo, unilateral** ou **de concurso eventual** (pode ser cometido por uma única pessoa, mas admite o concurso); e normalmente **plurissubsistente** (a conduta pode ser fracionada em diversos atos).

5.7.2.14. Competência

Em regra, a falsificação de documento público é de competência da Justiça Estadual. Todavia, será competente a Justiça Federal quando o crime for praticado em detrimento de bens, serviços ou interesses da União ou de suas entidades autárquicas ou empresas públicas, nos termos do art. 109, inc. IV, da Constituição Federal. É o que dá, exemplificativamente, no tocante aos documentos emitidos pelos órgãos federais, tais como o passaporte e a autorização para porte de arma de fogo, reservados à Polícia Federal, bem como as certidões negativas de débito perante a União. Em sintonia com a orientação do Supremo Tribunal Federal:

> A jurisprudência desta Corte, para fixar a competência em casos semelhantes, analisa a questão sob a perspectiva do sujeito passivo do delito. Sendo o sujeito passivo o particular, consequentemente a competência será da Justiça Estadual. Entretanto, o particular só é vítima do crime de uso, mas não do crime de falsificação. De fato, o crime de *falsum* atinge a presunção de veracidade dos atos da Administração, sua fé pública e sua credibilidade. Deste modo, a falsificação de documento público praticada no caso atinge interesse da União, o que conduz à aplicação do art. 109, IV, da Constituição da República.[55]

Destarte, no campo da competência é fundamental estabelecer a diferença entre a falsificação do documento público (CP, art. 297) e o uso do documento falso (CP, art. 304), pois este último crime normalmente tem como destinatário um particular, razão pela qual a competência será da Justiça Estadual.[56]

Não se olvide ser o crime de falsificação de Carteira Nacional de Habilitação (CNH) de competência da Justiça Estadual, haja vista que, malgrado seja documento válido em todo o território nacional, sua emissão é incumbência da autoridade estadual de trânsito, nos termos do art. 22, inc. II, da Lei 9.503/1997 – Código de Trânsito Brasileiro.

---

[55] HC 85.773/SP, rel. Min. Joaquim Barbosa, 2.ª Turma, j. 17.10.2006. Para o Superior Tribunal de Justiça: "Compete à Justiça Federal processar e julgar o crime de falsificação de documento público, consistente na falsificação de identidades funcionais do Poder Judiciário da União" (STJ: CC 192.033/SP, rel. Min. Laurita Vaz, 3.ª Seção, j. 14.12.2022, noticiado no *Informativo* 763).

[56] STJ: HC 143.645/SP, rel. Min. Og Fernandes, 6.ª Turma, j. 05.08.2010, noticiado no *Informativo* 441.

Finalmente, vale destacar o teor das Súmulas 62 e 104 do Superior Tribunal de Justiça:

Súmula 62: "Compete à Justiça Estadual processar e julgar o crime de falsa anotação na carteira de Trabalho e Previdência Social atribuído a empresa privada".

Súmula 104: "Compete à Justiça Estadual o processo e julgamento dos crimes de falsificação e uso de documento falso relativo a estabelecimento particular de ensino".

5.7.2.15. Figuras equiparadas: art. 297, §§ 3.º e 4.º. Falsificação de documento previdenciário

5.7.2.15.1. Art. 297, § 3.º – Falsidade ideológica e equívoco do legislador

O § 3.º do art. 297 do Código Penal foi acrescentado pela Lei 9.983/2000, relativa aos crimes contra a Previdência Social, com a finalidade de substituir os delitos anteriormente previstos no art. 95, *g*, *h* e *i*, da Lei 8.212/1991.

O legislador ampliou o rol dos documentos públicos por equiparação, constante do § 2.º do art. 297 do Código Penal.[57] De fato, o bem jurídico penalmente tutelado é a fé pública dos documentos relacionados à Previdência Social.

O tipo penal contém dois núcleos: "**inserir**" (introduzir ou colocar) e "**fazer inserir**" (criar condições para que terceiro introduza ou coloque). No momento da sua formação, o documento é verdadeiro, mas seu conteúdo, a ideia nele contida é falsa. Percebe-se, portanto, uma falha grotesca efetuada pela Lei 9.983/2000, qual seja disciplinou uma modalidade de **falsidade ideológica** em dispositivo atinente à falsidade material.

Na verdade, os crimes definidos no art. 297, § 3.º, deveriam estar alocados no art. 299 do Código Penal. Como adverte Cezar Roberto Bitencourt:

> Chega a ser constrangedora a equivocada inclusão no art. 297 (que trata de falsidade material) de condutas que identificam *falsidade ideológica*, quando deveriam ter sido introduzidas no art. 299, com a cominação de pena que lhes parecesse adequada. A *falsidade material*, com efeito, altera o aspecto formal do documento, construindo um novo ou alterando o verdadeiro; a *falsidade ideológica*, por sua vez, *altera* o conteúdo do documento, total ou parcialmente, mantendo inalterado seu aspecto formal.[58]

Em que pese o equívoco do legislador, vejamos cada uma das condutas elencadas no art. 297, § 3.º, do Código Penal: "Nas mesmas penas incorre quem insere ou faz inserir":

Inciso I – na folha de pagamento ou em documento de informações que seja destinado a fazer prova perante a Previdência Social, pessoa que não possua a qualidade de segurado obrigatório

A relação dos segurados obrigatórios encontra-se no art. 11 da Lei 8.213/1991 – Plano de Benefícios da Previdência Social.

Inciso II – na Carteira de Trabalho e Previdência Social do empregado ou em documento que deva produzir efeito perante a previdência social, declaração falsa ou diversa da que deveria ter sido escrita

A Carteira de Trabalho e Previdência Social funciona como parâmetro para o cálculo de pagamento dos benefícios previdenciários, uma vez que nela são lançados os valores do salário

---

[57] Cf. MONTEIRO, Antonio Lopes. *Crimes contra a Previdência Social*. 2. ed. São Paulo: Saraiva, 2003. p. 70.
[58] BITENCOURT, Cezar Roberto. *Tratado de direito penal*. 5. ed. São Paulo: Saraiva, 2011. v. 4, p. 452-453.

de contribuição. Portanto, se o montante anotado for falso, a Previdência Social será lesada, pois irá custear valores indevidos ao segurado. Como já decidiu o Superior Tribunal de Justiça:

> O agente que omite dados ou faz declarações falsas na Carteira de Trabalho e Previdência Social atenta contra interesse da Autarquia Previdenciária e estará incurso nas mesmas sanções do crime de falsificação de documento público, nos termos dos §§ 3.º, II, e 4.º do art. 297 do Código Penal. Competência da Justiça Federal.[59]

Inciso III – em documento contábil ou em qualquer outro documento relacionado com as obrigações da empresa perante a previdência social, declaração falsa ou diversa da que deveria ter constado

A falsificação recai sobre os documentos contábeis da empresa, pois é com base neles que a Previdência Social calcula os valores a serem recolhidos.

Os três incisos veiculam **crimes formais, de consumação antecipada** ou **de resultado cortado**, os quais alcançam a consumação com a inserção da declaração falsa ou diversa daquela que deveria ter constado. A tentativa é cabível, em razão da natureza plurissubsistente dos delitos.

5.7.2.15.1.1. Art. 297, § 3.º, inc. II, do Código Penal e art. 49 da CLT – Consolidação das Leis do Trabalho: distinção

Se a falsidade lançada na Carteira de Trabalho e Previdência Social relacionar-se com os **direitos trabalhistas** do empregado, incidirá o crime definido no art. 49 do Decreto-lei 5.452/1943, assim redigido:

> **Art. 49.** Para os efeitos da emissão, substituição ou anotação de Carteiras de Trabalho e Previdência Social, considerar-se-á crime de falsidade, com as penalidades previstas no art. 299 do Código Penal:
>
> I – fazer, no todo ou em parte, qualquer documento falso ou alterar o verdadeiro;
>
> II – afirmar falsamente a sua própria identidade, filiação, lugar de nascimento, residência, profissão ou estado civil e beneficiários, ou atestar os de outra pessoa;
>
> III – servir-se de documentos, por qualquer forma falsificados;
>
> IV – falsificar, fabricando ou alterando, ou vender, usar ou possuir Carteira de Trabalho e Previdência Social assim alteradas;
>
> V – anotar dolosamente em Carteira de Trabalho e Previdência Social ou registro de empregado, ou confessar ou declarar em juízo ou fora dele, data de admissão em emprego diversa da verdadeira.

Por seu turno, se a falsidade atingir a Previdência Social, estará caracterizado o crime tipificado no art. 297, § 3.º, inc. II, do Código Penal.

5.7.2.15.2. Art. 297, § 4.º – Falsidade ideológica e crime omissivo próprio

Como estatui o art. 297, § 4.º, do Código Penal: "Nas mesmas penas incorre quem omite, nos documentos mencionados no § 3.º, nome do segurado e seus dados pessoais, a remuneração, a vigência do contrato de trabalho ou de prestação de serviços".

---

[59] CC 97.485/SP, rel. Min. Og Fernandes, 3.ª Seção, j. 08.10.2008.

Trata-se novamente de **falsidade ideológica**, em face de grave erro efetuado pela Lei 9.983/2000. O crime é **omissivo próprio** ou **puro**, pois o tipo penal, cujo núcleo é "omitir", descreve uma conduta negativa. Destarte, não se admite a figura da tentativa: ou o sujeito dolosamente omite as informações devidas no documento, e o crime estará consumado, ou então age regularmente, e seu comportamento será penalmente irrelevante.

Embora seja praticamente pacífico em jurisprudência o entendimento pela inaplicabilidade do **princípio da insignificância** aos crimes contra a fé pública, o Superior Tribunal de Justiça já decidiu de forma diversa em relação ao delito previsto no art. 297, § 4.º, do Código Penal:

> No caso, gerente responsável por sociedade empresarial foi denunciado como incurso no art. 297, § 4.º, do CP, porque deixou de anotar a Carteira de Trabalho e Previdência Social (CTPS) de empregado durante a vigência do contrato de trabalho. (...) Para o Min. Relator, é possível aplicar o princípio da insignificância pelo curto período do contrato (segundo o Juízo Trabalhista, pouco mais de 1 mês), pela mínima lesividade causada ao empregado, devido à condenação do paciente pelo juízo trabalhista, obrigando-o a registrar o empregado. Esses fatos, segundo o Min. Relator, também levam à convicção de que a denúncia narra fato atípico, porque o caso não se subsume ao § 4.º do art. 297 do CP, além de serem os fatos acima narrados vetores do princípio da insignificância.[60]

Nessa linha de raciocínio, o Superior Tribunal firmou jurisprudência no sentido de que a caracterização do delito reclama o efetivo risco de prejuízo à fé pública. Não basta a mera omissão de anotação na Carteira de Trabalho e Previdência Social. Vale a pena acompanhar um interessante julgado:

> A simples omissão de anotação na Carteira de Trabalho e Previdência Social (CTPS) não configura, por si só, o crime de falsificação de documento público (art. 297, § 4.º, do CP). Isso porque é imprescindível que a conduta do agente preencha não apenas a tipicidade formal, mas antes e principalmente a tipicidade material, ou seja, deve ser demonstrado o dolo de falso e a efetiva possibilidade de vulneração da fé pública. Com efeito, o crime de falsificação de documento público trata-se de crime contra a fé pública, cujo tipo penal depende da verificação do dolo, consistente na vontade de falsificar ou alterar o documento público, sabendo o agente que o faz ilicitamente. Além disso, a omissão ou alteração deve ter concreta potencialidade lesiva, isto é, deve ser capaz de iludir a percepção daquele que se depare com o documento supostamente falsificado. Ademais, pelo princípio da intervenção mínima, o Direito Penal só deve ser invocado quando os demais ramos do Direito forem insuficientes para proteger os bens considerados importantes para a vida em sociedade. Como corolário, o princípio da fragmentariedade elucida que não são todos os bens que têm a proteção do Direito Penal, mas apenas alguns, que são os de maior importância para a vida em sociedade. Assim, uma vez verificado que a conduta do agente é suficientemente reprimida na esfera administrativa, de acordo com o art. 47 da CLT, a simples omissão de anotação não gera consequências que exijam repressão pelo Direito Penal.[61]

5.7.2.15.2.1. Omissão de anotação de vínculo empregatício na CTPS e competência

O crime de omissão de anotação de vínculo empregatício na Carteira de Trabalho e Previdência Social, tipificado no art. 297, § 4.º, do Código Penal, é de competência da Justiça Federal, pois ofende interesse da União. Para o Superior Tribunal de Justiça:

> Compete à Justiça Federal – e não à Justiça Estadual – processar e julgar o crime caracterizado pela omissão de anotação de vínculo empregatício na CTPS (art. 297, § 4.º, do CP). A Terceira Seção

---

[60] HC 107.572/SP, rel. Min. Celso Limongi (Desembargador convocado do TJSP), 6.ª Turma, j. 14.04.2009, noticiado no *Informativo* 390.

[61] REsp 1.252.635/SP, rel. Min. Marco Aurélio Bellizze, 5.ª Turma, j. 24.04.2014, noticiado no *Informativo* 539.

do STJ modificou o entendimento a respeito da matéria, posicionando-se no sentido de que, no delito tipificado no art. 297, § 4.º, do CP – figura típica equiparada à falsificação de documento público –, o sujeito passivo é o Estado e, eventualmente, de forma secundária, o particular – terceiro prejudicado com a omissão das informações –, circunstância que atrai a competência da Justiça Federal, conforme o disposto no art. 109, IV, da CF.[62]

5.7.2.16. Falsificação de documento público e estelionato

Discute-se o enquadramento típico da conduta do sujeito que falsifica um documento público e, posteriormente, dele se vale para enganar alguém, obtendo vantagem ilícita em prejuízo alheio. Em tese, há dois crimes: estelionato (CP, art. 171, *caput*) e falsificação de documento público (CP, art. 297). Mas qual será, na prática, a responsabilidade penal do agente?

Há quatro posições sobre o assunto. Passemos à análise de cada uma delas.

1.ª posição: A falsidade documental absorve o estelionato

O falso é crime formal, pois se consuma com a falsificação do documento, independentemente de qualquer resultado posterior. Contudo, se sobrevier o resultado naturalístico, do qual é exemplo a obtenção da indevida vantagem econômica, não haverá falar em outro delito, e sim em exaurimento da falsidade documental. Para Nélson Hungria:

> Quando a um crime formal se segue o dano efetivo, não surge novo crime: o que acontece é que ele se exaure, mas continuando a ser único e o mesmo (à parte a sua maior punibilidade, quando a lei expressamente o declare. A obtenção de lucro ilícito mediante *falsum* não é mais que um estelionato qualificado pelo meio (Impallomeni). É um estelionato que, envolvendo uma ofensa à fé pública, adquire o *nomen iuris* de "falsidade".[63]

Esta posição ganha ainda mais força ao recordarmos que a falsificação de documento público tem pena mais elevada do que o estelionato. O crime mais grave (falsificação de documento público: reclusão, de dois a seis anos) absorveria o crime menos grave (estelionato: reclusão, de um a cinco anos).

2.ª posição: Há concurso material de crimes

Os crimes devem ser impostos cumulativamente, em concurso material (CP, art. 69). Em razão de ofenderem bens jurídicos diversos, afasta-se o fenômeno da absorção. De fato, a falsidade documental tem como objetividade jurídica a fé pública, ao passo que o estelionato é crime contra o patrimônio. Se não bastasse, o crime de falso estaria consumado em momento anterior ao da prática do estelionato. E, se já estava consumado, não poderia sofrer nenhuma alteração posterior no plano da tipicidade.

Além disso, raciocínio diverso tornaria inútil a regra contida no art. 297, § 2.º, do Código Penal, na parte em que equipara a documento público os títulos ao portador ou transmissíveis por endosso, como é o caso do cheque. Com efeito, não se pode imaginar a falsificação de um cheque esgotando-se em si mesma, ou seja, sem o propósito do agente em utilizá-lo para a obtenção de uma vantagem econômica indevida em prejuízo alheio.

3.ª posição: Há concurso formal de crimes

Acolhem-se os mesmos fundamentos da posição anterior, relativamente à autonomia dos crimes de estelionato e falsidade documental. Sustenta-se, todavia, que a conduta seria uma só,

---

[62] CC 135.200/SP, rel. originário Min. Nefi Cordeiro, rel. p/ acórdão Min. Sebastião Reis Júnior, 3.ª Seção, j. 22.10.2014, noticiado no *Informativo* 554.
[63] HUNGRIA, Nélson. *Comentários ao Código Penal*. 2. ed. Rio de Janeiro: Forense, 1958. v. 7, p. 214.

ainda que desdobrada em diversos atos. Na dosimetria da pena, portanto, o magistrado deve observar a regra contida no art. 70, *caput*, 1.ª parte, do Código Penal: aplicar qualquer delas, se idênticas, ou a mais grave, se diversas, aumentando-a de um sexto até metade.

Historicamente, este sempre foi o entendimento consagrado no Supremo Tribunal Federal: "A jurisprudência do Supremo Tribunal Federal é no sentido de que, em se tratando dos crimes de falsidade e de estelionato, este não absorve aquele, caracterizando-se, sim, concurso formal de delitos".[64]

4.ª posição: O estelionato absorve a falsificação de documento público

Esta é a posição atualmente dominante, em razão de ter sido adotada pela Súmula 17 do Superior Tribunal de Justiça: "Quando o falso se exaure no estelionato, sem mais potencialidade lesiva, é por este absorvido".

O conflito aparente de leis penais é solucionado pelo **princípio da consunção**. O crime-fim (estelionato) absorve o crime-meio (falsidade documental), desde que este se esgote naquele, isto é, desde que a fé pública, o patrimônio ou outro bem jurídico qualquer não possam mais ser atacados pelo documento falsificado e utilizado por alguém como meio fraudulento para obtenção de vantagem ilícita em prejuízo alheio.

5.7.2.16.1. Análise crítica da Súmula 17 do Superior Tribunal de Justiça

Em nossa opinião, o sujeito responsável pela falsificação de documento público, que dele se aproveita para cometer estelionato, deve responder por ambos os crimes, em concurso material.

Discordamos do teor da Súmula 17 do Superior Tribunal de Justiça, pois não reputamos adequado falar na falsidade documental como ato anterior (*ante factum*) impunível no tocante ao estelionato. Afastamos, nesse caso, a incidência do princípio da consunção, pois ausente o conflito aparente de leis penais.

Como se sabe, atos anteriores, prévios ou preliminares impuníveis são aqueles que, nada obstante definidos como crimes autônomos, revelam-se imprescindíveis para a realização do tipo principal, e, portanto, são absorvidos por este último. Nesse contexto, podemos com segurança afirmar que o crime de estelionato não depende, obrigatoriamente, da prévia falsificação de documento, pois pode ser praticado por outros variados e infinitos meios fraudulentos.

Em conformidade com a definição do princípio da consunção, o fato anterior componente dos atos preparatórios ou de execução apenas será absorvido se apresentar menor ou igual gravidade quando comparado ao principal, para que este goze de força suficiente para consumir os demais, englobando-os em seu raio de atuação.

Destarte, desponta como manifesto o equívoco técnico da citada súmula, cuja redação vale a pena ser repetida: "Quando o falso se exaure no estelionato, sem mais potencialidade lesiva, é por este absorvido".

O enunciado jurisprudencial destina-se, precipuamente, às hipóteses em que o sujeito, com o escopo de praticar estelionato, falsifica materialmente uma cártula de cheque, documento particular equiparado a documento público por expressa determinação legal, nos termos do art. 297, § 2.º, do Código Penal. Este foi o problema prático que justificou a criação do verbete sumular.

Ora, o crime de falsificação de documento público é punido com reclusão de dois a seis anos, e multa. Sendo o fato mais amplo e grave, não pode ser consumido pelo estelionato,

---

[64] RHC 83.990/MG, rel. Min. Eros Grau, 1.ª Turma, j. 10.08.2004. E também: "É pacífica, de resto, a jurisprudência desta Corte no sentido de não ser admissível a absorção do crime de uso de documento falso pelo de estelionato" (HC 98.526/RS, rel. Min. Ricardo Lewandowski, 1.ª Turma, j. 29.06.2010).

sancionado de forma mais branda. Mas não para por aí. Os delitos apontados atingem bens jurídicos diversos. Enquanto o estelionato constitui-se em crime contra o patrimônio, o falso agride a fé pública.

Se não bastasse, a falsificação de uma folha de cheque normalmente não se exaure no estelionato. Como o cheque é título ao portador, posteriormente ao estelionato a vítima pode notar o crime contra ela praticado, e, não querendo suportar o prejuízo patrimonial, nada a impede de endossar a cártula e transmiti-la a outrem.

Assim sendo, fica nítido que tecnicamente não há falar em conflito aparente de leis, mas em autêntico concurso material de delitos. Portanto, se no rigor científico a súmula merece ser rejeitada, resta acreditar que a sua criação e manutenção se devem, exclusivamente, a motivos de política criminal, tornando a conduta cada vez mais próxima do âmbito civil, à medida que a pena pode ser, inclusive, reduzida pelo arrependimento posterior, benefício vedado ao crime de falso.

No entanto, devemos ser leais para advertir nosso leitor que em concursos públicos e exames de qualquer natureza é razoável utilizar a posição consagrada pela Súmula 17 do Superior Tribunal de Justiça, especialmente em provas objetivas. Nas provas dissertativas e orais, entretanto, é possível tecer críticas (moderadas e bem fundamentadas) ao entendimento dominante, caso sua posição acerca do assunto seja outra.

5.7.2.16.2. A Súmula Vinculante 36 do Supremo Tribunal Federal

Em consonância com a Súmula Vinculante 36, editada pelo Supremo Tribunal Federal:

> Compete à Justiça Federal comum processar e julgar civil denunciado pelos crimes de falsificação e de uso de documento falso quando se tratar de falsificação da Caderneta de Inscrição e Registro (CIR) ou de Carteira de Habilitação de Amador (CHA), ainda que expedidas pela Marinha do Brasil.

Tais documentos são licenças necessárias para a condução de embarcações, de natureza civil (e não militar), embora concedidas pela Marinha. Cuida-se, portanto, de atividade fiscalizada pela Marinha (órgão da União), razão pela qual a competência da Justiça Federal enquadra-se no art. 109, inc. IV, da Constituição Federal.

5.7.3. Art. 298 – Falsificação de documento particular

5.7.3.1. Dispositivo legal

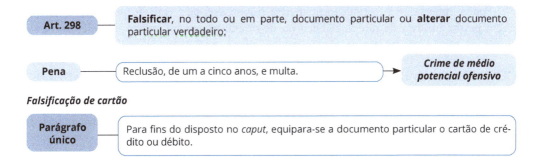

Classificação:
Crime simples
Crime comum
Crime formal, de consumação antecipada ou de resultado cortado
Crime não transeunte
Crime de forma livre
Crime comissivo (regra)
Crime instantâneo
Crime unissubjetivo, unilateral ou de concurso eventual
Crime plurissubsistente (regra)

Informações rápidas:
Objeto material: documento particular falsificado, bem como o documento particular verdadeiro alterado.
Norma penal explicativa: o cartão de crédito ou de débito é documento particular.
Documento particular: conceito determinado pelo critério da exclusão (abrange documento público nulo).
A falsificação **grosseira**, perceptível a olho nu, exclui o crime (crime impossível).
Elemento subjetivo: dolo. Não admite modalidade culposa.
Crime não transeunte (deixa vestígios de ordem material).
Ação penal: pública incondicionada.

5.7.3.2. Objetividade jurídica

O bem jurídico penalmente tutelado é a fé pública, no tocante à confiança depositada nos documentos particulares, os quais se revestem de presunção relativa (*iuris tantum*) de veracidade.

A propósito, convém recordar que a natureza do documento levou o legislador a prever pena inferior ao crime de falsificação de documento particular, quando comparado à falsificação de documento público. Esta é a única diferença entre os delitos tipificados nos arts. 297 e 298 do Código Penal.[65]

5.7.3.3. Objeto material

É o **documento particular** falsificado, no todo ou em parte, bem como o documento particular verdadeiro alterado.

O conceito de documento particular deve ser obtido **residualmente**, ou seja, pelo **critério da exclusão**. Nesse contexto, documento particular é o não reconhecível, nem mesmo por exclusão, como público. Nas palavras de Nélson Hungria: "*Documento particular* é o formado sem intervenção de oficial ou funcionário público, ou de pessoa investida de fé pública".[66]

Vale recordar que os documentos públicos nulos, em decorrência da não observância das formalidades legais, entram no rol dos documentos particulares.

A Lei 12.737/2012, conhecida como **Lei Carolina Dieckmann**, incluiu o parágrafo único no art. 298 do Código Penal, para esclarecer que "equipara-se a documento particular o **cartão de crédito ou débito**". Cuida-se de **norma penal explicativa ou interpretativa**, pois auxilia na compreensão do alcance e do conteúdo do art. 298, *caput*, do Código Penal.

Pouco importa se a instituição financeira responsável pela emissão do cartão constitui-se em pessoa jurídica de direito público ou de direito privado. Também é irrelevante a sua origem, nacional ou internacional.

5.7.3.4. Núcleos do tipo

Assim como no crime de falsificação de documento público, o art. 298 do Código Penal elenca duas condutas distintas: (a) falsificar, no todo ou em parte, documento particular; e (b) alterar documento particular verdadeiro. Passemos ao estudo de cada uma delas.

---

[65] Em razão disso, aplicam-se ao delito em análise as observações lançadas em relação ao crime de falsificação de documento público (CP, art. 297).
[66] HUNGRIA, Nélson. *Comentários ao Código Penal*. 2. ed. Rio de Janeiro: Forense, 1959. v. IX, p. 267.

1.ª conduta: falsificar, no todo ou em parte, documento particular

O núcleo do tipo é "falsificar", ou seja, fabricar um documento particular até então inexistente. A falsificação também é chamada de *contrafação*. A lei apresenta a expressão "no todo ou em parte", indicando que a falsificação pode ser total ou parcial.

Na falsificação total, o documento é criado em sua integralidade (exemplo: o sujeito fabrica em seu escritório uma permissão para ingresso em determinada academia de ginástica).

Por sua vez, na falsificação parcial o agente acrescenta palavras, letras ou números ao objeto, sem estar autorizado a fazê-lo, fazendo surgir um documento parcialmente inverídico. Exemplo: "A" subtrai de uma empresa o formulário destinado à avaliação dos funcionários, e o preenche com diversos elogios para ajudar um amigo contratado temporariamente.

Lembre-se de que, se o sujeito tinha autorização para preencher o documento, mas nele inseriu dados falsos, deverá ser responsabilizado pelo crime de falsidade ideológica, tipificado no art. 299 do Código Penal.

2.ª conduta: alterar documento particular verdadeiro

O núcleo "alterar" equivale a modificar um documento particular verdadeiro, já existente, mediante a substituição do seu conteúdo com frases, palavras ou números que acarretem em mudança na sua essência. Exemplo: "A" muda os conceitos lançados em seu histórico universitário, visando sua aprovação no curso.

5.7.3.4.1. Falsificação ou alteração grosseira

A falsificação – total ou parcial – e a alteração precisam se revestir de idoneidade para ludibriarem as pessoas em geral, assim como se verifica nos demais crimes contra a fé pública. Em síntese, a falsificação não pode ser grosseira, pois caso contrário estará excluído o falso, em face da ausência de potencialidade de dano, resultando na exclusão da tipicidade como decorrência do crime impossível (CP, art. 17), sem prejuízo da manutenção de algum delito patrimonial, especialmente o estelionato.

5.7.3.5. Sujeito ativo

Cuida-se de crime comum ou geral, podendo ser cometido por qualquer pessoa.

5.7.3.6. Sujeito passivo

É o Estado e, mediatamente, a pessoa física ou jurídica prejudicada pela conduta criminosa.

5.7.3.7. Elemento subjetivo

É o dolo, independentemente de qualquer finalidade específica. Não se admite a modalidade culposa.

5.7.3.7.1. Falsificação de documento particular para fins eleitorais

A falsificação de documento particular para fins eleitorais caracteriza o crime específico definido no art. 349 da Lei 4.737/1965 – Código Eleitoral –, cuja redação é a seguinte:

> **Art. 349.** Falsificar, no todo ou em parte, documento particular ou alterar documento particular verdadeiro, para fins eleitorais:
> Pena – reclusão até cinco anos e pagamento de 3 a 10 dias-multa.

5.7.3.8. Consumação

Trata-se de **crime formal, de consumação antecipada** ou **de resultado cortado**. Consuma-se com a falsificação, total ou parcial, do documento particular, ou com a alteração de documento particular verdadeiro, independentemente do efetivo uso do documento falso, da obtenção de vantagem ou da causação de prejuízo a alguém.

5.7.3.8.1. A prova da materialidade do fato

A falsificação de documento particular é **crime não transeunte**, pois deixa vestígios materiais. Portanto, é imprescindível o exame de corpo de delito, direto ou indireto, não podendo supri-lo a confissão do acusado, nos termos do art. 158 do Código de Processo Penal.

5.7.3.9. Tentativa

É cabível, em face do caráter plurissubsistente do delito, comportando o fracionamento do *iter criminis*.

5.7.3.10. Ação penal

A ação penal é pública incondicionada.

5.7.3.11. Lei 9.099/1995

Em face da pena mínima cominada (um ano), a falsificação de documento particular constitui-se em **crime de médio potencial ofensivo**, compatível com a suspensão condicional do processo, se presentes os demais requisitos exigidos pelo art. 89 da Lei 9.099/1995.

5.7.3.12. Classificação doutrinária

A falsificação de documento particular é crime **simples** (ofende um único bem jurídico); **comum** (pode ser cometido por qualquer pessoa); **formal, de consumação antecipada** ou **de resultado cortado** (consuma-se com a prática da conduta legalmente descrita, independentemente da superveniência do resultado naturalístico); **não transeunte** (deixa vestígios materiais); **de forma livre** (admite qualquer meio de execução); em regra **comissivo**; **instantâneo** (consuma-se em um momento determinado, sem continuidade no tempo); **unissubjetivo, unilateral** ou **de concurso eventual** (pode ser cometido por uma única pessoa, mas admite o concurso); e normalmente **plurissubsistente** (a conduta pode ser fracionada em diversos atos).

5.7.3.13. Crime contra a ordem tributária

O art. 1.º, incs. III e IV, da Lei 8.137/1990 disciplina **crime específico** (princípio da especialidade), atinente à falsificação de documento particular voltado à sonegação fiscal:

> **Art. 1.º** Constitui crime contra a ordem tributária suprimir ou reduzir tributo, ou contribuição social e qualquer acessório, mediante as seguintes condutas:
> (...)
> III – falsificar ou alterar nota fiscal, fatura, duplicata, nota de venda, ou qualquer outro documento relativo à operação tributável;
> IV – elaborar, distribuir, fornecer, emitir ou utilizar documento que saiba ou deva saber falso ou inexato; (...)
> Pena – reclusão de 2 (dois) a 5 (cinco) anos, e multa.

5.7.4. Art. 299 – Falsidade ideológica

5.7.4.1. Dispositivo legal

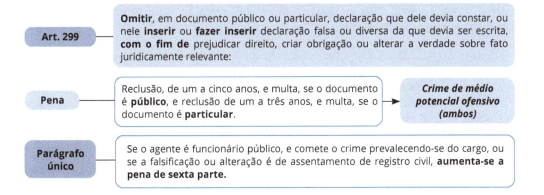

Classificação:
Crime simples
Crime comum
Crime formal, de consumação antecipada ou de resultado cortado
Crime transeunte
Crime de forma livre
Crime omissivo próprio ou puro ("omitir") ou em regra comissivo ("inserir" e "fazer inserir")
Crime instantâneo
Crime unissubjetivo, unilateral ou de concurso eventual
Crime unissubsistente ("omitir") ou plurissubsistente ("inserir" e "fazer inserir")

Informações rápidas:
Objeto material: documento público ou particular (petições lançadas em processos judiciais ou administrativos não estão abrangidas).
A falsidade deve estar relacionada a **fato juridicamente relevante.**
Elemento subjetivo: dolo (elemento subjetivo específico – "com o fim de prejudicar direito, criar obrigação ou alterar a verdade sobre fato juridicamente relevante"). Não admite modalidade culposa.
Tentativa: admite nas modalidades comissivas ("inserir ou fazer inserir") mas não admite na omissiva ("omitir").
Ação penal: pública incondicionada.
Competência: Justiça Estadual (exceções: art. 109, IV, da CF – Justiça Federal).

5.7.4.2. Introdução

Em seus arts. 297 e 298 – falsificação de documento público e falsificação de documento particular –, o Código Penal se preocupa com a falsidade material. Em tais crimes, a nota característica é a elaboração fraudulenta do documento, mediante falsificação total ou parcial, ou então pela alteração de documento verdadeiro. Em síntese, o documento é adulterado em sua forma, em seu aspecto material. Exemplo: "A" fabrica um passaporte em sua residência.

No art. 299, sob a rubrica "falsidade ideológica", o panorama é diverso. De fato, o documento é formalmente verdadeiro, mas seu conteúdo, a ideia nele lançada, é divergente da realidade. Não há contrafação ou alteração de qualquer espécie. O sujeito tem autorização para criar o documento, mas falsifica seu conteúdo.

Daí a razão de o crime de falsidade ideológica ser também conhecido como **falso ideal, falso moral** ou **falso intelectual**. Exemplo: O sujeito, desgastado em seu casamento, afirma perante o tabelião o estado civil de solteiro, fazendo inserir esta declaração em escritura pública, com a finalidade de prejudicar os direitos de sua esposa em futuro e eventual divórcio.

O ponto marcante da falsidade ideológica repousa no conteúdo falso lançado pela pessoa legitimada para a elaboração do documento. Logo, se vem a ser adulterada a assinatura do responsável pela emissão do documento, ou então efetuada assinatura falsa, ou finalmente rasurado ou modificado de qualquer modo seu conteúdo, estará caracterizada a falsidade material. Com maestria, Nélson Hungria sintetiza a distinção entre os crimes de falsidade material e de falsidade ideológica:

> Fala-se em *falsidade ideológica* (ou *intelectual*), que é modalidade do *falsum* documental, quando à genuinidade formal do documento não corresponde a sua veracidade intrínseca. O documento é genuíno ou materialmente verdadeiro (isto é, emana realmente da pessoa que nele figura como seu autor ou signatário), mas o seu conteúdo intelectual não exprime a verdade. Enquanto a falsidade material afeta a *autenticidade* ou *inalterabilidade* do documento na sua forma extrínseca e conteúdo intrínseco, a falsidade ideológica afeta-o somente na sua *ideação*, no pensamento que as suas letras encerram.
>
> A *genuinidade* não é garantia da *veracidade*. Como dizia Binding, se há documentos verazes que não são genuínos (ex.: a quitação que o ex-devedor contrafaz por haver perdido a que lhe foi entregue pelo ex-credor), também pode haver documentos genuínos que não são verazes. Neste último caso, dá-se a falsidade ideológica. Na falsidade material, o que se falsifica é a materialidade *gráfica*, *visível* do documento (e, portanto, simultânea e necessariamente, o seu teor intelectual); na falsidade ideológica, é apenas o seu teor intelectual.[67]

5.7.4.3. Objetividade jurídica

O bem jurídico penalmente tutelado é a fé pública, em relação à veracidade do conteúdo dos documentos em geral. No escólio de Magalhães Noronha:

> O objeto jurídico é a fé pública, agora tutelada não quanto à genuinidade ou autenticidade do documento, mas quanto a sua *veracidade*. Os interesses sociais exigem evidentemente que os documentos sejam cercados de garantia e proteção, para merecerem confiança e produzirem os efeitos que as leis lhes conferem. São, pois, tutelados, não só contra os ataques a sua *materialidade*, mas também quanto ao teor ou conteúdo, e, pois, contra a falsidade material e ideológica.[68]

5.7.4.4. Objeto material

É o documento público ou particular.[69]

5.7.4.4.1. Falsidade ideológica e declaração de insuficiência de recursos para fins de gratuidade da justiça

Nos termos do art. 98, *caput*, do Código de Processo Civil: "A pessoa natural ou jurídica, brasileira ou estrangeira, com insuficiência de recursos para pagar as custas, as despesas processuais e os honorários advocatícios tem direito à gratuidade da justiça, na forma da lei".

Em razão do dispositivo legal, questiona-se: Há crime de falsidade ideológica na hipótese em que a parte insere ou faz inserir declaração falsa no pedido de gratuidade da justiça, alegando insuficiência de recursos, quando na verdade poderia pagar as despesas processuais, sem prejuízo do sustento próprio ou da família?

---
[67] HUNGRIA, Nélson. *Comentários ao Código Penal*. 2. ed. Rio de Janeiro: Forense, 1959. v. IX, p. 272.
[68] MAGALHÃES NORONHA, E. *Direito penal*. 16. ed. São Paulo: Saraiva, 1983. v. 4, p. 170.
[69] Quanto ao conceito de documento público e de documento particular, remetemos o leitor aos itens 5.7.2.4 e 5.7.3.3.

Para o Supremo Tribunal Federal, não se caracteriza o crime definido no art. 299 do Código Penal, pois a "declaração passível de averiguação ulterior não constitui documento para fins penais".[70]

Fácil notar, portanto, a filiação do Excelso Pretório ao entendimento de que não há falar em documento, para fins penais, nas situações em que o funcionário público tem a obrigação de verificar se a declaração do particular é verdadeira ou falsa, pois sua eficácia se submete a uma condição suspensiva, representada pela análise e posterior aprovação do representante do Estado. De fato, é possível impugnar o pedido de assistência judiciária de quem alega a situação de pobreza, razão pela qual o juiz pode indeferir o pedido, independentemente da declaração apresentada (CPC, arts. 99, § 2.º, e 100, *caput* e parágrafo único).

5.7.4.4.2. As petições lançadas em processos judiciais ou administrativos

As petições em geral, encartadas em autos de processos judiciais ou administrativos, não se amoldam ao conceito de documento para fins penais.

Com efeito, documento é o instrumento idôneo a provar um fato independentemente de qualquer verificação. Exemplificativamente, se uma pessoa, na condução de veículo automotor, apresenta ao policial rodoviário sua carteira nacional de habilitação, o funcionário público não precisará verificar o conteúdo do documento.

Nas petições, contudo, são inseridas meras alegações, as quais embasam um pedido. Seu teor deve ser analisado pelo destinatário, e o requerimento somente será acolhido se estiver devidamente amparado em provas. Como já decidido pelo Supremo Tribunal Federal: "Petição de advogado, dirigida ao Juiz, contendo a retratação de testemunha registrada em cartório, não é considerada documento idôneo para os fins de reconhecimento do tipo penal previsto no art. 299 do Código Penal".[71]

A jurisprudência do Superior Tribunal de Justiça caminha em idêntica direção:

> A petição em processo administrativo só faz prova do seu próprio teor; não, porém, da veracidade dos fatos alegados. Por isso, de regra – isto é, salvo nos casos excepcionais em que a lei imputa ao requerente o dever de veracidade – a inserção em petição de qualquer espécie da alegação de um fato inverídico não pode constituir falsidade ideológica. Precedentes do STJ e do STF.[72]

5.7.4.4.3. Dados falsos lançados no currículo Lattes

A inserção de dados falsos no currículo Lattes, a exemplo de títulos acadêmicos, obras publicadas e participações em congressos e seminários, não caracteriza o crime de falsidade ideológica, por duas razões: (a) falta de validade jurídica, uma vez que tal documento não é acompanhado da assinatura digital do seu titular; e (b) trata-se de documento cujo conteúdo depende da verificação da pessoa que tem interesse nas informações ali contidas. Para o Superior Tribunal de Justiça:

> Não é típica a conduta de inserir, em currículo Lattes, dado que não condiz com a realidade. A plataforma Lattes é virtual e nela o usuário, mediante imposição do "login" e senha, insere as informações. Não se trata de um escrito palpável, ou seja, um papel do mundo real, mas de uma página em um sítio eletrônico. Nesse sentido, embora possa existir "documento eletrônico", não está ele presente no caso concreto, porquanto somente pode ser assim denominado aquele constante

---

[70] HC 85.976/MT, rel. Min. Ellen Gracie, 2.ª Turma, j. 13.12.2005.
[71] HC 85.064/SP, rel. Min. Gilmar Mendes, 2.ª Turma, j. 13.12.2005.
[72] AgRg no Ag 1.015.372/RJ, rel. Min. Laurita Vaz, 5.ª Turma, j. 09.03.2010.

de página ou sítio na rede mundial de computadores que possa ter sua autenticidade aferida por assinatura digital. A regulamentação que garante a autenticidade, a integridade e a validade jurídica de documentos em forma eletrônica se dá pela Medida Provisória 2.200-2, de 24 de agosto de 2001, que instituiu a Infraestrutura de Chaves Públicas Brasileira (ICP-Brasil) e a responsabilidade por essa base é da Autarquia Federal, o ITI – Instituto Nacional de Tecnologia da Informação, ligado à Presidência da República. Reitere-se que, na hipótese, não se pode ter como documento o currículo inserido na plataforma virtual Lattes do CNPq, porque desprovido de assinatura digital e, pois, sem validade jurídica. Mas ainda que pudesse ser considerada a sua validade, para fins penais, tem-se que, como qualquer currículo, seja clássico (papel escrito) ou digital, o Currículo Lattes é passível de averiguação, ou seja, as informações nele contidas deverão ser objeto de aferição por quem nelas tem interesse, o que denota atipicidade.[73]

5.7.4.5. Núcleos do tipo

O art. 299, *caput*, do Código Penal contempla duas condutas distintas. Vejamos cada uma delas.

1.ª conduta – *Omitir, em documento público ou particular, declaração que dele devia constar, com o fim de prejudicar direito, criar obrigação ou alterar a verdade sobre fato juridicamente relevante*

O núcleo do tipo é "**omitir**", no sentido de deixar de inserir ou não fornecer a declaração que devia constar em documento público ou privado. Trata-se, nessa hipótese, de **crime omissivo próprio** ou **puro**, pois a lei descreve uma conduta negativa, um deixar de fazer. Exemplo: "A", ao celebrar compromisso de compra e venda de imóvel de sua propriedade e receber como sinal determinada quantia em dinheiro, deixa de mencionar a existência de hipoteca incidente sobre o bem.

2.ª conduta – *Nele (documento público ou particular) inserir ou fazer inserir declaração falsa ou diversa da que devia ser escrita, com o fim de prejudicar direito, criar obrigação ou alterar a verdade sobre fato juridicamente relevante*

Aqui é previsto um **crime comissivo**. E, nesse caso, a falsidade ideológica divide-se em imediata (ou direta) e mediata (ou indireta).

Falsidade ideológica imediata ou **direta** é aquela em que o sujeito, por conta própria, insere no documento público ou particular a declaração falsa ou diversa da que devia ser escrita. A mesma pessoa que elabora o documento lança em seu conteúdo a declaração inverídica (falsa) ou, ainda que verdadeira, diferente da que deveria constar (diversa da que devia ser escrita). Há, nesse último caso, substituição de uma declaração verdadeira por outra também verdadeira, mas que não deveria ser inscrita no documento. Exemplo: "A", com a finalidade de ser aprovado em processo seletivo para contratação de professor universitário, declara falsamente em seu currículo o título de doutor em Direito.

Falsidade ideológica mediata ou **indireta**, por sua vez, é aquela em que o agente se vale de um terceiro para fazer inserir no documento público ou particular a declaração falsa ou diversa da que devia ser escrita. A conduta criminosa pode ser praticada verbalmente ou por escrito, razão pela qual nem sempre se exige a presença do declarante perante a pessoa que elabora o documento. Exemplo: "A" encaminha procuração ao seu advogado, solicitando a celebração de compromisso de compra e venda de bem de sua propriedade com informações falsas, no intuito de prejudicar o promitente comprador.

Em qualquer das condutas, omissiva ou comissiva, a falsidade deve relacionar-se a **fato juridicamente relevante**, compreendido como aquele que, isoladamente ou em conjunto com

---

[73] RHC 81.451/RJ, rel. Min. Maria Thereza de Assis Moura, 6.ª Turma, j. 22.08.2017, noticiado no *Informativo* 610.

outros fatos, apresente significado direto ou indireto para constituir, modificar ou extinguir uma relação jurídica, e por este motivo o autor da declaração está obrigado a declarar a verdade.[74]

Destarte, não há falar em falsidade ideológica quando alguém declara falsamente um fato irrelevante (exemplo: informações incorretas em fichas de pesquisas sobre os alimentos normalmente consumidos), ou ainda algum fato totalmente incompatível com a realidade (exemplo: o sujeito declara à funcionária do IBGE, responsável pelo censo, ser proprietário de diversas estrelas e de uma parcela da Lua). Nessas hipóteses, não há potencialidade de dano à fé pública, nem idoneidade para ludibriar as pessoas em geral. A falsificação grosseira acarreta a aplicação das regras atinentes ao crime impossível (CP, art. 17).

5.7.4.5.1. A problemática relacionada ao preenchimento do papel assinado em branco

Na hipótese em que um papel assinado em branco[75] é preenchido por outra pessoa, contra a vontade do signatário, com o fim de prejudicar direito, criar obrigação ou alterar a verdade sobre fato juridicamente relevante, três situações podem ocorrer. Analisemos cada uma delas.

a) Se o papel assinado em branco chegou às mãos do sujeito de forma legítima, e este, possuindo autorização para fazê-lo, o preencheu de maneira diversa da convencionada com o signatário, estará configurado o crime de falsidade ideológica. Com efeito, o agente praticou a conduta de "inserir declaração diversa da que devia ser escrita";

b) O papel assinado em branco foi obtido de forma ilícita (exemplos: furto, roubo, apropriação indébita etc.), e o agente o preencheu sem autorização para tanto. Cuida-se de falsificação de documento (público ou particular), em decorrência da contrafação, que pode ser total ou parcial, conforme seja preenchido todo o documento ou apenas parte dele; e

c) O papel assinado em branco entrou licitamente na posse do agente, mas posteriormente o signatário revogou a autorização para seu preenchimento, ou então cessou por qualquer motivo a obrigação ou faculdade de preenchê-lo. Trata-se novamente de falsificação de documento, público ou particular.

E se o agente recebeu o documento do signatário para preenchê-lo falsamente, mas vem a completá-lo em consonância com a verdade? Nesse caso, evidentemente, não há crime de falsidade, material ou ideológica. O sujeito não cometeu abuso. Ao contrário, evitou que um abuso fosse praticado.[76]

Vale lembrar que o papel assinado em branco não é documento para fins penais, em face da ausência de conteúdo. Torna-se documento, contudo, a partir do seu preenchimento, assumindo relevância perante o Direito Penal.

5.7.4.5.2. Confronto entre falsidade ideológica e simulação civil

As hipóteses de simulação encontram-se previstas no art. 167, § 1.º, do Código Civil:

---

[74] STJ: APn 239/RR, rel. Min. Hamilton Carvalhido, Corte Especial, j. 19.08.2009, noticiado no *Informativo* 403.
[75] Quando se fala em "papel assinado em branco", não se exige apresente o papel somente a assinatura de alguém. Basta a existência de algum espaço livre, a ser completado por frases, palavras ou números, ou seja, com qualquer tipo de declaração falsa.
[76] Cf. FRAGOSO, Heleno Cláudio. *Lições de direito penal*. Parte especial. São Paulo: José Bushatsky, 1959. v. 4, p. 836-837.

> **Art. 167.** É nulo o negócio jurídico simulado, mas subsistirá o que se dissimulou, se válido for na substância e na forma.
>
> § 1.º Haverá simulação nos negócios jurídicos quando:
>
> I – aparentarem conferir ou transmitir direitos a pessoas diversas daquelas às quais realmente se conferem, ou transmitem;
>
> II – contiverem declaração, confissão, condição ou cláusula não verdadeira;
>
> III – os instrumentos particulares forem antedatados, ou pós-datados.

Simular é esconder a realidade. No âmbito jurídico, é a prática de ato ou negócio que esconde a real intenção. Como destaca Sílvio de Salvo Venosa:

> A característica fundamental do negócio simulado é a divergência intencional entre a vontade e a declaração. Há, na verdade, oposição entre o pretendido e o declarado. As partes desejam mera aparência do negócio e criam ilusão de existência. Os contraentes pretendem criar aparência de um ato, para assim surgir aos olhos de terceiros.[77]

É fácil notar que a simulação implica a inserção de declaração falsa ou diversa da que devia constar em documento público ou particular. Surge então uma indagação: A simulação, além de constituir-se em causa de nulidade dos negócios jurídicos, também configura o crime de falsidade ideológica?

A resposta é positiva, salvo se o fato simulado não apresentar relevância jurídica, expressamente exigida pelo art. 299, *caput*, do Código Penal ("fato juridicamente relevante"). Entretanto, também há hipóteses em que a simulação fraudulenta, da qual resulte indevida vantagem econômica, acarreta crimes contra o patrimônio, a exemplo da duplicada simulada (CP, art. 172) e da fraude à execução (CP, art. 179), entre outros.

No entanto, se o agente que se vale da simulação para **alcançar diretamente pretensão legítima**, sem socorrer-se do Poder Judiciário, estará caracterizado o crime de exercício arbitrário das próprias razões, definido no art. 345 do Código Penal. Assim já se pronunciou o Supremo Tribunal Federal:

> A simulação de dívida objetivando alcançar de imediato a meação de certo bem configura não o crime de falsidade ideológica, mas o do exercício arbitrário das próprias razões. A simulação, a fraude, ou outro qualquer artifício utilizado corresponde a meio de execução, ficando absorvido pelo tipo do artigo 345 do Código Penal no que tem como elemento subjetivo o dolo específico, ou seja, o objetivo de satisfazer pretensão, legítima ou ilegítima.[78]

5.7.4.6. Sujeito ativo

A falsidade ideológica é **crime comum** ou **geral**, podendo ser cometido por qualquer pessoa.

Entretanto, se o agente é funcionário público e pratica o crime prevalecendo-se do cargo, aumenta-se a pena de sexta parte, nos termos do parágrafo único do art. 299 do Código Penal. Veja-se que apenas a posição de funcionário público não é suficiente para incidência da **causa de aumento da pena**, pois a lei também reclama seja o delito cometido em razão das facilidades proporcionadas pelo cargo público.

---

[77] VENOSA, Sílvio de Salvo. *Direito civil*. 4. ed. São Paulo: Atlas, 2004. v. 1, p. 481.
[78] HC 74.672/MG, rel. Min. Marco Aurélio, 2.ª Turma, j. 18.02.1997.

A propósito, é perfeitamente possível a realização, pelo particular, da falsidade ideológica de documento público. Exemplificativamente, é o que se verifica quando alguém obtém um segundo Cadastro das Pessoas Físicas no Ministério da Fazenda (CPF/MF), mediante a declaração de nome diverso do verdadeiro.[79]

Na falsidade ideológica de documento público, nada impede o concurso de pessoas entre o particular e o funcionário público, nas situações em que este tem conhecimento da conduta criminosa daquele, e ainda assim formaliza o documento. Exemplo: "A" comparece ao Cartório de Notas para lavrar escritura de aquisição de bem imóvel, declarando-se solteiro. O tabelião, ciente da falsidade da declaração, realizada com o propósito de prejudicar o cônjuge virago em futura ação de divórcio, insere na escritura o estado civil ilicitamente afirmado por "A".

5.7.4.7. Sujeito passivo

É o Estado e, mediatamente, a pessoa física ou jurídica prejudicada pela conduta criminosa.

5.7.4.8. Elemento subjetivo

É o dolo, acrescido de um especial fim de agir (elemento subjetivo específico), representado pela expressão "com o fim de prejudicar direito, criar obrigação ou alterar a verdade sobre fato juridicamente relevante".[80]

Como o dolo abrange a ciência da falsidade da declaração, não há crime quando o particular presta declaração perante o funcionário público desconhecendo sua falsidade. Todavia, se o funcionário público perceber a falsidade e elaborar o documento, somente ele será responsabilizado pelo delito, em face do seu dever legal de impedir a inserção de declaração falsa em documento público, com fundamento no art. 13, § 2.º, *a*, do Código Penal.

Não se admite a modalidade culposa.

5.7.4.8.1. Falsidade ideológica para fins eleitorais

Se a falsidade ideológica for cometida para fins eleitorais, incidirá o crime específico definido no art. 350 da Lei 4.737/1965 – Código Eleitoral:

> **Art. 350.** Omitir, em documento público ou particular, declaração que dele devia constar, ou nele inserir ou fazer inserir declaração falsa ou diversa da que devia ser escrita, para fins eleitorais:
>
> Pena – reclusão até cinco anos e pagamento de 5 a 15 dias-multa, se o documento é público, e reclusão até três anos e pagamento de 3 a 10 dias-multa se o documento é particular.
>
> Parágrafo único. Se o agente da falsidade documental é funcionário público e comete o crime prevalecendo-se do cargo ou se a falsificação ou alteração é de assentamentos de registro civil, a pena é agravada.

5.7.4.8.2. Declaração falsa e finalidade de suprimir ou reduzir tributo. A questão inerente aos crimes contra a ordem tributária

Há crimes contra a ordem tributária que têm como meio de execução a falsidade ideológica. É o que se verifica no art. 1.º, incisos I e II, da Lei 8.137/1990:

---

[79] STF: Inq 1.695/DF, rel. Min. Joaquim Barbosa, Plenário, j. 18.06.2009.
[80] STJ: RHC 19.710/SP, rel. Min. Jane Silva (Desembargadora convocada do TJMG), 6.ª Turma, j. 28.08.2008, noticiado no *Informativo* 365.

> **Art. 1.º** Constitui crime contra a ordem tributária suprimir ou reduzir tributo, ou contribuição social e qualquer acessório, mediante as seguintes condutas:
>
> I – omitir informação, ou prestar declaração falsa às autoridades fazendárias;
>
> II – fraudar a fiscalização tributária, inserindo elementos inexatos, ou omitindo operação de qualquer natureza, em documento ou livro exigido pela lei fiscal;
>
> (...)
>
> Pena – reclusão de 2 (dois) a 5 (cinco) anos, e multa.

Nesses casos, o delito contra a fé pública é absorvido, sob pena de *bis in idem*, pois o falso ideal seria duplamente punido, como meio de execução e como crime autônomo. O conflito aparente de leis penais é superado pelo princípio da consunção. Na linha de raciocínio do Supremo Tribunal Federal:

> Na espécie, o paciente, domiciliado no Estado de São Paulo, teria obtido o licenciamento de seu veículo no Estado do Paraná de modo supostamente fraudulento – indicação de endereço falso –, com o fim de pagar menos tributo, haja vista que a alíquota do IPVA seria menor. (...) Reputou-se claro que o delito alegadamente praticado seria aquele definido no art. 1.º da Lei 8.137/90, tendo em conta que o *crimen falsi* teria constituído meio para o cometimento do delito-fim, resolvendo-se o conflito aparente de normas pela aplicação do postulado da consunção, de tal modo que a vinculação entre a falsidade ideológica e a sonegação fiscal permitiria reconhecer, em referido contexto, a preponderância do delito contra a ordem tributária.[81]

Mas não há falar em absorção quando a falsidade ideológica é cometida após a consumação do crime tributário, com o propósito de ocultar sua prática.[82] Exemplo: "A" dolosamente lança despesas médicas inexistentes em sua declaração de imposto de renda. Depois de constatada a fraude em processo administrativo e instaurado inquérito policial para apuração do crime contra a ordem tributária, "A" pede a um médico a emissão de recibo falso, no que vem a ser atendido.

5.7.4.9. Consumação

Trata-se de **crime formal**, **de consumação antecipada** ou **de resultado cortado**. Consuma-se com a omissão, em documento público ou particular, da declaração que dele devia constar, ou então com a inserção em tais objetos, direta ou determinada por outrem, da declaração falsa ou diversa da que devia ser escrita, com o fim de prejudicar direito, criar obrigação ou alterar a verdade sobre fato juridicamente relevante.

Além disso, a falsidade ideológica constitui-se em **crime instantâneo**, ou seja, consuma-se em momento determinado. Nada obstante seus efeitos possam se estender ao longo do tempo, a prescrição da pretensão punitiva começa a fluir da data da consumação, e não de eventual reiteração dos efeitos do ato ilícito. Para o Superior Tribunal de Justiça:

> Na falsidade ideológica, o termo inicial da contagem do prazo da prescrição da pretensão punitiva é o momento da consumação do delito e não o da eventual reiteração de seus efeitos. A falsidade ideológica é crime formal e instantâneo, cujos efeitos podem se protrair no tempo. A despeito dos

---

[81] HC 101.900/SP, rel. Min. Celso de Mello, 2.ª Turma, j. 21.09.2010, noticiado no *Informativo* 601. É também a jurisprudência consagrada no STJ: HC 146.404/SP, rel. Min. Nilson Naves, 6.ª Turma, j. 19.11.2009, noticiado no *Informativo* 416.

[82] STJ: REsp 996.711/PR, rel. Min. Laurita Vaz, 5.ª Turma, j. 09.11.2010, noticiado no *Informativo* 455.

efeitos que possam, ou não, gerar, ela se consuma no momento em que é praticada a conduta. Diante desse contexto, o termo inicial da contagem do prazo da prescrição da pretensão punitiva é o momento da consumação do delito e não o da eventual reiteração de seus efeitos. No caso, os falsos foram praticados em 2003 e 2007, quando as sócias "laranja" foram incluídas, pela primeira vez, no contrato social da empresa. Erra-se ao afirmar que teriam sido reiterados quando, por ocasião das alterações contratuais ocorridas em 21/06/2010, 1.º/06/2011 e 26/07/2011, deixou-se de regularizar o nome dos sócios verdadeiramente titulares da empresa, mantendo-se o nome dos "laranjas". Isso porque não há como se entender que constitui novo crime a omissão em corrigir informação falsa por ele inserida em documento público, quando teve oportunidade para tanto. Tampouco há como se entender que a lei pune um crime instantâneo porque ele continua produzindo efeitos depois de sua consumação.[83]

Não se exige o efetivo uso do documento falso, nem a obtenção de qualquer vantagem ou a causação de prejuízo a alguém.

5.7.4.9.1. Falsidade ideológica e exame de corpo de delito

Na falsidade ideológica, o documento é materialmente verdadeiro, mas seu conteúdo é forjado, pois a ideia nele veiculada não corresponde à realidade. Não há modificação na estrutura do documento (público ou particular), pois ele é elaborado, preenchido e assinado por quem estava autorizado a fazê-lo.

Consequentemente, não há espaço para a prova pericial, pois a falsidade ideológica não deixa vestígios materiais, como exigido pelo art. 158 do Código de Processo Penal. A comprovação do crime somente pode ser efetuada pela verificação dos fatos a que se refere o teor do documento. É o que se dá, exemplificativamente, na situação em que a autoridade de trânsito insere na CNH de alguém a habilitação na categoria "D" – condutor de veículo motorizado utilizado no transporte de passageiros, cuja lotação exceda a oito lugares, excluído o do motorista –, quando na verdade a pessoa estava habilitada unicamente na categoria "B" – condutor de veículo motorizado, com no mínimo quatro rodas, cujo peso bruto total não exceda a três mil e quinhentos quilogramas e cuja lotação não exceda a oito lugares, excluído o do motorista.[84]

Nesse caso, a perícia, além de desnecessária, seria manifestamente inútil, pois o espelho do documento é verdadeiro, e seu preenchimento, embora abusivo, foi efetuado pela pessoa legalmente autorizada.

5.7.4.10. Tentativa

Na modalidade omissiva – "omitir, em documento público ou particular, declaração que dele devia constar" – não se admite o *conatus*. Cuida-se, nessa hipótese, de **crime omissivo próprio** ou **puro**, e unissubsistente. Como o tipo penal descreve uma omissão, ou o sujeito omite a declaração, e o delito estará consumado, ou corretamente efetua a declaração, e seu comportamento será indiferente ao Direito Penal.

Todavia, nas modalidades comissivas – "inserir ou fazer inserir declaração falsa ou diversa da que devia ser escrita" – a tentativa é cabível, em face do caráter plurissubsistente do delito, permitindo o fracionamento do *iter criminis*.

5.7.4.11. Ação penal

A ação penal é pública incondicionada.

---

[83] RVCr 5.233/DF, rel. Min. Reynaldo Soares da Fonseca, 3.ª Seção, j. 13.05.2020, noticiado no *Informativo* 672.
[84] Para maiores informações acerca das categorias de habilitação de veículos automotores: Lei 9.503/1997 – Código de Trânsito Brasileiro, art. 143.

5.7.4.12. Lei 9.099/1995

A falsidade ideológica é **crime de médio potencial ofensivo**. Pouco importa se o documento falsificado é público ou privado, pois em ambos os casos a pena mínima é de um ano, ensejando o cabimento da suspensão condicional do processo, desde que presentes os demais requisitos elencados pelo art. 89 da Lei 9.099/1995.

5.7.4.13. Classificação doutrinária

A falsidade ideológica é crime **simples** (ofende um único bem jurídico); **comum** (pode ser cometido por qualquer pessoa); **formal, de consumação antecipada** ou **de resultado cortado** (consuma-se com a prática da conduta legalmente descrita, independentemente da superveniência do resultado naturalístico); **transeunte** (não deixa vestígios materiais); **de forma livre** (admite qualquer meio de execução); **omissivo próprio** ou **puro** (na modalidade "omitir") ou em regra **comissivo** (nos núcleos "inserir" e "fazer inserir"); **instantâneo** (consuma-se em um momento determinado, sem continuidade no tempo); **unissubjetivo, unilateral** ou **de concurso eventual** (pode ser cometido por uma única pessoa, mas admite o concurso); e **unissubsistente** (no núcleo "omitir") ou **plurissubsistente** (nas variantes "inserir" e "fazer inserir").

5.7.4.14. Formas agravadas: art. 299, parágrafo único

Como preceitua o parágrafo único do art. 299 do Código Penal: "Se o agente é funcionário público, e comete o crime prevalecendo-se do cargo, ou se a falsificação ou alteração é de assentamento de registro civil, aumenta-se a pena de sexta parte".

São **causas de aumento da pena**, suscetíveis de aplicação na terceira e derradeira etapa da dosimetria da pena privativa de liberdade, em compasso com o critério trifásico acolhido pelo art. 68, *caput*, do Código Penal.

Como já foi estudado no item 5.7.4.6., a falsidade ideológica é **crime comum** ou **geral**. Todavia, se o sujeito ativo for funcionário público, e cometer o crime prevalecendo-se do cargo (requisitos cumulativos), a pena será aumentada de sexta parte.

A pena será igualmente aumentada de sexta parte quando a falsificação ou alteração recair sobre **assentamento de registro civil**. Nesse caso, o objeto material evidentemente constitui-se em documento público. No tocante ao registro de pessoas naturais, assim reza o art. 29, *caput* e § 1.º da Lei 6.015/1973 – Lei de Registros Públicos:

> **Art. 29.** Serão registrados no registro civil de pessoas naturais:
> I – os nascimentos;
> II – os casamentos;
> III – os óbitos;
> IV – as emancipações;
> V – as interdições;
> VI – as sentenças declaratórias de ausência;
> VII – as opções de nacionalidade;
> VIII – as sentenças que deferirem a legitimação adotiva.
> § 1.º Serão averbados:
> a) as sentenças que decidirem a nulidade ou anulação do casamento, o desquite e o restabelecimento da sociedade conjugal;

> b) as sentenças que julgarem ilegítimos os filhos concebidos na constância do casamento e as que declararem a filiação legítima;
>
> c) os casamentos de que resultar a legitimação de filhos havidos ou concebidos anteriormente;
>
> d) os atos judiciais ou extrajudiciais de reconhecimento de filhos ilegítimos;
>
> e) as escrituras de adoção e os atos que a dissolverem;
>
> f) as alterações ou abreviaturas de nomes.

O legislador não se satisfaz com a pena maior cominada à falsidade ideológica de documento público, e impõe uma causa de aumento para a falsificação ou alteração de assentamento de registro civil.

O fundamento do tratamento penal mais severo repousa na relevância dos valores atacados pela conduta criminosa. De fato, o interesse público exige sejam tais documentos cercados de máxima tutela penal, em face da segurança jurídica por eles proporcionada.

5.7.4.14.1. Falsificação ou alteração do assentamento do registro civil e termo inicial da prescrição da pretensão punitiva

Em relação ao termo inicial da prescrição da pretensão punitiva, o Código Penal acolheu, como regra, a teoria do resultado. Como se sabe, normalmente a prescrição, antes de transitar em julgado a sentença final, começa a correr do dia em que o crime se consumou (CP, art. 111, inc. I). Essa sistemática, sem dúvida alguma, é a mais favorável ao réu.

Contudo, existem algumas exceções, expressamente previstas em lei. E uma delas diz respeito aos crimes de falsificação ou alteração de assentamento do registro civil, nos quais o termo inicial da prescrição da pretensão punitiva é a **data em que o fato se tornou conhecido** (CP, art. 111, inc. IV), pouco importando a data da sua realização. Como destaca Magalhães Noronha:

> Explica-se o cuidado da lei, pois trata-se de crime dissimulado ou oculto que, em regra, tardiamente se torna conhecido, de modo que se o lapso prescricional fosse contado da consumação, geralmente se teria esgotado quando se tornasse sabido o delito.[85]

O conhecimento do fato, exigido pela lei, refere-se à autoridade pública que tenha poderes para apurar, processar ou punir o responsável pelo delito, aí se incluindo o Delegado de Polícia, o membro do Ministério Público e o órgão do Poder Judiciário.[86] Prevalece o entendimento de que não é necessária a ciência formal do crime (notícia do delito perante o Poder Público), bastando a de cunho presumido, relativa à notoriedade do fato.

5.7.4.14.1.1. Falsificação de assentamento de registro civil e registro de nascimento inexistente

Se a falsificação do registro civil voltar-se à inscrição de nascimento inexistente, estará caracterizado o crime tipificado no art. 241 do Código Penal:

> **Art. 241.** Promover no registro civil a inscrição de nascimento inexistente:
> Pena – reclusão, de dois a seis anos.

---

[85] MAGALHÃES NORONHA, E. *Direito penal*. 16. ed. São Paulo: Saraiva, 1983. v. 4, p. 177.
[86] STJ: RHC 7.206/RJ, rel. Min. José Dantas, 5.ª Turma, j. 28.04.1998.

O registro de nascimento inexistente, inserido no Título VII da Parte Especial do Código Penal – Dos crimes contra a família, mais precisamente em seu Capítulo II – Dos crimes contra o estado de filiação, representa uma forma específica de falsidade ideológica incidente sobre o assentamento de registro civil, pois o sujeito faz inserir em documento público declaração falsa, com o fim de prejudicar direito, criar obrigação ou alterar a verdade sobre fato juridicamente relevante. O legislador, entretanto, preferiu conferir maior valor à proteção da família. O conflito aparente de leis penais é solucionado pelo **princípio da especialidade**.

5.7.4.14.1.2. Falsificação do assentamento de registro civil e registro de filho alheio como próprio

No crime de registro de filho alheio como próprio, conhecido como **adoção à brasileira**, a conduta consiste em registrar em nome próprio o filho de outrem. Nesse caso, a criança realmente existe, ao contrário do que se verifica no delito previsto no art. 241 do Código Penal, e o agente busca fraudar o procedimento legal inerente à adoção.

Trata-se, novamente, de falsidade ideológica relativamente ao assentamento de registro civil, mas o legislador optou por criar um delito autônomo, no âmbito dos crimes contra a família, tutelando o estado de filiação. E, mais uma vez, o conflito aparente de leis se resolve com a utilização do **princípio da especialidade**.

5.7.4.15. Competência

A falsidade ideológica, via de regra, é de competência da Justiça Estadual. Contudo, será competente a Justiça Federal quando o crime for praticado em detrimento de bens, serviços ou interesses da União ou de suas entidades autárquicas ou empresas públicas, nos termos do art. 109, inc. IV, da Constituição Federal, a exemplo da conduta cometida no âmbito da Justiça do Trabalho. Na linha da jurisprudência do Superior Tribunal de Justiça: "A falsidade ideológica em processo trabalhista configura afronta à Justiça do Trabalho, cuja competência para julgamento é da Justiça Federal, nos temos do que preceitua o enunciado 165 da Súmula deste Superior Tribunal de Justiça."[87]

Na identificação da competência é fundamental estabelecer a diferença entre a falsificação ideológica (CP, art. 299) e o uso do documento falso (CP, art. 304), pois este último crime normalmente tem como destinatário um particular.[88]

A falsificação de Carteira Nacional de Habilitação (CNH) é crime de competência da Justiça Estadual. Embora seja documento válido em todo o território nacional, sua emissão é de incumbência da autoridade estadual de trânsito, a teor da regra contida no art. 22, inc. II, da Lei 9.503/1997 – Código de Trânsito Brasileiro.

A falsidade ideológica praticada contra a Junta Comercial normalmente também se insere na competência da Justiça Estadual. Como já decidido pelo Superior Tribunal de Justiça:

> Compete à Justiça Estadual processar e julgar a suposta prática de delito de falsidade ideológica praticado contra Junta Comercial. O art. 6.º da Lei 8.934/1994 prescreve que as Juntas Comerciais subordinam-se administrativamente ao governo da unidade federativa de sua jurisdição e, tecnicamente, ao Departamento Nacional de Registro do Comércio, órgão federal. Ao interpretar esse dispositivo legal, a jurisprudência do STJ sedimentou o entendimento de que, para se firmar

---

[87] STJ: CC 109.021/RS, rel. Min. Maria Thereza de Assis Moura, 3.ª Seção, j. 10.03.2010. Na mesma linha de raciocínio: "Compete à Justiça Federal o julgamento de crime de falsidade ideológica, consistente no fornecimento de informação inverídica a servidor da FUNAI, para fins de emissão de Registro Administrativo de Nascimento de Indígena – RANI" (STJ: CC 193.369/PR, rel. Min. Sebastião Reis Júnior, 3.ª Seção, j. 02.03.2023, noticiado no *Informativo* 766).
[88] STJ: CC 109.456/SP, rel. Min. Jorge Mussi, 3.ª Seção, j. 25.08.2010.

a competência para processamento de demandas que envolvem Junta Comercial de um estado, é necessário verificar a existência de ofensa direta a bens, serviços ou interesses da União, conforme determina o art. 109, IV, da CF. Caso não ocorra essa ofensa, como na hipótese em análise, deve-se reconhecer a competência da Justiça Estadual.[89]

Por último, vale recordar o teor das Súmulas 62 e 104 do Superior Tribunal de Justiça, assim redigidas:

Súmula 62: "Compete à Justiça Estadual processar e julgar o crime de falsa anotação na carteira de Trabalho e Previdência Social atribuído a empresa privada".

Súmula 104: "Compete à Justiça Estadual o processo e julgamento dos crimes de falsificação e uso de documento falso relativo a estabelecimento particular de ensino".

5.7.4.16. Falsidade ideológica e bigamia

O requerimento de habilitação para o casamento depende de vários requisitos, entre eles a declaração de estado civil dos nubentes (CC, art. 1.525, inc. IV), com a finalidade de avaliar a presença de algum impedimento matrimonial.

Se, nesse momento, uma pessoa já casada falsear a verdade, declarando o estado civil de solteiro, quais crimes deverão ser a ela imputados?

A resposta precisa levar em conta duas situações distintas que podem ocorrer na prática:

a) se o casamento não se concretizou, a habilitação de casamento funciona como ato preparatório do crime de bigamia. Logo, estará caracterizado unicamente o crime de falsidade ideológica; e

b) se o casamento se aperfeiçoou, o sujeito será responsabilizado por bigamia (CP, art. 235) e falsidade ideológica, em concurso material, pois tais delitos ofendem bens jurídicos diversos e consumam-se em momentos diferentes.

5.7.4.17. Lei de Execução Penal e falsidade ideológica

O ato de declarar ou atestar falsamente prestação de serviço para fim de instruir pedido de remição, com a finalidade de abater parte da pena em benefício do condenado sujeito ao regime fechado ou semiaberto, configura o crime de falsidade ideológica, como se extrai do art. 130 da Lei 7.210/1984 – Lei de Execução Penal: "Constitui o crime do artigo 299 do Código Penal declarar ou atestar falsamente prestação de serviço para fim de instruir pedido de remição".

Não há regra explícita na Lei de Execução Penal no tocante à remição pelo estudo, instituída pela Lei 12.433/2011. É evidente, contudo, a tipificação da falsidade ideológica na conduta de atestar falsamente qualquer atividade estudantil, visando o desconto da pena privativa de liberdade em regime fechado, semiaberto ou aberto, ou mesmo do livramento condicional (LEP, art. 126, § 6.º).

5.7.4.18. Crimes contra o Sistema Financeiro Nacional

Os arts. 9.º e 10 da Lei 7.492/1986 – Crimes contra o Sistema Financeiro Nacional contêm modalidades específicas de falsidade ideológica, nos seguintes termos:

---

[89] CC 130.516/SP, rel. Min. Rogerio Schietti Cruz, 3.ª Seção, j. 26.02.2014, noticiado no *Informativo* 536.

> **Art. 9.º** Fraudar a fiscalização ou o investidor, inserindo ou fazendo inserir, em documento comprobatório de investimento em títulos ou valores mobiliários, declaração falsa ou diversa da que dele deveria constar:
>
> Pena – Reclusão, de 1 (um) a 5 (cinco) anos, e multa.
>
> **Art. 10.** Fazer inserir elemento falso ou omitir elemento exigido pela legislação, em demonstrativos contábeis de instituição financeira, seguradora ou instituição integrante do sistema de distribuição de títulos de valores mobiliários:
>
> Pena – Reclusão, de 1 (um) a 5 (cinco) anos, e multa.

5.7.4.19. Lei de Falências e indução a erro

O art. 171 da Lei 11.101/2005 – Lei de Falências – prevê uma modalidade específica de falsidade ideológica no processo de falência, de recuperação judicial ou de recuperação extrajudicial, com a rubrica "**indução a erro**", cuja redação é a seguinte:

> **Art. 171.** Sonegar ou omitir informações ou prestar informações falsas no processo de falência, de recuperação judicial ou de recuperação extrajudicial, com o fim de induzir a erro o juiz, o Ministério Público, os credores, a assembleia-geral de credores, o Comitê ou o administrador judicial:
>
> Pena – reclusão, de 2 (dois) a 4 (quatro) anos, e multa.

5.7.4.20. Consolidação das Leis do Trabalho

O art. 49, incisos II e V, do Decreto-lei 5.452/1943 – Consolidação das Leis do Trabalho – contempla formas específicas de falsidade ideológica, aplicando-se inclusive as penas cominadas no art. 299 do Código Penal:

> **Art. 49.** Para os efeitos da emissão, substituição ou anotação de Carteiras de Trabalho e Previdência Social, considerar-se-á crime de falsidade, com as penalidades previstas no art. 299 do Código Penal:
>
> (...)
>
> II – Afirmar falsamente a sua própria identidade, filiação, lugar de nascimento, residência, profissão ou estado civil e beneficiários, ou atestar os de outra pessoa;
>
> (...)
>
> V – Anotar dolosamente em Carteira de Trabalho e Previdência Social ou registro de empregado, ou confessar ou declarar em juízo ou fora dele, data de admissão em emprego diversa da verdadeira.

5.7.4.21. Abuso de autoridade

O art. 29 da Lei 13.869/2019 define, como abuso de autoridade, a conduta de prestar informação falsa acerca de procedimento judicial, policial, fiscal ou administrativo, com a finalidade de prejudicar interesse do investigado:

> **Art. 29.** Prestar informação falsa sobre procedimento judicial, policial, fiscal ou administrativo com o fim de prejudicar interesse de investigado:
> Pena – detenção, de 6 (seis) meses a 2 (dois) anos, e multa.

5.7.5. Art. 300 – Falso reconhecimento de firma ou letra
5.7.5.1. Dispositivo legal

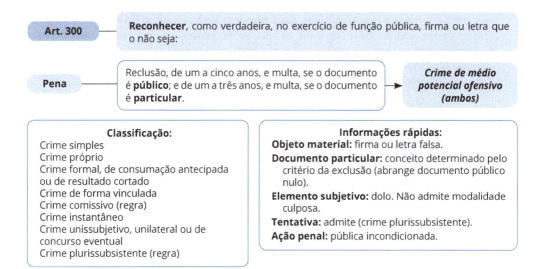

5.7.5.2. Objetividade jurídica

O bem jurídico penalmente tutelado é a fé pública, relativamente à autenticação de firma ou letra.

Na verdade, o art. 300 do Código Penal, com a rubrica "falso reconhecimento de firma ou letra", veicula uma modalidade especial de falsidade ideológica, cometida no exercício da função pública de autenticação de documentos públicos e privados.

Com efeito, o art. 300 do Código Penal não incrimina a falsidade material inerente ao carimbo ou chancela de reconhecimento da firma ou letra, pois esta conduta implicaria a falsificação de documento público. Pune-se o falso intelectual realizado pelo funcionário público no desempenho da função pública de atestar a veracidade de documentos submetidos à sua apreciação.

5.7.5.3. Objeto material

É a firma ou letra falsa.

Firma é a assinatura de alguém, por extenso ou abreviada; **letra** é o sinal gráfico representativo de vocábulos da linguagem escrita.

Não há crime na hipótese de firma ou letra verdadeiras, ainda que o funcionário público tenha deixado de assistir à sua aposição, ou não tenha efetuado a comparação com o padrão arquivado em cartório.

5.7.5.4. Núcleo do tipo

O núcleo do tipo é "**reconhecer**", no sentido de declarar, afirmar, proclamar, autenticar como verdadeira firma ou letra que não o sejam. No reconhecimento, o funcionário atesta com fé pública que a assinatura ou letra provém do punho de determinada pessoa. A falsidade diz respeito à autenticidade da assinatura ou letra, e não ao teor do documento. Nas palavras de Fernando Capez:

> Geralmente, para poder certificar-se que a letra (manuscrito) ou firma (assinatura) do documento realmente proveio do punho daquele que consta como seu redator ou subscritor, os contratantes, por exemplo, submetem o contrato assinado ao tabelião para que este compare a letra ou assinatura constante do contrato com as assinaturas constantes de uma ficha de registro de firmas arquivada em cartório, firma esta justamente destinada a proporcionar tal comparação gráfica. Uma vez realizada a comparação, o tabelião apõe um carimbo sobre o documento em que declara reconhecer a assinatura, isto é, atesta sua autenticidade, colocando em seguida sua assinatura. Caso o tabelião ou outro funcionário público incumbido dessa tarefa ateste falsamente a autenticidade da letra ou firma, tal conduta configurará o crime em exame.[90]

O reconhecimento é denominado **autêntico** ou **por certeza** quando a aposição da letra ou firma é realizada na presença do tabelião ou serventuário. Por sua vez, é **semiautêntico** nas situações em que o signatário ou redator comparece à presença do tabelião e afirma que a assinatura ou letra de certo documento é de sua autoria.

Entretanto, o reconhecimento mais frequente é o que se dá **por semelhança**, ou seja, a autenticação é efetuada pelo tabelião ou serventuário utilizando-se do modelo contido no "cartão de firma" que a pessoa possui arquivado em cartório.

Fala-se, finalmente, em reconhecimento **indireto** na hipótese em que duas ou mais testemunhas afirmam se tratar da assinatura ou letra de pessoa diversa.

5.7.5.5. Sujeito ativo

Cuida-se de **crime próprio** ou **especial**, pois somente pode ser cometido pelo funcionário público dotado de fé pública, ou seja, com atribuição para o reconhecimento de firma ou letra como verdadeiras (exemplos: tabeliães e agentes consulares). É irrelevante o local da prática do delito, que estará configurado mesmo que a autenticação da firma ou documento seja efetuada fora da repartição pública ou do cartório.

Como o tipo penal contém a expressão "no exercício da função pública", se o sujeito, embora funcionário público, encontrar-se afastado das suas funções por qualquer motivo (exemplos: licenças, férias, etc.), ou não possuir competência para a prática do ato, seu comportamento não poderá ensejar o reconhecimento do crime em análise, e sim o delito de falsidade ideológica (CP, art. 299).

De outro lado, se o reconhecimento da firma ou letra for executado por um particular, mediante a falsificação da assinatura do funcionário público com atribuição para tal mister, a ele será imputado o crime de falsificação de documento público (CP, art. 297) ou de documento particular (CP, art. 298).

5.7.5.5.1. Concurso de pessoas e reflexos jurídicos

O falso reconhecimento de firma ou letra é crime próprio (ou especial), e, portanto, compatível com o concurso de pessoas, tanto na modalidade coautoria como na participação. Entretanto, na prática, duas situações devem ser diferenciadas.

---

[90] CAPEZ, Fernando. *Curso de direito penal*. 8. ed. São Paulo: Saraiva, 2010. v. 3, p. 394.

1.ª situação: O falsário submete o documento à autenticação

Se o falsificador do documento apresentá-lo ao funcionário público para autenticação, e este último, ciente da falsidade da firma ou letra, reconhecê-lo como verdadeiro, dois crimes distintos serão visualizados: (a) falsificação de documento, público ou particular (CP, arts. 297 ou 298), para o falsário;[91] e (b) falso reconhecimento de firma ou letra (CP, art. 300), para o funcionário público.

2.ª situação: Terceira pessoa submete o documento à falsificação

Se uma pessoa qualquer, diversa do falsário, apresentar ao funcionário público o documento falsificado para autenticação, e este último, ciente da sua origem ilícita, reconhecer a firma ou letra como verdadeira, ambos responderão, em concurso, pelo crime tipificado no art. 300 do Código Penal.

5.7.5.5.2. A questão da falsa perícia

Se o agente se revestir da condição de perito, com atribuição para realizar exames grafológicos ou grafotécnicos em documentos, estará caracterizado o delito de falsa perícia (CP, art. 342). O conflito aparente de normas penais é solucionado pelo princípio da especialidade.

5.7.5.6. Sujeito passivo

É o Estado e, mediatamente, a pessoa física ou jurídica prejudicada pela conduta criminosa.

5.7.5.7. Elemento subjetivo

É o dolo, independentemente de qualquer finalidade específica. O crime é compatível com o dolo eventual, na hipótese em que o funcionário público, na dúvida acerca da veracidade da firma ou letra, ainda assim as reconhece como autênticas.

Não se admite a modalidade culposa. Destarte, o fato é atípico no tocante ao tabelião que se omite em seu dever funcional de fiscalizar os atos praticados pelos seus funcionários, ensejando o falso reconhecimento de firma falsa, sem prejuízo da responsabilidade civil e administrativa.[92]

5.7.5.7.1. Crime praticado para fins eleitorais

Se a conduta for praticada com fins eleitorais, estará caracterizado o crime específico (princípio da especialidade) definido no art. 352 da Lei 4.737/1965 – Código Eleitoral:

> **Art. 352.** Reconhecer, como verdadeira, no exercício da função pública, firma ou letra que o não seja, para fins eleitorais:
>
> Pena – reclusão até cinco anos e pagamento de 5 a 15 dias-multa se o documento é público, e reclusão até três anos e pagamento de 3 a 10 dias-multa se o documento é particular.

---

[91] Em consonância com a posição dominante em doutrina e jurisprudência, incide o princípio da consunção (*post factum impunível*) quando o autor da falsificação do documento posteriormente o utiliza, não se podendo falar em concurso material de crimes.

[92] STJ: RMS 26.548/PR, rel. Min. Benedito Gonçalves, 1.ª Turma, j. 04.03.2010.

5.7.5.8. Consumação

Trata-se de **crime formal, de consumação antecipada** ou **de resultado cortado**: consuma-se no momento em que o funcionário público, no desempenho da sua função, reconhece como verdadeira firma ou letra que não o seja, independentemente do dano a ser causado pela efetiva utilização do documento.[93]

5.7.5.9. Tentativa

É cabível, em face do caráter plurissubsistente do delito, comportando o fracionamento do *iter criminis*.[94]

5.7.5.10. Ação penal

A ação penal é pública incondicionada.

5.7.5.11. Lei 9.099/1995

O falso reconhecimento de firma ou letra é **crime de médio potencial ofensivo**. A pena mínima cominada (reclusão de um ano), tanto para o documento público como no tocante ao documento particular, enseja a aplicação da suspensão condicional do processo, desde que presentes os demais requisitos exigidos pelo art. 89 da Lei 9.099/1995.

5.7.5.12. Classificação doutrinária

O falso reconhecimento de firma ou letra é crime **simples** (ofende um único bem jurídico); **próprio** (somente pode ser praticado pelo funcionário público dotado de fé pública); **formal, de consumação antecipada** ou **de resultado cortado** (consuma-se com a prática da conduta legalmente descrita, independentemente da superveniência do resultado naturalístico); **de forma vinculada** (apenas pode ser executado mediante a autenticação da firma ou letra); em regra **comissivo**; **instantâneo** (consuma-se em um momento determinado, sem continuidade no tempo); **unissubjetivo, unilateral** ou **de concurso eventual** (pode ser cometido por uma única pessoa, mas admite o concurso); e normalmente **plurissubsistente** (a conduta pode ser fracionada em diversos atos).

5.7.6. Art. 301 – Certidão ou atestado ideologicamente falso

5.7.6.1. Dispositivo legal

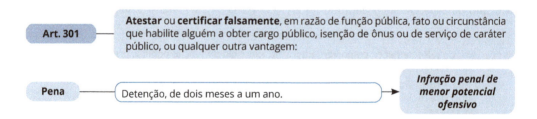

---

[93] Assim já se pronunciou o Superior Tribunal de Justiça: "para a caracterização do delito de falsidade, não se mostra necessária a demonstração do prejuízo, bastando a potencialidade do dano" (RHC 6.528/MG, rel. Min. Anselmo Santiago, 6.ª Turma, j. 19.08.1997).

[94] Há entendimentos em contrário. Nesse sentido: "(...) o agente reconhece a assinatura em ato único, não sendo cabível fracioná-lo para representar o *iter criminis*; não admite tentativa" (NUCCI, Guilherme de Souza. *Código Penal comentado*. 10. ed. São Paulo: RT, 2010. p. 1.076).

Falsidade material de atestado ou certidão

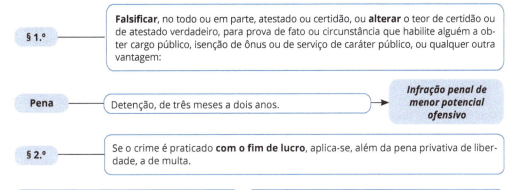

5.7.6.2. Objetividade jurídica

O bem jurídico penalmente tutelado é fé pública, relativamente à emissão de atestados e certidões.

5.7.6.3. Objeto material

É o **atestado** ou a **certidão ideologicamente falso**. Nas precisas lições de Damásio E. de Jesus:

> *Atestado* é um documento que traz em si o testemunho de um fato ou circunstância. O signatário o emite em face do conhecimento pessoal a respeito de seu objeto, obtido, na espécie do tipo, no exercício de suas atribuições funcionais.
>
> *Certidão* (ou certificado) é o documento pelo qual o funcionário, no exercício de suas atribuições oficiais, afirma a verdade de um fato ou circunstância contida em documento público ou transcreve o conteúdo do texto, total ou parcialmente.
>
> A diferença entre ambos reside em que a certidão tem por fundamento um documento guardado em repartição pública (ou nela em tramitação), enquanto o atestado constitui um testemunho ou depoimento por escrito do funcionário público (na hipótese do tipo) sobre um fato ou circunstância.[95]

De acordo com o art. 301, *caput*, do Código Penal, o atestado ou a certidão devem envolver **fato ou circunstância**. No entanto, nem todo fato ou circunstância apresenta idoneidade para caracterização do delito. O tipo penal é claro, ao exigir fato ou circunstância **que habilite alguém a obter cargo público** (exemplo: certidão de antecedentes criminais, com conteúdo negativo, beneficiando sujeito diversas vezes condenado por crimes contra a Administração pública), **isenção de ônus ou de serviço de caráter público** (exemplo: certidão isentando seu

---
[95] JESUS, Damásio E. de. *Direito penal*. 13. ed. São Paulo: Saraiva, 2007. v. 4, p. 70.

beneficiário da atividade de jurado, com fulcro no art. 437, inc. X, do Código de Processo Penal), **ou qualquer outra vantagem**.

O legislador mais uma vez se valeu da **interpretação analógica** (ou *intra legem*), descrevendo uma fórmula casuística ("que habilite alguém a obter cargo público, isenção de ônus ou de serviço de caráter público"), seguida de uma fórmula genérica ("ou qualquer outra vantagem").

Nesse contexto, a expressão "**qualquer outra vantagem**" há de ser compreendida como **vantagem de natureza pública**, em sintonia com as hipóteses expressamente indicadas em lei. Exemplificativamente, não se configura o delito em apreço quando o funcionário público atesta falsamente o bom comportamento de alguém na tentativa de propiciar-lhe um emprego na iniciativa privada. De outro lado, estará caracterizado o delito quando um promotor de Justiça atesta falsamente os dotes de um conhecido, habilitando-o a ingressar nos quadros do Ministério Público.

Evidentemente, o fato ou circunstância objeto do atestado ou da certidão precisa relacionar-se com a pessoa a que se destinam, pois o tipo penal se refere a "fato ou circunstância que habilite **alguém**".

5.7.6.4. Núcleos do tipo

O tipo penal contém dois núcleos: "atestar" e "certificar".

Atestar é afirmar a ocorrência de fato ou situação de que o funcionário público tenha ciência direta e pessoal. Exemplo: o diretor do estabelecimento prisional atesta, para fins de progressão de regime, o bom comportamento carcerário do condenado.

Certificar é afirmar a existência ou inexistência de determinado documento ou registro junto ao órgão público. Exemplo: o funcionário público lotado no Cartório Distribuidor de um fórum certifica a inexistência de ações cíveis movidas contra alguém naquela comarca.

O art. 301, *caput*, do Código Penal prevê um **elemento normativo**, pois o funcionário público deve atestar ou certificar "**falsamente**", ou seja, o fato ou circunstância deve ser descrito em descompasso com a realidade. Daí a nomenclatura do crime – "certidão ou atestado *ideologicamente* falso" –, pois o documento é formalmente verdadeiro, elaborado por quem de direito, mas seu conteúdo é inverídico.

Cumpre destacar que a atestação ou certificação há necessariamente de ser **originária**, ou seja, o funcionário público deve criar o falso atestado ou certidão. Destarte, a reprodução falsa (total ou parcial) ou cópia de documento oficial não enseja o reconhecimento deste delito, e sim falsidade material (CP, arts. 297 e 298). De igual modo, a elaboração de certidão de inteiro teor, cujo conteúdo seja divergente do documento original da qual extraída, ajusta-se ao delito tipificado no art. 299 do Código Penal (falsidade ideológica), pois a certidão existia anteriormente ao comportamento ilícito do funcionário público.

5.7.6.5. Sujeito ativo

Cuida-se de **crime próprio** ou **especial**, pois somente pode ser cometido pelo funcionário público autorizado a emitir atestados ou certidões. E, contrariamente ao que se verifica no art. 300 do Código Penal, não se exige seja a conduta realizada no exercício da função pública. Basta a prática do fato "em razão da função pública", isto é, valendo-se das facilidades proporcionadas pela posição funcional.

5.7.6.6. Sujeito passivo

É o Estado e, mediatamente, a pessoa física ou jurídica prejudicada pela conduta criminosa.

5.7.6.7. Elemento subjetivo

É o dolo, independentemente de qualquer finalidade específica. Com efeito, o tipo penal se contenta com a intenção do funcionário público de emitir certidão ou atestado ideologicamente falso. Não se reclama o propósito de habilitar alguém a obter cargo público, isenção de ônus ou de serviço de caráter público, ou qualquer outra vantagem. Basta o conhecimento desta possibilidade pelo agente.[96]

Não se admite a modalidade culposa.

5.7.6.7.1. Fim de lucro e aplicação cumulativa da pena de multa

Se o crime é praticado com fim de lucro, aplica-se, além da pena privativa de liberdade, a de multa. É o que se extrai do art. 301, § 2.º, do Código Penal.

5.7.6.8. Consumação

Trata-se de **crime formal, de consumação antecipada** ou **de resultado cortado**: consuma-se no momento em que o sujeito conclui a certidão ou atestado ideologicamente falso, e o entrega a outrem, independentemente da sua efetiva utilização pelo seu destinatário ou da causação de prejuízo a alguém.

A entrega do documento falso a terceiro é imprescindível. Se o funcionário público permanece com a certidão ou atestado ideologicamente falso em seu poder, não há ofensa à fé pública.[97] Destarte, ausente o crime, sob pena de violação ao princípio da lesividade (ou da ofensividade), um dos principais vetores do Direito Penal moderno.

5.7.6.9. Tentativa

É possível, em face do caráter plurissubsistente do delito, permitindo o fracionamento do *iter criminis*.

5.7.6.10. Ação penal

A ação penal é pública incondicionada.

5.7.6.11. Lei 9.099/1995

Como corolário da pena privativa de liberdade cominada em seu patamar máximo (detenção de um ano), a certidão ou atestado ideologicamente falso constitui-se em **infração penal de menor potencial ofensivo**, de competência do Juizado Especial Criminal e compatível com a transação penal e o rito sumaríssimo, nos moldes da Lei 9.099/1995.

5.7.6.12. Classificação doutrinária

O crime de certidão ou atestado ideologicamente falso é **simples** (ofende um único bem jurídico); **próprio** (somente pode ser praticado pelo funcionário público); **formal, de consumação antecipada** ou **de resultado cortado** (consuma-se com a prática da conduta legalmente descrita, independentemente da superveniência do resultado naturalístico); **de forma vinculada** (somente pode ser cometido mediante a atestação ou certificação falsa), embora existam entendimentos em contrário; em regra **comissivo**; **instantâneo** (consuma-se em um momento determinado, sem continuidade no tempo); **unissubjetivo, unilateral** ou **de concurso eventual** (pode ser cometido por uma única pessoa, mas admite o concurso); e normalmente **plurissubsistente** (a conduta pode ser fracionada em diversos atos).

---

[96] Com entendimento diverso: NUCCI, Guilherme de Souza. *Código Penal comentado*. 10. ed. São Paulo: RT, 2010. p. 1.076.

[97] Existem, entretanto, opiniões em sentido contrário. Para Heleno Cláudio Fragoso, a consumação se verifica "com a formação do falso atestado ou certidão, independentemente de qualquer outro resultado. Pode, assim, o documento permanecer na posse do funcionário" (*Lições de direito penal*. Parte especial. São Paulo: José Bushatsky, 1959. v. 4, p. 841).

5.7.6.13. Falsidade material de atestado ou certidão: art. 301, § 1.º

Nos termos do art. 301, § 1.º, do Código Penal: "Falsificar, no todo ou em parte, atestado ou certidão, ou alterar o teor de certidão ou de atestado verdadeiro, para prova de fato ou circunstância que habilite alguém a obter cargo público, isenção de ônus ou de serviço de caráter público, ou qualquer outra vantagem: Pena – detenção, de três meses a dois anos".

Depois de incriminar no *caput* a falsidade ideológica de atestado ou certidão, agora o legislador volta sua atenção à **falsidade material** de tais objetos. Trata-se de **crime comum** ou **geral**, pois a lei não exige nenhuma situação fática ou jurídica diferenciada no tocante ao sujeito ativo. Na linha da jurisprudência do Superior Tribunal de Justiça:

> Falsidade material de atestado ou certidão. Artigo 301, parágrafo 1.º, do Código Penal. Crime comum. Diversamente do tipificado no *caput* do artigo 301 do Código Penal (certidão ou atestado ideologicamente falso), o crime previsto no parágrafo 1.º daquele artigo (falsidade material de atestado ou certidão) não é crime próprio de servidor público, podendo ser praticado por qualquer pessoa.[98]

Os núcleos do tipo são "**falsificar**" (imitar ou reproduzir) atestado ou certidão, e "**alterar**" (modificar parcialmente) o teor de certidão ou atestado verdadeiro, para prova de fato ou circunstância que habilite alguém a obter cargo público, isenção de ônus ou de serviço de caráter público, ou qualquer outra vantagem. Exemplo: "A" fabrica uma certidão de antecedentes criminais, capaz de habilitá-lo a obter cargo público.

Como nos demais crimes contra a fé pública, a falsificação ou alteração não pode ser grosseira, é dizer, é fundamental sua idoneidade para enganar as pessoas em geral.

O delito é **formal, de consumação antecipada** ou **de resultado cortado**: consuma-se com a falsificação ou alteração do documento, independentemente da sua utilização ou da obtenção da vantagem indevida por parte do seu destinatário. A tentativa é possível, em razão do seu caráter plurissubsistente.

Se o agente falsifica materialmente o atestado ou certidão, e posteriormente o utiliza, deverá ser responsabilizado unicamente pelo crime definido no art. 301, § 1.º, do Código Penal. O uso representa *post factum* impunível, restando absorvido pela falsificação, em homenagem ao princípio da consunção.

No mais, valem as observações lançadas em relação ao crime de certidão ou atestado ideologicamente falso (CP, art. 301, *caput*).

5.7.7. Art. 302 – Falsidade de atestado médico

5.7.7.1. Dispositivo legal

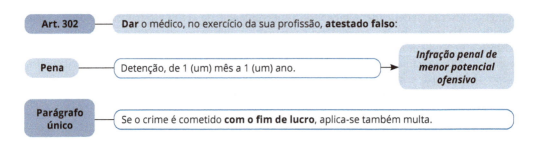

---

[98] REsp 209.245/DF, rel. Min. Hamilton Carvalhido, 6.ª Turma, j. 1.º.03.2001. E também: REsp 210.379/DF, rel. Min. Fernando Gonçalves, 6.ª Turma, j. 12.09.2000.

Classificação:
Crime simples
Crime próprio
Crime formal, de consumação antecipada ou de resultado cortado
Crime de forma livre
Crime comissivo (regra)
Crime não transeunte
Crime instantâneo
Crime unissubjetivo, unilateral ou de concurso eventual
Crime plurissubsistente (regra)

Informações rápidas:
Objeto material: atestado médico falso.
Médico: o crime não abrange dentistas, psicólogos e fisioterapeutas, entre outros.
Elemento subjetivo: dolo. Não admite modalidade culposa.
Ação penal: pública incondicionada.

5.7.7.2. Objetividade jurídica

O bem jurídico penalmente tutelado é a fé pública, relativamente à confiança depositada pela população nos atestados médicos.

5.7.7.3. Objeto material

É o atestado médico falso.

5.7.7.4. Núcleo do tipo

O núcleo do tipo é "**dar**", ou seja, fornecer, entregar, produzir documento em que se atesta fato médico relevante e não correspondente com a realidade. A propósito, a atestação falsa de óbito, sem exame do cadáver, importa no reconhecimento do delito.[99]

Não importa a finalidade a ser atribuída ao falso atestado, pois o fundamento da incriminação repousa no **fato que o atestado pretende comprovar** (exemplo: gozar o paciente de perfeita saúde ou encontrar-se acometido de determinada enfermidade).

5.7.7.4.1. Atestado médico falso destinado à prática de outro crime

Se o atestado falso for utilizado como meio de execução de outro crime (exemplo: estelionato para levantamento indevido de PIS e FGTS), e o médico conhecer esta circunstância, será ele responsabilizado na condição de partícipe somente pelo crime mais grave, o qual absorve o delito contido no art. 302 do Código Penal (princípio da consunção).[100]

5.7.7.5. Sujeito ativo

O crime é **próprio** ou **especial**, pois somente pode ser cometido pelo médico. Sua área de especialização é irrelevante. Exemplificativamente, um cardiologista pode emitir falso atestado relativo à gravidez da paciente.

Admite-se o concurso de pessoas (coautoria e participação), como no exemplo da secretária que solicita ao médico com quem trabalha a confecção de falso atestado em prol do seu marido.

Excluem-se do raio de incidência do art. 302 do Código Penal os dentistas, psicólogos e fisioterapeutas, entre outros. E, nesse ponto, o legislador criou uma situação contraditória, pois o fornecimento de atestados falsos por tais profissionais configura o delito de falsidade ideológica (CP, art. 299), cuja pena é sensivelmente mais grave.

---

[99] Como já decidiu o Supremo Tribunal Federal: "Declaração falsa para encobrir a verdadeira causa da morte em atestado de óbito verdadeiro configura o crime de falsidade ideológica (art. 299 do Código Penal), e não o crime de falsidade de atestado médico (art. 302 do mesmo Código), pois, no caso, o atestado de óbito é verdadeiro, mas nele se inseriu declaração falsa com o fim de alterar a verdade sobre fato juridicamente relevante" (HC 69.766/RJ, rel. Min. Moreira Alves, 1.ª Turma, j. 16.02.1993).

[100] STJ: AgRg no CC 98.778/SP, rel. Min. Celso Limongi (Desembargador convocado do TJSP), 3.ª Seção, j. 23.06.2010.

E, além de ser profissional da medicina, o agente deve dar o falso atestado "no exercício da sua profissão", isto é, a afirmação há de relacionar-se com o estado de saúde do solicitante. Não há crime, portanto, quando o atestado contenha informações estranhas à saúde do paciente, como no exemplo em que o médico tece considerações acerca da distinta personalidade do paciente. Também não se configura o delito na situação em que o atestado versa sobre dados secundários ligados à saúde do enfermo. Nas lições de Julio Fabbrini Mirabete:

> Não há crime, porém, quando a falsidade se relaciona com circunstâncias secundárias ou acidentais, juridicamente irrelevantes. Assim, se no atestado menciona-se que as visitas médicas foram realizadas em casa do doente, quando as foram na residência de seu irmão, essa circunstância não elide o fato da enfermidade, que é o que se deseja provar.[101]

Por seu turno, o beneficiário do atestado médico falso que o utiliza, ciente da sua origem, comete o crime de uso de documento falso (CP, art. 304).

5.7.7.5.1. Falsidade de atestado médico e atestado ideologicamente falso: distinção

Se o médico ostentar a posição de funcionário público e fornecer atestado falso para alguém que seja habilitado a obter cargo público, isenção de ônus ou de serviço de caráter público, ou qualquer outra vantagem relacionada ao serviço público, a ele será imputado o crime de atestado ideologicamente falso, definido no art. 301, *caput*, do Código Penal.

Importante ressaltar que atestado médico falso e atestado ideologicamente falso não se confundem, o que pode ser verificado conforme o quadro comparativo abaixo:

FALSIDADE DE ATESTADO MÉDICO	ATESTADO IDEOLOGICAMENTE FALSO
Art. 302 do CP	Art. 301 do CP
Pena: detenção, de um mês a um ano.	Pena: detenção, de dois meses a um ano.
Sujeito ativo: somente pode ser cometido pelo médico. Sua área de especialização é irrelevante.	Sujeito ativo: somente pode ser cometido pelo funcionário público autorizado a emitir atestados ou certidões. Não se exige seja a conduta realizada no exercício da função pública. Basta a prática do fato "em razão da função pública", isto é, valendo-se das facilidades proporcionadas pela posição funcional.
O agente deve dar o falso atestado "no exercício da sua profissão", isto é, a afirmação há de relacionar-se com o estado de saúde do solicitante.	
Objeto material: é o atestado médico falso.	Objeto material: é o atestado ou a certidão ideologicamente falsos.
Núcleo do tipo: fornecer, entregar, produzir documento em que se atesta fato médico relevante e não correspondente com a realidade.	Núcleo do tipo: afirmar a ocorrência de fato ou situação de que o funcionário público tenha ciência direta e pessoal.
Consumação: consuma-se no momento em que o médico entrega o falso atestado, independentemente da sua utilização posterior pelo solicitante.	Afirmar a existência ou inexistência de determinado documento ou registro junto ao órgão público.
	Consumação: consuma-se no momento em que o sujeito conclui a certidão ou atestado ideologicamente falso, e o entrega a outrem, independentemente da sua efetiva utilização pelo seu destinatário ou da causação de prejuízo a alguém.

---

[101] MIRABETE, Julio Fabbrini. *Manual de direito penal*. 22. ed. São Paulo: Atlas, 2007. v. 3, p. 242.

5.7.7.5.2. O surgimento da corrupção passiva

Se o médico for funcionário público, e solicitar ou receber, para si ou para outrem, direta ou indiretamente, ainda que fora da função ou antes de assumi-la, mas em razão dela, vantagem indevida, ou aceitar promessa de tal vantagem, para emitir o atestado falso, estará configurado o crime de corrupção passiva (CP, art. 317).

5.7.7.6. Sujeito passivo

É o Estado e, mediatamente, a pessoa física ou jurídica prejudicada pela emissão do falso atestado médico (exemplo: empregador, Poder Público etc.).

5.7.7.7. Elemento subjetivo

É o dolo, independentemente de qualquer finalidade específica.

Não há previsão de modalidade culposa. Destarte, o fato é atípico na hipótese em que o profissional da medicina se equivoca no diagnóstico em razão da negligência ao examinar o paciente, fornecendo atestado discrepante da sua situação clínica.

5.7.7.7.1. Fim de lucro e aplicação cumulativa da pena pecuniária

Se o crime é cometido com fim de lucro (exemplo: consulta médica mais cara em troca do atestado falso), aplica-se também a pena de multa, nos termos do art. 302, parágrafo único, do Código Penal. A comercialização de atestados médicos reclama punição mais severa. Para o reconhecimento da sanção pecuniária, basta a intenção lucrativa, ainda que a vantagem indevida não seja efetivamente recebida pelo profissional da medicina.

5.7.7.7.2. Falsidade de atestado médico para fins militares

A falsidade de atestado médico realizada com a finalidade de abonar faltas injustificadas ao serviço em organização militar constitui crime militar, com fulcro no art. 9.º, inc. II, *e*, do Decreto-lei 1.001/1969 – Código Penal Militar:

> Art. 9.º Consideram-se crimes militares, em tempo de paz:
> II – os crimes previstos neste Código e os previstos na legislação penal, quando praticados:
> e) por militar da ativa contra o patrimônio sob a administração militar ou contra a ordem administrativa militar.

5.7.7.8. Consumação

Cuida-se de **crime formal**, **de consumação antecipada** ou **de resultado cortado**: consuma-se no momento em que o médico entrega o falso atestado, independentemente da sua utilização posterior pelo solicitante.

5.7.7.9. Tentativa

É possível, em face do caráter plurissubsistente do delito, permitindo o fracionamento do *iter criminis*.

5.7.7.10. Ação penal

A ação penal é pública incondicionada.

5.7.7.11. Lei 9.099/1995

Em face do máximo da pena privativa de liberdade cominada (detenção de um ano), a falsidade de atestado médico é **infração penal de menor potencial ofensivo**, de competência do Juizado Especial Criminal e compatível com a transação penal e o rito sumaríssimo, em conformidade com as disposições da Lei 9.099/1995.

A suavidade da pena é alvo de críticas, por duas razões: (a) grave violação, pelo médico, dos deveres inerentes à sua relevante função; e (b) extensão das consequências do crime, causando prejuízo não somente a fé pública, mas também a inúmeras pessoas (exemplos: alunos sem aulas em face da licença do professor, redução na produtividade da empresa pela falta do trabalhador, prejuízo ao erário com a ausência do funcionário público, gastos indevidos onerando a Seguridade Social etc.). Na verdade, o art. 302 do Código Penal contempla uma modalidade específica de falsidade ideológica, razão pela qual a falsidade de atestado médico deveria ser mais severamente punida, em sintonia com o tratamento dispensado ao crime definido no art. 299 do Código Penal.

5.7.7.12. Classificação doutrinária

A falsidade de atestado médico é crime **simples** (ofende um único bem jurídico); **próprio** (somente pode ser praticado pelo médico); **formal, de consumação antecipada** ou **de resultado cortado** (consuma-se com a prática da conduta legalmente descrita, independentemente da superveniência do resultado naturalístico); **de forma livre** (admite qualquer meio de execução); em regra **comissivo**; **não transeunte** (deixa vestígios materiais); **instantâneo** (consuma-se em um momento determinado, sem continuidade no tempo); **unissubjetivo, unilateral** ou **de concurso eventual** (pode ser cometido por uma única pessoa, mas admite o concurso); e normalmente **plurissubsistente** (a conduta pode ser fracionada em diversos atos).

5.7.8. Art. 303 – Reprodução ou adulteração de selo ou peça filatélica

5.7.8.1. Dispositivo legal

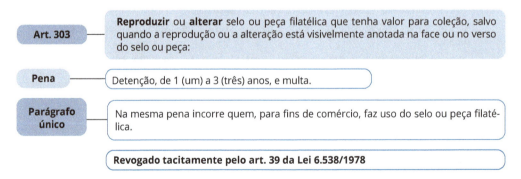

5.7.8.2. Revogação tácita pela Lei 6.538/1978

O crime tipificado no art. 303 do Código Penal foi tacitamente revogado pelo art. 39 da Lei 6.538/1978. Trata-se de lei relacionada ao serviço postal e, portanto, específica, além de ser posterior ao art. 303 do Código Penal. Sua redação é a seguinte:

> **Art. 39.** Reproduzir ou alterar selo ou peça filatélica de valor para coleção, salvo quando a reprodução ou a alteração estiver visivelmente anotada na face ou no verso do selo ou peça:
>
> Pena: detenção, até dois anos, e pagamento de três a dez dias-multa.
>
> **Forma assimilada**
>
> Parágrafo único. Incorre nas mesmas penas, quem, para fins de comércio, faz uso de selo ou peça filatélica de valor para coleção, ilegalmente reproduzidos ou alterados.

5.7.9. Art. 304 – Uso de documento falso
5.7.9.1. Dispositivo legal

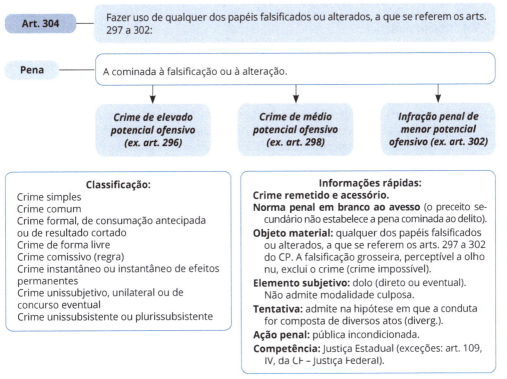

5.7.9.2. Introdução

Depois de incriminar a falsificação de diversos documentos, públicos e particulares, o legislador volta sua atenção ao uso de tais papéis. Com efeito, tão criminoso quanto a falsificação documental, material ou ideológica, é o uso do documento falso. É com o uso que o documento falso vai exercer a função malévola a que se destina.

Cuida-se de **crime remetido**, pois sua conduta típica se remete aos arts. 297 a 302 do Código Penal. É também **delito acessório** (**de fusão ou parasitário**), pois não tem existência autônoma, reclamando a prática de crime anterior. De fato, somente se pode falar em uso de documento falso quando um documento foi objeto de prévia falsificação.

Além disso, o art. 304 do Código Penal constitui-se em **norma penal em branco ao avesso**, pois o preceito secundário não estabelece a pena cominada ao delito, sendo necessária a complementação por outras normas penais. Nesse contexto, o art. 304 do Código Penal submete à mesma pena o falsificador e o usuário, igualando a gravidade da falsificação e do uso do documento falso.

Em análise precipitada, a redação legal poderia ensejar certa confusão. Teria o legislador se esquecido, na punição do uso, dos documentos falsos contidos nos arts. 296 (falsificação de selo ou sinal público) e 303 (reprodução ou adulteração de selo ou peça filatélica), pois o tipo penal se limita aos arts. 297 a 302?

A resposta é negativa. Tais crimes contêm previsão específica (art. 296, § 1.º, inc. I, e art. 303, parágrafo único) no tocante ao uso de tais documentos. Esta é a razão da acertada omissão legislativa.[102]

5.7.9.3. Objetividade jurídica

O bem jurídico penalmente tutelado é a fé pública, relativamente à proibição do emprego de documentos falsificados ou alterados.

5.7.9.4. Objeto material

É qualquer dos papéis falsificados ou alterados a que se referem os arts. 297 a 302 do Código Penal, quais sejam, documento público (art. 297), documento particular (art. 298), documento público ou particular ideologicamente falso (art. 299), documento contendo falso reconhecimento de firma ou letra (art. 300), certidão ou atestado ideologicamente falso (art. 301), atestado ou certidão materialmente falso (art. 301, § 1.º) e atestado médico falso (art. 302).

Em compasso com a regra aplicável aos crimes contra a fé pública, o documento falsificado ou alterado deve ostentar potencialidade lesiva. Em outras palavras, é indispensável seja idôneo a ludibriar as pessoas em geral. A falsificação grosseira, perceptível *ictu oculi*, afasta a falsidade documental e, por corolário, o uso de documento falso, em face de ausência de potencialidade de dano à fé pública.

Os papéis impressos ou datilografados, **sem assinatura**, não são considerados documentos. Portanto, ainda que venham a ser falsificados, quem deles faz uso não pode ser responsabilizado pelo crime definido no art. 304 do Código Penal.

De igual modo, as **fotocópias sem autenticação** não ingressam no conceito jurídico-penal de documento. Na linha da jurisprudência do Superior Tribunal de Justiça: "A utilização de fotocópia não autenticada afasta a tipicidade do crime de uso de documento falso, por não possuir potencialidade lesiva apta a causar dano à fé pública".[103]

Nada impede, entretanto, o uso de tais papéis – falsificação grosseira, impressos e datilografados sem assinatura e fotocópias não autenticadas – para a prática do crime de estelionato (CP, art. 171, *caput*) pois, embora não ofendam a fé pública, podem se mostrar aptos a enganar pessoas no caso concreto.

5.7.9.5. Núcleo do tipo

O núcleo do tipo é "**fazer uso**", no sentido de utilizar ou empregar qualquer dos papéis falsificados ou alterados, a que se referem os arts. 297 a 302 do Código Penal.

É imprescindível a efetiva utilização do documento para o fim a que se destina, judicial ou extrajudicialmente, não bastando seu porte ou a simples posse, pois a lei não contempla os verbos "portar" e "possuir". Para o Supremo Tribunal Federal: "A simples posse de docu-

---

[102] Lembre-se que o art. 303 do Código Penal foi revogado tacitamente pelo art. 39 da Lei 6.538/1978, e seu parágrafo único possui regra própria relacionada ao uso de selo ou peça filatélica de valor para coleção, ilegalmente reproduzidos ou alterados.
[103] HC 127.820/AL, rel. Min. Haroldo Rodrigues, 6.ª Turma, j. 25.05.2010.

mento falso não basta à caracterização do delito previsto no art. 304 do Código Penal, sendo necessária sua utilização visando atingir efeitos jurídicos".[104]

De fato, não há falar no crime tipificado no art. 304 do Código Penal quando o documento falso é encontrado no poder de alguém, pois nesse caso inexiste uso efetivo. É o que se dá, exemplificativamente, quando policiais militares revistam alguém na entrada de um estádio de futebol, em busca de armas, encontrando no bolso de sua calça uma carteira de trabalho e previdência social falsa. Se o sujeito não foi o responsável pela falsificação, nenhum crime poderá ser a ele imputado.

Exige-se o uso real do documento, e não meramente sua utilização para fins de exibicionismo ou vaidade, a exemplo daquele que mostra a terceiros, em conversa informal, um cheque falso de vultosa quantia emitido em seu favor.

Em síntese, é fundamental a saída do documento falso da esfera pessoal do agente, iniciando com outra pessoa uma relação capaz de produzir efeitos jurídicos. O documento falso é utilizado como se fosse verdadeiro, com o escopo de provar um fato juridicamente relevante.

5.7.9.5.1. A problemática inerente à Permissão para Dirigir e à Carteira Nacional de Habilitação

Se o documento falso consistir na Permissão para Dirigir ou na Carteira Nacional de Habilitação, e o agente encontrar-se na condução de veículo automotor, estará caracterizado o crime definido no art. 304 do Código Penal, em face da regra contida no art. 159, § 1.º, da Lei 9.503/1997 – Código de Trânsito Brasileiro: "É obrigatório o porte da Permissão para Dirigir ou da Carteira Nacional de Habilitação quando o condutor estiver à direção do veículo".[105]

Destarte, enquanto alguém conduz veículo automotor, está na verdade usando a Permissão para Dirigir ou a Carteira Nacional de Habilitação que traz consigo, e não simplesmente portando tais documentos.

No tocante ao Certificado de Registro e Licenciamento de Veículo – CRLV, o Superior Tribunal de Justiça já decidiu que não há falar no crime de uso de documento falso na hipótese em que o motorista se limita a portar o documento falso, sem apresentá-lo ao agente de trânsito no momento da abordagem: "O mero porte de CRLV falsificado na condução de veículo automotor, sem a apresentação pelo condutor no momento da abordagem, não tipifica o crime de uso de documento falso, previsto no art. 304 do Código Penal."[106]

5.7.9.5.2. Apresentação do documento falso em virtude de solicitação da autoridade pública

A apresentação de documento falso em atendimento à solicitação (ou exigência) da autoridade pública importa na prática do crime tipificado no art. 304 do Código Penal?

Embora existam entendimentos em contrário, temos como irrelevante questionar se o sujeito usou o documento falso espontaneamente ou em atendimento à solicitação (ou exigência) da autoridade pública. Em qualquer caso, ele deve ser responsabilizado pelo crime delineado no art. 304 do Código Penal.[107]

---

[104] Ext 1.183/República Federal da Alemanha, rel. Min. Dias Toffoli, Plenário, j. 24.06.2010.

[105] Estatui o § 1.º-A do art. 159 do Código de Trânsito Brasileiro, com a redação atribuída pela Lei 14.071/2020: "O porte do documento de habilitação será dispensado quando, no momento da fiscalização, for possível ter acesso ao sistema informatizado para verificar se o condutor está habilitado". Essa norma contém situação diversa, pois o motorista não porta (nem usa) documento falso.

[106] STJ: REsp 2.175.887/GO, rel. Min. Sebastião Reis Júnior, 6.ª Turma, j. 12.11.2024, noticiado no Informativo 834. Essa posição é questionável, diante da redação do art. 133, caput, da Lei 9.503/1997 – Código de Trânsito Brasileiro: "É obrigatório o porte do Certificado de Licenciamento Anual."

[107] O Supremo Tribunal Federal já decidiu nesse sentido: "Pratica o crime do art. 304 do Código Penal aquele que, instado, por agente de autoridade policial, a se identificar, exibe cédula de identidade que sabe falsificada" (HC 70.422/

De fato, o agente pode livremente optar entre exibir o documento falso ou informar que não possui a documentação pleiteada. Se preferiu valer-se de documento falsificado ou alterado, há de suportar as consequências inerentes ao seu comportamento. Exemplo: "A" caminha em via pública e vem a ser abordado por policiais que solicitam sua carteira de identidade. Em razão disso, "A" apresenta documento falso, ciente desta circunstância.

5.7.9.5.3. Confronto entre uso de documento falso e exercício da autodefesa

O princípio da ampla defesa, consagrado como cláusula pétrea no art. 5.º, inc. LV, da Constituição Federal, no âmbito penal compreende a defesa técnica, de incumbência do defensor constituído ou dativo, e também a autodefesa, exercida pelo próprio acusado (suspeito, indiciado, réu, condenado etc., variando a terminologia em conformidade com o momento da persecução penal).

E, no terreno da autodefesa, surge uma indagação: Constitui crime o uso de documento falso por alguém com o propósito de acobertar antecedentes criminais ou evitar qualquer medida coercitiva, tal como a prisão em flagrante ou em cumprimento de ordem judicial? Em outras palavras, o exercício da autodefesa vai a ponto de permitir o uso de documentos falsos?

Para o Supremo Tribunal Federal, a autodefesa não é ilimitada, pois a ninguém é assegurado o direito de se valer de meios ilícitos para a salvaguarda de interesses pessoais. Vale a pena acompanhar o seguinte julgado:

> O fato de o paciente ter apresentado à polícia identidade com sua foto e assinatura, porém com impressão digital de outrem, configura o crime do art. 304 do Código Penal. Havendo adequação entre a conduta e a figura típica concernente ao uso de documento falso, não cabe cogitar de que a atribuição de identidade falsa para esconder antecedentes criminais consubstancia autodefesa.[108]

5.7.9.5.4. Falsificação ou alteração do documento e uso pela mesma pessoa: conflito aparente de normas penais e solução

Se o usuário do documento falsificado ou alterado é o próprio falsificador, deve ser a ele imputado somente o **crime de falsificação**. De fato, o uso do documento falso desponta como *post factum* impunível, pois a falsidade documental já traz em seu bojo o dano potencial que o uso busca tornar efetivo. Vale lembrar, o dano potencial é suficiente para caracterização dos crimes contra a fé pública, entre eles o uso de documento falso.

A utilização do documento falso constitui-se em consectário lógico do crime antecedente, pois é evidente que os documentos são falsificados para uso posterior. Destarte, inexiste nova afronta ao bem jurídico protegido, qual seja, a fé pública. O conflito aparente de normas penais é resolvido pelo **princípio da consunção**, afastando o *bis in idem*, pois o falsificador não pode ser duplamente punido. Como já se pronunciou o Superior Tribunal de Justiça:

> Ao apreciar o *writ*, inicialmente, observou o Min. Relator ser pacífico o entendimento doutrinário e jurisprudencial de que o agente que pratica as condutas de falsificar documento e de usá-lo deve responder por apenas um delito. Assim, a questão consistiria em saber em que tipo penal, se falsi-

---

RJ, rel. Min. Sydney Sanches, 1.ª Turma, j. 03.05.1994). É também a posição consagrada no âmbito do STJ: "Segundo a jurisprudência do Superior Tribunal de Justiça, é irrelevante, para a caracterização do crime de uso de documento falso, que o agente use o documento por exigência da autoridade policial" (HC 144.733/SP, rel. Min. Napoleão Nunes Maia Filho, 5.ª Turma, j. 19.11.2009).

[108] HC 92.763/MS, rel. Min. Eros Grau, 2.ª Turma, j. 12.02.2008. Com igual conclusão: HC 103.314/MS, rel. Min. Ellen Gracie, 2.ª Turma, j. 24.05.2011, noticiado no *Informativo* 628. É também o entendimento do Superior Tribunal de Justiça: REsp 1.091.510/RS, rel. Min. Maria Thereza de Assis Moura, 6.ª Turma, j. 08.11.2011, noticiado no *Informativo* 487; e HC 151.866/RJ, rel. Min. Jorge Mussi, 5.ª Turma, j. 01.12.2011, noticiado no *Informativo* 488.

ficação de documento público ou uso de documento falso, estaria incurso o paciente. Para o Min. Relator, seguindo entendimento do STF, se o mesmo sujeito falsifica documento e, em seguida, faz uso dele, responde apenas pela falsificação. Destarte, impõe-se o afastamento da condenação do ora paciente pelo crime de uso de documento falso, remanescendo a imputação de falsificação de documento público. Registrou que, apesar de seu comportamento reprovável, a condenação pelo falso (art. 297 do CP) e pelo uso de documento falso (art. 304 do CP) traduz ofensa ao princípio que veda o *bis in idem*, já que a utilização pelo próprio agente do documento que anteriormente falsificara constitui fato posterior impunível, principalmente porque o bem jurídico tutelado, ou seja, a fé pública, foi malferido no momento em que se constituiu a falsificação. Significa, portanto, que a posterior utilização do documento pelo próprio autor do falso consubstancia, em si, desdobramento dos efeitos da infração anterior.[109]

O Superior Tribunal de Justiça já decidiu diversamente, no sentido da absorção da falsificação (crime-meio) pelo uso de documento falso (crime-fim), sem mencionar se tais delitos teriam sido cometidos pela mesma pessoa:

> Na relação de consunção, prevalece o crime de uso de documento falso, crime-fim, sobre a falsidade ideológica, delito-meio. O princípio da consunção é aplicado para resolver o conflito aparente de normas penais quando um crime é meio necessário, fase de preparação ou de execução do delito de alcance mais amplo, de tal sorte que o agente só é responsabilizado pelo último, desde que se constate uma relação de dependência entre as condutas praticadas. Com efeito, considerar a absorção do uso do documento falso pela falsidade ideológica significa conferir prevalência ao crime-meio sobre o crime-fim, o que é conceitualmente inadequado, além de conduzir a situações de manifesta perplexidade, como o reconhecimento da prescrição todas as vezes que um documento falso é utilizado após o decurso de alguns anos de sua confecção, a depender do caso concreto. Desse modo, correta a aplicação do princípio da consunção, mediante o reconhecimento de que o crime-meio – falsidade ideológica – exauriu a sua potencialidade lesiva no crime-fim – uso desse documento falso –, e não ao contrário.[110]

Finalmente, é indiscutível que, se a falsificação do documento foi efetuada por pessoa diversa daquela que posteriormente o utilizou, ou se inexistir prova de que falsário e usuário são o mesmo sujeito, será imputado ao agente unicamente o crime de uso de documento falso (CP, art. 304).

5.7.9.5.5. Uso de documento falso: unidade e pluralidade de crimes

Duas situações devem ser diferenciadas:

a) **Uso de vários documentos falsos no mesmo contexto fático:** Nessa hipótese, estará configurado um único crime, em razão da unidade de lesão à fé pública. Exemplo: "A" comparece à agência bancária para abrir conta-corrente, e se vale de carteira de identidade e cadastro das pessoas físicas no Ministério da Economia (CPF) falsos.

b) **Uso de documento falso em contextos distintos:** Se o sujeito usar um documento, ou vários documentos, em momentos diferentes e para finalidades diversas, estará caracterizada a continuidade delitiva, se presentes os requisitos elencados pelo art. 71, caput, do Código Penal, ou então o concurso material (CP, art. 69), em caso contrário.

---

[109] HC 107.103/GO, rel. Min. Og Fernandes, 6.ª Turma, j. 19.10.2010, noticiado no *Informativo* 452. No STF: AP 530/MS, rel. orig. Min. Rosa Weber, rel. p/ o acórdão Min. Roberto Barroso, 1.ª Turma, j. 09.09.2014, noticiado no *Informativo* 758.

[110] AgRg no AgRg no AREsp 2.077.019/RJ, rel. Min. Daniela Teixeira, rel. p/ o acórdão Min. Reynaldo Soares da Fonseca, 5.ª Turma, j. 19.03.2024, noticiado no *Informativo* 815.

5.7.9.6. Sujeito ativo

Pode ser qualquer pessoa (**crime comum** ou **geral**), exceto aquela de qualquer modo envolvida na falsificação do documento, que somente responde pelo crime antecedente. Anote-se que não há concurso de pessoas entre o responsável pela falsificação ou alteração e o usuário do documento falso, pois o Código Penal elenca crimes diversos para cada um dos sujeitos.

Nessa seara, o sujeito que concorreu de qualquer modo para a falsificação do documento (exemplo: solicitando a um "especialista" sua contrafação), e posteriormente vem a utilizá-lo, deve ser tratado como coautor ou partícipe do crime anterior (falsificação de documento público ou particular, falsidade de atestado médico etc.), e não como autor do delito de uso de documento falso, em face da regra contida no art. 29, *caput*, do Código Penal: "Quem, de qualquer modo, concorre para o crime incide nas penas a este cominadas, na medida de sua culpabilidade". Como adverte Sylvio do Amaral:

> Não há laço de coautoria necessária entre o falsário e o usuário porque os dois crimes são perfeitamente distintos. Se o uso, previamente combinado, acoroçoou ou por qualquer outro modo foi a causa da falsificação, o usuário responderá pelo crime principal, e não pelo acessório, pois terá concorrido para a ação do agente.[111]

5.7.9.7. Sujeito passivo

É o Estado e, mediatamente, a pessoa física ou jurídica prejudicada pela conduta criminosa.

5.7.9.8. Elemento subjetivo

É o dolo, direto ou eventual.[112]

O dolo deve abranger o conhecimento da falsidade do papel utilizado pelo agente. Não há crime, portanto, quando alguém usa documento falso ignorando sua origem ilícita. Exemplo: "A" comparece à Polícia Federal e apresenta a documentação exigida para obtenção de passaporte, efetuando inclusive o pagamento da taxa respectiva. Dias depois, retira o documento e se dirige ao aeroporto para viagem internacional. Entretanto, "A" vem a ser abordado ao passar pela alfândega, em face da falsidade de seu documento. Durante o inquérito policial, a autoridade policial apura a existência de organização criminosa, envolvendo diversos agentes federais, que subtraíram diversos passaportes, inclusive o de "A", substituindo-os por réplicas, para vendê-los a contrabandistas. Nesse caso, o fato é atípico, em razão da ausência de dolo.

Entretanto, se o agente, após descobrir a falsidade do documento, continuar a usá-lo, estará configurado o crime definido no art. 304 do Código Penal.

Não se exige qualquer finalidade específica, e não há espaço para a modalidade culposa.

5.7.9.9. Consumação

Trata-se de **crime formal**, **de consumação antecipada** ou **de resultado cortado**: consuma-se com a efetiva utilização, ainda que por uma única vez, de qualquer dos papéis falsificados ou alterados, a que se referem os arts. 297 a 302 do Código Penal, independentemente da obtenção de qualquer vantagem ou da causação de prejuízo a alguém.[113] Em compasso com a jurisprudência do Superior Tribunal de Justiça:

---

[111] AMARAL, Sylvio do. *Falsidade documental*. São Paulo: RT, 1958. p. 146.
[112] Há quem refute o dolo eventual, admitindo unicamente o dolo direto. É o caso de DELMANTO, Celso; DELMANTO, Roberto; DELMANTO JUNIOR, Roberto; DELMANTO, Fabio M. de Almeida. *Código Penal comentado*. 8. ed. São Paulo: Saraiva, 2010. p. 873.
[113] STF: HC 84.776/RS, rel. Min. Eros Grau, 1.ª Turma, j. 05.10.2004.

É pacífico o entendimento neste Superior Tribunal de Justiça de que, tratando-se de crime formal, o delito tipificado no artigo 304 do Código Penal consuma-se com a utilização ou apresentação do documento falso, não se exigindo a demonstração de efetivo prejuízo à fé pública nem a terceiros.[114]

Além disso, o uso de documento falso é **crime instantâneo**. Muitas vezes, contudo, a utilização do papel falsificado ou alterado pode demorar-se no tempo, como no caso da utilização do objeto material para instruir petição em juízo, alterando sua classificação para **crime instantâneo de efeitos permanentes**.[115]

A perícia acerca da falsidade do documento, embora recomendável no caso concreto, é prescindível para a comprovação da materialidade do fato. Na visão do Superior Tribunal de Justiça:

> É possível a condenação por infração ao disposto no art. 304 do CP (uso de documento falso) com fundamento em documentos e testemunhos constantes do processo, acompanhada da confissão do acusado, sendo desnecessária a prova pericial para a comprovação da materialidade do crime, mormente se a defesa não requereu, no momento oportuno, a realização do referido exame.[116]

5.7.9.10. Tentativa

O *conatus* será cabível nas hipóteses em que a conduta for composta de diversos atos (crime plurissubsistente), comportando o fracionamento do *iter criminis*. De outro lado, não será admissível a tentativa nos casos em que a conduta integrar-se de um único ato (crime unissubsistente).

No entanto, existem entendimentos em contrário, sustentando a incompatibilidade da tentativa no crime de uso de documento falso. Destaca-se a opinião de Nélson Hungria, para quem "qualquer começo de uso já é uso".[117]

5.7.9.11. Ação penal

A ação penal é pública incondicionada.

5.7.9.12. Lei 9.099/1995

O uso de documento falso é **crime remetido**. Destarte, a incidência dos benefícios contidos na Lei 9.099/1995 depende da quantidade da pena cominada ao delito anterior, ou seja, é imprescindível analisar a sanção penal correspondente a cada um dos crimes previstos nos arts. 297 a 302 do Código Penal.

Conclui-se, pois, que o uso de documento falso pode constituir-se em **infração penal de menor potencial ofensivo** (exemplo: uso de atestado médico falso – art. 302), bem como em **crime de médio potencial ofensivo** (exemplo: uso de documento particular falsificado – art. 298), e, finalmente, em **crime de elevado potencial ofensivo** (exemplo: uso de documento público falsificado – art. 297).

5.7.9.13. Classificação doutrinária

O uso de documento falso é crime **simples** (ofende um único bem jurídico); **comum** (pode ser praticado por qualquer pessoa); **formal, de consumação antecipada** ou **de resultado**

---

[114] AgInt no AREsp 1.229.949/RN, rel. Min. Maria Thereza de Assis Moura, 6.ª Turma, j. 06.03.2018.
[115] No mesmo sentido: AMARAL, Sylvio do. *Falsidade documental*. São Paulo: RT, 1958. p. 145.
[116] HC 307.586/SE, rel. Min. Walter de Almeida Guilherme (Desembargador convocado do TJ/SP), 5.ª Turma, j. 25.11.2014, noticiado no *Informativo* 553.
[117] HUNGRIA, Nélson. *Comentários ao Código Penal*. 2. ed. Rio de Janeiro: Forense, 1959. v. IX, p. 299.

cortado (consuma-se com a prática da conduta legalmente descrita, independentemente da superveniência do resultado naturalístico); **de forma livre** (admite qualquer meio de execução); em regra **comissivo**; **instantâneo** (consuma-se em um momento determinado, sem continuidade no tempo) ou **instantâneo de efeitos permanentes** (seus efeitos subsistem ao longo do tempo); **unissubjetivo, unilateral** ou **de concurso eventual** (pode ser cometido por uma única pessoa, mas admite o concurso); e **unissubsistente** ou **plurissubsistente**, dependendo do caso concreto.

5.7.9.14. Competência

Em regra, o crime de uso de documento falso é de competência da Justiça Estadual. Como estatui a Súmula 546 do Superior Tribunal de Justiça: "A competência para processar e julgar o crime de uso de documento falso é firmada em razão da entidade ou órgão ao qual foi apresentado o documento público, não importando a qualificação do órgão expedidor".

Nesse contexto, é da competência da Justiça Estadual o uso de formulários falsos da Receita Federal, quando a conduta causa prejuízo exclusivamente a particulares. Na visão do Superior Tribunal de Justiça:

> O fato de os agentes, utilizando-se de formulários falsos da Receita Federal, terem se passado por Auditores desse órgão com intuito de obter vantagem financeira ilícita de particulares não atrai, por si só, a competência da Justiça Federal. Isso porque, em que pese tratar-se de uso de documento público, observa-se que a falsidade foi empregada, tão somente, em detrimento de particular. Assim sendo, se se pudesse cogitar de eventual prejuízo sofrido pela União, ele seria apenas reflexo, na medida em que o prejuízo direto está nitidamente limitado à esfera individual da vítima, uma vez que as condutas em análise não trazem prejuízo direto e efetivo a bens, serviços ou interesses da União, de suas entidades autárquicas ou empresas públicas (art. 109, IV, da CF).[118]

Será competente a Justiça Federal, entretanto, na hipótese de utilização de documentos federais falsificados ou alterados,[119] e também quando o delito for praticado em detrimento de bens, serviços ou interesse da União ou de suas entidades autárquicas ou empresas públicas, com fulcro no art. 109, inc. IV, da Constituição Federal, a exemplo da apresentação de CRLV – Certificado de Registro e Licenciamento de Veículo – à Polícia Rodoviária Federal,[120] bem como de carteira de trabalho e previdência social com anotações falsas em ação previdenciária, objetivando a obtenção de benefício previdenciário junto ao INSS (autarquia federal).[121]

5.7.9.14.1. Uso de passaporte falso

O uso de passaporte falso ofende interesse da União, pois é da Polícia Federal a atribuição para emissão deste documento. E, nos termos da Súmula 200 do Superior Tribunal de Justiça: "O Juízo Federal competente para processar e julgar acusado de crime de uso de passaporte falso é o do lugar onde o delito se consumou".

5.7.9.14.2. Uso de documento falso no âmbito de estabelecimento particular de ensino

Como estatui a Súmula 104 do Superior Tribunal de Justiça: "Compete à Justiça Estadual o processo e julgamento dos crimes de falsificação e uso de documento falso relativo a estabelecimento particular de ensino".

---

[118] CC 141.593/RJ, rel. Min. Reynaldo Soares da Fonseca, 3.ª Seção j. 26.08.2015, noticiado no *Informativo* 568.
[119] STF: RE 446.938/PR, rel. Min. Marco Aurélio, 1.ª Turma, j. 07.04.2009, noticiado no *Informativo* 541.
[120] STJ: CC 124.498/ES, rel. Min. Alderita Ramos de Oliveira (Desembargadora convocada do TJ/PE), 3.ª Seção, j. 12.12.2012, noticiado no *Informativo* 511.
[121] STJ: CC 97.214/SP, rel. Min. Jorge Mussi, 3.ª Seção, j. 22.09.2010.

5.7.9.15. Uso de documento falso e extinção da punibilidade do crime antecedente

O uso de documento falso é **crime acessório**, pois depende da prática de um crime anterior, que pode ser qualquer daqueles descritos nos arts. 297 a 302 do Código Penal.

Agora, imaginemos um exemplo: "A" compra de um falsário, ciente da sua origem espúria, uma cópia de Carteira Nacional de Habilitação, falsificada muito tempo atrás. Em seguida, faz uso do documento, e vem a ser preso em flagrante. Durante o trâmite do inquérito policial, descobre-se que a pena atinente ao crime de falsificação de documento público já foi alcançada pela prescrição.

Com base nesse exemplo, é de questionar: a extinção da punibilidade do crime antecedente (falsificação de documento público) acarreta a automática extinção da punibilidade do crime posterior (uso de documento falso)?

A resposta é negativa, e tem seu fundamento na 1.ª parte do art. 108 do Código Penal: "A extinção da punibilidade de crime que é pressuposto, elemento constitutivo ou circunstância agravante de outro não se estende a este". Em síntese, somente estará caracterizada a extinção da punibilidade do uso de documento falso, pela prescrição, quando restar ultrapassado o prazo legalmente previsto sem a devida atuação do Estado.[122]

Abrem-se somente duas exceções, no tocante à anistia e à *abolitio criminis*, as quais, nada obstante inseridas no rol das causas extintivas da punibilidade (CP, art. 107, incisos II e III), eliminam o crime antecedente, pelo fato de serem veiculadas por lei, retirando o pressuposto do uso de documento falso.

5.7.9.16. Estrangeiro, residência permanente no Brasil, condição de refugiado e anistia legal

Ao estrangeiro com ingresso irregular no Brasil a quem foi concedida **residência permanente**, ainda que indeferido o pedido de refúgio, há de ser reconhecida a anistia legal aos crimes de uso de documento falso (CP, art. 304) e falsificação de documento público (CP, art. 297), **no tocante aos documentos utilizados com o propósito de entrar no território nacional**. Tal situação, para fins penais, equivale à conferida pela Lei 9.474/1997 aos **refugiados**. Como decidido pelo Superior Tribunal de Justiça:

> "Ainda que indeferido o pedido de refúgio, a concessão de residência permanente ao estrangeiro equivale a uma anistia legal para os crimes de uso de documento falso e falsificação de documento público, conforme estabelecido no art. 10, parágrafo 1.º, da Lei n. 9.474/1997 em relação aos refugiados. Conforme estabelecido no art. 8.º da Lei n. 9.474/1997, a entrada irregular de estrangeiros no território nacional não impede que eles solicitem refúgio às autoridades competentes. Em outras palavras, salvo raras exceções previstas nos arts. 7.º, §§ 2.º, e 3.º, III, da mesma lei, o fato de ter ingressado de maneira irregular, seja de forma ilegal ou ilícita, não impede que alcancem a qualidade jurídica de refugiado. Quando uma pessoa qualificada como "refugiado" comete alguma conduta ilícita com o propósito de ingressar no território nacional e essa conduta está diretamente relacionada a esse intento, o procedimento, seja ele de natureza cível, administrativa ou criminal, deve ser arquivado, com base no § 1.º do artigo 10 da referida lei. No caso, embora o pedido de reconhecimento da condição de refugiado tenha sido indeferido pelo Comitê Nacional para os Refugiados (CONARE) devido à falta de demonstração de um fundado temor de perseguição compatível com os critérios de elegibilidade previstos no art. 10 da Lei n. 9.474/1997, é importante destacar que o estrangeiro se encontra classificado como residente no território nacional e recebeu um visto ou a permissão permanente, o que denota a condição de residência legal no Brasil. O

---

[122] O raciocínio inerente à prescrição é igualmente aplicável às demais causas extintivas da punibilidade, com exceção da anistia e da *abolitio criminis*.

art. 395, inciso III, do Código de Processo Penal prescreve a rejeição da denúncia quando inexistir justa causa para o início do processo penal, isto é, quando não houver fundamentos sólidos para a persecução penal. Essa medida, na situação em análise, é necessária, pois configura uma aplicação pertinente do princípio da intervenção mínima e reforça a relevância do caráter fragmentário do direito penal, já que a própria administração pública reconheceu o direito de residência permanente no território nacional. Nesse contexto, também, é apropriado evocar a analogia *in bonam partem*, uma vez que a interpretação nos conduz à conclusão de que a concessão de residência permanente ao estrangeiro equivale a uma anistia legal para os crimes de uso de documento falso e falsificação de documento público, conforme estabelecido no art. 10, parágrafo 1.º, da Lei n. 9.474/1997 em relação aos refugiados. Logo, tal situação resulta na inexistência de justa causa para a ação penal, considerando a correlação entre o uso de passaporte falso e sua entrada irregular no Brasil."[123]

5.7.9.17. *Legislação penal especial*

5.7.9.17.1. Crime contra o Sistema Financeiro Nacional

Como estabelece o art. 14 da Lei 7.492/1986 – Crimes contra o Sistema Financeiro Nacional:

> **Art. 14.** Apresentar, em liquidação extrajudicial, ou em falência de instituição financeira, declaração de crédito ou reclamação falsa, ou juntar a elas título falso ou simulado:
> Pena – reclusão, de 2 (dois) a 8 (oito) anos, e multa.
> Parágrafo único. Na mesma pena incorre o ex-administrador ou falido que reconhecer, como verdadeiro, crédito que não o seja.

5.7.9.17.2. Crime contra a ordem tributária

O art. 1.º, inc. IV, da Lei 8.137/1990 estabelece um crime material contra a ordem tributária, nos seguintes termos:

> **Art. 1.º** Constitui crime contra a ordem tributária suprimir ou reduzir tributo, ou contribuição social e qualquer acessório, mediante as seguintes condutas:
> (...)
> IV – elaborar, distribuir, fornecer, emitir ou utilizar documento que saiba ou deva saber falso ou inexato;
> Pena – reclusão de 2 (dois) a 5 (cinco) anos, e multa.

5.7.9.17.3. Crime falimentar

O art. 175 da Lei 11.101/2005 – Lei de Falências prevê o crime de habilitação ilegal de crédito, cuja redação é a seguinte:

> **Art. 175.** Apresentar, em falência, recuperação judicial ou recuperação extrajudicial, relação de créditos, habilitação de créditos ou reclamação falsas, ou juntar a elas título falso ou simulado:
> Pena – reclusão, de 2 (dois) a 4 (quatro) anos, e multa.

---

[123] AREsp 2.346.755/SP, rel. Min. Ribeiro Dantas, 5.ª Turma, j. 07.11.2023, noticiado no *Informativo* 795.

5.7.10. Art. 305 – Supressão de documento
5.7.10.1. Dispositivo legal

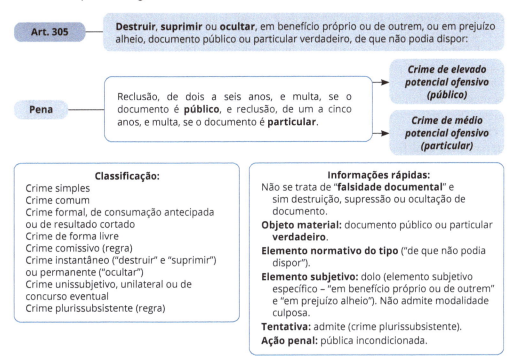

5.7.10.2. Introdução

A supressão de documento está equivocadamente disciplinada no Capítulo III do Título X da Parte Especial do Código Penal. Com efeito, não se trata de "falsidade documental", pois não há fabricação (contrafação) ou alteração de documento público ou particular, e sim destruição, supressão ou ocultação. Por tal razão, seria mais acertado incluí-lo no Capítulo IV, atinente às "outras falsidades".

5.7.10.3. Objetividade jurídica

O bem jurídico penalmente protegido é a fé pública. Nas lições de Nélson Hungria:

> Realmente, se é falsidade alterar um documento, a lógica exige que se considere tal o destruí-lo, suprimi-lo ou ocultá-lo, pois com isto também se ludibria a fé pública. Fazer desaparecer uma prova verdadeira de um fato verdadeiro é dar aparência de não provado ou de inexistente aquilo que é verdadeiro e juridicamente certo, o que, sem dúvida, equivale ao *falsum*.[124]

5.7.10.4. Objeto material

É o documento público ou particular verdadeiro, de que não podia dispor.[125]

---

[124] HUNGRIA, Nélson. *Comentários ao Código Penal*. 2. ed. Rio de Janeiro: Forense, 1959. v. IX, p. 301.

[125] Sobre o conceito de documento público e de documento particular, remetemos à leitura do art. 297, item 5.7.2.4. A propósito, o STJ já enquadrou inclusive filmes fotográficos no conceito de documento, para os fins do art. 305 do Código Penal: "Semanticamente, e em tese, o filme fotográfico seria registro gráfico e como tal, não há razão plausível para excluí-lo da definição de documento particular constante do dispositivo legal, afinando-se também com o

O art. 305 do Código Penal é peremptório ao exigir a veracidade do documento. A destruição, supressão ou ocultação de documento falso não abala a fé pública, sem prejuízo da caracterização de crime diverso, a exemplo do furto (CP, art. 155), do dano (CP, art. 163), do extravio, sonegação ou inutilização de livro ou documento (CP, art. 314) e da subtração ou inutilização de livro ou documento (CP, art. 337).

É indiferente se o documento foi livremente confiado ao agente, ou então se o sujeito alcançou sua posse de maneira ilícita, com o fim de praticar qualquer das condutas legalmente descritas. De fato, a lei se preocupa com a destruição, supressão ou ocultação de documento apta a proporcionar benefício próprio ou de outrem, ou então a causar prejuízo alheio. Destarte, se o documento consistir em traslado, cópia ou certidão, não se reconhece o crime em análise, pois é possível providenciar novo traslado, cópia ou certidão. Para o Supremo Tribunal Federal:

> Por tratar-se de crime contra a fé pública (CP, Título X), o delito de supressão de documento público (CP, art. 305: "destruir, suprimir ou ocultar, em benefício próprio ou de outrem, ou em prejuízo alheio, documento público ou particular verdadeiro, de que não podia dispor") não se caracteriza quando o documento suprimido possa ser recuperado ou substituído por cópia, hipótese em que não se verifica ofensa ao bem jurídico protegido pela norma. Com base nesse entendimento, a Turma deferiu *habeas corpus* para trancar a ação penal contra a paciente que rasgara peças processuais – termo de audiência e dois mandados de intimação – as quais encontravam-se reproduzidas nos autos.[126]

Igual raciocínio é aplicável às cópias autenticadas, desde que exista o original, ensejando a extração de nova cópia de igual natureza. Se o original já se perdeu, por qualquer motivo, a destruição, supressão ou ocultação da cópia autenticada acarreta o crime definido no art. 305 do Código Penal, importando em lesão à fé pública.

5.7.10.5. Núcleos do tipo

O tipo penal contempla três núcleos: "destruir", "suprimir" e "ocultar".

Destruir é eliminar, extinguir (exemplo: queimar o documento); **suprimir** equivale a fazer desaparecer o documento, sem destruí-lo ou ocultá-lo (exemplos: riscar todo o teor do documento, cobri-lo de tinta etc.); e **ocultar**, por sua vez, significa esconder o documento, de modo a não ser encontrado por outras pessoas (exemplo: colocar o documento em saco plástico lacrado e enterrá-lo em determinado local). Trata-se de **tipo misto alternativo**, **crime de ação múltipla** ou **de conteúdo variado**, pois a realização de mais de uma conduta, no tocante ao mesmo objeto material, configura um único delito.

Tais condutas relacionam-se ao documento público ou particular verdadeiro, de que o sujeito não podia dispor. A expressão "de que não podia dispor" representa **elemento normativo do tipo**, e sua inserção no art. 305 era desnecessária, por uma razão lógica e simples. Deveras, se o sujeito tem a livre disposição do documento, o qual versa exclusivamente sobre fato de seu interesse, sua destruição, supressão ou ocultação evidentemente constituirá fato atípico. Como consectário do princípio da alteridade, não há crime na conduta que prejudica somente quem a praticou.

---

tipo descrito na denúncia, no qual teria o recorrente, deliberada e abusivamente, se apoderado do filme para impedir a comprovação das suas condutas tidas como delitivas" (RHC 20.618/MG, rel. Min. Maria Thereza de Assis Moura, 6.ª Turma, j. 19.08.2010, noticiado no *Informativo* 443).

[126] HC 75.078/SC, rel. Min. Sydney Sanches, 1.ª Turma, j. 06.05.1997, noticiado no *Informativo* 70.

5.7.10.6. Sujeito ativo

Pode ser qualquer pessoa (**crime comum** ou **geral**), inclusive o titular do documento, se deste não podia dispor.

5.7.10.7. Sujeito passivo

É o Estado e, mediatamente, a pessoa física ou jurídica prejudicada pela conduta criminosa.

5.7.10.8. Elemento subjetivo

É o dolo, acrescido de um especial fim de agir (elemento subjetivo específico), representado pelas expressões "em benefício próprio ou de outrem" (vantagem patrimonial ou de qualquer outra natureza, tais como política, moral, sexual etc.) e "em prejuízo alheio".

O exame do dolo é imprescindível para a distinção entre os delitos de furto, dano e supressão de documento. Em verdade, se a intenção do sujeito for subtrair um documento em razão do seu valor patrimonial (exemplo: selo de valor histórico), estará caracterizado o crime de furto (CP, art. 155). Por sua vez, se a sua vontade consistir em produzir prejuízo econômico à vítima, entrará em cena o dano (CP, art. 163). Finalmente, se o propósito do agente recair na supressão do documento para não servir de prova de fato juridicamente relevante, deverá ser reconhecido o crime contra a fé pública (CP, art. 305).

Não se admite a modalidade culposa.

5.7.10.9. Consumação

Cuida-se de **crime formal, de consumação antecipada** ou **de resultado cortado**: consuma-se com a destruição, supressão ou ocultação do documento público ou particular, de que o sujeito não podia dispor, independentemente da efetiva obtenção de benefício próprio ou de outrem, ou da causação de prejuízo a alguém.

5.7.10.10. Tentativa

É possível, em face do caráter plurissubsistente do delito, permitindo o fracionamento do *iter criminis*.

5.7.10.11. Ação penal

A ação penal é pública incondicionada.

5.7.10.12. Lei 9.099/1995

O legislador, mantendo coerência com o tratamento dispensado aos demais crimes de falsidade documental, estabeleceu penas distintas levando em conta a natureza do documento.

De fato, a supressão de documento público, com pena mínima de dois anos, constitui-se em **crime de elevado potencial ofensivo**, incompatível com os benefícios previstos na Lei 9.099/1995. Por seu turno, a supressão de documento particular, cuja pena mínima é de um ano, desponta como **crime de médio potencial ofensivo**, comportando a suspensão condicional do processo, se presentes os demais requisitos elencados pelo art. 89 da Lei 9.099/1995.

5.7.10.13. Classificação doutrinária

A supressão de documento é crime **simples** (ofende um único bem jurídico); **comum** (pode ser praticado por qualquer pessoa); **formal, de consumação antecipada** ou **de resultado** cortado (consuma-se com a prática da conduta legalmente descrita, independentemente da superveniência do resultado naturalístico); **de forma livre** (admite qualquer meio de execução); em regra **comissivo**; **instantâneo** (nos núcleos "destruir" e "suprimir") ou **permanente** (na modalidade "ocultar"); **unissubjetivo, unilateral** ou **de concurso eventual** (pode ser cometido por uma única pessoa, mas admite o concurso); e normalmente **plurissubsistente** (a conduta pode ser fracionada em diversos atos).

5.7.10.14. Supressão de documento e sonegação de papel ou objeto de valor probatório: distinções

Os delitos de supressão de documento (CP, art. 305) e sonegação de papel ou objeto de valor probatório (CP, art. 356) – embora apresentem um ponto em comum, consistente na destruição de documento – não se confundem. O conflito aparente de leis penais é solucionado pelo **princípio da especialidade**.

A supressão de documento insere-se no rol dos crimes contra a fé pública, e a finalidade do agente, que pode ser qualquer pessoa (crime comum ou geral), consiste em evitar a prova de fato juridicamente relevante em razão da utilização do documento.

Por seu turno, a sonegação de papel ou objeto de valor probatório tem em mira a Administração da justiça, e somente pode ser cometido por advogado ou procurador (crime próprio ou especial). Nesse crime, a inutilização do documento com valor probatório representa dano ao Estado, e não a destruição de prova em benefício próprio ou de outrem, ou ainda em prejuízo alheio.

5.7.10.15. Destruição de título eleitoral e competência

A destruição de título eleitoral, se praticada unicamente com a finalidade de impedir a identificação pessoal do seu titular, caracterizará o crime definido no art. 305 do Código Penal, e de competência da Justiça Federal, pois ofende interesse da União, a teor da regra contida no art. 109, inc. IV, da Constituição Federal.

De outro lado, se a conduta se relacionar de qualquer modo com a atividade eleitoral ou com o exercício dos direitos políticos, incidirá o crime tipificado no art. 339 do Código Eleitoral, abrindo espaço para a competência da justiça especializada. Como já decidido pelo Superior Tribunal de Justiça:

> Compete à Justiça Federal – e não à Justiça Eleitoral – processar e julgar o crime caracterizado pela destruição de título eleitoral de terceiro, quando não houver qualquer vinculação com pleitos eleitorais e o intuito for, tão somente, impedir a identificação pessoal. A simples existência, no Código Eleitoral, de descrição formal de conduta típica não se traduz, *incontinenti*, em crime eleitoral, sendo necessário, também, que se configure o conteúdo material do crime. Sob o aspecto material, deve a conduta atentar contra a liberdade de exercício dos direitos políticos, vulnerando a regularidade do processo eleitoral e a legitimidade da vontade popular. Ou seja, a par da existência do tipo penal eleitoral específico, faz-se necessária, para sua configuração, a existência de violação do bem jurídico que a norma visa tutelar, intrinsecamente ligado aos valores referentes à liberdade do exercício do voto, à regularidade do processo eleitoral e à preservação do modelo democrático. Dessa forma, a despeito da existência da descrição típica formal no Código Eleitoral (art. 339: "Destruir, suprimir ou ocultar urna contendo votos, ou documentos relativos à eleição"), não há como minimizar o conteúdo dos crimes eleitorais sob o aspecto material.[127]

---

[127] CC 127.101/RS, rel. Min. Rogerio Schietti Cruz, 3.ª Seção, j. 11.02.2015, noticiado no *Informativo* 555.

5.8. DE OUTRAS FALSIDADES

5.8.1. Art. 306 – Falsificação do sinal empregado no contraste de metal precioso ou na fiscalização alfandegária, ou para outros fins

5.8.1.1. Dispositivo legal

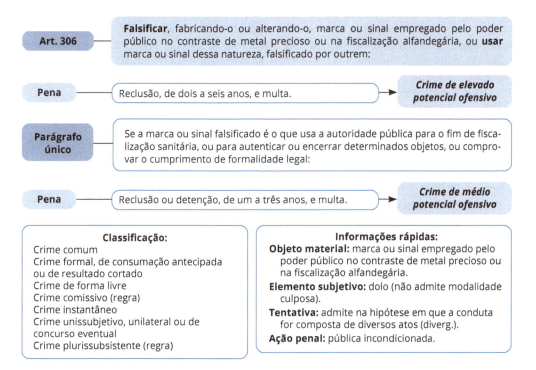

5.8.1.2. Objetividade jurídica

O bem jurídico penalmente tutelado é a fé pública, no que diz respeito à confiança da sociedade nas marcas ou sinais empregados pelo poder público no contraste de metal precioso ou na fiscalização alfandegária, ou sanitária, ou para autenticar ou encerrar determinados objetos, ou para comprovar o cumprimento de formalidade legal.

5.8.1.3. Objeto material

É a **marca ou sinal empregado pelo poder público no contraste de metal precioso ou na fiscalização alfandegária**. Para Guilherme de Souza Nucci:

> Marca ou sinal – termos correlatos – é aquilo que serve de alerta, captado pelos sentidos, possibilitando reconhecer ou conhecer alguma coisa.
>
> Contraste de metal precioso: é a marca feita no metal, consistindo o seu título (relação entre o metal fino introduzido e o total da liga) em indicador de peso e quilate.
>
> Marca de fiscalização alfandegária é a representação gráfica utilizada pela fiscalização realizada na alfândega, a fim de demonstrar que uma mercadoria foi liberada ou para outra finalidade relativa ao controle de entrada e saída de mercadorias no País.[128]

---
[128] NUCCI, Guilherme de Souza. *Código Penal comentado*. 10. ed. São Paulo: RT, 2010. p. 1.084-1.085.

5.8.1.4. Núcleos do tipo

O tipo penal contém dois núcleos: "falsificar" e "usar".

Falsificar é imitar, reproduzir ou modificar a marca ou sinal empregado no contraste de metal precioso ou na fiscalização alfandegária. A falsificação pode se dar mediante *fabricação* (contrafação), com a formação ou reprodução integral da marca ou sinal, ou *alteração*, na qual se efetua a modificação da marca ou sinal, para que passe a ostentar, mediante acréscimo ou supressão, composição diferente da original. A falsificação, assim como nos demais crimes contra a fé pública, deve ser idônea a ludibriar as pessoas em geral. Se for grosseira, facilmente perceptível, incidirá a regra inerente ao crime impossível (CP, art. 17), excluindo-se a tipicidade do fato.

Usar é empregar ou utilizar a marca ou sinal falsificados por outrem.

Se o falsário vem a usar a marca ou sinal empregado pelo poder público no contraste de metal precioso ou na fiscalização alfandegária, deverá ser responsabilizado pelo crime unicamente na modalidade "falsificar", pois o uso representa mero *post factum* impunível, funcionando como desdobramento normal do delito.

5.8.1.5. Sujeito ativo

Trata-se de **crime comum** ou **geral**, podendo ser cometido por qualquer pessoa.

Na modalidade "**usar**", é imprescindível seja a conduta praticada por pessoa diversa do falsificador da marca ou sinal, pois este responderá unicamente pela contrafação ou alteração.

5.8.1.6. Sujeito passivo

É o Estado e, mediatamente, a pessoa física ou jurídica prejudicada pela conduta criminosa.

5.8.1.7. Elemento subjetivo

É o dolo, independentemente de qualquer finalidade específica. Não se admite a modalidade culposa.

5.8.1.8. Consumação

Cuida-se de **crime formal**, **de consumação antecipada** ou **de resultado cortado**: consuma-se com a falsificação da marca ou sinal (na modalidade "falsificar"), ou então com a efetiva utilização (na variante "usar") da marca ou sinal falsificado por outrem, independentemente da obtenção de lucro ou da causação de prejuízo a alguém.

5.8.1.9. Tentativa

É cabível, nas hipóteses em que o delito se apresentar como plurissubsistente, permitindo o fracionamento do *iter criminis*. Esse raciocínio se aplica inclusive ao núcleo "usar", embora na prática a tentativa seja de difícil ocorrência.

5.8.1.10. Ação penal

A ação penal é pública incondicionada.

5.8.1.11. Lei 9.099/1995

Em face da pena cominada – reclusão, de dois a seis anos, e multa –, o *caput* do art. 306 do Código Penal versa sobre **crime de elevado potencial ofensivo**, insuscetível de aplicação dos benefícios elencados pela Lei 9.099/1995.

5.8.1.12. Classificação doutrinária

O art. 306 do Código Penal contempla um crime **comum** (pode ser praticado por qualquer pessoa); **formal, de consumação antecipada** ou **de resultado cortado** (consuma-se com a prática da conduta legalmente descrita, independentemente da superveniência do resultado naturalístico); **de forma livre** (admite qualquer meio de execução); em regra **comissivo**; **instantâneo** (consuma-se em um momento determinado, sem continuidade no tempo); **unissubjetivo, unilateral** ou **de concurso eventual** (pode ser cometido por uma única pessoa, mas admite o concurso); e normalmente **plurissubsistente** (a conduta pode ser fracionada em diversos atos).

5.8.1.13. Figura privilegiada: art. 306, parágrafo único

O parágrafo único do art. 306 do Código Penal prevê autêntica figura privilegiada, pois, além de autorizar a alternatividade entre reclusão e detenção, diminui sensivelmente os limites mínimo e máximo da pena privativa de liberdade. Sua redação é a seguinte:

> Parágrafo único. Se a marca ou sinal falsificado é o que usa a autoridade pública para o fim de fiscalização sanitária, ou para autenticar ou encerrar determinados objetos, ou comprovar o cumprimento de formalidade legal:
> Pena – reclusão ou detenção, de um a três anos, e multa.

Com efeito, a pena é inferior à modalidade do *caput* para aquele que falsificar sinal ou marca utilizados pela autoridade pública:

a) **para o fim de fiscalização sanitária**, ou seja, inerente à fiscalização estatal em matéria de higiene e saúde, como os atestados de aprovação dos estabelecimentos;

b) **para autenticar ou encerrar determinados objetos**. Autenticar é afirmar a veracidade, enquanto encerrar denota a guarda do objeto em determinado local, para evitar que seja alterado ou subtraído (exemplo: sinal de lacração de estabelecimento comercial);

c) **comprovar o cumprimento de formalidade legal**. Trata-se de fórmula genérica, para abarcar as hipóteses em que o Poder Público, mediante a utilização de determinada marca ou sinal, reconhece o cumprimento de uma formalidade exigida por lei.

Cuida-se de **crime de médio potencial ofensivo**, pois a pena mínima cominada (um ano) autoriza a suspensão condicional do processo, desde que presentes os demais requisitos exigidos pelo art. 89 da Lei 9.099/1995.

5.8.1.13.1. Preceito secundário e alternatividade entre reclusão e detenção

O preceito secundário do parágrafo único do art. 306 do Código Penal autoriza o juiz, no momento da fixação da pena privativa de liberdade – atento ao caso concreto e levando em consideração as circunstâncias judiciais (ou inominadas) elencadas no art. 59, *caput* –, a optar entre as penas de reclusão ou de detenção.[129]

---

[129] Esta sistemática foi prevista pelo Código Penal somente em duas oportunidades: no art. 235, § 1.º (bigamia), e neste art. 306, parágrafo único.

5.8.2. Art. 307 – Falsa identidade

5.8.2.1. Dispositivo legal

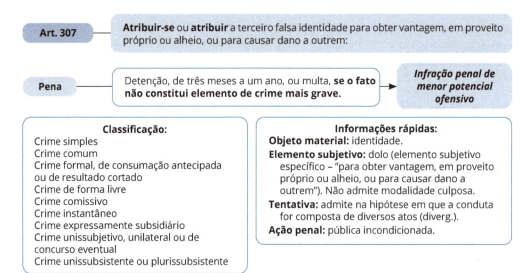

5.8.2.2. Introdução

A falsa identidade, ao lado dos crimes definidos nos arts. 308 e 309 do Código Penal, é modalidade da "falsidade pessoal", pois recai não sobre a pessoa física, e sim em sua identidade civil. Como destaca Bento de Faria: "A falsa identidade consiste em se inculcar o agente como pessoa diversa, em qualquer relação jurídica, pública ou privada, seja oralmente, seja por escrito".[130]

5.8.2.3. Objetividade jurídica

O bem jurídico penalmente tutelado é a fé pública, no tocante à credibilidade depositada pela sociedade na identificação das pessoas em geral.

5.8.2.4. Objeto material

É a identidade, compreendida como o conjunto de características próprias de determinada pessoa, capazes de identificá-la e individualizá-la em sociedade, tais como o nome,[131] a filiação, a idade, o estado civil, o sexo e profissão. No conceito de identidade não ingressam o endereço, o telefone e a conta de *e-mail* de alguém.

Falsa identidade, na forma proposta pelo art. 307 do Código Penal, é a que não corresponde à verdade, ou seja, não permite reconhecer ou identificar uma pessoa como ela realmente é, pois o agente se autoatribui ou atribui a terceiro dados falsos, com o propósito de obter vantagem, em proveito próprio ou de terceiro, ou para causar dano a outrem.

---

[130] FARIA, Bento de. *Código Penal brasileiro comentado*. 3. ed. Rio de Janeiro: Distribuidora Record, 1961. v. VII, p. 68.
[131] O nome engloba o prenome e o sobrenome, como se extrai do art. 16 do Código Civil.

5.8.2.5. Núcleo do tipo

O núcleo do tipo é "atribuir", no sentido de imputar a si próprio ou a terceiro falsa identidade. Essa conduta abrange as seguintes hipóteses:

a) O agente atribui a si próprio ou a terceiro a identidade de outra pessoa, efetivamente existente. Opera-se a **substituição de pessoas**, como no exemplo do estudante exemplar que se passa pelo seu irmão gêmeo no vestibular de determinada faculdade.

b) O agente atribui a si próprio ou a terceiro identidade fictícia (imaginária, inexistente), como no caso daquele que se identifica como o protagonista de uma novela.

Cuida-se de **crime de forma livre**, compatível com os mais diversos meios de execução. Embora seja mais comum a realização da falsa identidade oralmente, também se admite a prática por escrito (exemplo: o agente preenche um formulário se passando por terceira pessoa), gestos (exemplo: durante uma missa, o padre pergunta quem foi a pessoa responsável por vultosa doação a moradores de rua, e "A" falsamente levanta a mão, para ganhar prestígio na sociedade) etc.

É importante avaliar, no caso concreto, o instituto do crime impossível (CP, art. 17), como no exemplo do sujeito que, trajando vestimentas típicas, diz ser o verdadeiro e único Papai Noel, ou então daquele que se apresenta como o Presidente do Brasil, pessoa conhecida pela população em geral.

5.8.2.5.1. A questão inerente ao silêncio daquele a quem foi atribuída falsa identidade

O núcleo do tipo é "atribuir", indicativo da **atuação positiva** (comissiva) do agente. Destarte, é fundamental a imputação a si próprio ou a terceiro de falsa identidade, para obter vantagem, em proveito próprio ou alheio, ou para causar dano a outrem. Consequentemente, não se caracteriza o delito quando alguém silencia ou deixa de negar a falsa identidade a ele atribuída por terceiro. Para Damásio E. de Jesus: "Não comete crime quem silencia a respeito da errônea identidade que lhe é atribuída. Dessa forma, inexiste delito na conduta de quem, confundido com terceiro, não esclarece ao interlocutor sua verdadeira identidade".[132]

5.8.2.5.2. Falsa identidade e uso de documento falso: distinção

A falsa identidade (CP, art. 307) e o uso de documento falso (CP, art. 304), situados no Título X da Parte Especial do Código Penal – Crimes contra a fé pública, não se confundem. De fato, aquele se insere no Capítulo IV ("De outras falsidades"), enquanto este figura no Capítulo III ("Da falsidade documental"). Mas as diferenças vão além.

O crime definido no art. 307 do Código Penal consiste na simples atribuição de falsa identidade, **sem a utilização de documento falso**. Com efeito, se houver o emprego de documento falsificado ou alterado, estará configurado o crime tipificado no art. 304 do Código Penal, afastando-se o delito de falsa identidade, em razão da sua subsidiariedade expressa. Como já decidido pelo Superior Tribunal de Justiça: "Não se confunde o uso de documento falso com o crime de falsa identidade, posto que neste não há apresentação de qualquer documento, mas tão só a alegação falsa quanto à identidade".[133]

---

[132] JESUS, Damásio E. de. *Direito penal*. 13. ed. São Paulo: Saraiva, 2007. v. 4, p. 96.
[133] HC 69.471/MS, rel. Min. Jane Silva (Desembargadora convocada do TJMG), 5.ª Turma, j. 14.08.2007.

5.8.2.6. Sujeito ativo

Pode ser qualquer pessoa (**crime comum** ou **geral**).

5.8.2.7. Sujeito passivo

É o Estado e, mediatamente, a pessoa física ou jurídica prejudicada pela conduta criminosa.

5.8.2.8. Elemento subjetivo

É o dolo, acrescido de um especial fim de agir (elemento subjetivo específico), representado pela expressão "para obter vantagem, em proveito próprio ou alheio, ou para causar dano a outrem". A vantagem legalmente exigida pode ser econômica ou de qualquer natureza (moral, política etc.). Se não é buscada nenhuma vantagem, o fato é atípico.[134]

No campo da **vantagem econômica** (ou patrimonial), cumpre mencionar que, se for obtida mediante fraude, induzindo ou mantendo alguém em erro, e causar prejuízo a alguém, estará caracterizado o crime de estelionato (CP, art. 171, *caput*), afastando-se a falsa identidade, em decorrência da sua subsidiariedade expressa.

Lembre-se, porém, que o estelionato é **crime de duplo resultado**: não basta a obtenção de vantagem ilícita. Exige-se também o prejuízo alheio. A falsa identidade, ao contrário do que se dá no estelionato, não reclama para a consumação a efetiva vantagem econômica em prejuízo alheio, sendo suficiente a intenção de alcançá-la. Nas palavras de Nélson Hungria: "Se a *falsa identidade* é o *meio fraudulento* para simultâneos proveito e dano econômicos (um em correspondência com o outro), o crime a identificar-se será o de estelionato (consumado ou tentado, conforme o caso)".[135]

Não se admite a modalidade culposa.

5.8.2.8.1. Cotejo entre falsa identidade e exercício da autodefesa

O princípio da ampla defesa, consagrado como cláusula pétrea no art. 5.º, inc. LV, da Constituição Federal, no âmbito penal compreende a defesa técnica, de incumbência do defensor constituído ou dativo, e também a autodefesa, exercida pelo próprio acusado (suspeito, indiciado, réu, condenado etc., variando a terminologia em conformidade com o momento da persecução penal).

No campo da autodefesa, surge uma relevante discussão: Pratica o crime tipificado no art. 307 do Código Penal o sujeito que atribui a si próprio falsa identidade para ocultar antecedentes criminais desfavoráveis ou afastar alguma medida coercitiva, a exemplo da prisão em flagrante ou em cumprimento de ordem judicial? Em síntese, o exercício da autodefesa é compatível com a atribuição de falsa identidade?

Para o Supremo Tribunal Federal, a autodefesa não vai a ponto de deixar impune a prática de fato descrito como crime, no qual há dolo de lesar a fé pública. Destarte, aplica-se o delito tipificado no art. 307 do Código Penal à pessoa que, ao ser presa ou mesmo interrogada pela autoridade policial ou judicial, identifica-se com nome falso, com a finalidade de esconder seus maus antecedentes ou alguma medida coercitiva em seu desfavor.[136]

É também o entendimento do Superior Tribunal de Justiça, consolidado na Súmula 522: "A conduta de atribuir-se falsa identidade perante autoridade policial é típica, ainda que em situação de alegada autodefesa".

---

[134] Mas, como será visto, se o agente atribuir a si próprio, explícita ou implicitamente, a condição de funcionário público, estará caracterizada a contravenção penal descrita no art. 45 do Decreto-lei 3.688/1941 – Lei das Contravenções Penais.
[135] HUNGRIA, Nélson. *Comentários ao Código Penal*. 2. ed. Rio de Janeiro: Forense, 1959. v. IX, p. 308.
[136] STF: ARE 870.572 AgR/DF, rel. Min. Roberto Barroso, 1.ª Turma, j. 23.06.2015.

5.8.2.9. Consumação

A falsa identidade é **crime formal, de consumação antecipada** ou **de resultado cortado**: consuma-se com a conduta de atribuir-se ou atribuir a terceiro falsa identidade, independentemente da obtenção de vantagem, em proveito próprio ou alheio, ou da causação de dano a outrem.

5.8.2.10. Tentativa

É possível, nas hipóteses em que a falsa identidade se apresentar como crime plurissubsistente, comportando o fracionamento do *iter criminis*. Exemplo: "A" encaminha carta à organização de uma peça de teatro, passando-se por outra pessoa, responsável por eventos artísticos no exterior, com o propósito de entrar gratuitamente no espetáculo, mas a missiva vem a ser extraviada nos Correios.

Contudo, não será cabível o *conatus* nos casos em que a conduta se compõe de um único ato (crime unissubsistente), impossibilitando a divisão do *iter criminis*. Em situações deste jaez, ou o agente atribui a si próprio ou a terceiro a falsa identidade para obter vantagem, em proveito próprio ou alheio, ou para causar dano a outrem, e o delito estará consumado, ou deixa de fazê-lo, e não haverá crime algum, a exemplo do que se dá nos comportamentos cometidos verbalmente.

5.8.2.11. Ação penal

A ação penal é pública incondicionada.

5.8.2.12. Lei 9.099/1995

Em face da pena privativa de liberdade cominada em seu patamar máximo (um ano), a falsa identidade é **infração penal de menor potencial ofensivo**, de competência do Juizado Especial Criminal e compatível com a transação penal e o rito sumaríssimo, em sintonia com as disposições da Lei 9.099/1995.

5.8.2.13. Classificação doutrinária

A falsa identidade é crime **simples** (ofende um único bem jurídico); **comum** (pode ser praticado por qualquer pessoa); **formal, de consumação antecipada** ou **de resultado cortado** (consuma-se com a prática da conduta legalmente descrita, independentemente da superveniência do resultado naturalístico); **de forma livre** (admite qualquer meio de execução); **comissivo**; **instantâneo** (consuma-se em um momento determinado, sem continuidade no tempo); **expressamente subsidiário** (a lei impõe a aplicação da pena somente se o fato não constituir elemento de crime mais grave); **unissubjetivo, unilateral** ou **de concurso eventual** (pode ser cometido por uma única pessoa, mas admite o concurso); e **unissubsistente** ou **plurissubsistente**, dependendo do caso concreto.

5.8.2.14. Subsidiariedade expressa

A falsa identidade é **crime expressamente subsidiário**, pois o preceito secundário do art. 307 comina a pena de detenção, de três meses a um ano, ou multa, "se o fato não constitui elemento de crime mais grave". É o que se dá, exemplificativamente, quando alguém, fraudulentamente, atribui a si próprio falsa identidade para obter vantagem ilícita em prejuízo alheio. Nesse caso, deve incidir somente a lei penal primária, relativa ao estelionato (CP, art. 171, *caput*), afastando-se a lei penal subsidiária (falsa identidade).

A falsa identidade também é subsidiária em relação ao uso de documento falso. Assim já se manifestou o Superior Tribunal de Justiça:

> Uso de documento falso (C. Pen., art. 304): não o descaracterizam nem o fato de a exibição de cédula de identidade e de carteira de habilitação terem sido exibidas ao policial por exigência deste e não por iniciativa do agente – pois essa é a forma normal de utilização de tais documentos –, nem a de, com a exibição, pretender-se inculcar falsa identidade, dado o art. 307 C. Pen. é um tipo subsidiário (HC 70.179/SP, Primeira Turma, Rel. Min. Sepúlveda Pertence, *DJU* de 24.06.1994).[137]

Finalmente, entre tantos outros crimes, urge recordar a relação de subsidiariedade entre falsa identidade e violação sexual mediante fraude (CP, art. 215). Pensemos em um exemplo relativamente frequente nos dias atuais: João e Maria se conhecem em sítios de relacionamento na Internet. Começam a "namorar", sem nunca terem se encontrado fisicamente. Mais de um ano depois, agendam uma viagem. Um dia antes do encontro, porém, João vem a ser internado em um hospital, em estado grave, e fica sem comunicação. No entanto, seu irmão gêmeo, Pedro, ciente da viagem, apresenta-se a Maria em seu lugar, e com ela mantém relações sexuais. Nessa hipótese, o crime de violação sexual mediante fraude afasta a falsa identidade, pois esta última funciona como meio de execução do crime contra a liberdade sexual.

5.8.2.15. Simulação da qualidade de funcionário público e usurpação de função pública

A contravenção penal de simulação da qualidade de funcionário público encontra-se definida no art. 45 do Decreto-lei 3.688/1941 – Lei das Contravenções Penais, cuja redação é a seguinte:[138]

> **Art. 45.** Fingir-se funcionário público:
> Pena – prisão simples, de um a três meses, ou multa.

Nessa contravenção penal não se exige a intenção de obter vantagem, em proveito próprio ou alheio, ou de causar dano a outrem. Basta a ação de inculcar-se, explícita ou implicitamente, a condição de funcionário público. Destarte, se presente o especial fim de agir (elemento subjetivo específico), estará configurado o crime de falsa identidade, na forma prevista no art. 307 do Código Penal.

Entretanto, se o sujeito, além de fingir-se funcionário público, praticar indevidamente algum ato relacionado à função pública, a ele será imputado o crime de usurpação de função pública, tipificado no art. 328 do Código Penal:

> **Art. 328.** Usurpar o exercício de função pública:
> Pena – detenção, de três meses a dois anos, e multa.
> Parágrafo único. Se do fato o agente aufere vantagem:
> Pena – reclusão, de dois a cinco anos, e multa.

---

[137] HC 110.449/SP, rel. Min. Felix Fischer, 5.ª Turma, j. 18.11.2008.
[138] Nos termos do art. 2.º da Lei 7.209/1984 – Reforma da Parte Geral do Código Penal: "São canceladas, na Parte Especial do Código Penal e nas leis especiais alcançadas pelo art. 12 do Código Penal, quaisquer referências a valores de multas, substituindo-se a expressão multa de por multa".

5.8.2.16. Recusa de dados sobre a própria identidade ou qualificação

A contravenção penal de recusa de dados sobre a própria identidade ou qualificação encontra-se descrita no art. 68 do Decreto-lei 3.688/1941 – Lei das Contravenções Penais:

> **Art. 68.** Recusar à autoridade, quando por esta, justificadamente solicitados ou exigidos, dados ou indicações concernentes à própria identidade, estado, profissão, domicílio e residência:
>
> Pena – multa, de duzentos mil réis a dois contos de réis.
>
> Parágrafo único. Incorre na pena de prisão simples, de um a seis meses, e multa, de duzentos mil réis a dois contos de réis, se o fato não constitui infração penal mais grave, quem, nas mesmas circunstâncias, faz declarações inverídicas a respeito de sua identidade pessoal, estado, profissão, domicílio e residência.

Esta contravenção penal também é dotada de **subsidiariedade expressa**. A distinção com o crime de falsa identidade é de fácil visualização. Com efeito, o delito tipificado no art. 307 do Código Penal reclama a intenção do agente em obter vantagem, em proveito próprio ou alheio, ou de causar dano a outrem. Por seu turno, na contravenção penal é suficiente a recusa, ou o fornecimento de dados falsos sobre a própria identidade ou qualificação, sem qualquer finalidade específica.

5.8.2.17. Abuso de autoridade

Caracteriza-se o crime de abuso de autoridade tipificado no art. 16 da Lei 13.869/2019 quando o agente público deixa de identificar-se ou identifica-se falsamente ao preso no momento da sua captura, ou então quando deva fazê-lo por ocasião da sua prisão. O tipo penal também se aplica quando o responsável pelo interrogatório no âmbito de procedimento investigatório de natureza penal deixa de identifica-se ao preso ou atribui a si mesmo falsa identidade, cargo ou função:

> **Art. 16.** Deixar de identificar-se ou identificar-se falsamente ao preso por ocasião de sua captura ou quando deva fazê-lo durante sua detenção ou prisão:
>
> Pena – detenção, de 6 (seis) meses a 2 (dois) anos, e multa.
>
> Parágrafo único. Incorre na mesma pena quem, como responsável por interrogatório em sede de procedimento investigatório de infração penal, deixa de identificar-se ao preso ou atribui a si mesmo falsa identidade, cargo ou função.

5.8.3. Art. 308 – Uso de documento de identidade alheia

5.8.3.1. Dispositivo legal

> **Art. 308** — **Usar**, como próprio, passaporte, título de eleitor, caderneta de reservista ou qualquer documento de identidade alheia ou **ceder** a outrem, para que dele se utilize, documento dessa natureza, próprio ou de terceiro:

Pena — Detenção, de quatro meses a dois anos, e multa, **se o fato não constitui elemento de crime mais grave.** → *Infração penal de menor potencial ofensivo*

Classificação:
Crime simples
Crime comum
Crime formal, de consumação antecipada ou de resultado cortado
Crime de forma livre
Crime comissivo (regra)
Crime instantâneo
Crime expressamente subsidiário
Crime unissubjetivo, unilateral ou de concurso eventual
Crime plurissubsistente (regra)

Informações rápidas:
Derivação mais grave do delito de falsa identidade.
Objeto material: passaporte, título de eleitor, caderneta de reservista ou qualquer outro documento de identidade alheia. O documento precisa ser verdadeiro.
Elemento subjetivo: dolo (elemento subjetivo específico na conduta "ceder" – "para que dele se utilize"). Não admite modalidade culposa.
Tentativa: admite (crime plurissubsistente).
Ação penal: pública incondicionada.

5.8.3.2. Introdução

O legislador não conferiu *nomen juris* ao crime definido no art. 308 do Código Penal. Todavia, é pacífico que se constitui em derivação, embora mais grave, do delito de falsa identidade (CP, art. 307), seja em razão da sua descrição típica, seja pela sua alocação. No âmbito doutrinário, convencionou-se chamá-lo de "uso de documento de identidade alheia", nomenclatura que nos agrada, nada obstante sejam encontradas outras denominações, tais como "uso, como próprio, de documento de identidade alheio" e "uso indevido de documentos pessoais alheios".

De fato, a pena cominada no art. 308 do Código Penal é mais elevada do que a reprimenda atribuída ao crime de falsa identidade. A razão desta decisão legislativa é simples, e se baseia na **utilização indevida de documento público**, circunstância que justifica a desnecessidade de intenção do agente quanto a obter vantagem, em proveito próprio ou alheio, ou de causar dano a outrem. Em síntese, a lei abre mão da vantagem e do dano porque, tratando-se de documentos públicos, o uso ou a cessão, independentemente daqueles objetivos, cresce e avulta em suas dimensões de crime contra a fé pública.

Como enfatiza Nélson Hungria: "(...) a falsidade se apresenta com maior gravidade, por isso que *ajudada* pelo abuso de documento público, explicando-se, assim, que a lei, na espécie, não haja condicionado o crime à vantagem outra que não a específica do documento de que se trata".[139]

Cuida-se de **crime expressamente subsidiário**, pois o preceito secundário do art. 308 do Código Penal impõe sua aplicação somente "se o fato não constitui elemento de crime mais grave". É o que se verifica no estelionato (CP, art. 171, *caput*), como no exemplo em que o sujeito se vale de documento de identidade alheia para se apoderar do automóvel deixado pelo proprietário na concessionária para revisão.

5.8.3.3. Objetividade jurídica

O bem jurídico penalmente tutelado é a fé pública, relativamente à crença depositada pela coletividade na identidade das pessoas.

5.8.3.4. Objeto material

É o passaporte, título de eleitor, caderneta de reservista ou qualquer outro documento de identidade alheia.

---

[139] HUNGRIA, Nélson. *Comentários ao Código Penal*. 2. ed. Rio de Janeiro: Forense, 1959. v. IX, p. 309.

Passaporte é o documento oficial que autoriza seu titular a sair do país, bem como a entrar e identificar-se no estrangeiro. No Brasil, o órgão responsável pela sua emissão é a Polícia Federal.

Título de eleitor é o documento oficial comprobatório da situação de eleitor de uma pessoa, conferindo-lhe o direito de votar. Sua emissão, no Brasil, é de competência da Justiça Eleitoral.

Caderneta de reservista é o documento oficial cuja finalidade consiste em demonstrar a regularidade da situação de alguém perante o serviço militar obrigatório. No Brasil, reservista é aquele que serviu ou foi dispensado das Forças Armadas, podendo ser convocado a qualquer momento.

O legislador mais uma vez se socorreu da interpretação analógica (ou *intra legem*). Depois de apresentar uma fórmula casuística – "passaporte, título de eleitor e caderneta de reservista" –, valeu-se de fórmula genérica, contida na expressão "ou qualquer documento de identidade". Esse documento de identidade deve ser de natureza pública, em compasso com os demais expressamente apontados pelo tipo penal.

A expressão "qualquer documento de identidade" engloba todo título, certificado ou atestado que seja admissível como meio de reconhecer como o próprio o respectivo portador,[140] a exemplo das carteiras funcionais dos agentes públicos e da Carteira Nacional de Habilitação (CNH).

5.8.3.4.1. Uso de documento de identidade alheia e uso de documento falso: distinção

No crime tipificado no art. 308 do Código Penal, o documento de identidade alheia usado pelo agente é verdadeiro. Embora o tipo penal não faça esta exigência, a conclusão resta inquestionável em face do cotejo com o delito de uso de documento falso.

De fato, se o sujeito utilizar documento falso, embora em nome de terceira pessoa (exemplo: inserção da sua fotografia no passaporte alheio), a ele será imputado o crime de uso de documento falso, definido no art. 304 do Código Penal. Com efeito, a substituição de fotografia em documento público configura o crime previsto no art. 297 do Código Penal (falsificação de documento público).

5.8.3.5. Núcleos do tipo

Na primeira modalidade do delito – uso indevido de documento alheio – o núcleo do tipo é "usar", no sentido de empregar ou utilizar documento de identidade de terceira pessoa como se fosse próprio.

O uso do documento deve limitar-se à sua simples apresentação, pois, se houver qualquer espécie de alteração, estará configurado o crime de falsificação de documento público (CP, art. 297) [141] E, como já consignado, o documento precisa ser verdadeiro, pois, se for falso, e o agente não for o responsável pela falsificação, a ele será imputado o delito de uso de documento falso (CP, art. 304).

Na segunda variante do crime – cessão de documento próprio ou alheio para que outrem dele se utilize – o núcleo é "ceder", ou seja, fornecer ou emprestar a outrem, a título oneroso ou gratuito, documento de identidade próprio ou de terceiro, para que dele faça uso.

Tais verbos ligam-se ao passaporte, título de eleitor, caderneta de reservista ou qualquer outro documento de identidade.

---

[140] Cf. MAGALHÃES NORONHA, E. *Direito penal*. 16. ed. São Paulo: Saraiva, 1983. v. 4, p. 199.
[141] STF: HC 75.690/SP, rel. Min. Moreira Alves, 1.ª Turma, j. 10.03.1998, noticiado no *Informativo* 102.

Cuidam-se de condutas autônomas e distintas. Destarte, se o sujeito faz uso de documento de identidade alheia, como se fosse próprio, e posteriormente cede a terceiro documento de identidade próprio ou alheio, para que dele se utilize, deverá responder por dois crimes, em concurso material, pois a fé pública é duplamente atacada.

5.8.3.6. Sujeito ativo

Pode ser qualquer pessoa (**crime comum** ou **geral**).

5.8.3.7. Sujeito passivo

É o Estado e, mediatamente, a pessoa física ou jurídica prejudicada pela conduta criminosa.

5.8.3.8. Elemento subjetivo

Na modalidade "usar, como próprio, documento de identidade alheia", é o dolo, independentemente de qualquer finalidade específica.

Por seu turno, na conduta de "ceder a outrem, para que dele se utilize, documento dessa natureza, próprio ou de terceiro", exige-se, além do dolo, um especial fim de agir (elemento subjetivo específico), representado pela expressão "para que dele se utilize". Destarte, o fato é atípico na hipótese em que alguém, agindo de boa-fé, empresta a outrem seu documento de identidade, e o recebedor deste vem a fazer uso sem a ciência do seu titular. Exemplo: Um advogado pede ao seu estagiário para tirar cópia autenticada da sua carteira de reservista. Contudo, depois de sair do cartório o estagiário faz uso do documento, sem conhecimento do causídico.

Não se admite a modalidade culposa, em nenhuma das modalidades do delito.

5.8.3.9. Consumação

O momento consumativo do crime tipificado no art. 308 do Código Penal varia em cada uma das suas modalidades. Vejamos.

Na primeira conduta – "usar, como próprio, documento de identidade alheia" –, a consumação se verifica quando o sujeito faz efetivo uso do documento alheio como se fosse próprio. Não basta possuir ou trazer consigo, é imprescindível a utilização do documento pertencente à terceira pessoa. Exemplificativamente, não se concretiza o delito quando policiais, em cumprimento de mandado judicial de busca e apreensão, encontram na residência do investigado um passaporte de pessoa diversa, pois o agente não fez uso do documento.

Já na segunda conduta – "ceder a outrem, para que dele se utilize, documento dessa natureza, próprio ou de terceiro" – o delito se consuma no momento da tradição do documento. Não se exige a efetiva utilização do documento pelo destinatário. Todavia, se este o utilizar, a ele será também imputado o crime em apreço, na modalidade "usar como próprio documento alheio".

5.8.3.10. Tentativa

É possível, em ambas as modalidades do delito, em face da sua natureza plurissubsistente, permitindo o fracionamento do *iter criminis*.

5.8.3.11. Ação penal

A ação penal é pública incondicionada.

5.8.3.12. Lei 9.099/1995

Em face do patamar máximo da pena privativa de liberdade cominada (dois anos), o art. 308 do Código Penal contempla uma **infração penal de menor potencial ofensivo**, de competência do Juizado Especial Criminal e compatível com a transação penal e o rito sumaríssimo, em sintonia com as disposições da Lei 9.099/1995.

5.8.3.13. Classificação doutrinária

O uso do documento de identidade alheia é crime **simples** (ofende um único bem jurídico); **comum** (pode ser praticado por qualquer pessoa); **formal, de consumação antecipada** ou **de resultado cortado** (consuma-se com a prática da conduta legalmente descrita, independentemente da superveniência do resultado naturalístico); **de forma livre** (admite qualquer meio de execução); em regra **comissivo**; **instantâneo** (consuma-se em um momento determinado, sem continuidade no tempo); **expressamente subsidiário** (a lei impõe a aplicação da pena somente se o fato não constituir elemento de crime mais grave); **unissubjetivo, unilateral** ou **de concurso eventual** (pode ser cometido por uma única pessoa, mas admite o concurso); e normalmente **plurissubsistente** (a conduta pode ser fracionada em diversos atos).

5.8.4. Art. 309 – Fraude de lei sobre estrangeiros

5.8.4.1. Dispositivo legal

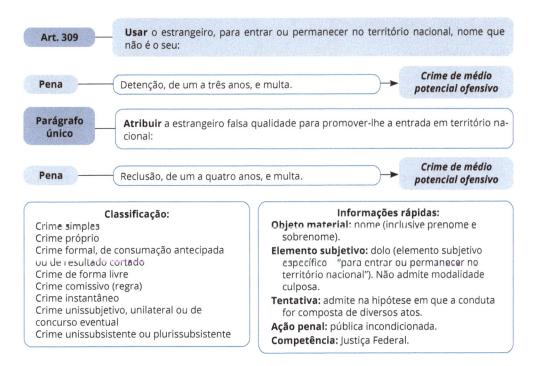

5.8.4.2. Objetividade jurídica

O bem jurídico penalmente protegido é a fé pública, relativamente à identidade das pessoas, com o consequente controle do Estado na imigração. A propósito, a Constituição

Federal, em seu art. 5.º, inc. XV, assim dispõe: "é livre a locomoção no território nacional em tempo de paz, podendo qualquer pessoa, nos termos da lei, nele entrar, permanecer ou dele sair com seus bens".

Com o objetivo de resguardar a segurança nacional, a organização institucional e os interesses políticos, socioeconômicos e culturais do Brasil, editou-se a Lei 13.445/2017 – Lei de Migração, regulando a situação jurídica do estrangeiro em território nacional e disciplinando as condições para sua entrada e permanência no País.

Para reforçar tais finalidades e assegurar o cumprimento dos requisitos determinados pela legislação, o art. 309 do Código Penal incrimina a utilização de nome falso pelo estrangeiro.

5.8.4.3. Objeto material

É o **nome**, no qual se compreendem o prenome e o sobrenome, em sintonia com a regra traçada pelo art. 16 do Código Civil.

Como o tipo penal faz menção unicamente ao "nome", excluem-se do raio de incidência do delito outros dados de identificação da pessoa, tais como profissão, filiação e estado civil.

5.8.4.4. Núcleo do tipo

O núcleo do tipo é "**usar**", no sentido de empregar ou efetivamente utilizar nome que não é seu (fictício ou de terceira pessoa), para o fim de entrar ou permanecer no território nacional.[142]

Se o sujeito, além de empregar nome que não é seu, fizer uso de documento falso, deverá responder unicamente pelo delito previsto no art. 304 do Código Penal, o qual absorve o crime definido no art. 309, *caput*. O conflito aparente de leis penais é solucionado pelo princípio da consunção (*ante factum* impunível).[143]

5.8.4.5. Sujeito ativo

Trata-se de **crime próprio** ou **especial**, pois somente pode ser cometido pelo estrangeiro, ou seja, pelo nacional de outro país. Consequentemente, tanto o brasileiro (nato ou naturalizado), na forma do art. 12, incisos I e II, da Constituição Federal, como o apátrida, também conhecido como *heimatlos* (pessoa sem nacionalidade), não podem figurar como sujeito ativo deste delito.

5.8.4.6. Sujeito passivo

É o Estado e, mediatamente, a pessoa física ou jurídica prejudicada pela conduta criminosa.

5.8.4.7. Elemento subjetivo

É o dolo, acrescido de um especial fim de agir (elemento subjetivo específico), representado pela expressão "para entrar ou permanecer no território nacional". Não se admite a modalidade culposa.

5.8.4.8. Consumação

Cuida-se de **crime formal**, **de consumação antecipada** ou **de resultado cortado**: consuma-se com o efetivo uso pelo estrangeiro de nome que não é seu, para entrar ou permanecer no território nacional, pouco importando se esta finalidade vem ou não a ser alcançada.

---

[142] O conceito de território nacional leva em conta a regra contida no art. 5.º do Código Penal, compreendendo o solo, o mar territorial e o espaço aéreo.
[143] Contra, sustentando o concurso material de crimes: CAPEZ, Fernando. *Curso de direito penal*. 8. ed. São Paulo: Saraiva, 2010. v. 3, p. 433.

5.8.4.9. Tentativa

É cabível, nas situações em que o delito se apresentar como plurissubsistente, comportando o fracionamento do *iter criminis* (exemplo: "A", depois de desembarcar no aeroporto, começa a preencher o formulário para ingresso no Brasil, mas é preso em flagrante antes de completar o espaço reservado para o nome do imigrante).

Não se admite o *conatus*, entretanto, nas hipóteses de crime unissubsistente (exemplo: uso verbal de nome falso, pois nesse caso ou o sujeito efetiva a conduta, e o crime estará consumado, ou não o faz, e o fato será atípico).

5.8.4.10. Ação penal

A ação penal é pública incondicionada.

5.8.4.11. Lei 9.099/1995

A fraude de lei sobre estrangeiro é **crime de médio potencial ofensivo**. A pena mínima cominada (detenção de um ano), autoriza a suspensão condicional do processo, desde que presentes os demais requisitos elencados pelo art. 89 da Lei 9.099/1995.

5.8.4.12. Classificação doutrinária

A fraude de lei sobre estrangeiro é crime **simples** (ofende um único bem jurídico); **próprio** (somente pode ser praticado pelo estrangeiro); **formal, de consumação antecipada** ou **de resultado cortado** (consuma-se com a prática da conduta legalmente descrita, independentemente da superveniência do resultado naturalístico); **de forma livre** (admite qualquer meio de execução); em regra **comissivo**; **instantâneo** (consuma-se em um momento determinado, sem continuidade no tempo); **unissubjetivo, unilateral** ou **de concurso eventual** (praticado por uma só pessoa, mas admite o concurso); e **unissubsistente** ou **plurissubsistente**, dependendo do caso concreto.

5.8.4.13. Atribuição de falsa qualidade a estrangeiro: art. 309, parágrafo único

O parágrafo único do art. 309 do Código Penal, com a redação determinada pela Lei 9.426/1996, prevê o crime de **atribuição de falsa qualidade a estrangeiro**, nos seguintes termos:

> Parágrafo único. Atribuir a estrangeiro falsa qualidade para promover-lhe a entrada em território nacional:
> Pena – reclusão, de um a quatro anos, e multa.

Nesse caso, uma pessoa qualquer (**crime comum** ou **geral**) atribui ao estrangeiro falsa qualidade, aí se incluindo o nome e outros dados de identificação, a exemplo da filiação, estado civil, profissão, idade etc. Cuida-se, porém, de **crime plurissubjetivo, plurilateral** ou **de concurso necessário**, pois reclama ao menos duas pessoas: a que atribui a falsa qualidade, e o estrangeiro, beneficiado pela conduta criminosa, na condição de partícipe.

É também **crime de forma livre**: a atribuição, ou seja, a imputação da falsa qualidade é compatível com qualquer meio de execução (oral, escrito, gestos, símbolos etc.).

O elemento subjetivo é o dolo, acrescido de um especial fim de agir (elemento subjetivo específico) representado pela expressão "para promover-lhe a entrada em território nacional". O delito pode ser praticado a título oneroso ou gratuito. Não se admite a modalidade culposa.

É interessante notar que, ao contrário do que ocorre no *caput*, aqui não se pune a conduta praticada com a finalidade de assegurar a **permanência** do estrangeiro no território nacional.

O crime é **formal, de consumação antecipada** ou **de resultado cortado**. Consuma-se com a simples atribuição da falsa qualidade ao estrangeiro, independentemente do seu efetivo ingresso no território nacional. A tentativa será possível nas hipóteses em que o crime despontar como plurissubsistente, comportando o fracionamento do *iter criminis* (exemplo: atribuição de falsa qualidade mediante escrito que se extravia antes da chegada ao seu destinatário).

Em face da pena mínima cominada (reclusão de um ano), constitui-se em **crime de médio potencial ofensivo**, compatível com a suspensão condicional do processo, se presentes os demais requisitos exigidos pelo art. 89 da Lei 9.099/1995.

5.8.4.14. Competência

Os crimes tipificados no art. 309 do Código Penal (*caput* e parágrafo único) são de competência da Justiça Federal, com fundamento no art. 109, inc. X, da Constituição Federal: "Aos juízes federais compete processar e julgar: (...) X – os crimes de ingresso ou permanência irregular de estrangeiro". Na linha da jurisprudência do Superior Tribunal de Justiça:

> Compete à Justiça Federal o processamento e julgamento de ações penais que versem sobre delitos praticados em afronta aos serviços da União, assim como aqueles que digam respeito à permanência irregular do agente em solo pátrio. Precedentes. Inteligência dos incisos IV e X do artigo 109 da Constituição da República.[144]

5.8.5. Art. 310 – Falsidade em prejuízo da nacionalização de sociedade

5.8.5.1. Dispositivo legal

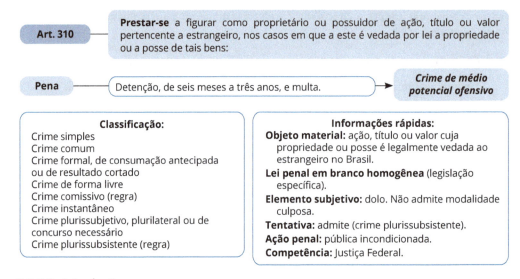

5.8.5.2. Introdução

Na redação original do Código Penal, datada de 1940, a falsidade em prejuízo da nacionalização de sociedade estava prevista no art. 311. Com as modificações introduzidas pela

---
[144] HC 107.018/AL, rel. Min. Jane Silva (Desembargadora convocada do TJMG), 6.ª Turma, j. 21.10.2008.

Lei 9.426/1996, especialmente a criação do crime de adulteração de sinal identificador de veículo automotor, o delito foi transferido para o art. 310, e o legislador olvidou-se de repetir seu *nomen iuris*. Nada obstante, em seara doutrinária subsiste a terminologia "**falsidade em prejuízo da nacionalização de sociedade**", até porque a redação típica não sofreu qualquer tipo de alteração.

5.8.5.3. Objetividade jurídica

O bem jurídico penalmente protegido é a fé pública, no que diz respeito à identidade das pessoas envolvidas em negócios no País, bem como os interesses políticos e econômicos do Brasil, colocados em perigo com a intervenção ilícita de estrangeiros.

5.8.5.4. Objeto material

É a **ação**, **título** ou **valor** cuja propriedade ou posse é legalmente vedada ao estrangeiro no Brasil.

5.8.5.5. Núcleo do tipo

O núcleo do tipo é "**prestar-se** a figurar", no sentido de alguém permitir, a título oneroso ou gratuito (exemplo: amizade, parentesco, dívida pessoal etc.) a utilização de seu nome como possuidor ou proprietário de ação, título ou valor, quando em verdade tais bens pertencem ao estrangeiro, em relação a quem a propriedade ou posse é proibida por lei.

É a famosa figura do "laranja" ou do "testa de ferro", na qual se opera a simulação da propriedade ou posse do objeto material, desrespeitando-se as proibições impostas pela legislação pátria. Nas palavras de Magalhães Drummond:

> É, na ordem econômica, o que era na imprensa o testa de ferro: sujeito que se presta ao papel de pseudônimo alheio, para que se fintem as leis de nacionalização da sociedade. (...) As vantagens dos negócios, assim proibidos, poderiam ser auferidas pelo estrangeiro, mediante disfarce consistente na sua substituição por brasileiro que aquiescesse ao papel de mero pseudônimo alheio.[145]

Trata-se de **lei penal em branco homogênea**, pois é preciso analisar a legislação para identificação das ações, títulos ou valores cuja propriedade ou posse é vedada aos estrangeiros. Aliás, a própria Constituição Federal impede a posse e propriedade de determinados bens aos estrangeiros, por razões inerentes à segurança e o desenvolvimento nacional, a exemplo do que se verifica em seu art. 222:

> **Art. 222.** A propriedade de empresa jornalística e de radiodifusão sonora e de sons e imagens é privativa de brasileiros natos ou naturalizados há mais de dez anos, ou de pessoas jurídicas constituídas sob as leis brasileiras e que tenham sede no País.
>
> § 1.º Em qualquer caso, pelo menos setenta por cento do capital total e do capital votante das empresas jornalísticas e de radiodifusão sonora e de sons e imagens deverá pertencer, direta ou indiretamente, a brasileiros natos ou naturalizados há mais de dez anos, que exercerão obrigatoriamente a gestão das atividades e estabelecerão o conteúdo da programação.
>
> § 2.º A responsabilidade editorial e as atividades de seleção e direção da programação veiculada são privativas de brasileiros natos ou naturalizados há mais de dez anos, em qualquer meio de comunicação social.

---

[145] DRUMMOND, J. de Magalhães. *Comentários ao Código Penal*. Rio de Janeiro: Forense, 1944. v. IX, p. 259.

> § 3.º Os meios de comunicação social eletrônica, independentemente da tecnologia utilizada para a prestação do serviço, deverão observar os princípios enunciados no art. 221, na forma de lei específica, que também garantirá a prioridade de profissionais brasileiros na execução de produções nacionais.
> § 4.º Lei disciplinará a participação de capital estrangeiro nas empresas de que trata o § 1.º.
> § 5.º As alterações de controle societário das empresas de que trata o § 1.º serão comunicadas ao Congresso Nacional.

5.8.5.6. Sujeito ativo

O crime é **comum** ou **geral**, podendo ser cometido por qualquer pessoa, desde que brasileiro (nato ou naturalizado). Além disso, trata-se de **crime plurissubjetivo, plurilateral** ou **de concurso necessário**, pois exige ao menos duas pessoas para sua configuração: o brasileiro, como autor, e o estrangeiro, na condição de partícipe, pois concorre para a realização da conduta típica, sem executá-la.

5.8.5.7. Sujeito passivo

É o Estado e, mediatamente, a pessoa física ou jurídica prejudicada pela conduta criminosa.

5.8.5.8. Elemento subjetivo

É o dolo, independentemente de qualquer finalidade específica. Não se admite a modalidade culposa.

5.8.5.9. Consumação

Cuida-se de **crime formal, de consumação antecipada** ou **de resultado cortado**: consuma-se no momento em que o brasileiro se presta a figurar como proprietário ou possuidor de ação, título ou valor pertencente a estrangeiro, nos casos em que a este é vedada por lei a propriedade ou a posse de tais bens, independentemente da obtenção de lucro ou da causação de prejuízo a alguém.

5.8.5.10. Tentativa

É cabível, em face do caráter plurissubsistente do delito, permitindo o fracionamento do *iter criminis*.

5.8.5.11. Ação penal

A ação penal é pública incondicionada.

5.8.5.12. Lei 9.099/1995

O art. 310 do Código Penal contempla um **crime de médio potencial ofensivo**. A pena mínima cominada (seis meses) autoriza a suspensão condicional do processo, desde que presentes os demais requisitos elencados pelo art. 89 da Lei 9.099/1995.

5.8.5.13. Classificação doutrinária

A falsidade em prejuízo da nacionalização de sociedade é crime **simples** (ofende um único bem jurídico); **comum** (pode ser praticado por qualquer pessoa, desde que brasileira); **formal, de consumação antecipada** ou **de resultado cortado** (consuma-se com a prática da conduta legalmente descrita, independentemente da superveniência do resultado naturalístico); **de forma livre** (admite qualquer meio de execução); em regra **comissivo**; **instantâneo** (consuma-se em um momento determinado, sem continuidade no tempo); **plurissubjetivo**, **plurilateral** ou **de concurso necessário** (exige a presença de ao menos duas pessoas, o brasileiro, na condição de autor, e o estrangeiro substituído, na posição de partícipe); e normalmente **plurissubsistente** (a conduta pode ser fracionada em diversos atos).

5.8.5.14. Competência

O delito é de competência da Justiça Federal, pois ofende interesse da União, nos termos do art. 109, inc. IV, da Constituição Federal.

5.8.6. Art. 311 – Adulteração de sinal identificador de veículo

5.8.6.1. Dispositivo legal

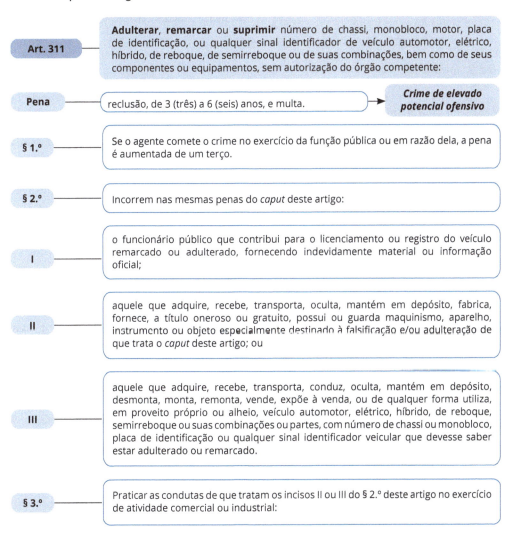

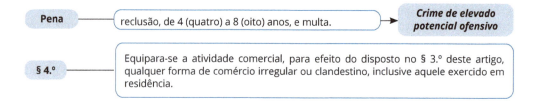

Classificação:
Crime simples
Crime comum
Crime formal, de consumação antecipada ou de resultado cortado
Crime de forma livre
Crime comissivo (regra)
Crime não traseunte
Crime instantâneo de efeitos permanentes
Crime unissujeito, unilateral ou de concurso eventual
Crime plurissubsistente (regra)

Informações rápidas:
Objeto material: número de chassi, monobloco, motor, placa de identificação ou qualquer sinal identificador de veículo ou de seu componente ou equipamento.
Elemento normativo do tipo "sem autorização do órgão competente".
Elemento subjetivo: dolo. Não admite modalidade culposa.
Tentativa: admite (crime plurissubsistente).
Ação penal: pública incondicionada.

5.8.6.2. Introdução

Inicialmente, o crime de **adulteração de sinal de veículo automotor** foi criado pela Lei 9.426/1996, com a finalidade de coibir a crescente comercialização clandestina de veículos automotores e de suas peças.

Antes da entrada em vigor da Lei 9.426/1996, não havia como combater a ação espúria de proprietários de oficinas mecânicas e demais pessoas capacitadas para o conserto de veículos automotores que, depois de praticados crimes contra o patrimônio (furto, roubo, receptação, latrocínio etc.), auxiliavam seus responsáveis a permanecerem imunes à atuação estatal, mediante a adulteração ou remarcação de sinais identificadores dos automóveis.

Como tais indivíduos somente intervinham depois de consumado o delito patrimonial, não podiam ser considerados coautores ou partícipes deste. Essa lacuna legislativa contribuía para o aumento dos crimes contra o patrimônio, pois não era possível punir aqueles que colaboravam para comportamentos dessa natureza.

Com o passar dos anos, a redação do art. 311 do Código Penal revelou-se insuficiente para o enfrentamento das novas formas de criminalidade. Por tal razão, a Lei 14.562/2023 efetuou diversas alterações no tipo penal, ampliando seu alcance. O nome do delito, inclusive, foi alterado para **adulteração de sinal de veículo**, excluindo-se a palavra "automotor", uma vez que a conduta típica também pode recair em veículo elétrico, híbrido, de reboque, de semirreboque ou de suas combinações, bem como de seus componentes ou equipamentos.[146]

5.8.6.3. Objetividade jurídica

O bem jurídico penalmente tutelado é a fé pública, no que diz respeito à proteção da propriedade e da segurança do registro de veículo ou dos seus componentes ou equipamentos. A lei se preocupa com a autenticidade dos sinais identificadores do veículo ou dos seus componentes ou equipamentos.

---

[146] De acordo com o art. 96, I, da Lei 9.503/1997 – Código de Trânsito Brasileiro, os veículos classificam-se, quanto à tração, em automotor, reboque ou semirreboque, de propulsão humana e de tração animal. Esses dois últimos não são abrangidos pelo art. 311 do Código Penal.

5.8.6.4. Objeto material

É o **número de chassi, monobloco, motor, placa de identificação** ou **qualquer sinal identificador de veículo ou de seu componente ou equipamento**.

Chassi é a estrutura de aço sobre a qual se monta a carroceria do veículo automotor. Os modelos de chassi mais comuns são (a) o "tipo escada", conhecido popularmente como "chassi" e formado por duas vigas longitudinais; e (b) o "**monobloco**", composto de estrutura única e utilizado na maioria dos veículos de passeio.

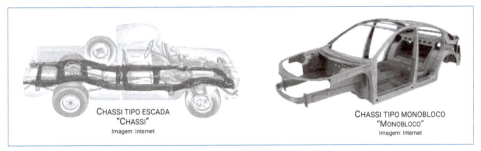

Fonte: https://api.tjsp.jus.br/Handlers/Handler/FileFetch.ashx?codigo=147127

Nessa estrutura de aço é inserido um código para sua identificação. Esse é o **número do chassi**, ao qual faz referência o art. 311, *caput*, do Código Penal.

Nos termos do art. 114, *caput*, da Lei 9.503/1997 – Código de Trânsito Brasileiro: "O veículo será identificado obrigatoriamente por caracteres gravados no chassi ou no monobloco, reproduzidos em outras partes, conforme dispuser o CONTRAN".

De seu turno, a Resolução CONTRAN 968/2022, em seu art. 3.º, I, define o VIN – Número de Identificação do Veículo,[147] ao passo que seu art. 5.º estatui que o "VIN deve ser gravado no lado direito do chassi ou monobloco".

Motor é o aparelho que transforma formas diversas de energia, a exemplo da química e da elétrica, em energia mecânica.

A **placa de identificação** (dianteira e traseira) destina-se à identificação externa do veículo, e deve ser lacrada em sua estrutura. Os caracteres das placas serão individualizados para cada veículo e o acompanharão até a baixa do registro, sendo vedado o seu reaproveitamento (Lei 9.503/1997 – Código de Trânsito Brasileiro, art. 115, *caput* e § 1.º).[148]

O tipo penal, valendo-se da interpretação analógica (ou *intra legem*), também se refere a **qualquer sinal identificador de veículo, de seu componente ou equipamento**, a exemplo da numeração lançada nos vidros, no motor e no câmbio do automóvel.

A conduta deve recair em número de chassi, monobloco, motor, placa de identificação, ou qualquer sinal identificador de **veículo automotor, elétrico, híbrido, de reboque, de semirreboque ou de suas combinações, bem como de seus componentes ou equipamentos**.[149]

---

[147] "Art. 3.º Para os efeitos desta Resolução, aplicam-se os seguintes termos e definições: I – VIN – Número de Identificação do Veículo: combinação de 17 caracteres, estruturada em três seções (WMI/VDS/VIS), designada a um veículo por seu fabricante para fins de identificação."

[148] Os veículos de duas ou três rodas são dispensados da placa dianteira (CTB, art. 115, § 6.º).

[149] Antes da Lei 14.562/2023, o art. 311, *caput*, do Código Penal contemplava unicamente o "número de chassi ou qualquer sinal identificador de veículo automotor, de seu componente ou equipamento". Era atípica, portanto, a conduta que recaísse sobre o sinal de identificação de veículo de natureza diversa.

O Anexo I do Código de Trânsito Brasileiro, com as alterações promovidas pela Lei 14.599/2023, apresenta as seguintes definições:

VEÍCULO AUTOMOTOR: veículo a motor de propulsão a combustão, elétrica ou híbrida que circula por seus próprios meios e que serve normalmente para o transporte viário de pessoas e coisas ou para a tração viária de veículos utilizados para o transporte de pessoas e coisas, compreendidos na definição os veículos conectados a uma linha elétrica e que não circulam sobre trilhos (ônibus elétrico).[150]

REBOQUE: veículo destinado a ser engatado atrás de um veículo automotor.

SEMIRREBOQUE: veículo de um ou mais eixos que se apoia na sua unidade tratora ou é a ela ligado por meio de articulação.

Fonte: https://api.tjsp.jus.br/Handlers/Handler/FileFetch.ashx?codigo=147127

O tipo penal expressamente admite a **combinação** entre tais veículos, a exemplo do reboque engatado em um caminhão, e também fala em seus **componentes ou equipamentos**, deixando claro que a conduta do agente pode incidir em peças ou partes isoladas do veículo, como se dá nos famosos desmanches clandestinos de veículos.

5.8.6.5. Núcleos do tipo

O tipo penal contém três núcleos: "adulterar", "remarcar" e "suprimir".

Adulterar é modificar ou alterar (exemplo: mudança de alguns números ou letras do chassi); **remarcar** equivale a marcar novamente (exemplo: retirada do número anterior do chassi e inscrição de um novo código); **suprimir**, por sua vez, é eliminar ou retirar (exemplo: exclusão de um número do chassi).[151]

O delito admite diversos meios de execução (**crime de forma livre**), tais como a substituição das placas verdadeiras por placas falsas, a alteração dos códigos impressos nos vidros dos automóveis, a modificação dos números e letras gravados no motor etc.

Trata-se de **tipo misto alternativo**, **crime de ação múltipla** ou **de conteúdo variado**. A lei contempla três núcleos, e a realização de mais de um deles, no tocante ao mesmo objeto material, configura um único delito, como na hipótese em que o sujeito adultera e, dias depois, remarca o número de chassi do mesmo veículo automotor.

O legislador não incriminou a conduta de "**ocultar**" número de chassi, monobloco, motor, placa de identificação, ou qualquer sinal identificador de veículo automotor, elétrico, híbrido, de reboque, de semirreboque ou de suas combinações, bem como de seus componentes ou equipamentos. Logo, não se verifica o delito previsto no art. 311 do Código Penal quando alguém esconde a placa de identificação de automóvel com o escopo de escapar de fiscalização de velocidade, a exemplo do que ocorre quando o passageiro de uma motocicleta

---

[150] **Veículo híbrido** é aquele alimentado por dois tipos de motores: combustão e eletricidade.
[151] O núcleo "suprimir" foi acrescentado pela Lei 14.562/2023, corrigindo a falha legislativa anteriormente existente, que deixava atípica, em face da proibição da analogia *in malam partem* no Direito Penal, a conduta daquele que, exemplificativamente, eliminava totalmente o número do chassi de um automóvel, sem efetuar nova marcação.

coloca a mão na frente da placa para evitar a fotografia pelo radar eletrônico, livrando-se da imposição de multa de trânsito.

Embora seja o que normalmente acontece na vida prática, a adulteração de sinal identificador de veículo não pressupõe a prévia ou posterior ocorrência de crime patrimonial, pois o bem jurídico tutelado é a fé pública, e não o patrimônio. A título ilustrativo, é possível reconhecer o delito na situação em que o sujeito troca as placas do automóvel de sua propriedade para escapar de multas de trânsito.

5.8.6.5.1. Elemento normativo do tipo

O art. 311, *caput*, do Código Penal contém um elemento normativo, representado pela expressão "**sem autorização do órgão competente**". A bem da verdade, esse trecho é exagerado e desnecessário, pois, evidentemente, não há crime quando a mudança no sinal de identificação é autorizada pelo Poder Público.

A propósito, dispõe o art. 114 da Lei 9.503/1997 – Código de Trânsito Brasileiro:

> **Art. 114.** O veículo será identificado obrigatoriamente por caracteres gravados no chassi ou no monobloco, reproduzidos em outras partes, conforme dispuser o CONTRAN.
>
> § 1.º A gravação será realizada pelo fabricante ou montador, de modo a identificar o veículo, seu fabricante e as suas características, além do ano de fabricação, que não poderá ser alterado.
>
> § 2.º As regravações, quando necessárias, dependerão de prévia autorização da autoridade executiva de trânsito e somente serão processadas por estabelecimento por ela credenciado, mediante a comprovação de propriedade do veículo, mantida a mesma identificação anterior, inclusive o ano de fabricação.
>
> § 3.º Nenhum proprietário poderá, sem prévia permissão da autoridade executiva de trânsito, fazer, ou ordenar que se faça, modificações da identificação de seu veículo.

5.8.6.5.2. A questão da colocação de fita adesiva na placa de veículo automotor

A colocação de fita adesiva em veículo caracteriza o crime definido no art. 311 do Código Penal? Existem duas posições sobre o assunto:

1.ª posição: Sim, pois a conduta se enquadra no art. 311 do Código Penal. Como já decidido pelo Supremo Tribunal Federal:

> A conduta de adulterar a placa de veículo automotor mediante a colocação de fita adesiva é típica, nos termos do art. 311 do CP (...). Com base nessa orientação, a 2.ª Turma negou provimento a recurso ordinário em *habeas corpus*. O recorrente reiterava alegação de falsidade grosseira, percebida a olho nu, ocorrida apenas na placa traseira, e reafirmava que a adulteração visaria a burlar o rodízio de carros existente na municipalidade, a constituir mera irregularidade administrativa. O Colegiado pontuou que o bem jurídico protegido pela norma penal teria sido atingido. Destacou-se que o tipo penal não exigiria elemento subjetivo especial ou alguma intenção específica. Asseverou-se que a conduta do paciente objetivara frustrar a fiscalização, ou seja, os meios legítimos de controle do trânsito. Concluiu-se que as placas automotivas seriam consideradas sinais identificadores externos do veículo, também obrigatórios conforme o art. 115 do Código de Trânsito Brasileiro.[152]

---

[152] RHC 116.371/DF, rel. Min. Gilmar Mendes, 2.ª Turma, j. 13.08.2013, noticiado no *Informativo* 715. O Superior Tribunal de Justiça também vem adotando essa linha de pensamento: "A jurisprudência deste Superior Tribunal entende que a

2.ª posição: Não. A adulteração de número de chassi ou de sinal identificador de veículo deve revestir-se de **permanência**, pois somente dessa forma é cabível reconhecer a lesão à fé pública. Se a mudança é temporária e, principalmente, facilmente perceptível por qualquer pessoa, a exemplo do que se verifica na colocação de fitas adesivas nas placas de veículos para livrar-se de multas de trânsito, do pagamento de pedágio, dos radares e da restrição de circulação em dias e horários determinados (o famoso "rodízio"), não há falar em adulteração, afastando o delito tipificado no art. 311 do Código Penal. Como nos crimes contra a fé pública em geral, a falsificação grosseira exclui a tipicidade do fato, constituindo autêntico crime impossível (CP, art. 17). O Superior Tribunal de Justiça já decidiu nesse sentido:

> Nesta instância especial, entendeu-se que, no caso, efetivamente, houve a colocação de fita adesiva ou isolante para alterar letra ou número da placa de identificação do veículo, o que é perceptível a olho nu. Em sendo assim, o meio empregado para a adulteração não se presta à ocultação de veículo, objeto de crime contra o patrimônio. Observou-se que qualquer cidadão, por mais incauto que seja, tem condições de identificar a falsidade, que, de tão grosseira, a ninguém pode iludir. Em suma, a fraude é risível, grotesca. Logo, a fé pública não é sequer atingida. Ressaltou-se que a punição de mera infração administrativa com a sanção criminal prevista no tipo descrito no art. 311 da lei subjetiva penal desafia a razoabilidade e proporcionalidade, porquanto a fé pública permaneceu incólume e, à míngua de lesão ao bem jurídico tutelado, a conduta praticada pelo recorrido é atípica.[153]

5.8.6.5.3. A utilização de placas reservadas (ou "placas frias")

Muitos funcionários públicos, no desempenho de atividades sigilosas, utilizam placas reservadas, fornecidas pelo Detran, em substituição às placas verdadeiras. É o que se dá principalmente no tocante à Polícia Federal e à Polícia Civil, para evitar a descoberta de investigações de crimes, e também pela Corregedoria da Polícia Militar. Em raras ocasiões, tais placas são também concedidas aos membros do Poder Judiciário, do Ministério Público e da Receita Federal, entre outros agentes do Estado.

A utilização dessas placas, ainda que desvirtuada, não acarreta a configuração do crime tipificado no art. 311 do Código Penal, pois a conduta deve ser praticada "**sem autorização do órgão competente**", nada obstante subsista a possibilidade de responsabilidade disciplinar do funcionário público. Com efeito, as placas são verdadeiras, e o delito somente se configura no caso de substituição de placas falsas. Confira-se o elucidativo julgado do Supremo Tribunal Federal:

> Por atipicidade da conduta, a Turma, por maioria, deferiu *habeas corpus* para trancar ação penal instaurada contra magistrado, denunciado pela suposta prática do crime previsto no art. 311, § 1.º, do CP. No caso, o acusado recebera do Detran um par de placas reservadas à Polícia Federal, em razão de requisição feita por outro magistrado, também denunciado, cuja finalidade consistiria em viabilizar investigações de caráter sigiloso. Posteriormente, apurara-se que referidas placas teriam sido utilizadas para outro fim, tendo substituído placas originais de veículos particulares. Entendeu-se que a substituição de placas particulares por outras fornecidas pelo Detran não pode configurar qualquer adulteração ou falsificação, já que esse órgão sempre tem a possibilidade de verificar a existência da placa reservada, a sua origem e a razão de sua utilização, perante as auto-

---

simples conduta de adulterar a placa de veículo automotor é típica, enquadrando-se no delito descrito no art. 311 do Código Penal. Não se exige que a conduta do agente seja dirigida a uma finalidade específica, basta que modifique qualquer sinal identificador de veículo automotor. A conduta realizada pelo recorrido, que, com o uso de fita isolante, modificou o número da placa da motocicleta, configura o delito tipificado no referido dispositivo" (AgRg no AREsp 860.012/MG, rel. Min. Rogerio Schietti Cruz, 6.ª Turma, j. 07.02.2017).

[153] REsp 503.960/SP, rel. Min. Celso Limongi (Desembargador convocado do TJSP), 6.ª Turma, j. 16.03.2010, noticiado no *Informativo* 427.

ridades públicas ou quem mais tivesse interesse no assunto. Considerou-se que, para a configuração do crime, é imprescindível que a substituição da placa se faça por outra placa, falsa. Ressaltou-se, por fim, que a prática dos citados atos pode consistir em irregularidade administrativa, passível de responsabilização nessa esfera.[154]

5.8.6.5.4. Confronto entre os crimes de adulteração de sinal identificador de veículo e de receptação: unidade ou pluralidade de crimes

A análise conjunta dos arts. 180 e 311 do Código Penal revela determinadas situações passíveis de ocorrência prática:

a) O agente é surpreendido na direção de veículo apresentando número de chassi ou sinal identificador adulterado, remarcado ou suprimido

Se não houver prova do seu envolvimento na adulteração, remarcação ou supressão, subsistirá unicamente sua responsabilidade pela receptação, dolosa ou culposa. De fato, ainda que ele conheça a prática do delito anterior, não há falar no concurso de pessoas, pois não se admite coautoria ou participação depois da consumação.

b) O agente recebe o veículo ciente da sua origem criminosa e posteriormente efetua a adulteração, remarcação ou supressão do número de chassi ou de qualquer outro sinal identificador

Nesse caso, a ele serão imputados dois crimes: receptação e adulteração de sinal identificador de veículo, em concurso material, como corolário da ofensa a bens jurídicos distintos (patrimônio e fé pública) e da diversidade de vítimas.

Esse cenário não se confunde com a figura equiparada elencada pelo art. 311, § 2.º, III, do Código Penal, no qual o sujeito recebe o veículo (ou suas partes) já adulterado ou remarcado.

5.8.6.6. Sujeito ativo

O crime é **comum** ou **geral**, podendo ser praticado por qualquer pessoa.

Entretanto, se o agente ostentar a condição de **funcionário público**, e cometer o delito no exercício da função pública ou em razão dela, a pena será aumentada de um terço, nos moldes do § 1.º do art. 311 do Código Penal. Trata-se de **causa de aumento da pena**, aplicável na terceira fase da dosimetria da pena privativa de liberdade e incidente também na pena de multa. O fundamento do tratamento penal mais severo repousa na traição ao Estado, bem como na maior facilidade proporcionada ao agente pela função pública à prática do delito.

5.8.6.7. Sujeito passivo

É o Estado, interessado na preservação da fé pública e, mediatamente, a pessoa física ou jurídica prejudicada pela conduta criminosa.

5.8.6.8. Elemento subjetivo

É o dolo, independentemente de qualquer finalidade específica. A propósito: "O Superior Tribunal de Justiça firmou o entendimento de que não se exige finalidade específica para a caracterização do crime do art. 311 do Código Penal, bastando para a sua consumação a adulteração de qualquer sinal identificador do veículo".[155]

Não se admite a modalidade culposa.

---

[154] HC 86.424/SP, rel. originária Min. Ellen Gracie, rel. p/ acórdão Min. Gilmar Mendes, 2.ª Turma, j. 11.10.2005, noticiado no *Informativo* 405.

[155] AgRg no Ag 903.555/GO, rel. Min. Laurita Vaz, 5.ª Turma, j. 05.05.2009.

5.8.6.9. Consumação

Cuida-se de **crime formal, de consumação antecipada** ou **de resultado cortado**: consuma-se com a adulteração, remarcação ou supressão do número de chassi, monobloco, motor, placa de identificação, ou qualquer sinal identificador de veículo automotor, elétrico, híbrido, de reboque, de semirreboque ou de suas combinações, bem como de seus componentes ou equipamentos, sem autorização do órgão competente, pouco importando se o sujeito consegue ludibriar alguém, obter lucro indevido ou causar prejuízo a outrem. Como já decidido pelo Superior Tribunal de Justiça:

> O fato de a falsidade ter sido descoberta por agentes da Polícia Rodoviária Federal, quando o acusado passou por barreira policial, em nada altera a natureza formal do crime, que se consuma com a mera falsidade, com lesão direta à fé pública do órgão em que registrado o veículo.[156]

5.8.6.9.1. A prova da materialidade do fato

A adulteração de sinal identificador de veículo ingressa no rol dos crimes não transeuntes, isto é, deixa vestígios de ordem material. Destarte, a prova da materialidade do fato reclama a elaboração de exame de corpo de delito, direto ou indireto, não podendo supri-lo a confissão do acusado (CPP, art. 158).

5.8.6.10. Tentativa

É possível, em face do caráter plurissubsistente do delito, permitindo o fracionamento do *iter criminis*.[157]

5.8.6.11. Ação penal

A ação penal é pública incondicionada.

5.8.6.12. Lei 9.099/1995

Em face da pena cominada – reclusão, de três a seis anos, e multa –, a adulteração de sinal identificador de veículo é **crime de elevado potencial ofensivo**, incompatível com qualquer dos benefícios contidos na Lei 9.099/1995.

5.8.6.13. Classificação doutrinária

A adulteração de sinal identificador de veículo é crime **simples** (ofende um único bem jurídico); **comum** (pode ser praticado por qualquer pessoa); **formal, de consumação antecipada** ou **de resultado cortado** (consuma-se com a prática da conduta legalmente descrita, independentemente da superveniência do resultado naturalístico); **de forma livre** (admite qualquer meio de execução); em regra **comissivo**; **não transeunte** (deixa vestígios materiais); **instantâneo de efeitos permanentes** (consuma-se em um momento determinado, mas seus efeitos subsistem no tempo, independentemente da vontade do agente); **unissubjetivo, unilateral** ou **de concurso eventual** (pode ser cometido por uma única pessoa, mas admite o concurso); e normalmente **plurissubsistente** (a conduta pode ser fracionada em diversos atos).

---

[156] CC 100.414/RS, rel. Min. Maria Thereza de Assis Moura, 3.ª Seção, j. 22.04.2009.
[157] STJ: "Não se cogita a atipicidade do crime previsto no art. 311 do CP (forma tentada) quando o agente é surpreendido, em flagrante, quando pintava superfície na qual o chassi do veículo havia sido recentemente lixado, para fins de adulteração" (HC 142.131/MA, rel. Min. Og Fernandes, 6.ª Turma, j. 25.05.2010).

5.8.6.14. Figuras equiparadas: art. 311, § 2.º

Nas mesmas penas do *caput* deste artigo – reclusão, de três a seis anos, e multa – incorrem:

I – o funcionário público que contribui para o licenciamento ou registro do veículo remarcado ou adulterado, fornecendo indevidamente material ou informação oficial.

Nessa modalidade, o crime é **próprio ou especial**, pois somente pode ser cometido pelo funcionário público com atuação relacionada ao licenciamento ou registro de veículos, a exemplo dos servidores do Departamento Estadual de Trânsito – DETRAN. Não é correto simplesmente falar em crime funcional, uma vez que não pode qualquer funcionário público figurar como sujeito ativo do delito.

Cuida-se de **crime acessório, de fusão ou parasitário**, pois reclama a prática de um delito anterior (de natureza principal), tipificado no art. 311, *caput*, do Código Penal. Em outras palavras, exige-se a prévia adulteração (em sentido amplo) do sinal identificador do veículo.

A finalidade da lei consiste em incriminar o comportamento dos funcionários de órgãos de trânsito que colaboram para o registro ou licenciamento de automóveis sem se submeter ao rígido sistema de inspeção veicular.

Trata-se de modalidade específica de **participação material** (auxílio), pois o tipo derivado refere-se ao fornecimento indevido de material ou informação oficial. No entanto, em face da opção do legislador, o funcionário público é autor do crime disciplinado no § 2.º, I, e não partícipe do delito definido no *caput* do art. 311 do Código Penal.

A conduta do funcionário público é posterior à adulteração, remarcação ou supressão do sinal identificador de veículo, dos seus equipamentos ou componentes, sem autorização do órgão competente. Sua atuação tem como alvo o licenciamento (autorização anual de trânsito) ou registro (inscrição perante o órgão de trânsito) do veículo, fornecendo indevidamente material (exemplos: papel espelho do documento do veículo automotor, placas etc.) ou informação oficial (números de chassis desembaraçados, códigos para licenciamento, senha para acessar o sistema do Detran etc.). Esse comportamento confere ao veículo uma aparente situação de regularidade perante os órgãos públicos, facilitando sua livre circulação no trânsito e sua alienação a terceiros.

A configuração desse delito não impede o reconhecimento de outros crimes (contra a fé pública, contra a Administração Pública etc.), principalmente o de corrupção passiva, em concurso material, como na situação em que o funcionário da Ciretran de determinada cidade recebe vantagem indevida para facilitar o licenciamento de veículo com número de chassi adulterado, fornecendo material oficial.

O silêncio da lei autoriza a formação de duas posições acerca da pena a ser aplicada ao responsável por esta figura equiparada:

1.ª posição: Incide a causa de aumento prevista no § 1.º do art. 311 do Código Penal. A pena será aumentada de um terço, pois o agente cometeu o crime no exercício da função pública ou em razão dela. É o entendimento a que nos filiamos; e

2.ª posição: Não incide a causa de aumento, seja porque a figura contida no § 2.º, I, foi expressamente ao *caput* do art. 311 do Código Penal, seja porque a localização do § 1.º permite sua incidência unicamente à modalidade fundamental do delito, catalogada no *caput*.

Inciso II – aquele que adquire, recebe, transporta, oculta, mantém em depósito, fabrica, fornece, a título oneroso ou gratuito, possui ou guarda maquinismo, aparelho, instrumento ou objeto especialmente destinado à falsificação e/ou adulteração de que trata o *caput* deste artigo.

Essa figura pune os **petrechos destinados à adulteração de sinal identificador de veículo**.

No Brasil, os atos preparatórios, em regra, não são puníveis, nem mesmo na forma tentada, pois o art. 14, II, do Código Penal vinculou a punibilidade à prática de atos de execução.

Há situações excepcionais, todavia, em que o legislador optou por incriminar atos preparatórios de forma autônoma ("crimes obstáculo"), como ocorre nesse art. 311, § 2.º, II, do Código Penal.

Por meio desse crime subsidiário, busca-se alcançar hipóteses que constituiriam mera preparação da adulteração de sinal identificador de veículo. Exemplificativamente, o art. 311, *caput*, do Código Penal tipifica a remarcação do chassi de um automóvel. Algumas condutas imediatamente anteriores à alteração, no entanto, não são abrangidas pelo mencionado dispositivo legal, tal como ocorre com a posse de ferramentas destinadas ao alcance daquele fim.

Nesse contexto, o art. 311, § 2.º, II, do Código Penal desempenha a função de soldado de reserva, pois destina-se a punir justamente ações preparatórias da adulteração de sinal identificador de veículo.

Portanto, se o agente monta uma pequena oficina para adulteração de chassis e com ele não se apreende nenhum veículo adulterado, estará configurado o crime definido no art. 311, § 2.º, II, do Código Penal. De outro lado, se na oficina for encontrado algum veículo com chassi adulterado, incidirá somente o art. 311, *caput*, do Código Penal. O conflito aparente de normas penais é solucionado pelo princípio da consunção (ou da absorção).

Admite-se o concurso material entre o *caput* e o § 2.º, II, do art. 311 do Código Penal, mesmo com o encontro de veículo com sinal identificador adulterado, na hipótese de constituição de autêntica fábrica para adulteração de sinais identificadores de veículos. Em tais casos, não há falar na incidência do princípio da consunção, com absorção da figura equiparada, pois a capacidade lesiva do maquinismo de adulteração extrapola o risco à fé pública representado por um ou alguns veículos apreendidos.

Inciso III – aquele que adquire, recebe, transporta, conduz, oculta, mantém em depósito, desmonta, monta, remonta, vende, expõe à venda, ou de qualquer forma utiliza, em proveito próprio ou alheio, veículo automotor, elétrico, híbrido, de reboque, semirreboque ou suas combinações ou partes, com número de chassi ou monobloco, placa de identificação ou qualquer sinal identificador veicular que devesse saber estar adulterado ou remarcado.

O art. 311, § 2.º, III, do Código Penal constitui-se em **crime acessório, de fusão ou parasitário**, pois depende da prática de um crime anterior, definido no art. 311, *caput*, do Código Penal. É imprescindível a prévia adulteração, remarcação ou supressão de sinal identificador de veículo.

Consequentemente, esse delito deve ser cometido por pessoa diversa da responsável pela adulteração (em sentido amplo). Com efeito, se aquele que realiza a conduta equiparada tem algum envolvimento com o crime anterior, somente esse delito será a ele imputado, e não a figura contida no art. 311, § 2.º, III, do Código Penal.

Cuida-se de **modalidade específica de receptação**, em razão da **natureza do objeto material** (veículo automotor, elétrico, híbrido, de reboque, semirreboque ou suas combinações ou partes). A propósito, se não existisse essa figura equiparada, ao agente que pratica tal conduta seria atribuído o delito tipificado no art. 180 do Código Penal.

No campo do **elemento subjetivo**, é válido destacar, o legislador insistiu na confusão instalada quando da criação da receptação qualificada pelo exercício de atividade comercial ou industrial, definida no art. 180, § 1.º, do Código Penal. Em verdade, seria mais adequada a utilização da fórmula "que sabe ou deve saber estar adulterado ou remarcado". Mas, optando (infelizmente) pela expressão "que devesse saber", há de se concluir que tal redação, indicativa do dolo eventual, também abrange o dolo direto, por questões de razoabilidade e isonomia.

É preciso cuidado com a expressão "**em proveito próprio ou alheio**". Não há dúvida de que essa finalidade específica indica alguma vantagem, econômica ou não, em favor do agente ou de terceira pessoa. Mas é imprescindível que seja essa conduta posterior à adulteração (em sentido amplo) do sinal de identificação do veículo, e que não exista ajuste prévio com o responsável pelo crime definido no art. 311, *caput*, do Código Penal.

De fato, se o sujeito ajustou a conduta, a exemplo do desmonte do veículo, antes da adulteração do sinal de identificação veicular, ele deve responder por tal delito (CP, art. 311, *caput*) como partícipe, pois concorreu para a sua prática, e não pela figura equiparada.

5.8.6.15. Figuras qualificadas: art. 311, § 3.º

Nos termos do art. 311, § 3.º, do Código Penal: "Praticar as condutas de que tratam os incisos II ou III do § 2.º deste artigo no exercício de atividade comercial ou industrial: Pena – reclusão, de 4 (quatro) a 8 (oito) anos, e multa".

Em razão da expressa determinação legal, as qualificadoras recaem somente nas modalidades equiparadas previstas nos incisos II e III do § 2.º do art. 311 do Código Penal, **quando praticadas no exercício de atividade comercial ou industrial**, ou seja, não alcançam as figuras contidas no *caput* e no § 2.º, I.

O fundamento das qualificadoras é o maior desvalor da conduta cometida no exercício de atividade comercial ou industrial, pois o agente se vale da sua atividade laborativa para a prática do delito. Consequentemente, ele possui maior facilidade para transferir produtos de origem criminosa a terceiros de boa-fé, que acreditam na legitimidade dos bens que circulam no mercado.

Além disso, dedicando-se à atividade espúria, o comerciante ou industrial incentiva outras pessoas a cometerem delitos, uma vez que elas terão lucros em razão da aceitação dos seus produtos por destinatário certo, ávido a conceder fluxo à circulação das mercadorias.

O § 4.º do art. 311 do Código Penal veicula uma **norma penal explicativa (ou complementar)**, assim redigida: "Equipara-se a atividade comercial, para efeito do disposto no § 3.º deste artigo, qualquer forma de comércio irregular ou clandestino, inclusive aquele exercido em residência".

Nessas modalidades qualificadas, a adulteração de sinal identificador de veículo constitui-se em **crime próprio ou especial**, pois somente pode ser cometido pela pessoa que se encontra no exercício de atividade comercial ou industrial.

Não se reclama regularidade ou licitude no exercício da atividade comercial ou industrial. Exige-se, entretanto, **habitualidade** no desempenho do comércio ou da indústria pelo sujeito ativo, pois a atividade comercial (em sentido amplo) não se aperfeiçoa em um único ato, sem continuidade no tempo.

5.9. DAS FRAUDES EM CERTAMES DE INTERESSE PÚBLICO

5.9.1. Art. 311-A – Fraudes em certames de interesse público

5.9.1.1. Dispositivo legal

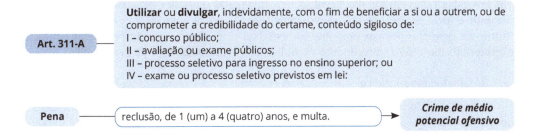

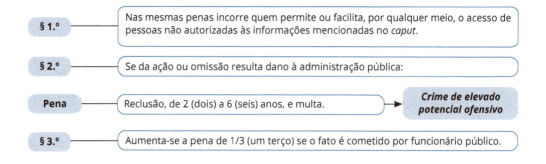

5.9.1.2. Introdução

Este crime foi incorporado ao Código Penal pela Lei 12.550/2011, a qual autorizou o Poder Executivo a criar a empresa pública unipessoal denominada Empresa Brasileira de Serviços Hospitalares – EBSERH. Fica fácil notar, portanto, que a matéria disciplinada neste diploma legal, na quase totalidade do seu texto (arts. 1.º a 17), não guarda nenhuma relação com as fraudes em certames de interesse público.

Diante das inúmeras falcatruas cometidas em provas e concursos, causadas pela péssima (ou nenhuma) fiscalização promovida pelo Estado e pelo desvirtuamento de conduta dos responsáveis pela promoção dos certames em geral, o legislador agiu às pressas e aproveitou-se de um projeto de lei em vias de aprovação para nele incluir o crime ora previsto no art. 311-A do Código Penal.

Mais uma vez, em vez de equacionar a questão no plano administrativo, com gestão eficaz e medidas idôneas à solução dos problemas, o Brasil demonstrou sua fraqueza e preferiu invocar a tutela do Direito Penal, com a finalidade simbólica de acalmar a sociedade e transmitir a ideia de atenção dos governantes com tão grave questão, a qual coloca em risco o futuro de inúmeras pessoas honestas que estudam com afinco, mas são preteridas em razão do protecionismo e do favorecimento de indivíduos incompetentes e despreparados.

5.9.1.3. Objetividade jurídica

O bem jurídico penalmente tutelado é a fé pública, no tocante à lisura, à impessoalidade, à moralidade, à isonomia, à probidade e à credibilidade depositadas nos certames de interesse público, notadamente em face do seu caráter sigiloso. Tais características asseguram a todos os interessados, e também à coletividade, a garantia da disputa de vagas em igualdade de condições, possibilitando a escolha dos mais capacitados unicamente pelo mérito, de forma democrática e em sintonia com os anseios da sociedade.

Portanto, no âmbito da teoria constitucional do Direito Penal, o delito em apreço encontra seu fundamento de validade em vários dispositivos da Lei Suprema, especialmente no art. 5.º, *caput* (princípio da isonomia), e no art. 37, *caput* (princípios da impessoalidade e da moralidade da Administração Pública).

5.9.1.4. Objetos materiais

O art. 311-A do Código Penal contempla os seguintes objetos materiais: I – concurso público; II – avaliação ou exame públicos; III – processo seletivo para ingresso no ensino superior; e IV – exame ou processo seletivo previstos em lei.

O legislador utilizou-se de fórmulas amplas, com a finalidade de alcançar operações fraudulentas em qualquer modalidade de certame de interesse público. Vejamos cada uma delas.

Concurso público é, por excelência, o meio de acesso a cargos e empregos públicos no âmbito da Administração direta, indireta ou fundacional, a teor da regra veiculada pelo art. 37, inc. II, da Constituição Federal: "a investidura em cargo ou emprego público depende de aprovação prévia em concurso público de provas ou de provas e títulos, de acordo com a natureza e a complexidade do cargo ou emprego, na forma prevista em lei, ressalvadas as nomeações para cargo em comissão declarado em lei de livre nomeação e exoneração".[158]

Avaliação ou exame públicos são instrumentos pelos quais o Poder Público, mediante aplicação de provas, análise de currículo ou outros meios impessoais de constatação de idoneidade e mérito dos interessados, seleciona pessoas para o desempenho de funções, acesso a cursos ou para a obtenção de benefícios resultantes da aprovação no certame. São exemplos os exames para ingresso em escolas técnicas e nos colégios militares, a seleção de universitários para ingresso em residência médica ou odontológica etc.

Processo seletivo para ingresso no ensino superior diz respeito ao ingresso nas faculdades e universidades, a exemplo dos tradicionais vestibulares e do ENEM – Exame Nacional do Ensino Médio.

Finalmente, **exame ou processo seletivo previstos em lei** relacionam-se aos certames diversos dos anteriores e contemplados expressamente em legislação específica, tais como o Exame de Ordem, exigido pelo art. 8.º, inc. IV, da Lei 8.906/1994 – Estatuto da Advocacia e a Ordem dos Advogados do Brasil, e o processo seletivo simplificado para contratação, por tempo determinado, para atender a necessidade temporária de excepcional interesse público, previsto no art. 37, inc. IX, da Constituição Federal e regulamentado pela Lei 8.745/1993.

5.9.1.4.1. Processo seletivo para ingresso no ensino superior e instituições privadas

A fraude em processo seletivo para ingresso no ensino superior, no âmbito de instituição privada (faculdade ou universidade), caracteriza o crime definido no art. 311-A do Código Penal.

De fato, a Lei 12.550/2011 não limitou o alcance do tipo penal às instituições públicas de ensino, pois utilizou no inc. III do art. 311-A do Código Penal a expressão "ensino superior", sem excluir as entidades privadas. Se não bastasse, o *nomen iuris* do delito é "fraudes em certames de interesse público", e não "fraudes em certames públicos". Exige-se o **interesse público** no processo seletivo, independentemente da sua natureza pública ou privada.

---

[158] "Os concursos públicos devem dispensar tratamento impessoal e igualitário aos interessados. Sem isto ficariam fraudadas suas finalidades" (MELLO, Celso Antonio Bandeira de. *Curso de direito administrativo*. 14. ed. São Paulo: Malheiros, 2002. p. 258).

Com efeito, a Constituição Federal enfatiza o interesse público na prestação do ensino por instituições privadas. Nesse contexto, se de um lado o ensino é livre à iniciativa privada (art. 209, *caput*), sua oferta fica condicionada à autorização de funcionamento e à avaliação de qualidade pelo Poder Público (art. 209, inc. II).

5.9.1.5. Núcleos do tipo

O tipo penal contém dois núcleos: "utilizar" e "divulgar".

Utilizar é empregar, fazer uso ou aproveitar-se de alguma coisa. Divulgar, por sua vez, equivale a tornar público, dar conhecimento ou comunicar algo, ainda que a uma única pessoa.

Trata-se de tipo misto alternativo, crime de ação múltipla ou de conteúdo variado, pois se o sujeito realizar ambas as condutas, no tocante ao mesmo objeto material, estará caracterizado um único delito.

Sem prejuízo, a fraude em certames de interesse público é crime de forma livre, compatível com os mais variados meios de execução: palavras, gestos, escritos etc.

5.9.1.5.1. Alcance e significado da expressão "conteúdo sigiloso"

O crime tipificado no art. 311-A do Código Penal se concretiza nas situações em que alguém utiliza ou divulga, indevidamente, com o fim de beneficiar a si ou a outrem, ou de comprometer a credibilidade do certame, conteúdo sigiloso de concurso público, avaliação ou exame públicos, processo seletivo para ingresso no ensino superior ou, finalmente, exame ou processo seletivo previstos em lei.

Surge, então, uma indagação: qual é o alcance e o significado da expressão "conteúdo sigiloso"?

A expressão "conteúdo sigiloso" diz respeito a qualquer informação secreta ao público em geral, e por esta razão é restrita a poucas pessoas. Seu uso indevido é apto a colocar em risco a credibilidade do certame do interesse público, ou então a beneficiar alguém, acarretando desigualdade entre os participantes, com ofensa aos princípios da isonomia e da impessoalidade (CF, arts. 5.º, *caput*, e 37, *caput*). São exemplos de conteúdos sigilosos as questões e respostas de provas de vestibulares e de concursos públicos.

O conteúdo sigiloso constitui-se em elemento normativo do tipo. Sua definição não é matéria disciplinada por lei ou ato administrativo, reservando-se seu alcance, e também seu significado, à valoração efetuada pelo operador do Direito no plano fático.

5.9.1.5.2. A elementar "indevidamente"

A utilização ou divulgação do conteúdo sigiloso do certame de interesse público há de ser indevida, é dizer, fora das situações expressamente permitidas pela lei, pelo edital ou pelas demais regras norteadoras do certame de interesse público. De fato, o *caput* do art. 311-A do Código Penal contém a palavra "indevidamente" (injustamente ou sem justa causa), representativa de elemento normativo do tipo, cujo significado reclama um juízo de valor na apreciação do caso concreto.

Embora seja difícil vislumbrar uma situação deste jaez, pois o sujeito realiza o comportamento legalmente descrito "com o fim de beneficiar a si ou a outrem", ou "com o fim de comprometer a credibilidade do certame", o fato será atípico se existir motivo legítimo para a utilização ou divulgação do conteúdo sigiloso do certame de interesse público.

5.9.1.5.3. A problemática inerente à "cola" eletrônica

Sem dúvida alguma, a criação do crime definido no art. 311-A do Código Penal teve como uma de suas finalidades precípuas a prevenção e a punição da famosa "cola" eletrônica em certames de interesse público.

Cola eletrônica é o procedimento ilícito no qual os candidatos burlam vestibulares, concursos públicos e demais modalidades de processos seletivos, mediante a comunicação por meios tecnológicos (transmissores e receptores) com pessoas especialistas (*experts*) nas matérias exigidas nos exames, durante a realização das provas.

Antes da entrada em vigor da Lei 12.550/2011, o Supremo Tribunal Federal firmou jurisprudência no sentido da atipicidade penal da cola eletrônica, pois este comportamento – nada obstante seu elevado grau de reprovabilidade moral – não se subsumia nas definições dos crimes de estelionato e de falsidade ideológica, especialmente.[159]

Esse panorama mudou. Agora, a cola eletrônica em certames de interesse público configura o crime descrito no art. 311-A do Código Penal.

O especialista que resolve as questões da prova e, durante o prazo de sua realização, transmite as respostas ao candidato com o auxílio de recursos eletrônicos, incide na conduta de "**divulgar**, indevidamente, com o fim de beneficiar a outrem, conteúdo sigiloso" de alguma das modalidades de certames de interesse público legalmente indicadas. Por sua vez, o candidato realiza o comportamento típico de "**utilizar**, indevidamente, com o fim de beneficiar a si próprio, conteúdo sigiloso" de certame de interesse público. É indiscutível, portanto, o concurso de pessoas entre o especialista (*expert*) e o candidato.

Especialista (*expert*)	Candidato
Divulgação indevida do conteúdo sigiloso	Utilização indevida do conteúdo sigiloso

De fato, antes do término da prova as respostas são sigilosas para o candidato, e seu favorecimento implica em violação aos princípios constitucionais da isonomia e da impessoalidade. Portanto, pouco importa se o especialista (*expert*) teve ou não acesso privilegiado às questões do exame antes da sua realização, pois o candidato, durante a avaliação, não pode receber qualquer tipo de informação apta a favorecer seu desempenho.

5.9.1.5.4. A divulgação antecipada do resultado do certame de interesse público

Não se caracteriza o crime tipificado no art. 311-A do Código Penal nas situações em que o resultado do certame de interesse público é divulgado previamente a determinadas pessoas, embora não se olvide a imoralidade desta postura. Exemplo: O Município de São Paulo contrata uma empresa especializada para a realização de concurso público. Depois da correção de todas as provas, a empresa encaminha ao Município a relação dos aprovados. No intervalo entre o recebimento da lista de aprovados e sua publicação na imprensa oficial, o presidente da comissão de concurso divulga a listagem a diversos servidores, que inclusive prestaram o concurso.

Com efeito, após a correção das provas e a confecção da lista dos aprovados, não há falar em conteúdo sigiloso, pois a veiculação na imprensa oficial constitui-se em formalidade destinada a assegurar a publicidade do certame. Se não bastasse, falta o elemento subjetivo específico "com o fim de beneficiar a si ou a outrem", ou então "com o fim de comprometer a credibilidade do certame".

5.9.1.6. *Sujeito ativo*

A fraude em certames de interesse público é **crime comum** ou **geral**, podendo ser cometido por qualquer pessoa, a exemplo do candidato inscrito no certame ou do seu professor,

---

[159] Inq. 1.145/PB, rel. Min. Maurício Corrêa, Plenário, j. 19.12.2006, noticiado no *Informativo* 453. É também o entendimento do Superior Tribunal de Justiça: HC 245.039/CE, rel. Min. Marco Aurélio Bellizze, 5.ª Turma, j. 09.10.2012, noticiado no *Informativo* 506.

que colabora no procedimento ilícito, do membro da empresa promotora do processo seletivo, concurso, avaliação ou exame públicos, e também do integrante da banca examinadora. Assim sendo, pouco importa a forma pela qual o sujeito tenha obtido a informação de conteúdo sigiloso.

Se o crime for praticado por funcionário público, a pena será aumentada de 1/3, a teor da regra inserida no § 3.º do art. 311-A do Código Penal.[160]

5.9.1.7. Sujeito passivo

No plano imediato, sujeito passivo é o Estado, titular da fé pública. Sem prejuízo, também figuram no polo passivo, em plano secundário ou mediato, as pessoas físicas (exemplos: candidatos reprovados, candidatos aprovados em colocação inferior à merecida, todos os inscritos lesados pela anulação do certame de interesse público em razão da fraude etc.) ou jurídicas (exemplos: entes públicos ou privados que iniciaram o certame, empresas promotoras dos processos seletivos, exames, concursos ou avaliações, etc.) prejudicadas pela conduta criminosa.

5.9.1.8. Elemento subjetivo

É o dolo, direto ou eventual. Sem prejuízo, o tipo penal também reclama um especial fim de agir (**elemento subjetivo específico**), representado pelas expressões "com o fim de beneficiar a si ou a outrem" ou "com o fim de comprometer a credibilidade do certame".

Não se admite a modalidade culposa. Desta forma, não caracteriza o crime descrito no art. 311-A do Código Penal a conduta daquele que, com negligência, divulga indevidamente conteúdo sigiloso de concurso público, avaliação ou exame públicos, processo seletivo para ingresso no ensino superior ou exame ou processo seletivo previstos em lei.

5.9.1.9. Consumação

Cuida-se de **crime formal, de consumação antecipada** ou **de resultado cortado**: consuma-se com a utilização ou divulgação indevida do conteúdo sigiloso de concurso público, avaliação ou exame públicos, processo seletivo para ingresso no ensino superior ou exame ou processo seletivo previstos em lei, com o fim de beneficiar a si ou a outrem, ou de comprometer a credibilidade do certame de interesse público.

Não se exige a obtenção de benefício próprio ou de terceiro, nem o efetivo comprometimento da credibilidade do certame. Basta a intenção de alcançar qualquer destas finalidades, ainda que normalmente sejam de inevitável concretização.

De igual modo, prescinde-se da causação de dano real à Administração Pública. Esta conclusão torna-se inquestionável com a simples leitura do § 2.º do art. 311-A do Código Penal: "Se da ação ou omissão resulta dano à administração pública: Pena – reclusão, de 2 (dois) a 6 (seis) anos, e multa". Em síntese, a lesão à Administração Pública enseja o reconhecimento da forma qualificada, deixando nítida a natureza formal do delito em sua modalidade fundamental.

5.9.1.10. Tentativa

É possível, em face do caráter plurissubsistente do delito, permitindo o fracionamento do *iter criminis*. Exemplo: Um funcionário da empresa responsável pela realização de determinado concurso público indevidamente encaminha mensagem eletrônica (*e-mail*) para alguns candidatos, com a finalidade de beneficiá-los mediante a divulgação do conteúdo sigiloso da prova a ser aplicada. Contudo, a mensagem é interceptada pela Polícia, em decorrência de investigações baseadas no comportamento suspeito do funcionário.

---

[160] O conceito de funcionário público – próprio e também por equiparação – encontra-se no art. 327, *caput* e § 1.º, do Código Penal.

5.9.1.11. Ação penal

A ação penal é pública incondicionada, em todas as variantes do crime tipificado no art. 311-A do Código Penal.

5.9.1.12. Lei 9.099/1995

Em sua modalidade fundamental (CP, art. 311-A, *caput*), a fraude em certames de interesse público constitui-se em **crime de médio potencial ofensivo**. A pena privativa de liberdade cominada em seu patamar mínimo – reclusão, de 1 (um) ano – autoriza a suspensão condicional do processo, desde que presentes os demais requisitos exigidos pelo art. 89 da Lei 9.099/1995.[161]

Este benefício não será cabível na hipótese de crime cometido por funcionário público, como corolário da incidência da causa de aumento da pena contida no art. 311-A, § 3.º, do Código Penal.

5.9.1.13. Classificação doutrinária

A fraude em certames de interesse público é crime **simples** (ofende um único bem jurídico); **comum** (pode ser cometido por qualquer pessoa); **formal, de consumação antecipada** ou **de resultado cortado** (consuma-se com a prática da conduta legalmente descrita, independentemente da superveniência do resultado naturalístico); **de forma livre** (admite qualquer meio de execução); em regra **comissivo**; **instantâneo** (consuma-se em um momento determinado, sem continuidade no tempo); **unissubjetivo, unilateral** ou **de concurso eventual** (pode ser cometido por uma única pessoa, mas admite o concurso); e normalmente **plurissubsistente** (a conduta comporta o fracionamento em diversos atos).

5.9.1.14. Figura equiparada: art. 311-A, § 1.º

Nos termos do § 1.º do art. 311-A do Código Penal: "Nas mesmas penas incorre quem permite ou facilita, por qualquer meio, o acesso de pessoas não autorizadas às informações mencionadas no *caput*".

Infelizmente, mais uma vez faltou técnica ao legislador. Este dispositivo era absolutamente desnecessário, pois as condutas aqui descritas representam autêntico concurso de pessoas, na modalidade **participação**, no tocante ao ilícito previsto no *caput* do tipo legal, em face da teoria unitária ou monista consagrada no art. 29, *caput*, do Código Penal: "Quem, de qualquer modo, concorre para o crime incide nas penas a este cominadas, na medida de sua culpabilidade".

Não nos convence a alegação de tratar-se de **crime próprio** ou **especial**, reservado para as pessoas encarregadas de proteger o sigilo de certame de interesse público, por duas razões: (a) se assim fosse, a pena deveria ser mais grave, em face da acentuada reprovabilidade do comportamento; e (b) mesmo aqueles que têm o dever de resguardar o sigilo do certame incorrem no núcleo "divulgar", descrito no *caput* do art. 311-A do Código Penal, pois atuam "com o fim de beneficiar a si ou a outrem", ou "com o fim de comprometer a credibilidade do certame".

Para quem pensa em sentido contrário, enxergando alguma utilidade no § 1.º do art. 311-A do Código Penal, é importante realçar o contentamento da figura equiparada com o dolo, dispensando o especial fim de agir "com o fim de beneficiar a si ou a outrem", ou então "com o fim de comprometer a credibilidade do certame", embora seja praticamente impossível separar o comportamento ilícito destas finalidades específicas.

---

[161] Nessa hipótese não há espaço para a prisão preventiva, pois a pena máxima não ultrapassa o patamar de quatro anos, na forma exigida pelo art. 313, inc. I, do Código de Processo Penal.

5.9.1.15. Qualificadora: art. 311-A, § 2.º

Como estatui o art. 311-A, § 2.º, do Código Penal: "Se da ação ou omissão resulta dano à administração pública: Pena – reclusão, de 2 (dois) a 6 (seis) anos, e multa".

Cuida-se de autêntica **qualificadora**, pois foram elevados os limites mínimo e máximo da pena privativa de liberdade cominada ao delito. Além disso, a pena mínima impossibilita a suspensão condicional do processo (**crime de elevado potencial ofensivo**), e a pena máxima autoriza a decretação da prisão preventiva (CPP, art. 313, inc. I).

A expressão "dano à Administração Pública" deve ser interpretada em sentido amplo, abrangendo não somente o dano material (exemplo: despesas para a realização de novo certame), mas também o dano moral. Este raciocínio é de fácil compreensão.

Em verdade, a fraude em certames de interesse público constitui-se em **crime contra a fé pública**, e não em delito contra o patrimônio. E não há dúvida de que configura dano moral o abalo da credibilidade depositada pelas pessoas em geral na lisura dos concursos públicos, avaliações ou exames públicos, processos seletivos para ingresso no ensino superior e demais exames ou processos seletivos previstos em lei.

Entretanto, é preciso atentar para uma importante distinção efetuada pelo legislador. Como a qualificadora reclama o "dano à Administração Pública", sua incidência é vedada nos crimes verificados no âmbito de vestibulares de instituições privadas de ensino superior. Destarte, nesses casos o reconhecimento do delito é obrigatório, porém na modalidade fundamental (CP, art. 311-A, *caput*).

5.9.1.16. Crime praticado por funcionário público: art. 311-A, § 3.º

Como estatui o art. 311-A, § 3.º, do Código Penal: "Aumenta-se a pena de 1/3 (um terço) se o fato é cometido por funcionário público".

Trata-se de **causa especial de aumento da pena**, aplicável na terceira e derradeira fase da dosimetria da pena privativa de liberdade. Seu fundamento é a maior reprovabilidade do comportamento daquele que abusa dos poderes inerentes ao cargo ou função pública, traindo a função nele depositada pela sociedade, para fraudar um certame de interesse público.

Embora a letra fria da lei transmita a impressão do reconhecimento da majorante pela simples posição de funcionário público do responsável pelo delito, esta ideia não merece prosperar. Com efeito, não basta ser funcionário público para abrir espaço ao reconhecimento da causa de aumento da pena. É imprescindível que tenha o agente praticado o crime valendo-se das facilidades proporcionadas pela sua posição, ou seja, **com violação dos deveres inerentes ao cargo ou função pública**, pois esta circunstância confere legitimidade ao tratamento penal mais rigoroso.

Nesse contexto, não incidirá a causa de aumento da pena no caso de funcionário público que, na condição de particular, participa de fraude em concurso público no qual almeja uma das vagas colocadas em disputa. Todavia, será aplicável a majorante na situação em que um funcionário público, envolvido na preparação do certame, transmite as questões sigilosas que serão formuladas na prova a um amigo, com o escopo de beneficiá-lo.

5.9.1.16.1. Crime praticado por funcionário público e recebimento de vantagem indevida

Se o funcionário público, além de fraudar certame de interesse público, receber vantagem indevida – como na situação do fiscal de sala que dolosamente permite ao candidato, em troca de determinada quantia em dinheiro, o acesso a informações privilegiadas –, a ele será também imputado, em concurso material, o crime de corrupção passiva, em sua modalidade agravada (CP, art. 317, § 1.º).

5.9.1.16.2. Confronto entre fraude em certames de interesse público praticada por funcionário público e violação de sigilo funcional: conflito aparente de normas penais e princípio da subsidiariedade

O art. 325 do Código Penal contempla, entre os crimes praticados por funcionário público contra a Administração em geral, a **violação de sigilo funcional**, cuja descrição típica é a seguinte:

> **Art. 325.** Revelar fato de que tem ciência em razão do cargo e que deva permanecer em segredo, ou facilitar-lhe a revelação:
> Pena – detenção, de seis meses a dois anos, ou multa, se o fato não constitui crime mais grave.

Este delito tem como nota marcante a **subsidiariedade expressa**, pois somente será reconhecido quando o fato não constituir crime mais grave.

Nessa seara, se o fato cometido por funcionário público envolver a divulgação ou utilização indevida de conteúdo sigiloso relacionado a **certames de interesse público**, com o fim de beneficiar a si ou a outrem, ou de comprometer a credibilidade do certame, estará caracterizado o crime definido pelo art. 311-A, § 3.º, do Código Penal, com pena mais grave do que a cominada à violação de sigilo funcional. Nas demais hipóteses de revelação de fato sigiloso pelo funcionário público incidirá o delito tipificado no art. 325 do Código Penal. O conflito aparente de normas penais é solucionado pelo **princípio da subsidiariedade**.

5.9.1.17. Competência

O crime de fraudes em certames de interesse público, em regra, é de competência da Justiça Estadual.

Será competente a Justiça Federal, entretanto, nas situações em que o delito for praticado em detrimento de bens, serviços ou interesses da União ou de suas entidades autárquicas ou empresas públicas, com fundamento no art. 109, inc. IV, da Constituição Federal. É o que se dá, exemplificativamente, na fraude em concurso público promovido pela Caixa Econômica Federal.

CAPÍTULO 6
DOS CRIMES CONTRA A ADMINISTRAÇÃO PÚBLICA

6.1. CONCEITO DE ADMINISTRAÇÃO PÚBLICA

A expressão "administração pública" possui mais de um sentido, seja em razão da extensa relação de tarefas e atividades que compõem a finalidade do Estado, seja em decorrência do elevado número de órgãos e agentes públicos incumbidos da sua execução.

Destarte, é conveniente proceder à divisão da expressão "Administração Pública" em dois blocos: um levando em conta a atividade da Administração Pública (**sentido objetivo**), e outro tomando como parâmetro os executores da atividade administrativa (**sentido subjetivo**).

No **sentido objetivo**, Administração Pública é a **função administrativa**, ou seja, a atividade estatal de cunho residual: se não há criação de direito (função legislativa) nem solução de conflitos de interesses na vida própria (função jurisdicional), a função exercida é a de natureza administrativa. Daí o acerto da consagrada lição de Seabra Fagundes: "administrar é aplicar a lei de ofício".[1]

No **sentido subjetivo**, por outro lado, a Administração Pública é o conjunto de agentes, órgãos e pessoas jurídicas incumbidas na execução das atividades administrativas, pouco importando o Poder a que se encontrem vinculados. Nos ensinamentos de José dos Santos Carvalho Filho:

> A Administração Pública, sob o ângulo subjetivo, não deve ser confundida com qualquer dos Poderes estruturais do Estado, sobre o Poder Executivo, ao qual se atribui usualmente a função administrativa. Para a perfeita noção de sua extensão é necessário pôr em relevo a **função administrativa em si**, e não o Poder em que ela é exercida. Embora seja o Poder Executivo o administrador por excelência, nos Poderes Legislativo e Judiciário há numerosas tarefas que constituem atividade administrativa, como é o caso, por exemplo, das que se referem à organização interna dos seus serviços e dos seus servidores. Desse modo, todos os órgãos e agentes que, em qualquer desses poderes, estejam exercendo a função administrativa, serão integrantes da Administração Pública.[2]

Em qualquer hipótese, o fim precípuo da Administração Pública é o bem comum da coletividade administrada. Busca-se a proteção do interesse público, compreendido como as

---

[1] SEABRA FAGUNDES, Miguel de. *O controle dos atos administrativos pelo Poder Judiciário*. 5. ed. Rio de Janeiro: Forense, 1979. p. 4.

[2] CARVALHO FILHO, José dos Santos. *Manual de direito administrativo*. 21. ed. Rio de Janeiro: Lumen Juris, 2009. p. 11.

aspirações ou vantagens licitamente almejadas por toda a comunidade administrada, ou por uma parte expressiva de seus membros.[3]

6.2. A ADMINISTRAÇÃO PÚBLICA E O CÓDIGO PENAL

O Poder Público não desfruta de meios suficientes para realizar diretamente todas as finalidades a que destina. Portanto, afigura-se imprescindível a delegação de diversas atividades a pessoas físicas que desenvolvem suas atividades mirando o interesse comum. Criam-se órgãos e cargos públicos, ocupados por indivíduos cujos deveres são previamente estabelecidos em lei.

Para o regular funcionamento do Estado são instituídas normas de Direito Público. Em algumas hipóteses, contudo, tais mandamentos revelam-se inidôneos à efetiva proteção do interesse público. Surge então o reforço do Direito Penal, mediante a tipificação dos crimes contra a Administração Pública.

No entanto, em Direito Penal a expressão "Administração Pública" não tem o mesmo significado do Direito Constitucional e do Administrativo. Nesses ramos do Direito, a Administração Pública representa, no quadro da tripartição de poderes desenhada por Montesquieu, uma das funções fundamentais do Estado, ao lado da legislativa e da jurisdicional.

O Código Penal, por sua vez, concebe a Administração Pública em sentido amplo, ou seja, não somente como o exercício de atividades tipicamente administrativas, mas como toda atividade estatal, quer no seu aspecto subjetivo (entes que desempenham funções públicas), quer no seu aspecto objetivo (qualquer atividade desenvolvida para satisfação do bem comum). Em síntese, no campo do Direito Penal a Administração Pública equivale a sujeito-administração e atividade-administrativa.[4]

Enfim, no Direito Penal existe um conceito extensivo de "Administração Pública", abrangente de toda a atividade funcional do Estado e dos demais entes públicos. De fato, o legislador classificou no Título dos Crimes contra a Administração Pública os ilícitos penais que têm como característica comum a ofensa à atividade do Estado ou de outras entidades públicas.

6.3. DIVISÃO DOS CRIMES CONTRA A ADMINISTRAÇÃO PÚBLICA

Os crimes contra a Administração Pública, contidos no Título XI da Parte Especial do Código Penal, estão divididos em seis capítulos:

a) Capítulo I – Dos crimes praticados por funcionário público contra a Administração em geral;

b) Capítulo II – Dos crimes praticados por particular contra a Administração em geral;

c) Capítulo II–A – Dos crimes praticados por particular contra a Administração Pública estrangeira;

d) Capítulo II-B – Dos crimes em licitações e contratos administrativos;

e) Capítulo III – Dos crimes contra a Administração da Justiça; e

f) Capítulo IV – Dos crimes contra as finanças públicas.

Fica nítido, portanto, que o Título XI da Parte Especial do Código Penal – Crimes contra a Administração Pública – contempla crimes praticados por funcionário público (*intraneus*) e

---

[3] Cf. MEIRELLES, Hely Lopes. *Direito administrativo brasileiro*. 24. ed. São Paulo: Malheiros, 1994. p. 81.
[4] PAGLIARO, Antonio; COSTA JÚNIOR, Paulo José da. *Dos crimes contra a administração pública*. 4. ed. São Paulo: Atlas, 2009. p. 8.

delitos cometidos por particular (*extraneus*), pois ambos são igualmente ofensivos ao normal funcionamento da Administração Pública.

De fato, todos estes crimes prejudicam, cada um a seu modo específico, a Administração Pública, e, por corolário, toda a coletividade, destinatária da atividade estatal. Tais delitos possuem uma importante característica: são de **vitimização difusa**, ou seja, violam interesses de um número indeterminado de pessoas, unidas entre si por um vínculo fático, visto que se encontram sob o império do Estado.

6.4. ILICITUDE PENAL E ILICITUDE ADMINISTRATIVA

Os fatos praticados em prejuízo da Administração Pública constituem, em regra, meros ilícitos administrativos. São violações do ordenamento jurídico desprovidas de gravidade suficiente para a caracterização de infração penal.

Essa assertiva é consectário lógico de um dos princípios vetores do Direito Penal: o da **fragmentariedade**, também conhecido como **caráter fragmentário do Direito Penal**. De acordo com esse postulado, nem todos os ilícitos configuram infrações penais, mas apenas os que atentam contra valores fundamentais para a manutenção e o progresso do ser humano e da sociedade.

O Direito Penal é a última etapa de proteção do bem jurídico, razão pela qual todo ilícito penal será também ilícito perante o Direito Administrativo, mas nem todo ilícito administrativo será necessariamente um crime ou contravenção penal. No plano abstrato, portanto, o legislador decide, mediante um juízo seletivo, quando uma conduta deve ser considerada ilícito penal ou ilícito administrativo.

Assim sendo, o ilícito penal subsiste sem prejuízo do ilícito administrativo. Este é um *minus* quando comparado àquele. A diferença entre ambos não é ontológica, mas apenas de grau. Em conformidade com os ensinamentos de Nélson Hungria:

> Na diversidade de tratamento de fatos antijurídicos, a lei não obedece a um critério de rigor científico ou fundado numa distinção ontológica entre tais fatos, mas simplesmente a um ponto de vista de conveniência política, variável no tempo e no espaço. Em princípio, ou sob o prisma da lógica pura, a voluntária transgressão da norma jurídica deveria importar sempre a pena (*stricto sensu*). Praticamente, porém, seria isso uma demasia. O legislador é um oportunista, cabendo-lhe apenas, inspirado pelas exigências do meio social, assegurar, numa dada época, a ordem jurídica mediante sanções adequadas. Se o fato *contra jus* não é de molde a provocar um intenso ou difuso alarme coletivo, contenta-se ele com o aplicar a mera sanção civil (ressarcimento do dano, execução forçada, nulidade do ato). O Estado só deve recorrer à pena quando a conservação da ordem não se possa obter por outros meios de reação, isto é, com os meios próprios do direito civil (ou de outro ramo do direito que não o penal). A pena é um *mal*, não somente para o réu e sua família, senão também, sob o ponto de vista econômico, para o próprio Estado. Assim, dentro de um critério prático, é explicável que este se abstenha de aplicá-la fora dos casos em que tal abstenção represente um *mal maior*.[5]

Mesmo depois da criação da infração penal (princípio da fragmentariedade), invoca-se na prática o **princípio da subsidiariedade** para decidir quando estará configurada a figura penal ou a simples falta disciplinar (ilícito administrativo). O Direito Penal é modernamente compreendido como *ultima ratio* (medida extrema ou última razão), pois constitui-se em disciplina jurídica excessivamente gravosa e invasiva da esfera de liberdade do cidadão. Portanto,

---

[5] HUNGRIA, Nélson. *Comentários ao Código Penal*. 2. ed. Rio de Janeiro: Forense, 1958. v. VII, p. 172-173.

se a violação à Administração Pública não ingressar na seara penal, podendo ser solucionada pelo Direito Administrativo, será vedado o recurso ao Direito Penal.

Reserva-se a atuação penal única e exclusivamente para as hipóteses estritamente necessárias. De resto, busca-se a resolução do litígio por uma via menos lesiva aos envolvidos, e, por corolário, também ao Estado. Como mais uma vez destaca Nélson Hungria:

> Como é sabido, além do reforço das sanções cominadas pela lei penal (para os casos mais graves), a administração pública dispõe de sanções próprias (penas disciplinares, penas administrativas), podendo umas e outras competir no mesmo caso concreto. Deve-se, porém, reconhecer a *prejudicialidade* ou *prevalência* do juízo penal. (...) A ilicitude jurídica é uma só, do mesmo modo que um só, na sua essência, é o *dever jurídico*. Dizia Bentham que as leis são divididas apenas por comodidade de distribuição: todas leis podiam ser, por sua identidade substancial, dispostas "sobre um mesmo plano, sobre um só mapa-múndi". Assim, não há falar-se de um ilícito administrativo ontologicamente distinto de um ilícito penal. A separação entre um e outro atende apenas a critérios de conveniência ou de oportunidade, afeiçoados à medida do interesse da sociedade e do Estado, variável no tempo e no espaço. Conforme acentua Beling, a única diferença que pode ser reconhecida entre as duas espécies de ilicitude é de *quantidade* ou de *grau*: está na maior ou menor imoralidade de uma em cotejo com outra. O ilícito administrativo é um *minus* em relação ao ilícito penal.[6]

Na maioria das situações ilegais, portanto, a questão será solucionada pela própria Administração Pública, mediante o exercício do seu poder disciplinar ou atribuição disciplinar, isto é, a prerrogativa fundada na supremacia do interesse público e reconhecida em favor do Poder Público para punir seus agentes pelo cometimento de infrações funcionais.[7]

Fala-se, modernamente, na existência de um **direito administrativo sancionador**, ramo do ordenamento jurídico adequado para a repressão das infrações administrativas. Esta vertente da ciência jurídica, contudo, não impede, quando a gravidade do ilícito o recomendar, o tratamento da questão também pelo Direito Penal. Nas lúcidas palavras de Fábio Medina Osório:

> É possível que o legislador utilize técnicas distintas para proteção de idênticos bens jurídicos, *v.g.*, nos crimes contra a Administração Pública, são empregados o direito penal e o Direito Administrativo Sancionador, inclusive o direito disciplinar. Sem embargo, também é possível perceber que, na variação das técnicas, o legislador busca atender determinadas peculiaridades. Nem todo bem jurídico será protegido pelas técnicas dos direitos administrativo e penal, simultaneamente. Veja-se, por exemplo, o caso de um homicídio, definido no art. 121, *caput*, do Código Penal pátrio. Tal delito é reprimido pela técnica do direito penal. Não o é, em regra, pelo Direito Administrativo Sancionador, pois não está em jogo um bem jurídico que comporte, por sua natureza, essa dupla proteção. A vida humana nada tem a ver, em geral, com o funcionamento, direto ou indireto, da Administração Pública. Já um ilícito de peculato, de outro lado, comporta, sem dúvida, o uso das técnicas penais e administrativas cumulativamente, tendo em vista suas peculiaridades, sua ligação com a necessidade de proteger e preservar valores e princípios que presidem a Administração Pública, tarefa que pode ser desempenhada, também, pelo Direito Administrativo Sancionador.[8]

6.5. OBJETIVIDADE JURÍDICA

Nas lições de Vicenzo Manzini, o bem jurídico genericamente tutelado nos crimes contra a Administração Pública "é o interesse público concernente ao normal funcionamento e ao

---

[6] HUNGRIA, Nélson. *Comentários ao Código Penal*. 2. ed. Rio de Janeiro: Forense, 1959. v. IX, p. 317.
[7] Cf. GASPARINI, Diogenes. *Direito administrativo*. 5. ed. São Paulo: Saraiva, 2000. p. 204.
[8] OSÓRIO, Fábio Medina. *Direito administrativo sancionador*. São Paulo: RT, 2000. p. 136-137.

prestígio da administração pública em sentido lato, naquilo que diz respeito à probidade, ao desinteresse, à capacidade, à competência, à disciplina, à fidelidade, à segurança, à liberdade, ao decoro funcional e ao respeito devido à vontade do Estado em relação a determinados atos ou relações da própria administração".[9]

Importante observar, contudo, que, além deste bem jurídico, de cunho genérico, diversos crimes contra a Administração Pública também protegem outros bens jurídicos, que serão estudados na análise dos crimes em espécie.

6.6. DOS CRIMES PRATICADOS POR FUNCIONÁRIO PÚBLICO CONTRA A ADMINISTRAÇÃO EM GERAL

6.6.1. Introdução

O Código Penal disciplina, em seus arts. 312 a 326, os **crimes funcionais**, ou seja, os delitos praticados por funcionário público contra a Administração em geral.

São delitos de elevada gravidade e de incalculável extensão. Nada obstante ofendam diretamente os interesses da Administração Pública, reflexamente são prejudicadas inúmeras pessoas, especialmente aquelas economicamente menos favorecidas, e, por este motivo, mais dependentes do Poder Público. Exemplificativamente, uma fraude em licitação para contratação de merenda escolar por um município, com apropriação indevida pelos agentes públicos de milhões de reais e fornecimento de refeições de péssima qualidade, é mais lesiva até mesmo do que um crime de homicídio.

De fato, no homicídio uma só vítima é privada da sua vida, limitando-se o dano ao seu círculo familiar e às demais pessoas do seu convívio social. De outro lado, no crime funcional milhares de pessoas são atacadas: as crianças e adolescentes carentes sofrerão de desnutrição, com todos os malefícios daí decorrentes, e a corrupção acarretará a ausência de verbas para investimento em outros setores fundamentais para a coletividade, tais como educação, saúde e segurança, entre tantos outros.

Não há dúvida de que o homicídio é crime de alta gravidade. Contudo, diversos crimes contra a Administração Pública, especialmente os cometidos por seus agentes, também deveriam ser assim considerados pelo legislador. Entretanto, lamentavelmente não foi este o pensamento consagrado no Código Penal. Com a edição da Lei 12.403/2011, todos os delitos funcionais ingressam no rol dos crimes afiançáveis. Além disso, a maioria das penas máximas não ultrapassa oito anos, dificultando a imposição do regime prisional fechado para início de cumprimento da pena privativa de liberdade. E mais: nenhum crime contra a Administração Pública foi classificado como hediondo (Lei 8.072/1990, art. 1.º).

Duas razões, uma histórica e outra política, explicam esta opção legislativa:

a) historicamente, sempre se deu maior importância aos crimes ofensivos de bens jurídicos individuais. É por este motivo que a Parte Especial do Código Penal traz inicialmente os crimes contra a pessoa, passando pelos crimes contra o patrimônio, para, somente em seu derradeiro título, elencar os crimes contra a Administração Pública. Este foi o raciocínio do legislador na Parte Especial: os primeiros crimes são os mais graves, e os últimos, mais brandos; e

b) politicamente, nunca houve vontade dos congressistas em conferir tratamento penal rigoroso aos crimes funcionais, especialmente porque, não raras vezes, são eles os acusados pela prática destas infrações penais.

---

[9] MANZINI, Vicenzo. *Trattato di diritto penale italiano*. 5. ed. Torino: UTET, 1956. v. 5, p. 1.

No entanto, este panorama, ainda que timidamente, tem começado a mudar. O primeiro raio de esperança foi lançado pela Lei 10.763/2003, responsável pelo acréscimo do § 4.º no art. 33 do Código Penal: "O condenado por crime contra a administração pública terá a progressão de regime do cumprimento da pena condicionada à reparação do dano que causou, ou à devolução do produto do ilícito praticado, com os acréscimos legais". O Supremo Tribunal Federal já se pronunciou pela constitucionalidade deste dispositivo legal:

> É constitucional o § 4.º do art. 33 do CP, que condiciona a progressão de regime de cumprimento da pena de condenado por crime contra a administração pública à reparação do dano que causou, ou à devolução do produto do ilícito praticado, facultado o parcelamento da dívida. Com base nessa orientação, o Plenário, por maioria, negou provimento a agravo regimental interposto em face de decisão que indeferira pedido de progressão de regime a condenado nos autos da AP 470/MG (DJe de 22.4.2013) pela prática dos crimes de peculato e corrupção passiva. (...) Quanto à alegada inconstitucionalidade do referido dispositivo legal, a Corte destacou que, em matéria de crimes contra a administração pública – como também nos crimes de colarinho branco em geral –, a parte verdadeiramente severa da pena, a ser executada com rigor, haveria de ser a de natureza pecuniária. Esta, sim, teria o poder de funcionar como real fator de prevenção, capaz de inibir a prática de crimes que envolvessem apropriação de recursos públicos. Por outro lado, a imposição da devolução do produto do crime não constituiria sanção adicional, mas, apenas a devolução daquilo que fora indevidamente apropriado ou desviado. Ademais, não seria o direito fundamental à liberdade do condenado que estaria em questão, mas, tão somente, se a pena privativa de liberdade a ser cumprida deveria se dar em regime mais favorável ou não, o que afastaria a alegação quanto à suposta ocorrência, no caso, de prisão por dívida. Outrossim, a norma em comento não seria a única, prevista na legislação penal, a ter na reparação do dano uma importante medida de política criminal. Ao contrário, bastaria uma rápida leitura dos principais diplomas penais brasileiros para constatar que a falta de reparação do dano: a) pode ser causa de revogação obrigatória do "sursis"; b) impede a extinção da punibilidade ou mesmo a redução da pena, em determinadas hipóteses; c) pode acarretar o indeferimento do livramento condicional e do indulto; d) afasta a atenuante genérica do art. 65, III, *b*, do CP, entre outros.[10]

Nos crimes funcionais, busca-se proteger sobretudo a **probidade administrativa**, compreendida como retidão de conduta, honradez, lealdade, integridade, virtude e honestidade do agente público.[11] Sem prejuízo da caracterização dos atos de improbidade administrativa, definidos pela Lei 8.429/1992, o desvalor da conduta e a extensão do resultado fazem com que o legislador eleve algumas condutas administrativamente ilícitas à condição de crimes.

Em verdade, os crimes praticados por funcionário público contra a Administração Pública representam uma forma qualificada de **desvio de poder**. O sujeito se aproveita da sua condição funcional para satisfazer indevidamente uma pretensão própria ou de terceiro, afetando os interesses da coletividade. Em busca de interesses privados, olvidam-se os princípios norteadores da Administração Pública consagrados no art. 37, *caput*, da Constituição Federal: legalidade, impessoalidade, moralidade, publicidade e eficiência.

E, por esta razão, a punição do responsável pelo crime funcional é indispensável. O agente, representante de um poder estatal, tem por função principal cumprir regularmente seus deveres, confiados pelo povo. A traição funcional faz com que todos tenhamos interesse na sua punição, até porque, de certa forma, somos afetados por elas.[12]

---

[10] EP 22 ProgReg-AgR/DF, rel. Min. Roberto Barroso, Plenário, j. 17.12.2014, noticiado no *Informativo* 772.
[11] Nesse sentido: GARCIA, Emerson; ALVES, Rogério Pacheco. *Improbidade administrativa*. 2. ed. Rio de Janeiro: Forense, 2004. p. 119.
[12] CUNHA, Rogério Sanches. *Direito penal*. Parte especial. 2. ed. São Paulo: RT, 2009. p. 373.

Nesse sentido, o crime funcional será alcançado pela lei penal pátria, mesmo quando cometido no estrangeiro, ou seja, fora dos limites da soberania nacional. Incide uma hipótese de extraterritorialidade da lei penal, prevista no art. 7.º, inc. I, *c*, do Código Penal: "Ficam sujeitos à lei brasileira, embora cometidos no estrangeiro: os crimes contra a administração pública, por quem está a seu serviço".

6.6.2. Crimes funcionais: conceito e espécies

Os crimes elencados no Capítulo I do Título XI da Parte Especial do Código Penal apresentam uma nota marcante: são cometidos pelo funcionário público no exercício da função pública ou em razão dela. Daí a razão de serem classificados como "crimes funcionais", também conhecidos como *delicta in officio*.

Os crimes funcionais, no tocante ao sujeito ativo, ingressam no rol dos **crimes próprios ou especiais**, pois o tipo penal reclama uma situação diferenciada do seu responsável, que deve ostentar a condição de funcionário público. Antonio Pagliaro e Paulo José da Costa Junior classificam os crimes funcionais como **"delitos próprios com estrutura inversa"**:

> Os delitos funcionais dispõem, entretanto, entre os crimes próprios, de uma característica de todo particular. Neles, a qualificação subjetiva não precede o fato, mas deriva do sujeito por uma atividade que ele exerce no momento do fato. (...) Em outras palavras: o *prius* lógico dos crimes funcionais é que o sujeito, na situação concreta, esteja exercitando uma função pública. Desse dado de fato deriva a qualificação de funcionário público, necessária à configuração dos crimes. Logo, os delitos funcionais podem ser classificados como "delitos próprios com estrutura inversa", no sentido de que é necessário indagar sobre o fato antes de concluir que a qualificação subjetiva de funcionário público subsista realmente.[13]

Os crimes funcionais dividem-se em próprios e impróprios (ou mistos).

Crimes funcionais próprios são aqueles em que a condição de funcionário público no tocante ao sujeito ativo é indispensável à tipicidade do fato. A ausência desta condição conduz à atipicidade absoluta, tal como se dá na corrupção passiva e na prevaricação (CP, arts. 317 e 319, respectivamente).

De outro lado, nos **crimes funcionais impróprios** (ou **mistos**) a falta da condição de funcionário público pelo agente importa na desclassificação para outro delito. Exemplo: no peculato-apropriação (CP, art. 312, *caput*, 1.ª parte), se ausente a condição de funcionário público relativamente ao autor, subsistirá o crime de apropriação indébita (CP, art. 168).

Cumpre recordar que há outros crimes funcionais fora do Capítulo I do Título XI da Parte Especial do Código Penal. É o que se dá, exemplificativamente, nos crimes de falso reconhecimento de firma ou letra (CP, art. 300) e de certidão ou atestado ideologicamente falso (CP, art. 301). Em outros casos, a condição funcional não é indispensável à caracterização do delito, mas importa na elevação da pena, como ocorre no crime de falsidade ideológica (CP, art. 299, parágrafo único), entre tantos outros. Como alerta Nélson Hungria:

> Cumpre advertir que também são crimes funcionais típicos (para todos os efeitos) aqueles que, embora não classificados no tít. XI do Livro II do Código, são cometidos por funcionário público ou *qualificados* pela circunstância de ser tal o agente (procedendo este com abuso do cargo ou função). Como diz Von Hippel, crime funcional é aquele "em que a qualidade de funcionário público intervém tanto como condicionante da pena quanto como majorante".[14]

---

[13] PAGLIARO, Antonio; COSTA JÚNIOR, Paulo José da. *Dos crimes contra a administração pública*. 4. ed. São Paulo: Atlas, 2009. p. 24.

[14] HUNGRIA, Nélson. *Comentários ao Código Penal*. 2. ed. Rio de Janeiro: Forense, 1959. v. IX, p. 317.

6.6.2.1. Crimes funcionais e concurso de pessoas

É possível a imputação de um crime funcional (próprio ou impróprio) a um particular, ou seja, a uma pessoa que não ostenta a posição de funcionário público?

A resposta é positiva, e encontra amparo no art. 30 do Código Penal: "Não se comunicam as circunstâncias e as condições de caráter pessoal, salvo quando elementares do crime".

As elementares do delito, isto é, os dados que integram a descrição fundamental de um crime, sempre se comunicam aos demais envolvidos em sua prática. Pouco importa sejam as elementares subjetivas (relacionadas ao agente) ou objetivas (relativas do fato). Exige-se, porém, tenha a elementar ingressado na esfera de conhecimento de todas as pessoas, visando evitar a caracterização da responsabilidade penal objetiva.

Dessa forma, a condição de funcionário público, elementar dos crimes funcionais, comunica-se aos particulares que tiverem de qualquer modo concorrido para a prática do delito. Não somente o funcionário público (*intraneus*), mas também o particular (*extraneus*) responderá pelos crimes previstos no Capítulo I do Título XI da Parte Especial do Código Penal.

Vejamos um exemplo: "A", funcionário público, convida "B", um particular seu amigo, para em concurso subtraírem um computador que se encontra na repartição pública em que trabalha, aproveitando-se das facilidades proporcionadas pelo seu cargo. Ambos respondem por peculato-furto ou peculato impróprio (CP, art. 312, § 1.º), pois a elementar funcionário público transmite-se a "B".

Conclui-se, portanto, que somente o funcionário público pode praticar diretamente os crimes funcionais. A condição de autor lhe é exclusiva. Nada impede, contudo, a responsabilização do particular por delitos desta natureza, como coautor ou partícipe.

6.6.3. Conceito de funcionário público para fins penais: art. 327 do Código Penal

O art. 327, *caput*, do Código Penal apresenta o conceito de funcionário público para fins penais: "Considera-se funcionário público, para os efeitos penais, quem, embora transitoriamente ou sem remuneração, exerce cargo, emprego ou função pública".

Trata-se de **norma penal interpretativa**, pois esclarece o conteúdo e o significado de outras normas penais. Destarte, sempre que a expressão "funcionário público" for empregada pelo Código Penal, ou mesmo pela legislação penal extravagante, deverá ser aplicada em consonância com o conceito ora analisado, salvo se existir previsão específica em sentido contrário. O art. 327 do Código Penal foi peremptório nesse sentido ao utilizar a frase "para os efeitos penais".

De outra banda, se o conceito de funcionário público contido no art. 327 do Estatuto Repressivo é obrigatório na seara penal, há de se concluir que o Direito Penal também é o seu limite. De fato, o conceito de funcionário público do Direito Penal é diverso do conceito de funcionário público do Direito Administrativo.

No **Direito Administrativo** utiliza-se um **critério restritivo**: funcionário público é uma espécie de agente administrativo, e este, por sua vez, pertence ao gênero dos agentes públicos.[15] No **Direito Penal**, por sua vez, valeu-se o legislador de um **critério ampliativo**: a expressão "funcionário público" equivale a "agente público", na forma elencada pelo art. 327, *caput*, do Código Penal. Engloba, portanto, os funcionários públicos em sentido estrito, os empregados públicos, os servidores públicos ocupantes de cargos em comissão, os servidores temporários, os particulares em colaboração com o Poder Público e qualquer outra modalidade de agente público passível de se apresentar.

A propósito, os **agentes políticos** (membros do Poder Executivo e do Poder Legislativo, em qualquer dos entes federativos, e do Poder Judiciário e do Ministério Público, no âmbito

---

[15] SILVA, José Afonso da. *Comentário contextual à Constituição*. 4. ed. São Paulo: Malheiros, 2007. p. 352.

federal ou estadual)[16] também se submetem ao conceito de funcionário público elaborado pelo art. 327 do Código Penal. Para o Supremo Tribunal Federal:

> A noção conceitual de funcionário público, para efeitos jurídico-penais, reveste-se, em nosso sistema normativo, de conteúdo abrangente (CP, art. 327), estendendo-se, inclusive, aos comportamentos definidos em legislação penal extravagante. O Prefeito Municipal, que se qualifica como agente político, é considerado funcionário público para efeitos penais.[17]

Em síntese, incluem-se no conceito de funcionário público todas as modalidades de agentes públicos, ou seja, todas as pessoas que exercem funções de natureza ou de interesse público. A preocupação do Código Penal não é com a pessoa, mas com a **função pública**, assim definida por Vicenzo Maggiore:

> É toda atividade que realiza os fins próprios do Estado, mesmo quando exercida por pessoas estranhas à administração pública. A publicidade da função é, assim, avaliada *objetivamente*, fazendo-se abstração das pessoas que nela são investidas. O que conta não é a qualidade do sujeito, público ou privado, mas a natureza da função. Se esta é tal que o sujeito forme ou concorra para que se forme a vontade do Estado para a obtenção de fins públicos, quem nela está investido se transforma em órgão da administração pública e, somente por isso, torna-se funcionário público.[18]

O art. 327, *caput*, do Código Penal refere-se a cargo, emprego e função pública. Vejamos cada um deles.

Cargos públicos: são criados por lei, com denominação própria, em número certo e remunerados pelos cofres públicos (Lei 8.112/1990, art. 3.º, parágrafo único).

Empregos públicos: "são núcleos de encargos de trabalho permanentes a serem preenchidos por agentes *contratados* para desempenhá-los, sob relação trabalhista. (...) Sujeitam-se a uma disciplina jurídica que, embora sofra *inevitáveis influências advindas da natureza governamental da contratante*, basicamente, é a que se aplica aos *contratos trabalhistas* em geral; portanto, a *prevista na Consolidação das Leis do Trabalho*".[19]

Função pública: é a atividade em si mesma, ou seja, função é sinônimo de atribuição e corresponde às inúmeras tarefas que constituem o objeto dos serviços prestados pelos servidores públicos. Todo cargo tem função, porque não se pode admitir um lugar na Administração que não tenha a predeterminação das tarefas do servidor. Mas nem toda função pressupõe a existência do cargo.[20]

A caracterização do funcionário público, em sintonia com o art. 327 do Código Penal, prescinde da permanência da ligação do agente com o Poder Público, dispensando também a necessidade de remuneração pelos serviços prestados. É o que se dá, exemplificativamente, com os jurados e os mesários eleitorais, entre outros. Como leciona Heleno Cláudio Fragoso:

> Pode o exercício da função pública ser voluntário ou obrigatório; permanente ou eventual; gratuito ou remunerado, e sua natureza específica é irrelevante. Pode, assim, tratar-se do exercício de uma função pública, correspondente a cargo ou emprego público eletivo (membros do Poder Legislativo), de nomeação ou contratual, como também de mera situação de fato. São funcionários públicos, no

---

[16] É de observar, porém, que parte da doutrina administrativista exclui do rol dos agentes políticos ora os membros do Poder Judiciário e do Ministério Público, por não serem eleitos pelo povo, ora somente os integrantes deste último, por não ter sido constitucionalmente tratado como um Poder.

[17] HC 72.465/SP, rel. Min. Celso de Mello, 1.ª Turma, j. 05.09.1995. No mesmo sentido: "Por força do art. 327 do Código Penal, para efeitos penais, os agentes políticos são considerados funcionários públicos" (STF: Apn 335/ES, rel. Min. Carlos Alberto Menezes Direito, Corte Especial, j. 1.º.06.2005).

[18] MAGGIORE, Vicenzo. *Diritto penale*. Bologna: Nicola Zanichelli Ed., 1955. v. II, p. 111.

[19] BANDEIRA DE MELLO, Celso Antônio. *Curso de direito administrativo*. 14. ed. São Paulo: Malheiros, 2002. p. 228.

[20] CARVALHO FILHO, José dos Santos. *Manual de direito administrativo*. 21. ed. Rio de Janeiro: Lumen Iuris, 2009. p. 581.

sentido da lei penal os funcionários de fato (irregularmente investidos), a menos que se configure usurpação de função pública.[21]

O art. 327 do Código Penal incide tanto na Administração Pública Direta como na Administração Pública Indireta (autarquias, empresas públicas, sociedades de economia mista, fundações públicas e agências reguladoras), no âmbito da União, Estados, Distrito Federal e Municípios. Daí a razão do oportuno ensinamento de Nélson Hungria: "Tanto é funcionário público o presidente da República quanto o estafeta de *Vila de Confins*, tanto o senador ou deputado federal quanto o vereador do mais humilde Município, tanto o presidente da Suprema Corte quanto o mais bisonho juiz de paz da hinterlândia".[22]

Mas não se pode confundir função pública com *munus público*, isto é, os encargos públicos atribuídos por lei a algumas pessoas, tais como os tutores, curadores e inventariantes judiciais. Destarte, a condição penal de funcionário público não se estende àqueles que exercem *munus* público, não se aplicando, portanto, o art. 327, *caput*, do Código Penal.

O **advogado dativo**, embora não seja integrante dos quadros da Defensoria Pública, tem sido compreendido como funcionário público para fins penais. Na visão do Superior Tribunal de Justiça:

> O advogado que, por força de convênio celebrado com o Poder Público, atua de forma remunerada em defesa dos agraciados com o benefício da Justiça Pública, enquadra-se no conceito de funcionário público para fins penais. (...) Sendo equiparado a funcionário público, possível a adequação típica aos crimes previstos nos artigos 312 e 317 do Código Penal.[23]

6.6.3.1. Funcionário público por equiparação: art. 327, § 1.º

Em conformidade com o art. 327, § 1.º, do Código Penal: "Equipara-se a funcionário público quem exerce cargo, emprego ou função em entidade paraestatal, e quem trabalha para empresa prestadora de serviço contratada ou conveniada para a execução de atividade típica da Administração Pública".

Entidades paraestatais, integrantes do **terceiro setor**, são as pessoas jurídicas de direito privado, sem fins lucrativos, que atuam ao lado e em colaboração com o Estado. São seus exemplos o Sesc, o Senai e o Sesi, bem como as entidades de apoio e as organizações não governamentais (ONGs). Como destaca Maria Sylvia Zanella Di Pietro:

> (...) o sentido em que se vulgarizou a expressão *entidade paraestatal* é mais aquele utilizado por Hely Lopes Meirelles, de modo a abranger as entidades de direito privado que integram a Administração Indireta (empresas estatais de todos os tipos e fundações de direito privado), bem como os serviços sociais autônomos; a tais entidades é preciso acrescentar, agora, as entidades de apoio (fundações, associações e cooperativas), as organizações sociais e as organizações da sociedade civil de interesse público. Em tal sentido, deve ser interpretada a expressão *entidade paraestatal*, contida no art. 327, § 1.º, do Código Penal, com a redação dada pela Lei n.º 9.983, de 13.7.2000.[24]

É fundamental destacar que "o art. 327, § 1.º, do CP versa a conceituação e delimitação, quanto à relevância penal, de funcionário público. Não se trata de norma penal em branco, cuja aplicação exige complemento normativo, ou de tipo aberto".[25]

---

[21] FRAGOSO, Heleno Cláudio. *Lições de direito penal*. Parte especial. São Paulo: José Bushatsky, 1959. v. 4, p. 878.
[22] HUNGRIA, Nélson. *Comentários ao Código Penal*. 2. ed. Rio de Janeiro: Forense, 1959. v. IX, p. 401-402.
[23] HC 264.459/SP, rel. Min. Reynaldo Soares da Fonseca, 5.ª Turma, j. 10.03.2016.
[24] DI PIETRO, Maria Sylvia Zanella. *Direito administrativo*. 23. ed. São Paulo: Atlas, 2010. p. 491-492. O Superior Tribunal de Justiça, entretanto, já rechaçou a incidência do art. 327, § 1.º, do Código Penal, aos dirigentes do "Sistema S" (RHC 163.470/DF, rel. Min. Joel Ilan Paciornik, 5.ª Turma, j. 21.06.2022).
[25] STF: HC 138.484/DF, rel. Min. Marco Aurélio, 1.ª Turma, j. 11.09.2018, noticiado no *Informativo* 915.

Evidentemente, há necessidade de exercício de cargo, emprego ou função nas entidades paraestatais.

Os **empregados da OAB** – Ordem dos Advogados do Brasil, entidade *sui generis* que constitui "serviço público independente", consistente na fiscalização da profissão de advogado, função essencial à Administração da Justiça (CF, art. 133), **são equiparados a funcionários públicos para fins penais**.[26]

Empresas prestadoras de serviços contratadas para a execução de atividade típica da Administração Pública são as empresas particulares responsáveis pela execução de serviços públicos por delegação estatal, mediante concessão, permissão ou autorização. É o que ocorre, a título ilustrativo, com o transporte coletivo, com a coleta de lixo e com as empresas funerárias. Exemplificativamente, o empregado de uma empresa privada, concessionária de serviço público, que subtrai, para proveito próprio, valores destinados à realização de serviços públicos responde por peculato furto (CP, art. 312, § 1.º), e não por furto (CP, art. 155), uma vez que, para fins penais, é equiparado a funcionário público.

Finalmente, **empresas prestadoras de serviços conveniadas para a execução de atividade típica da Administração Pública** são as que celebram convênios com a Administração Pública. Convênios administrativos são os acordos firmados por pessoas administrativas entre si, ou entre estas e entidades particulares, visando alcançar um objetivo de interesse público.

Convênio e contrato não se confundem, nada obstante tenham em comum a existência de vínculo jurídico fundado na manifestação de vontade dos participantes. No contrato, os interesses são opostos e diversos; no convênio, são paralelos e comuns. Nesse tipo de negócio, o elemento fundamental é a cooperação, e não o lucro, que é o almejado pelas partes no contrato.[27]

Exemplo de convênio para a execução de atividade típica da Administração Pública é o estabelecido entre os Municípios e as Santas Casas de Misericórdia, para a prestação de serviços na área de saúde (atendimentos médicos, cirurgias etc.). Nesse caso, se o diretor de uma determinada Santa Casa apropriar-se de valores públicos, a ele será imputado o crime de peculato (CP, art. 312, *caput*), pois esta pessoa é, para fins penais, equiparada a funcionário público. Na visão do Superior Tribunal de Justiça:

> A jurisprudência desta Corte entende que o médico particular, participante do SUS, exerce atividade típica da Administração Pública, mediante contrato de direito público ou convênio, nos termos do § 1.º do art. 199 da Constituição da República, inserindo-se, pois, no conceito de funcionário público para fins penais.[28]

Nas duas últimas hipóteses (empresas contratadas e conveniadas) a lei faz uma importante ressalva. A equiparação a funcionário público somente existe quando se tratar de **execução de atividade típica da Administração Pública**. Dessa assertiva podem ser extraídas duas importantes conclusões:

a) Não há equiparação quando o trabalhador da empresa exerce atividade **atípica** da Administração Pública. Exemplo: O Município contrata uma empresa de manobristas para estacionar os carros dos convidados em uma festa pública. Um dos empregados subtrai, para si, um automóvel da frota pública. A ele será imputado o crime de furto (CP, art. 155); e

---

[26] STJ: AgRg no HC 750.133/GO, rel. Min. Ribeiro Dantas, 5.ª Turma, j. 14.05.2024, noticiado no *Informativo* 815.
[27] Cf. CARVALHO FILHO, José dos Santos. *Manual de direito administrativo*. 21. ed. Rio de Janeiro: Lumen Juris, 2009. p. 214.
[28] HC 88.576/RS, rel. Min. Napoleão Maia Nunes Filho, 5.ª Turma, j. 14.10.2008.

b) Também não se opera a equiparação quando a empresa executa atividade típica **para** a Administração Pública. Nessa linha de raciocínio, Damásio E. de Jesus acertadamente explica:

> A norma faz referência a contratos e convênios administrativos firmados ou celebrados com o fim de execução de atividades *da* Administração e não com a finalidade de exercício de atividades *para* a Administração (consumo interno da Administração). Com isso, exclui os funcionários de empresas contratadas para a execução de obras ou serviços de interesse da própria Administração Pública, como a construção ou a reforma de um edifício público. Ex.: o pedreiro ou pintor de empresa contratada para a reforma de um edifício público não é equiparado a funcionário público. (...) A distinção fundamental está no interesse em disputa: se a atividade é usufruída pela comunidade (o serviço é *da* Administração, ainda que realizado indiretamente por particulares), são equiparados a funcionários públicos os seus prestadores; se a atividade, porém, é destinada a atender a demanda da própria Administração (o serviço é *para* a Administração), não são equiparados os funcionários da empresa privada contratada.[29]

Fica fácil compreender a razão que levou a Lei 9.983/2000 a acrescentar este § 1.º ao art. 327 do Código Penal. O Estado crescentemente vem transferindo muitas das suas tarefas a entes privados. Cuida-se do fenômeno conhecido como desestatização. Entretanto, as funções continuam sendo públicas, malgrado desempenhadas por pessoas alheias aos quadros públicos. Por este motivo, a equiparação de alguns particulares a funcionários públicos é medida salutar.

6.6.3.1.1. Alcance da equiparação prevista no art. 327, § 1.º, do Código Penal

Discute-se se a equiparação contida no art. 327, § 1.º, do Código Penal destina-se somente aos casos em que a pessoa desponta como sujeito ativo do crime contra a Administração Pública, ou se também pode ser utilizada na situação em que o indivíduo figura como sujeito passivo do delito. Há duas teorias sobre o assunto, uma restritiva e outra extensiva.

a) Teoria restritiva

A equiparação somente se aperfeiçoa no tocante ao **sujeito ativo** do crime. Exemplificativamente, caracteriza injúria (CP, art. 140), e não desacato (CP, art. 331), a conduta de ofender a honra subjetiva de uma pessoa que exerce cargo, emprego ou função em entidade paraestatal, ou trabalha para empresa prestadora de serviço contratada ou conveniada para o exercício de atividade típica da Administração Pública. Esta posição, **majoritária em sede doutrinária**, fundamenta-se na posição em que se encontra o dispositivo legal atinente à equiparação. Trata-se do art. 327, § 1.º, situado no Capítulo I do Título XI da Parte Especial do Código Penal, responsável pela definição dos crimes **praticados por funcionário público** contra a Administração em geral.

b) Teoria extensiva (ou ampliativa)

A equiparação se estende tanto ao sujeito ativo como ao **sujeito passivo** do crime. No exemplo mencionado, estaria configurado o crime de desacato, e não o de injúria. Como já decidido pelo **Supremo Tribunal Federal**: "O artigo 327 do Código Penal equipara a funcionário público servidor de sociedade de economia mista. Essa equiparação não tem em vista os efeitos penais somente com relação ao sujeito ativo do crime, mas abarca também o sujeito passivo".[30] Assim também já se pronunciou o **Superior Tribunal de Justiça**: "A teor do disposto

---

[29] JESUS, Damásio E. de. *Direito penal*. Parte especial. 13. ed. São Paulo: Saraiva, 2007. v. 4, p. 121.
[30] HC 79.823/RJ, rel. Min. Moreira Alves, 1.ª Turma, j. 28.03.2000.

no art. 327 do Código Penal, considera-se, para fins penais, o estagiário de autarquia funcionário público, seja como sujeito ativo ou passivo do crime (Precedente do Pretório Excelso)".[31]

6.6.3.2. Causa de aumento de pena: art. 327, § 2.º, do Código Penal

Em sintonia com o art. 327, § 2.º, do Código Penal: "A pena será aumentada da terça parte quando os autores dos crimes previstos neste Capítulo forem ocupantes de cargos em comissão ou de função de direção ou assessoramento de órgão da administração direta, sociedade de economia mista, empresa pública ou fundação instituída pelo poder público".

O dispositivo legal foi claro no sentido de limitar seu raio de incidência aos autores dos crimes disciplinados pelo Capítulo I do Título XI da Parte Especial do Código Penal. Vale, portanto, somente quando o funcionário público ocupar o posto de sujeito ativo do crime contra a Administração em geral. No mais, a palavra "autores" há de ser interpretada em sentido amplo, com o escopo de abranger não somente os autores propriamente ditos, mas também os coautores e partícipes do delito funcional.

Cargo em comissão é o preenchido mediante provimento em comissão, compreendido como o que se faz mediante nomeação para cargo público, independentemente de concurso público e em caráter transitório. Caracteriza-se pela relação de confiança, e somente é possível no tocante aos cargos que a lei declara de provimento em comissão.[32]

Entretanto, o aumento da pena, por expressa previsão legal, também é cabível quando o agente ocupa função de direção ou assessoramento.

O fundamento do tratamento penal mais severo repousa na maior reprovabilidade da conduta criminosa. Não é possível encarar o universo de agentes públicos como realidade jurídica única.[33] O funcionário público ocupante de cargo em comissão, isto é, sem vinculação efetiva com o Poder Público, mostra sua ausência de compromisso com a coletividade. Por sua vez, o sujeito que desempenha função de direção ou assessoramento revela um especial abuso das prerrogativas em que fora investido, delas se utilizando para satisfação de interesses pessoais.

Essa majorante é aplicável aos agentes detentores de mandato eletivo que exercem, cumulativamente, as funções política e administrativa.[34] No tocante aos **Governadores**, o Supremo Tribunal Federal assim se pronunciou, favoravelmente à incidência da causa de aumento da pena:

> Aplica-se ao Chefe do Poder Executivo a causa de aumento de pena prevista no § 2.º do art. 327 do CP ("Art. 327. Considera-se funcionário público, para os efeitos penais, quem, embora transitoriamente ou sem remuneração, exerce cargo, emprego ou função pública. § 2.º A pena será aumentada da terça parte quando os autores dos crimes previstos neste Capítulo forem ocupantes de cargos em comissão ou de função de direção ou assessoramento de órgão da administração direta, sociedade de economia mista, empresa pública ou fundação instituída pelo poder público"). Com base nessa orientação, o Plenário, em conclusão de julgamento e por maioria, recebeu denúncia formulada em face de Senador – à época ocupante do cargo de Governador – ao qual se imputa a suposta prática, com outros corréus, dos delitos previstos no art. 89 da Lei 8.666/1993 e no art. 312 do CP. (...) Por outro lado, no que se refere ao crime de peculato (CP, art. 312), assentou a incidência do referido § 2.º do art. 327 do CP. A respeito, o Tribunal assinalou que detentores de função de direção na Administração Pública deveriam ser compreendidos no âmbito de incidência da norma, e que a exclusão do Chefe do Executivo conflitaria com a Constituição ("Art. 84.

---

[31] HC 52.989/AC, rel. Min. Félix Fischer, 5.ª Turma, j. 23.05.2006.
[32] DI PIETRO, Maria Sylvia Zanella. *Direito administrativo*. 19. ed. São Paulo: Atlas, 2006. p. 584.
[33] STF: RHC 117.488 AgR/RJ, rel. Min. Gilmar Mendes, 2.ª Turma, j. 01.10.2013, noticiado no *Informativo* 722.
[34] STF: RHC 110.513/RJ, rel. Min. Joaquim Barbosa, 2.ª Turma, j. 29.05.2012, noticiado no *Informativo* 668.

Compete privativamente ao Presidente da República: (...) II – exercer, com o auxílio dos Ministros de Estado, a direção superior da administração federal").[35]

É importante destacar que essa majorante não pode ser aplicada, de forma automática, em consequência do **mero exercício de mandato popular**. Exige-se uma posição de hierarquia do autor do delito frente a outros funcionários públicos. Para o Supremo Tribunal Federal:

> Enfatizou, por outro lado, que deveria ser excluída da denúncia a causa de aumento do art. 327, § 2.º, do CP ("A pena será aumentada da terça parte quando os autores dos crimes previstos neste Capítulo forem ocupantes de cargos em comissão ou de função de direção ou assessoramento de órgão da administração direta, sociedade de economia mista, empresa pública ou fundação instituída pelo poder público"), por ser incabível pelo mero exercício de mandato popular. Para isso, a situação exigiria uma imposição hierárquica que não foi demonstrada nos autos.[36]

Finalmente, a causa de aumento **não se aplica automaticamente aos desembargadores**, pois nem todos os magistrados desta categoria são ocupantes de cargos em comissão ou de função de direção ou assessoramento. Como já decidido pelo Superior Tribunal de Justiça:

> A mera afirmação de que o denunciado ocupa o cargo de desembargador é insuficiente para a incidência da causa de aumento de pena prevista no art. 327, § 2.º, do Código Penal. Nos termos do art. 327, § 2.º, do CP, "[a] pena será aumentada da terça parte quando os autores dos crimes previstos neste Capítulo forem ocupantes de cargos em comissão ou de função de direção ou assessoramento de órgão da administração direta, sociedade de economia mista, empresa pública ou fundação instituída pelo poder público". Na espécie, o MPF deixou de demonstrar que o denunciado ocupava, em tese, à época da perpetração do crime de corrupção passiva, "cargo em comissão ou de função de direção ou assessoramento de órgão da administração direta".[37]

6.6.3.2.1. Alcance da equiparação prevista no art. 327, § 2.º, do Código Penal

Desenvolveram-se duas teorias sobre a extensão da equiparação instituída pelo art. 327, § 2.º, do Código Penal: uma restritiva e outra extensiva.

a) Teoria restritiva: o § 2.º do art. 327 do Código Penal contempla uma equiparação e uma causa de aumento de pena, as quais têm aplicação limitada às pessoas expressamente mencionadas: "ocupantes de cargos em comissão ou de função de direção ou assessoramento de órgão da administração direta, sociedade de economia mista, empresa pública ou fundação instituída pelo poder público".

Consequentemente, somente são funcionários públicos, e aptos a suportar a incidência da causa de aumento da pena dos crimes previstos no Capítulo I do Título XI da Parte Especial do Código Penal, as pessoas mencionadas pelo dispositivo legal, ou seja, as que ocupam cargos em comissão ou exercem função de direção ou assessoramento nas entidades indicadas.

Todas as demais pessoas, quais sejam, as que não ocupam cargos em comissão nem exercem função de direção ou assessoramento nas entidades mencionadas, não são funcionários públicos para efeitos penais.

b) Teoria extensiva (ou ampliativa): o § 2.º do art. 327 do Código Penal permite a conclusão no sentido de que todos os funcionários das entidades mencionadas, quer ocupem

---

[35] STF: Inq 2.606/MT, rel. Min. Luiz Fux, Plenário, j. 04.09.2014, noticiado no *Informativo* 757.
[36] Inq. 3.982/DF, rel. Min. Edson Fachin, 2.ª Turma, j. 07.03.2017, noticiado no *Informativo* 856.
[37] AgRg na APn 970/DF, rel. Min. Maria Isabel Gallotti, Corte Especial, j. 04.05.2022, noticiado no *Informativo* 736.

ou não cargos em comissão ou exerçam função de direção ou assessoramento, são funcionários públicos para fins penais. Entretanto, a causa de aumento de pena somente é aplicável às pessoas expressamente indicadas (ocupantes de cargos em comissão etc.).

Preferimos esta segunda posição, por uma razão bastante simples. A expressão "funcionário público" deve, em Direito Penal, ser compreendida como "agente público", abrangendo toda pessoa que de qualquer modo exerça uma função pública.

6.6.4. Rito especial dos crimes funcionais

O Código de Processo Penal prevê, em seus arts. 513 a 518, um rito especial para o processo e julgamento dos crimes de responsabilidade dos funcionários públicos.

A expressão "crimes de responsabilidade dos funcionários públicos" foi utilizada pelo Código de Processo Penal como sinônima de "crimes funcionais",[38] apenados com reclusão ou com detenção. Relaciona-se, em síntese, aos crimes arrolados nos arts. 312 a 326 do Código Penal. De fato, não se aplica este rito a todos os crimes ofensivos à Administração Pública, pois há delitos que, embora causem lesão ao erário, podem ser praticados por qualquer pessoa, a exemplo dos crimes contra a ordem tributária. Na linha da jurisprudência do Superior Tribunal de Justiça:

> O procedimento especial previsto no art. 514 do Código de Processo Penal somente é aplicável para crimes praticados por servidor público contra a Administração Pública, elencados nos artigos 312 a 326 do Código Penal.[39]

A principal característica deste rito especial diz respeito aos crimes funcionais **afiançáveis**.[40] Atualmente, todos os delitos funcionais ingressam nesta categoria.

Com efeito, nos crimes funcionais afiançáveis incide a regra estatuída pelo art. 514, *caput*, do Código de Processo Penal: "Nos crimes afiançáveis, estando a denúncia ou queixa em devida forma, o juiz mandará autuá-la e ordenará a notificação do acusado, para responder por escrito, dentro do prazo de quinze dias".

Destarte, ao contrário do que ocorre nos crimes em geral, nos quais, oferecida a denúncia ou queixa, o juiz, se não a rejeitar liminarmente, recebê-la-á e ordenará a citação do acusado para responder à acusação, por escrito, no prazo de dez dias (CPP, art. 396, *caput*), nos crimes funcionais afiançáveis o procedimento é outro: o magistrado, antes de receber a denúncia ou queixa, deve notificar o acusado para, em 15 dias, responder por escrito a inicial acusatória.

Só depois de superada esta fase, o juiz receberá ou rejeitará a denúncia ou queixa. Em caso de rejeição, será cabível o recurso em sentido estrito (CPP, art. 581, inc. I). Se for recebida, segue-se a partir daí o rito comum, ordinário ou sumário, na forma disciplinada nos arts. 396 e seguintes do Código de Processo Penal.

6.6.4.1. Crimes funcionais afiançáveis, resposta preliminar e inquérito policial

É necessária a resposta preliminar no procedimento dos crimes funcionais afiançáveis cuja denúncia ou queixa foi instruída por inquérito policial? Há duas posições acerca do assunto:

---

[38] Em igual sentido: TOURINHO FILHO, Fernando da Costa. *Processo penal.* 20. ed. São Paulo: Saraiva, 1998. v. 4, p. 196.
[39] STJ: RHC 99.266/SP, rel. Min. Ribeiro Dantas, 5.ª Turma, j. 26.03.2019.
[40] Em face da redação do art. 323 do Código de Processo Penal, os delitos, em geral, são afiançáveis. Escapam desta regra unicamente os crimes de racismo, tortura, tráfico de drogas, terrorismo e os definidos como hediondos, além daqueles cometidos por grupos armados, civis ou militares, contra a ordem constitucional e o Estado Democrático, pois foram expressamente previstos pela Constituição Federal como inafiançáveis (art. 5.º, XLII e XLIV).

1.ª posição: Sim

É o entendimento a que se filia o Supremo Tribunal Federal: "A partir do julgamento do HC 85.779/RJ, passou-se a entender, nesta Corte, que é indispensável a defesa preliminar nas hipóteses do art. 514 do Código de Processo Penal, mesmo quando a denúncia é lastreada em inquérito policial (Informativo 457/STF)".[41]

2.ª posição: Não

É o pensamento do Superior Tribunal de Justiça, consagrado na Súmula 330: "É desnecessária a resposta preliminar de que trata o artigo 514 do Código de Processo Penal, na ação penal instruída por inquérito policial".

6.6.4.2. Crimes funcionais afiançáveis e ausência de resposta preliminar

Existe alguma consequência jurídica para o descumprimento do art. 514 do Código de Processo Penal? Em outras palavras, impõe-se alguma sanção para a hipótese de não ser notificado o acusado para, em 15 dias, apresentar resposta por escrito nos crimes funcionais afiançáveis?

Há consenso em sede doutrinária e jurisprudencial no sentido de que a ausência de notificação para apresentação de resposta preliminar configura **nulidade**. Discute-se, contudo, acerca da espécie de nulidade, se absoluta ou relativa. Formaram-se duas posições sobre o assunto:

1.ª posição: Nulidade absoluta

Fundamenta-se esta posição na violação do princípio constitucional da ampla defesa (CF, art. 5.º, inc. LV). É o entendimento de Fernando da Costa Tourinho Filho.[42]

2.ª posição: Nulidade relativa

A falta de notificação para apresentação de resposta preliminar é causa de nulidade relativa, pois depende da comprovação do prejuízo ao acusado, e deve ser arguida no momento oportuno. É o pensamento de Julio Fabbrini Mirabete,[43] com ressonância no Supremo Tribunal Federal[44] e no Superior Tribunal de Justiça.[45]

Preferimos esta última posição, pois não há razão legítima para reputar nulo o processo se nenhum prejuízo adveio ao réu.

6.6.4.2.1. Ausência de defesa preliminar e superveniência de sentença condenatória

Não há falar em nulidade quando, nada obstante a ausência de intimação para oferecimento de defesa preliminar, posteriormente vem a ser proferida sentença condenatória pela prática do crime funcional. De fato, afasta-se a alegação de inviabilidade da ação penal pelo reconhecimento em juízo da responsabilidade do funcionário público. É o entendimento consolidado no Supremo Tribunal Federal.[46]

6.6.4.3. Concurso entre crimes funcionais e crimes comuns

Na hipótese de, com o delito funcional, estar o funcionário público respondendo também por crimes comuns, afasta-se o seu direito à notificação para manifestação prévia ao recebi-

---

[41] HC 95.969/SP, rel. Min. Ricardo Lewandowski, 1.ª Turma, j. 12.05.2009.
[42] TOURINHO FILHO, Fernando da Costa. *Processo penal*. 20. ed. São Paulo: Saraiva, 1998. v. 4, p. 198.
[43] MIRABETE, Julio Fabbrini. *Processo penal*. 18. ed. São Paulo: Saraiva, 2007. p. 579.
[44] ARE 1.072.424 AgR/SC, rel. Min. Dias Toffoli, 2.ª Turma, j. 07.05.2018.
[45] RHC 99.266/SP, rel. Min. Ribeiro Dantas, 5.ª Turma, j. 26.03.2019.
[46] ARE 1.072.424 AgR/SC, rel. Min. Dias Toffoli, 2.ª Turma, j. 07.05.2018.

mento da denúncia. Explica-se essa posição pelo fato de que o crime comum não prescinde, como regra, do inquérito policial, de modo que, se todos estão unidos na mesma denúncia, é de pressupor tenham sido investigados e apurados da mesma forma. Excepcionalmente, se o inquérito policial instrui a denúncia no tocante ao crime comum, e outros documentos servem para sustentá-la em relação ao delito funcional, é preciso providenciar a defesa preliminar.[47]

Este é também o entendimento do Supremo Tribunal Federal, no sentido de que a regra estatuída no art. 514, *caput*, do Código de Processo Penal somente se aplica aos crimes funcionais.[48]

6.6.4.4. Crimes funcionais e a Lei 9.099/1995

Todos os crimes, inclusive os funcionais, cuja pena máxima não ultrapasse o limite de dois anos, ingressam no conceito legal de infração penal de menor potencial ofensivo (Lei 9.099/1995, art. 61).

Consequentemente, para todos os delitos funcionais elencados no Capítulo I do Título XI da Parte Especial do Código Penal, cuja pena máxima seja igual ou inferior a dois anos, incidirá o rito sumaríssimo, previsto na Lei 9.099/1995, e não o rito específico disciplinado nos arts. 513 a 518 do Código de Processo Penal. Este raciocínio encontra guarida no art. 98, inc. I, da Constituição Federal.

6.6.4.5. Crimes funcionais e foro por prerrogativa de função

O rito especial disciplinado pelos arts. 514 e seguintes do Código de Processo Penal não se aplica ao funcionário público detentor de foro por prerrogativa de função perante o Supremo Tribunal Federal, o Superior Tribunal de Justiça, os Tribunais de Justiça dos Estados e os Tribunais Regionais Federais.

Em verdade, tratando-se de acusado com direito ao foro por prerrogativa de função no Supremo Tribunal Federal e no Superior Tribunal de Justiça, e encontrando-se no exercício da função, o procedimento a ser observado é o previsto nos arts. 1.º a 12 da Lei 8.038/1990.

Esta regra também deve ser utilizada no tocante às pessoas que possuam foro especial junto aos Tribunais de Justiça dos Estados e aos Tribunais Regionais Federais (exemplo: juízes estaduais e federais, membros do Ministério Público etc.), pois a elas o art. 1.º da Lei 8.658/1993 estende as disposições da Lei 8.038/1990.

6.6.4.6. Crimes funcionais e ausência superveniente da posição de funcionário público

Não há necessidade de defesa preliminar quando o agente, nada obstante tenha praticado um crime funcional, não mais ostenta a posição de funcionário público ao tempo do recebimento da denúncia. Com efeito, nessa hipótese o fundamento que legitimava o rito especial deixou de existir, pois o réu não pode mais ser considerado como funcionário público. Para o Supremo Tribunal Federal:

> A defesa sustentava que se tratava de crimes funcionais típicos, próprios de funcionário público no exercício da função. O Plenário anotou, entretanto, que, à época do recebimento da denúncia, o réu não mais deteria a qualidade de funcionário público, portanto seria dispensável a adoção da regra do art. 514 do CPP.[49]

---

[47] NUCCI, Guilherme de Souza. *Código de Processo Penal comentado*. 5. ed. São Paulo: RT, 2006. p. 850.
[48] ARE 1.072.424 AgR/SC, rel. Min. Dias Toffoli, 2.ª Turma, j. 07.05.2018.
[49] AP 465/DF, rel. Min. Cármen Lúcia, Plenário, j. 24.04.2014, noticiado no *Informativo* 743.

6.6.5. Independência entre as instâncias penal e administrativa: crimes funcionais e perda do cargo como efeito da condenação

Nos termos do art. 92, inc. I, do Código Penal, é efeito da condenação:

> I – a perda de cargo, função pública ou mandato eletivo:
>
> a) quando aplicada pena privativa de liberdade por tempo igual ou superior a um ano, nos crimes praticados com abuso de poder ou violação de dever para com a Administração Pública;
>
> b) quando for aplicada pena privativa de liberdade por tempo superior a 4 (quatro) anos nos demais casos.

Esse efeito, aplicável aos crimes funcionais, próprios ou impróprios, não é automático, devendo ser motivadamente declarado pelo juiz na sentença (CP, art. 92, § 1.º).

Nada obstante a independência entre as instâncias penal e administrativa, é possível concluir que a condenação do funcionário público pela justiça penal, em razão da prática de crime funcional, impede sua absolvição no âmbito administrativo, uma vez que os requisitos exigidos para a imposição da sanção penal são mais rígidos do que os reclamados para a punição administrativa. Na prática, contudo, somente haverá necessidade de imposição de alguma medida disciplinar quando não foi judicialmente declarada a perda do cargo, emprego ou função pública como efeito da condenação.

No entanto, a absolvição na seara criminal, dependendo do seu fundamento, pode beneficiar o funcionário público no campo administrativo. De fato, se restar provada a inexistência do fato (CPP, art. 386, inc. I, c/c o art. 66),[50] ou então que o funcionário público agiu acobertado por alguma excludente da ilicitude, especialmente o estrito cumprimento do dever legal (CPP, art. 386, inc. VI, 1.ª parte, c/c o art. 65),[51] não há como impor alguma punição administrativa.

Todavia, se a absolvição fundar-se em algum outro inciso do art. 386 do Código de Processo Penal, será possível a aplicação da sanção administrativa. Exemplificativamente, se o funcionário público foi absolvido em razão da atipicidade do fato (CPP, art. 386, inc. III), nada impedirá a conclusão pela existência de infração disciplinar, pois nem todo ilícito administrativo configura infração penal. A propósito, em relação à ação civil *ex delicto* (e o raciocínio pode ser aqui aplicado analogicamente) dispõe o art. 67, inc. III, do Código de Processo Penal: "Não impedirão igualmente a propositura da ação civil: (...) a sentença absolutória que decidir que o fato imputado não constitui crime".

6.6.6. Art. 312 – Peculato

6.6.6.1. Dispositivo legal

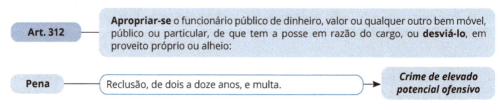

---

[50] CPP, art. 66: "Não obstante a sentença absolutória no juízo criminal, a ação civil poderá ser proposta quando não tiver sido, categoricamente, reconhecida a inexistência material do fato".

[51] CPP, art. 65: "Faz coisa julgada no cível a sentença penal que reconhecer ter sido o ato praticado em estado de necessidade, em legítima defesa, em estrito cumprimento de dever legal ou no exercício regular de direito".

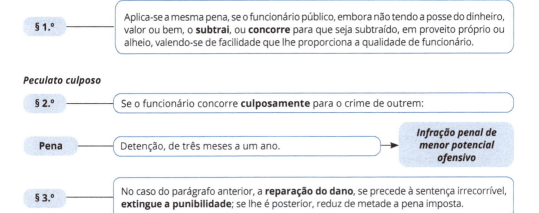

Informações rápidas:
Objeto material: dinheiro, valor ou qualquer outro bem móvel, público ou particular (**prestação de serviços** não se subsume ao conceito de bem móvel).
Peculato malversação: patrimônio do particular confiados à guarda da Administração Pública. Princípio da insignificância: em regra, não se aplica (STJ).
Pressuposto material do crime: posse lícita (direta ou indireta) ou detenção da coisa pela Administração Pública (em razão do cargo).
Elemento normativo do tipo: "valendo-se de facilidade que lhe proporciona a qualidade de funcionário" (art. 312, § 1.º, do CP).
Elemento subjetivo: peculato apropriação: dolo; peculato desvio e peculato furto: dolo + elemento subjetivo específico – "em proveito próprio ou alheio".
Admite modalidade culposa (§ 2.º).
Peculato de uso: divergência jurisprudencial sobre admissibilidade.
Reparação do dano: no peculato doloso não afasta o crime; no peculato culposo acarreta a extinção da punibilidade ou redução da pena.
Tentativa: admite em todas as espécies (crime plurissubsistente), exceto no peculato culposo.
Ação penal: pública incondicionada.

Classificação:
Crime simples
Crime próprio
Crime material
Crime de dano
Crime de forma livre
Crime comissivo (regra) ou omissivo
Crime instantâneo (regra)
Crime unissubjetivo, unilateral ou de concurso eventual
Crime plurissubjetivo, plurilateral ou de concurso necessário (no peculato furto em que o funcionário público concorre para a subtração do bem)
Crime plurissubsistente (regra)

6.6.6.2. Nomenclatura

A palavra peculato encontra sua origem no Direito Romano, época em que a subtração de bens pertencentes ao Estado era chamada *peculatus* ou *depeculatus*. Como ainda não havia sido introduzida a moeda como símbolo do patrimônio estatal, os bois e carneiros (*pecus*) representavam a riqueza pública por excelência.

Destarte, o *nomen iuris* peculato não está vinculado à condição de funcionário público no tocante ao responsável pela conduta criminosa. Seu nascimento repousa na condição do objeto material do delito. Como informa Magalhães Drummond:

> Hoje é essencial no peculato a qualidade de funcionário público no agente. Assim não foi sempre. Tempo houve – e longo – no qual, para caracterização penal do peculato, se atendia precipuamente

à condição da coisa. Nisso, aliás, está a explicação da origem do *nomen criminis*. *Peculato*, de *peculatus*, como *pecunia*, *peculius*, tudo se filiando etimologicamente a *pecus*, rebanho, gado, coisa então de suma importância, porque servia como instrumento de avaliação e troca de utilidades.[52]

6.6.6.3. Espécies

O art. 312 do Código Penal contém quatro espécies de peculato, três dolosas e uma culposa:

a) peculato apropriação (*caput*, 1.ª parte);
b) peculato desvio (*caput*, parte final);
c) peculato furto (§ 1.º); e
d) peculato culposo (§ 2.º).

As duas primeiras (apropriação e desvio) são também conhecidas como **peculato próprio**, enquanto a terceira é doutrinariamente classificada como **peculato impróprio**.

Abordaremos, inicialmente, o peculato doloso, e todas as suas modalidades, para posteriormente enfrentarmos a espécie culposa do delito.

Por sua vez, o art. 313 do Código Penal prevê o peculato mediante erro de outrem, também chamado de "**peculato estelionato**". E, finalmente, os arts. 313-A e 313-B do Código Penal contemplam crimes apelidados de "**peculato eletrônico**".

6.6.6.4. Objetividade jurídica

Em todas as modalidades de peculato, o bem jurídico tutelado é a Administração Pública, tanto em seu aspecto patrimonial, consistente na preservação do erário, como também em sua face moral, representada pela lealdade e probidade dos agentes públicos.[53]

Também se protege o patrimônio do particular, nas hipóteses em que seus bens estejam confiados à guarda da Administração Pública. Nesses casos, o crime é denominado de "**peculato malversação**", terminologia inspirada nas disposições do Código Penal italiano que, diversamente do que faz do Código Pátrio, prevê penas inferiores para o peculato ofensivo de coisa privada que se encontre sob a custódia do Estado.

Entretanto, se o bem móvel particular não estiver sob a guarda ou custódia do Estado e o funcionário público dela se apropriar, desviá-la ou subtraí-la, a ele será imputado o crime de apropriação indébita (CP, art. 168) ou furto (CP, art. 155), e não o de peculato.

6.6.6.5. Objeto material

É o dinheiro, valor ou qualquer outro bem móvel, público ou particular.

Dinheiro é a moeda metálica ou o papel-moeda circulante no País ou no exterior. A lei não distingue entre o dinheiro nacional e o estrangeiro. Exemplificativamente, poderá configurar-se o peculato por parte de um funcionário da Caixa Econômica Federal que se apropriou de dólares que tenha recebido para trocar em reais.

Valor é qualquer título de crédito ou documento negociável e representativo de obrigação em dinheiro ou em mercadorias, tais como ações, letras de câmbio, apólices etc.

Finalmente, o legislador valeu-se da **interpretação analógica** (*intra legem*), apresentando uma fórmula casuística ("dinheiro" ou "valor") seguida de uma fórmula genérica ("qualquer

---

[52] DRUMMOND, J. de Magalhães. *Comentários ao Código Penal*. Rio de Janeiro: Forense, 1944. v. IX, p. 265-266.
[53] "Deve-se alertar, ainda, que os bens jurídicos tutelados pelo peculato são o interesse público moral e patrimonial da Administração Pública, alinhando-se à probidade administrativa" (STJ: RHC 75.768/RN, rel. Min. Antônio Saldanha Palheiro, 6.ª Turma, j. 11.09.2017, noticiado no *Informativo* 611).

outro bem móvel"). A finalidade da lei, assim agindo, consiste em esclarecer que o dinheiro e os valores podem ser objeto material de peculato, assim como qualquer outro bem móvel, ainda que não se enquadre no conceito de dinheiro ou de valor.

Bem móvel, por sua vez, é toda coisa corpórea suscetível de ser apreendida e transportada de um local para outro, e dotada de significação patrimonial,[54] como é o caso dos computadores, veículos automotores, aparelhos eletrônicos em geral etc. O bem móvel pode ser público ou particular ("peculato malversação"), desde que se encontre, nesta última situação, sob a guarda da Administração Pública.

Exemplificativamente, há peculato quando um escrevente judicial se apropria de bens apreendidos nos autos de uma ação penal. Entretanto, há apropriação indébita, e não peculato, quando o mesmo funcionário público se apropria de um livro que tomara emprestado de um advogado. Fica nítido, portanto, que somente a condição de funcionário público não acarreta, automaticamente, a configuração do peculato. Exige-se também a natureza da coisa, que há de ser pública, ou, se particular, deve encontrar-se sob os cuidados da Administração Pública.

A energia elétrica, ou qualquer outra que tenha valor econômico, pode funcionar como objeto material de peculato, por duas razões: (a) trata-se de bem móvel; e (b) o Código Penal deve ser interpretado sistematicamente. Se a energia é coisa móvel para fins de furto (CP, art. 155, § 3.º), igual raciocínio merece ser aplicado em relação aos demais crimes, incluindo o peculato. Portanto, estará caracterizado o crime de peculato quando o funcionário público faz uma ligação clandestina ("gato") de energia elétrica, desviando-a da repartição pública em que trabalha para sua casa.

A **prestação de serviços** não se subsume ao conceito de bem móvel. Daí a razão de não se encaixar no crime de peculato a utilização de mão de obra pública, originária do trabalho de um funcionário público subalterno em proveito do superior hierárquico. Falta uma elementar típica para a caracterização do crime previsto no art. 312 do Código Penal. Na visão do Supremo Tribunal Federal:

> A Segunda Turma, por maioria, deu provimento a apelação interposta contra sentença penal condenatória para absolver o apelante com fundamento no art. 386, III, do CPP ("Art. 386. O juiz absolverá o réu, mencionando a causa na parte dispositiva, desde que reconheça: ... III – não constituir o fato infração penal"). Na espécie, o recorrente fora condenado em primeira instância – ao tempo em que ainda não detinha foro no STF – pela suposta prática do crime previsto no art. 312, § 1.º, do CP, em razão da contratação, como sua secretária parlamentar, de funcionária de sua própria empresa, que teria continuado no exercício de atividade privada embora recebendo pelos cofres públicos. (...) No mérito, a Turma destacou a necessidade de se analisar o crime de peculato sob a óptica da jurisprudência do STF. No Inq 2.913 AgR/MT (*DJe* de 21.6.2012), o Plenário concluíra que, em tese, a nomeação de funcionário para o exercício de funções incompatíveis com o cargo em comissão ocupado tipificaria o crime de peculato-desvio (CP, art. 312, "caput"). Já no julgamento do Inq 3.776/TO (*DJe* de 4.11.2014), a Corte assentara que a "utilização dos serviços custeados pelo erário por funcionário público no seu interesse particular não é conduta típica de peculato (art. 312, do Código Penal), em razão do princípio da taxatividade (CF, art. 5.º, XXXIX)". O tipo em questão exigiria "apropriação ou desvio de dinheiro, valor ou outro bem móvel". Assim, tendo essas premissas em conta, seria a hipótese de se verificar se, na situação em comento, teria havido: a) desvio de serviços prestados por secretária parlamentar à custa do erário, no interesse particular do apelante, fato este penalmente atípico; ou b) utilização da Administração Pública para pagar o salário de empregado particular, fato que constituiria crime. Contudo, a prova dos autos demonstraria que a pessoa nomeada secretária parlamentar pelo apelante teria, de fato, exercido atribuições inerentes a esse cargo, ainda que também tivesse desempenhado outras atividades no

---

[54] STJ: RHC 23.500/SP, rel. Min. Jorge Mussi, 5.ª Turma, j. 05.05.2011, noticiado no *Informativo* 471.

estrito interesse particular do recorrente. (...) Assim, a prova colhida sob o crivo do contraditório autorizaria a conclusão de que a conduta do apelante seria penalmente atípica, uma vez que teria consistido no uso de funcionário público que, de fato, exercia as atribuições inerentes ao seu cargo para, também, prestar outros serviços de natureza privada.[55]

Se, entretanto, o autor da ordem ou beneficiário dos serviços prestador for Prefeito, estará configurado o crime tipificado pelo art. 1.º, inc. II, do Decreto-lei 201/1967:

> **Art. 1.º** São crimes de responsabilidade dos Prefeitos Municipais, sujeitos ao julgamento do Poder Judiciário, independentemente do pronunciamento da Câmara dos Vereadores:
> II – utilizar-se, indevidamente, em proveito próprio ou alheio, de bens, rendas ou serviços públicos.

6.6.6.5.1. Peculato e princípio da insignificância

O Superior Tribunal de Justiça não admite a incidência do princípio da insignificância, ou da criminalidade de bagatela, nos crimes contra a Administração Pública, incluindo-se o peculato. Esta posição encontra seu nascedouro na violação da moralidade administrativa, que é violada mesmo quando a lesão patrimonial apresenta ínfima dimensão. Para consolidar essa linha de pensamento, a Corte editou a Súmula 599: "O princípio da insignificância é inaplicável aos crimes contra a Administração Pública."

Com o merecido respeito ao entendimento consagrado no Superior Tribunal de Justiça, somos favoráveis à **aplicação excepcional** do princípio da insignificância na seara dos crimes contra a Administração Pública. Imagine-se, por exemplo, a situação em que um funcionário público subtrai duas folhas de papel em branco, ou alguns clipes de metal, da repartição pública em que se encontra lotado. Nessas hipóteses, a aplicação do referido princípio desponta como justa e necessária. Como professava Nélson Hungria:

> Na própria "malversação", em que o dinheiro ou coisa não pertence ao Estado, mas está sob sua guarda e responsabilidade, a obrigação legal que decorre para este, de restituir ao proprietário a pecúnia ou valor da coisa, já é autêntico dano patrimonial. Não tenho dúvida, portanto, em repetir o que já disse de outra feita: peculato consumado sem dano efetivo é tão absurdo quanto dizer-se que pode haver fumaça sem fogo, ou sombra sem corpo que a projete, ou telhado sem paredes ou esteios de sustentação.[56]

O Supremo Tribunal Federal já reconheceu o princípio da insignificância no âmbito do peculato:

> A 2.ª Turma, por maioria, concedeu *habeas corpus* para reconhecer a aplicação do princípio da insignificância e absolver o paciente ante a atipicidade da conduta. Na situação dos autos, ele fora denunciado pela suposta prática do crime de peculato, em virtude da subtração de 2 luminárias de alumínio e fios de cobre. Aduzia a impetração, ao alegar a atipicidade da conduta, que as luminárias: a) estariam em desuso, em situação precária, tendo como destino o lixão; b) seriam de valor irrisório; e c) teriam sido devolvidas. Considerou-se plausível a tese sustentada pela defesa.

---

[55] AP 504/DF, rel. orig. Min. Cármen Lúcia, red. p/ o acórdão Min. Dias Toffoli, 2.ª Turma, j. 09.08.2016, noticiado no *Informativo* 834.
[56] HUNGRIA, Nélson. *Comentários ao Código Penal*. 2. ed. Rio de Janeiro: Forense, 1959. v. IX, p. 348-349.

Ressaltou-se que, em casos análogos, o STF teria verificado, por inúmeras vezes, a possibilidade de aplicação do referido postulado. Enfatizou-se que esta Corte já tivera oportunidade de reconhecer a admissibilidade de sua incidência no âmbito de crimes contra a Administração Pública.[57]

6.6.6.6. Pressuposto do peculato

O pressuposto material do crime de peculato é a **posse** da coisa pela Administração Pública. O dinheiro, valor ou qualquer outro bem móvel precisa estar na posse do funcionário público. Evidentemente, é necessário que se trate de **posse lícita**, vale dizer, em conformidade com a legislação em geral. São possíveis, portanto, as seguintes ilações:

a) se a entrega do bem decorre de fraude, há estelionato (CP, art. 171);

b) se a posse resulta de violência à pessoa ou grave ameaça, o crime é de roubo (CP, art. 157) ou extorsão (CP, art. 158); e

c) se alguém, por equívoco, entrega dinheiro ou qualquer utilidade ao funcionário público, em razão do seu cargo, e ele deste se apropria, estará caracterizado o peculato mediante erro de outrem (art. 313 do CP).

A palavra posse deve ser interpretada em sentido amplo, abrangendo tanto a posse direta como a posse indireta, e também a detenção. Para o Superior Tribunal de Justiça:

> (...) a posse "deve ser entendida em sentido amplo, compreendendo a simples detenção, bem como a posse indireta (disponibilidade jurídica sem detenção material, ou poder de disposição exercível mediante ordens, requisições ou mandados)". A jurisprudência desta Corte Superior mantém esse entendimento ao afirmar que "a expressão posse, utilizada no tipo penal do art. 312, *caput*, do Código Penal, não deve ser analisada de forma restrita, e sim, tomada como um conceito em sentido amplo, que abrange, também, a detenção. Dessa forma, o texto da lei aplica-se à posse indireta, qual seja a disponibilidade jurídica do bem, sem apreensão material". Idêntica compreensão da matéria é ventilada em precedentes do Supremo Tribunal Federal, para o qual, "no peculato-desvio, exige-se que o servidor público se aproprie de dinheiro do qual tenha posse direta ou indireta, ainda que mediante mera disponibilidade jurídica".[58]

A lei é cristalina ao exigir que a posse deva ser **em razão do cargo**: é imprescindível a relação de causa e efeito entre ela (posse) e este (cargo). Não é pelo fato de ser funcionário público que o sujeito deve automaticamente responder pelo crime de peculato.[59] A finalidade da lei é outra.

Somente estará caracterizado o crime de peculato quando o sujeito comete a apropriação, o desvio ou a subtração **em razão das facilidades proporcionadas pelo seu cargo**. Lembre-se:

---

[57] HC 107.370/SP, rel. Min. Gilmar Mendes, 2.ª Turma, j. 26.04.2011, noticiado no *Informativo* 624. A propósito, o Superior Tribunal de Justiça também já decidiu nesse sentido, admitindo a mitigação da Súmula 599: "A despeito do teor do enunciado sumular n. 599, no sentido de que 'O princípio da insignificância é inaplicável aos crimes contra a administração pública', as peculiaridades do caso concreto – réu primário, com 83 anos na época dos fatos e avaria de um cone avaliado em menos de R$ 20,00, ou seja, menos de 3% do salário mínimo vigente à época dos fatos – justificam a mitigação da referida súmula, haja vista que nenhum interesse social existe na onerosa intervenção estatal diante da inexpressiva lesão jurídica provocada" (RHC 85.272/RS, rel. Min. Nefi Cordeiro, 6.ª Turma, j. 14.08.2018). Com idêntica conclusão: STJ: RHC 153.480/SP, rel. Min. Laurita Vaz, 6.ª Turma, j. 24.05.2022.

[58] REsp 1.776.680/MG, rel. Min. Jorge Mussi, 5.ª Turma, j. 11.02.2020, noticiado no *Informativo* 666.

[59] "Não basta, como se vê, à caracterização do peculato, o fato de o agente ser considerado funcionário público. É preciso mais. Que ele se aproprie do bem em razão do cargo público que exerça. Essa relação entre o agente e o cargo público é inarredável no crime de peculato" (STJ: HC 402.949/SP, rel. Min. Maria Thereza de Assis Moura, 6.ª Turma, j. 13.03.2018, noticiado no *Informativo* 623).

o fator "cargo" é decisivo. Exemplificativamente, há peculato quando um investigador de polícia, com livre trânsito na Delegacia de Polícia, ingressa em seu local de trabalho no período noturno, quando estava de folga, inclusive cumprimentando seus colegas, e subtrai valores apreendidos no flagrante de um crime que sabia estarem na gaveta da mesa de um escrivão, destinados a serem levados ao Fórum no dia útil seguinte.

De fato, se o funcionário público pratica a conduta de uma forma que poderia ser concretizada por qualquer outra pessoa, existirá crime diverso do peculato. Exemplo: Responderá por furto o funcionário público que, durante a madrugada, escala a parede da repartição pública e arromba uma janela para subtrair um computador que se encontrava na sala do seu superior hierárquico.

6.6.6.7. Peculato doloso: espécies

6.6.6.7.1. Peculato próprio – art. 312, caput: peculato apropriação e peculato desvio

6.6.6.7.1.1. Descrição típica

A redação do art. 312, *caput*, do Código Penal é a seguinte: "Apropriar-se o funcionário público de dinheiro, valor ou qualquer outro bem móvel, público ou particular, de que tem a posse em razão do cargo, ou desviá-lo, em proveito próprio ou alheio: Pena – reclusão, de dois a doze anos, e multa".

6.6.6.7.1.2. Introdução

Nas modalidades elencadas no art. 312, *caput*, do Código Penal, o peculato, em sua essência, nada mais é do que a apropriação indébita cometida por funcionário público como decorrência do abuso do cargo ou infidelidade a este. Na verdade, é o crime do funcionário público que arbitrariamente faz seu ou desvia em proveito próprio ou de terceiro o bem móvel, pertencente ao Estado ou simplesmente sob sua guarda ou vigilância, de que tem a posse em razão do cargo. Trata-se, portanto, de **crime funcional impróprio**, pois com a exclusão da condição de funcionário público do agente afasta-se o peculato, mas subsiste o delito de apropriação indébita.

Assim como na apropriação indébita, o peculato reclama por parte do agente a posse legítima da coisa móvel de que se apropria, ou desvia do fim a que era destinada. A posse antecedente do bem e a infidelidade do sujeito ao seu dever funcional são elementos do peculato, que, em seu tipo fundamental, pode ser assim definido: é o fato do funcionário público que, tendo em razão do cargo a posse de coisa móvel pertencente à Administração Pública ou sob a guarda desta (a qualquer título), dela se apropria, ou a desvia do seu destino, em proveito próprio ou de outrem.[60]

6.6.6.7.1.3. Núcleos do tipo

No **peculato apropriação** o núcleo do tipo é "**apropriar-se**", ou seja, posicionar-se em relação à coisa como se fosse seu proprietário (*animus domini*). O sujeito comporta-se como se fosse dono do objeto material, retendo-o, consumindo-o, destruindo-o, alienando-o etc.

Por sua vez, no **peculato desvio** o núcleo do tipo é "**desviar**", equivalente a distrair ou desencaminhar. O sujeito confere à coisa destinação diversa da inicialmente prevista: ao contrário do destino certo e determinado do bem de que tem a posse, o funcionário público lhe dá outro, em proveito próprio ou de terceiro.[61]

---

[60] Cf. HUNGRIA, Nélson. *Comentários ao Código Penal*. 2. ed. Rio de Janeiro: Forense, 1959. v. IX, p. 334.
[61] "Desse modo, configura peculato-desvio a retenção dos valores descontados da folha de pagamento dos servidores públicos que recebiam seus vencimentos já com os descontos dos valores de retenção a título de empréstimo consig-

Este **proveito** pode ser **material** (exemplo: o funcionário público empresta a alguém o dinheiro que tem sob sua guarda, recebendo os juros respectivos) ou **moral** (exemplo: o funcionário público efetua o empréstimo sem juros a uma pessoa famosa, com o escopo de conquistar sua amizade e prestígio).[62]

De qualquer modo, o desvio há de ser em proveito do funcionário público ou de terceiro, pois, se a beneficiária for a própria Administração Pública, incidirá o crime de emprego irregular de verbas ou rendas públicas, tipificado pelo art. 315 do Código Penal.[63]

6.6.6.7.1.3.1. O "fura-fila" da vacinação

Depois de muita espera e milhares de mortes, o Brasil finalmente iniciou, em janeiro de 2021, a vacinação contra o Covid-19.

O Ministério da Saúde, levando em conta a existência de grupos prioritários (trabalhadores de saúde, povos indígenas, pessoas idosas etc.), elaborou o "Plano Nacional de Operacionalização", a fim de orientar os Estados e os Municípios sobre a ordem em que as pessoas devem (ou deveriam) ser vacinadas.

Infelizmente, houve várias situações em que determinados indivíduos "furaram a fila", ou seja, receberam a vacinação indevidamente, com violação da escala do Ministério da Saúde. Sem nenhum tipo de pudor, tais pessoas se anteciparam aos grupos prioritários, colocando em risco, inclusive, a vida de quem mais necessita da vacina.

Surge nesse ponto uma indagação: esse comportamento, deplorável, imoral e ilegal, caracteriza algum delito?

É evidente que sim. Tal conduta caracteriza o peculato desvio, definido no art. 312, *caput*, parte final, do Código Penal.

Enquanto a vacinação contra o Covid-19 for exclusiva da rede pública de saúde, ou seja, até o momento em que não se admitir a comercialização de doses em clínicas particulares, a vacina somente poderá ser ministrada por funcionário público (profissional da medicina ou da enfermagem, especialmente), o qual estará desviando, em proveito próprio ou alheio, bem móvel público, de que tem a posse em razão do cargo. É o que se dá, exemplificativamente, quando o secretário municipal de saúde viola a ordem normal de vacinação e desvia uma dose em favor da sua esposa, a qual ainda não tinha o direito, naquele momento, de ser vacinada, ou então quando o agente público finge aplicar a vacina em quem integra determinado grupo prioritário, quando na verdade ele está desviando a dose para ser posteriormente inoculada em pessoa diversa.

A propósito, não há espaço para incidência do princípio da insignificância no "fura-fila" da vacinação, ainda que se comprove o reduzido valor econômico de uma dose, por duas razões: (a) ausência dos requisitos objetivos exigidos pelo Supremo Tribunal Federal, a saber, mínima ofensividade da conduta, ausência de periculosidade social da ação, reduzido grau de reprovabilidade do comportamento e inexpressividade da lesão jurídica; e (b) a Súmula

---

nado, mas, por ordem de administrador, os repasses às instituições financeiras credoras não eram realizados" (STJ, APn 814/DF, rel. Min. Mauro Campbell Marques, rel. p/ ac. Min. João Otávio de Noronha, Corte Especial, j. 06.11.2019, noticiado no *Informativo* 664).

[62] "Configura o crime de peculato-desvio o fomento econômico de candidatura à reeleição por Governador de Estado com o patrimônio de empresas estatais. (...) O Governador exerce plena ingerência nas empresas do estado, mediante imposição da autoridade de seu cargo sobre os respectivos dirigentes, e a autonomia gerencial própria das entidades da administração indireta não representam óbice ao acesso e ao controle fático das disponibilidades financeiras das estatais" (STJ, REsp 1.776.680/MG, rel. Min. Jorge Mussi, 5.ª Turma, j. 11.02.2020, noticiado no *Informativo* 666).

[63] "No que se refere ao art. 312 do CP, assinalou não haver plausibilidade da acusação, uma vez que os recursos teriam sido incorporados ao Tesouro – caixa único do Estado. Desclassificou essa conduta para a prevista no art. 315 do CP" (STF, Inq 3.731/DF, rel. Min. Gilmar Mendes, 2.ª Turma, j. 18.08.2015, noticiado no *Informativo* 795).

599 do Superior Tribunal de Justiça rechaça esse princípio no âmbito dos crimes contra a Administração Pública.

Se o ato for praticado por Prefeito, estará configurado o crime tipificado no art. 1.º, I, do Decreto-lei 201/1967: "Art. 1.º São crimes de responsabilidade dos Prefeitos Municipais, sujeitos ao julgamento do Poder Judiciário, independentemente do pronunciamento da Câmara dos Vereadores: I – apropriar-se de bens ou rendas públicas, ou desviá-los em proveito próprio ou alheio."

Finalmente, na hipótese em que o funcionário público desvia a vacina em proveito de terceiro, em troca do recebimento de vantagem indevida, a ele deverá ser também imputado o crime de corrupção passiva (CP, art. 317), em concurso material com o peculato, sem prejuízo da atribuição do delito de corrupção ativa (CP, art. 333) ao particular.

6.6.6.7.1.3.2. Covid-19 e vacinação em local diverso do agendado, com aplicação de imunizante diverso do reservado e sem a realização de agendamento

Diversamente do "fura fila" da vacinação, não há falar em peculato, e sim em fato penalmente atípico, na hipótese em que a pessoa, **que tinha o direito de ser vacinada**, submete-se ao imunizante: *(a)* em local diverso do reservado; *(b)* com espécie diferente da vacina (exemplo: Pfizer em vez de Oxford/AstraZeneca); ou *(c)* sem a realização de agendamento. Como decidido pelo Superior Tribunal de Justiça:

> São atípicas as condutas de submeter-se à vacinação contra Covid-19 em local diverso do agendado e/ou com aplicação de imunizante diverso do reservado e/ou de submeter-se à vacinação sem a realização de agendamento. No caso, o Tribunal de origem considerou que as condutas de submeter-se à vacinação contra Covid-19 em local diverso do agendado, com aplicação de imunizante diverso do reservado e sem a realização de agendamento subsumir-se-iam, em tese, aos tipos penais previstos nos arts. 312 e 317, § 2.º, do Código Penal. Essas condutas não se amoldam aos tipos em questão, em especial porque ausentes os elementos objetivos (verbos nucleares) contidos no art. 312 do Código Penal. Não houve apropriação, tampouco desvio de doses de vacina contra a Covid-19, já que destinadas à população em geral, grupo em que se enquadram os pacientes, uma vez que tinham o direito de ser vacinados (embora em local ou momento diverso). A saúde é um direito de todos, direito social que é assegurado pelo art. 6.º da Carta Constitucional. De igual forma, é atípica a conduta de corrupção passiva na forma do § 2.º (modalidade privilegiada) do art. 317 do Código Penal, porquanto, na modalidade privilegiada do tipo em questão, criminaliza-se, de maneira mais branda, a conduta do agente que pratica ato de ofício, com violação de dever funcional a pedido de alguém que exerce algum tipo de influência sobre sua atuação, sem solicitação ou recebimento de vantagem ilícita. A pandemia de covid-19 gerou uma situação de pânico e angústia, levando o país a uma crise sanitária sem precedentes. O desespero tomou conta de muitos, provocando a prática de condutas moralmente reprováveis, noticiadas diariamente pela imprensa, de tentativa de burla à ordem estabelecida pelos planos nacionais, estaduais ou municipais. As condutas de desrespeito às regras de vacinação, embora moralmente reprováveis, não caracterizam ilícito penal, em especial em face do princípio da legalidade (inciso XXXIX do art. 5.º da Constituição Federal), que estabelece que somente pode haver responsabilização criminal por condutas previamente criminalizadas, adequada e claramente descritas pelo legislador. Assim, por falta de previsão legal, são atípicas a conduta de submeter-se à vacinação contra Covid-19 em local diverso do agendado e/ou com aplicação de imunizante diverso do reservado e/ou de submeter-se à vacinação contra Covid-19 sem a realização de agendamento.[64]

---

[64] AgRg no RHC 160.947/CE, rel. Min. João Otávio de Noronha, 5.ª Turma, j. 27.09.2022, noticiado no *Informativo* 752.

6.6.6.7.2. Peculato furto ou peculato impróprio: art. 312, § 1.º

6.6.6.7.2.1. Descrição típica

Nos termos do art. 312, § 1.º, do Código Penal: "Aplica-se a mesma pena, se o funcionário público, embora não tendo a posse do dinheiro, valor ou bem, o subtrai, ou concorre para que seja subtraído, em proveito próprio ou alheio, valendo-se de facilidade que lhe proporciona a qualidade de funcionário".

6.6.6.7.2.2. Introdução

O Código Penal, no § 1.º do seu art. 312, apresenta uma modalidade de peculato que se distancia da similitude com a apropriação indébita. O crime se assemelha ao furto, razão pela qual é chamado de **peculato furto** ou **peculato impróprio**.

Trata-se novamente de **crime funcional impróprio**: ausente a condição de funcionário público, desaparece o peculato, mas subsiste intacto o delito de furto (CP, art. 155).

6.6.6.7.2.3. Núcleos do tipo

O tipo penal contém dois núcleos: "subtrair" e "concorrer" para a subtração. Vejamos cada um deles.

a) Subtrair

Subtrair é inverter o título da posse, ou seja, retirar algo de quem tinha a sua posse. Ao contrário do que se verifica nas figuras do *caput* do art. 312 do Código Penal, aqui o sujeito não tem a posse da coisa móvel, pública ou particular, mas a sua posição de funcionário público lhe proporciona uma posição favorável para a subtração dela. Nessa hipótese ("subtrair"), o funcionário público é o executor direto da subtração. Exemplo: "A", policial rodoviário, subtrai peças de um automóvel que estava apreendido em razão da falta de documentação.

b) Concorrer para a subtração

O funcionário público não subtrai diretamente o dinheiro, valor ou qualquer outro bem móvel. Sua atuação restringe-se à concorrência dolosa para a subtração efetuada por terceira pessoa. Exemplo: "A", policial militar responsável pela sala de armas de um determinado quartel, propositalmente deixa de trancar a porta do recinto, vindo "B", com ele previamente ajustado, a subtrair durante a madrugada uma metralhadora que ali se encontrava.

Trata-se de **crime de concurso necessário**, pois reclama a presença de ao menos duas pessoas: o particular que subtrai a coisa móvel, ciente da colaboração do funcionário público, e o funcionário público, que conscientemente concorre para a subtração alheia.

Ressalte-se a necessidade de imputação do peculato a todos os sujeitos que de qualquer modo concorram para o crime, sejam eles funcionários públicos (*intraneus*) ou particulares (*extraneus*). Com efeito, nada obstante a qualidade de funcionário público tenha natureza pessoal, comunica-se a todos os agentes, por se tratar de elementar do delito (CP, art. 30).

Anote-se, mais uma vez, que a colaboração para a subtração alheia deve ser **dolosa**. Se ocorrer colaboração por imprudência ou negligência, haverá peculato culposo para o funcionário público (CP, art. 312, § 2.º) e furto (CP, art. 155) para o particular, não se podendo falar, nesse caso, em concurso de pessoas, pois ausente o vínculo subjetivo entre os envolvidos. É o que se dá, por exemplo, quando um funcionário público esquece de trancar a porta da repartição pública e um particular se aproveita da situação para subtrair bens do seu interior.

6.6.6.7.2.4. Elemento normativo do tipo

O art. 312, § 1.º, do Código Penal contém um elemento normativo, representado pela expressão "valendo-se de facilidade que lhe proporciona a qualidade de funcionário".

A facilidade mencionada pelo texto legal é qualquer circunstância fática propícia à prática do delito, tal como a liberdade para ingresso ou permanência na repartição ou local em que estava a coisa subtraída ou a menor vigilância dos bens no tocante aos funcionários públicos em geral.

Vale ressaltar, o bem móvel não se encontra sob a posse do agente, mas sua posição funcional torna mais simples e segura a subtração. Daí falar que "a condição de funcionário, na espécie, não é *causa*, mas *ocasião* para o crime".[65]

Cuidado: o bem não se encontra na posse do agente, mas é imprescindível esteja sob a guarda ou custódia da Administração Pública, sob pena de afastamento do crime funcional. Exemplificativamente, o policial militar que durante uma abordagem de trânsito subtrai, pela janela, um *notebook* que estava no banco traseiro do veículo, aproveitando-se da distração do motorista, que procurava seus documentos no porta-luvas, responde por furto, e não por peculato.

E não basta a subtração. É imprescindível tenha esta sido realizada em decorrência da facilidade apresentada para tanto ao funcionário público. Destarte, se o agente, mesmo pertencendo ao escalão público, não se vale do seu cargo nem das comodidades por ele proporcionadas para subtrair um bem móvel da Administração Pública (ou particular que estava sob sua guarda), o crime será de furto, e não de peculato.

6.6.6.7.3. Peculato e falsidade documental

Quando um funcionário público falsifica um documento (público ou particular) para obter indevidamente dinheiro, valor ou qualquer outro bem móvel pertencente à Administração Pública, a ele devem ser imputados dois crimes em concurso material: falsidade documental e peculato. Há duas condutas independentes e autônomas, e não há falar em absorção daquele por este, uma vez que tais delitos ofendem bens jurídicos diversos (fé pública e Administração Pública) e consumam-se em momentos distintos.

6.6.6.8. Sujeito ativo

O peculato, em todas as suas modalidades, é **crime próprio** ou **especial**, pois somente pode ser praticado por funcionário público, em princípio qualquer que seja o funcionário público, cujo conceito ampliativo encontra-se no art. 327 do Código Penal.

A condição de funcionário público é elementar do peculato, razão pela qual comunica-se a todos aqueles que tenham concorrido de qualquer modo para o crime, mesmo em se tratando de pessoas alheias aos quadros públicos. É o que se extrai do art. 30 do Código Penal: "Não se comunicam as circunstâncias e as condições de caráter pessoal, salvo quando elementares do crime".

Em síntese, somente existe peculato quando um dos responsáveis pelo delito é funcionário público. Contudo, presente uma pessoa dotada desta especial condição, será perfeitamente possível o concurso de pessoas, em qualquer das suas modalidades (coautoria ou participação).[66]

---

[65] HUNGRIA, Nélson. *Comentários ao Código Penal*. 2. ed. Rio de Janeiro: Forense, 1959. v. IX, p. 350.

[66] "A Turma consignou que somente pode ser imputado o crime de peculato ao estranho, ou seja, não servidor público, quando a sua atuação ilícita dá-se em coparceria com quem ostente essa qualidade" (STJ: HC 201.273/RJ, rel. Min. Napoleão Nunes Maia Filho, 5.ª Turma, j. 28.06.2011, noticiado no *Informativo* 479).

Vale recordar que a pena do peculato, nos termos do art. 327, § 2.º, do Código Penal, será aumentada de um terço quando o responsável pelo crime for ocupante de cargo em comissão ou de função de direção ou assessoramento de órgão da administração direta, sociedade de economia mista, empresa pública ou fundação instituída pelo poder público.

6.6.6.8.1. Usurpação de função pública, ausência de posse e nomeação ilegal

O art. 312 (*caput* e § 1.º) do Código Penal é claro ao exigir a vinculação entre a prática do peculato e o exercício de um cargo público. Com o recurso às noções elementares do Direito Administrativo, é fácil constatar que o funcionário deverá ser regularmente nomeado, para depois tomar posse no cargo público. Se isso não ocorrer, três hipóteses poderão apresentar-se:

a) o sujeito não é funcionário público, e sim um usurpador. Não responderá por peculato, mas por furto (CP, art. 155) ou estelionato (CP, art. 171), em concurso material com usurpação de função pública (CP, art. 328);

b) o sujeito, embora nomeado, não foi investido em suas funções, porque não tomou posse ou não prestou, quando necessário, o devido compromisso. Cuida-se de funcionário de fato, devendo ser reconhecida a prática de estelionato (CP, art. 171); e

c) o sujeito, apesar de nomeado e investido em suas funções, foi nomeado ilegal ou irregularmente. Enquanto a nomeação não for anulada, o agente será considerado funcionário público para fins penais.[67]

6.6.6.8.2. Peculato e crimes cometidos por prefeitos

Como já mencionado, em regra qualquer funcionário público pode ser sujeito ativo de peculato. Há, todavia, uma importante exceção a ser anotada.

Para os prefeitos não é possível a adequação típica do crime de peculato doloso, em suas modalidades "peculato apropriação" (CP, art. 312, *caput*, 1.ª parte) e "peculato desvio" (CP, art. 312, *caput*, parte final). Nessas hipóteses, incide a regra especial estatuída pelo art. 1.º, inc. I, do Decreto-lei 201/1967:

> Art. 1.º São crimes de responsabilidade dos Prefeitos Municipais, sujeitos ao julgamento do Poder Judiciário, independentemente do pronunciamento da Câmara dos Vereadores:
>
> I – apropriar-se de bens ou rendas públicas, ou desviá-los em proveito próprio ou alheio.

No campo do peculato doloso, entretanto, subsiste no tocante aos alcaides a incidência do "peculato furto", ou peculato impróprio (CP, art. 312, § 1.º), cuja conduta não encontra correspondência no Decreto-lei 201/1967. Igual raciocínio deve ser utilizado no tocante ao peculato culposo (CP, art. 312, § 2.º).

6.6.6.8.3. Peculato e crimes contra o patrimônio

É sabido que as expressões "função pública" e "múnus público" têm significados diversos (vide item 6.6.3.). Quem exerce múnus público não pode ser considerado funcionário público

---

[67] Em igual sentido: MAGALHÃES NORONHA, E. *Direito penal*. 16. ed. São Paulo: Saraiva, 1983. v. 4, p. 221.

para fins penais. É o que se dá, entre outros, em relação ao administrador judicial, ao tutor, ao liquidatário, ao inventariante, ao testamenteiro e ao depositário judicial.

Em razão disso, se tais pessoas apropriarem-se de coisa alheia móvel de que têm a posse ou a detenção, a elas será imputado o crime de apropriação indébita, com a pena aumentada de um terço (CP, art. 168, § 1.º, inc. II), e não o de peculato apropriação (CP, art. 312, *caput*, 1.ª parte).

Por outro lado, se alguma das pessoas indicadas desviar ou subtrair, em proveito próprio ou alheio, bem móvel, valendo-se da facilidade proporcionada pelo encargo desempenhado, estará caracterizado o delito de furto, normalmente qualificado pelo abuso de confiança (CP, art. 155, § 4.º, inc. II), e não peculato desvio (CP, art. 312, *caput*, parte final) ou peculato furto (CP, art. 312, § 1.º).

6.6.6.8.4. A remuneração do "funcionário fantasma"

O "funcionário fantasma" é um mal que assola a Administração Pública brasileira. São frequentes os casos em que uma pessoa é nomeada por seu "padrinho" político para exercer cargo comissionado, mas, nada obstante o recebimento da remuneração atinente a tal posto, não presta os serviços respectivos. Muitas vezes o ocupante do cargo em comissão sequer comparece (ou mesmo conhece) o local em que "trabalha".

Essa conduta, moralmente reprovável, caracterizadora de infração disciplinar e quiçá de ato de improbidade administrativa, por si só não configura o crime de peculato, notadamente quando não há apropriação ou desvio de valores pelo superior hierárquico responsável pela nomeação. Na ótica do Superior Tribunal de Justiça:

> Não é típico o ato do servidor que se apropria de valores que já lhe pertenceriam, em razão do cargo por ele ocupado. No caso, a conduta imputada às partes é a nomeação da ré para o exercício de cargo em Câmara Municipal, no gabinete do corréu. Segundo a narrativa do *Parquet*, essa conduta configurou o crime de peculato-desvio porque a ré apenas comparecia ao trabalho para assinar o ponto sem, contudo, exercer suas atribuições do cargo e, dessa forma, não faria jus à remuneração percebida. Extrai-se na situação fática que houve comunhão de esforços, a partir de janeiro de 2016, e teriam desviado, em proveito próprio, R$ 478.419,09, referentes aos vencimentos mensais da ré. Isso porque, embora cedida para trabalhar no gabinete do corréu na Câmara de Vereadores, desempenhava outras funções, não cumprindo com a carga horária semanal de 40 horas. Todavia, não há imputação de que o corréu tomasse para si os vencimentos da ré, mas somente que a referida servidora não desempenhava, efetivamente, as funções para as quais foi nomeada. Tampouco o acórdão recorrido registra, em qualquer momento, que as verbas remuneratórias fossem destinadas a qualquer pessoa, além da própria ré. Nos termos da jurisprudência deste STJ, não é típico o ato do servidor que se apropria de valores que já lhe pertenceriam, em razão do cargo por ele ocupado. Assim, a conduta da funcionária poderia ter repercussões disciplinares ou mesmo no âmbito da improbidade administrativa, mas não se ajusta ao delito de peculato, porque seus vencimentos efetivamente lhe pertenciam. Se o servidor merecia perceber a remuneração, à luz da ausência da contraprestação respectiva, é questão a ser discutida na esfera administrativo-sancionadora, mas não na instância penal, por falta de tipicidade.[68]

6.6.6.9. Sujeito passivo

O sujeito passivo principal ou imediato é o Estado (em sentido amplo). Nada impede, todavia, a existência de um sujeito passivo secundário ou mediato, representado pela entidade

---
[68] AgRg no AREsp 2.073.825/RS, rel. Min. Ribeiro Dantas, 5.ª Turma, j. 16.08.2022, noticiado no *Informativo* 746.

de direito público ou pelo particular (proprietário ou possuidor do bem móvel) prejudicado pela conduta criminosa.[69]

6.6.6.9.1. Peculato e associações ou entidades sindicais

Em conformidade com o art. 552 do Decreto lei 5.452/1943 – Consolidação das Leis do Trabalho: "Os atos que importem em malversação ou dilapidação do patrimônio das associações ou entidades sindicais ficam equiparados ao crime de peculato julgado e punido na conformidade da legislação penal".

6.6.6.10. Elemento subjetivo: peculato doloso

As espécies de peculato disciplinadas no art. 312, *caput* e § 1.º, são dolosas.

No tocante ao **"peculato apropriação"** (CP, art. 312, *caput*, 1.ª parte), inclina-se a doutrina no sentido de ser também imprescindível um elemento subjetivo específico, consistente no *animus rem sibi habendi*, isto é, a intenção definitiva de não restituir o objeto material ao seu titular.[70]

Com o merecido respeito, pensamos de forma diversa. Para nós, o peculato apropriação contenta-se com o dolo, sem nenhuma finalidade específica, pois a intenção de apropriar-se definitivamente do bem é inerente ao núcleo do tipo ("apropriar-se"). Com a presença do dolo, é só dele, portanto, estará evidente o propósito efetivo do agente de não restituir o bem a quem de direito. Outro não é o raciocínio de Nélson Hungria:

> O elemento subjetivo, no tocante ao peculato-apropriação, é o dolo genérico: vontade livre e conscientemente dirigida à apropriação do dinheiro, valor ou qualquer outro bem móvel, de que se tem a posse em razão do cargo. Basta a vontade referida à apropriação, sendo que esta pressupõe, conceitualmente, o *animus rem sibi habendi* (ou seja, a intenção definitiva de não restituir a *res*) e a obtenção do proveito próprio ou alheio.[71]

Quanto ao **"peculato desvio"** (CP, art. 312, *caput*, parte final) e ao **"peculato furto"** (CP, art. 312, § 1.º), não há discussão: além do dolo, reclama-se um elemento subjetivo específico, representado pelas expressões "em proveito próprio ou alheio". Em síntese, como o objeto material do peculato é o dinheiro ou então coisa avaliável em dinheiro, o desvio ou a subtração almejam o enriquecimento ilícito (*animus lucri faciendi*) do funcionário público ou de terceiro.

Cumpre destacar que não há **peculato desvio** quando o agente altera o destino da coisa em proveito da própria Administração Pública, como no exemplo em que os valores correspondentes à construção de uma escola são utilizados na reforma de um hospital comunitário. Nessa hipótese, poderá restar configurado o crime de **emprego irregular de verbas ou rendas públicas**, tipificado no art. 315 do Código Penal.

---

[69] O STJ assim se pronunciou em peculato praticado contra o Ministério Público do Distrito Federal: "Compete ao TJDFT o julgamento de crime de peculato cometido contra o MPDFT. Embora organizado e mantido pela União (art. 21, XIII, da CF), o MPDFT não é órgão de tal ente federativo, pois compõe a estrutura orgânica do Distrito Federal, que é equiparado aos estados membros (art. 32, § 1.º, da CF). Uma vez que não há lesão direta à União, os delitos cometidos em detrimento de bens, serviços e interesses do MPDFT não se enquadram na regra de competência do art. 109, IV, da CF" (CC 122.369/DF, rel. Min. Alderita Ramos de Oliveira (Desembargadora convocada do TJ-PE), 3.ª Seção, j. 24.10.2012, noticiado no *Informativo* 507).

[70] É, entre tantos outros, o posicionamento de JESUS, Damásio E. de. *Direito penal*. Parte especial. 13. ed. São Paulo: Saraiva, 2007. v. 4, p. 131.

[71] HUNGRIA, Nélson. *Comentários ao Código Penal*. 2. ed. Rio de Janeiro: Forense, 1959. v. IX, p. 349.

6.6.6.10.1. Peculato e intenção de restituir o objeto material à Administração Pública: a questão do peculato de uso

Existem duas posições acerca da possibilidade de reconhecimento do peculato de uso, na hipótese em que o funcionário público apropria-se, desvia, subtrai bem móvel, público ou particular que se encontra sob a custódia da Administração Pública, para posteriormente restituí-lo.

1.ª posição: Não se admite o peculato de uso

A intenção (falsa ou verdadeira) de restituir o bem móvel de que o agente apropriou-se, desviou o subtraiu não exclui o peculato doloso, pouco importando se o funcionário público possui recursos financeiros para tanto, bem como se a coisa era fungível ou infungível. Não se admite, portanto, a figura do peculato de uso.

Também não se afasta o crime com a prova de que se produziu alguma vantagem para a Administração Pública, pois a vantagem indevida não deve aproveitar ao Estado.[72]

Com efeito, se a coisa móvel é utilizada em fim diverso daquele a que era destinado, desde que o agente vise a proveito próprio ou alheio, apresenta-se o peculato na modalidade **desvio**. O próprio dinheiro, por uma ficção jurídica, quando recebido ou guardado pelo funcionário público em razão do cargo, deixa de ser fungível. O sujeito, ao receber o dinheiro ou outro bem fungível não passa de uma *longa manus* da Administração Pública, jamais podendo considerar-se um mero mutuante ou depositário irregular, o que permitiria a solução da problemática pelo Direito Civil.

2.ª posição: Admite-se o peculato de uso, e o fato é penalmente irrelevante

Para os partidários dessa linha de pensamento, é atípico o fato relacionado ao uso momentâneo de **coisa infungível**, sem a intenção de incorporá-la ao patrimônio pessoal ou de terceiro, seguido da sua integral restituição a quem de direito. O art. 312 (caput e § 1.º) é peremptório ao exigir a apropriação, o desvio ou a subtração de dinheiro, valor ou qualquer outro bem móvel, público ou particular. Como já decidido pelo Supremo Tribunal Federal: "É atípica a conduta de peculato de uso. Com base nesse entendimento, a 1.ª Turma deu provimento a agravo regimental para conceder a ordem de ofício. Observou-se que tramitaria no Parlamento projeto de lei para criminalizar essa conduta".[73]

No entanto, mesmo para os defensores desta posição, caracteriza-se o crime de peculato no tocante aos bens fungíveis, dos quais o dinheiro é o exemplo por excelência. A título ilustrativo, se um funcionário público utiliza para proveito pessoal valores confiados à sua guarda, incidirá nas penas do art. 312 do Código Penal. Eventual reparação do dano não exclui o delito, funcionando tão somente como arrependimento posterior, se presentes os requisitos exigidos pelo art. 16 do Código Penal, ou, residualmente, como atenuante genérica (CP, art. 65, inc. III, *b*).

Em relação aos bens fungíveis, pode surgir a figura do **peculato de quantidade**, ou **desfalque de caixa**, expressões empregadas para indicar a apropriação ou o desvio de coisas fungíveis quando o desfalque seja encoberto pelo estorno de outras coisas fungíveis. Assim sendo, comete o crime definido no art. 312 do Código Penal o caixa da repartição pública que, após se apropriar de determinada soma em dinheiro, cobre o desfalque com outras quantias, provenientes da Administração Pública ou de particulares.

Vale destacar que o simples uso do bem caracteriza ilícito de outra natureza, consistente em **ato de improbidade administrativa**. Em consonância com o art. 9.º, inc. IV, da Lei 8.429/1992: "Art. 9.º Constitui ato de improbidade administrativa importando enriquecimento ilícito auferir, mediante a prática de ato doloso, qualquer tipo de vantagem patrimonial indevida em razão do

---

[72] Cf. ALMEIDA, Fernando Henrique Mendes de. *Dos crimes contra a Administração Pública*. São Paulo: Saraiva, 1955. p. 23.
[73] HC 108.433 AgR/MG, rel. Min. Luiz Fux, 1.ª Turma, j. 25.06.2013, noticiado no *Informativo* 712.

exercício de cargo, de mandato, de função, de emprego ou de atividade nas entidades referidas no art. 1.º desta Lei, e notadamente: (...) IV – utilizar, em obra ou serviço particular, qualquer bem móvel, de propriedade ou à disposição de qualquer das entidades referidas no art. 1.º desta Lei, bem como o trabalho de servidores, de empregados ou de terceiros contratados por essas entidades".[74] Como lecionam Antonio Pagliaro e Paulo José da Costa Júnior:

> Um problema a ser enfrentado é o da punibilidade do chamado peculato de uso, ou seja, do uso temporário para satisfazer necessidade particular, de coisas não fungíveis e não consumíveis pertencentes a outros e possuídas em razão do cargo. É o caso de uso reiterado de automóvel oficial em serviço particular. Nessa hipótese, para que se possa falar de apropriação indébita ou de desvio, é necessário que o uso, por sua finalidade e por sua duração, seja tal que comprometa a utilidade da coisa para a Administração Pública ou para outro sujeito ao qual pertença. Naturalmente, para que se aperfeiçoe o crime, é preciso que haja um compromisso sério na utilização da coisa. Por isso, não haverá ilícito penal, mas somente um ato moralmente reprovável e suscetível de sanções disciplinares, se um funcionário público, por ocasião de uma festa, enfeitar sua casa com quadros de sua repartição, ou, então, usar vez ou outra máquinas de escrever, automóveis, que pertençam a terceiros e estejam em sua posse em razão do cargo. Se se verificar consumo de gasolina ou de outro material, poder-se-á configurar o peculato em relação a tais materiais.[75]

Lembra-se agora que, independentemente da teoria adotada acerca do peculato de uso, **se o sujeito ativo for Prefeito**, e somente para esta pessoa, o uso de bens, rendas ou serviços públicos configura o crime delineado pelo art. 1.º, inc. II, do Decreto-lei 201/1967.[76]

6.6.6.10.2. Peculato e apropriação do bem para satisfação de interesse pessoal

O funcionário público que se apropria, ou em proveito próprio ou de terceiro, desvia ou subtrai dinheiro, valor ou qualquer outro bem móvel, público ou particular, de que tem a posse em razão do cargo, para satisfazer pretensão pessoal, ainda que legítima, comete peculato ou exercício arbitrário das próprias razões[77] (CP, art. 345)?

A resposta é peculato. Acompanhemos o perfeito raciocínio de Nélson Hungria:

> Nem mesmo é lícito ao funcionário público servir-se do dinheiro público para pagar-se de crédito seu, ainda que líquido e exigível, contra a administração pública (salvo, é claro, quando a lei o permita, como, por exemplo, no caso do coletor de rendas que retira do *quantum* arrecadado os seus vencimentos mensais). Não é admissível, na espécie, a *compensação*: a administração pública não perde a imediata disponibilidade do dinheiro, senão quando expressamente o consinta, ou a lei administrativa o autorize. Não pode ela ficar privada do dinheiro involuntariamente, antes da época reclamada pelo seu interesse financeiro, podendo este exigir que, dentre pagamentos já exigíveis, se façam uns com antecedência de outros, ou sejam todos procrastinados para acudir a

---

[74] As sanções aplicáveis aos atos de improbidade administrativa desta natureza, independentemente das sanções penais, civis e administrativas contidas na legislação específica, estão previstas no art. 12, inc. I, da Lei 8.429/1992: "perda dos bens ou valores acrescidos ilicitamente ao patrimônio, perda da função pública, suspensão dos direitos políticos até 14 (quatorze) anos, pagamento de multa civil equivalente ao valor do acréscimo patrimonial e proibição de contratar com o poder público ou de receber benefícios ou incentivos fiscais ou creditícios, direta ou indiretamente, ainda que por intermédio de pessoa jurídica da qual seja sócio majoritário, pelo prazo não superior a 14 (quatorze) anos".

[75] PAGLIARO, Antonio; COSTA JÚNIOR, Paulo José da. *Dos crimes contra a administração pública*. 4. ed. São Paulo: Atlas, 2009. p. 39-40.

[76] "Art. 1.º São crimes de responsabilidade dos prefeitos municipais, sujeitos ao julgamento do Poder Judiciário, independentemente do pronunciamento da Câmara dos Vereadores: (...) II – utilizar-se, indevidamente, em proveito próprio ou alheio, de bens, rendas ou serviços públicos."

[77] "Art. 345. Fazer justiça pelas próprias mãos, para satisfazer pretensão, embora legítima, salvo quando a lei o permite: Pena – detenção, de quinze dias a um mês, ou multa, além da pena correspondente à violência."

despesas urgentes; de modo que a retirada de numerário consequente ao exercício de pretendida compensação extrajudicial poderá trazer-lhe sério prejuízo ao seu interesse econômico ou específico.[78]

Em síntese, mesmo quando existente uma dívida da Administração Pública com seu funcionário, este não pode fazer justiça pelas próprias mãos, pois há uma ordem legalmente prevista para o pagamento dos débitos fazendários. A propósito, o art. 100, *caput*, da Constituição Federal estabelece:

> Os pagamentos devidos pelas Fazendas Públicas Federal, Estaduais, Distrital e Municipais, em virtude de sentença judiciária, far-se-ão exclusivamente na ordem cronológica de apresentação dos precatórios e à conta dos créditos respectivos, proibida a designação de casos ou de pessoas nas dotações orçamentárias e nos créditos adicionais abertos para este fim.

6.6.6.11. Consumação

O **peculato apropriação** é **crime material** ou **causal**. Consuma-se no instante em que o sujeito passa a se comportar como proprietário da coisa móvel, isto é, quando ele transforma em domínio a posse ou detenção sobre o dinheiro, valor ou qualquer outro bem móvel (exemplos: alienação, disposição ou retenção do bem etc.). É nesse momento que o Estado suporta a lesão patrimonial, pois deixa de ter a livre disponibilidade sobre a coisa de sua titularidade.

Tratando-se de bem privado que se encontra sob a guarda da Administração Pública ("peculato malversação"), com sua apropriação pelo funcionário público o Estado estará obrigado a ressarcir o particular pelos prejuízos provocados por um dos seus representantes. Este é o dano patrimonial causado ao erário.

O **peculato desvio** igualmente é **crime material**. Sua consumação depende da produção do resultado naturalístico, o qual se verifica no momento em que o funcionário público confere à coisa móvel destinação diversa da legalmente prevista, pouco importando se a vantagem almejada é por ele alcançada. Na linha da jurisprudência do Superior Tribunal de Justiça:

> Compete ao foro do local onde efetivamente ocorrer o desvio de verba pública – e não ao do lugar para o qual os valores foram destinados – o processamento e julgamento da ação penal referente ao crime de peculato-desvio (art. 312, *caput*, segunda parte, do CP). Isso porque a consumação do referido delito ocorre quando o funcionário público efetivamente desvia o dinheiro, valor ou outro bem móvel. De fato, o resultado naturalístico é exigido para a consumação do crime, por se tratar o peculato-desvio de delito material. Ocorre que o resultado que se exige nesse delito não é a vantagem obtida com o desvio do dinheiro, mas sim o efetivo desvio do valor. Dessa forma, o foro do local do desvio deve ser considerado o competente, tendo em vista que o art. 70 do CPP estabelece que a competência será, de regra, determinada pelo lugar em que se consumar a infração.[79]

Finalmente, o **peculato furto** também é **crime material**. Sua consumação reclama a efetiva subtração da coisa móvel, com a consequente inversão da posse do bem, que sai da esfera de vigilância da Administração Pública e ingressa na livre disponibilidade do agente, ainda que por breve período.

---

[78] HUNGRIA, Nélson. *Comentários ao Código Penal*. 2. ed. Rio de Janeiro: Forense, 1959. v. IX, p. 338-339.

[79] CC 119.819/DF, Rel. Min. Marco Aurélio Bellizze, 3.ª Seção, j. 14.08.2013, noticiado no *Informativo* 526. Com igual raciocínio, o Superior Tribunal de Justiça já chegou a conclusão diversa, no sentido de tratar-se de **crime formal**: "O peculato-desvio é **crime formal** que se consuma no instante em que o funcionário público dá ao dinheiro ou valor destino diverso do previsto. A obtenção do proveito próprio ou alheio não é requisito para a consumação do crime, sendo suficiente a mera vontade de realizar o núcleo do tipo" (APn 814/DF, rel. Min. Mauro Campbell Marques, rel. p/ ac. Min. João Otávio de Noronha, Corte Especial, j. 06.11.2019, noticiado no *Informativo* 664).

Em todos os crimes (peculato apropriação, peculato desvio e peculato furto), é prescindível o lucro efetivo por parte do agente. Além disso, inexiste a obrigatoriedade de indicação dos beneficiários da vantagem e/ou destinatários do dinheiro ou qualquer outro bem móvel.

6.6.6.11.1. Peculato, lesão patrimonial e violação do dever funcional

No peculato convivem a lesão patrimonial e a violação do dever funcional. Alguns autores, inclusive, sustentam ser a razão da punição do peculato mais a quebra da fidelidade moral do funcionário público do que propriamente o dano econômico aos cofres do Estado.

Seja como for, o dano patrimonial é imprescindível à caracterização do peculato.[80] Com efeito, a lesão material nada mais é do que o prejuízo patrimonial suportado pela Administração Pública, como dano emergente ou lucro cessante, ou ainda como ressarcimento obrigatório na hipótese de malversação. Como precisamente ensina o insuperável Nélson Hungria:

> O peculato não é mais que a apropriação indébita trasladada para o quadro dos crimes contra a administração pública, porque praticado contra o patrimônio desta ou confiado à sua guarda e responsabilidade, e por funcionário seu, com infidelidade ao cargo público (cujo exato desempenho afeta diretamente ao interesse do Estado e, portanto, da coletividade). É ele incriminado separadamente da apropriação indébita comum, para mais severo tratamento penal, não somente porque seja uma violação do dever funcional, senão também, substancialmente, porque lesa o interesse patrimonial do Estado. Com a *apropriação* ou *malversação* do dinheiro, valor ou outro bem móvel pertencente ao Estado ou sob a guarda deste é que se realiza a *violação do dever funcional*. Uma e outra são como corpo e alma, como esmeralda e cor verde, como fel e amargor. Sem esses dois elementos, que se conjugam incindivelmente, não pode haver o *summatum opus* do peculato. O momento consumativo é, aqui, a efetiva apropriação *sine jure* do dinheiro, valor ou outra coisa móvel, e nesse *momento* está necessariamente inserto o dano patrimonial, isto é, o desapossamento ou a perda do poder de disponibilidade do Estado (ou outra entidade de direito público) relativamente ao bem de que se trate, servindo-se dele o agente como se fosse dono. Ainda no caso de simples *desvio* (como, por exemplo, a retirada de dinheiro do Estado, para emprestar, transitoriamente, a outrem), não deixa de haver efetivo ou concreto dano patrimonial. Na própria "malversação", em que o dinheiro ou coisa não pertence ao Estado, mas está sob sua guarda e responsabilidade, a obrigação legal que decorre para este, de restituir ao proprietário a pecúnia ou o valor da coisa, já é autêntico dano patrimonial.[81]

6.6.6.11.2. Peculato doloso e reparação do dano[82]

Depois de consumado o delito, a reparação do dano ou a restituição do objeto material não afastam o peculato. Portanto, não foi prevista uma causa extintiva da punibilidade relativa à reparação do dano no peculato doloso. Entretanto, este comportamento acarreta importantes reflexos. Três situações podem ocorrer:

a) se a reparação do dano ocorrer antes do recebimento da denúncia, e desde que presentes os demais requisitos exigidos pelo art. 16 do Código Penal, a pena poderá ser reduzida de um a dois terços, com fundamento no arrependimento posterior;

---

[80] Para um estudo aprofundado do assunto: ALEIXO, Pedro. *O peculato no direito penal brasileiro*. Tese apresentada em concurso à Faculdade de Direito da Universidade de Minas Gerais para a cadeira de Direito Penal. Belo Horizonte: 1956. p. 120.

[81] HUNGRIA, Nélson. *Comentários ao Código Penal*. 2. ed. Rio de Janeiro: Forense, 1959. v. IX, p. 347-348.

[82] No peculato culposo, o § 3.º do art. 312 do Código Penal confere efeitos muito mais amplos à reparação do dano.

b) se a reparação do dano for efetuada após o recebimento da denúncia, mas antes do julgamento, estará delineada a atenuante genérica disciplinada pelo art. 65, inc. III, *b*, do Código Penal; e

c) finalmente, se a reparação do dano ocorrer em grau recursal, poderá incidir a atenuante genérica inominada contida no art. 66 do Código Penal.

Nota-se, assim, que no peculato doloso a reparação do dano posterior ao trânsito em julgado da condenação não surte nenhum efeito no tocante à dosimetria da pena.

6.6.6.11.2.1. Reparação do dano e progressão de regime prisional

A reparação do dano é pressuposto para a progressão de regime prisional para o condenado por crime de peculato. Nesse sentido, estabelece o art. 33, § 4.º, do Código Penal: "O condenado por crime contra a administração pública terá a progressão de regime do cumprimento da pena condicionada à reparação do dano que causou, ou à devolução do produto do ilícito praticado, com os acréscimos legais".

6.6.6.11.3. Peculato e prazos administrativos

Imaginemos um exemplo: "A", funcionário público, recebe determinada quantia em dinheiro, com o dever de encaminhá-la a uma escola municipal no prazo de dez dias. Logo após o recebimento da verba, "A" apropria-se dos valores para comprar um automóvel, acreditando, contudo, na possibilidade de repor a verba antes de encerrado o prazo para sua transferência. Entretanto, fiscais da Prefeitura descobrem sua conduta, noticiando o fato à Polícia Civil. Questiona-se: "A" cometeu crime de peculato?

A resposta há de ser positiva. É penalmente irrelevante a existência da possibilidade de substituir a quantia apropriada, ainda que não tenha decorrido integralmente o prazo para o funcionário público praticar o ato de ofício. No exemplo citado, o crime se consumou basicamente por duas razões: (a) "A" apropriou-se do bem, afigurando-se irrelevantes a posterior reparação do dano e a ausência do total transcurso de prazo para realização do ato a que estava vinculado; e (b) tratando-se de coisa fungível, jamais se pode falar em peculato de uso, mesmo para os partidários desta figura jurídica.

Em resumo, o funcionário público não deve e não pode usar, em proveito próprio ou de terceiro, coisas móveis pertencentes ao Estado ou que estejam sob sua guarda, "salvo casos especialíssimos, como no de típico 'estado de necessidade', ou momentaneamente, para uma despesa vulgar, por haver esquecido em casa o próprio dinheiro".[83]

6.6.6.11.4. Peculato e atuação do Tribunal de Contas

Vejamos um exemplo: "A", Secretário de Estado, desvia em proveito próprio relevante quantia em dinheiro de uma obra pública. Estes fatos são devidamente comprovados em sede de inquérito policial. Façamos agora duas questões: (a) Antes de agir, deverá o Ministério Público aguardar o julgamento das contas pelo Tribunal de Contas?; e (b) Se as contas forem aprovadas pelo Tribunal de Contas, o Ministério Público estará impedido de oferecer denúncia contra o peculatário?

Quanto à primeira indagação, a resposta é simples e rápida. A tomada de contas é dispensável, pois o peculato pode ser demonstrado por qualquer meio de prova. O Ministério Público não precisa aguardar o julgamento e a reprovação pelo Tribunal de Contas. Raciocínio diverso transformaria a tomada de contas de mera formalidade em condição de procedibilidade

---

[83] HUNGRIA, Nélson. *Comentários ao Código Penal*. 2. ed. Rio de Janeiro: Forense, 1959. v. IX, p. 343.

da ação penal. Nas palavras de Demétrio Tourinho: "(...) o certo é que, conseguindo o órgão da justiça pública os elementos do desfalque, poderá agir denunciando o responsável, para no curso do processo lançar mão de todos os meios de prova permitidos na lei".[84]

No tocante à segunda questão, a resposta segue igual caminho. O Ministério Público não estará impedido quanto ao oferecimento da denúncia, nada obstante as contas tenham sido aprovadas em sede administrativa. Na linha de raciocínio do Superior Tribunal de Justiça: "A rejeição das denúncias pelo Tribunal de Contas estadual não inibe o MP de oferecer denúncia, nem impede a instauração da respectiva ação penal".[85]

Nesse contexto, é importante invocar o alerta de Magalhães Noronha: "A aprovação de contas de administradores não pode elidir o crime. É, aliás, transformar esta providência regulamentar em *condição objetiva de punibilidade*, o que não está na lei nem na doutrina".[86]

6.6.6.12. Tentativa

É possível o *conatus* de peculato doloso, em todas as suas formas (apropriação, desvio e furto), em face do caráter plurissubsistente do delito, permitindo o fracionamento do *iter criminis*.

6.6.6.13. Ação Penal

A ação penal é pública incondicionada.

6.6.6.14. Lei 9.099/1995

A pena do peculato doloso, em suas diversas vertentes, é de reclusão, de dois a doze anos, e multa. Cuida-se, portanto, de **crime de elevado potencial ofensivo**, incompatível com qualquer dos benefícios instituídos pela Lei 9.099/1995.

Quanto à gravidade do delito, é válido invocar as lições de Basileu Garcia: "O peculato foi outrora considerado gravíssimo delito, sujeito à pena capital, como quase todos os fatos delituosos que ofendiam diretamente o Estado e as prerrogativas do soberano".[87]

6.6.6.15. Classificação doutrinária

O peculato é crime **simples** (atinge um único bem jurídico); **próprio** (o sujeito ativo tem que ser funcionário público); **material** (o tipo contém conduta e resultado naturalístico, exigindo este último para sua consumação); **de dano** (reclama a efetiva lesão do bem jurídico); **de forma livre** (admite qualquer meio de execução); **comissivo** (regra) **ou omissivo** (impróprio, espúrio ou comissivo por omissão, quando presente o dever de agir); em regra **instantâneo** (consuma-se em momento determinado, sem continuidade no tempo), mas excepcionalmente **permanente** (exemplo: funcionário público que desvia energia elétrica da repartição pública para sua casa); normalmente **unissubjetivo, unilateral ou de concurso eventual** (praticado por uma única pessoa, mas admite concurso), e **plurisubjetivo, plurilateral ou de concurso necessário**, na hipótese do **peculato furto** em que o funcionário público concorre para a subtração do bem; e geralmente **plurissubsistente** (a conduta pode ser fracionada em diversos atos).

6.6.6.16. Peculato culposo: art. 312, § 2.º

O art. 312, § 2.º, do Código Penal instituiu uma **infração penal de menor potencial ofensivo**, de competência do Juizado Especial Criminal e compatível com a transação penal e o

---

[84] TOURINHO, Demétrio C. F. *Do peculato*. Salvador: Progresso, 1954. p. 93.
[85] Apn 477/PB, rel. Min. Eliana Calmon, Corte Especial, j. 04.03.2009, noticiada no *Informativo* 385.
[86] MAGALHÃES NORONHA, E. *Direito penal*. 16. ed. São Paulo: Saraiva, 1983. v. 4, p. 227.
[87] GARCIA, Basileu. Dos crimes contra a administração pública. *Revista Forense*, n. 152, p. 22, nov. 1944.

rito sumaríssimo, nos moldes da Lei 9.099/1995. De fato, a pena é de detenção, de três meses a um ano, para o funcionário público que "concorre culposamente para o crime de outrem".

O peculato culposo nada mais é do que o **concurso não intencional** pelo funcionário público, realizado por ação ou omissão – mediante imprudência, negligência ou desídia – para a apropriação, desvio ou subtração de dinheiro, valor ou qualquer outro bem móvel pertencente ao Estado ou sob sua guarda, por uma terceira pessoa, que pode ser funcionário público (*intraneus*) ou particular (*extraneus*).

É fácil concluir, em face da análise da redação do tipo penal, pela necessidade de **dois requisitos** para a configuração do crime culposo. Vejamos.

Inicialmente, reclama-se a **conduta culposa do funcionário público**, mediante sua inobservância ao dever objetivo de cuidado da coisa móvel da Administração Pública ou sob sua vigilância. Mas não basta. É fundamental a **prática de um crime doloso por terceira pessoa, aproveitando-se da facilidade culposamente proporcionada pelo funcionário público**.

Como não se admite a participação culposa em crime doloso, não há falar em concurso de pessoas, na forma disciplinada pelo art. 29, *caput*, do Código Penal. Logo, uma vez concretizada a subtração, o funcionário público relapso responde pelo peculato culposo, ao passo que ao terceiro será imputado delito diverso (peculato, se também ostentar a condição funcional, ou, se particular, por crime de outra natureza, notadamente o furto).

Visualizam-se, portanto, dois (ou mais) crimes autônomos, pois falta ao funcionário público desidioso a consciência no sentido de colaborar para a conduta alheia. Com efeito, se o funcionário público apresentar essa consciência, concorrerá dolosamente para o crime, e ambos responderão pelo peculato doloso, próprio ou impróprio.

Insistimos, uma vez mais, na presença dos dois requisitos cumulativos e indispensáveis:

a) conduta culposa do funcionário público; e

b) prática de crime doloso por terceira pessoa, aproveitando-se da facilidade culposamente proporcionada pelo funcionário público.

Consequentemente, não se opera o crime tipificado pelo art. 312, § 2.º, do Código Penal na hipótese de provocação de prejuízo ao erário pela conduta culposa do funcionário público (exemplo: esquecer aberta a janela da repartição pública, permitindo a destruição dos computadores por uma tempestade), desde que não tenha sido praticado nenhum crime por outrem. O dispositivo legal é claro nesse sentido: "para o crime de outrem". Nas palavras de Cezar Roberto Bitencourt:

> Contudo, para que se caracterize o *peculato culposo* não basta a ação (ou omissão) descuidada do funcionário faltoso, sendo indispensável que, aliada à sua desatenção, ocorra a prática de outro fato, agora doloso, por parte de terceiro, sem o qual não se configurará o peculato culposo, mesmo que sobrevenha um dano ao patrimônio da Administração Pública.[88]

A **consumação** do peculato culposo verifica-se no momento em que se consuma o crime doloso praticado pelo terceiro. Em se tratando de crime culposo, não se admite a **tentativa**, razão pela qual o funcionário público somente responderá pelo peculato culposo na hipótese de consumação do crime doloso cometido por terceiro. Com efeito, se o crime doloso ficar na fase da tentativa, não se aperfeiçoa o peculato culposo. No entanto, o terceiro, evidentemente, deverá responder pelo *conatus* (tentativa) do seu crime doloso.

---

[88] BITENCOURT, Cezar Roberto. *Tratado de direito penal*. 3. ed. São Paulo: Saraiva, 2009. v. 5, p. 16.

6.6.6.16.1. Reparação do dano no peculato culposo – extinção da punibilidade e diminuição da pena: art. 312, § 3.º[89]

Em consonância com o art. 312, § 3.º, do Código Penal: "No caso do parágrafo anterior, a reparação do dano, se precede à sentença irrecorrível, extingue a punibilidade; se lhe é posterior, reduz de metade a pena imposta".

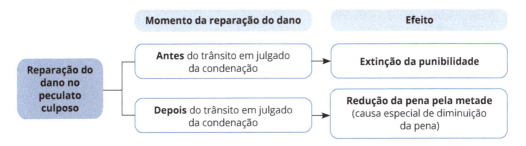

A reparação do dano pode manifestar-se sob duas formas: (a) devolução do objeto material do crime; (b) ressarcimento do prejuízo causado ao ofendido. E, no campo do peculato culposo, sua eficácia é bastante relevante.

De fato, se a reparação do dano for anterior ao trânsito em julgado da sentença condenatória, estará caracterizada uma causa extintiva da punibilidade, prevista fora do rol exemplificativo do art. 107 do Código Penal. Como o crime é culposo, ou seja, de resultado naturalístico involuntário, o legislador conferiu-lhe indiscutível tratamento civilístico. De fato, ainda não há um título executivo definitivo, pois a condenação sequer existe, ou, mesmo se existente, ainda não transitou em julgado, razão pela qual a boa-fé do funcionário público, que indeniza o Poder Público pelo dano a que concorreu, retira do Estado a justa causa para o exercício do seu poder punitivo.

Além disso, no art. 312, § 3.º, do Código Penal o legislador deixa evidente sua preocupação com os cofres públicos. Em verdade, a reparação do dano importa na redução da pena pela metade ainda que depois do trânsito em julgado da condenação. O funcionário público, portanto, mesmo após o reconhecimento judicial da sua responsabilidade criminal, terá sua pena sensivelmente diminuída se indenizar o Estado pelo prejuízo a que deu causa.

Em ambos os casos – extinção da punibilidade e redução da pena pela metade – a reparação do dano deve ser completa e não exclui eventual sanção administrativa contra o funcionário público.[90]

6.6.7. Art. 313 – Peculato mediante erro de outrem

6.6.7.1. Dispositivo legal

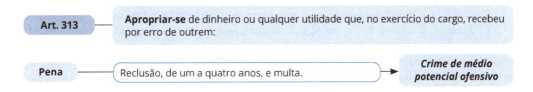

---

[89] Quanto aos efeitos da reparação do dano no peculato doloso, vide item 6.6.6.11.2.
[90] No mesmo sentido: MIRABETE, Julio Fabbrini. *Manual de direito penal.* 22. ed. São Paulo: Atlas, 2007. v. 3, p. 289.

Classificação:	Informações rápidas:
Crime simples Crime próprio Crime material Crime de dano Crime de forma livre Crime comissivo (regra) Crime instantâneo Crime unissubjetivo, unilateral ou de concurso eventual (regra) Crime plurissubsistente (regra)	Peculato estelionato (modalidade especial de apropriação de coisa havida por erro, diferenciada pelo sujeito ativo). **Objeto material:** dinheiro ou qualquer outra utilidade. A posse do bem pelo funcionário público emana do erro espontâneo de outrem. **Elemento subjetivo:** dolo (dolo superveniente). Não admite modalidade culposa. **Tentativa:** admite (crime plurissubsistente). **Ação penal:** pública incondicionada.

6.6.7.2. Introdução

O crime tipificado pelo art. 313 do Código Penal é também conhecido como "**peculato estelionato**", porque consiste na captação indevida, por parte do funcionário público, de dinheiro ou qualquer outra utilidade mediante o aproveitamento ou manutenção do erro alheio.

Como a elementar "erro" também integra a definição do estelionato (CP, art. 171), a doutrina convencionou chamar o crime em estudo de "peculato estelionato", pois nele não há apropriação, desvio ou subtração, mas uma conduta ilícita do funcionário público calcada na falsa percepção da realidade (erro) apresentada pela vítima.

Entretanto, antes de assemelhar-se ao estelionato, o crime delineado no art. 313 do Código Penal mais se aproxima à apropriação de coisa havida por erro (CP, art. 169, *caput*, 1.ª parte). Como adverte Magalhães Noronha:

> Costumam os autores dizer que a espécie é *peculato-estelionato*. Mesmo entre nós, é comum a denominação. Todavia, ela se compreende apenas pela aproximação da *apropriação por erro* do estelionato, porque a figura, agora em exame, é antes aquela: trata-se de *apropriação por erro* (1.ª parte do art. 169), *qualificada pela qualidade do agente*.[91]

Portanto, o "peculato estelionato" nada mais é, na verdade, do que uma modalidade especial de apropriação de coisa havida por erro, diferenciada pelo sujeito ativo, ou seja, um funcionário público prevalecendo-se das facilidades proporcionadas pelo exercício da função pública.

6.6.7.3. Objetividade jurídica

O bem jurídico tutelado é a Administração Pública, em sua dupla vertente: patrimonial (proteção do erário) e moral (lealdade e probidade dos agentes públicos).

6.6.7.4. Objeto material

É o dinheiro ou qualquer outra utilidade.

Dinheiro é a moeda metálica ou o papel moeda circulante no País ou no exterior.

Entretanto, o Código Penal foi além. Ao contrário do que determinou em seu art. 312, objeto material do peculato mediante erro de outrem não é somente o dinheiro, valor ou bem móvel, mas "**qualquer utilidade**". Esta expressão, em primeira análise, deixa a equivocada impressão de que toda vantagem, inclusive a de natureza moral, autoriza a caracterização do delito.

No peculato mediante erro de outrem, assim como em qualquer modalidade de peculato, a natureza patrimonial do objeto material é inafastável. A palavra "**utilidade**", portanto, deve

---

[91] MAGALHÃES NORONHA, E. *Direito penal*. 16. ed. São Paulo: Saraiva, 1983. v. 4, p. 232.

ser compreendida como "**utilidade econômica**", ou seja, tudo quanto serve para uso, consumo ou proveito econômico ou avaliável em dinheiro.[92]

Em suma, o Código Penal socorreu-se, mais uma vez, da **interpretação analógica** (ou *intra legem*), apresentando uma fórmula casuística ("dinheiro") seguida de uma fórmula genérica ("qualquer utilidade"). Em conclusão, a expressão "utilidade econômica" há de ser entendida como qualquer bem móvel, de cunho patrimonial, apto a proporcionar algum proveito material ao funcionário público.

6.6.7.5. Núcleo do tipo

O núcleo do tipo é "**apropriar-se**", ou seja, comportar-se em relação à coisa como se fosse seu legítimo proprietário (*animus domini*). O funcionário público passa a agir como dono do objeto material, praticando algum ato que somente a este competia (exemplos: alienação, retenção, disposição ou destruição do bem).

No peculato mediante erro de outrem, o funcionário público, assim como no peculato apropriação (CP, art. 312, *caput*, 1.ª parte), apropria-se da coisa valendo-se das facilidades proporcionadas pelo exercício do seu cargo. Ressalte-se, é imprescindível o recebimento do bem pelo funcionário público **no exercício do cargo**. Ausente esta elementar, o crime será outro, mais especificamente o de apropriação de coisa havida por erro (CP, art. 169, *caput*, 1.ª parte).

Vejamos um exemplo: "A" entrega a "B", seu vizinho e funcionário público, uma determinada quantia em dinheiro, solicitando-lhe os préstimos no sentido de efetuar o pagamento de uma taxa municipal de igual montante na repartição pública em que trabalha. "B" procede ao pagamento do tributo, de valor inferior àquele imaginado por "A", e apropria-se do restante. Como o dinheiro não foi recebido por "B" no exercício do cargo, a ele será imputado o crime de apropriação de coisa havida por erro, e não peculato mediante erro de outrem.

Embora os delitos de peculato apropriação e peculato mediante erro de outrem apresentam pontos em comum, visualiza-se neste último uma relevante diferença. A posse do bem pelo funcionário público emana do **erro de outrem**,[93] isto é, da falsa percepção da vítima acerca de algo. Exemplo: "A" dirige-se a uma repartição pública e entrega a "B", funcionário municipal, uma determinada quantia em dinheiro a título de pagamento de tributos supostamente atrasados. Nesse instante, "B" percebe que a dívida já havia sido paga, mas silencia e apropria-se do valor.

O erro da pessoa que entrega o dinheiro ou qualquer outra utilidade (vítima) deve ser **espontâneo**, pouco importando qual a sua causa (desatenção, confusão etc.); se dolosamente provocado pelo funcionário público, estará configurado o crime de estelionato (CP, art. 171). Exemplo: Um fiscal fazendário fraudulentamente diz ao contribuinte que ele tem que pagar imediatamente uma determinada quantia em dinheiro, correspondente a impostos pretéritos, sob pena de imposição de elevada multa. A vítima efetua o pagamento e, em seguida, o fiscal apropria-se dos valores. A ele será imputado o delito de estelionato.

O erro em que incidiu a vítima pode dizer respeito:

a) **à coisa entregue ao funcionário público** (exemplo: no cumprimento da pena de prestação de serviços à comunidade, o condenado entrega uma televisão de LCD, em vez de uma televisão comum);

b) **à quantidade da coisa a entregar ao funcionário público, que se apropria do excesso** (exemplo: também no cumprimento de uma pena restritiva de direitos, o condenado

---

[92] Em igual sentido: FARIA, Bento de. *Código Penal brasileiro comentado*. 3. ed. Rio de Janeiro: Distribuidora Record, 1961. v. VII, p. 89.
[93] É válido recordar que no Direito Penal o erro (falsa percepção de algo) e a ignorância (completo desconhecimento de algo) recebem igual tratamento.

entrega ao hospital 100 sacas de arroz, e não 90, mas seu diretor leva para sua casa as 10 sacas remanescentes);

c) **à obrigação que originou a entrega** (exemplo: a vítima acredita erroneamente encontrar-se em débito com o Fisco, razão pela qual entrega ao fiscal determinada quantia em dinheiro, que desta se apropria); e

d) **aos poderes do funcionário público para receber o bem** (exemplo: a vítima efetua o pagamento de uma taxa em repartição pública diversa da correta, mas o agente que lá trabalha se apropria do dinheiro).

Finalmente, pode acontecer de o próprio funcionário público incidir em erro, tal como quando acredita possuir atribuições para receber determinado pagamento em dinheiro, quando na verdade não as tem. Nesse caso, ausente o dolo, não há falar em peculato mediante erro de outrem. Entretanto, se ele posteriormente constatar seu equívoco e, nada obstante, deixar de prontamente restituir a coisa ao seu titular, estará caracterizado o crime previsto no art. 313 do Código Penal.

6.6.7.6. Sujeito ativo

O peculato mediante erro de outrem somente pode ser praticado por funcionário público (**crime próprio** ou **especial**). A lei não o menciona expressamente, pois esta referência constituiria manifesta redundância, seja porque o tipo penal fala em "exercício do cargo", seja pelo seu *nomen iuris* (peculato), seja, finalmente, pelo local em que se encontra capitulado o delito ("crimes praticados por funcionário público"). Nada impede, porém, o concurso de pessoas (coautoria ou participação) com um particular. Vejamos o exemplo de Magalhães Noronha:

> Se um funcionário, por um equívoco, recebe determinada quantia de um contribuinte e pensa restituí-la, no que, entretanto, é desaconselhado por um amigo – não funcionário –, acabando por dividirem entre si o dinheiro, há coautoria. O fato é *uno* e o particular foi causa também. Atente-se a que o delito não consiste em *receber*, mas em *apropriar-se*. Não se poderia pensar em punir o particular com as suaves penas do art. 169.[94]

6.6.7.7. Sujeito passivo

É o Estado, bem como quem sofre a lesão patrimonial, que pode ser um funcionário público (*intraneus*) ou um particular (*extraneus*).

6.6.7.8. Elemento subjetivo

É o dolo. Fala-se, aqui, em **dolo superveniente**, pois surge após o bem se encontrar na posse do funcionário público.

Não se admite a modalidade culposa.

6.6.7.9. Consumação

O peculato mediante erro de outrem é **crime material** ou **causal**: consuma-se com a apropriação, isto é, no instante que o funcionário público, depois de ter recebido ou dinheiro ou utilidade econômica mediante o erro de outrem, passa a agir em relação ao bem como se fosse seu legítimo proprietário, dele dispondo, destruindo-o, alienando-o etc.

---

[94] MAGALHÃES NORONHA, E. *Direito penal*. 16. ed. São Paulo: Saraiva, 1983. v. 4, p. 233.

6.6.7.10. Tentativa

É possível, em face do caráter plurissubsistente do delito, permitindo o fracionamento do *iter criminis*. Exemplo: Após receber por erro, para registrar, uma carta com valor, o funcionário postal, não competente para tal registro, é surpreendido no momento em que está violando a carta.[95]

6.6.7.11. Ação penal

A ação penal é pública incondicionada.

6.6.7.12. Lei 9.099/1995

A pena do peculato mediante erro de outrem é de reclusão, de um a quatro anos, e multa. Trata-se, em face da pena mínima cominada, de **crime de médio potencial ofensivo**, compatível com a suspensão condicional do processo, desde que presentes os demais requisitos exigidos pelo art. 89 da Lei 9.099/1995.

6.6.7.13. Classificação doutrinária

O peculato mediante erro de outrem é crime **simples** (atinge um único bem jurídico); **próprio** (o sujeito ativo tem que ser funcionário público); **material** (o tipo contém conduta e resultado naturalístico, exigindo este último para a consumação); **de dano** (reclama a efetiva lesão do bem jurídico); **de forma livre** (admite qualquer meio de execução); em regra **comissivo**; **instantâneo** (consuma-se em momento determinado, sem continuidade no tempo); normalmente **unissubjetivo, unilateral ou de concurso eventual** (praticado por uma única pessoa, mas admite concurso); e geralmente **plurissubsistente** (a conduta pode ser fracionada em diversos atos).

6.6.8. Art. 313-A – Inserção de dados falsos em sistema de informações

6.6.8.1. Dispositivo legal

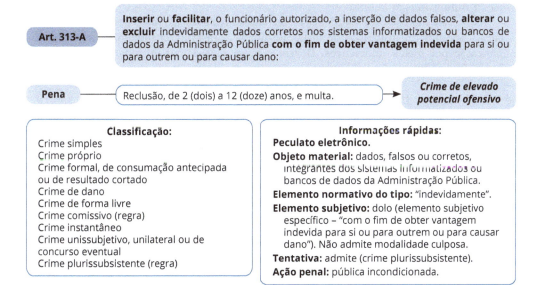

---

[95] O exemplo é de HUNGRIA, Nélson. *Comentários ao Código Penal*. 2. ed. Rio de Janeiro: Forense, 1959. v. IX, p. 354.

6.6.8.2. Introdução

Este crime, conhecido como "**peculato eletrônico**", foi introduzido no Código Penal pela Lei 9.983/2000. A denominação atribuída ao delito pelo Projeto de Lei encaminhado ao Congresso Nacional se deve a duas razões:

a) cuida-se de crime funcional, cujas penas são as mesmas cominadas ao peculato em seu tipo primário (CP, art. 312); e

b) a conduta diz respeito à atuação do funcionário público que insere dados falsos, altera ou exclui indevidamente dados corretos nos sistemas informatizados ou bancos de dados da Administração Pública, revelando a ligação deste crime com meios eletrônicos ou automatizados.

O objetivo inicial da Lei 9.983/2000 era tutelar a Previdência Social. Em verdade, o citado diploma legal foi responsável pela inserção no Código Penal de diversos crimes com conteúdo previdenciário, a exemplo da apropriação indébita previdenciária (art. 168-A), de algumas modalidades de falsificação de documento particular (art. 297, § 3.º) e da sonegação de contribuição previdenciária (art. 337-A). No entanto, o tipo penal foi ampliado, de modo a estender a proteção para os bancos de dados e sistemas informatizados da Administração Pública em geral.

6.6.8.3. Objetividade jurídica

O bem jurídico tutelado pelo art. 313-A do Código Penal é a Administração Pública, no tocante à regularidade dos seus sistemas informatizados ou bancos de dados.

6.6.8.4. Objeto material

São os **dados**, falsos ou corretos, integrantes dos sistemas informatizados ou bancos de dados da Administração Pública.

Dados são informações (verdadeiras ou falsas) relativas à representação convencional de fatos, conceitos ou instruções de forma adequada para armazenamento, processamento e comunicação por meios automáticos. Devem compor os sistemas informatizados ou bancos de dados da Administração Pública.

6.6.8.5. Núcleos do tipo

O art. 313-A do Código Penal, delineado em um **tipo misto alternativo**, **crime de ação múltipla** ou **de conteúdo variado**, contém quatro núcleos: (a) inserir; (b) facilitar a inserção; (c) alterar; e (d) excluir.

Inserir é introduzir, incluir, colocar algo em determinado local. **Facilitar a inserção** equivale a colaborar com alguém na atividade de inserir. Estes dois comportamentos referem-se a **dados falsos**, no sentido de carregar os bancos de dados ou sistemas informatizados da Administração Pública com informações incompatíveis com a realidade.

Por sua vez, **alterar** significa modificar ou mudar, enquanto **excluir** é eliminar, remover, ou, na linguagem popularizada entre os usuários de aparelhos de informática, "deletar". Ambos os comportamentos dizem respeito a **dados corretos** atinentes aos bancos de dados ou sistemas informatizados da Administração Pública.

Em relação aos dois últimos núcleos – "alterar" e "excluir" –, o tipo penal reclama a presença de um **elemento normativo**. De fato, a alteração ou exclusão devem ser realizadas "indevidamente", isto é, em contrariedade com lei ou ato administrativo aplicável à espécie.

Destarte, não há crime quando a conduta é devida, ainda que cause prejuízo à Administração Pública.

Todos os núcleos relacionam-se a sistemas informatizados ou bancos de dados da Administração Pública.

Banco de dados é o depósito de conjuntos de dados inter-relacionados entre si. Trata-se de compilação abrangente e organizada de informes armazenados em um meio físico, com o objetivo de evitar ou minimizar duplicidade de informação, otimizar a eficácia de seu tratamento, permitindo o acesso, por diversas formas, a uma grande variedade de informações. No contexto do art. 313-A do Código Penal, o banco de dados tem por finalidade servir de fonte de consulta acerca dos dados relacionados à Administração Pública.

Sistemas informatizados são um conjunto de elementos materiais ou não, coordenados entre si, formando uma estrutura organizada, um sistema com o qual se armazenam e transmitem-se dados mediante a utilização de computadores. Destarte, o sistema informatizado, que é peculiar de equipamentos de informática, pode também abrigar um banco de dados de igual teor.

A diferença entre sistema informatizado e banco de dados é que aquele sempre se relaciona aos computadores, enquanto este pode ter como base arquivos, fichas ou papéis que não estejam ligados à informática.[96]

6.6.8.6. Sujeito ativo

Cuida-se de **crime próprio** ou **especial**, pois somente pode ser cometido pelo "funcionário autorizado". Não basta ser funcionário público. É preciso ser também "autorizado", ou seja, ter acesso a uma área restrita, vedada a outros funcionários e ao público em geral, mediante a utilização de senha ou outro mecanismo de proteção análogo.

Nada impede, entretanto, o concurso de pessoas entre o funcionário autorizado e outro funcionário público (sem autorização) ou um particular. Se presente a união de desígnios para a realização da conduta ilícita, todos responderão pelo crime tipificado no art. 313-A do Código Penal, como corolário da teoria unitária ou monista consagrada no art. 29, *caput*, do Código Penal.

6.6.8.7. Sujeito passivo

É o Estado e, secundariamente, a pessoa física ou jurídica prejudicada pela conduta criminosa.

6.6.8.8. Elemento subjetivo

É o dolo, acrescido de um especial fim de agir (elemento subjetivo específico, elemento subjetivo do tipo ou elemento subjetivo do injusto, no finalismo penal, ou dolo específico, na visão da teoria clássica) representado pela expressão "com o fim de obter vantagem indevida para si ou para outrem ou para causar dano".

Não se admite a forma culposa.

6.6.8.9. Consumação

A redação do art. 313-A do Código Penal autoriza a conclusão no sentido de tratar-se de **crime formal, de consumação antecipada** ou **de resultado cortado**. O tipo penal contém

---

[96] Com igual raciocínio: PIERANGELI, José Henrique. *Manual de direito penal brasileiro*. Parte especial. 2. ed. São Paulo: RT, 2007. v. 2, p. 819-820.

resultados naturalísticos (vantagem indevida e dano a outrem) prescindíveis para fins de consumação.

O delito se consuma no instante em que o sujeito ativo realiza a conduta legalmente prevista, isto é, com o ato de inserir ou facilitar a inserção de dados falsos por terceira pessoa, ou alterar ou excluir indevidamente dados corretos nos sistemas informatizados ou bancos de dados da Administração Pública, com o fim de obter vantagem indevida para si ou para outrem ou para causar dano. É suficiente a prática da conduta criminosa com a intenção de alcançar a finalidade específica, ainda que esta não se concretize.

Cuida-se de **crime instantâneo**. Em sintonia com a orientação do Superior Tribunal de Justiça: "O crime de inserção de dados falsos em sistema de informações possui natureza instantânea, não havendo, nem mesmo teoricamente, meios de considerá-lo permanente".[97]

Não há necessidade de esgotamento de procedimento administrativo concluindo pela inserção, alteração ou exclusão dos dados.[98]

6.6.8.10. Tentativa

É possível, nas situações em que o agente tenta praticar a conduta descrita em lei, não conseguindo fazê-la por circunstâncias alheias à sua vontade. O crime é **plurissubsistente**, razão pela qual o *iter criminis* pode ser fracionado durante sua execução. Exemplificativamente, estará caracterizado o *conatus* quando o funcionário público autorizado é surpreendido iniciando a alteração indevida de dados corretos em sistema informatizado da Administração Pública, sem conseguir encerrar a configuração ou formatação almejada.

6.6.8.11. Ação penal

A ação penal é pública incondicionada.

6.6.8.12. Lei 9.099/1995

Em face da pena mínima cominada ao delito em apreço (dois anos), não há espaço para incidência dos benefícios previstos na Lei 9.099/1995. Cuida-se de **crime de elevado potencial ofensivo**.

6.6.8.13. Classificação doutrinária

O crime de inserção de dados falsos em sistema de informações é **simples** (atinge um único bem jurídico); **próprio** (o sujeito ativo tem que ser funcionário público autorizado); **formal**, **de consumação antecipada** ou **de resultado cortado** (o tipo contém conduta e resultado naturalístico, dispensando este último – vantagem indevida ou dano a outrem – para a consumação); **de dano** (reclama a efetiva lesão do bem jurídico); **de forma livre** (admite qualquer meio de execução); em regra **comissivo**; **instantâneo** (consuma-se em momento determinado, sem continuidade no tempo); **unissubjetivo, unilateral ou de concurso eventual** (praticado por uma só pessoa, mas admite concurso); e normalmente **plurissubsistente** (a conduta pode ser fracionada em diversos atos).

6.6.8.14. Competência

O crime tipificado no art. 313-A do Código Penal é, em regra, de competência da Justiça Estadual, ainda que cometido por militar. Para o Superior Tribunal de Justiça:

---

[97] STJ: HC 122.656/PR, rel. Min. Jane Silva (Desembargadora convocada do TJMG), 6.ª Turma, j. 06.02.2009.
[98] STF: HC 84.487/SP, rel. Min. Cezar Peluso, 2.ª Turma, j. 02.06.2009.

Compete à Justiça Comum Estadual processar e julgar policial militar acusado de alterar dados corretos em sistemas informatizados e bancos de dados da Administração Pública com o fim de obter vantagem indevida para si e para outrem (art. 313-A do CP). A competência da Justiça Militar não é firmada pela condição pessoal do infrator, mas decorre da natureza militar da infração. No caso, a ação delituosa não encontra figura correlata no Código Penal Militar e, apesar de ter sido praticada por militar, não se enquadra em nenhuma das hipóteses previstas no art. 9.º do CPM.[99]

A Justiça Federal será competente quando o delito for cometido em detrimento de bens, serviços ou interesse da União ou de suas entidades autárquicas ou empresas públicas (CF, art. 109, inc. IV). É preciso destacar, contudo, que "a inserção de dados falsos em sistema de dados federais não fixa, por si só, a competência da Justiça Federal, a qual somente é atraída quando houver ofensa direta a bens, serviços ou interesses da União ou órgão federal".[100]

6.6.8.15. Peculato eletrônico e crime eleitoral

O art. 72 da Lei 9.504/1997 contempla um crime especial em relação ao delito descrito no art. 313-A do Código Penal. Sua redação é a seguinte:

> **Art. 72.** Constituem crimes, puníveis com reclusão, de cinco a dez anos:
>
> I – obter acesso a sistema de tratamento automático de dados usado pelo serviço eleitoral, a fim de alterar a apuração ou a contagem de votos;
>
> II – desenvolver ou introduzir comando, instrução, ou programa de computador capaz de destruir, apagar, eliminar, alterar, gravar ou transmitir dado, instrução ou programa ou provocar qualquer outro resultado diverso do esperado em sistema de tratamento automático de dados usados pelo serviço eleitoral;
>
> III – causar, propositadamente, dano físico ao equipamento usado na votação ou na totalização de votos ou a suas partes.

6.6.9. Art. 313-B – Modificação ou alteração não autorizada de sistema de informações

6.6.9.1. Dispositivo legal

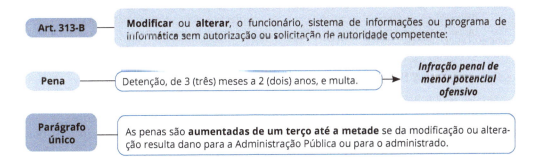

---

[99] CC 109.842/SP, rel. Min. Alderita Ramos de Oliveira (Desembargadora convocada do TJ/PE), 3.ª Seção, j. 13.03.2013, noticiado no *Informativo* 517.

[100] STJ: AgRg no CC 193.250/GO, rel. Min. Antonio Saldanha Palheiro, 3.ª Seção, j. 24.05.2023, noticiado no *Informativo* 780.

Classificação:	Informações rápidas:
Crime simples Crime próprio Crime formal, de consumação antecipada ou de resultado cortado Crime de dano Crime de forma livre Crime comissivo (regra) Crime instantâneo Crime unissubjetivo, unilateral ou de concurso eventual Crime plurissubsistente (regra)	**Peculato eletrônico.** **Objeto material:** sistema de informações e programa de informática. **Lei penal em branco homogênea** (art. 1.º da Lei 9.609/1998). **Elemento normativo do tipo:** "sem autorização ou solicitação de autoridade competente". **Elemento subjetivo:** dolo. Não admite modalidade culposa. **Tentativa:** admite (crime plurissubsistente). **Ação penal:** pública incondicionada.

6.6.9.2. Introdução

Este crime, igualmente conhecido como **peculato eletrônico**, também foi introduzido no Código Penal pela Lei 9.983/2000.[101]

6.6.9.3. Objetividade jurídica

O art. 313-B do Código Penal protege a Administração Pública, notadamente no que diz respeito à integridade dos seus sistemas de informações e programas de informática.

6.6.9.4. Objeto material

O tipo penal contém dois objetos materiais, a saber: (a) sistema de informações; e (b) programa de informática.

Sistema de informações é o complexo de elementos físicos agrupados e estruturados destinados ao fornecimento de dados ou orientações sobre alguma pessoa ou coisa.

Programa de informática (ou programa de computador) é o *software*. Nessa hipótese, o crime definido pelo art. 313-B do Código Penal encontra-se disciplinado em uma **lei penal em branco homogênea**, pois o conceito de programa de computador é fornecido pelo art. 1.º da Lei 9.609/1998:

> Art. 1.º Programa de computador é a expressão de um conjunto organizado de instruções em linguagem natural ou codificada, contida em suporte físico de qualquer natureza, de emprego necessário em máquinas automáticas de tratamento da informação, dispositivos, instrumentos ou equipamentos periféricos, baseados em técnica digital ou análoga, para fazê-los funcionar de modo e para fins determinados.

6.6.9.5. Núcleos do tipo

O art. 313-B do Código Penal possui dois núcleos: "modificar" e "alterar". Estes verbos, embora semelhantes, possuem significados diversos no âmbito do crime em análise.

De fato, **modificar** consiste em transformar alguma coisa, nela imprimindo uma nova forma. **Alterar**, por sua vez, equivale a decompor o estado inicial de algo.[102] A primeira conduta ("modificar") importa na atribuição de estrutura diversa ao sistema de informações

---

[101] Para um estudo aprofundado acerca desta denominação e das finalidades almejadas pela Lei 9.983/2000 com a criação deste delito, vide a análise do art. 313-A do Código Penal, item 6.6.8.

[102] "Violação do painel do Senado. A obtenção do extrato de votação secreta, mediante alteração nos programas de informática, não se amolda ao tipo penal previsto no art. 305 do CP, mas caracteriza o crime previsto no art. 313-B, com

ou programa de informática; na conduta de "alterar", por sua vez, é preservado o sistema de informações ou o programa de informática, operando-se uma desnaturação em sua forma original. Luiz Regis Prado assim leciona:

> Nada obstante os dicionários apontem tais palavras como sinônimas, denotando um sentido de mudança, observa-se que, no sentido do texto, a ação de modificar expressa uma transformação radical no programa ou no sistema de informações, enquanto na alteração, embora também se concretize uma mudança no programa, ela não chega a desnaturá-lo totalmente.[103]

Cuida-se de **tipo misto alternativo**, **crime de ação múltipla** ou **de conteúdo variado**. A lei descreve dois núcleos, e a realização de ambos, no tocante ao mesmo objeto material e no mesmo contexto fático, caracteriza um único delito.

6.6.9.5.1. Elemento normativo do tipo

A modificação ou alteração do sistema de informações ou programa de informática, para caracterização do crime definido no art. 313-B do Código Penal, deve ser realizada "sem autorização ou solicitação de autoridade competente", ou seja, do funcionário público legalmente investido das atribuições para permiti-la ("autorização") ou pleiteá-la ("solicitação").

O fato é atípico, portanto, quando o funcionário público efetua a modificação ou alteração atendendo à autorização ou solicitação da autoridade competente.

6.6.9.6. Sujeito ativo

Trata-se de **crime próprio** ou **especial**, pois somente pode ser cometido por funcionário público, qualquer que seja ele, pois neste delito o legislador não se valeu da mesma técnica utilizada no art. 313-A do Código Penal, no qual fala em "funcionário autorizado". É suficiente, portanto, a condição de funcionário público, pouco importando sua categoria ou posição hierárquica no âmbito da Administração Pública.

6.6.9.7. Sujeito passivo

É o Estado e, secundariamente, a pessoa física ou jurídica lesada pela conduta criminosa.

6.6.9.8. Elemento subjetivo

É o dolo, independentemente de qualquer finalidade específica. Não se admite a modalidade culposa.

6.6.9.9. Consumação

Dá-se com a efetiva modificação ou alteração do sistema de informações ou programa de informática pelo funcionário público. O crime é **formal, de consumação antecipada** ou **de resultado cortado**, haja vista seu aperfeiçoamento com a realização da conduta legalmente descrita, sem necessidade de lesão para a Administração Pública ou para qualquer outra pessoa. Esta conclusão fica ainda mais nítida com a breve leitura do parágrafo único do art. 313-B do Código Penal: "As penas são aumentadas de um terço até a metade se da modificação ou alteração resulta dano para a Administração Pública ou para o administrado".

---

a redação da Lei 9.989, de 14.07.2000" (STF: Inq 1.879/DF, rel. Min. Ellen Gracie, Plenário, j. 10.09.2003, noticiado no *Informativo* 320).

[103] PRADO, Luiz Regis. *Curso de direito penal brasileiro*. 6. ed. São Paulo: RT, 2010. v. 3, p. 412.

6.6.9.10. Tentativa

É possível, em face do caráter plurissubsistente do delito, permitindo o fracionamento do *iter criminis*. Exemplo: "A", funcionário público, é surpreendido por seu superior hierárquico, e preso em flagrante, no instante em que iniciava a modificação de um relevante *software* da repartição pública em que estava lotado.

6.6.9.11. Ação penal

A ação penal é pública incondicionada.

6.6.9.12. Lei 9.099/1995

O crime de modificação ou alteração não autorizada de sistema de informações constitui-se em **infração penal de menor potencial ofensivo**, em face da pena máxima cominada, qual seja dois anos. Destarte, é de competência do Juizado Especial Criminal, e compatível com a transação penal e o rito sumaríssimo, em sintonia com as disposições da Lei 9.099/1995.

6.6.9.13. Causa de aumento de pena: art. 313-B, parágrafo único

O crime tipificado no art. 313-B é formal. Contudo, a superveniência do resultado naturalístico não é irrelevante, pois a concretização do dano em face da Administração Pública ou de outra pessoa qualquer acarreta a maior gravidade do fato praticado. Com efeito, estabelece o parágrafo único do dispositivo legal em análise que "as penas são aumentadas de um terço até metade se da modificação ou alteração resulta dano para a Administração Pública ou para o administrado".

Esta causa de aumento de pena representa, na verdade, o exaurimento do crime. O dano à Administração Pública ou a um terceiro pode ser material ou moral, e conduz ao aumento tanto da pena privativa de liberdade como da pena pecuniária.

6.6.9.14. Classificação doutrinária

O crime de modificação ou alteração não autorizada de sistema de informações é **simples** (atinge um único bem jurídico); **próprio** (somente pode ser cometido por funcionário público); **formal, de consumação antecipada** ou **de resultado cortado** (consuma-se com a realização da conduta criminosa, mas a superveniência do resultado naturalístico – dano à Administração Pública ou ao administrado – configura uma causa de aumento da pena); **de dano** (reclama a efetiva lesão do bem jurídico); **de forma livre** (admite qualquer meio de execução); em regra **comissivo**; **instantâneo** (consuma-se em momento determinado, sem continuidade no tempo); **unissubjetivo, unilateral ou de concurso eventual** (praticado por uma só pessoa, mas admite concurso); e normalmente **plurissubsistente** (a conduta pode ser fracionada em diversos atos).

6.6.10. Art. 314 – Extravio, sonegação ou inutilização de livro ou documento

6.6.10.1. Dispositivo legal

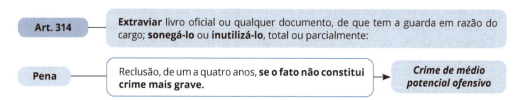

Classificação:
Crime simples
Crime próprio
Crime formal, de consumação antecipada ou de resultado cortado
Crime de dano
Crime de forma livre
Crime comissivo (regra)
Crime instantâneo
Crime unissubjetivo, unilateral ou de concurso eventual
Crime plurissubsistente (regra)

Informações rápidas:
Objeto material: livro oficial ou documento.
Crime subsidiário.
Elemento subjetivo: dolo. Não admite modalidade culposa.
Tentativa: admite (crime plurissubsistente).
Ação penal: pública incondicionada.

6.6.10.2. Objetividade jurídica

Tutela-se a Administração Pública, nos âmbitos patrimonial e moral.

6.6.10.3. Objeto material

É o livro oficial ou documento.

Livro oficial é o criado por lei para o registro de anotações pertinentes à Administração Pública. Como esclarece Fernando Henrique Mendes de Almeida:

> Os livros oficiais de que fala a lei são: (a) todos aqueles que, pelas leis e regulamentos são guardados em arquivos da Administração Pública com a nota de que assim se devem considerar; (b) todos os que, embora aparentemente possam conter fatos que, a juízo do funcionário que os guarda, não apresentam a característica de oficialidade, lhe são confiados como se a tivessem.[104]

Documento é qualquer escrito, instrumento ou papel, público ou particular (CPP, art. 232, *caput*). No contexto do tipo penal, o documento também há de ser oficial. Em regra será público, mas também poderá ser particular, desde que conste de arquivo da Administração Pública, em trânsito ou definitivamente.

Para que o livro oficial ou documento (público ou particular) seja idôneo a funcionar como objeto material do crime previsto no art. 314 do Código Penal, basta que, de qualquer modo, afete o interesse administrativo ou de qualquer serviço público, ainda que de particulares, mesmo que represente simples valor histórico ou sirva apenas a expediente burocrático.[105]

6.6.10.3.1. Sonegação de papel ou objeto de valor probatório

Se o objeto material constituir-se em autos judiciais ou documento de valor probatório, e sua inutilização for praticada por advogado ou procurador que os receba nesta qualidade, estará caracterizado o crime de sonegação de papel ou objeto de valor probatório, nos termos do art. 356 do Código Penal.[106]

O citado delito diferencia-se do extravio, sonegação ou inutilização de livro ou documento por duas razões:

a) aquele é crime contra a Administração da Justiça, podendo ser cometido por advogado ou procurador, ao passo que este ingressa no rol dos crimes praticados por funcionário

---

[104] ALMEIDA, Fernando Henrique Mendes de. *Dos crimes contra a Administração Pública*. São Paulo: Saraiva, 1955. p. 35.
[105] Cf. HUNGRIA, Nélson. *Comentários ao Código Penal*. 2. ed. Rio de Janeiro: Forense, 1959. v. IX, p. 355.
[106] "Art. 356. Inutilizar, total ou parcialmente, ou deixar de restituir autos, documento ou objeto de valor probatório, que recebeu na qualidade de advogado ou procurador: Pena – detenção, de seis meses a três anos, e multa."

público contra a Administração em geral, motivo pelo qual deve ter como sujeito ativo o funcionário público responsável, em razão do cargo, pela guarda do livro oficial ou documento; e

b) diversidade de objeto material: o crime do art. 356 é específico, referindo-se a autos, documento ou objeto de valor probatório, enquanto o do art. 314 contenta-se com livro oficial ou qualquer outro documento.

6.6.10.4. Núcleos do tipo

O art. 314 contém três núcleos: "extraviar", "sonegar" e "inutilizar".

Extraviar é fazer com que algo não chegue ao seu real destino. **Sonegar** significa ocultar ou esconder. **Inutilizar**, por sua vez, equivale a tornar imprestável, total ou parcialmente.

Cuida-se de **tipo misto alternativo**, **crime de ação múltipla** ou **de conteúdo variado**, de modo que a prática de duas ou mais condutas, no mesmo contexto fático e contra o mesmo bem jurídico, caracteriza um único crime. É o que se dá, a título ilustrativo, quando o funcionário público esconde (sonega) e posteriormente destrói (inutiliza) totalmente um livro oficial de que tinha a guarda em razão do cargo.

6.6.10.5. Sujeito ativo

O crime é **próprio** ou **especial**, pois somente pode ser cometido por funcionário público. Anote-se, também, a insuficiência da condição funcional. Com efeito, deve tratar-se do funcionário público que tem a guarda do livro oficial ou do documento "em razão do cargo" (*ratione officii*), isto é, entre suas atribuições há de constar este mister.

Destarte, se a conduta de extraviar livro oficial ou documento, ou então sonegá-lo ou inutilizá-lo, total ou parcialmente, for realizada por um particular, ou ainda por um funcionário público que não seja responsável, em razão do cargo, pela sua guarda, a ele será imputado o crime de subtração ou inutilização de livro ou documento, na forma do art. 337 do Código Penal.

6.6.10.6. Sujeito passivo

É o Estado e, secundariamente, a pessoa física ou jurídica prejudicada pela conduta criminosa.

6.6.10.7. Elemento subjetivo

É o dolo, independentemente de qualquer finalidade específica. Não se admite a modalidade culposa.

6.6.10.8. Consumação

Cuida-se de **crime formal**, **de consumação antecipada** ou **de resultado cortado**. Consuma-se no instante em que o sujeito extravia livro oficial ou documento, de que tem a posse em razão do cargo, ou quando os sonega ou inutiliza, total ou parcialmente, pouco importando se resulta, ou não, efetivo prejuízo à Administração Pública.

6.6.10.9. Tentativa

É possível, em face do caráter plurissubsistente do delito, permitindo o fracionamento do *iter criminis*. Exemplo: "A", funcionário público responsável pela guarda de um documento público de valor histórico, coloca-o no lixo, visando seu posterior recolhimento e destruição.

Entretanto, "B" percebe sua conduta e recupera o documento, entregando-o ao superior hierárquico de "A".

Note-se, contudo, que a simples inutilização parcial de livro oficial ou documento, por expressa disposição legal, leva à consumação do delito.

6.6.10.10. Ação penal

A ação penal é pública incondicionada.

6.6.10.11. Lei 9.099/1995

A pena mínima cominada é de um ano. Trata-se, portanto, de **crime de médio potencial ofensivo**, compatível com a suspensão condicional do processo, se presentes os demais requisitos exigidos pelo art. 89 da Lei 9.099/1995.

6.6.10.12. Subsidiariedade expressa e distinção com a supressão de documento

O crime em análise é expressamente subsidiário, como se extrai da expressão "se o fato não constitui crime mais grave". Exemplificativamente, o crime definido no art. 314 do Código Penal cede espaço para o delito previsto no art. 305 do Código Penal, cuja pena é mais grave, quando a conduta objetiva a supressão de um documento, atuando o agente com a finalidade de frustrar a pé pública, fazendo desaparecer, em benefício próprio ou de terceiro, a prova documental atinente a determinado fato juridicamente relevante.

Esta subsidiariedade, é válido enfatizar, não exclui a incidência do princípio da especialidade, se constatado o conflito aparente de leis penais. Nesse sentido, a conduta de "extraviar livro oficial, processo fiscal ou qualquer documento, de que tenha a guarda em razão da função; sonegá-lo, ou inutilizá-lo, total ou parcialmente, acarretando pagamento indevido ou inexato de tributo ou contribuição social", configura o crime previsto no art. 3.º, inc. I, da Lei 8.137/1990, afastando o crime tipificado no art. 314 do Código Penal.

6.6.10.13. Classificação doutrinária

O extravio, sonegação ou inutilização de livro ou documento é crime **simples** (ofende um único bem jurídico); **próprio** (somente pode ser cometido pelo funcionário público que tem a guarda do livro oficial ou documento em razão do cargo); **formal, de consumação antecipada** ou **de resultado cortado** (consuma-se com a realização da conduta criminosa, sendo prescindível a produção do resultado naturalístico); **de dano** (depende da efetiva lesão do bem jurídico); **de forma livre** (admite qualquer meio de execução); em regra **comissivo**; **instantâneo** (consuma-se em momento determinado, sem continuidade no tempo); **unissubjetivo, unilateral ou de concurso eventual** (praticado por um só agente, mas admite o concurso); e normalmente **plurissubsistente** (a conduta pode ser fracionada em diversos atos).

6.6.11. Art. 315 – Emprego irregular de verbas ou rendas públicas

6.6.11.1. Dispositivo legal

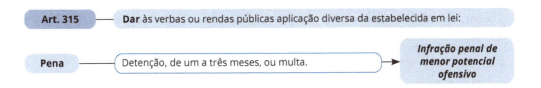

Classificação:	**Informações rápidas:**
Crime simples Crime próprio Crime material Crime de dano Crime de forma livre Crime comissivo (regra) Crime instantâneo Crime unissubjetivo, unilateral ou de concurso eventual Crime plurissubsistente (regra)	**Objeto material:** verbas públicas e as rendas públicas. **Norma penal em branco homogênea** ou *lato sensu* (lei específica). **Prefeitos:** não incide o art. 315 do CP (crime específico: art. 1.º, inc. III, do Decreto-lei 201/1967). **Elemento subjetivo:** dolo. Não admite modalidade culposa. **Estado de necessidade:** pode excluir a antijuridicidade. **Tentativa:** admite (crime plurissubsistente). **Ação penal:** pública incondicionada. **Competência:** Justiça Estadual (exceções: art. 109, IV, da CF – Justiça Federal).

6.6.11.2. Conceito

Em uma análise apressada, o crime tipificado no art. 315 do Código Penal mostra-se semelhante ao peculato doloso, na modalidade desvio (CP, art. 312, *caput*, parte final). Nos dois delitos, o funcionário público (ambos os crimes são próprios) desvia um bem móvel pertencente à Administração Pública, conferindo-lhe destinação diversa da legalmente prevista.

Entretanto, as diferenças entre os crimes são nítidas. No peculato o funcionário público desvia o dinheiro, valor ou qualquer outro bem móvel em proveito próprio ou alheio, ou seja, age para satisfazer interesses particulares. Exemplo: O secretário estadual de obras desvia para sua conta bancária valores destinados à construção de uma creche.

No emprego irregular de verbas ou rendas públicas, de outro lado, o funcionário público também desvia valores públicos, mas em prol da própria Administração Pública, isto é, o sujeito ativo não visa locupletar-se ou a outrem, em detrimento do erário. Exemplo: O mencionado secretário utiliza os valores reservados à construção da creche na reforma de um hospital público.

Esta é a razão pela qual o legislador cominou ao delito definido no art. 315 do Código Penal uma pena (detenção, de um a três meses, ou multa) sensivelmente inferior à sanção penal atribuída ao peculato doloso (reclusão, de dois a doze anos, e multa).

Observe-se que, na hipótese em que os valores são desviados em benefício da Administração Pública, o delito será o de emprego irregular de verbas ou rendas públicas, ainda que o funcionário público venha a ser indiretamente favorecido pela conduta criminosa. Exemplo: O Governador se utiliza da verba destinada à construção de uma escola pública para aplicá-la na construção de uma praça defronte sua residência, valorizando-a. Nada impede, contudo, a responsabilização do agente público pelo ato de improbidade administrativa praticado, nos termos da Lei 8.429/1992.

6.6.11.3. Objetividade jurídica

O bem jurídico penalmente tutelado é a Administração Pública, no tocante à regularidade da aplicação dos recursos públicos em conformidade com a destinação legal prévia. Como destaca Julio Fabbrini Mirabete:

> Embora o fato possa não causar dano patrimonial, é inegável que o emprego irregular de verbas e rendas públicas causa dano à regularidade administrativa. Visa o referido preceito impedir o arbítrio administrativo no tocante à discriminação das verbas, rendas e respectivas aplicações, sem a qual haveria a anarquia nas finanças públicas, não se cogitando do prejuízo resultante do seu emprego irregular.[107]

---

[107] MIRABETE, Julio Fabbrini. *Manual de direito penal*. 22. ed. São Paulo: Atlas, 2007. v. 3, p. 298.

6.6.11.4. Objeto material

São as verbas públicas e as rendas públicas.

Verbas públicas são os valores especificamente destinados pela lei orçamentária a determinado serviço público ou atividade de interesse público. **Rendas públicas,** por sua vez, são os valores pertencentes à Fazenda Pública ou por ela arrecadados, seja qual for sua origem legal.

Ainda que as verbas ou rendas públicas apresentem **superávit**, este tem que ser recolhido aos cofres públicos, não podendo ser empregado pelo funcionário público sem expressa previsão legal. Com efeito, em um Estado Democrático de Direito o administrador público deve integral e irrestrita obediência ao princípio da legalidade.

6.6.11.5. Núcleo do tipo

O núcleo do tipo está representado pelo verbo "dar" que, no contexto do crime em apreço, significa empregar ou utilizar verbas ou rendas públicas em finalidade diversa da estabelecida em lei.

A parte final do tipo penal ("estabelecida em lei") deixa evidente a necessidade de complementação do preceito primário do art. 315 do Código Penal por outra lei. Trata-se, portanto, de **norma penal em branco homogênea** ou *lato sensu*. É preciso analisar a lei que confere às verbas ou rendas públicas uma finalidade específica, para só então concluir pelo emprego dos valores em destinação diversa.

A palavra "lei" há de ser interpretada em sentido estrito, abrangendo somente as leis ordinárias e complementares, além, é claro, da própria Constituição Federal,[108] por servir de fundamento de validade para a legislação em geral. Destarte, não há crime de emprego irregular de verbas ou rendas públicas quando o funcionário público desvia, em favor da própria Administração Pública, valores com finalidade especificada em decreto.

6.6.11.6. Sujeito ativo

Cuida-se de **crime próprio** ou **especial**, pois somente pode ser praticado por funcionário público. E mais. É imprescindível tenha ele o poder de gestão relativamente às verbas ou rendas públicas, assumindo a responsabilidade pelo seu emprego em harmonia com as imposições legais, tal como se dá com o Presidente da República e Ministros de Estado, os Governadores dos Estados e do Distrito Federal e respectivos Secretários etc.

No tocante aos **Prefeitos**, não incide o delito tipificado no art. 315 do Código Penal. Há **crime específico**, punido com detenção, de três meses a três anos, insculpido no **art. 1.º, inc. III, do Decreto-lei 201/1967**: "Art. 1.º São crimes de responsabilidade dos Prefeitos Municipais, sujeitos ao julgamento do Poder Judiciário, independentemente do pronunciamento da Câmara dos Vereadores: (...) III – desviar, ou aplicar indevidamente, rendas ou verbas públicas".

Os responsáveis pela administração de verbas e rendas públicas em **entidades paraestatais** também podem figurar como sujeitos ativos do crime em análise, com esteio no art. 327, §§ 1.º e 2.º, do Código Penal.

6.6.11.7. Sujeito passivo

É o Estado e, secundariamente, a pessoa física ou jurídica prejudicada pela conduta criminosa.

---

[108] Veja-se, a propósito, o art. 212, *caput*, da Constituição Federal: "Art. 212. A União aplicará, anualmente, nunca menos de dezoito, e os Estados, o Distrito Federal e os Municípios vinte e cinco por cento, no mínimo, da receita resultante de impostos, compreendida a proveniente de transferências, na manutenção e desenvolvimento do ensino".

6.6.11.8. Elemento subjetivo

É o dolo, independentemente de qualquer finalidade específica. De fato, pouco importa se a finalidade que levou ao emprego irregular das verbas públicas era justa ou não, pois um dos vetores da atuação de qualquer agente público é o princípio da legalidade, a teor do art. 37, *caput*, da Constituição Federal. Nos ensinamentos de Fernando Henrique Mendes de Almeida:

> De notar que, no crime do art. 315, não importa dizer que o emprego irregular de verba ou renda foi "justo", pois justiça não pode aplicar-se contra texto expresso de lei, ainda que efetivamente injusto e iníquo. Outrossim, não importa demonstrar que o emprego irregular de verba ou renda pública obedeceu a propósitos honestos e teve também fins honestos. A lei positiva por que se deve reger a ordem jurídica somente coincide com o princípio de moral, quando o legislador o encampa.[109]

Não se admite a modalidade culposa.

6.6.11.8.1. Emprego irregular de verbas ou rendas públicas e estado de necessidade

Embora o fato seja típico, não há crime, por ausência de ilicitude, quando presente o estado de necessidade (CP, arts. 23, inc. I, e 24). Exemplo: O Governador de um Estado profundamente prejudicado pelas chuvas, mesmo não autorizado pelo Poder Legislativo por falta de tempo hábil para tanto, deixa de reformar um estádio de futebol, utilizando as verbas públicas respectivas no socorro às vítimas de um deslizamento de terras.

6.6.11.9. Consumação

O crime é **material** ou **causal**: consuma-se com a efetiva aplicação das verbas ou rendas públicas em finalidade diversa da legalmente prevista. É irrelevante, todavia, a efetiva comprovação de prejuízo aos interesses da Administração Pública, o qual se presume como consectário da violação do princípio da legalidade.

6.6.11.10. Tentativa

É possível, em face do caráter plurissubsistente do delito, permitindo o fracionamento do *iter criminis*. Exemplo: Um Secretário de Estado desvia as verbas reservadas à reforma de um hospital público para utilizá-las na construção de uma ponte. Entretanto, o Tribunal de Contas percebe a manobra e impede a consumação do delito.

6.6.11.11. Ação penal

A ação penal é pública incondicionada.

6.6.11.12. Lei 9.099/1995

O emprego irregular de verbas públicas constitui-se em **infração penal de menor potencial ofensivo**, de competência do Juizado Especial Criminal, pois o máximo da pena privativa de liberdade cominada é inferior a dois anos. É cabível, portanto, a transação penal, e seu processo e julgamento submetem-se ao rito sumaríssimo, nos moldes da Lei 9.099/1995.

6.6.11.13. Classificação doutrinária

O emprego irregular de verbas ou rendas públicas é crime **simples** (ofende um único bem jurídico); **próprio** (somente pode ser cometido pelo funcionário público que tem a gestão

---

[109] ALMEIDA, Fernando Henrique Mendes de. *Dos crimes contra a Administração Pública*. São Paulo: Saraiva, 1955. p. 43.

das verbas ou rendas públicas); **material** (consuma-se com a produção do resultado naturalístico, consistente no efetivo desvio, em prol da Administração Pública, das verbas ou rendas públicas); **de dano** (depende do prejuízo à regularidade da Administração Pública); **de forma livre** (admite qualquer meio de execução); em regra **comissivo**; **instantâneo** (consuma-se em momento determinado, sem continuidade no tempo); **unissubjetivo, unilateral ou de concurso eventual** (praticado por um só agente, mas admite o concurso); e normalmente **plurissubsistente** (a conduta pode ser fracionada em diversos atos).

6.6.11.14. Competência

O emprego irregular de verbas ou rendas públicas é, em regra, de competência da Justiça Estadual. Será competente a Justiça Federal, entretanto, quando o crime for praticado em detrimento de bens, serviços ou interesse da União ou de suas entidades autárquicas ou empresas públicas (CF, art. 109, inc. IV).

Ressalte-se que as verbas entregues pela União, mediante convênio, aos Estados e Municípios, são incorporadas ao patrimônio destes entes federativos. Se houver desvio após a incorporação, a competência para processo e julgamento do delito será da Justiça Estadual.[110]

6.6.12. Art. 316 – Concussão e excesso de exação

6.6.12.1. Dispositivo legal

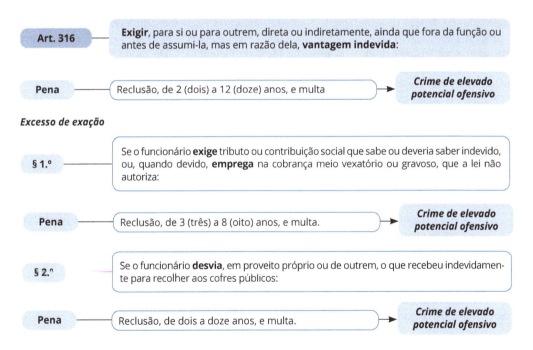

---

[110] STJ: HC 63.941/PE, rel. Min. Laurita Vaz, 5.ª Turma, j. 12.08.2008. Para fundamentar esta posição, também é possível utilizar o raciocínio que fundamentou a edição da Súmula 209 do Superior Tribunal de Justiça: "Compete à Justiça Estadual processar e julgar prefeito por desvio de verba transferida e incorporada ao patrimônio municipal".

Classificação:	**Informações rápidas:**
Crime pluriofensivo Crime próprio Crime formal, de consumação antecipada ou de resultado cortado Crime de dano Crime de forma livre Crime comissivo (regra) Crime instantâneo Crime unissubjetivo, unilateral ou de concurso eventual Crime unissubsistente ou plurissubsistente	**Objeto material:** vantagem indevida, ou ilícita, atual ou futura (de qualquer natureza – diverg.). **Elemento normativo do tipo:** "indevida". A exigência, acompanhada necessariamente da intimidação, pode ser explícita ou implícita, direta ou indireta. **Elemento subjetivo:** dolo (elemento subjetivo específico – "para si ou para outrem"). Não admite modalidade culposa. **Prisão em flagrante:** cabível no momento da exigência da vantagem indevida ou logo após sua realização. **Tentativa:** admite (se o iter criminis puder ser fracionado em dois ou mais atos). **Ação penal:** pública incondicionada. **Excesso de exação:** objeto material – tributo ou contribuição social; hipótese excepcional de tipo fundamental previsto em parágrafo; elementos normativos – "indevido" e "que a lei não autoriza" (lei penal em branco homogênea ou em sentido lato); elemento subjetivo – dolo (direto ou indireto); não admite modalidade culposa.

6.6.12.2. Conceito

A concussão é crime em que o funcionário público, valendo-se do respeito ou mesmo receio que sua função infunde, impõe à vítima a concessão de vantagem a que não tem direito. A própria palavra, derivada do latim *concutere* – relacionada à ação de sacudir uma árvore, para fazer seus frutos caírem – já exprime ideia de violência.[111] De modo semelhante atua o funcionário público desonesto: sacode o particular vítima do crime para que caiam frutos não no solo, mas em seu bolso.

Esse é o ponto característico do delito, ao qual, porém, se deve acrescentar o fim de obter vantagem indevida. Há violação da probidade do funcionário público e abuso da autoridade ou poder de que dispõe. São, portanto, elementos da concussão:

a) a exigência de vantagem indevida;

b) que esta vantagem tenha como destinatário o próprio concussionário ou então um terceiro; e

c) que a exigência seja ligada à função do agente, mesmo que esteja fora dela ou ainda não a tenha assumido.

6.6.12.3. Espécies de concussão

Fernando Henrique Mendes de Almeida aponta, sem muitos seguidores entre os penalistas, três espécies de concussão, a saber:

a) **típica**, contida no *caput*, na qual o funcionário público exige vantagem indevida, desconectada de qualquer tributo ou contribuição social;

b) **própria**, prevista no § 1.º, 1.ª parte, em que há abuso de poder, exigindo o funcionário público tributo ou contribuição social que sabe ou deveria saber indevido; e

---
[111] Cf. MAGALHÃES NORONHA, E. *Direito penal*. 16. ed. São Paulo: Saraiva, 1983. v. 4, p. 245.

c) **imprópria**, delineada no § 1.º, *in fine*, na qual o funcionário público exige tributo ou contribuição social devida, porém empregando na cobrança meio vexatório ou gravoso, que a lei não autoriza.

Vê-se que as denominadas concussão "própria" e "imprópria" receberam do legislador o *nomen iuris* "excesso de exação".

6.6.12.4. Objetividade jurídica

O bem jurídico primordialmente tutelado é a Administração Pública, especialmente no campo do seu prestígio, da moralidade e da probidade administrativa.[112] No entanto, também se protegem, mediatamente, o patrimônio e a liberdade individual do particular prejudicado pela conduta criminosa. Estamos diante, pois, de um **crime pluriofensivo**.

6.6.12.5. Objeto material

É a **vantagem indevida**, ou ilícita (contrária ao ordenamento jurídico), podendo ser atual ou futura. Acerca da natureza da vantagem indevida formaram-se duas posições:

1.ª posição: Deve ser econômica ou patrimonial.[113]

2.ª posição: Pode ser de qualquer espécie, patrimonial ou não (exemplos: vantagem sexual, prestígio político, vingança contra um antigo desafeto etc.).[114]

Filiamo-nos à segunda posição pelo fato de a concussão ter sido corretamente inserida pelo legislador entre os crimes contra a Administração Pública, e não no terreno dos crimes patrimoniais. Consequentemente, qualquer vantagem exigida pelo funcionário público ofende os valores da Administração Pública, violando o normal funcionamento das suas atividades e a moralidade administrativa.

A vantagem indevida há de beneficiar o próprio funcionário público ou então terceira pessoa. A lei é clara nesse sentido, pois se utiliza da expressão "para si ou para outrem". Em síntese, não há concussão quando a vantagem indevida aproveita à própria Administração Pública, podendo falar, nesse caso, em excesso de exação (CP, art. 316, § 1.º), desde que a vantagem indevida se constitua em tributo ou contribuição social.

6.6.12.5.1. Vantagem indevida, elemento normativo do tipo e abuso de autoridade

A palavra "**indevida**" funciona como elemento normativo do tipo. É imprescindível a avaliação do caso concreto para concluir se a vantagem era ou não devida.

Se o funcionário público abusar dos poderes inerentes ao seu cargo para exigir vantagem devida, poderá restar caracterizado o crime de abuso de autoridade, e não de concussão, nos termos do art. 33, *caput*, da Lei 13.869/2019: "Art. 33. Exigir informação ou cumprimento de obrigação, inclusive o dever de fazer ou de não fazer, sem expresso amparo legal: Pena – detenção, de 6 (seis) meses a 2 (dois) anos, e multa".

---

[112] STJ: HC 117.514/SP, rel. Min. Maria Thereza de Assis Moura, 6.ª Turma, j. 22.11.2011, noticiado no *Informativo* 488.
[113] É, entre outros, o entendimento de DELMANTO, Celso. *Código Penal comentado*. 7. ed. Rio de Janeiro: Renovar, 2007. p. 789.
[114] Comunga deste raciocínio, entre vários outros autores, CAPEZ, Fernando. *Curso de direito penal*. 8. ed. São Paulo: Saraiva, 2010. v. 3, p. 487.

6.6.12.6. Núcleo do tipo

O núcleo do tipo é "exigir", no sentido de ordenar ou impor. O verbo transmite a ideia de imposição e intimidação no comportamento do funcionário público, que se aproveita do temor proporcionado à vítima em decorrência dos poderes inerentes ao cargo público por ele ocupado (*metus publicae potestatis*).

Não há, contudo, emprego de violência à pessoa. A intimidação encontra fundamento unicamente nas consequências que podem ser provocadas contra alguém no exercício da função pública do sujeito ativo. Esta é a ameaça à vítima: utilizar o cargo público para produzir um mal passível de concretização na esfera de atuação do funcionário público. Exemplo: Um guarda de trânsito exige da vítima uma determinada quantia em dinheiro para não apreender seu automóvel.

Esta exigência, acompanhada necessariamente da intimidação, pode ser:

a) **explícita**, na qual o funcionário público faz a imposição de vantagem indevida às claras, prometendo causar represálias atuais ou futuras ao ofendido, como no exemplo em que um fiscal da Prefeitura determina ao particular a entrega de dinheiro para não embargar a construção da sua residência; e

b) **implícita,** em que não há promessa de realização de um mal determinado, mas a vítima fica amedrontada pelo simples temor transmitido pelo cargo público ocupado pelo agente. Exemplo: Um policial militar notoriamente conhecido por "incomodar" pessoas honestas exige do seu vizinho a doação de uma motocicleta para deslocar-se ao seu local de trabalho.

O art. 316, *caput*, do Código Penal deixa claro que a exigência também pode ser direta ou indireta.

Exigência direta é a formulada pelo funcionário público na presença da vítima (*facie ad faciem*), taxativamente. O sujeito revela expressamente sua intenção de receber uma vantagem indevida. Exemplo: "A", funcionário público, diz para "B" lhe entregar, no prazo de uma semana, a quantia de R$ 1.000,00, pois caso contrário sua empresa será interditada.

De outro lado, na **exigência indireta** o funcionário público se vale da colaboração de interposta pessoa (exemplo: "A", agente da vigilância sanitária, pede para "B", seu amigo, ir à casa de "C" e dele exigir determinada quantia em dinheiro para não fechar seu restaurante), ou a realiza capciosamente, de forma velada, transmitindo subliminarmente sua imposição (exemplo: O fiscal da vigilância sanitária vai a um bar e, encarando raivosamente seu proprietário, diz a ele que precisa reformar sua casa, e qualquer colaboração nesse sentido evitará fiscalizações e dissabores futuros).

É evidente que, em razão da exigência formulada pelo funcionário público, se a vítima entregar-lhe a vantagem indevida não poderá ser responsabilizada pelo crime de corrupção ativa (CP, art. 333), uma vez que somente agiu em razão do constrangimento a que foi submetida. Percebe-se, assim, a **incompatibilidade entre os crimes de concussão e de corrupção ativa**. Na ótica do Superior Tribunal de Justiça:

> Não configura o tipo penal de corrupção ativa sujeitar-se a pagar propina exigida por Autoridade Policial, sobretudo na espécie, onde não houve obtenção de vantagem indevida com o pagamento da quantia. "Caso a oferta ou promessa seja efetuada por imposição ou ameaça do funcionário, o fato é atípico para o *extraneus*, configurando-se o delito de concussão do funcionário" (MIRABETE, Julio Fabbrini. *Código Penal Interpretado*, 3. ed., São Paulo, Atlas, 2003, p. 2.177).[115]

---
[115] HC 62.908/SE, rel. Min. Laurita Vaz, 5.ª Turma, j. 06.11.2007.

6.6.12.6.1. Concussão e corrupção passiva

Concussão e corrupção passiva (CP, art. 317) são delitos semelhantes. Ambos estão no capítulo pertinente aos crimes praticados por funcionário público contra a Administração em geral. Além disso, nas duas infrações a finalidade do agente é alcançar, para si ou para outrem, uma vantagem indevida, ainda que fora da função ou antes de assumi-la, mas em razão dela.

Entretanto, a corrupção passiva é crime menos grave, muito embora aos dois delitos sejam atualmente cominadas penas idênticas (reclusão, de 2 a 12 anos, e multa). Antes da Lei 13.964/2019 ("Projeto Anticrime"), a situação era ainda mais inaceitável, pois a pena da concussão era inferior (reclusão, de 2 a 8 anos, e multa) à prevista pelo art. 317 do Código Penal.

Agora o erro foi amenizado, mas não eliminado, pois a concussão deveria receber tratamento penal mais severo do que a corrupção passiva, por uma razão muito simples. Ao contrário da concussão, em que o funcionário público *exige* vantagem indevida, intimidando a vítima, na corrupção passiva ele *solicita* ou *recebe* igual vantagem, ou então *aceita a promessa* de sua entrega. Em síntese, na concussão há uma ameaça, imposição ou intimidação; na corrupção passiva, um pedido, recebimento ou anuência quanto ao recebimento da vantagem indevida. Na linha de pensamento do Supremo Tribunal Federal:

> Concussão e corrupção passiva. Caracteriza-se a concussão – e não a corrupção passiva – se a oferta da vantagem indevida corresponde a uma exigência implícita na conduta do funcionário público, que, nas circunstâncias do fato, se concretizou na ameaça.[116]

6.6.12.6.2. Concussão e extorsão

Alguns doutrinadores afirmam ser a concussão uma "forma especial de extorsão praticada pelo funcionário público". Esta frase, nada obstante didática, não se compactua com a técnica da ciência penal.

Inicialmente, a extorsão tem a pena em abstrato (reclusão, de quatro a dez anos, e multa) superior à cominada ao crime de concussão (reclusão, de dois a doze anos, e multa). Esta constatação, por si só, já derruba a combatida afirmação. De fato, fosse a concussão "uma modalidade especial de extorsão", sua pena deveria ser sensivelmente superior à do crime patrimonial, em face da maior reprovabilidade da conduta praticada pela pessoa que utiliza como escudo para sua atuação a força dos Poderes Constituídos pelo Estado.

Mas não é só. A concussão se caracteriza pela exigência fundada na promessa de concretização de um mal relacionado ao campo de atuação do funcionário público. Não há violência à pessoa ou grave ameaça. É o complexo de poderes atinentes ao cargo público do agente que leva à intimidação da vítima. Reclama-se, portanto, um vínculo entre o mal prometido, a exigência de vantagem indevida e a função pública desempenhada pelo sujeito ativo.

Na extorsão, por sua vez, o art. 158, *caput*, do Código Penal elenca como meios de execução a violência à pessoa ou a grave ameaça. Veja-se, portanto, que nem toda exigência de vantagem indevida formulada pelo funcionário público caracteriza concussão, ainda que tenha apresentado sua condição funcional. Esta é a regra. No entanto, o crime poderá ser de extorsão, desde que se sirva o funcionário público de violência à pessoa ou de grave ameaça relacionada a mal estranho à função pública. Como já se pronunciou o Supremo Tribunal Federal:

> Não basta ser o agente funcionário público e haver apregoado essa condição, com intuito de intimidar a vítima, para converter, em concussão, o crime de extorsão, quando obtida a vantagem por meio de constrangimento, exercido mediante grave ameaça.[117]

---

[116] HC 89.686/SP, rel. Min. Sepúlveda Pertence, 1.ª Turma, j. 12.06.2007.
[117] HC 72.936, rel. Min. Octavio Gallotti, 1.ª Turma, j. 22.08.1995.

Vejamos um exemplo. "A", policial rodoviário, determina a parada de um automóvel, no que é prontamente atendido. Em seguida, "A" analisa os documentos do motorista e do veículo, todos em ordem. Visualiza, porém, um aparelho de som no painel do automóvel, que somente pode ser retirado com a digitação da senha pelo seu proprietário. "A", desejando apossar-se do bem, aponta seu revólver na direção do motorista, ameaçando matá-lo caso não lhe entregue o aparelho de som. Indaga-se: Qual é o crime praticado por "A"?

"A" cometeu extorsão, pois nas atribuições inerentes ao seu cargo não se insere a prerrogativa de matar alguém. O crime seria de concussão, contudo, se o policial rodoviário tivesse exigido a entrega do aparelho de som para não lavrar diversas multas de trânsito contra o motorista.

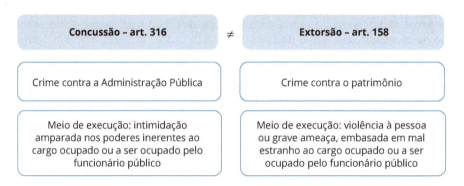

6.6.12.7. Sujeito ativo

O crime de concussão é **próprio** ou **especial**, somente podendo ser praticado por funcionário público.[118] Com a utilização da expressão "ainda que fora da função ou antes de assumi-la", o tipo penal é claro: não é necessário esteja o agente no exercício das suas funções.

A concussão pode ser cometida no horário de descanso, e também no período de férias ou licença do funcionário público, ou mesmo antes de sua posse, desde que já tenha sido nomeado para o cargo público. Exemplo: "A", aprovado no concurso para ingresso no Ministério Público e com data da posse já definida, exige de "B", seu vizinho, a entrega de determinada quantia em dinheiro, sob pena de requisitar contra ele um inquérito policial quando se encontrar no exercício das suas funções.

Basta, portanto, a relação lógica entre as represálias a serem impostas a alguém e a função pública exercida ou a ser exercida pelo sujeito ativo.

Aquele que formula a exigência de vantagem indevida depois de aposentado não é mais funcionário público, inviabilizando a imputação contra ele do crime de concussão. Nessa hipótese, o crime por ele praticado, desde que presente a violência à pessoa ou grave ameaça, é o de extorsão (CP, art. 158).

Se um particular finge ser funcionário público e exige vantagem indevida em proveito pessoal para não prejudicar a vítima em razão dos poderes inerentes ao seu suposto cargo público, ameaçando-a, estará configurado o crime de extorsão (CP, art. 158). É o que se dá, exemplificativamente, quando alguém se passa por policial militar e ordena a entrega de determinada quantia em dinheiro para não prender alguém injustamente. Não há falar em concussão, em face da ausência da condição funcional no sujeito ativo.

Nada obstante seja crime próprio, a concussão é perfeitamente compatível com o concurso de pessoas, tanto na coautoria como na participação, por duas razões:

---

[118] STF: RHC 117.488 AgR/RJ, rel. Min. Gilmar Mendes, 2.ª Turma, j. 01.10.2013, noticiado no *Informativo* 722.

a) a condição de funcionário público é elementar do tipo penal, comunicando-se aos demais envolvidos na empreitada criminosa que dela tenham conhecimento, a teor do art. 30 do Código Penal; e

b) o art. 316, *caput*, do Código Penal expressamente permite a prática da concussão de forma indireta, por interposta pessoa, como se extrai da expressão "direta ou indiretamente".

6.6.12.7.1. Concussão e crime contra a ordem tributária

Na hipótese de conduta cometida por funcionário público ocupante do cargo de agente fiscal (federal, estadual ou municipal), estará caracterizado o crime tributário definido no art. 3.º, inc. II, da Lei 8.137/1990, cuja redação é a seguinte: "Art. 3.º Constitui crime funcional contra a ordem tributária, além dos previstos no Decreto-Lei n.º 2.848, de 7 de dezembro de 1940 – Código Penal (Título XI, Capítulo I): II – exigir, solicitar ou receber, para si ou para outrem, direta ou indiretamente, ainda que fora da função ou antes de iniciar seu exercício, mas em razão dela, vantagem indevida; ou aceitar promessa de tal vantagem, para deixar de lançar ou cobrar tributo ou contribuição social, ou cobrá-los parcialmente".

Trata-se de regra especial, que afasta a aplicação do crime definido no art. 316, *caput*, do Código Penal. É o que ocorre, exemplificativamente, quando um fiscal do ICMS exige vantagem indevida para não lavrar um auto de infração de natureza tributária.

6.6.12.7.2. Concussão e jurados

É possível a responsabilização penal dos jurados pelo crime de concussão, na hipótese de exigência de vantagem indevida, para si ou para outrem, durante o julgamento em plenário pelo Tribunal do Júri ou valendo-se do pretexto de futuro julgamento. Como se sabe, o art. 327, *caput*, do Código Penal enquadra os jurados no conceito de funcionário público para fins penais.

Se não bastasse, o art. 445 do Código de Processo Penal é taxativo ao estatuir: "O jurado, no exercício da função ou a pretexto de exercê-la, será responsável criminalmente nos mesmos termos em que o são os juízes togados".

6.6.12.7.3. Concussão e policiais civis

A condição de policial civil do agente autoriza o aumento da pena-base do responsável pela concussão, em face da maior reprovabilidade do seu comportamento, caracterizada pela grave violação da segurança pública, uma das funções precípuas do Estado. Para o Supremo Tribunal Federal:

> É legítima a utilização da condição pessoal de policial civil como circunstância judicial desfavorável para fins de exasperação da pena-base aplicada a acusado pela prática do crime de concussão. Com base nessa orientação, a Primeira Turma, por maioria, conheceu e denegou a ordem em "habeas corpus" em que pleiteado o reconhecimento do "bis in idem". A Turma afirmou que seria possível, no que se refere à culpabilidade (CP, art. 59), promover, em cada caso concreto, juízo de reprovabilidade maior tendo em consideração a condição de policial civil do agente. (...) Dentro do Estado Democrático de Direito e do país que se almeja construir, o fato de uma autoridade pública – no caso, uma autoridade policial – obter vantagem indevida de alguém que esteja praticando um delito comprometeria de maneira grave o fundamento de legitimidade da autoridade, que seria atuar pelo bem comum e pelo bem público. Portanto, aquele que fosse investido de parcela de autoridade pública – fosse juiz, membro do Ministério Público ou autoridade policial – deveria ser avaliado, no desempenho da sua função, com escrutínio mais rígido.[119]

---

[119] HC 132.990/PE, rel. orig. Min. Luiz Fux, red. p/ o acórdão Min. Edson Fachin, 2.ª Turma, j. 16.08.2016, noticiado no *Informativo* 835.

6.6.12.7.4. Concussão no Código Penal Militar

O art. 305 do Decreto-lei 1.001/1969 – Código Penal Militar – tipifica o crime de concussão cometido por militares:

> **Art. 305.** Exigir, para si ou para outrem, direta ou indiretamente, ainda que fora da função ou antes de assumi-la, mas em razão dela, vantagem indevida:
> Pena – reclusão, de dois a oito anos.

6.6.12.8. Sujeito passivo

É o Estado e, mediatamente, a pessoa física ou jurídica lesada pela conduta criminosa.

6.6.12.8.1. Concussão contra paciente do Sistema Único de Saúde e competência

O crime de concussão contra paciente do Sistema Único de Saúde (SUS) é de competência da Justiça Estadual, pois o ofendido é o particular, e não o estabelecimento hospitalar nem o sistema de saúde, embora administrado pela União.

6.6.12.9. Elemento subjetivo

É o dolo, acrescido do elemento subjetivo específico "para si ou para outrem". O funcionário público deve ter a intenção de exigir a vantagem indevida em proveito próprio ou de terceira pessoa, mas nunca da própria Administração Pública.[120]

Não se admite a modalidade culposa.

6.6.12.10. Consumação

Firmou-se em sede jurisprudencial o entendimento no sentido de tratar-se a concussão de **crime formal, de consumação antecipada** ou **de resultado cortado**. É suficiente, portanto, a exigência – que deve chegar ao conhecimento da vítima – pelo funcionário público, para si ou para outrem, da vantagem indevida, prescindindo-se do seu recebimento.

Este raciocínio é correto, pois o núcleo do tipo penal é "exigir", e não "receber". Destarte, o eventual recebimento da vantagem indevida constitui mero exaurimento do delito, que teve sua consumação no momento da exigência.

Além disso, a reparação do dano ou a restituição da coisa à vítima não exclui o delito. Será possível, no máximo, a diminuição da pena pelo arrependimento posterior (CP, art. 16), embora na prática esta solução seja de rara ocorrência, pois em toda exigência inerente à concussão existe, ao menos implicitamente, o emprego de grave ameaça por parte do funcionário público.

6.6.12.10.1. Concussão e prisão em flagrante

Em se tratando de crime formal, somente será cabível a prisão em flagrante no momento da exigência da vantagem indevida, ou logo após sua realização (CPP, art. 302, incisos I e II).

---

[120] "Com efeito, embora inseridos no Código Penal no Título dos crimes contra a Administração Pública, tanto a concussão (art. 316, CP) quanto a corrupção passiva (art. 317, CP) possuem várias das características dos crimes contra o patrimônio, com a peculiaridade da qualificação do agente como servidor público. Assim sendo, no exame das circunstâncias judiciais envolvendo a prática desses dois delitos, a jurisprudência desta Corte vem entendendo que a cobiça, a ganância e a intenção de obter lucro fácil constituem elementares dos delitos, não podendo, assim, serem utilizadas novamente na apreciação das circunstâncias judiciais para justificar a elevação da pena-base" (STJ: EDv nos EREsp 1.196.136/RO, rel. Min. Reynaldo Soares da Fonseca, 3.ª Seção, j. 24.05.2017, noticiado no *Informativo* 608).

Será ilegal, contudo, a prisão em flagrante efetuada por ocasião do recebimento da vantagem indevida, muito tempo após sua exigência, pois nessa hipótese não se pode falar em consumação do delito, mas no seu exaurimento. Para o Superior Tribunal de Justiça:

> No crime de concussão, a situação de flagrante delito configura-se pela exigência – e não pela entrega – da vantagem indevida. Isso porque a concussão é crime formal, que se consuma com a exigência da vantagem indevida. Assim, a eventual entrega do exigido se consubstancia em mero exaurimento do crime previamente consumado.[121]

Ressalte-se, por oportuno, que o relaxamento da prisão em flagrante não leva à caracterização do crime impossível, pois o delito já estava consumado. A ilegalidade repousa unicamente na lavratura do auto de prisão em flagrante, mas jamais na configuração da concussão. Assim já se pronunciou o Supremo Tribunal Federal: "Cuidando-se de concussão que já se consumara com a exigência de vantagem indevida, a nulidade de prisão do servidor quando, dias depois, recebia a quantia exigida, obviamente não torna impossível o delito antes consumado".[122]

6.6.12.10.2. Concussão, prisão em flagrante e crime impossível

Imaginemos um exemplo: "A", investigador de polícia, exige de "B" a quantia de R$ 1.000,00, a ser entregue no prazo de uma hora, para que o filho deste último não seja injustamente preso em flagrante pelo crime de tráfico de drogas. "B" procura imediatamente a Corregedoria da Polícia Civil, e, no momento em que seria efetuada a entrega do dinheiro, "A" é preso pelos policiais da Corregedoria.

Questiona-se: Incide no exemplo mencionado a Súmula 145 do Supremo Tribunal Federal ("Não há crime, quando a preparação do flagrante pela polícia torna impossível a sua consumação")? Em outras palavras, trata-se de flagrante preparado?

A resposta às duas indagações é negativa, pois o crime se consumou independentemente da atuação dos integrantes da Corregedoria da Polícia Civil. De fato, exigida a vantagem indevida, antes de qualquer intervenção policial, não há falar em ocorrência de flagrante preparado.

6.6.12.11. Tentativa

Na seara da admissibilidade ou não da tentativa de concussão, duas situações devem ser diferenciadas.

1.ª situação: Crime plurissubsistente

Quando o *iter criminis* pode ser fracionado em dois ou mais atos, é cabível o *conatus*, na hipótese em que o funcionário público inicia a execução do delito, somente não alcançando a consumação por circunstâncias alheias à sua vontade. Vejamos dois exemplos: (a) "A", funcionário da Vigilância Sanitária, pede a "B", particular, que vá até a casa de "C" e, em seu nome, exija a entrega de determinada soma em dinheiro, sob pena de interdição do seu restaurante. Entretanto, "B" é atropelado durante seu percurso até a casa de "C", motivo pelo qual não consegue levar adiante a exigência. Esta hipótese é possível, pois o art. 316, *caput*, do Código Penal autoriza a exigência indireta, concluindo-se pela coautoria de "A" e "B" no tocante à tentativa de concussão; e (b) "A", funcionário público, remete a "B" uma carta contendo a exigência de vantagem indevida, mas a missiva não chega ao destinatário, em razão da sua apreensão pela Polícia.

---

[121] HC 266.460/ES, rel. Min. Reynaldo Soares da Fonseca, 5.ª Turma, j. 11.06.2015, noticiado no *Informativo* 564.
[122] HC 80.033/BA, rel. Min. Sepúlveda Pertence, 1.ª Turma, j. 18.04.2000.

2.ª situação: Crime unissubsistente

Será inadmissível a tentativa quando a conduta exteriorizar-se em um único e indivisível ato de execução. Nesse caso, com a exigência de vantagem indevida à vítima, o crime estará consumado. De outro lado, não se concretizando a exigência perante o ofendido, não há legitimidade para intervenção do Direito Penal. É o que se dá na concussão cometida verbalmente.

6.6.12.12. Ação penal

A ação penal é pública incondicionada.

6.6.12.13. Lei 9.099/1995

Em face da pena privativa de liberdade cominada – reclusão, de dois a doze anos –, a concussão constitui-se em **crime de elevado potencial ofensivo**, incompatível com os benefícios disciplinados pela Lei 9.099/1995.

6.6.12.14. Classificação doutrinária

A concussão é crime **pluriofensivo** (ofende mais de um bem jurídico); **próprio** (somente pode ser cometido pelo funcionário público); **formal, de consumação antecipada** ou **de resultado cortado** (consuma-se com a exigência de vantagem indevida, independentemente do seu recebimento); **de dano** (causa prejuízo à regularidade da Administração Pública); **de forma livre** (admite qualquer meio de execução); em regra **comissivo**; **instantâneo** (consuma-se em um momento determinado, sem continuidade no tempo); **unissubjetivo, unilateral ou de concurso eventual** (normalmente praticado por um só agente, mas admite o concurso); e **unissubsistente** ou **plurissubsistente** (conforme a conduta seja exteriorizada em um ou mais atos de execução).

6.6.12.15. Excesso de exação: art. 316, § 1.º

6.6.12.15.1. Dispositivo legal

Nos termos do art. 316, § 1.º, do Código Penal, com a redação conferida pela Lei 8.137/1990:

> § 1.º Se o funcionário exige tributo ou contribuição social que sabe ou deveria saber indevido, ou, quando devido, emprega na cobrança meio vexatório ou gravoso, que a lei não autoriza:
> Pena – reclusão, de 3 (três) a 8 (oito) anos, e multa.

É importante notar um interessante fenômeno legislativo que se verifica neste crime. Cuida-se de **tipo penal fundamental previsto em um parágrafo**, e não no *caput*, ao contrário do que ocorre nos demais delitos contidos no Código Penal. A regra seguida pelo legislador, como se sabe, consiste em inserir no *caput* os tipos fundamentais, descrevendo a forma básica dos crimes, enquanto nos parágrafos são versados os tipos derivados, mediante o acréscimo ao tipo fundamental de circunstâncias que aumentam ou diminuem a pena. No homicídio, por exemplo, a modalidade básica encontra-se no *caput* do art. 121, ao passo que nos parágrafos estão as formas privilegiadas e qualificadas.

Com efeito, a conduta delineada no § 1.º do art. 316 do Código Penal é autônoma e independente da narrada no *caput*. No excesso de exação o funcionário público exige ilegalmente tributo ou contribuição social em benefício da Administração Pública; na concussão, por sua vez, o funcionário público o faz em proveito próprio ou de terceiro.

6.6.12.15.2. Introdução

Exação, no sentido empregado pelo art. 316, § 1.º, do Código Penal, é a cobrança integral e pontual de tributos. Fácil concluir, portanto, ser finalidade do tipo penal punir não a exação em si própria, até porque esta atividade é fundamental para a manutenção do Estado, mas o excesso no desempenho deste mister, revestido de abuso de poder, e, por corolário, ilícito.

6.6.12.15.3. Objeto material

É o tributo ou contribuição social.

Tributo, nos termos do art. 3.º do Código Tribunal Nacional, é "toda prestação pecuniária compulsória, em moeda ou cujo valor nela se possa exprimir, que não constitua sanção de ato ilícito, instituída em lei e cobrada mediante atividade administrativa plenamente vinculada".

São espécies de tributos, a teor do art. 5.º do Código Tributário Nacional, os impostos, as taxas e as contribuições de melhoria.

No entanto, o Supremo Tribunal Federal, com fundamento na Constituição Federal, reconhece cinco espécies de tributos (teoria da pentapartição ou quinquipartida): impostos, taxas, contribuições de melhoria, empréstimos compulsórios e contribuições sociais.[123] Dessa forma, não obstante o art. 316, § 1.º, do Código Penal refira-se a "tributo ou contribuição social", é correto afirmar que as contribuições sociais nada mais são do que espécies do gênero tributo.

A contribuição social, de competência da União (CF, art. 149), pode ser definida como a espécie de tributo destinada a instrumentalizar sua atuação na área social (exemplos: saúde, previdência e assistência social, educação, cultura, desporto etc.).

De fato, as contribuições sociais submetem-se ao regime jurídico tributário. Como explica Leandro Paulsen:

> Além de serem previstas no Capítulo do Sistema Tributário Nacional, tais prestações enquadram-se na noção de tributo pressuposta pelo texto constitucional. Isso porque são obrigações pecuniárias que não constituem sanção de ato ilícito, instituídas compulsoriamente pelos entes políticos para auferirem receita destinada ao cumprimento dos seus misteres.
>
> Diga-se, ainda, que, para evitar quaisquer riscos de entendimento diverso, o Constituinte tornou expressa e inequívoca a submissão das contribuições ao regime jurídico tributário, ao dizer da necessidade de observância, relativamente às contribuições, da legalidade estrita (art. 150, I), da irretroatividade e da anterioridade (art. 150, III), da anterioridade nonagesimal em se tratando de contribuições de seguridade (art. 195, § 6.º), bem como das normas gerais de direito tributário.[124]

O Superior Tribunal de Justiça já decidiu que as custas e os emolumentos correspondentes aos serviços notariais e registrais são tributos, servindo como objeto material do crime de excesso de exação:

> O crime previsto no art. 316, § 1.º, do Código Penal (excesso de exação) se dá com a cobrança, exigência por parte do agente (funcionário público) de tributo ou contribuição social que sabe ou deveria saber indevido. A Lei n.º 8.137/90 ao dar nova redação ao dispositivo em análise extirpou

---

[123] Esta tese foi adotada pelo Supremo Tribunal Federal a partir do julgamento do RE 146.733/SP, rel. Min. Moreira Alves, Plenário, j. 29.06.1992. Para um estudo aprofundado do tema: ALEXANDRE, Ricardo. *Direito tributário esquematizado*. 2. ed. São Paulo: Método, 2008. p. 40.

[124] PAULSEN, Leandro. *Contribuições*. Custeio da Seguridade Social. Porto Alegre: Livraria do Advogado, 2007. p. 30-31.

de sua redação os termos taxas e emolumentos, substituindo-os por tributo e contribuição social. De acordo com a jurisprudência desta Corte e do Pretório Excelso as custas e os emolumentos concernentes aos serviços notariais e registrais possuem natureza tributária, qualificando-se como taxas remuneratórias de serviços públicos (Precedentes do STJ e do STF e Informativo n.º 461/STF). Desta forma, comete o crime de excesso de exação aquele que exige custas ou emolumentos que sabe ou deveria saber indevido.[125]

6.6.12.15.4. Núcleos do tipo

O excesso de exação contém dois núcleos: "exigir" tributo, ou contribuição social indevido, e "empregar" na cobrança meio vexatório ou gravoso, que a lei não autoriza. **Exigir** é ordenar ou impor; **empregar** é utilizar ou usar.

Na primeira modalidade, o funcionário público exige tributo ou contribuição social que sabe ou deve saber indevido, sem amparo válido para cobrança, seja porque seu valor já foi pago pela vítima, seja porque a quantia cobrada é superior à fixada em lei.

A palavra "indevido" funciona como **elemento normativo do tipo**. Vale destacar que, depois de arrecadado ilegalmente o excessivo tributo ou contribuição social, seu montante é revertido ao erário. Se ocorrer seu desvio em favor do funcionário público ou de qualquer outra pessoa (física ou jurídica), incidirá a figura qualificada prevista no art. 316, § 2.º, do Código Penal.

Na outra hipótese, o tributo ou contribuição social é devido. Entretanto, o funcionário público emprega na cobrança meio vexatório ou gravoso, não autorizado por lei. Esta modalidade do crime possui dois alicerces:

a) desrespeito do princípio da legalidade, um dos vetores da Administração Pública (CF, art. 37, *caput*), pois em direito público somente é lícito fazer ou deixar de fazer aquilo que a lei expressamente autoriza; e

b) ofensa à dignidade da pessoa humana,[126] um dos fundamentos da República Federativa do Brasil (CF, art. 1.º, inc. III), pois o contribuinte é tratado com humilhação e descaso.

Meio vexatório é o que desonra e humilha a vítima (exemplo: chamar um devedor, na frente dos seus filhos, de "caloteiro" e "fracassado"); **meio gravoso**, de outra banda, é o que acarreta maiores despesas ao contribuinte (exemplo: exigir o pagamento do tributo em agência bancária localizada em cidade diversa da residência da vítima).

Nos dois casos – meio vexatório e meio gravoso – é imprescindível a presença do **elemento normativo do tipo** "que a lei não autoriza". Esta expressão, na verdade, é redundante e desproposidata, pois a lei não pode, sob pena de inconstitucionalidade, tolerar na cobrança de tributos o emprego de meios abusivos. De qualquer modo, cuida-se de **lei penal em branco homogênea** ou **em sentido lato**, pois o preceito primário do tipo penal do excesso de exação é incompleto, dependendo de complementação por outra lei, responsável pela indicação dos meios adequados à cobrança dos tributos e contribuições sociais.

Trata-se de **tipo misto alternativo**, **crime de ação múltipla** ou **de conteúdo variado**: se no mesmo contexto fático, e no tocante ao mesmo tributo ou contribuição social, o funcionário público faz a exigência indevida e emprega em sua cobrança meio vexatório ou gravoso,

---

[125] REsp 899.486/RJ, rel. Min. Felix Fischer, 5.ª Turma, j. 22.05.2007.
[126] "A dignidade da pessoa humana deve ser entendida como corolário da natureza humana, pois o ser humano deve ser sempre tratado de modo diferenciado em face da sua natureza racional. Manifesta-se em todas as pessoas, já que cada um, ao respeitar o outro, tem a visão do outro. A dignidade humana existe em todos os indivíduos e impõe o respeito mútuo entre as pessoas" (SILVA, Marco Antonio Marques da. *Acesso à justiça penal e Estado Democrático de Direito*. São Paulo: Juarez de Oliveira, 2001. p. 1).

não autorizado por lei, há um único crime de excesso de exação. A pluralidade de condutas, entretanto, não será inócua, devendo ser sopesada pelo magistrado na dosimetria da pena-base, em conformidade com o art. 59, *caput*, do Código Penal.

6.6.12.15.5. Sujeito ativo

O excesso de exação é crime próprio ou especial, pois somente pode ser cometido pelo funcionário público, qualquer que seja ele, independentemente do motivo que o leva a agir, e não apenas pelos agentes fazendários.

Admitem-se a coautoria e a participação.

6.6.12.15.6. Sujeito passivo

É o Estado e, mediatamente, o contribuinte lesado pela conduta criminosa.

6.6.12.15.7. Elemento subjetivo

Na modalidade "exigência indevida" é o dolo, que pode ser direto ("que sabe indevido") ou eventual ("que deveria saber indevido"), nas situações em que o funcionário público, na dúvida acerca da legalidade ou não do tributo ou contribuição social, ainda assim assume o risco de cometer o delito e insiste na sua exigência.[127]

Já na modalidade "cobrança vexatória ou gravosa" o elemento subjetivo é o dolo, direto ou eventual, não incidindo a discussão acerca do alcance da expressão "que devia saber indevido", a qual é inaplicável a esta conduta típica.

Em ambas as variantes do delito não se exige nenhum elemento subjetivo específico. E, salvo a posição de Mirabete, é inadmissível a forma culposa.

6.6.12.15.7.1. Erro na interpretação da legislação tributária e atipicidade do fato

Não há crime de excesso de exação, pela falta do elemento subjetivo legalmente exigido, na hipótese de comprovada dificuldade de interpretação da complexa legislação de custas e emolumentos. O erro na análise das normas tributárias, demonstrado no caso concreto, afasta o dolo, tornando o fato atípico. Como já decidido pelo Superior Tribunal de Justiça:

> A mera interpretação equivocada da norma tributária não configura o crime de excesso de exação. O tipo do art. 316, § 1.º, do Código Penal, pune o excesso na cobrança pontual de tributos (exação), seja por não ser devido o tributo, ou por valor acima do correto, ou, ainda, por meio vexatório ou gravoso, ou sem autorização legal. Ademais, o elemento subjetivo do crime é o dolo, consistente na vontade do agente de exigir tributo ou contribuição que sabe ou deveria saber indevido, ou, ainda, de empregar meio vexatório ou gravoso na cobrança de tributo ou contribuição devidos. E, consoante a doutrina, "se a dúvida é escusável diante da complexidade de determinada lei tributária, não se configura o delito". Outrossim, ressalta-se que "tampouco existe crime quando o agente se encontra em erro, equivocando-se na interpretação e aplicação das normas tributárias que instituem e regulam a obrigação de pagar". Nesse palmilhar, a relevância típica da conduta prevista no art. 316, § 1.º, do Código Penal depende da constatação de que o agente atuou com consciência e vontade de exigir tributo acerca do qual tinha ou deveria ter ciência de ser indevi-

---

[127] Em posição isolada, Julio Fabbrini Mirabete sustenta ser a expressão "deveria saber indevido" indicativa de culpa. São suas palavras: "Mas o delito, na sua primeira parte, também pode ser cometido por culpa. Na expressão 'deveria saber indevido' a lei refere-se à culpa do funcionário que erra na cobrança do tributo contra o contribuinte por negligência, imprudência ou imperícia" (*Manual de direito penal*. 22. ed. São Paulo: Atlas, 2007. v. 3, p. 305). Com o devido respeito, não podemos concordar com esta posição, notadamente porque sua adoção acarretaria a idêntica punição de crimes distintos, dolosos e culposos, em frontal violação do princípio da proporcionalidade.

do. Deve o titular da ação penal pública, portanto, demonstrar que o sujeito ativo se moveu para exigir o pagamento do tributo que sabia ou deveria saber indevido. Na dúvida, o dolo não pode ser presumido, pois isso significaria atribuir responsabilidade penal objetiva ao registrador que interprete equivocadamente a legislação tributária. No caso, os elementos constantes do acórdão recorrido evidenciam que o texto da legislação de regência de custas e emolumentos à época dos fatos provocava dificuldade exegética, dando margem a interpretações diversas, tanto nos cartórios do Estado quanto dentro da própria Corregedoria, composta por especialistas na aplicação da norma em referência. Desse modo, a tese defensiva de que "a obscuridade da lei não permitia precisar a exata forma de cobrança dos emolumentos cartorários no caso especificado pela denúncia" revela-se coerente com a prova dos autos.[128]

6.6.12.15.8. Consumação

O excesso de exação, em ambas as suas espécies, é **crime formal, de consumação antecipada** ou **de resultado cortado**. Consuma-se com a exigência indevida ou com o emprego de meio vexatório ou gravoso do tributo ou contribuição social, independentemente do seu efetivo pagamento.

6.6.12.15.9. Tentativa

Na modalidade "**exigência indevida**", somente será cabível o *conatus* quando se tratar de crime plurissubsistente, como no exemplo da carta que se extravia antes da chegada ao contribuinte.

Por sua vez, na espécie "**cobrança vexatória ou gravosa**", a tentativa é perfeitamente possível. Exemplo: O funcionário público encontra-se no estabelecimento comercial da vítima, e anuncia a todos que fará em instantes a cobrança vexatória de tributo devido, somente não conseguindo consumar seu intento pelo fato de ser imediatamente preso em flagrante.

6.6.12.15.10. Lei 9.099/1995

A pena mínima do excesso de exação é de três anos de reclusão, e multa. Trata-se de **crime de elevado potencial ofensivo**, incompatível com os benefícios contidos na Lei 9.099/1995.

Sendo a pena mínima do excesso de exação simples, definido no art. 316, § 1.º, do Código Penal (três anos de reclusão) superior à pena mínima do crime de excesso de exação em sua forma qualificada, nos termos do art. 316, § 2.º, do Estatuto Repressivo (dois anos de reclusão), diversas vozes apregoam sua inconstitucionalidade, por ofensa ao princípio da proporcionalidade,[129] devendo o magistrado partir do mínimo de dois anos.

6.6.12.16. *Excesso de exação e figura qualificada: art. 316, § 2.º*

Preceitua o art. 316, § 2.º, do Código Penal: "Se o funcionário desvia, em proveito próprio ou de outrem, o que recebeu indevidamente para recolher aos cofres públicos: Pena – reclusão, de dois a doze anos, e multa".

Como destacamos no item anterior, o legislador cometeu uma falha grotesca, punindo o excesso de exação simples com pena mínima superior à da figura qualificada.

Nessa figura qualificada, o funcionário público **desvia** (altera o destino original) **para si ou para outrem** o tributo ou contribuição social que recebeu **indevidamente** para recolher aos cofres públicos. Há, portanto, duas etapas distintas:

---

[128] REsp 1.943.262/SC, rel. Min. Antônio Saldanha Palheiro, 6.ª Turma, j. 05.10.2021, noticiado no *Informativo* 712.
[129] É o caso de NUCCI, Guilherme de Souza. *Código Penal comentado*. 10. ed. São Paulo: RT, 2010. p. 1.110.

a) o funcionário público recolhe indevidamente tributo ou contribuição social em favor do Poder Público; e

b) posteriormente, desvia o montante recebido em proveito próprio ou alheio.

Note-se que o anterior recolhimento, embora ilícito, destina-se à Administração Pública, pois o crime se refere à exação, consistente na arrecadação rigorosa de tributos. O desvio ocorre posteriormente.

Convém ainda destacar que, se a quantia foi regularmente recolhida aos cofres públicos, e o funcionário público a desvia ulteriormente, estará caracterizado o peculato desvio, nos termos do art. 312, *caput*, parte final, do Código Penal. Em outras palavras, o excesso de exação qualificado depende do desvio do tributo ou contribuição social indevido antes da sua incorporação aos cofres públicos.

O **elemento subjetivo** é o dolo, acrescido de um especial fim de agir, consistente no ânimo de realizar a conduta criminosa "em proveito próprio ou de outrem".

A consumação opera-se com o efetivo desvio dos valores indevidamente recebidos (**crime material** ou **causal**), e a tentativa é possível.

Nos tempos atuais este crime é de raríssima incidência prática pelo fato de os tributos serem recolhidos somente em instituições financeiras, mediante o pagamento de guia própria.

6.6.12.16.1. Excesso de exação e desvio no Código Penal Militar

O Código Penal Militar – Decreto-lei 1.001/1969 – prevê em seus arts. 306 e 307 os crimes de excesso de exação e de desvio cometidos por militares:

> **Art. 306.** Exigir imposto, taxa ou emolumento que sabe indevido, ou, quando devido, empregar na cobrança meio vexatório ou gravoso, que a lei não autoriza:
>
> Pena – detenção, de seis meses a dois anos.
>
> **Art. 307.** Desviar, em proveito próprio ou de outrem, o que recebeu indevidamente, em razão do cargo ou função, para recolher aos cofres públicos:
>
> Pena – reclusão, de dois a doze anos.

6.6.13. Art. 317 – Corrupção passiva

6.6.13.1. Dispositivo legal

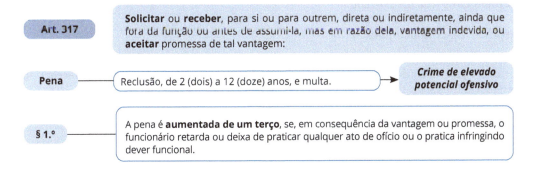

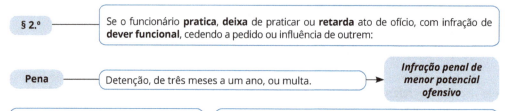

6.6.13.2. Introdução

A corrupção, outrora denominada peita ou suborno, é a venalidade no desempenho da função pública. Pode ser passiva, quando envolve a atuação do funcionário público corrompido, ou ativa, se inerente à conduta do corruptor.

O Código Penal, nesse campo, rompeu com a teoria unitária ou monista no concurso pessoas, adotada como regra em seu art. 29, *caput*: "Quem, de qualquer modo, concorre para o crime incide nas penas a este cominadas, na medida de sua culpabilidade".

Abriu-se espaço para uma exceção pluralística. Há dois delitos distintos: corrupção passiva (art. 317), de natureza funcional, inserida entre os crimes praticados por funcionário público contra a Administração em geral; e corrupção ativa (art. 333), versada no rol dos crimes praticados por particular contra a Administração em geral.

Em outros países, todavia, vige um sistema diverso, no qual se reúnem a corrupção passiva e a ativa em uma unidade complexa. A corrupção desponta como crime bilateral ou de concurso necessário, pressupondo a convergência de vontades entre o funcionário público corrupto e o particular corruptor.

6.6.13.3. Objetividade jurídica

O bem jurídico penalmente protegido é a Administração Pública, especialmente no tocante à probidade dos agentes públicos, os quais são impedidos de solicitar ou receber, no desempenho de suas funções, qualquer tipo de vantagem indevida.

6.6.13.4. Objeto material

É a vantagem indevida.[130]

---

[130] Sobre o significado e o alcance da expressão "vantagem indevida", remetemos o leitor ao crime de concussão (art. 316), item 6.6.12.5.

O tipo penal fala em vantagem "indevida" (elemento normativo do tipo), porque visa fazer com o que o agente, no exercício da função pública, favoreça determinada pessoa mediante alguma ação ou omissão. Opera-se uma espécie de permuta entre a vantagem indevida desejada pelo funcionário público e a ação ou omissão funcional que beneficiará o terceiro.

Não há falar em vantagem indevida no simples reembolso de quantia utilizada pelo agente no desempenho da função pública e ainda não ressarcida pela parte interessada. Nada obstante o pagamento não possa ser efetuado diretamente ao funcionário público, devendo observar a forma legalmente prevista – normalmente com o recolhimento de guias em instituições financeiras oficiais –, não se caracteriza a vantagem indevida, elementar do crime tipificado no art. 317, *caput*, do Código Penal, mas somente um ressarcimento irregular. Exemplificativamente, inexiste corrupção passiva na hipótese em que um oficial de justiça solicita diretamente do autor de uma ação civil os valores gastos com transporte para citação do demandado. Na linha da jurisprudência do Superior Tribunal de Justiça:

> Para tipificação do art. 317 do Código Penal – corrupção passiva –, deve ser demonstrada a solicitação ou recebimento de vantagem indevida pelo agente público, não configurada quando há mero ressarcimento ou reembolso de despesa. A questão que se coloca é se o recebimento de ressarcimento pelos gastos decorrentes do uso do equipamento de videolaparoscopia, técnica cirúrgica não coberta pelo SUS, configura ou não vantagem indevida para fins penais. Na dicção do art. 317 do CP, configura o crime de corrupção passiva a conduta de "solicitar ou receber, para si ou para outrem, direta ou indiretamente, ainda que fora da função ou antes de assumi-la, mas em razão dela, vantagem indevida, ou aceitar promessa de tal vantagem". Não se ignora que a Lei Orgânica do Sistema Único de Saúde (Lei n. 8.080/1990) e a Portaria n. 113/1997 do Ministério da Saúde vedam a cobrança de valores do paciente ou familiares a título de complementação, dado o caráter universal e gratuito do sistema público de saúde, entendimento reforçado pelo STF no julgamento do RE n. 581.488/RS, com repercussão geral, em que se afastou a possibilidade de "diferença de classe" em internações hospitalares pelo SUS (relator Ministro Dias Toffoli, Plenário, *DJe* de 8/4/2016). Assim, sob o aspecto administrativo, se eventualmente comprovada a exigência de complementação de honorários médicos ou a dupla cobrança por ato médico realizado, estaria configurada afronta à legislação citada, bem como aos arts. 65 e 66 do Código de Ética Médica. Todavia, a tipificação do art. 317 do CP exige a comprovação de recebimento de vantagem indevida pelo médico, não configurada quando há mero ressarcimento ou reembolso de despesas, conquanto desatendidas as normas administrativas. Com efeito, o uso da aparelhagem de videolaparoscopia importa em custos de manutenção e reposição de peças, não sendo razoável obrigar o médico a suportar tais gastos, em especial quando houver aquiescência da vítima à adoção da técnica cirúrgica por lhe ser notoriamente mais benéfica em relação à cirurgia tradicional ou "aberta". Desse modo, o reembolso dos gastos pelo uso do equipamento não representa o recebimento de vantagem pelo acusado, não demonstrada a elementar normativa do art. 317 do Código Penal.[131]

Se, contudo, o valor solicitado ou recebido dolosamente pelo funcionário público a título de reembolso ultrapassar aquele efetivamente gasto no exercício das suas funções, estará caracterizada a vantagem indevida e, consequentemente, o crime de corrupção passiva.

6.6.13.4.1. Corrupção passiva e princípio da insignificância

Não se aplica o princípio da insignificância nos crimes contra a Administração Pública, inclusive na corrupção passiva. Como estabelece a **Súmula 599 do Superior Tribunal de Justiça:** "O princípio da insignificância é inaplicável aos crimes contra a Administração Pública".

---

[131] HC 541.447/SP, rel. Min. João Otávio de Noronha, 5.ª Turma, j. 14.09.2021, noticiado no *Informativo* 709.

Portanto, não importa o valor da vantagem indevida solicitada ou recebida pelo funcionário público, pois o que caracteriza o crime de corrupção passiva é a violação da regularidade e da integridade da Administração Pública, que não se compadece com o comportamento irregular de agentes ímprobos e desonestos.

6.6.13.5. Espécies de corrupção passiva

A doutrina separa a corrupção passiva em quatro espécies distintas, divididas em dois blocos: (a) própria e imprópria e (b) antecedente ou subsequente.

a) Corrupção passiva própria e imprópria

O fator de diferenciação é a licitude ou ilicitude do ato funcional sobre o qual incide a venalidade do agente.

Na corrupção passiva **própria**, o funcionário público negocia um ato **ilícito** (exemplo: policial rodoviário que deixa de multar motorista de automóvel surpreendido em excesso de velocidade em troca do recebimento de determinada quantia em dinheiro). De outro lado, na corrupção passiva **imprópria** o ato sobre o qual recai a transação é **lícito** (exemplo: Delegado de Polícia que solicita propina da vítima de um crime para agilizar o trâmite de um inquérito policial sob sua presidência).

Questão usualmente formulada em provas e concursos públicos é a seguinte: Qual a razão de existir o crime de corrupção passiva nos casos em que o funcionário público, recebendo ou buscando vantagem indevida, pratica um ato lícito (corrupção passiva imprópria)?

A resposta é de fácil compreensão. A punição desta conduta tem como objetivo a proteção da probidade administrativa, pois o funcionário público é remunerado pelo Estado para praticar regularmente todos os atos inerentes à sua função, motivo pelo qual ele não pode receber quantias extras e oriundas de origem diversa da Administração Pública.

b) Corrupção passiva antecedente e subsequente

O critério de distinção diz respeito ao momento da negociação da vantagem indevida.

Corrupção passiva **antecedente** é aquela em que a vantagem indevida é entregue ou prometida ao funcionário público em vista de uma ação ou omissão futura (exemplo: Um oficial de justiça recebe dinheiro do réu para não citá-lo). Na corrupção passiva **subsequente**, por sua vez, a recompensa relaciona-se a um comportamento pretérito (exemplo: Investigador de Polícia que ganha um relógio de um empresário pelo fato de propositadamente não tê-lo investigado criminalmente no passado). Nas precisas lições de Nélson Hungria:

> Não é correto dizer que o nosso Código não contempla a *corruptio subsequens*. O art. 317, *caput*, não pode ser interpretado no sentido de tal exclusão. O legislador pátrio não rejeitou o critério que remonta ao direito romano: mesmo a recompensa não ajustada antes do ato ou omissão do *intraneus* pode ter sido esperada por este, sabendo ele que o *extraneus* é homem rico e liberal, ou acostumado a gratificar a quem o serve, além de que, como argumentava Giuliani, a opinião pública não deixaria de vincular a essa esperança a anterior conduta do exercente da função pública, o que redundaria em fundada desconfiança em torno da Administração do Estado.[132]

6.6.13.6. Núcleos do tipo

O art. 317, *caput*, do Código Penal contém três núcleos: "solicitar", "receber" e "aceitar". Cuida-se de **tipo misto alternativo**, **crime de ação múltipla** ou **de conteúdo variado**: se o

---

[132] HUNGRIA, Nélson. *Comentários ao Código Penal*. 2. ed. Rio de Janeiro: Forense, 1959. v. IX, p. 369.

funcionário público solicita a vantagem indevida, depois aceita a promessa de sua entrega e finalmente a recebe, relativamente ao mesmo ato de ofício a ser praticado ou omitido, estará delineado um único crime de corrupção passiva.

Solicitar equivale a pedir algo. Embora os crimes de concussão e de corrupção passiva apresentem diversas semelhanças, a principal diferença entre os delitos encontra-se nos núcleos dos tipos penais.

Na **corrupção passiva**, o funcionário público limita-se a manifestar perante outrem seu desejo de receber alguma vantagem indevida, e o particular pode ou não atendê-lo, pois não se sente atemorizado. Se cede aos anseios do corrupto, o faz por deliberada manifestação de vontade, uma vez que pretende obter benefícios em troca da vantagem prestada. De outro lado, na **concussão** o funcionário público exige – o núcleo do tipo penal é "exigir" – a entrega de vantagem indevida, aproveitando-se dos poderes inerentes ao seu cargo para intimidar a vítima, que irá ou não atendê-lo, mas em qualquer hipótese tem o receio de suportar um mal.

Receber é entrar na posse de um bem, aceitando a entrega efetuada por outrem. A oferta de vantagem indevida emana de uma terceira pessoa, e o funcionário público não só a aceita, como também a recebe. Essa aceitação pode ser manifestada por forma indireta, como no exemplo em que o funcionário público não restitui os presentes enviados, ou não restitui as dádivas feitas à sua mulher.[133]

Aceitar a promessa significa o comportamento do funcionário público de anuir com o recebimento da vantagem indevida. Há uma proposta concretizada por terceira pessoa (*extraneus*), com a qual concorda o *intraneus*. Importante destacar, porém, que não se opera o efetivo recebimento da vantagem indevida, pois nesse caso aplica-se o núcleo anterior ("receber").

A redação do art. 317, *caput*, do Código Penal é clara ao estabelecer que a solicitação ou recebimento da vantagem indevida pode ser realizada "direta ou indiretamente", ou seja, pelo próprio funcionário público ou por interposta pessoa atuando em seu nome.

6.6.13.6.1. Corrupção passiva e corrupção ativa: dependência e independência

O Código Penal, no tocante à corrupção, rompeu com a teoria unitária ou monista adotada como regra em seu art. 29, *caput*, relativamente ao instituto do concurso de pessoas. Há dois crimes distintos – corrupção passiva (art. 317) e corrupção ativa (art. 333) – para sujeitos que concorrem para o mesmo resultado.

Nada obstante, questiona-se a possibilidade da existência de corrupção passiva sem a ocorrência simultânea da corrupção ativa. A resposta a esta indagação depende da análise dos núcleos dos tipos penais de ambos os crimes.

Nesse sentido, a corrupção passiva contém três verbos: "solicitar", "receber" e "aceitar" promessa. Por sua vez, a corrupção ativa possui dois outros verbos: "oferecer" e "prometer".

Com a confrontação dos arts. 317, *caput*, e 333, *caput*, conclui-se pela admissibilidade da corrupção passiva, **independentemente** da corrupção ativa, exclusivamente em relação ao

---
[133] Cf. FARIA, Bento de. *Código Penal brasileiro comentado*. 3. ed. Rio de Janeiro: Distribuidora Record, 1961. v. VII, p. 101.

verbo **solicitar**, pois nesse caso a conduta inicial é do funcionário público. De fato, na prática o funcionário público pode solicitar vantagem indevida, sem a correspondente anuência do destinatário do pedido.

Nos demais núcleos – "receber" e "aceitar" promessa – a conduta inicial é do particular: ele "oferece" a vantagem indevida e o funcionário público a "recebe", ou então ele "promete" vantagem indevida e o *intraneus* a "aceita". Nesses casos, a corrupção passiva pressupõe a corrupção ativa.

O quadro abaixo bem sintetiza o que foi dito:

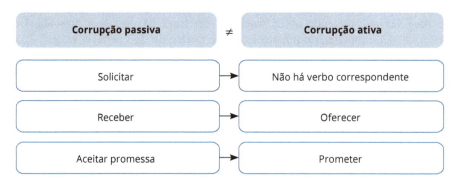

Este raciocínio limita-se ao plano teórico. Na prática, é perfeitamente possível uma ação penal, pelo crime de corrupção passiva, independentemente de processo penal pelo delito de corrupção ativa, a exemplo do que se verifica quando o particular que fez uma proposta indevida ao funcionário público não vem a ser formalmente identificado. Nessa hipótese é fácil notar a existência do crime definido no art. 333 do Código Penal, embora sem a devida punição ao seu responsável. Como já foi decidido pelo Superior Tribunal de Justiça:

> O reconhecimento da inépcia da denúncia em relação ao acusado de corrupção ativa (art. 333 do CP) não induz, por si só, o trancamento da ação penal em relação ao denunciado, no mesmo processo, por corrupção passiva (art. 317 do CP). Conquanto exista divergência doutrinária acerca do assunto, prevalece o entendimento de que, via de regra, os crimes de corrupção passiva e ativa, por estarem previstos em tipos penais distintos e autônomos, são independentes, de modo que a comprovação de um deles não pressupõe a do outro. Aliás, tal compreensão foi reafirmada pelo STF no julgamento da Ação Penal 470-DF, extraindo-se dos diversos votos nela proferidos a assertiva de que a exigência de bilateralidade não constitui elemento integrante da estrutura do tipo penal do delito de corrupção (AP 470-DF, Tribunal Pleno, *DJe* 19/04/2013). Não se desconhece o posicionamento no sentido de que, nas modalidades de recebimento ou aceitação da promessa de vantagem indevida, haveria bilateralidade da conduta, que seria precedida da ação do particular que a promove. Contudo, mesmo em tais casos, para que seja oferecida denúncia em face do autor da corrupção passiva é desnecessária a identificação ou mesmo a condenação do corruptor ativo, já que o princípio da indivisibilidade não se aplica às ações penais públicas.[134]

---

[134] RHC 52.465/PE, rel. Min. Jorge Mussi, 5.ª Turma, j. 23.10.2014, noticiado no *Informativo* 551. E também: "Eventual bilateralidade das condutas de corrupção passiva e ativa é apenas fático-jurídica, não se estendendo ao plano processual, visto que a investigação de cada fato terá o seu curso, com os percalços inerentes a cada procedimento, sendo que para a condenação do autor de corrupção passiva é desnecessária a identificação ou mesmo a condenação do corruptor ativo" (AgRg no REsp 1.613.927/RS, rel. Min. Maria Thereza de Assis Moura, 6.ª Turma, j. 20.09.2016).

6.6.13.6.2. A tipificação penal da "carteirada". Distinção entre abuso de autoridade e corrupção passiva

"Carteirada" é o ato do funcionário público consistente na exibição do seu documento funcional – a um particular ou a outro funcionário público –, com a finalidade de demonstrar sua autoridade e, consequentemente, conseguir algum favor ou benefício de natureza ilícita.

Para coibir esse reprovável comportamento, infelizmente frequente em nosso cotidiano, o parágrafo único do art. 33 da Lei 13.869/2019 tipificou, como abuso de autoridade, a conduta de quem "utiliza de cargo ou função pública ou invoca a condição de agente público para se eximir de obrigação legal ou para obter vantagem ou privilégio indevido".

De fato, o delito estará caracterizado quando o funcionário público utiliza seu cargo ou função, ou invoca sua condição funcional, para se eximir de obrigação legal – exemplo: o Delegado de Polícia se aproveita do cargo para não se submeter ao teste do bafômetro ao ser abordado em uma operação de trânsito –, ou para obter vantagem ou privilégio indevido, como na situação em que um representante do Ministério Público se vale da sua função pública para não pagar a conta do jantar em um restaurante.

Nesse ponto surge uma importante questão: Qual é a distinção entre o abuso de autoridade, previsto no art. 33, parágrafo único, da Lei 13.869/2019 e o crime de corrupção passiva, definido no art. 317 do Código Penal? A resposta é simples.

No abuso de autoridade, o funcionário público limita-se a obter vantagem ou privilégio indevido ou a eximir-se de obrigação legal. Não há nenhuma negociação espúria entre a vantagem ou privilégio desejado e algum ato relacionado à função pública exercida pelo agente.

Na corrupção passiva, por seu turno, há uma permuta criminosa entre a vantagem indevida solicitada, recebida ou aceita pelo funcionário público e o ato de ofício que ele pratica ou deixa de praticar em retribuição a tal vantagem. No exemplo mencionado, se o representante do Ministério Público negociar com o proprietário do restaurante o arquivamento de um inquérito policial em troca da conta do jantar, estará caracterizado o crime tipificado no art. 317 do Código Penal, punido com reclusão, de 2 a 12 anos, e multa, sensivelmente mais grave do que o abuso de autoridade (detenção, de 6 meses a 2 anos, e multa).

Corrupção passiva – art. 317 do Código Penal	Abuso de autoridade – art. 33, parágrafo único, da Lei 13.869/2019
Funcionário público efetua a troca ilícita entre a vantagem indevida e o ato de ofício praticado ou omitido	Funcionário público limita-se a obter vantagem ou privilégio indevido, valendo-se do seu cargo ou função pública, porém sem relação com algum ato de ofício a ser praticado ou omitido
Pena: reclusão, de 2 a 12 anos, e multa	Pena: detenção, de 6 meses a 2 anos, e multa

6.6.13.6.3. Corrupção e autolavagem de capitais

Na hipótese em que o funcionário público recebe vantagem indevida, em razão da sua função, e posteriormente busca ocultar ou dissimular a origem dos valores dela decorrentes, conferindo-lhes uma suposta aparência de licitude – adquirindo um imóvel, por exemplo –, não há falar na absorção da corrupção passiva pelo crime de lavagem de capitais. De fato, há uma nova conduta criminosa, independente do delito anterior e com ofensa ao bem jurídico penalmente tutelado pela Lei 9.613/1998. Na visão do Superior Tribunal de Justiça:

Na autolavagem não ocorre a consunção entre a corrupção passiva e a lavagem de dinheiro. O crime de lavagem de capitais tipifica exatamente a conduta de ocultar ou dissimular a natureza, origem, localização, disposição, movimentação ou propriedade de bens, direitos ou valores provenientes, direta ou indiretamente, de infração penal. Nota-se que não há falar em ausência de autonomia entre a corrupção passiva e a lavagem de dinheiro, com a consunção do segundo delito pelo primeiro. Isso porque não é possível ao agente, a pretexto de não ser punido pelo crime anterior ou com o fim de tornar seguro o seu produto, praticar novas infrações penais, lesando outros bens jurídicos. Em verdade, a excludente de culpabilidade demonstra-se totalmente incompatível com o delito de lavagem de dinheiro, uma vez que este não se destina à proteção de bens jurídicos, mas sim, entre outras finalidades, a assegurar o próprio proveito econômico obtido com a prática do crime antecedente. Em outras palavras, embora o tipo penal constante no art. 317 do CP preveja a possibilidade do recebimento da vantagem indevida de forma indireta, quando o agente pratica conduta dissimulada que lhe permita não apenas a posse do recurso ilícito, mas também sirva para conferir-lhe aura de legalidade, imprimindo-lhe feição de licitude, deve responder pelo crime de lavagem de dinheiro. Embora a tipificação da lavagem de capitais dependa da existência de um crime antecedente, é possível a autolavagem, isto é, a imputação simultânea, ao mesmo réu, do delito antecedente e do crime de lavagem, desde que sejam demonstrados atos diversos e autônomos daquele que compõe a realização do primeiro crime, circunstância em que não ocorrerá o fenômeno da consunção. Com efeito, a autolavagem (*self laundering*/autolavado) merece reprimenda estatal, na medida em que o autor do crime antecedente, já com a posse do proveito do crime, poderia simplesmente utilizar-se dos bens e valores à sua disposição, mas reinicia a prática de uma série de condutas típicas, a imprimir a aparência de licitude do recurso obtido com a prática da infração penal anterior. Dessa forma, se for confirmado, a partir do devido processo legal e da consequente disposição de todos os meios de prova ao alvitre das partes, notoriamente o contraditório e a ampla defesa, que o denunciado enfunou ares de legalidade ao dinheiro recebido e transferido, estará configurado o crime de lavagem de capitais.[135]

6.6.13.7. Sujeito ativo

Trata-se de **crime próprio** ou **especial**, pois somente pode ser cometido pelo funcionário público em razão da sua função, ainda que esteja fora dela (exemplo: férias, licenças etc.) ou antes de assumi-la (exemplo: candidato já aprovado em concurso público e regularmente nomeado, mas ainda não empossado).[136]

Note-se que o tipo penal utiliza a expressão "em razão da função", e não "em razão do cargo", como faz em outros crimes funcionais. Consequentemente, não é necessário seja o sujeito ativo titular de cargo público. Basta que exerça, ainda que transitoriamente e sem remuneração, uma função pública (exemplo: mesários da Justiça Eleitoral).

A propósito, caracteriza-se o delito ainda que a solicitação ou o recebimento da vantagem indevida, ou a aceitação da promessa de tal vantagem, **esteja ligada a atos que não digam respeito às atribuições formais do funcionário público**. Como destacado pelo Superior Tribunal de Justiça:

O crime de corrupção passiva consuma-se ainda que a solicitação ou recebimento de vantagem indevida, ou a aceitação da promessa de tal vantagem, esteja relacionada com atos que formalmen-

---

[135] APn 989/DF, rel. Min. Nancy Andrighi, Corte Especial, j. 16.02.2022, noticiado no *Informativo* 726.

[136] Embora o delito possa ser cometido por qualquer funcionário público, a pena pode ser elevada em razão da específica função pública desempenhada pelo agente. Como já se pronunciou o Superior Tribunal de Justiça: "O fato de o crime de corrupção passiva ter sido praticado por Promotor de Justiça no exercício de suas atribuições institucionais pode configurar circunstância judicial desfavorável na dosimetria da pena. Isso porque esse fato revela maior grau de reprovabilidade da conduta, a justificar o reconhecimento da acentuada culpabilidade, dada as específicas atribuições do Promotor de Justiça; as quais são distintas e incomuns se equiparadas aos demais servidores públicos *latu sensu*" (REsp 1.251.621/AM, rel. Min. Laurita Vaz, 5.ª Turma, j. 16.10.2014, noticiado no *Informativo* 552).

te não se inserem nas atribuições do funcionário público, mas que, em razão da função pública, materialmente implicam alguma forma de facilitação da prática da conduta almejada. De início, cumpre observar que recentes decisões do Supremo Tribunal Federal a respeito da interpretação do artigo 317 do Código Penal são no sentido de que "se exige, para a configuração do delito (de corrupção passiva), apenas o nexo causal entre a oferta (ou promessa) de vantagem indevida e a função pública exercida, sem que necessária a demonstração do mesmo nexo entre a oferta (ou promessa) e o ato de ofício esperado, seja ele lícito ou ilícito" (Voto da Ministra Rosa Weber no Inq 4.506/DF). Com efeito, nem a literalidade do art. 317 do CP, nem sua interpretação sistemática, nem a política criminal adotada pelo legislador parecem legitimar a ideia de que a expressão "em razão dela", presente no tipo de corrupção passiva, deve ser lida no restrito sentido de "ato que está dentro das competências formais do agente". A expressão "ato de ofício" aparece apenas no *caput* do art. 333 do CP, como um elemento normativo do tipo de corrupção ativa, e não no *caput* do art. 317 do CP, como um elemento normativo do tipo de corrupção passiva. Ao contrário, no que se refere a este último delito, a expressão "ato de ofício" figura apenas na majorante do art. 317, § 1.º, do CP e na modalidade privilegiada do § 2.º do mesmo dispositivo. Além disso, a desnecessidade de que o ato pretendido esteja no âmbito das atribuições formais do funcionário público fornece uma visão mais coerente e íntegra do sistema jurídico. A um só tempo, são potencializados os propósitos da incriminação – referentes à otimização da proteção da probidade administrativa, seja em aspectos econômicos, seja em aspectos morais – e os princípios da proporcionalidade e da isonomia. Conclui-se que o âmbito de aplicação da expressão "em razão dela", contida no art. 317 do CP, não se esgota em atos ou omissões que detenham relação direta e imediata com a competência funcional do agente. Assim, o nexo causal a ser reconhecido é entre a mencionada oferta ou promessa e eventual facilidade ou suscetibilidade usufruível em razão da função pública exercida pelo agente.[137]

São perfeitamente possíveis a coautoria e a participação por outras pessoas, sejam particulares ou também funcionários públicos. Entretanto, ao particular que oferece ou promete vantagem indevida ao funcionário público deve ser imputado o crime de corrupção ativa (CP, art. 333). Não há, nessa hipótese, concurso de pessoas relativamente à corrupção passiva, em decorrência do acolhimento de uma exceção pluralística pelo legislador no terreno da corrupção.

6.6.13.7.1. Corrupção passiva, tráfico de influência, exploração de prestígio e estelionato

O art. 317, *caput*, do Código Penal é taxativo ao determinar que na corrupção passiva a conduta de solicitar ou receber vantagem indevida, ou aceitar promessa de tal vantagem, deve necessariamente ocorrer "em razão da função pública", ou seja, opera-se uma negociação entre a vantagem indevida solicitada, recebida ou prometida e a prática ou a omissão de algum ato de ofício inserido no rol de atribuições do funcionário público. Este raciocínio nos leva às seguintes conclusões:

a) não há corrupção passiva se o ato não é da atribuição do funcionário público que solicitou, recebeu ou aceitou a promessa de vantagem indevida, embora tenha ele assim agido a pretexto de influir em ato praticado por funcionário público no exercício da função. Nesse caso, estará caracterizado o crime de tráfico de influência (CP, art. 332). Exemplo: O professor de uma escola estadual recebe dinheiro do pai de um aluno envolvido em diversas confusões para influir na decisão do diretor do estabelecimento de ensino,

---

[137] REsp 1.745.410/SP, rel. Min. Sebastião Reis Júnior, rel. p/ acórdão Min. Laurita Vaz, 6.ª Turma, j. 02.10.2018, noticiado no *Informativo* 635.

sendo este último o responsável pela condução de procedimento instaurado para apurar as faltas do discente, o qual pode acarretar sua expulsão;

b) não há corrupção passiva, mas exploração de prestígio (CP, art. 357), quando uma pessoa qualquer, inclusive um funcionário público (exemplo: um escrevente judicial), solicita ou recebe dinheiro ou qualquer outra utilidade, a pretexto de influir em juiz, jurado, órgão do Ministério Público, funcionário de justiça, perito, tradutor, intérprete ou testemunha;

c) estará configurado o crime de estelionato (CP, art. 171, *caput*), na hipótese em que o agente (funcionário público ou não) solicita ou recebe vantagem ilícita para influir ou obter de um funcionário público o benefício prometido a alguém, sem ter meios para fazê-lo. Exemplo: Golpista que recebe de um empresário determinada quantia em dinheiro para supostamente interceder junto ao Presidente da República e liberar em favor da vítima um empréstimo do BNDES.

6.6.13.7.2. Corrupção passiva e jurados

É possível a responsabilização penal dos jurados pelo crime de corrupção passiva, pois o art. 327, *caput*, do Código Penal enquadra os jurados no conceito de funcionário público para fins penais. Além disso, o art. 445 do Código de Processo Penal é taxativo ao estatuir que "O jurado, no exercício da função ou a pretexto de exercê-la, será responsável criminalmente nos mesmos termos em que o são os juízes togados".

6.6.13.7.3. Corrupção passiva e falso testemunho ou falsa perícia: distinção

O falso testemunho ou falsa perícia efetuada mediante o recebimento de suborno, em processo judicial ou administrativo, em inquérito policial ou em juízo arbitral, acarreta a configuração do crime tipificado no art. 342, § 1.º, do Código Penal. Soluciona-se o conflito aparente de leis penais com a utilização do **princípio da especialidade**, afastando-se a regra geral contida no art. 317, *caput*, do Código Penal (corrupção passiva).

Por sua vez, incide o art. 343 do Código Penal para aquele que deu, ofereceu ou prometeu dinheiro ou qualquer outra vantagem a testemunha, perito, contador, tradutor ou intérprete, para fazer afirmação falsa, negar ou calar a verdade em depoimento, perícia, cálculos, tradução ou interpretação.

6.6.13.7.4. Corrupção passiva e crime contra a ordem tributária

Na hipótese de conduta praticada por funcionário público ocupante do cargo de agente fiscal (federal, estadual ou municipal), estará configurado o crime tributário definido no art. 3.º, inc. II, da Lei 8.137/1990, cuja redação é a seguinte: "Constitui crime funcional contra a ordem tributária, além dos previstos no Decreto-Lei n.º 2.848, de 7 de dezembro de 1940 – Código Penal (Título XI, Capítulo I): II – exigir, solicitar ou receber, para si ou para outrem, direta ou indiretamente, ainda que fora da função ou antes de iniciar seu exercício, mas em razão dela, vantagem indevida; ou aceitar promessa de tal vantagem, para deixar de lançar ou cobrar tributo ou contribuição social, ou cobrá-los parcialmente".

Trata-se de **regra especial**, que afasta a aplicação do crime tipificado no art. 317, *caput*, do Código Penal. É o que se dá, exemplificativamente, quando um fiscal do ICMS solicita vantagem indevida para fazer vista grossa de irregularidades tributárias constatadas em uma empresa.

6.6.13.7.5. Corrupção passiva, ausência da condição funcional, fraude e vantagem ilícita

Imaginemos uma situação prática. Determinado indivíduo, já exonerado do cargo de agente penitenciário, mas sem ter ainda cumprido a ordem superior de abandonar o serviço público, recebe da esposa de um detento, no interior do estabelecimento prisional, determinada quantia em dinheiro para transferi-lo a uma cela mais segura. Qual ou quais crimes devem ser a ele imputados?

Inicialmente, não se pode falar em corrupção passiva por duas razões: (a) o agente, já exonerado, não é funcionário público para fins penais; e (b) ainda que fosse funcionário público, não seria dele, mas do Diretor do estabelecimento penal, a tarefa de determinar a cela a ser ocupada pelo detento. Restam então dois crimes, em concurso material: exercício funcional ilegalmente prolongado (CP, art. 324) e estelionato (CP, art. 171, *caput*), porque, valendo-se de condição funcional que não mais ostentava (fraude), induziu em erro a esposa do preso, obtendo vantagem ilícita em prejuízo dela.

6.6.13.7.6. Corrupção passiva no Código Penal Militar

O art. 308 do Decreto-lei 1.001/1969 – Código Penal Militar prevê a corrupção passiva praticada por militares:

> **Art. 308.** Solicitar ou receber, para si ou para outrem, direta ou indiretamente, ainda que fora da função ou antes de assumi-la, mas em razão dela, vantagem indevida, ou aceitar promessa de tal vantagem:
>
> Pena – reclusão, de 2 (dois) a 12 (doze) anos.
>
> **Aumento de pena**
>
> § 1.º A pena é aumentada de um terço, se, em consequência da vantagem ou promessa, o agente retarda ou deixa de praticar qualquer ato de ofício ou o pratica infringindo dever funcional.
>
> **Diminuição de pena**
>
> § 2.º Se o agente pratica, deixa de praticar ou retarda o ato de ofício com infração de dever funcional, cedendo a pedido ou influência de outrem:
>
> Pena – detenção, de três meses a um ano.

6.6.13.7.7. Corrupção passiva, atividade parlamentar e sustentação política da Presidência da República

O modelo presidencialista brasileiro apresenta peculiaridades, baseadas sobretudo na necessidade de apoio junto ao Congresso Nacional para garantia de governabilidade. Daí ser chamado de "presidencialismo de coalizão".

Nessa seara, o exercício ilegítimo da atividade parlamentar, voltado à solicitação ou recebimento de vantagem indevida, ou ainda à aceitação de promessa de tal vantagem, em troca da ausência de fiscalização das irregularidades praticadas no âmbito do Poder Executivo, caracteriza o crime de corrupção passiva. Como destacado pelo Supremo Tribunal Federal:

> [...] Ressaltou que o regime presidencialista brasileiro confere aos parlamentares um espectro de poder que vai além da mera deliberação de atos legislativos, com participação nas decisões de governo, inclusive por meio da indicação de cargos no Poder Executivo. Essa dinâmica é própria do sistema

presidencialista brasileiro, que exige uma coalizão para viabilizar a governabilidade. A despeito desse "presidencialismo de coalizão", a Constituição Federal (CF) atribui ao Congresso Nacional (CN) competência exclusiva para fiscalizar e controlar, diretamente, ou por qualquer de suas Casas, os atos do Executivo, incluídos os da Administração Indireta (CF, art. 49, X). Nesse âmbito, o CN foi dotado de poderes próprios de autoridade judicial, quando instituídas comissões parlamentares de inquérito para apuração de fatos determinados, com encaminhamento de suas conclusões ao Ministério Público para responsabilização civil e criminal de infratores (CF, art. 58, § 3.º). Ademais, para evitar conflitos de interesses, aos deputados e senadores é constitucionalmente vedado, desde a expedição do diploma: "a) firmar ou manter contrato com pessoa jurídica de direito público, autarquia, empresa pública, sociedade de economia mista ou empresa concessionária de serviço público, salvo quando o contrato obedecer a cláusulas uniformes; e b) aceitar ou exercer cargo, função ou emprego remunerado, inclusive os de que sejam demissíveis *ad nutum*, nas entidades constantes da alínea anterior." [CF, art. 54, I, "a" e "b"]. Nesse contexto institucional, a percepção de vantagens indevidas, oriundas de desvios perpetrados no âmbito de entidades da Administração Indireta, em troca de sustentação política a detentores de poder de gestão nessas instituições, implica evidente ato omissivo quanto à função parlamentar de fiscalizar a lisura dos atos do Poder Executivo. Quanto à corrupção passiva, a integral realização de sua estrutura típica exige uma relação entre a conduta do agente – que solicita, ou que recebe, ou que aceita a promessa de vantagem indevida – e a prática, que até pode não ocorrer, de um ato determinado de seu ofício. O exercício ilegítimo da atividade parlamentar, mesmo num governo de coalizão, é apto a caracterizar o ato de ofício viciado que tipifica o delito, se motivado pela solicitação, aceitação ou recebimento de vantagem indevida. Esse tipo penal tutela a moralidade administrativa e tem por finalidade coibir e reprimir a mercancia da função pública, cujo exercício deve ser pautado exclusivamente pelo interesse público. Não se trata simplesmente de criminalizar a atividade político-partidária, mas de responsabilizar os atos que transbordam os limites do exercício legítimo da representação popular. No caso, a Turma entendeu ter ficado comprovado que a sustentação política assegurada pelo parlamentar, em favor da manutenção do diretor da estatal, configurou ato de ofício para fins de enquadramento no crime de corrupção passiva.[138]

6.6.13.7.8. Corrupção passiva e Lei Geral do Esporte

O art. 317 do Código Penal constitui-se em crime praticado por funcionário público contra a Administração em geral, ou seja, o tipo penal incrimina unicamente a corrupção passiva do funcionário público. De fato, não se caracteriza esse delito quando um **particular** solicita ou recebe, para si ou para outrem, vantagem indevida, ou aceita promessa de tal vantagem.

Admite-se, todavia, a **corrupção passiva de particular** relacionada ao **resultado de competição esportiva ou evento a ela associado**. Nessa hipótese, é possível a configuração do crime tipificado no art. 198 da Lei 14.597/2023 – Lei Geral do Esporte:

> **Art. 198.** Solicitar ou aceitar, para si ou para outrem, vantagem ou promessa de vantagem patrimonial ou não patrimonial para qualquer ato ou omissão destinado a alterar ou falsear o resultado de competição esportiva ou evento a ela associado:
> Pena – reclusão, de 2 (dois) a 6 (seis) anos, e multa.

No tocante às manipulações em partidas oficiais de futebol, muitas vezes relacionadas a prêmios pagos por casas de apostas, o Superior Tribunal de Justiça assim se pronunciou:

> A promessa de vantagem indevida para receber cartão amarelo em uma partida de futebol é suficiente para, em tese, cometer o crime do art. 198 da Lei Geral do Esporte, ainda que isso não

---

[138] AP 996/DF, rel. Min. Edson Fachin, 2.ª Turma, j. 29.05.2018, noticiado no *Informativo* 904. E também: AP 1.002/DF, rel. Min. Edson Fachin, 2.ª Turma, j. 09.06.2020, noticiado no *Informativo* 981.

altere diretamente o placar do jogo. (...) A elementar "competição esportiva" é mais ampla do que o placar de uma partida. Embora um cartão amarelo não tenha capacidade de alterar diretamente o placar de um jogo de futebol, segundo o regulamento específico do campeonato em questão, a quantidade de cartões amarelos é critério de desempate para efeito de classificação final, podendo definir os rebaixados, os classificados para as competições internacionais, Copa Sulamericana ou Copa Libertadores, ou mesmo o campeão. Dessa forma, fica de plano afastada a alegação de que a promessa de vantagem para receber cartão amarelo não tem o condão de alterar o resultado da competição esportiva. Esse argumento, mais formal, tampouco é o único, exclusivo, pois o ânimo do jogador de futebol que recebeu cartão amarelo diminui diante da possibilidade de nova advertência por cartão amarelo e, consequentemente, conversão em expulsão. Assim, sua participação na marcação do time perde vigor e altera sua conduta, podendo redundar em alteração do placar do jogo e, por conseguinte, da competição. Admitir que apenas a conduta que altera o placar de uma partida é tipificado, implicaria em deixar fora da norma penal incriminadora, por exemplo, a promessa de vantagem para cometimento de pênalti não convertido em gol.[139]

6.6.13.8. Sujeito passivo

É o Estado e, mediatamente, a pessoa física ou jurídica prejudicada pela conduta criminosa.

6.6.13.9. Elemento subjetivo

É o dolo, acrescido de um especial fim de agir (elemento subjetivo específico), representado pela expressão "para si ou para outrem", ou seja, em proveito próprio ou de terceiro, compreendido este último como qualquer pessoa diversa do próprio funcionário público responsável pela conduta criminosa ou da Administração Pública.[140]

Em razão disso, não há falar em corrupção passiva quando a vantagem, embora indevida, passa a integrar o acervo patrimonial da própria Administração Pública. Exemplo: Secretário de Finanças que solicita doações de empresas para incrementar o orçamento do município, lesado pela sua má gestão.

Não se admite a modalidade culposa.

6.6.13.9.1. Corrupção passiva, doações de pequena monta e datas festivas

A doutrina é uníssona ao afirmar que não se verifica o crime de corrupção passiva nas gratificações de pequena monta (exemplo: Promotor de Justiça que recebe dos familiares da vítima uma caixa de chocolates ou uma garrafa de vinho depois da condenação do homicida no plenário do Júri), e especialmente nos presentes ofertados em datas festivas (Natal, Páscoa, dia do funcionário público etc.).

Para alguns penalistas, o fato é atípico em decorrência do princípio da insignificância.[141] Com o merecido respeito, discordamos deste raciocínio, pois é pacífico no âmbito jurisprudencial, especialmente no Superior Tribunal de Justiça, que não se aplica o princípio da insignificância nos crimes contra a Administração Pública.[142]

---

[139] HC 861.121/GO, rel. Min. Sebastião Reis Júnior, 6.ª Turma, j. 20.02.2024, noticiado no *Informativo* 21 (Edição Extraordinária).

[140] "Com efeito, embora inseridos no Código Penal no Título dos crimes contra a Administração Pública, tanto a concussão (art. 316, CP) quanto a corrupção passiva (art. 317, CP) possuem várias das características dos crimes contra o patrimônio, com a peculiaridade da qualificação do agente como servidor público. Assim sendo, no exame das circunstâncias judiciais envolvendo a prática desses dois delitos, a jurisprudência desta Corte vem entendendo que a cobiça, a ganância e a intenção de obter lucro fácil constituem elementares dos delitos, não podendo, assim, serem utilizadas novamente na apreciação das circunstâncias judiciais para justificar a elevação da pena-base" (STJ: EDv nos EREsp 1.196.136/RO, rel. Min. Reynaldo Soares da Fonseca, 3.ª Seção, j. 24.05.2017, noticiado no *Informativo* 608).

[141] Nesse sentido: GRECO, Rogério. *Curso de direito penal*. 5. ed. Niterói: Impetus, 2009. v. IV, p. 418; e NUCCI, Guilherme de Souza. *Código Penal comentado*. 8. ed. São Paulo: RT, 2008. p. 1059.

[142] Súmula 599 do STJ: "O princípio da insignificância é inaplicável aos crimes contra a Administração Pública."

Convém recordar que não importa o valor da vantagem indevida recebida pelo funcionário público, pois o que caracteriza o crime de corrupção passiva é a violação da regularidade e da integridade da Administração Pública, independentemente do proveito econômico auferido pelo agente.

Também há autores que sustentam a adequação social da conduta, sendo inaceitável a lei considerar criminoso um comportamento inofensivo, aprovado pelo sentimento social de justiça e incapaz de ferir qualquer interesse da Administração Pública.[143]

Em nossa opinião, a questão deve ser analisada por um ângulo diverso, qual seja, **ausência de dolo**. Com efeito, nas gratificações de pequena monta e nas oferendas em datas festivas inexiste, da parte do funcionário público, a intenção de aceitar alguma vantagem como retribuição de alguma ação ou omissão envolvendo ato de ofício já praticado ou a praticar em momento futuro. Em síntese, não há dolo, pois o agente público limita-se a receber um presente, desvinculado da sua atuação funcional.

Evidentemente, estará caracterizado o crime de corrupção passiva se o funcionário público recebe a doação com interesses espúrios, seja para comportar-se ilicitamente em algum ato funcional futuro, seja por já ter praticado ato de ofício ou se omitido indevidamente.

6.6.13.10. Consumação

A corrupção passiva é **crime formal, de consumação antecipada** ou **de resultado cortado**. Consuma-se no momento em que o funcionário público solicita, recebe ou aceita a promessa de vantagem indevida.

No núcleo "solicitar", não se exige a real entrega da vantagem indevida pelo particular, e, na modalidade "aceitar a promessa", é dispensável o seu posterior recebimento.

Percebe-se que, para fins de consumação da corrupção passiva, é irrelevante se o funcionário público efetivamente obtém a vantagem indevida almejada, ou se pratica, deixa de praticar ou retarda ato de ofício, infringindo os deveres atinentes à sua função.

Entretanto, a ação ou omissão do ato de ofício – que representa o exaurimento do delito – não passou desapercebida pelo legislador. Com efeito, estabelece o § 1.º do art. 317 do Código Penal que "a pena é aumentada de um terço, se, em consequência da vantagem ou promessa, o funcionário retarda ou deixa de praticar qualquer ato de ofício ou o pratica infringindo dever funcional".

6.6.13.11. Tentativa

É admissível nas hipóteses de crime plurissubsistente, ensejando o fracionamento do *iter criminis*. Exemplo: O funcionário público remete ao particular uma carta, na qual solicita a entrega de vantagem indevida, mas a missiva é interceptada pelo Ministério Público (com ordem judicial), que investigava o comportamento suspeito do indivíduo.

6.6.13.12. Ação penal

A ação penal é pública incondicionada, em todas as modalidades do delito.

6.6.13.13. Lei 9.099/1995

Em face da pena privativa de liberdade cominada – reclusão, de dois a doze anos –, a corrupção passiva constitui-se em **crime de elevado potencial ofensivo**, incompatível com os benefícios elencados pela Lei 9.099/1995.

---

[143] É o caso de CAPEZ, Fernando. *Curso de direito penal*. 8. ed. São Paulo: Saraiva, 2010. v. 3, p. 499. Veja-se que esta posição, ainda que indiretamente, também consagra a atipicidade do fato em face do princípio da insignificância.

6.6.13.14. Classificação doutrinária

A corrupção passiva é crime **simples** (ofende um único bem jurídico); **próprio** (somente pode ser cometido pelo funcionário público); **formal, de consumação antecipada** ou **de resultado cortado** (consuma-se com a prática da conduta, independentemente da superveniência do resultado naturalístico; se o funcionário público praticar ou deixar de praticar o ato de ofício, porém, incidirá a causa de aumento de pena contida no § 1.º do art. 317); **de dano** (causa prejuízo à Administração Pública); **de forma livre** (admite qualquer meio de execução); **comissivo** ou **omissivo**; **instantâneo** (consuma-se em um momento determinado, sem continuidade no tempo); **unissubjetivo, unilateral ou de concurso eventual** (normalmente praticado por um só agente, mas admite o concurso); e **unissubsistente** ou **plurissubsistente** (conforme a conduta seja exteriorizada em um ou mais atos de execução).

6.6.13.15. Causa de aumento da pena: art. 317, § 1.º

Nos termos do § 1.º do art. 317 do Código Penal: "A pena é aumentada de um terço, se, em consequência da vantagem ou promessa, o funcionário retarda ou deixa de praticar qualquer ato de ofício ou o pratica infringindo dever funcional".

O dispositivo legal prevê uma **causa de aumento da pena**, aplicável na terceira e derradeira fase da dosimetria da pena privativa de liberdade. A maior reprovabilidade da conduta repousa na efetiva violação do dever funcional, consistente no retardamento ou abstenção de ato de ofício, ou prática de ato contrário à função pública. Nas duas primeiras hipóteses, o ato é lícito (corrupção passiva imprópria), mas retardado ou omitido pelo agente; na última, o ato é ilícito (corrupção passiva própria), e mesmo assim o funcionário público o pratica.

Como se sabe, a corrupção passiva é crime formal. No entanto, o legislador deixou claro que a superveniência do resultado naturalística apresenta relevância jurídica. De fato, com o exaurimento surge a causa de aumento da pena disciplinada no art. 317, § 1.º, do Código Penal, dando ensejo à chamada **corrupção passiva exaurida**.

6.6.13.16. Corrupção passiva privilegiada: art. 317, § 2.º

A pena é de detenção, de três meses a um ano, ou multa, se o funcionário público pratica, deixa de praticar ou retarda ato de ofício, com infração de dever funcional, **cedendo a pedido ou influência de outrem**.

No § 2.º do art. 317 do Código Penal, foram alterados os limites mínimo e máximo da pena privativa de liberdade cominada ao delito. Daí falar, acertadamente, em **corrupção passiva privilegiada**, nada obstante a rubrica marginal refira-se somente à "diminuição da pena".

A corrupção passiva privilegiada constitui-se em **infração penal de menor potencial ofensivo**, de competência do Juizado Especial Criminal, compatível com a transação penal e com o rito sumaríssimo, em conformidade com a Lei 9.099/1995. A pena máxima é inferior a dois anos. Além disso, trata-se evidentemente de **crime material**, pois é imprescindível a produção do resultado naturalístico, compreendido como a prática, a omissão ou o retardamento do ato de ofício, com violação do dever funcional.

O fundamento da diminuição da pena é simples. Ao contrário do que se verifica no *caput* do art. 317 do Código Penal, no § 2.º não está em jogo uma vantagem indevida. O funcionário público não se vende ao interesse alheio. Na verdade, ele trai seu dever funcional em razão de ceder ao pedido ou influência de outrem. Para o Superior Tribunal de Justiça:

> O delito de corrupção passiva privilegiada (art. 317, § 2.º, do Código Penal) se trata de uma modalidade especial de corrupção passiva, de menor gravidade, por óbvio, quando comparada à figura prevista no *caput* do art. 317 do Código Penal, haja vista que a motivação da conduta do

agente não é constituída pela venda da função (*v.g.*: "venda de decisões ou votos") mas, ao contrário, transige o agente com o seu dever funcional perante a Administração Pública para atender pedido de terceiro, normalmente um amigo, influente ou não. (...) O tratamento penal mais brando explica-se, como destacam Alberto Silva Franco e Rui Stoco in "Código Penal e sua Interpretação Jurisprudencial – Volume 2 – Parte Especial", Ed. Revista dos Tribunais, 7.ª edição, 2001, página 3.876, pois "o motivo impelente, aqui, já não é a *auri sacra fames*, mas o interesse de satisfazer pedido de amigos ou de corresponder a desejo de pessoa prestigiosa ou aliciante. Nesse último caso é que o *intraneus* se deixa corromper por influência, isto é, trai o seu dever funcional para ser agradável ou por bajulação aos poderosos, que o solicitam ou por se deixar seduzir pela 'voz de sereia' do interesse alheio".[144]

Em síntese, o móvel do agente consiste em atender os pedidos de amigos ou pessoas próximas, ou então ser agradável às pessoas influentes que solicitam seus préstimos. Desponta o famoso "jeitinho", repita-se, sem o recebimento de qualquer tipo de vantagem indevida. Exemplo: Um funcionário público, atendendo aos anseios de uma amiga, emite uma certidão do interesse dela com extrema rapidez, violando a ordem cronológica dos requerimentos que estavam sob sua responsabilidade.

6.6.13.16.1. Corrupção passiva privilegiada e prevaricação: distinção

A diferença entre a corrupção passiva privilegiada e a prevaricação reside no elemento subjetivo específico que norteia a atuação do funcionário público.

Na **corrupção passiva privilegiada**, o agente pratica, deixa de praticar ou retarda ato de ofício, com infração de dever funcional, **cedendo a pedido ou influência de outrem**. Visualiza-se a intervenção de um terceiro, ainda que indireta ou até mesmo desconhecida por este, no comportamento do funcionário público. Exemplo: um fiscal de obras, para agradar ao juiz de Direito da comarca, deixa de embargar a construção irregular da sua residência, mesmo sem pedido formulado nesse sentido.

Já na **prevaricação** o agente retarda ou deixa de praticar, indevidamente, ato de ofício, ou o pratica contra disposição expressa de lei, **para satisfazer interesse ou sentimento pessoal**. Fica nítido, portanto, a ausência de intervenção de qualquer outra pessoa neste crime, pois o móvel do funcionário público é o interesse ou sentimento pessoal.

6.6.13.17. Corrupção passiva e Código Eleitoral

O art. 299 da Lei 4.737/1965 – Código Eleitoral – contém crimes semelhantes à corrupção passiva e ativa. A diferença repousa, contudo, na finalidade almejada pelo agente, consistente na intenção de obter voto ou conseguir abstenção, ainda que não tenha sucesso.

6.6.14. Art. 318 – Facilitação de contrabando ou descaminho

6.6.14.1. Dispositivo legal

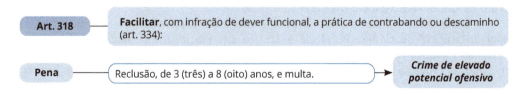

---
[144] Denúncia na APn 549/SP, rel. Min. Felix Fischer, Corte Especial, j. 21.10.2009.

CAP. 6 – DOS CRIMES CONTRA A ADMINISTRAÇÃO PÚBLICA

Classificação:
Crime pluriofensivo
Crime próprio
Crime formal, de consumação antecipada ou de resultado cortado
Crime de dano
Crime de forma livre
Crime comissivo ou omissivo; instantâneo
Crime unissubjetivo, unilateral ou de concurso eventual
Crime unissubsistente ou plurissubsistente
Crime remetido

Informações rápidas:
Crime remetido.
Exceção pluralística: facilitação de contrabando ou descaminho (art. 318) para funcionário público e contrabando (art. 334-A) ou descaminho (art. 334) para particular ou outro funcionário público.
Contrabando ≠ descaminho.
Objeto material: mercadoria contrabandeada, ou, no caso do descaminho, os tributos não recolhidos.
Elemento subjetivo: dolo. Não admite modalidade culposa.
Tentativa: admite (se o iter criminis puder ser fracionado em dois ou mais atos).
Ação penal: pública incondicionada.
Competência: Justiça Federal.
Contrabando de arma de fogo: art. 18 da Lei 10.826/2003.

6.6.14.2. Introdução

Na redação original do Código Penal, o art. 334 contemplava dois crimes: contrabando e descaminho. Porém, com a entrada em vigor da Lei 13.008/2014, tais delitos foram separados em tipos penais diversos. Agora, no art. 334 encontra-se unicamente o descaminho, pois o contrabando foi levado para o art. 334-A.

O legislador, se prezasse pela boa técnica, deveria ter efetuado igual mudança no art. 318 do Código Penal. Infelizmente, quedou-se inerte. Essa falha, contudo, não prejudica a aplicação prática da figura típica em análise, que faz menção expressa aos crimes de contrabando e descaminho, pouco importando o fato de aquele não mais estar alojado no art. 334 do Código Penal.

Cuida-se de **crime remetido**, pois o art. 318 do Código Penal remete o intérprete a outros delitos, os quais funcionam como complementação da facilitação de contrabando ou descaminho.

O legislador, ao disciplinar o crime de facilitação ao contrabando ou descaminho, novamente abriu uma exceção à teoria unitária ou monista do concurso de pessoas, adotada no art. 29, *caput*, do Código Penal.[145]

De fato, o funcionário público que facilita o contrabando ou descaminho responde pelo crime mais grave, tipificado no art. 318 do Código Penal, justamente em razão da sua condição funcional, a qual torna mais reprovável a conduta por ele praticada. De outro lado, a pessoa (particular ou mesmo um outro funcionário público) que realiza o contrabando ou descaminho incide no crime menos grave definido no art. 334 (descaminho) ou no art. 334-A (contrabando), ambos do Código Penal. Entretanto, ambos buscam o mesmo resultado, qual seja, o contrabando ou o descaminho.

Em apertada síntese, **contrabando** é a importação ou exportação de mercadorias cuja entrada no País ou saída dele é absoluta ou relativamente proibida, enquanto **descaminho** é toda fraude empregada para iludir, total ou parcialmente, o pagamento de impostos de importação ou exportação.

6.6.14.3. Objetividade jurídica

O bem jurídico penalmente tutelado é a Administração Pública, especialmente no campo patrimonial, pois com o descaminho o Estado deixa de arrecadar tributos. No tocante ao contrabando, protegem-se também a saúde, a moral e a ordem pública, por se tratar de produtos de importação ou exportação proibida.

---
[145] Art. 29, *caput*, do Código Penal: "Quem, de qualquer modo, concorre para o crime incide nas penas a este cominadas, na medida de sua culpabilidade".

6.6.14.4. Objeto material

É a mercadoria contrabandeada, ou, no caso do descaminho, os tributos não recolhidos.

6.6.14.5. Núcleo do tipo

O núcleo do tipo é "**facilitar**", isto é, auxiliar, tornar mais fácil, simplificar a prática do contrabando ou descaminho. Essa facilitação pode ser realizada por ação (retirando obstáculos legalmente existentes) ou por omissão (deixando de criar obstáculos previstos em lei).

6.6.14.6. Sujeito ativo

Cuida-se de **crime próprio** ou **especial**, assim como os demais delitos funcionais. Nada obstante, não pode ser cometido por qualquer funcionário público, mas somente por aquele dotado do especial dever funcional de impedir o contrabando ou o descaminho. Isto porque o tipo penal contém a expressão "**com infração de dever funcional**".

Com efeito, se a conduta for realizada por qualquer outra pessoa, seja particular, seja um outro funcionário público que não tenha a obrigação de inviabilizar o contrabando ou descaminho, a ela será imputado o crime previsto no art. 334 (descaminho) ou no art. 334-A (contrabando), ambos do Código Penal, na condição de partícipe.

6.6.14.7. Sujeito passivo

É o Estado.

6.6.14.8. Elemento subjetivo

É o dolo, independentemente de qualquer finalidade específica. Não se admite a modalidade culposa.

6.6.14.9. Consumação

Dá-se no instante em que o funcionário público efetivamente facilita o contrabando ou descaminho (**crime formal, de consumação antecipada** ou **de resultado cortado**), pouco importando se a outra pessoa alcança o almejado êxito em sua empreitada criminosa (contrabando ou descaminho).

Esta conclusão se justifica pelo fato de a facilitação ter sido definida como crime autônomo, razão pela qual sua consumação independe do sucesso do outro crime. Destarte, prescinde-se da comprovação do início da execução do contrabando ou descaminho, bastando demonstrar a facilitação proporcionada pelo funcionário público.

6.6.14.10. Tentativa

É possível somente na hipótese de crime plurissubsistente, ou seja, quando a conduta for exteriorizada mediante ação, permitindo o fracionamento do *iter criminis*. Como se sabe, crimes praticados por omissão são unissubsistentes e, por corolário, incompatíveis com o *conatus*.

6.6.14.11. Ação penal

A ação penal é pública incondicionada.

6.6.14.12. Lei 9.099/1995

Em face da pena privativa de liberdade cominada – reclusão, de três a oito anos –, a facilitação de contrabando ou descaminho constitui-se em **crime de elevado potencial ofensivo**, incompatível com os benefícios contidos na Lei 9.099/1995.

6.6.14.13. Competência

O crime de facilitação de contrabando ou descaminho é de competência da **Justiça Federal** (CF, art. 109, inc. IV), pois ofende interesse da União, relativamente ao controle de produtos ilícitos importados ou exportados (contrabando) ou ao pagamento dos tributos legalmente exigidos para entrada ou saída de mercadorias permitidas do território nacional (descaminho).

Quanto à fixação da competência, assim dispõe a Súmula 151 do Superior Tribunal de Justiça: "A competência para o processo e julgamento por crime de contrabando ou descaminho define-se pela prevenção do Juízo Federal do lugar da apreensão dos bens".

Se não bastasse, cumpre lembrar que, nos termos do art. 144, § 1.º, inc. II, da Constituição Federal, uma das tarefas precípuas da **Polícia Federal** consiste em prevenir e reprimir o contrabando e o descaminho.

6.6.14.14. Classificação doutrinária

A facilitação de contrabando ou descaminho é crime **pluriofensivo** (ofende mais de um bem jurídico); **próprio** (somente pode ser cometido pelo funcionário público especialmente obrigado a impedir o contrabando ou descaminho); **formal, de consumação antecipada** ou **de resultado cortado** (consuma-se com a mera facilitação, independentemente do êxito do terceiro); **de dano** (causa prejuízo à regularidade da Administração Pública); **de forma livre** (admite qualquer meio de execução); **comissivo** ou **omissivo**; **instantâneo** (consuma-se em momento determinado, sem continuidade no tempo); **unissubjetivo, unilateral ou de concurso eventual** (normalmente praticado por um só agente, mas admite o concurso); e **unissubsistente** ou **plurissubsistente** (conforme a conduta seja exteriorizada em um ou mais atos de execução).

6.6.14.15. Facilitação de contrabando e tráfico internacional de arma de fogo

A importação ou exportação de produto ilícito caracteriza o crime de contrabando (CP, art. 334-A). Se o objeto material, contudo, constituir-se em arma de fogo, acessório ou munição, sem autorização da autoridade competente, estará caracterizado o crime de tráfico internacional de arma de fogo, definido no art. 18 da Lei 10.826/2003 – Estatuto do Desarmamento.[146] Nessa hipótese, o conflito aparente de leis penais é solucionado pelo **princípio da especialidade**.

Logo, se um funcionário público facilita o contrabando de arma de fogo, acessório ou munição, não se aplica o crime do art. 318 do Código Penal. Ele deverá ser responsabilizado pelo crime de tráfico internacional de arma de fogo, com base no núcleo "**favorecer**", sinônimo de "facilitar".

6.6.15. Art. 319 – Prevaricação

6.6.15.1. Dispositivo legal

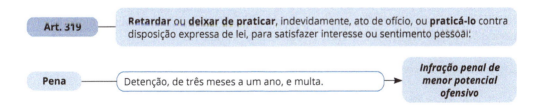

---

[146] "Art. 18. Importar, exportar, favorecer a entrada ou saída do território nacional, a qualquer título, de arma de fogo, acessório ou munição, sem autorização da autoridade competente: Pena – reclusão, de 8 (oito) a 16 (dezesseis) anos, e multa."

Classificação:	Informações rápidas:
Crime simples Crime de mão própria Crime formal, de consumação antecipada ou de resultado cortado Crime de dano Crime de forma livre Crime comissivo ou omissivo próprio ou puro Crime instantâneo Crime unissubjetivo, unilateral ou de concurso eventual Crime unissubsistente	**Objeto material:** ato de ofício indevidamente retardado ou omitido pelo agente, ou praticado contra disposição expressa de lei. **Elementos normativos do tipo:** "indevidamente" e "contra disposição expressa de lei". Funcionário público e recusa em cumprir mandado judicial: crime de prevaricação. **Elemento subjetivo:** dolo (elemento subjetivo específico – "para satisfazer interesse ou sentimento pessoal"). Não admite modalidade culposa. **Excesso de zelo:** pode funcionar como causa da prevaricação. **Tentativa:** admite somente na modalidade comissiva ("praticá-lo contra disposição expressa de lei"). **Ação penal:** pública incondicionada. **Competência:** Justiça Estadual.

6.6.15.2. Conceito

Prevaricação é a infidelidade ao dever de ofício, à função exercida. É o não cumprimento pelo funcionário público das obrigações que lhe são inerentes, em razão de ser guiado por interesses ou sentimentos próprios. Nosso Código Penal compreende a omissão de ato funcional, o retardamento e a prática, sempre contrários à disposição legal.[147]

O funcionário público, utilizando seu cargo para a busca da satisfação de interesse ou sentimento pessoal, afronta um dos mais importantes valores do nosso Estado Democrático de Direito, consistente no princípio da impessoalidade (CF, art. 37, *caput*), cujo conteúdo "significa basicamente que o agente de governo, no exercício de sua função, deve mover-se por padrões objetivos, e não por interesses ou inclinações particulares, próprias ou alheias".[148]

6.6.15.3. Objetividade jurídica

O bem jurídico penalmente protegido é a Administração Pública, cujos interesses perseguidos não se compactuam com o comportamento do funcionário que não cumpre seus deveres, com o propósito de satisfazer interesses pessoais, prejudicando o desenvolvimento normal e regular da atividade administrativa.

6.6.15.4. Objeto material

É o **ato de ofício** – compreendido como todo e qualquer ato em que se exterioriza o exercício da função pública ou do cargo público – indevidamente retardado ou omitido pelo agente, ou praticado contra disposição expressa de lei. Incluem-se nessa categoria os atos públicos de qualquer natureza, executivos, judiciais ou legislativos.

Como o ato é de ofício, não há prevaricação quando o ato retardado, omitido ou praticado não integra a competência ou atribuição do funcionário público.

6.6.15.5. Núcleos do tipo

O tipo penal do crime de prevaricação contém três núcleos: "retardar", "deixar de praticar" e "praticar".

---

[147] MAGALHÃES NORONHA, E. *Direito penal*. 16. ed. São Paulo: Saraiva, 1983. v. 4, p. 266-267.
[148] CUNHA, Sérgio Sérvulo da. *Princípios constitucionais*. São Paulo: Saraiva, 2006. p. 152.

Cuida-se de **tipo misto alternativo**, **crime de ação múltipla** ou **de conteúdo variado**, pois a lei descreve diversos núcleos e a realização de mais de um deles, no tocante ao mesmo objeto material, caracteriza um único delito. Exemplo: O funcionário público retarda e, posteriormente, deixa de praticar, indevidamente, o mesmo ato de ofício, para satisfazer interesse pessoal. Passemos à análise de cada uma das condutas típicas.

a) Retardar e deixar de praticar

Retardar é atrasar, postergar ou adiar. O funcionário público não realiza o ato de ofício dentro do prazo previsto em lei. É irrelevante possa o ato ser praticado posteriormente ao esgotamento do prazo legal, ainda que a demora não acarrete a sua invalidade. Nesse caso também estará caracterizado o crime definido no art. 319 do Código Penal, pois o objetivo da lei é punir a conduta consistente em protelar a execução do ato de ofício.

Deixar de praticar é abster-se no tocante à realização do ato de ofício. Diferencia-se da conduta anterior, pois aqui o funcionário público não executa o ato com ânimo definitivo.

Ambos os núcleos ("retardar" e "deixar de praticar") integram modalidades omissivas do crime de prevaricação. Trata-se, nesse ponto, de **crime omissivo próprio** ou **puro**, pois o tipo penal descreve condutas omissivas.

Se não bastasse, para estas duas formas do crime o tipo penal exige a presença de um **elemento normativo**, contido na palavra "**indevidamente**", indicativa de "ilegalmente" ou "injustificadamente". Em síntese, não há prevaricação quando o funcionário público deixa de agir em razão da ausência de norma jurídica que o obrigue à prática do ato, ou então quando motivos fortuitos ou de força maior legitimem a demora ou omissão (exemplo: déficit de pessoal na repartição pública em comparação com o elevado volume de serviço).

b) Praticar

Praticar é fazer algo. Visualiza-se aqui um **crime comissivo**, pois exige uma ação do sujeito ativo.

O tipo penal também reclama um **elemento normativo**, pois o funcionário público há de praticar o ato "**contra disposição expressa de lei**". Essa expressão deve ser compreendida como a disposição livre de qualquer contradição, dúvida, ambiguidade ou obscuridade. Presente qualquer destes vícios, não se pode falar em prevaricação. Em suma, há uma lei vedando peremptoriamente a prática do ato, mas o funcionário público age em sentido contrário, substituindo o mandamento da lei pelo seu arbítrio.

6.6.15.6. Sujeito ativo

A prevaricação somente pode ser praticada pelo funcionário público. Trata-se de **crime de mão própria**, **de atuação pessoal** ou **de conduta infungível**, pois a execução da conduta criminosa não pode ser delegada a outra pessoa. Não admite coautoria, mas somente participação.

6.6.15.6.1. Prevaricação e jurados

Os jurados, assim como em outros delitos funcionais, também podem ser penalmente responsabilizados pelo crime de prevaricação, a teor do art. 445 do Código de Processo Penal: "O jurado, no exercício da função ou a pretexto de exercê-la, será responsável criminalmente nos mesmos termos em que o são os juízes togados".

6.6.15.6.2. Prevaricação, desobediência e descumprimento de ordem judicial

Qual crime deve ser imputado ao funcionário público que se recusa a cumprir mandado judicial relativo a ato de sua atribuição legal?

A tendência imediata é pensar no crime de desobediência (CP, art. 330). No entanto, aqui há de ser feita uma importante ponderação, pois este delito somente pode ser cometido por particular, ou excepcionalmente por funcionário público que receba ordem não relacionada às suas atribuições. Este raciocínio justifica-se pelo fato de a desobediência ter sido prevista pelo legislador entre os crimes praticados por particular contra a Administração em geral, e o funcionário público, ao receber ordens alheias às suas funções, equipara-se ao particular para os fins do crime definido no art. 330 do Código Penal.

Por corolário, se o funcionário público recebeu ordem legal que deveria cumprir, e não o fez, deverá ser responsabilizado pelo crime de prevaricação, desde que presente a finalidade específica de satisfazer interesse ou sentimento pessoal.

Finalmente, se o funcionário público recebeu ordem que deveria cumprir e se omitiu, e ausente o interesse de satisfazer interesse ou sentimento pessoal, o fato será penalmente atípico.

6.6.15.7. Sujeito passivo

É o Estado, ofendido pela ação que estorva o seu desenvolvimento normal e regular, bem como a pessoa física ou jurídica lesada pela conduta penalmente ilícita.

6.6.15.8. Elemento subjetivo

É o dolo, acrescido de um especial fim de agir (elemento subjetivo específico), pois o funcionário público deve retardar ou deixar de praticar, indevidamente, ato de ofício, ou praticá-lo contra disposição expressa de lei, "para satisfazer interesse ou sentimento pessoal".

Interesse pessoal é qualquer proveito ou vantagem obtido pelo agente, de índole patrimonial ou moral.

Quanto ao interesse patrimonial do funcionário público, vale ressaltar que a obtenção do proveito ou vantagem não pode estar relacionada a qualquer oferecimento ou entrega de vantagem indevida pelo particular em troca da ação ou omissão funcional. Em outras palavras, existe interesse pessoal do funcionário público na aferição do proveito ou vantagem, mas sem intervenção de terceira pessoa nesse sentido. Exemplo: Um escrevente judicial deixa de promover regular andamento em uma ação de cobrança movida contra seu vizinho, pessoa idosa e muito doente, pois sabe que será futuramente beneficiado em seu inventário.

De fato, se o ato de ofício indevidamente retardado ou omitido, ou praticado contra expressa disposição de lei, tiver sido objeto de anterior acordo entre o funcionário público e um particular, mediante a entrega de vantagem indevida, estará caracterizado o crime de corrupção passiva (CP, art. 317). De outro lado, o crime será o de concussão (CP, art. 316, *caput*) se, previamente ao retardamento, omissão ou prática do ato de ofício, o funcionário público exigiu vantagem indevida.

Quanto ao interesse pessoal de cunho **moral**, é válido alertar que nessa situação o funcionário público também deve almejar uma vantagem ou proveito (exemplo: "A", investigador de polícia, deixa de realizar todas as medidas investigatórias em um inquérito policial, para ganhar prestígio com o prefeito da sua cidade, pois o filho deste é o principal suspeito da prática do crime). Com efeito, o interesse pessoal de natureza moral não pode ser confundido com o mero comodismo (preguiça).

Sentimento pessoal, por sua vez, é a posição afetiva (amor, ódio, amizade, vingança, inveja etc.) do funcionário público relativamente às pessoas ou coisas a que se refere a conduta a ser praticada ou omitida. Exemplo: comete prevaricação o Delegado de Polícia que não instaura inquérito policial para apuração de crime supostamente praticado por um amigo de longa data.

Eventual nobreza do sentimento pessoal não afasta a tipicidade do fato, pois a lei não reclama a torpeza do móvel do funcionário público. Como adverte Fernando Henrique Mendes de Almeida:

> Não aproveita ao prevaricador dizer que seu procedimento atendeu a sentimento pessoal dos mais nobres e respeitáveis, tais como o religioso, o da amizade, o da apreciabilidade política, ou o de solidariedade humana. Sentimentos pessoais do funcionário somente ele os deve exercer à custa de seu patrimônio e nas coisas que disserem respeito à sua vida de cidadão, na esfera doméstica.[149]

É certo, porém, que a natureza do sentimento pode, e deve, ser sopesada pelo magistrado na dosimetria da pena-base, em conformidade com as circunstâncias judiciais ou inominadas insculpidas no art. 59, *caput*, do Código Penal. A título ilustrativo, a escala de reprovabilidade é maior na conduta daquele que prevaricou por vingança quando comparada com a prevaricação amparada pelo amor paterno.

Não se admite a figura culposa.

6.6.15.8.1. Elemento subjetivo, Ministério Público e conteúdo da denúncia

O membro do Ministério Público deve descrever detalhadamente, na denúncia, qual o interesse ou sentimento pessoal que levou o funcionário público à prevaricação, sob pena de inépcia.

6.6.15.8.2. Prevaricação e excesso de zelo

O excesso de zelo, representado pelo cuidado exagerado no exercício da função pública, pode funcionar como causa da prevaricação. O funcionário público, supondo estar zelando pelo bem ou serviço público, acaba praticando ato danoso à Administração Pública. Em vez de desempenhar corretamente a atividade administrativa, o agente transforma sua cautela em preciosismo desnecessário, agindo unicamente para satisfazer sentimento ou interesse pessoal.[150]

6.6.15.9. Consumação

Nas duas primeiras modalidades do delito, a prevaricação se consuma no momento em que o funcionário público retarda ou deixa de praticar indevidamente o ato de ofício.

Na última modalidade, a consumação verifica-se no instante em que o funcionário público pratica o ato de ofício contra disposição expressa de lei.

Em todas as hipóteses, o crime é **formal, de consumação antecipada** ou **de resultado cortado**, pois para seu aperfeiçoamento basta a intenção do funcionário público de satisfazer interesse ou sentimento pessoal, ainda que este resultado não venha a ser concretizado.

6.6.15.10. Tentativa

O *conatus* somente é admissível na modalidade comissiva ("praticá-lo contra disposição expressa de lei"), pois nesse caso é possível o fracionamento do *iter criminis*, em face do caráter plurissubsistente do delito.

Nas demais condutas, de natureza omissiva ("retardar" e "deixar de praticar"), a tentativa não é cabível, em face do caráter unissubsistente do delito (crime omissivo próprio ou puro). Portanto, ou o funcionário público retarda ou deixa de praticar indevidamente o ato de ofício, para satisfazer interesse ou sentimento pessoal, ou então age regularmente no desempenho de sua função, e não há crime.

---

[149] *Dos crimes contra a Administração Pública*. São Paulo: Saraiva, 1955. p. 96.
[150] Com igual raciocínio: ALMEIDA, Fernando Henrique Mendes de. *Dos crimes contra a Administração Pública*. São Paulo: Saraiva, 1955. p. 99.

6.6.15.11. Ação penal

A ação penal é pública incondicionada.

6.6.15.12. Lei 9.099/1995

Em face da pena máxima cominada ao delito (detenção de um ano), a prevaricação integra o rol das **infrações penais de menor potencial ofensivo**, de competência do Juizado Especial Criminal e compatível com a transação penal e com o rito sumaríssimo, nos moldes da Lei 9.099/1995.

6.6.15.13. Classificação doutrinária

A prevaricação é crime **simples** (ofende um único bem jurídico); **de mão própria** (somente pode ser cometido pelo funcionário público, não se admitindo a coautoria, mas apenas a participação); **formal, de consumação antecipada** ou **de resultado cortado** (consuma-se com a ação ou omissão, independentemente da satisfação do interesse ou sentimento pessoal); **de dano** (causa prejuízo à regularidade da Administração Pública); **de forma livre** (admite qualquer meio de execução); **comissivo** ou **omissivo próprio** ou **puro**; **instantâneo** (consuma-se em um momento determinado, sem continuidade no tempo); **unissubjetivo, unilateral ou de concurso eventual** (normalmente praticado por um só agente, mas admite o concurso); e **unissubsistente** (nas modalidades omissivas) ou **plurissubsistente** (na modalidade comissiva).

6.6.15.14. Legislação penal especial

6.6.15.14.1. Prevaricação e Código Penal Militar

O art. 319 do Decreto-lei 1.001/1969 – Código Penal Militar – prevê a prevaricação entre os crimes contra o dever funcional, nos seguintes termos:

> **Art. 319.** Retardar ou deixar de praticar, indevidamente, ato de ofício, ou praticá-lo contra expressa disposição de lei, para satisfazer interesse ou sentimento pessoal:
> Pena – detenção, de seis meses a dois anos.

6.6.15.14.2. Crime contra o Sistema Financeiro Nacional

O art. 23 da Lei 7.492/1986 contém um crime cuja descrição típica se assemelha à prevaricação:

> **Art. 23.** Omitir, retardar ou praticar, o funcionário público, contra disposição expressa de lei, ato de ofício necessário ao regular funcionamento do sistema financeiro nacional, bem como a preservação dos interesses e valores da ordem econômico-financeira:
> Pena – Reclusão, de 1 (um) a 4 (quatro) anos, e multa.

6.6.15.14.3. Código Eleitoral

Nos termos do art. 345 da Lei 4.737/1965 – Código Eleitoral:

CAP. 6 – DOS CRIMES CONTRA A ADMINISTRAÇÃO PÚBLICA | 603

> **Art. 345.** Não cumprir a autoridade judiciária, ou qualquer funcionário dos órgãos da Justiça Eleitoral, nos prazos legais, os deveres impostos por este Código, se a infração não estiver sujeita a outra penalidade:
> Pena – pagamento de trinta a noventa dias-multa.

Trata-se, na verdade, de **contravenção penal**, nada obstante denominada de "crime" pelo Código Eleitoral, uma vez que, como dispõe o art. 1.º da Lei de Introdução ao Código Penal, só se pode falar em crime quando a lei comina ao fato a pena de reclusão ou de detenção, ainda que alternativa ou cumulativamente com a pena pecuniária.

6.6.15.14.4. Prevaricação e crime contra a economia popular

Estatui o art. 10, § 4.º, da Lei 1.521/1951 que "a retardação injustificada, pura e simples, dos prazos indicados nos parágrafos anteriores, importa em crime de prevaricação (art. 319 do Código Penal)".

6.6.15.14.5. Política Nacional do Meio Ambiente

O art. 15, § 2.º, da Lei 6.938/1981 prevê a pena de reclusão, de um a três anos, e multa, à autoridade competente que deixar de promover as medidas tendentes a impedir as condutas indicadas no *caput* e no § 1.º do citado dispositivo legal, quais sejam os atos praticados pelo poluidor que expõem a perigo a incolumidade humana, animal ou vegetal, ou estiver tornando mais grave situação de perigo existente.

6.6.15.14.6. Abuso de autoridade

Se a omissão do agente público consistir em negar ao interessado, seu defensor ou advogado acesso aos autos de investigação preliminar, de termo circunstanciado, de inquérito ou qualquer outro procedimento investigatório de infração penal, civil ou administrativa, ou então impedir a obtenção de cópias, salvo hipótese de imprescindível sigilo, estará configurado o crime de abuso de autoridade catalogado no art. 32 da Lei 13.869/2019:

> **Art. 32.** Negar ao interessado, seu defensor ou advogado acesso aos autos de investigação preliminar, ao termo circunstanciado, ao inquérito ou a qualquer outro procedimento investigatório de infração penal, civil ou administrativa, assim como impedir a obtenção de cópias, ressalvado o acesso a peças relativas a diligências em curso, ou que indiquem a realização de diligências futuras, cujo sigilo seja imprescindível:
> Pena – detenção, de 6 (seis) meses a 2 (dois) anos, e multa.

6.6.16. Art. 319-A – Prevaricação imprópria

6.6.16.1. Dispositivo legal

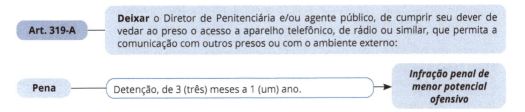

Classificação:	Informações rápidas:
Crime simples Crime próprio Crime formal, de consumação antecipada ou de resultado cortado Crime de dano Crime de forma livre Crime omissivo próprio ou puro Crime instantâneo Crime unissubjetivo, unilateral ou de concurso eventual Crime unissubsistente	Prevaricação imprópria. **Objeto material:** aparelho telefônico, de rádio ou similar (aparelho quebrado ou impossibilitado de funcionar: atipicidade). **Elemento subjetivo:** dolo. Não admite modalidade culposa. **Tentativa:** não admite (crime omissivo próprio ou puro, e, consequentemente, unissubsistente). **Ação penal:** pública incondicionada.

6.6.16.2. Denominação

Este crime, introduzido no Código Penal pela Lei 11.466/2007, tem recebido inúmeros nomes doutrinários, tais como prevaricação imprópria, prevaricação nos presídios,[151] omissão do dever de vedar ao preso o acesso a aparelho telefônico, de rádio ou similar etc. Todos os rótulos são aceitáveis, uma vez que o legislador não conferiu rubrica marginal (*nomen iuris*) à conduta atualmente descrita no art. 319-A do Código Penal, transferindo à doutrina esta tarefa.

6.6.16.3. Art. 319-A do Código Penal e o princípio da proporcionalidade

A tipificação da conduta versada no art. 319-A do Código Penal fundamenta-se em dois fatores aterrorizantes da sociedade moderna, intimamente relacionados com o crime organizado:

a) ausência de medidas administrativas eficazes para impedir o ingresso de aparelhos de comunicação nos estabelecimentos prisionais, que acabam funcionando como autênticos "escritórios" das organizações criminosas, mantidos pelo Estado; e

b) inexistência de punição rígida e efetiva aos agentes públicos que permitiam o ingresso de meios de comunicação nos presídios para a utilização pelos detentos.

Lamentavelmente, contudo, o legislador foi deveras tímido na cominação da pena a uma conduta revestida de enorme gravidade, especialmente por lesar os interesses do Estado e da sociedade, ensejando enormes prejuízos à segurança pública. Ofende-se, dessa forma, o **princípio da proibição da proteção insuficiente de bens jurídicos**, uma das variantes do princípio da proporcionalidade.[152] Como leciona Paulo Queiroz:

> Convém notar, todavia, que o princípio da proporcionalidade compreende, além da proibição de excesso, a proibição de insuficiência da intervenção jurídico-penal. Significa dizer que, se, por um lado, deve ser combatida a sanção penal desproporcional porque excessiva, por outro lado, cumpre também evitar a resposta penal que fique muito aquém do seu efetivo merecimento, dado o seu grau de ofensividade e significação político-criminal, afinal a desproporção tanto pode dar-se para mais quanto para menos.[153]

---

[151] A utilização do nome "prevaricação" se deve à localização do delito, despontando como um desdobramento do art. 319 do Código Penal. Daí a razão de preferirmos a nomenclatura "prevaricação imprópria".

[152] Para um estudo aprofundado do tema, vide: MENDES, Gilmar Ferreira; COELHO, Inocêncio Mártires; BRANCO, Paulo Gustavo Gonet. *Curso de direito constitucional*. 2. ed. São Paulo: Saraiva, 2008. p. 333.

[153] QUEIROZ, Paulo. *Direito penal*: parte geral. 3. ed. São Paulo: Saraiva, 2006. p. 45.

6.6.16.4. Lei 11.466/2007 e reflexos na Lei de Execução Penal

A Lei 11.466/2007, além de inserir o art. 319-A no Código Penal, também acrescentou o inciso VII no art. 50 da Lei 7.210/1984 – Lei de Execução Penal –, para o fim de estabelecer que "comete falta grave o condenado à pena privativa de liberdade que: tiver em sua posse, utilizar ou fornecer aparelho telefônico, de rádio ou similar, que permita a comunicação com outros presos ou com o ambiente externo".[154]

Esta medida – aplicável tanto ao preso definitivo como ao preso provisório (LEP, art. 44, parágrafo único) – foi salutar, pois supriu uma lacuna outrora existente na Lei de Execução Penal, a qual deixava impune o preso que tinha em sua posse, utilizava ou fornecia para outros detentos algum aparelho de comunicação, e, deste modo, comandava operações criminosas do interior do estabelecimento prisional.

A partir de então, com a configuração da falta grave, a posse, utilização ou fornecimento de aparelho telefônico, de rádio ou similar pelo preso importa em diversas consequências jurídico-penais, tais como a perda dos dias remidos, a vedação do livramento condicional, a impossibilidade de progressão de regime prisional, e, por outro lado, a regressão para regime prisional mais gravoso. Também será admissível a inserção do preso no regime disciplinar diferenciado (LEP, art. 52).

6.6.16.5. Objetividade jurídica

O bem jurídico penalmente protegido é a Administração Pública, responsável pela segurança pública, tanto no interior dos estabelecimentos prisionais como no âmbito da sociedade em geral.

6.6.16.6. Objeto material

É o **aparelho telefônico** (fixo ou móvel), de **rádio** (aparelho que emite e recebe ondas radiofônicas – exemplos: *walkie-talkies*, Nextel etc.), ou **similar** (qualquer outro meio de comunicação entre pessoas – exemplo: aparelhos de informática e conversação via *webcam*).

Como o tipo penal utiliza a expressão "que permita a comunicação com outros presos ou com o ambiente externo", conclui-se pela atipicidade do fato nas situações em que o aparelho de comunicação esteja quebrado ou de qualquer modo absolutamente impossibilitado de funcionar, bem como quando tratar-se de réplica de tais aparelhos.

Subsiste o crime, todavia, em relação a aparelhos de telefonia celular pré-pagos e sem créditos, pois é sabido que os presos têm recursos para a obtenção dos recursos destinados aos seus funcionamentos (exemplo: extorsões baseadas em falsos sequestros), bem como aparelhos sem baterias, uma vez que há meios diversos para suas ativações.

6.6.16.7. Núcleo do tipo

O núcleo do tipo é "**deixar**", no sentido de omitir-se ou não fazer algo. Esse verbo está associado à expressão "de cumprir seu dever de vedar", isto é, proibir algo em cumprimento

---

[154] "No âmbito da execução penal, configura falta grave a posse de *chip* de telefonia móvel por preso. Essa conduta se adequa ao disposto no art. 50, VII, da LEP, de acordo com o qual constitui falta grave a posse de aparelho telefônico, de rádio ou similar que permita a comunicação com outros presos ou com o ambiente externo. Trata-se de previsão normativa cujo propósito é conter a comunicação entre presos e seus comparsas que estão no ambiente externo, evitando-se, assim, a deletéria conservação da atividade criminosa que, muitas vezes, conduziu-os ao aprisionamento. Portanto, há de se ter por configurada falta grave também pela posse de qualquer outra parte integrante do aparelho celular. Conclusão diversa permitiria o fracionamento do aparelho entre cúmplices apenas com o propósito de afastar a aplicação da lei e de escapar das sanções nela previstas" (STJ: HC 260.122/RS, rel. Min. Marco Aurélio Bellizze, 5.ª Turma, j. 21.03.2013, noticiado no *Informativo* 517).

de obrigação legal. O objeto da omissão ilícita é o acesso (alcance, obtenção) a aparelho telefônico, de rádio ou similar.

A destinação reservada ao aparelho de comunicação é permitir a comunicação do preso com outro detento, que pode se encontrar no mesmo presídio ou em estabelecimento penal diverso, ou entre o preso e qualquer outra pessoa localizada fora do ambiente carcerário, chamado pelo tipo penal de "ambiente externo".

A finalidade buscada pelo legislador, portanto, é impedir e punir o acesso do preso a aparelhos de comunicação idôneos a permitir sua comunicação com outras pessoas, estejam elas situadas também no mundo carcerário ou fora dos estabelecimentos prisionais.

6.6.16.8. Sujeito ativo

Trata-se de **crime próprio** ou **especial**, pois somente pode ser cometido pelo Diretor de Penitenciária, responsável pela administração prisional, ou agente público.

A expressão "agente público", nesse delito, há de ser interpretada restritivamente, abrangendo unicamente as pessoas funcionalmente incumbidas do dever de evitar o acesso a aparelhos de comunicação pelos presos, como é o caso dos agentes penitenciários, dos carcereiros, dos policiais responsáveis pela escolta dos presos etc.

Embora o legislador tenha utilizado a expressão "Diretor de Penitenciária", e não diretor de estabelecimentos penais em sentido amplo, para incluir outras pessoas, como o diretor de colônia agrícola, industrial ou similar, o diretor da casa de albergado e o diretor da cadeia pública, estes sujeitos foram alcançados pela fórmula residual seguinte, genérica e mais ampla, "agente público". Entretanto, a mencionada expressão não atinge o diretor de hospital de custódia e tratamento psiquiátrico, pois, falando o tipo penal em "preso", não abrange o inimputável ou semi-imputável submetido a medida de segurança.[155]

Ao particular (exemplos: parentes, cônjuge, companheira, advogado etc.) que em horário de visita ou no período de entrevista ingressa no estabelecimento prisional com um aparelho de comunicação, entregando-o ao detento, sem estar ajustado com o diretor da penitenciária ou agente público, não se aplica o art. 319-A do Código Penal, o qual tem como sujeito ativo apenas o diretor da penitenciária ou agente público, sob pena de restar consagrada a analogia *in malam partem*, em patente violação do princípio da reserva legal. Entretanto, para **qualquer outra pessoa**, sem o dever funcional, que ingressar, promover, intermediar, auxiliar ou facilitar a entrada de aparelho telefônico de comunicação móvel, de rádio ou similar, sem autorização legal, em estabelecimento prisional, será imputado o crime tipificado no art. 349-A do Código Penal, punido igualmente com detenção, de três meses a um ano.

Finalmente, também não comete este crime o preso, se com ele for encontrado o aparelho de comunicação. Incide, contudo, a falta grave disciplinada no art. 50, inc. VII, da Lei 7.210/1984 – Lei de Execução Penal.

6.6.16.9. Sujeito passivo

É o Estado e, mediatamente, a sociedade, suscetível à prática de novas infrações penais em decorrência do uso do aparelho de comunicação no interior dos estabelecimentos prisionais.

6.6.16.10. Elemento subjetivo

É o dolo, independentemente de qualquer finalidade específica. Em síntese, pouco importa se o aparelho de comunicação será utilizado pelo preso para fins lícitos ou ilícitos, pois ele não ostenta o direito de comunicação por meios artificiais com o mundo exterior ou com outros

---

[155] Com igual raciocínio: CUNHA, Rogério Sanches. *Direito penal*. Parte especial. 3. ed. São Paulo: RT, 2010. p. 424.

presos. Portanto, comete o crime o Diretor de Penitenciária que permite o ingresso de um aparelho de telefonia celular para o preso conversar com sua namorada ou para comunicar-se com outros integrantes da sua organização criminosa.

Não se admite a modalidade culposa, sem prejuízo da imposição de sanção de natureza civil ou disciplinar.

6.6.16.10.1. Art. 319-A e corrupção passiva

No crime tipificado no art. 319-A do Código Penal, o funcionário público é punido em razão do descumprimento intencional dos deveres inerentes ao seu cargo. Tinha ele a obrigação de impedir o acesso ao preso de aparelho telefônico, de rádio ou similar, mas preferiu omitir-se no desempenho da sua função.

Se, por outro lado, o funcionário público se omite movido pelo recebimento, solicitação ou promessa de entrega de vantagem indevida, estará caracterizado o crime de corrupção passiva (CP, art. 317).

6.6.16.11. Consumação

Dá-se no momento em que o Diretor de Penitenciária ou agente público, conhecendo a situação ilícita, não faça nada para impedir o acesso do preso a aparelho telefônico, de rádio ou similar. É dispensável a efetiva utilização do meio de comunicação pelo detento. Basta que tenha a possibilidade de fazê-lo.

6.6.16.12. Tentativa

Não é cabível, por se tratar de crime omissivo próprio ou puro, e, consequentemente, unissubsistente, inviabilizando o fracionamento do *iter criminis*. Destarte, de duas uma: ou o Diretor de Penitenciária deixa de cumprir seu dever de vedar ao preso o acesso a aparelho telefônico, de rádio ou similar, e o crime estará consumado, ou age rigorosamente nos limites das suas atribuições funcionais, e o fato será atípico, mesmo com o ingresso do aparelho de comunicação no estabelecimento prisional por outros meios.

6.6.16.13. Ação penal

A ação penal é pública incondicionada.

6.6.16.14. Lei 9.099/1995

Em face da pena máxima legalmente prevista, o crime definido no art. 319-A do Código Penal constitui-se em **infração penal de menor potencial ofensivo**, de competência do Juizado Especial Criminal, admitindo a transação penal e o rito sumaríssimo, em consonância com as disposições da Lei 9.099/1995.

6.6.16.15. Classificação doutrinária

O crime definido no art. 319-A do Código Penal é **simples** (ofende um único bem jurídico); **próprio** (somente pode ser cometido pelo Diretor de Penitenciária ou agente público dotado do dever de impedir o acesso de aparelhos de comunicação aos presos); **formal, de consumação antecipada** ou **de resultado cortado** (consuma-se com o descumprimento do dever funcional, independentemente da efetiva utilização do aparelho de comunicação pelo detento); **de dano** (causa prejuízo à regularidade da Administração Pública); **de forma livre** (admite qualquer meio de execução); **omissivo próprio** ou **puro** (o tipo penal descreve uma conduta comissiva); **instantâneo** (consuma-se em um momento determinado, sem continuidade no tempo); **unissubjetivo, unilateral ou de concurso eventual** (normalmente praticado por um só agente, mas admite o concurso); e **unissubsistente**.

6.6.17. Art. 320 – Condescendência criminosa

6.6.17.1. Dispositivo legal

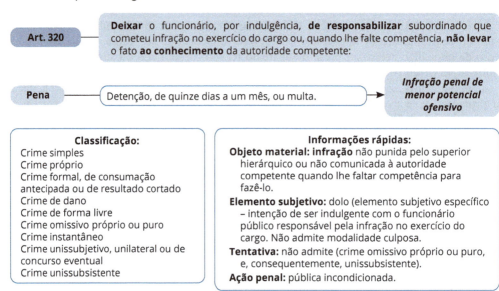

6.6.17.2. Introdução

Na condescendência criminosa o funcionário público deixa de responsabilizar seu subordinado pela infração cometida no exercício do cargo ou, faltando-lhe atribuições para tanto, não leva o fato ao conhecimento da autoridade competente, unicamente pelo seu espírito de tolerância ou clemência. Não há intenção de satisfazer interesse ou sentimento pessoal, senão estaria configurado o delito de prevaricação (CP, art. 319), nem o propósito de receber vantagem indevida, pois em caso contrário o crime seria o de corrupção passiva (CP, art. 317). Aqui, o móvel do superior hierárquico funda-se exclusivamente na tolerância com o seu subordinado.

Daí a razão de este crime ser um dos mais suavemente apenados pelo Código Penal (pena alternativa, de 15 dias a 1 mês, ou multa). O fundamento desta escolha legislativa é apontada por Martins Teixeira: "É um dever desagradável o de responsabilizar alguém pelas faltas cometidas, e esse dever é tanto mais penoso se a pessoa responsável é um colega, embora de categoria inferior".[156]

Como se sabe, o ambiente de trabalho envolve inúmeras relações de afeto e de amizade, especialmente no setor público, pois em razão da estabilidade as pessoas convivem diariamente por longo período, muitas vezes passando mais tempo de suas vidas com os companheiros de trabalho do que com os próprios familiares.

Entretanto, nada obstante o altruísmo que embasa a condescendência do funcionário público, o Código Penal não poderia fazer vistas grossas a esta conduta, para não subverter

---

[156] TEIXEIRA, Silvio Martins. *Crimes contra a administração pública e administração da Justiça*. Rio de Janeiro: Livraria Jacinto, 1951. p. 104.

um dos mais importantes poderes da Administração Pública, qual seja o **poder disciplinar**, compreendido como consectário lógico do sistema hierárquico existente nas relações de direito público.

Com efeito, se aos agentes superiores é dado o poder de fiscalizar as atividades dos de nível inferior, disso deflui o efeito de poderem eles exigir que a conduta destes seja adequada aos mandamentos legais, sob pena de, se tal não ocorrer, serem os infratores sujeitos às respectivas sanções.[157]

Nesse sentido, estaria comprometida toda a atividade administrativa, olvidando-se dos princípios da legalidade, da impessoalidade, da moralidade e da eficiência da Administração Pública (CF, art. 37, *caput*), e abrindo-se espaço para perseguições pessoais e protecionismo de apaniguados e coniventes, se os superiores hierárquicos tivessem a faculdade de arbitrariamente escolher quais subordinados iriam punir, quando e como puni-los. Em um Estado Democrático de Direito, a vontade da lei está acima da vontade dos homens.

6.6.17.3. Objetividade jurídica

O bem jurídico penalmente tutelado é a Administração Pública, especialmente no que diz respeito ao seu regular desenvolvimento no tocante ao exercício do poder disciplinar dos superiores hierárquicos em relação aos funcionários públicos faltosos.

6.6.17.4. Objeto material

É a **infração** não punida pelo superior hierárquico ou não comunicada à autoridade competente quando lhe faltar competência para fazê-lo.

Essa infração pode ser simplesmente uma falta disciplinar, de índole administrativa, ou então um crime, de qualquer natureza, ou uma contravenção penal. Em qualquer caso, é exigência do tipo penal tenha sido a infração cometida "**no exercício do cargo**", ou seja, deve estar relacionada ao cargo público ocupado pelo subalterno.

Consequentemente, não há condescendência criminosa, por exemplo, quando o superior hierárquico deixa de punir o subalterno por um crime de homicídio por este praticado, por duas razões: (a) este delito não diz respeito ao exercício do cargo do subordinado; e (b) a tarefa de punir um crime deste jaez é, unicamente, da Justiça Penal. Por outro lado, estaria caracterizado o crime do art. 320 do Código Penal quando o superior hierárquico se omite após tomar conhecimento de um peculato atribuído ao seu subalterno, não adotando as providências cabíveis na seara administrativa nem comunicando o fato à autoridade policial ou ao Ministério Público para instauração da persecução penal.

6.6.17.5. Núcleos do tipo

O tipo penal contém dois núcleos: "deixar de responsabilizar" e "não levar ao conhecimento". Trata-se de **crime omissivo próprio** ou **puro**, pois a conduta criminosa, em ambas as hipóteses, é omissiva.

Deixar de responsabilizar equivale a não atribuir responsabilidade à pessoa que cometeu uma infração (administrativa ou penal), a fim de que possa ser regularmente processada e, se cabíveis, suportar as sanções pertinentes. Nessa modalidade, o sujeito ativo é dotado de poder disciplinar em relação ao autor da infração, ou seja, ele pode (e deve) punir o subalterno, mas por indulgência não o faz. Exemplo: Um juiz de Direito toma ciência de uma falta disciplinar cometida pelo escrevente lotado no cartório judicial ligado à sua vara, mas, por piedade, deixa de instaurar o processo administrativo para apurar seu comportamento.

---

[157] Cf. CARVALHO FILHO, José dos Santos. *Manual de direito administrativo*. 21. ed. Rio de Janeiro: Lumen Juris, 2009. p. 67.

Não levar ao conhecimento significa, no contexto da condescendência criminosa, ocultar ou esconder da autoridade competente para a responsabilização de um funcionário público a infração por este cometida, também por indulgência. Ao contrário da modalidade anterior, aqui o superior hierárquico não goza de poderes para investigar os fatos e responsabilizar seu subordinado, mas se omite ao não levar a infração ao conhecimento da autoridade competente. Exemplo: O escrivão de um cartório judicial presencia uma falta funcional praticada por um oficial de justiça, mas por clemência não a comunica ao juiz de Direito.

Veja-se que o tipo penal é imperativo, não dando ensejo à discricionariedade do superior hierárquico. Se ele tem poderes para responsabilizar o subalterno faltoso, deve fazê-lo de pronto; em caso contrário, está obrigado a levar o fato imediatamente ao conhecimento da autoridade competente. Se na primeira modalidade criminosa esta conclusão é inquestionável, na segunda modalidade a conduta também pode ser atribuída apenas ao superior hierárquico, pois é dele, e só dele, o dever de comunicar a falta a quem de direito.

6.6.17.6. Sujeito ativo

Cuida-se de **crime próprio** ou **especial**, pois somente pode ser praticado pelo funcionário público. Todavia, não é suficiente a condição funcional. Exige-se a posição de hierarquia perante o autor da infração que não foi responsabilizado ou teve sua conduta omitida do conhecimento da autoridade competente.

6.6.17.7. Sujeito passivo

É o Estado.

6.6.17.8. Elemento subjetivo

É o dolo, acrescido de um especial fim de agir (elemento subjetivo específico), consistente na intenção de ser indulgente com o funcionário público responsável pela infração no exercício do cargo. **Indulgência** é sinônimo de perdão, clemência ou tolerância.

Não há previsão de modalidade culposa. Destarte, não há condescendência criminosa quando o superior hierárquico, por negligência, não toma ciência da infração cometida pelo subalterno no exercício do cargo.

6.6.17.9. Consumação

O art. 320 do Código Penal não fixa prazo para o superior hierárquico responsabilizar o subordinado que cometeu infração no exercício do cargo, nem para levar o fato a conhecimento da autoridade competente para tanto quando lhe faltar o poder disciplinar.

Entretanto, pode ser utilizada como vetor interpretativo a regra delineada pelo art. 143 da Lei 8.112/1990, a qual dispõe sobre o regime jurídico dos servidores públicos civis da União, das autarquias e das empresas públicas federais, assim redigida: "A autoridade que tiver ciência de irregularidade no serviço público é obrigada a promover a sua apuração imediata, mediante sindicância ou processo administrativo disciplinar, assegurada ao acusado ampla defesa".

O dever do superior hierárquico em promover a responsabilização do subordinado não está sujeito a prazo. **Sua obrigação é imediata.** Consequentemente, é correto concluir que a condescendência criminosa é **delito omissivo próprio** ou **puro**.

Consuma-se com a mera omissão do funcionário público que, ao tomar ciência da infração cometida pelo subordinado no exercício do cargo, deixa de adotar qualquer providência para responsabilizá-lo, ou, quando lhe faltar competência para tanto, não leva o fato ao conhecimento da autoridade competente. O crime é **formal, de consumação antecipada** ou **de**

resultado cortado, pois para o seu aperfeiçoamento é suficiente a omissão, independentemente da efetiva impunidade do infrator.

6.6.17.10. Tentativa

Não é cabível, por se tratar de crime omissivo próprio ou puro, e, portanto, unissubsistente, sendo impossível o fracionamento do *iter criminis*.

6.6.17.11. Ação penal

A ação penal é pública incondicionada.

6.6.17.12. Lei 9.099/1995

Em face da pena máxima cominada, a condescendência criminosa é classificada como **infração penal de menor potencial ofensivo**, de competência do Juizado Especial Criminal e compatível com a transação penal e o rito sumaríssimo, na forma definida pela Lei 9.099/1995.

6.6.17.13. Classificação doutrinária

A condescendência criminosa é crime **simples** (ofende um único bem jurídico); **próprio** (somente pode ser cometido pelo funcionário público); **formal, de consumação antecipada** ou **de resultado cortado** (consuma-se com a prática da conduta legalmente descrita, prescindindo-se da impunidade do agente público infrator); **de dano** (causa prejuízo à regularidade da Administração Pública); **de forma livre** (admite qualquer meio de execução); **omissivo próprio** ou **puro** (o tipo penal descreve uma conduta omissiva); **instantâneo** (consuma-se em um momento determinado, sem continuidade no tempo); **unissubjetivo, unilateral ou de concurso eventual** (normalmente praticado por um só agente, mas admite o concurso); e **unissubsistente** (pelo fato de ser omissivo próprio).

6.6.17.14. Legislação penal especial

6.6.17.14.1. Código Penal Militar

O art. 322 do Decreto-lei 1.001/1969 prevê uma modalidade específica de condescendência criminosa, punida inclusive na forma culposa:

> **Art. 322.** Deixar de responsabilizar subordinado que comete infração no exercício do cargo, ou, quando lhe falte competência, não levar o fato ao conhecimento da autoridade competente:
> Pena – se o fato foi praticado por indulgência, detenção até seis meses; se por negligência, detenção até três meses.

6.6.17.14.2. Lei 1.079/1950 e crime de responsabilidade

Nos termos do art. 9.º, item 3, da Lei 1.079/1950, constitui-se em crime de responsabilidade contra a probidade na administração a conduta de "não tornar efetiva a responsabilidade dos seus subordinados, quando manifesta em delitos funcionais ou na prática de atos contrários à Constituição".

6.6.18. Art. 321 – Advocacia administrativa
6.6.18.1. Dispositivo legal

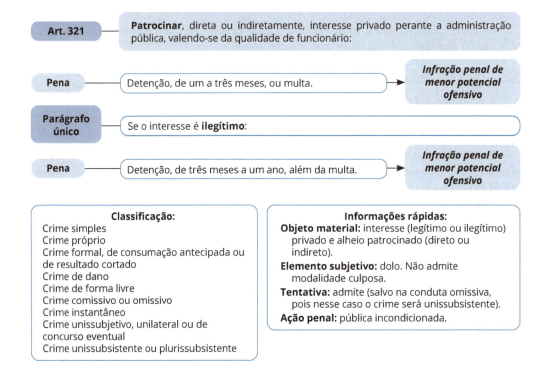

6.6.18.2. Conceito

O crime de advocacia administrativa caracteriza-se pela defesa de interesses privados perante a Administração Pública, aproveitando-se o funcionário público das facilidades proporcionadas pelo seu cargo. A conduta é ilícita, pois a missão de todo agente público é única e exclusivamente a defesa e a promoção de interesses públicos, e nunca particulares, mesmo que legítimos. Como destaca Basileu Garcia:

> O que se desejou punir é, como a própria denominação da modalidade criminosa adverte, a atitude que comprove, da parte do funcionário, o ânimo de advogar pretensões alheias, utilizando-se da sua qualidade e do seu poder de funcionário, como força para a vitória que, desse modo desleal, tende a ser concedida a uma das partes.[158]

Anote-se, porém, que a palavra utilizada na rubrica marginal ("advocacia") transmite a equivocada ideia de tratar-se de delito praticado exclusivamente por advogados, quando na verdade tem o sentido de "defesa" ou "patrocínio".

6.6.18.3. Objetividade jurídica

O bem jurídico penalmente protegido é a Administração Pública, relativamente ao seu regular funcionamento e à moralidade administrativa.

---

[158] GARCIA, Basileu. Dos crimes contra a administração pública. *Revista Forense*, n. 152, p. 443, nov. 1944.

6.6.18.4. Objeto material

É o interesse privado e alheio patrocinado, compreendido como qualquer vantagem ou meta a ser alcançada pelo particular.

O interesse patrocinado pode ser **legítimo** (advocacia administrativa imprópria) ou **ilegítimo** (advocacia administrativa própria).[159] Veja-se, destarte, que não há obrigatoriedade da ilegitimidade do interesse patrocinado, mas, nesse último caso, incide a figura qualificada contida no parágrafo único do art. 321 do Código Penal, cuja pena é de detenção, de três meses a um ano, e multa, em razão da maior reprovabilidade da conduta. Ausente a ilegitimidade do interesse patrocinado, opera-se a desclassificação para a forma simples.

O fundamento da punição do patrocínio de interesse legítimo é simples. Quando um funcionário público defende interesse privado, ele viola a essência da Administração Pública, consistente na promoção do bem coletivo, e isto não pode ser tolerado.

6.6.18.5. Núcleo do tipo

O núcleo do tipo é "**patrocinar**", ou seja, amparar, advogar, defender ou pleitear interesse privado de outrem. O patrocínio – que não depende de qualquer vantagem econômica em contrapartida ao agente público – pode ser **direto**, quando exercido pelo próprio funcionário público, ou **indireto**, na hipótese em que ele se vale de terceira pessoa, a qual age sob o manto do seu prestígio (exemplo: o Secretário de Obras, querendo auxiliar um amigo, pede a um funcionário seu para solicitar ao fiscal a não interdição das obras de um estabelecimento comercial).

A conduta normalmente é comissiva, mas também pode ser cometida por omissão (crime omissivo impróprio ou comissivo por omissão). É o que se dá quando o funcionário público, titular do dever jurídico de agir, deixa de atuar para mediatamente defender um interesse alheio de natureza privada. Exemplo: Um oficial de justiça deixa de cumprir o mandado de citação, contribuindo para a extinção da punibilidade de um réu pelo instituto da prescrição.

O patrocínio não necessariamente deve ocorrer na repartição pública em que o funcionário encontra-se lotado. Pode realizar-se em órgão diverso, desde que lá ele também tenha influência. É obrigatório, contudo, que, ao patrocinar interesses privados alheios, o agente público se valha das facilitadas proporcionadas pela sua condição funcional. Caso contrário, o fato será atípico. Exemplo: Um escrevente judicial obtém para determinado advogado uma certidão de inteiro teor de ação cível em trâmite, mediante o pagamento da taxa respectiva e dentro do prazo legal. Como ele se limitou a cumprir sua obrigação legal, sem se valer das facilidades proporcionadas pelo seu cargo, não há crime.

6.6.18.6. Sujeito ativo

Cuida-se de **crime próprio** ou **especial**, pois somente pode ser praticado por funcionário público.

6.6.18.7. Sujeito passivo

É o Estado.

6.6.18.8. Elemento subjetivo

É o dolo, independentemente de qualquer finalidade específica, ou seja, pouco importa a finalidade que leva o funcionário público a patrocinar interesse privado alheio (amizade,

---

[159] Com igual raciocínio: COGAN, Arthur. *Crimes contra a administração pública*. São Paulo: Juarez de Oliveira, 2003. p. 74.

namoro etc.). Na forma qualificada (CP, art. 321, parágrafo único), é imprescindível a ciência da ilegitimidade do interesse.

Não se admite a modalidade culposa.

6.6.18.9. Consumação

O crime é **formal, de consumação antecipada** ou **de resultado cortado**. Consuma-se com o simples patrocínio pelo funcionário público do interesse privado e alheio, independentemente da efetiva obtenção de benefício pelo particular.

6.6.18.10. Tentativa

É possível, salvo na conduta omissiva, pois nesse caso o crime será unissubsistente, e, por corolário, incompatível com o *conatus*. Vejamos um exemplo de tentativa: "A", funcionário público, encaminha para "B", seu colega na repartição pública, um ofício patrocinando interesse particular de um terceiro, mas a missiva acaba se extraviando nos Correios.

6.6.18.11. Ação penal

A ação penal é pública incondicionada.

6.6.18.12. Lei 9.099/1995

A advocacia administrativa é **infração penal de menor potencial ofensivo**, de competência do Juizado Especial Criminal, tanto na forma simples como na modalidade qualificada. Sujeita-se, portanto, a diversos institutos previstos na Lei 9.099/1995, tais como a transação penal e o rito sumaríssimo.

6.6.18.13. Classificação doutrinária

A advocacia administrativa é crime **simples** (ofende um único bem jurídico); **próprio** (somente pode ser cometido pelo funcionário público); **formal, de consumação antecipada** ou **de resultado cortado** (consuma-se com o patrocínio do interesse alheio de natureza privada, independentemente da obtenção do resultado pretendido); **de dano** (causa prejuízo à regularidade da Administração Pública); **de forma livre** (admite qualquer meio de execução); **comissivo** ou **omissivo**; **instantâneo** (consuma-se em um momento determinado, sem continuidade no tempo); **unissubjetivo, unilateral ou de concurso eventual** (normalmente praticado por um só agente, mas admite o concurso); e **unissubsistente** ou **plurissubsistente**.

6.6.18.14. Distinções entre a advocacia administrativa e outros crimes funcionais previstos no Código Penal

6.6.18.14.1. Com a concussão (art. 316)

Na advocacia administrativa, o funcionário público, valendo-se da sua condição funcional, utiliza-se da sua influência positiva perante outro agente público para beneficiar um particular, enquanto na concussão ele (funcionário público) exige vantagem indevida de um particular, aproveitando-se da intimidação proporcionada pelo seu cargo.

6.6.18.14.2. Com a corrupção passiva (art. 317)

Na corrupção passiva, o funcionário público solicita ou recebe, para si ou para outrem, vantagem indevida, ou aceita promessa de tal vantagem, ao passo que na advocacia administrativa ele patrocina interesse de um particular perante quem possui competência para beneficiá-lo.

6.6.18.14.3. Com a prevaricação (art. 319)

Na prevaricação, o funcionário público retarda ou deixa de praticar, indevidamente, ato de ofício, ou o pratica contra disposição expressa de lei, para satisfazer interesse ou sentimento pessoal, enquanto na advocacia administrativa ele não tem atribuição para praticar o ato, razão pela qual influencia o agente público dotado de tal poder, em benefício de algum terceiro, alheio aos quadros da Administração Pública.

6.6.18.15. Advocacia administrativa e crimes contra a ordem tributária

Se o patrocínio de interesse alheio e privado pelo funcionário público ocorrer perante a Administração fazendária, estará caracterizado o crime contra a ordem tributária previsto no art. 3.º, inc. III, da Lei 8.137/1990: "Art. 3.º Constitui crime funcional contra a ordem tributária, além dos previstos no Decreto-lei n.º 2.848, de 7 de dezembro de 1940 – Código Penal (Título XI, Capítulo I): III – patrocinar, direta ou indiretamente, interesse privado perante a administração fazendária, valendo-se da qualidade de funcionário público. Pena – reclusão, de 1 (um) a 4 (quatro) anos, e multa".

6.6.18.16. Advocacia administrativa e Lei de Licitações

Estará caracterizado o crime tipificado no art. 337-G do Código Penal, acrescentado pela Lei 14.133/2021 – Lei de Licitações e Contratos Administrativos, punido com reclusão, de 6 (seis) meses a 3 (três) anos, e multa, na hipótese em que o funcionário público "patrocinar, direta ou indiretamente, interesse privado perante a Administração Pública, dando causa à instauração de licitação ou à celebração de contrato cuja invalidação vier a ser decretada pelo Poder Judiciário".

6.6.18.17. Advocacia administrativa e Código Penal Militar

O art. 334 do Decreto-lei 1.001/1969 – Código Penal Militar – disciplina o crime de **patrocínio indébito**:

> **Art. 334.** Patrocinar, direta ou indiretamente, interesse privado perante a administração militar, valendo-se da qualidade de servidor público ou de militar:
> Pena – detenção, até três meses.
> Parágrafo único. Se o interesse é ilegítimo:
> Pena – detenção, de três meses a um ano.

6.6.19. Art. 322 – Violência arbitrária

6.6.19.1. Dispositivo legal

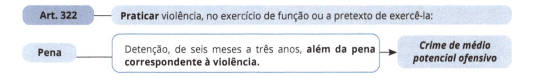

Classificação:	Informações rápidas:
Crime pluriofensivo Crime próprio Crime material Crime de dano Crime de forma livre Crime comissivo (regra) Crime instantâneo Crime unissubjetivo, unilateral ou de concurso eventual Crime plurissubsistente	**Revogação tácita pela Lei 4.898/1965** (doutrina x jurisprudência). **Objeto material:** pessoa contra quem a violência é dirigida (particular ou funcionário público). **Violência:** abrange somente a física; deve ser empregada **"no exercício da função"** ou **"a pretexto de exercê-la"**; deve ser arbitrária. **Elemento subjetivo:** dolo (elemento subjetivo específico – intenção do funcionário público de abusar de sua autoridade). Não admite modalidade culposa. **Tentativa:** admite (crime plurissubsistente). **Concurso material obrigatório:** violência arbitrária e do resultante da violência. **Ação penal:** pública incondicionada.

6.6.19.2. Introdução

À época em que vigorava a Lei 4.898/1965, existia **entendimento doutrinário** no sentido de que o art. 322 do Código Penal havia sido tacitamente revogado pelo art. 3.º, *i*, da então chamada "Lei de Abuso de Autoridade". Nas palavras de Gilberto Passos de Freitas e Vladimir Passos de Freitas:

> Os partidários desse entendimento (revogação), argumentam que a Lei 4.898, de 09.12.1965, regulou inteiramente a punição dos crimes de abuso de poder, classe a que pertencia o denominado crime de violência arbitrária. A aplicação do art. 322 do CP aos casos concretos, durante sua vigência, ofereceu enorme dificuldade de interpretação, causando críticas e sugestões de reforma. O legislador, sensível a tais reclamos, simplesmente disciplinou a matéria na nova lei, empregando expressões minuciosas e concedendo ao juiz maior elasticidade na dosagem da pena, possibilitando, assim, imposições específicas e mais adequadas à maior ou menor gravidade dos fatos. Além disso, havia dúvida a respeito de a descrição do art. 322 abranger somente a violência física ou também a moral, sendo predominantemente a primeira corrente. A Lei 4.898 surgiu para dirimir tais dúvidas, revogando o art. 322 do CP.[160]

A jurisprudência, entretanto, posicionava-se de forma diametralmente oposta. Para o Supremo Tribunal Federal: "O artigo 322 do Código Penal, que tipifica o crime de violência arbitrária, não foi revogado pelo artigo 3.º, alínea *i*, da Lei n. 4.898/65 (Lei de Abuso de Autoridade)".[161]

Com a revogação expressa da Lei 4.898/1965 pela Lei 13.869/2019, atualmente responsável pela tipificação dos crimes de abuso de autoridade, a polêmica deixou de existir. Com efeito, o novo diploma legislativo não contempla nenhum dispositivo que autorize a conclusão no sentido da revogação do art. 322 do Código Penal.

6.6.19.3. Objetividade jurídica

O crime é **pluriofensivo**: a lei penal protege a Administração Pública, especialmente no tocante à integridade da atuação dos seus agentes, e também a integridade física e a liberdade das pessoas em geral.

---

[160] FREITAS, Gilberto Passos de; FREITAS, Vladimir Passos de. *Abuso de autoridade*. 9. ed. São Paulo: RT, 2001. p. 171.
[161] RHC 95.617/MG, rel. Min. Eros Grau, 2.ª Turma, j. 25.11.2008. É também a posição adotada pelo Superior Tribunal de Justiça: HC 48.083/MG, rel. Min. Laurita Vaz, 5.ª Turma, j. 20.11.2007.

6.6.19.4. Objeto material

É a pessoa contra quem a violência é dirigida, podendo ser um particular ou mesmo outro funcionário público.

6.6.19.5. Núcleo do tipo

O núcleo do tipo penal é "**praticar**", no sentido de exercer ou cometer violência contra a pessoa.

A elementar **violência** há de ser entendida como sinônimo de lesão corporal ou vias de fato. Ao utilizar esta palavra, o legislador quis se referir somente à **violência física**, excluindo do raio de incidência do art. 322 do Código Penal a violência moral (grave ameaça).[162] De fato, quando a grave ameaça funciona como meio de execução de um crime, há previsão expressa nesse sentido, tal como se dá no constrangimento ilegal (art. 146), no roubo (art. 157), na extorsão (art. 158) e no estupro (art. 213), entre outros.

O funcionário público deve empregar a violência "**no exercício da função**" (efetivo desempenho da função pública) ou "**a pretexto de exercê-la**" (o agente alega estar no exercício da função pública, quando na verdade não está). Utiliza-se a violência como se esta fosse imprescindível para o normal desempenho do mister público, ou seja, o meio de execução funciona como desculpa para a ilegítima atuação do agente.

Entretanto, nem toda violência usada pelo funcionário público leva à configuração do delito. A violência deve ser **arbitrária**, isto é, injustificada, desproposital, absolutamente dispensável para o exercício da função pública. Com efeito, em muitas situações a utilização da violência pelo funcionário público, desde que moderada e imprescindível, é tolerada pelo ordenamento jurídico, como ocorre nas causas excludentes da ilicitude do estrito cumprimento de dever legal (CP, art. 23, inc. III – exemplo: policial que se utiliza de força física para cumprir um mandado de prisão) e da legítima defesa (CP, art. 25 – exemplo: policial que desfere um soco em um criminoso para defender-se de agressão injusta).

A propósito, os arts. 284 e 292 do Código de Processo Penal preveem expressamente o uso de violência por agentes públicos e seus auxiliares:

> **Art. 284.** Não será permitido o emprego de força, salvo a indispensável no caso de resistência ou de tentativa de fuga do preso.
>
> **Art. 292.** Se houver, ainda que por parte de terceiros, resistência à prisão em flagrante ou à determinada por autoridade competente, o executor e as pessoas que o auxiliarem poderão usar dos meios necessários para defender-se ou para vencer a resistência, do que tudo se lavrará auto subscrito também por duas testemunhas.
>
> **Parágrafo único.** É vedado o uso de algemas em mulheres grávidas durante os atos médico-hospitalares preparatórios para a realização do parto e durante o trabalho de parto, bem como em mulheres durante o período de puerpério imediato.

6.6.19.6. Sujeito ativo

Cuida-se de **crime próprio** ou **especial**, pois somente pode ser praticado pelo funcionário público.

6.6.19.7. Sujeito passivo

É o Estado e, mediatamente, a pessoa física prejudicada pela conduta criminosa.

---

[162] BITENCOURT, Cezar Roberto. *Tratado de direito penal*. 3. ed. São Paulo: Saraiva, 2009. v. 5, p. 126.

6.6.19.8. Elemento subjetivo

É o dolo, acrescido de um especial fim de agir (elemento subjetivo específico), consistente na intenção do funcionário público de abusar de sua autoridade. Não se admite a modalidade culposa.

6.6.19.9. Consumação

O crime é **material** ou **causal**: consuma-se no momento em que o funcionário público, de forma abusiva, pratica o ato violento, no exercício da função ou a pretexto de exercê-la.

6.6.19.10. Tentativa

É possível, em face do caráter plurissubsistente do delito, permitindo o fracionamento do *iter criminis*.

6.6.19.11. Ação penal

A ação penal é pública incondicionada.

6.6.19.12. Lei 9.099/1995

Em face da pena mínima cominada (seis meses), é cabível a suspensão condicional do processo, desde que presentes os demais requisitos contidos no art. 89 da Lei 9.099/1995. Trata-se de **crime de médio potencial ofensivo**.

A lei impõe o **concurso material obrigatório** entre as penas dos crimes de violência arbitrária e do resultante da violência (homicídio, lesão corporal etc.). Portanto, deve ser aplicada de forma autônoma e cumulativa a pena da lesão corporal, não se falando em absorção, qualquer que seja sua natureza (leve, grave ou gravíssima).

As vias de fato, contudo, são absorvidas pela violência arbitrária. De fato, o art. 21 do Decreto-lei 3.688/1941 preceitua a punição desta contravenção penal somente quando o fato não constitui crime (subsidiariedade expressa).

6.6.19.13. Classificação doutrinária

A violência arbitrária é crime **pluriofensivo** (ofende mais de um bem jurídico); **próprio** (somente pode ser cometido pelo funcionário público); **material** (consuma-se com o efetivo emprego da violência); **de dano** (causa prejuízo à regularidade da Administração Pública); **de forma livre** (admite qualquer meio de execução); em regra **comissivo**; **instantâneo** (consuma-se em um momento determinado, sem continuidade no tempo); **unissubjetivo, unilateral ou de concurso eventual** (praticado por um só agente, mas admite o concurso); e normalmente **plurissubsistente**.

6.6.19.14. Violência arbitrária e Código Penal Militar

Em conformidade com o art. 333 do Decreto-lei 1.001/1969 – Código Penal Militar:

> Art. 333. Praticar violência, em repartição ou estabelecimento militar, no exercício de função ou a pretexto de exercê-la:
> Pena – detenção, de seis meses a dois anos, além da correspondente à violência.

6.6.20. Art. 323 – Abandono de função
6.6.20.1. Dispositivo legal

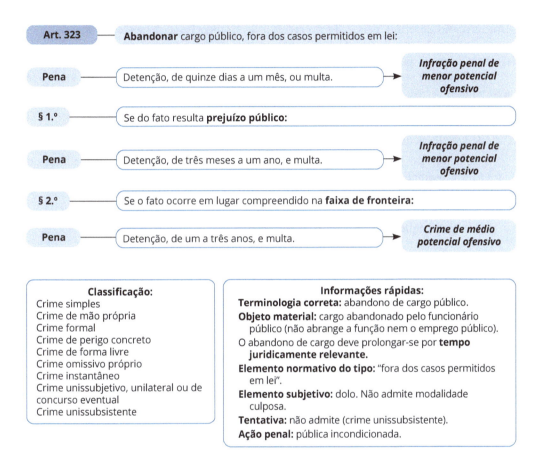

6.6.20.2. Introdução

A leitura do art. 323 do Código Penal facilmente permite a constatação de uma contradição legislativa. O crime em análise recebeu a rubrica marginal "abandono de **função**", ao passo que na redação do preceito primário consta a expressão "abandonar **cargo público**". Ora se fala em função, ora em cargo público.

Em que pese a imprecisão terminológica do legislador, o correto é falar em "**abandono de cargo público**", e não em "abandono de função", por uma simples razão. Como se sabe, esta expressão é muito mais ampla do que aquela. De fato, **função pública** corresponde a qualquer atividade realizada pelo Estado com a finalidade de satisfazer as necessidades de natureza pública.[163]

Por sua vez, **cargo público** é "o conjunto de atribuições e responsabilidades previstas na estrutura organizacional que devem ser cometidas a um servidor" (Lei 8.112/1990, art. 3.º, *caput*). Além disso, "os cargos públicos, acessíveis a todos os brasileiros, são criados por

---
[163] Cf. JESUS, Damásio E. de. *Direito penal*. Parte especial. 13. ed. São Paulo: Saraiva, 2007. v. 4, p. 191.

lei, com denominação própria e vencimento pago pelos cofres públicos, para provimento em caráter efetivo ou em comissão" (Lei 8.112/1990, art. 3.º, p. único).

Destarte, muitas pessoas desempenham funções públicas (exemplos: jurados, mesários da Justiça Eleitoral etc.), nada obstante não ocupem cargos públicos. Conclui-se, portanto, que a caracterização do crime delineado no art. 323 do Código Penal depende do **abandono do cargo público**, não incidindo este tipo penal no tocante ao abandono de função pública ou mesmo de emprego público.

Não se pode fazer analogia *in malam partem* no Direito Penal. E, como aqui se fala em "cargo público", e não em "funcionário público", deve ser afastado o conteúdo abrangente do art. 327 do Código Penal.

6.6.20.3. Objetividade jurídica

O bem jurídico penalmente tutelado é a Administração Pública, especialmente no que diz respeito à normalidade e à continuidade do desempenho do cargo público.

6.6.20.4. Objeto material

É o cargo abandonado pelo funcionário público.

6.6.20.5. Núcleo do tipo

O núcleo do tipo penal é "**abandonar**", ou seja, largar algo, deixando-o ao desamparo. Trata-se de **crime omissivo próprio** ou **puro**, pois o tipo penal contém uma conduta omissiva. O abandono de cargo pode verificar-se de dois modos distintos:

a) pelo afastamento do funcionário público (exemplo: o agente viaja para outro país sem tirar férias ou licença e sem comunicar sua instituição); ou

b) pela não apresentação do funcionário público no momento adequado (exemplo: o agente, esgotado seu período de férias, injustificadamente deixa de se apresentar na repartição pública).

O abandono de cargo deve prolongar-se por **tempo juridicamente relevante**, a ser avaliado no caso concreto, pois o delito depende da comprovação do perigo de dano à Administração Pública. O afastamento há de perdurar por período suficiente para determinar a desídia do sujeito ativo perante o serviço público.

Na hipótese de abandono de cargo por tempo ínfimo (exemplo: uma telefonista do Estado deixa seu posto de trabalho para assistir a uma sessão de cinema, retornando duas horas depois às suas atividades), não se pode falar no crime em apreço, mas somente em falta disciplinar, sujeita a sanções administrativas.

Também não se configura o crime do art. 323 do Código Penal quando o funcionário público, embora abandonando o cargo, tenha providenciado sua substituição automática por um colega de trabalho, pois nessa situação não há perigo de lesão aos interesses da Administração Pública.

Não se pode confundir o abandono de cargo indicado pelo art. 323 do Código Penal com o abandono de cargo previsto em lei específica atinente à organização da carreira do funcionário público. Exemplificativamente, a **Lei 8.625/1993 – Lei Orgânica Nacional dos Ministérios Públicos Estaduais**, em seu art. 38, § 1.º, inc. III, autoriza a perda de cargo de membro vitalício do *Parquet* na hipótese de abandono do cargo por prazo superior a 30 dias corridos. A concretização do delito por algum integrante do Ministério Público Estadual não depende do transcurso de prazo tão dilatado, bastando avaliar na situação concreta se sua conduta revelou descaso com o interesse público, colocando em risco as atividades inerentes à sua instituição.

Não há crime se existir anterior pedido de licença, férias ou exoneração, deferido pela autoridade competente. No entanto, enquanto não deferido seu pleito, o funcionário público estará proibido de abandonar o cargo, ainda que legítima sua pretensão, sob pena de configuração do crime tipificado no art. 323 do Código Penal.

É importante ainda mencionar que o tipo penal contém um **elemento normativo**, consistente na expressão "**fora dos casos permitidos em lei**". Não há crime, a título ilustrativo, quando o funcionário público não comparece ao seu cargo em razão de licença médica, licença paternidade etc.

Obviamente, também não há crime quando presente uma causa de exclusão da ilicitude ou da culpabilidade. Exemplo: Professora da rede pública de ensino que não comparece à escola pelo fato de ter sido ameaçada de morte pelos traficantes que controlam a região em que se encontra situado o estabelecimento de ensino.

6.6.20.6. Sujeito ativo

Trata-se de **crime de mão própria**, **de atuação pessoal** ou **de conduta infungível**, pois somente pode ser praticado pelo funcionário público ocupante do cargo abandonado. Logo, não admite coautoria, mas apenas a participação.

6.6.20.7. Sujeito passivo

É o Estado.

6.6.20.8. Elemento subjetivo

É o dolo, independentemente de qualquer finalidade específica. Não há espaço para a forma culposa.

6.6.20.9. Consumação

Trata-se de **crime omissivo próprio** ou **puro**, pois o tipo penal descreve uma conduta omissiva. Consuma-se com o abandono do cargo por tempo juridicamente relevante, capaz de criar uma situação de perigo à Administração Pública (**crime de perigo concreto**).

Em síntese, não se exige a produção de dano à Administração Pública. Entretanto, se o abandono de cargo provocar prejuízo público, incidirá a figura qualificada do § 1.º do art. 323 do Código Penal.

6.6.20.10. Tentativa

O delito tipificado no art. 323 do Código Penal é incompatível com o *conatus*, em face do seu caráter unissubsistente, inerente aos crimes omissivos próprios.

6.6.20.11. Ação penal

A ação penal é pública incondicionada, em todas as modalidades do delito.

6.6.20.12. Figuras qualificadas: §§ 1.º e 2.º

6.6.20.12.1. Se do fato resulta prejuízo público: § 1.º

A pena é de detenção, de três meses a um ano, e multa, se do abandono do cargo resulta prejuízo público. O exaurimento do delito foi alçado à condição de qualificadora do abandono de função.

Prejuízo público é o ocasionado aos serviços de interesse público. A maior reprovabilidade da conduta repousa na lesão efetiva à Administração Pública. Se no *caput* o delito é classificado como de perigo concreto, aqui indiscutivelmente o crime é de dano, pois pressupõe lesão às atividades de natureza pública (exemplos: não arrecadação de tributos em razão do abandono do cargo por fiscais fazendários, interrupção dos serviços de água e luz à população etc.).

6.6.20.12.2. Se o fato ocorre em lugar compreendido na faixa de fronteira: § 2.º

A pena é de detenção, de um a três anos, e multa, quando o abandono de cargo público ocorre na faixa de fronteira.

Faixa de fronteira é a área indispensável à segurança nacional, compreendida como a faixa interna de 150 quilômetros de largura, paralela à linha divisória terrestre do território nacional (Lei 6.634/1979, art. 1.º).

O tratamento penal mais severo se justifica pelo risco proporcionado pelo desertor à segurança nacional, colocando em risco os Poderes Constituídos pelo Estado e as pessoas em geral. Exemplo: Policiais Federais lotados na fronteira com outro país que abandonam seus cargos, permitindo o ingresso em território nacional de terroristas e de armas de fogo.

6.6.20.13. Lei 9.099/1995

Na forma simples (*caput*) e na modalidade qualificada do § 1.º, trata-se de **infração penal de menor potencial ofensivo**, de competência do Juizado Especial Criminal, compatível com a transação penal e com o rito sumaríssimo, nos moldes da Lei 9.099/1995.

De outro lado, na modalidade qualificada do § 2.º, ao abandono de função é cominada pena mínima de um ano. Cuida-se de **crime de médio potencial ofensivo**, admitindo a suspensão condicional do processo, desde que presentes os demais requisitos exigidos pelo art. 89 da Lei 9.099/1995.

6.6.20.14. Classificação doutrinária

O abandono de função é crime **simples** (ofende um único bem jurídico); **de mão própria** (somente pode ser cometido pelo funcionário público ocupante do cargo abandonado); **formal** (consuma-se com a prática da conduta criminosa, independentemente do prejuízo à Administração Pública; entretanto, a superveniência do resultado naturalístico enseja a aplicação da qualificadora do § 1.º); **de perigo concreto** (basta a comprovação da probabilidade de dano ao interesse público); **de forma livre** (admite qualquer meio de execução); **omissivo próprio** (a omissão está descrita no tipo penal); **instantâneo** (consuma-se em um momento determinado, sem continuidade no tempo); **unissubjetivo, unilateral ou de concurso eventual** (normalmente praticado por um só agente, mas admite o concurso); e **unissubsistente**.

6.6.20.15. Abandono de função e Código Penal Militar

Como estatui o art. 330 do Decreto-lei 1.001/1969 – Código Penal Militar:

> Art. 330. Abandonar cargo público, em repartição ou estabelecimento militar:
> Pena – detenção, até dois meses.
> Formas qualificadas
> § 1.º Se do fato resulta prejuízo à administração militar:
> Pena – detenção, de três meses a um ano.
> § 2.º Se o fato ocorre em lugar compreendido na faixa de fronteira:
> Pena – detenção, de um a três anos.

6.6.21. Art. 324 – Exercício funcional ilegalmente antecipado ou prolongado

6.6.21.1. Dispositivo legal

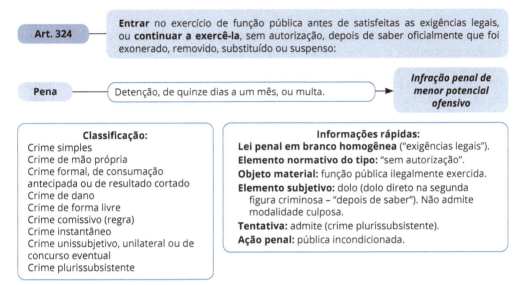

6.6.21.2. Objetividade jurídica

O bem jurídico penalmente protegido é a Administração Pública, no tocante ao seu normal funcionamento, pois o exercício ilegal de função pública afeta a prestação de serviços públicos.

6.6.21.3. Objeto material

É a função pública (qualquer atividade desempenhada pelo Estado para satisfazer as necessidades de interesse público) ilegalmente exercida.

6.6.21.4. Núcleos do tipo

O tipo penal contém dois núcleos: "entrar no exercício" e "continuar a exercê-lo".

Entrar no exercício equivale a começar a desempenhar uma determinada função pública; **continuar a exercê-la**, por sua vez, significa a ela dar prosseguimento. Em ambas as situações, o crime é **instantâneo**. Prescinde-se da habitualidade, que surge posteriormente à entrada em exercício ou já existia antes da sua continuidade. Vejamos separadamente cada uma das espécies criminosas.

1.ª parte – Entrar no exercício de função pública antes de satisfeitas as exigências legais

Nesse ponto, o art. 324 do Código Penal contém uma **lei penal em branco homogênea**, pois o preceito primário reclama complementação pela legislação específica de cada funcionário público para saber quais são as "exigências legais" a serem satisfeitas.

A regra para investidura em cargos e empregos públicos é a aprovação em concurso público de provas ou de provas e títulos (CF, art. 37, inc. II). Depois de realizado o concurso público sobrevém o provimento do cargo ou emprego público com a nomeação do candidato aprovado. Superada a fase da nomeação, o provimento somente se aperfeiçoará com a posse e o exercício do cargo. Nos ensinamentos de Hely Lopes Meirelles:

A investidura do servidor no cargo ocorre com a posse. A posse é a *conditio juris* da função pública. Por ela se conferem ao servidor ou ao agente político as prerrogativas, os direitos e os deveres do cargo ou do mandato. Sem a posse o provimento não se completa, nem pode haver exercício da função pública.[164]

Entretanto, não basta a posse, pois para o regular exercício da função pública outros requisitos são também exigidos, tais como a aprovação em exame médico realizado pelo Poder Público, a prova de quitação com a Justiça Eleitoral e, nos termos do art. 13, *caput*, da Lei 8.429/1992 – Lei de Improbidade Administrativa –, a apresentação de declaração de imposto de renda e proventos de qualquer natureza, que tenha sido apresentada à Secretaria Especial da Receita Federal do Brasil.

Portanto, se a pessoa já aprovada e nomeada em concurso público dolosamente entra no exercício da função pública antes da posse ou sem comprovar a observância de todas as exigências legais, estará configurado o crime definido no art. 324 do Código Penal.

2.ª parte – Continuar a exercê-la, sem autorização, depois de saber oficialmente que foi exonerado, removido, substituído ou suspenso

Nota-se facilmente a presença de um **elemento normativo**, pois o tipo penal reclama seja a conduta praticada "**sem autorização**". Destarte, o fato é atípico se o agente, mesmo depois de saber oficialmente que foi exonerado, removido, substituído ou suspenso, continua a exercer a função pública devidamente autorizado por quem de direito.

É necessário tenha o funcionário público real e efetivo conhecimento da sua exoneração, remoção, substituição ou suspensão, ou, nas palavras do legislador, tenha tomado "oficialmente" ciência do ato administrativo. Não há falar em presunção do seu conhecimento, mesmo na hipótese de ato público e notório. Portanto, não basta a publicação da decisão na imprensa oficial, salvo se restar inequivocamente demonstrado o seu conhecimento pelo funcionário público.

Exoneração é o ato administrativo que retira o funcionário do cargo público, a seu pedido ou de ofício (exemplo: servidor não confirmado no estágio probatório). Essa elementar deve ser interpretada extensivamente para, por motivos lógicos, abranger também a **demissão** e a **destituição**.

Remoção é a alteração das funções do agente público, mediante sua iniciativa ou compulsoriamente, porém preservando o mesmo cargo.

Substituição é a colocação de um funcionário público no lugar de outro. Muda-se a função pública, mas são mantidos o cargo e o local de trabalho. As férias e as licenças em geral, embora não mencionadas no tipo penal, devem ser tratadas do mesmo modo que as substituições, pois, quando um agente público se encontra no período de férias ou de licença, um outro o substitui, com o escopo de assegurar a continuidade do serviço público. Exemplo: Um advogado público em férias será substituído por outro, pois os autos e demais providências de sua responsabilidade não podem ser abandonados até o regresso do período de descanso.

Suspensão é uma espécie de sanção disciplinar, destinada a retirar temporariamente o funcionário público do seu cargo ou das suas funções.

Também é possível a prática do delito na hipótese da **aposentadoria compulsória**, a qual, embora automática, depende da declaração por ato, com vigência a partir do dia imediato àquele em que o servidor atingir a idade-limite de permanência no serviço público (Lei 8.112/1990, art. 187). Exemplo: Um escrivão de polícia continua a praticar atos em inquéritos policiais, nada obstante tenha completado a idade atinente à aposentadoria compulsória.[165]

---

[164] MEIRELLES, Hely Lopes. *Direito administrativo brasileiro*. 24. ed. São Paulo: Malheiros, 1994. p. 390.
[165] Em sentido contrário: CAPEZ, Fernando. *Curso de direito penal*. 8. ed. São Paulo: Saraiva, 2010. v. 3, p. 532.

6.6.21.4.1. Exercício funcional ilegalmente antecipado ou prolongado e situação de emergência

Se o agente entrar no exercício da função pública antes de satisfeitas as exigências legais, ou continuar a exercê-la, sem autorização, depois de saber oficialmente que foi exonerado, removido, substituído ou suspenso, mas para salvaguardar interesse em perigo da Administração Pública, não haverá crime, em face da incidência da causa excludente da ilicitude do estado de necessidade (CP, art. 24). Exemplo: Médico já nomeado para a função, mas ainda não empossado que se dirige ao Pronto-Socorro Municipal para ajudar a socorrer diversas vítimas de um deslizamento de um morro em época de chuvas torrenciais.

6.6.21.5. Sujeito ativo

Este crime somente pode ser praticado por funcionário público já nomeado, mas ainda sem ter cumprido todas as exigências legais (1.ª parte), ou então pelo indivíduo que era funcionário público, porém deixou de sê-lo em razão de ter sido oficialmente exonerado, removido, substituído ou suspenso (parte final).[166] Em ambas as hipóteses, o crime é **de mão própria, de atuação pessoal** ou **de conduta infungível**, pois sua execução é privativa do funcionário público expressamente indicado no tipo penal.

Se um particular entrar no exercício da função pública, a ele deverá ser imputado o crime de usurpação de função pública (CP, art. 328).

6.6.21.6. Sujeito passivo

É o Estado.

6.6.21.7. Elemento subjetivo

É o dolo, independentemente de qualquer finalidade específica. Não se admite a modalidade culposa.

Vale destacar que a segunda figura criminosa – "ou continuar a exercê-la, sem autorização, depois de saber oficialmente que foi exonerado, removido, substituído ou suspenso" – somente é compatível com o **dolo direto**, pois a expressão "depois de saber" indica a vontade do agente em continuar a exercer a função pública, sem autorização, após ser cientificado da sua exoneração, remoção, substituição ou suspensão.

6.6.21.8. Consumação

O crime se aperfeiçoa no momento em que o sujeito ativo realiza indevidamente o primeiro ato inerente à função pública, prescindido do efetivo prejuízo à Administração Pública (**crime formal, de consumação antecipada** ou **de resultado cortado**).

6.6.21.9. Tentativa

É possível, em face do caráter plurissubsistente do delito, permitindo o fracionamento do *iter criminis*. Exemplo: Um Delegado de Polícia já aprovado em concurso público, mas sem

---

[166] São válidas as ponderações de Antonio Pagliaro e Paulo José da Costa Júnior: "Bem observando, uma pessoa em tais condições não é funcionário público. Seria mais correto que o presente delito estivesse compreendido entre os crimes de particulares contra a Administração Pública. Como já se disse, trata-se de uma forma leve de usurpação de funções públicas. Forma leve porque parece legítimo supor que aquele que teve uma nomeação regular não esteja, como o usurpador, totalmente em conflito com o ordenamento legítimo do Estado (*Dos crimes contra a administração pública*. 4. ed. São Paulo: Atlas, 2009. p. 167).

ainda ter sido empossado, vai a um Distrito Policial, senta-se na mesa do Delegado plantonista, mas, antes de adotar qualquer diligência atinente a uma autoridade policial, é preso em flagrante pelo Delegado Seccional de Polícia.

6.6.21.10. Ação penal

A ação penal é pública incondicionada.

6.6.21.11. Lei 9.099/1995

A pena privativa de liberdade máxima cominada (detenção de um mês) autoriza a inserção do crime tipificado no art. 324 do Código Penal entre as **infrações penais de menor potencial ofensivo**, de competência do Juizado Especial Criminal, e, portanto, compatível com a transação penal e com o rito sumaríssimo, nos moldes da Lei 9.099/1995.

6.6.21.12. Classificação doutrinária

O exercício funcional ilegalmente antecipado ou prolongado é crime **simples** (ofende um único bem jurídico); **de mão própria** (somente pode ser cometido pelo funcionário público indicado no tipo penal); **formal**, **de consumação antecipada** ou **de resultado cortado** (consuma-se com a prática da conduta criminosa, independentemente do efetivo prejuízo à Administração Pública); **de dano** (ofende o regular funcionamento da Administração); **de forma livre** (admite qualquer meio de execução); em regra **comissivo**; **instantâneo** (consuma-se em um momento determinado, sem continuidade no tempo); **unissubjetivo, unilateral ou de concurso eventual** (normalmente praticado por um só agente, mas admite o concurso); e normalmente **plurissubsistente**.

6.6.21.13. Exercício funcional ilegal e o Código Penal Militar

O art. 329 do Decreto-lei 1.001/1969 define o crime de exercício funcional ilegal:

> Art. 329. Entrar no exercício de posto ou função militar, ou de cargo ou função em repartição militar, antes de satisfeitas as exigências legais, ou continuar o exercício, sem autorização, depois de saber que foi exonerado, ou afastado, legal e definitivamente, qualquer que seja o ato determinante do afastamento:
>
> Pena – detenção, até quatro meses, se o fato não constitui crime mais grave.

6.6.22. Art. 325 – Violação de sigilo funcional

6.6.22.1. Dispositivo legal

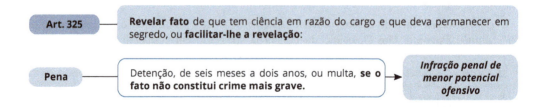

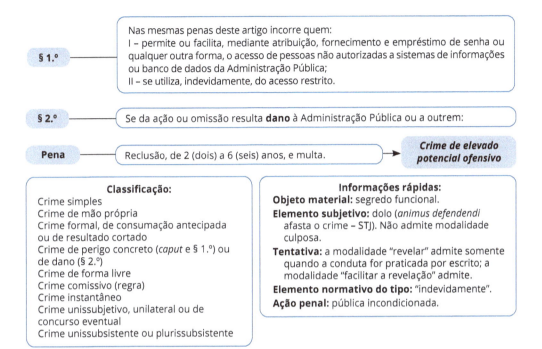

6.6.22.2. Introdução

A maior parte da atividade funcional do Estado moderno é orientada pelo princípio da publicidade, um dos vetores da Administração Pública, a teor do art. 37, *caput*, da Constituição Federal. Com efeito, em um Estado Democrático de Direito o trato da coisa pública exige transparência, pois a principal finalidade da atuação administrativa é a promoção do bem comum, pertencente a todos e, consequentemente, do conhecimento de todos os cidadãos.

Entretanto, a própria Constituição Federal impõe o sigilo das informações imprescindíveis à segurança da sociedade e do Estado. É o que se extrai do seu art. 5.º, inc. XXXIII: "todos têm direito a receber dos órgãos públicos informações de seu interesse particular, ou de interesse coletivo ou geral, que serão prestadas no prazo da lei, sob pena de responsabilidade, ressalvadas aquelas cujo sigilo seja imprescindível à segurança da sociedade e do Estado".

Em síntese, a regra é a publicidade dos atos do Poder Público, mas existem exceções, legitimadas constitucionalmente, nas quais o funcionário público tem o dever de guardar sigilo, sob pena de responsabilização pessoal, inclusive no campo criminal. Um dos crimes que podem ser a ele imputados é o do art. 325 do Código Penal, denominado de "violação de sigilo funcional". Como destaca Rogério Greco:

> Existe uma especial relação de confiança entre a Administração Pública e o seu funcionário, ocupante de um cargo público, que não pode ser quebrada, traída. O *intraneus*, ou seja, aquele que está "dentro" da Administração Pública, passa a ter conhecimento sobre fatos que, não fosse pela sua especial condição, lhe seriam completamente desconhecidos.
>
> Seu dever de lealdade para com a Administração Pública impõe que, em muitas situações, guarde segredo sobre determinados fatos. Sua indevida revelação a terceiros não autorizados poderá importar na prática do delito de *violação de sigilo funcional*, tipificado no art. 325 do Código Penal.[167]

---

[167] GRECO, Rogério. *Curso de direito penal*. 6. ed. Niterói: Impetus, 2010. v. IV, p. 458-459.

6.6.22.3. Objetividade jurídica

O bem jurídico penalmente tutelado é a Administração Pública, relativamente à proteção de informações que devem permanecer em segredo no tocante às pessoas em geral.

6.6.22.4. Objeto material

É o segredo funcional, ou seja, a informação sigilosa obtida em razão da função pública.

6.6.22.5. Núcleos do tipo

O tipo penal contém dois núcleos, indicativos de duas condutas criminosas distintas: (a) "revelar" fato de que tem ciência em razão do cargo e que deva permanecer em segredo; e (b) "facilitar-lhe a revelação".

Revelar é dar conhecimento de algo a outra ou outras pessoas, verbalmente ou por escrito. Nesse caso, a conduta é comissiva. **Facilitar a revelação**, por sua vez, consiste em tornar mais simples a descoberta de algo por outra ou outras pessoas. A conduta, aqui, pode ser praticada por ação ou por omissão (exemplo: o funcionário público deixa de trancar o armário cujo conteúdo envolve documentos ligados a fatos sigilosos).

Cuida-se de **tipo misto alternativo**, **crime de ação múltipla** ou **de conteúdo variado**. Há um único crime previsto no art. 325 do Código Penal quando o agente, depois de facilitar a revelação de um fato sigiloso, efetivamente o revela a terceira pessoa.

Há, portanto, duas formas de violação do sigilo funcional: **direta** e **indireta**. Nas lições de Nélson Hungria:

> A revelação (que consiste em fazer passar o fato da esfera de sigilo para a do indevido conhecimento de terceiro) pode ser *direta* ou *indireta*. No primeiro caso, o agente, ele próprio, comunica o fato a terceiro, *sponte sua* ou mediante determinação de outrem; no segundo, limita-se a facilitar a terceiro o conhecimento do fato.[168]

Em qualquer dos casos, constitui pressuposto do crime tenha o funcionário público conhecimento do fato **em razão do cargo**, vale dizer, por força da função pública que desempenha e tendo em vista sua condição funcional. Logo, inexiste crime quando o funcionário público não tenha acesso à informação violada, para ele sigilosa, em virtude da função exercida.[169]

Além disso, é indispensável que tal fato envolva um **segredo**, isto é, seja do conhecimento de um número limitado de pessoas, e exista interesse de que permaneça em sigilo. Não é necessário que se trate de segredo *nunc et semper*, isto é, a ser guardado para sempre, bastando que a sigilosidade deva ser preservada apenas durante certo tempo.

Mas não para por aí. O segredo deve aproveitar à Administração Pública, envolvendo fatos relevantes para o Estado.[170] Deveras, se o fato apresentar-se como de interesse estritamente particular, estará caracterizado o crime de violação de segredo profissional, definido no art. 154 do Código Penal.

Evidentemente, não há crime quando a pessoa a quem o fato sigiloso é revelado já o conhecia, bem como se o fato não mais constitui segredo.[171]

---

[168] HUNGRIA, Nélson. *Comentários ao Código Penal*. 2. ed. Rio de Janeiro: Forense, 1959. v. IX, p. 396.
[169] STF: Inq 1.879/DF, rel. Min. Ellen Gracie, Plenário, j. 10.09.2003, noticiado no *Informativo* 320.
[170] A Lei 12.527/2011, regulamentada pelo Decreto 7.845/2012, dispõe sobre o acesso e sigilo aos documentos públicos.
[171] Nesse sentido: FRAGOSO, Heleno Cláudio. *Lições de direito penal*. Parte especial. São Paulo: José Bushatsky, 1959. v. 4, p. 941.

6.6.22.6. Sujeito ativo

É o funcionário público, ainda que aposentado, afastado ou em disponibilidade, pois o tipo penal refere-se a "fato de que tem ciência em razão do cargo". Basta, portanto, tenha o agente público tomado conhecimento da informação sigilosa em razão do cargo, ainda que no momento da sua revelação não mais o ocupe. Trata-se de **crime de mão própria, de atuação pessoal** ou **de conduta infungível**, pois somente pode ser praticado pelo funcionário público que em razão do cargo tinha o dever de guardar o segredo do Estado.

Em relação ao terceiro que recebeu a informação sigilosa, duas situações devem ser diferenciadas:

a) se ele concorreu de qualquer modo para a revelação do fato, deverá ser tratado como partícipe do crime delineado no art. 325 do Código Penal; e

b) se o funcionário público agiu espontaneamente, para ele o fato será atípico.

6.6.22.7. Sujeito passivo

É o Estado e, mediatamente, a pessoa física ou jurídica prejudicada pela conduta criminosa.

6.6.22.8. Elemento subjetivo

É o dolo, independentemente de qualquer finalidade específica.

Não há crime quando um funcionário público, com *animus defendendi* (intenção de defender-se), remete informações sigilosas à autoridade superior, sem quebra do caráter de confidencialidade.

Não se admite a modalidade culposa.

6.6.22.9. Consumação

Na primeira modalidade criminosa (revelação direta), o delito se consuma com a simples revelação do segredo pelo funcionário público a uma terceira pessoa, a quem o conhecimento do fato não se destinava. Basta uma única pessoa, não se exigindo o conhecimento público e notório do fato revelado.

Na outra modalidade delituosa (revelação indireta), o crime também se consuma no momento em que se opera a revelação do segredo a terceira pessoa.

Em ambas as espécies, o crime é **formal, de consumação antecipada** ou **de resultado cortado**, e também de **perigo concreto**, motivo pelo qual não se reclama o efetivo dano à Administração Pública, sendo suficiente a probabilidade de lesão ao interesse coletivo.

6.6.22.10. Tentativa

Na modalidade "revelar", o *conatus* somente é admissível quando a conduta for praticada por escrito. Exemplo: O funcionário público encaminha a terceiro uma carta envolvendo a revelação de informações sigilosas, mas a missiva é extraviada e não chega ao seu destinatário. Não há tentativa na revelação verbal, pois nesse caso o crime é unissubsistente: ou o funcionário público faz a revelação, consumando-se o delito, ou não o faz, e o fato é atípico.

De outro lado, na modalidade "facilitar a revelação" a tentativa é possível. Exemplo: O funcionário público dolosamente deixa aberta a tela do computador da repartição pública, contendo informações sigilosas, para que sejam vistas por terceiros. Entretanto, a falta de energia elétrica impede o êxito da sua empreitada criminosa.

6.6.22.11. Figuras equiparadas

A Lei 9.983/2000 inseriu o § 1.º ao art. 325 do Código Penal, com a seguinte redação:

> § 1.º Nas mesmas penas deste artigo incorre quem:
> I – permite ou facilita, mediante atribuição, fornecimento e empréstimo de senha ou qualquer outra forma, o acesso de pessoas não autorizadas a sistemas de informações ou banco de dados da Administração Pública;
> II – se utiliza, indevidamente, do acesso restrito.

Analisemos separadamente cada uma das figuras equiparadas.

Inciso I – permite ou facilita, mediante atribuição, fornecimento e empréstimo de senha ou qualquer outra forma, o acesso de pessoas não autorizadas a sistemas de informações ou banco de dados da Administração Pública

O funcionário público dotado de livre ingresso nos sistemas de informações ou bancos de dados da Administração Pública neles permite (autoriza) ou facilita (simplifica) o acesso de pessoas não autorizadas (particulares ou outros funcionários públicos), mediante atribuição, fornecimento, empréstimo de senha ou outra forma qualquer. Exemplo: Um auditor da Receita Federal, que tem acesso às informações acerca das fontes pagadoras dos contribuintes, empresta sua senha do sistema para que uma amiga, traída pelo marido, colha dados sobre os rendimentos do adúltero.

O fato é atípico para o terceiro que, sem a colaboração do funcionário público, acessa os sistemas de informações ou bancos de dados da Administração Pública.

Inciso II – se utiliza, indevidamente, do acesso restrito

Utilizar é usar ou valer-se de algo. Nessa figura equiparada, o funcionário público acessa o sistema de informações ou banco de dados, mas invade área que lhe é vedada – limitada somente a determinadas pessoas integrantes dos quadros da Administração Pública –, aproveitando-se dos dados para alguma finalidade não permitida em lei. É o que se dá com um agente fazendário que, burlando o sistema de proteção da Receita Federal, entra em área restrita para obter informações fiscais e repassá-las a um advogado.

O tipo penal contém um *elemento normativo*, consistente na palavra "indevidamente". Só há crime quando o funcionário público pratica a conduta sem autorização de quem direito. O fato é atípico quando ele, embora acessando área restrita, utiliza as informações devidamente autorizado por quem tenha atribuições para tanto.

6.6.22.12. Qualificadora: § 2.º

O § 2.º do art. 325 do Código Penal também foi acrescentado pela Lei 9.983/2000: "Se da ação ou omissão resulta dano à Administração Pública ou a outrem: Pena – reclusão, de 2 (dois) a 6 (seis) anos, e multa".

A figura qualificada envolve um *crime de dano*, pois há lesão à Administração Pública ou a algum particular. Cuida-se, em verdade, do exaurimento do delito, utilizado pelo legislador como qualificadora em razão da maior gravidade que reveste o fato cometido pelo funcionário público.

6.6.22.13. Ação penal

A ação penal é pública incondicionada, em todas as modalidades do crime de violação de sigilo funcional.

6.6.22.14. Lei 9.099/1995

Na forma simples (*caput*) e nas figuras equiparadas (§ 1.º), a violação de sigilo funcional é **infração penal de menor potencial ofensivo**, de competência do Juizado Especial Criminal. A pena máxima (dois anos) autoriza a incidência da transação penal e a utilização do rito sumaríssimo, nos termos da Lei 9.099/1995.

Na forma qualificada (§ 2.º), a violação de sigilo funcional é **crime de elevado potencial ofensivo**, incompatível com os benefícios da Lei 9.099/1995.

6.6.22.15. Classificação doutrinária

A violação de sigilo funcional é crime **simples** (ofende um único bem jurídico); **de mão própria** (somente pode ser cometido pelo funcionário público que tinha o dever de guardar a informação em segredo); **formal, de consumação antecipada** ou **de resultado cortado** (consuma-se com a prática da conduta criminosa, independentemente do efetivo prejuízo à Administração Pública); **de perigo concreto** (no *caput* e nas figuras equiparadas do § 1.º) ou **de dano** (na qualificadora do § 2.º); **de forma livre** (admite qualquer meio de execução); em regra **comissivo**; **instantâneo** (consuma-se em um momento determinado, sem continuidade no tempo); **unissubjetivo, unilateral ou de concurso eventual** (normalmente praticado por um só agente, mas admite o concurso); e **unissubsistente** ou **plurissubsistente**.

6.6.22.16. Legislação penal especial

6.6.22.16.1. Revelação de informação sigilosa e Código Penal Militar

Nos termos do art. 144 do Decreto-lei 1.001/1969 – Código Penal Militar:

> Art. 144. Revelar notícia, informação ou documento, cujo sigilo seja de interesse da segurança externa do Brasil:
> Pena – reclusão, de três a oito anos.
> Fim da espionagem militar
> § 1.º Se o fato é cometido com o fim de espionagem militar:
> Pena – reclusão, de seis a doze anos.
> Resultado mais grave
> § 2.º Se o fato compromete a preparação ou a eficiência bélica do país:
> Pena – reclusão, de dez a vinte anos.
> Modalidade culposa
> § 3.º Se a revelação é culposa:
> Pena – detenção, de seis meses a dois anos, no caso do artigo; ou até quatro anos, nos casos dos §§ 1.º e 2.º.

6.6.22.16.2. Violação de sigilo e crimes contra o sistema financeiro nacional

A violação de sigilo de operação financeira caracteriza o crime definido no art. 18 da Lei 7.492/1986:

> Art. 18. Violar sigilo de operação ou de serviço prestado por instituição financeira ou integrante do sistema de distribuição de títulos mobiliários de que tenha conhecimento, em razão de ofício:
> Pena – Reclusão, de 1 (um) a 4 (quatro) anos, e multa.

6.6.22.16.3. Violação de sigilo e Lei de Falências

A violação de sigilo empresarial é prevista como crime pelo art. 169 da Lei 11.101/2005 – Lei de Falências:

> **Art. 169.** Violar, explorar ou divulgar, sem justa causa, sigilo empresarial ou dados confidenciais sobre operações ou serviços, contribuindo para a condução do devedor a estado de inviabilidade econômica ou financeira:
> Pena – reclusão, de 2 (dois) a 4 (quatro) anos, e multa.

6.6.22.16.4. Violação de sigilo e Lei de Licitações

Se o sigilo violado diz respeito a proposta apresentada em processo licitatório, aplica-se o art. 337-J do Código Penal:

> **Art. 337-J.** Devassar o sigilo de proposta apresentada em processo licitatório ou proporcionar a terceiro o ensejo de devassá-lo:
> Pena – detenção, de 2 (dois) anos a 3 (três) anos, e multa.

6.6.22.16.5. Quebra de segredo de justiça e interceptação de comunicações telefônicas

A quebra de segredo de justiça relativo à interceptação das comunicações telefônicas configura o crime descrito no art. 10 da Lei 9.296/1996:

> **Art. 10.** Constitui crime realizar interceptação de comunicações telefônicas, de informática ou telemática, promover escuta ambiental ou quebrar segredo da Justiça, sem autorização judicial ou com objetivos não autorizados em lei:
> Pena – reclusão, de 2 (dois) a 4 (quatro) anos, e multa.

6.6.22.16.6. Transmissão ilícita de informações sigilosas e atividades nucleares

A transmissão ilícita de informações sigilosas ligadas à energia nuclear importa na prática do crime definido no art. 23 da Lei 6.453/1977:

> **Art. 23.** Transmitir ilicitamente informações sigilosas, concernentes à energia nuclear:
> Pena – reclusão, de quatro a oito anos.

6.6.22.16.7. Violação de sigilo bancário e Banco Central do Brasil

O sigilo bancário de instituições financeiras pode ser levantado diretamente pelo Banco Central do Brasil, no desempenho das suas funções de fiscalização e apuração de irregularidades, bem como pelas autoridades e agentes fazendários da União, dos Estados, dos Municípios e do Distrito Federal. Em todas as demais situações, exige-se autorização judicial prévia, escrita e fundamentada. É o que se extrai da análise da Lei Complementar 105/2001, especialmente dos seus arts. 2.º, § 1.º, e 6.º.

No entanto, em qualquer hipótese, as informações são sigilosas. Consequentemente, se tais agentes públicos divulgarem a terceiros as informações obtidas, incidirão no crime tipificado no art. 10 da Lei Complementar 105/2001, cuja pena é de reclusão, de um a quatro anos, e multa.

6.6.22.16.8. Violação de sigilo pelas autoridades fiscais dos Ministérios da Economia, Fazenda e Planejamento

A violação de sigilo funcional pela autoridade fiscal dos Ministérios da Economia, Fazenda ou Planejamento que procede ao exame de documentos, livros e registros das bolsas de valores, de mercadorias, de futuros e assemelhadas acarreta a incidência da Lei 8.021/1990, e seu art. 7.º, § 3.º, impõe a aplicação do art. 325 do Código Penal ao servidor que revelar as informações obtidas.

6.6.22.16.9. Violação de sigilo processual e depoimento de criança ou adolescente

A Lei 13.431/2017 instituiu o sistema de garantia de direitos da criança e do adolescente vítima ou testemunha de violência. Seu art. 24 prevê um delito especial em relação à violação de sigilo funcional:

> **Art. 24.** Violar sigilo processual, permitindo que depoimento de criança ou adolescente seja assistido por pessoa estranha ao processo, sem autorização judicial e sem o consentimento do depoente ou de seu representante legal:
> Pena – reclusão, de 1 (um) a 4 (quatro) anos, e multa.

6.6.22.16.10. Abuso de autoridade

Se a conduta reveladora de fato sigiloso se der por meio de comunicação, aí se incluindo as redes sociais, e consistir na antecipação, pelo responsável pelas investigações, de atribuição de culpa, previamente à conclusão das apurações e formalização da acusação, estará caracterizado crime de abuso de autoridade, na forma definida pelo art. 38 da Lei 13.869/2019:

> **Art. 38.** Antecipar o responsável pelas investigações, por meio de comunicação, inclusive rede social, atribuição de culpa, antes de concluídas as apurações e formalizada a acusação:
> Pena – detenção, de 6 (seis) meses a 2 (dois) anos, e multa.

6.6.22.16.11. Violação de sigilo funcional em estabelecimentos penais federais de segurança máxima

A Lei 11.671/2008 dispõe sobre a transferência e a inclusão de presos em estabelecimentos penais federais de segurança máxima. De acordo com seu art. 3.º, *caput*, "serão incluídos em estabelecimentos penais federais de segurança máxima aqueles para quem a medida se justifique no interesse da segurança pública ou do próprio preso, condenado ou provisório".

Como medida de preservação da ordem interna e da segurança pública, o § 2.º do art. 3.º da Lei 11.671/2008, acrescentado pela Lei 13.964/2019 ("Projeto Anticrime"), estatui:

> Os estabelecimentos penais federais de segurança máxima deverão dispor de monitoramento de áudio e vídeo no parlatório e nas áreas comuns, para fins de preservação da ordem interna e da segurança pública, vedado seu uso nas celas e no atendimento advocatício, salvo expressa autorização judicial em contrário.

O sistema de áudio e vídeo destina-se unicamente ao monitoramento pelo estabelecimento penal. A divulgação indevida do material captado caracteriza o crime de violação de sigilo funcional, a teor da determinação contida no § 5.º do art. 3.º da Lei 11.671/2008:

> Art. 3.º, § 5.º. Configura o crime do art. 325 do Decreto-Lei n.º 2.848, de 7 de dezembro de 1940 (Código Penal), a violação ao disposto no § 2.º deste artigo.

6.6.23. Art. 326 – Violação do sigilo de proposta de concorrência

6.6.23.1. Dispositivo legal

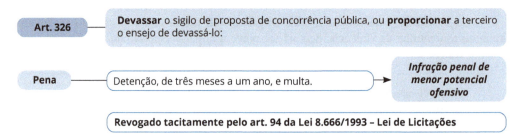

6.6.23.2. Revogação do art. 326 do Código Penal pelo art. 94 da Lei 8.666/1993

O art. 326 do Código Penal foi tacitamente revogado pelo art. 94 da Lei 8.666/1993 – Lei de Licitações, cuja redação era a seguinte:

> Art. 94. Devassar o sigilo de proposta apresentada em procedimento licitatório, ou proporcionar a terceiro o ensejo de devassá-lo:
> Pena – detenção, de 2 (dois) a 3 (três) anos, e multa.

O art. 94 da Lei 8.666/1993, por sua vez, foi tacitamente revogado pelo art. 337-J do Código Penal, acrescentado pela Lei 14.133/2021 – Lei de Licitações e Contratos Administrativos, o qual define o crime de violação de sigilo em licitação:

> Art. 337-J. Devassar o sigilo de proposta apresentada em processo licitatório ou proporcionar a terceiro o ensejo de devassá-lo:
> Pena – detenção, de 2 (dois) anos a 3 (três) anos, e multa.

Fica nítido que o art. 337-J do Código Penal (norma posterior) regulou de modo mais abrangente a matéria então disciplinada pela lei anterior (Código Penal), substituindo "concorrência pública", uma das espécies de licitação, por "processo licitatório".

Consequentemente, o art. 326 do Código Penal encontra-se revogado pois, como estatui o art. 2.º, § 1.º, do Decreto-lei 4.657/1942 – Lei de Introdução às Normas do Direito Brasileiro: "A lei posterior revoga a anterior quando expressamente o declare, quando seja com ela incompatível ou quando regule inteiramente a matéria de que tratava a lei anterior".

6.6.23.3. O art. 327 do Código Penal Militar

Nos termos do art. 327 do Decreto-lei 1.001/1969 – Código Penal Militar:

> **Art. 327.** Devassar o sigilo de proposta de concorrência de interesse da administração militar ou proporcionar a terceiro o ensejo de devassá-lo:
> Pena – detenção, de três meses a um ano.

6.7. DOS CRIMES PRATICADOS POR PARTICULAR CONTRA A ADMINISTRAÇÃO EM GERAL

Nos arts. 328 a 337-A – Capítulo II do Título XI da Parte Especial – o Código Penal disciplina os crimes praticados **por particular** contra a Administração em geral.

São **crimes comuns**, pois podem ser praticados por qualquer pessoa, razão pela qual não se inserem no rol dos crimes funcionais. Consequentemente, é inaplicável o rito especial previsto nos arts. 513 a 518 do Código de Processo Penal.

É de ressaltar, contudo, que tais crimes também podem ser cometidos por funcionários públicos, desde que se apresentem na qualidade de particulares, ou seja, não estejam investidos na função pública desempenhada.

6.7.1. Art. 328 – Usurpação de função pública

6.7.1.1. Dispositivo legal

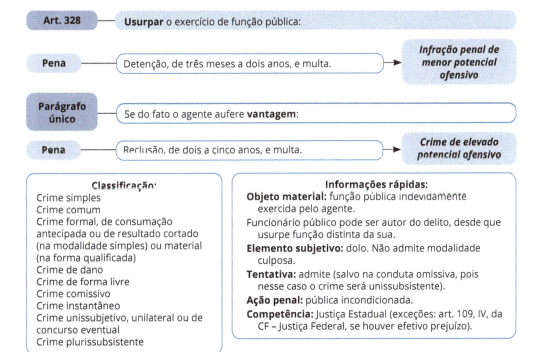

6.7.1.2. Conceito

O Estado tem interesse em preservar incondicionalmente a escolha e a investidura das pessoas a quem são confiados os cargos públicos e o exercício das funções públicas. Destarte, não se admite o comportamento daquele que afronta esta prerrogativa do Poder Público, sujeitando-se o infrator às sanções cabíveis. Entra em cena o crime de usurpação de função pública.

Usurpar o exercício de função pública é investir-se nela e executá-la indevidamente, arbitrariamente, sem possuir motivo legítimo para tanto.

6.7.1.3. Objetividade jurídica

O bem jurídico penalmente protegido é a Administração Pública, nos campos patrimonial e principalmente moral, pois o desempenho de função administrativa por pessoa estranha aos quadros públicos causa indiscutível descrédito ao Estado.

6.7.1.4. Objeto material

É a **função pública** – compreendida como qualquer atividade desempenhada pelo Estado para satisfazer as necessidades de interesse público – indevidamente exercida pelo agente. Convém lembrar, entretanto, da advertência de Nélson Hungria:

> Há casos em que o particular, independentemente de investidura oficial, pode exercer, *ex vi legis*, uma função pública, como quando, por exemplo, prende alguém surpreendido em flagrante delito. Além disso, há certas funções que, por seu caráter puramente material ou impessoal, podem ser *delegadas* a um particular pelo funcionário autêntico. Em tais hipóteses, como é óbvio, não poderia ser identificado o crime.[172]

6.7.1.5. Núcleo do tipo

O núcleo do tipo penal é **usurpar**, no sentido de apoderar-se indevidamente ou exercer ilegitimamente uma função pública. Dessa forma, é imprescindível a execução de atos inerentes à função pública pelo usurpador, não bastando a mera atividade do agente de arrogar-se na função pública.

Com efeito, se o agente se limita a apresentar-se ilegalmente como funcionário público, não se pode falar no crime tipificado no art. 328 do Código Penal. No entanto, o fato não será irrelevante no campo penal, pois estará caracterizada a contravenção penal de simulação da qualidade de funcionário, prevista no art. 45 do Decreto-lei 3.688/1941 – Lei das Contravenções Penais: "Fingir-se funcionário público: Pena – prisão simples, de um a três meses, ou multa".

6.7.1.6. Sujeito ativo

A usurpação de função pública é **crime comum** ou **geral**, podendo ser cometido por qualquer pessoa. O crime é perfeitamente compatível com o concurso de pessoas, em suas duas modalidades (coautoria e participação).

O funcionário público pode ser autor do delito, desde que usurpe função distinta da sua, como no exemplo em que um escrivão realiza atos privativos do Delegado de Polícia.

Todavia, tratando-se do funcionário público titular da função, mas dela suspenso por decisão judicial, a ele será imputado o crime de desobediência a decisão judicial sobre perda ou suspensão de direito, definido no art. 359 do Código Penal. Entretanto, se a suspensão foi decretada por ato administrativo, o fato será atípico, subsistindo unicamente a falta disciplinar.

---

[172] HUNGRIA, Nélson. *Comentários ao Código Penal*. 2. ed. Rio de Janeiro: Forense, 1959. v. IX, p. 409-410.

6.7.1.7. Sujeito passivo

É o Estado e, mediatamente, a pessoa física ou jurídica lesada pela conduta criminosa.

6.7.1.8. Elemento subjetivo

É o dolo (*animus* de usurpar função pública), independentemente de qualquer finalidade específica. Não se admite a modalidade culposa.

6.7.1.9. Consumação

O crime é **formal, de consumação antecipada** ou **de resultado cortado**: consuma-se com a simples usurpação da função pública, isto é, com a realização pelo agente de algum ato de ofício inerente à função da qual não é titular, em razão de não ter sido nela legitimamente investido. Não é preciso que o ato praticado tenha produzido efetivo dano patrimonial à Administração Pública, também não se exigindo a obtenção de qualquer tipo de vantagem pelo sujeito ativo.

6.7.1.10. Tentativa

É possível, em face do caráter plurissubsistente do delito, permitindo o fracionamento do *iter criminis*.

6.7.1.11. Figura qualificada: art. 328, parágrafo único

A pena é de reclusão, de dois a cinco anos, e multa, se do fato (usurpação de função pública) o agente aufere vantagem. Aqui, a usurpação de função pública é **crime material**.

Trata-se de qualificadora, pois a lei modifica os limites mínimo e máximo da pena. O fundamento do tratamento mais rigoroso repousa no fim de lucro que norteia o comportamento do agente, bem como na maior extensão do dano proporcionado à Administração Pública.

A vantagem pode ser de qualquer natureza (patrimonial, moral, política etc.), e pouco importa se é destinada ao proveito do usurpador ou de terceira pessoa. Veja-se que a lei não fala em vantagem "indevida". Nem precisava, pois qualquer vantagem oriunda da usurpação de função pública só pode ser desta natureza.

Como nessa forma qualificada do delito há obtenção de vantagem ilícita pelo agente, fica absorvido eventual crime de estelionato praticado pelo usurpador.

6.7.1.11.1. Usurpação de função pública qualificada e estelionato: distinção

Os delitos de usurpação de função qualificada e de estelionato não se confundem, nada obstante tenham como nota comum a obtenção de vantagem ilícita. Aquele é crime contra a Administração Pública; este, contra o patrimônio. Entretanto, além da diversidade de objetividade jurídica, há outros pontos merecedores de destaque.

Na usurpação qualificada o agente obtém vantagem ilícita, emanada do exercício ilegal de uma função pública. No estelionato, por sua vez, o sujeito não exerce nenhuma função pública, mas finge ser funcionário público (fraude) para em seguida induzir ou manter alguém em erro, obtendo vantagem ilícita em prejuízo alheio.

Além disso, no crime contra a Administração Pública o agente realiza indevidamente algum ato de ofício, enquanto no crime patrimonial isto não ocorre, razão pela qual é correto afirmar que o estelionato é um *minus* quando comparado à usurpação de função pública qualificada.

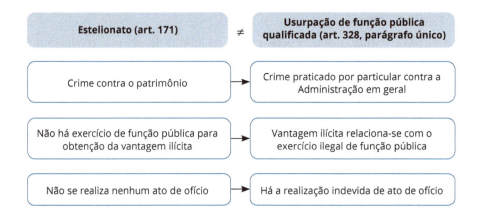

6.7.1.12. Ação penal

A ação penal é pública incondicionada, em todas as modalidades do delito.

6.7.1.13. Lei 9.099/1995

A usurpação de função pública, em sua modalidade fundamental (art. 328, *caput*), é **infração penal de menor potencial ofensivo**, de competência do Juizado Especial Criminal e compatível com a transação penal e com o rito sumaríssimo, nos termos da Lei 9.099/1995.

Na forma qualificada (art. 328, parágrafo único), cuida-se de **crime de elevado potencial ofensivo**, vedando-se a incidência dos institutos contidos na Lei dos Juizados Especiais Criminais.

6.7.1.14. Classificação doutrinária

A usurpação de função pública é crime **simples** (ofende um único bem jurídico); **comum** (pode ser cometido por qualquer pessoa); **formal, de consumação antecipada** ou **de resultado cortado** (na modalidade simples, consuma-se com a prática da conduta criminosa, independentemente do efetivo prejuízo à Administração Pública) ou **material** (na forma qualificada); **de dano** (causa lesão à Administração Pública); **de forma livre** (admite qualquer meio de execução); **comissivo**; **instantâneo** (consuma-se em um momento determinado, sem continuidade no tempo); **unissubjetivo, unilateral ou de concurso eventual** (pode ser praticado por um só agente, mas admite o concurso); e normalmente **plurissubsistente**.

6.7.1.15. Competência

A usurpação de função pública, em regra, é crime de competência da Justiça Estadual. Será competente a Justiça Federal, entretanto, quando praticado em detrimento de bens, serviços ou interesses da União ou de suas entidades autárquicas ou empresas públicas, nos moldes do art. 109, inc. IV, da Constituição Federal.

Anote-se, porém, que o simples fato de o agente apresentar-se como servidor público federal não transfere automaticamente a competência para a Justiça Federal. É necessário o efetivo prejuízo aos interesses da União, de suas autarquias ou empresas públicas.

6.7.1.16. Usurpação de função pública e Código Penal Militar

O art. 335 do Decreto-lei 1.001/1969 – Código Penal Militar – tipifica o crime de usurpação de função, nos seguintes termos:

> Art. 335. Usurpar o exercício de função em repartição ou estabelecimento militar:
> Pena – detenção, de três meses a dois anos.
> Parágrafo único. Se do fato o agente aufere vantagem:
> Pena – reclusão, de 2 (dois) a 5 (cinco) anos.

6.7.2. Art. 329 – Resistência

6.7.2.1. Dispositivo legal

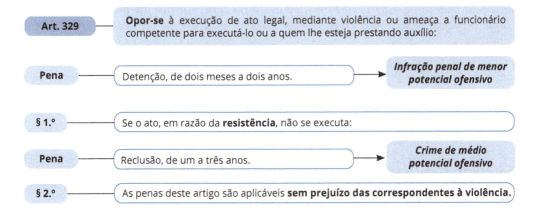

Classificação:	Informações rápidas:
Crime pluriofensivo Crime comum Crime formal, de consumação antecipada ou de resultado cortado (na modalidade simples) ou material (na forma qualificada) Crime de dano Crime de forma livre Crime comissivo (regra) Crime instantâneo Crime unissubjetivo, unilateral ou de concurso eventual Crime unissubsistente ou plurissubsistente	**Desobediência belicosa.** **Objeto material:** funcionário público competente para a execução do ato legal ou o particular que lhe presta auxílio. **Violência:** pressupõe a "violência contra a pessoa". **Ameaça:** pode ser real ou verbal e basta que seja dotada de poder intimidatório. **Elemento normativo do tipo:** "ato legal" (deve ser concreto e específico). **Direito de resistência (contra o arbítrio da autoridade pública):** Teoria da obediência relativa, moderada ou conciliadora. **Elemento subjetivo:** dolo (elemento subjetivo específico – intenção de impedir a execução de ato legal). Não admite modalidade culposa. **Tentativa:** admite quando o crime é praticado mediante violência (crime plurissubsistente); não admite quando praticado mediante ameaça (crime unissubsistente). **Concurso material obrigatório:** art. 329, § 2.º, do CP – quando o crime é praticado com emprego de violência. **Ação penal:** pública incondicionada.

6.7.2.2. Introdução

A resistência é uma forma mais grave de desobediência, crime tipificado pelo art. 330 do Código Penal, em razão do emprego em sua prática de violência ou ameaça. Esta é a razão de ser também conhecida como "desobediência belicosa". Na clássica definição de Francesco

Carrara, "é a luta dos particulares contra os agentes da força pública, com a finalidade de impedir um ato de justiça".[173]

Significa, pois, um ato de violência contra um ato da autoridade, isto é, um antagonismo entre duas forças físicas: a da autoridade pública e a do particular. Representa, pois, uma violência contra a autoridade do funcionário público, que tem por finalidade submeter a autoridade do Estado dentro do âmbito de sua função.

6.7.2.3. Objetividade jurídica

O bem jurídico penalmente tutelado é a Administração Pública, relativamente à sua autoridade e ao seu prestígio, fundamentais para o regular exercício da atividade administrativa. Contudo, também se protegem o poder de atuação do funcionário público na execução de atos legais, bem como a integridade física e moral do particular que lhe presta auxílio. Esta é a razão pela qual se fala em "**tutela jurídica bifacial**" no crime de resistência.

6.7.2.4. Objeto material

É o funcionário público competente para a execução do ato legal ou o particular que lhe presta auxílio.

6.7.2.5. Espécies de resistência

A resistência pode ser ativa ou passiva.

Resistência ativa (*vis corporalis* ou *vis compulsiva*) é a que se caracteriza pelo emprego de violência ou ameaça ao funcionário público ou ao particular que lhe presta auxílio, com o propósito de impedir a execução de ato legal. A conduta se amolda à descrição típica contida no art. 329, *caput*, do Código Penal, configurando o crime de resistência.

Resistência passiva (*vis civilis*), por sua vez, é a oposição à execução de ato legal sem a utilização de violência ou ameaça ao funcionário público ou a quem lhe auxilia, motivo pelo qual é também chamada de "**atitude ghândica**".[174] Não se verifica o crime de resistência, subsistindo, porém, o delito de desobediência (CP, art. 330). Nas elucidativas palavras de Nélson Hungria:

> A simples *desobediência* ou *resistência passiva* (*vis civilis*) poderá constituir outra figura criminal (art. 330), sujeita a penalidade sensivelmente inferior. Se não há emprego de violência (*vis physica*, *vis corporalis*) ou de ameaça (*vis compulsiva*), capaz de incutir medo a um homem de tipo normal, limitando-se o indivíduo à inação, à atitude *ghândica*, à fuga ou tentativa de fuga, à oposição *branca*, à manifestação oral de um propósito de recalcitrância, à simples imprecação de males (pragas), não se integra a resistência. Não a comete, por exemplo, o indivíduo que se recusa a abrir a porta de sua casa ao policial que o vai prender, ou se agarra a um tronco de árvore ou atira-se ao chão para não se deixar conduzir ao local da prisão.[175]

6.7.2.6. Núcleo do tipo

O núcleo do tipo é "**opor-se**", no sentido de impedir ou obstruir a execução de ato legal. Essa oposição deve apresentar um **caráter militante**, ou seja, reclama atuação positiva do

---

[173] CARRARA, Francesco. *Programa de derecho criminal*. 4. ed. Bogotá: Temis, 2002. v. V, p. 320.
[174] Como explica Guilherme de Souza Nucci, esta expressão é utilizada "em referência à resistência passiva e política da não violência (*satyagraha*) recomendada pelo Mahatma Gandhi, na primeira metade do século XX, na Índia, contra os ingleses, através de conduta pela qual os indianos não atacavam os dominadores do seu território, mas também não desocupavam um determinado local, quando instados pelas forças policiais a fazê-lo. Acabavam agredidos pelos próprios agentes do Império Britânico, sem que agissem de outra forma" (*Código Penal comentado*. 8. ed. São Paulo: RT, 2008. p. 1.082).
[175] HUNGRIA, Nélson. *Comentários ao Código Penal*. 2. ed. Rio de Janeiro: Forense, 1959. v. IX, p. 411.

sujeito ativo, pois se concretiza mediante o emprego de violência ou ameaça ao funcionário público competente ou a quem lhe preste auxílio.

Excepcionalmente, porém, o delito poderá ser cometido por omissão, quando o sujeito ostentar o dever de agir para impedir o resultado, nos termos do art. 13, § 2.º, do Código Penal, e dolosamente permanecer inerte. Exemplo: Um policial presencia a agressão de uma pessoa ao fiscal da vigilância sanitária que buscava inspecionar um determinado local, dolosamente permanecendo inerte.

Violência é o emprego de força física (*vis corporalis*) contra alguém. Exemplos: agredir com uma barra de ferro o policial responsável pelo cumprimento de mandado de prisão preventiva, desferir socos no oficial de justiça que tenta efetuar a citação etc.

Nada obstante o tipo penal fale apenas em "violência", sem especificá-la, prevalece em doutrina o entendimento segundo o qual o crime de resistência pressupõe a "**violência contra a pessoa**". Logo, tratando-se de violência contra a coisa, poder-se-ia falar em dano qualificado (CP, art. 163, parágrafo único, inc. III). Disso discorda Nélson Hungria, para quem também é possível a resistência quando a violência contra a coisa funciona como meio de execução. São suas palavras:

> Até mesmo a violência sobre coisas, quando assume um caráter de *oposição ativa* contra o agente da autoridade ou quem lhe presta auxílio, pode constituir resistência, como, *in exemplis*, se é derribada a escada que o policial pretende galgar para executar um mandado *ad capiendum*, ou se é morto a tiro o cavalo do soldado de polícia que encalça um criminoso em fuga.[176]

Com o devido respeito ao saudoso penalista, ousamos discordar. Para nós, a violência contra a coisa, nos exemplos citados, enseja o reconhecimento da ameaça, diante da sua finalidade nitidamente intimidatória, igualmente prevista pelo legislador como meio de execução do crime de resistência.

Ameaça, também conhecida como *vis compulsiva*, é a promessa de mal injusto, passível de realização e apto a amedrontar uma pessoa de tipo normal (homem médio ou homem *standard*). Destarte, não se caracteriza o delito quando o sujeito se limita a rogar pragas contra o funcionário público ou o particular que lhe auxilia, pois não há possibilidade de concretização deste suposto mal.

A ameaça pode ser de duas espécies: (a) **real** (exemplo: apontar uma arma na direção de alguém); ou (b) **verbal** (exemplo: dizer a uma pessoa que irá matá-la em breve). Basta seja dotada de poder intimidatório, independentemente do seu grau, pois o tipo penal refere-se unicamente à "ameaça", e não à "grave ameaça", como preferiu o Código Penal em outros delitos, tais como o roubo, a extorsão e o estupro etc.

A promessa, verdadeira ou falsa, de oferecer representação contra o funcionário público perante seus superiores hierárquicos não pode ser compreendida como ameaça, uma vez que tal direito é assegurado a toda e qualquer pessoa, a teor do art. 5.º, inc. XXXIV, *a*, da Constituição Federal.

6.7.2.6.1. Resistência e momento do emprego da violência ou ameaça

No crime de resistência, a oposição do agente dirige-se à execução do ato legal. Em outras palavras, a violência ou ameaça devem ser empregadas contra o funcionário público competente ou quem lhe preste auxílio durante a prática do ato legal, buscando impedir seu aperfeiçoamento.

---

[176] HUNGRIA, Nélson. *Comentários ao Código Penal*. 2. ed. Rio de Janeiro: Forense, 1959. v. IX, p. 412.

Em razão disso, se a violência ou ameaça forem utilizadas antes ou depois da execução do ato legal, não há falar em resistência, subsistindo algum outro delito, notadamente a lesão corporal (CP, art. 129) ou a ameaça (CP, art. 147).

E, adotando-se o princípio da especialidade para solução do conflito aparente de normas penais, se o indivíduo se vale da violência contra a pessoa para evadir-se ou tentar evadir-se depois de preso ou submetido a medida de segurança detentiva, a ele será imputado o crime de evasão mediante violência contra a pessoa, previsto no art. 352 do Código Penal, e não o de resistência.

6.7.2.6.2. Resistência, meio de execução e desacato

Em face de exigência explícita do art. 329, *caput*, do Código Penal, o crime de resistência necessita da violência ou da ameaça como meios de execução. Consequentemente, é vedado o reconhecimento deste delito quando o sujeito tem a intenção manifesta de humilhar o funcionário público, menosprezando a atividade estatal por ele exercida, ainda que para tanto se valha de vias de fato ultrajantes (exemplos: lançar fezes, cuspir em sua face etc.). Nesse caso, estará configurado o crime de desacato, tipificado no art. 331 do Código Penal.

6.7.2.7. Legalidade do ato: elemento normativo do tipo

O art. 329 do Código Penal possui um **elemento normativo**, representado pela expressão "ato legal". A legalidade do ato deve ser analisada em dois planos distintos: (a) **formal**, relativamente à competência de quem o executa e à forma da sua emissão; e (b) **material** ou **substancial**, vinculado ao seu conteúdo.

De fato, não se pode obrigar uma pessoa a cumprir um ato formal e/ou materialmente ilegal. A oposição à execução de ato ilegal não abre espaço para o crime de resistência, em obediência ao princípio da legalidade, delineado no art. 5.º, inc. II, da Constituição Federal: "ninguém será obrigado a fazer ou deixar de fazer alguma coisa senão em virtude de lei".

Exemplificativamente, não há crime de resistência quando alguém se opõe, mediante violência ou ameaça a funcionário público, ao cumprimento de mandado de prisão temporária emitido por um Delegado de Polícia, em manifesta violação às disposições da Lei 7.960/1989, pois esta modalidade de prisão cautelar somente pode ser decretada por membros do Poder Judiciário. Também não se concretiza o delito na hipótese em que funcionário público incompetente procede à execução do ato, tal como na situação em que um perito judicial busca efetuar o cumprimento de um mandado de citação.

Entretanto, não se pode confundir o ato ilegal com o **ato injusto**. Como se sabe, os valores de justiça e injustiça são variáveis e irrelevantes para os fins do art. 329 do Código Penal. O ato do Estado formal e materialmente legal deve ser fielmente executado, nada obstante classificado como injusto pelo seu destinatário. A título ilustrativo, verifica-se o crime de resistência quando uma pessoa se opõe à execução de ordem judicial de prisão, mediante violência ou ameaça a um policial, entendendo ter sido a sentença condenatória proferida com base em elementos de convicção manifestamente contrários à prova dos autos, e, portanto, injusta. Se legal o ato, eventual valoração do agente quanto à sua injustiça não tem o condão de afastar o delito.

Finalmente, é válido destacar a necessidade de o ato legal ser **concreto e específico**, ou seja, capaz de produzir efeitos imediatos e dirigido a pessoa ou pessoas determinadas.

6.7.2.7.1. Ato ilegal e teorias acerca do direito de resistência

Sempre se discutiu se existe ou não um direito de resistência contra o arbítrio da autoridade pública. Há três teorias sobre o assunto:

a) Teoria da obediência passiva ou absoluta

Para esta teoria, defendida no campo jurídico-filosófico por Santo Agostinho, Santo Tomás de Aquino, Immanuel Kant, Thomas Hobbes e Martinho Lutero, entre outros, a ilegalidade do ato estatal não justifica, em hipótese alguma, a rebeldia do particular contra a autoridade.

A atuação dos agentes públicos é amparada por uma presunção de legalidade, acarretando a irrestrita e incondicional submissão dos particulares aos representantes do Estado, ressalvado somente o direito de posterior reclamação perante as autoridades superiores ou perante os tribunais. Consequentemente, não há legítima defesa contra uma figura pública.

Atualmente, é indiscutível a inadmissibilidade desta teoria, outrora reinante em épocas marcadas pelo despotismo e fundada na premissa de que os funcionários do Estado eram delegados terrestres dos deuses, motivo pelo qual suas decisões eram insuscetíveis de impugnação pelos simples mortais.

b) Teoria Ultraliberal

Idealizada por John Locke e Jean Jacques Rousseau, esta teoria é diametralmente oposta à anterior (teoria da obediência passiva ou absoluta). Sustenta a existência não apenas de um direito, mas de um **dever** de resistência à autoridade pública que age fora dos raios da lei.

Em sua ótica, quem se curva diante do arbítrio dos agentes públicos os estimula à prepotência, concorrendo assim para a disseminação de um mal. Em face da atuação ilegal dos mandatários do Estado, o recalcitrante não defende somente a si próprio, mas a todos os seus concidadãos. Destarte, a oposição a um ato ilegal da autoridade pública reveste-se de licitude.

c) Teoria da obediência relativa, moderada ou conciliadora

Para solucionar o embate entre as teorias anteriores, ambas radicais, surgiu uma terceira teoria, universalmente aceita nos dias atuais.

Dentro de uma ótica moderada, ou conciliadora, a resistência é legítima quando a ilegalidade do ato oficial é **manifesta**, **flagrante**. Se existe dúvida sobre a ilegalidade, a abstenção de resistência impõe-se em obediência ao princípio da autoridade. Permitir a resistência quando não seja manifesta a ilegalidade do ato importa em incentivo à indisciplina social.

Esta teoria se ampara em uma razão de fácil compreensão. O funcionário público, quando se comporta notoriamente contra a lei, decai dessa qualidade, equiparando-se ao particular. Por corolário, é perfeitamente possível a legítima defesa – causa excludente da ilicitude prevista no art. 25 do Código Penal – contra ato ilegal dos representantes do Poder Público.

6.7.2.7.2. Ato legal e excesso em sua execução

Quando o executor de um ato legal se excede no seu cumprimento, empregando injustificada violência, a reação proporcional do particular constitui legítima defesa (CP, art. 25). Por seu turno, também age em legítima defesa o funcionário público que se vale de violência moderada contra aquele que resiste violentamente à execução regular de um ato legal.

6.7.2.8. Sujeito ativo

A resistência é **crime comum** ou **geral**. Pode ser praticado por qualquer pessoa, inclusive pelo funcionário público, nas situações em que age como particular, isto é, sem se valer das prerrogativas inerentes à sua condição funcional.

Nada obstante seja esta a regra geral, o sujeito ativo não será necessariamente a pessoa que suporta a execução do ato legal. Em outras palavras, é possível seja a resistência exteriorizada por terceira pessoa, como na hipótese em que uma pessoa, ao perceber a prisão em flagrante de um amigo, agride com socos e pontapés o funcionário público responsável pela diligência.

6.7.2.9. Sujeito passivo

É o Estado e, secundariamente, o **funcionário público competente** para execução do ato legal ou o **terceiro (particular) que lhe esteja prestando auxílio**. Neste último caso, a especial proteção conferida ao *extraneus* decorre da circunstância de esta pessoa figurar como um assistente ou *longa manus* do Poder Público. A assistência pode ser prestada mediante requisição ou requerimento do agente público, ou espontaneamente, desde que com o consentimento deste.

Em qualquer hipótese, é imprescindível o efetivo acompanhamento do particular pelo funcionário público competente para a execução do ato legal, ou então a atuação em seu nome, pois caso contrário estará afastado o crime de resistência, mesmo sendo ele alvo da violência ou ameaça.

Vale a pena simplificar a explicação com um exemplo. Como se sabe, o art. 301 do Código de Processo Penal, ao lado do flagrante compulsório ou obrigatório, prevê o chamado "flagrante facultativo", assegurando a qualquer do povo a possibilidade de prender quem se encontre em flagrante delito. Pois bem. Imagine agora um particular que, **sozinho** (desacompanhado do funcionário público), efetua a prisão em flagrante de um criminoso, ocasião em que tem contra si dirigida violência para impedir a realização do ato. Há resistência? Não, pois o executor do ato não ostenta a condição de funcionário público, embora desempenhe função pública no caso concreto. Nada impede, contudo, a caracterização de outro crime (lesão corporal, tentativa de homicídio etc.).

6.7.2.9.1. Resistência e oposição dirigida a vários funcionários públicos

Se o sujeito, no mesmo contexto fático, opõe-se à execução de ato legal, mediante violência ou ameaça a dois ou mais funcionários públicos igualmente competentes para realizá-lo, há um único crime de resistência contra a mesma vítima (Estado), pois o bem jurídico penalmente protegido é a Administração Pública, e não a atuação concreta dos seus agentes isoladamente considerados. Exemplificativamente, há um só delito na hipótese em que uma pessoa criminalmente condenada luta contra dois policiais responsáveis pelo cumprimento de um mandado de prisão contra ela endereçada.

Todavia, se as condutas forem praticadas em contextos diversos, estará configurado o concurso de crimes. Exemplo: "A" agride um policial que, por considerá-lo em atitude suspeita, decidiu proceder à sua revista pessoal. Uma semana depois, "A" efetua socos contra um oficial de justiça que se dirigiu à sua casa para citá-lo em uma ação de alimentos movida pela sua filha.

6.7.2.10. Elemento subjetivo

É o dolo, acompanhado de um especial fim de agir (elemento subjetivo específico), consistente na intenção de impedir a execução de ato legal. Consequentemente, não há crime quando o sujeito resiste ao ato do funcionário público ou de quem lhe preste auxílio em razão de dúvida legítima e fundada acerca da legalidade do ato ou da competência do funcionário público.

Não se admite a modalidade culposa.

6.7.2.10.1. Resistência, alteração de ânimos e embriaguez

A alteração de ânimos e a embriaguez não afastam a responsabilidade penal pelo crime de resistência.

No tocante à alteração de ânimos, é sabido que a emoção e a paixão não excluem a imputabilidade penal (CP, art. 28, inc. I). Na mesma toada, o art. 28, inc. II, do Código Penal é peremptório ao afirmar que a embriaguez, voluntária ou culposa, pelo álcool ou substância de efeitos análogos, não elimina a imputabilidade penal.

No entanto, não será possível a responsabilização penal do agente pelo delito no caso de embriaguez completa, proveniente de caso fortuito ou força maior, que no caso concreto o torna inteiramente incapaz de entender o caráter ilícito do fato ou de determinar-se de acordo com esse entendimento, em face da incidência da dirimente prevista no art. 28, § 1.º, do Código Penal.

6.7.2.11. Consumação

A resistência é **crime formal, de consumação antecipada** ou **de resultado cortado**: consuma-se com o emprego de violência ou ameaça ao funcionário público competente para execução do ato legal ou a quem lhe esteja prestando auxílio, pouco importando se assim agindo o sujeito vem a impedir a atuação estatal.

6.7.2.12. Tentativa

A análise do *conatus* leva em conta o meio de execução da resistência.

Quando o crime é praticado mediante violência, a tentativa é cabível, em face do seu caráter plurissubsistente, permitindo o fracionamento do *iter criminis*. Exemplo: O particular, que pretendia agredir o funcionário público com uma barra de ferro, é imobilizado por outras pessoas.

Entretanto, se o delito for cometido por meio de ameaça, a tentativa somente será admitida na utilização de algum escrito. De fato, tratando-se de ameaça verbal (crime unissubsistente), será inviável o *conatus*.

6.7.2.13. Figura qualificada: art. 329, § 1.º

O art. 329, § 1.º, do Código Penal, contempla o **exaurimento** como **qualificadora** do delito, pois em razão da resistência o ato legal não se executa, justificando a elevação dos limites da pena em abstrato. O crime, nesse caso, é **material** ou **causal**.

O tratamento mais severo da resistência tem dois fundamentos:

a) a lei é efetivamente descumprida; e

b) a autoridade estatal é ridicularizada, fomentando igual atuação de rebeldia por outras pessoas.

A incidência da qualificadora reclama a não execução do ato legal com base unicamente na oposição violenta ou ameaçadora do sujeito, e não na inépcia ou desídia do funcionário público.

6.7.2.14. Concurso material obrigatório: art. 329, § 2.º

A resistência pode ser cometida mediante o emprego de violência ou ameaça.

Quando o crime é praticado com emprego de **violência** – contra o funcionário público competente para executar o ato legal ou contra quem lhe preste auxílio –, o art. 329, § 2.º, do Código Penal, prevê o **concurso material obrigatório** (sistema do cúmulo material), ou seja, o agente responde pela resistência (simples ou qualificada) e pelo crime resultante da violência, que em nenhuma hipótese será absorvido, qualquer que seja este (lesão corporal leve, grave ou gravíssima, homicídio etc.).

Esta regra somente se aplica, repita-se, na hipótese de resistência cometida mediante violência à pessoa. Fácil observar, portanto, que o crime de ameaça é absorvido pela resistência, uma vez que funciona como seu meio de execução e não há previsão legal de concurso material obrigatório.

6.7.2.14.1. Resistência, desobediência e desacato

Discute-se se a resistência absorve ou não a desobediência e o desacato, isto é, se há crime único ou concurso de delitos. Vejamos.

O **crime de desobediência** (CP, art. 330), se praticado no mesmo contexto fático do delito de resistência, resta por este absorvido. A razão desta conclusão é de fácil compreensão. A resistência envolve um crime de desobediência contra ato legal de funcionário público cometido com emprego de violência ou ameaça. Em outras palavras, não há como falar em resistência sem desobediência, pois este crime funciona como meio de execução daquele. Incide, portanto, o **princípio da consunção** para solução do conflito aparente de normas penais.

De outro lado, existe maior polêmica acerca da relação entre os crimes de resistência e **desacato** praticados nas mesmas condições de tempo e local. Deve o agente responder por um só crime (qual deles?) ou então por ambos os delitos, em concurso?

Há três posições sobre o assunto:

a) A resistência absorve o desacato, pois a ofensa física ou verbal ao funcionário público destina-se a impedir a execução de ato legal. É a posição majoritária em sede doutrinária, nada obstante a pena cominada à resistência (detenção de dois meses a dois anos) seja inferior à pena do desacato (detenção, de seis meses a dois anos, ou multa).

b) O desacato absorve a resistência, em razão da pena mais elevada.

c) Há concurso material entre resistência e desacato, nos moldes do art. 69, *caput*, do Código Penal. Ao contrário do que se verifica na desobediência, o desacato não é meio imprescindível para execução da resistência. Basta, no crime previsto no art. 329 do Código Penal, a utilização de violência ou ameaça para impedir a execução de ato legal pelo funcionário público competente, não sendo necessário menosprezar a relevante função pública por ele exercida. Portanto, os interesses da Administração Pública atingidos pela conduta criminosa são distintos. É a posição que adotamos.[177]

6.7.2.15. Ação penal

A ação penal é pública incondicionada, em todas as modalidades do delito.

6.7.2.16. Lei 9.099/1995

Em sua forma simples (art. 329, *caput*), a resistência constitui-se em **infração penal de menor potencial ofensivo**, de competência do Juizado Especial Criminal e compatível com a transação penal e com o rito sumaríssimo, nos moldes da Lei 9.099/1995, pois o máximo da pena privativa de liberdade cominada é de dois anos.

De outro lado, a pena da resistência qualificada (art. 329, § 1.º) é de reclusão, de um a três anos. Trata-se, portanto, de **crime de médio potencial ofensivo**, admitindo o benefício da suspensão condicional do processo, desde que presentes os demais requisitos exigidos pelo art. 89 da Lei 9.099/1995.

---

[177] É também o entendimento de CALHAU, Lélio Braga. *Desacato*. Belo Horizonte: Mandamentos, 2004. p. 69.

6.7.2.17. Classificação doutrinária

A resistência é crime **pluriofensivo** (ofende mais de um único bem jurídico); **comum** (pode ser cometido por qualquer pessoa); **formal, de consumação antecipada** ou **de resultado cortado** (na modalidade simples) ou **material** (na forma qualificada); **de dano** (causa lesão à Administração Pública); **de forma livre** (admite qualquer meio de execução); em regra **comissivo**; **instantâneo** (consuma-se em um momento determinado, sem continuidade no tempo); **unissubjetivo, unilateral ou de concurso eventual** (normalmente praticado por um só agente, mas admite o concurso); e **unissubsistente** ou **plurissubsistente**.

6.7.2.18. Legislação penal especial

6.7.2.18.1. Resistência e Comissões Parlamentares de Inquérito

O art. 4.º, inc. I, da Lei 1.579/1952, contém uma modalidade específica de resistência no âmbito das Comissões Parlamentares de Inquérito:

> Art. 4.º Constitui crime:
> I – Impedir, ou tentar impedir, mediante violência, ameaça ou assuadas, o regular funcionamento de Comissão Parlamentar de Inquérito, ou o livre exercício das atribuições de qualquer dos seus membros.
> Pena – A do art. 329 do Código Penal.

Trata-se, em verdade, de **lei penal em branco ao avesso**, pois o preceito primário do tipo penal descreve uma conduta criminosa completa, mas o preceito secundário é incompleto, devendo ser complementado pelo art. 329 do Código Penal.

6.7.2.18.2. Resistência e Estatuto da Criança e do Adolescente

O Estatuto da Criança e do Adolescente define uma forma especial de resistência, relacionada ao desempenho de atividade vinculada à autoridade judiciária, ao membro do Conselho Tutelar ou ao membro do Ministério Público no exercício de função prevista na Lei 8.069/1990:

> Art. 236. Impedir ou embaraçar a ação de autoridade judiciária, membro do Conselho Tutelar ou representante do Ministério Público no exercício de função prevista nesta Lei:
> Pena – detenção de seis meses a dois anos.

6.7.2.18.3. Resistência e Código Penal Militar

Em conformidade com o art. 177 do Decreto-lei 1.001/1969 – Código Penal Militar –, responsável pela tipificação do crime de resistência mediante ameaça ou violência:

> Art. 177. Opor-se à execução de ato legal, mediante ameaça ou violência ao executor, ou a quem esteja prestando auxílio:
> Pena – detenção, de seis meses a dois anos.

> **Forma qualificada**
> § 1.º Se o ato não se executa em razão da resistência:
> Pena – reclusão de dois a quatro anos.
> § 1.º-A. Se da resistência resulta morte:
> Pena – reclusão, de 6 (seis) a 20 (vinte) anos.
> **Cumulação de penas**
> § 2.º As penas previstas no *caput* e no § 1.º deste artigo são aplicáveis sem prejuízo das correspondentes à violência.

6.7.3. Art. 330 – Desobediência

6.7.3.1. Dispositivo legal

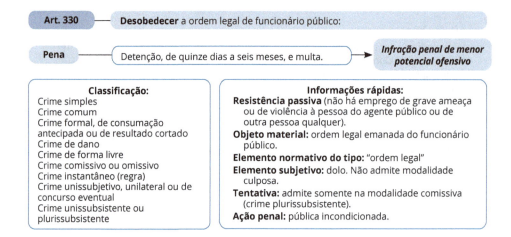

6.7.3.2. Introdução

O crime de desobediência apresenta pontos em comum com o delito de resistência (CP, art. 329). Deste se diferencia, entretanto, pela ausência de emprego de violência ou ameaça ao funcionário público competente, daí resultando o tratamento menos severo dispensado pelo legislador.

Esta é razão pela qual a desobediência também é chamada de "**resistência passiva**", enquanto a resistência é conhecida como "**desobediência belicosa**". Nas insuperáveis lições de Nélson Hungria: "A resistência encerra a desobediência, podendo mesmo denominar-se *desobediência belicosa*, enquanto a desobediência representa uma resistência passiva ou, quando comissiva, desacompanhada de força física ou moral".[178]

6.7.3.3. Objetividade jurídica

O bem jurídico penalmente tutelado é a Administração Pública, especificamente no tocante à autoridade e ao respeito devidos às ordens legais emitidas pelos funcionários públicos em geral.

---
[178] HUNGRIA, Nélson. *Comentários ao Código Penal*. 2. ed. Rio de Janeiro: Forense, 1959. v. IX, p. 419.

6.7.3.4. Objeto material

É a ordem legal emanada do funcionário público, ou seja, a determinação dirigida a alguém para fazer ou deixar de fazer algo, e não um mero pedido ou solicitação. Como explica Julio Fabbrini Mirabete: "Assim, em simples ofício em que se solicita providência, caso não respondido, não basta para a caracterização do ilícito".[179]

Esta ordem legal, na visão do Supremo Tribunal Federal, precisa ser direta e individualizada ao seu destinatário.[180]

A expressão "ordem legal" revela a existência de um elemento normativo do tipo no crime de desobediência.

A legalidade da ordem deve ser apreciada sob um dúplice aspecto: (a) formal, é dizer, do ponto de vista da sua forma e da competência de quem a emite ou executa; e (b) material ou substancial, vale dizer, relativamente à sua substância.

Com efeito, não se pode compelir uma pessoa a cumprir uma ordem formal e/ou materialmente ilegal. Em resumo, o descumprimento de ordem ilegal não configura crime de desobediência, em face do princípio da legalidade, insculpido no art. 5.º, inc. II, da Constituição Federal: "ninguém será obrigado a fazer ou deixar de fazer alguma coisa senão em virtude de lei".

Como exemplos desse raciocínio, no sentido de inocorrência do crime tipificado no art. 330 do Código Penal, podemos citar: (a) o morador que se recusa a permitir o cumprimento de mandado judicial em sua residência no período noturno; (b) o gerente de instituição financeira que não fornece dados bancários de um cliente à autoridade policial; e (c) a pessoa que deixa de atender ordem judicial emanada de juízo manifestamente incompetente.

Nesse contexto, também não há falar em crime de desobediência em razão do desatendimento de ordens baseadas em portarias, resoluções ou atos análogos, pois somente o legislador é constitucionalmente dotado do poder legiferante, isto é, só ele tem competência para a edição de leis. A título ilustrativo, não se verifica o crime definido no art. 330 do Código Penal quando uma pessoa deliberadamente descumpre uma portaria emitida pela Justiça Eleitoral proibitiva da comercialização e do consumo de bebidas alcoólicas no dia das eleições.

Finalmente, é importante destacar que não se pode confundir a ordem ilegal com a ordem injusta. Os valores "justo e injusto" não devem nortear a interpretação do art. 330 do Código Penal. De fato, a ordem legal (formalmente em ordem e com conteúdo admitido pelo ordenamento jurídico) há de ser rigorosamente cumprida, ainda que considerada injusta pelo seu destinatário.

6.7.3.4.1. Desobediência à decisão judicial e art. 359 do Código Penal

Em decorrência da utilização do princípio da especialidade para solução do conflito aparente de leis penais, incide o crime tipificado no art. 359 do Código Penal no tocante à desobediência à decisão judicial sobre perda ou suspensão de direito, cuja redação é a seguinte:

> **Art. 359.** Exercer função, atividade, direito, autoridade ou múnus, de que foi suspenso ou privado por decisão judicial:
> Pena – detenção, de três meses a dois anos, ou multa.

---

[179] MIRABETE, Julio Fabbrini. *Manual de direito penal*. 22. ed. São Paulo: Atlas, 2007. v. 3, p. 354.
[180] Inq. 2.004 QO/MG, real. Min. Sepúlveda Pertence, Plenário, j. 29.09.2004.

6.7.3.4.2. Defensor Público-Geral e descumprimento de requisição judicial para nomeação de defensor

Não se caracteriza o crime de desobediência na situação em que o Defensor Público-Geral, da União ou de algum Estado, deixa de atender requisição judicial visando a nomeação de defensor público para atuação em uma determinada ação. Extrai-se essa conclusão da autonomia funcional e administrativa assegurada à Defensoria Pública pelo art. 134, §§ 2.º e 3.º, da Constituição Federal. Na linha da jurisprudência do Superior Tribunal de Justiça:

> Não configura o crime de desobediência (art. 330 do CP) a conduta de Defensor Público-Geral que deixa de atender à requisição judicial de nomeação de defensor público para atuar em determinada ação penal. De fato, a Carta Magna determina que: "Às Defensorias Públicas Estaduais são asseguradas autonomia funcional e administrativa e a iniciativa de sua proposta orçamentária dentro dos limites estabelecidos na lei de diretrizes orçamentárias e subordinação ao disposto no art. 99, § 2.º" (art. 134, § 2.º). Nesse contexto, a acusação sofrida por Defensor Público Geral, consistente em não designar um defensor para atuar em determinada ação penal, viola a autonomia da instituição. Isso porque, a autonomia administrativa e a independência funcional asseguradas constitucionalmente às defensorias públicas não permitem a ingerência do Poder Judiciário acerca da necessária opção de critérios de atuação por Defensor Público-Geral e da independência da atividade da advocacia. Nessa moldura, o ato de não atendimento por parte de Defensor Público-Geral de requisição emanada de juiz de direito para destacar um defensor para a ação penal que preside não se confunde com crime de desobediência por falta de cumprimento por autoridade pública de decisão legal ou judicial.[181]

6.7.3.5. Núcleo do tipo

O núcleo do tipo é "**desobedecer**", no sentido de desatender ou recusar cumprimento à ordem legal de funcionário público competente para emiti-la. Não há emprego de grave ameaça ou de violência à pessoa do agente público ou de outra pessoa qualquer, sob pena de desclassificação para o crime de resistência (CP, art. 329). O sujeito, passivamente, limita-se a infringir o mandamento do representante do Poder Público.

A conduta pode ser praticada por ação, quando a ordem do funcionário público impõe a abstenção de um ato ao seu destinatário, mas este prefere agir. Exemplo: Durante abordagem a diversas pessoas, um policial militar determina que todas elas fiquem imóveis, a fim de proceder à revista pessoal, mas um dos suspeitos foge.

Também é possível a execução do crime omissivamente, na hipótese em que o funcionário público ordena um comportamento positivo do sujeito, que livremente opta pela omissão. Exemplos: (a) Uma pessoa se recusa a cumprir a ordem emitida pelo policial militar, consistente em abrir a pasta após ultrapassar detector de metais instalado no fórum, o qual sinalizou a existência de metal; e (b) O sujeito não atende ordem dada pelo oficial de justiça na ocasião do cumprimento de mandado de entrega de veículo, expedido pelo juízo cível.[182]

O verbo "desobedecer" pressupõe o efetivo conhecimento da ordem legal do funcionário público pela pessoa sujeita ao seu cumprimento, seja porque expedida na sua presença, seja porque sua ciência restou demonstrada de modo inequívoco, sob pena de abrir espaço à responsabilidade penal objetiva em decorrência de corriqueiros erros de comunicação. De fato,

---

[181] HC 310.901/SC, rel. Min. Nefi Cordeiro, 6.ª Turma, j. 16.06.2016, noticiado no *Informativo* 586.
[182] HC 169.417/SP, rel. orig. Min. Marco Aurélio, red. p/ o ac. Min. Alexandre de Moraes, 1.ª Turma, j. 28.04.2020, noticiado no *Informativo* 975.

somente se configura o delito de desobediência quando há descumprimento à ordem legal endereçada diretamente para quem tem o dever legal de cumpri-la.

No tocante às notificações encaminhadas pela via postal, é imprescindível a intimação pessoal do destinatário da ordem. Como já decidido pelo Superior Tribunal de Justiça:

> Não se configura o crime de desobediência na hipótese em que as notificações do responsável pelo cumprimento da ordem foram encaminhadas por via postal, sendo os avisos de recebimento subscritos por terceiros. Para caracterizar o delito de desobediência, exige-se a notificação pessoal do responsável pelo cumprimento da ordem, demonstrando a ciência inequívoca da sua existência e, após, a intenção deliberada de não cumpri-la.[183]

6.7.3.5.1. Desobediência e cumulatividade com sanção de outra natureza

Doutrina e jurisprudência firmaram-se no sentido de que, quando alguma lei comina determinada sanção civil ou administrativa para o descumprimento de ordem legal de funcionário público, somente incidirá o crime tipificado no art. 330 do Código Penal se a mencionada lei ressalvar expressamente a aplicação cumulativa do delito de desobediência. Incide na espécie o **princípio da independência das instâncias civil, administrativa e penal.** Exemplificativamente, o art. 219 do Código de Processo Penal assim dispõe: "O juiz poderá aplicar à testemunha faltosa a multa prevista no art. 453, sem prejuízo do processo penal por crime de desobediência, e condená-la ao pagamento das custas da diligência". É, possível, nesse caso, a caracterização do crime previsto no art. 330 do Código Penal, em face da ressalva legal expressa. Igual raciocínio se aplica à recusa do jurado em comparecer à reunião do Tribunal do Júri, a teor do art. 442 do Código de Processo Penal.[184]

De outro lado, não incide o art. 330 do Código Penal para a testemunha faltosa no juízo cível, pois o art. 455, § 5.º, do Código de Processo Civil, sem prejuízo da condução coercitiva, institui sanções civis (despesas do adiamento), deixando de fazer menção explícita ao crime de desobediência.

6.7.3.5.2. Desobediência e causas excludentes da ilicitude

Não se configura o crime de desobediência, em face da ausência de um dos seus elementos, quando o destinatário descumpre ordem legal emanada de funcionário público competente, amparado em qualquer causa excludente da ilicitude. Vejamos dois exemplos em que incide a eximente relativa ao estrito cumprimento de dever legal (CP, art. 23, inc. III, 1.ª parte):

a) não há desobediência para o médico que desatende ordem judicial para enviar dados sigilosos constantes do prontuário do paciente, pois assim agindo limita-se a cumprir o art. 73 da Resolução 2.217/2018, do Conselho Federal de Medicina; e

b) também não incide o crime definido pelo art. 330 do Código Penal na conduta do advogado que se recusa a prestar informações ou fornecer documentos acerca de fatos aptos a prejudicar seu cliente, em obediência ao art. 7.º, inc. XIX, da Lei 8.906/1994 – Estatuto da Ordem dos Advogados do Brasil.

---

[183] HC 226.512/RJ, rel. Min. Sebastião Reis Júnior, 6.ª Turma, j. 09.10.2012, noticiado no *Informativo* 506.

[184] CPP, art. 442: "Ao jurado que, sem causa legítima, deixar de comparecer no dia marcado para a sessão ou retirar-se antes de ser dispensado pelo presidente será aplicada multa de 1 (um) a 10 (dez) salários mínimos, a critério do juiz, de acordo com a sua condição econômica".

6.7.3.5.3. A vítima e seu dever de colaborar com a investigação criminal

A vítima pode ser responsabilizada pelo crime de desobediência quando se recusa a colaborar com a polícia judiciária na investigação criminal, em ato imprescindível para apuração da infração penal e incapaz de ofendê-la em sua integridade física ou moral.[185]

Tome-se como exemplo o comportamento do ofendido que desatende ordem da autoridade policial para comparecer ao Instituto Médico Legal a fim de realizar exame de corpo de delito, medida indispensável para conclusão de inquérito policial instaurado para investigar crime de lesão corporal grave, possibilitando o desaparecimento dos vestígios materiais e a impunidade de delito de ação penal pública incondicionada.

6.7.3.5.4. Recusa em submeter-se à identificação criminal

A identificação criminal pode ser de duas espécies: (a) dactiloscópica, consistente na obtenção das impressões digitais do investigado; e (b) fotográfica. Sobre o assunto, estatui o art. 5.º, inc. LVIII, da Constituição Federal: "o civilmente identificado não será submetido a identificação criminal, salvo nas hipóteses previstas em lei".

Destarte, com exceção das hipóteses taxativamente previstas em lei, o portador de identificação civil não pode ser compelido à identificação criminal. Portanto, a pessoa criminalmente investigada tem o direito de se recusar à identificação dactiloscópica ou fotográfica, sem que sua opção configure crime de desobediência.

De outro lado, se a lei impuser a identificação criminal (exemplo: art. 3.º da Lei 12.037/2009 – Identificação criminal do civilmente identificado), o desatendimento injustificado a ordem legal de funcionário público ensejará a aplicação do delito disciplinado no art. 330 do Código Penal.

6.7.3.6. Sujeito ativo

A desobediência é **crime comum** ou **geral**, pois pode ser cometido por qualquer pessoa, desde que juridicamente vinculada ao cumprimento da ordem legal.

O funcionário público pode ser responsabilizado pelo crime tipificado no art. 330 do Código Penal, na hipótese em que atue como particular, isto é, quando a ordem recebida e descumprida não se inclua entre seus deveres funcionais, uma vez que a desobediência se insere entre os crimes praticados por particular contra a Administração em geral.

De fato, se o funcionário público deixa de cumprir algum ato de ofício, estará delineado o delito de prevaricação (CP, art. 319), se presente o especial fim de agir para satisfazer interesse ou sentimento pessoal. Exemplificativamente, se um funcionário público, transitando com sua bicicleta em via pública, descumprir a determinação de parada de um comando policial, estará caracterizado o crime de desobediência; se o funcionário público, entretanto, deixar de cumprir uma liminar emitida em ação judicial, para satisfazer interesse ou sentimento pessoal, a ele será imputado o delito de prevaricação.

6.7.3.6.1. Desobediência e prefeito como sujeito ativo

Não incide o crime de desobediência (CP, art. 330) para os prefeitos, em face da existência de delito específico, contido no art. 1.º, inc. XIV, do Decreto-lei 201/1967:

---

[185] Para um estudo aprofundado do assunto: FERNANDES, Antonio Scarance. *O papel da vítima no processo criminal*. São Paulo: Malheiros, 1995. p. 59 e ss.

> **Art. 1.º** São crimes de responsabilidade dos Prefeitos Municipais, sujeitos ao julgamento do Poder Judiciário, independentemente do pronunciamento da Câmara dos Vereadores:
>
> XIV – negar execução a lei federal, estadual ou municipal, ou deixar de cumprir ordem judicial, sem dar o motivo da recusa ou da impossibilidade, por escrito, à autoridade competente.

6.7.3.7. Sujeito passivo

É o Estado e, mediatamente, o funcionário público emissor da ordem legal injustificadamente descumprida.

6.7.3.8. Elemento subjetivo

É o dolo – abrangente do conhecimento da legalidade da ordem e da competência do funcionário público para emiti-la –, independentemente de qualquer finalidade específica.

Não se admite a modalidade culposa.

6.7.3.8.1. Desobediência e ordem do funcionário público que acarreta autoincriminação ou prejuízo ao seu destinatário

Não há crime de desobediência, por ausência de dolo, nas situações em que alguém descumpre ordem de funcionário público (membro do Poder Judiciário ou do Ministério Público, Delegado de Polícia, parlamentar integrante de CPI etc.), em razão de considerá-la idônea a provocar sua autoincriminação ou de qualquer modo prejudicá-lo.

Quem se comporta desta maneira não tem a intenção de desobedecer ao representante do Estado; ao contrário, o sujeito busca preservar algum bem jurídico do seu interesse. Trata-se de manifestação do *nemo tenetur se detegere*, isto é, ninguém é obrigado a fazer prova contra si mesmo. Para o Supremo Tribunal Federal, este princípio constitui-se em desdobramento lógico do **direito ao silêncio**, previsto no art. 5.º, inc. LXIII, da Constituição Federal como direito fundamental do ser humano.[186]

Vale lembrar, ainda, que o art. 8.º, 2, g, do Pacto da San José da Costa Rica, incorporado ao direito pátrio pelo Decreto 678/1992, assim dispõe: "Toda pessoa acusada de delito tem direito a que se presuma sua inocência enquanto não se comprove legalmente sua culpa. Durante o processo, toda pessoa tem direito, em plena igualdade, às seguintes garantias mínimas: (...) direito de não ser obrigado a depor contra si mesma, nem a declarar-se culpada".

É o que se verifica, exemplificativamente, quando o motorista de um veículo automotor não se submete ao teste de alcoolemia (exame de sangue ou etilômetro, também conhecido como teste em aparelho de ar alveolar, popularmente chamado como "bafômetro"), bem como quando uma pessoa indiciada em inquérito policial se recusa a participar da reprodução simulada dos fatos (CPP, art. 7.º), também denominada "reconstituição", de exame grafotécnico ou de qualquer outro meio de prova análogo.

Contudo, o direito de não produzir prova contra si mesmo não é absoluto, razão pela qual é vedada sua utilização como escudo, pelo agente, para a prática de novos delitos. Nesse contexto, no julgamento do Tema 1.060 do Recurso Repetitivo o Superior Tribunal de Justiça

---

[186] HC 94.173/BA, rel. Min. Celso de Mello, 2.ª Turma, j. 27.10.2009.

acertadamente decidiu pela configuração do crime de desobediência quando o sujeito descumpre ordem legal de parada da Polícia emitida em atividade ostensiva de segurança pública:

> A desobediência à ordem legal de parada, emanada por agentes públicos em contexto de policiamento ostensivo, para a prevenção e repressão de crimes, constitui conduta penalmente típica, prevista no art. 330 do Código Penal Brasileiro. O STJ já decidiu que "os direitos ao silêncio e de não produzir prova contra si mesmo não são absolutos, razão pela qual não podem ser invocados para a prática de outros delitos. Embora por fatos diversos, aplica-se ao presente caso a mesma solução jurídica decidida pela Terceira Seção desta Corte Superior quando do julgamento do REsp 1.362.524/MG, submetido à sistemática dos recursos repetitivos, no qual foi fixada a tese de que 'típica é a conduta de atribuir-se falsa identidade perante autoridade policial, ainda que em situação de alegada autodefesa'" (HC 369.082/SC, Rel. Min. Felix Fischer, Quinta Turma, julgado em 27.06.2017, *DJe* 1.º.08.2017). Conforme apontado pelo Ministério Público Federal em seu parecer, "a possibilidade de prisão por outro delito não é suficiente para afastar a incidência da norma penal incriminadora, haja vista que a garantia da não autoincriminação não pode elidir a necessidade de proteção ao bem jurídico tutelado pelo crime de desobediência. [...] O acusado tem direito constitucional de permanecer calado, de não produzir prova contra si e, inclusive, de mentir acerca do fato criminoso. Contudo, a pretexto de exercer tais prerrogativas, não pode praticar condutas consideradas penalmente relevantes pelo ordenamento jurídico, pois tal situação caracteriza abuso do direito, desbordando a respectiva esfera protetiva". Assim, o entendimento segundo o qual o indivíduo, quando no seu exercício de defesa, não teria a obrigação de se submeter à ordem legal oriunda de funcionário público pode acarretar o estímulo à impunidade e dificultar, ou até mesmo impedir, o exercício da atividade policial e, consequentemente, da segurança pública.[187]

6.7.3.8.2. Desobediência e exercício arbitrário das próprias razões: distinção

Não há desobediência, mas exercício arbitrário das próprias razões, quando uma pessoa descumpre ordem legal de funcionário público com o propósito de fazer justiça pelas próprias mãos, para satisfazer pretensão, embora legítima, desde que este comportamento não seja legalmente permitido.

Imaginemos um exemplo: "A" teve seu carro furtado por "B". Minutos depois, o larápio foi preso em flagrante pela Polícia Militar, que acionou a vítima para reconhecimento do bem e do criminoso. Os milicianos determinaram à vítima que permanecesse no local, para só posteriormente comparecer ao Distrito Policial para entrega do veículo. "A", contudo, valendo-se da chave reserva, ingressou no automóvel e foi para casa, descumprindo a ordem legal dos funcionários públicos. Nesse caso, restou caracterizado o crime de exercício arbitrário das próprias razões, a teor do art. 345 do Código Penal.

6.7.3.9. Consumação

A ordem legal emitida pelo funcionário público pode consubstanciar um comportamento comissivo (o particular deve fazer algo) ou omissivo (o particular deve abster-se de fazer algo) da parte do seu destinatário.

Na primeira situação, o crime se consuma no momento em que o sujeito deixa de fazer o que fora determinado pelo funcionário público. Nessa hipótese, é preciso analisar se o agente estatal fixou prazo para realização do comportamento devido: em caso positivo, o delito estará aperfeiçoado quando, ultrapassado o interregno concedido, o destinatário não tiver cumprido injustificadamente a ordem legal; em caso negativo, ou seja, na ausência de prazo preestabe-

---

[187] REsp 1.859.933/SC, rel. Min. Antonio Saldanha Palheiro, 3.ª Seção, j. 09.03.2022, Tema 1.060, noticiado no *Informativo* 732.

lecido, o crime alcançará a consumação depois de superado um lapso temporal juridicamente relevante (aferido no caso concreto) indicativo do efetivo descumprimento da ordem.

Na última situação, o crime de desobediência é **unissubsistente**: consuma-se no instante em que o destinatário da ordem legal realiza a ação que deveria ser evitada.

Em ambas as situações, a desobediência é **crime formal, de consumação antecipada** ou **de resultado cortado**. Consuma-se com a prática da conduta criminosa, independentemente da superveniência do resultado naturalístico. E, normalmente, é também **crime instantâneo**, pois atinge a consumação em um momento determinado, sem continuidade no tempo.

6.7.3.9.1. Desobediência como crime permanente

O crime de desobediência, quanto ao tempo da consumação, em regra é instantâneo.

Excepcionalmente, porém, o delito apresenta a nota da permanência, pois, dependendo da vontade do agente, seus efeitos podem prolongar-se no tempo. É o que se dá, exemplificativamente, quando um funcionário de uma empresa descumpre ordem judicial, em sucessivos meses, relativamente ao desconto de pensão alimentícia dos vencimentos de um empregado.

6.7.3.10. Tentativa

É cabível somente na modalidade comissiva, pois nesse caso a desobediência é **crime plurissubsistente**, comportando o fracionamento do *iter criminis*.

6.7.3.11. Ação penal

A ação penal é pública incondicionada.

6.7.3.12. Lei 9.099/1995

Trata-se de **crime de menor potencial ofensivo**, de competência do Juizado Especial Criminal, em face do máximo da pena privativa de liberdade legalmente prevista (seis meses). Incidem, portanto, a transação penal e o rito sumaríssimo, na forma estatuída pela Lei 9.099/1995.

6.7.3.13. Classificação doutrinária

A desobediência é crime **simples** (ofende um único bem jurídico); **comum** (pode ser cometido por qualquer pessoa); **formal, de consumação antecipada** ou **de resultado cortado** (consuma-se com a prática da conduta criminosa, independentemente da produção do resultado naturalístico); **de dano** (causa lesão à Administração Pública); **de forma livre** (admite qualquer meio de execução); **comissivo** ou **omissivo**; em regra **instantâneo**, mas excepcionalmente **permanente**; **unissubjetivo, unilateral ou de concurso eventual** (normalmente praticado por um só agente, mas admite o concurso); e **unissubsistente** ou **plurissubsistente**.

6.7.3.14. Legislação penal especial

6.7.3.14.1. Desobediência e Código Penal Militar

O art. 301 do Decreto-lei 1.001/1969 prevê uma modalidade específica de desobediência:

> **Art. 301.** Desobedecer a ordem legal de autoridade militar:
> Pena – detenção, até seis meses.

6.7.3.14.2. Desobediência e Lei da Ação Civil Pública

O art. 10 da Lei 7.347/1985 tipifica uma figura especial de desobediência, inerente ao descumprimento injustificado de ordem do Ministério Público relativamente a elementos indispensáveis ao ajuizamento de ação civil pública:

> **Art. 10.** Constitui crime, punido com pena de reclusão de 1 (um) a 3 (três) anos, mais multa de 10 (dez) a 1.000 (mil) Obrigações Reajustáveis do Tesouro Nacional – ORTN, a recusa, o retardamento ou a omissão de dados técnicos indispensáveis à propositura da ação civil, quando requisitados pelo Ministério Público.

6.7.3.14.3. Desobediência e Estatuto da Pessoa Idosa

Os arts. 100, inc. IV, e 101 da Lei 10.741/2003 – Estatuto da Pessoa Idosa – contêm formas especiais e mais graves do crime de desobediência:

> **Art. 100.** Constitui crime punível com reclusão de 6 (seis) meses a 1 (um) ano e multa:
> IV – deixar de cumprir, retardar ou frustrar, sem justo motivo, a execução de ordem judicial expedida na ação civil a que alude esta Lei.
> **Art. 101.** Deixar de cumprir, retardar ou frustrar, sem justo motivo, a execução de ordem judicial expedida nas ações em que for parte ou interveniente a pessoa idosa:
> Pena – detenção de 6 (seis) meses a 1 (um) ano e multa

6.7.3.14.4. Desobediência e Lei Maria da Penha

O art. 24-A da Lei 11.340/2006 – Lei Maria da Penha – contempla uma figura específica de desobediência, relacionada com o descumprimento de decisão judicial que defere medidas protetivas de urgência nela previstas:

> **Art. 24-A.** Descumprir decisão judicial que defere medidas protetivas de urgência previstas nesta Lei:
> Pena – detenção, de 3 (três) meses a 2 (dois) anos.
> § 1.º A configuração do crime independe da competência civil ou criminal do juiz que deferiu as medidas.
> § 2.º Na hipótese de prisão em flagrante, apenas a autoridade judicial poderá conceder fiança.
> § 3.º O disposto neste artigo não exclui a aplicação de outras sanções cabíveis.

6.7.3.14.5. Desobediência e Lei Henry Borel

O art. 25 da Lei 14.344/2022 – Lei Henry Borel – tipifica uma modalidade especial de desobediência, relacionada ao descumprimento de medida protetiva de urgência:

> **Art. 25.** Descumprir decisão judicial que defere medida protetiva de urgência prevista nesta Lei:

Pena – detenção, de 3 (três) meses a 2 (dois) anos.

§ 1.º A configuração do crime independe da competência civil ou criminal do juiz que deferiu a medida.

§ 2.º Na hipótese de prisão em flagrante, apenas a autoridade judicial poderá conceder fiança.

§ 3.º O disposto neste artigo não exclui a aplicação de outras sanções cabíveis.

6.7.4. Art. 331 – Desacato

6.7.4.1. Dispositivo legal

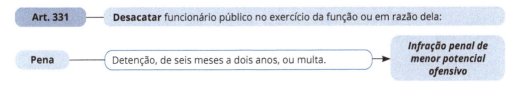

Classificação:
Crime simples
Crime comum
Crime formal, de consumação antecipada ou de resultado cortado
Crime de dano
Crime de forma livre
Crime comissivo
Crime instantâneo
Crime unissubjetivo, unilateral ou de concurso eventual
Crime unissubsistente ou plurissubsistente

Informações rápidas:
Objeto material: funcionário público contra quem se dirige a conduta criminosa.
É pressuposto do desacato seja a ofensa proferida **na presença** do funcionário público (não é necessário que ele esteja no interior da repartição pública, bastando o efetivo exercício funcional).
Desacato cometido pelo funcionário público: é possível (doutrina e jurisprudência).
Exceção da verdade: não se admite.
Elemento subjetivo: dolo. Não admite modalidade culposa.
Tentativa: admite (exceto quando praticado verbalmente).
Ação penal: pública incondicionada.

6.7.4.2. Introdução

Todo funcionário público, do mais humilde ao mais graduado, representa o Estado, agindo em seu nome e em seu benefício, buscando sempre a consecução do interesse público. Consequentemente, no exercício legítimo do seu cargo, o agente público deve estar protegido contra investidas violentas ou ameaçadoras. Esta é a razão da criação do crime de desacato pelo art. 331 do Código Penal.

Vale destacar que, ao contrário da ideia consolidada no jargão popular, o nome do delito é simplesmente "desacato", e não "desacato à autoridade". Qualquer funcionário público, pouco importando as atividades desempenhadas, pode ser desacatado, e não somente os mais graduados e dotados de patentes e insígnias destacadas. Nesse sentido, o tipo penal tutela de igual modo tanto as funções públicas de um lixeiro como os misteres relacionados ao Presidente da República.

6.7.4.2.1. Confronto entre o art. 331 do Código Penal e a Convenção Americana de Direitos Humanos

A Convenção Americana de Direitos Humanos (Pacto de San José da Costa Rica) foi incorporada ao direito brasileiro pelo Decreto 678/1992. Com a rubrica "Liberdade de Pensamento e de Expressão", seu art. 13, item 1, apresenta a seguinte redação:

Toda pessoa tem direito à liberdade de pensamento e de expressão. Esse direito compreende a liberdade de buscar, receber e difundir informações e ideias de toda natureza, sem consideração de fronteiras, verbalmente ou por escrito, ou de forma impressa ou artística, ou por qualquer outro processo de sua escolha.

Com base nesse dispositivo, a 5.ª Turma do Superior Tribunal de Justiça, em sede de controle de convencionalidade, decidiu pela descriminalização do desacato, em face da suposta incompatibilidade vertical entre o art. 331 do Código Penal frente ao art. 13, item 1, da Convenção Americana de Direitos Humanos – Pacto de San José da Costa Rica.[188]

Esse entendimento, contudo, durou pouco tempo. Com efeito, a 3.ª Seção do Superior Tribunal de Justiça posicionou-se pela manutenção do desacato, como crime, no ordenamento jurídico brasileiro, sob os argumentos de que: (a) o direito à liberdade de expressão não é absoluto; (b) ausência de incompatibilidade entre o art. 331 do Código Penal e as normativas internacionais previstas na Convenção Americana de Direitos Humanos – Pacto de San José da Costa Rica; e (c) falta de decisão vinculante da Corte Interamericana de Direitos Humanos sobre eventual violação do direito à liberdade de expressão por parte do Brasil:

> Não há incompatibilidade do crime de desacato (art. 331 do CP) com as normativas internacionais previstas na Convenção Americana de Direitos Humanos (CADH). A questão posta gira em torno de eventual afastamento, em controle de convencionalidade, do crime de desacato (art. 331 do CP) do ordenamento jurídico brasileiro em razão de recomendação expedida pela Comissão Interamericana de Direitos Humanos (CIDH), para fins de incidência, ou não, do princípio da consunção na hipótese examinada. Inicialmente, importa destacar, quanto à faceta estruturante do Sistema Interamericano, que são competentes para conhecer das matérias concernentes na Convenção Americana de Direitos Humanos (CADH): a Comissão Interamericana de Direitos Humanos (CIDH) e a Corte Interamericana de Direitos Humanos (IDH). De acordo com o art. 41 da referida Convenção (Pacto de São José da Costa Rica) – da qual o Brasil é signatário –, a CIDH possui a função primordial de promover a observância e a defesa dos direitos humanos. Porém, da leitura do dispositivo, é possível deduzir que os verbos relacionados às suas funções não ostentam caráter decisório, mas tão somente instrutório ou cooperativo. *Prima facie*, depreende-se que a referida comissão não possui função jurisdicional. A Corte Interamericana de Direitos Humanos, por sua vez, é uma instituição judiciária autônoma cujo objetivo é a aplicação e a interpretação da Convenção Americana sobre Direitos Humanos, possuindo função jurisdicional e consultiva, de acordo com o art. 2.º do seu respectivo Estatuto. Já o art. 68 da aludida norma supralegal prevê que os Estados-partes na Convenção se comprometem a cumprir a decisão da Corte em todo caso em que forem partes, o que denota de forma patente seu caráter vinculante. Acentue-se que as deliberações internacionais de direitos humanos decorrentes dos processos de responsabilidade internacional do Estado podem resultar em: recomendação; decisões quase judiciais e decisão judicial. A primeira revela-se ausente de qualquer caráter vinculante, ostentando mero caráter "moral", podendo resultar dos mais diversos órgãos internacionais. Os demais institutos, porém, situam-se no âmbito do controle, propriamente dito, da observância dos direitos humanos. Desta feita, a despeito do que fora aduzido no inteiro teor do voto proferido no REsp 1.640.084/SP – no sentido de que o crime de desacato é incompatível com o art. 13 do Pacto de São José da Costa Rica, por afrontar mecanismos de proteção à liberdade de pensamento e de expressão – certo é que as recomendações não possuem força vinculante, mas, na ótica doutrinária, tão somente *"poder de embaraço"* ou *"mobilização da vergonha"*. Outrossim, cabe ressaltar, não houve nenhuma deliberação da Corte Interamericana de Direitos Humanos (IDH) sobre eventual violação do direito à liberdade de expressão por parte do Brasil, mas tão somente pronunciamentos emanados pela CIDH. Ainda que assim não fosse, a Corte Interamericana de Direitos já se posicionou acerca da liberdade de

---

[188] REsp 1.640.084/SP, rel. Min. Ribeiro Dantas, 5.ª Turma, j. 15.12.2016.

expressão, rechaçando tratar-se de direito absoluto. Nessa toada, tem-se que o crime de desacato não pode, sob qualquer viés, seja pela ausência de força vinculante às recomendações expedidas pela CIDH, seja pelo viés interpretativo, ter sua tipificação penal afastada.[189]

Esta posição, no sentido da compatibilidade da criminalização do desacato com o Pacto de San José da Costa Rica, também foi acolhida pelo Supremo Tribunal Federal.[190]

6.7.4.3. Objetividade jurídica

O bem jurídico penalmente protegido é a Administração Pública, especialmente no tocante ao desempenho normal, à dignidade e ao prestígio da função exercida em nome ou por delegação do Estado. Secundariamente, também se resguarda a honra do funcionário público.

6.7.4.4. Objeto material

É o funcionário público contra quem se dirige a conduta criminosa.

6.7.4.5. Núcleo do tipo

O núcleo do tipo penal é "**desacatar**", ou seja, realizar uma conduta objetivamente capaz de menosprezar a função pública exercida por determinada pessoa. Em outras palavras, ofende-se o funcionário público com a finalidade de humilhar a dignidade e o prestígio da atividade administrativa.

Cuida-se de **crime de forma livre**, compatível com os mais diversos meios de execução, tais como palavras (exemplo: chamar um juiz de Direito de "fomentador da criminalidade"), gestos (exemplo: simular com as mãos a atitude do larápio perante um delegado de Polícia), ameaça (exemplo: prometer "pegar" o policial militar responsável pela prisão em flagrante), vias de fato (exemplo: esbofetear a face do oficial de justiça), lesão corporal (exemplo: chutar levemente o fiscal de obras), bem como qualquer outro meio indicativo do propósito de ridicularizar o funcionário público.[191]

Entretanto, é pressuposto do desacato seja a ofensa proferida **na presença** do funcionário público, pois somente assim estará evidenciada a finalidade de inferiorizar a função pública. Consequentemente, não se admite a execução do desacato mediante cartas, telefonemas ou *e-mails*, entre outros meios. Com efeito, a ofensa efetuada contra funcionário público e em razão das suas funções, mas na ausência deste, configura o crime de injúria agravada, nos termos do art. 140, *caput*, c/c o art. 141, inc. II, ambos do Código Penal, conforme estudado detalhadamente no item seguinte.

Anote-se, contudo, que a mencionada presença não se confunde com a colocação "face a face" do ofensor e do funcionário público desacatado. Exemplificativamente, há desacato, pois se considera presente o funcionário público, quando um juiz de Direito encontra-se sentenciando em seu gabinete, com a porta aberta, e um advogado, da sala de audiências, se refere a ele como "famigerado protetor dos devedores".

A análise do art. 331 do Código Penal releva que a conduta criminosa pode ser praticada no exercício da função pública ou em razão dela. Vejamos estas duas hipóteses:

---

[189] HC 379.269/MS, rel. Min. Reynaldo Soares da Fonseca, rel. para acórdão Min. Antônio Saldanha Palheiro, 3.ª Seção, j. 24.05.2017, noticiado no *Informativo* 607.
[190] ADPF 496/DF, rel. Min. Roberto Barroso, Plenário, j. 22.06.2020; e HC 141.949/DF, rel. Min. Gilmar Mendes, 2.ª Turma, j. 13.03.2018, noticiado no *Informativo* 894.
[191] É importante destacar que a denúncia imputando a alguém o crime de desacato deve obrigatoriamente descrever, sob pena de inépcia, todas as palavras ofensivas proferidas pelo criminoso, ainda que de baixo calão, em atendimento à regra contida no art. 41 do Código de Processo Penal.

a) No exercício da função (desacato *in officio*)

O funcionário público encontra-se desempenhando sua função, isto é, realizando atos de ofício. Não é necessário que ele esteja no interior da repartição pública, bastando o efetivo exercício funcional. Exemplificativamente, um magistrado pode ser considerado no exercício da função tanto quando preside uma audiência no interior do fórum como quando está na residência de uma das partes em trabalho de inspeção.

Nesse caso, é irrelevante se a ofensa proferida contra o agente público tenha ou não ligação com sua posição funcional, pois no exercício da função pública o representante do Estado há de ser protegido contra ataques grotescos e inoportunos. Em qualquer caso, estará delineado o crime tipificado no art. 331 do Código Penal. A título ilustrativo, há desacato quando um cidadão, desafeto de um investigador de Polícia, reporta-se pejorativamente a ele como um "mal-educado", durante o desenrolar de uma diligência determinada no bojo de um inquérito policial.

b) Em razão da função pública (*propter officium*)

Aqui, o funcionário público está fora da repartição pública e não desempenha nenhum ato de ofício. Nada obstante, a ofensa contra ele proferida vincula-se à sua função pública. Exemplo: Um fiscal de rendas, descansando na praia em seu período de férias, é chamado de corrupto por uma pessoa.

Como o agente público não se encontra no exercício da função pública, é indispensável a relação de causalidade entre a ofensa lançada e a atividade administrativa por ele desempenhada, pois somente assim o prestígio e a dignidade da Administração Pública serão atacados. Se, exemplificativamente, um promotor de Justiça, durante seu período de licença-paternidade, é chamado de "cônjuge infiel", estará caracterizado um crime contra a honra (injúria).

6.7.4.5.1. Desacato e injúria contra funcionário público: distinção

O crime de injúria pode ser cometido na presença ou na ausência da vítima. Basta que a ofensa chegue ao seu conhecimento, com potencialidade para arranhar sua honra subjetiva, é dizer, o juízo que cada pessoa faz de si própria. Essa é a regra geral, excepcionada quando o ofendido é funcionário público.

Nesse caso, se a ofensa é realizada na presença do funcionário público, no exercício da função ou em razão dela, não se trata de simples agressão à sua honra, mas de desacato, arrolado pelo legislador entre os crimes contra a Administração Pública (CP, art. 331). Nas palavras de Flávio Augusto Monteiro de Barros:

> No desacato, a ofensa é irrogada na presença do funcionário, que dela toma conhecimento direto, por si próprio. Quando o funcionário público está no exercício das funções (*in officio*) é irrelevante à tipificação do desacato o fato de a ofensa relacionar-se ou não com o exercício funcional. Estando, porém, fora do exercício funcional, o desacato está condicionado à relação da ofensa com o exercício funcional (*propter officium*).[192]

Na injúria, por sua vez, a ofensa não é lançada na presença do funcionário público, relacionando-se, todavia, à função pública por ele exercida. Vejamos alguns exemplos:

(1) se um particular vai à sala de audiências do fórum e chama o juiz de Direito de "desonesto", o crime é de desacato; e

(2) se o mesmo particular para em frente à casa do juiz de Direito, em um domingo, e grita "juiz desonesto", fugindo em seguida, o crime é de injúria.

---

[192] BARROS, Flávio Augusto Monteiro de. *Crimes contra a pessoa*. São Paulo: Saraiva, 1997. p. 201.

6.7.4.6. Sujeito ativo

O desacato é **crime comum** ou **geral**. Pode ser praticado por qualquer pessoa.

6.7.4.6.1. A questão do desacato cometido pelo funcionário público

Discutiu-se, durante muito tempo, se o funcionário público poderia ser autor de desacato. Surgiram três posições acerca do tema:

1.ª posição: O funcionário público jamais pode ser responsabilizado por desacato

A justificativa desta corrente é extremamente simplista e centrada na interpretação geográfica (ou topográfica) e literal (ou gramatical) do Código Penal. Alega-se que, pelo fato de o desacato estar capitulado entre os "crimes praticados por particular contra a Administração em geral", o funcionário público não pode figurar como seu sujeito ativo.

Destarte, a ofensa proferida por funcionário público contra outro funcionário público configura o crime de injúria, com a pena aumentada de um terço, nos termos do art. 141, inc. II, do Código Penal.

2.ª posição: O funcionário público somente pode ser responsabilizado por desacato quando ofende seu superior hierárquico

Para esta corrente, o funcionário público pode praticar desacato contra seu superior hierárquico, mas a recíproca não é verdadeira. Como sustenta Bento de Faria:

> Se o ofensor for superior hierárquico, ou ocupar posição superior ao ofendido, haverá excesso de poder disciplinar e não desacato, dada a inexistência de agressão à autoridade (objetividade jurídica do delito). Se, porém, for inferior hierárquico ou, por outra forma, subordinado ao ofendido, subsistirá o desacato.[193]

Com o devido respeito, esta posição, além de preconceituosa e autoritária, é inconstitucional, em face da violação do princípio da isonomia (CF, art. 5.º, *caput*). Ademais, sabemos ter o legislador incriminado o "desacato", tutelando toda e qualquer função pública, e não somente o "desacato à autoridade".

3.ª posição: O funcionário público pode ser responsabilizado por desacato

De fato, ao ofender física ou moralmente um funcionário público o sujeito se despe da sua condição funcional e se equipara ao particular. Em verdade, entre as atribuições do funcionário público – pouco importando seja ele da mesma categoria ou de categoria diversa do ofendido – não se insere a agressão de qualquer natureza contra outro funcionário público. Logo, a ele deve ser imputado o crime de desacato, pois o bem jurídico tutelado é o prestígio da função pública, razão pela qual o sujeito passivo é o Estado e, secundariamente, o funcionário público ofendido.

Esta posição é correta, e atualmente consolidada em sede doutrinária e jurisprudencial.

6.7.4.7. Sujeito passivo

É o Estado, titular do bem jurídico legalmente protegido. Mediatamente, também pode ser vítima a pessoa física (funcionário público) lesada pela conduta criminosa. Com efeito, o propósito do criminoso é menosprezar a função pública exercida pelo agente público, e somente em um plano secundário, a sua pessoa.

---

[193] FARIA, Bento de. *Código Penal brasileiro comentado*. 3. ed. Rio de Janeiro: Distribuidora Record, 1961. v. VII, p. 131.

Não há desacato, mas crime de outra natureza (calúnia, difamação, injúria, lesão corporal etc.), na hipótese em que o ofendido, ao tempo da conduta, já não ostentava a condição de funcionário público. Nesse caso, há lesão ao particular, e não aos interesses da Administração Pública.

6.7.4.7.1. Desacato e ofensa dirigida a vários funcionários públicos

Imaginemos um exemplo: "A", autor de uma ação de cobrança, inconformado com a lentidão do trâmite processual, dirige-se ao cartório judicial, pede a atenção de todos os funcionários e os chama de "vagabundos". Questiona-se: Quantos crimes de desacato devem ser imputados ao agente?

E a resposta é a seguinte: um só crime de desacato. Vejamos.

O sujeito passivo imediato do crime tipificado no art. 331 do Código Penal é o Estado. Logo, o bem jurídico foi atingido uma única vez. Entretanto, a maior reprovabilidade da conduta deve ser utilizada pelo magistrado na dosimetria da pena-base, como circunstância judicial desfavorável, a teor do art. 59, *caput*, do Código Penal.

Estará presente o concurso de crimes, todavia, se os funcionários públicos forem ofendidos em contextos fáticos diversos, como no exemplo em que o sujeito ativo comparece a repartições públicas distintas, em datas variadas, e ofende diferentes pessoas.

6.7.4.8. Elemento subjetivo

É o dolo, consistente na vontade livre e consciente de causar desprestígio à função pública, ofendendo a dignidade do cargo público ocupado pelo agente público.

Em nossa opinião, prescinde-se do elemento subjetivo específico, uma vez que o núcleo "desacatar" já torna manifesta a intenção da lei em exigir o desprezo da função pública como ponto central da conduta criminosa. Dessa forma, se o agente empregar violência à pessoa ou grave ameaça com o propósito de opor-se à execução de ato legal do funcionário público, e não de menosprezar suas funções, estará caracterizado o crime de resistência (CP, art. 329).

No crime de desacato, o dolo deve abranger o conhecimento da qualidade de funcionário público, bem como a circunstância de encontrar-se ele no exercício da função pública ou de ser a ofensa lançada em razão desta. O erro (ou ignorância) acerca de uma ou mais destas condições implica a desclassificação para outro delito (calúnia, difamação, injúria, lesão corporal etc.). É o que se dá, exemplificativamente, quando um particular ofende um homem trajando terno e gravata no recinto do Fórum, acreditando ser um advogado, quando na verdade trata-se do magistrado.

Não se admite a modalidade culposa.

6.7.4.8.1. Desacato e exceção da verdade

Ao contrário do que se verifica na calúnia e na difamação, não se admite no crime de desacato, em nenhuma hipótese, a exceção da verdade, por duas razões:

a) falta de previsão legal; e
b) o bem jurídico tutelado é o prestígio da função pública, e não a honra do funcionário público.

6.7.4.8.2. Desacato, críticas à conduta funcional, falta de educação e repulsa imediata

Como o desacato pressupõe a intenção de humilhar a função pública exercida pelo agente estatal, não há crime nos comportamentos que, embora enérgicos, mas não ultrajantes, se esgotam em críticas ao comportamento funcional, mesmo porque a todo cidadão é assegurado o direito de fiscalizar a Administração Pública e a prestação dos serviços públicos. Exemplificativamente, não há falar em desacato na atitude do pai de família que se exalta perante o Secretário Municipal de Educação em decorrência da ausência de vaga para seu filho em creche da rede pública de ensino.

De igual forma, inexiste desacato na atitude que se limita a revelar a falta de educação ou o temperamento agressivo da pessoa, como falar alto ou reclamar publicamente da postura do funcionário público, desde que sem ofendê-lo no exercício das suas funções ou em razão dela.

Finalmente, não há crime de desacato quando o funcionário tenha dado causa ao ultraje, de modo que este se apresente como uma repulsa justificada, tal como no caso de resistência à execução de ordens ilegais ou executadas com desnecessária violência.

6.7.4.8.3. Desacato, embriaguez e exaltação de ânimos

Sustentou-se, durante longo período, a exclusão do crime de desacato nas hipóteses de condutas praticadas em estado de embriaguez ou em momentos de exaltação de ânimos. Esse raciocínio ancorava-se no seguinte fundamento: o núcleo do tipo "desacatar" exige o propósito de humilhar a função pública exercida pelo agente estatal, finalidade incompatível tanto com a embriaguez como também com a ausência de ânimo calmo e refletido.

Com o passar do tempo, esta posição foi perdendo espaço. Atualmente, subsiste apenas a título de reminiscência histórica. Com efeito, prevalece o entendimento no sentido de que a pessoa embriagada pode e deve ser responsabilizada penalmente pelo crime de desacato, até mesmo porque delitos desta estirpe muitas vezes são praticados por ébrios, e não seria lícito à lei penal conferir a tais pessoas uma procuração genérica para livremente ofenderem a dignidade e o prestígio da Administração Pública.

De fato, é sabido que, nos termos do art. 28, inc. II, do Código Penal, a embriaguez, voluntária ou culposa, pelo álcool ou substância de efeitos análogos, não exclui a imputabilidade penal.

No entanto, não será possível a responsabilização penal do agente pelo crime de desacato no caso de embriaguez completa, proveniente de caso fortuito ou força maior, que no caso concreto o torna inteiramente incapaz de entender o caráter ilícito do fato ou de determinar-se de acordo com esse entendimento, em face da incidência da causa excludente da culpabilidade prevista no art. 28, § 1.º, do Código Penal.

Igualmente, a emoção e a paixão não excluem a imputabilidade penal (CP, art. 28, inc. I). Estará configurado o crime de desacato nas situações em que o sujeito se encontra acometido de um estado de cólera ou de ira, até porque é justamente nesses momentos de descontrole que as pessoas em regra se revelam e atentam contra bens jurídicos alheios.

6.7.1.9. Consumação

Dá-se no momento em que o agente pratica atos ofensivos ou dirige palavras ultrajantes ao funcionário público, com o propósito de menosprezar as relevantes funções por ele exercidas.

Tratando-se de crime formal, de consumação antecipada ou de resultado cortado, é indiferente se o agente público sentiu-se ou não ofendido, pois a lei tutela a dignidade da função pública, e não a honra de quem a exerce. Em síntese, basta a potencialidade ofensiva da conduta, independentemente do juízo de valor que dela faz o funcionário público, até mesmo porque o crime é de ação penal pública incondicionada.

A publicidade da ofensa não é elementar do delito. Por corolário, subsiste o desacato mesmo na situação em que a conduta não seja presenciada por outras pessoas. É suficiente a presença do funcionário público.

6.7.4.10. Tentativa

Não se admite o *conatus* de desacato cometido verbalmente, em face do caráter unissubsistente do delito.

Entretanto, a doutrina diverge acerca da possibilidade de tentativa nos demais casos. Magalhães Noronha, favorável à tese, assim se manifesta: "Não assim se houver um *iter*, se a ofensa for cindível ou reparável, como se uma pessoa, ao atirar imundície sobre um funcionário, é obstada, quer por ter seu braço seguro, quer por haver o arremesso sido desviado etc. Tentativa haverá quando alguém for impedido de agredir o servidor".[194]

Damásio E. de Jesus, a nosso ver acertadamente, tem posição diversa. São seus ensinamentos:

> O crime, por exigir a presença do sujeito passivo, torna-se unissubsistente, não admitindo a tentativa. Não convencem os exemplos que os autores dão como de crime tentado, como o arremesso de imundície com erro de alvo, tentativa de agressão física etc. Nesses casos, segundo entendemos, o crime é consumado. Assim, se o sujeito lança excremento contra a vítima, errando o alvo, sua atitude já configura desacato. No outro exemplo, em que o sujeito dá um soco na direção da vítima, sendo seu braço desviado por terceiro, há também delito consumado. Não se pode esquecer que a lei pune a atitude do autor, que pode consistir em simples gesto.[195]

6.7.4.11. Ação penal

A ação penal é pública incondicionada.

6.7.4.12. Lei 9.099/1995

Em face do limite máximo da pena privativa de liberdade cominada (dois anos), o desacato é classificado como **infração penal de menor potencial ofensivo**, de competência do Juizado Especial Criminal e compatível com a transação penal e o rito sumaríssimo, nos moldes da Lei 9.099/1995.

6.7.4.13. Classificação doutrinária

O desacato é crime **simples** (ofende um único bem jurídico); **comum** (pode ser cometido por qualquer pessoa); **formal, de consumação antecipada** ou **de resultado cortado** (consuma-se com a prática da conduta criminosa, independentemente da produção do resultado naturalístico); **de dano** (causa lesão à Administração Pública); **de forma livre** (admite qualquer meio de execução); **comissivo**; **instantâneo** (consuma-se em um momento determinado, sem continuidade no tempo); **unissubjetivo, unilateral ou de concurso eventual** (normalmente praticado por um só agente, mas admite o concurso); e **unissubsistente** ou **plurissubsistente** (dependendo da concepção doutrinária adotada).

6.7.4.14. Desacato e Código Penal Militar

Os arts. 298, 299 e 300 do Decreto-lei 1.001/1969 – Código Penal Militar – contêm três espécies de desacato:

> **Desacato a superior**
> Art. 298. Desacatar superior, ofendendo-lhe a dignidade ou o decoro, ou procurando deprimir-lhe a autoridade:

---

[194] MAGALHÃES NORONHA, E. *Direito penal*. 16. ed. São Paulo: Saraiva, 1983. v. 4, p. 322.
[195] JESUS, Damásio E. de. *Direito penal*. Parte especial. 13. ed. São Paulo: Saraiva, 2007. v. 4, p. 228.

> Pena – reclusão, até quatro anos, se o fato não constitui crime mais grave.
>
> Agravação de pena
>
> Parágrafo único. A pena é agravada, se o superior é oficial general ou comandante da unidade a que pertence o agente.
>
> **Desacato a militar**
>
> Art. 299. Desacatar militar no exercício de função de natureza militar ou em razão dela:
>
> Pena – detenção, de seis meses a dois anos, se o fato não constitui outro crime.
>
> **Desacato a servidor público**
>
> Art. 300. Desacatar servidor público no exercício de função ou em razão dela, em lugar sujeito à administração militar:
>
> Pena – detenção, de seis meses a dois anos, se o fato não constitui outro crime.

6.7.5. Art. 332 – Tráfico de influência

6.7.5.1. Dispositivo legal

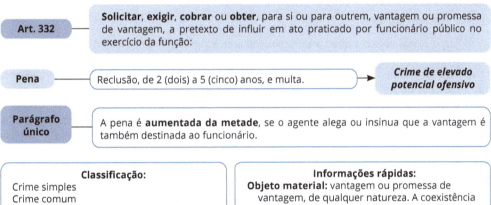

6.7.5.2. Introdução

O *nomen iuris* "tráfico de influência" e a atual redação do art. 332 do Código Penal foram criados pela Lei 9.127/1995. Antes da sua edição, o delito em apreço era denominado de "exploração de prestígio", nada obstante existisse crime homônimo no art. 357 do Código Penal, com a diferença de que este último dizia (e ainda diz) respeito à Administração da Justiça, por se tratar de disposição específica relativa aos órgãos ou funcionários da justiça.[196]

---

[196] Art. 357 do Código Penal: "Art. 357. Solicitar ou receber dinheiro ou qualquer outra utilidade, a pretexto de influir em juiz, jurado, órgão do Ministério Público, funcionário de justiça, perito, tradutor, intérprete ou testemunha: Pena

6.7.5.3. Objetividade jurídica

O bem jurídico penalmente tutelado é o prestígio da Administração Pública. Nas preciosas lições de Magalhães Noronha:

> Alardeando prestígio, gabando-se de influência junto à administração, lesa o prestígio, a consideração e o conceito que ela deve ter junto à coletividade, abalados pela crença difundida de que tudo se passa como no balcão do mercador. É a corrupção inculcada, em que o corrupto é o funcionário e o corruptor, o delinquente.
>
> O crime realmente é um estelionato, pois o agente ilude e frauda o pretendente ao ato ou providência governamental, alegando um prestígio que não possui e assegurando-lhe um êxito que não está a seu alcance. Todavia, o legislador preferiu, muito justificadamente, atender aos interesses da administração, lembrando, com certeza, de que, frequentes vezes, pela pretensão ilícita que alimenta, o mistificado equivale ao mistificador, estreitados numa torpeza bilateral.[197]

6.7.5.4. Objeto material

É a **vantagem** ou **promessa de vantagem**, de qualquer natureza (econômica, moral, sexual etc.).

6.7.5.5. Núcleos do tipo

O tipo penal contém quatro núcleos: solicitar, exigir, cobrar ou obter.

Solicitar é pedir, pleitear ou requerer; **exigir** é ordenar ou determinar; **cobrar** é reclamar o pagamento ou cumprimento de algo; e **obter** é alcançar ou conseguir. Estes verbos conjugam-se com a conduta de **influir** (inspirar ou incutir). O objeto das ações é a vantagem ou promessa de vantagem relacionada ao ato praticado por funcionário público no exercício da função.

Cuida-se de **tipo misto alternativo**, **crime de ação múltipla** ou **de conteúdo variado**: há um único crime quando o sujeito realiza mais de um núcleo no mesmo contexto fático, isto é, no tocante à mesma vantagem (ou promessa de vantagem) e ao mesmo ato do funcionário público.

O sujeito solicita, exige, cobra ou obtém, para si ou para outrem, vantagem ou promessa de vantagem, **a pretexto de influir** no comportamento do funcionário público. Ele não influi realmente no ato funcional, mesmo porque não tem como fazê-lo. Exemplo: "A", alegando ser amigo de um Delegado de Polícia, sem realmente sê-lo, solicita de "B" a entrega de determinada quantia em dinheiro, para supostamente convencer a autoridade policial a não instaurar inquérito policial visando a apuração de crime cometido pelo seu filho.

Com efeito, se o sujeito realmente possuir influência perante o funcionário público, e vier a corrompê-lo, deverá ser responsabilizado pelo crime de corrupção ativa (CP, art. 333).

Destarte, no tráfico de influência o agente dirige sua atuação no sentido de ludibriar o "comprador" do ato de ofício, com ele negociando uma vantagem, ao mesmo tempo em que desacredita a seriedade da Administração Pública. Daí a razão de esta conduta ser doutrinariamente conhecida como "jactância enganosa", "gabolice mendaz" ou "bazófia ilusória".[198]

Note-se que, como também ocorre no crime de estelionato (CP, art. 171, *caput*), no tráfico de influência o sujeito se vale de **fraude** para enganar a vítima, induzindo-a ou mantendo-a

---

– reclusão, de um a cinco anos, e multa. Parágrafo único. As penas aumentam-se de um terço, se o agente alega ou insinua que o dinheiro ou utilidade também se destina a qualquer das pessoas referidas neste artigo".

[197] MAGALHÃES NORONHA, E. *Direito penal*. 16. ed. São Paulo: Saraiva, 1983. v. 4, p. 325.
[198] Cf. PAGLIARO, Antonio; COSTA JÚNIOR, Paulo José da. *Dos crimes contra a administração pública*. 4. ed. São Paulo: Atlas, 2009. p. 222.

em erro, obtendo vantagem ilícita em prejuízo alheio. Todavia, a fraude aqui há de ser, obrigatoriamente, o falso argumento (a mentira é o maior e mais corriqueiro exemplo) do agente no sentido de possuir prestígio perante um funcionário público.

O funcionário público em relação a quem o sujeito garante exercer influência pode realmente existir, ou então ser uma pessoa imaginária. Em qualquer hipótese, é prescindível sua individualização pelo criminoso. Contudo, se for individualizado no caso concreto, e posteriormente restar apurado que tal pessoa não ostenta a qualidade de funcionário público, estará configurado o delito de estelionato.

6.7.5.6. Sujeito ativo

O crime é comum ou geral. Pode ser praticado por qualquer pessoa, inclusive pelo funcionário público.

6.7.5.7. Sujeito passivo

É o Estado e, mediatamente, o comprador da influência, ou seja, a pessoa que paga ou promete vantagem com o propósito de obter algum benefício, lícito ou ilícito, junto ao funcionário público.

De fato, mesmo na hipótese em que o comprador da influência objetiva um benefício ilícito, ainda assim ele será vítima do crime definido no art. 332 do Código Penal. Em outras palavras, a coexistência da sua fraude (torpeza bilateral) não afasta sua posição de vítima. Como explica Magalhães Noronha:

> Não obstante a conduta ilícita do *comprador de influência*, não pode ele ser também sujeito ativo do crime, como alguns pretendem, conquanto sua conduta seja imoral. Realmente, ele se crê agente de um crime de corrupção em coautoria com o vendedor de prestígio, mas dito crime não existe, é *putativo*. E coautor do presente delito também não será, porque, conquanto de certa maneira ele concorre para o descrédito administrativo, não pode ser copartícipe de *obter vantagem* quem a dá ou dela se despoja.[199]

6.7.5.8. Elemento subjetivo

É o dolo, acrescido de um especial fim de agir, representado pela expressão "para si ou para outrem". Exige-se, portanto, a intenção do agente de ter para si ou destinar para outra pessoa a vantagem.

É de ressaltar, porém, que o mero recebimento de vantagem em razão de um trabalho lícito exercido ou a ser exercido perante a Administração Pública evidentemente não caracteriza o crime de tráfico de influência, em face da ausência do elemento subjetivo especificamente legalmente exigido pelo art. 332, *caput*, do Código Penal. Exemplificativamente, não há crime na conduta do advogado, consistente em cobrar honorários, para defender os interesses legítimos do seu cliente em determinado órgão público.

Não se admite a modalidade culposa.

6.7.5.9. Consumação

Nos núcleos solicitar, exigir e cobrar o tráfico de influência é crime formal, de consumação antecipada ou de resultado cortado. Consuma-se com a realização da conduta legalmente descrita, independentemente da efetiva obtenção da vantagem desejada.

---

[199] MAGALHÃES NORONHA, E. *Direito penal*. 16. ed. São Paulo: Saraiva, 1983. v. 4, p. 326.

De outro lado, no núcleo **obter** o crime é **material** ou **causal**, operando-se a consumação no instante em que o sujeito alcança a vantagem almejada.

6.7.5.10. Tentativa

É possível, nas situações em que o delito apresentar-se como plurissubsistente. Exemplo: "A" envia a "B" uma carta, solicitando a entrega de vantagem para influir na conduta do funcionário público responsável pela apreciação do recurso administrativo por ele impetrado em busca da anulação de diversas multas de trânsito, mas a missiva é extraviada nos Correios.

Não será cabível o *conatus*, entretanto, quando o tráfico de influência apresentar-se como crime unissubsistente, impossibilitando o fracionamento do *iter criminis*. Exemplo: Solicitação, exigência ou cobrança efetuadas verbalmente, casos em que com a realização da conduta o crime estará consumado.

6.7.5.11. Ação penal

A ação penal é pública incondicionada.

6.7.5.12. Lei 9.099/1995

Em face da pena privativa de liberdade cominada – reclusão, de dois a cinco anos –, o tráfico de influência constitui-se em **crime de elevado potencial ofensivo**, incompatível com os benefícios elencados pela Lei 9.099/1995.

6.7.5.13. Causa de aumento da pena: art. 332, parágrafo único

Nos termos do art. 332, parágrafo único, do Código Penal, "a pena é aumentada da metade, se o agente alega ou insinua que a vantagem é também destinada ao funcionário".

O dispositivo legal contém uma causa de aumento da pena, aplicável na terceira fase da dosimetria da pena privativa de liberdade.

Fica claro que para a incidência desta majorante não se exige afirmação explícita do agente no sentido de que o funcionário público também receberá a vantagem. A simples insinuação nesse sentido já é suficiente. Além disso, é indiferente se a vítima acredita ou não no recebimento da vantagem pelo funcionário público. Em qualquer caso, o aumento de pena é de rigor.

Entretanto, se restar provado que a vantagem realmente tinha como destinatário o funcionário público, a este será imputado o crime de corrupção passiva (CP, art. 317), enquanto o entregador da vantagem e o intermediador da negociação responderão por corrupção ativa (CP, art. 333).

6.7.5.14. Classificação doutrinária

O tráfico de influência é crime **simples** (ofende um único bem jurídico); **comum** (pode ser cometido por qualquer pessoa); **formal** (nos núcleos "solicitar", "exigir" e "cobrar") ou **material** (no núcleo "obter"); **de dano** (causa lesão à Administração Pública); **de forma livre** (admite qualquer meio de execução); em regra **comissivo**; **instantâneo** (consuma-se em momento determinado, sem continuidade no tempo); **unissubjetivo, unilateral ou de concurso eventual** (praticado por um só agente, mas admite o concurso); e normalmente **plurissubsistente**.

6.7.5.15. Tráfico de influência em transação comercial internacional

Em conformidade com o art. 337-C do Código Penal, acrescentado pela Lei 10.467/2002:

> **Art. 337-C.** Solicitar, exigir, cobrar ou obter, para si ou para outrem, direta ou indiretamente, vantagem ou promessa de vantagem a pretexto de influir em ato praticado por funcionário público estrangeiro no exercício de suas funções, relacionado a transação comercial internacional:
> Pena – reclusão, de 2 (dois) a 5 (cinco) anos, e multa.
> Parágrafo único. A pena é aumentada da metade, se o agente alega ou insinua que a vantagem é também destinada a funcionário estrangeiro.

Esse crime em muito se assemelha ao delito contido no art. 332 do Código Penal. Diferenciam-se, contudo, em razão de dois elementos especializantes:

a) a qualidade do funcionário público, necessariamente estrangeiro; e

b) o objeto é a transação comercial internacional, e não mais o ato funcional.

Percebe-se a existência de um conflito aparente de leis penais, solucionado pelo **princípio da especialidade**.

6.7.5.16. Tráfico de influência e Código Penal Militar

O art. 336 do Decreto-lei 1.001/1969 – Código Penal Militar – prevê o tráfico de influência na seara militar:

> **Art. 336.** Solicitar, exigir, cobrar ou obter, para si ou para outrem, vantagem ou promessa de vantagem, a pretexto de influir em ato praticado por militar ou por servidor público de local sujeito à administração militar no exercício da função:
> Pena – reclusão, de 2 (dois) a 5 (cinco) anos.
> **Aumento de pena**
> Parágrafo único. A pena é aumentada de metade se o agente alega ou insinua que a vantagem é também destinada ao militar ou ao servidor público.

6.7.6. Art. 333 – Corrupção ativa

6.7.6.1. Dispositivo legal

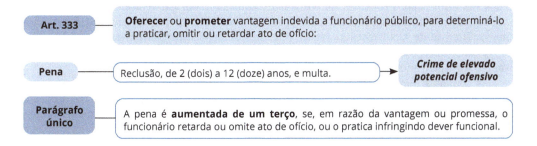

Classificação:	Informações rápidas:
Crime simples Crime comum Crime formal, de consumação antecipada ou de resultado cortado Crime de dano Crime de forma livre Crime comissivo (regra) Crime instantâneo Crime unissubjetivo, unilateral ou de concurso eventual Crime unissubsistente ou plurissubsistente	**Exceção pluralística:** corrupção passiva (art. 317) para o funcionário público e corrupção ativa (art. 333) para o particular. **Objeto material:** vantagem indevida. **Elemento subjetivo:** dolo (elemento subjetivo específico – determinar o funcionário público a praticar, omitir ou retardar ato de ofício). Não admite modalidade culposa. **Tentativa:** admite (se o iter criminis puder ser fracionado em dois ou mais atos). **Ação penal:** pública incondicionada.

6.7.6.2. Introdução

Como observamos na análise do art. 317 (item 6.6.13), ao tratar da corrupção no âmbito criminal o legislador pátrio rompeu com a teoria unitária ou monista no concurso de pessoas, acolhida como regra geral no art. 29, *caput*, do Código Penal: "Quem, de qualquer modo, concorre para o crime incide nas penas a este cominadas, na medida de sua culpabilidade".

Abriu-se espaço para uma **exceção pluralística**. Há dois delitos distintos: corrupção passiva (art. 317), de natureza funcional, inserida entre os crimes praticados por **funcionário público** contra a Administração em geral; e corrupção ativa (art. 333), versada no rol dos crimes praticados por **particular** contra a Administração em geral.

6.7.6.3. Objetividade jurídica

O bem jurídico penalmente protegido é a Administração Pública. Busca-se impedir a atuação ilícita de particulares na atividade administrativa, que não pode se converter em palco para negociações espúrias relativas aos atos dos funcionários públicos.

6.7.6.4. Objeto material

É a vantagem indevida, conforme estudado no art. 316, item 6.6.12.

Subsiste o crime de corrupção ativa na hipótese em que o particular propõe entregar valor diverso do solicitado pelo funcionário público para realizar atos legítimos do seu ofício, uma vez que tal circunstância não afasta o caráter ilícito da vantagem.

6.7.6.5. Núcleos do tipo

O art. 333, *caput*, do Código Penal contempla dois núcleos: "oferecer" e "prometer" vantagem indevida.

Oferecer é propor ou apresentar ao funcionário público a vantagem indevida, colocando-a à sua disposição. **Prometer**, de outro lado, equivale a obrigar-se a entregar futuramente a vantagem indevida, exigindo em contrapartida uma ação correspondente do funcionário público. Trata-se de **tipo misto alternativo**, **crime de ação múltipla** ou **de conteúdo variado**. Destarte, haverá um só crime quando o particular, relativamente ao mesmo ato de ofício, promete vantagem indevida e depois a oferece ao funcionário público.

As condutas têm em mira o comportamento do funcionário público. Buscam determiná-lo a praticar, omitir ou retardar ato de ofício. Cuida-se de **crime de forma livre**, podendo ser cometido por qualquer meio: escritos palavras, gestos etc. Exemplificativamente, tanto é corruptor aquele que entrega dinheiro ao funcionário público, como aquele que deixa sobre a mesa da repartição pública um envelope com uma joia em seu interior. Basta somente a **univocidade da conduta**, idônea a evidenciar o propósito criminoso do sujeito ativo.

Como o legislador referiu-se ao "ato de ofício", isto é, o ato de específica atribuição do funcionário público, não há corrupção ativa, mas crime impossível (CP, art. 17), no oferecimento ou promessa de vantagem indevida a funcionário público que não tenha poderes legítimos para a prática do ato visado. É o que se dá, exemplificativamente, quando uma pessoa indiciada pela prática de um delito entrega dinheiro ao oficial de promotoria, servidor administrativo do Ministério Público, em troca de ulterior pedido de arquivamento de inquérito policial.

Também não há corrupção ativa na conduta daquele que oferece ou promete entregar vantagem indevida ao funcionário público para que este deixe de praticar um ato ilegal ou abusivo. A título ilustrativo, o fato é atípico para o sujeito que entrega seu relógio ao Delegado de Polícia para que não seja decretada sua prisão preventiva, pois esta tarefa é reservada unicamente ao Poder Judiciário. Nada impede, entretanto, a incidência para o funcionário público das disposições da Lei 8.429/1992 – Lei de Improbidade Administrativa –, notadamente em decorrência do seu enriquecimento ilícito.

6.7.6.5.1. Corrupção ativa: imprescindibilidade de conduta prévia ao ato de ofício

Na corrupção ativa, o art. 333, *caput*, do Código Penal é claro ao exigir o oferecimento ou promessa de vantagem indevida a funcionário público "para determiná-lo a praticar, omitir ou retardar ato de ofício". É fácil concluir, portanto, que **não há lugar para a corrupção ativa subsequente**, ao contrário do que se verifica na corrupção passiva.[200]

Em outras palavras, inexiste corrupção ativa no oferecimento ou promessa de vantagem indevida posteriormente à realização ou omissão do ato de ofício pelo funcionário público, sem que tenha havido influência do particular em seu comportamento. De fato, o tipo penal reclama a prática, omissão ou retardamento do ato de ofício depois do oferecimento ou promessa de vantagem indevida, **nunca antes**.

Contudo, nesse caso é possível a caracterização de corrupção passiva (CP, art. 317, *caput*), figurando o particular como partícipe. Exemplo: "A", funcionário público, recebe para si, em razão da sua função pública, uma vantagem indevida entregue por "B" (particular), em decorrência de ato já praticado. Sem prejuízo, também se identifica a ocorrência de ato de improbidade administrativa, em face do enriquecimento ilícito do agente público, nos moldes do art. 9.º da Lei 8.429/1992.

6.7.6.5.2. A corrupção ativa e o famoso "jeitinho"

Não há corrupção ativa na situação em que o particular se limita a pedir ao funcionário público para "dar um jeitinho" em alguma questão do seu interesse, em face da ausência de oferecimento ou promessa de vantagem indevida. Nesse caso, duas soluções podem surgir:

a) o funcionário público "dá o jeitinho", infringindo seu dever funcional, a ele será imputado o crime de corrupção passiva privilegiada (CP, art. 317, § 2.º), e o particular será partícipe deste delito; e

b) o funcionário público não "dá o jeitinho": o fato será atípico para ele e também para o particular.

6.7.6.5.3. A questão da "carteirada"

"Carteirada" é o ato do funcionário público consistente na exibição do seu documento funcional – a um particular ou a outro funcionário público –, com a finalidade de demonstrar sua autoridade e, consequentemente, conseguir algum favor ou benefício.

---

[200] No mesmo sentido: OLIVEIRA, Edmundo. *Crimes de corrupção*. 2. ed. Rio de Janeiro: Forense, 1994. p. 72.

Na hipótese em que a "carteirada" é lançada perante outro agente público, não há como reconhecer o crime de corrupção ativa, ainda que o sujeito obtenha algum préstimo de natureza ilícita. Isto porque não há oferecimento ou promessa de vantagem indevida.

No caso concreto, todavia, é possível a configuração do crime de tráfico de influência, previsto no art. 332 do Código Penal. Exemplo: Um coronel da Polícia Militar solicita de alguém a entrega de dinheiro para influir em ato a ser praticado por um tenente que lhe é subordinado.

Por sua vez, quando a "carteirada" tem como destinatário um particular, não há falar em corrupção (ativa ou passiva). No entanto, nada impede a caracterização do crime de abuso de autoridade, nos moldes do art. 33, parágrafo único, da Lei 13.869/2019.[201]

6.7.6.5.4. Corrupção ativa e corrupção passiva: dependência e independência

O Código Penal, no tocante à corrupção, afastou-se da teoria unitária ou monista adotada como regra em seu art. 29, *caput*, relativamente ao instituto do concurso de pessoas. Há dois crimes distintos: corrupção passiva (art. 317) e corrupção ativa (art. 333).

Nada obstante, questiona-se a possibilidade da existência de corrupção ativa sem a ocorrência simultânea da corrupção passiva. A resposta a esta indagação depende da análise dos núcleos dos tipos penais de ambos os crimes.

Nesse sentido, a corrupção ativa possui dois verbos: "oferecer" e "prometer". De outro lado, a corrupção passiva contém três verbos: "solicitar", "receber" e "aceitar" promessa.

Com a comparação dos arts. 333, *caput*, e 317, *caput*, conclui-se pela possibilidade de corrupção ativa, **independentemente** da corrupção passiva, em seus dois núcleos, pois o particular pode oferecer ou prometer vantagem indevida ao funcionário público, sem que este aceite tanto a proposta como a promessa. A razão desta opção legislativa é corretamente indicada por Magalhães Noronha, que assim se manifesta sobre o art. 333 do Código Penal:

> Com o art. 317, a lei pune a ação interna ou intestina que corrói e mina a administração pública; com o presente dispositivo incrimina a ação externa ou exógena que a provoca ou promove. Sabendo que a corrupção passiva, via de regra, é produzida pela ativa, o legislador se antecipa, velando por impedi-la ou anulá-la, com a advertência da pena.[202]

6.7.6.5.5. Incompatibilidade lógica entre os crimes de concussão e corrupção ativa

A concussão, inserida entre os crimes praticados por funcionário público contra a Administração em geral, tem como núcleo o verbo "exigir", isto é, impor ou determinar alguma coisa. Consequentemente, se uma pessoa (vítima da concussão) entregar ao funcionário público a vantagem indevida, em razão da exigência por este formulada, não poderá ser responsabilizada pela corrupção ativa (CP, art. 333), pois somente comportou-se desta forma em obediência à ordem que lhe foi criminosamente endereçada. Nota-se, portanto, a manifesta incompatibilidade lógica entre os crimes de concussão e de corrupção ativa.

6.7.6.5.6. Corrupção ativa, crime tributário e reparação do dano

Pensemos em uma situação prática. Um empresário, visando sonegar determinado tributo, oferece vantagem indevida ao funcionário público responsável pela fiscalização tributária, mo-

---

[201] "Art. 33. Exigir informação ou cumprimento de obrigação, inclusive o dever de fazer ou de não fazer, sem expresso amparo legal: Pena – detenção, de 6 (seis) meses a 2 (dois) anos, e multa. Parágrafo único. Incorre na mesma pena quem se utiliza de cargo ou função pública ou invoca a condição de agente público para se eximir de obrigação legal ou para obter vantagem ou privilégio indevido."
[202] MAGALHÃES NORONHA, E. *Direito penal*. 16. ed. São Paulo: Saraiva, 1983. v. 4, p. 332.

mento em que vem a ser preso em flagrante. Posteriormente, tal empresário efetua o integral pagamento do tributo devido, inclusive dos seus acessórios, razão pela qual opera-se a extinção da punibilidade no tocante ao delito tributário. Surge então uma pergunta: a extinção da punibilidade do crime tributário comunica-se ao crime de corrupção ativa, ou seja, também ocorre a extinção da punibilidade do delito tipificado no art. 333 do Código Penal?

A resposta, evidentemente, é negativa. Como destacado pelo Superior Tribunal de Justiça:

> O pagamento da diferença do imposto devido, antes do recebimento da denúncia, não extingue a punibilidade pelo crime de corrupção ativa atrelado ao de sonegação fiscal. De início, é mister consignar que não há razão plausível para reconhecer que o crime de corrupção ativa tenha extinta a punibilidade porque a autora pagou, antes do recebimento da denúncia, o montante de tributo que havia elidido, indevidamente, com o oferecimento da vantagem indevida a servidor público encarregado de emitir a guia de recolhimento respectiva. São delitos totalmente distintos, com bem jurídicos tutelados igualmente diversos. A extinção da punibilidade dos crimes de cunho fiscal, pelo pagamento do tributo, antes do recebimento da denúncia, tem a ver com a proteção da ordem tributária e com a efetividade da arrecadação estatal, enquanto no crime de corrupção ativa, o bem jurídico tutelado é o normal funcionamento e o prestígio da administração pública. Nesse sentido, oferecer a funcionário público vantagem ilícita para que não emita guia com o valor realmente devido a título de tributo *causa mortis*, é, em tese e sem qualquer prejulgamento, conduta de reprovabilidade patente e não merece, por isso mesmo, benefício de extinção da punibilidade, muito menos por lógica de analogia, porque subverte a ordem da administração pública, depõe contra a sua reputação e influencia o comportamento de outros agentes públicos, ainda que a diferença do *quantum* devido tenha sido solvida antes do recebimento da denúncia. Este fato, por si só, não tem força para apagar a agressão ao prestígio da Administração. O crime de corrupção, abstratamente descrito como típico no art. 333 do Código Penal, possui natureza formal e se aperfeiçoa com a oferta ou promessa de vantagem indevida a funcionário público, para praticar, omitir ou retardar ato de ofício. Por outro lado, o que motivou o legislador ordinário a decretar a Lei n.º 9.249/1995, que em seu artigo 34 dispõe acerca da extinção da punibilidade do crime contra a ordem tributária, quando o agente promover o pagamento do tributo ou contribuição social, inclusive acessórios, antes do recebimento da denúncia, foi o mote arrecadador, ou seja, para o Estado, em se tratando de delito fiscal, afigura-se vantajoso receber o montante pecuniário relativo ao tributo com a "ameaça" do processo criminal, ainda que a ordem tributária tenha sido, em tese, malferida com a ação de sonegar.[203]

6.7.6.5.7. Corrupção ativa e art. 28 da Lei de Drogas

O oferecimento de vantagem indevida para evitar atuação policial relacionada à posse de droga para consumo pessoal caracteriza o crime de corrupção ativa.

Nada obstante o preceito secundário do art. 28 da Lei 11.343/2006 – Lei de Drogas não comine pena privativa de liberdade, é dever do policial abordar o responsável pela prática de tal delito (o fato será atípico na hipótese de maconha), com o escopo de cessar a atividade ilícita e encaminhar o agente à presença da autoridade policial para elaboração de termo circunstanciado de ocorrência e posterior encaminhamento ao Juizado Especial Criminal, inclusive para análise do cabimento da transação penal, nos termos do art. 76 da Lei 9.099/1995. Como já decidido pelo Superior Tribunal de Justiça:

> Configura o crime de corrupção ativa o oferecimento de vantagem indevida a funcionário público para determiná-lo a omitir ou retardar ato de ofício relacionado com o cometimento do crime de posse de drogas para uso próprio. Consoante previsão do art. 333 do Código Penal, o delito de

---

[203] RHC 95.557/GO, rel. Min. Maria Thereza de Assis Moura, 6.ª Turma, j. 21.06.2018, noticiado no *Informativo* 631.

corrupção ativa ocorre com a conduta de oferecer ou prometer vantagem indevida a funcionário público, para determiná-lo a praticar, omitir ou retardar ato de ofício. Assim, o entendimento de que não há ato de ofício a ser praticado por policiais quando abordam sujeito na posse de drogas está em dissonância com as disposições legais e a jurisprudência desta Corte. O art. 28 da Lei de Drogas, ainda que não preveja pena privativa de liberdade, permanece como crime. Não houve descriminalização da conduta, mas tão somente sua despenalização, vez que a norma especial conferiu tratamento penal mais brando aos usuários de drogas. (...) Em casos dessa natureza, muito embora não se imponha a prisão em flagrante, é obrigação do policial conduzir o autor do fato diretamente ao juízo competente ou, na falta deste, à delegacia, lavrando-se, neste caso, o respectivo termo circunstanciado e providenciando-se as requisições dos exames e perícias necessários, nos termos do art. 48, §§ 2.º e 3.º, da Lei 11.343/2006. Cumpre ressaltar, ainda, que para a configuração do delito de corrupção ativa, a norma penal sequer exige que o ato de ofício tenha sido efetivamente praticado, até porque, em se constatando que o funcionário retardou ou omitiu ato de ofício, ou o praticou infringindo dever funcional, incidirá a causa de aumento de pena prevista no parágrafo único do art. 333 do Código Penal.[204]

6.7.6.6. Sujeito ativo

A corrupção ativa é **crime comum** ou **geral**: pode ser cometido por qualquer pessoa, inclusive pelo funcionário público, desde que realize a conduta sem aproveitar-se das facilidades inerentes à sua condição funcional.

O sujeito pode praticar o crime diretamente (exemplo: "A" oferece uma quantia em dinheiro para o escrevente retardar o andamento de uma ação judicial) ou valendo-se de interposta pessoa. Nesse último caso, o terceiro será coautor do delito (exemplo: "A", agindo a pedido de "B", réu em ação penal, oferece um relógio valioso para o oficial de justiça para que este não proceda à citação). Em síntese, a conduta indireta ou oblíqua não afasta o delito.

6.7.6.6.1. Corrupção ativa e corrupção de testemunha, perito, contador, tradutor ou intérprete: distinção

A conduta de dar, oferecer ou prometer dinheiro ou qualquer outra vantagem a testemunha, perito, contador, tradutor ou intérprete para fazer afirmação falsa, negar ou calar a verdade em depoimento, perícia, cálculos, tradução ou interpretação caracteriza o crime tipificado no art. 343, *caput*, do Código Penal, com pena de reclusão de três a quatro anos, e multa, em face da utilização do **princípio da especialidade** para solução do conflito aparente de leis penais. O crime de corrupção ativa (lei geral) cede espaço para incidência do crime contra a Administração da Justiça, revestido de diversos elementos especializantes.

Tais penas são aumentadas de um sexto a um terço, quando o crime é cometido com o fim de obter prova destinada a produzir efeito em processo penal ou em processo civil em que for parte entidade da administração pública direta ou indireta (CP, art. 343, parágrafo único).

6.7.6.7. Sujeito passivo

É o Estado e, mediatamente, a pessoa física ou jurídica lesada pela conduta criminosa.

Como o Estado é o sujeito passivo principal, direto ou imediato, a falta de identificação do funcionário público corrompido não descaracteriza o crime de corrupção ativa, se existem provas da oferta e promessa da vantagem indevida, notadamente pelo fato de tratar-se de crime formal, dispensando a aceitação do funcionário público para sua caracterização.

---

[204] AREsp 2.007.599/RJ, rel. Min. Jesuíno Rissato (Desembargador convocado do TJDFT), 5.ª Turma, j. 03.05.2022, noticiado no *Informativo* 735.

6.7.6.8. Elemento subjetivo

É o dolo, acrescido de um especial fim de agir (elemento subjetivo específico), consistente em determinar o funcionário público a praticar, omitir ou retardar ato de ofício.

Não há previsão de modalidade culposa.

6.7.6.9. Consumação

A corrupção ativa é **crime formal, de consumação antecipada** ou **de resultado cortado**. Consuma-se com a oferta ou promessa de vantagem indevida ao funcionário público, independentemente da sua aceitação. Também é prescindível a prática, omissão ou retardamento do ato de ofício.

6.7.6.10. Tentativa

É cabível, quando se tratar de crime plurissubsistente, permitindo o fracionamento do *iter criminis*. Exemplo: Com o intuito de praticar a corrupção passiva valendo-se de interposta pessoa, "A" solicita a "B" que se dirija a um funcionário público e lhe ofereça alguma vantagem indevida para deixar de praticar algum ato de ofício. Entretanto, "B" não consegue transmitir a proposta ao funcionário público.

De outro lado, não será admissível o *conatus* de corrupção ativa na hipótese de crime praticado verbalmente, e, portanto, unissubsistente. Exemplo: "A", advogado do réu em uma ação cível de execução, oferece verbalmente uma determinada quantia em dinheiro ao oficial de justiça para não citar seu cliente. O delito, nessa hipótese, está consumado.

6.7.6.11. Ação penal

A ação penal é pública incondicionada.

6.7.6.12. Lei 9.099/1995

Em face da pena privativa de liberdade cominada – reclusão, de dois a doze anos –, a corrupção ativa constitui-se em **crime de elevado potencial ofensivo**, incompatível com os benefícios contidos na Lei 9.099/1995.

6.7.6.13. Classificação doutrinária

A corrupção ativa é crime **simples** (ofende um único bem jurídico); **comum** (pode ser cometido por qualquer pessoa); **formal, de consumação antecipada** ou **de resultado cortado** (consuma-se com a prática da conduta, independentemente da superveniência do resultado); **de dano** (causa lesão à Administração Pública); **de forma livre** (admite qualquer meio de execução); em regra **comissivo**; **instantâneo** (consuma-se em momento determinado, sem continuidade no tempo); **unissubjetivo, unilateral ou de concurso eventual** (normalmente praticado por um só agente, mas admite o concurso); e **unissubsistente** ou **plurissubsistente**.

6.7.6.14. Causa de aumento da pena: art. 333, parágrafo único

Como estatui o art. 333, parágrafo único, do Código Penal: "A pena é aumentada de um terço, se, em razão da vantagem ou promessa, o funcionário retarda ou omite ato de ofício, ou o pratica infringindo dever funcional".

Trata-se de causa de aumento de pena, a ser utilizada pelo magistrado na terceira e última etapa da aplicação da pena privativa de liberdade. O tratamento penal mais rigoroso se justifica pelo fato de a conduta do particular acarretar a violação dos deveres inerentes ao cargo pelo funcionário público, retardando ou omitindo ato de ofício, ou praticando-o com infração ao dever funcional.

A corrupção ativa, em sua modalidade fundamental (CP, art. 333, *caput*), é crime formal. No entanto, o legislador deixou claro que a superveniência do resultado naturalístico é dotada de relevância jurídica, pois com o exaurimento torna-se obrigatório o aumento da pena.

Observe-se que não incide a majorante no tocante ao ato de ofício praticado sem infração ao dever funcional. Nesse caso, deverá ser imputado ao agente o crime de corrupção ativa em sua forma simples (CP, art. 333, *caput*).

6.7.6.15. Corrupção ativa e Código Eleitoral

O art. 299 da Lei 4.737/1965 – Código Eleitoral – contém delitos semelhantes à corrupção passiva e ativa. A diferença repousa, contudo, na finalidade almejada pelo agente, consistente na intenção de obter voto ou conseguir abstenção, ainda que não tenha sucesso em sua empreitada criminosa.

6.7.7. Art. 334 – Descaminho

6.7.7.1. Dispositivo legal

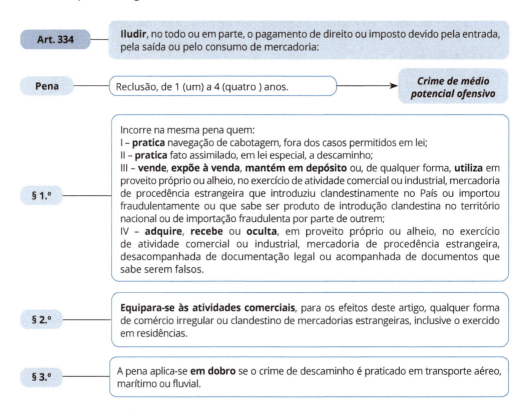

Classificação:
Crime simples
Crime comum
Crime formal (consumação antecipada ou resultado cortado)
Crime de dano
Crime de forma livre
Crime comissivo (regra)
Crime instantâneo
Crime unissubjetivo, unilateral ou de concurso eventual
Crime plurissubsistente

Informações rápidas:
Concurso de pessoas (exceção à teoria unitária): facilitação de descaminho (art. 318) para funcionário público e descaminho (art. 334) para particular ou outro funcionário público.
Descaminho = "contrabando impróprio".
Objeto material: tributo não recolhido. Lei penal em branco homogênea.
Princípio da insignificância: é aplicável ao descaminho em face da sua natureza tributária.
Elemento subjetivo: dolo. Não admite modalidade culposa.
Tentativa: possível, em face do caráter plurissubsistente do delito.
Ação penal: pública incondicionada.
Competência: Justiça Federal.

6.7.7.2. Introdução

Na redação original do Código Penal, o art. 334 contemplava dois crimes: contrabando e descaminho. Com a entrada em vigor da Lei 13.008/2014, tais delitos foram separados em tipos penais diversos. O descaminho permaneceu no art. 334, e o contrabando, cuja pena foi aumentada, acabou deslocado para o novo art. 334-A.

No descaminho, o legislador mais uma vez excepcionou a teoria unitária ou monista no tocante ao concurso de pessoas, adotada como regra geral no art. 29, *caput*, do Código Penal.[205] Com efeito, o funcionário público que facilita o descaminho responde pelo crime mais grave, de natureza funcional, tipificado no art. 318 do Código Penal, justamente em razão da sua peculiar condição, a qual torna mais reprovável a conduta por ele praticada. De outra banda, a pessoa (particular ou mesmo um outro funcionário público) que realiza o descaminho incide no delito menos grave e comum definido no art. 334 do Código Penal, nada obstante ambos concorram para um só resultado.

O descaminho, também conhecido como "contrabando impróprio", é a fraude utilizada para iludir, total ou parcialmente, o pagamento de impostos de importação ou exportação. Essa mercadoria pode ser inclusive de fabricação nacional, desde que tenha procedência estrangeira, como na hipótese de um automóvel fabricado no Brasil, para exportação, e posteriormente aqui introduzido sem o pagamento dos tributos respectivos.

É importante destacar que o imposto pelo consumo de mercadoria, contido na parte final do *caput* do art. 334 do Código Penal e vigente à época em que o Código Penal entrou em vigor, foi substituído pelo Imposto sobre Circulação de Mercadorias e Prestação de Serviços (ICMS). E a sonegação desse tributo acarreta a configuração do crime tipificado no art. 1.º da Lei 8.137/1990, em face do princípio da especialidade, pois nesse caso não há entrada ou saída de mercadoria do território nacional.

6.7.7.3. Objetividade jurídica

O bem jurídico protegido é a Administração Pública, relativamente ao interesse patrimonial do Estado, em face do prejuízo na arrecadação dos tributos devidos.

---

[205] Art. 29, *caput*, do Código Penal: "Quem, de qualquer modo, concorre para o crime incide nas penas a este cominadas, na medida de sua culpabilidade".

6.7.7.4. Objeto material

É o tributo não recolhido. O art. 334, *caput*, do Código Penal constitui-se em **lei penal em branco homogênea**, pois é imprescindível a sua complementação por outra lei, destinada a indicar os impostos devidos pela entrada ou saída de mercadorias do território nacional.

6.7.7.4.1. Descaminho e princípio da insignificância

O princípio da insignificância é aplicável ao **descaminho** (CP, art. 334), em face da sua natureza tributária, quando o imposto devido não ultrapassa o valor de R$ 20.000,00 (vinte mil reais). Essa conclusão baseia-se no art. 20 da Lei 10.522/2002, regulamentado pelas Portarias 75/2012 e 130/2012, editadas pelo Ministério da Fazenda.[206]

De fato, os Tribunais Superiores firmaram jurisprudência no sentido de que não se admite seja uma conduta irrelevante no âmbito fiscal (não cobrança do tributo pela União) e simultaneamente típica no Direito Penal, pois este somente deve atuar quando extremamente necessário para a tutela do bem jurídico protegido, quando falharem os outros meios de proteção e não forem suficientes as tutelas estabelecidas nos demais ramos do Direito. Para o Supremo Tribunal Federal:

> Aplica-se o princípio da insignificância ao crime de descaminho quando o montante do tributo não recolhido for inferior ao limite de R$ 20.000,00 – valor estipulado pelo art. 20, Lei 10.522/2002, atualizado pelas portarias 75 e 130/2012, do Ministério da Fazenda. Com base nesse entendimento, a Segunda Turma concedeu ordem de 'habeas corpus' para declarar a atipicidade da conduta prevista no art. 334, do Código Penal e trancar a ação penal. No caso, o paciente introduziu mercadorias estrangeiras no território nacional, sem o recolhimento dos tributos devidos, calculados em R$ 19.750,41.[207]

É de se destacar, contudo, a existência de decisão pioneira do Supremo Tribunal Federal em sentido contrário, afastando o valor para não ajuizamento da execução fiscal como parâmetro para incidência do princípio da insignificância no crime de descaminho:

> A Primeira Turma, por maioria, indeferiu 'habeas corpus' em que se discutia a aplicação do princípio da insignificância ao crime de descaminho quando o montante do tributo não recolhido for inferior ao limite de R$ 20.000,00 – valor fixado na Portaria 75/2012 do Ministério da Fazenda para o ajuizamento de ações fiscais. No caso, o paciente introduziu mercadorias estrangeiras no território nacional, sem o recolhimento dos tributos devidos, calculados em R$ 14.364,51. A Turma entendeu não incidir o princípio da insignificância. Asseverou que a lei que disciplina o executivo fiscal não repercute no campo penal. Tal entendimento, com maior razão, deve ser adotado em relação à portaria do Ministério da Fazenda. O art. 935 do Código Civil explicita a independência das esferas civil, penal e administrativa. A repercussão no âmbito penal se dá apenas quando decisão proferida em processo-crime declarar a inexistência do fato ou da autoria.[208]

---

[206] "Art. 2.º O Procurador da Fazenda Nacional requererá o arquivamento, sem baixa na distribuição, das execuções fiscais de débitos com a Fazenda Nacional, cujo valor consolidado seja igual ou inferior a R$ 20.000,00 (vinte mil reais), desde que não conste dos autos garantia, integral ou parcial, útil à satisfação do crédito" (art. 2.º da Portaria MF 75/2012, com a redação alterada pela Portaria MF 130/2012).

[207] HC 155.374/PR, rel. Min. Dias Toffoli, 2.ª Turma, j. 17.04.2018, noticiado no *Informativo* 898. É também o entendimento consolidado no STJ: REsp 1.688.878/SP, rel. Min. Sebastião Reis Júnior, 3.ª Seção, j. 28.02.2018, noticiado no *Informativo* 622.

[208] HC 128.063/PR, rel. Min. Marco Aurélio, 1.ª Turma, j. 10.04.2018, noticiado no *Informativo* 897.

A reiteração criminosa é fator impeditivo do princípio da insignificância. No descaminho, em regra, será inviável o reconhecimento da criminalidade de bagatela quando, embora não ultrapassado o valor limite, o agente seja contumaz fraudador de tributos, ainda que em pequenas quantias. O Superior Tribunal de Justiça, no **Tema 1.218 do Recurso Repetitivo**, fixou a seguinte tese:

> A reiteração da conduta delitiva obsta a aplicação do princípio da insignificância ao crime de descaminho – independentemente do valor do tributo não recolhido –, ressalvada a possibilidade de, no caso concreto, se concluir que a medida é socialmente recomendável. A contumácia pode ser aferida a partir de procedimentos penais e fiscais pendentes de definitividade, sendo inaplicável o prazo previsto no art. 64, I, do CP, incumbindo ao julgador avaliar o lapso temporal transcorrido desde o último evento delituoso à luz dos princípios da proporcionalidade e razoabilidade.[209]

6.7.7.5. Núcleo do tipo

O núcleo do tipo é *iludir*, ou seja, enganar, ludibriar, frustrar o pagamento de tributo devido pela entrada ou saída de mercadoria do território nacional. Iludir traz a ideia de fraude: o sujeito se vale de um meio enganoso para dar a impressão, perante as autoridades fiscais, de não praticar conduta tributável.

Portanto, se o agente simplesmente deixa de recolher os tributos devidos pela entrada ou saída de mercadoria permitida no território nacional, sem se valer de meio fraudulento, estará concretizado um mero ilícito tributário, e não o descaminho.

De seu turno, responderá exclusivamente pelo descaminho, e não por esse delito em concurso com algum crime contra a fé pública, o sujeito que, com o fim exclusivo de iludir o pagamento de tributo devido pela entrada ou saída de mercadoria do território nacional, falsificar algum documento, a exemplo da alteração da verdade sobre o preço de determinada mercadoria. De fato, o falso serve apenas como meio para alcançar o fim pretendido, qual seja, a realização do fato previsto como crime no art. 334 do CP. O conflito aparente de normas penais é solucionado pelo princípio da consunção (ou da absorção), pois a falsidade ideológica funciona, nessa hipótese, como meio necessário ou normal fase de preparação ou de execução do descaminho. Para o Superior Tribunal de Justiça:

> Quando o falso se exaure no descaminho, sem mais potencialidade lesiva, é por este absorvido, como crime-fim, condição que não se altera por ser menor a pena a este cominada. Conforme entendimento doutrinário, na aplicação do critério da consunção, verifica-se que "o conteúdo de injusto principal consome o conteúdo de injusto do tipo secundário porque o tipo consumido constitui meio regular (e não necessário) de realização do tipo consumidor". Nesse contexto, o STJ já se pronunciou no sentido de não ser obstáculo para a aplicação da consunção a proteção de bens jurídicos diversos ou a absorção de infração mais grave pela de menor gravidade (REsp 1.294.411-SP, Quinta Turma, *DJe* 03.02.2014). O STJ, inclusive, já adotou, em casos análogos, orientação de que o delito de uso de documento falso, cuja pena em abstrato é mais grave, pode ser absorvido quando não constituir conduta autônoma, mas mera etapa preparatória ou executória do descaminho, crime de menor gravidade, no qual o falso exaure a sua potencialidade lesiva (AgRg no REsp 1.274.707-PR, Quinta Turma, *DJe* 13.10.2015; e REsp 1.425.746-PA, Sexta Turma, *DJe* 20.06.2014). No mesmo sentido, *mutatis mutandis*, a Súmula n. 17 do STJ, segundo a qual "Quando o falso se exaure no estelionato, sem mais potencialidade lesiva, é por este absorvido".[210]

---

[209] REsp 2.083.701/SP, rel. Min. Sebastião Reis Júnior, 3.ª Seção, j. 28.02.2024, noticiado no *Informativo* 802.
[210] REsp 1.378.053/PR, rel. Min. Nefi Cordeiro, 3.ª Seção, j. 10.08.2016, noticiado no *Informativo* 587.

No que diz respeito às suas **espécies**, o descaminho pode ser **total ou parcial**, conforme o sujeito fraude todo o valor do tributo devido para entrada ou saída do território nacional de mercadoria permitida, ou somente parte dele. Nos dois casos o crime estará caracterizado, pois o tipo penal utiliza a expressão "iludir, no todo ou em parte".

A espécie de descaminho, entretanto, deve ser sopesada pelo magistrado na dosimetria da pena-base, em sintonia com as diretrizes previstas no art. 59, *caput*, do Código Penal. Com efeito, o agente que engana o Estado e deixa de pagar integralmente o tributo devido deve ser punido mais severamente do que aquele que paga valor inferior ao legalmente exigido.

6.7.7.6. Sujeito ativo

O descaminho é **crime comum** ou **geral**, podendo ser praticado por qualquer pessoa, inclusive pelo funcionário público, desde que não possua o especial dever (funcional) de impedir o descaminho. Nessa situação, o agente público pode ser coautor ou partícipe do crime tipificado no art. 334, *caput*, do Código Penal.

De outro lado, se o funcionário público é dotado do especial dever de impedir a prática do descaminho, e concorre para a realização do delito, a ele será imputado o crime de facilitação ao descaminho (CP, art. 318), de natureza funcional.[211] Com efeito, o legislador abriu uma exceção à teoria unitária ou monista no concurso de pessoas, disciplinada no art. 29, *caput*, do Código Penal.

6.7.7.7. Sujeito passivo

É o Estado, afetado em sua tarefa de arrecadação de tributos.

6.7.7.8. Elemento subjetivo

É o dolo, independentemente de qualquer finalidade específica. Não se admite a modalidade culposa.

6.7.7.9. Consumação

O delito se consuma com o ato de iludir o pagamento de imposto devido pela entrada ou saída de mercadoria do país. Cuida-se de **crime formal, de consumação antecipada** ou **de resultado cortado**: seu aperfeiçoamento ocorre com a manobra fraudulenta e independe da obtenção do resultado naturalístico, consistente no sucesso atinente ao não pagamento do tributo.

6.7.7.9.1. A natureza formal do delito: desnecessidade do esgotamento da esfera administrativa

Como corolário da sua natureza formal, a caracterização do descaminho e a posterior ação penal prescindem da conclusão do procedimento administrativo relativo à discussão acerca da existência, valor ou exigibilidade do tributo supostamente devido pela importação ou exportação da mercadoria. Em sintonia com a jurisprudência do Supremo Tribunal Federal:

> É dispensada a existência de procedimento administrativo fiscal com a posterior constituição do crédito tributário para a configuração do crime de descaminho (CP, art. 334), tendo em conta sua natureza formal. Com base nessa orientação, a Primeira Turma denegou a ordem em 'habeas corpus' no qual se pleiteava o trancamento de ação penal ante a alegada ausência de condição objetiva

---

[211] "Art. 318. Facilitar, com infração de dever funcional, a prática de contrabando ou descaminho (art. 334): Pena – reclusão, de 3 (três) a 8 (oito) anos, e multa".

de punibilidade. O impetrante sustentava ser indispensável, para a consumação do descaminho, a existência de dano à Fazenda Pública, apurado por meio de procedimento administrativo fiscal, bem como a constituição do crédito tributário.[212]

É de se ressaltar que, nada obstante o caráter formal do delito, a existência de decisão – administrativa ou judicial – favorável ao contribuinte constitui-se em **questão prejudicial externa**, pois afeta a tipicidade do fato, razão pela qual autoriza a suspensão do processo penal até a sua solução definitiva. Para o Superior Tribunal de Justiça:

> Ainda que o descaminho seja delito de natureza formal, a existência de decisão administrativa ou judicial favorável ao contribuinte – anulando o auto de infração, o relatório de perdimento e o processo administrativo fiscal – caracteriza questão prejudicial externa facultativa que autoriza a suspensão do processo penal (art. 93 do CPP). O STF, por ocasião do julgamento do HC 99.740-RJ (*DJe* 1.º/02/2011), firmou compreensão no sentido de que a consumação do delito de descaminho e a abertura de processo-crime não estão a depender da constituição administrativa do débito fiscal porque o delito de descaminho é formal e prescinde do resultado. E, secundando o entendimento do Pretório Excelso, este STJ, por ambas as Turmas com competência em matéria penal, vem também decidindo que o descaminho é crime formal, e que a persecução penal independe da constituição do crédito tributário, como se colhe em reiterados precedentes. Do exposto, resulta que, sendo desnecessária a constituição definitiva do crédito tributário para a tipificação do delito, não fica a ação penal – instaurada para a apuração de crime de descaminho – no aguardo de processo administrativo, ação judicial ou execução fiscal acerca do crédito tributário, tendo em vista a independência entre as esferas. Todavia, a existência de decisão administrativa ou judicial favorável ao contribuinte provoca inegável repercussão na própria tipificação do delito, caracterizando questão prejudicial externa facultativa que autoriza a suspensão do processo penal (art. 93 do CPP).[213]

6.7.7.9.2. Pagamento do tributo devido e extinção da punibilidade

No passado prevalecia o entendimento de que o pagamento do tributo devido, acompanhado de eventuais acessórios, até o recebimento da denúncia, era causa de extinção da punibilidade em favor do responsável pelo crime de descaminho. O Direito Penal assumia uma nítida função arrecadatória.

Atualmente, contudo, a jurisprudência tem se posicionado em sentido diverso, ou seja, o pagamento do tributo devido não funciona como causa extintiva da punibilidade no delito de descaminho. Em sintonia com o lúcido julgado do Superior Tribunal de Justiça:

> O pagamento do tributo devido não extingue a punibilidade do crime de descaminho (art. 334 do CP). A partir do julgamento do HC 218.961-SP (*DJe* 25/10/2013), a Quinta Turma do STJ, alinhando-se ao entendimento da Sexta Turma e do STF, passou a considerar ser desnecessária, para a persecução penal do crime de descaminho, a apuração administrativa do montante de tributo que deixou de ser recolhido, tendo em vista a natureza formal do delito, o qual se configura com o simples ato de iludir o pagamento do imposto devido pela entrada de mercadoria no país. Na ocasião, consignou-se que o bem jurídico tutelado pelo art. 334 do CP vai além do valor do imposto sonegado, pois, além de lesar o Fisco, atinge a estabilidade das atividades comerciais dentro do país, dá ensejo ao comércio ilegal e à concorrência desleal, gerando uma série de prejuízos para a atividade empresarial brasileira. Verifica-se, assim, que o descaminho não pode ser equiparado

---

[212] HC 121.798/BA, rel. Min. Marco Aurélio, 1.ª Turma, j. 29.05.2018, noticiado no *Informativo* 904. O STJ compartilha deste entendimento: REsp 1.343.463/BA, rel. Min. Maria Thereza de Assis Moura, rel. para acórdão Min. Rogerio Schietti Cruz, 6.ª Turma, j. 20.03.2014, noticiado no *Informativo* 548.

[213] REsp 1.413.829/CE, rel. Min. Maria Thereza de Assis Moura, 6.ª Turma, j. 11.11.2014, noticiado no *Informativo* 552.

aos crimes materiais contra a ordem tributária, o que revela a impossibilidade de que o agente acusado da prática do crime de descaminho tenha a sua punibilidade extinta pelo pagamento do tributo. Ademais, o art. 9.º da Lei 10.684/2003 prevê a extinção da punibilidade pelo pagamento dos débitos fiscais apenas no que se refere aos crimes contra a ordem tributária e de apropriação ou sonegação de contribuição previdenciária – arts. 1.º e 2.º da Lei 8.137/1990, 168-A e 337-A do CP. Nesse sentido, se o crime de descaminho não se assemelha aos crimes acima mencionados, notadamente em razão dos diferentes bens jurídicos por cada um deles tutelados, inviável a aplicação analógica da Lei 10.684/2003.[214]

6.7.7.10. Tentativa

É possível, em face do caráter plurissubsistente do delito, permitindo o fracionamento do *iter criminis*.

Nas situações em que é obrigatória a passagem da mercadoria pela fiscalização alfandegária, o Superior Tribunal de Justiça entende que a apreensão do produto antes da entrada no recinto da aduana não configura o crime de descaminho, nem mesmo na forma tentada:

> A apreensão de mercadorias antes da entrada no recinto da aduana não configura o crime de descaminho. A controvérsia cinge-se a definir se ocorreu a consumação do crime de descaminho ou meros atos preparatórios, na situação fática em que os investigados estavam trocando mercadorias importadas, que ainda não haviam passado pelo desembaraço aduaneiro, substituindo mercadorias de maior valor por outras de valor inferior, visando suprimir tributos no processo de importação, tendo sido constatado, também, o rompimento do lacre do container. Tratando-se de hipótese em que a mercadoria necessariamente passaria pela fiscalização alfandegária, doutrina e jurisprudência são uníssonas no sentido de que a consumação ocorre com a liberação pela alfândega, sem o pagamento do tributo competente, o que, no caso, não ocorreu em face da apreensão antes da entrada no recinto da aduana. A tese de crime impossível é a única que se coaduna com a situação em análise, pois o flagrante ocorreu quando o investigado procedia à troca de mercadorias importadas durante o percurso de translado entre Porto Itapoá/SC e o recinto alfandegário em Francisco do Sul/SC. Ou seja, o indiciado sequer chegou a se submeter ao desembaraço aduaneiro, tratando-se, portanto, de meros atos preparatórios, que, em regra, não são punidos pelo ordenamento jurídico, a não ser quando previstos expressamente como delitos autônomos.[215]

6.7.7.11. Ação penal

A ação penal é pública incondicionada, em todas as modalidades do delito.

6.7.7.12. Lei 9.099/1995

O descaminho, inclusive nas figuras equiparadas definidas no § 1.º do art. 334 do Código Penal, é **crime de médio potencial ofensivo**. A pena mínima (1 ano) autoriza a suspensão condicional do processo, desde que presentes os requisitos elencados no art. 89 da Lei 9.099/1995.

Na hipótese de incidência da causa de aumento de pena prevista no § 3.º do art. 334 do Código Penal, o descaminho classifica-se como **crime de elevado potencial ofensivo**, incompatível com os benefícios disciplinados na Lei 9.099/1995.

6.7.7.13. Competência

Trata-se de crime de competência da **Justiça Federal**, pois ofende interesses da União. Enquadra-se, portanto, na regra prevista no art. 109, inc. IV, da Constituição Federal.

---

[214] RHC 43.558/SP, rel. Min. Jorge Mussi, 5.ª Turma, j. 05.02.2015, noticiado no *Informativo* 555.
[215] RHC 179.244/SC, rel. Min. Sebastião Reis Júnior, 6.ª Turma, j. 06.06.2023, noticiado no *Informativo Edição Extraordinária* 13.

A propósito, assim dispõe a **Súmula 151 do Superior Tribunal de Justiça**: "A competência para o processo e julgamento por crime de contrabando ou descaminho define-se pela prevenção do Juízo Federal do lugar da apreensão dos bens".

Destarte, a mencionada súmula é clara ao definir a competência da Justiça Federal, a ser estabelecida em razão da prevenção fundada na apreensão dos bens relacionados ao descaminho, em sintonia com a regra estatuída no art. 83 do Código de Processo Penal.

Cumpre finalmente recordar que, nos termos do art. 144, § 1.º, inc. II, da Constituição Federal, uma das tarefas precípuas da **Polícia Federal** consiste em prevenir e reprimir o descaminho, sem prejuízo da ação fazendária e de outros órgãos públicos nas respectivas áreas de competência.

6.7.7.14. Classificação doutrinária

O descaminho é crime **simples** (ofende um único bem jurídico, qual seja, a Administração Pública); **comum** (pode ser cometido por qualquer pessoa); **formal, de consumação antecipada** ou **de resultado cortado** (consuma-se com a ilusão no tocante ao pagamento dos tributos devidos); **de dano** (causa prejuízo à Administração Pública); **de forma livre** (admite qualquer meio de execução); em regra **comissivo**; **instantâneo** (consuma-se em um momento determinado, sem continuidade no tempo); **unissubjetivo, unilateral ou de concurso eventual** (praticado por um só agente, mas admite o concurso); e normalmente **plurissubsistente**.

6.7.7.15. Figuras equiparadas: art. 334, § 1.º

O § 1.º do art. 334 do Código Penal elenca figuras equiparadas ao descaminho. São condutas que, mesmo não se encaixando na descrição típica do *caput*, receberam do legislador igual pena (reclusão de um a quatro anos). Por tal razão, os crimes previstos no § 1.º do art. 334 do Código Penal também são conhecidos como "descaminho por equiparação" ou "descaminho por assimilação".

Com efeito, incorre na mesma pena quem:

Inc. I – pratica navegação de cabotagem, fora dos casos permitidos em lei.

Trata-se de **lei penal em branco homogênea**, pois somente se caracteriza o delito quando alguém pratica navegação de cabotagem "fora dos casos permitidos em lei".

Navegação de cabotagem, a teor do art. 2.º, inc. IX, da Lei 9.432/1997, é a navegação "realizada entre portos ou pontos do território brasileiro, utilizando a via marítima ou esta e as vias navegáveis interiores".

Há crime quando se realiza navegação de cabotagem em alguma situação não contemplada em lei. O transporte aquaviário no Brasil é regulado principalmente pela Lei 9.432/1997. No entanto, também há outras regras na Lei 5.025/1966 (art. 81) e no Decreto-lei 190/1967 (art. 1.º).

Se a navegação for efetuada entre dois portos fluviais, será classificada como interior, e não de cabotagem, afastando a incidência do delito.

Vale destacar o comando estatuído no art. 178, parágrafo único, da Constituição Federal: "Na ordenação do transporte aquático, a lei estabelecerá as condições em que o transporte de mercadorias na cabotagem e a navegação interior poderão ser feitos por embarcações estrangeiras".

Inc. II – pratica fato assimilado, em lei especial, a descaminho.

Cuida-se mais uma vez de **lei penal em branco homogênea**, porque também incumbe à legislação especial indicar quais são os fatos assimilados ao descaminho.

Podem ser lembradas, exemplificativamente, as situações descritas no Decreto-lei 288/1967, inerentes à Zona Franca de Manaus, situada no território brasileiro, na qual a saída de produtos sem o pagamento dos tributos devidos pode caracterizar o crime tipificado no art. 334 do Código Penal.

Inc. III – vende, expõe à venda, mantém em depósito ou, de qualquer forma, utiliza em proveito próprio ou alheio, no exercício de atividade comercial ou industrial, mercadoria de procedência estrangeira que introduziu clandestinamente no País ou importou fraudulentamente ou que sabe ser produto de introdução clandestina no território nacional ou de importação fraudulenta por parte de outrem.

O inciso III do § 1.º do art. 334 do Código Penal possui duas condutas criminosas. Em ambas, o **crime próprio** ou **especial**, pois somente pode ser praticado pelo sujeito que se encontre "**no exercício de atividade comercial ou industrial**". Em suma, o sujeito ativo há de ser comerciante ou industriário.

Entretanto, não se reclama regularidade no desempenho da atividade comercial ou industrial. Acertadamente, o legislador instituiu uma **norma penal explicativa** ou **complementar** no § 2.º do art. 334 do Código Penal: "Equipara-se às atividades comerciais, para os efeitos deste artigo, qualquer forma de comércio irregular ou clandestino de mercadorias estrangeiras, inclusive o exercido em residências".

Cumpre destacar, porém, que a configuração da atividade comercial ou industrial impõe **habitualidade** no desempenho do comércio ou da indústria pelo sujeito ativo, pois é sabido que tais misteres não se aperfeiçoam com um único ato, sem continuidade no tempo.

Vejamos cada uma das condutas criminosas estampadas no art. 334, § 1.º, III, do Código Penal.

> 1) *"vende, expõe à venda, mantém em depósito*[216] *ou, de qualquer forma, utiliza em proveito próprio ou alheio, no exercício de atividade comercial ou industrial, mercadoria de procedência estrangeira que introduziu clandestinamente no País ou importou fraudulentamente".*

A finalidade do tipo penal é punir o responsável pelo descaminho que, no exercício de atividade comercial ou industrial, realiza qualquer das condutas ali descritas (vende, expõe à venda, mantém em depósito ou de qualquer forma utiliza, em proveito próprio ou alheio). Exemplificativamente, se o autor do descaminho é comerciante e vende as mercadorias introduzidas ilegalmente no Brasil, a ele será imputado o crime descrito no art. 334, § 1.º, III, 1.ª parte, do Código Penal, e não a modalidade do *caput*, em razão da solução do conflito aparente de normas penais pelo princípio da especialidade.

Anote-se ser inevitável a prática da conduta criminosa no exercício da atividade comercial ou industrial. De fato, se o agente do descaminho, a título ilustrativo, vende a mercadoria que importou fraudulentamente, fora da atividade comercial ou industrial, estará caracterizado o crime previsto no art. 334, *caput*, do Código Penal.

> 2) *"vende, expõe à venda, mantém em depósito ou de qualquer forma, utiliza em proveito próprio ou alheio, no exercício de atividade comercial ou industrial, mercadoria de procedência estrangeira (...) que sabe ser produto de introdução clandestina no território nacional ou de importação fraudulenta por parte de outrem".*

Nesse caso, incrimina-se o comportamento do comerciante ou industriário que, no exercício da atividade comercial ou industrial, realiza alguma das ações típicas (vende, expõe à venda, mantém em depósito ou de qualquer forma utiliza, em proveito próprio ou alheio) no

---

[216] Nas modalidades "expor à venda" e "manter em depósito" o crime é permanente. Nas demais, instantâneo.

tocante à mercadoria de procedência estrangeira que sabe ser produto de introdução clandestina no território nacional ou de importação fraudulenta **por parte de outrem**.

Veja-se que, ao contrário da primeira modalidade criminosa, na qual o próprio sujeito deu origem ao descaminho, aqui o comerciante ou industriário recebeu a mercadoria de procedência estrangeira, oriunda do descaminho cometido por terceira pessoa.

É imprescindível o **dolo direto**, pois o tipo penal refere-se à mercadoria de procedência estrangeira em relação à qual o sujeito "sabe ser produto de introdução clandestina no território nacional ou de importação fraudulenta por parte de outrem".

Finalmente, se as condutas indicadas na parte final do inciso III, do § 1.º, do art. 334, do Código Penal, forem cometidas por uma pessoa que não se encontre no exercício de atividade comercial ou industrial, não se poderá falar na figura equiparada ao descaminho. Estará configurado o crime de receptação, na forma dolosa ou culposa (CP, art. 180, *caput* ou § 3.º).

Inc. IV – adquire, recebe ou oculta,[217] em proveito próprio ou alheio, no exercício de atividade comercial ou industrial, mercadoria de procedência estrangeira, desacompanhada de documentação legal ou acompanhada de documentos que sabe serem falsos.

Também se aplica a esta figura equiparada a norma penal explicativa ou complementar delineada no § 2.º, do art. 334, do Código Penal.

Em relação à mercadoria de procedência estrangeira desacompanhada de documentação legal (exemplo: nota fiscal), o elemento subjetivo é o dolo (direto ou eventual), acompanhado de um especial fim de agir (elemento subjetivo específico), representado pela expressão "em proveito próprio ou alheio".

Por sua vez, no tocante à mercadoria de procedência estrangeira acompanhada de documentos falsos, impõe-se a presença do **dolo direto**, pois o sujeito "**sabe serem falsos**" tais documentos.[218] Além disso, também se exige um elemento subjetivo específico ("em proveito próprio ou alheio").

O fundamento dessa figura equiparada é simples. O crime consiste em uma receptação específica no campo do descaminho. Com efeito, a pessoa que adquire mercadoria de procedência estrangeira sem a documentação legal ou acompanhada de documentos que sabe serem falsos certamente fomenta a prática do descaminho. Destarte, deve ser responsabilizada penalmente, da mesma forma que ocorre no campo da receptação (CP, art. 180) com a pessoa que adquire, recebe ou oculta, em proveito próprio ou alheio, coisa que sabe ser produto de crime.

Por derradeiro, vale frisar que, se a conduta for praticada por pessoa que não se encontrar no exercício de atividade comercial ou industrial, ou então se agir culposamente, estará caracterizado o crime de receptação, dolosa ou culposa (CP, art. 180, *caput* ou § 3.º).

6.7.7.16. Causa de aumento de pena: art. 334, § 3.º

Nos termos do § 3.º do art. 334 do Código Penal: "A pena aplica-se em dobro se o crime de descaminho é praticado em transporte aéreo, marítimo ou fluvial".

A maior reprovabilidade da conduta criminosa reside na exacerbada dificuldade de fiscalização das mercadorias importadas ou exportadas pelo transporte aéreo, marítimo ou fluvial, notadamente quando se faz comparação com o descaminho praticado pela via terrestre.

Há polêmica acerca do campo de incidência dessa majorante. Sua aplicabilidade seria restrita aos voos e embarcações de natureza clandestina, ou também alcançaria os voos e embarcações regulares, efetuados por empresas devidamente cadastradas e fiscalizadas pelos órgãos públicos competentes? Existem duas posições sobre o assunto:

---

[217] Na modalidade "ocultar" o crime é permanente. Nas demais, é instantâneo.
[218] STJ: CC 159.680/MG, rel. Min. Reynaldo Soares da Fonseca, 3.ª Seção, j. 08.08.2018, noticiado no *Informativo* 631.

1.ª posição – Somente aos voos ou embarcações de natureza clandestina: O Supremo Tribunal Federal já se pronunciou nesse sentido:

> Para aplicação da majorante prevista no art. 334, § 3.º, do Código Penal, é necessária a condição de clandestinidade. O aumento expressivo da pena, em face da aplicação da majorante, precisa ser justificado em razão de um maior desvalor da ação. No cenário atual, não há sentido lógico que justifique um aumento de pena tão expressivo pelo simples fato de ser o crime praticado em transporte regular. Essa posição tornaria a majorante quase a regra na aplicação do tipo penal na realidade prática, o que findaria por desvirtuar a estruturação normativa da norma incriminadora. Diante disso, a majorante somente pode ser aplicada quando houver uma maior reprovabilidade da conduta, caracterizada pela atuação do imputado no sentido de dificultar a fiscalização estatal, por meio da clandestinidade.[219]

2.ª posição – A quaisquer voos ou embarcações, ainda que regulares: O Superior Tribunal de Justiça já acolheu essa linha de pensamento:

> Incide a causa especial de aumento de pena prevista no § 3.º do art. 334 do Código Penal quando se tratar de descaminho praticado em transporte aéreo, não sendo relevante o fato de o voo ser regular ou clandestino. A controvérsia consiste em definir se a pena ao crime de descaminho deve ser aplicada em dobro quando o transporte aéreo ocorre por meio de voo regular. O art. 334, § 3.º, do Código Penal prevê a aplicação da pena em dobro, se "o crime de contrabando ou descaminho é praticado em transporte aéreo". Nos termos da jurisprudência desta Corte, se a lei não faz restrições quanto à espécie de voo que enseja a aplicação da majorante, não cabe ao intérprete restringir a aplicação do dispositivo legal, sendo irrelevante que o transporte seja clandestino ou regular.[220]

6.7.7.17. Código de Trânsito Brasileiro e medidas de prevenção e repressão à prática do crime de descaminho

O condutor que utilize veículo automotor para a prática do crime de descaminho, se for definitivamente condenado por esse delito, terá cassado seu documento de habilitação ou será proibido de obter a habilitação para dirigir veículo automotor pelo prazo de 5 (cinco) anos. É o que se extrai do art. 278-A da Lei 9.503/1997 – Código de Trânsito Brasileiro, com a redação dada pela Lei 13.804/2019.

O condutor condenado poderá requerer sua reabilitação, submetendo-se a todos os exames necessários à habilitação, na forma disciplinada pelo Código de Trânsito Brasileiro (Lei 9.503/1997, art. 278-A, § 1.º).

No caso de prisão em flagrante do condutor pelo crime de descaminho, o juiz poderá, em qualquer fase da investigação ou da ação penal, se houver necessidade para a garantia da ordem pública, como medida cautelar, de ofício, ou a requerimento do Ministério Público ou ainda mediante representação da autoridade policial, decretar, em decisão motivada, a suspensão da permissão ou da habilitação para dirigir veículo automotor, ou a proibição de sua obtenção (Lei 9.503/1997 – Código de Trânsito Brasileiro, art. 278-A, § 2.º).

---

[219] HC 162.553 AgR/CE, rel. Min. Edson Fachin, red. do acórdão Min. Gilmar Mendes, Plenário, j. 14.09.2021, noticiado no *Informativo* 1.030.
[220] AgRg no AREsp 2.197.959/SP, rel. Min. Reynaldo Soares da Fonseca, 5.ª Turma, j. 28.02.2023, noticiado no *Informativo* 765.

6.7.8. Art. 334-A – Contrabando

6.7.8.1. Dispositivo legal

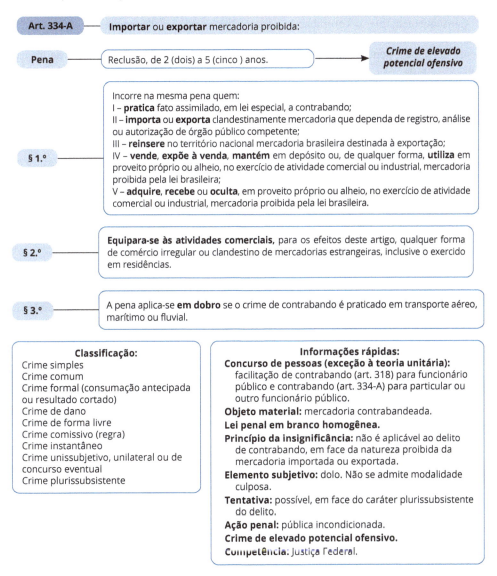

6.7.8.2. Introdução

Contrabando é a importação ou exportação de mercadoria absoluta ou relativamente proibida.

Na sistemática original do Código Penal, datada de 1940, o contrabando encontrava-se no art. 334, juntamente com o descaminho. Os dois crimes, embora diversos, estavam capitulados no mesmo tipo penal.

Esse panorama foi modificado pela Lei 13.008/2014. O legislador separou os delitos: o descaminho permaneceu no art. 334; para o contrabando, por sua vez, criou-se o art. 334-A.

Duas razões precípuas justificaram essa mudança. Em primeiro lugar, contrabando e descaminho atingem diferentes bens jurídicos. Mas não é só. O contrabando possui maior gravidade, pois envolve a importação ou a exportação de mercadoria proibida. Sua pena precisou ser aumentada, alcançando os limites de 2 (dois) a 5 (cinco) anos de reclusão.

Consequentemente, o contrabando agora é **crime de elevado potencial ofensivo**, e não admite a suspensão condicional do processo (Lei 9.099/1995). E se o magistrado fundamentadamente optar pela pena máxima, será incabível a substituição da pena privativa de liberdade por penas alternativas, pela ausência do requisito objetivo elencado pelo art. 44, inc. I, 1.ª parte, do Código Penal.

Também é válido destacar ter a jurisprudência se consolidado pelo repúdio do princípio da insignificância no contrabando, ao contrário do que se verifica no descaminho.

O legislador novamente excepcionou a teoria unitária ou monista no tocante ao concurso de pessoas, adotada como regra geral no art. 29, *caput*, do Código Penal.[221]

Com efeito, o funcionário público que facilita o contrabando responde pelo crime mais grave, de natureza funcional, tipificado no art. 318 do Código Penal, justamente em razão da sua peculiar condição, a qual torna mais reprovável a conduta por ele praticada. De outra banda, a pessoa (particular ou mesmo um outro funcionário público) que realiza o contrabando incide no crime menos grave e comum definido no art. 334-A do Código Penal, nada obstante ambos busquem igual resultado.

6.7.8.3. Objetividade jurídica

O bem jurídico penalmente protegido é a Administração Pública, no tocante à proteção da saúde, da moralidade administrativa e da ordem pública, como corolário da proibição no território nacional da mercadoria importada ou exportada.[222]

6.7.8.4. Objeto material

É a mercadoria contrabandeada. O art. 334-A do Código Penal constitui-se em **norma penal em branco homogênea**, pois é imprescindível a complementação por outra lei, destinada a indicar as mercadorias absoluta ou relativamente proibidas no Brasil.[223] A proibição é relativa quando cessa com a satisfação de determinadas condições impostas pelo ordenamento jurídico.

Mercadoria, para os fins do tipo penal, é todo e qualquer bem móvel suscetível de comercialização. Não precisa ser obrigatoriamente estrangeira, ou seja, produzida no exterior. É possível sua fabricação no Brasil, desde que se destine exclusivamente à exportação. Nesse caso, como a circulação em solo pátrio é proibida, sua posterior reintrodução no território nacional acarreta a configuração do delito.

Em regra, não se reclama perícia para comprovar tanto a origem da mercadoria como sua proibição no Brasil. No entanto, quando a situação concreta recomendar, o juiz deverá determinar a realização de exame pericial para concluir pela ocorrência ou não do crime de contrabando.

---

[221] Art. 29, *caput*, do Código Penal: "Quem, de qualquer modo, concorre para o crime incide nas penas a este cominadas, na medida de sua culpabilidade".

[222] É também o entendimento de CARVALHO, Márcia Dometila Lima de. *Crimes de contrabando e descaminho*. 2. ed. São Paulo: Saraiva, 1998. p. 4.

[223] "Configura crime de contrabando a importação de colete à prova de balas sem prévia autorização do Comando do Exército. A Portaria n. 18 do DLOG, publicada em 19/12/2006, regulamenta as normas de avaliação técnica, fabricação, aquisição, importação e destruição de coletes balísticos e exige determinadas condições aos compradores e importadores desse tipo de artefato, tais como autorização prévia do Comando do Exército e restrição a determinados órgãos e pessoas. Desse modo, a importação de colete à prova de balas está sujeita à proibição relativa e, por conseguinte, configura crime de contrabando quando realizada fora dos moldes previstos nesse regulamento" (STJ: RHC 62.851/PR, rel. Min. Sebastião Reis Júnior, 6.ª Turma, j. 16.02.2016, noticiado no *Informativo* 577).

6.7.8.4.1. Caráter residual do contrabando

O delito de contrabando tem natureza genérica ou residual, ou seja, somente estará caracterizado quando a importação ou exportação de mercadoria proibida não configurar algum crime específico.

Com efeito, em determinadas hipóteses a natureza do objeto material altera a tipicidade para outro crime. Vejamos algumas situações nas quais o conflito aparente de normas penais é solucionado pelo **princípio da especialidade**:

a) Se a importação ou exportação possuir como objeto material qualquer tipo de **droga**, sem autorização ou em desacordo com determinação legal ou regulamentar, estará caracterizado o crime previsto no art. 33, *caput*, da Lei 11.343/2006 – Lei de Drogas.

Além disso, tratando-se de exportação ou importação de matéria-prima, insumo ou produto químico destinado à preparação de droga, incidirá o crime definido no art. 33, § 1.º, inc. I, da Lei 11.343/2006.

Nos termos do art. 40, inc. I, do citado diploma legal, a pena de ambos os crimes será aumentada de um sexto a dois terços se a natureza, a procedência da substância ou do produto apreendido e as circunstâncias do fato evidenciarem a transnacionalidade do delito.

b) Se a importação ou exportação relacionar-se com **arma de fogo, acessório ou munição**, sem autorização da autoridade competente, estará configurado o crime de tráfico internacional de arma de fogo, delineado no art. 18 da Lei 10.826/2003 – Estatuto do Desarmamento.

A pena deverá ser aumentada de metade se a arma de fogo, acessório ou munição forem de uso proibido ou restrito (Lei 10.826/2003, art. 19).

6.7.8.4.2. Enquadramento típico do contrabando de artefatos explosivos ou incendiários

O art. 18 da Lei 10.826/2003 (tráfico internacional de arma de fogo) não abrange a importação ou exportação de artefatos explosivos ou incendiários. Surge uma questão: Qual crime deve ser imputado ao sujeito que vem a ser preso em flagrante importando ou exportando materiais explosivos ou incendiários?

A resposta só pode ser uma: **contrabando**, nos termos do art. 334-A do Código Penal, em razão da proibição de tais produtos no território nacional. Sem prejuízo, também será aplicável o **art. 16, § 1.º, III, do Estatuto do Desarmamento**, responsável pela incriminação da conduta de possuir, deter, fabricar ou empregar artefato explosivo ou incendiário, sem autorização ou em desacordo com determinação legal ou regulamentar. De rigor a incidência dos dois delitos, em face da diversidade de bens jurídicos lesados: Administração Pública (contrabando) e segurança pública (art. 16, § 1.º, III, da Lei 10.826/2003).

6.7.8.4.3. Contrabando e princípio da insignificância

Em regra, o princípio da insignificância não é aplicável ao delito de contrabando, em face da natureza proibida da mercadoria importada ou exportada. Esse crime não tem natureza tributária. A tutela penal recai sobre bens jurídicos diversos, notadamente a saúde pública, a moralidade administrativa e a ordem pública. Em síntese, não se pode reputar insignificante a entrada ou saída ilícita do território nacional de produto classificado como proibido pelas autoridades brasileiras. Para o Supremo Tribunal Federal:

A importação de arma de pressão por ação de gás comprimido, ainda que de calibre inferior a 6 mm, configura o crime de contrabando, sendo inaplicável o princípio da insignificância. (...) A Turma salientou que o princípio da insignificância não deve ser aplicado, porquanto, além do interesse econômico, estão envolvidos no caso outros bens jurídicos relevantes à Administração Pública, como a segurança e a tranquilidade.[224]

O Superior Tribunal de Justiça, entretanto, já admitiu o princípio da insignificância em situações excepcionais, a exemplo da importação clandestina de cigarros. No **Tema 1.143 do Recurso Repetitivo**, fixou-se a seguinte tese:

O princípio da insignificância é aplicável ao crime de contrabando de cigarros quando a quantidade apreendida não ultrapassar 1.000 (mil) maços, seja pela diminuta reprovabilidade da conduta, seja pela necessidade de se dar efetividade à repressão ao contrabando de vulto, excetuada a hipótese de reiteração da conduta, circunstância apta a indicar maior reprovabilidade e periculosidade social da ação.[225]

6.7.8.5. Núcleo do tipo

São dois: "importar" e "exportar", ligados à mercadoria proibida.

Importar é trazer a mercadoria proibida para os limites do território nacional; **exportar**, de outro lado, significa levar a mercadoria proibida para além das fronteiras do Brasil. Vale lembrar que a lei penal brasileira aplica-se aos crimes cometidos no território nacional, sem prejuízo de convenções, tratados e regras de direito internacional (CP, art. 5.º, *caput*).

6.7.8.6. Sujeito ativo

Trata-se de **crime comum** ou **geral**, pois pode ser praticado por qualquer pessoa, inclusive pelo funcionário público, desde que não possua o especial dever (funcional) de impedir o contrabando. Nessa situação, o agente público pode ser coautor ou partícipe do crime tipificado no art. 334-A do Código Penal.

Por sua vez, se o funcionário público é dotado do especial dever de impedir a prática do contrabando, e concorre para a realização do delito, a ele será imputado o crime de facilitação ao contrabando (CP, art. 318), de natureza funcional. Com efeito, o legislador abriu uma exceção à teoria unitária ou monista no concurso de pessoas, disciplinada no art. 29, *caput*, do Código Penal.

6.7.8.7. Sujeito passivo

É o Estado, atacado na sua tarefa de impedir a importação ou exportação de mercadoria que ofenda a saúde pública, a moralidade administrativa ou a segurança pública.

6.7.8.8. Elemento subjetivo

É o dolo, independentemente de qualquer finalidade específica. Não se admite a modalidade culposa.

---

[224] HC 131.943/RS, rel. Min. Gilmar Mendes, red. p/ o ac. Min. Edson Fachin, 1.ª Turma, j. 07.05.2019, noticiado no *Informativo* 939. É também a posição consagrada no STJ: REsp 1.427.796/RS, rel. Min. Maria Thereza de Assis Moura, 6.ª Turma, j. 14.10.2014, noticiado no *Informativo* 551.

[225] REsp 1.971.993/SP, rel. Min. Joel Ilan Paciornik, rel. p/ o ac. Min. Sebastião Reis Júnior, 3.ª Seção, j. 13.09.2023. O STJ admitiu o princípio da insignificância na hipótese de contrabando de quantidade inferior a 1.000 maços de cigarros, inclusive ao reincidente genérico, ou seja, desde que a recidiva não tenha se operado pela prática do mesmo crime.

6.7.8.9. Consumação

No contrabando, a conduta diz respeito à importação ou exportação de mercadoria proibida. No campo da consumação, entretanto, duas situações diversas devem ser analisadas:

a) o agente importa ou exporta a mercadoria proibida pelas vias ordinárias, isto é, vencendo a fiscalização alfandegária. O crime estará consumado no instante em que é ultrapassada a barreira fiscal, ou seja, no instante em que a mercadoria é liberada pela autoridade alfandegária; e

b) o sujeito se vale de meios clandestinos para importar ou exportar a mercadoria proibida (exemplo: ingressa no Brasil pela Floresta Amazônica). Nesse caso, a consumação do delito se verifica no momento em que são transpostas as fronteiras do Brasil.

Em se tratando de importação efetuada por meio de embarcação ou aeronave, o crime se consuma no momento em que a mercadoria proibida ingressa no território nacional. Todavia, exige-se o atracamento da embarcação ou o pouso da aeronave no território pátrio, pois, se o sujeito se encontrar somente em trânsito pelo Brasil (exemplo: um navio transita em nosso mar territorial rumo à Itália com mercadorias proibidas), faltará interesse para a punição do delito.[226]

O contrabando é **crime formal, de consumação antecipada** ou **de resultado cortado**: consuma-se com a entrada ou saída do Brasil de mercadoria proibida, independentemente da efetiva lesão à saúde pública, à moralidade administrativa ou à segurança pública.[227]

6.7.8.10. Tentativa

É possível, em face do caráter plurissubsistente do delito, permitindo o fracionamento do *iter criminis*.

6.7.8.11. Ação penal

A ação penal é pública incondicionada, em todas as modalidades do delito.

6.7.8.12. Lei 9.099/1995

O contrabando é **crime de elevado potencial ofensivo**. A pena cominada – reclusão, de 2 (dois) a 5 (cinco) anos – inviabiliza a incidência dos benefícios contidos na Lei 9.099/1995.

6.7.8.13. Competência

O contrabando ingressa na competência da **Justiça Federal**, pois ofende interesses da União. Enquadra-se na regra prevista no art. 109, inc. IV, da Constituição Federal, ainda que não existam indícios de transnacionalidade na conduta do agente.[228]

A propósito, dispõe a **Súmula 151 do Superior Tribunal de Justiça**: "A competência para o processo e julgamento por crime de contrabando ou descaminho define-se pela prevenção do Juízo Federal do lugar da apreensão dos bens".

---

[226] NASCIMENTO, Vicente Pinto de Albuquerque. *O contrabando em face da lei*. Rio de Janeiro: Freitas Bastos, 1960. p. 164-166.
[227] STJ: REsp 1.362.311/SC, rel. Min. Maria Thereza de Assis Moura, 6.ª Turma, j. 15.10.2013.
[228] STJ: CC 160.748/SP, rel. Min. Sebastião Reis Júnior, 3.ª Seção, j. 26.09.2018, noticiado no *Informativo* 635.

O enunciado sumular é claro ao definir a competência da Justiça Federal, a ser estabelecida em razão da prevenção fundada na apreensão dos bens relacionados ao contrabando, em sintonia com a regra estatuída no art. 83 do Código de Processo Penal.[229]

Vale frisar que, nos termos do art. 144, § 1.º, inc. II, da Constituição Federal, uma das tarefas precípuas da **Polícia Federal** consiste em prevenir e reprimir o contrabando, sem prejuízo da ação fazendária e de outros órgãos públicos nas respectivas áreas de competência.

6.7.8.14. Classificação doutrinária

O contrabando é crime **simples** (ofende um único bem jurídico, é dizer, a Administração Pública); **comum** (pode ser cometido por qualquer pessoa); **formal**, **de consumação antecipada** ou **de resultado cortado** (consuma-se com a prática da conduta criminosa, independentemente da superveniência do resultado naturalístico); **de dano** (causa prejuízo à Administração Pública); **de forma livre** (admite qualquer meio de execução); em regra **comissivo**; **instantâneo** (consuma-se em um momento determinado, sem continuidade no tempo); **unissubjetivo, unilateral ou de concurso eventual** (praticado por um só agente, mas admite o concurso); e normalmente **plurissubsistente**.

6.7.8.15. Figuras equiparadas: art. 334-A, § 1.º

O § 1.º do art. 334-A do Código Penal relaciona figuras típicas equiparadas ao contrabando. Daí serem chamadas de "contrabando por equiparação" ou "contrabando por assimilação".

Com efeito, incorre na mesma pena quem:

Inc. I – pratica fato assimilado, em lei especial, a contrabando.

Cuida-se de **lei penal em branco homogênea**, porque incumbe à legislação especial indicar qual é o fato assimilado ao contrabando. Como exemplo pode ser lembrado o art. 3.º do Decreto-lei 399/1968, que dispõe sobre o charuto, o cigarro e a cigarrilha de origem estrangeira: "Ficam incursos nas penas previstas no artigo 334 do Código Penal os que, em infração às medidas a serem baixadas na forma do artigo anterior, adquirirem, transportarem, venderem, expuserem à venda, tiverem em depósito, possuírem ou consumirem qualquer dos produtos nele mencionados".

Inc. II – importa ou exporta clandestinamente mercadoria que dependa de registro, análise ou autorização de órgão público competente.

A mercadoria é permitida no Brasil, mas sua importação ou exportação exige prévio registro, análise ou autorização pela autoridade brasileira. O crime repousa justamente na clandestinidade da conduta do agente, que traz o produto para nosso país, ou então o leva ao exterior, sem conhecimento do órgão público competente.

Um exemplo típico dessa conduta típica é a importação de gasolina idêntica à comercializada no Brasil. Como já decidido pelo Superior Tribunal de Justiça:

(...) a importação desse combustível, por ser monopólio da União, sujeita-se à prévia e expressa autorização da Agência Nacional de Petróleo, sendo concedida apenas aos produtores ou im-

---

[229] O STJ admite a flexibilização da Súmula 151: "Caso a apreensão de produtos contrabandeados ou que foram objeto de descaminho por pessoas físicas domiciliadas em local certo, em contexto de remessa postal ou de serviço de transporte assemelhado, ocorra em local que não tem relação com o momento da internalização dos produtos ou com as atividades habituais do acusado, a tramitação do feito pode ocorrer no seu domicílio" (STJ: CC 203.031/DF, rel. Min. Messod Azulay Neto, 3.ª Seção, j. 20.06.2024, noticiado no *Informativo* 21 – Edição Extraordinária).

portadores. Assim, sua introdução, por particulares, em território nacional, é conduta proibida, constituindo o crime de contrabando.[230]

Inc. III – reinsere no território nacional mercadoria brasileira destinada à exportação.

Esta figura equiparada alcança os produtos fabricados no Brasil, mas destinados exclusivamente à exportação. Para efeitos penais, tais mercadorias são consideradas de procedência estrangeira, se introduzidas no território nacional. Com efeito, depois de produzidos, os bens são obrigatoriamente exportados. O retorno deles ao Brasil, sem documentação idônea, caracteriza o crime de contrabando.

É o que se dá no tocante a determinados cigarros, os quais inclusive contêm o aviso de "venda proibida no Brasil". Na linha da jurisprudência do Supremo Tribunal Federal:

> No caso sob exame, o paciente detinha a posse de cigarros de origem estrangeira – sem a documentação legal necessária – e de cigarros nacionais do tipo exportação, cuja repatriação é proibida. Como se sabe, essa é uma típica mercadoria trazida do exterior, sistematicamente, em pequenas quantidades, para abastecer um intenso comércio clandestino, extremamente nocivo para o País.[231]

Inc. IV – vende, expõe à venda, mantém em depósito ou, de qualquer forma, utiliza[232] em proveito próprio ou alheio, no exercício de atividade comercial ou industrial, mercadoria proibida pela lei brasileira.

Em que pese o silêncio da lei, este dispositivo deve ser interpretado no contexto do crime de contrabando, ou seja, a "mercadoria proibida pela lei brasileira" há de ser fruto de importação ilícita.

Trata-se de **crime próprio** ou **especial**, pois somente pode ser praticado pelo sujeito que se encontre "**no exercício de atividade comercial ou industrial**". Em suma, o sujeito ativo há de ser comerciante ou industriário.

Entretanto, não se reclama regularidade no desempenho da atividade comercial ou industrial. Acertadamente, o legislador instituiu uma **norma penal explicativa** ou **complementar** no § 2.º do art. 334-A do Código Penal: "Equipara-se às atividades comerciais, para os efeitos deste artigo, qualquer forma de comércio irregular ou clandestino de mercadorias estrangeiras, inclusive o exercido em residências".

Porém, é necessário destacar que a configuração da atividade comercial ou industrial impõe **habitualidade** no desempenho do comércio ou da indústria pelo sujeito ativo. Tais misteres não se aperfeiçoam em um único ato, sem continuidade no tempo.

A finalidade do tipo penal é punir o responsável pelo contrabando que, no exercício de atividade comercial ou industrial, realiza qualquer das condutas ali descritas. Exemplificativamente, se o autor do contrabando é comerciante e vende a mercadoria introduzida ilegalmente no Brasil, a ele será imputado o crime descrito no art. 334-A, § 1.º, inc. IV, do Código Penal. O conflito aparente de normas é solucionado pelo princípio da especialidade.

É imprescindível a prática da conduta criminosa no exercício da atividade comercial ou industrial. De fato, se o agente do contrabando, a título ilustrativo, vende a mercadoria proibida, fora da atividade comercial ou industrial, estará caracterizado o crime previsto no *caput* do art. 334-A do Código Penal.

---

[230] AgRg no AREsp 348.408/RR, rel. Min. Regina Helena Costa, 5.ª Turma, j. 18.02.2014, noticiado no *Informativo* 536.
[231] HC 121.892/SP, rel. Min. Ricardo Lewandowski, 2.ª Turma, j. 06.05.2014.
[232] Nas modalidades "expor à venda" e "manter em depósito" o crime é permanente. Nas demais, o delito é instantâneo.

Inc. V – adquire, recebe ou oculta,[233] **em proveito próprio ou alheio, no exercício de atividade comercial ou industrial, mercadoria proibida pela lei brasileira.**

Este dispositivo também há de ser compreendido no contexto do contrabando, é dizer, a "mercadoria proibida pela lei brasileira" precisa ser fruto de importação ilícita.

O tipo penal abrange o comportamento do comerciante ou industriário que, no exercício da atividade comercial ou industrial (**crime próprio ou especial**), realiza alguma das ações típicas no tocante à mercadoria de procedência estrangeira proibida pela lei brasileira, fruto de importação fraudulenta realizada por terceira pessoa.

De fato, não foi o comerciante ou industriário quem importou o bem. Na verdade, ele funciona como receptador da mercadoria proibida no Brasil, oriunda de contrabando cometido por terceira pessoa.

Se qualquer das condutas for cometida por pessoa que não se encontre no exercício de atividade comercial ou industrial, não se poderá falar na figura equiparada ao contrabando. Em verdade, estará configurada a receptação, dolosa ou culposa (CP, art. 180, *caput* ou § 3.º).

6.7.8.16. *Causa de aumento de pena: art. 334-A, § 3.º*

Como estatui o § 3.º do art. 334-A do Código Penal: "A pena aplica-se em dobro se o crime de contrabando é praticado em transporte aéreo, marítimo ou fluvial".

A acentuada reprovabilidade da conduta criminosa repousa na elevada dificuldade de fiscalização das mercadorias importadas ou exportadas pelo transporte aéreo, marítimo ou fluvial, notadamente quando se faz comparação com o contrabando praticado pela via terrestre.

Essa causa de aumento da pena é aplicável tanto às hipóteses de **voos ou embarcações de natureza clandestina** como também aos **voos ou embarcações regulares**, ou seja, efetuados por empresas devidamente cadastradas perante os órgãos públicos competentes.[234]

6.7.8.17. *Distinções entre descaminho e contrabando: quadro explicativo*

Descaminho – art. 334	Contrabando – art. 334-A
Descrição típica: "Iludir, no todo ou em parte, o pagamento de direito ou imposto devido pela entrada, pela saída ou pelo consumo de mercadoria". O imposto pode ser fraudado no todo ou em parte.	Descrição típica: "Importar ou exportar mercadoria proibida". A proibição da mercadoria pode ser absoluta ou relativa.
Pena: reclusão de 1 (um) a 4 (quatro) anos. Crime de médio potencial ofensivo: admite a suspensão condicional do processo (art. 89 da Lei 9.099/1995).	Pena: reclusão de 2 (dois) a 5 (cinco) anos. Crime de elevado potencial ofensivo: incompatível com os benefícios da Lei 9.099/1995.
Aplica-se o princípio da insignificância (STF e STJ).	É vedada a aplicação do princípio da insignificância (STF e STJ).
Competência da Justiça Federal.	Competência da Justiça Federal.

---

[233] Na modalidade "ocultar" o delito é permanente. Nas demais, o crime é instantâneo.
[234] STJ: AgRg no REsp 1.850.255/SP, rel. Min. Sebastião Reis Júnior, 6.ª Turma, j. 26.05.2020.

6.7.8.18. Código de Trânsito Brasileiro e medidas de prevenção e repressão à prática do crime de contrabando

O condutor que utilize veículo automotor para a prática do crime de contrabando, se for definitivamente condenado por esse delito, terá cassado seu documento de habilitação ou será proibido de obter a habilitação para dirigir veículo automotor pelo prazo de 5 (cinco) anos. É o que se extrai do art. 278-A da Lei 9.503/1997 – Código de Trânsito Brasileiro, com a redação dada pela Lei 13.804/2019.

O condutor condenado poderá requerer sua reabilitação, submetendo-se a todos os exames necessários à habilitação, na forma disciplinada pelo Código de Trânsito Brasileiro (Lei 9.503/1997, art. 278-A, § 1.º).

No caso de prisão em flagrante do condutor pelo crime de contrabando, o juiz poderá, em qualquer fase da investigação ou da ação penal, se houver necessidade para a garantia da ordem pública, como medida cautelar, de ofício, ou a requerimento do Ministério Público ou ainda mediante representação da autoridade policial, decretar, em decisão motivada, a suspensão da permissão ou da habilitação para dirigir veículo automotor, ou a proibição de sua obtenção (Lei 9.503/1997 – Código de Trânsito Brasileiro, art. 278-A, § 2.º).

6.7.9. Art. 335 – Impedimento, perturbação ou fraude de concorrência

6.7.9.1. Dispositivo legal

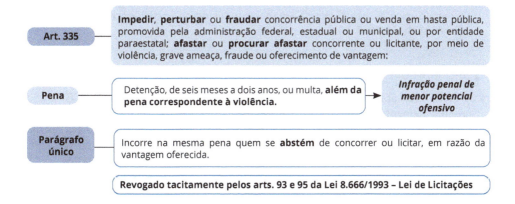

6.7.9.2. Revogação do art. 335 do Código Penal pelos arts. 93 e 95 da Lei 8.666/1993

A 1.ª parte do art. 335, *caput*, do Código Penal foi tacitamente revogada pelo art. 93 da Lei 8.666/1993 – Lei de Licitações –, cuja redação era a seguinte:

> Art. 93. Impedir, perturbar ou fraudar a realização de qualquer ato de procedimento licitatório:
>
> Pena – detenção, de 6 (seis) meses a 2 (dois) anos, e multa.

Operou-se igual fenômeno em relação à parte final do citado dispositivo legal, que foi substituída pelo art. 95, *caput*, da Lei 8.666/1993:

> **Art. 95.** Afastar ou procurar afastar licitante, por meio de violência, grave ameaça, fraude ou oferecimento de vantagem de qualquer tipo:
> Pena – detenção, de 2 (dois) a 4 (quatro) anos, e multa, além da pena correspondente à violência.

O parágrafo único do art. 335 do Código Penal foi tacitamente revogado pelo art. 95, parágrafo único, da Lei 8.666/1993: "Incorre na mesma pena quem se abstém ou desiste de licitar, em razão da vantagem oferecida".

Os arts. 93 e 95 da Lei 8.666/1993, por sua vez, foram revogados pelos arts. 337-I (perturbação de processo licitatório) e 337-K (afastamento de licitante) do Código Penal, acrescentados pela Lei 14.133/2021 – Lei de Licitações e Contratos Administrativos:

> **Art. 337-I.** Impedir, perturbar ou fraudar a realização de qualquer ato de processo licitatório:
> Pena – detenção, de 6 (seis) meses a 3 (três) anos, e multa.
>
> **Art. 337-K** Afastar ou tentar afastar licitante por meio de violência, grave ameaça, fraude ou oferecimento de vantagem de qualquer tipo:
> Pena – reclusão, de 3 (três) anos a 5 (cinco) anos, e multa, além da pena correspondente à violência.
> Parágrafo único. Incorre na mesma pena quem se abstém ou desiste de licitar em razão de vantagem oferecida.

É fácil visualizar que as normas posteriores (arts. 337-I e 337-K do Código Penal) regularam de modo mais abrangente a matéria outrora disciplinada pelo art. 335 do Código Penal.

Consequentemente, o art. 335 do Código Penal encontra-se revogado. Como preceitua o art. 2.º, § 1.º, do Decreto-lei 4.657/1942 – Lei de Introdução às Normas do Direito Brasileiro: "A lei posterior revoga a anterior quando expressamente o declare, quando seja com ela incompatível ou quando regule inteiramente a matéria de que tratava a lei anterior".

6.7.10. Art. 336 – Inutilização de edital ou sinal

6.7.10.1. *Dispositivo legal*

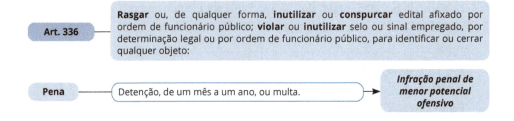

Classificação:
Crime simples
Crime comum
Crime material
Crime de dano
Crime de forma livre
Crime comissivo (regra)
Crime instantâneo
Crime unissubjetivo, unilateral ou de concurso eventual
Crime plurissubsistente (regra)

Informações rápidas:
Objeto material: edital afixado por ordem de funcionário público ou o **selo** ou **sinal** empregado, por determinação legal ou por ordem de funcionário público, para identificar ou cerrar qualquer objeto.
Elemento subjetivo: dolo. Não admite modalidade culposa.
Tentativa: admite (crime plurissubsistente).
Ação penal: pública incondicionada.

6.7.10.2. Objetividade jurídica

O bem jurídico penalmente protegido é a Administração Pública, relativamente ao regular funcionamento da atividade administrativa.

É indiscutível que a conduta criminosa, além de representar indisfarçável desprezo à Administração Pública e/ou ao funcionário público, também acarreta embaraço ao normal desenvolvimento de finalidades de interesse público.

6.7.10.3. Objeto material

É o **edital** afixado por ordem de funcionário público (1.ª parte) ou o **selo** ou **sinal** empregado, por determinação legal ou por ordem de funcionário público, para identificar ou cerrar qualquer objeto (parte final).

Edital é o documento escrito de natureza administrativa (exemplo: edital de licitação) ou judicial (exemplo: edital de citação), destinado a veicular avisos ou intimações. Deve ser afixado em local público ou de acesso ao público, além de ser publicado na imprensa, com o fim de chegar ao conhecimento das pessoas interessadas.

Selo ou **sinal** é qualquer marca empregada, por determinação legal (exemplo: cosedura do testamento cerrado, prevista no art. 1.869, *caput*, do Código Civil) ou por ordem de funcionário público (exemplo: lacre de interdição aposto em restaurante pela vigilância sanitária), para identificar ou cerrar (fechar) algum objeto. Nos ensinamentos de Nélson Hungria:

> O selo ou sinal consiste, comumente, numa tira de papel ou de pano, ou pequena chapa de chumbo, que, contendo (pelo menos) a assinatura, carimbo ou sinete da autoridade competente, se fixa, por meio de cola, tachas, cosedura, lacre, arame, etc., em fechaduras, gavetas, portas, janelas, bocas de vasos, frascos, sacos ou caixas, em suma: na abertura de algum *continente*, para garantia oficial de integridade do respectivo *conteúdo*.[235]

6.7.10.4. Núcleos do tipo

Em sua primeira parte, o art. 336, *caput*, do Código Penal contém três núcleos: "rasgar", "inutilizar" e "conspurcar".

Rasgar é romper ou partir algo em partes; **inutilizar** é tornar imprestável a alguma finalidade; e **conspurcar** equivale a sujar ou macular. Tais verbos relacionam-se com edital afixado por ordem de funcionário público.

A inutilização e a conspurcação podem ser realizadas "de qualquer forma", ou seja, total ou parcialmente, valendo-se o sujeito ativo de qualquer meio idôneo para tanto.

---

[235] HUNGRIA, Nélson. *Comentários ao Código Penal*. 2. ed. Rio de Janeiro: Forense, 1959. v. IX, p. 445.

Na segunda parte, além de prever o núcleo "inutilizar", o tipo penal também possui o verbo **violar**, empregado no sentido de infringir, transgredir ou devassar. Esses núcleos referem-se ao selo ou sinal empregado, por ordem legal ou por determinação de funcionário público, para identificar ou cerrar qualquer objeto.

6.7.10.5. Sujeito ativo

O crime é **comum** ou **geral**. Pode ser cometido por qualquer pessoa, inclusive pelo funcionário público.

6.7.10.6. Sujeito passivo

É o Estado.

6.7.10.7. Elemento subjetivo

É o dolo, independentemente de qualquer finalidade específica. Não se admite a modalidade culposa.

6.7.10.8. Consumação

A inutilização de selo ou sinal é **crime material** ou **causal**. Para sua consumação não basta a prática da conduta legalmente descrita. É indispensável a produção do resultado naturalístico.

Na 1.ª parte, do art. 336, do Código Penal, o crime se consuma no momento em que o agente rasga ou de qualquer forma inutiliza ou conspurca, ainda que parcialmente, o edital afixado por ordem de funcionário público.

Por sua vez, na parte final a consumação ocorre com a efetiva violação ou inutilização do selo ou sinal empregado, por determinação legal ou por ordem de funcionário público, para identificar ou cerrar qualquer objeto.

6.7.10.9. Tentativa

É possível, em ambas as modalidades do delito, em face do seu caráter plurissubsistente, permitindo o fracionamento do *iter criminis*.

6.7.10.10. Ação penal

A ação penal é pública incondicionada.

6.7.10.11. Lei 9.099/1995

Em face da pena máxima cominada em abstrato (um ano de detenção), o crime tipificado pelo art. 336 do Código Penal insere-se entre as **infrações penais de menor potencial ofensivo**, de competência do Juizado Especial Criminal e compatível com a transação penal e o rito sumaríssimo, nos termos da Lei 9.099/1995.

6.7.10.12. Classificação doutrinária

A inutilização de edital ou de sinal é crime **simples** (ofende um único bem jurídico); **comum** (pode ser cometido por qualquer pessoa); **material** (consuma-se com a produção do resultado naturalístico); **de dano** (provoca lesão a interesse da Administração Pública); **de forma livre** (admite qualquer meio de execução); normalmente **comissivo**; **instantâneo** (consuma-se em um momento determinado, sem continuidade no tempo); **unissubjetivo, unilateral ou de** concurso eventual (normalmente praticado por um só agente, mas admite o concurso); e em regra plurissubsistente.

6.7.11. Art. 337 – Subtração ou inutilização de livro ou documento

6.7.11.1. Dispositivo legal

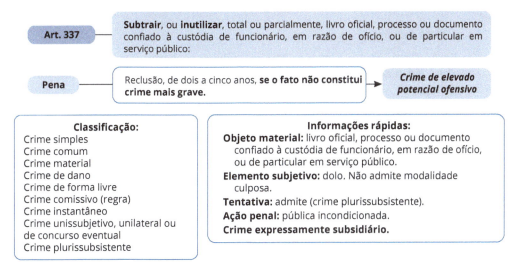

6.7.11.2. Introdução

A conduta atinente à subtração, sonegação, destruição ou inutilização de documentos é prevista em diversos dispositivos do Código Penal, e diversamente punida, levando em conta o bem jurídico atacado, ou então a qualidade do sujeito ativo ou do sujeito passivo do delito.

Na verdade, a leitura sucessiva dos arts. 305, 314, 337 e 356 chega inicialmente a apontar contradições legislativas. Qual a razão de existirem quatro crimes aparentemente tão semelhantes? Teria o legislador se equivocado?

A análise atenta dos mencionados artigos de lei responde com precisão tais perguntas. Vejamos.

No art. 305, responsável pela tipificação da supressão de documento, classificada como falsidade documental (crime contra a fé pública), o objeto do delito são os documentos que, merecedores de fé pública, se destinam especificamente à prova de alguma relação jurídica, e o sujeito ativo é movido pelo locupletamento próprio ou de terceiro, ou pelo prejuízo alheio.

De outro lado, no art. 314 – extravio, sonegação ou inutilização de livro ou documento –, inserido entre os crimes praticados por funcionário público contra a Administração em geral, os documentos (inclusive os livros oficiais e os autos de processo) não têm a destinação específica de servirem como prova no sentido jurídico, e o sujeito ativo (com ou sem fim de locupletação própria ou de terceiro ou de causar prejuízo a outrem) é o funcionário público que tem a guarda deles em razão do cargo.

Por sua vez, no art. 337 – subtração ou inutilização de livro ou documento –, classificado como crime praticado por particular contra a Administração em geral, os documentos são os mesmos indicados no art. 314. Diferenciam-se os crimes, contudo, pela natureza do sujeito ativo, agora particular, ou mesmo um funcionário público, desde que agindo como particular.

Finalmente, no art. 356 – sonegação de papel ou objeto de valor probatório –, capitulado entre os crimes contra a Administração da Justiça, o Código Penal versa sobre um crime próprio de advogado ou procurador, no tocante a autos ou documentos que, em tal qualidade, lhe foram confiados.

6.7.11.3. Objetividade jurídica

O bem jurídico penalmente protegido é a Administração Pública, relativamente ao normal funcionamento da atividade administrativa.

6.7.11.4. Objeto material

É o **livro oficial**, **processo** ou **documento** (público ou particular) confiado à custódia de funcionário, em razão de ofício, ou de particular em serviço público. Nos ensinamentos de Nélson Hungria:

> *Livro oficial* é todo livro (criado por lei ou regulamento) para escrituração de alguma repartição pública. *Processo* se diz dos papéis (autos e peças que o instruem) concatenadamente referentes a algum procedimento administrativo, policial ou judiciário. *Documento* (no sentido estrito em que aqui é empregado o termo) é todo papel escrito não destinado especificamente à prova de relação jurídica (pois, do contrário, o crime será o do art. 305), embora esteja sob custódia oficial por algum interesse legítimo (exs.: petições, arrazoados, pareceres, relatórios, propostas de concorrência, provas de concurso, etc.).[236]

O objeto material deve estar confiado à custódia de funcionário, em razão de ofício. Em outras palavras, é fundamental que o livro oficial, processo ou documento tenha sido entregue ao funcionário público, em confiança, para ser guardado, unicamente em razão das funções públicas por ele exercidas. Consequentemente, não se verifica este crime quando alguém subtrai ou inutiliza, total ou parcialmente, um livro oficial, processo ou documento de quem não o guarda por conta da sua função.

Mas não é só. A parte final do preceito primário do art. 337 do Código Penal aloja a expressão "ou de particular em serviço público". Existem, em hipóteses excepcionais, particulares que desempenham funções públicas, como é o caso dos peritos designados pela autoridade pública para realização de determinados exames. Se alguém subtrair ou inutilizar, total ou parcialmente, algum documento confiado a estas pessoas, a ele será imputado o crime de subtração ou inutilização de livro ou documento.

6.7.11.5. Núcleos do tipo

O art. 337 do Código Penal contém os núcleos "subtrair" e "inutilizar".

Subtrair é retirar o livro oficial, processo ou documento do local em que se encontra (seja na repartição pública ou fora desta, mas sempre sob a custódia do funcionário público), dele se apoderando o agente.

Inutilizar é tornar imprestável o livro oficial, processo ou documento, total ou parcialmente. Destarte, não se reclama sua efetiva destruição.

6.7.11.6. Sujeito ativo

Cuida-se de **crime comum** ou **geral**. Pode ser cometido por qualquer pessoa, inclusive pelo funcionário público, desde que não seja responsável pela custódia do livro oficial, processo ou documento.

---

[236] HUNGRIA, Nélson. *Comentários ao Código Penal*. 2. ed. Rio de Janeiro: Forense, 1959. v. IX, p. 448.

6.7.11.6.1. Advogado ou procurador e inutilização de autos, documento ou objeto de valor probatório

Tratando-se de advogado ou procurador que inutiliza, total ou parcialmente, autos, documento ou objeto de valor probatório, que recebeu em razão da sua condição, estará configurado o delito de sonegação de papel ou objeto de valor probatório, disciplinado no art. 356 do Código Penal entre os crimes contra a Administração da Justiça.

O conflito aparente de leis penais é solucionado pelo princípio da especialidade.

6.7.11.7. Sujeito passivo

É o Estado e, mediatamente, a pessoa física ou jurídica prejudicada pela conduta criminosa (exemplo: o titular do documento confiado à custódia do funcionário público).

6.7.11.8. Elemento subjetivo

É o dolo, independentemente de qualquer finalidade específica. Não se admite a modalidade culposa.

6.7.11.9. Consumação

Dá-se no instante em que o livro oficial, processo ou documento é subtraído, mediante seu apoderamento pelo agente, seguido da inversão da sua posse e sua consequente retirada da esfera de vigilância da vítima, ou então inutilizado, total ou parcialmente. Trata-se de crime **material** ou **causal**.

6.7.11.10. Tentativa

É possível, em face do caráter plurissubsistente do delito, permitindo o fracionamento do *iter criminis*. Exemplo: "A" é preso em flagrante no momento em que iniciava a subtração, no interior de uma repartição pública, da prova de concurso público por ele realizada.

Observe-se, porém, que no núcleo "inutilizar" não se exige a completa imprestabilidade do bem ao fim a que se destinava, pois o tipo penal contém a expressão "total ou parcialmente". Portanto, basta a inutilização parcial para fins de consumação, não se podendo reconhecer o *conatus* neste caso.

6.7.11.11. Ação penal

A ação penal é pública incondicionada.

6.7.11.12. Lei 9.099/1995

Em face da pena privativa de liberdade cominada – reclusão, de dois a cinco anos –, a subtração ou inutilização de livro ou documento constitui-se em **crime de elevado potencial ofensivo**, incompatível com os benefícios contidos na Lei 9.099/1995.

6.7.11.13. Subsidiariedade expressa

A subtração ou inutilização de livro ou documento é **crime expressamente subsidiário**. O legislador foi peremptório ao estabelecer a incidência da pena cominada no art. 337 do Código Penal somente "se o fato não constitui crime mais grave".

Exemplificativamente, se a conduta for realizada com o fim de destruir, em benefício próprio ou de outrem, ou em prejuízo alheio, documento público de que não podia dispor (exemplo: o título executivo que fundamenta uma ação de execução), estará caracterizado o crime de supressão de documento, previsto no art. 305 do Código Penal, em face da sua maior gravidade (a pena é de reclusão, de dois a seis anos, e multa).

6.7.11.14. Classificação doutrinária

A subtração ou inutilização de livro ou documento é crime **simples** (ofende um único bem jurídico); **comum** (pode ser cometido por qualquer pessoa); **material** (consuma-se com a produção do resultado naturalístico); **de dano** (causa lesão a interesse da Administração Pública); **de forma livre** (admite qualquer meio de execução); geralmente **comissivo**; **instantâneo** (consuma-se em momento determinado, sem continuidade no tempo); **unissubjetivo, unilateral ou de concurso eventual** (normalmente praticado por um só agente, mas admite o concurso); e em regra **plurissubsistente**.

6.7.12. Art. 337-A – Sonegação de contribuição previdenciária

6.7.12.1. Dispositivo legal

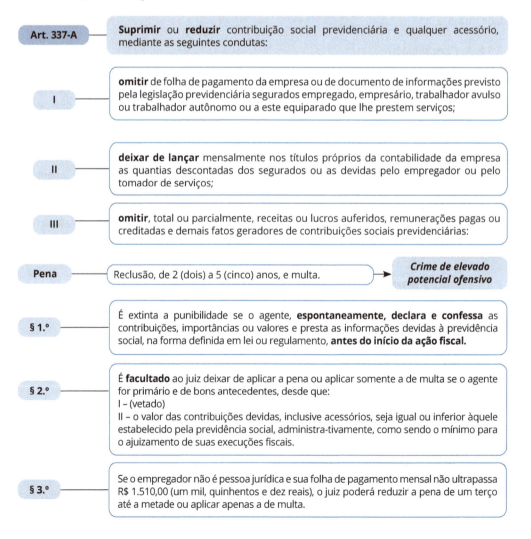

§ 4.º — O valor a que se refere o parágrafo anterior será reajustado nas mesmas datas e nos mesmos índices do reajuste dos benefícios da previdência social.

Classificação:
Crime comum
Crime material
Crime doloso
Crime de forma vinculada
Crime unissubjetivo, unilateral ou de concurso eventual
Crime omissivo próprio ou puro
Crime unissubsistente
Crime instantâneo

Informações rápidas:
Objeto material: contribuição previdenciária omitida ou não lançada, bem como os acessórios previstos em lei. Norma penal em branco heterogênea: inc. I – complementação pelo Decreto 3.048/1999).
Elemento subjetivo: dolo. Não admite modalidade culposa.
Tentativa: não admite (**crime omissivo próprio** em todas as suas modalidades, e, por corolário, unissubsistente).
Ação penal: pública incondicionada.
Competência: Justiça Federal (salvo na hipótese do art. 149, § 1.º da CF).
Dificuldades financeiras: exclui a culpabilidade pela exigibilidade de conduta diversa (desde que cabalmente provada).
Princípio da insignificância: aplica-se quando não houver risco de lesão ao bem jurídico penalmente tutelado.

6.7.12.2. Localização no Código Penal

A Lei 9.983/2000, com o objetivo de suprir a deficiência do art. 95 da Lei 8.212/1991,[237] inseriu o art. 337-A no Título XI da Parte Especial do Código Penal, mais especificamente no capítulo dos "Crimes praticados por particular contra a Administração em geral", instituindo o crime de "sonegação de contribuição previdenciária".[238]

Em nossa opinião, o legislador equivocou-se ao incluir o crime de sonegação de contribuição previdenciária no Código Penal. Trata-se, na verdade, de delito contra a Previdência Social, razão pela qual seria mais correta sua colocação na Lei 8.212/1991, que dispõe sobre a organização da Seguridade Social, ou então na Lei 8.137/1990, relativa aos crimes contra a ordem tributária, uma vez que a contribuição previdenciária é, na verdade, uma espécie de tributo.[239]

De fato, as contribuições da seguridade social submetem-se ao regime jurídico tributário. Nas lições de Leandro Paulsen, discorrendo sobre o tratamento constitucional das contribuições previdenciárias:

> Além de serem previstas no Capítulo do Sistema Tributário Nacional, tais prestações enquadram-se na noção de tributo pressuposta pelo texto constitucional. Isso porque são obrigações pecuniárias que não constituem sanção de ato ilícito, instituídas compulsoriamente pelos entes políticos para auferirem receita destinada ao cumprimento dos seus misteres.

---

[237] O art. 3.º da Lei 9.983/2000 revogou expressamente o art. 95 da Lei 8.212/1991, outrora responsável pela definição dos crimes previdenciários.

[238] Esta lei também acrescentou ao Código Penal, em seu art. 168-A, o crime de apropriação indébita previdenciária. A propósito, o STJ já admitiu a continuidade delitiva entre a sonegação de contribuição previdenciária e a apropriação indébita previdenciária: "A Turma entendeu que é possível o reconhecimento da continuidade delitiva entre o crime de sonegação previdenciária (art. 337-A do CP) e o crime de apropriação indébita previdenciária (art. 168-A do CP) praticados na administração de empresas de um mesmo grupo econômico. Entendeu-se que, apesar de os crimes estarem tipificados em dispositivos distintos, são da mesma espécie, pois violam o mesmo bem jurídico, a previdência social (REsp 1.212.911/RS, rel. Min. Sebastião Reis Júnior, 6.ª Turma, j. 20.03.2012, noticiado no *Informativo* 493).

[239] O Supremo Tribunal Federal reconhece cinco espécies de tributos (teoria da pentapartição ou quinquipartida): impostos, taxas, contribuições de melhoria, empréstimos compulsórios e contribuições sociais, incluindo-se nestas últimas as contribuições previdenciárias destinadas ao custeio da Seguridade Social. Para um estudo detalhado do tema: ALEXANDRE, Ricardo. *Direito tributário esquematizado*. 2. ed. São Paulo: Método, 2008. p. 40.

Diga-se, ainda, que, para evitar quaisquer riscos de entendimento diverso, o Constituinte tornou expressa e inequívoca a submissão das contribuições ao regime jurídico tributário, ao dizer da necessidade de observância, relativamente às contribuições, da legalidade estrita (art. 150, I), da irretroatividade e da anterioridade (art. 150, III), da anterioridade nonagesimal em se tratando de contribuições de seguridade (art. 195, § 6.º), bem como das normas gerais de direito tributário.[240]

Fica clara, portanto, a natureza eminentemente tributária do crime de sonegação de contribuição tributária, muito embora também exista lesão aos interesses da Administração Pública.

6.7.12.3. Objetividade jurídica

O bem jurídico penalmente tutelado é a **Administração Pública, especificamente no tocante à seguridade social**, constitucionalmente definida como "um conjunto integrado de ações de iniciativa dos Poderes Públicos e da sociedade, destinadas a assegurar os direitos relativos à saúde, à previdência e à assistência social" (CF, art. 194).[241]

Além disso, classificando-se a contribuição previdenciária como uma espécie de tributo, também se protege, mediatamente, a **ordem tributária**.

Finalmente, é possível afirmar que este crime tem ainda como objetividade jurídica a **ordem econômica** (CF, arts. 170 e seguintes), como decorrência da preservação da livre concorrência em face das empresas que cumprem regularmente suas obrigações tributárias, e desta forma são prejudicadas no mercado liberal perante as empresas que não honram suas obrigações junto ao Fisco.

6.7.12.4. Objeto material

É a contribuição previdenciária omitida ou não lançada, bem como os acessórios previstos em lei. Entende-se também por objeto material a folha de pagamento, o título próprio da contabilidade da empresa, bem como a receita, o lucro, a remuneração ou outro fato gerador da contribuição.[242]

São contribuições previdenciárias as previstas no art. 195, inc. I, *a*, e inc. II, da Constituição Federal, porque é vedada a utilização dos recursos provenientes de sua arrecadação para outra finalidade que não o pagamento dos benefícios do regime geral de previdência social, nos termos do art. 167, inc. XI, da Lei Suprema. Tais contribuições são disciplinadas nos arts. 22, 22-A e 23 da Lei 8.212/1991.

As demais contribuições com hipótese de incidência no art. 195 da Constituição Federal são destinadas ao custeio da seguridade social como um todo, abrangendo a assistência, os serviços de saúde e a previdência social. São exemplos a Contribuição para Financiamento da Seguridade Social (Cofins) e a Contribuição Social sobre o Lucro Líquido (CSLL), entre outras.[243]

A expressão "acessórios" compreende a correção monetária e os juros moratórios (atualmente representados pela taxa Selic), eventuais multas, bem como o encargo legal previsto no Decreto-lei 1.025/1969, alterado pelo Decreto-lei 1.645/1978.

---

[240] PAULSEN, Leandro. *Contribuições*. Custeio da Seguridade Social. Porto Alegre: Livraria do Advogado, 2007. p. 30-31.
[241] Com igual pensamento: MONTEIRO, Antonio Lopes. *Crimes contra a previdência social*. 2. ed. São Paulo: Saraiva, 2003. p. 31.
[242] Nesse sentido: NUCCI, Guilherme de Souza. *Código Penal comentado*. 8. ed. São Paulo: RT, 2008. p. 1109-1110. Com raciocínio diverso, entendendo não existir objeto material no crime em análise: GRECO, Rogério. *Curso de direito penal*. 5. ed. Niterói: Impetus, 2009. v. IV, p. 548.
[243] Alerta Luiz Regis Prado, ainda, que, por não se inserirem no âmbito protetivo da norma penal, não podem constituir objeto material do crime em análise as demais contribuições sociais mencionadas pelo art. 149 da Constituição Federal. *Curso de direito penal brasileiro*. 6. ed. São Paulo: RT, 2010. v. 3, p. 558. Ressalte-se, contudo, que o art. 149 da Constituição Federal trata de maneira genérica também das contribuições sociais destinadas à seguridade, posteriormente especificadas em seu art. 195, de modo que não podem ser objeto material do delito as contribuições de intervenção no domínio econômico e de interesse das categorias profissionais e econômicas, uma vez que a destinação das contribuições sociais em geral não pode ser obtida pela singela análise do art. 149 da Lei Maior.

6.7.12.5. Núcleos do tipo

O tipo penal contém dois núcleos: **suprimir**, que tem o sentido de ocultar, dissimular a ocorrência do fato gerador ou extinguir a obrigação tributária; e **reduzir**, que expressa o ato de diminuir, tornar menos oneroso o tributo a ser recolhido. Trata-se de **tipo misto alternativo**, **crime de ação múltipla** ou **de conteúdo variado**, pois a prática de mais de um núcleo do tipo, no tocante ao mesmo objeto material, caracteriza um único delito.

Não basta a supressão ou redução da contribuição previdenciária, pois trata-se de **crime de forma vinculada**. Para ocorrência do delito previsto no art. 337-A do Código Penal, a conduta deve ser praticada por uma das seguintes maneiras:

a) Omitir de folha de pagamento da empresa ou de documento de informações previsto pela legislação previdenciária segurados empregado, empresário, trabalhador avulso ou trabalhador autônomo ou a este equiparado que lhe prestem serviços: inciso I

Trata-se de **crime omissivo próprio ou puro**, em que o agente deixa de incluir na folha de pagamento ou outro documento previsto pela legislação previdenciária quaisquer das pessoas elencadas (empregado, empresário, trabalhador avulso ou trabalhador autônomo ou a este equiparado que lhe prestem serviços, todos definidos no art. 12 da Lei 8.212/1991), visando a redução ou supressão de contribuição previdenciária.

Para efeitos previdenciários, considera-se **empresa** a firma individual ou sociedade que assume o risco de atividade econômica urbana ou rural, com fins lucrativos ou não, bem como os órgãos e entidades da administração pública direta, indireta e fundacional; e **empregador doméstico** a pessoa ou família que admite a seu serviço, sem finalidade lucrativa, empregado doméstico (art. 15, incisos I e II, da Lei 8.212/1991). Equipara-se à empresa, ainda, o contribuinte individual e a pessoa física na condição de proprietário ou dono de obra de construção civil, em relação a segurado que lhe presta serviço, bem como a cooperativa, a associação ou a entidade de qualquer natureza ou finalidade, a missão diplomática e a repartição consular de carreira estrangeiras (art. 15, parágrafo único, da Lei 8.212/1991).

É obrigação da empresa ou entidade equiparada a preparação da folha de pagamento da remuneração devida ou creditada aos segurados, bem como informar à União Federal todos os fatos geradores de contribuição previdenciária (Decreto 3.048/1999 – Regulamento da Previdência Social, art. 225, incisos I e IV). Estamos diante de uma **norma penal em branco heterogênea**, complementada pelo diploma normativo mencionado.

São exemplos do delito a ausência de recolhimento da contribuição previdenciária, pela contratação de empregados sem registro, ou então pelo acordo simulado, no qual afirma-se tratar de profissional autônomo, quando estão presentes os requisitos do contrato de trabalho.[244]

b) Deixar de lançar mensalmente nos títulos próprios da contabilidade da empresa as quantias descontadas dos segurados ou as devidas pelo empregador ou pelo tomador de serviços: inciso II

Cuida-se, mais uma vez, de **crime omissivo próprio ou puro**, no qual o sujeito não aponta nos registros de contabilidade os valores descontados ou devidos a título de contribuição previdenciária.

Conforme dispõe o art. 32, inc. II, da Lei 8.212/1991: "a empresa também é obrigada a: lançar mensalmente em títulos próprios de sua contabilidade, de forma discriminada, os fatos geradores de todas as contribuições, o montante das quantias descontadas, as contribuições da

---

[244] O tipo refere-se somente à omissão dos dados dos segurados na folha de pagamento ou outro documento equivalente. Se o agente, contudo, insere em tais documentos declaração falsa (conduta comissiva), como informar valor menor de salário do que o efetivamente pago, o crime será o do inciso III do art. 337-A do Código Penal.

empresa e os totais recolhidos". No mesmo sentido dispõe o art. 225, inc. II, do Regulamento da Previdência Social.

Tal obrigação acessória decorre do disposto no art. 30, inc. I, *a* e *b*, da Lei 8.212/1991:

> **Art. 30.** A arrecadação e o recolhimento das contribuições ou de outras importâncias devidas à Seguridade Social obedecem às seguintes normas:
>
> I – a empresa é obrigada a:
>
> a) arrecadar as contribuições dos segurados empregados e trabalhadores avulsos a seu serviço, descontando-as da respectiva remuneração;
>
> b) recolher os valores arrecadados na forma da alínea a deste inciso, a contribuição a que se refere o inciso IV do art. 22 desta Lei, assim como as contribuições a seu cargo incidentes sobre as remunerações pagas, devidas ou creditadas, a qualquer título, aos segurados empregados, trabalhadores avulsos e contribuintes individuais a seu serviço até o dia 20 (vinte) do mês subsequente ao da competência;
>
> c) recolher as contribuições de que tratam os incisos I e II do art. 23, na forma e prazos definidos pela legislação tributária federal vigente.

Portanto, a empresa desconta dos respectivos empregados ou trabalhadores o montante a título de contribuição previdenciária. Posteriormente, informa ao ente federal quanto foi descontado e de qual contribuinte, fazendo o recolhimento respectivo.

Nessa hipótese, ressalte-se, o empresário não é contribuinte do tributo (o contribuinte, em verdade, é o empregado ou trabalhador). Ele atua como responsável, por lei, pelo desconto e recolhimento, para facilitar a atuação e fiscalização pela Administração Tributária.

Por outro lado, o empresário tem contribuições a seu cargo, que também devem ser pagas e informadas ao ente arrecadador.

Se o agente, portanto, deixar de recolher ou recolher em valor inferior ao devido as contribuições previdenciárias determinadas em lei, ocultando dados em sua contabilidade, incidirá no crime em apreço.

c) Omitir, total ou parcialmente, receitas ou lucros auferidos, remunerações pagas ou creditadas e demais fatos geradores de contribuições sociais previdenciárias: inciso III

Trata-se igualmente de crime omissivo próprio ou puro. O agente deixa de informar ao órgão arrecadador as receitas, lucros ou remunerações pagas ou creditadas, bem como quaisquer outros fatos geradores de contribuições previdenciárias.

Conforme dispõe o art. 32, inc. II, da Lei 8.212/1991, já analisado na alínea anterior: "a empresa também é obrigada a: lançar mensalmente em títulos próprios de sua contabilidade, de forma discriminada, os fatos geradores de todas as contribuições, o montante das quantias descontadas, as contribuições da empresa e os totais recolhidos". Na mesma direção encontra-se o art. 225, inc. II, do Regulamento da Previdência Social.

As bases de incidência das contribuições da seguridade social estão especificadas no art. 195 da Constituição Federal. Os fatos geradores foram determinados pelas legislações respectivas de cada contribuição, como, por exemplo, a própria Lei 8.212/1991, que disciplina as previstas no art. 195, I, *a*, e II, da Lei Suprema.

Portanto, o agente que deixa de informar à União a receita, o lucro, a remuneração ou quaisquer outros fatos geradores de contribuição previdenciária, buscando suprimir ou reduzir o tributo a ser pago, incorrerá no delito em análise.

6.7.12.6. Sujeito ativo

À época em que estava tipificado pelo revogado art. 95, § 3.º, da Lei 8.212/1991, o crime era considerado próprio, pois somente podia ser praticado pelo "titular de firma individual, os sócios solidários, gerentes, diretores ou administradores que participem ou tenham participado da gestão da empresa".

No entanto, atualmente o art. 337-A do Código Penal não reclama uma especial situação fática ou jurídica em relação ao sujeito ativo. Em outras palavras, o delito pode ser cometido por qualquer pessoa (**crime comum** ou **geral**).

Anote-se, porém, a existência de entendimentos, posteriores à entrada em vigor da Lei 9.983/2000, no sentido de tratar-se de crime próprio, porque somente poderia ser realizado por quem tem o dever legal de repassar à Previdência Social as contribuições recolhidas dos contribuintes.[245]

A sonegação de contribuição previdenciária é compatível com a coautoria e com a participação, sendo exemplo desta última modalidade de concurso de pessoas a atitude do contador de uma empresa que induz, instiga ou auxilia seu administrador a qualquer das condutas descritas no tipo penal.

Note-se que, por expressa determinação legal, o ente público é considerado empresa para efeitos previdenciários (Lei 8.212/1991, art. 15, inc. I). O Chefe do Poder Executivo, como administrador, responde pela omissão ou ausência de lançamento dos dados determinados na legislação, visando a supressão ou redução de contribuição. Deve ser também responsabilizado o Secretário da Fazenda ou outro servidor com atribuição para tais lançamentos.

Este crime não pode, em nenhuma hipótese, ser imputado à pessoa jurídica, por ausência de previsão constitucional nesse sentido.

6.7.12.7. Sujeito passivo

É a **União**, que por meio da Receita Federal do Brasil arrecada e fiscaliza as contribuições previdenciárias (Lei 8.212/1991, art. 33).

Era comum apontar, como sujeito passivo, o Instituto Nacional de Seguridade Social (INSS), pois a União delegava a esta autarquia federal a atribuição de arrecadar e fiscalizar o recolhimento das contribuições previdenciárias.

Tal posicionamento não mais se sustenta, em face do previsto no art. 33 da Lei 8.212/1991, com a redação que lhe foi conferida pela Lei 11.941/2009, a qual adaptou a Lei de Custeio da Seguridade Social aos termos da Lei da Super Receita (Lei 11.457/2007), que em seu art. 2.º determinou o retorno à União da atribuição para arrecadar as contribuições previdenciárias, antes a cargo do INSS.

6.7.12.8. Elemento subjetivo

É o dolo. Não se admite a forma culposa, nada obstante tal conduta possa enquadrar-se em infração administrativa nos moldes da Lei 8.212/1991.[246]

Vale destacar a opinião de alguns doutrinadores relativamente à necessidade do elemento subjetivo específico, consubstanciado na vontade de fraudar a previdência, deixando de pagar a contribuição.[247]

---

[245] Cf. CASAGRANDE, Daniel Alberto. *Crimes contra a arrecadação para a seguridade social*: apropriação indébita previdenciária e sonegação de contribuição previdenciária. São Paulo: Verbatim, 2010. p. 52.

[246] Para Edmar Oliveira Andrade Filho: "Em face do disposto no parágrafo único do art. 18 do Código Penal, a supressão ou redução que pode ser alcançada pela lei penal é somente aquela que é produzida dolosamente. A falta de recolhimento de contribuição decorrente de simples erro na interpretação da legislação tributária não é suficiente para atrair a incidência da norma penal em análise". *Direito penal tributário*: crimes contra a ordem tributária e contra a previdência social. 6. ed. São Paulo: Atlas, 2009.

[247] É o caso de NUCCI, Guilherme de Souza. *Código Penal comentado*. 8. ed. São Paulo: RT, 2008. p. 1107.

Com isto não concordamos por uma razão bastante simples: o dolo de suprimir ou reduzir contribuição social previdenciária e qualquer acessório já aloja em seu interior o propósito de fraudar a Previdência Social. Este é o entendimento consagrado no âmbito do Supremo Tribunal Federal.[248]

6.7.12.9. Consumação

Dá-se com a efetiva supressão ou redução da contribuição previdenciária ou acessórios. A sonegação de contribuição previdenciária constitui-se, portanto, em **crime material** ou **causal**.

6.7.12.10. Tentativa

Não se admite, pelo fato de tratar-se de **crime omissivo próprio** (em todas as suas modalidades), e, por corolário, unissubsistente, inviabilizando o fracionamento do *iter criminis*. Destarte, ou o sujeito omite da folha de pagamento, deixa de lançar o montante devido ou oculta o fato gerador, com a consequente supressão ou redução do tributo, e o delito capitulado pelo art. 337-A do Código Penal estará consumado, ou então ele cumpre tais obrigações, e não há falar na incidência do delito.[249] Vale a pena transcrever a lúcida ponderação de Daniel Alberto Casagrande:

> Surge uma interessante questão ao se analisar o tipo verbal *reduzir* que, conforme supramencionado, descreve a conduta daquele que recolhe a contribuição em montante menor do que será devido. Se ocorrer recolhimento parcial, está-se diante de ação positiva, e não de ação negativa, o que poderia levar à conclusão de ser o crime, nesse caso específico (reduzir), comissivo. Tal raciocínio, entretanto, não vence uma análise mais apurada da questão. Muito embora o sujeito ativo tenha agido positivamente, desempenhando a ação de recolhimento parcial, não é por esse fato (ação) que será incriminado. Ainda quando ocorre recolhimento parcial – que sem dúvida é ação positiva – a conduta punida é a omissão de recolhimento da parcela restante, o que leva a concluir que mesmo na modalidade reduzir trata-se de crime omissivo.[250]

6.7.12.11. Ação penal

A ação penal é pública incondicionada, em todas as modalidades do delito de sonegação de contribuição previdenciária.

6.7.12.12. Lei 9.099/1995

Em face da pena privativa de liberdade cominada – reclusão de dois a cinco anos –, a sonegação de contribuição previdenciária constitui-se em **crime de elevado potencial ofensivo**, incompatível com os benefícios elencados pela Lei 9.099/1995.

6.7.12.13. Competência

A competência para processar e julgar o delito é da **Justiça Federal**, com fulcro no art. 109, inc. IV, da Constituição Federal, por se tratar de crime praticado em detrimento dos interesses da União. De fato, a competência para instituição de contribuições sociais é exclusiva deste ente federativo, nos moldes do art. 149 da Lei Maior.

---

[248] AP 516/DF, rel. Min. Ayres Britto, Plenário, j. 27.09.2010, noticiado no *Informativo* 602.

[249] Contra, admitindo a tentativa: PRADO, Luiz Regis. *Curso de direito penal brasileiro*. 6. ed. São Paulo: RT, 2010. v. 3, p. 559.

[250] CASAGRANDE, Daniel Alberto. *Crimes contra a arrecadação para a seguridade social*: apropriação indébita previdenciária e sonegação de contribuição previdenciária. São Paulo: Verbatim, 2010. p. 52.

Ressalte-se, contudo, que o § 1.º do art. 149 estabelece regra de exceção, ao atribuir competência aos Estados, ao Distrito Federal e aos Municípios relativamente à instituição de contribuição de seus servidores para custeio do regime previdenciário próprio. Portanto, se na hipótese concreta o tributo suprimido ou reduzido mediante quaisquer das condutas previstas no tipo for a contribuição estabelecida no art. 149, § 1.º, a competência será da Justiça Estadual.

6.7.12.14. Classificação doutrinária

A sonegação de contribuição previdenciária é crime **comum** (pode ser praticado por qualquer pessoa); **material** (depende da produção do resultado naturalístico, qual seja, a efetiva supressão ou redução da contribuição previdenciária); **doloso**; **de forma vinculada** (só pode ser praticado mediante as condutas determinadas no tipo penal); **unissubjetivo**, **unilateral** ou **de concurso eventual** (pode ser cometido por uma só pessoa, mas admite o concurso); **omissivo próprio** ou **puro** (o tipo penal descreve uma conduta omissiva); **unissubsistente** (a conduta criminosa exterioriza-se em um único ato); e **instantâneo** (consuma-se em um momento determinado, sem continuidade no tempo).

6.7.12.15. Dificuldades financeiras e reflexos jurídico-penais

Na hipótese em que o sujeito suprime ou reduz contribuição social previdenciária, em razão de relevantes dificuldades financeiras, firmou-se tese no sentido da ilegitimidade da atuação do Direito Penal, pois seria injusta a incidência prática do crime definido no art. 337-A do Código Penal.

Prevalece o entendimento de que se afasta a culpabilidade, em face da ausência de um dos seus elementos constitutivos, que é a **exigibilidade de conduta diversa**. Especialmente em períodos de instabilidade econômica, obstáculos intransponíveis se põem no caminho dos empregadores, o que justifica a inexigibilidade de conduta diversa (causa supralegal de exclusão da culpabilidade), pois não se poderia respeitar integralmente a legislação tributária se isso ferisse de morte o empregador. Observe-se, porém, que a situação de penúria econômica deve ser cabalmente provada durante a instrução criminal.[251]

Veja-se também que o não recolhimento integral das contribuições previdenciárias por período demasiadamente longo é um forte indício de que as dificuldades econômicas do empregador, especialmente das empresas, eram superáveis, pois não seria viável sua sobrevivência por tanto tempo submetendo-se a uma insuperável crise financeira.

6.7.12.16. Extinção da punibilidade: art. 337-A, § 1.º

Nos termos do art. 337-A, § 1.º, do Código Penal: "É extinta a punibilidade se o agente, espontaneamente, declara e confessa as contribuições, importâncias ou valores e presta as informações devidas à previdência social, na forma definida em lei ou regulamento, antes do início da ação fiscal".

O termo final para o pagamento é o início da ação fiscal. Para Hugo de Brito Machado, a ação fiscal tem início com a lavratura do Termo de Início da Ação Fiscal (TIAF), ou seja, quando o agente fazendário comparece ao estabelecimento empresarial, para fiscalização dos respectivos livros e documentos.[252]

Portanto, a extinção da punibilidade, nos exatos termos do art. 337-A, § 1.º, do Código Penal estaria a depender:

---

[251] STF: AP 516/DF, rel. Min. Ayres Britto, Plenário, j. 27.09.2010, noticiado no *Informativo* 602.
[252] MACHADO, Hugo de Brito. *Curso de direito tributário*. 13. ed. São Paulo: Malheiros, 1998. p. 337.

a) de declaração e confissão da dívida;
b) de prestação de informações à Seguridade Social; e
c) do pagamento integral da dívida antes do início da ação fiscal.

Se o agente for beneficiado pela concessão do parcelamento dos valores devidos a título de contribuição social previdenciária, ou qualquer acessório, o pagamento integral do débito importará na extinção da punibilidade, com fulcro no art. 83, § 4.º, da Lei 9.430/1996, com a redação conferida pela Lei 12.382/2011.

Finalmente, vale destacar o entendimento do Supremo Tribunal Federal, amparado no art. 69 da Lei 11.941/2009, no sentido da extinção da punibilidade do agente em razão do pagamento integral do débito tributário, ainda que realizado após o julgamento, desde que antes do trânsito em julgado da condenação:

> No tocante à assertiva de extinção da punibilidade pelo pagamento do débito tributário, realizado após o julgamento, mas antes da publicação do acórdão condenatório, reportou-se ao art. 69 da Lei 11.941/2009 ("Extingue-se a punibilidade dos crimes referidos no art. 68 quando a pessoa jurídica relacionada com o agente efetuar o pagamento integral dos débitos oriundos de tributos e contribuições sociais, inclusive acessórios, que tiverem sido objeto de concessão de parcelamento"). Sublinhou que eventual inconstitucionalidade do preceito estaria pendente de exame pela Corte, nos autos da ADI 4273/DF. Entretanto, haja vista que a eficácia do dispositivo não estaria suspensa, entendeu que o pagamento do tributo, a qualquer tempo, extinguiria a punibilidade do crime tributário, a teor do que já decidido pelo STF (HC 81.929/RJ, DJU de 27.2.2004). Asseverou que, na aludida disposição legal, não haveria qualquer restrição quanto ao momento ideal para realização do pagamento. Não caberia ao intérprete, por isso, impor restrições ao exercício do direito postulado. Incidiria, dessa maneira, o art. 61, *caput*, do CPP ("Em qualquer fase do processo, o juiz, se reconhecer extinta a punibilidade, deverá declará-lo de ofício").[253]

6.7.12.17. Perdão judicial ou aplicação exclusiva de pena pecuniária: art. 337-A, § 2.º, inc. II

Dispõe o art. 337-A, § 2.º, inc. II, do Código Penal: "É facultado ao juiz deixar de aplicar a pena ou aplicar somente a de multa se o agente for primário e de bons antecedentes, desde que o valor das contribuições devidas, inclusive acessórios, seja igual ou inferior àquele estabelecido pela previdência social, administrativamente, como sendo o mínimo para o ajuizamento de suas execuções fiscais".

Esse valor atualmente é de R$ 20.000,00 (vinte mil reais), a teor da regra contida no art. 20, *caput*, da Lei 10.522/2002, regulamentado pelas Portarias 75/2012 e 130/2012, editadas pelo Ministério da Fazenda.

6.7.12.18. Redução da pena ou aplicação exclusiva da pena pecuniária: art. 337-A, § 3.º

Prevê o § 3.º do art. 337-A que, na hipótese de a sonegação não ter sido praticada por intermédio de pessoa jurídica, e sua folha de pagamento não ultrapassar o teto de R$ 1.510,00, o juiz poderá reduzir a pena de um terço até a metade ou aplicar somente a pena de multa.

Em razão disso, o empregador doméstico que preencher os requisitos legais tem direito ao benefício.

---

[253] AP 516 ED/DF, rel. orig. Min. Ayres Britto, red. p/ o acórdão Min. Luiz Fux, Plenário, j. 05.12.2013, noticiado no *Informativo* 731.

Dispõe ainda o § 4.º do art. 337-A do Código Penal que "o valor a que se refere o parágrafo anterior será reajustado nas mesmas datas e nos mesmos índices do reajuste dos benefícios da previdência social".

O montante é atualmente previsto pelo art. 8.º, inc. VI, da Portaria SEPRT 477/2021, nos seguintes termos: "o valor de que trata o § 3.º, do art. 337-A, do Código Penal, aprovado pelo Decreto-lei 2.848, de 7 de dezembro de 1940, é de R$ 5.679,82 (cinco mil seiscentos e setenta e nove reais e oitenta e dois centavos)".

Atualmente, este dispositivo legal também se revela inócuo, em face da incidência do princípio da insignificância aos crimes de natureza tributária, tal como a sonegação de contribuição previdenciária.

6.7.12.19. Prévio esgotamento da via administrativa e atipicidade do fato

Nos dias atuais, é pacífico o entendimento de que não se configura crime contra a ordem tributária, como é o caso da sonegação de contribuição previdenciária (CP, art. 337-A), enquanto não encerrado o processo administrativo relativo à discussão acerca da existência, valor ou exigibilidade da contribuição social previdenciária supostamente devida.

O fundamento desta linha de raciocínio encontra-se no art. 142, *caput*, do Código Tributário Nacional: "Compete privativamente à autoridade administrativa constituir o crédito tributário pelo lançamento, assim entendido o procedimento administrativo tendente a verificar a ocorrência do fato gerador da obrigação correspondente, determinar a matéria tributável, calcular o montante do tributo devido, identificar o sujeito passivo e, sendo caso, propor a aplicação da penalidade cabível".

Fica nítido, portanto, que a atribuição para lançamento é da **autoridade administrativa**, motivo pelo qual a decisão por ela proferida vincula até mesmo o Poder Judiciário, que não pode lançar um tributo, tampouco corrigir ou modificar o lançamento efetuado pela autoridade administrativa. De fato, se o juiz reconhecer algum vício no lançamento realizado, ele deve declarar sua nulidade, cabendo à autoridade administrativa competente, se for o caso, constituir novamente o crédito tributário.

É por isso que os Tribunais Superiores pacificaram a jurisprudência na direção de ser vedada a propositura da ação penal por crimes tributários (*lato sensu*) antes da conclusão do processo administrativo de lançamento, pois o magistrado não tem competência para decidir sobre a existência ou não do crédito tributário, em relação ao qual repousa a discussão sobre a prática do delito. Se o tributo ainda não se encontra integralmente constituído, não é exigível, razão pela qual é vedado falar em crime de natureza tributária.

Para afastar qualquer discussão sobre o assunto, o Supremo Tribunal Federal editou a **Súmula Vinculante 24**, cuja redação é a seguinte: "Não se tipifica crime material contra a ordem tributária, previsto no art. 1.º, incisos I a IV, da Lei n.º 8.137/90, antes do lançamento definitivo do tributo".

Esta súmula vinculante, embora faça referência unicamente aos crimes previstos no art. 1.º, incisos I a IV, da Lei 8.137/1990, indiscutivelmente irradia efeitos para os crimes tributários em geral, entre eles a sonegação de contribuição previdenciária, pois as razões que justificaram sua criação também se encontram presentes em tais delitos. Como destacado pela Corte Suprema:

> A representação fiscal para fins penais relativa aos crimes de apropriação indébita previdenciária e de sonegação de contribuição previdenciária será encaminhada ao Ministério Público depois de proferida a decisão final, na esfera administrativa, sobre a exigência fiscal do crédito tributário correspondente.[254]

---

[254] ADI 4.980/DF, rel. Min. Nunes Marques, Plenário, j. 10.03.2022, noticiado no *Informativo* 1.047.

6.7.12.20. Princípio da insignificância

Nada obstante a natureza tributária da sonegação de contribuição previdenciária, não se admite o princípio da insignificância, independentemente do valor sonegado. O elevado grau de reprovabilidade da conduta, atentatória da própria subsistência da Previdência Social, coloca em risco as pessoas fragilizadas que dela dependem. A ofensividade do crime extrapola o âmbito individual e atinge a esfera coletiva. Esse é o entendimento consagrado no Supremo Tribunal Federal e no Superior Tribunal de Justiça.[255]

6.8. DOS CRIMES PRATICADOS POR PARTICULAR CONTRA A ADMINISTRAÇÃO PÚBLICA ESTRANGEIRA

6.8.1. Introdução

O Capítulo II-A do Título XI da Parte Especial do Código Penal foi instituído pela Lei 10.467/2002, a qual criou os crimes de corrupção ativa em transação comercial internacional e tráfico de influência em transação comercial internacional, além de apresentar o conceito legal de funcionário público estrangeiro.

O novo diploma legal foi editado com a finalidade de atender a Convenção sobre o Combate à Corrupção de Funcionários Públicos Estrangeiros em Transações Comerciais Internacionais, firmada em Paris em 17.12.1997 e incorporada ao direito brasileiro pelo Decreto 3.678/2000, bem como a Convenção Interamericana contra a Corrupção, celebrada em Caracas em 29.03.1996 e incorporada no Brasil pelo Decreto 4.410/2002.

6.8.2. Conceito de funcionário público estrangeiro

O conceito de funcionário público estrangeiro, para fins penais, encontra-se no art. 337-D do Código Penal:

> **Art. 337-D.** Considera-se funcionário público estrangeiro, para os efeitos penais, quem, ainda que transitoriamente ou sem remuneração, exerce cargo, emprego ou função pública em entidades estatais ou em representações diplomáticas de país estrangeiro.
>
> Parágrafo único. Equipara-se a funcionário público estrangeiro quem exerce cargo, emprego ou função em empresas controladas, diretamente ou indiretamente, pelo Poder Público de país estrangeiro ou em organizações públicas internacionais.

Cuida-se de **lei penal interpretativa de natureza contextual**, cujo propósito é esclarecer o conteúdo e o significado de outras leis penais. Com efeito, o legislador efetuou **interpretação autêntica**, ou **legislativa**, de força cogente, dela não podendo se afastar o operador do Direito Penal. Destarte, não importa qual é o conceito de funcionário público estrangeiro apresentado pelo Direito Administrativo ou pelo Direito Internacional. Para fins penais, vale a definição contida no art. 337-D do Código Penal.

Este conceito legal buscou inspiração na Convenção sobre o Combate à Corrupção de Funcionários Públicos Estrangeiros em Transações Comerciais Internacionais, incorporada no direito pátrio pelo Decreto 3.678/2000, e na Convenção Interamericana contra a Corrupção, introduzida no Brasil pelo Decreto 4.410/2002.

---

[255] STF: RHC 132.706 AgR/SP, rel. Min. Gilmar Mendes, 2.ª Turma, j. 21.06.2016; e STJ: AgRg no REsp 1.862.853/MG, rel. Min. Rogerio Schietti Cruz, 6.ª Turma, j. 27.10.2020.

Com efeito, o item 4, *a*, do art. 1.º da Convenção sobre o Combate à Corrupção de Funcionários Públicos Estrangeiros em Transações Comerciais Internacionais assim define a figura do funcionário público estrangeiro: "qualquer pessoa responsável por cargo legislativo, administrativo ou jurídico de um país estrangeiro, seja ela nomeada ou eleita; qualquer pessoa que exerça função pública para um país estrangeiro, inclusive para representação ou empresa pública; e qualquer funcionário ou representante de organização pública internacional".

Em igual direção, o art. 1.º da Convenção Interamericana contra a Corrupção conceitua o funcionário público nos seguintes termos:

> "Funcionário público", "funcionário de governo" ou "servidor público" qualquer funcionário ou empregado de um Estado ou de suas entidades, inclusive os que tenham sido selecionados, nomeados ou eleitos para desempenhar atividades ou funções em nome do Estado ou a serviço do Estado em qualquer de seus níveis hierárquicos.

Na verdade, a definição de funcionário público estrangeiro, para fins penais, é bastante similar ao conceito de funcionário público delineado no art. 327 do Código Penal.[256] Poucas são as diferenças, doravante analisadas.

No tocante ao **funcionário público estrangeiro próprio** ou **propriamente dito**, é preciso que o sujeito, ainda que transitoriamente ou sem remuneração, exerça cargo, emprego ou função pública em entidades estatais ou em representações diplomáticas de país estrangeiro.

Função pública, a teor do art. 1.º da Convenção Interamericana contra a Corrupção, é "toda atividade, temporária ou permanente, remunerada ou honorária realizada por uma pessoa física em nome do Estado ou a serviço do Estado ou de suas entidades, em qualquer de seus níveis hierárquicos".

Entidades estatais são as pessoas jurídicas de Direito Público responsáveis pelo desempenho das funções administrativas do Estado.

Representações diplomáticas são o conjunto de representantes de um país estrangeiro perante um determinado Estado, tais como os diplomatas, os cônsules e os funcionários da embaixada.

Finalmente, a expressão **país estrangeiro** "inclui todos os níveis e subdivisões de governo, do federal ao municipal", a teor do item 4, *b*, do art. 1.º da Convenção sobre o Combate à Corrupção de Funcionários Públicos Estrangeiros em Transações Internacionais.

Além disso, o parágrafo único do art. 337-D do Código Penal contempla o conceito de **funcionário público estrangeiro por equiparação**: "Equipara-se a funcionário público estrangeiro quem exerce cargo, emprego ou função em empresas controladas, diretamente ou indiretamente, pelo Poder Público de país estrangeiro ou em organizações públicas internacionais".

Fala-se em empresas controladas, direta ou indiretamente, pelo **Poder Público de país estrangeiro** e em organizações públicas internacionais.

Organizações públicas internacionais são os entes criados por tratados internacionais assinados pelos Estados, dotados de personalidade jurídica e finalidades próprias, a exemplo da Organização Internacional do Trabalho (OIT), da Organização das Nações Unidas (ONU) e da Organização Mundial da Saúde (OMS).

A organização internacional, necessariamente pública, na definição de Angelo Pieri Sereni, é "uma associação voluntária de sujeitos de direito internacional, constituída por ato internacional e disciplinada nas relações entre as partes por normas de direito internacional, que se realiza em

---

[256] "Art. 327. Considera-se funcionário público, para os efeitos penais, quem, embora transitoriamente ou sem remuneração, exerce cargo, emprego ou função pública. § 1.º Equipara-se a funcionário público quem exerce cargo, emprego ou função em entidade paraestatal, e quem trabalha para empresa prestadora de serviço contratada ou conveniada para a execução de atividade típica da Administração Pública."

um ente de aspecto estável, que possui um ordenamento jurídico interno próprio e é dotado de órgãos e institutos próprios, por meio dos quais realiza as finalidades comuns de seus membros mediante funções particulares e o exercício de poderes que lhe foram conferidos".[257]

6.8.3. Art. 337-B – Corrupção ativa em transação comercial internacional

6.8.3.1. Dispositivo legal

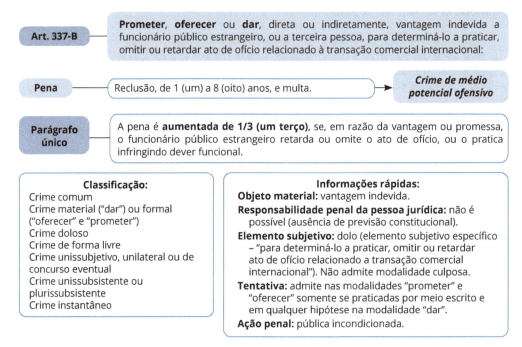

6.8.3.2. Objetividade jurídica

O bem jurídico penalmente protegido é a Administração Pública estrangeira (daí falar em objetividade jurídica transnacional), em virtude de ser o Brasil signatário de tratados internacionais nesse sentido, especialmente no tocante à boa-fé, à regularidade e à transparência nas transações comerciais internacionais. Nas palavras de Damásio E. de Jesus, "o Código Penal protege a lealdade no comércio exterior (nas transações comerciais internacionais)".[258]

De acordo com o item 1 do art. 1.º da Convenção sobre o Combate da Corrupção de Funcionários Públicos Estrangeiros em Transações Comerciais Internacionais, cada Estado signatário "deverá tomar todas as medidas necessárias ao estabelecimento de que, segundo suas leis, é delito criminal qualquer pessoa intencionalmente oferecer, prometer ou dar qualquer vantagem pecuniária indevida ou de outra natureza, seja diretamente ou por intermediários, a um funcionário público estrangeiro, para esse funcionário ou para terceiros, causando a ação ou a omissão do funcionário no desempenho de suas funções oficiais, com a finalidade de realizar ou dificultar transações ou obter outra vantagem ilícita na condução de negócios internacionais".

---

[257] Apud MELLO, Celso D. de Albuquerque. *Curso de direito internacional público*. 13. ed. Rio de Janeiro: Renovar, 2001. v. 1, p. 573.
[258] JESUS, Damásio E. de. *Crimes de corrupção ativa e tráfico de influência nas transações comerciais internacionais*. São Paulo: Saraiva, 2003. p. 15.

6.8.3.3. Objeto material

É a **vantagem indevida**, ou seja, contrária ao Direito. A palavra "indevida" figura como elemento normativo do tipo.

A vantagem pode ser material ou de outra natureza qualquer (moral, política, sexual etc.), pois estamos diante de um crime contra a Administração Pública, e não de delito patrimonial. Cumpre destacar, inclusive, o texto da alínea *b* do item I do artigo VI da Convenção Interamericana contra a Corrupção:

> I. Esta Convenção é aplicável aos seguintes atos de corrupção:
>
> b. a oferta ou outorga, direta ou indiretamente, a um funcionário público ou pessoa que exerça funções públicas, de qualquer objeto de valor pecuniário ou de outros benefícios como dádivas, favores, promessas ou vantagens a esse funcionário público ou outra pessoa ou entidade em troca da realização ou omissão de qualquer ato no exercício de suas funções públicas.

6.8.3.4. Núcleos do tipo

O crime previsto no art. 337-B do Código Penal contém três núcleos: "**prometer**", no sentido de comprometer-se a assegurar vantagem futura; "**oferecer**", isto é, apresentar, exibir, fazer proposta de entrega imediata da vantagem; e "**dar**", que equivale a entregar a vantagem indevida, transferindo-lhe a propriedade. O legislador valeu-se de tais verbos para assegurar o amplo alcance do tipo penal, em obediência à já apontada alínea *b*, do item I, do artigo VI da Convenção Interamericana contra a Corrupção, cujo escopo é punir ofertas ou outorgas de vantagens espúrias, direta ou indiretamente, a um funcionário público ou pessoa que exerça funções públicas.

Cuida-se de **tipo misto alternativo, crime de ação múltipla** *ou* **de conteúdo variado**. Assim sendo, a prática de mais de uma conduta em relação ao mesmo objeto material configura um único delito.

A oferta, promessa ou entrega de vantagem indevida devem ser efetuadas voluntariamente pelo agente. De fato, se a conduta for praticada em razão de exigência pelo funcionário público estrangeiro nesse sentido, estará caracterizado o crime de concussão (CP, art. 316, *caput*).

O agente pode oferecer, prometer ou dar a vantagem indevida de maneira **direta** (específica ou sem intermediários) ou **indireta** (valendo-se de interposta pessoa ou mediante insinuações). Trata-se de **crime de forma livre**. Além disso, a promessa, oferta ou entrega de vantagem indevida há de ser endereçada ao funcionário público estrangeiro ou a terceira pessoa com ele relacionada.

Note-se que, ao contrário do que se verifica nos crimes praticados por particular contra a Administração em geral (Capítulo II do Título XI da Parte Especial do Código Penal), no delito de corrupção ativa em transação comercial internacional o legislador incluiu, além do funcionário público estrangeiro, uma **terceira pessoa** como destinatária da promessa, oferta ou entrega da vantagem indevida. Nesse caso, o agente se vale deste terceiro para determinar o ato ilícito por parte do funcionário público estrangeiro.

A conduta criminosa objetiva a prática, a omissão ou o retardamento de ato de ofício, relacionado à transação comercial internacional, pelo funcionário público estrangeiro.

Ato de ofício é o relacionado ao campo de atuação funcional do representante do país estrangeiro. Destarte, se o ato almejado pelo sujeito ativo não se enquadrar no rol de atribuições do funcionário público estrangeiro, não restará configurado o crime descrito no art. 337-B do Código Penal. Não basta, portanto, que se trate de funcionário público estrangeiro: é imprescindível seja ele dotado de poderes para praticar ato relativo à transação comercial internacional.

De igual modo, não se concretiza o crime em estudo quando alguém promete, oferece ou entrega vantagem indevida a funcionário público estrangeiro para eximir-se de algum **ato ilegal**. Com efeito, tratando-se de ato ilegal, não há falar no crime de corrupção ativa em transação comercial internacional, em face da ausência da elementar "ato de ofício".

Por último, a expressão "**transação comercial internacional**" diz respeito a acordo sobre comércio firmado entre pessoas físicas ou jurídicas de dois ou mais países.

6.8.3.4.1. Prescindibilidade da existência simultânea de corrupção passiva

O crime de corrupção ativa em transação comercial internacional não se encontra vinculado à corrupção passiva do funcionário público estrangeiro.

Em verdade, se o funcionário público estrangeiro receber ou aceitar a promessa de vantagem indevida, a ele não será imputado o crime de corrupção passiva, tipificado no art. 317, *caput*, do Código Penal, pois cabe ao país estrangeiro a incriminação desta conduta. Com efeito, somente à Administração Pública estrangeira interessa a punição de eventual corrupção passiva ou figura análoga praticada por uma pessoa integrante dos seus quadros.

6.8.3.5. Sujeito ativo

Pode ser qualquer pessoa, inclusive um funcionário público, desde que não se valha das prerrogativas inerentes ao seu cargo. O crime é **comum** ou **geral**, compatível tanto com a coautoria como com a participação.

Como estatui o art. 1.º, item 2, primeira parte, da Convenção sobre o Combate da Corrupção de Funcionários Públicos Estrangeiros em Transações Comerciais Internacionais: "Cada Parte deverá tomar todas as medidas necessárias ao estabelecimento de que a cumplicidade, inclusive por incitamento, auxílio ou encorajamento, ou a autorização de ato de corrupção de um funcionário público estrangeiro é um delito criminal".

6.8.3.5.1. Corrupção ativa em transação comercial internacional e responsabilidade penal da pessoa jurídica

O art. 2.º da Convenção sobre o Combate da Corrupção de Funcionários Públicos Estrangeiros em Transações Comerciais Internacionais prevê a possibilidade de responsabilização penal das pessoas jurídicas: "Cada Parte deverá tomar todas as medidas necessárias ao estabelecimento das responsabilidades de pessoas jurídicas pela corrupção de funcionário público estrangeiro, de acordo com seus princípios jurídicos".

Sabe-se, contudo, que no Brasil a responsabilidade penal da pessoa jurídica somente é admitida nos casos expressamente disciplinados pela Constituição Federal. E o texto constitucional silenciou no campo dos crimes contra a Administração Pública estrangeira.

Consequentemente, atualmente não é possível a prática deste delito por pessoas jurídicas. Nada obstante, há de ser observada a ressalva contida no item 2 do art. 3 da citada Convenção: "Caso a responsabilidade criminal, sob o sistema jurídico da Parte, não se aplique a pessoas jurídicas, a Parte deverá assegurar que as pessoas jurídicas estarão sujeitas a sanções não criminais efetivas, proporcionais e dissuasivas contra a corrupção de funcionário público estrangeiro, inclusive sanções financeiras".

6.8.3.6. Sujeito passivo

É o país estrangeiro, pois trata-se de delito contra a Administração Pública estrangeira e, mediatamente, a coletividade internacional e a pessoa física ou jurídica eventualmente prejudicada pela conduta criminosa.

Portanto, discordamos de Fernando Capez, quando assim se manifesta: "Trata-se de crime vago, cometido em prejuízo do comércio internacional, afetando sua credibilidade e abalando a confiança do mercado, não havendo falar em sujeito passivo determinado".[259]

6.8.3.7. Elemento subjetivo

É o dolo, acrescido de um especial fim de agir (elemento subjetivo específico), representado pela expressão "para determiná-lo a praticar, omitir ou retardar ato de ofício relacionado a transação comercial internacional".

Não se admite a modalidade culposa.

6.8.3.8. Consumação

Nas modalidades "prometer" e "oferecer", o crime é **formal, de consumação antecipada ou de resultado cortado**: consuma-se com a simples promessa ou oferta de vantagem indevida por parte do corruptor ao funcionário público estrangeiro. A consumação independe da aceitação ou recusa da oferta ou promessa, bem como do retardamento, omissão ou prática de ato de ofício pelo funcionário.

Por outro lado, no núcleo "dar" o crime é **material** ou **causal**, aperfeiçoando-se com a efetiva entrega da vantagem indevida. Prescinde-se, contudo, da prática, omissão ou retardamento do ato de ofício relacionado à transação comercial internacional pelo funcionário público estrangeiro.

6.8.3.9. Tentativa

Nas modalidades "prometer" e "oferecer", admite-se o *conatus* nas hipóteses de prática do delito por meio escrito, tal como no exemplo do extravio da carta ilícita. Entretanto, não há falar em tentativa quando o crime é cometido oralmente, em face do seu caráter unissubsistente, impossibilitando o fracionamento do *iter criminis*.

Por sua vez, no núcleo "dar" o crime é perfeitamente compatível com a forma tentada, em razão da sua natureza plurissubsistente, permitindo a divisão do *iter criminis*.

Vale destacar, inclusive, a parte final do item 2, do art. 1.º, da Convenção sobre o Combate da Corrupção de Funcionários Públicos Estrangeiros em Transações Comerciais Internacionais: "a tentativa e a conspiração para subornar um funcionário público estrangeiro serão delitos criminais na mesma medida em que o são a tentativa e a conspiração para corrupção de funcionário público daquela Parte".

6.8.3.10. Ação penal

A ação penal é pública incondicionada, em todas as modalidades do delito.

6.8.3.11. Lei 9.099/1995

No *caput*, o art. 337-B do Código Penal contempla um **crime de médio potencial ofensivo**, uma vez que a pena mínima (reclusão de um ano), autoriza o cabimento da suspensão condicional do processo, desde que presentes os demais requisitos elencados pelo art. 89 da Lei 9.099/1995.

Na forma agravada prevista no art. 337-B do Código Penal, afigura-se inadmissível a incidência das disposições da Lei 9.099/1995, pois a causa de aumento de pena em um terço insere este crime no rol daqueles classificados como de **elevado potencial ofensivo**.

---

[259] CAPEZ, Fernando. *Curso de direito penal*. 8. ed. São Paulo: Saraiva, 2010. v. 3, p. 625.

Tais penas obedecem ao comando do item 1 do art. 3 da Convenção sobre o Combate à Corrupção de Funcionários Públicos Estrangeiros em Transações Comerciais Internacionais, cuja redação é a seguinte:

> A corrupção de um funcionário público estrangeiro deverá ser punível com penas criminais efetivas, proporcionais e dissuasivas. A extensão das penas deverá ser comparável àquela aplicada à corrupção do próprio funcionário público da Parte e, em caso de pessoas físicas, deverá incluir a privação da liberdade por período suficiente a permitir a efetiva assistência jurídica recíproca e a extradição.

Além disso, o art. 6 da mencionada Convenção, ao abordar o instituto da prescrição, assim se apresenta: "Qualquer regime de prescrição aplicável ao delito de corrupção de um funcionário público estrangeiro deverá permitir um período de tempo adequado para a investigação e abertura de processo sobre o delito".

Fácil notar, portanto, o espírito da Convenção sobre o Combate à Corrupção de Funcionários Públicos Estrangeiros em Transações Comerciais Internacionais, assinado pelo Brasil e introduzido em nosso direito positivo pelo Decreto 3.678/2000, relativamente ao tratamento rigoroso dos crimes contra a Administração Pública estrangeira.

Destarte, não podemos concordar com Cezar Roberto Bitencourt, quando afirma no tocante à corrupção ativa em transação comercial internacional: "Trata-se de *infração penal de menor potencial ofensivo*, admitindo, portanto, transação penal, nos termos previstos pelo art. 98, I, da Constituição Federal (Lei 9.099/1995)".[260]

Como é sabido, o conceito de infração penal de menor potencial ofensivo encontra-se no art. 61 da Lei 9.099/1995, e alcança as contravenções penais e os crimes com **pena máxima de até dois anos**. Logo, o crime tipificado no art. 337-B do Código Penal não é e não pode ser tratado como infração penal de tal natureza, pois sua pena máxima é de oito anos. E pode, se presente a causa de aumento de pena do parágrafo único do citado dispositivo legal, ser aumentada de um terço, ultrapassando o patamar de dez anos. Conclui-se, definitivamente, pela impossibilidade de falar na incidência dos institutos despenalizadores contidos na Lei 9.099/1995.

6.8.3.12. Classificação doutrinária

A corrupção ativa em transação comercial internacional é crime **comum** (pode ser praticado por qualquer pessoa); **material** (no verbo "dar") ou **formal** (nas modalidades "oferecer" e "prometer"); **doloso**; **de forma livre** (admite qualquer meio de execução); **unissubjetivo**, **unilateral** ou **de concurso eventual** (pode ser cometido por uma só pessoa, mas admite o concurso); **unissubsistente** ou **plurissubsistente** (dependendo do meio de execução escolhido pelo sujeito); e **instantâneo** (consuma-se em um momento determinado, sem continuidade no tempo).

6.8.3.13. Causa de aumento de pena: art. 337-B, parágrafo único

Em conformidade com o art. 337-B, parágrafo único, do Código Penal: "A pena é aumentada de 1/3 (um terço), se, em razão da vantagem ou promessa, o funcionário público estrangeiro retarda ou omite o ato de ofício, ou o pratica infringindo dever funcional".

Na hipótese, o funcionário, em razão da promessa, oferta ou recebimento de vantagem indevida:

1) retarda a prática do ato, desrespeitando os prazos de execução;

2) deixa de praticar o ato;

3) pratica o ato com infração de dever funcional.

---

[260] BITENCOURT, Cezar Roberto. *Tratado de direito penal*. 3. ed. São Paulo: Saraiva, 2009. v. 5, p. 262.

Nesse caso, há **exaurimento** do delito, tratado pelo legislador como causa de aumento de pena (utilizável na terceira e última fase da sua dosimetria), em virtude das nefastas consequências proporcionadas à Administração Pública estrangeira pela conduta criminosa.

6.8.3.14. Diferenças com o delito de corrupção ativa (CP, art. 333)

O crime de corrupção ativa em transação comercial internacional diferencia-se da corrupção ativa prevista no art. 333 do Código Penal em razão da existência de **elementos especializantes**.

No crime tipificado no art. 337-B do Código Penal incluiu-se o verbo "**dar**", além dos núcleos prometer e oferecer. Surge aqui uma diferença fundamental: se o agente, mesmo quando solicitado pelo funcionário público estrangeiro, lhe entrega uma vantagem indevida, estará configurado o crime de corrupção ativa em transação comercial internacional, ao contrário do que se verifica no delito do art. 333 do Código Penal. Fica nítido, portanto, que a iniciativa quanto à corrupção não precisa partir necessariamente do particular, podendo originar-se do comportamento do funcionário público estrangeiro.

Ademais, a corrupção do funcionário público estrangeiro objetiva a prática, a omissão ou o retardamento de **ato de ofício relacionado à transação comercial internacional**. Assim, se a transação não é comercial e/ou internacional, descabe falar na aplicação do tipo penal em apreço.

Finalmente, na corrupção ativa em transação comercial internacional a conduta criminosa pode direcionar-se ao funcionário público estrangeiro ou a **terceira pessoa**, desde que esta determine o agente público a praticar, omitir ou retardar o ato de ofício relacionado à transação comercial internacional. Não se admite igual acontecimento no tocante à corrupção ativa (CP, art. 333).

6.8.4. Art. 337-C – Tráfico de influência em transação comercial internacional

6.8.4.1. Dispositivo legal

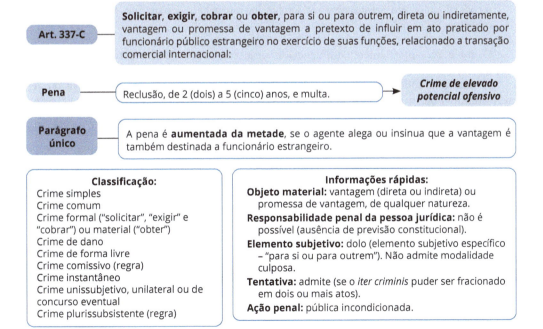

6.8.4.2. Objetividade jurídica

O bem jurídico penalmente protegido é a Administração Pública estrangeira e, mediatamente, a boa-fé, a regularidade e a transparência, que devem nortear as relações comerciais internacionais.

6.8.4.3. Objeto material

É a vantagem ou promessa de vantagem, de qualquer natureza (econômica, moral, sexual etc.).

6.8.4.4. Núcleos do tipo

O art. 337-C do Código Penal contém quatro núcleos: "solicitar", "exigir", "cobrar" e "obter". Solicitar é pedir, pleitear ou requerer; exigir é ordenar ou determinar; cobrar é reclamar o pagamento ou cumprimento de algo; e obter é alcançar ou conseguir. Estes verbos conjugam-se com a conduta de influir (inspirar ou incutir) em ato praticado por funcionário público estrangeiro no exercício de suas funções, relacionado à transação comercial internacional.

Cuida-se de tipo misto alternativo, crime de ação múltipla ou de conteúdo variado, de modo que há um só crime quando o sujeito realiza mais de um núcleo no mesmo contexto fático, isto é, no tocante à mesma vantagem (ou promessa de vantagem) e ao mesmo ato do funcionário público estrangeiro.

O agente solicita, exige, cobra ou obtém, para si ou para outrem, vantagem ou promessa de vantagem, a pretexto de influir no comportamento do funcionário do público estrangeiro. Há o emprego de fraude, pois o sujeito alega ser apto a interferir no comportamento de funcionário público estrangeiro, quando na verdade esta situação não existe. E como alerta Luiz Regis Prado:

> Embora o tipo requeira que a fraude diga respeito aos atos praticados por funcionário público estrangeiro, não é necessário que se trate de pessoa determinada ou que seu nome seja mencionado à pessoa iludida, podendo ocorrer, inclusive, que o agente público em questão seja incompetente para a realização do ato ou que sequer exista de verdade. Todavia, no caso de o agente público ser identificado pelo agente, deve ele ser funcionário público estrangeiro, sob pena de não se configurar o delito.[261]

O ato a ser supostamente influenciado deve ser necessariamente relacionado com a transação comercial internacional.

A vantagem solicitada, exigida, cobrada ou obtida pode ser direta (específica ou sem intermediários) ou indireta (valendo-se de terceira pessoa ou mediante insinuações). Trata-se de crime de forma livre, compatível com qualquer meio de execução.

É despiciendo para a caracterização do delito de tráfico de influência em transação comercial internacional que o agente de fato venha a influenciar no ato a ser praticado por funcionário público estrangeiro. Basta sua alegação no sentido de ter condições para tanto. Com efeito, se o sujeito realmente possuir influência perante o funcionário público, e vier a corrompê-lo, deverá ser responsabilizado pelo crime de corrupção ativa na transação comercial internacional, nos moldes do art. 337-B do Código Penal.

6.8.4.5. Sujeito ativo

O crime é comum ou geral: pode ser praticado por qualquer pessoa, inclusive pelo funcionário público, desde que atue sem se valer da sua condição funcional.

---

[261] PRADO, Luiz Regis. *Curso de direito penal brasileiro*. 6. ed. São Paulo: RT, 2010. v. 3, p. 581.

6.8.4.6. Sujeito passivo

É o Estado e, mediatamente, o comprador da suposta influência, ou seja, a pessoa que paga ou promete entregar vantagem ao sujeito ativo com o propósito de obter algum benefício, lícito ou ilícito, junto ao funcionário público estrangeiro.

De fato, mesmo na hipótese em que o comprador do prestígio objetiva um benefício ilícito, ainda assim ele será vítima do tráfico de influência. Em outras palavras, a coexistência da sua fraude (torpeza bilateral) não afasta sua posição de vítima.

6.8.4.7. Elemento subjetivo

É o dolo, acrescido de um especial fim de agir (elemento subjetivo específico), representado pela expressão "para si ou para outrem". Exige-se, portanto, a intenção do agente de ter para si ou destinar para outra pessoa a vantagem, ou seja, o ânimo de assenhoreamento definitivo (*animus rem sobe habendi*).

Não se admite a modalidade culposa.

6.8.4.8. Consumação

Nas modalidades "solicitar", "exigir" e "cobrar" o crime é **formal, de consumação antecipada** ou **de resultado cortado**: consuma-se com a realização da conduta legalmente descrita, independentemente da efetiva obtenção da vantagem desejada.

De outro lado, na modalidade "obter" o crime é **material** ou **causal**, aperfeiçoando-se no instante em que o sujeito alcança a vantagem almejada.

6.8.4.9. Tentativa

É possível, nas situações em que o delito apresentar-se como plurissubsistente.

Não será cabível o *conatus*, entretanto, quando o tráfico de influência em transação comercial internacional revelar-se crime unissubsistente, impossibilitando o fracionamento do *iter criminis*. Exemplo: solicitação, exigência ou cobrança efetuadas verbalmente, casos em que com a realização da conduta o crime estará consumado.

6.8.4.10. Ação penal

A ação penal é pública incondicionada, tanto na forma simples (*caput*) como na forma circunstanciada (parágrafo único).

6.8.4.11. Lei 9.099/1995

Em face da pena privativa de liberdade cominada – reclusão de dois a cinco anos –, o tráfico de influência em transação comercial internacional constitui-se em **crime de elevado potencial ofensivo**, incompatível com os benefícios previstos na Lei 9.099/1995.

6.8.4.12. Classificação doutrinária

O tráfico de influência na transação comercial internacional é crime **simples** (ofende um único bem jurídico); **comum** (pode ser cometido por qualquer pessoa); **formal** (nos núcleos "solicitar", "exigir" e "cobrar") ou **material** (na modalidade "obter"); **de dano** (causa lesão à Administração Pública); **de forma livre** (admite qualquer meio de execução); em regra **comissivo**; **instantâneo** (consuma-se em momento determinado, sem continuidade no tempo); **unissubjetivo**, **unilateral** ou **de concurso eventual** (pode ser praticado por um só agente, mas admite o concurso); e normalmente **plurissubsistente**.

6.8.4.13. Causa de aumento de pena: art. 337-C, parágrafo único

Está prevista no parágrafo único do art. 337-C, nos seguintes termos: "A pena é aumentada da metade, se o agente alega ou insinua que a vantagem é também destinada a funcionário estrangeiro". Cuida-se de causa de aumento da pena, aplicável na terceira e derradeira fase da dosimetria da pena privativa de liberdade.

Fica claro que para a incidência desta majorante não se exige afirmação explícita do agente no sentido de que o funcionário público estrangeiro também receberá a vantagem. A simples insinuação nesse sentido já é suficiente. Além disso, é indiferente se a vítima acredita ou não no recebimento da vantagem pelo funcionário público. Em qualquer caso, o aumento de pena é de rigor.

Se restar provado que a vantagem realmente tinha como destinatário o funcionário público estrangeiro, este responderá conforme a legislação de seu país de origem, enquanto o entregador da vantagem e o intermediador da negociação responderão por corrupção ativa na transação comercial internacional (CP, art. 337-B).

6.8.4.14. Diferenças com o tráfico de influência (art. 332, CP)

Este crime em muito se assemelha ao delito contido no art. 332 do Código Penal. Diferenciam-se, contudo, em razão de três elementos especializantes:

a) a vantagem ou promessa de vantagem pode ser direta ou indireta;

b) a qualidade do funcionário público, necessariamente estrangeiro; e

c) tem como objeto é a transação comercial internacional.

Percebe-se a existência de um conflito aparente de leis penais, solucionado pelo **princípio da especialidade**.

6.9. DOS CRIMES EM LICITAÇÕES E CONTRATOS ADMINISTRATIVOS

6.9.1. Introdução

Esse capítulo foi criado pela Lei 14.133/2021 – Lei de Licitações e Contratos Administrativos. Seu art. 178 acrescentou ao Código Penal, entre os crimes contra a Administração Pública, os arts. 337-E a 337-P, nele incluindo 11 novos tipos penais, além de trazer uma nova regulamentação à pena de multa no âmbito dos crimes em licitações e contratos administrativos.

Em face da determinação elencada pelo art. 185 da Lei de Licitações e Contratos Administrativos, os delitos catalogados no Capítulo II-B do Título XI da Parte Especial do Código Penal, consistentes nos crimes em licitações e contratos administrativos, também incidem nas licitações e contratos regidos pela Lei 13.303/2016, a qual dispõe sobre o estatuto jurídico da empresa pública, da sociedade de economia mista e de suas subsidiárias, no âmbito da União, dos Estados, do Distrito Federal e dos Municípios.

Antes da entrada em vigor da Nova Lei, essa matéria era disciplinada pelos arts. 89 a 99 da Lei 8.666/1993, a antiga "Lei de Licitações e Contratos Administrativos".

Os delitos ora contemplados pelo Código Penal, em sua esmagadora maioria, não são novidades no ordenamento jurídico brasileiro. Como veremos, muitas dessas infrações penais já eram tratadas pela Lei 8.666/1993.

A Lei 14.133/2021 – Lei de Licitações e Contratos Administrativos, em primeiro lugar, modificou as redações dos tipos penais, deixando-as em conformidade com as disposições nela contidas. Além disso, os crimes agora contam com denominações legais (*nomen iuris*), apresentando rubricas marginais que indicam as nomenclaturas atribuídas pelo legislador a cada figura penal, circunstância que não se verificava na égide da Lei 8.666/1993. Também foi criado o crime de omissão grave de dado ou de informação por projetista, catalogado no art. 337-O do Código Penal.

Mas, acima de tudo, a nova lei atribuiu aos crimes em licitações e contratos administrativos, em sua maior parte, penas privativas de liberdade sensivelmente mais elevadas do que aquelas outrora previstas na Lei 8.666/1993.

O legislador finalmente despertou quanto à gravidade de tais condutas e ao prejuízo por elas causado à coletividade, lesando sobretudo a parcela da população mais dependente da atuação efetiva do Poder Público. Percebeu-se, também, que muitas vezes as fraudes em licitações e contratos administrativos contam com a atuação de organizações criminosas, na forma definida pelo art. 1.º, § 1.º, da Lei 12.850/2013 – Lei do Crime Organizado.

E não é só. Os crimes da Lei 8.666/1993 possuíam penas extremamente brandas, fator que, somado à morosidade da Justiça Penal, à complexidade da apuração dos fatos e, não raras vezes, ao foro por prerrogativa de função dos acusados (prefeitos, governadores, etc.), levava muitas vezes à extinção da punibilidade em razão da prescrição. Como já decidido pelo Superior Tribunal de Justiça:

> As dinâmicas de perpetração e investigação de crimes de responsabilidade e de crimes contra a Lei de Licitações, de caráter mais burocrático, possuem dinâmica temporal diversa de outros crimes, como roubo, tráfico, homicídio. As investigações geralmente partem de conclusões extraídas por órgãos de controle, como tribunais de contas e controladorias, no bojo de procedimentos posteriores, que nunca ocorrem em paralelo aos fatos em apuração, o que gera uma aparente solução de continuidade entre a perpetração de crimes e a imposição de medidas acautelatórias. Esses crimes ocorrem no aparelho burocrático, no bojo de procedimentos administrativos, e só vêm a público após a instauração de outros procedimentos administrativos instaurados para fins de correição e de controle. Ao mesmo tempo, os administradores seguem suas atividades e, se dedicados à malversação de recursos públicos, seguirão constrangendo as práticas da boa administração, que só serão de conhecimento público muito tempo depois.[262]

Cumpre também destacar que, além dos crimes definidos nesse capítulo, outros delitos podem ser cometidos no contexto de uma licitação ou de um contrato administrativo. São exemplos frequentes, além da organização criminosa, a prática de corrupção ativa (CP, art. 333) e de corrupção passiva (CP, art. 317), uso de documento falso (CP, art. 304) e estelionato (CP, art. 171).

Embora rara, nada impede até mesmo a ocorrência de um homicídio na seara de uma licitação, a exemplo do que se verifica quando um dos licitantes, como retaliação à sua derrota em procedimento licitatório, vem a matar um dos membros da comissão de contratação, compreendida como o conjunto de agentes públicos indicados pela Administração, em caráter permanente ou especial, com a função de receber, examinar e julgar documentos relativos às licitações e aos procedimentos auxiliares (art. 6.º, L, da Lei 14.133/2021 – Lei de Licitações e Contratos Administrativos).

Sem prejuízo da responsabilidade penal, aquele que comete crime em licitação ou contrato administrativo também pode se sujeitar à punição em outras esferas jurídicas, seja no âmbito disciplinar, seja pela prática de ato de improbidade administrativa, definido na Lei 8.429/1992, seja inclusive no campo político, a exemplo do *impeachment* do chefe do Poder Executivo.

6.9.2. Princípio da insignificância

O princípio da insignificância, ou da criminalidade de bagatela, funciona como causa supralegal de exclusão da tipicidade. Embora o fato se revista de tipicidade formal, pois se

---

[262] HC 567.154/PB, rel. Min. Sebastião Reis Júnior, 6.ª Turma, j. 23.06.2020.

amolda ao modelo de crime descrito na lei penal, não é dotado de tipicidade material, compreendida como a lesão ou perigo de lesão ao bem jurídico penalmente tutelado.

Esse princípio é **incompatível com os crimes definidos nos arts. 337-E a 337-O do Código Penal**.

De fato, não há falar em irrelevância penal em questões envolvendo licitações e contratos administrativos, nas quais o objeto, necessariamente dotado de interesse público, apresenta valor econômico que não se pode rotular como ínfimo ou irrisório.

Ademais, o fato apresenta elevado grau de ofensividade, pois prejudica a sociedade como um todo, e o agente nele envolvido goza de intensa reprovabilidade, por sobrepor seus anseios às necessidades coletivas.

Finalmente, não se pode olvidar que os delitos em licitações e contratos administrativos estão alocados no Título XI do Código Penal, entre os crimes contra a Administração Pública, razão pela qual incide a **Súmula 599 do Superior Tribunal de Justiça**: "O princípio da insignificância é inaplicável aos crimes contra a administração pública."

6.9.3. A responsabilidade penal da pessoa jurídica

As licitações e os contratos administrativos, em sua maioria, envolvem relações entre o Poder Público e pessoas jurídicas. Como corolário dessa afirmação, surge uma pergunta: Admite-se a prática de qualquer dos crimes tipificados nos arts. 337-E a 337-O do Código Penal por pessoa jurídica?

A resposta é negativa. Nada obstante o sistema jurídico-penal brasileiro admita a responsabilidade penal da pessoa jurídica, sua incidência é restrita às hipóteses expressamente previstas na Constituição Federal, tal como se dá no art. 225, § 3.º, atinente aos crimes ambientais.

Não há previsão constitucional análoga em relação aos delitos em licitações e contratos administrativos. Portanto, é preciso concluir que a imputação criminal não pode recair diretamente na pessoa jurídica envolvida na empreitada ilícita, e sim sobre as pessoas físicas que a representam, desde que tenham, evidentemente, atuado dolosamente visando a produção do evento criminoso.

6.9.4. Pena de multa

Aos crimes em licitações e contratos administrativos são cominadas, cumulativamente, pena privativa de liberdade e pena de multa.

Na sistemática da Lei 8.666/1993, seu art. 99 continha a seguinte redação: "Art. 99. A pena de multa cominada nos arts. 89 a 98 desta Lei consiste no pagamento de quantia fixada na sentença e calculada em índices percentuais, cuja base corresponderá ao valor da vantagem efetivamente obtida ou potencialmente auferível pelo agente. § 1.º Os índices a que se refere este artigo não poderão ser inferiores a 2% (dois por cento), nem superiores a 5% (cinco por cento) do valor do contrato licitado ou celebrado com dispensa ou inexigibilidade de licitação. § 2.º O produto da arrecadação da multa reverterá, conforme o caso, à Fazenda Federal, Distrital, Estadual ou Municipal."

Existia, portanto, uma metodologia diferenciada daquela prevista no art. 49 do Código Penal, em que se adota o **sistema do dia-multa**.

Esse panorama mudou com a Lei 14.133/2021 – Lei de Licitações e Contratos Administrativos. A matéria está tratada no art. 337-P do Código Penal: "A pena de multa cominada aos crimes previstos neste Capítulo seguirá a metodologia de cálculo prevista neste Código e não poderá ser inferior a 2% (dois por cento) do valor do contrato licitado ou celebrado com contratação direta".

Redação atual – Lei 14.133/2021	Redação antiga – Lei 8.666/1993
Art. 337-P. A pena de multa cominada aos crimes previstos neste Capítulo seguirá a metodologia de cálculo prevista neste Código e não poderá ser inferior a 2% (dois por cento) do valor do contrato licitado ou celebrado com contratação direta.	Art. 99. A pena de multa cominada nos arts. 89 a 98 desta Lei consiste no pagamento de quantia fixada na sentença e calculada em índices percentuais, cuja base corresponderá ao valor da vantagem efetivamente obtida ou potencialmente auferível pelo agente. § 1.º Os índices a que se refere este artigo não poderão ser inferiores a 2% (dois por cento), nem superiores a 5% (cinco por cento) do valor do contrato licitado ou celebrado com dispensa ou inexigibilidade de licitação. § 2.º O produto da arrecadação da multa reverterá, conforme o caso, à Fazenda Federal, Distrital, Estadual ou Municipal.

Destarte, a pena de multa nos crimes em licitações e contratos administrativos é calcula de acordo com os parâmetros delineados no art. 49 do Código Penal. Será de no mínimo 10 (dez), e no máximo de 360 (trezentos e sessenta) dias-multa. O dia-multa, por sua vez, não poderá ser inferior a 1/30 (um trigésimo) do salário mínimo, nem superior a 5 (cinco) vezes esse salário, e será calculado com base na situação econômica do réu (CP, art. 49, *caput* e § 1.º, e art. 60, *caput*).

Além disso, a multa pode ser aumentada até o triplo, se o juiz considerar que, em virtude da situação econômica do réu, é ineficaz, embora aplicada no máximo (CP, art. 60, § 1.º).

O art. 337-P do Código Penal faz uma ressalva: a pena de multa **não poderá ser inferior a 2% (dois por cento) do valor do contrato licitado ou celebrado com contratação direta**. Essa trava de baixa somente é cabível nas hipóteses de contratos diretamente celebrados, ou seja, sem prévia licitação. Nos contratos antecedidos de processo licitatório, não há falar no piso mínimo de 2% do valor do contrato.

Finalmente, na vigência da Lei 8.666/1993 o produto da arrecadação da multa era revertido, conforme o caso, à Fazenda Federal, Distrital, Estadual ou Municipal (art. 99, § 2.º). A pena de multa desempenhava uma indiscutível função arrecadatória em prol dos mencionados entes federativos.

Agora, o valor da pena de multa deve ser revertido ao Fundo Penitenciário, Nacional ou Estadual, a depender do caso concreto. É o que se extrai da regra inscrita no art. 49, *caput*, do Código Penal.

6.9.5. Crimes em licitações e contratos administrativos e normas processuais

O art. 193, I, da Lei 14.133/2021 – Lei de Licitações e Contratos Administrativos revogou expressamente, na data da sua publicação, os arts. 89 a 108 da Lei 8.666/1993.

Destarte, além dos antigos crimes de licitações (arts. 89 a 98) e da extinta sistemática da pena de multa (art. 99), também foram revogados os arts. 100 a 108 da Lei 8.666/1993, os quais continham disposições processuais aplicáveis aos delitos nela definidos, com aplicação subsidiária do Código de Processo Penal e da Lei de Execução Penal (art. 108).

Agora, em relação aos crimes previstos nos arts. 337-E a 337-O do Código Penal – "Crimes em licitações e contratos administrativos", não há falar em regras processuais específicas. Aplicam-se as disposições do Código de Processo Penal, como acontece no tocante aos crimes em geral.

6.9.6. Competência

Os crimes em licitações e contratos administrativos são, em regra, de competência da Justiça Estadual.

Será competente a Justiça Federal, entretanto, quando o delito for praticado em detrimento de bens, serviços ou interesse da União ou de suas entidades autárquicas ou empresas públicas, a teor da regra contida no art. 109, IV, da Constituição Federal.

6.9.7. Lei de Licitações e Contratos Administrativos e conceito de agente público

O art. 6.º, V, da Lei 14.133/2021 – Lei de Licitações e Contratos Administrativos define **agente público**, para os fins desta Lei, como o "indivíduo que, em virtude de eleição, nomeação, designação, contratação ou qualquer outra forma de investidura ou vínculo, exerce mandato, cargo, emprego ou função em pessoa jurídica integrante da Administração Pública".

Os crimes em licitações e contratos administrativos atualmente encontram-se incorporados ao Código Penal, em seus arts. 337-E a 337-O, razão pela qual deve ser aplicado, a tais delitos, o conceito de funcionário público definido no art. 327, *caput*, do Código Penal.

6.9.8. Crimes de dano *versus* crimes de perigo

Na vigência da Lei 8.666/1993 formou-se relevante corrente doutrinária e jurisprudencial classificando como "de perigo" os crimes em licitações e contratos administrativos. Essa linha de pensamento, para muitos, deve ser mantida após a entrada em vigor dos arts. 337-E a 337-O do Código Penal.

Temos posição em sentido contrário. Os delitos em licitações e contratos administrativos são **crimes de dano**.

Com efeito, as condutas tipificadas nos arts. 337-E a 337-O do Código Penal ofendem, entre outros valores, a moralidade administrativa, a impessoalidade, a ética e a probidade dos agentes públicos, a regularidade, a lisura, a transparência e o caráter competitivo do processo licitatório, bem como a integridade e a higidez do contrato administrativo. Além disso, estão alocados no Título XI da Parte Especial do Código Penal, entre os **crimes contra a Administração Pública**.

Não se pode conceber os crimes em licitações e contratos administrativos como crimes de perigo, ou seja, delitos que se consumam com a probabilidade de lesão ao bem jurídico. Em verdade, há dano ao bem jurídico tutelado: a Administração Pública.

Essa conclusão não se altera pelo fato de não ser exigido o prejuízo econômico para a consumação de vários delitos catalogados no Capítulo II-B do Título XI da Parte Especial do Código. Tais crimes não se esgotam na ofensa ao patrimônio dos entes públicos. Aperfeiçoam-se independentemente disso, com o dano aos valores éticos e morais que envolvem a Administração Pública.

6.9.9. Art. 337-E – Contratação direta ilegal

6.9.9.1. Dispositivo legal

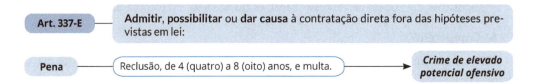

Classificação:
Crime simples
Crime próprio
Crime material ou causal
Crime de dano
Crime de forma vinculada
Crime comissivo (regra)
Crime instantâneo ou instantâneo de efeitos permanentes
Crime plurissubjetivo, plurilateral ou de concurso necessário e de condutas paralelas
Crime plurissubsistente

Informações rápidas:
Objeto material: a contratação direta, a qual somente pode ocorrer nas hipóteses taxativamente previstas em lei, de inexigibilidade e de dispensa de licitação.
Elemento subjetivo: dolo, não se admite a modalidade culposa.
Tentativa: admite (crime plurissubsistente).
Ação penal: pública incondicionada.

6.9.9.2. Evolução legislativa

O art. 89 da Lei 8.666/1993 contemplava crime semelhante ao delito ora tipificado no art. 337-E do Código Penal:

Lei 14.133/2021	Lei 8.666/1993
Art. 337-E. Admitir, possibilitar ou dar causa à contratação direta fora das hipóteses previstas em lei: Pena – reclusão, de 4 (quatro) a 8 (oito) anos, e multa.	Art. 89. Dispensar ou inexigir licitação fora das hipóteses previstas em lei, ou deixar de observar as formalidades pertinentes à dispensa ou à inexigibilidade: Pena – detenção, de 3 (três) a 5 (cinco) anos, e multa. Parágrafo único. Na mesma pena incorre aquele que, tendo comprovadamente concorrido para a consumação da ilegalidade, beneficiou-se da dispensa ou inexigibilidade ilegal, para celebrar contrato com o Poder Público.

Além da alteração da redação do tipo penal, o art. 337-E do Código Penal comina pena privativa de liberdade sensivelmente mais grave.

6.9.9.3. Introdução

A licitação é a regra geral para a contratação pela Administração Pública direta, autárquica e fundacional da União, dos Estados, do Distrito Federal e dos Municípios, assegurando a concorrência entre os participantes, com o escopo de obter a proposta mais vantajosa à Administração Pública.

Nos termos do art. 11 da Lei 14.133/2021 – Lei de Licitações e Contratos Administrativos o processo licitatório destina-se a: I – assegurar a seleção da proposta apta a gerar o resultado de contratação mais vantajoso para a Administração Pública, inclusive no que se refere ao ciclo de vida do objeto; II – assegurar tratamento isonômico entre os licitantes, bem como a justa competição; III – evitar contratações com sobrepreço ou com preços manifestamente inexequíveis e superfaturamento na execução dos contratos; e IV – incentivar a inovação e o desenvolvimento nacional sustentável.

Entretanto, a Nova Lei admite, em situações excepcionais, a contratação direta, isto é, desacompanhada do antecedente processo licitatório. São as hipóteses, **expressamente previstas em lei, de inexigibilidade e de dispensa de licitação**.

O art. 37, XXI, da Constituição Federal, ciente de casos peculiares incompatíveis com a demora e com o rito do processo licitatório, abre espaço para a contratação direta, e transfere ao legislador ordinário a sua regulamentação.

O administrador público, evidentemente, não pode proceder à contratação direta ao seu bel prazer. Além de respeitar as hipóteses previstas em lei, deve realizar um "**processo de contratação direta**", a ser instruído com os seguintes documentos: I – documento de formalização de demanda e, se for o caso, estudo técnico preliminar, análise de riscos, termo de referência, projeto básico ou projeto executivo; II – estimativa de despesa, que deverá ser calculada na forma estabelecida no art. 23 da Lei de Licitações e Contratos Administrativos; III – parecer jurídico e pareceres técnicos, se for o caso, que demonstrem o atendimento dos requisitos exigidos; IV – demonstração da compatibilidade da previsão de recursos orçamentários com o compromisso a ser assumido; V – comprovação de que o contratado preenche os requisitos de habilitação e qualificação mínima necessária; VI – razão da escolha do contratado; VII – justificativa de preço; VIII – autorização da autoridade competente.

Em respeito à transparência e à lisura que devem nortear a atuação do administrador público, o ato que autoriza a contratação direta ou o extrato decorrente do contrato deverá ser divulgado e mantido à disposição do público em sítio eletrônico oficial (art. 72, parágrafo único, da Lei 14.133/2021 – Lei de Licitações e Contratos Administrativos).

Finalmente, na hipótese de contratação direta ilegal, o contratado e o agente público responsável responderão solidariamente pelo dano causado ao erário, sem prejuízo de outras sanções legais cabíveis (art. 73 da Lei 14.133/2021 – Lei de Licitações e Contratos Administrativos). Entre as "sanções legais cabíveis", destaca-se a caracterização do crime de contratação direta ilegal, definido no art. 337-E do Código Penal.

6.9.9.4. Objetividade jurídica

O bem jurídico tutelado é a Administração Pública, no tocante ao interesse público, à legalidade, à impessoalidade, à moralidade, à transparência e à publicidade que devem nortear as contratações diretas, bem como à probidade administrativa dos agentes públicos envolvidos na sua celebração.

6.9.9.5. Objeto material

É a **contratação direta**, a qual somente pode ocorrer nas hipóteses, taxativamente previstas em lei, de inexigibilidade e de dispensa de licitação. Em outras palavras, não há como se ampliar, no plano concreto, as situações de dispensa e inexigibilidade de licitação definidas pelo legislador.

A **inexigibilidade**, definida no art. 74 da Lei 14.133/2021 – Lei de Licitações e Contratos Administrativos, se verifica quando a competição se apresenta como inviável, a exemplo da aquisição de equipamento que somente possa ser fornecido por produtor exclusivo.

De seu turno, a **dispensa**, regulamentada pelo art. 75 da Lei de Licitações e Contratos Administrativos, ocorre em situações nas quais, ao menos em tese, há viabilidade de licitação, mas o legislador optou por torná-la facultativa, tal como se dá na aquisição de medicamentos destinados exclusivamente ao tratamento de doenças raras, assim definidas pelo Ministério da Saúde.

O art. 337-E do Código Penal constitui-se em **norma penal em branco homogênea heterovitelina**. Seu preceito primário depende de complementação, situada nos arts. 74 e 75 da Lei de Licitações e Contratos Administrativos.

6.9.9.6. Núcleos do tipo

São três: "admitir", "possibilitar" e "dar" causa.

Admitir é aceitar, concordar, consentir. **Possibilitar** equivale a viabilizar, permitir, tornar algo possível. **Dar** causa, por sua, significa ensejar, contribuir. As condutas se dirigem à contratação direta ilegal, ou seja, fora das hipóteses previstas em lei.

Trata-se de **crime de forma vinculada**, pois o contrato administrativo depende das formalidades elencadas pelos §§ 1.º e 2.º do art. 89 da Lei 14.133/2021 – Lei de Licitações e Contratos Administrativos.[263]

Caracteriza-se o delito tanto quando a iniciativa é do agente público, representando o órgão público contratante (exemplo: o secretário municipal entra em contato com uma determinada empresa, sugerindo a contratação direta ilegal), bem como quando a contratação direta parte do particular (exemplo: o representante legal de uma empresa propõe ao Prefeito a celebração de contrato administrativo com dispensa de licitação, quando o caso concreto não a autoriza).

Cuida-se de **tipo misto alternativo**, **crime de ação múltipla** ou **de conteúdo variado**: se forem praticados dois ou mais núcleos, envolvendo a mesma contratação direta ilegal, estará caracterizado um único delito, como na situação em que o agente público dolosamente admite a contratação direta ilegal proposta pelo particular e, depois, adota medidas eficazes para dar causa à celebração do contrato administrativo.

Embora normalmente seja praticado por ação (crime comissivo), o delito inscrito no art. 337-E do Código Penal também pode ser cometido mediante omissão (crime omissivo impróprio, espúrio ou comissivo por omissão), quando o omitente tinha o dever de agir e podia agir para evitar o resultado (CP, art. 13, § 2.º), como no exemplo em que o Prefeito, sabendo que o Secretário de Educação está celebrando uma contratação direta ilegal, nada faz para evitar o resultado, razão pela qual o crime também deverá ser a ele imputado.

Estará caracterizado um novo delito, autônomo em relação ao anterior, no caso de **prorrogação da contratação direta ilegal**. Essa renovação não é obrigatória e, mais do que isso, representa nova violação do art. 337-E do Código Penal.

6.9.9.7. Sujeito ativo

A contratação direta ilegal é **crime próprio** ou **especial**, pois somente pode ser cometido pelo agente público dotado da prerrogativa de deliberar acerca da exigência ou da dispensa ou inexigibilidade de licitação e, posteriormente, celebrar o contrato administrativo. Essa pessoa deve ser identificada em cada ente federativo, e normalmente é representada pelo ordenador de despesas ou, em último grau, pela autoridade máxima da Administração Pública (prefeito, governador ou Presidente da República).

Admite-se o concurso de pessoas, em ambas as modalidades, a saber, coautoria e participação. Pensemos no exemplo em que o filho do Prefeito o convence a celebrar a contratação indireta ilegal de uma determinada empresa. O crime catalogado no art. 337-E deverá ser imputado a todos os envolvidos em sua prática.

É também **crime plurissubjetivo**, **plurilateral** ou **de concurso necessário**: a celebração do contrato administrativo depende da atuação conjunta do representante da Administração Pública (contratante) e também da pessoa física ou jurídica contratada, que sempre estará (ou

---

[263] "§ 1.º Todo contrato deverá mencionar os nomes das partes e os de seus representantes, a finalidade, o ato que autorizou sua lavratura, o número do processo da licitação ou da contratação direta e a sujeição dos contratantes às normas desta Lei e às cláusulas contratuais. § 2.º Os contratos deverão estabelecer com clareza e precisão as condições para sua execução, expressas em cláusulas que definam os direitos, as obrigações e as responsabilidades das partes, em conformidade com os termos do edital de licitação e os da proposta vencedora ou com os termos do ato que autorizou a contratação direta e os da respectiva proposta."

ao menos deveria estar) ciente da ilegalidade da dispensa ou da inexigibilidade da licitação, uma vez que as hipóteses legais são do conhecimento obrigatório de todas as pessoas, especialmente daquelas que contratam com entes públicos.

Além disso, trata-se de **crime de condutas paralelas**, pois todos os agentes colaboram para produção de igual resultado, qual seja, a contratação direta ilegal.

6.9.9.8. Sujeito passivo

É o Estado e, mediatamente, a pessoa física ou jurídica prejudicada pela contratação direta ilegal, a exemplo da empresa que tinha interesse em participar do processo licitatório indevidamente dispensado.

6.9.9.9. Elemento subjetivo

É o dolo, consistente na intenção de admitir, possibilitar ou dar causa à contratação direta fora das hipóteses previstas em lei. Não se admite a modalidade culposa.

Em nossa opinião, não se reclama nenhuma finalidade especial (elemento subjetivo específico), consistente na vontade de causar dano ao erário ou de obter vantagem indevida, para si ou para terceiro. O tipo penal claramente não condiciona a existência do delito a nenhum fator desta qualidade. O Superior Tribunal de Justiça, entretanto, já decidiu em sentido contrário: "Para a configuração do crime previsto no art. 89 da Lei n. 8.666/1993, agora disposto no art. 337-E do CP (Lei n. 14.133/2021), é indispensável a comprovação do dolo específico de causar danos ao erário e o efetivo prejuízo aos cofres públicos."[264]

6.9.9.9.1. Processo de contratação direta e parecer jurídico favorável

O art. 72, III, da Lei 14.133/2021 – Lei de Licitações e Contratos Administrativos estatui que o processo de contratação direta deve ser instruído por "parecer jurídico e pareceres técnicos, se for o caso, que demonstrem o atendimento dos requisitos exigidos."

No caso concreto, a existência de parecer jurídico favorável à contratação direta funciona como forte indicativo da ausência do dolo exigido para a caracterização do crime tipificado pelo art. 337-E do Código Penal. Mas o delito não estará automaticamente afastado. Com efeito, os elementos probatórios podem demonstrar conluio ou desvio de finalidade com o parecerista, evidenciado a total ciência do agente público quanto à ilegalidade da contratação direta.

6.9.9.10. Consumação

A contratação direta ilegal é **crime material** ou **causal**: consuma-se com a contratação direta, fora das hipóteses previstas em lei. Prescinde-se, todavia, da causação de prejuízo econômico ao erário, embora tal acontecimento normalmente esteja presente em situações de dispensa ou inexigibilidade indevida de licitação. Basta a contratação direta ilegal, com a potencialidade de lesar os cofres públicos ou de proporcionar vantagem ilícita a alguém, suficiente por si só a ofender a moralidade administrativa. Exemplo: o Município contrata diretamente uma empresa para fornecimento de determinados produtos, mas antes de qualquer entrega e de pagamento o negócio jurídico é anulado pelo Poder Judiciário, no bojo de ação civil pública proposta pelo Ministério Público.

É também **crime instantâneo**, pois a consumação se dá no momento da celebração do contrato sem licitação, embora seus efeitos possam se prolongar no tempo, durante a vigência do contrato administrativo. Nesse caso, estará configurado um **crime instantâneo de efeitos permanentes**.

---

[264] AgRg no HC 669.347/SP, rel. Min. Jesuíno Rissato (Desembargador convocado do TJ/DF), rel. p/ acórdão Min. João Otávio de Noronha, 5.ª Turma, j. 13.12.2021, noticiado no *Informativo* 723.

6.9.9.11. Tentativa

É cabível, em face do caráter plurissubsistente do delito. Exemplo: um secretário municipal deflagra o processo para contratação direta de uma empresa, porém, antes da assinatura da avença, a iniciativa vem a ser revogada pelo Prefeito.

6.9.9.12. Ação penal

A ação penal é pública incondicionada.

6.9.9.13. Lei 9.099/1995

A contratação direta ilegal constitui-se em **crime de elevado potencial ofensivo**. A pena privativa de liberdade cominada – reclusão, de 4 a 8 anos, e multa – inviabiliza a incidência de qualquer dos benefícios elencados pela Lei 9.099/1995.

6.9.9.14. Classificação doutrinária

A contratação direta ilegal é crime **simples** (ofende um único bem jurídico); **próprio** (somente pode ser cometido pelo funcionário público autorizado a efetuar a contratação direta); **material** ou **causal** (a consumação reclama a produção do resultado naturalístico, consistente na celebração do contrato administrativo); **de dano** (lesa o bem jurídico tutelado); **de forma vinculada** (o contrato administrativo deve respeitar as formalidades previstas em lei); em regra **comissivo**; **instantâneo** (consuma-se em um momento determinado, sem continuidade no tempo) ou **instantâneo de efeitos permanentes** (quando seus efeitos se arrastam no tempo, após a consumação); **plurissubjetivo, plurilateral** ou **de concurso necessário** (exige-se a participação de ao menos duas pessoas, contratante e contratado) e **de condutas paralelas** (os agentes buscam o mesmo fim); e **plurissubsistente**.

6.9.10. Art. 337-F – Frustração do caráter competitivo de licitação

6.9.10.1. Dispositivo legal

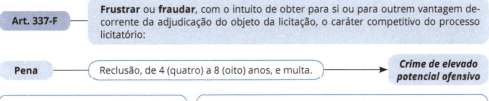

Classificação:
Crime simples
Crime comum
Crime formal, de consumação antecipada ou de resultado cortado
Crime de dano
Crime de forma livre
Crime comissivo (regra)
Crime instantâneo
Crime unissubjetivo, unilateral ou de concurso eventual
Crime plurissubsistente

Informações rápidas:
Objeto material: o processo licitatório.
Elemento subjetivo: dolo (elemento subjetivo específico – obter, para si ou para outrem, vantagem decorrente do objeto da adjudicação).
Tentativa: admite (crime plurissubsistente).
Ação penal: pública incondicionada.
Lei Anticorrupção: as sanções nela contida não excluem a responsabilidade penal da pessoa física que tenha incorrido no art. 337-F do Código Penal.

6.9.10.2. Evolução legislativa

O art. 90 da Lei 8.666/1993, revogado pela Lei 14.133/2021 – Lei de Licitações e Contratos Administrativos, contemplava crime semelhante ao atualmente tipificado pelo art. 337-F do Código Penal, etiquetado pelo legislador como "frustração do caráter competitivo da licitação".

Além da atualização redacional, o novo tipo penal apresenta pena privativa de liberdade mais elevada do que aquela contida no art. 90 da Lei 8.666/1993.

Lei 14.133/2021	Lei 8.666/1993
Art. 337-F. Frustrar ou fraudar, com o intuito de obter para si ou para outrem vantagem decorrente da adjudicação do objeto da licitação, o caráter competitivo do processo licitatório: Pena – reclusão, de 4 (quatro) anos a 8 (oito) anos, e multa.	Art. 90. Frustrar ou fraudar, mediante ajuste, combinação ou qualquer outro expediente, o caráter competitivo do procedimento licitatório, com o intuito de obter, para si ou para outrem, vantagem decorrente da adjudicação do objeto da licitação: Pena – detenção, de 2 (dois) a 4 (quatro) anos, e multa.

6.9.10.3. Introdução

A licitação destina-se, entre outras finalidades, a proporcionar a igualdade de competição entre todos os interessados em contratar com o Poder Público. Trata-se de determinação imposta pela Constituição Federal, em seu art. 37, XXI:

> (...) ressalvados os casos especificados na legislação, as obras, serviços, compras e alienações serão contratados mediante processo de licitação pública que **assegure igualdade de condições a todos os concorrentes**, com cláusulas que estabeleçam obrigações de pagamento, mantidas as condições efetivas da proposta, nos termos da lei, o qual somente permitirá as exigências de qualificação técnica e econômica indispensáveis à garantia do cumprimento das obrigações.

O art. 5.º da Lei 14.133/2021 – Lei de Licitações e Contratos Administrativos afirma incisivamente que, na sua aplicação, devem ser observados diversos princípios, destacando-se a impessoalidade, a moralidade, a eficiência, a probidade administrativa, a igualdade e a competitividade.

Mais do que um desdobramento do princípio da isonomia (CF, art. 5.º, *caput*), a igualdade de condições entre os licitantes visa a garantia das condições de contratação mais vantajosas em favor da Administração Pública, que poderá optar pelos melhores serviços, bens ou projetos, em troca do menor pagamento possível, além de preservar os princípios da impessoalidade e da moralidade administrativa.

Além da incriminação desta conduta, o art. 9.º, I, da Lei de Licitações e Contratos Administrativos preceitua ser vedado ao agente público designado para atuar na área de licitação e contratos, ressalvados os casos previstos em lei, admitir, prever, incluir ou tolerar, nos atos que praticar, situações que comprometam, restrinjam ou frustrem o caráter competitivo do processo licitatório.

Finalmente, o art. 155, XI, da Nova Lei dispõe que o licitante ou o contratado será responsabilizado administrativamente pela infração consistente em praticar atos ilícitos com vistas a frustrar os objetivos da licitação.

6.9.10.4. Lei Anticorrupção

O art. 5.º, IV, "a", da Lei 12.846/2013 – Lei Anticorrupção arrola, entre os atos lesivos à Administração Pública, no tocante a licitações e contratos, a conduta de "frustrar ou fraudar, mediante ajuste, combinação ou qualquer outro expediente, o caráter competitivo de procedimento licitatório público".

Embora tal diploma legislativo disponha apenas sobre a responsabilização administrativa e civil de **pessoas jurídicas**, as sanções nela contidas obviamente não excluem a responsabilidade penal da pessoa física que tenha incorrido no art. 337-F do Código Penal.

6.9.10.5. Objetividade jurídica

O bem jurídico protegido é a Administração Pública, relativamente à igualdade entre todos os licitantes, à impessoalidade e à moralidade administrativa.

6.9.10.6. Objeto material

É o processo licitatório, no tocante ao seu caráter competitivo.

6.9.10.7. Núcleos do tipo

São dois: frustrar e fraudar.

Frustrar é atrapalhar ou prejudicar. **Fraudar**, por sua vez, equivale a enganar, iludir ou ludibriar. Os verbos são análogos, e bastaria a previsão pelo legislador de um só deles, pois ambas as condutas são direcionadas a eliminar ou cercear o caráter competitivo da licitação, atendendo à intenção do agente de obter, para si ou para outrem, vantagem decorrente da adjudicação do objeto da licitação.

Adjudicação é o ato vinculado pelo qual a Administração Pública atribui o objeto da licitação ao licitante vencedor, assegurando-lhe o direito, salvo exceções legais, de celebrar o contrato administrativo para o qual se realizou o processo licitatório.

Um exemplo típico desse delito se verifica quando o agente público responsável pela licitação, na modalidade pregão, procede à divulgação do edital em local acessível a poucas pessoas, e deixa propositalmente de publicá-lo no sítio eletrônico oficial, ou então quando aquele que deseja contratar com o Poder Público retira o edital do local em que normalmente tais instrumentos são publicados no recinto da prefeitura de pequena cidade interiorana, visando afastar outros licitantes, que não chegam a ter conhecimento do leilão. Busca-se, com tais comportamentos, ofender a disposição veiculada pelo art. 31, § 3.º, da Lei 14.133/2021 – Lei de Licitações e Contratos Administrativos:

> Art. 31, § 3.º Além da divulgação no sítio eletrônico oficial, o edital do leilão será afixado em local de ampla circulação de pessoas na sede da Administração e poderá, ainda, ser divulgado por outros meios necessários para ampliar a publicidade e a competitividade da licitação.

Paulo José da Costa Júnior exemplifica com uma situação que era muito frequente no passado, mas que diminuiu sensivelmente com o avanço da *internet*: a divulgação de falsa notícia de que a licitação fora eliminada ou adiada.[265]

Outros exemplos frequentes desse delito são o **sobrepreço**, prática nefasta em que os licitantes, de comum acordo, apresentam propostas contendo preços manifestamente superiores aos praticados no mercado, e o **rodízio**, especialmente nas cidades de pequeno porte, no qual

---

[265] COSTA JÚNIOR, Paulo José da. *Direito penal das licitações*. 2.ª ed. São Paulo: Saraiva, 2004. p. 21.

os licitantes fracionam entre si os processos licitatórios, combinando quem irá vencer cada um dos certames.

A conduta, em regra, é praticada por ação (crime comissivo), mas nada impede a imputação do crime a quem se omitiu, quando tinha o dever de agir e podia agir para evitar o resultado, nos termos do art. 13, § 2.º, do Código Penal (crime omissivo impróprio, espúrio ou comissivo por omissão), tal como na hipótese do superior hierárquico que, ao perceber a atitude fraudulenta do seu subalterno, destinada a frustrar a competitividade da licitação, dolosamente permanece inerte, e assim contribui para o aperfeiçoamento do delito.

6.9.10.8. Sujeito ativo

O crime é **comum** ou **geral**. Pode ser cometido por qualquer pessoa, isto é, tanto pelo agente público responsável pela licitação como por qualquer indivíduo que realize manobra ilícita destinada a abalar o caráter competitivo da licitação.

Na prática, normalmente tais pessoas agem com unidade de desígnio, unindo esforços para o resultado final, e devem responder conjuntamente pelo delito, em respeito à teoria unitária ou monista adotada pelo art. 29, *caput*, do Código Penal em relação ao concurso de pessoas.

6.9.10.9. Sujeito passivo

É o Estado e, mediatamente, a pessoa física ou jurídica prejudicada pela manobra que frustrou ou fraudou o caráter competitivo do processo licitatório.

6.9.10.10. Elemento subjetivo

É o dolo, acompanhado da finalidade específica (elemento subjetivo específico) de obter, para si ou para outrem, vantagem decorrente do objeto da adjudicação.

6.9.10.11. Consumação

Trata-se de **crime formal, de consumação antecipada ou de resultado cortado**: consuma-se com a manobra destinada a frustrar ou fraudar o caráter competitivo da licitação. O tipo penal é claro e não deixa margem a dúvida: basta o intuito de obter, para si ou para outrem, vantagem decorrente da adjudicação do objeto da licitação, ou seja, não se reclama a efetiva obtenção de tal vantagem.[266]

Destarte, não se exige tenha a Administração Pública suportado prejuízo patrimonial com a conduta ilícita, a exemplo do que se dá na compra de bens ou serviços por preço superior ao praticado no mercado. De fato, o dano ao erário não figura como elementar do tipo penal, e o bem jurídico tutelado é o caráter competitivo do processo licitatório.

Eventual lesão aos cofres públicos deve ser encarada como exaurimento do delito, a ser utilizada pelo magistrado na dosimetria da pena-base, como circunstância judicial desfavorável, nos moldes do art. 59, *caput*, do Código Penal.

6.9.10.12. Tentativa

É possível, pois a natureza plurissubsistente do delito comporta o fracionamento do *iter criminis*. Exemplo: o agente público responsável pela licitação insere cláusulas restritivas e desnecessárias no edital, as quais inviabilizariam a competitividade da licitação. Essa manobra,

---

[266] Na vigência do art. 90 da Lei 8.666/1993, o Superior Tribunal de Justiça editou a Súmula 645: "O crime de fraude à licitação é formal e sua consumação prescinde da comprovação do prejuízo ou da obtenção de vantagem".

contudo, é percebida pelo superior hierárquico, que vem a determinar a elaboração de novo (e correto) edital.

6.9.10.13. Ação penal

A ação penal é pública incondicionada.

6.9.10.14. Lei 9.099/1995

A frustração do caráter competitivo da licitação é **crime de elevado potencial ofensivo**. A pena privativa de liberdade cominada – reclusão, de 4 a 8 anos – impede a incidência dos benefícios elencados pela Lei 9.099/1995.

6.9.10.15. Classificação doutrinária

A frustração do caráter competitivo da licitação é crime **simples** (ofende um único bem jurídico); **comum** (pode ser cometido por qualquer pessoa); **formal, de consumação antecipada** ou **de resultado cortado** (consuma-se com a prática da conduta descrita em lei, independentemente da produção do resultado naturalístico); **de dano** (lesa o bem jurídico tutelado); **de forma livre** (admite qualquer meio de execução); em regra **comissivo**; **instantâneo** (consuma-se em um momento determinado, sem continuidade no tempo); **unissubjetivo, unilateral** ou **de concurso eventual** (normalmente cometido por uma única pessoa, mas admite o concurso); e **plurissubsistente**.

6.9.11. Art. 337-G – Patrocínio de contratação indevida

6.9.11.1. Dispositivo legal

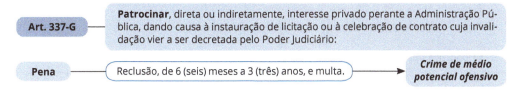

Classificação:
Crime simples
Crime próprio
Crime material ou causal
Crime de dano
Crime de forma livre
Crime comissivo (regra)
Crime instantâneo
Crime unissubjetivo, unilateral ou de concurso eventual
Crime subordinado a condição objetiva de punibilidade

Informações rápidas:
Objeto material: o interesse privado, compreendido como qualquer anseio ligado ao particular, pessoa física ou jurídica.
Elemento subjetivo: dolo (finalidade específica – dar causa à instauração de licitação ou à celebração de contrato administrativo). Não se admite a modalidade culposa.
Tentativa: não admite.
Ação penal: pública incondicionada.
Patrocínio de contratação indevida: forma especial de advocacia administrativa (art. 321 do CP) entre os crimes praticados por funcionário público contra a Administração **em geral**.
Art. 337-G do CP: agente patrocina **interesse particular** que vem a dar causa à instauração de licitação ou à celebração de contrato cuja invalidação vier a ser decretada pelo Poder Judiciário.
Art. 3.º, III, da Lei 8.137/1990: modalidade específica de advocacia administrativa, restrita ao âmbito da **administração fazendária**.

6.9.11.2. Evolução legislativa

A conduta atualmente definida no art. 337-G do Código Penal se assemelha ao crime outrora previsto no art. 91 da Lei 8.666/1993. Operou-se uma pequena modificação na redação típica, e merece destaque o aumento da pena privativa de liberdade em seu patamar máximo, agora de 3 anos, e de reclusão.

Lei 14.133/2021	Lei 8.666/1993
Art. 337-G. Patrocinar, direta ou indiretamente, interesse privado perante a Administração Pública, dando causa à instauração de licitação ou à celebração de contrato cuja invalidação vier a ser decretada pelo Poder Judiciário:	Art. 91. Patrocinar, direta ou indiretamente, interesse privado perante a Administração, dando causa à instauração de licitação ou à celebração de contrato, cuja invalidação vier a ser decretada pelo Poder Judiciário:
Pena – reclusão, de 6 (seis) meses a 3 (três) anos, e multa.	Pena – detenção, de 6 (seis) meses a 2 (dois) anos, e multa.

6.9.11.3. Introdução

O patrocínio de contratação indevida constitui-se em **forma especial de advocacia administrativa**, catalogada no art. 321 do Código Penal entre os crimes praticados por funcionário público contra a Administração em geral:

Art. 321 – Patrocinar, direta ou indiretamente, interesse privado perante a administração pública, valendo-se da qualidade de funcionário:

Pena – detenção, de um a três meses, ou multa.

Parágrafo único – Se o interesse é ilegítimo:

Pena – detenção, de três meses a um ano, além da multa.

O conflito aparente de normas é solucionado pelo **princípio da especialidade**. O crime tipificado no art. 337-G do Código Penal apresenta elementos especializantes em relação à advocacia administrativa, a saber, o agente não patrocina qualquer interesse privado perante a Administração Pública, e sim interesse particular que vem a dar causa à instauração de licitação ou à celebração de contrato cuja invalidação vier a ser decretada pelo Poder Judiciário.

Na seara dos **crimes tributários**, o art. 3.º, III, da Lei 8.137/1990 contempla outra modalidade específica de advocacia administrativa, restrita ao âmbito da **administração fazendária**:

Art. 3.º Constitui crime funcional contra a ordem tributária, além dos previstos no Decreto-Lei n.º 2.848, de 7 de dezembro de 1940 – Código Penal (Título XI, Capítulo I):

(...)

III – patrocinar, direta ou indiretamente, interesse privado perante a administração fazendária, valendo-se da qualidade de funcionário público.

Pena – reclusão, de 1 (um) a 4 (quatro) anos, e multa.

6.9.11.4. Objetividade jurídica

O bem jurídico protegido é a Administração Pública, no tocante à moralidade, à retidão, à probidade e à impessoalidade que devem revestir a atuação dos seus agentes, os quais não podem, sob nenhum pretexto, se aproveitar dos poderes inerentes à função pública para servir a interesses estranhos aos do Estado.

6.9.11.5. Objeto material

É o **interesse privado**, compreendido como qualquer anseio ligado ao particular, pessoa física ou jurídica. Em síntese, trata-se do interesse que não pertence ao Estado.[267]

Esse interesse pode inclusive ser do funcionário público, relativamente à sua vida privada, ou seja, fora da sua atuação funcional.

Mas não basta ser interesse privado. Deve ser patrocinado perante a Administração Pública, de modo a ensejar a instauração de licitação ou a celebração de contrato posteriormente invalidado pelo Poder Judiciário, em face da sua ilegalidade.

6.9.11.6. Núcleo do tipo

É **patrocinar**, ou seja, defender ou advogar **interesse privado** perante a Administração Pública. Admite-se qualquer meio de execução (crime de forma livre), é dizer, o patrocínio pode ser realizado verbalmente, por escrito, por gestos, símbolos etc.

A conduta pode ser praticada **direta** – pelo próprio funcionário público – ou **indiretamente**, é dizer, valendo-se de interposta pessoa, como na situação em que o funcionário público utiliza um amigo em comum para representar interesse privado frente a outro funcionário público.

Essa conduta normalmente é veiculada por ação (crime comissivo), mas também pode ser consubstanciada pela omissão, quando o funcionário público tinha o dever de agir e podia agir para evitar o resultado, mas dolosamente preferiu permanecer inerte, nos moldes do art. 13, § 2.º, do Código Penal (crime omissivo impróprio, espúrio ou comissivo por omissão). Exemplificativamente, responde pelo delito o chefe da repartição pública que nada faz quando toma ciência que um dos seus subordinados está postulando interesse privado frente a um colega de serviço, objetivando a instauração de processo licitatório.

Exige-se que tal patrocínio conduza à **instauração de licitação**, em qualquer das modalidades arroladas no art. 28 da Lei 14.133/2021 – Lei de Licitações e Contratos Administrativos (pregão, concorrência, concurso, leilão ou diálogo competitivo), ou à **celebração de contrato administrativo**.

No último caso, o contrato pode ter sido celebrado diretamente, com base na dispensa ou inexigibilidade de licitação, ou ser antecedido de regular processo licitatório. Em outras palavras, o patrocínio do interesse privado pode ocorrer tanto na fase da licitação, mas também pode se verificar na etapa da celebração do contrato, sem que tenha se verificado a intervenção ilícita do funcionário público antes da instauração do processo licitatório.

É indispensável que a instauração da licitação ou a celebração do contrato tenha sua **invalidação decretada pelo Poder Judiciário**.

Em respeito ao princípio da presunção de não culpabilidade, insculpido no art. 5.º, LVII, da Constituição Federal, o delito somente poderá ser reconhecido quando a invalidação pelo Poder Judiciário for **definitiva**, isto é, encontrar-se acobertada pela coisa julgada. Em síntese, não há falar no crime definido no art. 337-G do Código Penal quando a decisão judicial ainda comportar algum recurso, ou estiver pendente de julgamento do recurso interposto.

Finalmente, e por expressão previsão legal, **não se caracteriza o crime de patrocínio de contratação indevida** quando a instauração da licitação ou a celebração do contrato, mesmo

---

[267] "A locução 'interesse privado' pode compreender o 'simples interesse' que se esgota no plano administrativo ou, também a 'um direito', o qual, insatisfeito na esfera administrativa, pode ser postulado no plano judicial." (BITENCOURT, Cezar Roberto. *Direito penal das licitações*. São Paulo: Saraiva, 2012. p. 216.)

com a defesa do interesse privado perante determinado órgão público, vem a ser **anulada ou revogada pela própria Administração Pública**. O tipo penal não deixa margem a dúvida, e exige a **invalidação pelo Poder Judiciário**.

6.9.11.7. Sujeito ativo

Cuida-se de **crime próprio** ou **especial**: somente pode ser praticado por funcionário público, que se aproveita das facilidades proporcionadas pela sua posição para, desvirtuando seu mister e com manifesto desvio de finalidade, defender interesse particular perante a Administração Pública.

Além disso, o patrocínio de contratação indevida constitui-se em **crime funcional próprio**, pois é cometido pelo funcionário público e prevalecendo-se da função pública, e a ausência da condição funcional conduz à atipicidade do fato. De fato, não há crime algum quando um particular, sem a colaboração do funcionário público, patrocina interesse privado, próprio ou alheio, no âmbito da Administração Pública.

Admite-se o concurso de pessoas, tanto na coautoria como na participação. Consequentemente, um particular (*extraneus*) pode ser responsabilizado pelo delito previsto no art. 337-G do Código Penal – nunca atuando sozinho – quando concorre para a conduta ilícita do funcionário público. Exemplo: um vereador e um advogado particular defendem o interesse de um empresário junto ao chefe do Poder Executivo municipal, daí acarretando a celebração de contrato administrativo em favor da empresa por ele comandada.

6.9.11.8. Sujeito passivo

É o Estado e, no plano mediato, a pessoa física ou jurídica prejudicada pela conduta criminosa, a exemplo do particular lesado pela celebração de contrato administrativo com terceiro, que teve seu interesse indevidamente representado pelo funcionário público.

6.9.11.9. Elemento subjetivo

É o dolo de defender interesse privado perante a Administração Pública, acompanhado de uma finalidade específica, consistente em dar causa à instauração de licitação ou à celebração de contrato administrativo.

Não se admite a modalidade culposa.

6.9.11.10. Consumação

O patrocínio de contratação indevida é **crime material** ou **causal**: consuma-se quando, em razão da intervenção do funcionário público representando interesse privado perante a Administração Pública, vem a ser instaurada licitação ou celebrado contrato.

O delito estará completo, portanto, com a instauração do processo licitatório ou com a celebração do contrato administrativo em consequência do patrocínio do interesse privado pelo agente público.

De modo pouco usual, contudo, o tipo penal contempla uma **condição objetiva de punibilidade**. Com efeito, embora a consumação já tenha se verificado, a punição dependerá da decretação da invalidação (definitiva) da licitação ou do contrato pelo Poder Judiciário.

6.9.11.11. Tentativa

Não se admite o *conatus*, uma vez que a punição do delito depende da invalidação da licitação ou do contrato pelo Poder Judiciário. Existem, portanto, duas alternativas:

a) houve o patrocínio de interesse privado perante a Administração Pública, daí resultando a instauração de licitação ou a celebração de contrato com posterior decretação de invalidade pelo Poder Judiciário, e será possível a punição do agente responsável pelo delito; ou

b) nada obstante o patrocínio de interesse privado perante a Administração Pública, com instauração de licitação ou celebração de contrato, não se operou a decretação de invalidade pelo Poder Judiciário, não se podendo falar em punição do responsável pelo fato.

Crimes subordinados a condição objetiva de punibilidade são incompatíveis com a tentativa. Se o próprio delito completo não é punível sem esta condição, muito menos o será a sua tentativa.[268]

6.9.11.12. Ação penal

A ação penal é pública incondicionada.

6.9.11.13. Lei 9.099/1995

A pena privativa de liberdade cominada ao patrocínio de contratação indevida é de reclusão, de 6 (seis) meses a 3 (três) anos. Trata-se de **crime de médio potencial ofensivo**, compatível com a suspensão condicional do processo, se presentes os demais requisitos elencados pelo art. 89 da Lei 9.099/1995.

6.9.11.14. Classificação doutrinária

O patrocínio de contratação indevida é crime **simples** (ofende um único bem jurídico); **próprio** (somente pode ser cometido pelo funcionário público); **material** ou **causal** (a consumação depende da produção do resultado naturalístico); **de dano** (lesa o bem jurídico tutelado); **de forma livre** (admite qualquer meio de execução); em regra **comissivo**; **instantâneo** (consuma-se em um momento determinado, sem continuidade no tempo); **unissubjetivo, unilateral** ou **de concurso eventual** (normalmente cometido por uma única pessoa, mas admite o concurso); e **subordinado a condição objetiva de punibilidade**.

6.9.12. Art. 337-H – Modificação ou pagamento irregular em contrato administrativo

6.9.12.1. Dispositivo legal

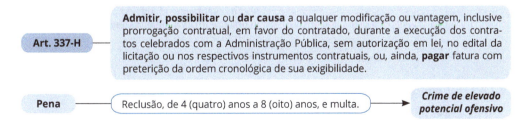

---

[268] NORONHA, E. Magalhães. Questões acerca da tentativa. *Estudos de direito e processo penal em homenagem a Nélson Hungria*. Rio de Janeiro: Forense, 1962. p. 247.

Classificação:	**Informações rápidas:**

Crime simples
Crime próprio
Crime formal, de consumação antecipada ou de resultado cortado
Crime de dano
Crime de forma livre
Crime comissivo (regra)
Crime instantâneo
Crime unissubjetivo, unilateral ou de concurso eventual
Crime plurissubsistente

Objeto material: a modificação ou vantagem, inclusive prorrogação contratual, em favor do contratado, durante a execução dos contratos celebrados com a Administração Pública, sem autorização em lei, no edital da licitação ou nos respectivos instrumentos contratuais, bem como a fatura paga com preterição da ordem cronológica de sua exigibilidade.
Elemento subjetivo: dolo, não se admite a modalidade culposa.
Tentativa: admite (crime plurissubsistente).
Ação penal: pública incondicionada.
Lei Anticorrupção: as sanções nela contida não afastam a responsabilidade penal da pessoa física que tenha incidido no art. 337-H do Código Penal.
Crime de Prefeito: art. 1.º, XII, do Decreto-lei 201/1967.

6.9.12.2. Evolução legislativa

O art. 92 da Lei 8.666/1993 previa um crime semelhante ao atual delito de modificação ou pagamento irregular em contrato administrativo. Além das alterações na redação típica, o art. 337-H do Código Penal comina pena privativa de liberdade sensivelmente mais severa, a saber, reclusão de 4 (quatro) a 8 (oito) anos, sem prejuízo da multa.

Lei 14.133/2021	Lei 8.666/1993
Art. 337-H. Admitir, possibilitar ou dar causa a qualquer modificação ou vantagem, inclusive prorrogação contratual, em favor do contratado, durante a execução dos contratos celebrados com a Administração Pública, sem autorização em lei, no edital da licitação ou nos respectivos instrumentos contratuais, ou, ainda, pagar fatura com preterição da ordem cronológica de sua exigibilidade: Pena – reclusão, de 4 (quatro) anos a 8 (oito) anos, e multa.	Art. 92. Admitir, possibilitar ou dar causa a qualquer modificação ou vantagem, inclusive prorrogação contratual, em favor do adjudicatário, durante a execução dos contratos celebrados com o Poder Público, sem autorização em lei, no ato convocatório da licitação ou nos respectivos instrumentos contratuais, ou, ainda, pagar fatura com preterição da ordem cronológica de sua exigibilidade, observado o disposto no art. 121 desta Lei: Pena – detenção, de dois a quatro anos, e multa. Parágrafo único. Incide na mesma pena o contratado que, tendo comprovadamente concorrido para a consumação da ilegalidade, obtém vantagem indevida ou se beneficia, injustamente, das modificações ou prorrogações contratuais.

6.9.12.3. Lei Anticorrupção

O art. 5.º, IV, "f", da Lei 12.846/2013 – Lei Anticorrupção arrola, entre os atos lesivos à Administração Pública, no tocante a licitações e contratos, o comportamento de "obter vantagem ou benefício indevido, de modo fraudulento, de modificações ou prorrogações de contratos celebrados com a administração pública, sem autorização em lei, no ato convocatório da licitação pública ou nos respectivos instrumentos contratuais."

Na alínea "g", a seu tempo, é previsto, como de igual natureza, a conduta de "manipular ou fraudar o equilíbrio econômico-financeiro dos contratos celebrados com a Administração Pública".

Embora tal instrumento normativo discipline a responsabilização administrativa e civil de pessoas jurídicas, as sanções nela contidas não afastam a responsabilidade penal da pessoa física que tenha incidido no art. 337-H do Código Penal.

6.9.12.4. Objetividade jurídica

O bem jurídico tutelado é a Administração Pública, especificamente no tocante à moralidade e à impessoalidade na correta execução dos contratos celebrados entre os particulares e a Administração Pública, de modo a evitar o privilégio, o protecionismo e o favoritismo de alguns contratados. Também se protege a igualdade entre os credores da Administração Pública, que não podem ser beneficiados ou prejudicados nos pagamentos a que têm direito.

O art. 37, XXI, da Constituição Federal determina a vinculação da proposta oferecida na licitação durante a execução do contrato administrativo, visando a preservação do equilíbrio econômico-financeiro entre as partes:

> (...) ressalvados os casos especificados na legislação, as obras, serviços, compras e alienações serão contratados mediante processo de licitação pública que assegure igualdade de condições a todos os concorrentes, com cláusulas que estabeleçam obrigações de pagamento, **mantidas as condições efetivas da proposta**, nos termos da lei, o qual somente permitirá as exigências de qualificação técnica e econômica indispensáveis à garantia do cumprimento das obrigações.

6.9.12.5. Objeto material

É a modificação ou vantagem, inclusive prorrogação contratual, em favor do contratado, durante a execução dos contratos celebrados com a Administração Pública, sem autorização em lei, no edital da licitação ou nos respectivos instrumentos contratuais, bem como a fatura paga com preterição da ordem cronológica de sua exigibilidade.

6.9.12.6. Núcleos do tipo

O art. 337-H do Código Penal contém duas condutas típicas. Vejamos cada uma delas.

1.ª conduta típica: "admitir, possibilitar ou dar causa a qualquer modificação ou vantagem, inclusive prorrogação contratual, em favor do contratado, durante a execução dos contratos celebrados com a Administração Pública, sem autorização em lei, no edital da licitação ou nos respectivos instrumentos contratuais."

A 1.ª parte do art. 337-H do Código Penal contempla o crime de **modificação irregular em contrato administrativo**.

Admitir é autorizar, aceitar, reconhecer. **Possibilitar** equivale a proporcionar, viabilizar. **Dar causa** equivale a provocar, ocasionar. Todos os verbos dizem respeito a qualquer modificação (alteração) ou vantagem (benefício), inclusive prorrogação contratual, em favor do contratado, e não do interesse público, durante a execução do contrato administrativo, sem autorização em lei, no edital da licitação ou no instrumento contratual.

Trata-se de **tipo misto alternativo, crime de ação múltipla** ou **de conteúdo variado**: se o agente realizar mais de um núcleo, em relação ao mesmo objeto material, estará caracterizado um único delito.

Há nítido **desvio de finalidade**, tornando o contrato mais oneroso à Administração Pública, mediante algum benefício à empresa ou ao profissional contratado. A expressão "**em favor do contratado**" deve ser interpretada como a simples alteração ou prorrogação contratual, prescindindo-se de superfaturamento ou recebimento de pagamento sem a correspondente contraprestação em mercadorias ou serviços. O contratado, em poucas palavras, não tinha direito à mudança da avença em seu favor.

Esse delito pressupõe um **contrato regularmente celebrado com a Administração Pública**, em regra antecedido por processo licitatório, e excepcionalmente fruto de contratação direta, em face da caracterização de hipótese de dispensa ou inexigibilidade de licitação.

Durante sua execução, isto é, no prazo de vigência do contrato administrativo, o funcionário público nele insere algum aditamento (modificação ou vantagem) ou vem a prorrogá-lo (ampliação do prazo original), em benefício do contratado e de forma ilegal, uma vez que não existia autorização legal, regulamentar ou contratual nesse sentido.

Se o contrato já havia se encerrado, e o funcionário público procede à sua "prorrogação" indevida, estará caracterizado o crime de contratação direta ilegal (CP, art. 337-E), pois tal conduta destinou-se a burlar a obrigatoriedade do processo licitatório. Também estará caracterizado tal delito quando o contrato administrativo em curso é aditado para inclusão de novo objeto, não previsto na licitação nem no instrumento original do contrato.

Nos termos do art. 105 da Lei 14.133/2021 – Lei de Licitações e Contratos Administrativos, a duração dos contratos por ela regidos será a prevista em edital, e deverão ser observadas, no momento da contratação e a cada exercício financeiro, a disponibilidade de créditos orçamentários, bem como a previsão no plano plurianual, quando ultrapassar 1 (um) exercício financeiro.[269]

Independentemente do seu prazo de duração, o contrato deverá conter cláusula que estabeleça o índice de reajustamento de preço, com data-base vinculada à data do orçamento estimado, e poderá ser estabelecido mais de um índice específico ou setorial, em conformidade com a realidade de mercado dos respectivos insumos (art. 92, § 3.º, da Lei de Licitações e Contratos Administrativos).

A eficácia do contrato e de seus eventuais aditamentos é condicionada à divulgação no PNCP – Portal Nacional de Contratações Públicas (art. 94, *caput*, da Lei de Licitações e Contratos Administrativos).

Uma das prerrogativas da Administração Pública, como corolário do regime jurídico diferenciado do contrato administrativo, é modificá-lo **unilateralmente**, para melhor adequação às finalidades de interesse público (art. 104, I, da Lei de Licitações e Contratos Administrativos). No crime em análise, pune-se a modificação **em favor do contratado**, desprezando-se o interesse da coletividade.

O art. 124 da Lei 14.133/2021 – Lei de Licitações e Contratos Administrativos admite a alteração dos contratos por ela regidos, com as devidas justificativas, nos seguintes casos: I – unilateralmente pela Administração: (a) quando houver modificação do projeto ou das especificações, para melhor adequação técnica a seus objetivos; (b) quando for necessária a modificação do valor contratual em decorrência de acréscimo ou diminuição quantitativa de seu objeto, nos limites permitidos por esta Lei; II – por acordo entre as partes: (a) quando conveniente a substituição da garantia de execução; (b) quando necessária a modificação do regime de execução da obra ou do serviço, bem como do modo de fornecimento, em face de verificação técnica da inaplicabilidade dos termos contratuais originários; (c) quando necessária a modificação da forma de pagamento por imposição de circunstâncias supervenientes, mantido o valor inicial atualizado e vedada a antecipação do pagamento em relação ao cronograma financeiro fixado sem a correspondente contraprestação de fornecimento de bens ou execução de obra ou serviço; (d) para restabelecer o equilíbrio econômico-financeiro inicial

---

[269] O art. 106 da Lei 14.133/2021 – Lei de Licitações e Contratos Administrativos admite contratos com prazo de até 5 (cinco) anos, nas hipóteses de serviços e fornecimentos contínuos.

do contrato em caso de força maior, caso fortuito ou fato do príncipe ou em decorrência de fatos imprevisíveis ou previsíveis de consequências incalculáveis, que inviabilizem a execução do contrato tal como pactuado, respeitada, em qualquer caso, a repartição objetiva de risco estabelecida no contrato.

Na hipótese de alteração unilateral do contrato que aumente ou diminua os encargos do contratado, a Administração deverá restabelecer, no mesmo termo aditivo, o equilíbrio econômico-financeiro inicial (art. 130 da Lei de Licitações e Contratos Administrativos).

Em síntese, a celebração do contrato administrativo torna obrigatória sua execução nos moldes em que foi ajustado. A alteração contratual é medida excepcional, somente podendo ser efetuada pela autoridade pública nas hipóteses expressamente previstas em lei, visando a manutenção do equilíbrio econômico-financeiro entre as partes, e sempre com respeito ao interesse público.

O tipo penal destina-se a combater as frequentes (e infelizes) situações em que o administrador público e a empresa ou profissional celebram contrato que sabem ser inviável em sua execução, mas o fazem contando com posteriores modificações e prorrogações. Violam a isonomia e o caráter competitivo do processo licitatório, pois outros licitantes podem ter desistido do certame, ou podem ter sido derrotados em face do maior preço que de boa-fé apresentaram, e as alterações futuras favorecem ilegalmente o contratado.

2.ª conduta típica: "pagar fatura com preterição da ordem cronológica de sua exigibilidade."

Tem-se aqui o crime de **pagamento irregular em contrato administrativo**, também chamado de **pagamento antecipado de fatura**.

Pagar é quitar, liquidar, solver uma obrigação. O pagamento é devido, mas o funcionário público inverte sua ordem cronológica, ou seja, o contratado recebe sua contraprestação antes do prazo, quando esta ainda não era juridicamente exigível. Em suma, ele é beneficiado pela quitação antes dos outros credores da Administração Pública, os quais estavam à sua frente na "fila do pagamento".

O pagamento da fatura consiste na entrega de determinada quantia em dinheiro em favor do contratado, correspondente ao valor da fatura emitida, e cobrada em decorrência da realização de obra, da prestação de serviços ou da entrega de bens contratados com a Administração Pública. Em conformidade com o art. 64, *caput*, da Lei 4.320/1964, pressupõe uma ordem de pagamento, consistente no "despacho exarado por autoridade competente, determinando que a despesa seja paga."

A Lei de Licitações e Contratos Administrativos impõe a observância da **ordem cronológica** no dever de pagamento pela Administração (art. 141, *caput*), a qual somente pode ser alterada mediante prévia justificativa da autoridade competente e posterior comunicação ao órgão de controle interno da Administração e ao tribunal de contas competente, exclusivamente nas seguintes situações, elencadas no § 1.º do art. 141:

I – grave perturbação da ordem, situação de emergência ou calamidade pública;

II – pagamento a microempresa, empresa de pequeno porte, agricultor familiar, produtor rural pessoa física, microempreendedor individual e sociedade cooperativa, desde que demonstrado o risco de descontinuidade do cumprimento do objeto do contrato;

III – pagamento de serviços necessários ao funcionamento dos sistemas estruturantes, desde que demonstrado o risco de descontinuidade do cumprimento do objeto do contrato;

IV – pagamento de direitos oriundos de contratos em caso de falência, recuperação judicial ou dissolução da empresa contratada; e

V – pagamento de contrato cujo objeto seja imprescindível para assegurar a integridade do patrimônio público ou para manter o funcionamento das atividades finalísticas do órgão ou entidade, quando demonstrado o risco de descontinuidade da prestação de serviço público de relevância ou o cumprimento da missão institucional.

A inobservância imotivada da ordem cronológica de que trata o *caput* do art. 141 ensejará a apuração de responsabilidade do agente responsável, cabendo aos órgãos de controle a sua fiscalização (art. 141, § 2.º). A responsabilidade civil e administrativa logicamente não exclui a responsabilização penal pela prática do crime definido no art. 337-H, *in fine*, do Código Penal.

Finalmente, não será permitido pagamento antecipado, parcial ou total, relativo a parcelas contratuais vinculadas ao fornecimento de bens, à execução de obras ou à prestação de serviços (art. 145, *caput*). Somente será permitida a antecipação de pagamento se propiciar sensível economia de recursos ou se representar condição indispensável para a obtenção do bem ou para a prestação do serviço, hipótese que deverá ser previamente justificada no processo licitatório e expressamente prevista no edital de licitação ou instrumento formal de contratação direta (art. 145, § 1.º).

6.9.12.7. Sujeito ativo

A modificação ou pagamento irregular em contrato administrativo é **crime próprio ou especial**: somente pode ser cometido pelo funcionário público dotado do poder de admitir, possibilitar ou dar causar a qualquer modificação ou vantagem, inclusive prorrogação contratual, em favor do contratado, durante a execução dos contratos celebrados com a Administração Pública, sem autorização em lei, no edital da licitação ou nos respectivos instrumentos contratuais, ou então de pagar fatura com preterição da ordem cronológica de sua exigibilidade.

Admite-se o concurso de pessoas, mediante a colaboração de outro funcionário público ou do particular, inclusive do contratado, notadamente quando obtém vantagem indevida decorrente da modificação contratual ou do pagamento antecipado da fatura.

6.9.12.7.1. Pagamento irregular em contrato administrativo e crime de Prefeito

O art. 1.º, XII, do Decreto-lei 201/1967 define como crime a conduta do Prefeito consistente em "antecipar ou inverter a ordem de pagamento a credores do Município, sem vantagem para o erário".

O conflito aparente de normas é solucionado pelo **princípio da especialidade**, pois nesse caso o sujeito ativo há de ser unicamente o Prefeito, e o pagamento antecipado diz respeito a qualquer ordem de credores do Município (precatórios judiciais, por exemplo), e não à ordem cronológica dos contratos administrativos.

6.9.12.8. Sujeito passivo

É a Administração Pública, ofendida pela modificação ou vantagem em favor do contratado, durante a execução contratual, ou então pelo pagamento da fatura com preterição da ordem cronológica de sua exigibilidade, bem como a pessoa física ou jurídica (outro credor da Administração Pública, por exemplo) prejudicada pela conduta criminosa.

6.9.12.9. Elemento subjetivo

É o dolo, independentemente de qualquer finalidade específica. Pouco importa o motivo que levou o agente a ensejar a modificação ou vantagem em favor do contratado, durante a execução da avença, ou então a pagar fatura sem observância da ordem cronológica da sua exigibilidade. É irrelevante indagar se o fez em conluio com o contratado, para prejudicar outro credor da Administração Pública ou por motivo de outra natureza.

Também não se exige a intenção de lesar os cofres públicos. De fato, a Administração Pública, notadamente no que diz respeito à moralidade, à isonomia e à impessoalidade, é ofendida com a conduta descrita no art. 337-H do Código Penal. Além disso, o propósito de apropriar-se de verbas públicas ou desviá-las para fins particulares deve acarretar a responsabilização conjunta do agente pelos crimes de modificação ou pagamento irregular em contrato administrativo e peculato (CP, art. 312), em concurso material.

Não se admite a modalidade culposa.

6.9.12.9.1. A problemática relacionada ao parecer jurídico

Pensemos na hipótese em que, antes da prorrogação do contrato administrativo em favor do contratado, durante sua execução e sem prévia autorização, é lançado parecer jurídico elaborado pela Procuradoria-Geral do ente federativo. Surge aqui uma questão. O parecer jurídico favorável à prorrogação exclui o crime definido no art. 337-H do Código Penal?

A resposta é negativa. O parecer jurídico evidentemente não vincula a decisão do gestor público, que pode acolher ou rejeitar a sua conclusão.

Se o parecerista agir com dolo, no sentido de concorrer para a prorrogação ilegal do contrato administrativo, e o gestor aproveitar-se desta colaboração, ambos deverão responder pelo delito, este como autor e aquele na condição de partícipe.

Mas não há falar na responsabilidade penal do Procurador-Geral do ente federativo na hipótese de parecer jurídico favorável à prorrogação, fundamentado em razões técnicas, com interpretação jurídica razoável, ainda que o gestor se aproveite de tal embasamento para, dolosamente e com motivação desconhecida pelo jurista, prorrogar ilegalmente o contrato administrativo em favor do contratado, ou seja, sem interesse público.

O dolo se torna ainda mais evidente quando o parecer jurídico é enfaticamente contrário à prorrogação contratual, mas o gestor da coisa pública ainda assim decide agir em sentido diverso.

6.9.12.10. *Consumação*

A modificação ou pagamento irregular em contrato administrativo é **crime formal**, **de consumação antecipada** ou **de resultado cortado**.

Consuma-se, na primeira conduta típica, com a assinatura do aditamento ou da prorrogação contratual. Na segunda conduta típica, por sua vez, o delito se aperfeiçoa com o pagamento antecipado da fatura, isto é, com preterição da ordem cronológica da sua exigibilidade.

Em ambos os casos, não se reclama a causação da efetivo prejuízo econômico à Administração Pública.

Eventual devolução de recursos aos cofres públicos não exclui o delito. Tal circunstância pode, contudo, ensejar o reconhecimento do instituto do arrependimento posterior, com diminuição da pena de 1/3 a 2/3, se presentes os demais requisitos previstos no art. 16 do Código Penal.

De igual modo, a aprovação posterior das contas do ente público pelo Tribunal de Contas ou pelo Poder Legislativo não conduz à descaracterização do crime definido no art. 337-H do Código Penal.

6.9.12.11. *Tentativa*

Admite-se a tentativa, em face do caráter plurissubsistente do delito, permitindo o fracionamento do *iter criminis*. Exemplo: a autoridade administrativa encaminha ao representante de determinada empresa a minuta da prorrogação indevida do contrato com ela firmado, mas tal pessoa se recusa a anuir ao plano ilícito, e denuncia a prática criminosa ao Ministério Público.

6.9.12.12. Ação penal

A ação penal é pública incondicionada.

6.9.12.13. Lei 9.099/1995

Em face da pena privativa de liberdade cominada – reclusão, de 4 (quatro) a 8 (oito) anos –, a modificação ou pagamento irregular em contrato administrativo constitui-se em **crime de elevado potencial ofensivo**, incompatível com os benefícios elencados pela Lei 9.099/1995.

6.9.12.14. Classificação doutrinária

A modificação ou pagamento irregular em contrato administrativo é crime **simples** (ofende um único bem jurídico); **próprio** (somente pode ser cometido pelo funcionário público); **formal, de consumação antecipada** ou **de resultado cortado** (consuma-se com a prática da conduta descrita em lei, prescindindo da produção do resultado naturalístico); **de dano** (lesa o bem jurídico tutelado); **de forma livre** (admite qualquer meio de execução); em regra **comissivo**; **instantâneo** (consuma-se em um momento determinado, sem continuidade no tempo); **unissubjetivo, unilateral** ou **de concurso eventual** (normalmente cometido por uma única pessoa, mas admite o concurso); e **plurissubsistente**.

6.9.13. Art. 337-I – Perturbação de processo licitatório

6.9.13.1. Dispositivo legal

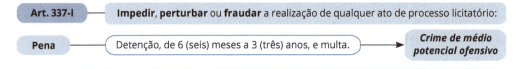

Classificação:
Crime simples
Crime comum
Crime formal, de consumação antecipada ou de resultado cortado
Crime de dano
Crime de forma livre
Crime comissivo (regra)
Crime instantâneo
Crime unissubjetivo, unilateral ou de concurso eventual
Crime plurissubsistente

Informações rápidas:
Objeto material: qualquer ato do processo licitatório.
Elemento subjetivo: dolo (vontade de impedir, perturbar ou fraudar a realização de qualquer ato do processo licitatório). Não se admite a modalidade culposa.
Tentativa: admite (crime plurissubsistente).
Ação penal: pública incondicionada.
Lei Anticorrupção: as sanções nela contida não impedem a responsabilidade penal da pessoa física que tenha incorrido no art. 337-I do Código Penal.

6.9.13.2. Evolução legislativa

A perturbação de processo licitatório encontrava correspondência no revogado art. 93 da Lei 8.666/1993. Houve somente duas alterações: (a) a substituição da palavra "procedimento" por "processo" licitatório, terminologia empregada pela Lei 14.133/2021 – Lei de Licitações e Contratos Administrativos; e (b) a pena privativa de liberdade, em seu limite máximo, foi elevada de 2 (dois) para 3 (três) anos, com o indisfarçável propósito de vedar a incidência da transação penal, regulamentada pelo art. 76 da Lei 9.099/1995.

Lei 14.133/2021	Lei 8.666/1993
Art. 337-I. Impedir, perturbar ou fraudar a realização de qualquer ato de processo licitatório: Pena – detenção, de 6 (seis) meses a 3 (três) anos, e multa.	Art. 93. Impedir, perturbar ou fraudar a realização de qualquer ato de procedimento licitatório: Pena – detenção, de 6 (seis) meses a 2 (dois) anos, e multa.

O art. 93 da Lei 8.666/1993 já havia revogado tacitamente o art. 335, 1.ª parte, do Código Penal, que punia com detenção, de 6 (seis) meses a 2 (dois) anos, ou multa, além da pena correspondente à violência, a conduta de "impedir, perturbar ou fraudar concorrência pública ou venda em hasta pública, promovida pela administração federal, estadual ou municipal, ou por entidade paraestatal." Esse dispositivo, é claro, continua revogado após a entrada em vigor do art. 337-I do Código Penal.

6.9.13.3. Introdução

O processo licitatório é a sucessão ordenada de atos, previstos em lei, destinados a proporcionar a escolha, dentro do universo dos licitantes, daquele que ofereceu a proposta mais vantajosa à Administração Pública, com base em critérios objetivos de julgamento previamente definidos.

Aquele que, de qualquer modo, tumultua a realização de tais atos acaba por comprometer a higidez do certame, causando transtornos à Administração Pública e, por corolário, à sociedade.

Evidentemente, em determinadas situações a perturbação do processo licitatório será legítima, e até mesmo necessária, como na situação em que o funcionário público claramente direciona seu trâmite em favor de um dos licitantes. Nesse caso, a pessoa prejudicada, ou mesmo qualquer do povo, poderá provocar a Administração Pública ou o Poder Judiciário para o restabelecimento da ordem e da legalidade.

O tipo penal, portanto, não incrimina a conduta daquele que, de modo legítimo, busca assegurar, pela via administrativa ou jurisdicional, o regular cumprimento da lei. O crime definido no art. 337-I do Código Penal reclama a **perturbação inútil** do processo licitatório, ou seja, destituída de qualquer amparo legal e nitidamente direcionada a lesar os interesses de um ou mais licitantes, ou então da Administração Pública.

6.9.13.4. Lei Anticorrupção

O art. 5.º, IV, "b", da Lei 12.846/2013 – Lei Anticorrupção elenca, entre os atos lesivos à Administração Pública, no tocante a licitações e contratos, a conduta de "impedir, perturbar ou fraudar a realização de qualquer ato de procedimento licitatório público".

Nada obstante tal instrumento normativo discipline a responsabilização administrativa e civil de **pessoas jurídicas**, as sanções nela contidas não impedem a responsabilidade penal da pessoa física que tenha incorrido no art. 337-I do Código Penal.

6.9.13.5. Objetividade jurídica

O bem jurídico protegido é a lisura, a integridade do processo licitatório, de modo a preservar a igualdade entre os concorrentes e a proteção do erário, pois a conduta descrita no art. 337-I do Código Penal é apta a retirar da Administração a capacidade de escolher a proposta mais vantajosa ao interesse público. De forma ampla, tutela-se a "regularidade do funcionamento da Administração" quanto aos processos licitatórios.[270]

---

[270] GRECO FILHO, Vicente. *Dos crimes da lei de licitação*. São Paulo: Saraiva, 2007. p. 36.

6.9.13.6. Objeto material

É qualquer ato do processo licitatório.

6.9.13.7. Núcleos do tipo

São três: "impedir", "perturbar" e "fraudar".

Impedir é obstar, obstruir; **perturbar** equivale a tumultuar, desordenar, atrapalhar; e **fraudar**, por sua vez, significa iludir, enganar, mediante o emprego de artifício (fraude material), ardil (fraude moral) ou outro meio fraudulento.

Os verbos dirigem-se a qualquer ato do processo licitatório, pouco importando a fase em que se encontre, a saber, (I) preparatória, (II) de divulgação do edital de licitação, (III) de apresentação de propostas e lances, quando for o caso, (IV) de julgamento, (V) de habilitação, (VI) recursal ou (VII) de homologação.[271]

A conduta normalmente é praticada por ação (crime omissivo), mas nada impede a omissão penalmente relevante (crime omissivo impróprio, espúrio ou comissivo por omissão), na hipótese de inércia dolosa daquele que devia e podia agir para evitar o resultado, nos moldes do art. 13, § 2.º, do Código Penal. Exemplo: o superior hierárquico percebe que determinado funcionário público tumultua arbitrariamente um processo licitatório, mas nada faz para cessar tal comportamento.

Cuida-se de **tipo misto alternativo**, **crime de ação múltipla ou de conteúdo variado**. Se o agente praticar mais de um verbo, tais como impedir e fraudar, no tocante ao mesmo ato do processo licitatório, está caracterizado um único delito.

De igual modo, será imputado ao agente um só crime tipificado no art. 337-I do Código Penal quando o agente impedir, perturbar ou fraudar atos em etapas diversas do mesmo processo licitatório. Nesse contexto, responde por um único delito aquele que frauda a publicação do edital e, posteriormente, tumultua o julgamento de igual certame.

6.9.13.8. Sujeito ativo

O crime é **comum** ou **geral**. Pode ser praticado por qualquer pessoa, particular ou funcionário público, independentemente de possuir ou não interesse pessoal no processo licitatório. Exemplificativamente, o delito tanto pode ser praticado pelo licitante que, de forma reiterada e desproposidada, aciona o Poder Judiciário com a finalidade de tumultuar o processo licitatório e, consequentemente, afastar outros participantes do certame, como também pelo indivíduo que ingressa com ação popular, em face do processo licitatório, exclusivamente para chamar atenção e ter seu nome divulgado pelos meios de comunicação.

Admite-se o concurso de pessoas, em ambas as suas modalidades (coautoria e participação).

6.9.13.9. Sujeito passivo

É o Estado, consistente na entidade que realizou o processo licitatório que teve qualquer ato impedido, perturbado ou fraudado e, mediatamente, a pessoa física ou jurídica prejudicada pela conduta criminosa.

6.9.13.10. Elemento subjetivo

É o dolo, consistente na vontade de impedir, perturbar ou fraudar a realização de qualquer ato do processo licitatório.

Não se exige qualquer finalidade específica, e não se admite a modalidade culposa.

---

[271] As fases do processo licitação estão descritas no art. 17 da Nova Lei de Licitações e Contratos Administrativos.

6.9.13.11. Consumação

A perturbação de processo licitatório é **crime formal, de consumação antecipada** ou **de resultado cortado**: consuma-se com a prática da conduta prevista em lei, prescindindo da superveniência do resultado naturalístico. Em outras palavras, o delito se aperfeiçoa com a conduta de impedir, perturbar ou fraudar o ato do processo licitatório, não se exigindo sua suspensão ou encerramento.

6.9.13.12. Tentativa

A tentativa é cabível, em face do caráter plurissubsistente do delito, permitindo o fracionamento do *iter criminis*. Exemplo: "A", dotado de profundo conhecimento informático, invade o sistema computacional do Município, com o propósito de impedir o processo licitatório na modalidade pregão. O serviço técnico do ente público é acionado e, com êxito, consegue vetar o ataque *hacker*.

6.9.13.13. Ação penal

A ação penal é pública incondicionada.

6.9.13.14. Lei 9.099/1995

Em face da pena privativa de liberdade cominada – detenção, de 6 meses a 3 anos, a perturbação de processo licitatório constitui-se em **crime de médio potencial ofensivo**, compatível com a suspensão condicional do processo, se presentes os demais requisitos exigidos pelo art. 89 da Lei 9.099/1995.

6.9.13.15. Classificação doutrinária

A perturbação de processo licitatório é crime **simples** (ofende um único bem jurídico); **comum** (pode ser cometido por qualquer pessoa); **formal, de consumação antecipada** ou **de resultado cortado** (consuma-se com a prática da conduta prevista em lei, independentemente da produção do resultado naturalístico); **de dano** (lesa o bem jurídico tutelado); **de forma livre** (admite qualquer meio de execução); em regra **comissivo**; **instantâneo** (consuma-se em um momento determinado, sem continuidade no tempo); **unissubjetivo, unilateral** ou **de concurso eventual** (normalmente cometido por uma única pessoa, mas admite o concurso); e **plurissubsistente**.

6.9.14. Art. 337-J – Violação de sigilo em licitação

6.9.14.1. Dispositivo legal

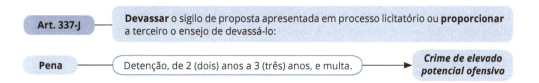

> **Classificação:**
> Crime simples
> Crime comum, na primeira conduta ou próprio, na segunda conduta
> Crime material ou causal
> Crime de dano
> Crime de forma livre
> Crime comissivo (em regra)
> Crime instantâneo
> Crime unissubjetivo, unilateral ou de concurso eventual, na conduta "devassar o sigilo de proposta apresentada em processo licitatório" ou plurissubjetivo, plurilateral ou de concurso eventual, na conduta "proporcionar a terceiro o ensejo de devassá-lo"
> Crime plurissubsistente

> **Informações rápidas:**
> **Objeto material:** a proposta sigilosa apresentada por qualquer dos licitantes.
> **Elemento subjetivo:** dolo, não se admite a modalidade culposa.
> **Tentativa:** admite (crime plurissubsistente).
> **Ação penal:** pública incondicionada.
> **Código Penal Militar:** a conduta de devassar o sigilo de proposta de concorrência de interesse da administração militar ou proporcionar a terceiro o ensejo de devassá-lo configura o crime definido no art. 327 do Decreto-lei 1.001/1969.

6.9.14.2. Evolução legislativa

O art. 94 da Lei 8.666/1993 continha crime quase idêntico ao ora tratado pelo art. 337-J do Código Penal, inclusive no tocante às penas cominadas. A única alteração promovida pela Lei 14.133/2021 – Lei de Licitações e Contratos Administrativos foi a substituição da palavra "procedimento" licitatório por "processo" licitatório, terminologia adotada pelo novo diploma legal.

Lei 14.133/2021	Lei 8.666/1993
Art. 337-J. Devassar o sigilo de proposta apresentada em processo licitatório ou proporcionar a terceiro o ensejo de devassá-lo: Pena – detenção, de 2 (dois) anos a 3 (três) anos, e multa.	Art. 94. Devassar o sigilo de proposta apresentada em procedimento licitatório, ou proporcionar a terceiro o ensejo de devassá-lo: Pena – detenção, de 2 (dois) a 3 (três) anos, e multa.

A propósito, o art. 94 da Lei 8.666/1993 já havia revogado o art. 326 do Código Penal, que disciplinava o crime de violação do sigilo de proposta de concorrência: "Art. 326 – Devassar o sigilo de proposta de concorrência pública, ou proporcionar a terceiro o ensejo de devassá-lo: Pena – Detenção, de três meses a um ano, e multa."

O art. 326 do Código Penal, evidentemente, continua revogado. Com efeito, o delito de violação de sigilo em licitação (CP, art. 337-J), criado pela Lei 14.133/2021 – Lei de Licitações e Contratos Administrativos, além de ser veiculado por norma posterior, é mais abrangente do que aquele dispositivo, pois engloba todas as modalidades de licitação contidas no art. 28 da Lei de Licitações e Contratos Administrativos – pregão, concorrência, concurso, leilão e diálogo competitivo –, e não apenas a concorrência, como fazia o superado art. 326.

6.9.14.3. Introdução

O art. 37, *caput*, da Constituição Federal consagra a publicidade com um dos princípios vetores da Administração Pública.

Nessa linha de raciocínio, o art. 13, *caput*, da Lei 14.133/2021 – Lei de Licitações e Contratos Administrativos estatui: "Os atos praticados no processo licitatório são públicos, ressalvadas as hipóteses de informações cujo sigilo seja imprescindível à segurança da sociedade e do Estado, na forma da lei." Contudo, seu parágrafo único, inc. I, expressamente admite a **publicidade diferida quanto ao conteúdo das propostas**, até a respectiva abertura.

Essa sistemática, de lógica inquestionável, destina-se a preservar a impessoalidade e a competitividade do processo licitatório. Em verdade, se um dos licitantes tem o privilégio de conhecer previamente as propostas dos seus rivais, poderia alterar a sua, quebrando a isonomia do certame e causando prejuízo aos demais licitantes e à própria Administração Pública.

6.9.14.4. Objetividade jurídica

O bem jurídico protegido é a higidez da Administração Pública e do processo licitatório, especialmente no que diz respeito ao sigilo das propostas, à igualdade dos licitantes e à competitividade do certame.

6.9.14.5. Objeto material

É a **proposta sigilosa** apresentada por qualquer dos licitantes. Logo, esse crime somente pode incidir nos processos licitatórios em que as propostas sejam revestidas de sigilo até o julgamento. O art. 56, I, da Lei de Licitações e Contratos Administrativos admite o **modo de disputa "aberto"**, em que os licitantes apresentarão suas propostas por meio de lances públicos e sucessivos, crescentes ou decrescentes.

No universo das licitações, proposta é a declaração unilateral emitida pelo licitante acerca do critério de julgamento escolhido pela Administração Pública para escolha do licitante com quem pretende contratar. Exemplificativamente, se o parâmetro escolhido for o menor preço, a proposta conterá o preço oferecido pelo licitante em troca do bem, obra ou serviço prestado.

6.9.14.6. Núcleos do tipo

O tipo penal contempla duas condutas, cada qual com seu respectivo núcleo.

1.ª conduta: "Devassar o sigilo de proposta apresentada em processo licitatório."

Devassar é violar, transgredir ou invadir. O agente descobre ilicitamente o conteúdo de proposta apresentada no processo licitatório, o qual deveria permanecer em sigilo. O exemplo clássico é a abertura do envelope que contém a proposta do licitante.

2.ª conduta: "Proporcionar a terceiro o ensejo de devassá-lo."

Proporcionar equivale a propiciar, ensejar, dar a oportunidade a que outra pessoa devasse o conteúdo da proposta sigilosa. Cuida-se, nessa hipótese, **de crime plurissubjetivo, plurilateral** ou **de concurso necessário**, pois a redação típica reclama a atuação conjunta do funcionário público, que não devassa diretamente o sigilo da proposta apresentada em processo licitatório, mas abre caminho para que tal sigilo seja descoberto por outra pessoa (particular ou funcionário público que não tinha acesso à informação acobertada pelo sigilo).

Em qualquer das condutas, a violação de sigilo em licitação é **crime de forma livre**. Admite qualquer meio de execução, a exemplo da abertura do envelope contendo a proposta, do acesso indevido ao sistema informático, da obtenção de informações com o funcionário público responsável pela preservação do sigilo, da utilização de *scaner* etc.

O delito é normalmente praticado por ação (crime comissivo), mas nada impede a omissão penalmente relevante (crime omissivo impróprio, espúrio ou comissivo por omissão), quando quem se omitiu devia e podia agir para evitar o resultado, nos termos do art. 13, § 2.º, do Código Penal, tal como quando o superior hierárquico presencia seu funcionário público subalterno permitindo o acesso de terceiro a proposta sigilosa do processo licitatório, e nada faz para impedir o resultado.

6.9.14.7. Sujeito ativo

Na primeira conduta típica – "devassar o sigilo de proposta apresentada em processo licitatório" –, o crime é **comum** ou **geral**. Pode ser praticado por qualquer pessoa, funcionário público ou não. Exemplo: um licitante ingressa de forma clandestina na repartição pública e acessa indevidamente o conteúdo de proposta sigilosa de outro licitante, que com ele disputava o objeto do certame.

De seu turno, na segunda conduta – "proporcionar a terceiro o ensejo de devassá-lo", o crime é **próprio** ou **especial**, pois somente pode ser cometido pelo funcionário público encarregado de assegurar o sigilo das propostas apresentadas no processo licitatório, e ele, de modo ilícito, permite a outra pessoa (funcionário público ou particular) o conhecimento da proposta que era e devia permanecer sigilosa.

6.9.14.8. Sujeito passivo

É a Administração Pública e, mediatamente, a pessoa física ou jurídica prejudicada pela conduta criminosa, tal como a empresa licitante que teve o sigilo da proposta ilicitamente violado.

6.9.14.9. Elemento subjetivo

É o dolo, independentemente de qualquer finalidade específica. Não se admite a modalidade culposa.

A caracterização do delito não pressupõe nenhuma vantagem a ser obtida por quem devassa o sigilo. Entretanto, se o agente for funcionário público, e praticar a conduta visando o recebimento de vantagem indevida, a ele deverão ser imputados os crimes de violação de sigilo em licitação e de corrupção passiva (CP, art. 317), em concurso material.

6.9.14.10. Consumação

Na conduta "devassar o sigilo de proposta apresentada em processo licitatório", o delito se consuma com o acesso do agente ao conteúdo reservado da proposta do licitante, que estava e devia ser mantida em sigilo.

Por sua vez, no comportamento "proporcionar a terceiro o ensejo de devassá-lo" a consumação se dá quando o terceiro descobre o conteúdo da proposta sigilosa, após a facilitação proporcionada pelo funcionário público que deveria assegurar seu caráter sigiloso.

Em qualquer das situações, o crime é **material** ou **causal**: consuma-se com a produção do resultado naturalístico, consistente na violação do sigilo da proposta com a obtenção das informações reservadas nela contidas. Não se exige, entretanto, a divulgação da proposta a outras pessoas, nem a conquista de alguma vantagem em decorrência do acesso indevido à proposta sigilosa.

6.9.14.11. Tentativa

É possível, em face do caráter plurissubsistente do delito, comportamento o fracionamento do *iter criminis*. Exemplo: o indivíduo é preso em flagrante no momento em que começava a abrir o invólucro contendo a proposta sigilosa apresentada no processo licitatório.

6.9.14.12. Ação penal

A ação penal é pública incondicionada.

6.9.14.13. Lei 9.099/1995

Diante da pena privativa de liberdade cominada – 2 (dois) anos a 3 (três) anos – a violação de sigilo em licitação, nada obstante punida com detenção, constitui-se em **crime de elevado potencial ofensivo**, incompatível com os benefícios previstos na Lei 9.099/1995.

6.9.14.14. Classificação doutrinária

A violação de sigilo em licitação é crime **simples** (ofende um único bem jurídico); **comum**, na primeira conduta típica (pode ser cometido por qualquer pessoa) ou **próprio**, na segunda conduta descrita em lei (somente pode ser praticado pelo funcionário público responsável pela preservação do sigilo); **material** ou **causal** (a consumação depende da produção do resultado naturalístico); **de dano** (lesa o bem jurídico tutelado); **de forma livre** (admite qualquer meio de execução); em regra **comissivo**; **instantâneo** (consuma-se em um momento determinado, sem continuidade no tempo); **unissubjetivo, unilateral** ou **de concurso eventual**, na conduta "devassar o sigilo de proposta apresentada em processo licitatório" ou **plurissubjetivo, plurilateral** ou **de concurso eventual**, na conduta "proporcionar a terceiro o ensejo de devassa-lo"; e **plurissubsistente**.

6.9.14.15. Código Penal Militar

No caso de licitação na modalidade concorrência, de interesse da administração militar, a conduta de devassar o sigilo da proposta ou de proporcionar a terceiro o ensejo de devassá-lo configura o crime definido no art. 327 do Decreto-lei 1.001/1969 – Código Penal Militar:

> Art. 327. Devassar o sigilo de proposta de concorrência de interesse da administração militar ou proporcionar a terceiro o ensejo de devassá-lo:
> Pena – detenção, de três meses a um ano.

6.9.15. Art. 337-K – Afastamento de licitante

6.9.15.1. Dispositivo legal

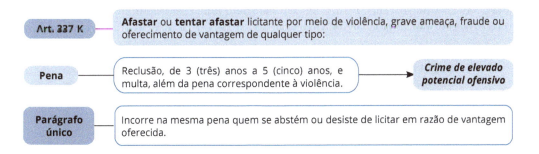

Classificação:
Crime simples
Crime comum
Crime formal, de consumação antecipada ou de resultado cortado (no *caput*) ou material ou causal (no parágrafo único)
Crime de dano
Crime de forma livre
Crime comissivo (em regra), mas omissivo próprio ou puro na conduta de se "abster", prevista no parágrafo único
Crime instantâneo
Crime unissubjetivo, unilateral ou de concurso eventual
Crime de atentado ou de mero empreendimento (no *caput*) ou unissubsistente (no parágrafo único)

Informações rápidas:
Objeto material: o licitante – pessoa física ou jurídica – que se busca afastar com o emprego de violência, grave ameaça, fraude ou vantagem de qualquer tipo.
Elemento subjetivo: dolo, não se admite a modalidade culposa.
Tentativa: não admite.
Ação penal: pública incondicionada.
Figura equiparada: art. 337-K, parágrafo único.
Emprego de violência: aplica-se a pena prevista no art. 337-K do CP, multa e a pena do crime resultante da violência.

6.9.15.2. Evolução legislativa

O art. 95 da Lei 8.666/1993 continha crime semelhante ao atualmente definido pelo art. 337-K do Código Penal. O novo tipo penal apresenta algumas mudanças em sua redação e, sobretudo, pena privativa de liberdade qualitativa (reclusão) e quantitativamente (3 a 5 anos) mais severa.

Lei 14.133/2021	Lei 8.666/1993
Art. 337-K. Afastar ou tentar afastar licitante por meio de violência, grave ameaça, fraude ou oferecimento de vantagem de qualquer tipo:	Art. 95. Afastar ou procurar afastar licitante, por meio de violência, grave ameaça, fraude ou oferecimento de vantagem de qualquer tipo:
Pena – reclusão, de 3 (três) anos a 5 (cinco) anos, e multa, além da pena correspondente à violência.	Pena – detenção, de 2 (dois) a 4 (quatro) anos, e multa, além da pena correspondente à violência.
Parágrafo único. Incorre na mesma pena quem se abstém ou desiste de licitar em razão de vantagem oferecida.	Parágrafo único. Incorre na mesma pena quem se abstém ou desiste de licitar, em razão da vantagem oferecida.

A propósito, o art. 95 da Lei 8.666/1993 já havia revogado, tacitamente, a parte final do art. 335 do Código Penal, bem como seu parágrafo único, rotulados como "impedimento, perturbação ou fraude de concorrência":

> **Art. 335** – Impedir, perturbar ou fraudar concorrência pública ou venda em hasta pública, promovida pela administração federal, estadual ou municipal, ou por entidade paraestatal; afastar ou procurar afastar concorrente ou licitante, por meio de violência, grave ameaça, fraude ou oferecimento de vantagem:
>
> Pena – detenção, de seis meses a dois anos, ou multa, além da pena correspondente à violência.
>
> Parágrafo único – Incorre na mesma pena quem se abstém de concorrer ou licitar, em razão da vantagem oferecida.

Esse dispositivo legal evidentemente continua revogado depois da criação do art. 337-K do Código Penal pela Lei 14.133/2021 – Lei de Licitações e Contratos Administrativos.

6.9.15.3. Introdução

A licitação destina-se a selecionar a proposta mais vantajosa para a Administração Pública. Nesse contexto, é fundamental que dela participe o maior número possível de interessados, com lisura, transparência e liberdade para oferecimento das suas propostas, proporcionando eficiência e economia aos cofres públicos.

Esta é a razão para a criminalização da conduta rotulada como "afastamento de licitante".

6.9.15.4. Lei Anticorrupção

O art. 5.º, IV, "c", da Lei 12.846/2013 – Lei Anticorrupção arrola, entre os atos lesivos à Administração Pública, no tocante a licitações e contratos, a atividade de "afastar ou procurar afastar licitante, por meio de fraude ou oferecimento de vantagem de qualquer tipo."

Embora tal diploma legislativo disponha sobre a responsabilização administrativa e civil de **pessoas jurídicas**, as sanções nela contidas não excluem a responsabilidade penal da pessoa física que tenha incorrido no art. 337-K do Código Penal.

6.9.15.5. Objetividade jurídica

O bem jurídico tutelado é a Administração Pública, relativamente à regularidade do processo licitatório e ao respeito à integridade física e moral dos licitantes.

6.9.15.6. Objeto material

É o licitante – pessoa física ou jurídica – que se busca afastar com o emprego de violência, grave ameaça, fraude ou vantagem de qualquer tipo.

Se o licitante é uma pessoa jurídica, o meio de execução deve ser direcionado contra seu representante legal dotado do poder de decidir pela continuidade ou pelo abandono do processo licitatório.

6.9.15.7. Núcleo do tipo

É **afastar**, no sentido de fazer o licitante abandonar ou retirar-se do processo licitatório. Como destaca Renee do Ó Souza: "O ato de afastar o interessado em participar do certame poderá ocorrer em qualquer fase do processo licitatório."[272]

Cuida-se de **crime de atentado** ou **de mero empreendimento**, no qual o legislador equiparou as condutas de "afastar" e "tentar afastar". O tratamento jurídico-penal é idêntico quando o agente consegue efetivamente repelir o licitante do processo licitatório, bem como na hipótese em que se propõe a fazê-lo, mas não consegue alcançar seu propósito por circunstâncias alheias à sua vontade.

O tipo penal contempla 4 (quatro) meios de execução: violência, grave ameaça, fraude ou vantagem de qualquer tipo.

a) **Violência**, também conhecida como **violência própria**, **violência física**, *vis corporalis* ou *vis absoluta*, é o emprego de força física contra alguém, mediante lesão corporal ou vias de fato. Exemplo: dar um soco em um dos licitantes, para que ele não compareça ao leilão. Nada obstante a lei fale somente em violência, há de se entendê-la como "**violência à pessoa**", pois

---

[272] SOUZA, Renee do Ó. *Leis penais especiais comentadas*. Coordenadores Rogério Sanches Cunha, Ronaldo Batista Pinto, Renee do Ó Souza. 2. ed. Salvador: Editora Juspodivm, 2019. p. 1010.

a violência contra a coisa (exemplo: destruição do carro do licitante para intimidá-lo) pode funcionar, no caso concreto, como grave ameaça.

O preceito secundário do art. 337-K do Código Penal impõe o somatório da pena do afastamento de licitante com a pena do crime resultante da violência, seja ele qual for (lesão leve, grave, gravíssima, tentativa de homicídio etc.).

Se a violência consistir em **vias de fato**, compreendida como a agressão física sem a intenção de lesionar (exemplo: empurrar a vítima), a contravenção penal prevista no art. 21 do Decreto-lei 3.688/1941 – Lei das Contravenções Penais restará absorvida pelo crime de afastamento de licitante, em face da sua subsidiariedade expressa. Com efeito, somente se caracteriza tal contravenção penal quando o fato não constitui crime.

b) Grave ameaça, também rotulada de **violência moral** ou *vis compulsiva*, é a promessa de mal grave, iminente e verossímil, ou seja, passível de concretização pelo agente. Exemplo: o agente diz ao licitante que, caso não abandone o processo licitatório em 48 horas, irá matar seu filho.

A grave ameaça pode se exteriorizar por palavras, gestos, símbolos, utilização de objetos em geral ou qualquer outro meio idôneo a revelar a intenção do agente de subjugar o licitante, retirando sua capacidade de resistência, de modo a afastá-lo do certame. Seu potencial intimidatório deve ser avaliado no caso concreto, levando em contas as circunstâncias ligadas à prática do crime, tais como o sexo, a idade e as condições físicas do agente e do licitante, o local e o horário do delito, entre outras.

c) Fraude é o artifício (fraude material), o ardil (fraude moral) ou qualquer outro meio análogo utilizado pelo agente para enganar o candidato, visando a afastá-lo do processo licitatório, a exemplo do envio de documento falso noticiando a revogação do certame pela Administração Pública.

d) Vantagem é o benefício ou utilidade de qualquer natureza. Pode ser econômica, e normalmente possui tal característica, mas o tipo penal expressamente admite o proveito de índole diversa, ao utilizar a expressão "oferecimento de vantagem de qualquer tipo", a exemplo do apoio político, falsa amizade, favores sexuais etc.

6.9.15.7.1. Figura equiparada: art. 337-K, parágrafo único

Nos termos do art. 337-K, parágrafo único, do Código Penal: "Incorre na mesma pena quem se abstém ou desiste de licitar em razão de vantagem oferecida."

Cuida-se de situação peculiar (e necessária) no Brasil: a incriminação da **corrupção passiva privada**. Como se sabe, o Código Penal tipificou apenas a corrupção passiva do funcionário público (art. 317), nada obstante seja o Brasil signatário da Convenção das Nações Unidas contra a Corrupção, incorporada ao direito pátrio pelo Decreto 5.687/2006, a qual recomenda em seu art. 21 a tipificação do suborno no setor privado aos países que a ela aderiram.[273]

O legislador criou mais uma **exceção pluralista à teoria unitária ou monista** no concurso de pessoas. Com efeito, aquele que oferece a vantagem de qualquer tipo e o sujeito que

---

[273] "Cada Estado Parte considerará a possibilidade de adotar medidas legislativas e de outras índoles que sejam necessárias para qualificar como delito, quando cometido intencionalmente no curso de atividades econômicas, financeiras ou comerciais: a) A promessa, o oferecimento ou a concessão, de forma direta ou indireta, a uma pessoa que dirija uma entidade do setor privado ou cumpra qualquer função nela, de um benefício indevido que redunde em seu próprio proveito ou no de outra pessoa, com o fim de que, faltando ao dever inerente às suas funções, atue ou se abstenha de atuar; b) A solicitação ou aceitação, de forma direta ou indireta, por uma pessoa que dirija uma entidade do setor privado ou cumpra qualquer função nela, de um benefício indevido que redunde em seu próprio proveito ou no de outra pessoa, com o fim de que, faltando ao dever inerente às suas funções, atue ou se abstenha de atuar."

se abstém ou desiste de licitar em razão de vantagem oferecida concorrem para o mesmo resultado, mas optou-se pela criação de figuras típicas diversas para cada um deles.

"Quem se abstém" pratica um crime omissivo próprio ou puro, e sequer inicia sua participação no processo licitatório. De seu turno, "quem desiste" realiza uma conduta comissiva, pois abandona a licitação em que figurava como um dos candidatos.

Se a abstenção ou desistência em razão da vantagem oferecida for cometida por funcionário público (exemplo: diretor de empresa pública que desiste de participar da licitação em troca de vantagem indevida), a ele deverão ser imputados os crimes de afastamento de licitante, em sua figura equiparada (CP, art. 337-K, parágrafo único) e de corrupção passiva circunstanciada (CP, art. 317, § 1.º), em concurso material. Nesse caso, o particular que ofereceu a vantagem responderá, em concurso, pelos delitos de afastamento de licitante, em sua modalidade fundamental (CP, art. 337-K, *caput*) e corrupção ativa circunstanciada (CP, art. 333, parágrafo único).

Obviamente, não se configura a figura equiparada quando o afastamento do licitante ocorre em decorrência da violência, grave ameaça ou fraude contra ele perpetrada. Além da ausência de previsão legal nesse sentido, não havia o dolo de se abster ou de desistir de licitar.

6.9.15.8. Sujeito ativo

O crime é **comum** ou **geral**. Pode ser cometido por qualquer pessoa, inclusive pelo funcionário público, desde que com atuação desvinculada do exercício da sua função pública. De fato, entre o rol de atribuições de qualquer agente público não se insere a atividade de afastar ou tentar afastar licitante com emprego de violência, grave ameaça, fraude ou oferecimento de vantagem indevida.

6.9.15.9. Sujeito passivo

É a Administração Pública e, mediatamente, a pessoa física ou jurídica prejudicada pela conduta criminosa, em especial o licitante que se afastou ou que se tentou afastar por meio de violência, grave ameaça, fraude ou oferecimento de vantagem de qualquer tipo.

6.9.15.10. Elemento subjetivo

É o dolo, independentemente de qualquer finalidade específica. É irrelevante o motivo que levou o agente a afastar ou tentar afastar algum dos participantes do processo licitatório (exclusão de rival, vingança por desavença pretérita, mero deboche etc.).

Não se admite a modalidade culposa.

6.9.15.11. Consumação

O art. 337-K, *caput*, do Código Penal contém um **crime formal, de consumação antecipada** ou **de resultado cortado**: consuma-se com a prática da conduta de afastar ou tentar afastar licitante em razão de violência, grave ameaça, fraude ou oferta de vantagem de qualquer natureza. Prescinde-se da produção do resultado naturalístico, consistente no efetivo afastamento do licitante ou no prejuízo ao trâmite do processo licitatório.

Na figura equiparada do parágrafo único, o crime é **material** ou **causal**, pois a consumação reclama a efetiva abstenção ou desistência do licitante em razão de vantagem oferecida, retirando da Administração Pública a chance de conhecer e eventualmente selecionar a proposta que seria por ele apresentada.

6.9.15.12. Tentativa

O afastamento de licitante, catalogado no *caput*, é **crime de atentado** ou **de mero empreendimento**. O tipo penal equiparou a tentativa à modalidade consumada, ao utilizar a expressão "afastar ou tentar afastar licitante".

Não se admite, portanto, o *conatus* do crime previsto no art. 337-K, *caput*, do Código Penal, uma vez que a conduta correspondente à tentativa representa também a consumação, de acordo com a opção adotada pelo legislador.

A figura equiparada – art. 337-K, parágrafo único – também não comporta tentativa, por consagrar **crimes unissubsistentes**, incompatíveis com o fracionamento do *iter criminis*. De fato, ou o agente se abstém (crime omissivo próprio ou puro) ou desiste de licitar em razão de vantagem oferecida, e crime estará consumado, ou participa da licitação ou não desiste de licitar, e o fato será atípico.

6.9.15.13. Ação penal

A ação penal é pública incondicionada.

6.9.15.14. Lei 9.099/1995

O afastamento de licitante é **crime de elevado potencial ofensivo**. A pena privativa de liberdade cominada – reclusão, de 3 (três) a 5 (cinco) anos – inviabiliza a incidência dos institutos despenalizadores elencados pela Lei 9.099/1995.

6.9.15.15. Emprego de violência e soma das penas

O afastamento de licitante comporta 4 (quatro) meios de execução: violência, grave ameaça, fraude ou oferecimento de vantagem de qualquer tipo.

Quando o delito for cometido com emprego de violência, o agente deve suportar a pena cominada pelo art. 337-K do Código Penal – reclusão, de 3 (três) a 5 (cinco) anos, e multa, e também a pena do crime resultante da violência, pouco importando sua natureza (lesão corporal leve, grave, gravíssima, homicídio consumado ou tentado etc.).

O preceito secundário do tipo penal consagra o **concurso material obrigatório** entre a pena do afastamento de licitante e a pena do crime correspondente à violência.

A soma das penas somente terá espaço quando o meio de execução eleito pelo agente consistir em violência. De fato, não há falar em concurso material obrigatório quando o afastamento de licitante for cometido com grave ameaça, fraude ou oferecimento de vantagem de qualquer tipo.

6.9.15.16. Classificação doutrinária

O afastamento de licitante é crime **simples** (ofende um único bem jurídico); **comum** (pode ser cometido por qualquer pessoa); **formal, de consumação antecipada** ou **de resultado cortado** (no *caput*) ou **material** ou **causal** (no parágrafo único); **de dano** (lesa o bem jurídico tutelado); **de forma livre** (admite qualquer meio de execução); em regra **comissivo**, mas **omissivo próprio** ou **puro** na conduta de se "abster", prevista no parágrafo único; **instantâneo** (consuma-se em um momento determinado, sem continuidade no tempo); **unissubjetivo, unilateral** ou **de concurso eventual** (cometido por uma só pessoa, mas admite o concurso); e **de atentado** ou **de mero empreendimento** (no *caput*) ou **unissubsistente** (no parágrafo único).

6.9.16. Art. 337-L – Fraude em licitação ou contrato

6.9.16.1. Dispositivo legal

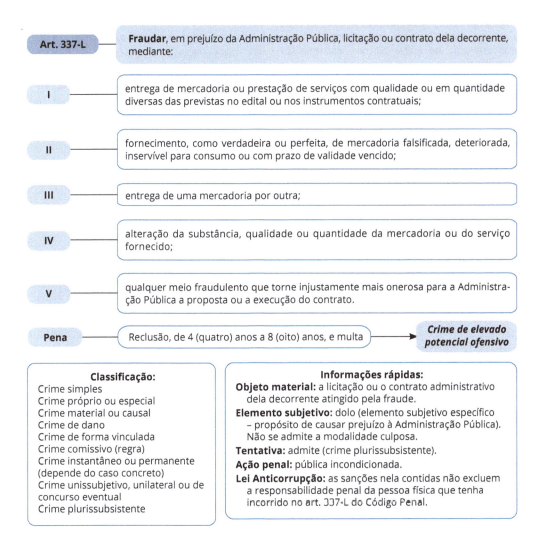

6.9.16.2. Evolução legislativa

O art. 96 da Lei 8.666/1993 continha um crime análogo ao atualmente previsto no art. 337-L do Código Penal, rotulado como "fraude em licitação ou contrato".

Além das mudanças na redação do tipo penal, com sua ampliação para abranger também a prestação de serviços – antes eram somente os bens ou mercadorias – operou-se um sensível aumento da pena privativa de liberdade, que passou a ser de reclusão, de 4 (quatro) a 8 (oito) anos, sem prejuízo da multa.

Lei 14.133/2021	Lei 8.666/1993
Art. 337-L. Fraudar, em prejuízo da Administração Pública, licitação ou contrato dela decorrente, mediante: I – entrega de mercadoria ou prestação de serviços com qualidade ou em quantidade diversas das previstas no edital ou nos instrumentos contratuais; II – fornecimento, como verdadeira ou perfeita, de mercadoria falsificada, deteriorada, inservível para consumo ou com prazo de validade vencido; III – entrega de uma mercadoria por outra; IV – alteração da substância, qualidade ou quantidade da mercadoria ou do serviço fornecido; V – qualquer meio fraudulento que torne injustamente mais onerosa para a Administração Pública a proposta ou a execução do contrato. Pena – reclusão, de 4 (quatro) anos a 8 (oito) anos, e multa.	Art. 96. Fraudar, em prejuízo da Fazenda Pública, licitação instaurada para aquisição ou venda de bens ou mercadorias, ou contrato dela decorrente: I – elevando arbitrariamente os preços; II – vendendo, como verdadeira ou perfeita, mercadoria falsificada ou deteriorada; III – entregando uma mercadoria por outra; IV – alterando substância, qualidade ou quantidade da mercadoria fornecida; V – tornando, por qualquer modo, injustamente, mais onerosa a proposta ou a execução do contrato: Pena – detenção, de 3 (três) a 6 (seis) anos, e multa.

6.9.16.3. Introdução

A licitação visa a obtenção da proposta mais vantajosa à Administração Pública.

Não se pode descartar, entretanto, a prática de manobras espúrias mesmo depois de aparentemente ter sido obtida a melhor negociação pela Administração. Aquele que atua com má-fé pode, infelizmente, fraudar o processo licitatório ou, o que é mais frequente, a execução do contrato administrativo.

O art. 337-L incrimina condutas deste jaez, a comina pena privativa de liberdade bastante severa, e justificada pela postura inaceitável do agente, que exclui outros licitantes, celebra avença com a Administração Pública e, nada obstante, deixar de honrar o que se comprometeu a fazer. Sua postura, além do prejuízo imediato à coletividade, obriga a entidade pública a rescindir a licitação ou o contrato administrativo e, de forma urgente, buscar novos fornecedores de mercadorias ou serviços.

Cuida-se de **modalidade especial de estelionato**, na qual a fraude está inserida no contexto da licitação ou do contrato administrativo, e a lesão é suportada pela Administração Pública. Esta é a razão pela qual o art. 337-L do Código Penal pode ser chamado de "**estelionato licitatório**" ou "**estelionato administrativo-contratual**", a depender do momento em que o delito é cometido.

6.9.16.4. Lei Anticorrupção

O art. 5.º, IV, "d", da Lei 12.846/2013 – Lei Anticorrupção arrola, entre os atos lesivos à Administração Pública, no tocante a licitações e contratos, a atividade de "fraudar licitação pública ou contrato dela decorrente". Na alínea "g", por sua vez, está prevista a conduta de "manipular ou fraudar o equilíbrio econômico-financeiro dos contratos celebrados com a administração pública."

Nada obstante tal diploma legislativo disponha sobre a responsabilização administrativa e civil de **pessoas jurídicas**, as sanções nela contidas não excluem a responsabilidade penal da pessoa física que tenha incorrido no art. 337-L do Código Penal.

6.9.16.5. Objetividade jurídica

O bem jurídico tutelado é a Administração Pública, no tocante ao seu patrimônio, e também a moralidade administrativa, a integridade e a regularidade do processo licitatório e do contrato dele decorrente.

Na seara do contrato administrativo, o tipo penal igualmente protege o princípio da justiça contratual, a comutatividade e a boa-fé que orientam a execução dos contratos. Para Silvio Luís Ferreira da Rocha:

> O princípio do equilíbrio contratual ou da justiça contratual requer a ordenação objetivamente justa das relações entre os contratantes, que supere e torne inócua a desigualdade fática das partes. (...) A comutatividade indica que as prestações de ambas as partes são conhecidas de antemão desde o momento da formação do contrato e, na medida do possível, equivalentes entre si. A equivalência, segundo a doutrina, não precisa ser objetiva – as vantagens procuradas pelos contratantes serem proporcionalmente as mesmas –, basta a equivalência subjetiva (a parte sente-se satisfeita conforme suas conveniências e interesses) e a certeza das prestações.[274]

6.9.16.6. Objeto material

É a licitação ou o contrato administrativo dela decorrente atingido pela fraude.
Duas situações devem ser destacadas.

1.ª situação: O legislador foi infeliz ao utilizar a expressão "ou contrato dela decorrente". Com efeito, a fórmula legislativa condicionou o delito, na hipótese de fraude no contrato administrativo, à prévia existência de processo licitatório. Não se caracteriza o crime tipificado no art. 337-L do Código Penal, portanto, na fraude, com prejuízo à Administração Pública, que recaia em ajuste originado de contratação direta, ou seja, com dispensa ou inexigibilidade de licitação.

O tipo penal deveria ter utilizado a expressão "fraudar, em prejuízo da Administração Pública, licitação ou contrato, mediante (...)", sem empregar as palavras "dela decorrente".

2.ª situação: Inevitavelmente surgirá posição doutrinária e jurisprudencial sustentando a atipicidade do fato, mesmo com fraude e prejuízo à Administração Pública com alguma das condutas descritas nos incs. I a V do art. 337-L do Código Penal, nas situações previstas no art. 95 da Lei 14.133/2021 – Lei de Licitações e Contratos Administrativos:

> Art. 95. O instrumento de contrato é obrigatório, salvo nas seguintes hipóteses, em que a Administração poderá substituí-lo por outro instrumento hábil, como carta-contrato, nota de empenho de despesa, autorização de compra ou ordem de execução de serviço:
> I – dispensa de licitação em razão de valor;
> II – compras com entrega imediata e integral dos bens adquiridos e dos quais não resultem obrigações futuras, inclusive quanto a assistência técnica, independentemente de seu valor.

O argumento a ser levantado terá como apoio o princípio da reserva legal, em seu fundamento jurídico (taxatividade, certeza ou determinação), no sentido de que a configuração

---

[274] ROCHA, Silvio Luís Ferreira da. *Crimes na licitação*. São Paulo: Editora Contracorrente, 2016. p. 128.

do delito, nesses casos, caracterizaria analogia *in malam partem*, pois o art. 337-L do Código Penal fala somente em "contrato".

Não concordamos com essa linha de pensamento. Para nós, também será possível o crime de fraude em licitação nas situações descritas no art. 95 da Lei 14.133/2021 – Lei de Licitações e Contratos Administrativos, nas quais o instrumento de contrato é substituído por outro **instrumento hábil**, a exemplo da carta-contrato, da nota de empenho de despesa, da autorização de compra ou ordem de execução de serviço.

De fato, é preciso distinguir o contrato, em sua essência, do instrumento de contrato, consistente em sua formalização. Em todos os casos existe, independentemente das formalidades, um contrato administrativo, compreendido como o "ajuste firmado entre a Administração Pública e um particular, regulado basicamente pelo direito público, e tendo por objeto uma atividade que, de alguma forma, traduza interesse público."[275]

Em síntese, a existência do contrato administrativo não está condicionada à formalização do instrumento de contrato.

6.9.16.7. Núcleo do tipo

É **fraudar**, que equivale a iludir, enganar, ludibriar ou agir de má-fé em licitação ou contrato dela decorrente.

Embora normalmente presente nas situações concretas, o art. 337-L do Código Penal não condiciona a existência do delito à obtenção de vantagem ilícita pelo agente. Basta o prejuízo à Administração Pública.

Trata-se de **crime de forma vinculada**, pois o tipo penal arrola as condutas admitidas para a sua caracterização. Vejamos cada uma delas:

> Inc. I – entrega de mercadoria ou prestação de serviços com qualidade ou em quantidade diversas das previstas no edital ou nos instrumentos contratuais.

Exige-se a efetiva entrega da mercadoria ou prestação de serviços, e a fraude recai sobre a qualidade ou quantidade do objeto previsto no edital ou no instrumento contratual. Exemplo: o município celebrou contrato com um frigorífico, para entrega mensal de uma tonelada de carne bovina, destinada à alimentação na rede pública de saúde, mas o contratado entrega somente 900 (novecentos) quilos.

> Inc. II – fornecimento, como verdadeira ou perfeita, de mercadoria falsificada, deteriorada, inservível para consumo ou com prazo de validade vencido.

A mercadoria é entregue na quantidade ajustada, mas em alguma das situações de inferioridade ou imprestabilidade descritas em lei. Exemplo: o frigorífico entrega ao município uma tonelada de carne bovina, porém apodrecida e absolutamente imprópria ao consumo humano.

> Inc. III – entrega de uma mercadoria por outra.

---

[275] CARVALHO FILHO, José dos Santos. *Manual de direito administrativo*. 30. ed. São Paulo: Atlas, 2016. p. 181.

A fraude incide no objeto entregue pelo contratado. Como há lesão à Administração Pública, pressupõe-se a entrega de mercadoria de preço inferior ao ajustado. Exemplo: o contrato celebrado entre o município e o frigorífico previa a entrega mensal de uma tonelada de carne bovina, mas foi entregue carne suína, de valor menor.

> Inc. IV – alteração da substância, qualidade ou quantidade da mercadoria ou do serviço fornecido.

O agente fraudulentamente modifica a mercadoria ou serviço fornecido. A alteração pode envolver a substância (exemplo: utilização de granito no lugar de mármore, na reforma dos banheiros do hospital), a qualidade (exemplo: utilização de pneus de qualidade inferior nas revisões das viaturas do hospital) ou quantidade (exemplo: a empresa contratada troca somente três pneus de cada viatura, utilizando o estepe original no lugar do quarto pneu).

> Inc. V – qualquer meio fraudulento que torne injustamente mais onerosa para a Administração Pública a proposta ou a execução do contrato.

O legislador valeu-se da **interpretação analógica** (ou *intra legem*), apresentando uma fórmula genérica depois de ter catalogado, nos incisos precedentes, fórmulas casuísticas. Esse inciso deve ser compreendido em sintonia com os anteriores, ou seja, é imprescindível a fraude, mediante artifício, ardil ou qualquer outro meio fraudulento capaz de proporcionar maior custo à Administração Pública, tanto na fase licitatória, em face da divergência da realidade com a proposta apresentada, como na execução do contrato.

6.9.16.8. Sujeito ativo

O crime é **próprio** ou **especial**, pois somente pode ser cometido pelo funcionário público ou pelo particular (licitante ou contratado) que venha a fraudar, em prejuízo da Administração Pública, licitação ou contrato dela decorrente. Em outras palavras, exige-se a ligação entre o agente e a licitação ou o contrato administrativo, pois somente tais pessoas têm condições de realizar as condutas descritas no art. 337-L do Código Penal.[276]

Admite-se o concurso de pessoas, em ambas as suas modalidades (coautoria e participação).

6.9.16.9. Sujeito passivo

É a Administração Pública, especificamente no tocante à entidade lesada pela fraude (União, Estado, Distrito Federal ou Município) e, mediatamente, a pessoa física ou jurídica prejudicada pela conduta criminosa, a exemplo do licitante ou contratado sem qualquer envolvimento com o procedimento fraudulento.

6.9.16.10. Elemento subjetivo

É o dolo, acompanhado de uma finalidade específica (elemento subjetivo específico), consistente no propósito de causar prejuízo à Administração Pública.

---

[276] Certamente surgirão vozes, no entanto, sustentando tratar-se de crime comum ou geral, com a alegação de que poderia ser praticado por qualquer pessoa, com o que não concordamos.

Portanto, não se caracteriza o delito quando o agente realiza uma das condutas descritas no art. 337-L do Código Penal, lesando apenas interesse de particulares, sem qualquer prejuízo à Administração Pública.

Não se admite a modalidade culposa.

6.9.16.11. Consumação

A fraude em licitação é **crime material** ou **causal**. Seu aperfeiçoamento depende da produção do resultado naturalístico, consistente no prejuízo à Administração Pública. Pode ser **crime instantâneo** ou **permanente**, se a consumação se prolongar no tempo, pela vontade do agente, como no exemplo em que, durante a execução do contrato ao longo de um ano, com entregas mensais da mercadoria pelo contratado, a fraude venha a incidir sobre todas as parcelas atinentes ao cumprimento da avença.

Embora o tipo penal não faça menção, esse prejuízo deve ser de natureza econômica. Essa é a única conclusão que pode ser extraída da análise dos incisos I a V do art. 337-L do Código Penal, nos quais se visualiza a lesão aos cofres públicos.

6.9.16.12. Tentativa

É cabível, em face do caráter plurissubsistente do delito, compatível com o fracionamento do *iter criminis*. Exemplo: o diretor da empresa contratada para fornecimento de merenda escolar tenta servir produtos alimentícios com prazo de validade vencido, mas tal comportamento é percebido pelo Secretário de Educação do município, que determina a apreensão de tais alimentos.

O Superior Tribunal de Justiça reconheceu a modalidade tentada na seguinte hipótese:

> No caso, a empresa dos acusados, após sagrar-se vencedora em procedimento licitatório, tendo o objeto do contrato sido a ela devidamente adjudicado, efetivamente entregou à Administração Pública 100 cartuchos de tinta remanufaturados e em embalagens falsificadas, no valor total de R$ 17.999,00 (dezessete mil, novecentos e noventa e nove reais). Entretanto, a Administração Pública Federal não efetuou o efetivo pagamento pelos produtos fornecidos, apenas porque iniciou procedimento interno para a verificação da autenticidade do material (já devidamente fornecido pelos recorridos), oportunidade em se constatou a falsidade da mercadoria. Dessa forma, se os agravantes efetivamente praticaram todos os atos relativos ao fornecimento da mercadoria (tentativa perfeita), porém, em razão exclusivamente de circunstâncias alheias à vontade dos agentes, o delito não se consumou (configuração de prejuízo à Fazenda Pública), não se pode falar em conduta atípica, mas, sim, em crime tentado.[277]

6.9.16.13. Ação penal

A ação penal é pública incondicionada.

6.9.16.14. Lei 9.099/1995

A fraude em licitação ou contrato é **crime de elevado potencial ofensivo**. A pena privativa de liberdade cominada – reclusão, de 4 (quatro) a 8 (oito) anos – inviabiliza os benefícios elencados pela Lei 9.099/1995.

---

[277] AgRg no REsp 1.935.671/RS, rel. Min. Messod Azulay Neto, 5.ª Turma, j. 27.06.2023, noticiado no *Informativo* 13 (Edição Extraordinária).

6.9.16.15. Classificação doutrinária

A fraude em licitação é crime **simples** (ofende um único bem jurídico); **próprio** ou **especial** (somente pode ser cometido pelo particular ou pelo funcionário público envolvido na licitação ou no contrato administrativo); **material** ou **causal** (a consumação depende do prejuízo à Administração Pública); **de dano** (lesa o bem jurídico tutelado); **de forma vinculada** (admite apenas os modos de execução indicados pelo tipo penal); em regra **comissivo**; **instantâneo** ou **permanente** (a depender do caso concreto); **unissubjetivo, unilateral** ou **de concurso eventual** (cometido por uma só pessoa, mas admite o concurso); e **plurissubsistente**.

6.9.17. Art. 337-M – Contratação inidônea

6.9.17.1. Dispositivo legal

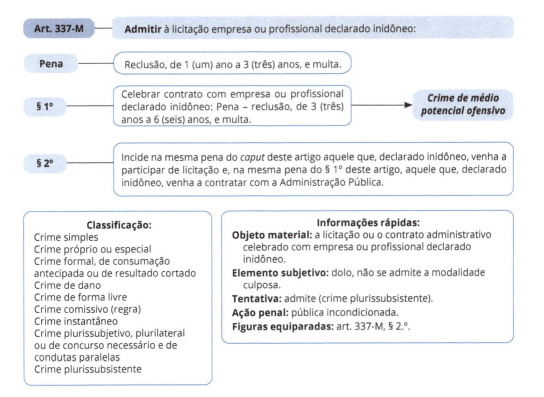

6.9.17.2. Evolução legislativa

O art. 97 da Lei 8.666/1993 apresentava um crime semelhante ao atual art. 337-M do Código Penal. Existem, porém, claras diferenças:

a) na Lei 8.666/1993, existia um único tipo penal para a fase da licitação e para a etapa do contrato administrativo. Agora, há tipos penais diversos (*caput* e § 2.º, 1.ª parte, de um lado, e § 1.º e § 2.º, parte final);

b) a pena privativa de liberdade foi elevada em seus limites mínimo e máximo, tanto para quem admite à licitação empresa ou profissional declarado inidôneo (*caput*) como para quem celebra contrato com empresa ou profissional declarado inidôneo (§ 1.º), e também para as figuras equiparadas contidas no § 2.º do art. 337-M do Código Penal.

Lei 14.133/2021	Lei 8.666/1993
Art. 337-M. Admitir à licitação empresa ou profissional declarado inidôneo: Pena – reclusão, de 1 (um) ano a 3 (três) anos, e multa. § 1.º Celebrar contrato com empresa ou profissional declarado inidôneo: Pena – reclusão, de 3 (três) anos a 6 (seis) anos, e multa. § 2.º Incide na mesma pena do *caput* deste artigo aquele que, declarado inidôneo, venha a participar de licitação e, na mesma pena do § 1.º deste artigo, aquele que, declarado inidôneo, venha a contratar com a Administração Pública.	Art. 97. Admitir à licitação ou celebrar contrato com empresa ou profissional declarado inidôneo: Pena – detenção, de 6 (seis) meses a 2 (dois) anos, e multa. Parágrafo único. Incide na mesma pena aquele que, declarado inidôneo, venha a licitar ou a contratar com a Administração.

6.9.17.3. Introdução

O art. 155 da Lei 14.133/2021 – Lei de Licitações e Contratos Administrativos elenca **infrações administrativas** aplicáveis tanto ao licitante quanto ao contratado. São elas:

I – dar causa à inexecução parcial do contrato;

II – dar causa à inexecução parcial do contrato que cause grave dano à Administração, ao funcionamento dos serviços públicos ou ao interesse coletivo;

III – dar causa à inexecução total do contrato;

IV – deixar de entregar a documentação exigida para o certame;

V – não manter a proposta, salvo em decorrência de fato superveniente devidamente justificado;

VI – não celebrar o contrato ou não entregar a documentação exigida para a contratação, quando convocado dentro do prazo de validade de sua proposta;

VII – ensejar o retardamento da execução ou da entrega do objeto da licitação sem motivo justificado;

VIII – apresentar declaração ou documentação falsa exigida para o certame ou prestar declaração falsa durante a licitação ou a execução do contrato;

IX – fraudar a licitação ou praticar ato fraudulento na execução do contrato;

X – comportar-se de modo inidôneo ou cometer fraude de qualquer natureza;

XI – praticar atos ilícitos com vistas a frustrar os objetivos da licitação;

XII – praticar ato lesivo previsto no art. 5.º da Lei n.º 12.846, de 1.º de agosto de 2013.

Tais infrações devem ser apuradas em sede de regular processo administrativo, com respeito ao contraditório e à ampla defesa, na forma exigida pelo art. 5.º, LV, da Constituição Federal.

Depois de apurada a responsabilidade do licitante ou contratado, a ele serão aplicáveis as sanções previstas no art. 156 da Lei de Licitações e Contratos Administrativos, destacando-se, em seu inc. IV, a **declaração de inidoneidade para licitar ou contratar**. Como a lei não faz restrições, a penalidade alcança todas as esferas da Administração Pública (federal, estaduais, distrital e municipais). De fato, não seria razoável a inidoneidade para contratar perante um ente federativo não subsistir perante os demais.

Essa sanção administrativa, para ser superada, depende da **reabilitação** do licitante ou contratado perante a própria autoridade que aplicou a penalidade, e reclama, cumulativamente: I – a reparação integral do dano causado à Administração Pública; II – pagamento da multa; e III – transcurso do prazo mínimo de 3 (três) anos da aplicação da penalidade; IV – cumprimento das condições de reabilitação definidas no ato punitivo; e V – análise jurídica prévia, com posicionamento conclusivo quanto ao cumprimento dos requisitos legais exigidos para a reabilitação (art. 163 da Lei de Licitações e Contratos Administrativos).

A declaração de inidoneidade impõe ao seu destinatário a proibição de participar de processo licitatório ou de contratar com a Administração Pública, pois cria para ele a presunção absoluta (*iuris et de iure*) de que não goza dos requisitos mínimos de idoneidade.

Os efeitos da declaração de idoneidade operam-se para o futuro (*ex nunc*). Não retroagem para atingir fatos pretéritos. Em síntese, tal declaração impede a empresa ou o profissional de licitar ou contratar com a Administração Pública, mas não conduz à rescisão automática dos contratos administrativos já celebrados.

6.9.17.3.1. Situações especiais de declaração de idoneidade

Além da Lei de Licitações e Contratos Administrativos, diversos outros diplomas normativos preveem a declaração de inidoneidade como sanção administrativa, destacando-se:

a) Art. 33, V, da Lei 12.527/2011 – Lei de Acesso à Informação;

b) Art. 73, III, da Lei 13.019/2014 – Regime Jurídico das Parcerias entre a Administração Pública e as organizações da sociedade civil; e

c) Art. 46 da Lei 8.443/1992 – Lei Orgânica do Tribunal de Contas da União.[278]

6.9.17.4. Objetividade jurídica

O bem jurídico tutelado é a Administração Pública, no tocante à correção e à lisura do processo licitatório e do contrato administrativo, bem como a moralidade administrativa, pois não há como se respeitar tal princípio admitindo-se à licitação ou contratando empresa ou profissional declarado inidôneo para licitar ou contratar com o Poder Público.[279]

Também se protege, por via reflexa, a autoridade e a eficácia da decisão que declarou a inidoneidade da empresa ou do profissional para participar de processos licitatórios e celebras contratos com a Administração Pública.

6.9.17.5. Objeto material

É a licitação ou o contrato administrativo celebrado com empresa ou profissional declarado inidôneo.

6.9.17.6. Núcleos do tipo

No *caput*, é **admitir**, no sentido de aceitar ou tolerar como participante da licitação uma empresa ou profissional previamente declarado inidôneo. É o que se dá, exemplificativamente,

---

[278] Essa declaração de idoneidade impede o licitante fraudador de participar, por até cinco anos, de licitação na **Administração Pública Federal.**

[279] GASPARINI, Diógenes. *Crimes na licitação*. 3. ed. São Paulo: Editora NDJ, 2004. p. 157.

quando o funcionário público atuante na comissão de contratação procede à habilitação de profissional maculado pela declaração de inidoneidade.

No § 1.º, de outro lado, o núcleo é **celebrar**, ou seja, promover ou efetivar contrato com empresa ou profissional declarado inidôneo. Essa modalidade do delito pode ocorrer em duas situações:

a) O contrato administrativo foi celebrado diretamente, isto é, sem prévio processo licitatório, diante da caracterização de uma hipótese de dispensa ou inexigibilidade de licitação (arts. 74 e 75 da Lei 14.133/2021 – Lei de Licitações e Contratos Administrativos);

b) O contrato administrativo foi antecedido de processo licitatório. Nesse caso, se o funcionário público já tinha ciência, na fase da licitação, da declaração de idoneidade da empresa ou do profissional, deverá responder unicamente pelo crime tipificado no art. 337-M, § 1.º, do Código Penal, mais grave do que a figura do *caput*. A pluralidade de condutas deve ser levada em consideração pelo magistrado na dosimetria da pena-base (1.ª etapa do critério trifásico), como circunstância judicial desfavorável, com amparo no art. 59, *caput*, do Código Penal.

6.9.17.6.1. Figuras equiparadas: art. 337-M, § 2.º

Como estabelece o § 2.º do art. 337-M do Código Penal: "Incide na mesma pena do *caput* deste artigo aquele que, declarado inidôneo, venha a participar de licitação e, na mesma pena do § 1.º deste artigo, aquele que, declarado inidôneo, venha a contratar com a Administração Pública."

Esse delito constitui uma modalidade especial de exercício de atividade com infração de decisão administrativa, definido no art. 205 do Código Penal.[280] O conflito aparente de normas é solucionado pelo princípio da especialidade.

Trata-se de mais uma **exceção pluralista à teoria unitária ou monista no concurso de pessoas**. Há nítida relação com o *caput* (1.ª parte) e com o § 1.º (parte final). O profissional declarado inidôneo, ou então o representante da empresa declarada inidônea, descumpre a sanção administrativa que lhe foi imposta e efetivamente participa do processo licitatório ou contrata com a Administração Pública.

O particular e o funcionário público concorrem para igual resultado, mas o legislador optou por criar delitos diversos para cada um deles. Aquele responde pelo § 2.º; este, pelo *caput* ou pelo § 1.º.

Pode acontecer, entretanto, de o particular agir sozinho, isto é, sem a colaboração do funcionário. É o que se dá, por exemplo, quando ele usa documento falso para se apresentar como idôneo a licitar e contratar com o Poder Público. O crime contra a fé pública (crime-meio) fica absorvido pelo delito inscrito no art. 337-M, § 2.º, do Código Penal.

6.9.17.7. Sujeito ativo

O *caput* e o § 1.º do art. 337-M do Código Penal contemplam **crimes próprios ou especiais**, pois somente podem ser cometidos pelo membro da comissão de contratação ou pelo funcionário público com atribuições para admitir à licitação ou celebrar contrato com empresa ou profissional declarado inidôneo.[281]

---

[280] "Art. 205 – Exercer atividade, de que está impedido por decisão administrativa: Pena – detenção, de três meses a dois anos, ou multa."

[281] A celebração do contrato administrativo constitui-se em encargo do gestor dos recursos públicos (ordenador de despesas ou ocupante de função análoga) ou então da autoridade máxima em cada ente da Administração Pública (Prefeito, no Poder Executivo municipal, Presidente da Câmara de Vereadores, no Legislativo do município, etc.).

Se todos os membros da comissão de contratação têm conhecimento da inidoneidade da empresa ou do profissional, e ainda assim o admitirem à licitação, devem eles responder pelo delito, em concurso de pessoas. Estará excluído o delito, evidentemente, relativamente ao integrante da comissão que divergir, de forma fundamentada, da decisão tomada por maioria pelos seus pares.

O **§ 2.º do art. 337-M do Código Penal** igualmente veicula **crimes próprios ou especiais**. Com efeito, tais delitos apenas podem ser praticados pelo profissional ou pelo representante da empresa declarado inidôneo em sede de processo administrativo destinado a apurar qualquer das infrações administrativas elencadas pelo art. 155 da Lei 14.133/2021 – Lei de Licitações e Contratos Administrativos.

6.9.17.8. Sujeito passivo

É a Administração Pública e, mediatamente, a pessoa física ou jurídica prejudicada pela conduta criminosa.

6.9.17.9. Elemento subjetivo

É o dolo, independentemente de qualquer finalidade específica. Não se admite a modalidade culposa.

O erro de tipo, ainda que inescusável, exclui o dolo. Como o art. 337-M do Código Penal, no *caput* e no § 1.º, admite unicamente o dolo, o fato será atípico para o funcionário público da comissão de contratação, responsável pelo processo licitatório ou contrato administrativo, que acredita na idoneidade da empresa ou do profissional.

É importante destacar, contudo, que pode (e deve) ser exigido do funcionário público um especial cuidado para verificar a presença, no caso concreto, da declaração de inidoneidade do profissional ou da empresa. Com efeito, os entes federativos em geral contam com sítios eletrônicos de "Portais da Transparência", os quais permitem o fácil acesso de qualquer pessoa, e notadamente daqueles que lidam com recursos públicos, às pessoas físicas e jurídicas declaradas inidôneas para licitar ou contratar com o Poder Público.

Se ficar demonstrado que o funcionário público propositalmente "fechou os olhos" para não se deparar com a evidente declaração de inidoneidade do licitante ou do contratado, deverá responder pelo crime tipificado no art. 337-M do Código Penal. É perfeitamente aplicável a **teoria da cegueira deliberada** ou *willful blindness*, pela qual o dolo reputa-se presente na situação em que o agente não conhece uma ilicitude em razão de ter livremente optado por ignorá-la.

6.9.17.10. Consumação

No *caput*, o delito se consuma no momento em que a empresa ou o profissional declarado inidôneo é admitido a participar do processo licitatório. No § 1.º, por sua vez, o crime se aperfeiçoa com a celebração do contrato com a empresa ou profissional rotulado pela inidoneidade administrativa.

Nos dois casos o crime é **formal, de consumação antecipada** ou **de resultado cortado**. A consumação se dá com a prática das condutas descritas em lei. Não se reclama a produção do resultado naturalístico, ou seja, prescinde-se da adjudicação do objeto do contrato ao licitante inidôneo ou do recebimento de qualquer pagamento pelo contratado sem idoneidade. O tipo penal não exige o prejuízo econômico aos cofres públicos.

6.9.17.11. Tentativa

É cabível, em face do caráter plurissubsistente dos delitos, permitindo o fracionamento do *iter criminis*. Exemplos: (a) um membro da comissão de contratação, ciente desta situação, atua para admitir à licitação profissional declarado inidôneo, mas tem seu projeto frustrado pela intervenção do seu superior hierárquico; e (b) o ordenador de despesas tenta celebrar contrato com empresa declarada inidônea mas, antes da formalização da avença, vem a ser afastado das suas funções por decisão superior.

6.9.17.12. Ação penal

A ação penal é pública incondicionada, em todas as modalidades do delito.

6.9.17.13. Lei 9.099/1995

No *caput* e na primeira parte do § 2.º, o art. 337-M do Código Penal contempla **crimes de médio potencial ofensivo**. A pena privativa de liberdade, em seu patamar mínimo, autoriza a suspensão condicional do processo, se presentes os demais requisitos elencados pelo art. 89 da Lei 9.099/1995.

No § 1.º e na parte final do § 2.º, por sua vez, o tipo penal veicula **crimes de elevado potencial ofensivo**. A pena privativa de liberdade – reclusão, de 3 (três) a 6 (seis) anos – inviabiliza os benefícios elencados pela Lei 9.099/1995.

6.9.17.14. Classificação doutrinária

A contratação inidônea é crime **simples** (ofende um único bem jurídico); **próprio** ou **especial**; **formal, de consumação antecipada** ou **de resultado cortado** (consuma-se com a prática da conduta descrita em lei, prescindindo da produção do resultado naturalístico); **de dano** (lesa o bem jurídico tutelado); **de forma livre** (admite qualquer meio de execução); em regra **comissivo**; **instantâneo** (consuma-se em um momento determinado, sem continuidade no tempo); **plurissubjetivo, plurilateral** ou **de concurso necessário** (reclama o concurso entre o funcionário público e o representante da empresa ou o profissional declarado inidôneo) e **de condutas paralelas** (os agentes buscam igual resultado); e **plurissubsistente.**

6.9.18. Art. 337-N – Impedimento indevido

6.9.18.1. Dispositivo legal

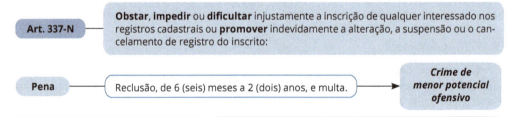

Art. 337-N — Obstar, impedir ou dificultar injustamente a inscrição de qualquer interessado nos registros cadastrais ou promover indevidamente a alteração, a suspensão ou o cancelamento de registro do inscrito:

Pena — Reclusão, de 6 (seis) meses a 2 (dois) anos, e multa.

Crime de menor potencial ofensivo

Classificação:
Crime simples
Crime próprio ou especial
Crime formal, de consumação antecipada ou de resultado cortado
Crime de dano
Crime de forma livre
Crime comissivo (regra)
Crime instantâneo
Crime unissubjetivo, unilateral ou de concurso eventual
Crime plurissubsistente

Informações rápidas:
Objeto material: a inscrição do interessado nos registros cadastrais.
Elemento subjetivo: dolo, não se admite a modalidade culposa.
Tentativa: admite (crime plurissubsistente).
Ação penal: pública incondicionada.

6.9.18.2. Evolução legislativa

O art. 98 da Lei 8.666/1993 previa um delito semelhante ao impedimento indevido, atualmente definido no art. 337-N do Código Penal. A redação típica era praticamente idêntica, e alterou-se unicamente a qualidade da pena privativa de liberdade, que passou a ser de reclusão, mantendo-se a sua quantidade (6 meses a 2 anos).

Lei 14.133/2021	Lei 8.666/1993
Art. 337-N. Obstar, impedir ou dificultar injustamente a inscrição de qualquer interessado nos registros cadastrais ou promover indevidamente a alteração, a suspensão ou o cancelamento de registro do inscrito: Pena – reclusão, de 6 (seis) meses a 2 (dois) anos, e multa.	Art. 98. Obstar, impedir ou dificultar, injustamente, a inscrição de qualquer interessado nos registros cadastrais ou promover indevidamente a alteração, suspensão ou cancelamento de registro do inscrito: Pena – detenção, de 6 (seis) meses a 2 (dois) anos, e multa.

6.9.18.3. Introdução

Na sistemática da Lei 14.133/2021 – Lei de Licitações e Contratos Administrativos, o **registro cadastral** constitui-se em procedimento auxiliar das licitações e contratações (art. 78, V).

Trata-se de instrumento de utilização obrigatória pelos órgãos e entidades da Administração Pública, para efeito de cadastro unificado dos licitantes, razão pela qual é disponibilizado no **PNCP – Portal Nacional de Contratações Públicas** (art. 87, *caput* e art. 174, § 3.º, I).

Além disso, o sistema de registro cadastral unificado é público e deve ser amplamente divulgado e estar plenamente aberto aos interessados, e será obrigatória a realização de chamamento público pela *internet*, no mínimo anualmente, para atualização dos registros existentes e para ingresso de novos interessados (art. 87, § 1.º).

Para ser inscrito no registro cadastral, ou para promover sua atualização, o interessado deve fornecer os elementos necessários para habilitação em processos licitatórios (art. 88, *caput*).

O inscrito será classificado por categorias, considerada sua área de atuação, subdividas em grupos, segundo a qualificação técnica e econômico-financeira avaliada, de acordo com as regras objetivas divulgadas em sítio eletrônico oficial (art. 88, § 1.º).

Com a inscrição será fornecido certificado, renovável sempre que o interessado atualizar o registro (art. 88, § 2.º).

O registro de eventuais penalidades aplicadas pela Administração Pública ao contratado, pelo mau desempenho na execução contratual, constará do registro cadastral (art. 88, § 3.º).

O registro cadastral poderá ser a qualquer tempo alterado, suspenso ou cancelado, se o inscrito deixar de satisfazer exigências determinadas pela Lei 14.133/2021 – Lei de Licitações e Contratos Administrativos ou por regulamento (art. 88, § 5.º).

Finalmente, o interessado que requerer o cadastro poderá participar de processo licitatório, até a decisão da Administração, mas a celebração do contrato ficará condicionada à emissão do certificado de inscrição no registro cadastral (art. 88, § 6.º).

É fácil notar, portanto, que o registro cadastral funciona como um sistema de armazenamento das informações e dos dados imprescindíveis à comprovação da regularidade fiscal, técnica, jurídica, econômica e financeira dos interessados em participar de licitações ou celebrar contratos com a Administração Pública.

Cada ente – União, Estados, Distrito Federal e Municípios – possui seu próprio registro cadastral, sem prejuízo do cadastro unificado dos licitantes, disponibilizado no **PNCP – Portal Nacional de Contratações Públicas**.

A inscrição do registro cadastral independe da participação do interessado em um processo licitatório determinado.[282] Trata-se de meio facilitador da fase de habilitação, pois a pessoa física ou jurídica nele inscrita fica dispensada de apresentar os documentos exigidos pela licitação específica, uma vez que sua habilitação já foi previamente realizada. Nas palavras de Marçal Justen Filho: "Para os particulares a inscrição nos registros cadastrais representa a possibilidade de promover a comprovação de requisitos perante a Administração sem os atropelos e riscos exigidos em determinada licitação."[283]

A propósito, a Administração Pública pode, inclusive, realizar licitação restrita a fornecedores cadastrados, atendidos os critérios, as condições e os limites estabelecidos em regulamento, bem como a ampla publicidade dos procedimentos para o cadastramento (art. 87, § 3.º da Lei de Licitações e Contratos Administrativos). Nessa hipótese, o prejuízo causado ao interessado afetado pelo impedimento indevido torna-se ainda maior.

6.9.18.4. Objetividade jurídica

O bem jurídico protegido é a Administração Pública, relativamente à regularidade, à lisura e à competitividade do processo licitatório, bem como a moralidade administrativa e a isonomia entre os licitantes. O impedimento indevido atribuído ao interessado em licitar ou celebrar contrato com o Poder Público enfraquece a busca pela proposta mais vantajosa ao Poder Público.

Também se tutela a certeza e a segurança do registro cadastral.[284]

6.9.18.5. Objeto material

É a inscrição do interessado nos registros cadastrais.

6.9.18.6. Núcleos do tipo

O art. 337-N do Código Penal contempla duas condutas típicas:

1.ª conduta: "Obstar, impedir ou dificultar injustamente a inscrição de qualquer interessado nos registros cadastrais"

Há três núcleos: "obstar", "impedir" e "dificultar".

Obstar é causar empecilho ou criar obstáculo; **impedir** equivale inviabilizar, impossibilitar. Obstar e impedir, em verdade, são sinônimos, e bastaria o uso, pelo legislador, de somente um dos verbos. **Dificultar**, por sua vez, é embaraçar, complicar ou tornar algo mais difícil do que o normal.

A palavra "**injustamente**" representa um **elemento normativo do tipo**, cuja compreensão reclama a valoração do caso concreto. No contexto do art. 337-N do Código Penal, injustamente equivale a "**sem justa causa**", ou seja, sem amparo legal. O funcionário público obstou, impediu ou dificultou a inscrição de qualquer interessado nos registros cadastrais sem base jurídica para fazê-la.

Destarte, não há crime quando o agente se escorou em motivo legítimo para rechaçar a inscrição do interessado nos registros cadastrais. Exemplificativamente, o art. 156, III, da Lei 14.133/2021 – Lei de Licitações e Contratos Administrativos impõe o "impedimento de licitar e contratar" como uma das sanções aplicáveis ao responsável pelas infrações administrativas nela previstas, notadamente pelo seu art. 155.

---

[282] A propósito, é válido destacar que no leilão não se exige o registro cadastral prévio, até porque não há fase de habilitação. É o que se extrai do art. 31, § 4.º, da Nova Lei de Licitações e Contratos Administrativos: "O leilão não exigirá registro cadastral prévio, não terá fase de habilitação e deverá ser homologado assim que concluída a fase de lances, superada a fase recursal e efetivado o pagamento pelo licitante vencedor, na forma definida no edital."

[283] JUSTEN FILHO, Marçal. *Comentários à lei de licitações e contratos administrativos*. 13. ed. São Paulo: Dialética, 2008. p. 488.

[284] FREITAS, André Guilherme Tavares. *Crimes na lei de licitações*. 3. ed. Rio de Janeiro: Impetus, 2013. p. 176.

De igual modo, na sistemática da Lei 13.303/2016, uma das sanções aplicáveis pela empresa pública ou sociedade de economia mista ao contratado que der causa à inexecução total ou parcial do contrato é o impedimento de contratar com a entidade sancionadora, por prazo não superior a 2 (dois) anos (art. 83, III). Essa penalidade também será aplicável às empresas ou profissionais que, em razão dos contratos regidos pela Lei 13.303/2016: I – tenham sofrido condenação definitiva por praticarem, por meios dolosos, fraude fiscal no recolhimento de quaisquer tributos; II – tenham praticado atos ilícitos visando a frustrar os objetivos da licitação; e III – demonstrem não possuir idoneidade para contratar com a empresa pública ou a sociedade de economia mista em virtude de atos ilícitos praticados.

Trata-se de **tipo misto alternativo**, **crime de ação múltipla** ou **de conteúdo variado**. Se o funcionário público incidir em mais de um núcleo, no tocante à inscrição do mesmo interessado nos registrados cadastrais, estará caracterizado um único delito de impedimento indevido.

2.ª conduta: "Promover indevidamente a alteração, a suspensão ou o cancelamento de registro do inscrito"

O núcleo é "**promover**", no sentido de realizar, proporcionar ou propiciar, indevidamente, a alteração, a suspensão ou o cancelamento do registro do inscrito.

Ao contrário da primeira modalidade da conduta criminosa, na qual o agente atua para vedar injustamente a inscrição do interessado nos registros cadastrais, nessa figura típica a pessoa (física ou jurídica) já está registrada no órgão público, e o sujeito adota providências para, indevidamente, efetuar a alteração (mudança), a suspensão (descontinuação temporária) ou o cancelamento (extinção) de tal registro.

Indevidamente é elemento normativo do tipo, e traz a ideia de algo ilícito, ou seja, não permitido pelo Direito. Logo, não há crime quando alguma norma jurídica impõe ao funcionário público o dever de alterar, suspender ou cancelar o registro do inscrito. Exemplo: o art. 88, § 5.º da Lei 14.133/2021 – Lei de Licitações e Contratos Administrativos preceitua que o registro cadastral poderá ser a qualquer tempo alterado, suspenso ou cancelado, se o inscrito deixar de satisfazer exigências determinadas pela Lei de Licitações e Contratos Administrativos ou por regulamento.

6.9.18.7. Sujeito ativo

Cuida-se de **crime próprio** ou **especial**, pois somente pode ser praticado pelo funcionário público dotado do poder de obstar, impedir ou dificultar, injustamente, a inscrição de qualquer interessado nos registros cadastrais, ou então de promover indevidamente a alteração, suspensão ou cancelamento de registro do inscrito.

Admite-se o concurso de pessoas, em ambas as suas modalidades – coautoria e participação –, seja com outro funcionário público, seja com um particular, uma vez que a condição funcional é elementar do delito, razão pela qual é comunicável aos demais envolvidos no delito, a teor da regra contida no art. 30 do Código Penal.

6.9.18.8. Sujeito passivo

É a Administração Pública e, mediatamente, a pessoa física ou jurídica prejudicada pela conduta criminosa.

6.9.18.9. Elemento subjetivo

É o dolo, independentemente de qualquer finalidade específica. Em outras palavras, pouco importa o motivo que levou o agente a proceder ao impedimento indevido (desavenças com o interessado, capricho pessoal, amizade com outro licitante etc.).

Não se admite a modalidade culposa.

6.9.18.10. Consumação

Na primeira conduta típica, o crime se consuma no momento em que o agente obsta, impede ou dificulta, injustamente, a inscrição do interessado nos registros cadastrais, ainda que ele venha a conseguir efetuar sua inscrição no registro cadastral, valendo-se para tanto de instrumentos administrativos ou jurisdicionais.

Na segunda conduta típica, de seu turno, o delito se consuma quando o funcionário público promove indevidamente a alteração, a suspensão ou o cancelamento de registro do inscrito, ainda que tal registro posteriormente seja por qualquer meio normalizado.

Em qualquer caso, o crime é **formal, de consumação antecipada** ou **de resultado cortado**. Consuma-se com a prática da conduta descrita em lei, independentemente da produção do resultado naturalístico.

6.9.18.11. Tentativa

É cabível, pois a natureza plurissubsistente do delito comporta o fracionamento do *iter criminis*. Exemplo: o funcionário público dolosamente transmite uma relação equivocada de documentos ao interessado, para obstar sua inscrição no registro cadastral do Município, mas tal comportamento é imediatamente notado pelo superior hierárquico, que vem a apresentar ao interessado os documentos corretos à sua inscrição.

Na prática, porém, a tentativa é rara, uma vez que o ato de dificultar a inscrição do interessado nos registros cadastrais ou de promover indevidamente a alteração do registro do inscrito já conduz à consumação do delito.

6.9.18.12. Ação penal

A ação penal é pública incondicionada.

6.9.18.13. Lei 9.099/1995

Diante da pena privativa de liberdade cominada – reclusão, de 6 (seis) meses a 2 (dois) anos –, o impedimento indevido constitui-se em **infração penal de menor potencial ofensivo**, de competência do Juizado Especial Criminal e compatível com a transação penal, desde que presentes os requisitos exigidos pelo art. 76 da Lei 9.099/1995.

6.9.18.14. Classificação doutrinária

O impedimento indevido é crime **simples** (ofende um único bem jurídico); **próprio** ou **especial**; **formal, de consumação antecipada** ou **de resultado cortado** (consuma-se com a prática da conduta descrita em lei, prescindindo da produção do resultado naturalístico); **de dano** (lesa o bem jurídico tutelado); **de forma livre** (admite qualquer meio de execução); em regra **comissivo**; **instantâneo** (consuma-se em um momento determinado, sem continuidade no tempo); **unissubjetivo**, **unilateral** ou **de concurso eventual** (normalmente praticado por uma única pessoa, mas admite o concurso); e **plurissubsistente**.

6.9.19. Art. 337-O – Omissão grave de dado ou de informação por projetista

6.9.19.1. Dispositivo legal

> **Art. 337-O** — **Omitir, modificar** ou **entregar** à Administração Pública levantamento cadastral ou condição de contorno em relevante dissonância com a realidade, em frustração ao caráter competitivo da licitação ou em detrimento da seleção da proposta mais vantajosa para a Administração Pública, em contratação para a elaboração de projeto básico, projeto executivo ou anteprojeto, em diálogo competitivo ou em procedimento de manifestação de interesse.

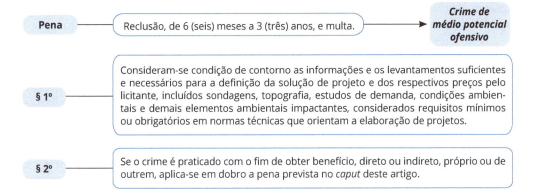

6.9.19.2. Introdução

A omissão grave de dado ou de informação por projetista representa uma das inovações proporcionadas pela Lei 14.133/2021 – Lei de Licitações e Contratos Administrativos no âmbito penal. A Lei 8.666/1993 não continha crime semelhante.

A finalidade do legislador foi combater as frequentes e graves ilicitudes praticadas em licitações envolvendo projetos de engenharia, notadamente em obras de construção e reforma de imóveis, e também na compra e venda de tais bens. Essa conclusão pode ser extraída tanto da leitura do tipo penal como do nome do delito.

6.9.19.3. Objetividade jurídica

O bem jurídico tutelado é Administração Pública, em seu duplo aspecto: (a) moral: isonomia, moralidade, competitividade e regularidade do processo licitatório; e (b) material: defesa do patrimônio público.

6.9.19.4. Objeto material

É o levantamento cadastral ou a condição de contorno em relevante dissonância com a realidade.

Levantamento cadastral é a atividade que consiste na medição manual, por meio de instrumentos adequados, a exemplo da trena ou de aparelhos eletrônicos, de uma edificação existente. Tem como finalidades, entre outras, a apuração da viabilidade de um projeto de engenharia e a avaliação de imóveis.

A condição de contorno, de seu turno, foi definida pelo § 1.º do art. 337-O do Código Penal como "as informações e os levantamentos suficientes e necessários para a definição da solução de projeto e dos respectivos preços pelo licitante, incluídos sondagens, topografia, estudos de demanda, condições ambientais e demais elementos ambientais impactantes, considerados requisitos mínimos ou obrigatórios em normas técnicas que orientam a elaboração de projetos." Trata-se de norma penal explicativa ou complementar.

O art. 337-O, *caput*, do Código Penal reclama o levantamento cadastral ou condição de contorno "em relevante dissonância com a realidade", isto é, em flagrante e proposital divergência com a situação fática em que foi elaborado. Não basta qualquer dissonância com a realidade. Há de ser "relevante", ou seja, substancial, produzida dolosamente e perceptível pela pessoa dotada de conhecimentos técnicos na respectiva área de atuação.

6.9.19.5. Núcleos do tipo

São três: omitir, modificar e entregar.

Omitir é deixar de fazer algo, quedar-se inerte. A conduta negativa revela um crime omissivo próprio (ou puro), pois a omissão está descrita no próprio tipo penal.

Modificar e entregar representam condutas positivas (crimes comissivos). Modificar equivale a alterar, mudar algo; entregar, por sua vez, significa dar algo a alguém.

O agente omite, modifica ou entrega à Administração Pública levantamento cadastral ou condição de contorno em relevante dissonância com a realidade, frustrando a competitividade do processo licitatório ou inviabilizando a escolha da proposta mais vantajosa para a Administração Pública, pois seu comportamento tem o condão de excluir ou prejudicar um ou mais licitantes, não raras vezes com o favorecimento de determinado participante do certame.

Trata-se de tipo misto alternativo, crime de ação múltipla ou de conteúdo variado. Se o agente praticar mais de um núcleo, no tocante ao mesmo objeto material – levantamento cadastral ou condição de contorno –, estará caracterizado um único de delito. A pluralidade de condutas há de ser utilizada pelo magistrado na dosimetria da pena-base, como circunstância judicial desfavorável.

Qualquer das condutas típicas deve ser cometida no bojo de contratação para a elaboração de projeto básico, projeto executivo ou anteprojeto, em diálogo competitivo ou em procedimento de manifestação de interesse. A Lei 14.133/2021 – Lei de Licitações e Contratos Administrativos apresenta definições para cada uma dessas situações. Vejamos.

Projeto básico, a teor do art. 6.º, XXV, é o "conjunto de elementos necessários e suficientes, com nível de precisão adequado para definir e dimensionar a obra ou o serviço, ou o complexo de obras ou de serviços objeto da licitação, elaborado com base nas indicações dos estudos técnicos preliminares, que assegure a viabilidade técnica e o adequado tratamento do impacto ambiental do empreendimento e que possibilite a avaliação do custo da obra e a definição dos métodos e do prazo de execução, devendo conter os seguintes elementos:

a) levantamentos topográficos e cadastrais, sondagens e ensaios geotécnicos, ensaios e análises laboratoriais, estudos socioambientais e demais dados e levantamentos necessários para execução da solução escolhida;

b) soluções técnicas globais e localizadas, suficientemente detalhadas, de forma a evitar, por ocasião da elaboração do projeto executivo e da realização das obras e montagem, a necessidade de reformulações ou variantes quanto à qualidade, ao preço e ao prazo inicialmente definidos;

c) identificação dos tipos de serviços a executar e dos materiais e equipamentos a incorporar à obra, bem como das suas especificações, de modo a assegurar os melhores resultados para o empreendimento e a segurança executiva na utilização do objeto, para os fins a que se destina, considerados os riscos e os perigos identificáveis, sem frustrar o caráter competitivo para a sua execução;

d) informações que possibilitem o estudo e a definição de métodos construtivos, de instalações provisórias e de condições organizacionais para a obra, sem frustrar o caráter competitivo para a sua execução;

e) subsídios para montagem do plano de licitação e gestão da obra, compreendidos a sua programação, a estratégia de suprimentos, as normas de fiscalização e outros dados necessários em cada caso;

f) orçamento detalhado do custo global da obra, fundamentado em quantitativos de serviços e fornecimentos propriamente avaliados, obrigatório exclusivamente para os regimes de execução previstos nos incisos I, II, III, IV e VII do *caput* do art. 46 desta Lei."

Projeto executivo, por sua vez, é o "conjunto de elementos necessários e suficientes à execução completa da obra, com o detalhamento das soluções previstas no projeto básico, a identificação de serviços, de materiais e de equipamentos a serem incorporados à obra, bem como suas especificações técnicas, de acordo com as normas técnicas pertinentes" (art. 6.º, XXVI).

Anteprojeto é a "peça técnica com todos os subsídios necessários à elaboração do projeto básico, que deve conter, no mínimo, os seguintes elementos:

a) demonstração e justificativa do programa de necessidades, avaliação de demanda do público-alvo, motivação técnico-econômico-social do empreendimento, visão global dos investimentos e definições relacionadas ao nível de serviço desejado;

b) condições de solidez, de segurança e de durabilidade;

c) prazo de entrega;

d) estética do projeto arquitetônico, traçado geométrico e/ou projeto da área de influência, quando cabível;

e) parâmetros de adequação ao interesse público, de economia na utilização, de facilidade na execução, de impacto ambiental e de acessibilidade;

f) proposta de concepção da obra ou do serviço de engenharia;

g) projetos anteriores ou estudos preliminares que embasaram a concepção proposta;

h) levantamento topográfico e cadastral;

i) pareceres de sondagem;

j) memorial descritivo dos elementos da edificação, dos componentes construtivos e dos materiais de construção, de forma a estabelecer padrões mínimos para a contratação" (art. 6.º, XXIV).

Diálogo competitivo é a "modalidade de licitação para contratação de obras, serviços e compras em que a Administração Pública realiza diálogos com licitantes previamente selecionados mediante critérios objetivos, com o intuito de desenvolver uma ou mais alternativas capazes de atender às suas necessidades, devendo os licitantes apresentar proposta final após o encerramento dos diálogos" (art. 6.º, XLII).

Finalmente, o **procedimento de manifestação de interesse** constitui-se em procedimento auxiliar das contratações e licitações (art. 78, III). Nos termos do art. 81, *caput*, da Lei 14.133/2021 – Lei de Licitações e Contratos Administrativos:

> Art. 81. A Administração poderá solicitar à iniciativa privada, mediante procedimento aberto de manifestação de interesse a ser iniciado com a publicação de edital de chamamento público, a propositura e a realização de estudos, investigações, levantamentos e projetos de soluções inovadoras que contribuam com questões de relevância pública, na forma de regulamento.

6.9.19.6. Sujeito ativo

Cuida-se de **crime próprio** ou **especial**, pois somente pode ser cometido pelo "projetista", compreendido como o profissional capacitado a elaborar o levantamento cadastral ou a condição de contorno.

Admite-se o concurso de pessoas, seja com um particular (exemplo: empresário que contrata o projetista para modificar o levantamento cadastral), seja com um funcionário público (exemplo: engenheiro da Prefeitura que percebe a dissonância da condição de contorno com a realidade, mas não reporta tal circunstância aos membros da comissão de contratação).

6.9.19.7. Sujeito passivo

É a Administração Pública e, mediatamente, a pessoa física ou jurídica prejudicada pela conduta criminosa, a exemplo da empresa licitante cuja proposta foi preterida, em sede de diálogo competitivo, por força do levantamento cadastral apresentado pelo projetista em descompasso com a realidade.

6.9.19.8. Elemento subjetivo

É o dolo, independentemente de qualquer finalidade específica. Não se admite a modalidade culposa.

6.9.19.8.1. Fim de obter benefício e aumento da pena

Nos termos do art. 337-O, § 2.º, do Código Penal: "Se o crime é praticado com o fim de obter benefício, direto ou indireto, próprio ou de outrem, aplica-se em dobro a pena prevista no *caput* deste artigo."

Cuida-se **causa de aumento da pena**, a ser aplicada na terceira e última fase da dosimetria da pena.

O "benefício" deve ser compreendido como a vantagem de qualquer natureza, econômica ou não (exemplos: prestígio político, apoio na disputa por cargo público etc.), e pode ser direto ou indireto, ou seja, obtido de imediato ou visando ao futuro. A lei admite o benefício próprio (do agente) ou de outrem, a saber, direcionado a terceira pessoa, física ou jurídica, mas diversa da Administração Pública.

A incidência da majorante se contenta com a finalidade de obter o "benefício", o qual não precisa ser efetivamente auferido pelo agente. Basta seja a conduta praticada com tal propósito.

6.9.19.9. Consumação

A omissão grave de dado ou de informação por projetista é **crime material** ou **causal**: consuma-se com a omissão, modificação ou entrega à Administração Pública do levantamento cadastral ou da condição de contorno em relevante dissonância com a realidade, daí resultando a frustração ao caráter competitivo da licitação ou o prejuízo à seleção da proposta mais vantajosa para a Administração Pública, em contratação para a elaboração de projeto básico, projeto executivo ou anteprojeto, em diálogo competitivo ou em procedimento de manifestação de interesse.

6.9.19.10. Tentativa

É cabível a tentativa nas condutas de **modificar** e **entregar** à Administração Pública o levantamento cadastral ou a condição de contorno em relevante dissonância com a realidade. A natureza plurissubsistente do delito, em tais casos, autoriza o fracionamento do *iter criminis*. Exemplo: o projetista protocola o levantamento cadastral manipulado na recepção da repartição pública, para ser entregue ao setor em que tramita o procedimento de manifestação de interesse. O documento, contudo, vem a ser extraviado, circunstância impeditiva da frustração do caráter competitivo da licitação.

Na conduta de **omitir**, por sua vez, não se admite o *conatus*. Trata-se nessa hipótese de **crime omissivo próprio** ou **puro**, e **unissubsistente**, razão pela qual não há falar na divisão do *iter criminis*. Há duas opções: (a) o projetista dolosamente se omite, e o crime está consumado; ou (b) ele não se omite, e o fato é atípico.

6.9.19.11. Ação penal

A ação penal é pública incondicionada.

6.9.19.12. Lei 9.099/1995

Cuida-se de **crime de médio potencial ofensivo**. A pena privativa de liberdade cominada, em seu patamar mínimo – 6 meses – autoriza a suspensão condicional do processo, se presentes os demais requisitos arrolados pelo art. 89 da Lei 9.099/1995.

6.9.19.13. Classificação doutrinária

A omissão grave de dado ou de informação por projetista é crime **simples** (ofende um único bem jurídico); **próprio** ou **especial**; **formal**, **material** ou **causal** (a consumação depende da produção do resultado naturalístico); **de dano** (lesa o bem jurídico tutelado); **de forma livre** (admite qualquer meio de execução); **comissivo** ou **omissivo** (na conduta "omitir"); **instantâneo** (consuma-se em um momento determinado, sem continuidade no tempo); **unissubjetivo**, **unilateral** ou **de concurso eventual** (normalmente praticado por uma única pessoa, mas admite o concurso); e **unissubsistente** ("omitir") ou **plurissubsistente** ("entregar" e "modificar").

6.10. DOS CRIMES CONTRA A ADMINISTRAÇÃO DA JUSTIÇA

No Capítulo III do Título XI da Parte Especial, com a terminologia "Dos crimes contra a Administração da Justiça", o Código Penal tem em mira a punição das condutas lesivas a uma das finalidades precípuas do Estado: a **distribuição da justiça**. Em um Estado Democrático de Direito, prevenir e punir comportamentos capazes de abalar a confiança da sociedade no funcionamento da justiça é fundamental para a preservação da paz pública e da ordem social.

É importante notar que a palavra "justiça" não foi utilizada pelo legislador no sentido restrito de "jurisdição". O bem jurídico protegido pelo Código Penal é mais amplo, dizendo respeito a todos os interesses estatais relacionados com a atuação da justiça, para alcançar os fins que lhe são próprios e inerentes. São considerados criminosos, portanto, não somente os fatos atentatórios à instituição do Poder Judiciário, mas também contra todas as funções ligadas à tarefa de prestação da justiça, atingindo-a no prestígio e na eficácia que lhe são imprescindíveis.

A título ilustrativo, a fuga de uma pessoa presa, aos olhos da coletividade, não representa somente o descumprimento da pena imposta pelo Poder Judiciário. Seus efeitos são mais graves: os cidadãos tendem a desacreditar o Estado, sentindo-se inseguros com a falência dos poderes constituídos; se não bastasse, os demais detentos serão estimulados a buscar igual sorte, pois a estrutura penitenciária revela-se precária e impotente para assegurar o integral cumprimento de sentenças penais condenatórias. Desencadeia-se, assim, a desordem social, instalando-se a cultura da insegurança pública. Nas precisas lições de Antônio Augusto de Covello:

> No caso dos crimes contra a administração da justiça, porém, o mal é incomparavelmente mais sério. Não se trata mais do interesse individual; é atingida a própria estrutura jurídica sobre a qual assenta o edifício da sociedade. O que o crime contra a administração da justiça põe em risco é a própria existência da proteção jurídica; o que todos sentem quando tal delito se verifica é a oscilação ameaçadora das garantias fundamentais, que constituem a essência da própria instituição. Daí a sua repercussão profunda, e, também, a intensidade maior de seus efeitos. A confiança pública é ferida no seu ponto nuclear. Extinta a fé na intangibilidade da justiça e na regularidade de sua administração, desaparecida fica uma das condições primordiais da tranquilidade pública.[285]

Destarte, os crimes previstos nos arts. 338 a 359 do Código Penal tutelam a atuação e o regular desenvolvimento da justiça, resguardando-a de fatos ofensivos à sua atividade, autoridade e à própria existência, ou seja, contra fatos que a negam ou a ignoram.[286]

Estes delitos foram corretamente inseridos no Título XI da Parte Especial do Código Penal – Crimes contra a Administração Pública. Não se compreende Administração Pública sem justiça, pois sem a segurança pública e jurídica por esta proporcionada reinariam a desordem, a anarquia e o arbítrio, impossibilitando a normal atividade administrativa do Estado.

6.10.1. Art. 338 – Reingresso de estrangeiro expulso

6.10.1.1. Dispositivo legal

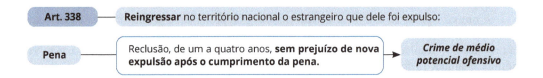

Classificação:
Crime simples
Crime de mão própria
Crime material ou causal
Crime de dano
Crime de forma livre
Crime comissivo (regra)
Crime instantâneo ou permanente (diverg.)
Crime unissubjetivo, unilateral ou de concurso eventual
Crime plurissubsistente (regra)

Informações rápidas:
Objeto material: ato oficial de expulsão, veiculado por decreto do Presidente da República, violado pela conduta criminosa.
Não há crime na hipótese em que o estrangeiro, depois de ter sido expulso, permanece no Brasil.
Elemento subjetivo: dolo. Não admite modalidade culposa.
Tentativa: admite (crime plurissubsistente).
Ação penal: pública incondicionada.
Competência: Justiça Federal.

---

[285] COVELLO, Antônio Augusto de. Ensaio da teoria sobre os delitos contra a justiça. *Anais do 1.º Congresso Nacional do Ministério Público*. Rio de Janeiro: Imprensa Nacional, 1943. v. 5, p. 343.
[286] No mesmo sentido: MAGALHÃES NORONHA, E. *Direito penal*. 16. ed. São Paulo: Saraiva, 1983. v. 4, p. 361.

6.10.1.2. Introdução

A expulsão consiste em medida administrativa de retirada compulsória de migrante ou visitante do território nacional, conjugada com o impedimento de reingresso por prazo determinado (Lei 13.445/2017 – Lei de Migração, art. 54, *caput*).[287]

Em conformidade com o art. 54, § 1.º, da Lei de Migração, poderá dar causa à expulsão a condenação com sentença transitada em julgado relativa à prática de: I – crime de genocídio, crime contra a humanidade, crime de guerra ou crime de agressão, nos termos definidos pelo Estatuto de Roma do Tribunal Penal Internacional, de 1998, promulgado pelo Decreto 4.388, de 25 de setembro de 2002; ou II – crime comum doloso passível de pena privativa de liberdade, consideradas a gravidade e as possibilidades de ressocialização em território nacional.

O art. 55 da Lei de Migração deixa claro que não se procederá à expulsão quando: I – a medida configurar extradição inadmitida pela legislação brasileira; II – o expulsando: a) tiver filho brasileiro que esteja sob sua guarda ou dependência econômica ou socioafetiva ou tiver pessoa brasileira sob sua tutela; b) tiver cônjuge ou companheiro residente no Brasil, sem discriminação alguma, reconhecido judicial ou legalmente; c) tiver ingressado no Brasil até os 12 (doze) anos de idade, residindo desde então no País; ou d) for pessoa com mais de 70 (setenta) anos que resida no País há mais de 10 (dez) anos, considerados a gravidade e o fundamento da expulsão.

Não se procederá à expulsão (nem à deportação) de nenhum indivíduo quando subsistirem razões para acreditar que a medida poderá colocar em risco a vida ou a integridade pessoal (Lei de Migração, art. 62).

A expulsão – e também a deportação – serão feitas para o país de nacionalidade ou de procedência do migrante ou do visitante, ou para outro que o aceite, em observância aos tratados dos quais o Brasil seja parte (Lei de Migração, art. 47).

A expulsão não se confunde com a deportação nem com a extradição.

Deportação é medida decorrente de procedimento administrativo que consiste na retirada compulsória de pessoa que se encontre em situação migratória irregular em território nacional (Lei 13.445/2017 – Lei de Migração, art. 50, *caput*).

Não se procederá à deportação se a medida configurar extradição não admitida pela legislação brasileira (Lei de Migração, art. 53).

Extradição, por sua vez, é medida de cooperação internacional entre o Estado brasileiro e outro Estado pela qual se concede ou solicita a entrega de pessoa sobre quem recaia condenação criminal definitiva ou para fins de instrução de processo penal em curso (Lei de Migração, art. 81, *caput*). Sua disciplina encontra-se nos arts. 81 a 99 da Lei 13.445/2017 – Lei de Migração.

Não será efetivada a entrega do extraditando sem que o Estado requerente assuma o compromisso de: I – não submeter o extraditando a prisão ou processo por fato anterior ao pedido de extradição; II – computar o tempo da prisão que, no Brasil, foi imposta por força da extradição; III – comutar a pena corporal, perpétua ou de morte em pena privativa de liberdade, respeitado o limite máximo de cumprimento de 30 (trinta) anos; IV – não entregar o extraditando, sem consentimento do Brasil, a outro Estado que o reclame; V – não considerar qualquer motivo político para agravar a pena; e VI – não submeter o extraditando a tortura ou a outros tratamentos ou penas cruéis, desumanos ou degradantes (Lei de Migração, art. 96).

6.10.1.3. Objetividade jurídica

O bem jurídico penalmente protegido é a Administração da justiça, notadamente no tocante à eficácia e à autoridade da decisão administrativa de retirada compulsória de migrante

---

[287] Não se admite, em hipótese alguma, a expulsão de brasileiro (nato ou naturalizado).

ou visitante do território nacional, conjugada com o impedimento de reingresso por prazo determinado.

6.10.1.4. Objeto material

É o ato oficial de expulsão, violado pela conduta criminosa.

6.10.1.5. Núcleo do tipo

O núcleo do tipo é "**reingressar**", ou seja, voltar, ingressar novamente ou retornar ao território nacional.

Desta forma, é fácil observar que o delito depende da prévia e oficial expulsão do migrante ou visitante do território brasileiro. Em outras palavras, após a decisão administrativa de expulsão, com a consequente saída do território nacional, o estrangeiro retorna ao Brasil. Nos termos do art. 45, inc. I, da Lei 13.445/2017 – Lei de Migração: "Art. 45. Poderá ser impedida de ingressar no País, após entrevista individual e mediante ato fundamentado, a pessoa: I – anteriormente expulsa do País, enquanto os efeitos da expulsão vigorarem."

Por corolário, não há crime, por ausência de conduta típica, na hipótese em que o estrangeiro, depois de ter sido expulso, permanece no Brasil. De fato, o que se pune é o "reingresso", comportamento que pressupõe a saída do território nacional.

A expressão "território nacional" deve ser compreendida em consonância com a regra contida no art. 5.º, *caput*, do Código Penal, isto é, como o espaço em que o Brasil exerce sua soberania política, autorizando a incidência da lei penal pátria.

Anote-se, porém, que a expressão "território nacional" utilizada no crime de reingresso de estrangeiro expulso não alcança o denominado "território por extensão", na forma do art. 5.º, § 1.º, do Código Penal. Logo, não constitui delito penetrar o estrangeiro expulso em navios ou aeronaves brasileiros de natureza militar ou navios particulares em alto-mar.[288]

6.10.1.6. Sujeito ativo

Trata-se de **crime de mão própria, de atuação pessoal** ou **de conduta infungível**, pois somente pode ser cometido pelo estrangeiro que tenha sido oficialmente expulso do Brasil. No tocante ao concurso de pessoas, o delito admite a participação, mas não a coautoria.

Estrangeiro é a pessoa física que possui vínculo jurídico-político com outro país. Em síntese, é todo aquele que não se enquadra no conceito de brasileiro, nato ou naturalizado, apresentado pelo art. 12, incisos I e II, da Constituição Federal.[289]

6.10.1.7. Sujeito passivo

É o Estado.

---

[288] É também o entendimento de JESUS, Damásio E. de. *Direito penal*. Parte especial. 13. ed. São Paulo: Saraiva, 2007. v. 4, p. 280.

[289] Art. 12. São brasileiros: I – natos: a) os nascidos na República Federativa do Brasil, ainda que de pais estrangeiros, desde que estes não estejam a serviço de seu país; b) os nascidos no estrangeiro, de pai brasileiro ou mãe brasileira, desde que qualquer deles esteja a serviço da República Federativa do Brasil; c) os nascidos no estrangeiro de pai brasileiro ou de mãe brasileira, desde que sejam registrados em repartição brasileira competente ou venham a residir na República Federativa do Brasil e optem, em qualquer tempo, depois de atingida a maioridade, pela nacionalidade brasileira; II – naturalizados: a) os que, na forma da lei, adquiram a nacionalidade brasileira, exigidas aos originários de países de língua portuguesa apenas residência por um ano ininterrupto e idoneidade moral; b) os estrangeiros de qualquer nacionalidade, residentes na República Federativa do Brasil há mais de quinze anos ininterruptos e sem condenação penal, desde que requeiram a nacionalidade brasileira.

6.10.1.8. Elemento subjetivo

É o dolo, independentemente de qualquer finalidade específica. Pouco importa, portanto, a razão do retorno proibido ao território nacional do estrangeiro anteriormente expulso. Não se admite a modalidade culposa.

Não há crime na ausência de dolo, porque o reingresso há de ser voluntário e consciente. De igual modo, também inexiste crime quando presente o estado de necessidade, em face da exclusão da ilicitude. Nas palavras de Nélson Hungria:

> Suponha-se que o país de origem do estrangeiro expulso esteja inacessível em razão de guerra ou peste, e tenha-se em conta que tal país é o único que está *obrigado* a recebê-lo: se nenhum outro país consente em acolher o *indesejável*, a única solução para este é retornar ao território brasileiro, e não lhe poderá ser imputado o crime em questão.[290]

6.10.1.9. Consumação

Dá-se no momento em que o estrangeiro anteriormente expulso reingressa no Brasil, ainda que temporariamente. O delito se aperfeiçoa, destarte, quando o indivíduo indesejado ultrapassa a fronteira terrestre, entra no espaço aéreo nacional ou no mar territorial brasileiro.

Entretanto, muito embora o delito se consume no instante em que o estrangeiro oficialmente expulso retorna ao território nacional, seus efeitos se prolongam no tempo, pela vontade do agente. Cuida-se, portanto, de **crime permanente**.

Dessa forma, a consumação subsiste durante todo o período em que o sujeito ativo voluntariamente permanece em território brasileiro. Consequentemente, será possível sua prisão em flagrante a qualquer tempo, enquanto durar a permanência (CPP, art. 303). Além disso, a prescrição somente começará a fluir quando se encerrar a permanência (CP, art. 111, inc. III).

O crime é **material** ou **causal**, pois sua consumação pressupõe o reingresso do estrangeiro expulso no território nacional.

6.10.1.10. Tentativa

É possível, em face do caráter plurissubsistente do delito, permitindo o fracionamento do *iter criminis*.

6.10.1.11. Ação penal

A ação penal é pública incondicionada.

6.10.1.12. Lei 9.099/1995

Em face da pena mínima cominada (um ano), o reingresso de estrangeiro expulso é **crime de médio potencial ofensivo**, compatível com a suspensão condicional do processo, desde que presentes os demais requisitos exigidos pelo art. 89 da Lei 9.099/1995.

6.10.1.13. Cumprimento da pena e nova expulsão

O preceito secundário do art. 338 do Código Penal é claro ao determinar a possibilidade de nova expulsão após o cumprimento da pena privativa de liberdade. A nova expulsão, evidentemente, deverá observar as regras impostas pela Lei 13.445/2017 – Lei de Migração. Como a expulsão constitui-se em medida de natureza administrativa, sem caráter penal, não há falar em *bis in idem*.

---

[290] HUNGRIA, Nélson. *Comentários ao Código Penal*. 2. ed. Rio de Janeiro: Forense, 1959. v. IX, p. 459-460.

6.10.1.14. Classificação doutrinária

O reingresso de estrangeiro expulso é crime **simples** (ofende um único bem jurídico); **de mão própria** (a conduta somente pode ser praticada pelo estrangeiro anteriormente expulso); **material** ou **causal** (o tipo contém conduta e resultado naturalístico, exigindo este último para a consumação); **de dano** (causa lesão à Administração da justiça); **de forma livre** (admite qualquer meio de execução); em regra **comissivo**; **instantâneo** ou **permanente** (há controvérsia doutrinária e jurisprudencial); **unissubjetivo, unilateral ou de concurso eventual** (praticado por um só agente, mas admite concurso); e normalmente **plurissubsistente** (a conduta pode ser fracionada em diversos atos).

6.10.1.15. Competência

A competência é da Justiça Federal, nos termos do art. 109, inc. X, da Constituição Federal.

A fixação da competência, contudo, dependerá da posição adotada no tocante à consumação do delito, a teor da regra contida no art. 70, *caput*, 1.ª parte, do Código de Processo Penal.

Com efeito, para quem se filia ao entendimento de que se trata de delito instantâneo, a competência é verificada pelo local da seção judiciária em que se deu o reingresso do estrangeiro expulso. Por seu turno, para aqueles que classificam o crime como permanente, competente será a seção judiciária do lugar em que ocorreu a prisão do estrangeiro, pois, enquanto permanecer em território nacional, o delito estará sendo praticado.

6.10.1.16. Prisão de estrangeiro e notificação consular

A Portaria 67, de 14 de janeiro de 2017, editada pelo Ministério da Justiça e Cidadania, dispõe sobre a notificação consular em caso de prisão de estrangeiro.

Nesse contexto, as autoridades policiais das Polícias Federal e Rodoviária Federal, em todas as suas ramificações no território nacional, devem exercer e fiscalizar a notificação consular decorrente da aplicação do art. 36 da Convenção de Viena sobre Relações Consulares, de 1963, que impõe às autoridades brasileiras que cientifiquem, sem demora, a autoridade consular do País a que pertence o estrangeiro, sempre que este for preso, qualquer que seja a modalidade da prisão.

Sem prejuízo, o Ministério da Justiça e Cidadania também informa aos órgãos de segurança dos Estados e do Distrito Federal, que as autoridades policiais que os integram devem exercer e fiscalizar a necessária notificação consular.

6.10.1.17. Reingresso de estrangeiro expulso e promoção de migração ilegal: distinção

No crime tipificado no art. 338 do Código Penal, o estrangeiro que foi expulso do Brasil retorna, ilegalmente, ao território nacional. Em regra, ele pratica essa conduta sozinho, nada obstante seja admitida a participação de terceiro.

Por sua vez, na promoção de migração ilegal, definida no art. 232-A do Código Penal, o agente efetua, por qualquer meio e com a finalidade de obter vantagem econômica, a entrada ilegal de estrangeiro em território nacional, ou seja, o delito é praticado por pessoa diversa do sujeito de outra nacionalidade. Além disso, esse crime também pode ser cometido quando o indivíduo promove, por qualquer meio e com o fim de obter vantagem econômica, a entrada ilegal de brasileiro em país estrangeiro.

6.10.2. Art. 339 – Denunciação caluniosa
6.10.2.1. Dispositivo legal

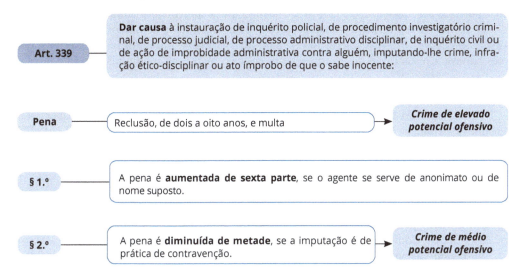

Classificação:	Informações rápidas:
Crime pluriofensivo Crime comum e eventualmente próprio Crime material ou causal Crime de dano Crime de forma livre Crime comissivo (regra) Crime instantâneo Crime unissubjetivo, unilateral ou de concurso eventual Crime plurissubsistente	**Crime complexo em sentido amplo:** denunciação caluniosa = calúnia + conduta lícita de noticiar à autoridade pública a prática de crime ou contravenção penal e sua respectiva autoria. **Objeto material:** o inquérito policial, o procedimento investigatório criminal, o processo judicial, o processo administrativo disciplinar, o inquérito civil ou a ação de improbidade administrativa. **Elemento subjetivo:** dolo direto. Não admite modalidade culposa. **Tentativa:** admite (crime plurissubsistente). **Ação penal:** pública incondicionada.

6.10.2.2. Evolução legislativa

A atual redação do art. 339, *caput*, do Código Penal foi conferida pela Lei 14.110/2020. Não houve mudança na pena cominada – reclusão, de 2 (dois) a 8 (oito) anos, e multa –, e também foram preservados os §§ 1.º e 2.º.

Redação atual	Redação anterior à Lei 14.110/2020
"Dar causa à instauração de inquérito policial, de procedimento investigatório criminal, de processo judicial, de processo administrativo disciplinar, de inquérito civil ou de ação de improbidade administrativa contra alguém, imputando-lhe crime, infração ético-disciplinar ou ato ímprobo de que o sabe inocente:"	"Dar causa à instauração de investigação policial, de processo judicial, instauração de investigação administrativa, inquérito civil ou ação de improbidade administrativa contra alguém, imputando-lhe crime de que o sabe inocente:"

Em breve síntese, a Lei 14.110/2020 simultaneamente restringiu e ampliou o alcance do crime de denunciação caluniosa.

A ampliação consistiu na caracterização do delito também com a imputação falsa de **infração ético-disciplinar e ato ímprobo**, quando antes somente era admitida na imputação falsa de crime. De seu turno, a restrição baseou-se na necessidade de instauração de **inquérito policial, procedimento investigatório criminal ou processo administrativo disciplinar**, pois antes bastava a instauração de investigação policial ou investigação administrativa.

6.10.2.3. Introdução

No seu modelo tradicional, consubstanciado na imputação falsa de crime a quem sabe inocente, a denunciação caluniosa é formada pela fusão do crime de calúnia (CP, art. 138) com a **conduta lícita** de noticiar à autoridade pública (delegado de Polícia, representante do Ministério Público, magistrado etc.) a prática de crime e sua respectiva autoria. Trata-se, portanto, de **crime complexo em sentido amplo**.

Destarte, se a pessoa se limita a imputar falsamente a alguém a prática de um crime, deve ser responsabilizada pela calúnia. De outro lado, se ela leva ao conhecimento da autoridade estatal a infração penal e a pessoa nesta envolvida, atua dentro dos limites permitidos pelo art. 5.º, § 3.º, do Código de Processo Penal.

No entanto, a combinação de tais circunstâncias – calúnia e transmissão do fato à autoridade pública, dando causa à instauração de inquérito policial, procedimento investigatório criminal, processo judicial, processo administrativo disciplinar, inquérito civil ou ação de improbidade administrativa – importa no surgimento da denunciação caluniosa, na forma prevista no art. 339, *caput*, do Código Penal, capitulada entre os crimes contra a Administração da justiça. O bem jurídico penalmente ofendido não é simplesmente a honra da pessoa injustamente denunciada. A situação é mais grave, justificando a elevada pena cominada (reclusão, de dois a oito anos, e multa).

De seu turno, nas hipóteses em que o delito se caracteriza pela imputação falsa de **infração ético-disciplinar, ato de improbidade administrativa ou contravenção penal**, a denunciação caluniosa igualmente pode ser classificada como **crime complexo em sentido amplo**. Com efeito, tal imputação constitui difamação (CP, art. 139), pois constitui-se em fato ofensivo à reputação da vítima, somada à conduta por si só lícita de noticiar tal acontecimento à autoridade pública.

Contudo, se o agente imputar falsamente a alguém a prática de infração ético-disciplinar ou ato ímprobo, sem dar causa à instauração de inquérito policial, procedimento investigatório criminal, processo judicial, processo administrativo disciplinar, inquérito civil ou ação de improbidade administrativa, estará configurada apenas a difamação, capitulada entre os crimes contra a honra, não se podendo falar em crime contra a Administração da justiça.

6.10.2.4. Objetividade jurídica

O bem jurídico penalmente tutelado é, em primeiro plano, a Administração da justiça. Entretanto, também se protegem, mediatamente, na imputação falsa de crime ou contravenção penal, a honra e o patrimônio da pessoa física ou jurídica (no tocante aos crimes ambientais, nos termos do art. 225, § 3.º, da Constituição Federal, e art. 3.º, *caput*, da Lei 9.605/1998), bem como a liberdade do ser humano. Nas precisas lições de Magalhães Noronha:

> O bem jurídico que preferencialmente o Código tem em vista é o interesse da justiça. É sua atuação normal ou regular que se objetiva, pondo-a a salvo de falsas imputações e cuidando que ela

não sirva a desígnios torpes ou ignóbeis, desvirtuando sua finalidade. Concomitantemente, não há negar que se tutelam a honra e a liberdade do imputado, atingida uma com a acusação falsa e outra pela ameaça do processo que se instaura.[291]

Quando o delito consiste na imputação falsa de infração ético-disciplinar ou ato de improbidade administrativa, são protegidos, no plano mediato, o cargo e a função pública ocupados pelo agente, bem como sua honra e patrimônio, sem prejuízo dos direitos políticos que podem ser atingidos por eventual condenação injusta pelo ato ímprobo (Lei 8.429/1992, art. 12).

6.10.2.5. Objeto material

É o inquérito policial, o processo investigatório criminal, o processo judicial, o processo administrativo disciplinar, o inquérito civil ou a ação de improbidade administrativa.

Antes da Lei 14.110/2020 falava-se em "investigação policial" e "investigação administrativa", as quais cederam espaço ao "inquérito policial", ao "procedimento investigatório criminal" e ao "processo administrativo disciplinar". Não houve alteração no tocante ao processo judicial, ao inquérito civil e à ação de improbidade administrativa.

6.10.2.5.1. Inquérito policial

A necessidade de instauração de inquérito policial foi incluída no art. 339, *caput*, do Código Penal pela Lei 14.110/2020. Antes disso, bastava a "investigação policial", compreendida como qualquer diligência da autoridade policial destinada a apurar uma infração penal (crime ou contravenção penal).

Tal panorama mudou. O legislador, nesse ponto, reduziu o campo de incidência da denunciação caluniosa. Não basta a simples investigação policial. A configuração do delito reclama a instauração de inquérito policial. Nas palavras de Renato Brasileiro de Lima:

> Procedimento administrativo e preparatório, presidido pelo Delegado de Polícia, o inquérito policial consiste em um conjunto de diligências realizadas pela polícia investigativa objetivando a identificação das fontes de prova e a colheita de elementos de informação quanto à autoria e materialidade da infração penal, a fim de possibilitar que o titular da ação penal possa ingressar em juízo.[292]

Basta a instauração formal do inquérito policial. Não se exige o indiciamento do investigado,[293] e também não se reclama a conclusão do procedimento com relatório da autoridade policial em prejuízo da pessoa a quem se imputou falsamente a prática do delito.

6.10.2.5.2. Procedimento investigatório criminal

O acréscimo do procedimento investigatório criminal no art. 339, *caput*, do Código Penal também foi efetuado pela Lei 14.110/2020.

O procedimento investigatório criminal consiste em qualquer procedimento de natureza inquisitiva (sem contraditório), conduzido por agente público, porém diverso do inquérito policial. A propósito, não há dúvida que o inquérito policial também é um procedimento investigatório criminal, mas foi tratado de forma separada pela legislação brasileira.

Podem ser mencionados como principais exemplos de procedimentos investigatórios desta natureza, diversos do inquérito policial, o **PIC – Procedimento Investigatório Criminal**,

---

[291] MAGALHÃES NORONHA, E. *Direito penal*. 16. ed. São Paulo: Saraiva, 1983. v. 4, p. 366.
[292] LIMA, Renato Brasileiro. *Manual de processo penal*. 8. ed. Salvador, Editora Juspodivm, 2020. p. 175.
[293] STJ: REsp 1.482.925/MG, rel. Min. Sebastião Reis, 6.ª Turma, j. 06.10.2016, noticiado no *Informativo* 592.

conduzido de forma autônoma por membro do Ministério Público, com arrimo em seu poder investigatório, e o **TC – Termo Circunstanciado**, destinado à apuração das infrações penais de menor potencial ofensivo (Lei 9.099/1995, art. 69, *caput*).

Antes da Lei 14.110/2020 existia calorosa polêmica acerca da configuração da denunciação caluniosa quando o sujeito causava a instauração de procedimento investigatório criminal pelo Ministério Público contra alguém, mediante a imputação falsa de crime ou contravenção penal. Como o tipo falava somente em "investigação policial", muitas vozes defendiam a impossibilidade de caracterização da denunciação caluniosa nessa hipótese, em face da proibição da analogia *in malam partem* no Direito Penal.

Essa discussão perdeu a razão de existir, pois o art. 339, *caput*, do Código Penal, na sua redação atual, expressamente impõe o reconhecimento da denunciação caluniosa quando a imputação de crime ou contravenção penal contra quem se sabe inocente resulta na instauração de procedimento investigatório criminal.

6.10.2.5.3. Processo judicial

O processo judicial pode ser de qualquer natureza, isto é, não se exige a instauração de processo penal. Exemplo: "A" imputa falsamente a "B" a prática de crime ambiental, encaminhando ao *Parquet* farta documentação sobre o dano ambiental em tese provocado por "B" em área de sua propriedade rural. O Ministério Público, preocupado com a extensão do prejuízo ambiental e com o propósito de cessar a atividade lesiva, ajuíza ação civil pública contra "B", dispensando a instauração de inquérito civil e antes de requisitar inquérito policial para apuração de eventual crime tipificado na Lei 9.605/1998 – Lei dos Crimes Ambientais. Posteriormente, descobre-se que "B" jamais teve qualquer envolvimento com o crime ambiental, e que "A" havia forjado diversos documentos para prejudicá-lo em razão de desavenças pessoais.

Cumpre destacar que a ação de improbidade administrativa também se constitui em processo judicial, mas foi tratada separadamente pelo art. 339, *caput*, do Código Penal, em face da opção do legislador na construção do tipo penal.

6.10.2.5.4. Processo administrativo disciplinar

O art. 339, *caput*, do Código Penal falava em "investigação administrativa". A Lei 14.110/2020 alterou o tipo penal para, entre outras finalidades, substituir investigação administrativa por **processo administrativo disciplinar**. O legislador condicionou o delito à instauração de processo formal contra o funcionário público, não sendo suficiente qualquer meio sumário para apuração da responsabilidade funcional, a exemplo da sindicância.

Processo administrativo disciplinar é o instrumento utilizado pela Administração Pública para, com respeito ao contraditório, à ampla defesa e ao devido processo legal, apurar eventual falta disciplinar praticada pelo funcionário público e, se for o caso, aplicar a sanção adequada.[294] No contexto da denunciação caluniosa, sua instauração se dá em razão da imputação falsa de crime, contravenção penal, infração ético-disciplinar (situação mais frequente) ou ato ímprobo contra o funcionário público. Exemplo: O sujeito oferece representação contra um magistrado estadual na Corregedoria Geral do Tribunal de Justiça, imputando-lhe falsamente a prática de infração ético-disciplinar prevista no art. 35 da Lei Complementar 35/1979 – Lei Orgânica da Magistratura Nacional, daí resultando a instauração de processo administrativo disciplinar contra o juiz.

---

[294] Súmula 641 do STJ: "A portaria de instauração do processo administrativo disciplinar prescinde da exposição detalhada dos fatos a serem apurados."

6.10.2.5.5. Inquérito civil

Inquérito civil é o procedimento investigatório de natureza administrativa e inquisitiva, de atribuição exclusiva do Ministério Público, instaurado com a finalidade de colher subsídios idôneos a justificar a propositura de ação civil pública de responsabilidade por danos morais e patrimoniais causados a interesses metaindividuais, tais como o patrimônio público, o meio ambiente, os direitos do consumidor, a ordem urbanística, os bens e direitos de valor artístico, estético, histórico, turístico e paisagístico, a ordem econômica e a economia popular etc. No magistério de Hugo Nigro Mazzilli:

> O inquérito civil é um instrumento de investigação administrativa prévia, instaurado, presidido e arquivado pelo Ministério Público, destinado a apurar a autoria e a materialidade de fatos que possam ensejar uma atuação a cargo da Instituição. Em outras palavras, destina-se a colher elementos de convicção para a atuação ministerial.[295]

A caracterização da denunciação caluniosa pressupõe a instauração de inquérito civil, mediante portaria, em razão da imputação falsa a alguém de crime, contravenção penal, infração ético-disciplinar ou ato ímprobo. Não basta o encaminhamento de representação ou qualquer outro tipo de comunicação falsa ao *Parquet* noticiando a violação de direitos ou interesses transindividuais. É fundamental que o fato atacado também constitua algum dos ilícitos indicados pelo art. 339, *caput*, do Código Penal. Exemplo: "A" envia ao Ministério Público uma representação imputando falsamente ao Prefeito a prática de ato de improbidade administrativa previsto no art. 9.º da Lei 8.429/1992, daí resultando a instauração formal de inquérito civil.

6.10.2.5.6. Ação de improbidade administrativa

É a ação civil pública disciplinada pela Lei 8.429/1992, de legitimidade do Ministério Público ou da pessoa jurídica interessada (legitimidade ativa disjuntiva e concorrente), destinada à responsabilização do agente público e da pessoa que concorra para a prática do ato de improbidade administrativa ou dele se beneficie de forma direta ou indireta. Os atos de improbidade administrativa podem ser de três espécies: os que importam em enriquecimento ilícito (art. 9.º), os que causam prejuízo ao erário (art. 10) e os que atentam contra os princípios da Administração Pública (art. 11).[296]

Como a finalidade precípua da ação de improbidade administrativa é a proteção do patrimônio público, pode ser também conceituada como a "ação civil de interesse público imediato, ou seja, é a utilização do processo civil como um instrumento para a proteção de um bem, cuja preservação interessa a toda a coletividade".[297]

Para caracterização da denunciação caluniosa é preciso tenha a instauração da ação de improbidade de administrativa se verificado como corolário da imputação falsa de ato de improbidade administrativa, que muitas vezes também pode, simultaneamente, ostentar a natureza de crime, contravenção penal ou infração ético-disciplinar. Exemplo: Um cidadão representa o Secretário de Obras de uma cidade perante o Ministério Público, daí resultando a ação de improbidade administrativa, imputando-lhe falsamente uma conduta que configura ato de improbidade administrativa que importa em enriquecimento ilícito, previsto no art. 9.º da Lei 8.429/1992.

---

[295] MAZZILLI, Hugo Nigro. *Tutela dos interesses difusos e coletivos*. 6. ed. São Paulo: Damásio de Jesus, 2007. p. 144.
[296] Para o estudo aprofundado dos atos de improbidade administrativa: ANDRADE, Adriano; MASSON, Cleber; ANDRADE, Landolfo. *Interesses difusos e coletivos*. 12. ed. São Paulo: Método, 2022.
[297] PAZZAGLINI FILHO, Marino; ROSA, Márcio Fernando Elias; FAZZIO JÚNIOR, Waldo. *Improbidade administrativa*: aspectos jurídicos da defesa do patrimônio público. 4. ed. São Paulo: Atlas, 1999. p. 197.

Se o representante do Ministério Público ou da pessoa jurídica ingressa com a ação de improbidade administrativa de ofício, imputando falsa e conscientemente a prática de ato ímprobo a alguém, deverá ser responsabilizado pelo crime definido no art. 339, *caput*, do Código Penal.

6.10.2.5.6.1. Denunciação caluniosa e art. 19 da Lei 8.429/1992

O art. 19 da Lei 8.429/1992 – Lei de Improbidade Administrativa – prevê um crime aplicável ao responsável pela representação infundada acerca de ato de improbidade administrativa:

> **Art. 19.** Constitui crime a representação por ato de improbidade contra agente público ou terceiro beneficiário, quando o autor da denúncia o sabe inocente.
> Pena: detenção de seis a dez meses e multa.
> Parágrafo único. Além da sanção penal, o denunciante está sujeito a indenizar o denunciado pelos danos materiais, morais ou à imagem que houver provocado.

Por sua vez, o art. 339, *caput*, do Código Penal, com redação posterior à Lei 8.429/1992, contempla o "inquérito civil" e a "ação de improbidade administrativa", objetivos almejados por quem oferece a representação por ato de improbidade administrativa. Fica a impressão, portanto, de que o art. 19 da Lei de Improbidade Administrativa teria sido revogado tacitamente pela nova redação do art. 339, *caput*, do Código Penal.

Embora o art. 339, *caput*, do Código Penal reclame a instauração de inquérito civil ou ação de improbidade administrativa em decorrência da imputação falsa de ato ímprobo, e o art. 19 da Lei 8.429/1992 se contente com a **representação** por ato de improbidade administrativa a pessoa igualmente tida por inocente, se o agente ofertar representação, sem que venha ser instaurado inquérito civil ou ação de improbidade administrativa, tal como no indeferimento liminar da representação pelo *Parquet,* estará caracterizada a tentativa de denunciação caluniosa. Com efeito, o agente iniciou a execução do crime tipificado no art. 339, *caput*, do Código Penal, o qual somente não se consumou por circunstância alheia à sua vontade, consistente na decisão do membro do Ministério Público.

Na prática, contudo, o delito catalogado no art. 19 da Lei 8.429/1992 pode subsistir em situações excepcionais.

Pensemos no exemplo em que um cidadão encaminha ao Ministério Público representação contra o Prefeito, noticiando a prática de ato de improbidade administrativa. A representação, entretanto, é extremamente mal formulada, narrando fatos desconexos e sem nenhuma fundamentação fática ou jurídica, e desacompanhada de qualquer documento ou suporte probatório. O cidadão, a bem da verdade, sequer cogitava a instauração de inquérito civil, muito menos de ação de improbidade administrativa. Seu único objetivo era "incomodar" o Prefeito e ganhar notoriedade, uma vez que logo após o oferecimento da representação procurou a imprensa e foi entrevistado por diversos canais de comunicação.

No tocante à denunciação caluniosa, é possível falar em crime impossível, em face da ineficácia absoluta do meio de execução (CP, art. 17). Subsiste, todavia, a viabilidade da imputação ao agente do delito previsto no art. 19 da Lei 8.429/1992, que se aperfeiçoou com o oferecimento da representação por ato de improbidade contra o agente público, quando o autor da denúncia o sabia inocente.

Em síntese, a atual redação do art. 339, *caput*, do Código Penal esvaziou a aplicação prática do art. 19 da Lei 8.429/1992, mas não houve a revogação tácita deste dispositivo legal.

6.10.2.6. Núcleo do tipo

É "dar causa", ou seja, provocar ou ocasionar a instauração de inquérito policial, procedimento investigatório criminal, processo judicial, processo administrativo disciplinar, inquérito civil ou ação de improbidade administrativa, imputando-lhe crime, contravenção penal, infração ético-disciplinar ou ato ímprobo de que o sabe inocente.

A denunciação caluniosa é crime de forma livre, compatível com qualquer meio de execução. Pode ser praticada por escrito (exemplos: pedido de instauração de inquérito policial, encaminhamento de *e-mail* à autoridade pública etc.), oralmente (exemplos: telefonema ou depoimento ao delegado de Polícia), mediante gestos (exemplo: ao apontar para determinada pessoa, o agente faz para o representante do Ministério Público um gesto com o intuito de demonstrar que foi ela quem matou a vítima de um crime cuja autoria era desconhecida) ou de modo diverso, desde que idôneo a ensejar a atuação do representante do Estado.

Aceita-se inclusive o silêncio como meio de execução do delito. Vejamos as lições de Flavio Queiroz de Moraes:

> Figuremos que Paulo e Caio vão juntos a uma delegacia de polícia. O primeiro fala acusando Tício como autor de certo crime, acrescentando tê-lo testemunhado ao lado de Caio. Este, que, como Paulo, sabe da inocência de Tício, mantém-se calado. A autoridade nada lhe pergunta e determina seja instaurada investigação policial sobre o caso. Caio sem dúvida praticou o crime de denunciação caluniosa. Se nada falou, entretanto com seu silêncio corroborou a mentirosa assertiva de Paulo. A autoridade ficara certa de que ambos ali tinham vindo para denunciar o crime perpetrado por Tício e que Paulo se incumbira de relatar o acontecido. Para ordenar as providências relativas ao caso, contribuiu também o apoio que, pelo silêncio, Caio dera à narrativa de Paulo.
>
> Em resumo: Caio nada disse ratificando a acusação de Paulo, mas afirmou falsamente com seu silêncio que assistira ao fato criminoso imputado. Sem dizer uma palavra, Caio atribuiu a Tício a autoria de um crime que este não cometera. Houve a imputação a que se refere a lei, supondo-se preenchidos os demais requisitos. Assim como Paulo, Caio incorreu na sanção do art. 339 do Código Penal.[298]

A falsa imputação deve relacionar-se com a prática de crime, infração ético-disciplinar ou ato ímprobo determinado. Se a imputação inverídica possuir como objeto uma contravenção penal, estará caracterizada a modalidade privilegiada de denunciação caluniosa (causa de diminuição da pena), definida no art. 339, § 2.º, do Código Penal, reduzindo-se pela metade a sanção penal.

A Lei 14.110/2020, nesse ponto, cometeu grave equívoco, ao conferir tratamento mais severo à imputação falsa de infração ético-disciplinar ou de ato ímprobo, ilícitos de natureza extrapenal, do que à atribuição inverídica de contravenção, espécie de infração penal. Em outras palavras, a ilicitude extrapenal foi rotulada como dotada de maior desvalor do que a ilicitude penal. Como o legislador colocou a infração ético-disciplinar e o ato de improbidade administrativa no mesmo patamar jurídico do crime, no tocante à pena cominada, deveria ter efetuado igual alteração em relação à contravenção penal.

Finalmente, o tipo penal utiliza a expressão "contra alguém", razão pela qual é imperiosa a imputação falsa dirigida a pessoa determinada (indicação de nome ou atributos pessoais) ou que ao menos possa vir a ser identificada.

6.10.2.6.1. A falsidade da imputação

A denunciação caluniosa reclama não somente a imputação de crime, contravenção penal, infração ético-disciplinar ou ato ímprobo. É preciso mais. A imputação há de ser falsa, o que pode ser verificado em três situações:

---

[298] MORAES, Flávio Queiroz de. *Denunciação caluniosa*. São Paulo: RT, 1944. p. 54-55.

a) O crime, contravenção penal, infração ético-disciplinar ou ato ímprobo atribuído a alguém não existiu. Exemplo: "A" imputa a "B" o homicídio de "C", que está vivo, porém em viagem a outro país.

b) O crime, contravenção penal, infração ético-disciplinar ou ato ímprobo foi cometido por pessoa diversa. Em resumo, houve sua prática, porém a pessoa imputada não teve nenhum envolvimento no ato ilícito. Exemplo: "A" imputa a "B" um roubo que existiu, mas sabe ter sido efetivamente cometido por "C".

c) A pessoa imputada realmente praticou um crime, uma contravenção penal, uma infração ético-disciplinar ou um ato ímprobo, mas o agente lhe imputa um ilícito diverso e substancialmente mais grave. Exemplo: "A" praticou um furto simples, ao passo que "B" dolosamente lhe atribui a responsabilidade por tentativa de latrocínio. Na verdade, nesse caso a infração penal imputada não existiu.

Se, todavia, o sujeito limita-se a apontar o crime correto, mas também qualificadoras, causas de aumento da pena ou agravantes inexistentes, não há falar em denunciação caluniosa. O fundamento deste raciocínio é de fácil compreensão: se a lei fala em crime (ou contravenção penal), é vedado ao seu intérprete contentar-se com meras circunstâncias, é dizer, dados que se agregam ao tipo fundamental para o fim de elevar a pena. Exemplo: "A" cometeu um homicídio simples, mas "B" a ele imputa o crime doloso contra a vida em sua forma qualificada.

6.10.2.6.2. Falsa imputação de crime ou contravenção penal: excludentes do crime e limitações ao poder punitivo estatal

O crime tipificado no art. 339 do Código Penal depende da falsa imputação de crime ou de contravenção penal.[299]

Inicialmente, o fato há de ser **típico**. Destarte, não há denunciação caluniosa na imputação falsa de fato atípico. Exemplo: Não se pode falar no crime previsto no art. 339 do Código Penal quando uma pessoa, visando a instauração de inquérito policial, imputa falsamente a outrem a prática de adultério.

Se não bastasse, o fato típico necessariamente deve ser também **ilícito**. A presença de causa excludente da ilicitude relativamente ao fato imputado afasta a denunciação caluniosa.[300] Isto porque a lei fala em "crime" (ou contravenção penal), e de seu conceito analítico fazem parte, no mínimo e nessa seara não há discussão, o fato típico e a ilicitude. Exemplo: Não há denunciação caluniosa quando uma pessoa diz à autoridade policial que seu vizinho, agindo em manifesta legítima defesa, tentou matá-la.

Quanto à presença das **dirimentes**, é preciso fazer uma distinção. Para os partidários de um conceito tripartido de crime (fato típico + ilicitude + culpabilidade), as **excludentes da culpabilidade** afastam o crime e, consequentemente, não se pode cogitar na denunciação caluniosa na imputação falsa de infração penal a pessoa inculpável.

De outro lado, para os seguidores de um conceito bipartido de crime (fato típico + ilícito), a culpabilidade não é seu elemento, mas pressuposto de aplicação da pena. Logo, a imputação falsa de crime (ou contravenção penal) a pessoa inculpável configura denunciação caluniosa. Exemplo: "A" imputa falsamente a "B", maior de 18 anos de idade, mas penalmente inimputável em face de ser portador de doença mental, a prática de determinado crime. O delegado de

---

[299] Com as alterações promovidas pela Lei 14.110/2020, também se admite a denunciação caluniosa com a imputação falsa de infração ético-disciplinar ou ato ímprobo.
[300] No mesmo sentido: JESUS, Damásio E. de. *Direito penal*. Parte especial. 13. ed. São Paulo: Saraiva, 2007. v. 4, p. 285. Com posição diversa: CAPEZ, Fernando. *Curso de direito penal*. 8. ed. São Paulo: Saraiva, 2010. v. 3, p. 642-643.

Polícia instaura inquérito policial, nada obstante a inimputabilidade venha a ser comprovada em juízo, após a realização do exame pericial. Como se sabe, a partir dos 18 anos de idade toda pessoa se presume imputável (CF, art. 228, e CP, art. 27). Esta presunção, contudo, é relativa, pois cede diante de prova em contrário, representada pelo incidente de insanidade mental.

Não há dúvida que, nesse caso, houve violação à Administração da justiça, bem jurídico penalmente tutelado pelo art. 339 do Código Penal. Essa conclusão, a bem da verdade, independe do conceito formal ou analítico de crime (tripartido ou bipartido) adotado.

No campo das **causas de extinção da punibilidade**, muitas delas obstam a configuração do crime delineado no art. 339 do Código Penal. Destarte, inexiste denunciação caluniosa quando o agente imputa falsamente a alguém, sabendo-o inocente, a prática de uma infração penal já atingida pela prescrição, pela decadência, pela anistia e pela *abolitio criminis*, entre outras causas extintivas da punibilidade, pois nesses casos o Estado já foi privado de sua pretensão punitiva, razão pela qual não há possibilidade de instauração de inquérito policial, de procedimento investigatório criminal ou de processo judicial. Exemplo: "A" comparece à Delegacia de Polícia e imputa a "B", falsamente, a prática de crime de roubo ocorrido há 25 anos. Trata-se, na verdade, de autêntico crime impossível, em face da ineficácia absoluta do meio de execução (CP, art. 17).

Entretanto, existem causas extintivas da punibilidade, em relação ao envolvido na infração penal falsamente imputada, que não impedem a configuração da denunciação caluniosa. É o que acontece, exemplificativamente, no tocante ao perdão judicial, pois nessa hipótese há necessidade de ação penal e, inclusive, de sentença judicial para reconhecimento da causa de extinção da punibilidade.

Finalmente, a imputação falsa de crime ou de contravenção penal nas situações em que o denunciado tem a seu favor uma **escusa absolutória**, a exemplo das contempladas no art. 181 do Código Penal em relação a diversos crimes contra o patrimônio, impede o reconhecimento da denunciação caluniosa. De fato, sequer pode ser instaurado inquérito policial quando presente uma escusa absolutória. Consequentemente, não há viabilidade de ofensa à Administração da Justiça.

Mas cuidado com um ponto importante, fruto da amplitude do art. 339, caput, do Código Penal.

Nas hipóteses mencionadas, não será possível a instauração de inquérito policial, procedimento investigatório criminal ou processo penal, porém nada impede a configuração da denunciação caluniosa quando a imputação falsa da infração penal, nada obstante atingida por causa de extinção da punibilidade ou escusa absolutória, ensejar a instauração de processo civil, de processo administrativo disciplinar, de inquérito civil ou de ação de improbidade administrativa. Basta a atribuição falsa de crime ou de contravenção penal a pessoa inocente, ainda que já tenha sido fulminada pela extinção da punibilidade ou esteja o beneficiado acobertado por alguma escusa absolutória, pois tais acontecimentos proíbem somente o *ius puniendi* estatal, mas não a instauração de inquérito civil ou processo de índole extrapenal.

Além disso, é possível a caracterização da denunciação caluniosa inclusive com a imputação falsa de fato atípico, ou então de típico acobertado por uma excludente da ilicitude ou da culpabilidade, quando simultaneamente tal fato constituir-se em infração ético-disciplinar ou ato ímprobo, daí resultando a instauração de inquérito policial, procedimento investigatório criminal, processo judicial, processo administrativo disciplinar, inquérito civil ou ação de improbidade administrativa.

6.10.2.6.3. Espécies de denunciação caluniosa: direta e indireta

No tocante à forma pela qual a imputação falsa do crime, da contravenção penal, da infração ético-disciplinar ou do ato ímprobo chega ao conhecimento da autoridade pública, ensejando a instauração do inquérito policial, do procedimento investigatório criminal, do processo judicial, do processo administrativo disciplinar, do inquérito civil ou da ação de improbidade administrativa, a denunciação caluniosa divide-se em direta e indireta.

Na **denunciação caluniosa direta**, é o sujeito ativo quem leva a imputação falsa à ciência do representante do Estado. Por sua vez, na **denunciação caluniosa indireta** o agente dá causa à instauração do procedimento investigatório ou do processo valendo-se do anonimato (ou nome suposto), ou então de um terceiro de boa-fé, para que este leve o fato ao conhecimento da autoridade pública, ou ainda por meio de qualquer outra maquinação astuciosa, pela qual o agente aponta como culpada pessoa inocente (exemplo: colocação de coisa furtada no bolso de alguém). Nesse último caso, é mister que a manobra ilícita seja significativa a ponto de representar inequivocamente uma falsa imputação.[301]

6.10.2.7. Sujeito ativo

Na hipótese em que a imputação falsa diz respeito a crime ou contravenção penal de ação penal pública incondicionada, ou então a infração ético-disciplinar ou ato de improbidade administrativa, a denunciação caluniosa é **crime comum** ou **geral**, pois pode ser praticado por qualquer pessoa.

Os operadores do Direito não têm nenhum tipo de imunidade no tocante a este delito. Exemplificativamente, quando um membro do Ministério Público, um magistrado, um advogado ou um delegado de Polícia (Civil ou Federal) atribui falsamente a alguém crime (ou contravenção penal) de que o sabe inocente, dando causa à instauração de inquérito policial, de procedimento investigatório criminal, de processo judicial, de processo administrativo disciplinar, de inquérito civil ou de ação de improbidade administrativa, a ele deverá ser imputado o delito de denunciação caluniosa. É indiferente se agiram de ofício ou provocados por outra pessoa, a qual poderá figurar como coautora ou partícipe do crime tipificado no art. 339 do Código Penal.

De outro lado, quando a imputação falsa se relaciona com crime (ou contravenção penal) de ação penal pública condicionada – à representação do ofendido ou de quem o legalmente o represente, ou então à requisição do Ministro da Justiça –, ou ainda de ação penal privada, a denunciação caluniosa é **crime próprio** ou **especial**. Nesses casos, somente poderá ser sujeito ativo o ofendido ou seu representante legal, ou então o Ministro da Justiça, pois apenas tais pessoas poderão autorizar o Estado a iniciar a persecução penal. Exemplificativamente, se um terceiro levar à autoridade policial a *notitia criminis* de que alguém praticou estelionato contra seu colega de trabalho, sua delação não será meio idôneo a dar causa ao inquérito policial, uma vez que tal delito, em regra, somente se procede mediante representação (CP, art. 171, § 5.º).

É de se ressaltar que com a alteração do *caput* do art. 339, *caput*, do Código Penal, promovida pela Lei 14.110/2020, a denunciação caluniosa será **delito comum** quando a imputação falsa a alguém de crime (ou contravenção penal) de ação privada ou pública condicionada que o sabe o inocente der causa à instauração de processo judicial (salvo de natureza penal), de processo administrativo disciplinar, de inquérito civil ou ação de improbidade administrativa.

De fato, nessas situações não se exige a queixa crime ou a condição de procedibilidade para movimentação da máquina estatal. Exemplificativamente, se uma pessoa maliciosamente representa ao Ministério Público contra o prefeito da sua cidade, afirmando que ele é "picareta", pois viola constantemente os princípios norteadores da Administração Pública em razão de frustrar, em ofensa à imparcialidade, o caráter concorrencial de concursos públicos, o que em tese caracteriza crime de injúria (CP, art. 140), de ação penal privada ou pública condicionada (CP, art. 145 e parágrafo único), o Ministério Público poderá (e deverá) instaurar inquérito civil para apuração do ato de improbidade administrativa previsto no art. 11, V, da Lei 8.429/1992 – Lei de Improbidade Administrativa.

---

[301] Cf. FRAGOSO, Heleno Cláudio. *Lições de direito penal*. Parte especial. São Paulo: José Bushatsky, 1959. v. 4, p. 1005.

6.10.2.7.1. Denunciação caluniosa e responsabilidade penal do advogado

Se o advogado, representando seu cliente, adota medida capaz de dar causa à instauração de inquérito policial, de procedimento investigatório criminal, de processo judicial, de processo administrativo disciplinar, de inquérito civil ou de ação de improbidade administrativa, imputando a alguém crime, contravenção penal, infração ético-disciplinar ou ato ímprobo de que o sabe inocente, deverá ser responsabilizado como coautor da denunciação caluniosa.

A propósito, é importante destacar que a regra contida no art. 44 do Código de Processo Penal[302] tem por escopo a proteção do advogado. Cuida-se de garantia destinada a evitar sua responsabilidade indevida pelo crime de denunciação caluniosa, limitando seu raio de atuação e separando o regular e inviolável exercício da advocacia, com estrita observância das orientações de seu cliente, de eventual comportamento criminoso deste último.

6.10.2.7.2. Denunciação caluniosa e atuação funcional de membro do Ministério Público

O fato de o Ministério Público ser o titular exclusivo da ação penal pública, a teor da regra delineada no art. 129, inc. I, da Constituição Federal, não exclui a possibilidade de movê-la criminosamente contra alguém que sabe inocente. É o que se dá na atuação ilícita de membro do Ministério Público que, com base em provas falsas, acusa criminalmente um inimigo seu, abusando dos poderes inerentes ao seu cargo.

No entanto, a simples absolvição do réu acusado pelo *Parquet* evidentemente não acarreta a automática responsabilidade penal do membro do Ministério Público que ofertou a denúncia. É claro que não, até porque, se isto fosse verdade, inexistiria razão legítima para existência do processo penal, com o debate dialético de ideias entre acusação e defesa, a ser ao final solucionado pelo Poder Judiciário.

Contudo, a presunção de boa-fé que acompanha a atuação do Ministério Público, por servir à justiça pública e, em última palavra, à sociedade, terá de ceder ante a prova inequívoca de que agiu dolosamente para prejudicar alguém.

6.10.2.8. Sujeito passivo

É o Estado e, mediatamente, a pessoa física ou jurídica prejudicada pela conduta criminosa em sua honra, em sua liberdade, em seu patrimônio ou em sua função pública.

Vale destacar a possibilidade de a pessoa jurídica ser vítima da denunciação caluniosa na hipótese em que a falsa imputação de crime ambiental, definido na Lei 9.605/1998, levar à instauração de inquérito policial, de procedimento investigatório criminal, de processo judicial, de processo administrativo disciplinar, de inquérito civil ou de ação de improbidade administrativa em seu desfavor.

6.10.2.9. Elemento subjetivo

É o **dolo direto**, pois o tipo penal utiliza a expressão "de que o **sabe** inocente". É indispensável o efetivo conhecimento do agente acerca da inocência da pessoa que teve contra si atribuída infração penal, infração ético-disciplinar ou ato de improbidade administrativa. Na ótica do Supremo Tribunal Federal:

---

[302] "Art. 44. A queixa poderá ser dada por procurador com poderes especiais, devendo constar do instrumento do mandato o nome do querelante e a menção do fato criminoso, salvo quando tais esclarecimentos dependerem de diligências que devem ser previamente requeridas no juízo criminal."

Para a configuração do tipo penal de denunciação caluniosa (CP: "Art. 339. Dar causa à instauração de investigação policial, de processo judicial, instauração de investigação administrativa, inquérito civil ou ação de improbidade administrativa contra alguém, imputando-lhe crime de que o sabe inocente: Pena – reclusão, de dois a oito anos, e multa) é necessária a demonstração do dolo direto de imputar-se a outrem, que efetivamente se sabe inocente, a prática de fato definido como crime. Com base nessa orientação, a 1.ª Turma, por maioria, rejeitou denúncia oferecida em face de deputada federal a quem imputado o aludido tipo penal. Na espécie, a ora denunciada requerera, junto ao Ministério Público Federal, a abertura de procedimento administrativo para apurar eventual prática do crime de abuso de autoridade por delegado de polícia federal que, em diligência realizada na residência dela, teria se utilizado de força desnecessária e imoderada, causando-lhe lesões corporais leves. Após o arquivamento do mencionado procedimento administrativo, fora ajuizada a presente demanda em razão da suposta prática, por parte da então requerente, do crime de denunciação caluniosa. A Turma consignou que o crime em comento exigiria, para sua configuração, que a instauração de investigação policial, processo judicial, investigação administrativa, inquérito civil ou ação de improbidade, tivesse como única motivação o interesse de se atribuir fato criminoso a pessoa que se soubesse ser inocente. Consignou, ademais, que não bastaria a desconformidade da denúncia em relação à realidade, e seria necessária a demonstração do dolo, elemento subjetivo do tipo.[303]

Consequentemente, a denúncia lançada pelo Ministério Público em resposta ao crime de denunciação caluniosa deve conter alusão à má-fé do agente, ou seja, o conhecimento da inocência do denunciado, sob pena de rejeição.

Destarte, a dúvida sobre a responsabilidade da pessoa no tocante ao crime, à contravenção penal, à infração ético-disciplinar ou ao ato de improbidade administrativa que lhe é imputado indica a presença do dolo eventual e, consequentemente, exclui a denunciação caluniosa. Exemplificativamente, se uma pessoa solicita a adoção de providências da autoridade policial contra um determinado indivíduo, supondo ser ele o responsável por um delito, e assim dá causa à instauração de inquérito policial, não há falar na prática do crime definido no art. 339, *caput*, do Código Penal, ainda que ao final o investigado seja absolvido em juízo. Nas lúcidas palavras de Nélson Hungria:

> Não é suficiente, aqui, o dolo eventual, isto é, não basta que o agente proceda na *dúvida* de ser, ou não, verdadeira a acusação: é necessária a *certeza moral* da inocência do acusado. A assunção do risco de ser falsa a acusação não pode ser identificada com a certeza de tal falsidade. Seria, aliás, impolítico decidir-se de outro modo, pois, então, as próprias *suspeitas fundadas* se calariam. Se o denunciante, ao invés de afirmações categóricas, apenas formula suspeitas ou transmite o que realmente ouviu de outrem, ou é o primeiro a exprimir, sinceramente, sua dúvida, ou a admitir o caráter de iliquidez de suas desconfianças, o crime estará fora de cogitação, salvo o caso em que esteja apenas procurando dissimular, hipocritamente, sua má-fé. Interessar-se por esclarecer um crime ou fornecer uma possível "pista" à polícia não se confunde com a maligna intenção do acusador conscientemente falso.[304]

O erro de tipo, nos termos do art. 20, *caput*, do Código Penal, exclui o dolo. É o que se dá, a título ilustrativo, quando o agente faz a imputação falsa de crime contra determinada pessoa, ensejando a instauração de inquérito policial, em razão de ter se equivocado no tocante ao nome da pessoa denunciada perante a autoridade policial.

---

[303] Inq. 3.133/AC, rel. Min. Luiz Fux, 1.ª Turma, j. 05.08.2014, noticiado no *Informativo* 753. O julgado é anterior à Lei 14.110/2020, mas perfeitamente aplicável na fundamentação atinente ao dolo direto como elemento subjetivo.
[304] HUNGRIA, Nélson. *Comentários ao Código Penal*. 2. ed. Rio de Janeiro: Forense, 1959. v. IX, p. 463-464.

Exige-se também o dolo relativamente à instauração do inquérito policial, do procedimento investigatório criminal, do processo judicial, do processo administrativo disciplinar, do inquérito civil ou da ação de improbidade administrativa. Nesse contexto é cabível até mesmo a **denunciação caluniosa indireta**, nas situações em que o sujeito imputa falsamente um ato ilícito contra alguém, perante terceira pessoa, sabendo que esta última tomará as medidas necessárias para que a máquina estatal seja movimentada em desfavor do denunciado. Exemplo: "A", plenamente consciente da falsidade da imputação, diz a "B" que "C" foi o responsável pela morte de uma determinada pessoa, pois sabe que "B", filho de um delegado de Polícia, levará o fato ao conhecimento da autoridade policial, dando causa à instauração de inquérito policial contra "C".

Entretanto, se alguém imputa falsamente a outrem a prática de determinado crime, contravenção penal, infração ético-disciplinar ou ato ímprobo, unicamente com o propósito de lesar a honra alheia, mas este terceiro leva o fato ao conhecimento da autoridade pública, movimentando o aparelho estatal, deverá ser responsabilizado unicamente pelo delito de calúnia (CP, art. 138), na atribuição de crime, ou de difamação (CP, art. 139), nos demais casos, que se consumam com a simples imputação falsa do crime ou com a mera imputação de fato ofensivo à reputação, independentemente da instauração do inquérito ou do processo.

A denunciação caluniosa é incompatível com a modalidade culposa.

6.10.2.9.1. Denunciação caluniosa: imputação objetiva e subjetivamente falsa

A imputação de crime, de contravenção penal (CP, art. 339, § 2.º), de infração ético-disciplinar ou ato de improbidade administrativa deve ser objetiva e subjetivamente falsa, isto é, o ato ilícito não pode ter sido cometido pela pessoa a quem foi atribuído, e o sujeito ativo deve ter pleno conhecimento da falsidade da sua afirmação nesse sentido.

Desta forma, não há denunciação caluniosa quando o agente, a título ilustrativo, imputa a alguém a responsabilidade por um determinado crime, acreditando ser ele inocente, mas posteriormente constata-se seu envolvimento com o delito. Nesse caso, a imputação é subjetivamente falsa, mas objetivamente verdadeira. Verifica-se em situações deste jaez um crime putativo, alheio à intervenção do Direito Penal.

De igual modo, também não se configura o crime previsto no art. 339 do Código Penal quando, exemplificativamente, o denunciante imputa a alguém a prática de um crime, acreditando sinceramente em tal afirmação, mas posteriormente comprova-se a inocência do denunciado. Agora, a imputação é objetivamente falsa, mas subjetivamente verdadeira.

O panorama jurídico não se altera em face da presença do **dolo subsequente** ou **superveniente**, ou seja, aquele que surge após a prática da conduta. Portanto, se o agente, no momento da denunciação, estava sinceramente convencido da verdade desta, mas posteriormente vem a certificar-se da inocência do acusado e fica em silêncio, não comete o crime de denunciação caluniosa.[305]

6.10.2.9.2. A questão da autodefesa na investigação ou no processo judicial

A pessoa que está sendo investigada ou processada pela prática de infração penal pode, no exercício da autodefesa – um dos desdobramentos lógicos do princípio da ampla defesa (CF, art. 5.º, inc. LV) –, imputar falsamente a alguém sabidamente inocente a prática de um crime ou de uma contravenção penal, com o propósito de se livrar da incidência da atuação estatal?

Entendemos que não. Nada obstante seja assegurado ao investigado ou acusado o direito de mentir, o exercício da autodefesa não chega ao ponto de permitir a imputação falsa de infrações penais a pessoas inocentes. Com efeito, toda pessoa pode (e deve) se defender, mas

---

[305] Cf. HUNGRIA, Nélson. *Comentários ao Código Penal*. 2. ed. Rio de Janeiro: Forense, 1959. v. IX, p. 465.

de forma lícita; é vedado interferir na esfera íntima de terceiros, principalmente colocando em risco sua liberdade. Há regras a serem respeitadas. A defesa é ampla, mas não ilimitada.

Igual raciocínio deve ser utilizado relativamente à pessoa investigada ou processada por infração ético-disciplinar ou ato de improbidade administrativa, ou seja, para defender-se não lhe é permitido imputar falsamente, a pessoa inocente, a prática do ilícito disciplinar ou do ato ímprobo, transferindo-lhe a responsabilidade por sua atuação contrária ao ordenamento jurídico.

Em obediência à razoabilidade que deve nortear a interpretação do Direito, é fácil concluir que a autodefesa não enseja a permissão para cometimento de novos ilícitos penais, e a tolerância quanto a isto corresponde a entendimento que não chega a encontrar apoio no próprio sistema de direito positivo.[306]

6.10.2.10. Consumação

A denunciação caluniosa é **crime material** ou **causal**. Consuma-se com a efetiva instauração do inquérito policial, do procedimento investigatório criminal, do processo judicial, do processo administrativo disciplinar, do inquérito civil ou da ação de improbidade administrativa contra alguém, em razão da imputação falsa de crime, de contravenção penal, de infração ético-disciplinar ou de ato ímprobo de que o sabia inocente.

6.10.2.10.1. Retratação do sujeito ativo

Na calúnia e na difamação, o art. 143 do Código Penal determina a isenção de pena ao querelado que, antes da sentença, se retrata cabalmente do delito. Na denunciação caluniosa o legislador não previu regra análoga. E agiu acertadamente, pois não se trata de crime contra a honra, e sim contra a Administração da justiça. Em síntese, a retratação na denunciação caluniosa não importa na isenção da pena do sujeito ativo.

Mas a retratação na denunciação caluniosa não é penalmente irrelevante.

Com efeito, se o agente voluntariamente desiste de prosseguir na execução do crime (exemplo: o sujeito decide interromper seu depoimento à autoridade policial), estará caracterizada a desistência voluntária. Por outro lado, se ele impedir que o resultado se produza, depois de encerrada a execução do crime (exemplo: o agente se retrata depois de prestar seu integral depoimento à autoridade policial, evitando a instauração do inquérito policial), deverá ser reconhecido o arrependimento eficaz. Nas duas situações, o art. 15 do Código Penal determina a responsabilidade penal somente pelos atos praticados, normalmente o crime de calúnia (nos exemplos citados), e não pela tentativa de denunciação caluniosa.

Finalmente, se a retratação voluntária ocorre depois de consumada a denunciação caluniosa, mas antes do recebimento da denúncia, a pena poderá ser diminuída de um a dois terços, em homenagem ao instituto do arrependimento posterior (CP, art. 16).

6.10.2.10.2. Confronto entre a consumação do delito e o momento adequado para oferecimento de denúncia pela denunciação caluniosa

A denunciação caluniosa consuma-se com a instauração do inquérito policial, do procedimento investigatório criminal, do processo judicial, do processo administrativo disciplinar, do inquérito civil ou da ação de improbidade administrativa, em decorrência da imputação falsa de crime, contravenção penal, infração ético-disciplinar ou ato ímprobo a pessoa que se sabe inocente. O que nos interessa, nesse momento, é principalmente a instauração de inquérito policial ou de processo penal.

---

[306] Com raciocínio diverso: GRECO, Rogério. *Curso de direito penal*. 6. ed. Niterói: Impetus, 2010. v. IV, p. 565.

Pergunta-se: O Ministério Público pode oferecer denúncia com a simples consumação da denunciação caluniosa, ou é preciso aguardar a conclusão do inquérito policial ou da ação penal contra a pessoa atacada pela conduta criminosa (critério da dependência)?

Inclina-se a doutrina no sentido de ser razoável aguardar o desfecho do inquérito policial ou da ação penal, reconhecendo-se judicialmente a inocência do denunciado, para só então imputar ao denunciante o crime tipificado no art. 339 do Código Penal. O fundamento deste raciocínio é de ordem prática, e não propriamente uma questão prejudicial.

Busca-se evitar decisões conflitantes, tais como a condenação do denunciado (a imputação era verdadeira) com a simultânea condenação do denunciante (partiu-se da equivocada premissa de que a imputação era falsa). Destarte, a ação penal pelo crime de denunciação caluniosa não deve ser ajuizada antes do encerramento do inquérito policial ou da ação penal contra o denunciado ou, se já foi intentada, há de permanecer suspensa enquanto não reconhecida em juízo a falsidade da imputação no processo por esta provocado. Nas insuperáveis lições de Nélson Hungria:

> Nem poderia ser de outro modo. Se a tal processo, com tal resultado, precede o processo por denunciação caluniosa, pode acontecer que o denunciante seja absolvido pelo reconhecimento de que o denunciado realmente praticou o crime atribuído, e ficaria prejulgado o mesmo denunciado, que, entretanto, não foi ouvido, nem teve oportunidade de se defender. Por outro lado, admitindo-se a precedência da ação penal por denunciação caluniosa, ninguém jamais se abalançaria a fazer qualquer comunicação à polícia, pois, antes mesmo do término de ulterior investigação, poderia estar sujeito a essa ação penal. Dir-se-á que, antecedendo a ação policial ou judicial pelo crime atribuído ao denunciado, o inquérito poderia ser arquivado ou seguir-se a absolvição no ulterior processo penal, e o denunciante também estaria prejulgado. Mas isto não é exato. O inquérito contra o denunciado será arquivado ou sobrevirá a absolvição porque evidenciada a sua inocência, mas restará saber se o denunciante tinha positivo conhecimento dessa inocência; e, assim, não haverá prejulgamento do último.[307]

Em síntese, a falsidade da imputação deve resultar provada ou pelo arquivamento do inquérito policial sem possibilidade de renovação, ou por decisão definitiva que reconheça a inocência do acusado. No entanto, como adverte Bento de Faria, "a decisão condenatória definitiva pode não excluir a denunciação caluniosa, se, porventura, em revisão o condenado for declarado inocente".[308]

É bom frisar o que sustentamos no início deste tópico. É razoável, como medida de prudência e de cautela, aguardar o desfecho do inquérito policial ou da ação penal contra o denunciado. Contudo, esta medida não é obrigatória, inclusive porque não possui previsão legal, ou seja, não existe esta condição de procedibilidade no direito brasileiro. Em poucas palavras, a inocência do denunciado pode ser demonstrada por outros meios aptos a corroborar a acusação do Ministério Público.

6.10.2.10.3. Comprovação da falsidade da imputação e oferecimento de denúncia pelo crime de denunciação caluniosa: competência firmada pela conexão e princípio do promotor natural

Se, ao receber os autos do inquérito policial instaurado contra o denunciado, o representante do Ministério Público concluir pela sua inocência e constatar a falsidade da imputação, poderá

---

[307] HUNGRIA, Nélson. *Comentários ao Código Penal*. 2. ed. Rio de Janeiro: Forense, 1959. v. IX, p. 466. Confiram-se também os ensinamentos de Jorge Assaf Maluly: "(...) embora não exista no direito positivo uma norma sujeitando o resultado da persecução contra o denunciante, ao arquivamento do inquérito policial ou à absolvição no processo criminal do denunciado, é de bom alvitre aguardar-se esta conclusão, com o intuito de impedir a incidência de decisões judiciais antagônicas. Da mesma forma, cumpre observar o mesmo critério de dependência, isto é, aguardar-se o término da investigação administrativa, do inquérito civil ou da ação de improbidade administrativa" (*Denunciação caluniosa*. 2. ed. Belo Horizonte: Del Rey, 2006. p. 101).

[308] FARIA, Bento de. *Código Penal brasileiro comentado*. 3. ed. Rio de Janeiro: Distribuidora Record, 1961. v. VII, p. 159.

oferecer diretamente denúncia contra o denunciante pelo crime de denunciação caluniosa, isto é, não há necessidade de abertura de novo procedimento investigatório para apuração do crime tipificado no art. 339 do Código Penal. Como já decidido pelo Supremo Tribunal Federal:

> O promotor que requereu o arquivamento do inquérito não está impedido de denunciar pelo crime do art. 339 do CP o responsável pela falsa *notitia*. Se a atribuição do promotor é definida pela competência do juízo e se essa competência é definida na espécie pelo critério da conexão – que torna competente para o julgamento da denunciação caluniosa o juiz que deferira o arquivamento do inquérito –, promotor natural é o que estiver atuando perante esse juízo.[309]

Este raciocínio encontra fundamento na fixação da competência pela conexão, pois o inquérito policial no qual foi investigada a infração penal falsamente imputada a alguém e a denunciação caluniosa daí decorrente encontram-se ligadas entre si.

6.10.2.11. Tentativa

É possível, em face do caráter plurissubsistente do delito, compatível com o fracionamento do *iter criminis*. Exemplo: "A" comparece à Delegacia de Polícia e dolosamente imputa a "B" a prática de crime de homicídio, de que o sabia inocente, visando a instauração contra ele de inquérito policial. O Delegado de Polícia, todavia, já havia encerrado as investigações do mencionado crime contra a vida, motivo pelo qual constatou a manobra maliciosa de "A" e o prendeu em flagrante, sem inaugurar o pretendido inquérito policial.

6.10.2.12. Ação penal

A ação penal é pública incondicionada, em todas as modalidades do delito.

6.10.2.13. Lei 9.099/1995

A denunciação caluniosa, em sua modalidade fundamental (CP, art. 339, *caput*), é **crime de elevado potencial ofensivo**, pois não admite a incidência dos benefícios previstos na Lei 9.099/1995.

Entretanto, na forma privilegiada (CP, art. 339, § 2.º), caracterizada pela imputação falsa de contravenção penal, a pena deve ser reduzida pela metade. Destarte, a pena mínima passa a ser de um ano, circunstância apta a transformar a denunciação caluniosa, somente nesta modalidade, em **crime de médio potencial ofensivo**, compatível com a suspensão condicional do processo, desde que presentes os demais requisitos exigidos pelo art. 89 da Lei 9.099/1995.

6.10.2.14. Classificação doutrinária

A denunciação caluniosa é crime **pluriofensivo** (ofende mais de um bem jurídico: a Administração da justiça e a liberdade, a honra, o patrimônio e a função pública da pessoa a quem falsamente se imputou a infração penal, a infração ético-disciplinar ou o ato ímprobo); **comum** (pode ser praticado por qualquer pessoa) e eventualmente **próprio** (quando a imputação diz respeito a crime de ação penal privada ou de ação penal pública condicionada); **material** ou **causal** (o tipo contém conduta e resultado naturalístico, exigindo este último para a consumação); **de dano** (causa lesão à Administração da justiça); **de forma livre** (admite qualquer meio de execução); em regra **comissivo**; **instantâneo** (consuma-se em um momento determinado, sem continuidade no tempo); **unissubjetivo, unilateral ou de concurso eventual** (praticado por um só agente, mas admite concurso); e normalmente **plurissubsistente** (a conduta pode ser fracionada em diversos atos).

---

[309] HC 74.052/RJ, rel. Min. Marco Aurélio, 2.ª Turma, j. 20.08.1996, noticiado no *Informativo* 41.

6.10.2.15. Causa de aumento da pena: art. 339, § 1.º

Nos termos do art. 339, § 1.º, do Código Penal: "A pena é aumentada de sexta parte, se o agente se serve de anonimato ou de nome suposto".

Trata-se de **causa de aumento da pena**, aplicável na terceira e derradeira etapa da dosimetria da pena privativa de liberdade. Em ambas as hipóteses, o procedimento utilizado pelo criminoso, consistente na ausência de identificação (anonimato) ou na indicação de qualificação equivocada (nome suposto), dificulta a descoberta da autoria da denunciação caluniosa, tornando muitas vezes impossível a punição daquele que movimentou levianamente o aparato estatal mediante a imputação falsa a alguém de crime, contravenção penal, infração ético-disciplinar ou ato ímprobo. Este é o fundamento do tratamento penal mais rigoroso.

É de se observar que esta causa de aumento da pena encontra-se em conformidade com a regra inserida no art. 5.º, inc. IV, da Constituição Federal, proibitiva do anonimato em qualquer manifestação de pensamento, notadamente quando utilizado como meio de execução para a prática de crime contra a Administração da justiça.

6.10.2.16. Competência

A denunciação caluniosa é, em regra, de competência da Justiça Estadual. No entanto, tratando-se de crime contra a Administração da justiça, será de competência da Justiça Federal quando praticado em detrimento dos interesses da União, de suas autarquias ou empresas públicas (CF, art. 109, inc. IV).

6.10.2.17. Denunciação caluniosa e calúnia: distinções

Os crimes de denunciação caluniosa (CP, art. 339) e de calúnia (CP, art. 138) apresentam um ponto em comum: há, em ambos, a imputação falsa de crime a pessoa que se sabe inocente. Todavia, nada obstante esta similitude, tais crimes não se confundem. Vejamos as principais diferenças entre os delitos.

Quanto ao bem jurídico penalmente tutelado, a calúnia é crime contra a honra. A denunciação caluniosa, por sua vez, atenta contra a Administração da justiça.

No plano da tipicidade, na calúnia o sujeito se limita a imputar a alguém, falsamente e perante terceira pessoa, a prática de fato definido como crime, com o objetivo de ofender a honra objetiva da vítima. Na denunciação caluniosa ele vai mais longe,[310] não apenas atribui à vítima, falsamente, a prática de um delito. Leva esta imputação ao conhecimento da autoridade pública, movimentando a máquina estatal mediante a instauração de inquérito policial, de procedimento investigatório criminal, de processo judicial, de processo administrativo disciplinar, de inquérito civil ou de ação de improbidade administrativa.

A calúnia pressupõe a imputação falsa de crime. Já a denunciação caluniosa admite a imputação falsa de crime, infração ético-disciplinar, ato ímprobo (CP, art. 339, *caput*) ou de contravenção penal (CP, art. 339, § 2.º).

Na denunciação caluniosa a ação penal sempre é pública incondicionada, enquanto na calúnia a ação penal em regra é privada.

Finalmente, a denunciação caluniosa é crime de elevado potencial ofensivo, incompatível com as disposições da Lei 9.099/1995, salvo na imputação falsa de contravenção penal, hipótese em que desponta como crime de médio potencial ofensivo. A calúnia, em sua modalidade fundamental (CP, art. 138, *caput*), é infração penal de menor potencial ofensivo.

---

[310] Como a denunciação caluniosa pressupõe a calúnia, sempre a absorve, quando praticada mediante a imputação falsa de crime.

O gráfico a seguir facilita a compreensão das diferenças entre os crimes de denunciação caluniosa e calúnia:

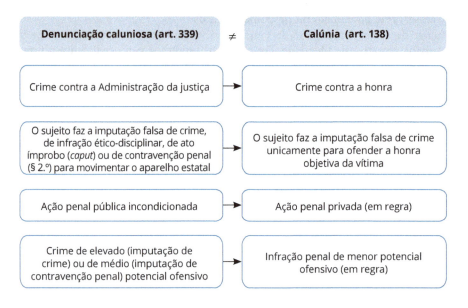

6.10.2.18. Denunciação caluniosa e concurso de crimes

Se o agente, mediante uma única conduta, imputa falsamente um crime (ou contravenção penal, infração ético-disciplinar ou ato de improbidade administrativa) a diversas pessoas, sabendo-as inocentes, dando causa à instauração de inquérito policial (ou procedimento investigatório criminal, processo judicial, processo administrativo disciplinar etc.) contra todas elas, deverá ser responsabilizado por tantos crimes quantas forem as vítimas, em concurso formal impróprio ou imperfeito (CP, art. 70, *caput*, *in fine*). Exemplo: O sujeito encaminha petição ao delegado de Polícia, solicitando a instauração de inquérito policial, na qual narra falsamente que seus cinco colegas de trabalho foram os autores do roubo praticado contra uma agência bancária.

Por sua vez, se o agente, mediante condutas distintas e em momentos diferentes, imputar falsamente crimes (ou contravenções penais, infrações ético-disciplinares ou atos ímprobos) a pessoas diversas, dando causa a dois ou mais inquéritos policiais (ou procedimentos investigatórios criminais, processos judiciais etc.), deverá responder pelos vários delitos, em concurso material (CP, art. 69) ou então em continuidade delitiva, se presentes os requisitos legalmente exigidos para a constituição do crime continuado (CP, art. 71, *caput*).

Finalmente, haverá um só crime quando o sujeito, no mesmo contexto fático, imputar vários crimes (ou contravenções penais, infrações ético-disciplinares ou atos de improbidade administrativa) a uma só pessoa, sabendo-a inocente, dando causa à instauração de um único inquérito policial (ou procedimento investigatório criminal, processo judicial etc.). Veja-se, contudo, que a multiplicidade de delitos atribuídos ao inocente deverá ser levada em consideração na dosimetria da pena-base, como circunstância judicial desfavorável, nos moldes do art. 59, *caput*, do Código Penal.

6.10.2.19. Imputação falsa de infração penal e Lei do Crime Organizado

Nos termos do art. 19 da Lei 12.850/2013 – Lei do Crime Organizado:

> **Art. 19.** Imputar falsamente, sob pretexto de colaboração com a Justiça, a prática de infração penal a pessoa que sabe ser inocente, ou revelar informações sobre a estrutura de organização criminosa que sabe inverídicas:
>
> Pena – reclusão, de 1 (um) a 4 (quatro) anos, e multa.

Na modalidade "imputar falsamente, sob pretexto de colaboração com a Justiça, a prática de infração penal a pessoa que sabe ser inocente", o delito especial não se confunde com a denunciação caluniosa, tipificada no art. 339 do Código Penal.

Na denunciação caluniosa, quando consistente na imputação falsa de crime ou contravenção penal, a conduta é direcionada à instauração de inquérito policial, procedimento investigatório criminal, processo judicial, processo administrativo disciplinar, inquérito civil ou ação de improbidade administrativa, e o elemento subjetivo é o dolo direto, independentemente de qualquer finalidade específica.

No art. 19 da Lei do Crime Organizado, por sua vez, basta a imputação falsa da prática de infração penal a pessoa que sabe ser inocente, não se reclamando a instauração de inquérito policial, procedimento investigatório criminal ou qualquer outro instrumento de apuração de ilicitude indicado pelo art. 339, *caput*, do Código Penal. Além disso, o tipo penal não se contenta com o dolo direto. Também exige o elemento subjetivo específico "sob pretexto de colaboração com a Justiça", normalmente relacionado com a postura do agente que pretende celebrar acordo de colaboração premiada, visado a obtenção de algum dos prêmios elencados pelo art. 4.º, *caput* e §§ 4.º e 5.º da Lei 12.850/2013.

6.10.2.20. Denunciação caluniosa eleitoral

A Lei 13.834/2019 incluiu o art. 326-A no Código Eleitoral (Lei 4.737/1965), com a seguinte redação:

> **Art. 326-A.** Dar causa à instauração de investigação policial, de processo judicial, de investigação administrativa, de inquérito civil ou ação de improbidade administrativa, atribuindo a alguém a prática de crime ou ato infracional de que o sabe inocente, com finalidade eleitoral:
>
> Pena – reclusão, de 2 (dois) a 8 (oito) anos, e multa.
>
> § 1.º A pena é aumentada de sexta parte, se o agente se serve do anonimato ou de nome suposto.
>
> § 2.º A pena é diminuída de metade, se a imputação é de prática de contravenção.
>
> § 3.º Incorrerá nas mesmas penas deste artigo quem, comprovadamente ciente da inocência do denunciado e com finalidade eleitoral, divulga ou propala, por qualquer meio ou forma, o ato ou fato que lhe foi falsamente atribuído.

O legislador visou ao combate às famosas "fake news" em épocas de eleições, destinadas a prejudicar candidatos, com o consequente benefício de seus rivais, além da ofensa à isonomia e à lisura do processo eleitoral.

Cuida-se de modalidade específica de denunciação caluniosa, e se diferencia do delito tipificado no art. 339 do Código Penal em dois pontos: (a) exige um elemento subjetivo específico, contido na expressão "**com finalidade eleitoral**"; e (b) é possível sua caracterização mediante a atribuição falsa de "**ato infracional**".

O art. 326-A do Código Eleitoral, todavia, não foi atingido pelas alterações promovidas no art. 339, *caput*, do Código Penal pela Lei 14.110/2020, ou seja, não se configura o delito especial na imputação falsa de infração ético-disciplinar ou ato ímprobo, ainda que com finalidade eleitoral e daí resulte a instauração de inquérito policial, procedimento investigatório criminal, processo judicial, processo administrativo disciplinar, inquérito civil ou ação de improbidade administrativa.

Além disso, o art. 326-A do Código Eleitoral continua empregando os termos "investigação policial" e "investigação administrativa", e não as locuções "inquérito policial", "procedimento investigatório criminal" e "processo administrativo disciplinar", como faz o art. 339, *caput*, do Código Penal, em decorrência das modificações proporcionadas pela Lei 14.110/2020.

6.10.2.21. Instauração indevida de procedimento investigatório e abuso de autoridade

O art. 27 da Lei 13.869/2019 define como abuso de autoridade a conduta consistente em requisitar instauração ou instaurar procedimento investigatório de infração penal ou administrativa, em prejuízo de alguém, quando ausente qualquer indício da prática do delito, de ilícito funcional ou de infração administrativa. Não se configura tal delito, contudo, na hipótese de sindicância ou investigação preliminar sumária, se presente a devida justificação:

> **Art. 27.** Requisitar instauração ou instaurar procedimento investigatório de infração penal ou administrativa, em desfavor de alguém, à falta de qualquer indício da prática de crime, de ilícito funcional ou de infração administrativa:
> Pena – detenção, de 6 (seis) meses a 2 (dois) anos, e multa.
> Parágrafo único. Não há crime quando se tratar de sindicância ou investigação preliminar sumária, devidamente justificada.

6.10.2.22. Falta de justa causa fundamentada na persecução ou persecução contra quem sabe inocente e abuso de autoridade

Se o agente público iniciar ou proceder à persecução penal, civil ou administrada sem justa causa fundamentada, ou então contra quem sabe ser inocente, estará configurado o crime de abuso de autoridade previsto no art. 30 da Lei 13.869/2019:

> **Art. 30.** Dar início ou proceder à persecução penal, civil ou administrativa sem justa causa fundamentada ou contra quem sabe inocente:
> Pena – detenção, de 1 (um) a 4 (quatro) anos, e multa.

6.10.3. Art. 340 – Comunicação falsa de crime ou de contravenção

6.10.3.1. Dispositivo legal

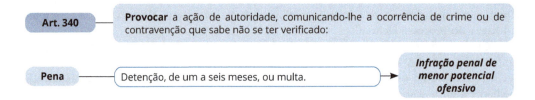

Classificação:
Crime simples
Crime comum
Crime material ou causal
Crime de dano
Crime de forma livre
Crime comissivo (regra)
Crime instantâneo
Crime unissubjetivo, unilateral ou de concurso eventual
Crime plurissubsistente

Informações rápidas:
Objeto material: ação da autoridade ilegalmente provocada pela conduta criminosa.
Elemento subjetivo: dolo direto (elemento subjetivo específico – intenção de inutilmente provocar a ação da autoridade). Não admite modalidade culposa.
Comunicação falsa de crime ou de contravenção para o agente obter ilicitamente indenização ou valor de seguro: art. 171, § 2.º, inc. V do CP.
Tentativa: admite (crime plurissubsistente). Arrependimento eficaz: admite.
Ação penal: pública incondicionada.

6.10.3.2. Introdução

Em uma análise precipitada, a comunicação falsa de crime ou de contravenção em muito se assemelha à denunciação caluniosa (CP, art. 339). Entretanto, as diferenças entre tais delitos são incontestáveis.

Na denunciação caluniosa, o sujeito imputa a uma pessoa determinada ou determinável a prática de crime de que a sabe inocente, dando causa à instauração de investigação policial, de processo judicial, instauração de investigação administrativa, inquérito civil ou ação de improbidade administrativa. Se a imputação relacionar-se a uma contravenção penal, a pena será diminuída de metade (CP, art. 339, § 2.º). Veja bem: há denunciação caluniosa quando a pessoa, embora inicialmente indeterminada, possa ser individualizada mediante trabalho, ainda que árduo, de investigação.

De outro lado, na comunicação falsa de crime ou de contravenção o sujeito se limita a comunicar falsamente a ocorrência de crime ou de contravenção que sabe não se ter verificado, assim provocando a ação de autoridade. No entanto, o agente não acusa falsamente nenhuma pessoa, seja por se tratar de indivíduo indeterminado e indeterminável, seja por referir-se a pessoa que não existe (pessoa imaginária).

A comunicação falsa tanto pode ser de crime (previsto ou não no Código Penal), consumado ou tentado, ou de contravenção penal (tipificada ou não no Decreto 3.688/1941 – Lei das Contravenções Penais), qualquer que seja a natureza da infração penal, a quantidade da pena cominada em abstrato e a espécie de ação penal (pública ou privada).

A pena do delito definido no art. 340 do Código Penal será sempre a mesma – detenção, de um a seis meses, ou multa –, pouco importando se a comunicação falsa foi de crime ou de contravenção penal. A razão desta opção legislativa é de fácil compreensão: em qualquer dos casos são inutilmente desperdiçados o tempo e o esforço da autoridade pública.

Além disso, não se reclama a instauração de investigação policial, de processo judicial, instauração de investigação administrativa, inquérito civil ou ação de improbidade administrativa. Basta provocar, em sentido amplo, a ação da autoridade, assim como ocorre, exemplificativamente, na determinação de investigações pelo Delegado de Polícia ou na colheita do depoimento do criminoso pelo membro do Ministério Público.

De fato, comportando-se desta forma, o sujeito provoca prejuízos (presunção absoluta ou *iuris et de iure*) a toda a coletividade, pois as autoridades públicas perdem valioso tempo e recursos que deveriam ser utilizados no enfrentamento de crimes reais.

6.10.3.3. Objetividade jurídica

O bem jurídico penalmente tutelado é a Administração da Justiça, especialmente no tocante à perda de tempo e de dinheiro acarretados aos órgãos responsáveis pela persecução criminal.

6.10.3.4. Objeto material

É a ação da autoridade ilegalmente provocada pela conduta criminosa. A elementar "autoridade" há de ser compreendida como todo e qualquer funcionário público incumbido da tarefa de investigar e apurar a existência de infrações penais e seus respectivos responsáveis, ou então de determinar a abertura do procedimento investigatório, pois estamos diante de crime contra a Administração da justiça. Exemplos: delegados de Polícia, membros do Ministério Público, integrantes do Poder Judiciário, agentes administrativos dotados de atribuições para investigações criminais, tais como os servidores da Receita Federal, entre outros.

6.10.3.5. Núcleo do tipo

O núcleo do tipo é **"provocar"**, que no âmbito do crime tipificado no art. 340 do Código Penal significa dar causa à ação da autoridade pública, ensejando sua atuação no caso concreto. A comunicação falsa pode ser exteriorizada por qualquer meio: oralmente ou por escrito, identificada pelo nome e assinatura do seu autor ou apócrifa (anônima). Cuida-se de **crime de forma livre**.

O sujeito comunica à autoridade a ocorrência de crime ou de contravenção penal que sabe não ter se verificado. Há, portanto, a narrativa à autoridade pública de infração penal inexistente ou imaginária, o que pode ocorrer nas seguintes hipóteses:

a) **O crime ou contravenção penal comunicado não se verificou**

Não existiu um fato contrário ao Direito Penal. Exemplo: "A" comunica à autoridade pública o homicídio praticado contra seu vizinho, quando este, na verdade, deixou o País para trabalhar no exterior.

b) **Houve um crime ou contravenção penal, mas absolutamente diverso do fato comunicado à autoridade**

Existiu um crime ou contravenção penal, mas o agente comunica à autoridade um fato **completamente diferente** do realmente praticado. Com este comportamento, ofende-se a Administração da justiça, uma vez que a conduta do agente acarreta o gasto inútil de trabalho e de dinheiro públicos. É o que se dá, exemplificativamente, quando uma pessoa presencia um estupro, mas comunica ao delegado de Polícia um crime de extorsão mediante sequestro.

Entretanto, não se caracteriza o crime delineado no art. 340 do Código Penal quando o sujeito comunica uma infração penal que, embora diversa, **apresenta pontos em comum** com a efetivamente praticada na vida real. Exemplos: comunicação de um furto, quando na verdade se tratava de roubo impróprio; e comunicação de lesão corporal em vez da contravenção penal de vias de fato. Nesses casos, o fato é atípico por dois motivos: (a) ausência de dolo; e (b) a autoridade pública, mesmo com a descrição equivocada, poderá envidar esforços para identificar o ilícito penal realmente cometido e seu respectivo responsável.

Também se configura o crime tipificado no art. 340 do Código Penal quando o sujeito efetua a comunicação falsa com o propósito de ocultar outro delito por ele cometido. Exemplo: "A", depois de matar "B", procura a autoridade policial e diz que ambos foram vítimas de latrocínio, mas ele, com sorte, conseguiu fugir. Ambos os delitos serão imputados ao agente, em concurso material: homicídio e comunicação falsa de crime.

6.10.3.6. Sujeito ativo

O crime é **comum** ou **geral**, podendo ser cometido por qualquer pessoa, inclusive pelo funcionário público, desde que não atue no exercício da sua condição funcional.

6.10.3.7. Sujeito passivo

É o Estado.

6.10.3.8. Elemento subjetivo

É o dolo, acrescido de um especial fim de agir (elemento subjetivo específico), consistente na intenção de inutilmente provocar a ação da autoridade.

Observe-se que o tipo penal admite unicamente o **dolo direto**. Com efeito, o sujeito deve comunicar a ocorrência de crime ou de contravenção que **"sabe"** não se ter verificado. Portanto, se a pessoa tem dúvida acerca da existência da infração penal (exemplo: "A" não sabe se perdeu ou se teve furtada sua carteira), e ainda assim comunica sua ocorrência à autoridade, o fato é atípico.

Não se admite a modalidade culposa.

6.10.3.8.1. Fraude para recebimento de indenização ou valor de seguro e conflito aparente de leis penais

Não há falar no crime previsto no art. 340 do Código Penal, mas na figura equiparada ao estelionato definida no art. 171, § 2.º, inc. V, do Código Penal, quando a comunicação falsa de crime ou de contravenção funciona como meio fraudulento para o agente obter ilicitamente indenização ou valor de seguro. Exemplo: "A", proprietário de um automóvel devidamente protegido por um contrato de seguro, oculta o bem e comunica falsamente seu furto à autoridade policial, para o fim de locupletar-se indevidamente mediante o recebimento do valor segurado.

O conflito aparente de normas penais é solucionado pelo **princípio da consunção**. A comunicação falsa do crime desponta como *antefactum* impunível, pois se constitui em meio de execução do crime contra o patrimônio, que a absorve. Esta é a posição dominante no âmbito doutrinário.

Existem, contudo, entendimentos em sentido contrário. Para Magalhães Noronha, no exemplo mencionado há concurso de crimes entre comunicação falsa de crime ou de contravenção e fraude para recebimento de indenização ou valor de seguro, em face da diversidade de ações (ocultação do bem e comunicação do crime), de sujeitos passivos (Estado e seguradora) e de elementos subjetivos (fim de provocar a ação da autoridade e fim de lucro). Além disso, a falsa comunicação não seria elementar do tipo de fraude para recebimento de indenização ou valor de seguro, que pode muito bem ocorrer sem ela.[311]

6.10.3.9. Consumação

Cuida-se de crime **material** ou **causal**: consuma-se no instante em que a autoridade pública adota alguma ação (ou providência) com a finalidade de apurar a ocorrência do crime ou da contravenção penal falsamente comunicados. Não se exige a instauração de procedimento formal (exemplo: abertura de inquérito policial ou de procedimento investigatório pelo Ministério Público), pois o tipo penal fala simplesmente em "provocar a ação de autoridade".

Destarte, nada obstante o *nomen iuris* do delito – "**comunicação falsa** de crime ou de contravenção" –, não é suficiente a mera comunicação falsa. A consumação depende da ação, isto é, de um comportamento positivo (fazer algo) por parte da autoridade pública.

A competência será do juízo do local em que foram adotadas medidas para elucidar o crime ou a contravenção penal.

---

[311] MAGALHÃES NORONHA, E. *Direito penal*. 16. ed. São Paulo: Saraiva, 1983. v. 4.

6.10.3.10. Tentativa

É possível, em face do caráter plurissubsistente do delito, permitindo o fracionamento do *iter criminis*. A título ilustrativo, é o que se verifica quando o sujeito comunica falsamente a ocorrência de crime ou de contravenção que sabe não se ter verificado, mas, por circunstâncias alheias à sua vontade, a autoridade pública nada faz.

6.10.3.10.1. Comunicação falsa de crime ou de contravenção e arrependimento eficaz

Se o sujeito arrepender-se depois de efetuada a comunicação falsa de crime ou de contravenção, e em razão disso impedir a ação da autoridade no sentido de apurar a infração penal e sua autoria, estará caracterizado o arrependimento eficaz, nos moldes do art. 15 do Código Penal, acarretando a atipicidade do fato.

6.10.3.10.2. Comunicação falsa de crime ou de contravenção e crime impossível

Em determinadas situações, a comunicação falsa de crime ou de contravenção, embora presente o dolo do sujeito ativo, não caracteriza o delito tipificado no art. 340 do Código Penal. São as hipóteses em que se manifesta o crime impossível, também conhecido como tentativa inidônea, tentativa inadequada ou tentativa impossível, disciplinado no art. 17 do Código Penal.

É o que se verifica, exemplificativamente, quando o agente comunica falsamente a ocorrência de fato atípico, ou então de crime ou de contravenção penal que, mesmo se tivesse existido, o Estado não poderia exercer sua pretensão punitiva no tocante ao suposto responsável, em face da incidência da prescrição da pretensão punitiva ou de outra causa extintiva da punibilidade. Nesse contexto, a consumação do crime definido no art. 340 do Código Penal é impossível em razão da ineficácia absoluta do meio de execução. Imagine o seguinte caso: "A" comparece à Delegacia de Polícia e atribui a pessoa desconhecida a prática de um furto em tese praticado há 30 anos. Mesmo se sua alegação fosse verídica, nada poderia fazer a autoridade pública.

Também há crime impossível, agora por ineficácia absoluta do objeto material, quando o sujeito comunica falsamente um delito em relação ao qual a autoridade pública não pode adotar qualquer tipo de providência. Em síntese, não há como "provocar a ação de autoridade". Exemplo: "A" comunica falsamente à autoridade pública a ocorrência de crime de ação penal privada, cuja prática teria sido por ele presenciada. Como a autoridade nada poderá fazer sem a autorização da vítima, o fato é atípico.

Ainda é possível vislumbrar mais uma hipótese de crime impossível. Confira-se o lúcido raciocínio de Guilherme de Souza Nucci:

> Cremos admissível a hipótese da tentativa inidônea (art. 17, CP), quando o agente, ainda que aja com vontade de provocar inutilmente a ação da autoridade, comunicando-lhe infração penal que sabe não se ter verificado, termina por fazer com que a autoridade policial ou judiciária encontre subsídios concretos de cometimento de um outro crime. Seria indevido punir o agente por delito contra a *administração da justiça*, já que esta só teve a ganhar com a comunicação efetuada.[312]

6.10.3.11. Ação penal

A ação penal é pública incondicionada.

6.10.3.12. Lei 9.099/1995

Em face da pena máxima cominada – 6 meses –, o crime tipificado no art. 340 do Código Penal constitui-se em **infração penal de menor potencial ofensivo**, compatível com a transação penal e com o rito sumaríssimo, em conformidade com a Lei 9.099/1995.

---

[312] NUCCI, Guilherme de Souza. *Código Penal comentado*. 8. ed. São Paulo: RT, 2008. p. 1.131.

6.10.3.13. Classificação doutrinária

A comunicação falsa de crime ou de contravenção é delito **simples** (ofende um único bem jurídico); **comum** (pode ser cometido por qualquer pessoa); **material** ou **causal** (a consumação depende da adoção de alguma medida pela autoridade); **de dano** (causa lesão à Administração da justiça); **de forma livre** (admite qualquer meio de execução); em regra **comissivo**; **instantâneo** (consuma-se em um momento determinado, sem continuidade no tempo); **unissubjetivo, unilateral ou de concurso eventual** (praticado por um só agente, mas admite concurso); e normalmente **plurissubsistente** (a conduta pode ser fracionada em diversos atos).

6.10.4. Art. 341 – Autoacusação falsa

6.10.4.1. Dispositivo legal

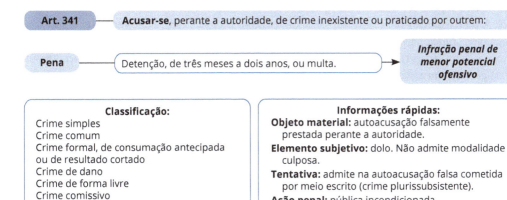

6.10.4.2. Objetividade jurídica

O bem jurídico penalmente tutelado é a Administração da justiça, prejudicada em seu normal funcionamento no tocante à apuração de crimes e da respectiva responsabilidade penal. Com efeito, da autoacusação falsa podem resultar a condenação de um inocente e, consequentemente, a absolvição do verdadeiro culpado.

6.10.4.3. Objeto material

É a autoacusação falsamente prestada perante a autoridade, é dizer, a declaração contaminada pela mentira.

6.10.4.4. Núcleo do tipo

O núcleo do tipo é **"acusar-se"**, ou seja, imputar ou atribuir a si próprio a prática de crime.[313] Pune-se o comportamento da pessoa que se autoincrimina, invocando para si a

---
[313] Poderá caracterizar-se o crime de denunciação caluniosa (CP, art. 339), desde que presentes as demais elementares legalmente exigidas, se o sujeito imputar a prática do crime a pessoa determinada ou determinável que sabia ser inocente.

responsabilidade por crime que não praticou, seja porque o fato não existiu, seja porque foi praticado por outra pessoa.

Como a lei fala em "**crime** inexistente ou praticado por outrem", duas conclusões lógicas podem ser extraídas:

a) não se configura o delito definido no art. 341 do Código Penal na autoacusação falsa de contravenção penal inexistente ou praticada por outrem; e

b) o sujeito não pode apresentar nenhum tipo de envolvimento com o fato comunicado à autoridade, seja como autor, coautor ou partícipe do crime anterior.

Exemplificativamente, não há crime de autoacusação falsa quando alguém invoca a si próprio a responsabilidade exclusiva por um delito, que na verdade fora cometido em coautoria pelo sujeito e pelo seu filho.

A autoacusação falsa deve ser prestada perante a **autoridade**, compreendida como todo e qualquer funcionário público a quem a lei confere poderes para investigar a prática de crimes e seus respectivos responsáveis, ou então para determinar o início do procedimento investigatório, em razão de se tratar de crime contra a Administração da justiça. Encaixam-se nesse rol as autoridades policiais e judiciárias, bem como os membros do Ministério Público e os agentes administrativos dotados de atribuições para investigações criminais, a exemplo dos servidores da Receita Federal, entre outros.

Logo, se o sujeito acusa-se falsamente perante um particular, ou mesmo diante de funcionário público que não seja autoridade, o fato será atípico.

Nada obstante a autoacusação falsa seja normalmente realizada oralmente – em interrogatório policial ou judicial –, não é necessário que o agente esteja na presença da autoridade. Basta que sua prática tenha a autoridade pública como destinatária, admitindo-se a execução do crime por meio escrito (**crime de forma livre**).

6.10.4.4.1. Concurso de crimes: autoacusação falsa, comunicação falsa de crime e denunciação caluniosa

Se, além de acusar-se falsamente de crime inexistente, o sujeito também imputar sua autoria a pessoa imaginária, haverá concurso formal impróprio (CP, art. 70, *caput*, *in fine*) entre autoacusação falsa e comunicação falsa de crime (CP, art. 340).

Também haverá concurso formal impróprio, mas agora entre autoacusação falsa e denunciação caluniosa (CP, art. 339), na hipótese em que o agente, além de acusar-se falsamente de crime inexistente ou praticado por outrem, também imputar o fato a pessoa determinada que sabia ser inocente, dando causa à instauração de inquérito policial, de procedimento investigatório criminal, de processo judicial, de processo administrativo disciplinar, de inquérito civil ou de ação de improbidade administrativa.

6.10.4.5. Sujeito ativo

Cuida-se de **crime comum** ou **geral**: pode ser praticado por qualquer pessoa, salvo o autor, coautor ou partícipe do crime noticiado no bojo da autoacusação falsa.

Como o sujeito imputa a si próprio a prática de crime inexistente ou cometido por outrem, não é possível a coautoria de autoacusação falsa. Nada impede, contudo, a participação, mediante instigação, induzimento ou auxílio de terceira pessoa.

6.10.4.6. Sujeito passivo

É o Estado.

6.10.4.7. Elemento subjetivo

É o dolo, independentemente de qualquer finalidade específica.

Pouco importa o móvel do sujeito ativo: **interesse pecuniário ou mercenário** (exemplo: o sujeito recebe alguma vantagem do verdadeiro autor do crime ou pessoa a ele vinculada), **espírito de sacrifício altruístico** (exemplo: autoacusação do pai para proteger o filho responsável por um crime), **exibicionismo** (exemplo: criminoso que busca prestígio perante sua comunidade), **álibi** (exemplo: o agente imputa a si próprio um crime menos grave para livrar-se da acusação de um crime mais grave, por ele praticado no mesmo horário, porém em local diverso), ou mesmo para **preservação pessoal** (exemplo: sujeito que deseja ser preso para escapar da ação de criminosos ou para assegurar abrigo ou alimentação), entre tantos outros.

Não se admite a modalidade culposa.

6.10.4.7.1. Autoacusação falsa e a mentira do indiciado ou acusado

O art. 5.º, inc. LXIII, da Constituição Federal assegura a todos o direito ao silêncio, que em um plano mais amplo integra o direito de defesa (autodefesa), razão pela qual no âmbito criminal o investigado, o indiciado, o acusado ou o réu não são obrigados a dizer a verdade perante a autoridade pública.

Este direito, entretanto, não assegura a quem quer que seja o suposto direito de acusar-se falsamente. Mentir para livrar-se da responsabilidade penal é uma coisa; invocar a si próprio a prática de crime inexistente ou praticado por outrem é coisa completamente diversa, mormente porque o art. 5.º, inc. LXXV, da Constituição Federal impõe ao Estado o dever de indenizar a pessoa prejudicada pelo erro judiciário.

Com efeito, a pessoa que se autoacusa falsamente coloca em erro a Administração da justiça. Embora inexista hierarquia entre as provas, não se discute o alto valor prático da confissão, outrora chamada de "rainha das provas" (*raegina probatum*). Com a livre e espontânea autoacusação falsa, dificilmente o Poder Judiciário encontra meios para não condenar um inocente, muitas vezes deixando impune o verdadeiro e perigoso culpado.[314]

6.10.4.8. Consumação

O crime é **formal, de consumação antecipada** ou **de resultado cortado**: consuma-se no instante em que o sujeito efetua a autoacusação falsa perante a autoridade, independentemente de ser tomada alguma providência por parte desta. De fato, no crime em apreço o legislador fala tão somente em "acusar-se, perante a autoridade", ao contrário do que se verifica na comunicação falsa de crime ou de contravenção, na qual se emprega a expressão "provocar a ação de autoridade".

Dessa forma, consumando-se o delito com a simples autoacusação falsa, eventual retratação do agente acarretará somente a configuração da atenuante genérica prevista no art. 65, inc. III, *d*, do Código Penal.[315]

---

[314] Mas há autores com entendimento em sentido contrário. É o caso de DELMANTO, Celso; DELMANTO, Roberto; DELMANTO JUNIOR, Roberto; DELMANTO, Fabio M. de Almeida. *Código Penal comentado*. 8. ed. São Paulo: Saraiva, 2010. p. 990.

[315] Com igual raciocínio: FRAGOSO, Heleno Cláudio. *Lições de direito penal*. Parte especial. São Paulo: José Bushatsky, 1959. v. 4, p. 1.014.

6.10.4.9. Tentativa

É possível unicamente na autoacusação falsa cometida por meio escrito (exemplo: carta endereçada ao membro do Ministério Público que se extravia nos Correios). Não se admite o *conatus* quando o crime é praticado verbalmente, em face do seu caráter unissubsistente, impedindo o fracionamento do *iter criminis*.

6.10.4.10. Ação penal

A ação penal é pública incondicionada.

6.10.4.11. Lei 9.099/1995

Em face da pena máxima cominada ao delito (dois anos), a autoacusação falsa constitui-se em **infração penal de menor potencial ofensivo**, compatível com a transação penal e com o rito sumaríssimo, nos termos da Lei 9.099/1995.

6.10.4.12. Classificação doutrinária

A autoacusação falsa é crime **simples** (ofende um único bem jurídico); **comum** (pode ser cometido por qualquer pessoa); **formal, de consumação antecipada** ou **de resultado cortado** (consuma-se com a prática da conduta, prescindindo da superveniência do resultado naturalístico); **de dano** (causa lesão à Administração da justiça); **de forma livre** (admite qualquer meio de execução); **comissivo**; **instantâneo** (consuma-se em um momento determinado, sem continuidade no tempo); **unissubjetivo, unilateral ou de concurso eventual** (praticado por um só agente, mas admite o concurso); e **unissubsistente** ou **plurissubsistente**, conforme o caso concreto.

6.10.5. Art. 342 – Falso testemunho ou falsa perícia

6.10.5.1. Dispositivo legal

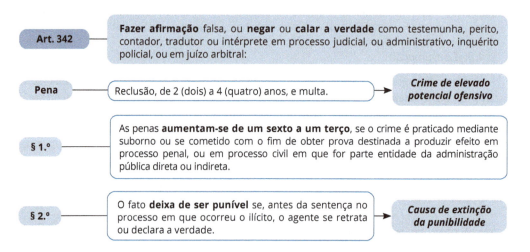

Classificação:	Informações rápidas:
Crimes simples Crimes de mão própria, de atuação pessoal ou de conduta infungível Crimes formais, de consumação antecipada ou de resultado cortado Crimes de dano Crimes de forma livre Crimes comissivos ou omissivos Crimes instantâneos Crimes unissubjetivos, unilaterais ou de concurso eventual Crimes unissubsistente ou plurissubsistente	**Objeto material:** depoimento prestado perante a autoridade competente (falso testemunho) ou laudo pericial, o cálculo, a tradução ou a interpretação (falsa perícia). **Falsidade:** deve recair sobre **fato juridicamente relevante**. **Falsidade prestada perante juízo incompetente:** não exclui o crime. **Falsidade prestada em processo nulo:** exclui o crime. **Crime de mão própria compatível com a coautoria.** **Elemento subjetivo:** dolo. Não admite modalidade culposa. **Tentativa:** na falsa perícia admite (crime plurissubsistente); no falso testemunho não admite na conduta "calar a verdade", sendo que nas outras condutas há divergência. **Ação penal:** pública incondicionada. **Exceção pluralística:** art. 342, § 1.º, do CP.

6.10.5.2. Introdução

No tocante à apreciação da prova, a Constituição Federal, em seu art. 93, inc. IX, adota o sistema do livre convencimento motivado ou da persuasão racional.[316] Inexiste hierarquia entre as provas, pois o direito pátrio não se filiou, via de regra, às chamadas provas tarifadas. Em outras palavras, admite-se todo e qualquer meio de prova, desde que lícito e moral, devendo a autoridade fundamentar o valor atribuído a cada uma delas.

Entre os meios de prova ou elementos de convicção para demonstração de fato juridicamente relevante está o testemunho, isto é, a informação prestada por quem de direito acerca de tal fato ou qualquer de suas circunstâncias integrantes, por pessoa que dele tenha tomado conhecimento. Não raras vezes, o testemunho desponta como o único meio probatório que se apresenta no caso concreto. A futura decisão da autoridade competente fica adstrita a louvar-se apenas no depoimento de testemunhas, pois o julgador não pode pronunciar-se pelo que acaso saiba fora dos autos ("o que não existe nos autos não existe no mundo") ou pelas simples alegações dos interessados.[317]

A presunção (relativa) de veracidade dos testemunhos é admitida pela lei no imperioso interesse da fixação histórica de fatos que, afetando a ordem jurídica, têm de ser objeto ou base de julgamento, quer na órbita judiciária, quer na esfera administrativa em geral. A testemunha que é chamada a depor de ciência própria sobre esses fatos e, maliciosamente, deforma ou nega a verdade, ou cala o que sabe, não sacrifica apenas interesses individuais, mas, sobretudo, uma preeminente função do Estado, qual seja assegurar a normal realização prática do direito e da justiça.[318]

Nicola Framarino Dei Malatesta, em sua clássica obra *A lógica das provas em matéria criminal*, refere-se pejorativamente à testemunha como a "prostituta das provas", quer pela

---

[316] Este também é o sistema acolhido pelo art. 155, *caput*, do Código de Processo Penal, embora existam exceções, a exemplo do que ocorre no Tribunal do Júri, decidindo os jurados em sintonia com o sistema da íntima convicção.

[317] Como dizia Jeremy Bentham, citado por Mittermaier, "as testemunhas são os olhos e os ouvidos da Justiça" (MITTERMAIER, C. J. A. *Tratado da prova em matéria criminal*. Campinas: Bookseller, 1997. p. 238).

[318] Cf. HUNGRIA, Nélson. *Comentários ao Código Penal*. 2. ed. Rio de Janeiro: Forense, 1959. v. IX, p. 473.

imperfeição inerente ao testemunho humano, quer pela falsidade tão fácil de se verificar ou tão difícil de se provar.[319]

6.10.5.3. Objetividade jurídica

O bem jurídico penalmente tutelado é a Administração da justiça, no tocante à veracidade das provas e ao prestígio e seriedade da sua coleta. O falso testemunho e a falsa perícia são nocivos e nefastos à realização da justiça, pois se opõem à verdade, que é o fim que ela busca. No entanto, também se protegem, mediatamente, os direitos inerentes à pessoa física ou jurídica prejudicada pela conduta criminosa.

6.10.5.4. Objeto material

O falso testemunho tem como objeto material o depoimento prestado perante a autoridade competente. A falsa perícia, de outro lado, pode ter como objeto material o laudo pericial, o cálculo, a tradução ou a interpretação, sejam estas últimas orais ou escritas.

6.10.5.5. Núcleos do tipo

O crime definido no art. 342 do Código Penal contém três núcleos: "fazer afirmação falsa", "negar a verdade" e "calar a verdade".

Fazer afirmação falsa ("falsidade positiva") consiste em mentir, narrando à autoridade a ocorrência de fato inverídico. Exemplo: "A", testemunha ouvida em juízo, com a intenção de forjar um álibi, diz falsamente ao magistrado que estava em viagem, com o réu, na data em que se verificou o fato a ele imputado.

Se a afirmação falsa contém em seu bojo um crime contra a honra, ao agente serão imputados dois crimes, quais sejam falso testemunho e calúnia, difamação ou injúria. Exemplo: "A" depõe falsamente em favor do réu, acusado da prática de homicídio, e diz ter certeza de que a imputação é inverídica pelo fato de o representante do Ministério Público ser um "idiota". Nesse caso, há concurso formal impróprio ou imperfeito, em face da presença de desígnios autônomos (CP, art. 70, *caput*, parte final), entre falso testemunho e injúria, decorrente da causação, com uma só conduta, de dois resultados diversos e lesivos de bens jurídicos distintos (administração da justiça e honra).

Negar a verdade ("falsidade negativa") é recusar-se a confirmar a veracidade de um fato ou não reconhecê-lo como verdadeiro. Por sua vez, na modalidade **calar a verdade**, também conhecida como **reticência**, a testemunha ou perito permanece em silêncio no tocante à veracidade de determinado fato. A diferença entre tais condutas típicas é cristalina.

De fato, na modalidade "negar a verdade" a testemunha ou perito contraria a verdade, mesmo sem efetuar qualquer informação. Exemplo: "A" estava na companhia de "B" quando este matou "C". Contudo, questionado acerca desta circunstância pela autoridade policial, nega ter presenciado o delito. Por sua vez, no núcleo "calar a verdade" a testemunha ou perito recusa-se a responder às perguntas que lhe foram endereçadas. Exemplo: O delegado de Polícia, no bojo do procedimento investigatório, formula diversas perguntas à testemunha, mas esta nada responde.

Trata-se de **tipo misto alternativo**, **crime de ação múltipla** ou **de conteúdo variado**. Há um único crime quando a testemunha ou o perito pratica mais de uma conduta típica no tocante ao mesmo objeto material. Exemplo: "A" é intimado a comparecer em juízo para depor acerca de três crimes imputados a "B": homicídio, furto e estupro, cometidos contra vítimas diferentes. Na audiência, "A" faz afirmação falsa em relação ao crime contra a vida, nega a

---

[319] MALATESTA, Nicola Framarino Dei. *A lógica das provas em matéria criminal*. 2. ed. Campinas: Bookseller, 2001. p. 352.

verdade no tocante ao crime patrimonial, e, finalmente, cala a verdade quando indagada sobre o crime contra a dignidade sexual. Nessa hipótese, será imputado a "A" um só delito de falso testemunho.

Também há um único crime quando a testemunha ou perito faz afirmação falsa, nega ou cala a verdade reiteradamente, em fases sucessivas da mesma atividade estatal de persecução penal. Exemplo: "A", testemunha de um crime doloso contra a vida cometido por "B", faz afirmação falsa no inquérito policial, repete sua versão inverídica durante a instrução criminal, e, finalmente, confirma sua atitude mendaz no plenário do júri, perante o Conselho de Sentença.

A conduta típica necessariamente há de ser praticada em processo judicial, processo administrativo, inquérito policial ou juízo arbitral.

O **processo judicial** pode ser de qualquer natureza (cível, criminal, trabalhista, eleitoral etc.), de jurisdição contenciosa ou voluntária.

Processo administrativo é o destinado a apurar ilícito administrativo ou disciplinar, para posterior julgamento no âmbito da instância administrativa. Nessa expressão também se inclui o inquérito civil, instrumento de natureza inquisitiva e investigatória, instaurado e presidido pelo Ministério Público, com fundamento no art. 8.º, § 1.º, da Lei 7.347/1985 – Lei da Ação Civil Pública.

O **inquérito policial**, "atividade específica da polícia denominada *judiciária*, isto é, a Polícia Civil, no âmbito da Justiça Estadual, e a Polícia Federal, no caso da Justiça Federal, tem por objetivo a apuração das infrações penais e de sua autoria (art. 4.º, CPP)".[320] O tipo penal não faz menção ao **termo circunstanciado** utilizado na esfera dos Juizados Especiais Criminais (Lei 9.099/1995, art. 69, *caput*), nem ao **procedimento investigatório criminal (PIC)**, conduzido pelo Ministério Público para as suas investigações autônomas.

Em nossa opinião, e já destacando a polêmica que envolve essa discussão, o falso testemunho e a falsa perícia podem ser cometidos no bojo de tais procedimentos – termo circunstanciado e PIC –, pois têm igual finalidade à dispensada ao inquérito policial e não existiam à época em que foi redigido o art. 342 do Código Penal, razão pela qual não era possível a menção a tais institutos pelo legislador. Não há falar em analogia *in malam partem*, e, sim, em interpretação extensiva do tipo penal.

Juízo arbitral, previsto na Lei 9.307/1996, é o procedimento utilizado por pessoas capazes de contratar com a finalidade de dirimir extrajudicialmente litígios relativos a direitos patrimoniais disponíveis, mediante convenção de arbitragem, assim entendida a cláusula compromissória e o compromisso arbitral.

6.10.5.5.1. Teorias acerca da natureza da falsidade

Existem duas teorias acerca da natureza da falsidade no crime tipificado no art. 342 do Código Penal:

a) **teoria objetiva**

A falsidade diz respeito a tudo aquilo que objetivamente não corresponde à realidade. É o contraste entre a manifestação da testemunha (ou perito) e o que efetivamente ocorreu no mundo real, pouco importando se ela conhece ou não o fato apreciado.

b) **teoria subjetiva**

A falsidade somente se verifica quando a manifestação da testemunha (ou perito) não coincide com o fato que é do seu conhecimento. Não basta a falsidade de um determinado

---

[320] OLIVEIRA, Eugênio Pacelli de. *Curso de processo penal*. 11. ed. Rio de Janeiro: Lumen Juris, 2009. p. 45.

acontecimento. Exige-se a ciência da testemunha (ou perito) relativamente a esta circunstância. Esta foi a teoria adotada pelo Código Penal. Nas lições de Nélson Hungria:

> A falsidade de que aqui se trata não é o contraste entre o depoimento da testemunha e a realidade dos fatos, mas entre o depoimento e a ciência da testemunha. Falso é o depoimento que não está em correspondência qualitativa ou quantitativa com o que a testemunha viu, percebeu ou ouviu. Conforme advertia Carrara, o critério de falsidade do testemunho não depende da relação entre o *dito* e a *realidade*, mas da relação entre o *dito* e o *estado de consciência* da testemunha.[321]

6.10.5.5.2. Falsidade e relevância jurídica do fato

Para a caracterização do crime de falso testemunho ou falsa perícia, qualquer das condutas típicas – "fazer afirmação falsa", "negar a verdade" ou "calar a verdade" – deve recair sobre **fato juridicamente relevante**, compreendido como o acontecimento idôneo a influir na valoração da prova a ser utilizada na decisão do processo judicial ou administrativo, ou então no inquérito policial ou em juízo arbitral.

O falso testemunho e a falsa perícia pressupõem potencialidade para lesar a Administração da justiça, ainda que a falsidade não interfira efetivamente na decisão final. Portanto, não se configura o delito versado no art. 342 do Código Penal quando a falsidade, embora dolosa, incida sobre dados irrelevantes ou então sobre fatos estranhos à questão a ser provada.

6.10.5.5.3. Falsidade prestada perante juízo incompetente e posterior declaração de nulidade do processo

A incompetência do juízo em que foi prestado o depoimento falso não exclui a tipicidade do crime definido no art. 342 do Código Penal. Nada obstante falte competência para a autoridade judicial, encontra-se ela no exercício de função pública relacionada à Administração da justiça, não podendo a testemunha (ou perito) furtar-se ao dever de dizer a verdade.[322]

Entretanto, é de ser excluído o delito se o processo em que se verificou o falso testemunho ou falsa perícia foi posteriormente reconhecido nulo, desde que por motivo diverso da própria falsidade. Como se sabe, o que é nulo nada gera, nada produz.

Todavia, subsiste o crime tipificado no art. 342 do Código Penal se foi proferida sentença absolutória no processo em que ocorreu o falso, ou então se ocorreu a extinção da punibilidade do agente. A justificativa é simples. O falso testemunho (ou falsa perícia) é crime formal, consumando-se no momento da conduta revestida de potencialidade lesiva, que é por si só idônea a ofender a Administração da justiça.

6.10.5.5.4. A questão ligada à falsidade da qualificação do depoente

A falsidade atinente à qualificação da testemunha (nome, idade, estado civil, profissão etc.) pode caracterizar o crime previsto no art. 342 do Código Penal, se destinada a influenciar na credibilidade a ser emprestada às suas palavras. Imagine a hipótese em que a testemunha se apresenta como juiz de Direito de Estado diverso daquele em que tramita a ação penal, quando na verdade ela é integrante de uma organização criminosa.

Deveras, a exata qualificação da testemunha é formalidade essencial deste meio de prova, como se observa do art. 203 do Código de Processo Penal, e constitui-se em elemento a ser sopesado na valoração do depoimento. Nesse contexto, esta falsidade atenta contra a Admi-

---

[321] HUNGRIA, Nélson. *Comentários ao Código Penal*. 2. ed. Rio de Janeiro: Forense, 1959. v. IX, p. 475-476.
[322] No mesmo sentido: MAGALHÃES NORONHA, E. *Direito penal*. 16. ed. São Paulo: Saraiva, 1983. v. 4, p. 381.

nistração da justiça, prejudicando-a em seu regular desenvolvimento e ferindo-a na eficácia da sua realização.

No entanto, existem opiniões em contrário, no sentido de que a falsidade envolvendo a qualificação da testemunha não caracteriza o crime definido no art. 342 do Código Penal. Faz-se o seguinte raciocínio: como a falsidade deve relacionar-se a fatos, e não aos dados pessoais do depoente, somente pode ser reconhecido o delito de falsa identidade (CP, art. 307). Para Luiz Regis Prado:

> Em princípio, a falsidade proferida na qualificação (da testemunha), em resposta a questões pessoais, não é típica, a não ser que tenha relação direta com os fatos investigados. Isto porque a afirmação, a negação ou ocultação da verdade puníveis devem ocorrer no depoimento (declaração cognitiva dos fatos da causa), do qual não faz parte a qualificação da testemunha (ato formal).[323]

6.10.5.5.5. Juízo de valor efetuado pela testemunha e atipicidade do fato

No processo penal, a testemunha depõe sobre fatos. Deve manifestar-se sobre situações que presenciou ou de qualquer modo tomou conhecimento. Esta é sua tarefa precípua, não podendo ser a ela transferida o encargo de emitir opiniões acerca dos acontecimentos, exprimindo seu particular modo de pensar. É o que se extrai do art. 213 do Código de Processo Penal: "O juiz não permitirá que a testemunha manifeste suas apreciações pessoais, salvo quando inseparáveis da narrativa do fato".

Portanto, não há crime de falso testemunho quando a autoridade, seja qual for a razão, solicita à testemunha a emissão de juízo de valor envolvendo um determinado assunto. Nessa hipótese, o depoente deixa de ser propriamente testemunha para se transformar em uma espécie de "conselheiro" da autoridade (magistrado, membro do Ministério Público, delegado de Polícia etc.). É também o pensamento de Guilherme de Souza Nucci, que faz uma importante e acertada ressalva no tocante à opinião emitida em sede dos **laudos periciais**:

> Quando se indaga da testemunha sua opinião acerca de algo (como, por exemplo, a respeito da personalidade do réu), deve-se suportar uma resposta verdadeira ou falsa, valorando o magistrado da forma como achar melhor. É curial destacar, no entanto, que a falsa opinião, no contexto da perícia, é bem diferente, pois, em grande parte, o perito termina fornecendo sua particular visão sobre alguma matéria ou sobre algum fato. Essa opinião é técnica, possuindo intrínseco valor probatório.[324]

6.10.5.6. Sujeito ativo

A figura típica descrita no art. 342 do Código Penal é **crime de mão própria, de atuação pessoal** ou **de conduta infungível**, pois somente pode ser praticado pela pessoa expressamente indicada em lei, a saber: testemunha, perito (em sentido estrito), contador, tradutor ou intérprete. Estes três últimos – contador, tradutor e intérprete – nada mais são do que espécies de peritos, mas a lei preferiu apontá-los expressamente para evitar qualquer discussão envolvendo a possibilidade de tais pessoas serem responsabilizadas nos termos do art. 342 do Código Penal. Todos eles, em verdade, são auxiliares da justiça.

Testemunha é a pessoa humana, equidistante dos interessados e chamada pela autoridade, de ofício ou atendendo a pedido dos interessados, para discorrer sobre fatos perceptíveis

---

[323] PRADO, Luiz Regis. *Falso testemunho e falsa perícia.* 2. ed. São Paulo: RT, 1994. p. 111.
[324] NUCCI, Guilherme de Souza. *Código Penal comentado.* 10. ed. São Paulo: RT, 2010. p. 1.190.

pelos seus sentidos e relacionados à questão investigada no inquérito policial ou debatida no processo judicial ou administrativo, ou ainda no juízo arbitral.

Perito é a pessoa incumbida de realizar exames especializados que dependem de conhecimentos técnicos que o responsável pelo inquérito policial, processo judicial, processo administrativo ou juízo arbitral não possui. O perito pode ser: **(a) oficial**: é a pessoa regularmente investida no cargo público de perito; e **(b) não oficial** ou **louvado**: é o particular nomeado para realizar um exame pericial. Qualquer deles pode ser sujeito ativo do crime previsto no art. 342 do Código Penal.

Contador é o responsável pela elaboração dos cálculos necessários ao deslinde da causa. O partidor, indicado no art. 651 do Código de Processo Civil, é uma modalidade específica de contador, podendo figurar como sujeito ativo contemplado no art. 342 do Código Penal.

Tradutor é a pessoa encarregada da atividade de transcrever um texto de determinado idioma ou dialeto para outro. Exemplo: traduzir um documento redigido em língua francesa para a nacional.

Finalmente, **intérprete** é a pessoa que atua como intermediária na comunicação entre pessoas de diferentes idiomas ou dialetos, ou mesmo entre pessoas que, por alguma deficiência, não podem se comunicar pela forma tradicional. Exemplo: permitir o endereçamento de perguntas do juiz de Direito à testemunha surda-muda, transmitindo adequadamente suas respostas.

6.10.5.6.1. A problemática inerente ao concurso de pessoas: crime de mão própria. Falsa perícia e admissibilidade da coautoria

É do nosso conhecimento que o falso testemunho e a falsa perícia são **crimes de mão própria, de atuação pessoal** ou **de conduta infungível**, pois somente podem ser praticados pela pessoa expressamente indicada no tipo penal – testemunha, perito, contador, tradutor e intérprete –, não se admitindo a delegação da execução do núcleo do tipo a quem não ostente a condição legalmente exigida. Exemplificativamente, ninguém, a não ser a testemunha, pode faltar com a verdade durante sua oitiva em juízo. Um terceiro pode induzi-la, incitá-la ou auxiliá-la nesse sentido, mas jamais terá meios para fazer afirmação falsa, negar ou calar a verdade em seu lugar.

A nota característica dos crimes de mão própria diz respeito ao instituto do concurso de pessoas. Esses delitos são incompatíveis com a coautoria, pois não se pode transferir a quem não possui a especial condição legalmente exigida à execução da conduta típica. Contudo, é cabível a participação, em suas três modalidades, quais sejam, induzimento, instigação e auxílio. É o que ocorre, a título ilustrativo, na situação em que o advogado de uma das partes instrui a testemunha a apresentar versão favorável ao interesse da parte que patrocina.

No entanto, na falsa perícia há, curiosamente, uma exceção a esta regra. Com efeito, trata-se de **crime de mão própria compatível com a coautoria**. Esta afirmação soa estranha, mas é correta. Somente o perito, contador, tradutor ou intérprete podem figurar como sujeitos ativos do delito, mas nada impede que duas ou mais pessoas de igual estirpe executem o núcleo do tipo penal. É o que se dá, exemplificativamente, quando dois peritos elaboram em conjunto um laudo de exame de DNA, atendendo a determinação judicial, e de comum acordo fazem afirmações falsas no âmbito de processo cível de investigação de paternidade, concluindo inveridicamente que o autor da ação não é filho do réu.[325]

Finalmente, é importante destacar que, se uma pessoa praticar a conduta de dar, oferecer ou prometer dinheiro ou qualquer outra vantagem a testemunha, perito, contador, tradutor ou intérprete, para fazer afirmação falsa, negar ou calar a verdade em depoimento, perícia, cál-

---

[325] Para os adeptos da teoria do domínio do fato quanto ao conceito de autor, contudo, falso testemunho e falsa perícia admitem a coautoria, nas hipóteses em que pessoa diversa controla a atuação da testemunha (ou do perito).

culos, tradução ou interpretação, estará caracterizado o crime definido no art. 343 do Código Penal. Este delito, em verdade, representa uma exceção pluralista à teoria unitária ou monista acolhida como regra no concurso de pessoas no art. 29, *caput*, do Código Penal. Há crimes distintos para as pessoas que buscam o mesmo resultado, qual seja, o falso testemunho ou a falsa perícia.

6.10.5.6.2. Compromisso de dizer a verdade: pressuposto de existência do crime ou mera formalidade? Distinção entre falso testemunho e perjúrio

Como estatui a parte inicial do art. 203 do Código de Processo Penal: "A testemunha fará, sob palavra de honra, a promessa de dizer a verdade do que souber e lhe for perguntado". Observe-se que a testemunha faz a **promessa**, e não o **juramento** de dizer a verdade. Esta é a razão de o Código Penal utilizar em seu art. 342 o *nomen iuris* "falso testemunho", e não "perjúrio", denominação intrinsecamente relacionada ao juramento de cunho religioso quanto ao dever de dizer a verdade. Como ensina Heleno Cláudio Fragoso:

> A exigência de *juramento* por parte das testemunhas é costume muito antigo, afirmando Carrara que ela constituía prescrição universal de todos os povos. Variavam as formas do juramento e a invocação que nele se fazia, mas a ideia fundamental era a de impor, pelo juramento, um dever religioso de dizer a verdade. Considerava-se, assim, como condição essencial ao testemunho o juramento e a falsidade nele praticada (perjúrio) era punida como sacrilégio, aplicando-se frequentemente penas corporais, como a perda da mão, amputação da língua e a morte, em casos graves.[326]

Em face do apontado conteúdo legal, indaga-se: o compromisso (ou promessa) de dizer a verdade constitui-se em pressuposto do crime de falso testemunho, ou é mera formalidade para a oitiva da testemunha pelo juízo?

Atualmente, prevalece na seara jurisprudencial o entendimento de que o compromisso representa **mera formalidade** relacionada ao procedimento para a oitiva da testemunha pelo magistrado. Consequentemente, tal ato é prescindível à caracterização do crime de falso testemunho. Destarte, se a testemunha não compromissada por qualquer motivo – seja porque o magistrado não lhe tomou o compromisso, seja porque a testemunha recusou-se a aceitar o compromisso – fizer afirmação falsa, negar ou calar a verdade, estará configurado o crime definido no art. 342 do Código Penal. Na linha de raciocínio do Supremo Tribunal Federal: "A formalidade do compromisso não mais integra o tipo do crime de falso testemunho, diversamente do que ocorria no primeiro Código Penal da República, Decreto 847, de 11.10.1890".[327]

Esta também é a posição majoritária na doutrina, com a qual concordamos. Com efeito, o art. 342 do Código Penal limita-se a falar em "testemunha", pouco importando tenha ela prestado ou não o compromisso de dizer a verdade, ao contrário do que ocorria no Código Penal republicano de 1890. Além disso, toda pessoa tem a obrigação de dizer a verdade em juízo, não podendo prejudicar a Administração da justiça.

Registre-se, contudo, a existência de pensamentos em sentido contrário, no sentido de que o compromisso de dizer a verdade é pressuposto do crime de falso testemunho. Para Guilherme de Souza Nucci, sem o compromisso "a testemunha é mero informante, permitindo ao juiz livre valoração de seu depoimento".[328]

---

[326] FRAGOSO, Heleno Cláudio. *Lições de direito penal*. Parte especial. São Paulo: José Bushatsky, 1959. v. 4, p. 1016.
[327] HC 69.358/RS, rel. Min. Paulo Brossard, 2.ª Turma, j. 30.03.1993. É também o entendimento do STJ: AgRg no HC 190.766/RS, rel. Min. Assusete Magalhães, 6.ª Turma, j. 25.06.2013.
[328] NUCCI, Guilherme de Souza. *Código Penal comentado*. 10. ed. São Paulo: RT, 2010. p. 1.191-1.194.

6.10.5.6.2.1. Pessoas dispensadas de depor ou descompromissadas e falso testemunho

Como se extrai do art. 206, 2.ª parte, do Código de Processo Penal, algumas pessoas podem recusar-se a testemunhar no juízo penal, pelo fato de estarem dispensadas da obrigação de depor. São elas: ascendente, descendente, afim em linha reta, cônjuge,[329] ainda que separado judicialmente, irmão, pai e mãe.

Entretanto, o próprio dispositivo legal faz uma ressalva. Tais pessoas deverão depor quando não for possível, por outro modo, obter ou integrar a prova do fato e de suas circunstâncias. Nesse caso, estas testemunhas são chamadas de "declarantes", e delas não se exige o compromisso de dizer a verdade (CPP, art. 208), assim como ocorre no tocante aos portadores de doença ou deficiência mental e aos menores de 14 anos, chamados de "informantes".

Todas estas pessoas, se faltarem com a verdade em juízo, poderão ser responsabilizadas pelo falso testemunho, pois é sabido que o compromisso (ou promessa) de dizer a verdade não é pressuposto inafastável do crime delineado no art. 342 do Código Penal. Em outras palavras, se a pessoa não é obrigada pela lei a depor, mas opta por fazê-lo, pode cometer o crime de falso testemunho.

É importante destacar, entretanto, já ter o Superior Tribunal de Justiça decidido que, embora não se exija o compromisso de dizer a verdade para a caracterização do crime de falso testemunho, a existência de fortes laços afetivos (exemplo: esposa ouvida sobre fatos praticados pelo marido) ou de parentesco (exemplo: irmã indagada acerca de fatos cometidos pelo seu irmão) entre a testemunha e o réu acarreta a inexigibilidade da informação verdadeira, sob risco de colocar em perigo a unidade familiar e a relação humana de fraternidade.[330]

6.10.5.6.2.2. Pessoas proibidas de depor, sigilo profissional e falso testemunho

Nos termos do art. 207 do Código de Processo Penal: "São proibidas de depor as pessoas que, em razão de função, ministério, ofício ou profissão, devam guardar segredo, salvo se, desobrigadas pela parte interessada, quiserem dar o seu testemunho".

É fácil observar que determinadas pessoas, mais do que dispensadas, estão **proibidas** de depor, em decorrência de função, ministério, ofício ou profissão. Pensemos no exemplo do psicólogo que faz terapia em indivíduo acusado da prática de diversos homicídios, ou então do advogado que em razão da sua atividade tomou conhecimento de fatos prejudiciais ao seu cliente.[331] Contudo, a própria lei faz uma importante ressalva. Essas pessoas podem depor, desde que presentes dois requisitos cumulativos:

a) sejam desobrigadas pela parte interessada do dever de guardar segredo; e

b) queiram prestar testemunho.

Surge então uma pergunta: se presentes os requisitos legais que autorizam o testemunho da pessoa inicialmente proibida de depor, poderia ela ser responsabilizada pelo crime tipificado no art. 342 do Código Penal, na hipótese de faltar com a verdade perante o juízo penal?

A resposta é positiva. De fato, ainda que a parte interessada a desobrigue do dever legal, a lei é clara ao estabelecer que a pessoa só irá depor **se quiser dar o seu testemunho**, mas, optando por fazê-lo – quando poderia recusar, sem que isso lhe acarretasse qualquer tipo de sanção –, tem a obrigação de dizer a verdade. Se a pessoa, nada obstante proibida de depor,

---

[329] A interpretação do comando normativo contido no art. 226, § 3.º, da Constituição Federal autoriza concluir pela aplicabilidade da dispensa da obrigação de depor também ao companheiro, na hipótese de união estável.
[330] HC 92.836/SP, rel. Min. Maria Thereza de Assis Moura, 6.ª Turma, j. 27.04.2010, noticiado no *Informativo* 432.
[331] STF: Rcl 37.235/RR, rel. Min. Gilmar Mendes, 2.ª Turma, j. 18.02.2020, noticiado no *Informativo* 967.

testemunhar em juízo sem a liberação da parte interessada, a ela será imputado o crime de violação do segredo profissional (CP, art. 154), e não de falso testemunho.

6.10.5.6.2.2.1. Sigilo profissional e Comissão Parlamentar de Inquérito

Muitas pessoas intimadas como testemunhas por Comissões Parlamentares de Inquérito têm batido às portas do Poder Judiciário, formulando pedidos de *habeas corpus* para, com base em alegadas questões inerentes ao sigilo profissional, não serem ouvidas pelos parlamentares. Nesses casos, o Poder Judiciário deve adotar redobrada cautela para não impedir o normal funcionamento das CPIs. Confira-se, a propósito, um histórico julgamento do Supremo Tribunal Federal:

> Ninguém pode escusar-se de comparecer a Comissão Parlamentar de Inquérito para depor. Ninguém pode recusar-se a depor. Contudo, a testemunha pode escusar-se a prestar depoimento se este colidir com o dever de guardar sigilo. O sigilo profissional tem alcance geral e se aplica a qualquer juízo, cível, criminal, administrativo ou parlamentar. Não basta invocar sigilo profissional para que a pessoa fique isenta de prestar depoimento. É preciso haver um mínimo de credibilidade na alegação e só *a posteriori* pode ser apreciado caso a caso. A testemunha não pode prever todas as perguntas que lhe serão feitas. O Judiciário deve ser prudente nessa matéria, para evitar que a pessoa venha a obter HC para calar a verdade, o que é modalidade de falso testemunho.[332]

Trata-se de bela e relevante lição do Excelso Pretório para impedir ingerências indevidas do Poder Judiciário na atuação de Comissões Parlamentares de Inquérito, capazes de frustrar a regra inserida no art. 58, § 3.º, da Constituição Federal.

6.10.5.6.2.2.2. Sigilo profissional e abuso de autoridade

O art. 15 da Lei 13.869/2019 tipifica, como abuso de autoridade, a conduta daquele que constrange a depor, mediante ameaça de prisão, pessoa que deve guardar segredo ou resguardar sigilo em razão de sua função, ministério, ofício ou profissão:

> **Art. 15.** Constranger a depor, sob ameaça de prisão, pessoa que, em razão de função, ministério, ofício ou profissão, deva guardar segredo ou resguardar sigilo:
> Pena – detenção, de 1 (um) a 4 (quatro) anos, e multa.

6.10.5.6.3. Declarações falsas da vítima e inexistência de falso testemunho

Inicialmente, convém destacar que a vítima do crime ou da contravenção penal, também chamada de ofendido, não é testemunha. No campo da prova – Título VII do Código de Processo Penal – sua atuação está delineada em capítulo próprio (Capítulo V), separadamente da prova testemunhal (Capítulo VI). A vítima presta declarações (CPP, art. 201, *caput*), ao contrário das testemunhas, que prestam depoimentos (CPP, art. 204).

Na atuação prática, o representante do Ministério Público, ao oferecer denúncia, e também o querelante, ao ajuizar queixa-crime, devem indicar a vítima em local próprio da peça processual, fora do rol de testemunhas. Como se sabe, a vítima não é computada no limite máximo de testemunhas admitido em cada um dos procedimentos elencados pelo Código de Processo Penal.

---

[332] HC 71.039/RJ, rel. Min. Paulo Brossard, Plenário, j. 07.04.1994.

Assim sendo, é possível concluir que, se a vítima não for testemunha, não poderá ser responsabilizada pelo crime de falso de testemunho, mesmo se fizer afirmação falsa, negar ou calar ou verdade, em inquérito policial, processo judicial ou administrativo, ou ainda em juízo arbitral. O fato, nessas situações, será atípico, em face da ausência da elementar "testemunha".

6.10.5.6.4. A versão falsa apresentada pelo imputado

A pessoa investigada ou processada pela prática de determinado fato (criminal ou de qualquer outra natureza) não é considerada testemunha para fins penais. Destarte, ao indivíduo que se encontra nesta posição jurídica não poderá ser atribuído o crime definido no art. 342 do Código Penal, ainda que faça afirmação falsa, negue ou cale a verdade em inquérito policial, processo judicial ou administrativo, ou em juízo arbitral, até mesmo porque a ele não é imposto o dever de dizer a verdade, a teor da regra contida no art. 5.º, inc. LXIII, da Constituição Federal. Exemplificativamente, se o autor, coautor ou partícipe de um crime falta com a verdade durante seu interrogatório em juízo, com o escopo de escapar da punição, não há falar na configuração do delito de falso testemunho.

Esta posição é inafastável. Com efeito, o investigado ou acusado não pode ser sujeito ativo do crime de falso testemunho, tanto por ser interessado no processo (ou investigação) quanto pela sua não obrigação de dizer a verdade. Ao ser portador do direito de silenciar e de não se incriminar (*nemo tenetur se detegere*), ele escapa ao próprio limite da punibilidade de uma declaração falsa, porque a testemunha, ao contrário, tem o dever de dizer a verdade do que souber e lhe for perguntado. Se não pode ser testemunha, o investigado ou acusado tampouco pode ser responsabilizado pelo crime de falso testemunho.[333]

6.10.5.7. Sujeito passivo

É o Estado e, secundariamente, a pessoa física ou jurídica prejudicada pelo falso testemunho ou pela falsa perícia.

6.10.5.8. Elemento subjetivo

É o dolo, independentemente de qualquer finalidade específica.[334] Destarte, exclui-se o crime quando a testemunha (e também o perito) é acometida por erro indesejado, pelo esquecimento dos fatos ou mesmo pela deformação inconsciente da lembrança em razão do tempo decorrido.

O dolo, no terreno do art. 342 do Código Penal, consiste na intenção de deturpar a realidade de algum fato, transmitindo-o a alguém de forma diversa daquela pela qual realmente ocorreu. Portanto, a simples contradição entre testemunhas ou peritos não caracteriza o delito, pois é sabido que as pessoas podem ter, e normalmente têm, interpretações diversas sobre um mesmo dado. Exemplificativamente, uma testemunha jovem e forte pode referir-se ao autor do delito como uma pessoa de estatura mediana, enquanto outra testemunha, pessoa idosa e de composição física frágil, pode apontá-lo como alto e forte.

Além disso, os testemunhos também são influenciados pelo tempo, pois a exatidão da recordação diminui com o decorrer dos dias. Nos ensinamentos de Enrico Altavilla acerca da lembrança das testemunhas:

---

[333] Cf. FERRO, Ana Luiza Almeida. *O crime de falso testemunho ou falsa perícia*. Belo Horizonte: Del Rey, 2004. p. 138-139.
[334] Para alguns autores, é necessária a presença de um especial fim de agir (elemento subjetivo específico), consistente na intenção de causar prejuízo a alguém ou à simples Administração da justiça. É o caso de BITENCOURT, Cezar Roberto. *Tratado de direito penal*. 3. ed. São Paulo: Saraiva, 2009. v. 5, p. 307.

A imagem tende a desaparecer por duas maneiras: ou os pormenores se vão atenuando sucessivamente ou se eliminam um após o outro, ou a imagem se desfaz, tornando-se tão confusa que deixa de ser representativa, de maneira que o sujeito não é capaz de descrevê-la e nem mesmo de voltar a encontrar o seu simples símbolo verbal.[335]

Em resumo, as lacunas e os erros dos depoimentos, que a experiência descobre nas pessoas normais, não são inexplicáveis, nem inconciliáveis com as noções da psicologia geral, que, ao contrário, formula a respeito uma fácil explicação. A lucidez da percepção é, muitas vezes, obscurecida em certos estados fisiológicos de menor capacidade funcional. A fadiga, a sonolência, o incompleto despertar tornam invisíveis ou deformam circunstâncias ou objetos, e o acontecimento de que fomos espectadores se nos apresenta desfigurado. A percepção pode ser incerta mesmo por circunstâncias objetivas: na semiobscuridade é fácil tomar-se uma pessoa por outra; no meio de rumores, é fácil a audição deturpada de uma palavra por uma frase.

Na verdade, os testemunhos normalmente contêm erros, seja em face do passar dos dias, meses e anos – circunstância acentuada pela notória morosidade da justiça –, seja pelas falhas da memória humana, seja pelas avaliações diversas das pessoas sobre os fatos, ou finalmente por outro motivo qualquer.

Portanto, é razoável que, levando em conta a precariedade dos testemunhos, deva presumir-se a ausência de dolo por parte de quem depõe em desacordo com a realidade dos fatos. Em outras palavras, exige-se a ciência pelo sujeito ativo acerca do seu comportamento de faltar com a verdade ou de omiti-la.

Não se admite a modalidade culposa.

6.10.5.8.1. Falso testemunho e direito de não produzir prova contra si mesmo

Não se caracteriza o crime definido no art. 342 do Código Penal, por manifesta ausência de dolo, quando uma pessoa, ao ser ouvida pela autoridade pública (magistrado, membro do Ministério Público, delegado de Polícia, integrante de Comissão Parlamentar de Inquérito etc.) na condição de testemunha, faz afirmação falsa, ou nega ou cala a verdade, com o propósito de não produzir prova contra si mesmo.

Com efeito, se a resposta à pergunta que lhe foi endereçada é capaz de incriminá-lo, pode o sujeito faltar com a verdade, sem que lhe seja imputado o crime de falso testemunho. Aplica-se, nesse caso, o princípio do *nemo tenetur se detegere*, pelo qual ninguém é obrigado a se autoincriminar.

Este princípio desponta como consectário lógico do direito ao silêncio (CF, art. 5.º, inc. LXIII), e encontra-se expressamente disciplinado no art. 8, item 2, *g*, da Convenção Americana sobre Direitos Humanos (Pacto de San José da Costa Rica), incorporada ao direito pátrio pelo Decreto 678/1992. Na linha da jurisprudência do Supremo Tribunal Federal:

> Ofende o princípio da não autoincriminação denúncia baseada unicamente em confissão feita por pessoa ouvida na condição de testemunha, quando não lhe tenha sido feita a advertência quanto ao direito de permanecer calada. (...) A Turma, ao reafirmar a jurisprudência do STF sobre a matéria, consignou que o direito do preso, e do acusado em geral, de permanecer em silêncio (CF, art. 5.º, LXIII), seria expressão do princípio da não autoincriminação, pelo qual se lhe outorgaria o direito de não produzir prova contra si mesmo. Asseverou, outrossim, que o direito à oportuna informação da faculdade de permanecer calado teria por escopo assegurar ao acusado a escolha entre permanecer em silêncio e a intervenção ativa. Não haveria dúvida, portanto, que a falta de advertência quanto ao direito ao silêncio tornaria ilícita a prova contra si produzida.[336]

---

[335] ALTAVILLA, Enrico. *Psicologia judiciária*. Coimbra: Arménio Amado, 1982. v. II, p. 265.
[336] RHC 122.279/RJ, rel. Min. Gilmar Mendes, 2.ª Turma, j. 12.08.2014, noticiado no *Informativo* 754.

Na verdade, a pessoa não se reveste da condição de testemunha, razão pela qual falta uma das elementares do delito tipificado no art. 342 do Código Penal. Cuida-se de investigado fantasiado de testemunha. A autoridade pública se vale da dissimulação e da deslealdade para tratar uma pessoa como testemunha, e, a partir de então, forçá-la a dizer a verdade (capaz de incriminá-la), interrogando-a, sob ameaça da punição pelo crime de falso testemunho. Nos ensinamentos de Luiz Regis Prado:

> Ressalte-se, nessa trilha, que a condição de imputado exclui a de testemunha. Além de ser parte no processo penal, não tem ele a obrigação de dizer a verdade – limite da punibilidade de uma declaração falsa. No delito em foco a condição de testemunha – em sentido material – é elemento do tipo penal. E tal condição não possui o imputado, ainda que declare como testemunha. Por conseguinte, é força concluir que há na hipótese ausência de tipicidade da ação.[337]

Evidentemente, estará configurado o falso testemunho quando o agente falta com a verdade não para evitar a autoincriminação, mas com intuito deliberado de produzir prova falsa em conluio com o autor de uma determinada ação.

6.10.5.9. Consumação

O delito de **falso testemunho** consuma-se com o encerramento do depoimento, momento em que será reduzido a termo e assinado pela testemunha, pelo magistrado e pelas partes. É o que se extrai do art. 216 do Código de Processo Penal: "O depoimento da testemunha será reduzido a termo, assinado por ela, pelo juiz e pelas partes. Se a testemunha não souber assinar, ou não puder fazê-lo, pedirá a alguém que o faça por ela, depois de lido na presença de ambos".

Portanto, nada obstante o falso testemunho se concretize no instante em que a testemunha faz afirmação falsa, nega ou cala a verdade, sua efetiva consumação pressupõe o encerramento formal do depoimento, pois até então é possível a retificação do que dito, bem como o acréscimo de novos dados anteriormente omitidos.[338]

Todavia, não é necessário que o depoimento inverídico tenha influído na decisão da autoridade. O crime é **formal, de consumação antecipada** ou **de resultado cortado**. Na ótica do Supremo Tribunal Federal: "O crime de falso testemunho é de natureza formal e se consuma com a simples prestação do depoimento falso, sendo de todo irrelevante se influiu ou não no desfecho do processo".[339]

Entretanto, embora o falso testemunho tenha natureza formal, é imprescindível sua **potencialidade lesiva**, ou seja, sua capacidade para lesar a Administração da justiça.

Por sua vez, o crime de **falsa perícia** se consuma com a entrega do laudo em descompasso com a realidade, a fim de produzir efeitos em processo judicial, administrativo, inquérito policial ou juízo arbitral, ou então na ocasião em que o perito, tradutor, contador ou intérprete, nessa condição, faz afirmação falsa, nega ou cala a verdade perante a autoridade.

---

[337] PRADO, Luiz Regis. *Curso de direito penal brasileiro*. 6. ed. São Paulo: RT, 2010. v. 3, p. 616-617.
[338] Mas há posições em contrário: "O argumento utilizado, de que não há crime porque até a assinatura a testemunha pode se retratar, não tem aplicação em nosso Direito, justamente porque a própria lei possibilita a retratação em qualquer fase do processo, desde que antes da sentença. Assim, o tempo que medeia entre a afirmação da falsidade ou a negativa da verdade e a assinatura do depoimento é compreendido no conceito de 'qualquer fase do processo, antes de ser proferida a sentença'. Neste caso, o crime se consuma com a declaração. Se a testemunha retrata-se antes do encerramento do depoimento ocorre a extinção da punibilidade em virtude da retratação" (FERREIRA, Luiz Alexandre Cruz. *Falso testemunho e falsa perícia*. Belo Horizonte: Del Rey, 1998. p. 69).
[339] HC 81.951/SP, rel. Min. Ellen Gracie, 1.ª Turma, j. 10.02.2004.

6.10.5.9.1. Falso testemunho e prisão em flagrante

Há situações em que determinadas autoridades públicas, a exemplo de magistrados, membros do Ministério Público, delegados de Polícia e Deputados e Senadores integrantes de Comissões Parlamentares de Inquérito, extrapolam a regra contida no art. 203 do Código de Processo Penal, não se limitando a compromissar a testemunha acerca do dever de dizer a verdade.[340] Fazem muito mais. Com efeito, asseguram que, se vier a faltar com a verdade, a testemunha será presa em flagrante pela prática do crime tipificado no art. 342 do Código Penal.

Esta curiosa situação enseja o surgimento de uma pergunta. Cabe prisão em flagrante no crime de falso testemunho? Para responder esta indagação, é preciso partir da premissa de que o crime já se consumou, ou seja, a testemunha efetivamente fez afirmação falsa, negou ou calou a verdade.

Na modalidade típica "**calar a verdade**", a questão é simples. Se a testemunha recusa-se a responder as perguntas que lhe foram endereçadas, descumprindo a regra delineada no art. 206, 1.ª parte, do Código de Processo Penal ("a testemunha não poderá eximir-se da obrigação de depor"), evidentemente será legítima sua prisão em flagrante, salvo nas hipóteses em que a resposta for suscetível de acarretar sua autoincriminação.

No entanto, o problema se reveste de maior dificuldade nas condutas de "**fazer afirmação falsa**" e "**negar a verdade**". De fato, se a autoridade pública sustentar, durante a oitiva da testemunha, que suas afirmações são falsas ou então que nega a verdade, estará analisando precocemente o mérito da matéria submetida à sua apreciação, pois assim agindo indiretamente decidiu que as demais provas, contrárias ao depoimento da testemunha, são verdadeiras. Este comportamento antecipa o momento da valoração da prova, especialmente quando a produção probatória ainda não se encerrou, além de retirar a imparcialidade e a credibilidade do representante do Estado, mormente quando se tratar de magistrado.[341]

6.10.5.10. Tentativa

Na hipótese de **falsa perícia**, na qual a falsidade se exterioriza na entrega do laudo à autoridade, é cabível o *conatus*, em face do caráter plurissubsistente do delito. Exemplo: O perito produz o laudo e o remete pelos Correios ao juiz de Direito, mas a correspondência vem a ser extraviada antes da sua chegada ao destinatário.

No tocante ao **falso testemunho**, duas situações devem ser separadas. Na conduta de "calar a verdade", conhecida como reticência, é indiscutível a inaceitabilidade da tentativa, pois a natureza unissubsistente do crime é incompatível com o fracionamento do *iter criminis*. Destarte, ou a testemunha diz a verdade, e não há crime, ou então cala a verdade, e o delito estará consumado.

Em relação às demais condutas típicas – fazer afirmação falsa e negar a verdade – há três posições acerca da viabilidade da tentativa. Vejamos:

> 1.ª posição: Não se admite a tentativa, pois antes do encerramento do depoimento há meros atos preparatórios, e após a assinatura do termo pela testemunha o crime está consumado. É, entre outros, o pensamento de Magalhães Noronha.[342] Trata-se do entendimento majoritário no âmbito doutrinário.
>
> 2.ª posição: É cabível a tentativa na hipótese em que, por circunstâncias alheias à vontade do agente, o falso testemunho não se consuma. Exemplo: Durante o depoimento mendaz em juízo, inicia-se

---

[340] Anote-se que "não existe coação ilegal pelo simples fato de ser a testemunha advertida das penas do crime de falso testemunho, nos exatos termos do art. 210 do Código de Processo Penal" (STJ: HC 63.347/RJ, rel. Min. Laurita Vaz, 5.ª Turma, j. 28.08.2008).

[341] Nos casos envolvendo magistrados e membros do Ministério Público, é possível inclusive falar em impedimento, aplicando-se analogicamente a proibição elencada no art. 252, inc. III, do Código de Processo Penal.

[342] MAGALHÃES NORONHA, E. *Direito penal*. 16. ed. São Paulo: Saraiva, 1983. v. 4, p. 383.

um incêndio no recinto do fórum, e todas as pessoas que se encontravam em audiência correm para a rua. É o entendimento adotado, entre outros, por Nélson Hungria.[343]

3.ª posição: Somente se admite o *conatus* em relação ao depoimento prestado pela forma escrita, nos termos do art. 221, § 1.º, do Código de Processo Penal, pois nesse caso o crime é plurissubsistente. É o raciocínio de Cezar Roberto Bitencourt.[344]

6.10.5.11. Ação penal

A ação penal é pública incondicionada.

6.10.5.12. Lei 9.099/1995

Em qualquer das suas modalidades, o falso testemunho e a falsa perícia são **crimes de elevado potencial ofensivo**. A pena mínima em abstrato – dois anos – inviabiliza a incidência dos benefícios contidos na Lei 9.099/1995.

6.10.5.13. Classificação doutrinária

O falso testemunho e a falsa perícia são crimes **simples** (ofendem um único bem jurídico); **de mão própria**, **de atuação pessoal** ou **de conduta infungível** (somente podem ser cometidos pelas pessoas expressamente indicadas no tipo penal); **formais**, **de consumação antecipada** ou **de resultado cortado** (consumam-se com a prática da conduta, prescindindo da superveniência do resultado naturalístico); **de dano** (causam lesão à Administração da justiça); **de forma livre** (admitem qualquer meio de execução); **comissivos** ou **omissivos** (dependendo da forma como são praticados); **instantâneos** (consumam-se em momento determinado, sem continuidade no tempo); **unissubjetivos, unilaterais** ou **de concurso eventual** (praticados por um só agente, mas admitem o concurso); e **unissubsistente** ou **plurissubsistente**, conforme o caso concreto.

6.10.5.14. Causas de aumento da pena: art. 342, § 1.º

Em conformidade com o art. 342, § 1.º, do Código Penal: "As penas aumentam-se de um sexto a um terço, se o crime é praticado mediante suborno ou se cometido com o fim de obter prova destinada a produzir efeito em processo penal, ou em processo civil em que for parte entidade da administração pública direta ou indireta".

O dispositivo legal contempla causas de aumento da pena, a serem utilizadas pelo magistrado na terceira e última fase da dosimetria da pena privativa de liberdade. Vejamos cada uma delas.

a) Crime praticado mediante suborno

Suborno é a compra da testemunha, do perito, do tradutor ou do intérprete, mediante paga ou promessa de recompensa, que pode ser de qualquer natureza (exemplos: vantagem moral, política, sexual etc.), e não necessariamente econômica.

A causa de aumento da pena pressupõe o falso testemunho ou a falsa perícia. Não basta a entrega da vantagem ou sua promessa, pois a lei utiliza a expressão "se o crime é praticado mediante suborno". O fundamento do tratamento penal mais severo repousa na venalidade da pessoa que se propõe a cometer um crime contra a Administração da justiça em troca de alguma vantagem.[345]

---

[343] HUNGRIA, Nélson. *Comentários ao Código Penal*. 2. ed. Rio de Janeiro: Forense, 1959. v. IX, p. 478.
[344] BITENCOURT, Cezar Roberto. *Tratado de direito penal*. 3. ed. São Paulo: Saraiva, 2009. v. 5, p. 308.
[345] Em plenários do Tribunal do Júri, já nos deparamos com homens e mulheres que apelidamos de "testemunhas de viveiro". São pessoas que não guardam vinculação alguma com o crime, mas sempre estão à disposição de alguns

Se a testemunha, o perito, o tradutor ou intérprete recebe o suborno, obviamente existe alguém responsável pela entrega da vantagem. Veja-se que, nesse ponto, o Código Penal mais uma vez rompeu com a teoria unitária ou monista no concurso de pessoas, adotada como regra em seu art. 29, *caput*.[346] A testemunha (ou perito, tradutor ou intérprete) responde pelo crime tipificado no art. 342, § 1.º; por sua vez, quem dá, oferece ou promete o suborno em troca do falso testemunho ou da falsa perícia terá contra si imputado o crime previsto no art. 343. Nota-se, portanto, uma exceção pluralística na seara do concurso de pessoas, pois todos buscam o mesmo resultado (falso testemunho ou falsa perícia), mas respondem por crimes diversos.

Finalmente, tratando-se de perito, tradutor ou intérprete oficial – **funcionário público** –, estará caracterizado o crime de corrupção passiva (CP, art. 317, *caput*). Para o corruptor, de outro lado, incidirá o crime de corrupção ativa (CP, art. 333, *caput*).

b) Crime cometido com o fim de obter prova destinada a produzir efeito em processo penal

A justificativa para a punição mais rigorosa repousa no maior interesse da sociedade envolvido no processo penal, no qual estão em conflito, de um lado, a liberdade de um cidadão (*ius libertatis*) e, de outro, o poder punitivo estatal (*ius puniendi*), conduzido pela imperiosa necessidade da ordem jurídica no sentido de que sejam punidos os culpados e absolvidos os inocentes.

Processo penal é o que tramita perante o Poder Judiciário, iniciado pelo oferecimento de denúncia ou queixa. É indiferente se tem como objeto crime ou contravenção penal, bem como se a injustiça buscada é a condenação ou a absolvição. Correta a observação de Magalhães Noronha: "Se é exato que quem mente para condenar revela sentimento torpe e desprezível, não menos certo é que aquele que busca a libertação do criminoso demonstra incompreensão de um dever imposto pelos imperativos e exigências da justiça, o que é um interesse comum e coletivo".[347]

Nada obstante a lei se valha da expressão "crime cometido **com o fim** de obter prova destinada a produzir efeito em processo penal", a majorante não incide em relação ao falso testemunho ou falsa perícia praticada no bojo do inquérito policial, por duas inafastáveis razões:

a) inquérito policial é procedimento administrativo de cunho investigatório, e não processo penal; e

b) o *caput* do art. 342 do Código Penal faz referência expressa ao inquérito policial, demonstrando a intenção da lei de punir o falso perpetrado na fase investigatória em sua forma simples, sem o aumento da pena.

c) Crime cometido com o fim de obter prova destinada a produzir efeito em processo civil em que for parte entidade da administração pública direta ou indireta

As entidades componentes da **administração pública direta** são a União, os Estados, o Distrito Federal e os Municípios.

Por sua vez, a **administração pública indireta** é o "conjunto de pessoas administrativas que, vinculadas à respectiva Administração Direta, têm o objetivo de desempenhar as atividades

---

poucos advogados inescrupulosos que a elas entregam alguma vantagem para que prestem depoimento perante os jurados, afirmando categoricamente que presenciaram o fato e têm certeza de que o réu não foi seu autor, ou então apresentando em favor do acusado alguma causa excludente da ilicitude, normalmente a legítima defesa.

[346] "Quem, de qualquer modo, concorre para o crime incide nas penas a este cominadas, na medida de sua culpabilidade." Há um só crime e diversos agentes (coautores e/ou partícipes).

[347] MAGALHÃES NORONHA, E. *Direito penal*. 16. ed. São Paulo: Saraiva, 1983. v. 4, p. 383. E em seguida arremata: "Razão ainda que abona a orientação da lei é que o depoimento falso se destina, em regra, a satisfazer os interesses do acusado. Quem julga, acusa ou defende, conhece a exatidão da afirmativa".

administrativas de forma descentralizada".[348] São dotadas de personalidade jurídica própria, ingressando nesse rol as autarquias, as empresas públicas, as sociedades de economia mista e as fundações públicas.

Pouco importa se a entidade da administração pública direta ou indireta figura no polo ativo ou no polo passivo do processo civil. Em qualquer caso, o fundamento da causa de aumento de pena é a extensão do prejuízo provocado pelo falso testemunho ou pela falsa perícia, cujos reflexos afetam a sociedade em geral.

6.10.5.15. Retratação: art. 342, § 2.º

Nos termos do art. 342, § 2.º, do Código Penal: "O fato deixa de ser punível se, antes da sentença no processo em que ocorreu o ilícito, o agente se retrata ou declara a verdade".

6.10.5.15.1. Conceito e fundamentos

Retratar-se é desdizer-se, retirar o que foi dito, assumir que errou. O falso testemunho consuma-se com a assinatura do depoimento pela testemunha, e a falsa perícia com a apresentação do laudo ou parecer, ou então com a tradução ou interpretação. Entretanto, o legislador deixou claro que, mesmo após sua consumação, o crime definido no art. 342 do Código Penal se sujeita a uma **condição resolutiva**, consistente na retratação até a prolação da sentença no processo em que o falso foi prestado.

Os fundamentos desta opção legislativa são nítidos:

a) **medida de política criminal**, como recurso à busca da verdade no interesse da administração da justiça; e

b) **ilegitimidade da punição estatal**, pois a retratação exterioriza o arrependimento, e este é a revelação de uma vontade fraca, enferma, incapaz de caracterizar aquela grave rebeldia que justifica a reação penal.[349]

Para surtir efeitos no campo penal, a retratação há de ser voluntária, isto é, livre de qualquer tipo de coação, e não necessariamente espontânea. O agente não precisa explicar os motivos que o levaram a retratar-se. Exige-se somente a retratação plena, total, no sentido de alcançar tudo o que foi falsamente declarado ou omitido, não bastando uma retratação parcial.[350]

6.10.5.15.2. Natureza jurídica

Trata-se de **causa de extinção da punibilidade**, em conformidade com a regra traçada no art. 107, inc. VI, do Código Penal.

6.10.5.15.3. Limite temporal para a retratação

A Lei 10.268/2001 acabou com a discussão outrora existente acerca do marco temporal para a extinção da punibilidade do falso testemunho ou da falsa perícia pela retratação. Agora a lei é clara ao estabelecer que o fato deixa de ser punível somente quando a retratação ou a declaração da verdade ocorre antes da sentença no processo em que se deu o ilícito, ou seja, **no processo em que o falso foi prestado**.[351]

---

[348] CARVALHO FILHO, José dos Santos. *Manual de direito administrativo*. 21. ed. Rio de Janeiro: Lumen Iuris, 2009. p. 435.
[349] HUNGRIA, Nélson. *Comentários ao Código Penal*. 2. ed. Rio de Janeiro: Forense, 1959. v. IX, p. 489.
[350] No mesmo sentido: COSTA, Fernando José da. *O falso testemunho*. Rio de Janeiro: Forense Universitária, 2003. p. 130.
[351] "A retratação, prevista como causa de extinção da punibilidade do delito de falso testemunho, deve ser realizada antes da sentença e no próprio processo no qual a afirmação inverídica foi feita" (STJ: RHC 33.350/RS, rel. Min. Jorge Mussi, 5.ª Turma, j. 01.10.2013).

Com efeito, se a retratação ou declaração da verdade se verifica na ação penal ajuizada em decorrência do crime de falso testemunho ou falsa perícia, não há falar em extinção da punibilidade, e sim no possível reconhecimento da atenuante genérica da confissão espontânea, prevista no art. 65, inc. III, *d*, do Código Penal. O fato continua punível, mas com a pena atenuada na segunda fase da sua dosimetria.

Além disso, o agente deve retratar-se **até a sentença**, porque até então não se concluiu a lesão à Administração da justiça. É na sentença que o magistrado, amparado no falso testemunho ou na falsa perícia, distribui equivocadamente a jurisdição, decidindo o caso concreto em descompasso com a realidade. A palavra "sentença" há de ser interpretada em sentido amplo, para alcançar também o acórdão nos crimes de competência originária dos tribunais.

6.10.5.15.3.1. Retratação nos crimes de competência do Tribunal do Júri

Nos delitos de competência do Tribunal do Júri – crimes dolosos contra a vida e os que lhe sejam conexos –, a retratação será aceita como causa extintiva da punibilidade se efetivada até o julgamento da causa pelos jurados na sala secreta, pois é nesse momento que ocorre a decisão do mérito.

No entanto, no rito do Tribunal do Júri, é possível a ocorrência de uma situação peculiar. A testemunha que falta com a verdade em plenário é mantida incomunicável nas dependências do fórum, e após o término dos debates resolve retratar-se. O que deve ser feito neste caso?

A questão não foi enfrentada pelo legislador. Exige-se, contudo, solução rápida, equânime e condizente com os princípios vetores do julgamento popular. Antonio Carlos da Ponte nos oferece a resposta:

> Dissolver o conselho de sentença, em tal hipótese, seria atentar contra as peculiaridades do julgamento popular, perder todo o trabalho até então realizado, além de obstar a retratação da testemunha mendaz, causa extintiva da punibilidade, expressamente consagrada em lei. (...) Ocorrendo a situação indicada, é de bom alvitre que o juiz, depois da retratação efetivada, conceda às partes tempo suplementar, para que elas possam discorrer sobre a nova prova produzida, em homenagem ao princípio do contraditório. Efetivada tal providência e encontrando-se os jurados habilitados a julgar a causa, aí sim deverão ser encaminhados à sala secreta para julgamento.[352]

6.10.5.15.4. Caráter personalíssimo da retratação

A retratação, em sua essência, tem natureza personalíssima. Consequentemente, não se comunica às pessoas que concorreram para o falso testemunho ou falsa perícia e não se retrataram no momento oportuno.

Entretanto, há entendimentos contrários, no sentido de que, ao falar que "o fato deixa de ser punível", o legislador permitiu a comunicabilidade da retratação aos demais envolvidos no falso testemunho ou na falsa perícia, em homenagem à teoria monista ou unitária adotada pelo art. 29, *caput*, do Código Penal no tocante ao concurso de pessoas.[353]

6.10.5.15.5. Retratação e reflexos quanto à ação penal pelo crime de falso testemunho ou falsa perícia

Como se sabe, o crime tipificado no art. 342 do Código Penal consuma-se no instante em que a testemunha encerra seu falso depoimento, assinando-o, ou, no caso da falsa perícia, com a apresentação do laudo ou parecer, ou ainda com a tradução ou interpretação. Pois bem.

---

[352] PONTE, Antonio Carlos da. *Falso testemunho no processo*. São Paulo: Atlas, 2000. p. 87.
[353] STJ: HC 36.287/SP, rel. Min. Félix Fischer, 5.ª Turma, j. 17.05.2005.

Surge uma questão: Com a consumação do delito, pode o Ministério Público imediatamente oferecer denúncia pelo falso testemunho ou falsa perícia? Ou é preciso aguardar a prolação de sentença no processo em que o falso foi proferido?

Sim, o *Parquet* pode oferecer denúncia pelo crime definido no art. 342 do Código Penal depois da sua consumação. A sentença a ser proferida no processo em que o falso foi lançado não é condição de procedibilidade da ação penal. Entretanto, o juiz da ação penal relativa ao crime de falso testemunho ou falsa perícia estará proibido de proferir sentença antes do encerramento do processo em que ocorreu o falso, pois até este momento será possível a retratação, a qual impede a punição do responsável pelo delito.

Esta conclusão soluciona dois relevantes problemas. Em primeiro lugar, ao permitir o início imediato do inquérito policial ou da ação penal, impede o perecimento de provas idôneas a demonstrar o falso testemunho, tais como os depoimentos de outras testemunhas em sentido contrário, que poderiam se esquecer dos fatos se nada pudesse ser feito até a conclusão do processo em que o falso ocorreu. Mas não é só. Com o recebimento da denúncia atinente ao falso testemunho ou falsa perícia, interrompe-se a prescrição (CP, art. 117, inc. I), dificultando a impunidade pela extinção da punibilidade do crime contra a Administração da justiça.

6.10.5.16. Competência

O falso testemunho e a falsa perícia são, em regra, de competência da Justiça Estadual.

Será competente a Justiça Federal, entretanto, quando o crime for praticado em detrimento de interesse da União, de suas entidades autárquicas ou empresas públicas (CF, art. 109, inc. IV). É o que se dá, exemplificativamente, quando o falso testemunho é prestado em ação em trâmite na Justiça Federal.

6.10.5.16.1. Falso testemunho ou falsa perícia no âmbito da Justiça do Trabalho

A Justiça do Trabalho não tem competência criminal, a qual foi transferida ao encargo da Justiça Federal. Em razão disso, o Superior Tribunal de Justiça editou a Súmula 165 com a seguinte redação: "Compete à Justiça Federal processar e julgar crime de falso testemunho cometido no processo trabalhista".

6.10.5.16.2. Falso testemunho ou falsa perícia na esfera da Justiça Eleitoral

Na hipótese de falso testemunho ou falsa perícia praticados no âmbito da Justiça Eleitoral, a competência para processo e julgamento do crime definido no art. 342 do Código Penal é da Justiça Federal, porque a União é o ente federativo responsável pela organização desta justiça especializada.

6.10.5.16.3. Falso testemunho ou falsa perícia na Justiça do Distrito Federal

Se o falso testemunho (ou falsa perícia) foi cometido em processo em trâmite em vara vinculada ao Tribunal de Justiça do Distrito Federal, a competência para o processo e julgamento do crime tipificado no art. 342 do Código Penal será da Justiça do Distrito Federal. O palco do delito não autoriza falar, por si só, em interesse na União apto a ensejar a competência da Justiça Federal. Para o Superior Tribunal de Justiça:

> A Justiça do Distrito Federal é a competente para julgar o crime de falso testemunho praticado em processos sob sua jurisdição. Ao desenhar a partição de competências do Poder Judiciário da União, a Constituição da República dividiu-o em cinco ramos: 1) Justiça Comum Federal;

2) Justiça Eleitoral; 3) Justiça do Trabalho; 4) Justiça Militar; e 5) Justiça do Distrito Federal e dos Territórios. Segundo a Súmula 165/STJ, "compete à justiça federal processar e julgar crime de falso testemunho cometido no processo trabalhista". Ademais, o Supremo Tribunal Federal, no julgamento da ADI 3.684 concluiu, em definitivo, faltar à Justiça do Trabalho jurisdição penal (Rel. Ministro Gilmar Mendes, Tribunal Pleno, *DJe* 29/05/2020). Exceptuada a Justiça do Trabalho, todos os demais ramos do Poder Judiciário da União têm jurisdição penal. Ocorre que, em 1992, a Terceira Seção do Superior Tribunal de Justiça proferiu acórdão no qual firmou a competência da Justiça Federal para julgar crime de falso testemunho praticado contra a administração da Justiça Eleitoral (CC 2.437/SP, Rel. Ministro José Dantas, DJ 06/04/1992). Pela jurisprudência do STJ, portanto, no caso de depoimento falso constatado em causa no âmbito do Tribunal Regional Eleitoral do Distrito Federal, é da Justiça Federal a competência para processar e julgar tal delito. No âmbito da Justiça Militar o Superior Tribunal Militar reconhece a atribuição da Justiça Castrense para o crime de falso testemunho (art. 346 do Código Penal Militar) cometido em processos de sua jurisdição. Entretanto, o Tribunal de Justiça do Distrito Federal e dos Territórios, ao contrário da Justiça Trabalhista, detém atribuições criminais (como também as Justiças Eleitoral e a Militar). Todavia, diferentemente de todos outros braços do Poder Judiciário da União, o TJDFT possui natureza híbrida, pois sua competência jurisdicional corresponde à dos Tribunais estaduais (ou seja, não se trata de Justiça especializada). Por isso, o Superior Tribunal de Justiça proferiu julgados nos quais consignou que outros crimes (diversos do falso testemunho) cometidos contra o MPDFT ou o TJDFT não são processados e julgados na Justiça Comum Federal. Em conclusão, a índole *sui generis* da Justiça do Distrito Federal e dos Territórios, distinta por sua atribuição jurisdicional equivalente à dos Tribunais estaduais, impede o reconhecimento de interesse direto da União na causa.[354]

6.10.5.16.4. Falso testemunho praticado no cumprimento de carta precatória

A competência criminal é firmada, via de regra, pelo local em que se deu a consumação do delito (CPP, art. 70, *caput*). O falso testemunho se consuma no momento em que a testemunha termina de fazer suas declarações e o depoimento é encerrado. Destarte, se o testemunho inverídico for prestado em cumprimento de carta precatória, competente será o local do juízo deprecado. Exemplo: Um magistrado de São Paulo expede uma carta precatória para oitiva de uma testemunha residente em Salvador. Se a testemunha fizer afirmação falsa, negar ou calar a verdade, o crime de falso testemunho será da competência da comarca baiana.

6.10.5.16.5. Falso testemunho em audiência por meio de videoconferência

A evolução tecnológica permite a realização de audiências por meio de videoconferência ou recurso análogo de transmissão de sons e imagens em tempo real. O CNJ – Conselho Nacional de Justiça, atento a essa mudança, desenvolveu o Sistema Nacional de Videoconferência, com o escopo de propiciar maior agilidade, facilidade e eficiência nos trabalhos do Poder Judiciário.

Dessa novidade decorre uma importante reflexão no campo do Direito Penal. Se o falso testemunho for praticado no âmbito de audiência por videoconferência, qual será o juízo competente para o processo e julgamento do delito? O da comarca (ou seção judiciária) do magistrado responsável pela audiência, ou aquele da localidade em que se encontra a testemunha?

Ao contrário do que se verifica na audiência destinada ao cumprimento de carta precatória, em que a testemunha é ouvida pelo juízo deprecado, na audiência por videoconferência o depoimento é colhido diretamente pelo juízo natural da causa. O crime se consuma, portanto, no local em que se encontra o magistrado, regra determinante para fins de competência, nos termos do art. 70, *caput*, do Código de Processo Penal.

---

[354] CC 166.732/DF, rel. Min. Laurita Vaz, 3.ª Seção, j. 14.10.2020, noticiado no *Informativo* 681.

Exemplificativamente, se o magistrado da 1.ª Vara Criminal de Fortaleza realiza audiência por videoconferência, na qual colhe o depoimento falso de testemunha que está em Florianópolis, a competência será da comarca cearense.

6.10.5.17. Falso testemunho ou falsa perícia no Tribunal do Júri: formulação de quesito especial

Se o crime tipificado no art. 342, § 1.º, do Código Penal foi cometido no bojo de ação penal de competência do Tribunal do Júri, o falso testemunho ou falsa perícia deverá ser analisado pelo Conselho de Sentença que, em resposta a quesito especial elaborado pelo juiz presidente, irá reconhecer ou negar a prática do delito.

De fato, o art. 483, § 6.º, do Código de Processo Penal determina a formulação de novo quesito, em série distinta, quando presente mais de um crime. Na prática, é razoável seja este quesito votado em último lugar, depois de todos os outros, com a finalidade de evitar a revelação prematura da opinião dos jurados acerca da testemunha ou do perito.

É importante salientar que, com base nas próprias peculiaridades do Tribunal do Júri, a indagação ao corpo leigo sobre a ocorrência ou não do crime de falso testemunho ou falsa perícia deve ser formulada após requerimento de algumas das partes, e não em razão de deliberação do Juiz Presidente que, certamente, ao agir de tal forma, estaria acenando para a tese que lhe parecesse mais plausível e, consequentemente, influindo de modo reprovável na decisão popular.[355]

Anote-se, entretanto, que, uma vez reconhecido pelos jurados o crime definido no art. 342, § 1.º, do Código Penal, o magistrado não poderá condenar imediatamente a testemunha ou perito, sob pena de proferir sentença sem prévia acusação formal e possibilidade de defesa, em manifesta violação a diversos princípios constitucionais, a exemplo do contraditório, da ampla defesa e do devido processo legal (CF, art. 5.º, incisos LIV e LV). Na verdade, o juiz deverá remeter cópia do depoimento falso e da decisão do Conselho de Sentença, além de outras peças pertinentes à Delegacia de Polícia, para instauração de inquérito policial. É o que se extrai do art. 211 do Código de Processo Penal:

> **Art. 211.** Se o juiz, ao pronunciar sentença final, reconhecer que alguma testemunha fez afirmação falsa, calou ou negou a verdade, remeterá cópia do depoimento à autoridade policial para a instauração de inquérito.
>
> Parágrafo único. Tendo o depoimento sido prestado em plenário de julgamento, o juiz, no caso de proferir decisão na audiência (art. 538, § 2.º), o tribunal (art. 561), ou o conselho de sentença, após a votação dos quesitos, poderão fazer apresentar imediatamente a testemunha à autoridade policial.

6.10.5.18. Falso testemunho ou falsa perícia e Comissão Parlamentar de Inquérito (CPI)

Nos termos do art. 58, § 3.º, da Constituição Federal, as Comissões Parlamentares de Inquérito têm poderes de investigação próprios das autoridades judiciais. Dentre tais poderes destacam-se a oitiva de pessoas, a exemplo das testemunhas,[356] bem como a determinação de produção de prova pericial.

---

[355] Cf. PONTE, Antonio Carlos da. *Falso testemunho no processo*. São Paulo: Atlas, 2000. p. 88-89.
[356] Dispõe o art. 3.º, § 1.º, da Lei 1.579/1952, com a redação conferida pela Lei 13.367/2016: "Em caso de não comparecimento da testemunha sem motivo justificado, a sua intimação será solicitada ao juiz criminal da localidade em que resida ou se encontre, nos termos dos arts. 218 e 219 do Decreto-Lei n.º 3.689, de 3 de outubro de 1941 – Código de Processo Penal".

E, na hipótese de falso testemunho ou falsa perícia cometida no âmbito de Comissão Parlamentar de Inquérito, não se aplica o art. 342 do Código Penal. Há norma especial (princípio da especialidade), contida no art. 4.º, inc. II, da Lei 1.579/1952, cuja redação é a seguinte:

> Art. 4.º Constitui crime:
> II – fazer afirmação falsa, ou negar ou calar a verdade como testemunha, perito, tradutor ou intérprete, perante a Comissão Parlamentar de Inquérito:
> Pena – A do art. 342 do Código Penal.

Trata-se de **norma penal em branco ao avesso**. O preceito primário (descrição da conduta criminosa) é completo, mas o preceito secundário (pena) depende de complementação, aplicando-se a sanção penal prevista no art. 342 do Código Penal.

É de observar que, ao contrário do art. 342 do Código Penal, o art. 4.º, inc. II, da Lei 1.579/1952 não elenca o contador como sujeito ativo do delito. Logo, se a conduta for praticada por tal pessoa, em sede de Comissão Parlamentar de Inquérito, será aplicável o crime definido no art. 342 do Código Penal.

6.10.5.19. Condução coercitiva indevida e abuso de autoridade

O art. 10 da Lei 13.869/2019 define, como abuso de autoridade, a decretação indevida da condução coercitiva de testemunha ou de investigado, ou sem prévia intimação de comparecimento a juízo:

> Art. 10. Decretar a condução coercitiva de testemunha ou investigado manifestamente descabida ou sem prévia intimação de comparecimento ao juízo:
> Pena – detenção, de 1 (um) a 4 (quatro) anos, e multa.

6.10.5.20. Ameaça de prisão para constranger a depor e abuso de autoridade

De acordo com o art. 15 da Lei 13.869/2019, constitui crime de abuso de autoridade o constrangimento a depor, sob ameaça de prisão, de pessoa que deve guardar segredo ou resguardar sigilo em razão de função, ministério, ofício ou profissão. O tipo penal também se aplica ao agente público que interroga pessoa que tenha decidido exercer o direito ao silêncio, ou então pessoa que optou por ser assistida por advogado ou defensor público, sem a presença do seu patrono:

> Art. 15. Constranger a depor, sob ameaça de prisão, pessoa que, em razão de função, ministério, ofício ou profissão, deva guardar segredo ou resguardar sigilo:
> Pena – detenção, de 1 (um) a 4 (quatro) anos, e multa.
> Parágrafo único. Incorre na mesma pena quem prossegue com o interrogatório:
> I – de pessoa que tenha decidido exercer o direito ao silêncio; ou
> II – de pessoa que tenha optado por ser assistida por advogado ou defensor público, sem a presença de seu patrono.

6.10.6. Art. 343 – Corrupção ativa de testemunha ou perito

6.10.6.1. Dispositivo legal

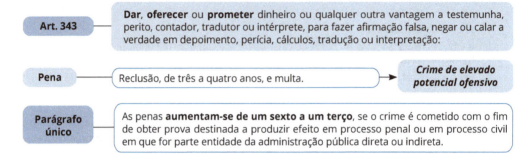

Classificação:	Informações rápidas:
Crime simples Crime comum Crime formal, de consumação antecipada ou de resultado cortado Crime de dano Crime de forma livre Crime comissivo (regra) Crime instantâneo Crime unissubjetivo, unilateral ou de concurso eventual Crime unissubsistente ou plurissubsistente	**"Corrupção ativa de testemunha ou perito". Exceção pluralista:** testemunha ou perito – art. 342, § 1.º, do CP; terceiro que dá, oferece ou promete dinheiro ou qualquer outra vantagem – art. 343 do CP. **Objeto material:** testemunha, perito, contador, tradutor ou intérprete a quem se entrega, oferece ou promete dinheiro ou qualquer outra vantagem. Responsabilidade penal da pessoa jurídica: não é possível (ausência de previsão constitucional). **Elemento subjetivo:** dolo (elemento subjetivo específico – intenção de efetuar o suborno para que a testemunha, perito, contador, tradutor ou intérprete faça afirmação falsa, negue ou cale a verdade em depoimento, perícia, cálculos, tradução ou interpretação). Não admite modalidade culposa. **Tentativa:** admite (salvo se a conduta for praticada oralmente). **Ação penal:** pública incondicionada.

6.10.6.2. Introdução

O legislador não atribuiu *nomen iuris* à figura típica descrita no art. 343 do Código Penal. Ao contrário do que se verifica na imensa maioria dos crimes previstos no Código Penal, aqui não há rubrica marginal indicativa da denominação legal do delito. Entretanto, doutrina e jurisprudência convencionaram chamar este crime de **corrupção ativa de testemunha ou perito**, até mesmo pela sua íntima ligação com o crime de falso testemunho ou falsa perícia, definido no art. 342 do Código Penal. Esta nomenclatura é, inclusive, a adotada pelo Supremo Tribunal Federal.[357]

Comparando-se os arts. 342 e 343, ambos do Código Penal, fica fácil notar que o legislador se divorciou, mais uma vez, da teoria unitária ou monista acolhida como regra geral no instituto do concurso de pessoas, a teor da regra contida no art. 29, *caput*, do Estatuto Repressivo.[358]

Criou-se uma exceção pluralista à teoria monista no concurso de pessoas. Com efeito, os envolvidos na empreitada criminosa buscam o mesmo resultado, consistente na ofensa à

---
[357] HC 90.617/PE, rel. Min. Gilmar Mendes, 2.ª Turma, j. 30.10.2007.
[358] Art. 29 do Código Penal: "Quem, de qualquer modo, concorre para o crime incide nas penas a este cominadas, na medida de sua culpabilidade".

Administração da justiça mediante o falso testemunho ou a falsa perícia. Entretanto, enquanto a testemunha ou perito que, em razão do suborno, faz afirmação falsa, nega ou cala a verdade sujeita-se às penas do art. 342, § 1.º, do Código Penal, o terceiro que dá, oferece ou promete dinheiro ou qualquer outra vantagem para que qualquer deles se comporte ilicitamente se submete ao crime tipificado no art. 343 do Código Penal.

6.10.6.3. Objetividade jurídica

O bem jurídico penalmente protegido é a Administração da justiça, no tocante à regular prestação jurisdicional, prejudicada com a corrupção da testemunha, perito, contador, tradutor ou intérprete.

6.10.6.4. Objeto material

É a testemunha, perito, contador, tradutor ou intérprete a quem se entrega, oferece ou promete dinheiro ou qualquer outra vantagem.[359]

Os quatro últimos devem ser obrigatoriamente **particulares**, ou seja, não podem ser ocupantes de cargos públicos. De fato, na hipótese de dinheiro ou qualquer outra vantagem entregue, oferecida ou prometida a perito, contador, tradutor ou intérprete **oficial**, estará caracterizado o crime de corrupção ativa (CP, art. 333), em face da condição funcional de tais pessoas.

6.10.6.5. Núcleos do tipo

O art. 343, *caput*, do Código Penal contempla três núcleos: "dar", "oferecer" e "prometer".

Dar significa entregar ou conceder; **oferecer** equivale a apresentar ou propor algo para aceitação alheia; e **prometer** é comprometer-se a fazer algo no futuro. Os verbos referem-se ao **dinheiro** (papéis ou moedas representativos da economia de um país) ou **qualquer outra vantagem**, que pode ser de natureza econômica ou não (exemplo: favores sexuais, prestígio político etc.).[360] Há, portanto, o suborno de testemunha ou perito (em sentido amplo), para que qualquer deles faça afirmação falsa, negue ou cale a verdade em depoimento, perícia, cálculos, tradução ou interpretação.

Trata-se de **tipo misto alternativo**, **crime de ação múltipla** ou **de conteúdo variado**. Se o agente praticar dois ou mais verbos, em relação à mesma testemunha ou perito e no mesmo contexto fático, há um único crime. Exemplo: "A" oferece à testemunha, um mês antes da audiência, determinada quantia em dinheiro para ela negar a verdade em juízo. Uma semana antes do ato judicial, "A", orientado por igual propósito, dá a ela um carro. E, finalmente, no dia da audiência "A" promete à testemunha outra quantia em dinheiro, caso ela se comporte "corretamente" perante o magistrado.

Finalmente, a corrupção ativa de testemunha ou perito é **crime de forma livre**, pois pode ser cometido por qualquer meio: escrito, oral, gestos etc.

6.10.6.6. Sujeito ativo

Pode ser qualquer pessoa (**crime comum** ou **geral**). É perfeitamente cabível o concurso de agentes, tanto na modalidade coautoria (exemplo: os litisconsortes ativos de uma ação civil entregam dinheiro ao perito, para que produza um laudo falso) como na participação

---

[359] A definição de cada uma dessas pessoas encontra-se na análise do art. 342 do Código Penal (item 6.10.5.6).
[360] Há entendimentos no sentido de que a vantagem deve possuir natureza econômica. É o caso de GRECO, Rogério. *Curso de direito penal*. 6. ed. Niterói: Impetus, 2010. v. IV, p. 590.

(exemplo: o advogado induz seu cliente a oferecer dinheiro a determinada testemunha para mentir em juízo).

6.10.6.7. Sujeito passivo

É o Estado e, mediatamente, a pessoa física ou jurídica lesada pelo falso testemunho ou falsa perícia obtido mediante suborno.

6.10.6.8. Elemento subjetivo

É o dolo, acrescido de um especial fim de agir (elemento subjetivo específico), consistente na intenção de efetuar o suborno para que a testemunha, perito, contador, tradutor ou intérprete faça afirmação falsa, negue ou cale a verdade em depoimento, perícia, cálculos, tradução ou interpretação.

Não se admite a modalidade culposa.

6.10.6.9. Consumação

O crime é **formal, de consumação antecipada** ou **de resultado cortado**. Consuma-se com a prática da conduta de dar, oferecer ou prometer dinheiro ou qualquer outra vantagem à testemunha, perito, contador, tradutor ou intérprete, independentemente da anuência ou recusa destas pessoas. No entanto, exige-se que o comportamento ilícito chegue ao conhecimento da testemunha ou perito (em sentido amplo).

Consequentemente, é prescindível a realização pela testemunha ou perito (em sentido amplo) do ato ilícito almejado pelo sujeito ativo, consistente em fazer afirmação falsa, negar ou calar a verdade em depoimento, perícia, cálculos, tradução ou interpretação. Todavia, se o ato ilícito for cometido pela testemunha (ou perito), em decorrência da aceitação do dinheiro ou vantagem de outra natureza, a ela será imputado o crime de falso testemunho (ou falsa perícia) em sua forma majorada, nos termos do art. 342, § 1.º, do Código Penal (crime praticado mediante suborno).

Conclui-se, portanto, que a consumação do crime previsto no art. 343 do Código Penal ocorre independentemente da consumação do crime de falso testemunho ou falsa perícia (CP, art. 342), e **sempre a antecede**.

6.10.6.9.1. Crime do art. 343 do Código Penal e retratação da testemunha ou perito

Pensemos em um exemplo: "A" oferece dinheiro para "B", testemunha em processo judicial, fazer afirmação falsa em seu favor. "B" aceita a oferta e falta com a verdade em juízo. Em seguida, antes da sentença em que foi lançado o falso, o depoente se retrata e declara a verdade. Esta retratação, a teor do art. 342, § 2.º, do Código Penal, acarreta a extinção da punibilidade do falso testemunho. Questiona-se: a retratação da testemunha mendaz implica a extinção da punibilidade do autor do crime definido no art. 343 do Código Penal?

A resposta é negativa, seja porque o art. 343 do Código Penal não contempla uma causa extintiva da punibilidade para o caso, seja porque este crime – autônomo e independente –, aperfeiçoou-se no momento em que o ato ligado ao suborno chegou ao conhecimento da testemunha.

6.10.6.10. Tentativa

Não se admite o *conatus* na hipótese de conduta praticada oralmente, em face do caráter unissubsistente do delito.

Todavia, será cabível a tentativa quando a conduta despontar como plurissubsistente, permitindo o fracionamento do *iter criminis*. Exemplo: "A" encaminha a "B", testemunha, uma correspondência contendo proposta de entrega de vantagem caso aceite depor falsamente em seu favor. Esta missiva, entretanto, se perde nos Correios, e o pedido espúrio jamais chega ao conhecimento do seu destinatário.

6.10.6.11. Ação penal

A ação penal é pública incondicionada.

6.10.6.12. Pena cominada e princípios da individualização da pena e da proporcionalidade

A corrupção ativa de testemunha ou perito é **crime de elevado potencial ofensivo**, incompatível com os benefícios contidos na Lei 9.099/1995, em razão da quantidade da pena cominada.

A propósito da pena – reclusão, de três a quatro anos, e multa – observa-se um esdrúxulo critério empregado pelo legislador, consistente na pequena margem de diferença entre as penas mínima e máxima. Como corolário, ao juiz é reservada pequena discricionariedade no tocante à dosimetria da pena, pois os condenados pela prática deste delito sempre suportarão sanções penais semelhantes, independentemente de suas condições pessoais e das características concretas do delito. Este mecanismo, sem sombra de dúvidas, é inconstitucional, pois viola o princípio da individualização da pena (CF, art. 5.º, inc. XLVI), em sua etapa judicial. Qual a consequência deste raciocínio? Cezar Roberto Bitencourt nos fornece a resposta:

> A cominação de pena, nos limites mínimo e máximo, de três a quatro anos, viola o *princípio da individualização da pena*, caracterizando verdadeira *tarifação penal* (taxatividade absoluta das penas), eliminada pelo Código Napoleônico de 1810. Esses parâmetros – três a quatro anos – impedem a *individualização judicial* da pena, consagrada no texto constitucional. Ademais, é *desproporcional* a elevação do mínimo de um para três anos, e no próprio art. 342, que é similar, foram mantidos os limites de um a três anos. No caso concreto, deve-se declarar essa inconstitucionalidade e aplicar o limite mínimo da cominação anterior.[361]

6.10.6.13. Classificação doutrinária

O crime definido no art. 343 do Código Penal é **simples** (ofende um único bem jurídico); **comum** (pode ser cometido por qualquer pessoa); **formal, de consumação antecipada** ou **de resultado cortado** (consuma-se com a prática da conduta, prescindindo da superveniência do resultado naturalístico); **de dano** (causa lesão à Administração da justiça); **de forma livre** (admite qualquer meio de execução); em regra **comissivo**; **instantâneo** (consuma-se em um momento determinado, sem continuidade no tempo); **unissubjetivo, unilateral ou de concurso eventual** (praticado por um só agente, mas admite concurso); e **unissubsistente** ou **plurissubsistente**, dependendo do caso concreto.

6.10.6.14. Causas de aumento da pena: art. 343, parágrafo único

Em face da identidade de conceitos, remetemos o leitor ao item 6.10.5.14, no qual foram analisadas as mesmas causas de aumento de pena no tocante ao crime definido no art. 342 do Código Penal.

---

[361] BITENCOURT, Cezar Roberto. *Tratado de direito penal*. 3. ed. São Paulo: Saraiva, 2009. v. 5, p. 315.

6.10.7. Art. 344 – Coação no curso do processo

6.10.7.1. Dispositivo legal

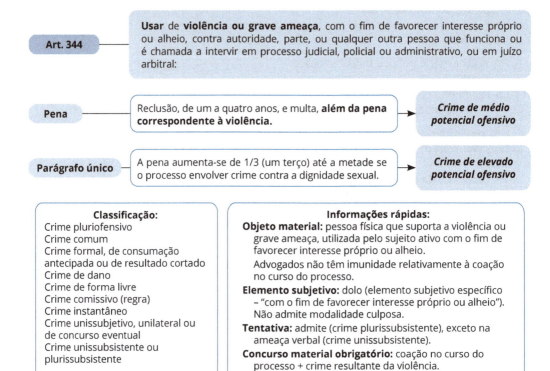

6.10.7.2. Introdução

O Código Penal, depois de incriminar a corrupção perpetrada com a finalidade de perturbar a regular Administração da justiça (seja com o tipo genérico do art. 333, seja com a figura específica do art. 343), e também a ausência dolosa da verdade, ainda que desvinculada de qualquer espécie de suborno (art. 342, *caput*), apresenta o art. 344 com o objetivo de combater o emprego de violência ou grave ameaça utilizadas com igual propósito.

Esta é a razão de existir do crime de coação no curso do processo: impedir que manobras violentas ou ameaçadoras frustrem a Administração da justiça, interferindo no regular andamento de processos de qualquer natureza, ou em juízo arbitral.

6.10.7.3. Objetividade jurídica

O bem jurídico penalmente protegido é a Administração da justiça, especialmente no que diz respeito à independência e à isenção que devem nortear a atuação das autoridades responsáveis pela condução e pelo desenvolvimento de processos judiciais, policiais ou administrativos, ou de juízos arbitrais, bem como à liberdade assegurada às partes e às demais pessoas envolvidas em tais feitos.

6.10.7.4. Objeto material

É a pessoa física que suporta a violência ou grave ameaça, utilizada pelo sujeito ativo com o fim de favorecer interesse próprio ou alheio.

Esta pessoa pode ser autoridade, parte ou qualquer outro indivíduo que funciona ou é chamado a intervir em processo judicial, policial, administrativo ou em juízo arbitral. O legislador valeu-se da **interpretação analógica** ou *intra legem*, indicando uma fórmula casuística ("autoridade" e "parte") seguida de uma fórmula genérica ("ou qualquer outra pessoa que funciona ou é chamada a intervir"). Deve ser, portanto, uma pessoa de qualquer modo relacionada ao processo judicial, policial ou administrativo, ou ao juízo arbitral.

Assim sendo, fica nítido que não somente a autoridade (magistrado, membro do Ministério Público, delegado de Polícia etc.) e as partes (autor, réu, assistente litisconsorcial, opoente etc.) podem ser atingidas pela coação no curso do processo. Toda e qualquer outra pessoa que de qualquer modo participe do processo ou do juízo arbitral também pode ser coagida (exemplos: testemunhas, jurados, peritos, intérpretes, oficiais de justiça etc.).

Andou bem o legislador, pois a violência ou grave ameaça endereçada a qualquer destas pessoas são idôneas a tumultuar a Administração da justiça, obstaculizando a punição de culpados e fomentando decisões indevidas.

É fácil notar, portanto, que não se verifica o crime de coação no curso do processo quando a violência ou grave ameaça for empregada contra pessoa sem qualquer intervenção no processo judicial, policial ou administrativo, ou em juízo arbitral.[362] Nesse caso, deverá ser imputado ao agente um crime diverso, a exemplo da ameaça e da lesão corporal, entre outros.

6.10.7.5. Núcleo do tipo

O núcleo do tipo é "usar", no sentido de empregar ou utilizar violência (*vis absoluta*) ou grave ameaça (*vis compulsiva*) com o fim de favorecer interesse próprio ou alheio, para coagir qualquer pessoa envolvida em processo judicial, policial ou administrativo, ou em juízo arbitral.

Violência é o emprego de força física contra alguém, mediante lesão corporal (exemplo: ferimentos provocados por socos efetuados contra o perito) ou vias de fato (exemplo: empurrão desferido contra a testemunha antes da sua entrada na sala de audiências).

Grave ameaça, por sua vez, é a promessa de realização de mal grave, apto a intimidar a autoridade, parte ou qualquer das outras pessoas indicadas no art. 344 do Código Penal. A gravidade da ameaça deve ser avaliada no caso concreto, é dizer, levando em conta a condição da pessoa contra quem se dirige a ameaça. Como se sabe, palavras que muitas vezes intimidam uma testemunha podem não ser aptas a amedrontar uma autoridade policial.

A ameaça não precisa conter a promessa de mal injusto. Basta que a intimidação diga respeito a uma **conduta ilícita** do sujeito ativo. Confira-se a lição de Guilherme de Souza Nucci:

> Não se exige que se trate de causar à vítima algo injusto, mas há de ser intimidação envolvendo uma conduta *ilícita* do agente, isto é, configura-se o delito quando alguém usa, contra pessoa que funcione em um processo judicial, por exemplo, de grave ameaça *justa*, para obter vantagem (imagine-se o agente que, conhecendo algum crime do magistrado, ameace denunciá-lo à polícia, o que é lícito fazer, caso não obtenha ganho de causa). Nota-se que, no caso apresentado, a conduta não é lícita, pois ninguém está autorizado a agir desse modo, buscando levar vantagem para

---

[362] Com igual pensamento: FARIA, Bento de. *Código Penal brasileiro comentado*. 3. ed. Rio de Janeiro: Distribuidora Record, 1961. v. VII, p. 174.

encobrir crime alheio. Por outro lado, se a conduta disser respeito ao advogado que intimide a testemunha relembrando-a das penas do falso testemunho caso não declare a verdade, trata-se de conduta lícita, pois é interesse da administração da justiça que tal ocorra, vale dizer, que diga a verdade do que sabe.[363]

O mero contato de familiares do réu com testemunha do fato, desacompanhado de violência ou grave ameaça, não autoriza a incidência do crime definido no art. 344 do Código Penal, sobretudo quando a testemunha rejeita expressamente ter se sentido ameaçada.

De igual modo, não se subsume à hipótese descrita no art. 344 do Código Penal a conduta de advogado consubstanciada na orientação de testemunha para depor em determinado sentido, sem que tenha havido emprego de ameaça física ou moral, requisitos imprescindíveis à configuração do crime de coação no curso do processo.

Tais meios de execução – violência ou grave ameaça – devem ser concretizados no âmbito de processo judicial, policial ou administrativo, ou de juízo arbitral.

O **processo judicial** pode ser de qualquer natureza: cível, criminal, trabalhista ou eleitoral, de jurisdição contenciosa ou de jurisdição voluntária.

Processo policial é expressão que diz respeito, na verdade, ao inquérito policial, até mesmo porque o Código de Processo Penal não disciplina nenhum instituto assim denominado.

E se a coação for praticada no bojo de **PIC – Procedimento Investigatório Criminal** conduzido pelo Ministério Público, como instrumento de concretização de sua investigação direta? Existem duas posições sobre o assunto:

> 1.ª posição: Não há crime de coação no curso no processo, pois o tipo penal limitou-se a falar em **processo policial**, representativo do inquérito policial, e o Direito Penal repudia a analogia *in malam partem*; e
>
> 2.ª posição: Há crime de coação no curso do processo, pois a conduta é voltada a prejudicar, de modo abrangente, a investigação criminal, e o PIC tem a mesma finalidade do inquérito policial. Para o Superior Tribunal de Justiça:
>
> O crime de coação no curso do processo (art. 344 do CP) pode ser praticado no decorrer de Procedimento Investigatório Criminal instaurado no âmbito do Ministério Público. Isso porque, além de o PIC servir para os mesmos fins e efeitos do inquérito policial, o STJ já reconheceu que, mesmo as ameaças proferidas antes da formalização do inquérito caracterizam o crime de coação no curso do processo, desde que realizadas com o intuito de influenciar o resultado de eventual investigação criminal.[364]

Processo administrativo, por sua vez, é o destinado a apurar ilícito administrativo ou disciplinar, para posterior julgamento no âmbito da instância administrativa, ou seja, sem necessidade de bater às portas do Poder Judiciário. Exemplo: processo administrativo para apuração de falta funcional de servidor público, com aplicação de eventual sanção legalmente prevista.

A expressão "processo administrativo" também abrange o inquérito civil, instaurado e presidido pelo Ministério Público.

Finalmente, **juízo arbitral**, regulamentado pela Lei 9.307/1996, é o procedimento utilizado por pessoas capazes de contratar para dirimir extrajudicialmente litígios relativos a direitos patrimoniais disponíveis, mediante convenção de arbitragem, assim entendida a cláusula compromissória e o compromisso arbitral.

É de ressaltar que os advogados não têm imunidade relativamente à coação no curso do processo. Logo, se um causídico transmite à vítima de um delito as ameaças verbais pro-

---

[363] NUCCI, Guilherme de Souza. *Código Penal comentado*. 8. ed. São Paulo: RT, 2008. p. 1.147-1.148.
[364] HC 315.743/ES, rel. Min. Nefi Cordeiro, 6.ª Turma, j. 06.08.2015, noticiado no *Informativo* 568.

feridas pelo réu, seu cliente, deverá responder como coautor do crime tipificado no art. 344 do Código Penal.

6.10.7.5.1. Coação no curso do processo e Comissões Parlamentares de Inquérito

Se a conduta for praticada no âmbito de uma Comissão Parlamentar de Inquérito, estará configurado o crime descrito no art. 4.º, inc. I, da Lei 1.579/1952, cuja redação é a seguinte:

> **Art. 4.º** Constitui crime:
> I – Impedir, ou tentar impedir, mediante violência, ameaça ou assuadas, o regular funcionamento de Comissão Parlamentar de Inquérito, ou o livre exercício das atribuições de qualquer dos seus membros.
> Pena – A do art. 329 do Código Penal.

6.10.7.6. Sujeito ativo

Trata-se de **crime comum** ou **geral**, podendo ser cometido por qualquer pessoa.

Não é necessário que o sujeito ativo tenha interesse próprio no processo judicial, policial ou administrativo, ou em juízo arbitral, pois o tipo penal diz expressamente que o interesse favorecido pode ser próprio "ou alheio", é dizer, pode também ser beneficiado um terceiro com interesse em algum dos processos ou no juízo de arbitragem.

6.10.7.7. Sujeito passivo

É o Estado, responsável pela integridade da Administração da justiça, e, mediatamente, a autoridade (exemplos: magistrado, membro do Ministério Público, delegado de Polícia etc.), parte (autor, réu, assistente litisconsorcial, opoente etc.) ou qualquer outra pessoa que funciona ou é chamada a intervir (exemplos: testemunhas, jurados, serventuários da justiça em geral etc.) em processo judicial, policial, administrativo, ou em juízo arbitral, atacada pela violência ou grave ameaça.

6.10.7.8. Elemento subjetivo

É o dolo, acrescido de um especial fim de agir (elemento subjetivo específico), representado pela expressão "com o fim de favorecer interesse próprio ou alheio".

Em síntese, não basta usar de violência ou grave ameaça contra autoridade, parte, ou qualquer outra pessoa que funciona ou é chamada a intervir em processo judicial, policial ou administrativo, ou em juízo arbitral. É imprescindível fazê-lo tendo em mira o favorecimento de interesse próprio ou alheio, relacionado à administração da Justiça, tais como: impedir a produção de uma prova desfavorável, forçar a testemunha a depor em seu favor, intimidar o juiz de Direito responsável pela futura prolação da sentença, coagir o promotor de Justiça a promover o arquivamento do inquérito policial, amedrontar o perito para ele não revelar a verdade no laudo a seu encargo etc.

Com efeito, se o sujeito utiliza violência ou grave ameaça contra autoridade, parte, ou qualquer outra pessoa que funciona ou é chamada a intervir em processo judicial, policial ou administrativo, ou em juízo arbitral, com finalidade diversa, ou seja, estranha ao andamento dos mencionados feitos, não se caracteriza o crime definido no art. 344 do Código Penal. É o que se verifica, exemplificativamente, quando o réu, durante seu interrogatório, ameaça de morte o membro do Ministério Público, em razão de este ter se engraçado com sua esposa.

Nessa hipótese, estará configurado tão somente o crime de ameaça, nos termos do art. 147 do Código Penal.

Não se admite a modalidade culposa.

6.10.7.9. Consumação

A coação no curso do processo é **crime formal**, **de consumação antecipada** ou **de resultado cortado**: consuma-se no momento em que o sujeito ativo usa de violência ou grave ameaça, com o fim de favorecer interesse próprio ou alheio, contra uma ou mais pessoas indicadas no art. 344 do Código Penal.

Prescinde-se da obtenção da finalidade almejada pelo agente, isto é, não é necessário o real e efetivo favorecimento do interesse próprio ou alheio. Nesse sentido, se mesmo depois de o réu ameaçar o magistrado vem a ser proferida sentença condenatória em seu desfavor, o delito estará aperfeiçoado.

6.10.7.10. Tentativa

É possível, em face do caráter plurissubsistente do crime, especialmente quando a conduta é praticada por meio escrito. Exemplos: (a) carta ameaçadora dirigida ao membro do Ministério Público, para que este deixe de investigar determinados suspeitos, que acaba extraviada nos Correios; e (b) o réu atira uma pedra na direção de uma testemunha, para machucá-la e impedi-la de comparecer à audiência de instrução e julgamento, mas não a acerta.

Entretanto, não será cabível o *conatus* quando o meio de execução consistir em ameaça verbal praticada na presença de qualquer das pessoas apontadas no art. 344 do Código Penal, em decorrência da impossibilidade de fracionamento do *iter criminis*.

6.10.7.11. Ação penal

A ação penal é pública incondicionada.

6.10.7.12. Lei 9.099/1995

Em face da pena mínima cominada – 1 ano –, a coação no curso do processo constitui-se em **crime de médio potencial ofensivo**, compatível com a suspensão condicional do processo, desde que presentes os demais requisitos exigidos pelo art. 89 da Lei 9.099/1995.

6.10.7.13. Concurso material obrigatório

Se a conduta for exteriorizada mediante **violência**, a lei impõe o concurso material obrigatório, isto é, a soma das penas entre a coação no curso do processo e o crime resultante da violência, qualquer que seja ele (lesão corporal, leve, grave ou gravíssima, ou homicídio, consumado ou tentado).

Entretanto, não se aplica a regra de concurso material obrigatório se da coação no curso do processo resultarem vias de fato, pois esta contravenção penal, definida no art. 21 do Decreto-lei 3.688/1941, sempre é absorvida pelo crime de que é meio de execução (subsidiariedade expressa).

Finalmente, a ameaça também é absorvida pela coação no curso do processo, uma vez que funciona como seu meio de execução e a lei não determina, no tocante a ela, o concurso material obrigatório, como fez em relação à violência.

6.10.7.14. Classificação doutrinária

A coação no curso do processo é crime **pluriofensivo** (ofende mais de um bem jurídico: a Administração da justiça, em um plano imediato, e secundariamente a integridade física ou a liberdade individual de qualquer das pessoas indicadas no art. 344 do Código Penal); **comum** (pode ser cometido por qualquer pessoa); **formal, de consumação antecipada** ou **de resultado cortado** (consuma-se com a prática da conduta, prescindindo da superveniência do resultado naturalístico); **de dano** (causa lesão à Administração da justiça); **de forma livre** (admite qualquer meio de execução); em regra **comissivo**; **instantâneo** (consuma-se em um momento determinado, sem continuidade no tempo); **unissubjetivo, unilateral ou de concurso eventual** (praticado por um só agente, mas admite concurso); e **unissubsistente** ou **plurissubsistente**, conforme o caso concreto.

6.10.7.15. Causa de aumento de pena: art. 344, parágrafo único

Nos termos do art. 344, parágrafo único, do Código Penal: "A pena aumenta-se de 1/3 (um terço) até a metade se o processo envolver crime contra a dignidade sexual."

Essa majorante, criada pela Lei 14.245/2021, conhecida como "Lei Mariana Ferrer", impõe o tratamento mais rigoroso quando a coação no curso do processo diz respeito a qualquer dos crimes contra a dignidade sexual, catalogados no Título VI da Parte Especial do Código Penal, e não somente ao estupro.

A violência ou grave ameaça, normalmente empregada contra a vítima (mulheres na maioria esmagadora dos casos) ou testemunha, pode se manifestar tanto na fase da investigação preliminar – inquérito policial ou procedimento investigatório criminal – como também durante a ação penal. Exemplo: O agente ameaça de morte a vítima do crime de estupro a ele imputado, para que esta não venha a reconhecê-lo em juízo como autor do delito sexual.

O fundamento da majorante repousa na maior reprovabilidade da conduta, vinculada à natureza do delito, à exposição da vítima e, principalmente, à sua revitimização (vitimização secundária) provocada pela coação.

É de se notar que a coação no curso do processo tem como meios de execução a violência e a grave ameaça. Destarte, não há falar nesse delito nas situações em que alguém agride moralmente a vítima de crime sexual, mediante humilhação, desprezo ou ridicularização, como aconteceu com a mulher que inspirou a criação dessa majorante, em uma vergonhosa atuação dos atores processuais em audiência judicial. Nada impede, contudo, a caracterização de delito diverso, a exemplo da violência psicológica contra a mulher (CP, art. 147-B) e do abuso de autoridade (Lei 13.869/2019, art. 15-A).

6.10.7.16. Competência

O crime de coação no curso do processo é, em regra, de competência da Justiça Estadual. Entretanto, será competente a Justiça Federal quando o crime for praticado em detrimento da União (CF, art. 109, inc. IV), tal como ocorre nas ações em trâmite na própria Justiça Federal e também na Justiça do Trabalho.

6.10.8. Art. 345 – Exercício arbitrário das próprias razões

6.10.8.1. Dispositivo legal

Art. 345	**Fazer** justiça pelas próprias mãos, para satisfazer pretensão, embora legítima, salvo quando a lei o permite:

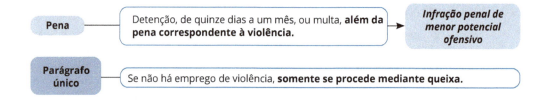

Classificação:
Crime simples
Crime comum
Crime formal ou material
Crime de dano
Crime de forma livre
Crime comissivo (regra)
Crime instantâneo
Crime unissubjetivo, unilateral ou de concurso eventual
Crime plurissubsistente

Informações rápidas:
Objeto material: pessoa ou a coisa contra a qual se dirige o exercício arbitrário das próprias razões.
Pressuposto do crime: pretensão legítima ou supostamente legítima.
Elementos normativos do tipo: "legítima" e "salvo quando a lei o permite".
Elemento subjetivo: dolo (elemento subjetivo específico – "para satisfazer pretensão, embora legítima"). Não admite modalidade culposa.
Tentativa: admite (crime plurissubsistente).
Ação penal: privada (regra); será pública incondicionada se presente a violência contra a pessoa na execução do crime.
Concurso material obrigatório: exercício arbitrário das próprias razões + crime oriundo da violência.

6.10.8.2. Introdução

A partir do momento em que foi superado o estágio da vingança privada para solução dos conflitos de interesses entre as pessoas, a ninguém é dado o direito de ser simultaneamente juiz e parte de uma contenda qualquer. No atual momento da civilização, se alguém tem direito a uma pretensão legítima, que quer fazer valer, deve levá-la à apreciação do Poder Judiciário.

De fato, há diversos crimes que caracterizam entraves ou obstáculos à Administração da justiça. No entanto, o exercício arbitrário das próprias razões vai além, constituindo-se em sua verdadeira negação. A pessoa despreza a missão estatal de dirimir litígios e atua por conta própria. Como leciona Puglia: "Se compete à autoridade social a atuação do direito, é consequência lógica a punição de todos aqueles atos cometidos por particulares, com o único fim de exercer um pretenso direito, nos casos em que poderia recorrer à autoridade".[365]

6.10.8.3. Objetividade jurídica

O bem jurídico penalmente tutelado é a Administração da justiça, especificamente no tocante à proibição da assunção pelo particular do mister cabível exclusivamente à autoridade estatal no campo da solução dos conflitos de interesses. Nas palavras de Nélson Hungria:

> Ninguém pode, arbitrariamente, fazer justiça por si mesmo. Se tenho ou suponho ter um direito contra alguém, e este não o reconhece ou se nega a cumprir a obrigação correlata, não posso arvorar-me em juiz, decidindo unilateralmente a questão a meu favor e tomando, por minhas próprias mãos, aquilo que pretendo ser-me devido, ao invés de recorrer à autoridade judicial, a quem a lei atribui a função de resolver os dissídios privados. De outro modo, estaria implantada a indisciplina na vida social, pois já não haveria obrigatoriedade do apelo à justiça que o Estado administra, para impedir que os indivíduos, nas suas controvérsias, *ad arma veniant*.[366]

---

[365] PUGLIA, Ferdinando. *Manuale teorico pratico di diritto penale*. 2. ed. Napoli: A. Tocco, 1895. v. II, p. 185.
[366] HUNGRIA, Nélson. *Comentários ao Código Penal*. 2. ed. Rio de Janeiro: Forense, 1959. v. IX, p. 492.

6.10.8.4. Objeto material

É a pessoa ou a coisa contra a qual se dirige o exercício arbitrário das próprias razões.

6.10.8.5. Núcleo do tipo

O núcleo do tipo é "fazer" justiça pelas próprias mãos, no sentido de satisfazer pretensão pessoal sem socorrer-se ao Estado, mediante a atuação do Poder Judiciário. Trata-se de crime de forma livre, compatível com qualquer meio de execução. Assim sendo, o agente pode se valer de violência contra a pessoa ou contra a coisa, grave ameaça, fraude, ou ainda outro meio cabível, para satisfazer pretensão que reputa ser legítima.

Pretensão é um direito ou interesse que o sujeito tem (pretensão legítima) ou acredita ter (pretensão supostamente legítima). Constitui-se, na verdade, como pressuposto do crime. A pretensão pode relacionar-se a qualquer direito, ligado ou não à propriedade (exemplo: marido que força ao retorno conjugal a esposa que abandonou o lar).

É imprescindível a possibilidade de satisfação da pretensão em juízo, pois o exercício arbitrário das próprias razões integra o rol dos crimes contra a Administração da justiça. Portanto, não há falar no crime definido no art. 345 do Código Penal quando o sujeito busca algo impossível de ser obtido pela via legítima da atividade jurisdicional do Estado. Exemplificativamente, não há exercício das próprias razões, mas homicídio (CP, art. 121), quando uma pessoa mata seu devedor acreditando ser possível a imposição da pena capital para os inadimplentes contumazes. De igual modo, também não se caracteriza o crime em apreço quando o sujeito se vale de violência à pessoa ou grave ameaça para cobrar uma obrigação prescrita ou versando sobre objeto ilícito.

A pretensão, embora normalmente pertença ao próprio sujeito ativo, também pode ser de terceiro, desde que o agente atue na qualidade de seu representante legal ou mandatário.

Esta pretensão deve ser "legítima". Temos aqui um elemento normativo do tipo, pois seu significado somente pode ser alcançado mediante a valoração do caso concreto. A legitimidade da pretensão, com estribo na boa-fé do agente, é o fundamento da configuração do exercício arbitrário das próprias razões. Com efeito, se ausente esta intenção específica, a conduta importará na incidência de outros tipos penais, tais como o furto, o roubo, o estelionato, a apropriação indébita etc.

Mas qual é a razão de, mesmo diante da legitimidade da pretensão, a conduta acarretar a realização de crime contra a Administração da Justiça?

A resposta é simples. Nada obstante a legitimidade (real ou aparente) da pretensão, não se pode permitir aos particulares a invasão da competência exclusiva do Estado para solução dos litígios surgidos na vida em sociedade.

São exemplos de pretensões legítimas:

a) não há furto na subtração, pelo credor, da coisa móvel que se encontrava na residência do devedor, para pagamento de dívida já vencida;

b) a manutenção do paciente no hospital até o pagamento das despesas inerentes à internação e ao tratamento da doença não enseja o crime de sequestro, definido no art. 148 do Código Penal;

c) a cobrança forçada de dívida patrimonial não caracteriza constrangimento ilegal; e

d) a simulação de dívida objetivando alcançar de imediato certo bem não configura falsidade ideológica.

Embora o tipo penal, ao referir-se à pretensão, contenha a expressão "embora legítima", é pacífico que a ilegitimidade da pretensão não exclui automaticamente o crime tipificado no art. 345 do Código Penal. Com efeito, mesmo a pretensão ilegítima autoriza a aplicabilidade do crime de exercício arbitrário das próprias razões, desde que o agente esteja convencido do contrário, isto é, do seu caráter legítimo. Entretanto, para reconhecer a honestidade de tal convicção, exige-se ao menos uma aparência de direito (teoria da putatividade ou da aparência), uma fumaça do bom direito (*fumus boni iuris*), no sentido de que, se a pretensão fosse submetida à apreciação do Poder Judiciário, não seria considerada manifestamente temerária.

6.10.8.5.1. Exercício arbitrário das próprias razões e autotutela de um direito

A parte final do *caput* do art. 345 do Código Penal – "salvo quando a lei o permite" –, a despeito de interessante, mostra-se absolutamente desnecessária.

Com a utilização de mais um **elemento normativo do tipo**, o legislador desejou afirmar expressamente que não há crime de exercício arbitrário das próprias razões nas situações em que a lei taxativamente autoriza a autotutela de um direito. Em síntese, o fato é atípico quando a lei permite que se faça justiça pelas próprias mãos.

A **legítima defesa** é exemplo de autotutela. No entanto, o mais marcante de todos eles, sem dúvida alguma, é o instituto do **desforço imediato para proteção da posse**, consagrado no art. 1.210, § 1.º, do Código Civil: "O possuidor turbado, ou esbulhado, poderá manter-se ou restituir-se por sua própria força, contanto que o faça logo; os atos de defesa, ou de desforço, não podem ir além do indispensável à manutenção, ou restituição da posse".

Na verdade, a ressalva da parte final do *caput* do art. 345 ("salvo quando a lei o permite") nada mais faz do que estabelecer que não há crime quando o agente pratica o fato no exercício regular do direito, causa de exclusão da ilicitude disciplinada no art. 23, inc. III, *in fine*, do Código Penal. Como os representantes do Estado não têm meios para proteger em tempo integral os bens de todas as pessoas, permite-se aos particulares a defesa do seu patrimônio. Se a lei autoriza, não há crime algum.

6.10.8.5.2. A prostituição e o pagamento pelos serviços sexuais

A prostituta (ou prostituto) maior de idade e capaz que subtrai bens do cliente, visando o ressarcimento pelos serviços sexuais prestados, responde pelo crime de exercício arbitrário das próprias razões, e não pelo roubo. A prostituição constitui-se em atividade lícita, embora rotulada de imoral por algumas pessoas, circunstância que autoriza a cobrança em juízo de atividades que não foram voluntariamente pagas pelo beneficiário.[367]

6.10.8.6. Sujeito ativo

Cuida-se de **crime comum** ou **geral**: pode ser praticado por qualquer pessoa.

Se o sujeito ativo for funcionário público, que comete o delito prevalecendo-se da sua condição funcional, a ele serão imputados dois crimes, em concurso formal impróprio ou imperfeito, nos termos do art. 70, *caput*, parte final, do Código Penal: exercício arbitrário das próprias razões e abuso de autoridade (Lei 13.869/2019, art. 33, *caput*: "Art. 33. Exigir informação ou cumprimento de obrigação, inclusive o dever de fazer ou de não fazer, sem expresso amparo legal: Pena – detenção, de 6 (seis) meses a 2 (dois) anos, e multa"). É o que se verifica, exemplificativamente, quando um delegado de Polícia, proprietário de um imóvel alugado, dirige-se com a viatura à residência do inquilino inadimplente e, de arma em punho, de lá o expulsa, lançando em via pública todos os seus pertences.

---

[367] STJ: HC 211.888/TO, rel. Min. Rogerio Schietti Cruz, 6.ª Turma, j. 17.05.2016, noticiado no *Informativo* 584.

6.10.8.7. Sujeito passivo

É o Estado e, mediatamente, a pessoa física ou jurídica prejudicada pela conduta criminosa.

6.10.8.8. Elemento subjetivo

É o dolo, acompanhado de um especial fim de agir (elemento subjetivo específico), representado pela expressão "para satisfazer pretensão, embora legítima".

Surge, nesse ponto, uma relevante indagação: E se o sujeito ativo faz justiça pelas próprias mãos para satisfazer pretensão **ilegítima**? Subsiste o crime definido no art. 345 do Código Penal, ou deve o agente responder por crime diverso?

Magalhães Drummond sustenta que a pretensão sempre há de ser legítima, pois "fazer justiça" e "pretensão ilegítima" são conceitos que se repelem.[368] Ousamos discordar. Para nós, o "fazer justiça pelas próprias mãos" também compreende a hipótese em que o sujeito supõe, embora erroneamente, que a sua pretensão é legítima, e está sinceramente convencido de que defende um direito assegurado pelo ordenamento jurídico. Portanto, a expressão legal "embora legítima" deve igualmente abranger a pretensão ilegítima, desde que o agente disto não tenha consciência.[369]

Destarte, se o agente tem conhecimento da ilegitimidade da sua pretensão, estará excluído o exercício arbitrário das próprias razões e automaticamente caracterizado crime diverso (exemplos: furto, roubo, apropriação indébita etc.). Exemplificativamente, responde pelo crime de roubo aquele que, mediante grave ameaça, subtrai bens e exige o pagamento de juros oriundos do crime de usura.

Não se admite a modalidade culposa.

6.10.8.9. Consumação

Há duas posições sobre o assunto, dependendo da classificação doutrinária adotada levando-se em conta a relação entre conduta e resultado naturalístico no crime de exercício arbitrário das próprias razões:

a) **crime material ou causal**: como o núcleo do tipo é "fazer" justiça pelas próprias mãos, o crime se consuma com a satisfação da pretensão. Não obtido o resultado pretendido, haverá tentativa;[370]

b) **crime formal, de consumação antecipada ou de resultado cortado**: consuma-se com o emprego dos meios de execução, ainda que a pretensão não seja satisfeita.[371] É a posição a que nos filiamos, evidenciada pelo especial fim de agir contido no tipo penal: "para satisfazer pretensão". Basta a intenção de dirimir um conflito de interesses, ainda que tal propósito não seja concretizado. O Superior Tribunal de Justiça compartilha desse entendimento:

> O crime de exercício arbitrário das próprias razões é formal e consuma-se com o emprego do meio arbitrário, ainda que o agente não consiga satisfazer a sua pretensão. (...) Pela interpretação da elementar "para satisfazer", conclui-se ser suficiente, para a consumação do crime do art. 345 do Código Penal, que os atos que buscaram fazer justiça com as próprias mãos tenham visado obter a

---

[368] DRUMMOND, J. de Magalhães. *Comentários ao Código Penal*. Rio de Janeiro: Forense, 1944. v. IX, p. 383.
[369] Com igual pensamento: MAGALHÃES NORONHA, E. *Direito penal*. 16. ed. São Paulo: Saraiva, 1983. v. 4, p. 393.
[370] Cf. MIRABETE, Julio Fabbrini. *Manual de direito penal*. 22. ed. São Paulo: Atlas, 2007. v. 3, p. 418.
[371] É, entre tantos outros, o entendimento de BITENCOURT, Cezar Roberto. *Tratado de direito penal*. 3. ed. São Paulo: Saraiva, 2009. v. 5, p. 325.

pretensão, mas não é necessário que o agente tenha conseguido efetivamente satisfazê-la, por meio da conduta arbitrária. A satisfação, se ocorrer, constitui mero exaurimento da conduta. Sendo assim, por se tratar de crime formal, uma vez praticados todos os atos executórios, consumou-se o delito, a despeito de o autor da conduta não ter logrado êxito em sua pretensão, que, no caso, era a de pegar o celular de propriedade da vítima, a fim de satisfazer dívida que esta possuía com ele.[372]

6.10.8.10. Tentativa

É possível, qualquer que seja a teoria adotada na seara do momento consumativo. De fato, o caráter plurissubsistente do delito autoriza o fracionamento do *iter criminis*.

6.10.8.11. Ação penal

A ação penal, em regra, é privada. Contudo, em consonância com o parágrafo único do art. 345 do Código Penal, a ação penal será pública incondicionada se presente a violência na execução do crime. A palavra "violência" deve ser compreendida como "violência à pessoa", pois, quando o Código Penal quer referir-se à violência moral (grave ameaça), expressamente o faz, como nos arts. 157, *caput*, 158, *caput*, e 213, *caput*, entre tantos outros.

É possível, portanto, extrair as seguintes conclusões acerca da ação penal no delito de exercício arbitrário das próprias razões:

a) **ação penal pública incondicionada**: emprego de violência contra a pessoa;[373]

b) **ação penal privada**: nos demais meios de execução do crime, aí se inserindo a ausência de violência de qualquer espécie (alteração pacífica do estado de coisas – exemplo: "A" entra na casa de "B", que estava em viagem, e recupera um bem que havia emprestado e ainda não fora devolvido), a violência contra a coisa (com ou sem dano), a grave ameaça e a fraude.

6.10.8.12. Lei 9.099/1995

O exercício arbitrário das próprias razões classifica-se como **infração penal de menor potencial ofensivo**. A pena máxima cominada (detenção de um mês) autoriza a aplicação da transação penal e do rito sumaríssimo, bem como da composição dos danos civis (na hipótese de ação penal privada), em conformidade com as disposições da Lei 9.099/1995.

6.10.8.13. Concurso material obrigatório

Se o exercício arbitrário das próprias razões for praticado com emprego de **violência à pessoa**, a lei determina o concurso material obrigatório, ou seja, a soma das penas entre o crime tipificado no art. 345 do Código Penal e o delito oriundo da violência, qualquer que seja ele (lesão corporal, leve, grave ou gravíssima, ou homicídio, consumado ou tentado).

---

[372] REsp 1.860.791/DF, rel. Min. Laurita Vaz, 6.ª Turma, j. 09.02.2021, noticiado no *Informativo* 685.
[373] No conceito de violência contra a pessoa também ingressam as "vias de fato", definidas como a agressão física sem intenção de lesionar. Entretanto, como estas não passam de mera contravenção penal, expressamente subsidiária e sempre absorvida pelos crimes em geral, a teor do art. 21 do Decreto-lei 3.688/1941 – Lei das Contravenções Penais –, é correto afirmar que a ação penal somente será pública incondicionada quando a violência consistir em crime contra a integridade corporal ou saúde (lesão corporal) ou mesmo contra a vida de outrem (homicídio consumado ou tentado).

No entanto, não se aplica a regra de concurso material obrigatório se da conduta resultarem vias de fato, pois esta contravenção penal, definida no art. 21 do Decreto-lei 3.688/1941, sempre é absorvida pelo crime de que é meio de execução (subsidiariedade expressa).

6.10.8.14. Classificação doutrinária

O exercício arbitrário das próprias razões é crime **simples** (ofende um único bem jurídico); **comum** (pode ser cometido por qualquer pessoa); **formal** ou **material** (há duas posições doutrinárias sobre o assunto); **de dano** (causa lesão à Administração da justiça); **de forma livre** (admite qualquer meio de execução); em regra **comissivo**; **instantâneo** (consuma-se em um momento determinado, sem continuidade no tempo); **unissubjetivo, unilateral ou de concurso eventual** (praticado por um só agente, mas admite concurso); e normalmente **plurissubsistente**.

6.10.9. Art. 346 – Subtração ou dano de coisa própria em poder de terceiro

6.10.9.1. Dispositivo legal

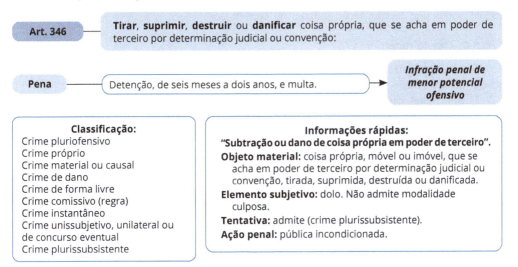

6.10.9.2. Denominação

Ao contrário do que se verifica na imensa maioria dos crimes definidos na Parte Especial do Código Penal, no art. 346 o legislador não atribuiu um *nomen iuris* à conduta de "tirar, suprimir, destruir ou danificar coisa própria, que se acha em poder de terceiro por determinação judicial ou convenção".

A doutrina, levando em conta a descrição típica, convencionou chamar este crime de "subtração ou dano de coisa própria em poder de terceiro", terminologia que nos parece mais adequada em face das elementares do tipo penal, "furto ou dano de coisa própria em poder de terceiro", "subtração, supressão ou danificação da coisa própria no legítimo poder de terceiro",[374] "inovação sobre coisa própria" ou "modalidade de exercício arbitrário das próprias razões",[375] embora mais severamente punida.

---

[374] Esta foi a terminologia adotada pelo Código Penal de 1969, que foi revogado durante seu período de *vacatio legis*, razão pela qual não chegou a entrar em vigor.

[375] O Supremo Tribunal Federal e o Superior Tribunal de Justiça já utilizaram esta nomenclatura nos seguintes julgados: STF – HC 100.459/SP, rel. Min. Gilmar Mendes, 2.ª Turma, j. 28.02.2012, noticiado no *Informativo* 656; e STJ – HC 128.937/SP, rel. Min. Maria Thereza de Assis Moura, 6.ª Turma, j. 02.06.2009, noticiado no *Informativo* 397.

6.10.9.3. Objetividade jurídica

O bem jurídico penalmente tutelado é a Administração da Justiça, relativamente ao desrespeito e à violação de determinação judicial ou contrato. A lei busca resguardar a proibição, o respeito e a confiabilidade da justiça enquanto instituição e como função.[376]

Há vozes no sentido da inconstitucionalidade da parte final do art. 346 do Código Penal ("ou convenção"), pois estar-se-ia permitindo a imposição de pena privativa de liberdade como decorrência de dívida civil. Esta tese não pode ser acolhida, pois o bem jurídico penalmente protegido não é o patrimônio, e sim a Administração da justiça. Assim sendo, não pode o proprietário da coisa, que se encontra em poder de terceiro por desdobramentos contratuais ou em razão de determinação judicial, tirá-la à força.

Como já se pronunciou o Superior Tribunal de Justiça: "Não há que se falar em inconstitucionalidade da parte final do artigo 346 do Código Penal, por que não importa em prisão por dívida, sendo o objeto jurídico tutelado a boa administração da justiça, que possui dignidade penal".[377]

Em um plano secundário, também se protege o patrimônio do terceiro que tinha a coisa em seu poder por determinação judicial ou convenção.

6.10.9.4. Objeto material

É a coisa própria, móvel ou imóvel, que se acha em poder de terceiro por determinação judicial ou convenção, tirada, suprimida, destruída ou danificada.

O tipo penal não abarca a coisa própria que se acha em poder de terceiro por **decisão administrativa**. Não se caracteriza o delito, exemplificativamente, quando o agente subtrai do pátio da Polícia Rodoviária seu automóvel, o qual fora apreendido porque estava com a documentação irregular.

Em se tratando de coisa comum, ou seja, pertencente não apenas ao sujeito ativo, mas também ao coerdeiro, sócio ou condômino, estará caracterizado o crime de furto de coisa comum, nos termos do art. 156 do Código Penal.

Por sua vez, se a coisa funcionar como garantia de execução, que vem a ser fraudada pelo devedor, mediante sua alienação, desvio, destruição ou danificação, incidirá o crime de fraude à execução, definido no art. 179 do Código Penal.

Finalmente, se a coisa pertencer a terceiro, estaremos diante dos crimes de furto ou de dano, previstos nos arts. 155 e 163 do Código Penal, respectivamente.

6.10.9.5. Núcleos do tipo

O art. 346 do Código Penal contém quatro núcleos: "tirar", "suprimir", "destruir" e "danificar".

Tirar é subtrair, ou seja, retirar o bem do poder de quem a detém, invertendo sua posse; **suprimir** é eliminar, fazer desaparecer a coisa; **destruir** é subverter a coisa em sua individualidade, ainda que não anulada a matéria que a compõe; e **danificar** é estragar o bem, depreciando-o. No primeiro núcleo, somente a coisa móvel pode ser objeto material, ao contrário dos demais, compatíveis com bens móveis e imóveis.

Cuida-se de **tipo misto alternativo**, **crime de ação múltipla** ou **de conteúdo variado**. A realização de dois ou mais núcleos contra o mesmo objeto material e no mesmo desdobramento fático caracteriza um único delito. Vejamos um exemplo: "A" subtrai do depositário sua motocicleta apreendida por ordem judicial, e posteriormente a destrói, incendiando-a.

---

[376] STF: HC 100.459/SP, rel. Min. Gilmar Mendes, 2.ª Turma, j. 28.02.2012, noticiado no *Informativo* 656.
[377] HC 128.937/SP, rel. Min. Maria Thereza de Assis Moura, 6.ª Turma, j. 02.06.2009.

6.10.9.6. Sujeito ativo

O crime é **próprio** ou **especial**, pois somente pode ser praticado pelo proprietário da coisa (móvel ou imóvel) que se acha em poder de terceiro por determinação judicial ou convenção. Este terceiro pode, mas não necessariamente há de ser credor do agente.

6.10.9.7. Sujeito passivo

É o Estado e, mediatamente, a pessoa física ou jurídica lesada pela conduta criminosa.

6.10.9.8. Elemento subjetivo

É o dolo, independentemente de qualquer finalidade específica, nada obstante a conduta criminosa seja geralmente praticada para provocar prejuízo patrimonial ao credor ou a terceira pessoa. Destarte, pouco importam os motivos que levaram o proprietário da coisa a cometer o delito. Em outras palavras, não se exige tenha o agente a intenção de satisfazer pretensão legítima ou que supõe ser legítima.

Não se admite a modalidade culposa.

6.10.9.9. Consumação

Trata-se de **crime material** ou **causal**: consuma-se com a efetiva subtração (retirada), supressão, destruição ou danificação da coisa própria que se acha em poder de terceiro por determinação judicial ou convenção.

6.10.9.10. Tentativa

É cabível, em face da natureza plurissubsistente do delito, possibilitando o fracionamento do *iter criminis*.

6.10.9.11. Ação penal

A ação penal é pública incondicionada. Não há previsão de ação penal privada quando o crime é praticado sem violência contra a pessoa, tal como ocorre no exercício arbitrário das próprias razões (CP, art. 345, parágrafo único).

6.10.9.12. Lei 9.099/1995

Em face do máximo da pena privativa de liberdade cominada (detenção de dois anos), o crime previsto no art. 346 do Código Penal constitui-se em **intração penal de menor potencial ofensivo**, compatível com a transação penal e com o rito sumaríssimo, em conformidade com a Lei 9.099/1995.

6.10.9.13. Classificação doutrinária

O crime tipificado no art. 346 do Código Penal é **pluriofensivo** (ofende mais de um bem jurídico: a Administração da Justiça e o patrimônio de terceiro); **próprio** (somente pode ser cometido pelo titular da coisa); **material** ou **causal** (consuma-se com a efetiva subtração, supressão, destruição ou danificação do bem); **de dano** (causa lesão à Administração da justiça); **de forma livre** (admite qualquer meio de execução); em regra **comissivo**; **instantâneo** (consuma-se em um momento determinado, sem continuidade no tempo); **unissubjetivo, unilateral ou de concurso eventual** (praticado por um só agente, mas admite concurso); e normalmente **plurissubsistente**.

6.10.10. Art. 347 – Fraude processual

6.10.10.1. Dispositivo legal

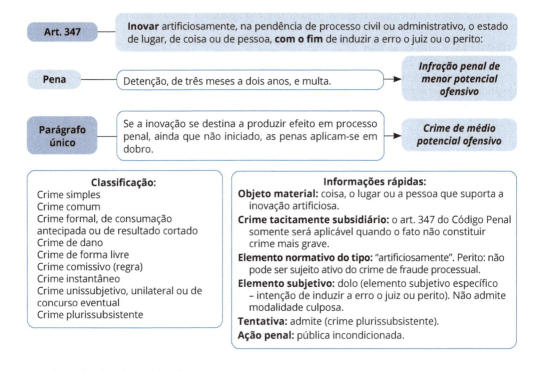

6.10.10.2. Objetividade jurídica

O bem jurídico penalmente tutelado é a Administração da justiça, especificamente no campo da correta aplicação da lei, atividade que não pode ser submetida a artifícios destinados ao falseamento da prova, e, por corolário, aos erros de julgamento, a favor ou contra qualquer das partes envolvidas em um litígio.

6.10.10.3. Objeto material

É a coisa, o lugar ou a pessoa que suporta a inovação artificiosa.

6.10.10.4. Subsidiariedade tácita ou implícita

A fraude processual é crime tacitamente subsidiário, ou seja, o art. 347 do Código Penal somente será aplicável quando o fato não constituir crime mais grave. Se existir outro delito com pena mais elevada, a fraude processual restará absorvida. É o que se verifica, exemplificativamente, na comparação com os crimes de falsidade documental (CP, arts. 297 e 298), supressão ou alteração de marca em animais (CP, art. 162) e ocultação de cadáver (CP, art. 211).

6.10.10.5. Núcleo do tipo

O núcleo do tipo é "inovar", no sentido de modificar ou alterar algo, introduzindo uma novidade.

O legislador introduziu no *caput* do art. 347 do Código Penal um **elemento normativo**. Com efeito, nem toda inovação enseja o surgimento do crime de fraude processual. A inovação deve operar-se "artificiosamente", ou seja, **com emprego de ardil ou fraude material** para enganar o juiz ou o perito.

Esta inovação artificiosa precisa relacionar-se, necessariamente, ao **estado de lugar**, **de coisa** ou **de pessoa**, e, repita-se, ser efetuada fraudulentamente.

Lugar é o local ou ambiente (exemplo: limpar manchas de sangue existentes no palco do homicídio); a **coisa** pode ser móvel ou imóvel (exemplos: colocar uma arma de fogo na mão da pessoa dolosamente assassinada, para simular suicídio, ou lavar as roupas vestidas pelo autor dos disparos de arma de fogo, para remover vestígios de pólvora e de sangue da vítima); e a **pessoa**, por sua vez, pode ser alterada em seu estado físico ou exterior, e não no psíquico (exemplo: cirurgia plástica para o autor do crime não ser reconhecido por testemunhas), e também no estado anatômico ou interno (exemplo: cirurgia de esterilização sexual para livrar-se da acusação de estupro do qual resultou a gravidez da vítima).

O tipo penal não alcança as alterações naturais dos lugares (exemplo: crescimento do mato existente no local do crime), das coisas (exemplo: doença que acarreta a morte do cão bravio utilizado como instrumento do crime) ou das pessoas (exemplo: crescimento da barba ou bigode e queda dos cabelos do réu antes do reconhecimento pela vítima em juízo).

A inovação artificiosa há de ocorrer na pendência de **processo civil** ou **administrativo**, com o fim de induzir a erro o juiz ou o perito. Nesse caso, estará caracterizada a **modalidade simples** da fraude processual, definida no *caput* do art. 347 do Código Penal. Exige-se a prática da fraude depois de iniciada ou em curso a atividade processual.[378]

No entanto, se a inovação se destina a produzir efeito em **processo penal, ainda que não iniciado**, as penas aplicam-se em dobro. Incide a regra contida no art. 347, parágrafo único, do Código Penal. O tratamento penal mais rigoroso se justifica pela intenção do agente em burlar a verdade real que norteia o processo penal. O interesse do Estado na honestidade da prova é maior quando se encontra em jogo a liberdade do cidadão. O processo penal, por si só, é extremamente invasivo. E será ainda mais traumático quando baseado em provas falsas que levam a decisões injustas.

A expressão "ainda que não iniciado" é cristalina ao permitir a configuração do crime de fraude processual quando a conduta é praticada no bojo de inquérito policial ou de outro procedimento investigatório, a exemplo das investigações autônomas conduzidas pelo Ministério Público. Vale frisar que não existe regra análoga no tocante ao processo civil ou administrativo.

Nada obstante o parágrafo único do art. 347 do Código Penal aparentemente contemple uma causa de aumento da pena, trata-se na verdade de **tipo penal autônomo** em relação ao *caput*. Isto porque destina-se especificamente para o caso de a inovação artificiosa ocorrer em processo penal, ainda que não iniciado. Na ótica do Supremo Tribunal Federal ao julgar o *habeas corpus* impetrado em favor do médico Farah Jorge Farah:

> Crime de fraude processual. Homicídio doloso praticado dentro de clínica médica. Limpeza do local para eliminação de vestígios de sangue. Artifício que tenderia a induzir em erro o juiz de ação penal. Fato típico em tese. Inexistência de processo civil ou de procedimento adminis-

---
[378] O art. 77, inc. VI, do Código de Processo Civil estatui ser dever das partes, de seus procuradores e de todos aqueles que de qualquer forma participem do processo, não praticar inovação ilegal no estado de fato de bem ou direito litigioso.

trativo. Irrelevância. Ato dirigido a produzir efeito em processo penal, ainda que não iniciado. Correspondência ao **tipo autônomo** previsto no parágrafo único do art. 347 do Código Penal. Hipótese normativa que não é de causa de aumento de pena. Inteligência do texto do art. 347, que contém duas normas. O art. 347 do Código Penal contém duas normas autônomas: a do *caput*, que pune artifício tendente a produzir efeitos em processo civil ou procedimento administrativo já em curso; e a do parágrafo único, que pune ato voltado a produzir efeitos em processo criminal, ainda que não iniciado.[379]

Anote-se que, nos crimes de ação penal pública condicionada à representação do ofendido ou do Ministro da Justiça, e ainda nos crimes de ação penal exclusivamente privada e de ação penal privada personalíssima, somente se poderá falar no delito de fraude processual após o oferecimento da condição de procedibilidade (representação ou requisição) ou da queixa-crime.

6.10.10.6. Sujeito ativo

Trata-se de **crime comum** ou **geral**, passível de ser praticado por qualquer pessoa, independentemente de possuir ou não interesse no processo civil, administrativo ou penal. Desta forma, podem figurar como autor do delito as partes (autor, réu, assistente litisconsorcial etc.) ou seus procuradores, bem como pessoas alheias à causa, tais como os parentes e amigos dos envolvidos na relação processual.

O funcionário público pode cometer fraude processual. Entretanto, se ele solicitar, receber ou aceitar promessa de vantagem indevida para inovar artificiosamente no curso do processo, a ele será imputado o delito de corrupção passiva (CP, art. 317), em face da subsidiariedade implícita do crime definido no art. 347 do Código Penal.

6.10.10.6.1. A questão da conduta praticada pelo perito

Na seara do exame de corpo de delito e das perícias em geral, estabelece o art. 169 do Código de Processo Penal:

> Art. 169. Para o efeito de exame do local onde houver sido praticada a infração, a autoridade providenciará imediatamente para que não se altere o estado das coisas até a chegada dos peritos, que poderão instruir seus laudos com fotografias, desenhos ou esquemas elucidativos.
>
> Parágrafo único. Os peritos registrarão, no laudo, as alterações do estado das coisas e discutirão, no relatório, as consequências dessas alterações na dinâmica dos fatos.

Diante da análise do mencionado dispositivo legal, surge uma indagação. O perito pode ser sujeito ativo do crime de fraude processual?

E a resposta é negativa. De fato, ainda que o perito, a título ilustrativo, inove artificiosamente no âmbito de inquérito policial (exemplo: limpando as impressões digitais encontradas no cenário do crime), com o manifesto propósito de induzir a erro o juiz, a ele será imputado o crime de falsa perícia, em sua modalidade agravada (CP, art. 342, § 1.º). O conflito aparente de normas penais é solucionado pelo **princípio da especialidade**: o falso testemunho (crime especial) afasta a aplicação da fraude processual (crime genérico ou geral).

---

[379] STF: HC 88.733/SP, rel. Min. Cezar Peluso, 2.ª Turma, j. 17.10.2006.

6.10.10.7. Sujeito passivo

É o Estado e, mediatamente, a pessoa física ou jurídica prejudicada pela inovação artificiosa na pendência de processo civil, administrativo ou penal.

6.10.10.8. Elemento subjetivo

É o dolo, acrescido de um especial fim de agir (elemento subjetivo específico), consistente na intenção de induzir a erro o juiz ou perito.
Não se admite a modalidade culposa.

6.10.10.8.1. Distinção entre fraude processual e estelionato

O estelionato e a fraude processual apresentam um ponto em comum: o emprego da fraude (artifício) como meio de execução. Daí a razão de o crime tipificado no art. 347 do Código Penal ser também conhecido como "**estelionato processual**". No entanto, as diferenças entre tais delitos são nítidas, assentando-se no bem jurídico protegido e, principalmente, no especial fim de agir que norteia as condutas criminosas.

O estelionato (CP, art. 171) é crime contra o patrimônio, razão pela qual o sujeito ativo induz ou mantém alguém em erro para obter, para si ou para outrem, vantagem ilícita em prejuízo alheio. Por seu turno, a fraude processual é crime contra a Administração da justiça. O agente inova artificiosamente no processo com o escopo de induzir a erro o juiz ou o perito, pois a prova falsa se destina a obter um julgamento favorável ou prejudicial, dependendo do seu interesse no caso concreto.

6.10.10.9. Consumação

A fraude processual é **crime formal, de consumação antecipada** ou **de resultado cortado**. Consuma-se no momento em que o agente utiliza de artifício (meio fraudulento) para inovar na pendência de processo civil, administrativo, ou de processo penal, ainda que não iniciado, o estado de lugar, de coisa ou de pessoa, com o fim de induzir a erro o juiz ou o perito.

A parte final da descrição típica "com o fim de induzir a erro o juiz ou o perito" evidencia a natureza formal do delito. No plano da tipicidade, é irrelevante que ocorra ou não o engano do juiz ou perito, ou mesmo que, por um motivo qualquer, o processo não alcance a fase de julgamento ou não se realize o exame pericial, desde que o artifício seja idôneo a enganar o julgador ou o perito. Em qualquer hipótese a inovação já estará aperfeiçoada.

6.10.10.10. Tentativa

É possível, em razão do caráter plurissubsistente do delito, compatível com o fracionamento do *iter criminis*.

Para vislumbrar o *conatus*, entretanto, exige-se a idoneidade do meio fraudulento, que há de apresentar potencialidade real para enganar ou juiz ou perito. Com efeito, se o artifício era grosseiro, perceptível *ictu oculi* (a olho nu), não há falar em tentativa de fraude processual, mas em crime impossível pela ineficácia absoluta do meio de execução, a teor do art. 17 do Código Penal.

6.10.10.11. Ação penal

A ação penal é pública incondicionada.

6.10.10.12. Lei 9.099/1995

Na **modalidade prevista no *caput***, a fraude processual é **infração penal de menor potencial ofensivo**. A pena privativa de liberdade máxima cominada (dois anos), autoriza a transação penal e a utilização do rito sumaríssimo, nos termos da Lei 9.099/1995.

Por sua vez, a **modalidade autônoma delineada no parágrafo único** – fraude destinada a produzir prova em processo penal, ainda que não iniciado – constitui-se em **crime de médio potencial ofensivo**. A pena mínima não ultrapassa o limite de um ano, possibilitando a formulação de proposta de suspensão condicional do processo, desde que presentes os demais requisitos exigidos pelo art. 89 da Lei 9.099/1995.

6.10.10.13. Classificação doutrinária

A fraude processual é crime **simples** (ofende um único bem jurídico); **comum** (pode ser cometido por qualquer pessoa); **formal, de consumação antecipada** ou **de resultado cortado** (consuma-se com a prática da conduta, independentemente da produção do resultado naturalístico); **de dano** (causa lesão à Administração da justiça); **de forma livre** (admite qualquer meio de execução); em regra **comissivo**; **instantâneo** (consuma-se em um momento determinado, sem continuidade no tempo); **unissubjetivo, unilateral ou de concurso eventual** (praticado por um só agente, mas admite concurso); e normalmente **plurissubsistente**.

6.10.10.14. Fraude processual e limites do direito de não produzir prova contra si mesmo

O direito de não produzir prova contra si mesmo (*nemo tenetur se detegere*), corolário da ampla defesa e previsto expressamente no art. 8, item 2, g, do Pacto de San José da Costa Rica, incorporado ao direito pátrio pelo Decreto 678/1992, não autoriza a prática da fraude processual, isto é, não permite ao investigado ou acusado, ou a alguém em seu nome, a inovação artificiosa no curso de processo civil, administrativo ou penal, para ludibriar o juiz ou perito.

A propósito, o Superior Tribunal de Justiça assim se pronunciou no *habeas corpus* impetrado em favor de Alexandre Nardoni e Anna Carolina Jatobá, denunciados pelo homicídio triplamente qualificado de Isabela Nardoni, e também por fraude processual, em decorrência da alteração do local do crime:

> O direito à não autoincriminação não abrange a possibilidade de os acusados alterarem a cena do crime, inovando o estado de lugar, de coisa ou de pessoa, para, criando artificiosamente outra realidade, levar peritos ou o próprio Juiz a erro de avaliação relevante.[380]

Conclui-se, portanto, que não se autoincriminar é um direito do ser humano, o qual não pode ser confundido, em hipótese alguma, com comportamentos atentatórios ao normal exercício da prestação jurisdicional.

6.10.10.15. Fraude processual e Código de Trânsito Brasileiro

O art. 312 da Lei 9.503/1997 – Código de Trânsito Brasileiro – contempla uma **lei especial** em relação à fraude processual, incidente nas situações de acidente automobilístico com vítima. Sua redação é a seguinte:

---

[380] HC 137.206/SP, rel. Min. Napoleão Nunes Maia Filho, 5.ª Turma, j. 1.º.12.2009.

> Art. 312. Inovar artificiosamente, em caso de sinistro automobilístico com vítima, na pendência do respectivo procedimento policial preparatório, inquérito policial ou processo penal, o estado de lugar, de coisa ou de pessoa, a fim de induzir a erro o agente policial, o perito ou o juiz:
>
> Pena – detenção, de seis meses a um ano, ou multa.
>
> Parágrafo único. Aplica-se o disposto neste artigo, ainda que não iniciados, quando da inovação, o procedimento preparatório, o inquérito ou o processo aos quais se refere.

6.10.10.16. Abuso de autoridade

O art. 23 da Lei 13.869/2019 define, como abuso de autoridade, conduta com diversos pontos em comum ao delito de fraude processual:

> Art. 23. Inovar artificiosamente, no curso de diligência, de investigação ou de processo, o estado de lugar, de coisa ou de pessoa, com o fim de eximir-se de responsabilidade ou de responsabilizar criminalmente alguém ou agravar-lhe a responsabilidade:
>
> Pena – detenção, de 1 (um) a 4 (quatro) anos, e multa.
>
> Parágrafo único. Incorre na mesma pena quem pratica a conduta com o intuito de:
>
> I – eximir-se de responsabilidade civil ou administrativa por excesso praticado no curso de diligência;
>
> II – omitir dados ou informações ou divulgar dados ou informações incompletos para desviar o curso da investigação, da diligência ou do processo.

6.10.10.17. *Cadeia de custódia, coleta de vestígios e fraude processual*

Cadeia de custódia é o conjunto de todos os procedimentos utilizados para manter e documentar a história cronológica do vestígio coletado em locais ou em vítimas de crimes, para rastrear sua posse e manuseio a partir de seu reconhecimento até o descarte (CPP, art. 158-A, *caput*).

A coleta de vestígios deverá ser realizada preferencialmente por perito oficial, que dará o encaminhamento necessário para a central de custódia, mesmo quando for necessária a realização de exames complementares (CPP, art. 158-C).

Para viabilizar o trabalho do perito, bem como a confiabilidade e a eficácia do exame pericial, é vedada a entrada de pessoas em locais isolados, assim como a remoção de quaisquer vestígios de locais de crime antes da liberação pelo perito responsável. O descumprimento dessa proibição caracteriza o crime de fraude processual. É o que se extrai do art. 158-C, § 2.º, do Código de Processo Penal:

> Art. 158-C, § 2.º: É proibida a entrada em locais isolados, bem como a remoção de quaisquer vestígios de locais de crime antes da liberação por parte do perito responsável, sendo tipificada como fraude processual a sua realização.

6.10.11. Art. 348 – Favorecimento pessoal

6.10.11.1. Dispositivo legal

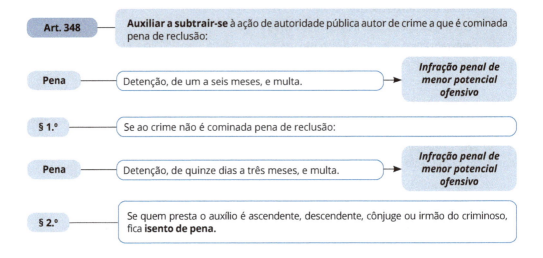

Classificação:	Informações rápidas:
Crime simples Crime comum Crime material ou causal Crime de dano Crime de forma livre Crime comissivo Crime instantâneo Crime unissubjetivo, unilateral ou de concurso eventual Crime plurissubsistente (regra)	**Homizio.** **Objeto material:** autoridade pública prejudicada no desempenho das suas funções em razão do favorecimento ao autor de crime. **Crime acessório, de fusão ou parasitário:** depende da prática anterior de um crime (não alcança a contravenção penal). Não há favorecimento pessoal quando o fato praticado encontra-se acobertado por alguma causa excludente da ilicitude, da culpabilidade, da punibilidade ou uma escusa absolutória. **Elemento subjetivo:** dolo. Não admite modalidade culposa. **Tentativa:** admite (crime plurissubsistente). **Ação penal:** pública incondicionada. **Escusa absolutória:** art. 348, § 2.º (rol exemplificativo).

6.10.11.2. Introdução

O favorecimento pessoal, também conhecido como **homizio**,[381] consiste no auxílio prestado para que o autor de crime não seja alcançado pela autoridade pública, mediante a dissimulação do criminoso ou facilitação de sua fuga. A incriminação limita-se, portanto, à assistência prestada ao criminoso para subtrair-se da ação do representante do Estado.

6.10.11.3. Objetividade jurídica

O bem jurídico penalmente tutelado é a Administração da Justiça, relativamente à eficiência da atuação das autoridades públicas responsáveis pela persecução penal. Busca-se impedir

---

[381] A palavra deriva do verbo *homiziar*: "dar guarida, abrigo, refúgio, esconder à vigilância da justiça" (FERREIRA, Aurélio Buarque de Holanda. *Novo dicionário Aurélio da língua portuguesa*. 2. ed. Rio de Janeiro: Nova Fronteira, 1986. p. 904).

a criação de obstáculos no combate ao crime, pois as pessoas em geral se de um lado não têm a obrigação legal de colaborar com a justiça, de outro lado também não podem dificultar suas atividades.

6.10.11.4. Objeto material

É a **autoridade pública** prejudicada no desempenho das suas funções em razão do favorecimento ao autor de crime. Nessa expressão ("autoridade pública") ingressam todos os agentes públicos incumbidos do enfrentamento da criminalidade, como é o caso dos policiais civis e militares, entre outros.

6.10.11.5. Núcleo do tipo

O núcleo do tipo é "**auxiliar**", conjugado à expressão "**a subtrair-se**": pune-se a conduta de quem idoneamente ajuda o autor de crime a fugir, esconder-se ou de qualquer modo evitar a ação da autoridade pública. Não é necessário que o autor de crime esteja sendo perseguido ou procurado pela autoridade pública no momento em que o auxílio lhe é prestado. Basta a possibilidade de vir a fazê-lo, a qual é inquestionável justamente em decorrência da prática do delito.

A palavra "autor" de crime há de ser interpretada em sentido amplo, abrangendo todo e qualquer responsável pelo delito (autor, coautor e partícipe). A razão desta conclusão é simples. A redação do art. 348 do Código Penal é anterior à reforma da Parte Geral pela Lei 7.209/1984, época em que não se falava em participação, mas somente em autoria e coautoria (que, na verdade, nada mais é do que a autoria por duas ou mais pessoas).

Fácil perceber, portanto, que não se amolda ao tipo penal o comportamento de simplesmente induzir ou instigar o autor do crime a furtar-se da ação da autoridade pública, como no exemplo do advogado que orienta seu cliente a fugir para outro Estado até a extinção da punibilidade (pela prescrição ou outra causa) do crime por ele praticado.

No entanto, é perfeitamente possível a participação tanto por induzimento como por instigação ao auxílio prestado por outra pessoa ao criminoso. Exemplo: "A" convence "B" a esconder "C", procurado pela polícia em razão do cometimento de um crime, em sua casa.

O crime de favorecimento pessoal somente pode ser praticado por **ação** (crime comissivo). De fato, não há como auxiliar alguém a subtrair-se da ação da autoridade mediante omissão. Destarte, é atípico o fato de não comunicar à autoridade pública o local em que se encontra o autor de crime, ainda que esta circunstância seja do conhecimento do agente.

6.10.11.5.1. Favorecimento pessoal e prática anterior de um crime

A análise do art. 348, *caput*, do Código Penal deixa claro que o favorecimento pessoal depende da prática anterior de um crime. Trata-se, pois, de **crime acessório**, **de fusão** ou **parasitário**.

Este crime pode ser de qualquer natureza: doloso, culposo ou preterdoloso, consumado ou tentado, de ação penal pública (incondicionada ou condicionada) ou de ação penal privada. Observe-se, porém, que, se o crime antecedente é de ação penal privada, ou então de ação penal pública condicionada à representação do ofendido ou do Ministro da Justiça, não estará configurado o crime de favorecimento pessoal antes do ajuizamento da queixa-crime ou do oferecimento da representação ou da requisição.

A razão desta conclusão é simples. Sem a provocação do Poder Judiciário nos crimes de ação privada, ou sem a apresentação da condição de procedibilidade, nos crimes de ação penal pública condicionada, o Estado estará impedido de exercer sua pretensão punitiva, não se podendo falar em crime contra a Administração da justiça.

Se o crime antecedente classificar-se como de ação penal pública incondicionada, não se exige tenha sido instaurado inquérito policial ou qualquer outro procedimento investigatório para apuração dos fatos, nem muito menos a existência de denúncia, pronúncia ou de sentença condenatória já proferida. O favorecimento pessoal surge com a mera prestação do auxílio.

Igual raciocínio se aplica aos crimes de ação penal pública condicionada, desde que já tenha sido lançada a condição de procedibilidade por quem de direito (ofendido, seu representante legal ou Ministro da Justiça). Contudo, nos crimes de ação penal privada é imprescindível o ajuizamento da queixa-crime.

A palavra "crime" foi utilizada em sentido técnico. Não alcança a contravenção penal. Se este fosse o espírito da lei, o legislador teria empregado a expressão "infração penal", o que decididamente não fez.

Além disso, ao falar em "autor de crime a que é cominada pena" (reclusão, no *caput*, ou outra qualquer, no § 1.º), o Código Penal é peremptório ao estabelecer que não há favorecimento pessoal no ato de auxiliar um menor de idade ou algum outro inimputável a subtrair-se da ação da autoridade. Nesses casos, não há possibilidade de aplicação de pena, mas somente de medidas de proteção ou socioeducativas, aos menores de 18 anos de idade, ou medidas de segurança, no tocante aos demais inimputáveis (doença mental, desenvolvimento mental incompleto ou desenvolvimento mental retardado).

6.10.11.5.1.1. Espécies de favorecimento pessoal

Qualquer crime anterior abre ensejo ao surgimento do favorecimento pessoal. Entretanto, a natureza (e não a quantidade) da pena cominada ao delito antecedente autoriza a divisão do crime tipificado no art. 348 do Código Penal em duas espécies:

a) **Favorecimento pessoal simples**: ao crime anterior é cominada pena de reclusão (*caput*). A pena do favorecimento pessoal varia de um a seis meses de detenção, e multa; e

b) **Favorecimento pessoal privilegiado**: ao crime anterior não é cominada pena de reclusão, podendo ser detenção ou de natureza diversa, a exemplo do que ocorre no art. 28 da Lei 11.343/2006 – Lei de Drogas. Nessa hipótese, a pena do favorecimento pessoal consiste em detenção, de quinze dias a três meses, e multa.

6.10.11.5.1.2. Viabilidade do crime anterior

O favorecimento pessoal, em face do seu caráter de crime acessório, de fusão ou parasitário, pressupõe a prática anterior de um outro crime. O texto legal se contenta com isto. É pouco. Não basta a existência de um crime anterior. Este delito deve se revestir de viabilidade jurídica, no sentido de permitir a prolação de sentença condenatória ao seu responsável.

Em verdade, não há favorecimento pessoal quando o fato praticado encontra-se acobertado por alguma **causa excludente da ilicitude**. Nesse caso, sequer se pode falar na existência de crime anterior, pois o art. 23 do Código Penal é claro ao utilizar a expressão "não há crime".

Também não há favorecimento pessoal quando o fato antecedente guarda relação com uma **causa excludente da culpabilidade**. Para os partidários do conceito tripartido de crime (fato típico + ilicitude + culpabilidade), não há crime; para os adeptos do conceito bipartido (fato típico + ilicitude), nada obstante exista um crime, o Estado não pode punir seu responsável, e o art. 348 do Código Penal refere-se à "ação de autoridade pública", inadmissível quando não se pode aplicar uma pena.

Se não bastasse, também não há falar em favorecimento pessoal quando o responsável pelo crime tem em seu favor uma **causa extintiva da punibilidade** ou uma **escusa absolutória**.

Embora esteja caracterizado um crime anterior, o Estado encontra-se privado do seu poder punitivo, afastando a "ação de autoridade pública" em relação a qual o auxílio é prestado.

6.10.11.5.1.2.1. Crime anterior e sentença de absolvição

Se o autor do crime anterior vier a ser absolvido, qualquer que seja o fundamento indicado no art. 386 do Código de Processo Penal (inclusive falta de provas), estará excluído o favorecimento pessoal. Assim agindo, o Poder Judiciário terá decidido que não era legítima a "ação da autoridade pública" que ensejou a prestação do auxílio.

Conclui-se, pois, que, muito embora não seja necessária a condenação do autor do crime anterior para a consumação do favorecimento pessoal, na prática é prudente aguardar o desfecho da ação penal relativa ao crime antecedente para posteriormente, se for o caso, punir o responsável pelo delito contido no art. 348 do Código Penal.

Este procedimento evita decisões conflitantes, excluindo a possibilidade de alguém ser condenado pelo favorecimento pessoal (ou receber alguma pena em sede de audiência preliminar, em face do seu caráter de infração penal de menor potencial ofensivo), quando o autor do crime anterior vem a ser absolvido.

Vale destacar, porém, que, se esta contradição ocorrer, e a condenação já encontrar-se acobertada pelo fenômeno da coisa julgada, será possível a utilização da revisão criminal para desconstituição da decisão judicial, com fulcro no art. 621, inc. III, 1.ª parte, do Código de Processo Penal.

6.10.11.5.2. Diferença entre favorecimento pessoal e participação em outro crime

O favorecimento pessoal pressupõe a prestação de auxílio ao criminoso. Este auxílio, contudo, não pode ocorrer a qualquer tempo. É imprescindível sua verificação unicamente após a consumação do crime praticado pelo favorecido. Em outras palavras, já consumado um crime, o sujeito auxilia seu autor a subtrair-se da ação da autoridade pública. Exemplo: "A" encontra "B", seu amigo, com uma faca na mão e com a roupa manchada de sangue. Ciente de que "B" havia acabado de matar "C", e estava sendo procurado por policiais, "A" esconde o criminoso em sua residência.

O favorecimento dirige-se ao criminoso, para sua fuga ou ocultação, **e jamais ao crime**. Não há contribuição alguma para a idealização ou execução do crime anterior, pois dele o agente só veio a tomar conhecimento após sua consumação.

Deveras, se o auxílio foi prestado ou mesmo prometido antes ou durante a execução do crime inicialmente desejado, não há falar em favorecimento pessoal, mas em participação em relação àquele delito. Não há dúvida que, ao auxiliar (ou prometer fazê-lo) alguém antes ou durante a prática de um crime, o sujeito a este concorreu, nos termos do art. 29, *caput*, do Código Penal: "Quem, de qualquer modo, concorre para o crime incide nas penas a este cominadas, na medida de sua culpabilidade".

No terreno da participação, auxiliar é facilitar, viabilizar materialmente a execução do crime, sem a realização da conduta penalmente descrita. O auxílio pode ser efetuado durante os atos preparatórios ou executórios, mas nunca depois da consumação, **salvo se ajustado previamente**. Exemplo: "A" diz a "B" que irá matar "C", desafeto de ambos, mas que precisa de ajuda para posterior fuga. Em razão disso, combinam que após a execução do crime "B" irá com seu carro ao encontro de "A", levando-o a local distante, o que vem a acontecer.

6.10.11.5.3. Crimes permanentes: favorecimento pessoal ou participação?

Nos crimes permanentes, compreendidos como aqueles em que a consumação se prolonga no tempo, por vontade do agente, o auxílio prestado ao autor do delito, antes de cessada a permanência, caracteriza participação, nos termos do art. 29, *caput*, do Código Penal, e não crime autônomo de favorecimento pessoal.

Vejamos um exemplo no contexto da extorsão mediante sequestro (CP, art. 159), crime indiscutivelmente de natureza permanente: "A" mantém a vítima em cativeiro, no interior de sua residência, aguardando o pagamento do resgate por parte dos seus familiares. Ao perceber que sua casa está cercada por policiais, "A" solicita ajuda ao seu vizinho, que o auxilia a fugir pelos fundos do seu imóvel, utilizando seu automóvel, levando consigo a pessoa sequestrada. Nesse caso, ainda não havia se encerrado o *iter criminis* da extorsão mediante sequestro, e o auxílio do vizinho à conduta do sequestrador configura concurso de pessoas, na modalidade participação, e não favorecimento pessoal, que pressupõe um crime já superado.

6.10.11.5.4. Favorecimento pessoal e exercício regular de direito

Nada obstante a presença do fato típico, não há favorecimento pessoal no comportamento do morador que impede o ingresso da autoridade pública em seu domicílio, **durante a noite**, mesmo que seja para prender um fugitivo em obediência a mandado judicial. Incide a excludente da ilicitude atinente ao exercício regular de direito (CP, art. 23, inc. III, *in fine*), assegurado pelo art. 5.º, inc. XI, da Constituição Federal: "a casa é asilo inviolável do indivíduo, ninguém nela podendo penetrar sem consentimento do morador, salvo em caso de flagrante delito ou desastre, ou para prestar socorro, ou, durante o dia, por determinação judicial".

Nesse caso, a autoridade pública deve cercar o imóvel, efetuando a diligência no dia seguinte, em consonância com as regras previstas nos arts. 245 e seguintes do Código de Processo Penal. Como leciona Guilherme de Souza Nucci:

> Nem se diga que, nessa situação, estaria configurado o flagrante delito de favorecimento pessoal, pois, repita-se, sendo direito do morador resguardar sua casa como asilo inviolável, durante a noite, é impossível dizer que tal atitude, por si só, configura o delito previsto neste artigo. Se, quando alvorecer, permanecer o impedimento, nesse caso, pode-se falar em favorecimento pessoal. Ademais, é preciso analisar quais outras condutas o morador tomou, além de impedir a entrada da polícia durante a noite. Se houve auxílio prestado, sob diferente formato, em tese, pode-se cuidar deste delito, mas, se a atitude restringiu-se a resguardar o seu lar da invasão policial após o anoitecer, nada há a ser punido.[382]

6.10.11.6. *Sujeito ativo*

O favorecimento pessoal é **crime comum** ou **geral**, podendo ser cometido por qualquer pessoa.

Não se caracteriza o delito previsto no art. 348 do Código Penal quando presente o **autofavorecimento**, isto é, alguma situação de crime praticado em concurso de pessoas na qual um dos agentes, para proteger-se da ação da autoridade pública, auxilia um ou mais comparsas a subtrair-se da ação da autoridade pública. Vejamos um exemplo: "A" e "B" praticam em coautoria um homicídio contra "C". Em seguida, "A" compra uma passagem de avião e a entrega a "B", que viaja para outro país. Assim agindo, "A" buscava impedir a prisão de "B" e sua confissão, na qual poderia ser delatado.

Nesse caso, não há dolo relativamente ao crime de favorecimento pessoal. Antes da vontade deliberada de auxiliar o autor (ou coautor) do crime a subtrair-se da ação da autoridade pública, visualiza-se da parte do sujeito o exercício do direito à ampla defesa, no tocante à autodefesa assegurada às pessoas em geral. Como esclarece Nélson Hungria:

---

[382] NUCCI, Guilherme de Souza. *Código Penal comentado*. 10. ed. São Paulo: RT, 2010. p. 1.209.

Não é crime o *autofavorecimento*, ainda que, no caso de *concursus delinquentium*, importe *necessariamente* favorecimento aos copartícipes. Somente quando inexista tal relação de *necessidade* é que o simultâneo auxílio aos comparsas constituirá o crime em exame.[383]

6.10.11.6.1. Favorecimento pessoal e advogados

Não há qualquer espécie de imunidade aos causídicos, que podem ser autores de favorecimento pessoal, desde que auxiliem seus clientes a subtraírem-se da ação da autoridade pública.

Como se sabe, os advogados não podem (e não devem) revelar o paradeiro do autor do crime, sob pena inclusive de caracterização do delito de violação do segredo profissional (CP, art. 154), sem prejuízo da responsabilidade disciplinar perante a Ordem dos Advogados do Brasil. Entretanto, há de se buscar o equilíbrio. Com efeito, se não há obrigação de indicar o local em que seu cliente se esconde, o patrono não tem o direito de ajudá-lo a fugir da atuação estatal. A dimensão da defesa não vai a ponto de ultrapassar os limites ético-jurídicos imprescindíveis à defesa da causa: a defesa deve esclarecer e não fraudar a justiça; ela é defesa do Direito, e jamais do crime.

6.10.11.6.2. A vítima do crime anterior como sujeito ativo do favorecimento pessoal

A vítima do crime antecedente pode ser autora do favorecimento pessoal. Trata-se de crime contra a Administração da justiça, motivo pelo qual o ofendido não tem o direito de invocar questões pessoais para auxiliar seu algoz a furtar-se da ação da autoridade pública.

É o que se verifica, a título ilustrativo, quando a vítima de extorsão mediante sequestro (CP, art. 159), depois de libertada e acometida pela "síndrome de Estocolmo",[384] engana os policiais, transmitindo-lhes falsas informações, para que o sequestrador tenha êxito na fuga.

6.10.11.7. Sujeito passivo

É o Estado.

6.10.11.8. Elemento subjetivo

É o dolo, ou seja, a vontade livre e consciente de auxiliar o autor de crime a subtrair-se da ação da autoridade pública. Dessa forma, exige-se o conhecimento da situação do favorecido, isto é, de que ele está sendo procurado pela autoridade, ou então que virá a sê-lo no futuro, em decorrência da sua posição de autor de crime.[385] Fácil perceber, portanto, não ser necessário que no momento do fato o autor do crime esteja sendo perseguido pela autoridade pública. Basta que, mais cedo ou mais tarde, o favorecido tenha de ser alcançado pela autoridade como criminoso.

Pouco importa se o sujeito ativo tem ciência do específico crime cometido pelo favorecido, dos integrais termos de eventual acusação contra ele lançada ou dos limites precisos da pena passível de aplicação. Basta seja o beneficiado pelo favorecimento autor de um crime.

---

[383] HUNGRIA, Nélson. *Comentários ao Código Penal*. 2. ed. Rio de Janeiro: Forense, 1959. v. IX, p. 507.

[384] Trata-se de estado psicológico desenvolvido por pessoas que são vítimas de sequestro. Surge a partir de tentativas da vítima de se identificar com seu captor ou de conquistar a simpatia do sequestrador. A síndrome recebe seu nome em referência ao famoso *Kreditbanken* em Norrmalmstorg, Estocolmo, que durou de 23 a 28.08.1973. Nesse acontecimento, as vítimas continuavam a defender seus captores mesmo depois dos seis dias de prisão física terem terminado e mostraram um comportamento reticente nos processos judiciais que se seguiram.

[385] Por esta razão, não se caracteriza o favorecimento pessoal quando o auxílio prestado por alguém ao autor de determinado delito (roubo, por exemplo, em que houve troca de tiros entre o assaltante e policiais) não visa sua fuga, e sim a prestação de indispensável atendimento médico.

É irrelevante, de igual modo, se quem favorece acredita na inocência ou na culpa da pessoa que auxilia a subtrair-se da ação da autoridade pública. Em síntese, não interessam os motivos – egoísticos ou altruísticos – que levaram à prática da conduta criminosa. A administração da justiça, bem jurídico protegido pela lei penal, não pode ficar à mercê das oscilações de comportamento daqueles que de um modo qualquer se propõem a ajudar criminosos a escapar do campo de incidência da lei penal.

A ignorância quanto a situação de pessoa procurada ou perseguida pela autoridade pública exclui o dolo, afastando a configuração do delito tipificado no art. 348 do Código Penal. Exemplificativamente, não pode ser responsabilizado por favorecimento pessoal o indivíduo que voluntariamente empresta seu automóvel a um amigo para uma viagem familiar durante um final de semana, quando na verdade ele buscava fugir da polícia em razão da prática anterior de um crime.

Na dúvida sobre o conhecimento pelo agente da situação do favorecido, é de reconhecer o dolo eventual. Em outras palavras, o crime de favorecimento pessoal admite o dolo direto e o dolo eventual. Nas palavras de Magalhães Noronha:

> Pode, entretanto, o autor manter dúvidas acerca do fato atribuído ao favorecido e se agir cometerá o crime. Não pode nem deve sobrepor-se à ação da autoridade, fundado na opinião que mantém. Se duvida e age, arrisca-se, e se arrisca, quer: haverá dolo eventual, equiparado por nossa lei ao direto.[386]

6.10.11.9. Consumação

O favorecimento pessoal é **crime material** ou **causal**: consuma-se com o efetivo auxílio, seguido da subtração do favorecido à ação da autoridade pública, ainda que por breve período. Destarte, se o criminoso provisoriamente conseguiu escapar da medida estatal em decorrência da ajuda do sujeito ativo, a realização posterior da medida cabível pela autoridade não afasta o delito, pois seu aperfeiçoamento já havia se verificado.

6.10.11.10. Tentativa

É possível, em face do caráter plurissubsistente do delito, permitindo o fracionamento do *iter criminis*. Exemplo: "A" esconde "B", autor de crime, em sua casa, mas a polícia, munida de mandado judicial, localiza "B" no interior de um armário, efetuando em seu desfavor o cumprimento de ordem judicial de prisão preventiva.

6.10.11.11. Ação penal

A ação penal é pública incondicionada.

6.10.11.12. Lei 9.099/1995

O favorecimento pessoal, tanto na forma simples (*caput*) como na modalidade qualificada (§ 1.º), é **infração penal de menor potencial ofensivo**, compatível com a transação penal e com rito sumaríssimo, em sintonia com as disposições da Lei 9.099/1995.

6.10.11.13. Classificação doutrinária

O favorecimento pessoal é crime **simples** (ofende um único bem jurídico); **comum** (pode ser cometido por qualquer pessoa); **material** ou **causal** (consuma-se com a produção

---

[386] MAGALHÃES NORONHA, E. *Direito penal*. 16. ed. São Paulo: Saraiva, 1983. v. 4, p. 404.

do resultado naturalístico, consistente na subtração do favorecido à ação da autoridade pública, mesmo que por curto período); **de dano** (causa lesão à Administração da justiça); **de forma livre** (admite qualquer meio de execução); **comissivo**; **instantâneo** (consuma-se em um momento determinado, sem continuidade no tempo); **unissubjetivo, unilateral ou de concurso eventual** (praticado por um só agente, mas admite concurso); e normalmente **plurissubsistente**.

6.10.11.14. Escusa absolutória: art. 348, § 2.º

Nos termos do art. 348, § 2.º, do Código Penal: "Se quem presta o auxílio é ascendente, descendente, cônjuge ou irmão do criminoso, fica isento de pena". Cuida-se de escusa absolutória, imunidade penal material ou absoluta, causa de impunibilidade absoluta, condição negativa de punibilidade ou causa pessoal de exclusão da pena.[387]

O favorecimento pessoal *inter proximos* está amparado nos laços de afeto que unem os membros de uma mesma família. O fundamento da opção legislativa é indiscutível: não há como obrigar, ainda que juridicamente, uma pessoa a negar auxílio ao seu cônjuge ou a familiar próximo.

De fato, o Código Penal previu esta escusa absolutória por **questão de ordem política**, em deferência ao interesse de solidariedade e harmonia no círculo da família.

6.10.11.14.1. Efeitos

A escusa absolutória contida no art. 348, § 2.º, do Código Penal acarreta a obrigatória isenção de pena no tocante ao autor do favorecimento pessoal. O crime permanece íntegro, e subsiste a culpabilidade do agente. Não há, contudo, possibilidade de imposição da pena.

Destarte, uma vez comprovada a presença da escusa absolutória, a autoridade policial estará proibida de instaurar termo circunstanciado, pois não há interesse apto a justificar o início da persecução penal no tocante a fato que o Estado não pode punir. De igual modo, caso o termo circunstanciado tenha sido instaurado, e concluído, o Ministério Público deverá promover seu arquivamento, e, se não o fizer, o magistrado terá que decidir pela rejeição da denúncia, em face da ausência de condição para o exercício da ação penal.

6.10.11.14.2. Prova do parentesco ou do estado civil

Para reconhecimento da escusa absolutória não basta a mera alegação de parentesco ou da situação de cônjuge entre o sujeito ativo e o favorecido. Reclama-se a comprovação desta posição jurídica, mediante documento hábil, a teor da regra contida no art. 155, parágrafo único, do Código de Processo Penal[388] (exemplos: certidão de nascimento, carteira funcional, cédula de identidade, certidão de casamento etc.).

6.10.11.14.3. Incomunicabilidade e erro quanto à pessoa

A escusa absolutória prevista no art. 348, § 2.º, do Código Penal não se comunica aos demais envolvidos no crime de favorecimento pessoal que não reúnam as condições legalmente exigidas para a isenção da pena. Não há necessidade, em relação aos estranhos, de proteção dos laços familiares, os quais sequer existem.

---

[387] Há entendimentos minoritários no sentido de tratar-se de causa excludente da culpabilidade, fundada na inexigibilidade de conduta diversa. É o caso de GRECO, Rogério. *Curso de direito penal*. 6. ed. Niterói: Impetus, 2010. v. IV, p. 614; e PRADO, Luiz Regis. *Curso de direito penal brasileiro*. 6. ed. São Paulo: RT, 2010. v. 3, p. 660.

[388] Admite-se a aplicação analógica da Súmula 74 do Superior Tribunal de Justiça: "Para efeitos penais, o reconhecimento da menoridade do réu requer prova por documento hábil".

Além disso, o erro sobre a escusa absolutória é irrelevante, pois estão plenamente caracterizados o fato típico, a ilicitude e a culpabilidade. Exemplificativamente, se o sujeito auxilia uma pessoa a subtrair-se da ação da autoridade pública, acreditando ser seu pai, tratando-se na verdade de um desconhecido, não incide a escusa absolutória. O agente queria auxiliar uma pessoa a escapar da autoridade, e conseguiu alcançar seu intento, não podendo falar em erro de tipo ou erro de proibição. Há, na verdade, **erro de punibilidade**, pois o sujeito acreditou equivocadamente que não seria punido. Com efeito, não se encontra presente o fundamento da causa de isenção da pena.

Por outro lado, na hipótese contrária o reconhecimento da escusa absolutória é de rigor. É o que ocorre no exemplo em que alguém auxilia um indivíduo até então desconhecido a subtrair-se da ação da autoridade, vindo a saber somente em momento futuro que o favorecido era seu genitor.

6.10.11.14.4. Escusa absolutória e analogia *in bonam partem*

O art. 348, § 2.º, do Código Penal permite a isenção da pena no favorecimento pessoal quando quem presta o auxílio é ascendente, descendente, cônjuge ou irmão do criminoso. Surge uma indagação: este rol é taxativo ou meramente exemplificativo?

Prevalece o entendimento no sentido de tratar-se de rol exemplificativo. É cabível, portanto, a analogia *in bonam partem*, a exemplo do que ocorre no tocante à união estável, especialmente em face do especial tratamento conferido ao instituto pelo art. 226, § 3.º, da Constituição Federal. Anote-se também que "os filhos, havidos ou não da relação do casamento, ou por adoção, terão os mesmos direitos e qualificações, proibidas quaisquer designações discriminatórias relativas à filiação" (CF, art. 227, § 6.º).

6.10.11.15. Diferença entre favorecimento pessoal e outros crimes contra a Administração Pública

6.10.11.15.1. Favorecimento pessoal e corrupção passiva

Na hipótese em que o agente é funcionário público e tem o dever de executar alguma medida legal contra o criminoso, mas deixa de fazê-lo em razão do recebimento ou aceitação de promessa de vantagem indevida, estará caracterizado o crime de corrupção passiva (CP, art. 317, § 1.º).

Se o funcionário público, além de omitir-se, também auxiliar o criminoso a subtrair-se da ação de outra autoridade pública, haverá concurso material entre corrupção passiva e favorecimento pessoal. Exemplo: Um policial militar, além de não prender em flagrante o criminoso, coloca-o em sua viatura e o transfere a local seguro.

6.10.11.15.2. Favorecimento pessoal e prevaricação

Se o sujeito ativo é funcionário público e tem o dever de realizar alguma medida legal contra o autor de crime, mas retarda ou deixa de praticar indevidamente o ato de ofício (exemplo: cumprimento de mandado de prisão preventiva), para satisfazer sentimento ou interesse pessoal, a ele será imputado o crime de prevaricação (CP, art. 319).

6.10.11.15.3. Favorecimento pessoal e fuga de pessoa presa ou submetida à medida de segurança

No favorecimento pessoal, o auxílio à fuga deve ser prestado a criminoso **solto**, isto é, em liberdade. Se o favorecido encontrar-se legalmente preso ou submetido à medida de segurança, e o agente promover ou facilitar sua fuga, estará caracterizado o crime definido no art. 351 do Código Penal.

6.10.12. Art. 349 – Favorecimento real

6.10.12.1. Dispositivo legal

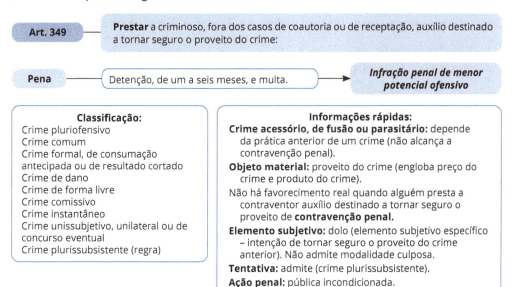

6.10.12.2. Introdução

O Código Penal, em seu art. 349, prevê mais uma espécie de favorecimento. Cuida-se novamente de **delito acessório, de fusão** ou **parasitário**, pois reclama a prática de um crime anterior, de qualquer natureza, é dizer, patrimonial ou não. Todavia, ao contrário do que se verifica no favorecimento pessoal (art. 348), aqui o agente não se preocupa em proteger a pessoa do criminoso, auxiliando-o a subtrair-se da ação de autoridade pública, mediante fuga, ocultação ou dissimulação. Com efeito, no favorecimento real o auxílio é efetuado com o propósito de tornar seguro o proveito do crime, como medida de gentileza ou de amizade com o autor do crime antecedente. No entanto, as diferenças vão além. Vejamos.

Ao contrário do que ocorre no favorecimento pessoal, no tocante à conduta definida no art. 349 do Código Penal:

a) Não foi prevista escusa absolutória, ou seja, a circunstância de ser o sujeito ativo parente próximo ou cônjuge do favorecido não importa em isenção da pena;

b) É irrelevante, para fins de caracterização do delito, o fato de o favorecido ser inculpável,[389] de já ter se operado a extinção da punibilidade (salvo nas hipóteses de *abolitio criminis* e anistia, que levam ao desaparecimento do crime antecedente) ou de possuir em seu favor, relativamente ao crime anterior, uma escusa absolutória; e

---

[389] Alguns autores sustentam que não há favorecimento real quando presente alguma causa excludente da culpabilidade, pois, dentro de uma visão tripartida do conceito analítico de crime, a culpabilidade é elemento do delito, razão pela qual não se poderia falar em proveito "de crime" quando o fato é praticado por pessoa inculpável. Com o devido respeito, esta discussão é desnecessária e parte de premissa equivocada. A propósito, o próprio Nélson Hungria, o maior penalista brasileiro de todos os tempos, ferrenho defensor da teoria clássica da conduta e, consequentemente, partidário do conceito tripartido de crime, assim se pronunciava acerca do favorecimento real: "não deixa de subsistir pelo fato de ser o favorecido um irresponsável, ou estar isento de culpabilidade" (*Comentários ao Código Penal*. 2. ed. Rio de Janeiro: Forense, 1959. v. IX, p. 510).

c) Não há favorecimento real quando o crime antecedente permaneceu na esfera da tentativa, pois nesse caso não há proveito a assegurar; e

d) O crime anterior deve proporcionar ao seu autor algum proveito, ao passo que no favorecimento pessoal o crime antecedente pode ser de qualquer natureza.

O quadro esquematizado abaixo é útil para facilitar a compreensão das citadas diferenças entre os crimes de favorecimento pessoal e favorecimento real:

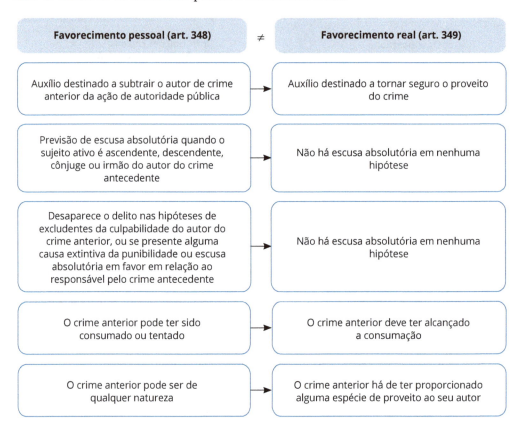

6.10.12.3. Objetividade jurídica

O bem jurídico penalmente protegido é a Administração da justiça, relativamente à proibição de incorporação de bens obtidos ilicitamente ao patrimônio de criminosos. Também se tutela, mediatamente, o patrimônio da vítima do crime antecedente, pois o favorecimento real torna ainda menor a possibilidade de recuperação dos seus bens.

6.10.12.4. Objeto material

É o **proveito do crime**, compreendido como toda e qualquer vantagem ou utilidade, material ou moral, obtida direta ou indiretamente em decorrência do crime anterior. O proveito do crime engloba: (a) o **preço do crime** (exemplo: o valor recebido pelo pistoleiro para matar alguém); e (b) o **produto do crime**, consistente em seu objeto material (exemplo: o carro roubado), ainda que venha a sofrer alteração ou especificação (exemplo: a corrente de ouro produzida com o derretimento do relógio furtado), ou mesmo se substituída por bem de outra natureza (exemplo: o dinheiro recebido pela venda da obra de arte roubada).

Os **instrumentos do crime** (*instrumenta sceleris*) não ingressam no conceito de proveito do crime. Consequentemente, sua ocultação destinada a auxiliar o autor de crime a subtrair-se da ação de autoridade pública configura favorecimento pessoal (CP, art. 348). É o que se dá na hipótese em que alguém, para proteger um homicida, esconde a arma de fogo por ele utilizada para matar a vítima.

Como a lei fala em "proveito do crime", não há favorecimento real quando alguém presta a contraventor auxílio destinado a tornar seguro o proveito de **contravenção penal**. A palavra "crime" foi empregada em sentido técnico: se o legislador também quisesse englobar a contravenção penal, teria utilizado a expressão "infração penal", o que preferiu não fazer.

6.10.12.5. Núcleo do tipo

O núcleo do tipo é "prestar". O verbo está ligado às elementares "criminoso" e "auxílio". Em síntese, o sujeito ajuda, presta assistência a criminoso, visando tornar seguro o proveito do crime.

Cuida-se de **crime de forma livre**: o auxílio ao crime pode ser concretizado pelas mais diversas formas, tais como: esconder o bem subtraído, comprar um automóvel com o dinheiro proveniente do estelionato, aplicar no banco os valores oriundos de peculato etc. Nos ensinamentos de José Henrique Pierangeli:

> (...) o auxílio ao autor do crime antecedente pode ser prestado de vários modos, sem exigir, necessariamente, um contato físico entre o sujeito ativo e a coisa assegurada, sendo suficiente uma ação ou omissão objetivamente idônea para o alcance do escopo, isto é, conduta apta a assegurar bens e vantagens compreendidos na expressão *proveito do crime*.[390]

O favorecimento real apenas pode ser cometido por **ação** (crime comissivo). Com efeito, não há como prestar a criminoso auxílio destinado a tornar seguro o proveito do crime mediante omissão. Consequentemente, é atípico o fato de não comunicar à autoridade pública o local em que se encontra o proveito do crime, ainda que o agente tenha ciência desta circunstância.

Além disso, se o sujeito ostentar a condição de funcionário público, e, por corolário, o dever de agir para evitar o resultado, sua omissão não importará em favorecimento real, mas em prevaricação (CP, art. 319) ou corrupção passiva (CP, art. 317), dependendo da finalidade por ele almejada, qual seja satisfazer interesse ou sentimento pessoal (prevaricação) ou receber ou aceitar a promessa de recebimento de vantagem indevida (corrupção passiva).

6.10.12.5.1. O conceito de "criminoso" no crime de favorecimento real

O tipo penal contém a expressão "prestar a criminoso", e dela surge a indagação: Qual é o conceito, ou melhor, o significado e o alcance da palavra **criminoso** no contexto do favorecimento real? Esta discussão não é meramente terminológica, pois importa em relevantes consequências no tocante à configuração do crime tipificado no art. 349 do Código Penal.

Como sabido, o favorecimento real é delito acessório, de fusão ou parasitário, pois depende da prática de crime anterior. Entretanto, para sua caracterização, exige-se condenação definitiva (sentença penal condenatória com trânsito em julgado) em relação ao crime antecedente, ou basta prova da sua existência? Há duas posições sobre o assunto:

---

[390] PIERANGELI, José Henrique. *Manual de direito penal brasileiro*. Parte especial. 2. ed. São Paulo: RT, 2007. v. 2, p. 977.

1.ª posição: É suficiente a prova da existência do crime anterior

A palavra "criminoso" foi utilizada como sinônimo de "sujeito ativo", isto é, pessoa que comete o crime. De acordo com esta corrente doutrinária, adequada para concursos do Ministério Público e das carreiras policiais (Polícia Civil e Polícia Federal), para a caracterização do favorecimento real é suficiente a prova da existência do crime anterior, por qualquer meio (exemplo: tramitação de inquérito policial ou de ação penal), independentemente de condenação penal transitada em julgado.

Na linha de raciocínio de Cezar Roberto Bitencourt, com o qual concordamos: "É irrelevante a inexistência de condenação do crime precedente, ao contrário do que se chegou a afirmar no passado, sendo suficiente a comprovação de sua existência, algo que pode ser feito no próprio processo que investiga o favorecimento real".[391]

2.ª posição: É imprescindível a existência de condenação definitiva pelo crime anterior

Como o legislador empregou a palavra "criminoso", e não "acusado de crime", o princípio da presunção de não culpabilidade (CF, art. 5.º, inc. LVII) impede a incidência do delito previsto no art. 349 do Código Penal quando o auxílio é prestado a pessoa que, nada obstante indiciada ou acusada pela prática de crime, ainda não foi condenada por sentença penal transitada em julgado.[392]

6.10.12.5.2. Favorecimento real e coautoria: distinções

A descrição típica delineada no art. 349 do Código Penal é clara ao definir que, no favorecimento real, o auxílio destinado a tornar seguro o proveito do crime não se confunde com a coautoria.

Inicialmente, a palavra "coautoria" foi utilizada em seu sentido amplo, isto é, como sinônimo de concurso de pessoas. Como se sabe, na redação original da Parte Geral do Código Penal, anteriormente à reforma promovida pela Lei 7.209/1984, não se falava em concurso de pessoas, atualmente disciplinado pelo art. 29, mas simplesmente em "coautoria", outrora tratada pelo art. 25. Em síntese, não existia a figura da participação como modalidade autônoma de concurso de pessoas. Todo aquele que concorria de qualquer modo para o crime era seu coautor.

Destarte, à época em que foi redigido o art. 349 do Código Penal, era impossível falar em "prestar a criminoso, fora dos casos de coautoria ou de participação...", mesmo porque este instituto era desconhecido pelo legislador. Superada esta questão preliminar, vejamos qual foi a intenção do legislador ao fazer esta diferenciação: "fora dos casos de coautoria...".

O favorecimento real reclama o auxílio ao criminoso. Este auxílio, entretanto, não pode ser prestado a qualquer tempo. É necessária sua verificação após a consumação do crime praticado pelo favorecido, ou seja, já consumado o crime antecedente, o sujeito auxilia seu responsável a tornar seguro seu proveito. Exemplo: "A", depois de subtrair uma motocicleta, dirige-se à casa de "B", seu velho amigo, pedindo-lhe ajuda para esconder o bem furtado durante determinado período, até desmanchá-lo e vender suas peças. "B" o auxilia a tornar seguro o proveito do crime patrimonial, nada recebendo em troca do seu favor.

No favorecimento real, o auxílio destina-se unicamente ao criminoso. Não há contribuição para a idealização ou execução do crime anterior, pois dele o agente só veio a tomar ciência posteriormente à sua consumação.

Realmente, se o auxílio foi prestado ou mesmo prometido antes ou durante a execução do crime inicialmente desejado, não há favorecimento real. Nota-se a presença da participação

---

[391] BITENCOURT, Cezar Roberto. *Tratado de direito penal.* 3. ed. São Paulo: Saraiva, 2009. v. 5, p. 354.
[392] É o entendimento, entre outros, de DELMANTO, Celso; DELMANTO, Roberto; DELMANTO JUNIOR, Roberto; DELMANTO, Fabio M. de Almeida. *Código Penal comentado.* 8. ed. São Paulo: Saraiva, 2010. p. 1.012.

em relação àquele delito. Não há dúvida que, ao auxiliar (ou prometer fazê-lo) alguém antes ou durante a prática do crime, o sujeito a este concorreu, nos termos do art. 29, *caput*, do Código Penal: "Quem, de qualquer modo, concorre para o crime incide nas penas a este cominadas, na medida de sua culpabilidade".

No terreno da participação, auxiliar é facilitar, viabilizar materialmente a execução do crime, sem a realização da conduta descrita no tipo incriminador. O auxílio pode ser efetuado durante os atos preparatórios ou executórios, mas nunca após a consumação, salvo se ajustado previamente. Exemplo: "A" diz a "B" que irá roubar uma carga de medicamentos, todavia necessita de auxílio para esconder os produtos até distribuí-los a diversas drogarias. "B" concorda em ajudá-lo, transformando-se em partícipe do roubo. Não se vislumbra, nessa hipótese, favorecimento real.

6.10.12.5.3. Favorecimento real e receptação: distinções

O estudo apressado do favorecimento real poderia levar à confusão entre este crime e a receptação própria (CP, art. 180, *caput*, 1.ª parte), notadamente na modalidade "ocultar", indicativa da conduta de esconder um bem, colocando-o em local no qual não possa ser encontrado por terceiros.

Acertadamente, porém, o legislador foi peremptório ao estatuir, na redação do art. 349 do Código Penal, que o favorecimento real não se confunde com a receptação: "Prestar a criminoso, fora dos casos de coautoria ou de receptação...". Nada obstante ambos os crimes sejam acessórios, suas diferenças são nítidas.

Inicialmente, a receptação é crime contra o patrimônio; o favorecimento real, por sua vez, é crime contra a Administração da justiça. Mas não é só.

Na receptação, o beneficiado economicamente pela conduta criminosa é o receptor, ou então terceira pessoa, sempre distinta da responsável pelo crime antecedente. Exemplo: "A" oculta em sua casa um carro roubado que encontrou abandonado em via pública, para no futuro alienar suas peças. No favorecimento real, por seu turno, o sujeito atua em prol do autor do crime anterior, e o proveito econômico pode ser econômico ou não. Exemplo: "A" esconde um carro furtado por "B", seu amigo, para ajudá-lo, e depois de algum tempo, com o esquecimento do crime, devolve-a ao criminoso.

O quadro esquemático a seguir elaborado facilita a visualização das distinções entre os crimes de favorecimento real e receptação própria relativamente ao núcleo "ocultar":

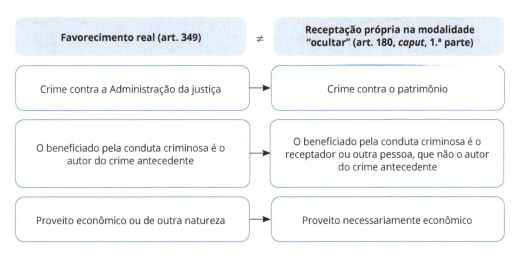

6.10.12.6. Sujeito ativo

O crime é **comum** ou **geral**. Pode ser cometido por qualquer pessoa, salvo o coautor ou partícipe do crime antecedente. Com efeito, se antes da prática do crime anterior o agente se dispuser a auxiliar o autor a tornar seguro o seu proveito, será partícipe deste delito, e não autor do favorecimento real. É por esta razão que o tipo penal contém a frase "fora dos casos de coautoria". Exemplo: "A" se compromete a auxiliar "B" a esconder o dinheiro que será por este roubado de uma agência bancária. Concretizado o roubo, "A" será participe (na modalidade "auxiliar") do delito previsto no art. 157 do Código Penal.

6.10.12.7. Sujeito passivo

É o Estado e, mediatamente, a vítima do crime antecedente, ou seja, do delito que se originou o proveito que se busca resguardar.

6.10.12.8. Elemento subjetivo

É o dolo, acrescido de um especial fim de agir (elemento subjetivo específico), consistente na intenção de tornar seguro o proveito do crime anterior. Portanto, o agente deve ter ciência de que, com seu comportamento, auxiliará o criminoso a tornar seguro o proveito do crime.

Se o sujeito ativo age com intenção de lucro, estará caracterizado o crime de receptação, na modalidade "ocultar" (CP, art. 180, *caput*).

Não se admite a modalidade culposa.

6.10.12.9. Consumação

Trata-se de **crime formal, de consumação antecipada** ou **de resultado cortado**: consuma-se no instante em que o agente presta auxílio ao criminoso com o propósito de tornar seguro o proveito do crime, ainda que esta finalidade não seja alcançada.

6.10.12.10. Tentativa

É possível, em face da natureza plurissubsistente do delito, permitindo o fracionamento do *iter criminis*.

6.10.12.11. Ação penal

A ação penal é pública incondicionada.

6.10.12.12. Lei 9.099/1995

O favorecimento real é **infração penal de menor potencial ofensivo**. O máximo cominado de pena privativa de liberdade (seis meses) autoriza a transação penal e o rito sumaríssimo, em consonância com as disposições da Lei 9.099/1995.

6.10.12.13. Classificação doutrinária

O favorecimento real é crime **pluriofensivo** (ofende mais de um bem jurídico: a Administração da justiça e o patrimônio da vítima do crime antecedente); **comum** (pode ser cometido por qualquer pessoa); **formal, de consumação antecipada** ou **de resultado cortado** (consuma-se com a conduta de prestar auxílio, ainda que não se consiga tornar seguro o proveito do crime); **de dano** (causa lesão à Administração da justiça); **de forma livre** (admite qualquer meio de execução); **comissivo**; **instantâneo** (consuma-se em um momento determinado, sem continuidade no tempo); **unissubjetivo, unilateral ou de concurso eventual** (praticado por um só agente, mas admite concurso); e normalmente **plurissubsistente**.

6.10.13. Art. 349-A – Favorecimento real impróprio

6.10.13.1. Dispositivo legal

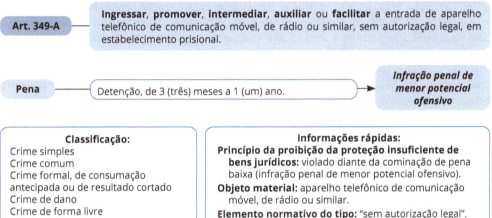

Classificação:
Crime simples
Crime comum
Crime formal, de consumação antecipada ou de resultado cortado
Crime de dano
Crime de forma livre
Crime comissivo
Crime instantâneo
Crime unissubjetivo, unilateral ou de concurso eventual ("ingressar") ou plurissubjetivo, plurilateral ou de concurso necessário (demais núcleos)
Crime plurissubsistente (regra)

Informações rápidas:
Princípio da proibição da proteção insuficiente de bens jurídicos: violado diante da cominação de pena baixa (infração penal de menor potencial ofensivo).
Objeto material: aparelho telefônico de comunicação móvel, de rádio ou similar.
Elemento normativo do tipo: "sem autorização legal".
Elemento subjetivo: dolo. Não admite modalidade culposa.
Tentativa: admite (crime plurissubsistente).
Ação penal: pública incondicionada.

6.10.13.2. Denominação

O crime delineado no art. 349-A do Código Penal, introduzido pela Lei 12.012/2009, não contém *nomen iuris*, isto é, a lei não lhe atribuiu denominação oficial. Em razão disso, a nova figura típica tem sido alvo de diversos nomes, tais como favorecimento real impróprio,[393] favorecimento real nos estabelecimentos prisionais, celular nos presídios, ingresso ilegal de aparelho de comunicação em estabelecimento prisional, e ingresso, promoção, intermediação, auxílio ou facilitação de entrada de aparelho telefônico de comunicação móvel, de rádio ou similar, sem autorização legal, em estabelecimento prisional etc.

Tais rótulos são aceitáveis, pois o legislador, no momento em que deixou de conferir rubrica marginal (*nomen iuris*) à conduta atualmente descrita no art. 349-A do Código Penal, transferiu esta tarefa à doutrina e à jurisprudência.

6.10.13.3. A finalidade da Lei 12.012/2009

Na história do direito brasileiro, o ingresso ilegal e a permanência indevida de aparelho móvel de comunicação em estabelecimentos prisionais não acarretavam nenhuma sanção, civil ou administrativa, seja ao detento surpreendido em sua posse, seja ao funcionário público que

---

[393] A utilização do nome "favorecimento real" deve-se à localização do delito, despontando como desdobramento do art. 349 do Código Penal. Daí a razão de preferirmos a nomenclatura "favorecimento real impróprio".

descumpriu o dever inerente ao cargo de vedar o acesso do preso ao meio de comunicação, seja finalmente ao particular que o introduziu no estabelecimento prisional.

Felizmente tal situação começou a mudar com a entrada em vigor da Lei 11.466/2007. Esta lei, além de inserir o art. 319-A no Código Penal – instituindo crime atinente ao Diretor de Penitenciária ou agente público que deixa de cumprir seu dever de vedar ao preso o acesso a aparelho telefônico, de rádio ou similar, que permita a comunicação com outros presos ou com o ambiente externo –, também acrescentou o inciso VII no art. 50 da Lei 7.210/1984 – Lei de Execução Penal –, para o fim de estabelecer que "comete falta grave o condenado à pena privativa de liberdade que tiver em sua posse, utilizar ou fornecer aparelho telefônico, de rádio ou similar, que permita a comunicação com outros presos ou com o ambiente externo".[394]

Esta medida – aplicável tanto ao preso definitivo como ao preso provisório (LEP, art. 44, parágrafo único) – foi salutar, pois supriu uma lacuna outrora existente na Lei de Execução Penal, a qual deixava impune o preso que tinha em sua posse, utilizava ou fornecia para outros detentos algum aparelho de comunicação, e, desse modo, comandava operações criminosas do interior do estabelecimento prisional.

A partir de então, com a configuração da falta grave, a posse, utilização ou fornecimento de aparelho telefônico, de rádio ou similar pelo preso importa em diversas consequências jurídico-penais, tais como a perda dos dias remidos, a vedação do livramento condicional, a impossibilidade de progressão de regime prisional, e, por outro lado, a regressão para regime prisional mais gravoso. Também será admissível a inserção do preso no regime disciplinar diferenciado (LEP, art. 52).

Entretanto, ainda faltava a incriminação do particular responsável pela conduta de ingressar, promover, intermediar, auxiliar ou facilitar a entrada de aparelho de comunicação móvel, de rádio ou similar, sem autorização legal, em estabelecimento prisional. Esta brecha foi suprida com a edição da Lei 12.012/2009, com a consequente criação do crime tipificado no art. 349-A do Código Penal. Nos precisos ensinamentos de Rogério Sanches Cunha:

> Com a novel incriminação, na esteira do art. 319-A do CP, o tipo quer proibir não a *comunicabilidade* do preso com o mundo exterior, mas a *intercomunicabilidade*, isto é, a transmissão de informações entre pessoas (sendo, pelo menos uma, habitante prisional).[395]

Finalmente, o legislador empenhou-se em combater comportamentos, em regra comandados por organizações criminosas, destinados à perpetuação de delitos mesmo com a prisão de diversas pessoas situadas à margem da lei. O vácuo legislativo abria uma enorme via para "autorias de escritório", nas quais os líderes de facções criminosas, embora presos, orientavam a atuação nas ruas dos seus asseclas.

O crime organizado continuava a funcionar: a autoria intelectual ecoava vozes do interior dos estabelecimentos prisionais, e os soldados executavam as ordens no seio da sociedade. Uma das principais finalidades da pena, a prevenção especial negativa, consistente no propósito de evitar a reincidência, era simplesmente esquecida.

---

[394] "No âmbito da execução penal, configura falta grave a posse de *chip* de telefonia móvel por preso. Essa conduta se adequa ao disposto no art. 50, VII, da LEP, de acordo com o qual constitui falta grave a posse de aparelho telefônico, de rádio ou similar que permita a comunicação com outros presos ou com o ambiente externo. Trata-se de previsão normativa cujo propósito é conter a comunicação entre presos e seus comparsas que estão no ambiente externo, evitando-se, assim, a deletéria conservação da atividade criminosa que, muitas vezes, conduziu-os ao aprisionamento. Portanto, há de se ter por configurada falta grave também pela posse de qualquer outra parte integrante do aparelho celular. Conclusão diversa permitiria o fracionamento do aparelho entre cúmplices apenas com o propósito de afastar a aplicação da lei e de escapar das sanções nela previstas" (STJ: HC 260.122/RS, rel. Min. Marco Aurélio Bellizze, 5.ª Turma, j. 21.03.2013, noticiado no *Informativo* 517).

[395] GOMES, Luiz Flávio; CUNHA, Rogério Sanches; MAZZUOLI, Valerio de Oliveira. *Comentários à reforma criminal de 2009 e à Convenção de Viena sobre o direito dos tratados*. São Paulo: RT, 2009. p. 31.

6.10.13.4. Crítica às Leis 11.466/2007 e 12.012/2009

O legislador agiu acertadamente ao impedir o acesso a meios de comunicação aos presos, bem como ao punir qualquer pessoa (particular ou funcionário público) que auxiliasse o detento nesta empreitada. O objetivo da lei é nítido: impedir conversações indevidas e relacionadas à organização de crimes a serem praticados por indivíduos ligados àquele que se encontra privado do seu direito de locomoção.

No entanto, o legislador optou por seguir um caminho arriscado. Com efeito, a tarefa de simplesmente vedar ao detento qualquer tipo de comunicação externa é de difícil, quiçá impossível, concretização. Seria melhor adotar o modelo de outros países, a exemplo dos Estados Unidos da América, no qual há telefones públicos no interior dos estabelecimentos prisionais, permitindo sua utilização pelos presos em horários e períodos predeterminados, na presença de um agente penitenciário.

Dessa forma, de um lado seria desestimulado, ao menos em parte, o ingresso de aparelhos de comunicação nos estabelecimentos prisionais, e, de outro lado, estaria assegurado o direito de comunicação lícita dos detentos, o qual, frise-se, não é vedado pelo ordenamento jurídico pátrio. Se não podemos permitir a utilização livre e desenfreada de meios de comunicação pelos presos, especialmente para fins criminosos, também não podemos presumir que toda e qualquer comunicação telefônica dos reeducandos tenha sempre em mira a prática de ilícitos penais.

6.10.13.5. Art. 349-A do Código Penal e princípio da proporcionalidade

A tipificação da conduta versada no art. 349-A do Código Penal fundamenta-se em dois fatores aterrorizantes da sociedade moderna, intimamente relacionados com o crime organizado:

a) ausência de medidas administrativas eficazes para impedir o ingresso de aparelhos de comunicação nos estabelecimentos prisionais, que acabam funcionando como autênticos "escritórios" das organizações criminosas, mantidos pelo Estado; e

b) inexistência de punição rígida e efetiva aos particulares que de qualquer modo colaboram com o ingresso de aparelhos móveis de comunicação nos estabelecimentos prisionais para utilização pelos detentos.

Lamentavelmente, contudo, o legislador foi deveras tímido na cominação da pena à conduta revestida de enorme gravidade, especialmente por lesar os interesses do Estado e da sociedade, ensejando enormes prejuízos à segurança pública. Ofende-se, portanto, o **princípio da proibição da proteção insuficiente de bens jurídicos**, uma das variantes do princípio da proporcionalidade.[396]

Como se sabe, uma pena tão baixa (detenção de três meses a um ano), que inclusive força a inserção do crime tipificado pelo art. 349-A do Código Penal entre as infrações penais de menor potencial ofensivo, não é suficiente na tarefa de reprovação e prevenção de crimes deste jaez. Parece-nos desproporsitado permitir a realização de audiência preliminar para o Ministério Público discutir a pena a ser adotada em sede de transação penal para uma pessoa que, no mais das vezes, forneceu meios para a prática de novos crimes comandados por perigosíssimas organizações criminosas, tais como o Comando Vermelho e o Primeiro Comando da Capital, atualmente controladores dos recintos de praticamente todos os estabelecimentos prisionais do Brasil.

---

[396] Para estudo aprofundado do tema, vide: MENDES, Gilmar Ferreira; COELHO, Inocêncio Mártires; BRANCO, Paulo Gustavo Gonet. *Curso de direito constitucional*. 2. ed. São Paulo: Saraiva, 2008. p. 333.

De fato, o princípio da proporcionalidade igualmente compreende, além da proibição de excesso, a proibição de insuficiência da intervenção jurídico-penal. Significa dizer que, se por um lado deve ser combatida a sanção penal desproporcional porque excessiva, por outro lado cumpre também evitar a resposta penal que fique muito aquém do seu efetivo merecimento, dado o seu grau de ofensividade e significação político-criminal, afinal a desproporção tanto pode dar-se para mais quanto para menos.[397]

6.10.13.6. Objetividade jurídica

O bem jurídico penalmente protegido é a Administração da justiça, notadamente no tocante à necessidade de preservação da segurança pública, tanto no interior dos estabelecimentos prisionais como no âmbito da sociedade em geral.

6.10.13.7. Objeto material

É o **aparelho telefônico de comunicação móvel**, de **rádio** (aparelho que emite e recebe ondas radiofônicas – exemplos: *walkie-talkies*, Nextel etc.), ou **similar** (qualquer outro meio de comunicação entre pessoas – exemplo: aparelhos de informática e conversação via *webcam*). Há um único crime quando o sujeito ativo, a título ilustrativo, ingressa com dois ou mais aparelhos de comunicação no estabelecimento prisional, com destino ao mesmo preso. Esta circunstância, contudo, deve ser sopesada na dosimetria da pena-base, funcionando como circunstância judicial desfavorável, a teor do art. 59, *caput*, do Código Penal.

Como a finalidade do crime definido no art. 349-A do Código Penal é impedir a conversação do preso com outras pessoas, valendo-se do aparelho móvel de comunicação, conclui-se pela atipicidade do fato nas situações em que o aparelho de comunicação esteja quebrado ou de qualquer modo absolutamente impossibilitado de funcionar, bem como quando tratar-se de réplica de tais aparelhos.

Subsiste o crime, todavia, em relação a aparelhos de telefonia celular pré-pagos e sem créditos, pois é sabido que os presos têm formas escusas para a obtenção dos recursos destinados aos seus funcionamentos (exemplo: extorsões baseadas em falsos sequestros), bem como a aparelhos sem baterias, uma vez que há meios diversos para suas ativações.

6.10.13.8. Núcleos do tipo

O tipo penal contém cinco núcleos: "ingressar", "promover", "intermediar", "auxiliar" e "facilitar". Todos dizem respeito ao "**estabelecimento prisional**", compreendido como o local destinado ao recolhimento de presos, provisórios ou definitivos, tais como as penitenciárias (LEP, art. 87), as colônias agrícolas ou industriais (LEP, art. 91, e CP, art. 35, § 1.º), as casas de albergado (LEP, art. 93) e as cadeias públicas (LEP, art. 102).

Cuida-se de **tipo misto alternativo**, **crime de ação múltipla** ou **de conteúdo variado**. Dessa forma, a realização de mais de um núcleo em relação ao mesmo objeto material configura um único crime. É o que se dá, exemplificativamente, quando uma mesma pessoa, depois de tentar sem sucesso ingressar com um telefone celular em dia de visita, faz a intermediação para que um parente de outro detento leve o aparelho ao interior do estabelecimento prisional.

Ingressar é fazer entrar, introduzir o aparelho móvel de comunicação no estabelecimento prisional. O sujeito ativo age pessoal e diretamente ao entrar no ambiente carcerário com o aparelho. Aqui, portanto, o crime é unilateral, unissubjetivo ou de concurso eventual, pois em regra é praticado por uma só pessoa, embora seja compatível com o concurso de agentes.

---

[397] QUEIROZ, Paulo. *Direito penal*: parte geral. 3. ed. São Paulo: Saraiva, 2006. p. 45.

Por outro lado, nos demais núcleos há ao menos mais uma pessoa envolvida na execução do crime. O crime, nesses casos, é plurilateral, plurissubjetivo ou de concurso necessário: o tipo penal reclama a presença de ao menos duas pessoas para a realização do delito.

Promover é diligenciar, no sentido de adotar as providências necessárias para a entrada do aparelho no estabelecimento prisional. **Intermediar** é interceder positivamente, ou seja, o agente estabelece a ligação entre o preso e uma terceira pessoa que irá colocar o aparelho de comunicação no sistema prisional. **Auxiliar** é ajudar alguém a introduzir o aparelho de comunicação no estabelecimento prisional. **Facilitar**, finalmente, consiste em simplificar a entrada do aparelho de comunicação no sistema prisional, diminuindo as chances de fracasso do delito.

Tais condutas são essencialmente comissivas. Em outras palavras, o crime somente pode ser praticado mediante ação. Quanto aos quatro primeiros núcleos, esta afirmação é lógica e facilmente compreensível. A dúvida pode surgir no tocante ao núcleo "facilitar", aparentemente compatível com a omissão, especialmente nas hipóteses em que o delito é cometido por funcionários públicos, a exemplo do agente penitenciário que nada faz para impedir o acesso de aparelho de comunicação no estabelecimento prisional em dia de visita aos detentos.[398]

Em nosso entendimento, a modalidade "facilitar" também reclama a atuação positiva do sujeito ativo, sob pena de ser criado um conflito insuperável com o crime descrito no art. 319-A do Código Penal. De fato, se o funcionário público atua positivamente (exemplo: Ciente de que o filho do preso traz consigo um aparelho de telefonia celular, o agente penitenciário diz a seu colega que já o revistou e tudo está em ordem), a ele será imputado o crime tipificado no art. 349-A do Código Penal. Entretanto, se o funcionário público não veda ao preso o acesso ao aparelho de comunicação, infringindo seu dever funcional, estará caracterizado o crime omissivo (próprio ou puro) elencado no art. 319-A do Código Penal.[399]

O crime admite qualquer meio de execução (**crime de forma livre**). São exemplos frequentes a ocultação de aparelhos de comunicação nas partes íntimas dos corpos dos parentes do preso em dias de visitas, o lançamento de telefones celulares por cima dos muros dos estabelecimentos penais, a inserção dos aparelhos no interior de comidas (bolos, tortas, pães etc.) levadas aos presos, entre tantos outros compatíveis com a fertilidade da imaginação humana, especialmente dos criminosos.

6.10.13.8.1. Elemento normativo do tipo

A expressão "sem autorização legal", contida no art. 349-A do Código Penal, representa um elemento normativo do tipo. Destarte, o fato será atípico se na situação concreta houver autorização legal para a entrada do aparelho móvel de comunicação no estabelecimento prisional.

6.10.13.9. Sujeito ativo

O crime é **comum** ou **geral**. Pode ser cometido por qualquer pessoa, tanto pelo particular como pelo funcionário público. Na prática, normalmente o delito é realizado por familiares ou pessoas do relacionamento íntimo do preso, notadamente em dias de visitas.

Vale destacar que até mesmo o preso (definitivo ou provisório) pode ser sujeito ativo do crime tipificado no art. 349-A do Código Penal, na condição de autor ou de partícipe. O detento será autor quando ele mesmo praticar a conduta típica, desde que esteja no gozo de permissão de saída (LEP, art. 120) ou de saída temporária (LEP, art. 122), e ingressar no seu estabelecimento prisional ou em algum outro com o aparelho móvel de comunicação, ou então promover, intermediar, auxiliar ou facilitar sua entrada, sem autorização legal.

---

[398] Nesse sentido: GRECO, Rogério. *Curso de direito penal*. 6. ed. Niterói: Impetus, 2010. v. IV, p. 624-625.
[399] Com idêntico raciocínio: PRADO, Luiz Regis. *Curso de direito penal brasileiro*. 6. ed. São Paulo: RT, 2010. v. 3, p. 668.

De outro lado, o preso será partícipe nas hipóteses em que concorrer de qualquer modo para a conduta criminosa, sem executar o núcleo do tipo. É o que se dá, exemplificativamente, quando um preso induz sua esposa a ingressar no dia de visita com um aparelho de telefonia celular no estabelecimento prisional.

Anote-se que, se o preso foi encontrado na posse de aparelho de comunicação, sem ter praticado ou concorrido de qualquer forma para a conduta típica descrita no art. 349-A do Código Penal, ele não ficará ileso. Deverá ser responsabilizado pela falta grave prevista no art. 50, inc. VII, da Lei 7.210/1984 – Lei de Execução Penal.

6.10.13.9.1. Crime praticado pelo Diretor de Penitenciária e/ou agente público: confronto entre os arts. 317, 319-A e 349-A do Código Penal

Se o Diretor de Penitenciária e/ou agente público deixar de cumprir seu dever de vedar ao preso o acesso a aparelho telefônico, de rádio ou similar, que permita a comunicação com outros presos ou com o ambiente externo, a ele será imputado o crime definido no art. 319-A do Código Penal. Cuida-se, nesse caso, de conduta tipicamente omissiva (crime omissivo próprio ou puro): o sujeito ativo faz vista grossa, descumprindo seu dever funcional, e assim facilita o acesso do preso ao aparelho de comunicação.

De outro lado, se o Diretor de Penitenciária e/ou agente público contribuírem positivamente (mediante ação) para a entrada do aparelho de comunicação no estabelecimento prisional, estará caracterizado o crime previsto no art. 349-A do Código Penal.

No entanto, em qualquer dos casos, se o Diretor de Penitenciária e/ou agente público se omite no tocante ao seu dever funcional, ou então de qualquer modo colabora para o ingresso do aparelho de comunicação no estabelecimento prisional, movido pelo recebimento, solicitação ou promessa de entrega de vantagem indevida, estará configurado o crime de corrupção passiva (CP, art. 317).

6.10.13.10. Sujeito passivo

É o Estado e, mediatamente, a sociedade, suscetível à prática de novas infrações penais em decorrência do uso do aparelho de comunicação no interior dos estabelecimentos prisionais.

6.10.13.11. Elemento subjetivo

É o dolo, independentemente de qualquer finalidade específica. Em síntese, pouco importa se o aparelho de comunicação será utilizado pelo preso para fins lícitos ou ilícitos, pois ele não ostenta o livre direito de comunicação por meios artificiais com o mundo exterior ou com outros presos. Desse modo, comete o crime o particular que ingressa no estabelecimento prisional com um aparelho de telefonia celular, emprestando-o ao preso para conversar com seus familiares.

É importante destacar que, nada obstante o tipo penal não contenha esta exigência, o dolo deve relacionar-se à conduta de fazer com que o aparelho de comunicação móvel seja levado ao poder do preso que se encontra no estabelecimento prisional. Ausente este propósito, o fato será atípico. Vale a pena acompanhar os exemplos de Rogério Greco:

> Assim, por exemplo, se alguém, mesmo que contrariando as normas expressas do sistema prisional, vier a fazer uma visita a alguém portando seu aparelho de telefone celular, como a finalidade do agente não era a de entregá-lo a algum detento que ali se encontrava encarcerado, o fato deverá ser considerado atípico, mesmo que, aparentemente, se amolde à figura constante do art. 349-A do Código Penal.

Da mesma forma, aquele que, por descuido, devido ao fato de portar mais de um aparelho celular, embora durante uma visita ao sistema penitenciário, tivesse deixado um deles aos cuidados da administração prisional, mas conseguisse, por uma falha na revista, nele ingressar com um segundo aparelho, não poderia responder pelo delito em estudo.[400]

Não se admite a modalidade culposa.

6.10.13.12. Consumação

Trata-se de **crime formal**, **de consumação antecipada** ou **de resultado cortado**: consuma-se no momento em que é praticada a conduta de ingressar, promover, intermediar, auxiliar ou facilitar a entrada de aparelho de comunicação móvel, de rádio ou similar, sem autorização legal, em estabelecimento prisional. O resultado naturalístico, consistente na posse do aparelho de comunicação pelo preso que se encontre no interior do estabelecimento prisional, embora possível, é dispensável para fins de consumação. Não há falar, portanto, em crime de mera conduta ou de simples atividade.

6.10.13.13. Tentativa

É possível, em face do caráter plurissubsistente do delito, permitindo o fracionamento do *iter criminis*. Exemplo: O sujeito, tentando ingressar no estabelecimento prisional com um aparelho de telefone celular escondido sob suas vestes, é preso em flagrante durante revista pessoal.

6.10.13.14. Ação penal

A ação penal é pública incondicionada.

6.10.13.15. Lei 9.099/1995

Em face do máximo da pena privativa de liberdade cominada ao delito – 1 ano –, cuida-se de **infração penal de menor potencial ofensivo**, compatível com a transação penal e com o rito sumaríssimo, nos termos da Lei 9.099/1995.

6.10.13.16. Classificação doutrinária

O crime definido no art. 349-A do Código Penal é **simples** (ofende um único bem jurídico); **comum** (pode ser cometido por qualquer pessoa, inclusive pelo preso); **formal, de consumação antecipada** ou **de resultado cortado** (consuma-se com a prática da conduta, independentemente da superveniência do resultado naturalístico); **de dano** (causa prejuízo à regularidade da Administração da justiça); **de forma livre** (admite qualquer meio de execução); **comissivo**; **instantâneo** (consuma-se em momento determinado, sem continuidade no tempo); **unissubjetivo**, **unilateral ou de concurso eventual** (no núcleo "ingressar") ou **plurisubjetivo**, **plurilateral** ou **de concurso necessário** (nos demais núcleos); e em regra **plurissubsistente**.

6.10.14. Art. 350 – Exercício arbitrário ou abuso de poder

6.10.14.1. A revogação do art. 350 do Código Penal pela Lei 13.869/2019

O art. 350 do Código Penal foi expressamente revogado pelo art. 44 da Lei 13.869/2019, responsável pela definição dos crimes de abuso de autoridade: "Art. 44. Revogam-se a Lei 4.898, de 9 de dezembro de 1965, e o § 2.º do art. 150 e o art. 350, ambos do Decreto-lei 2.848, de 7 de dezembro de 1940 (Código Penal)".

---

[400] GRECO, Rogério. *Curso de direito penal*. 6. ed. Niterói: Impetus, 2010. v. IV, p. 625.

Condutas similares àquelas outrora tipificadas no art. 350 do Código Penal encontram-se atualmente definidas nos arts. 12, 13 e 21 da Lei 13.869/2019:

> **Art. 12.** Deixar injustificadamente de comunicar prisão em flagrante à autoridade judiciária no prazo legal:
>
> Pena – detenção, de 6 (seis) meses a 2 (dois) anos, e multa.
>
> Parágrafo único. Incorre na mesma pena quem:
>
> I – deixa de comunicar, imediatamente, a execução de prisão temporária ou preventiva à autoridade judiciária que a decretou;
>
> II – deixa de comunicar, imediatamente, a prisão de qualquer pessoa e o local onde se encontra à sua família ou à pessoa por ela indicada;
>
> III – deixa de entregar ao preso, no prazo de 24 (vinte e quatro) horas, a nota de culpa, assinada pela autoridade, com o motivo da prisão e os nomes do condutor e das testemunhas;
>
> IV – prolonga a execução de pena privativa de liberdade, de prisão temporária, de prisão preventiva, de medida de segurança ou de internação, deixando, sem motivo justo e excepcionalíssimo, de executar o alvará de soltura imediatamente após recebido ou de promover a soltura do preso quando esgotado o prazo judicial ou legal.
>
> **Art. 13.** Constranger o preso ou o detento, mediante violência, grave ameaça ou redução de sua capacidade de resistência, a:
>
> I – exibir-se ou ter seu corpo ou parte dele exibido à curiosidade pública;
>
> II – submeter-se a situação vexatória ou a constrangimento não autorizado em lei;
>
> III – produzir prova contra si mesmo ou contra terceiro:
>
> Pena – detenção, de 1 (um) a 4 (quatro) anos, e multa, sem prejuízo da pena cominada à violência.
>
> **Art. 21.** Manter presos de ambos os sexos na mesma cela ou espaço de confinamento:
>
> Pena – detenção, de 1 (um) a 4 (quatro) anos, e multa.
>
> Parágrafo único. Incorre na mesma pena quem mantém, na mesma cela, criança ou adolescente na companhia de maior de idade ou em ambiente inadequado, observado o disposto na Lei 8.069, de 13 de julho de 1990 (Estatuto da Criança e do Adolescente).

6.10.15. Art. 351 – Fuga de pessoa presa ou submetida a medida de segurança

6.10.15.1. Dispositivo legal

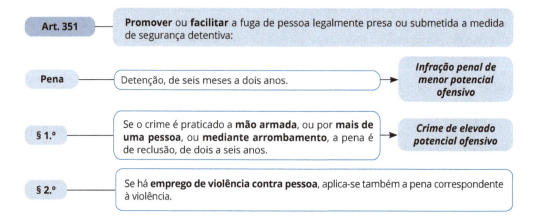

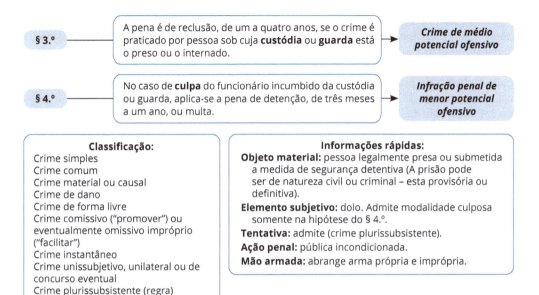

6.10.15.2. Introdução

A finalidade do art. 351 do Código Penal repousa na incriminação da conduta daquele que promove ou facilita a fuga de pessoa legalmente presa ou submetida a medida de segurança detentiva. Nos ensinamentos de Magalhães Noronha:

> O legislador pátrio não pune a *fuga* de preso, isto é, não pune o preso que foge. Considera que o anseio à liberdade é insopitável e irreprimível no homem; tem em vista que o amor à liberdade é mesmo instintivo em todo indivíduo e, consequentemente, não sufragou a ideia de querer abafá-lo com a ameaça da pena. Seguiu, aliás, a tradição das nossas leis.[401]

É evidente que ninguém está obrigado a conformar-se com a privação da liberdade de pessoa do seu relacionamento, ainda que justa e legal. No entanto, não se pode romper a força dos Poderes constituídos pelo Estado, fazendo-se pouco caso do devido processo legal em busca da soltura do detento a qualquer preço. Há meios legítimos para a colocação do preso em liberdade: recursos em geral, *habeas corpus*, revisão criminal etc. O que não se pode tolerar é a utilização de meios ilícitos e criminosos para a libertação de um detento. Com isso o Estado não pode anuir, motivo pelo qual foi tipificada a conduta descrita no art. 351 do Código Penal.

6.10.15.3. Objetividade jurídica

É a Administração da justiça, pois a fuga de pessoa legalmente presa ou submetida a medida de segurança detentiva ofende a autoridade da decisão judicial, bem como o prestígio da Administração Pública na execução das sanções penais e o interesse público relacionado à repressão da criminalidade.

6.10.15.4. Objeto material

É a pessoa legalmente presa ou submetida a medida de segurança detentiva.

---

[401] MAGALHÃES NORONHA, E. *Direito penal*. 16. ed. São Paulo: Saraiva, 1983. v. 4, p. 418.

A prisão pode ser de natureza civil ou criminal. Neste último caso, provisória (prisão temporária, prisão em flagrante ou prisão preventiva) ou definitiva (decorrente de sentença condenatória com trânsito em julgado).

Medida de segurança detentiva ou de internação é a espécie de sanção penal com finalidade exclusiva de prevenção especial positiva, aplicável aos inimputáveis (CP, art. 26, *caput*) ou aos semi-imputáveis (CP, art. 26, parágrafo único) envolvidos na prática de uma infração penal, e cumprida em hospital de custódia e tratamento psiquiátrico ou, à falta, em outro estabelecimento adequado (CP, art. 96, inc. I, e Decreto-lei 3.688/1941 – Lei das Contravenções Penais, art. 16).

Como o tipo penal fala em "pessoa submetida a medida de segurança detentiva", não se verifica o crime descrito no art. 351 do Código Penal quando alguém promove ou facilita a fuga de pessoa internada em hospital psiquiátrico por seus familiares ou mesmo por decisão judicial, desde que não seja resultante de ação penal que acarretou a imposição da medida de segurança detentiva.

6.10.15.5. Núcleos do tipo

O *caput* do art. 351 do Código Penal possui dois núcleos: "promover" e "facilitar".

Promover é dar causa à fuga, executando-a. A iniciativa é do agente, e sequer se exige a ciência do preso ou detento. Exemplo: O carcereiro deixa a porta da cela aberta para que o preso perceba esta conduta durante a noite e venha a fugir. Este núcleo pressupõe uma conduta comissiva, uma ação.

Facilitar, por sua vez, é simplificar, afastando ou diminuindo os obstáculos para a fuga do preso ou detento. Este tem a iniciativa, e o particular lhe presta auxílio. A facilitação pode ser exteriorizada mediante ação (exemplo: o carcereiro informa ao preso o horário em que não haverá ronda no presídio, para que a fuga seja possibilitada) ou omissão imprópria (exemplo: o agente penitenciário presencia a fuga do preso, mas nada faz para evitá-la).

Cuida-se de **tipo misto alternativo**, **crime de ação múltipla** ou **de conteúdo variado**. Há um só crime quando o agente promove e facilita a fuga da mesma pessoa, relativamente à mesma privação da liberdade.

A promoção e a facilitação têm como alvo a fuga do detento, é dizer, sua retirada da esfera de vigilância e custódia do Estado. Anote-se que a fuga, embora seja isto o que normalmente aconteça, não depende obrigatoriamente da inserção do indivíduo no sistema prisional. Também se pode fugir durante o transporte do preso para outro estabelecimento prisional ou para o hospital, ou então da escolta para audiência no fórum, entre tantas outras situações possíveis na vida prática.

A propósito, não é imprescindível já tenha o preso ingressado no sistema prisional ou no hospital de custódia e tratamento psiquiátrico. Exemplificativamente, comete o crime capitulado no art. 351 do Código Penal a pessoa que auxilia na fuga daquele que acabara de ser preso em flagrante pela autoridade policial.

6.10.15.5.1. Fuga de pessoa presa ou submetida a medida de segurança e legalidade da detenção

O tipo penal refere-se expressamente à **legalidade** da prisão ou da medida de segurança detentiva. Logo, não há crime quando o agente promove ou facilita a fuga de pessoa ilegalmente presa ou submetida a medida de segurança, por duas razões:

a) ausência de uma elementar típica; e

b) legítima defesa de terceiro.

A ilegalidade da prisão ou da medida de segurança pode ocorrer tanto em razão de algum vício de origem (exemplo: prisão em flagrante efetuada anos depois da prática do crime) como também em decorrência da sua execução (exemplo: prisão subsistente após o integral cumprimento da pena).

Entretanto, não se pode confundir a legalidade formal da detenção com questionamentos acerca da sua justiça material. Se a privação da liberdade obedece aos ditames legais, não se autoriza a promoção ou facilitação da fuga em hipótese alguma. Exemplificativamente, há crime na conduta daquele que promove a fuga de preso por não acreditar na eficácia do sistema prisional.

6.10.15.5.2. Fuga de pessoa presa e favorecimento pessoal: distinção

Como já analisado, é possível a caracterização do crime definido no art. 351 do Código Penal na situação em que alguém acabou de ser preso em flagrante e uma outra pessoa promove ou facilita sua fuga. Entretanto, se o preso fugir sozinho, por conta própria, e posteriormente um indivíduo qualquer lhe auxiliar a subtrair-se da ação da autoridade pública, estará configurado o crime de favorecimento pessoal (CP, art. 348).

6.10.15.6. Sujeito ativo

Pode ser qualquer pessoa (**crime comum** ou **geral**).

É perfeitamente possível o concurso com qualquer outro sujeito, salvo o preso ou internado. De fato, embora não exista crime atinente à simples fuga do detento, a legislação não permite que outras pessoas contribuam para a frustração das decisões judiciais, com manifesto demérito da ordem jurídica.

Se o sujeito ativo for a pessoa sob cuja custódia ou guarda esteja o preso ou o internado (exemplos: carcereiro, agente penitenciário etc.), será aplicável a qualificadora contida no § 3.º do art. 351 do Código Penal.

6.10.15.7. Sujeito passivo

É o Estado.

6.10.15.8. Elemento subjetivo

É o dolo, independentemente de qualquer finalidade específica.

A figura culposa é admitida e enseja o surgimento da modalidade descrita no § 4.º do art. 351 do Código Penal.

6.10.15.9. Consumação

Trata-se de **crime material** ou **causal**. Dá-se a consumação com a efetiva fuga da pessoa presa ou internada, exigindo-se a transposição dos limites de guarda ou vigilância do Estado, ainda que por curto espaço de tempo. Pouco importa se há posterior e breve recaptura.

6.10.15.10. Tentativa

É possível, em decorrência do caráter plurissubsistente do delito, compatível com o fracionamento do *iter criminis*.

6.10.15.11. Ação penal

A ação penal é pública incondicionada, em todas as modalidades do delito.

6.10.15.12. Lei 9.099/1995

Na forma simples, disciplinada no *caput*, a fuga de pessoa presa ou submetida a medida de segurança é **infração penal de menor potencial ofensivo**, em razão do máximo da pena privativa de liberdade cominada (dois anos). Admite, portanto, a transação penal e o rito sumaríssimo, nos termos da Lei 9.099/1995.

6.10.15.13. Classificação doutrinária

A fuga de pessoa presa ou submetida a medida de segurança é crime **simples** (ofende um único bem jurídico); **comum** (pode ser cometido por qualquer pessoa); **material** ou **causal** (consuma-se com a efetiva fuga); **de dano** (causa prejuízo à regularidade da Administração da justiça); **de forma livre** (admite qualquer meio de execução); **comissivo** (no verbo "promover") ou eventualmente **omissivo impróprio** (no núcleo "facilitar"); **instantâneo** (consuma-se em momento determinado, sem continuidade no tempo); **unissubjetivo, unilateral ou de concurso eventual** (praticado por uma só pessoa, mas admite o concurso); e em regra **plurissubsistente**.

6.10.15.14. Figura qualificada pelo emprego de arma, concurso de pessoas ou arrombamento: art. 351, § 1.º

De acordo com o art. 351, § 1.º, do Código Penal: "Se o crime é praticado a mão armada, ou por mais de uma pessoa, ou mediante arrombamento, a pena é de reclusão, de dois a seis anos".

Cuida-se de **qualificadora**, pois se alteram os limites mínimo e máximo da pena cominada. Ademais, em se tratando de **crime de elevado potencial ofensivo**, com pena mínima superior a um ano, revela-se inadmissível a incidência dos benefícios disciplinados na Lei 9.099/1995.

Vejamos cada uma das hipóteses que ensejam a aplicação da figura qualificada.

a) **Crime praticado à mão armada**: tanto a arma própria (instrumento concebido com finalidade de ataque ou defesa – exemplos: revólver, punhal, espingarda etc.) como a arma imprópria (instrumento criado com finalidade diversa, mas que no caso concreto também serve para ataque ou defesa – exemplos: faca de cozinha, tesoura, machado etc.) prestam-se à caracterização da qualificadora. Não se reclama o efetivo emprego da arma. Pune-se a simples ameaça séria, idônea a facilitar a execução do delito. Exemplo: ameaçar o policial com um revólver para ele soltar o preso que se encontra no interior da viatura.

b) **Mais de uma pessoa**: a lei se contenta com a existência de duas pessoas, circunstância que, em regra, torna mais vulnerável a resistência dos indivíduos responsáveis pela manutenção da detenção.

c) **Mediante arrombamento**: preocupa-se a lei com a violência sobre coisas, destinada a promover a abertura forçada de algum obstáculo em razão do seu rompimento. Exemplo: utilização de explosivos para abrir um buraco na parede do estabelecimento prisional.

6.10.15.15. Violência contra a pessoa e concurso material obrigatório: art. 351, § 2.º

Nos termos do art. 351, § 2.º, do Código Penal: "Se há emprego de violência contra pessoa, aplica-se também a pena correspondente à violência".

A fuga de pessoa presa ou submetida a medida de segurança detentiva é crime de forma livre, compatível com qualquer meio de execução. Contudo, se o meio executório eleito pelo agente consistir na violência à pessoa, a lei determina o concurso material obrigatório entre o crime definido no art. 351 do Código Penal e o delito resultante da violência (lesão corporal de qualquer natureza, homicídio consumado ou tentado etc.).[402]

A violência contra a coisa não importa na aplicação do § 2.º do art. 351 do Código Penal.

6.10.15.16. Figura qualificada pela qualidade do sujeito ativo: art. 351, § 3.º

Como preceitua o § 3.º do art. 351 do Código Penal: "A pena é de reclusão, de um a quatro anos, se o crime é praticado por pessoa sob cuja custódia ou guarda está o preso ou o internado".

Esta qualificadora retrata um **crime próprio** ou **especial**. A peculiar condição do sujeito ativo eleva os parâmetros da pena privativa de liberdade, instituindo um **crime de médio potencial ofensivo**: a pena mínima cominada (um ano) autoriza o benefício da suspensão condicional do processo, desde que presentes os demais requisitos elencados pelo art. 89 da Lei 9.099/1995.

A violação do dever funcional justifica o tratamento penal mais severo. Entretanto, deve ser lembrado que o particular que prende em flagrante uma pessoa e, depois, a deixa fugir não responde pelo crime em apreço, nem mesmo na forma simples do *caput*, pois para ele a prisão em flagrante constitui-se em simples faculdade, e não em dever legal (CPP, art. 301).

6.10.15.17. Modalidade culposa: art. 351, § 4.º

Em conformidade com o § 4.º do art. 351 do Código Penal: "No caso de culpa do funcionário incumbido da custódia ou guarda, aplica-se a pena de detenção, de três meses a um ano, ou multa".

Estamos diante de um **crime próprio**, pois a lei se preocupa unicamente com a culpa do funcionário público incumbido da custódia ou guarda. Consequentemente, se um particular contribuir culposamente para a fuga do detento ou internado, o fato será atípico.

A pena é sensivelmente inferior em razão da presença da culpa do funcionário público responsável pela custódia ou guarda do detento, que contribui para sua fuga por imprudência (exemplo: policial que dirige a viatura em excesso de velocidade e vem a capotar, ensejando a fuga do preso que era transportado ao fórum) ou negligência (exemplo: carcereiro que dorme no corredor do estabelecimento prisional e assim permite que o preso se apodere da chave da cela).

Como corolário da natureza culposa do delito, é imprescindível a produção do resultado naturalístico (crime material), razão pela qual se exige a fuga, quer por iniciativa do próprio detento, quer de outrem, em decorrência da culpa do funcionário público. Se, nada obstante a culpa do agente estatal, a fuga não se efetivar, estará impossibilitada a punição pelo crime definido no art. 351, § 4.º, do Código Penal.

6.10.15.18. Fuga de pessoa presa ou submetida a medida de segurança e Código Penal Militar

Os arts. 178 e 179 do Decreto-lei 1.001/1969 disciplinam o crime de fuga de preso ou interno, nas modalidades dolosa e culposa:

---

[402] As vias de fato podem ser utilizadas como violência à pessoa, mas serão absorvidas pelo crime previsto no art. 351 do Código Penal, em obediência à subsidiariedade expressa contida no art. 21 do Decreto-lei 3.688/1941 – Lei das Contravenções Penais.

> **Art. 178.** Promover ou facilitar a fuga de pessoa legalmente presa ou submetida a medida de segurança detentiva:
>
> Pena – detenção, de seis meses a dois anos.
>
> **Formas qualificadas**
>
> § 1.º Se o crime é praticado a mão armada ou por mais de uma pessoa, ou mediante arrombamento:
>
> Pena – reclusão, de dois a seis anos.
>
> § 2.º Se há emprego de violência contra pessoa, aplica-se também a pena correspondente à violência.
>
> § 3.º Se o crime é praticado por pessoa sob cuja guarda, custódia ou condução está o preso ou internado:
>
> Pena – reclusão, até quatro anos.
>
> **Modalidade culposa**
>
> **Art. 179.** Deixar, por culpa, fugir pessoa legalmente presa, confiada à sua guarda ou condução:
>
> Pena – detenção, de três meses a um ano.

6.10.16. Art. 352 – Evasão mediante violência contra pessoa

6.10.16.1. Dispositivo legal

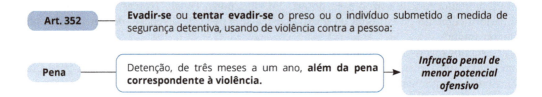

Classificação:
Crime pluriofensivo
Crime próprio ou especial
Crime material ou causal
Crime de dano
Crime de forma livre
Crime comissivo (regra)
Crime instantâneo
Crime unissubjetivo, unilateral ou de concurso eventual
Crime plurissubsistente (regra)

Informações rápidas:
Objeto material: pessoa atacada pela violência.
Violência: deve ser física (abrange vias de fato).
Elemento subjetivo: dolo (elemento subjetivo específico – intenção do detento ou internado de valer-se de violência contra pessoa para fugir da legítima privação da liberdade). Não admite modalidade culposa.
Tentativa: não admite (crime de atentado ou de empreendimento).
Ação penal: pública incondicionada.
Concurso material obrigatório: evasão mediante violência + crime resultante da violência.

6.10.16.2. Introdução

Diferentemente do que ocorre no art. 351 do Código Penal, no crime de evasão mediante violência contra pessoa não há interferência de um terceiro para a fuga do preso ou do indivíduo submetido a medida de segurança. A evasão, consumada ou tentada, opera-se exclusivamente pela conduta do detento ou internado.

O legislador não incriminou o simples ato de fugir. Como se sabe, a fuga insere-se entre os direitos naturais do ser humano, pois é instintiva a sua busca pela liberdade. No entanto, para fugir, o detento não pode se valer de violência contra pessoa, ofendendo sua integridade física, sua saúde ou até mesmo ceifando sua vida. Se o fizer, incidirá no crime tipificado no art. 352 do Código Penal.

6.10.16.3. Objetividade jurídica

O bem jurídico penalmente protegido é a Administração da justiça, ofendida em sua tarefa de promover a integral execução de uma sanção penal imposta pelo Poder Judiciário. E, mediatamente, também se protege a integridade física da pessoa, em regra funcionário público, atingida pela violência.

6.10.16.4. Objeto material

É a pessoa atacada pela violência.

6.10.16.5. Núcleo do tipo

O núcleo do tipo é "evadir-se", no sentido de fugir por conta própria, escapar de medida privativa da liberdade, consistente em prisão, provisória ou definitiva, ou medida de segurança detentiva.

Para a configuração do crime em análise, é imprescindível já se encontre o sujeito legalmente preso e venha a fugir ou tentar fugir mediante a utilização de violência contra a pessoa. De fato, se o preso fugir violentamente no momento da decretação da sua detenção, estará delineado o crime de resistência em sua forma qualificada (CP, art. 329, § 1.º).

A violência indicada pelo tipo penal é unicamente a física, exercida contra funcionários públicos responsáveis pela custódia e vigilância do detento ou contra qualquer outra pessoa. Como se sabe, quando o Código Penal quer se referir à grave ameaça (violência moral), o faz expressamente, a exemplo dos arts. 157, *caput*, 158, *caput*, 213, *caput* etc.

As vias de fato são suficientes para a caracterização da violência física, com a ressalva de que são sempre absorvidas pelo crime a que se prestam como meio de execução, em decorrência do seu caráter expressamente subsidiário (Decreto-lei 3.688/1941 – Lei das Contravenções Penais, art. 21).

Discute-se na doutrina o local em que o crime pode ser praticado: se somente no interior do estabelecimento prisional, ou também em outros lugares, tais como durante o transporte ao hospital, a remoção a outro presídio ou mesmo durante a escolta ao fórum. Há duas posições sobre o assunto.

Para Nélson Hungria, "o agente deve estar encerrado no estabelecimento carcerário ou de segurança. Se a fuga ocorre *extra muros*, eximindo-se violentamente o agente ao poder de quem o conduz ou transporta, o crime será o de resistência (art. 329), sem prejuízo, igualmente, das penas correspondentes à violência".[403]

De outro lado, assim se pronunciava o saudoso Magalhães Noronha:

> Evadir-se é a pessoa subtrair-se à esfera de custódia ou guarda de outrem. Frequentemente essa esfera está circunscrita ao estabelecimento (cadeia, penitenciária, casa de custódia e tratamento, instituto de trabalho etc.), mas pode ocorrer em condições diversas: o sentenciado que, transportado em viatura da Casa de Detenção para a Penitenciária, agride seus condutores e foge, comete o delito em apreço: evade-se com violência à pessoa.[404]

---

[403] HUNGRIA, Nélson. *Comentários ao Código Penal.* 2. ed. Rio de Janeiro: Forense, 1959. v. IX, p. 520.
[404] MAGALHÃES NORONHA, E. *Direito penal.* São Paulo: Saraiva, 1983. v. 4, p. 423.

6.10.16.6. Sujeito ativo

O crime é **próprio** ou **especial**, pois somente pode ser praticado pela pessoa submetida à prisão (provisória ou definitiva) ou à medida de segurança detentiva.

6.10.16.7. Sujeito passivo

É o Estado e, secundariamente, a pessoa contra quem é dirigida a violência utilizada pelo detento (exemplos: agentes penitenciários, carcereiros, policiais responsáveis pela escolta etc.).

6.10.16.8. Elemento subjetivo

É o dolo, acrescido de um especial fim de agir (elemento subjetivo específico) implicitamente descrito no art. 352 do Código Penal, consistente na intenção do detento ou internado de valer-se de violência contra pessoa para fugir da legítima privação da liberdade.

Não se admite a modalidade culposa.

6.10.16.9. Consumação

Dá-se no momento em que o preso ou indivíduo submetido a medida de segurança detentiva efetivamente emprega violência contra alguma pessoa, ainda que não tenha êxito na concretização da fuga (**crime material** ou **causal**).

Em se tratando de **crime de atentado** ou **de empreendimento**, no qual a lei pune de forma idêntica o crime consumado e aquilo que em tese seria uma simples tentativa, é possível afirmar que pouco importa se o detento, após utilizar de violência contra a pessoa, evade-se ou não. Em qualquer hipótese, o crime estará consumado.

6.10.16.10. Tentativa

Não é cabível, como corolário da classificação do crime capitulado no art. 352 do Código Penal entre os delitos de atentado ou de empreendimento. A consumação e a tentativa foram colocadas em pé de igualdade.

6.10.16.11. Ação penal

A ação penal é pública incondicionada.

6.10.16.12. Lei 9.099/1995

Trata-se de **infração penal de menor potencial ofensivo**, em face do máximo da pena privativa de liberdade cominada (um ano). O crime, portanto, é compatível com a transação penal e com o rito sumaríssimo, nos termos da Lei 9.099/1995.

6.10.16.13. Classificação doutrinária

A evasão mediante violência contra pessoa é crime **pluriofensivo** (ofende mais de um bem jurídico: a Administração da justiça e a integridade física da pessoa atacada pela violência); **próprio** ou **especial** (somente pode ser praticado pela pessoa presa ou submetida a medida de segurança); **material** ou **causal** (consuma-se com o efetivo emprego da violência à pessoa, independentemente do êxito na fuga); **de dano** (causa prejuízo à regularidade da Administração da justiça); **de forma livre** (admite qualquer meio de execução); em regra **comissivo**; **instantâneo** (consuma-se em um momento determinado, sem continuidade no tempo); **unissubjetivo**, **unilateral ou de concurso eventual** (praticado por uma só pessoa, mas admite o concurso, como no exemplo em que dois presos agridem um carcereiro em busca da fuga); e normalmente **plurissubsistente**.

6.10.16.14. Concurso material obrigatório

O preceito secundário do art. 352 do Código Penal impõe o concurso material obrigatório entre a evasão mediante violência contra pessoa e eventual crime resultante da violência, qualquer que seja sua espécie (lesão corporal leve, grave ou gravíssima, homicídio consumado ou tentado etc.).[405]

A violência contra a coisa não importa no concurso material obrigatório.

6.10.16.15. Evasão mediante violência contra pessoa e Código Penal Militar

O art. 180 do Decreto-lei 1.001/1969 – Código Penal Militar – prevê o crime de evasão de preso ou internado:

> **Art. 180.** Evadir-se, ou tentar evadir-se o preso ou internado, usando de violência contra a pessoa:
> Pena – detenção, de um a dois anos, além da correspondente à violência.
> § 1.º Se a evasão ou a tentativa ocorre mediante arrombamento da prisão militar:
> Pena – detenção, de seis meses a um ano.
> **Cumulação de penas**
> § 2.º Se ao fato sucede deserção, aplicam-se cumulativamente as penas correspondentes.

6.10.17. Art. 353 – Arrebatamento de preso

6.10.17.1. Dispositivo legal

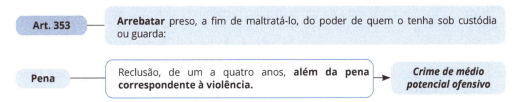

Classificação:
Crime simples
Crime comum
Crime formal, de consumação antecipada ou de resultado cortado
Crime de dano
Crime de forma livre
Crime comissivo (regra)
Crime instantâneo
Crime unissubjetivo, unilateral ou de concurso eventual
Crime plurissubsistente (regra)

Informações rápidas:
Objeto material: preso arrebatado. Violência: deve ser física (abrange vias de fato).
Elemento subjetivo: dolo (elemento subjetivo específico – "a fim de maltratá-lo"). Não admite modalidade culposa.
Tentativa: admite (crime plurissubsistente).
Ação penal: pública incondicionada.
Concurso material obrigatório: arrebatamento de preso + crime resultante da violência.

---

[405] As vias de fato podem ser utilizadas como violência à pessoa, mas serão absorvidas pelo crime previsto no art. 352 do Código Penal, em obediência à subsidiariedade expressa contida no art. 21 do Decreto-lei 3.688/1941 – Lei das Contravenções Penais.

6.10.17.2. Objetividade jurídica

O bem jurídico penalmente protegido é a Administração da justiça. É a segurança de sua finalidade que se resguarda e tutela, impedindo a intervenção apaixonada e violenta que lhe posterga os ditames serenos e as decisões imparciais.[406]

6.10.17.3. Objeto material

É o preso arrebatado. A elementar "**preso**" há de ser interpretada no sentido de pessoa que se encontra privada da sua liberdade, em razão de prisão em flagrante ou de prisão decretada pelo Poder Judiciário (provisória ou definitiva, e até mesmo prisão civil).

Aqui, ao contrário do que fez nos arts. 351 e 352 do Código Penal, o legislador não incluiu o indivíduo submetido a medida de segurança detentiva.

6.10.17.4. Núcleo do tipo

O núcleo do tipo é "**arrebatar**", no sentido de tomar, subtrair, tirar o preso de quem o tenha sob custódia ou guarda. A conduta pode ser praticada por qualquer meio: violência contra a pessoa,[407] grave ameaça, fraude etc. (crime de forma livre).

Como a lei utiliza a expressão "do poder de quem o tenha sob custódia ou guarda", pouco importa se a prisão era legal ou ilegal, pois a finalidade do sujeito é provocar maus-tratos no preso, e não livrá-lo de eventual abuso do Estado.

De igual modo, também é indiferente o local em que o preso se encontra no momento do arrebatamento, se no interior do estabelecimento prisional, na viatura para transporte ao fórum, no camburão para remoção a presídio diverso ou em qualquer outro lugar. Basta, para caracterização do delito, seja o preso retirado do poder de quem o tenha sob custódia ou guarda.

Em que pese o caráter genérico do tipo penal, sua aplicação historicamente tem se relacionado aos casos de linchamento nos crimes que provocam revolta popular e clamor social. É o que se dá, exemplificativamente, quando as pessoas de uma determinada cidade atacam policiais para agredir um perigoso criminoso que estava preso, levando-o à praça pública para matá-lo.

Nesse contexto, convém destacar que o **linchamento**, também conhecido como linchagem ou lei de Lynch, é o assassinato de um indivíduo, geralmente por uma multidão, sem procedimento judiciário legal e em detrimento dos direitos básicos do cidadão.

Muitos autores atribuem a origem da palavra ao coronel Charles Lynch, que praticava o ato por volta de 1782, durante a guerra de independência dos Estados Unidos da América, ao tratar dos pró-britânicos. Entretanto, é mais seguidamente atribuída ao capitão William Lynch (1742-1820), do condado de Pittsylvania, Virgínia, que manteve um comitê para manutenção da ordem durante a revolução, por volta de 1780.

A lei de Lynch deu origem à palavra linchamento, em 1837, designando o desencadeamento do ódio racial contra os índios, principalmente na Nova Inglaterra, apesar das leis que os protegiam, bem como contra os negros perseguidos pelos "comitês de vigilância" que darão origem ao Ku Klux Klan.

6.10.17.5. Sujeito ativo

Pode ser qualquer pessoa (**crime comum** ou **geral**). Não se trata, portanto, de crime plurissubjetivo, embora na prática normalmente apresente o caráter de crime multitudinário, ou seja, praticado pela multidão em tumulto.

---

[406] MAGALHÃES NORONHA, E. *Direito penal*. 16. ed. São Paulo: Saraiva, 1983. v. 4, p. 425.

[407] Quando o delito for cometido com emprego de violência à pessoa, haverá imposição cumulativa da pena resultante da violência. A propósito, as vias de fato podem ser utilizadas como violência à pessoa, mas serão absorvidas pelo crime previsto no art. 353 do Código Penal, em decorrência da subsidiariedade expressa contida no art. 21 do Decreto-lei 3.688/1941 – Lei das Contravenções Penais.

6.10.17.6. Sujeito passivo

É o Estado e, mediatamente, o preso arrebatado.

6.10.17.7. Elemento subjetivo

É o dolo, acrescido de um especial fim de agir (elemento subjetivo específico), representado pela expressão "a fim de maltratá-lo". Não basta, portanto, a retirada do preso do poder de quem o tenha sob custódia ou guarda: é imprescindível a intenção de fazê-lo para o fim de impor-lhe maus-tratos.

Se o agente retira o preso do poder de quem o tenha sob custódia ou guarda, não para maltratá-lo, mas para promover sua fuga, resgatando-o, a ele será imputado o crime definido no art. 351 do Código Penal.

Não se admite a modalidade culposa.

6.10.17.8. Consumação

O crime é **formal, de consumação antecipada** ou **de resultado cortado**: consuma-se com a efetiva retirada do preso do poder de quem o tenha sob custódia ou guarda. A imposição de maus-tratos pode ocorrer – e se ocorrer estará configurado o exaurimento –, mas não é necessária para fins de consumação.

6.10.17.9. Tentativa

É possível, em face do caráter plurissubsistente do delito, permitindo o fracionamento do *iter criminis*. Exemplo: Os moradores de um bairro invadem um hospital para agredir o estuprador que disseminou o medo naquela comunidade e lá se encontra internado, mas são impedidos de atacá-lo por policiais chamados às pressas ao local.

6.10.17.10. Ação penal

A ação penal é pública incondicionada.

6.10.17.11. Lei 9.099/1995

Cuida-se de **crime de médio potencial ofensivo**. A pena mínima cominada (um ano) autoriza a incidência da suspensão condicional do processo, desde que presentes os demais requisitos exigidos pelo art. 89 da Lei 9.099/1995.

6.10.17.12. Classificação doutrinária

O arrebatamento de preso é crime **simples** (ofende um único bem jurídico, a Administração da justiça; eventualmente também ataca a integridade física e/ou a liberdade individual do preso, se concretizados os maus-tratos); **comum** (pode ser praticado por qualquer pessoa); **formal, de consumação antecipada** ou **de resultado cortado** (consuma-se com o arrebatamento do preso, independentemente da efetivação dos maus-tratos); **de dano** (causa prejuízo à Administração da justiça); **de forma livre** (admite qualquer meio de execução); em regra **comissivo**; **instantâneo** (consuma-se em um momento determinado, sem continuidade no tempo); e **unissubjetivo, unilateral ou de concurso eventual** (praticado por uma só pessoa, mas admite o concurso); e normalmente **plurissubsistente**.

6.10.17.13. Concurso material obrigatório

O preceito secundário do art. 353 do Código Penal determina o concurso material obrigatório entre o arrebatamento de preso e eventual crime resultante da violência, qualquer que seja sua espécie (lesão corporal leve, grave ou gravíssima, homicídio consumado ou tentado etc.).

Nada obstante a natureza formal do delito, a efetiva produção de maus-tratos no preso (exaurimento) acarreta a punição do crime produzido em decorrência da violência à pessoa. A situação é mais grave e deve ser rigorosamente enfrentada pelo Direito Penal.

A violência contra a coisa não abre espaço para o concurso material obrigatório.

6.10.17.14. Arrebatamento de preso e Código Penal Militar

O art. 181 do Decreto-lei 1.001/1969 – Código Penal Militar – versa sobre o crime de arrebatamento de preso ou **internado**, incriminando uma conduta mais ampla do que a prevista no art. 353 do Código Penal:

> **Art. 181.** Arrebatar preso ou internado, a fim de maltratá-lo, do poder de quem o tenha sob guarda ou custódia militar:
> Pena – reclusão, até quatro anos, além da correspondente à violência.

6.10.18. Art. 354 – Motim de presos

6.10.18.1. Dispositivo legal

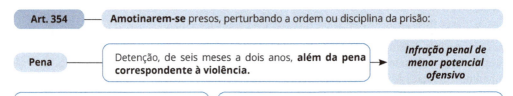

Classificação:
Crime simples
Crime próprio
Crime material ou causal
Crime de dano
Crime de forma livre
Crime comissivo (regra)
Crime permanente
Crime plurissubjetivo, plurilateral ou de concurso necessário
Crime plurissubsistente (regra)

Informações rápidas:
Objeto material: normal ambiente prisional.
Violência: deve ser física (abrange vias de fato).
Elemento subjetivo: dolo. Não admite modalidade culposa.
Tentativa: admite (crime plurissubsistente).
Ação penal: pública incondicionada.
Concurso material obrigatório: motim de preso + crime resultante da violência.

6.10.18.2. Objetividade jurídica

O bem jurídico penalmente tutelado é a Administração da justiça. Nas preciosas lições de Magalhães Noronha:

> É a defesa do prestígio e do valor que devem ter as decisões judiciárias que impõem pena como meio de reeducação ou readaptação do delinquente ou lhe determinam, por outra forma, a restrição da liberdade, inspiradas em motivos superiores e condizentes com os imperativos sociais. Claro que aquele fim colimado não se compadece com um ambiente de rebelião e indisciplina nos estabelecimentos penais.[408]

---
[408] MAGALHÃES NORONHA, E. *Direito penal*. 16. ed. São Paulo: Saraiva, 1983. v. 4, p. 427.

6.10.18.3. Objeto material

É o normal ambiente prisional, no qual devem imperar a ordem e a disciplina derivadas da autoridade do Estado.

6.10.18.4. Núcleo do tipo

O núcleo do tipo é **"amotinarem-se"**, transmitindo a ideia de revolta coletiva dos presos contra a ordem e a disciplina da prisão, provocando perturbação e alvoroço. Ordem diz respeito à tranquilidade do ambiente prisional; disciplina, por sua vez, consiste no respeito e obediência às regras previamente estabelecidas.

A prisão há de ser legal, pois as pessoas detidas indevidamente têm o direito de se opor ao arbítrio do Estado.

O motim de presos é um movimento coletivo de rebeldia dos presos, seja para o fim de justas ou injustas reivindicações (exemplo: para aumento do tempo das visitas íntimas), seja para coagir os funcionários do estabelecimento prisional a determinada medida (exemplo: duração maior do período de banho de sol), ou para tentativa de fuga, ou por objetivos de simples baderna (exemplo: queima de colchões) ou vingança (exemplo: destruição da ala do presídio controlado por uma facção criminosa diversa). Como destaca Nélson Hungria:

> Cumpre não confundir atitudes coletivas de irreverência ou desobediência *ghândica* com o motim propriamente dito, que não se configura se não assume o caráter *militante* de violência contra os funcionários internos ou de depredações contra o respectivo edifício ou instalações, com grave perturbação da ordem ou disciplina da prisão.[409]

Nada obstante a conduta geralmente se exteriorize mediante ação, não se pode descartar o comportamento omissivo como hábil para viabilizar o delito. É o que ocorre, exemplificativamente, quando todos os presos recusam-se a retornar às suas celas depois de encerrado o horário do banho de sol, causando tumulto generalizado em prejuízo à ordem e à disciplina do meio carcerário.

6.10.18.5. Sujeito ativo

Trata-se de **crime próprio** e **plurissubjetivo, plurilateral** ou **de concurso necessário**, pois somente pode ser cometido pelos "presos".

Como a lei não aponta um número mínimo de indivíduos para a concretização do delito, é lícito concluir que se exigem pelo menos três pessoas. De fato, quando o Código Penal quer duas (exemplo: art. 155, § 4.º, inc. IV) ou então quatro pessoas (exemplo: art. 146, § 1.º), ele o faz expressamente. Destarte, referindo-se a uma pluralidade de sujeitos, sem mencionar quantos, conclui-se pela obrigatoriedade de ao menos três pessoas.

O legislador excluiu do raio de incidência do art. 354 do Código Penal o motim de pessoas submetidas à medida de segurança detentiva, é dizer, os inimputáveis ou semi-imputáveis internados em hospital de custódia e tratamento psiquiátrico. Consequentemente, a balbúrdia por eles ocasionada não configura o crime em análise.

6.10.18.6. Sujeito passivo

É o Estado.

---

[409] HUNGRIA, Nélson. *Comentários ao Código Penal*. 2. ed. Rio de Janeiro: Forense, 1959. v. IX, p. 522.

6.10.18.7. Elemento subjetivo

É o dolo, independentemente de qualquer finalidade específica. Basta a vontade dos presos de amotinarem-se, cientes de que assim agindo tumultuam a ordem ou a disciplina do estabelecimento prisional.

É indiferente, no plano de tipicidade, se eventual reivindicação dos presos é justa ou injusta. No entanto, a natureza do motivo deverá ser levada em conta pelo magistrado na dosimetria da pena-base, como circunstância judicial ou inominada, na primeira fase de fixação da pena privativa de liberdade, a teor do art. 59, *caput*, do Código Penal.

Não se admite a modalidade culposa.

6.10.18.8. Consumação

O crime é **material** ou **causal**: consuma-se com a efetiva violação da ordem ou da disciplina do estabelecimento prisional, pouco importando o tempo de duração do amotinamento.

Entretanto, não se pode confundir o motim de presos com a simples transgressão de normas disciplinares aplicáveis aos presos. As vaias e a desobediência a determinações internas despontam como meros ilícitos administrativos; o crime tipificado no art. 354 do Código Penal reclama o emprego de violência física ou grave ameaça contra agentes penitenciários ou outras pessoas, ou ainda a depredação de objetos ou atitudes de semelhante categoria.

Além disso, cuida-se de **crime permanente**, pois a consumação se prolonga no tempo, perdurando durante todo o prazo de amotinamento dos presos.

6.10.18.9. Tentativa

É cabível, em razão do caráter plurissubsistente do delito, compatível com o fracionamento do *iter criminis*.

6.10.18.10. Ação penal

A ação penal é pública incondicionada.

6.10.18.11. Lei 9.099/1995

O motim de presos é **infração penal de menor potencial ofensivo**. A pena máxima cominada (dois anos) autoriza a transação penal e a utilização do rito sumaríssimo, nos moldes da Lei 9.099/1995.

6.10.18.12. Classificação doutrinária

O motim de presos é crime **simples** (ofende um único bem jurídico); **próprio** (somente pode ser praticado por quem se encontre na situação jurídica de preso); **material ou causal** (consuma-se com o tumulto da ordem e da disciplina no estabelecimento prisional); **de dano** (causa prejuízo à Administração da justiça); **de forma livre** (admite qualquer meio de execução); em regra **comissivo**; **permanente** (a consumação subsiste durante todo o período do amotinamento); e **plurisubjetivo, plurilateral ou de concurso necessário** (o tipo penal reclama a pluralidade de sujeitos ativos, pois se vale da elementar "presos"); e normalmente **plurissubsistente**.

6.10.18.13. Concurso material obrigatório

O preceito secundário do art. 354 do Código Penal impõe o concurso material obrigatório entre o motim de presos e eventual crime resultante da violência, qualquer que seja sua espécie (lesão corporal leve, grave ou gravíssima, homicídio consumado ou tentado etc.).

A grave ameaça ou violência moral (exemplo: gritos ameaçadores dirigidos aos agentes penitenciários) e a violência contra a coisa (exemplo: destruição de paredes da penitenciária) não autorizam a soma das penas.

6.10.18.14. Código Penal Militar

O art. 182 do Decreto-lei 1.001/1969 prevê o crime de amotinamento, cuja redação é a seguinte:

> **Art. 182.** Amotinarem-se presos, ou internados, perturbando a disciplina do recinto de prisão militar:
> Pena – reclusão, até três anos, aos cabeças; aos demais, detenção de um a dois anos.
> **Responsabilidade de participe ou de oficial**
> Parágrafo único. Na mesma pena incorre quem participa do amotinamento ou, sendo oficial e estando presente, não usa os meios ao seu alcance para debelar o amotinamento ou evitar-lhe as consequências.

6.10.19. Art. 355 – Patrocínio infiel e patrocínio simultâneo ou tergiversação

6.10.19.1. Dispositivo legal

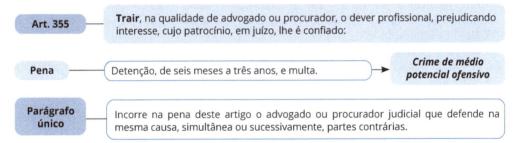

Classificação:
Patrocínio infiel
Crime pluriofensivo
Crime próprio
Crime material ou causal
Crime de dano
Crime de forma livre
Crime comissivo ou omissivo próprio ou puro
Crime instantâneo
Crime unissubjetivo, unilateral ou de concurso eventual
Crime plurissubsistente (quando praticado por ação) ou unissubsistente (se cometido mediante omissão)
Patrocínio simultâneo
Crime pluriofensivo
Crime próprio
Crime formal, de consumação antecipada ou de resultado cortado
Crime de dano
Crime de forma livre
Crime comissivo
Crime instantâneo
Crime unissubjetivo, unilateral ou de concurso eventual
Crime plurissubsistente (regra)

Informações rápidas:
Objeto material: pessoa física ou jurídica, de direito público ou privado, lesada em seus interesses pela traição ou deslealdade em juízo do advogado ou do estagiário de advocacia.
Elemento subjetivo: dolo. Não admite modalidade culposa.
A traição do advogado ou procurador deve produzir prejuízo relevante de qualquer natureza, material ou moral, desde que lícito.
Tentativa: no patrocínio infiel admite somente nas hipóteses de crime comissivo (crime plurissubsistente), no patrocínio simultâneo admite.
Ação penal: pública incondicionada.
Competência: Justiça Estadual (exceções: art. 109, IV, da CF – Justiça Federal, se houver efetivo prejuízo).

6.10.19.2. Introdução

O art. 355 do Código Penal contempla dois crimes diversos: patrocínio infiel, no *caput*, e patrocínio simultâneo ou tergiversação, no parágrafo único. A pena é a mesma em ambos os delitos: detenção, de seis meses a três anos, e multa.

Por questões didáticas, analisaremos inicialmente os pontos comuns a ambos os crimes. Em seguida, enfrentaremos as questões específicas de cada um dos delitos.

6.10.19.3. Objetividade jurídica

Nos dois crimes tipificados no art. 355 do Código Penal, o bem jurídico penalmente tutelado é a Administração da justiça. No magistério de Heleno Cláudio Fragoso:

> Os advogados e procuradores, no desempenho de sua atividade profissional em juízo, exercem, inquestionavelmente, uma função pública de primeira ordem, atuando como elementos essenciais na realização da justiça. Por isso dizia Musio que a defesa constitui, também, um Ministério Público, expressando, assim, de forma eloquente, o sentido de sua participação na administração da justiça.
>
> Este crime encontra, pois, sua objetividade jurídica, não em interesses privados ou profissionais relacionados com a atuação de advogados e procuradores (que apenas são tutelados indiretamente), mas, sim, no interesse do Estado na perfeita administração da justiça.[410]

É de recordar o teor do art. 133 da Constituição Federal: "O advogado é indispensável à administração da justiça, sendo inviolável por seus atos e manifestações no exercício da profissão, nos limites da lei".

Em plano secundário, também se protege o patrimônio jurídico da pessoa física ou jurídica, de direito público ou de direito privado, prejudicada pela atuação maliciosa do advogado ou procurador.

6.10.19.4. Objeto material

É a pessoa física ou jurídica, de direito público ou privado, lesada em seus interesses pela traição em juízo do advogado ou do estagiário de advocacia, ou então pela deslealdade do causídico que defende, na mesma causa, simultânea ou sucessivamente, partes contrárias.

6.10.19.5. Sujeito ativo

O art. 355 do Código Penal contém **crimes próprios** ou **especiais**, pois somente podem ser praticados pelo advogado, seja ele público ou particular, constituído ou dativo, e também pelo procurador. Nos termos do art. 3.º da Lei 8.906/1994 – Estatuto da Advocacia e da Ordem dos Advogados do Brasil:

> Art. 3.º O exercício da atividade de advocacia no território brasileiro e a denominação de advogado são privativos dos inscritos na Ordem dos Advogados do Brasil (OAB).
>
> § 1.º Exercem atividade de advocacia, sujeitando-se ao regime desta lei, além do regime próprio a que se subordinem, os integrantes da Advocacia-Geral da União, da Procuradoria da Fazenda Nacional, da Defensoria Pública e das Procuradorias e Consultorias Jurídicas dos Estados, do Distrito Federal, dos Municípios e das respectivas entidades de administração indireta e fundacional.

---

[410] FRAGOSO, Heleno Cláudio. *Lições de direito penal.* Parte especial. São Paulo: José Bushatsky, 1959. v. 4, p. 1.062.

> § 2.º O estagiário de advocacia, regularmente inscrito, pode praticar os atos previstos no art. 1.º, na forma do regimento geral, em conjunto com advogado e sob responsabilidade deste.

O **estagiário** regularmente inscrito na Ordem dos Advogados do Brasil também pode ser sujeito ativo dos delitos, a teor do art. 3.º, § 2.º, da Lei 8.906/1994. Não há falar, nessa hipótese, em analogia *in malam partem*, pois ele pode ser enquadrado na condição de **procurador** (somente pode atuar quando autorizado pela procuração do representante), expressamente prevista no art. 355, *caput* e parágrafo único, do Código Penal.

A elementar procurador, além dos estagiários, compreende igualmente as antigas figuras dos provisionados e dos solicitadores, praticamente abolidas nos dias atuais.

É perfeitamente cabível o concurso de pessoas, em ambas as suas modalidades – coautoria e participação –, como no exemplo em que o autor de uma ação civil convence o advogado do réu a prejudicar em juízo os interesses do seu cliente, ou então quando um estagiário, com o advogado, defende simultaneamente os interesses do autor e do réu em uma mesma demanda.

Se o agente não possuir a qualificação especial de advogado ou de estagiário de advocacia, não há falar na configuração dos crimes definidos no art. 355 do Código Penal. Nada impede, contudo, a configuração de outro delito, como é o caso do estelionato (CP, art. 171).

6.10.19.6. Sujeito passivo

É o Estado e, mediatamente, a pessoa física ou jurídica, de direito público ou de direito privado, prejudicada pela conduta criminosa.

6.10.19.7. Elemento subjetivo

É o dolo, independentemente de qualquer finalidade específica. Não se pune a modalidade culposa, evidenciada principalmente pela imprudência ou pela negligência do causídico em sua atuação desidiosa no caso concreto. Exemplificativamente, não há patrocínio infiel quando o advogado relapso, por desídia, deixa transcorrer *in albis* algum prazo processual ou se esquece de juntar documentos aos autos no momento oportuno. Nada impede, contudo, a aplicação de sanção administrativa, em decorrência do reconhecimento de infração disciplinar prevista no art. 34 da Lei 8.906/1994 – Estatuto da Advocacia e da Ordem dos Advogados do Brasil.

Em síntese, os crimes tipificados no art. 355 do Código Penal reclamam a presença do dolo, compreendido como a intenção maléfica do advogado ou procurador de trair em juízo seu dever profissional, prejudicando o interesse que lhe fora confiado.

6.10.19.8. Ação penal

A ação penal é pública incondicionada, em ambos os delitos.

6.10.19.9. Lei 9.099/1995

Em face da pena mínima cominada (seis meses), o patrocínio infiel e o patrocínio simultâneo são **crimes de médio potencial ofensivo**, compatíveis com a suspensão condicional do processo, desde que estejam presentes os demais requisitos exigidos pelo art. 89 da Lei 9.099/1995.

6.10.19.10. Competência

Os crimes de patrocínio infiel e de patrocínio simultâneo (ou tergiversação) são, em regra, de competência da Justiça Estadual.

Em situações excepcionais, a competência será da Justiça Federal se qualquer dos crimes for praticado em detrimento dos interesses da União ou de suas entidades autárquicas ou empresas públicas (CP, art. 109, inc. IV). É o que se dá, exemplificativamente, nos delitos cometidos no âmbito da Justiça do Trabalho,[411] ou então em ações previdenciárias, na jurisdição federal.[412]

6.10.19.11. O consentimento do ofendido e seus reflexos jurídico-penais

Quando a causa submetida à apreciação do Poder Judiciário envolver **interesses disponíveis**, o consentimento do assistido em relação ao patrocínio infiel e ao patrocínio simultâneo exclui a ilicitude do fato, impedindo a caracterização dos delitos. Exemplo: Não há patrocínio infiel quando o cliente concorda com uma longa viagem ao exterior do seu advogado, sabendo que nesse período a ação judicial da qual é parte ficará abandonada. Nada impede, contudo, a imposição de sanção disciplinar pela OAB em razão da prática de falta administrativa.

No entanto, eventual consentimento será inócuo quando estiver em disputa judicial algum interesse indisponível, tal como ocorre nas ações penais. Com efeito, um réu no âmbito criminal não pode validamente concordar em ser condenado, ou de qualquer maneira prejudicado, pois a disputa não diz respeito unicamente aos seus interesses, mas também à sociedade em geral.

6.10.19.12. Patrocínio infiel: art. 355, caput

6.10.19.12.1. Núcleo do tipo

O núcleo do tipo é "**trair**", no sentido de enganar ou ser desleal. O advogado ou procurador quebra a relação de confiança existente com o seu assistido. Viola-se, em síntese, a ética que deve nortear a atuação dos profissionais da advocacia. Em sintonia com o art. 33 da Lei 8.906/1994 – Estatuto da Advocacia e da Ordem dos Advogados do Brasil:

> **Art. 33.** O advogado obriga-se a cumprir rigorosamente os deveres consignados no Código de Ética e Disciplina.
> Parágrafo único. O Código de Ética e Disciplina regula os deveres do advogado para com a comunidade, o cliente, o outro profissional e, ainda, a publicidade, a recusa do patrocínio, o dever de assistência jurídica, o dever geral de urbanidade e os respectivos procedimentos disciplinares.

O art. 2.º, parágrafo único, do Código de Ética e Disciplina da Ordem dos Advogados do Brasil elenca os deveres profissionais dos advogados. E, por sua vez, o art. 9.º do mencionado Código de Ética expressamente determina que "O advogado deve informar o cliente, de modo claro e inequívoco, quanto a eventuais riscos da sua pretensão, e das consequências que poderão advir da demanda. Deve, igualmente, denunciar, desde logo, a quem lhe solicite parecer ou patrocínio, qualquer circunstância que possa influir na resolução de submeter-lhe a consulta ou confiar-lhe a causa".

---

[411] "Patrocínio simultâneo praticado em processo trabalhista configura afronta à Justiça do Trabalho, cuja competência para julgamento é da Justiça Federal (Súmula 165)" (STJ: HC 56.541/SP, rel. Min. Maria Thereza de Assis Moura, 6.ª Turma, j. 19.05.2009).
[412] STJ: CC 126.765/SP, rel. Min. Nefi Cordeiro, 3.ª Seção, j. 13.08.2014.

A traição do advogado ou procurador deve prejudicar interesse que lhe fora confiado em juízo. Não é suficiente o mero dano potencial: exige-se **prejuízo relevante**, que pode ser de qualquer natureza, material ou moral, desde que lícito. Com efeito, contrariar pretensão ilícita não causa prejuízo apto a legitimar a intervenção do Direito Penal.

Além disso, o interesse prejudicado deve ter sido levado a juízo e patrocinado pelo sujeito ativo. Pouco importa o juízo a que fora submetido o interesse lesado pelo patrocínio infiel (civil, criminal, trabalhista, eleitoral etc.). Fácil observar, pela análise do tipo penal, que este crime somente pode ser cometido em juízo. Em outras palavras, não se caracteriza quando a infidelidade do advogado exterioriza-se na fase da investigação policial ou de qualquer modo antes do ajuizamento de uma demanda (extrajudicialmente).

Para o reconhecimento do patrocínio em juízo, exige-se a celebração de instrumento de mandato (procuração), a título oneroso ou gratuito, ou então a nomeação do advogado pelo magistrado para defender na esfera judicial os interesses de determinada pessoa. Nesse contexto, não se configura o crime definido no art. 355, *caput*, do Código Penal no comportamento do advogado que orienta de forma equivocada uma pessoa que não lhe outorgou procuração para defesa de interesses, nem foi nomeado nessa condição pelo juízo da causa.

Evidentemente, não há falar em patrocínio infiel na situação em que o advogado, a par de não ter praticado atos de ordem processual, renuncia aos poderes a ele conferidos por procuração, antes do fato supostamente considerado como caracterizador do patrocínio infiel.

6.10.19.12.2. Consumação

Trata-se de **crime material** ou **causal**. A consumação depende do efetivo prejuízo – ainda que provisório, ou seja, sanável pela prática do ato anteriormente omitido ou pela retificação do ato equivocadamente praticado – do titular do interesse legítimo patrocinado em juízo.

6.10.19.12.3. Tentativa

É possível, nas hipóteses de crime comissivo, como corolário do caráter plurissubsistente do delito, compatível com o fracionamento do *iter criminis*. Todavia, não se admite o *conatus* quando a conduta é praticada mediante omissão (crime omissivo próprio ou puro), como no exemplo do advogado que dolosamente perde prazo recursal, em face da sua nota de crime unissubsistente.

6.10.19.12.4. Classificação doutrinária

O patrocínio infiel é crime **pluriofensivo** (ofende mais de um bem jurídico: a Administração da justiça e o interesse legítimo da pessoa física ou jurídica traída em juízo); **próprio** (somente pode ser praticado pelo advogado ou procurador); **material** ou **causal** (depende do efetivo prejuízo ao interesse patrocinado em juízo); **de dano** (causa prejuízo à Administração da Justiça); **de forma livre** (admite qualquer meio de execução), **comissivo** ou **omissivo próprio** ou **puro**; **instantâneo** (consuma-se em um momento determinado, sem continuidade no tempo); **unissubjetivo**, **unilateral ou de concurso eventual** (pode ser cometido por uma só pessoa, mas admite o concurso); e **plurissubsistente** (quando praticado por ação) ou **unissubsistente** (se cometido mediante omissão).

6.10.19.13. Patrocínio simultâneo ou tergiversação: art. 355, parágrafo único

6.10.19.13.1. Núcleo do tipo

O núcleo do tipo é "**defender**", no sentido de patrocinar interesses no âmbito judicial. É imprescindível, portanto, que o advogado ou procurador desempenhe uma atividade concreta, não bastando a simples outorga em seu favor de instrumento de mandato ou a nomeação como dativo pelo magistrado.

O tipo penal veda tanto o patrocínio simultâneo como o patrocínio sucessivo de partes contrárias. Exige-se, destarte, o conflito de pretensões das pessoas representadas pelo advogado ou procurador. A presença de interesses antagônicos é essencial ao delito previsto no art. 355, parágrafo único, do Código Penal. Exemplificativamente, não pratica tal delito o advogado que, depois de paga a prestação alimentícia pleiteada por sua cliente, comunica o fato ao juiz do processo e requer a expedição de alvará de soltura em favor do executado, posto que não mais existiam direitos em conflito.

No **patrocínio simultâneo**, o sujeito ativo defende ao mesmo tempo partes contrárias, pouco importando se o seu propósito é prejudicar alguma delas ou mesmo um terceiro alheio à lide submetida à apreciação do Poder Judiciário. É o caso absurdo do advogado que, na mesma ação civil, subscreve a petição inicial e, posteriormente, formula a defesa do réu em sede de contestação, despontando como um servo de dois amos com interesses essencialmente opostos.

É claro que não há patrocínio simultâneo quando um advogado público está autorizado por lei a defender interesses privados que não sejam conflitantes com os que lhe foram confiados no desempenho do seu mister coletivo, a exemplo do que se dá na hipótese em que o procurador de um ente federativo que, autorizado por lei a exercer advocacia privada, defende réu em processo por crime contra a ordem tributária, cujo tributo seria devido ao mesmo ente, cujos interesses não estavam confiados a seu patrocínio.

Por seu turno, no **patrocínio sucessivo**, que a lei preferiu denominar de **tergiversação**, o advogado ou procurador judicial, após deixar voluntariamente a causa do cliente ou então ser por este dispensado, passa a defender os interesses da parte adversa na mesma causa. Esta situação não pode ser tolerada, pois gera um gritante desequilíbrio na relação processual. Com efeito, o advogado que assim se comporta possui informações que lhe foram confiadas pelo antigo assistido, as quais poderão ser abusivamente utilizadas em favor da parte que ele passou a defender, em detrimento do antigo cliente.

Em ambos os casos – patrocínio simultâneo e patrocínio sucessivo – o legislador emprega a expressão "**na mesma causa**", a qual não tem o simples sentido de "mesma ação". De fato, pode existir uma mesma causa inclusive em ações diversas, desde que apresentem a nota da **conexão**. É o que se dá, exemplificativamente, quando depois da separação judicial surgem outras demandas, tais como guarda dos filhos, regulamentação do direito de visitas, revisional de alimentos, execução alimentícia etc. Nos dizeres de Nélson Hungria:

> *Mesma causa* não deve ser entendida em sentido demasiadamente restrito. Assim, se um indivíduo intenta, com fundamento na mesma relação jurídica ou formulando a mesma *causa petendi* em torno do mesmo fato, várias ações contra pessoas diversas, o seu advogado, em qualquer delas, não pode ser, ao mesmo tempo ou sucessivamente, advogado de algum réu em qualquer das outras, pois, no fundo, se trata da *mesma causa*.[413]

Se não bastasse, a defesa de interesses opostos na mesma causa pode acontecer em primeira instância, em grau recursal e também nas lides de competência originária dos tribunais.

6.10.19.13.2. Consumação

O crime de patrocínio simultâneo ou tergiversação é **formal, de consumação antecipada** ou **de resultado cortado**. Consuma-se com a prática do primeiro ato idôneo a evidenciar o patrocínio simultâneo ou sucessivo do advogado ou procurador judicial. Ao contrário do que se verifica no patrocínio infiel (CP, art. 355, *caput*), não se reclama a comprovação do prejuízo à parte acerca do interesse patrocinado em juízo.

---

[413] HUNGRIA, Nélson. *Comentários ao Código Penal*. 2. ed. Rio de Janeiro: Forense, 1959. v. IX, p. 527.

6.10.19.13.3. Tentativa

É possível, em face do caráter plurissubsistente do delito, permitindo o fracionamento do *iter criminis*.

6.10.19.13.4. Classificação doutrinária

O patrocínio simultâneo ou tergiversação é crime **pluriofensivo** (ofende mais de um bem jurídico: a Administração da justiça e os interesses das partes prejudicadas pela dúplice atuação do causídico); **próprio** (somente pode ser praticado pelo advogado ou procurador judicial); **formal**, **de consumação antecipada** ou **de resultado cortado** (consuma-se com a defesa simultânea ou sucessiva de partes contrárias em juízo, independentemente da causação de prejuízo efetivo); **de dano** (causa prejuízo à Administração da justiça); **de forma livre** (admite qualquer meio de execução); **comissivo**; **instantâneo** (consuma-se em um momento determinado, sem continuidade no tempo); **unissubjetivo**, **unilateral ou de concurso eventual** (pode ser cometido por uma só pessoa, mas admite o concurso); e normalmente **plurissubsistente**.

6.10.20. Art. 356 – Sonegação de papel ou objeto de valor probatório

6.10.20.1. Dispositivo legal

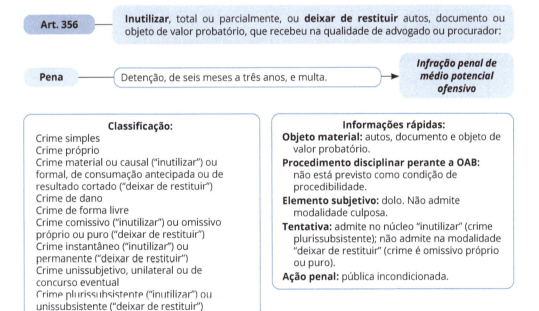

6.10.20.2. Objetividade jurídica

O bem jurídico penalmente protegido é a Administração da justiça, cuja atuação regular não pode conviver com a atuação nociva do advogado relativamente aos autos do processo ou de seus elementos probatórios. Como destacado pelo Superior Tribunal de Justiça:

> Na hipótese vertente, cuida-se do delito de sonegação de papel ou objeto de valor probatório, previsto no art. 356 do Código Penal – cujo bem jurídico tutelado é a administração da justiça, de titularidade do Estado, enquanto responsável pelo regular andamento das atividades judiciárias.

Tutela-se, portanto, a administração da justiça, lesada com a conduta do advogado ou procurador que interfere, de modo ilegítimo, nos elementos de prova. Nessa linha de raciocínio, resta atingida a proteção do interesse público, afetado pela atuação do Poder Judiciário e, não, do interesse individualizado da parte litigante nos autos extraviados.[414]

6.10.20.3. Objeto material

O tipo penal contempla três objetos materiais:

a) autos;

b) documento; e

c) objeto de valor probatório.

O termo "**autos**" diz respeito ao conjunto de peças componentes de processo de qualquer natureza, tais como as petições, os instrumentos de mandato, as sentenças etc. Com efeito, o processo é abstrato, e sua materialização é viabilizada pelos autos.[415] O art. 356 do Código Penal protege tanto os autos de processos em andamento como também os autos relacionados a processos já encerrados.

Documento é qualquer escrito ou papel, público ou particular, destinado à prova de um fato juridicamente relevante. Por sua vez, **objeto de valor probatório** é a coisa material, que não se encaixa no conceito de documento, utilizado para convencer alguém acerca de um fato sobre o qual a parte baseia sua pretensão.

6.10.20.4. Núcleos do tipo

O tipo penal possui dois núcleos: "inutilizar" e "deixar de restituir".

Inutilizar é tornar imprestável, destruindo total ou parcialmente os autos, o documento ou o objeto de valor probatório. A conduta é comissiva. Exemplos: O advogado rasga o título executivo que constava dos autos, ou então ateia fogo em comprovante de depósito bancário encartado em ação de alimentos.

Deixar de restituir, por sua vez, consiste em não devolver no momento adequado os autos, o documento ou o objeto de valor probatório. Aqui a conduta é omissiva (crime omissivo próprio ou puro): o tipo penal descreve um comportamento negativo, um deixar de fazer. Exemplo: O advogado retira do cartório uma ação penal para elaborar a defesa do seu constituído, mas posteriormente insiste em não restituir os autos ao juízo.

6.10.20.4.1. Desnecessidade de instauração de procedimento disciplinar perante a Ordem dos Advogados do Brasil

Indiscutivelmente, a inutilização, total ou parcial, ou a negativa de restituição de autos, documento ou objeto de valor probatório, que recebeu na qualidade de advogado ou procurador, caracteriza, além do crime tipificado no art. 356 do Código Penal, a infração disciplinar delineada no art. 34, inc. XXII, da Lei 8.906/1994 – Estatuto da Advocacia e a Ordem dos

---

[414] RMS 55.901/SP, rel. originário Min. Nefi Cordeiro, rel. p/ acórdão Min. Reynaldo Soares da Fonseca, 3.ª Seção, j. 14.11.2018.

[415] "O processo pode ser encarado sob dois ângulos: quer como sucessão de atos que lhe dão vida, quer como relação entre sujeitos que o compõem. Inicia-se com a demanda e finda, normalmente, quando o órgão jurisdicional, após percorrer todo o *iter* procedimental, entrega, definitivamente, a prestação jurisdicional invocada, isto é, soluciona a lide, dizendo qual dos litigantes tem razão" (TOURINHO FILHO, Fernando da Costa. *Processo penal*. 20. ed. São Paulo: Saraiva, 1998. v. 4, p. 11).

Advogados do Brasil: "Constitui infração disciplinar: (...) XXII – reter, abusivamente, ou extraviar autos recebidos com vista ou em confiança".

Questiona-se: É necessária a instauração de processo disciplinar, com a consequente imposição de sanção, nos moldes dos arts. 70 e seguintes da Lei 8.906/1994, para a configuração do crime previsto no art. 356 do Código Penal?

A resposta há de ser negativa, por dois motivos:

a) as disposições da Lei 8.906/1994 não podem sobrepor-se à sistemática do Código Penal; e

b) a exigência da aplicação de sanção disciplinar representaria uma autêntica condição de procedibilidade, não exigida pelo art. 356 do Código Penal.

6.10.20.4.2. Irregularidade do objeto material, ausência de valor probatório e atipicidade do fato

Se um documento, inicialmente apreendido em juízo, encontra-se em poder do advogado por força do cumprimento de outra ordem judicial que reconheceu a irregularidade da decisão que determinou sua busca e apreensão, não há falar na configuração do crime definido no art. 356 do Código Penal, especialmente porque a irregularidade do objeto material afasta seu valor probatório. Além disso, o causídico que assim se comporta está resguardado pelo regular exercício da advocacia. Na esteira da jurisprudência do Supremo Tribunal Federal:

> A Turma deferiu *habeas corpus* para determinar o trancamento da ação penal instaurada contra o paciente, pela suposta prática de crime de sonegação de papel ou objeto de valor probatório (CP, art. 356), em virtude de, na qualidade de advogado, não haver cumprido determinação judicial de devolver documentação que lhe fora entregue em juízo por ter sido considerada, em sede de mandado de segurança, irregularmente apreendida pelo Ministério Público. Considerou-se que o material apreendido, por resultar de ato judicial ilegal de decretação da quebra de sigilo fiscal e bancário, não possui valor probatório, conforme exige o art. 356 do CP ("Inutilizar, total ou parcialmente, ou deixar de restituir autos, documento ou objeto de valor probatório, que recebeu na qualidade de advogado ou procurador").[416]

6.10.20.5. Sujeito ativo

Cuida-se de **crime próprio** ou **especial**, pois somente pode ser praticado pelo advogado, seja ele público ou particular, constituído ou dativo, e também pelo estagiário de advocacia, regularmente inscrito nos quadros da Ordem dos Advogados do Brasil. Nos termos do art. 3.º da Lei 8.906/1994 – Estatuto da Advocacia e da Ordem dos Advogados do Brasil:

> Art. 3.º O exercício da atividade de advocacia no território brasileiro e a denominação de advogado são privativos dos inscritos na Ordem dos Advogados do Brasil (OAB).
>
> § 1.º Exercem atividade de advocacia, sujeitando-se ao regime desta lei, além do regime próprio a que se subordinem, os integrantes da Advocacia-Geral da União, da Procuradoria da Fazenda Nacional, da Defensoria Pública e das Procuradorias e Consultorias Jurídicas dos Estados, do Distrito Federal, dos Municípios e das respectivas entidades de administração indireta e fundacional.
>
> § 2.º O estagiário de advocacia, regularmente inscrito, pode praticar os atos previstos no art. 1.º, na forma do regimento geral, em conjunto com advogado e sob responsabilidade deste.

---

[416] HC 83.722/SP, rel. Min. Ellen Gracie, 2.ª Turma, j. 20.04.2004, noticiado no *Informativo* 344.

É perfeitamente cabível o concurso de pessoas, em ambas as suas modalidades – coautoria e participação –, como no exemplo em que o cliente auxilia seu advogado a inutilizar algum documento de valor probatório que se encontrava encartado nos autos da ação contra ele ajuizada.

Se o agente não possuir a qualificação especial de advogado ou de estagiário de advocacia, não há falar na incidência do art. 356 do Código Penal. Nada impede, contudo, a configuração de outro delito, a exemplo do dano (CP, art. 163) e da apropriação indébita (CP, art. 168), entre outros.

6.10.20.6. Sujeito passivo

É o Estado e, mediatamente, a pessoa física ou jurídica, de direito público ou de direito privado, prejudicada pela conduta criminosa.

6.10.20.7. Elemento subjetivo

É o dolo, independentemente de qualquer finalidade específica. Não se admite a modalidade culposa.

Evidentemente, a comprovação de um motivo justo e excepcional afasta o dolo, tal como ocorre no caso fortuito e na força maior. Exemplo: O advogado deixa de restituir os autos, que com ele se encontravam há muito tempo, pelo fato de sua genitora estar internada em estado gravíssimo de saúde em um hospital, forçando-o a permanecer em sua companhia.

6.10.20.8. Consumação

No núcleo "**inutilizar**", total ou parcialmente, o crime é **comissivo** e **material** ou **causal**: consuma-se no instante em que o objeto material (autos, documento ou objeto de valor probatório) perde sua eficácia probatória, deixando de ser útil nesta finalidade. É também **instantâneo**, pois a consumação ocorre em um momento determinado, sem continuidade no tempo.

De outro lado, na modalidade "**deixar de restituir**" o crime é **omissivo próprio** ou **puro** e **formal, de consumação antecipada ou de resultado cortado**. A consumação se opera no instante em que se esgota o prazo para restituição dos autos, ou, na hipótese de documento ou objeto de valor probatório, quando o sujeito ativo não os devolve em tempo hábil ou não atende ao pedido efetuado por quem o pode fazer, pouco importando se a coisa deixou ou não de possuir capacidade probatória. Fácil notar, portanto, a natureza **permanente** do delito, pois a consumação se prolonga no tempo, por vontade do agente.

6.10.20.8.1. "Deixar de restituir" e intimação para devolução dos autos, do documento ou do objeto de valor probatório

Na modalidade "deixar de restituir", para caracterização do delito tipificado no art. 356 do Código Penal é imprescindível a intimação do advogado para devolução dos autos, do documento ou do objeto de valor probatório? Há duas posições sobre o assunto.

1.ª posição: A intimação para devolução é dispensável para fins de consumação do crime, servindo unicamente para reforçar a presença do dolo.

2.ª posição: A intimação é indispensável para a caracterização do delito, "pois, do contrário, pode-se estar punindo alguém por mera negligência, e o crime é doloso, não culposo".[417]

Concordamos com a primeira posição. Com efeito, não há mera negligência, mas dolo, quando o advogado ou o estagiário de advocacia deliberadamente deixam de restituir

---

[417] NUCCI, Guilherme de Souza. *Código Penal comentado*. 8. ed. São Paulo: RT, 2008. p. 1166.

autos, documento ou objeto de valor probatório muito tempo depois de ultrapassado o prazo legal, de conhecimento obrigatório de todas as pessoas, notadamente dos operadores do Direito.[418]

6.10.20.8.2. Devolução dos autos, documento ou objeto de valor probatório antes do oferecimento da denúncia

No tocante à modalidade "deixar de restituir", depois de atingida a consumação do crime definido no art. 356 do Código Penal, a devolução dos autos, documento ou objeto de valor probatório pelo advogado ou pelo estagiário de advocacia não desnatura o delito, ou seja, apresenta-se como irrelevante no plano da tipicidade. Isto porque o bem jurídico penalmente tutelado é a Administração da justiça, já ofendida com a conduta criminosa.

Este comportamento, contudo, poderá ser utilizado como atenuante genérica, nos termos do art. 65, inc. III, *b*, do Código Penal, em face da intenção do agente de minorar as consequências do crime.

6.10.20.9. *Tentativa*

É possível no núcleo "inutilizar", em face do caráter plurissubsistente do delito, permitindo o fracionamento do *iter criminis*. Contudo, na modalidade "deixar de restituir", o crime é omissivo próprio (ou puro), e consequentemente, unissubsistente, afastando o cabimento do *conatus*. Nesse caso, ou o agente restitui os autos, documento ou objeto de valor probatório, e não há crime, ou então deixa de fazê-lo, e o delito estará consumado.

6.10.20.10. *Ação penal*

A ação penal é pública incondicionada.

6.10.20.11. *Lei 9.099/1995*

Trata-se de **crime de médio potencial ofensivo**. A pena mínima cominada (seis meses) autoriza o benefício da suspensão condicional do processo, se presentes os demais requisitos exigidos pelo art. 89 da Lei 9.099/1995. Não se trata de infração penal de menor potencial ofensivo, em face da pena máxima, de três anos.

6.10.20.12. *Classificação doutrinária*

A sonegação de papel ou objeto de valor probatório é crime **simples** (ofende um único bem jurídico); **próprio** (somente pode ser praticado pelo advogado ou pelo estagiário de advocacia); **material** ou **causal** (no núcleo "inutilizar") ou **formal, de consumação antecipada** ou **de resultado cortado** (na modalidade "deixar de restituir"); **de dano** (causa prejuízo à Administração da justiça); **de forma livre** (admite qualquer meio de execução); **comissivo** (na conduta de "inutilizar") ou **omissivo próprio** ou **puro** (na conduta "deixar de restituir"); **instantâneo** (no núcleo "inutilizar") ou **permanente** (na espécie "deixar de restituir"); e **unissubjetivo, unilateral ou de concurso eventual** (pode ser cometido por uma só pessoa, mas admite o concurso); e **plurissubsistente** (na modalidade "inutilizar") ou **unissubsistente** (no núcleo "deixar de restituir").

---

[418] O Superior Tribunal de Justiça já reconheceu a ocorrência do crime definido no art. 356 do Código Penal quando transcorridos mais de sete meses, ou mesmo mais de 60 dias, para restituição dos autos em juízo pelo advogado: HC 85.912/RJ, rel. Min. Napoleão Nunes Maia Filho, 5.ª Turma, j. 16.09.2008, e HC 137.420/RJ, rel. Min. Napoleão Nunes Maia Filho, 5.ª Turma, j. 01.12.2009.

6.10.21. Art. 357 – Exploração de prestígio

6.10.21.1. Dispositivo legal

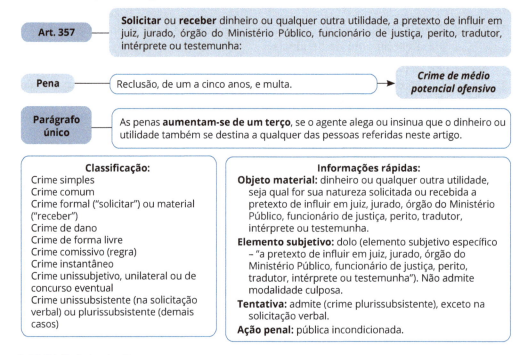

6.10.21.2. Introdução

Na redação original do Código Penal, datada de 1940, existiam duas modalidades de exploração de prestígio: uma no art. 332, inserida no capítulo dos crimes praticados por particular contra a Administração em geral, e outra no art. 357, disciplinada entre os crimes contra a Administração da justiça.

Este panorama foi alterado pela Lei 9.127/1995. O crime tipificado no art. 332 do Código Penal passou a ser denominado de tráfico de influência, e sua redação também foi modificada. Atualmente, portanto, o delito de exploração de prestígio encontra-se previsto unicamente no art. 357 do Código Penal, entre os crimes contra a Administração da justiça.

6.10.21.3. Objetividade jurídica

O bem jurídico penalmente tutelado é a Administração da justiça. Nos precisos ensinamentos de Magalhães Noronha:

> O bem jurídico é o interesse da administração da justiça, prejudicada em sua dignidade e prestígio, pela corrupção de seus servidores, inculcada pelo delinquente, seja invocando ascendência criminosa junto a eles, seja proclamando sua venalidade. Comportamento desse estofo não pode deixar de ofender o conceito e a confiança que deve a justiça gozar, maculados, entretanto, pela fraude do agente.
>
> Na verdade, o delito é fraude ou estelionato, porque o *comprador* é iludido: entretanto, justificadamente a lei deu prevalência aos interesses da justiça, relegando a plano secundário os daquele, cujo comportamento pouco se recomenda.[419]

---

[419] MAGALHÃES NORONHA, E. *Direito penal*. 16. ed. São Paulo: Saraiva, 1983. v. 4, p. 436-437.

6.10.21.4. Objeto material

É o dinheiro ou qualquer outra utilidade, seja qual for sua natureza (econômica, moral, sexual etc.), solicitada ou recebida a pretexto de influir em juiz, jurado, órgão do Ministério Público, funcionário de justiça, perito, tradutor, intérprete ou testemunha.

6.10.21.5. Núcleos do tipo

O tipo penal contém dois núcleos: "solicitar" e "receber".

Solicitar é pedir, pleitear ou requerer. Por sua vez, **receber** é aceitar em pagamento, entrar na posse de um bem. Estes verbos conjugam-se com a conduta de **influir** (inspirar ou incutir). Cuida-se de **tipo misto alternativo**, **crime de ação múltipla** ou **de conteúdo variado**: há um único crime quando o sujeito realiza mais de um núcleo no mesmo contexto fático, isto é, no tocante ao mesmo objeto material e relativamente ao mesmo ato de qualquer das pessoas mencionadas no *caput* do art. 357 do Código Penal.

O sujeito solicita ou recebe dinheiro ou qualquer utilidade **a pretexto de influir** no comportamento do juiz, jurado, órgão do Ministério Público, funcionário de justiça, perito, tradutor, intérprete ou testemunha. No entanto, na verdade, ele não influi na atuação de tais pessoas, inclusive porque não tem como fazê-lo. Inexiste, portanto, relação direta de prestígio. Exemplo: "A", alegando ser amigo de um juiz de Direito, sem realmente sê-lo, solicita de "B" a entrega de determinada quantia em dinheiro para supostamente convencer o magistrado a absolver seu filho, réu em determinada ação penal.

Com efeito, se o sujeito realmente ostentar prestígio perante o funcionário público ou testemunha, ou, mesmo não o possuindo, vier a corrompê-los, a ele será imputado o crime de corrupção ativa (CP, art. 333), enquanto o destinatário da vantagem será responsabilizado por corrupção passiva (CP, art. 317). Por outro lado, se o agente entregar dinheiro ou qualquer outra vantagem a testemunha, perito, contador, tradutor ou intérprete, para fazer afirmação falsa, negar ou calar a verdade em depoimento, perícia, cálculos, tradução ou interpretação, estará caracterizado o crime tipificado no art. 343 do Código Penal.

Destarte, o agente dirige sua atuação no sentido de ludibriar o "comprador" do prestígio, com ele negociando dinheiro ou outra utilidade, ao mesmo tempo em que desacredita a seriedade e a imparcialidade da Administração da justiça. Este crime constitui autêntico estelionato, pois o agente almeja vantagem ilícita induzindo alguém em erro.

O legislador, no entanto, optou por inserir este delito no capítulo relativo aos crimes contra a Administração da justiça, na medida em que o prestígio alegado pelo agente no tocante aos indivíduos contemplados no art. 357, *caput*, do Código Penal ofende a confiança depositada pela sociedade nos órgãos e pessoas ligadas à atuação jurisdicional, colocando em risco o regular funcionamento do Poder Judiciário.

Note-se que, como também ocorre no crime de estelionato (CP, art. 171, *caput*), na exploração de prestígio o sujeito se vale de fraude para enganar a vítima, induzindo-a ou mantendo-a em erro, obtendo vantagem ilícita em prejuízo alheio. Todavia, a fraude aqui há de ser, obrigatoriamente, o falso argumento (a mentira é o maior e mais corriqueiro exemplo) do agente no sentido de possuir prestígio perante um funcionário público ou testemunha.

O funcionário público em relação a quem o sujeito garante exercer influência pode realmente existir, ou então ser uma pessoa imaginária. Em qualquer hipótese, é prescindível sua individualização pelo criminoso. Contudo, se for individualizado no caso concreto, e posteriormente restar apurado que tal pessoa não ostenta a qualidade de funcionário público, estará configurado o crime de estelionato.

6.10.21.5.1. Pessoas visadas pela exploração de prestígio

O art. 357, *caput*, do Código Penal elenca as pessoas que podem ser envolvidas no crime de exploração de prestígio. São elas:

a) **juiz**: é o membro do Poder Judiciário constitucionalmente encarregado da tarefa de aplicar o Direito ao caso concreto, qualquer que seja sua instância (juízes de 1.º grau, desembargadores, Ministros dos Tribunais Superiores) ou área de atuação (civil, criminal, trabalhista, eleitoral etc.);

b) **jurado**: é o cidadão que atua como juiz leigo unicamente no Tribunal do Júri para julgamento dos crimes dolosos contra a vida, consumados ou tentados, e os delitos que lhes sejam conexos;

c) **órgão do Ministério Público**: são os membros do Ministério Público da União ou dos Estados (promotores e procuradores de Justiça, procuradores da República, procuradores do trabalho etc.);

d) **funcionário de justiça**: é o funcionário público que desempenha suas atividades no âmbito do Poder Judiciário;

e) **perito**: é a pessoa dotada de conhecimentos especializados acerca de determinado assunto e nomeada para elaborar exame técnico com fins probatórios;

f) **tradutor**: é a pessoa que converte por escrito um texto de um idioma para outro;

g) **intérprete**: é o indivíduo dotado de conhecimentos sobre determinado idioma ou qualquer outro meio de comunicação (exemplo: linguagem de sinais) e responsável pela intermediação da conversação entre outras pessoas; e

h) **testemunha**: é a pessoa que presenciou ou ouviu algo relevante, razão pela qual é chamada a depor sobre o assunto em sede de investigação ou de processo.

6.10.21.6. Sujeito ativo

O crime é **comum** ou **geral**, podendo ser cometido por qualquer pessoa. Na prática, entretanto, é frequente sua realização por advogados inescrupulosos e de comportamento profissional inaceitável.

6.10.21.7. Sujeito passivo

É o Estado e, mediatamente, o comprador do prestígio, ou seja, a pessoa que entrega dinheiro ou outra utilidade com o propósito de obter algum benefício, lícito ou ilícito, junto a qualquer das pessoas indicadas no art. 357, *caput*, do Código Penal.

De fato, mesmo na hipótese em que o comprador do prestígio objetiva um benefício ilícito, ainda assim ele será vítima da exploração de prestígio. Em outras palavras, a coexistência da sua fraude (**torpeza bilateral**) não afasta sua posição de vítima, em razão da lesão produzida em seu patrimônio.

6.10.21.8. Elemento subjetivo

É o dolo, acrescido de um especial fim de agir (elemento subjetivo específico), representado pela expressão "a pretexto de influir em juiz, jurado, órgão do Ministério Público, funcionário de justiça, perito, tradutor, intérprete ou testemunha".

6.10.21.9. Consumação

Na modalidade **solicitar** o crime é **formal**, **de consumação antecipada** ou **de resultado cortado**: consuma-se no instante em que o sujeito ativo formula o pedido de dinheiro ou qualquer outra utilidade, independentemente da anuência do destinatário do pleito.

Por seu turno, no núcleo **receber** o crime é **material** ou **causal**. Dá-se a consumação no momento em que o agente efetivamente ingressa na posse do dinheiro ou da utilidade de outra natureza.

6.10.21.10. Tentativa

Em regra, é possível, em face do caráter plurissubsistente do delito, comportando o fracionamento do *iter criminis*.

Não será cabível o *conatus*, todavia, nas hipóteses em que a exploração de prestígio despontar como crime unissubsistente, a exemplo do que ocorre na solicitação verbal.

6.10.21.11. Ação penal

A ação penal é pública incondicionada.

6.10.21.12. Lei 9.099/1995

Em face da pena mínima cominada (um ano), a exploração de prestígio é **crime de médio potencial ofensivo**, compatível com a suspensão condicional do processo, se presentes os demais requisitos elencados pelo art. 89 da Lei 9.099/1995.

6.10.21.13. Classificação doutrinária

A exploração de prestígio é crime **simples** (ofende um único bem jurídico); **comum** (pode ser cometido por qualquer pessoa); **formal** (na modalidade "solicitar") ou **material** (no núcleo "receber"); **de dano** (causa lesão à Administração da justiça); **de forma livre** (admite qualquer meio de execução); em regra **comissivo**; **instantâneo** (consuma-se em um momento determinado, sem continuidade no tempo); **unissubjetivo, unilateral ou de concurso eventual** (normalmente praticado por um só agente, mas admite o concurso); e **unissubsistente** (na solicitação verbal) ou **plurissubsistente** (nos demais casos).

6.10.21.14. Causa de aumento de pena: art. 357, parágrafo único

Em conformidade com o art. 357, parágrafo único, do Código Penal. "As penas aumentam-se de um terço, se o agente alega ou insinua que o dinheiro ou utilidade também se destina a qualquer das pessoas referidas neste artigo".

A causa de aumento diz respeito tanto à pena privativa de liberdade como à pena de multa.

Para a incidência desta majorante não se exige afirmação explícita do agente no sentido de que qualquer das pessoas indicadas no art. 357, *caput*, do Código Penal também receberá o dinheiro ou utilidade. A simples alegação ou insinuação nesse sentido já é suficiente. Na verdade, a utilização pelo legislador dos verbos "alegar" e "insinuar" foi proposital para evidenciar que o agente público ou testemunha não está envolvido no fato, mas é usado pelo sujeito ativo para alcançar o dinheiro ou utilidade desejada.

Além disso, é indiferente se o destinatário do pedido ou o entregador do objeto material acredita ou não no recebimento do dinheiro ou da utilidade pela pessoa mencionada no art. 357, *caput*, do Código Penal. Em qualquer caso, o aumento das penas é de rigor.

Entretanto, se restar provado que o dinheiro ou utilidade realmente tinha como destinatário a pessoa indicada pelo tipo penal (juiz, jurado, órgão do Ministério Público etc.), a este será imputado o crime de corrupção passiva (CP, art. 317), enquanto o entregador do objeto material e o intermediador da negociação responderão por corrupção ativa (CP, art. 333).

6.10.21.15. Exploração de prestígio e Código Penal Militar

O art. 353 do Decreto-lei 1.001/1969 – Código Penal Militar – disciplina o crime de exploração de prestígio:

> **Art. 353.** Solicitar ou receber dinheiro ou qualquer outra utilidade, a pretexto de influir em juiz, órgão do Ministério Público, servidor público da Justiça, perito, tradutor, intérprete ou testemunha, na Justiça Militar:
>
> Pena – reclusão, até cinco anos.
>
> **Aumento de pena**
>
> Parágrafo único. A pena é aumentada de um terço, se o agente alega ou insinua que o dinheiro ou utilidade também se destina a qualquer das pessoas referidas no artigo.

6.10.22. Art. 358 – Violência ou fraude em arrematação judicial

6.10.22.1. Dispositivo legal

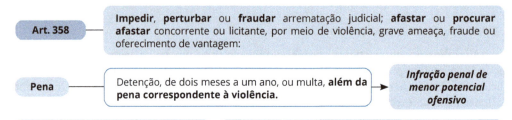

6.10.22.2. Objetividade jurídica

O bem jurídico penalmente tutelado é a Administração da justiça, prejudicada em sua tarefa relativa à aplicação da lei, que também alcança a fase executiva, na qual são efetuadas as arrematações judiciais.

6.10.22.3. Objeto material

É a arrematação judicial ou a pessoa que dela participa.

Arrematação judicial, também conhecida como leilão (bens móveis) ou praça (bens imóveis), é o ato de transferência dos bens penhorados do devedor, em que um funcionário da justiça apregoa e um interessado os adquire, em hasta pública, pelo maior lance. Trata-se de atividade inerente ao Poder Judiciário, consistente em verdadeira expropriação destinada à satisfação de crédito não cumprido voluntariamente.

Na hipótese de arrematação promovida pela Administração Pública, federal, estadual ou municipal, serão aplicáveis, a depender do caso concreto, os arts. 337-I e 337-K do Código Penal, que definem os crimes de perturbação de processo licitatório e afastamento de licitante, respectivamente.[420]

6.10.22.4. Núcleos do tipo

O art. 358 do Código Penal contém duas condutas típicas. Cuida-se de **tipo misto alternativo**, **crime de ação múltipla** ou **de conteúdo variado**: há um único crime quando o agente, exemplificativamente, perturba arrematação judicial e posteriormente afasta concorrente mediante o emprego de grave ameaça, desde que tais comportamentos, evidentemente, se refiram ao mesmo objeto material.

1.ª conduta típica: "Impedir, perturbar ou fraudar arrematação judicial"

Os núcleos do tipo são "**impedir**" (obstruir, colocar entraves, impossibilitar a execução), "**perturbar**" (dificultar, atrapalhar) e "**fraudar**" (iludir, enganar, colocar alguém na situação de erro). Todos têm como finalidade a arrematação judicial.

2.ª conduta típica: "Afastar ou procurar afastar concorrente ou licitante, por meio de violência, grave ameaça, fraude ou oferecimento de vantagem"

Nessa hipótese, os núcleos do tipo são "**afastar**" (retirar do caminho) e "**procurar afastar**". Cuida-se de **crime de atentado** ou **de empreendimento**, pois a lei equipara a tentativa à consumação. Com efeito, a pena é a mesma tanto quando se afasta como quando o comportamento criminoso se limita a buscar afastar o concorrente ou licitante.

Para tanto, o agente se vale de violência, grave ameaça, fraude ou oferecimento de vantagem. **Violência** é o emprego de força física contra alguém. A violência contra a coisa não caracteriza o delito. **Grave ameaça** é a promessa de mal grave, injusto e possível de concretização. **Fraude** é o artifício, ardil ou qualquer outro meio fraudulento utilizado para induzir ou manter alguém em erro. **Oferecimento de vantagem**, finalmente, é a proposta de entrega de alguma vantagem, patrimonial ou de outra natureza (sexual, política, econômica etc.).

Visualiza-se crime único quando dois ou mais concorrentes são afastados em decorrência da conduta ilícita. No entanto, as violências são autônomas, ou seja, o agente responde tantas vezes pela violência quantas forem as vítimas (concurso material obrigatório).[421]

6.10.22.5. Sujeito ativo

O crime é **comum** ou **geral**. Pode ser praticado por qualquer pessoa.

---

[420] "Art. 337-I. Impedir, perturbar ou fraudar a realização de qualquer ato de processo licitatório: Pena – detenção, de 6 (seis) meses a 3 (três) anos, e multa." "Art. 337-K. Afastar ou tentar afastar licitante por meio de violência, grave ameaça, fraude ou oferecimento de vantagem de qualquer tipo: Pena – reclusão, de 3 (três) anos a 5 (cinco) anos, e multa, além da pena correspondente à violência. Parágrafo único. Incorre na mesma pena quem se abstém ou desiste de licitar em razão de vantagem oferecida."

[421] Com igual raciocínio: PRADO, Luiz Regis. *Curso de direito penal brasileiro*. 6. ed. São Paulo: RT, 2010. v. 3, p. 711.

6.10.22.6. Sujeito passivo

É o Estado e, mediatamente, a pessoa física ou jurídica prejudicada pela conduta criminosa, é dizer, o participante da arrematação judicial ou da licitação.

6.10.22.7. Elemento subjetivo

É o dolo, independentemente de qualquer finalidade específica. Não se admite a modalidade culposa.

6.10.22.8. Consumação

Em sua primeira modalidade ("impedir, perturbar ou fraudar arrematação judicial"), o crime é **material** ou **causal**: consuma-se no momento em que a arrematação judicial é impedida, perturbada ou fraudada.

Na segunda modalidade, o crime é **formal, de consumação antecipada** ou **de resultado cortado**. Dá-se a consumação com o emprego de violência, grave ameaça, fraude ou oferecimento de vantagem, pouco importando se a pessoa atacada efetivamente se afasta do procedimento atinente à arrematação judicial.

6.10.22.9. Tentativa

Na primeira modalidade típica, a tentativa é possível, em face do caráter plurissubsistente do delito, compatível com o fracionamento do *iter criminis*.

Entretanto, não é cabível o *conatus* na segunda conduta legalmente descrita, por se tratar de **crime de atentado** ou **de empreendimento**, no qual o legislador colocou em pé de igualdade, para fins de aplicação da pena, a consumação e a tentativa.

6.10.22.10. Ação penal

A ação penal é pública incondicionada.

6.10.22.11. Lei 9.099/1995

Em face da pena máxima cominada (um ano), a violência ou fraude em arrematação judicial é **infração penal de menor potencial ofensivo**, compatível com a transação penal e com o rito sumaríssimo, nos moldes da Lei 9.099/1995.

6.10.22.12. Classificação doutrinária

A violência ou fraude em arrematação judicial é crime **simples** (ofende um único bem jurídico); **comum** (pode ser cometido por qualquer pessoa); **material** ou **causal** (na primeira conduta típica) ou **formal, de consumação antecipada** ou **de resultado cortado** (na segunda modalidade legalmente descrita); **de dano** (causa lesão à Administração da justiça); **de forma livre** (admite qualquer meio de execução); em regra **comissivo**; **instantâneo** (consuma-se em um momento determinado, sem continuidade no tempo); **unissubjetivo, unilateral ou de concurso eventual** (normalmente praticado por um só agente, mas admite o concurso); e normalmente **plurissubsistente**.

6.10.22.13. Concurso material obrigatório

O preceito secundário do art. 358 do Código Penal impõe o concurso material obrigatório entre a violência em arrematação judicial e eventual crime resultante da violência, qualquer que seja sua espécie (lesão corporal leve, grave ou gravíssima, homicídio consumado ou tentado etc.). Os demais meios de execução do delito – grave ameaça, fraude e suborno – não autorizam o somatório das penas.

6.10.23. Art. 359 – Desobediência a decisão judicial sobre perda ou suspensão de direito

6.10.23.1. Dispositivo legal

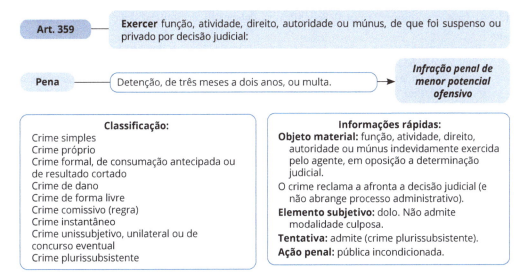

6.10.23.2. Introdução

O crime de desobediência a decisão judicial sobre perda ou suspensão de direito, inserido no Código Penal entre os crimes contra a Administração da justiça, representa uma modalidade especial do delito de desobediência, tipificado pelo art. 330 do Código Penal entre os crimes praticados por particular contra a Administração em geral.

Há, nos dois crimes, o descumprimento de ordem legal emanada de funcionário público. No entanto, o delito definido no art. 359 do Código Penal possui elementos especializantes, pois o agente não desobedece uma simples ordem legal emitida por qualquer funcionário público. Ele vai além, exercendo função, atividade, direito, autoridade ou múnus de que estava suspenso ou privado por decisão judicial.

6.10.23.3. Objetividade jurídica

O bem jurídico penalmente tutelado é a Administração da justiça. A lei protege a autoridade da justiça contra a rebeldia e desobediência daquele que, no interesse próprio ou de outrem, despreza seus mandamentos, colocando-se em flagrante choque com ela, provocando-lhe o descrédito e o desprestígio.[422]

6.10.23.4. Objeto material

É a função, atividade, direito, autoridade ou múnus indevidamente exercido pelo agente, em oposição a determinação judicial.

---
[422] Cf. MAGALHÃES NORONHA, E. *Direito penal*. 16. ed. São Paulo: Saraiva, 1983. v. 4, p. 439.

Função é a prática de ato inerente a cargo ou emprego; **atividade** é qualquer tipo de diligência inerente a profissão, ofício ou ministério; **direito** é a prerrogativa de realizar um determinado comportamento; **autoridade** é o poder de emitir ordens e exigir seu cumprimento; e **múnus** é o encargo atribuído a alguém e decorrente de lei ou decisão judicial.

6.10.23.5. Núcleo do tipo

O núcleo do tipo é "**exercer**", ou seja, praticar ou desempenhar uma função, atividade, direito, autoridade ou múnus do qual o sujeito ativo estava suspenso ou privado por decisão judicial. Para o Supremo Tribunal Federal, essa determinação judicial deve possuir **conteúdo penal**:

> Crime de desobediência a decisão judicial sobre perda ou suspensão de direito. Atipicidade. Caracterização. Suposta desobediência a decisão de natureza civil. Proibição de atuar em nome de sociedade. Delito preordenado a reprimir efeitos extrapenais. Inteligência do art. 359 do Código Penal. Precedente. O crime definido no art. 359 do Código Penal pressupõe decisão judiciária de natureza penal, e não, civil.[423]

Esta decisão judicial, eminentemente de caráter penal, pode ser provisória ou definitiva (com trânsito em julgado para acusação e defesa).

Fica nítido, portanto, que o tipo penal em análise destina-se a punir o descumprimento voluntário às decisões judiciais atinentes aos **efeitos da condenação**, de natureza penal ou extrapenal, elencados no art. 92 do Código Penal.

Anote-se, por oportuno, que não se verifica o crime definido no art. 359 do Código Penal na hipótese em que o condenado descumpre a pena restritiva de direitos consistente na interdição temporária de direitos, em qualquer das suas espécies (CP, art. 47), pois para esta situação o legislador previu expressamente a reconversão para pena privativa de liberdade (CP, art. 44, § 4.º, 1.ª parte).

6.10.23.5.1. Desobediência a decisão de natureza administrativa

O crime tipificado no art. 359 do Código Penal reclama a afronta a decisão judicial. Destarte, não se caracteriza o delito quando o sujeito exerce atividade de que está impedido por decisão administrativa. Nesse caso, será imputado ao agente o crime definido no art. 205 do Código Penal (exercício de atividade com infração de decisão administrativa).

6.10.23.6. Sujeito ativo

O crime é **próprio** ou **especial**, pois somente pode ser praticado pela pessoa que, por decisão judicial, foi suspensa ou privada relativamente ao exercício de determinada função, atividade, direito, autoridade ou múnus.

6.10.23.7. Sujeito passivo

É o Estado.

6.10.23.8. Elemento subjetivo

É o dolo, independentemente de qualquer finalidade específica. Não se admite a modalidade culposa.

---

[423] HC 88.572/RS, rel. Min. Cezar Peluso, 2.ª Turma, j. 08.08.2006.

6.10.23.9. Consumação

Trata-se de **crime formal, de consumação antecipada** ou **de resultado cortado**. Consuma-se com o simples exercício da função, atividade, direito, autoridade ou múnus do qual o agente foi suspenso ou privado por decisão judicial, ainda que desta conduta não seja produzido nenhum resultado naturalístico. Basta a prática de um único ato capaz de afrontar a determinação emanada do Poder Judiciário.

6.10.23.10. Tentativa

É cabível, em face do caráter plurissubsistente do delito, permitindo o fracionamento do *iter criminis*.

6.10.23.11. Ação penal

A ação penal é pública incondicionada.

6.10.23.12. Lei 9.099/1995

Em face da pena máxima cominada (dois anos), o crime tipificado no art. 359 do Código Penal constitui-se em **infração penal de menor potencial ofensivo**, compatível com a transação penal e com o rito sumaríssimo, nos moldes da Lei 9.099/1995.

6.10.23.13. Classificação doutrinária

A desobediência a decisão judicial sobre perda ou suspensão de direito é crime **simples** (ofende um único bem jurídico); **próprio** (somente pode ser praticado pela pessoa que se encontre suspensa ou privada de função, atividade, direito, autoridade ou múnus por decisão judicial); **formal, de consumação antecipada** ou **de resultado cortado** (consuma-se com a realização da conduta criminosa, independentemente da superveniência do resultado naturalístico); **de dano** (causa lesão à Administração da justiça); **de forma livre** (admite qualquer meio de execução); em regra **comissivo**; **instantâneo** (consuma-se em um momento determinado, sem continuidade no tempo); **unissubjetivo, unilateral ou de concurso eventual** (normalmente praticado por um só agente, mas admite o concurso); e normalmente **plurissubsistente**.

6.10.23.14. Desobediência a decisão judicial e Lei de Falências

O art. 176 da Lei 11.101/2005 – Lei de Falências – prevê o crime de exercício ilegal de atividade, cuja redação é a seguinte:

> **Art. 176.** Exercer atividade para a qual foi inabilitado ou incapacitado por decisão judicial, nos termos desta Lei:
> Pena – reclusão, de 1 (um) a 4 (quatro) anos, e multa.

6.10.23.15. Desobediência a decisão judicial e Código de Trânsito Brasileiro

Nos termos do art. 307 da Lei 9.503/1997 – Código de Trânsito Brasileiro:

> **Art. 307.** Violar a suspensão ou a proibição de se obter a permissão ou a habilitação para dirigir veículo automotor imposta com fundamento neste Código:
>
> Penas – detenção, de seis meses a um ano e multa, com nova imposição adicional de idêntico prazo de suspensão ou de proibição.
>
> Parágrafo único. Nas mesmas penas incorre o condenado que deixa de entregar, no prazo estabelecido no § 1.º do art. 293, a Permissão para Dirigir ou a Carteira de Habilitação.

6.11. DOS CRIMES CONTRA AS FINANÇAS PÚBLICAS

6.11.1. Fundamento constitucional e questões atinentes à responsabilidade fiscal

A Constituição Federal, preocupada com a gestão do patrimônio público, estabeleceu diversas diretrizes e objetivos em seus arts. 163 a 169. Tais balizas foram posteriormente traçadas pela Lei Complementar 101/2000 – Lei de Responsabilidade Fiscal –, que estabelece normas de finanças públicas voltadas para a responsabilidade na gestão fiscal.

Nesse sentido, estabelece o art. 1.º, § 1.º, da Lei Complementar 101/2000 que a responsabilidade na gestão fiscal pressupõe a ação planejada e transparente, em que se previnem riscos e se corrigem desvios capazes de afetar o equilíbrio das contas públicas.

Seu art. 73, por sua vez, prevê que as infrações dos dispositivos desta lei complementar serão punidas de acordo com o Código Penal, a Lei 1.079/1950 – Crimes de Responsabilidade –, o Decreto-lei 201/1967 – Responsabilidade dos Prefeitos e Vereadores –, Lei 8.429/1992 – Lei de Improbidade Administrativa –, entre outras disposições.

Para garantir o cumprimento das determinações legais, o Capítulo IV do Título XI do CP, intitulado "Dos Crimes contra as Finanças Públicas", foi incluído pela Lei 10.028/2000 (Lei dos Crimes de Responsabilidade Fiscal).

6.11.2. Objetividade jurídica nos crimes contra as finanças públicas

Nos crimes definidos nos arts. 359-A a 359-H do Código Penal o bem jurídico penalmente tutelado é a Administração Pública, tanto em seu aspecto patrimonial, consistente na preservação das finanças públicas, como também em sua face moral, representada pela probidade dos agentes públicos.

6.11.3. O elemento subjetivo nos crimes contra as finanças públicas: a exigência do dolo

Os crimes contra as finanças públicas são dolosos, independentemente de qualquer finalidade específica. Destarte, o Capítulo IV do Título XI da Parte Especial do Código Penal não contém nenhum delito culposo, embora não se exclua a possibilidade de punição do mau administrador em outras esferas (administrativa, civil ou política).

6.11.4. Ação penal

Os crimes contra as finanças públicas são de ação penal pública incondicionada, em decorrência do interesse público protegido pela lei penal.

6.11.5. Efeitos da condenação

Nenhum dos crimes contra as finanças públicas tem pena máxima em abstrato superior a quatro anos. Consequentemente, somente será possível a decretação da perda do cargo, função pública ou mandato eletivo do agente público, como efeito da condenação, quando o crime for praticado com abuso de poder ou violação de dever para com a administração pública, e desde que seja aplicada pena privativa de liberdade igual ou superior a um ano, nos termos do art. 92, inc. I, *a*, do Código Penal.

É de se observar, entretanto, que a violação de dever para com a Administração Pública é inerente aos crimes em análise, intimamente relacionados com a probidade no trato das verbas públicas.

6.11.6. Art. 359-A – Contratação de operação de crédito

6.11.6.1. Dispositivo legal

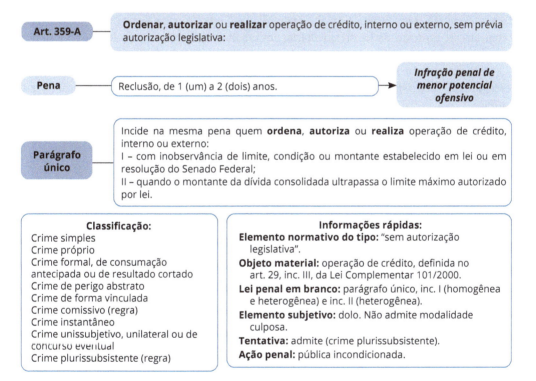

6.11.6.2. Objeto material

É a **operação de crédito**, definida no art. 29, inc. III, da Lei Complementar 101/2000 – Lei de Responsabilidade Fiscal –, como o "compromisso financeiro assumido em razão de mútuo, abertura de crédito, emissão e aceite de título, aquisição financiada de bens, recebimento antecipado de valores provenientes da venda a termo de bens e serviços, arrendamento mercantil e outras operações assemelhadas, inclusive com o uso de derivativos financeiros".

Operação de crédito interna é a realizada em âmbito nacional, e operação de crédito externa é a ocorrida no exterior. Importante destacar que "equipara-se à operação de crédito a assunção, o reconhecimento ou a confissão de dívidas pelo ente da Federação" (LRF, art. 29, § 1.º).

6.11.6.3. Núcleos do tipo

O tipo penal possui três núcleos: "ordenar", "autorizar" e "realizar", todos relacionados à operação de crédito, interno ou externo, sem prévia autorização legislativa.

Ordenar é mandar, determinar que se realize; **autorizar** significa permitir, aprovar, consentir que seja feito; **realizar**, por sua vez, equivale a concretizar ou executar. Trata-se de **tipo misto alternativo**, **crime de ação múltipla** ou **de conteúdo variado**: há um só crime quando o sujeito ativo pratica mais de um núcleo em relação à mesma operação de crédito.

6.11.6.3.1. Elemento normativo do tipo

O tipo penal contém um elemento normativo, representado pela expressão "sem autorização legislativa".

O art. 32, § 1.º, incisos I e IV, da Lei Complementar 101/2000 – Lei de Responsabilidade Fiscal – exige seja a operação de crédito realizada mediante "prévia e expressa autorização para a contratação, no texto da lei orçamentária, em créditos adicionais ou em lei específica", bem como "autorização específica do Senado Federal, quando se tratar de operação de crédito externo".

Por autorização legislativa, portanto, entende-se a **manifestação específica para o fim determinado**, qual seja, a contratação da operação de crédito. Presente a autorização, o fato é atípico.

Todavia, se o agente ultrapassar os limites da autorização legislativa, estará configurado o crime definido no art. 359-A, parágrafo único, inc. I, do Código Penal.

6.11.6.4. Sujeito ativo

O crime é **próprio** ou **especial**, pois somente pode ser cometido pelo funcionário público dotado de atribuição para ordenar, autorizar ou realizar operação de crédito, interno ou externo. De fato, se o agente praticar o ato sem atribuição legal para tanto, este será passível de anulação pelo próprio Poder Público, resultando na atipicidade do fato.[424]

Este crime não é aplicável aos prefeitos, pois incide a regra especial contida no art. 1.º, inc. XX, do Decreto-lei 201/1967, incluído pela Lei 10.028/2000:

> **Art. 1.º** São crimes de responsabilidade dos Prefeitos Municipais, sujeitos ao julgamento do Poder Judiciário, independentemente do pronunciamento da Câmara dos Vereadores:
>
> XX – ordenar ou autorizar, em desacordo com a lei, a realização de operação de crédito com qualquer um dos demais entes da Federação, inclusive suas entidades da administração indireta, ainda que na forma de novação, refinanciamento ou postergação de dívida contraída anteriormente.

No tocante a ato realizado pelo Presidente da República, a conduta se subsume nos modelos descritos nos itens 6 e 9 do art. 10 da Lei 1.079/1950, com a redação que lhe foi conferida pela Lei 10.028/2000:

---

[424] Cf. JESUS, Damásio E. de. *Direito penal*. Parte especial. 13. ed. São Paulo: Saraiva, 2007. v. 4, p. 386.

> **Art. 10.** São crimes de responsabilidade contra a lei orçamentária: 6) ordenar ou autorizar a abertura de crédito em desacordo com os limites estabelecidos pelo Senado Federal, sem fundamento na lei orçamentária ou na de crédito adicional ou com inobservância de prescrição legal; 9) ordenar ou autorizar, em desacordo com a lei, a realização de operação de crédito com qualquer um dos demais entes da Federação, inclusive suas entidades da administração indireta, ainda que na forma de novação, refinanciamento ou postergação de dívida contraída anteriormente.

6.11.6.5. Sujeito passivo

A União, os Estados, os Municípios ou o Distrito Federal, dependendo do ente federativo afetado pela conduta criminosa, e, mediatamente, a coletividade, em face do prejuízo causado pelo abalo nas finanças públicas.

6.11.6.6. Consumação

O crime é **formal, de consumação antecipada** ou **de resultado cortado**. Consuma-se no momento em que é praticada a conduta de ordenar, autorizar ou realizar operação de crédito, interno ou externo, sem prévia autorização legislativa, prescindindo da lesão ao erário ou à probidade administrativa.

6.11.6.7. Tentativa

É possível, em todas as modalidades do delito, em face do seu caráter plurissubsistente, permitindo o fracionamento do *iter criminis*.

6.11.6.8. Lei 9.099/1995

Em face da pena máxima cominada ao delito (reclusão de dois anos), cuida-se de **infração penal de menor potencial ofensivo**, compatível com a transação penal e com o rito sumaríssimo, nos moldes da Lei 9.099/1995.

6.11.6.9. Classificação doutrinária

A contratação de operação de crédito é crime **simples** (ofende um único bem jurídico); **próprio** (somente pode ser praticado pelo funcionário público dotado da atribuição de ordenar, autorizar ou realizar operação de crédito, interna ou externa); **formal, de consumação antecipada** ou **de resultado cortado** (consuma-se com a realização da conduta legalmente descrita, independentemente da superveniência do resultado naturalístico); **de perigo abstrato** (a prática da conduta importa na presunção absoluta de perigo às finanças públicas); **de forma vinculada** (os meios de execução devem ser compatíveis com os atos administrativos inerentes à ordenação, autorização ou realização de operação de crédito); em regra **comissivo**; **instantâneo** (consuma-se em um momento determinado, sem continuidade no tempo); **unissubjetivo, unilateral ou de concurso eventual** (praticado por um só agente, mas admite concurso); e normalmente **plurissubsistente** (a conduta pode ser fracionada em diversos atos).

6.11.6.10. Figuras equiparadas: art. 359-A, parágrafo único, incisos I e II

Em consonância com o art. 359-A, parágrafo único, incisos I e II, do Código Penal, "incide na mesma pena quem ordena, autoriza ou realiza operação de crédito, interno ou externo: I – com inobservância de limite, condição ou montante estabelecido em lei ou em resolução do Senado Federal; II – quando o montante da dívida consolidada ultrapassa o limite máximo autorizado por lei". Vejamos separadamente cada uma das figuras equiparadas.

a) Inciso I

Trata-se de **lei penal em branco**, pois a caracterização do crime depende da inobservância de limite, condição ou montante estabelecido em lei (lei penal em branco homogênea) ou em resolução do Senado Federal (lei penal em branco heterogênea).

A Lei de Responsabilidade Fiscal dispõe sobre a dívida e o endividamento em seu Capítulo VII, disciplinando a contratação de operação de crédito em seus arts. 32 e seguintes. O agente público deve observar os limites da autorização legislativa específica, bem como da resolução do Senado Federal, em se tratando de operação de crédito externa, sob pena de incorrer no delito em análise.

b) Inciso II

Cuida-se uma vez mais de **lei penal em branco homogênea**, pois a concretização do delito depende da constatação dos limites legais da dívida consolidada.

A dívida pública compreende o conjunto de compromissos, de curto ou longo prazo, assumidos pelo Estado com terceiros, nacionais ou estrangeiros. Compreende os juros e a amortização do capital devido pelo Estado.[425]

A Lei de Responsabilidade Fiscal, por sua vez, entende por dívida pública consolidada ou fundada:

a) o montante total, apurado sem duplicidade, das obrigações financeiras do ente da Federação, assumidas em virtude de leis, contratos, convênios ou tratados e da realização de operações de crédito, para amortização em prazo superior a doze meses (art. 29, I);

b) as operações de crédito de prazo inferior a doze meses cujas receitas tenham constado do orçamento (art. 29, § 3.º);

c) os precatórios judiciais não pagos durante a execução do orçamento em que houverem sido incluídos integram a dívida consolidada, para fins de aplicação dos limites (art. 30, § 7.º).

Será ainda incluída na dívida pública consolidada da União a relativa à emissão de títulos de responsabilidade do Banco Central do Brasil (LRF, art. 29, § 2.º).

Como estatui o art. 52 da Constituição Federal, compete privativamente ao Senado Federal: V – autorizar operações externas de natureza financeira, de interesse da União, dos Estados, do Distrito Federal, dos Territórios e dos Municípios; VI – fixar, por proposta do Presidente da República, limites globais para o montante da dívida consolidada da União, dos Estados, do Distrito Federal e dos Municípios; VII – dispor sobre limites globais e condições para as operações de crédito externo e interno da União, dos Estados, do Distrito Federal e dos Municípios, de suas autarquias e demais entidades controladas pelo Poder Público federal; VIII – dispor sobre limites e condições para a concessão de garantia da União em operações de crédito externo e interno; e IX – estabelecer limites globais e condições para o montante da dívida mobiliária dos Estados, do Distrito Federal e dos Municípios.

Tais limites serão fixados em percentual da receita corrente líquida para cada esfera de governo e aplicados igualmente a todos os entes da Federação que a integrem, constituindo, para cada um deles, limites máximos, e a verificação do atendimento do limite será efetuada ao final de cada quadrimestre (LRF, art. 30, §§ 3.º e 4.º).

O art. 31, § 1.º, I, da Lei Complementar 101/2000 – Lei de Responsabilidade Fiscal – também proíbe a contratação de operação de crédito enquanto perdurar o excesso, ressalvadas as operações para pagamento de dívidas mobiliárias.

---

[425] PASCOAL, Valdecir Fernandes. *Direito financeiro e controle externo*. 5. ed. Rio de Janeiro: Elsevier, 2007. p. 109.

Portanto, se verificado ao final do quadrimestre que a dívida consolidada ultrapassou os limites fixados e ainda assim for ordenada, autorizada ou realizada operação de crédito, restará configurado o delito em apreço.

6.11.7. Art. 359-B – Inscrição de despesas não empenhadas em restos a pagar

6.11.7.1. Dispositivo legal

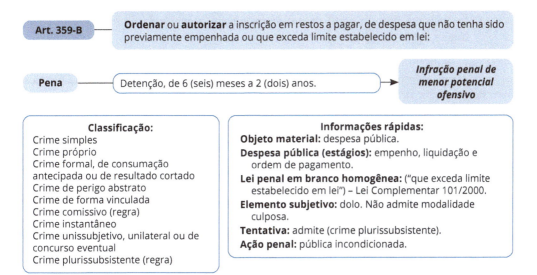

6.11.7.2. Objeto material

É a **despesa pública**, definida em sentido estrito como a "aplicação de certa quantia, em dinheiro, por parte da autoridade ou agente público competente, dentro de uma autorização legislativa, para execução de um fim a cargo do governo".[426]

6.11.7.3. Núcleos do tipo

O tipo penal possui dois núcleos: "ordenar" e "autorizar" a inscrição de despesa em restos a pagar, sem prévio empenho ou com excesso aos limites legais. **Ordenar** é mandar, determinar que seja feito; e **autorizar** significa permitir, aprovar, consentir que seja realizado.

Nos termos do art. 167, inc. II, da Constituição Federal, é vedada a realização de despesa sem inclusão no orçamento. Além disso, a realização de qualquer despesa pública deve observar estágios determinados na Lei 4.320/1964 – Normas Gerais de Direito Financeiro para elaboração e controle dos orçamentos e balanços da União, dos Estados, dos Municípios e do Distrito Federal –, quais sejam:

a) **empenho**: ato emanado de autoridade competente que cria para o Estado obrigação de pagamento pendente ou não de implemento de condição (art. 58);

b) **liquidação**: consiste na verificação do direito adquirido pelo credor, tendo por base os títulos e documentos comprobatórios do respectivo crédito (art. 63); e

---
[426] BALEEIRO, Aliomar. *Uma introdução à ciência de finanças*. 16. ed. Rio de Janeiro: Forense, 2004. p. 65.

c) **ordem de pagamento**: despacho exarado por autoridade competente, determinando que a despesa seja paga (art. 64).

E, de acordo com o art. 36 da Lei 4.320/1964, consideram-se **restos a pagar** as despesas empenhadas, mas não pagas até o dia 31 de dezembro. Dessa forma, o tipo penal pune o administrador que:

a) inscreve em restos a pagar despesas que não foram previamente empenhadas; ou

b) inscreve em restos a pagar despesas previamente empenhadas, mas com excesso aos limites legais.

Cuida-se de **tipo misto alternativo, crime de ação múltipla** ou **de conteúdo variado**: há um só crime quando o sujeito ativo pratica mais de um núcleo em relação à mesma inscrição em restos a pagar, de despesa que não tenha sido previamente empenhada ou que exceda limite estabelecido em lei.

Finalmente, a expressão "que exceda limite estabelecido em lei" deixa nítido que se trata de **lei penal em branco homogênea**. Há necessidade de complementação do tipo penal mediante a análise da legislação financeira e orçamentária (exemplo: Lei Complementar 101/2000 – Lei de Responsabilidade Fiscal), para determinação da forma e limites de empenho e inscrição em restos a pagar.

6.11.7.4. Sujeito ativo

O crime é **próprio** ou **especial**: somente pode ser praticado pelo agente público dotado da atribuição de ordenar ou autorizar a inscrição da despesa. De fato, se o funcionário público praticar o ato sem atribuição legal para tanto, este será passível de anulação pelo próprio Poder Público, tornando atípica a conduta. E como destaca Cezar Roberto Bitencourt:

> O sujeito ativo que ordenar ou autorizar a "inscrição de despesas não empenhadas em restos a pagar" (art. 359-B) poderá ser o mesmo que não ordenar ou não autorizar o "cancelamento de restos a pagar" (art. 359-F), quando, por exemplo, houver reeleição ou recondução ao mesmo cargo ou função do mandato anterior. À evidência que não poderá responder "por fazer" e "por não fazer" a mesma coisa, ferindo o *ne bis in idem*. A duplicidade da proibição tem um fundamento: objetiva destinatários diferentes. Quem praticou a conduta comissiva (art. 359-B) responderá apenas por ela.[427]

6.11.7.5. Sujeito passivo

A União, os Estados, os Municípios ou o Distrito Federal, dependendo do ente federativo afetado pela conduta criminosa, e, mediatamente, a coletividade, em face do prejuízo causado pelo abalo nas finanças públicas.

6.11.7.6. Consumação

O crime definido no art. 359-B do Código Penal é **formal, de consumação antecipada** ou **de resultado cortado**. Consuma-se no momento da prática da conduta legalmente descrita – ordenar ou autorizar a inscrição em restos a pagar – independentemente da lesão ao erário.

6.11.7.7. Tentativa

É possível, em ambas as modalidades do delito, em face do seu caráter plurissubsistente, permitindo o fracionamento do *iter criminis*.

---

[427] BITENCOURT, Cezar Roberto. *Tratado de direito penal*. 3. ed. São Paulo: Saraiva, 2009. v. 5, p. 432.

6.11.7.8. Lei 9.099/1995

Em face da pena máxima cominada (detenção de dois anos), a inscrição de despesas não empenhadas em restos a pagar é **infração penal de menor potencial ofensivo**, compatível com a transação penal e com o rito sumaríssimo, nos moldes da Lei 9.099/1995.

6.11.7.9. Classificação doutrinária

A inscrição de despesas não empenhadas em restos a pagar é crime **simples** (ofende um único bem jurídico); **próprio** (somente pode ser praticado pelo funcionário público dotado da atribuição de ordenar ou autorizar a inscrição da despesa); **formal, de consumação antecipada** ou **de resultado cortado** (consuma-se com a realização da conduta legalmente descrita, independentemente da superveniência do resultado naturalístico); **de perigo abstrato** (a prática da conduta importa na presunção absoluta de perigo às finanças públicas); **de forma vinculada** (os meios de execução devem ser compatíveis com os atos administrativos inerentes à inscrição de despesas não empenhadas em restos a pagar); em regra **comissivo**; **instantâneo** (consuma-se em um momento determinado, sem continuidade no tempo); **unissubjetivo, unilateral ou de concurso eventual** (praticado por um só agente, mas admite concurso); e normalmente **plurissubsistente** (a conduta pode ser fracionada em diversos atos).

6.11.8. Art. 359-C – Assunção de obrigação no último ano do mandato ou legislatura

6.11.8.1. Dispositivo legal

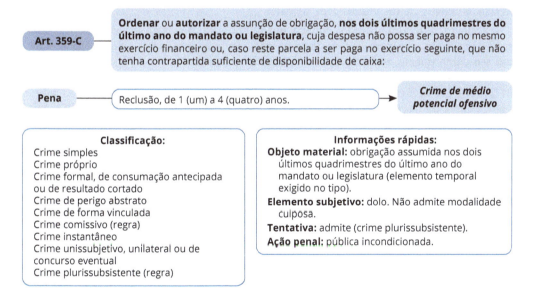

6.11.8.2. Objeto material

É a **obrigação assumida nos dois últimos quadrimestres do último ano do mandato ou legislatura**. Essa obrigação deve ser detalhadamente descrita tanto na denúncia como na sentença condenatória, para viabilizar o exercício do direito à ampla defesa. Como já decidido pelo Superior Tribunal de Justiça:

A condenação pelo art. 359-C do Código Penal deve especificar despesas contraídas nos dois últimos quadrimestres do mandato, que não puderam ser pagas no mesmo exercício financeiro ou no exercício seguinte. Essa análise não pode ser global, considerando a iliquidez total do caixa, sob pena de prejudicar a ampla defesa.[428]

6.11.8.3. Núcleos do tipo

O tipo penal contém dois núcleos: "ordenar" e "autorizar" a assunção de obrigação. **Ordenar** é mandar, determinar a terceiro que realize a conduta; e **autorizar** significa permitir, aprovar, consentir que seja efetuada a assunção de obrigação. Destarte, o tipo penal criminaliza dois comportamentos distintos, a saber:

a) a assunção de obrigação, nos dois últimos quadrimestres do último ano do mandato ou legislatura, cuja despesa não possa ser paga no mesmo exercício financeiro

De acordo com o art. 34 da Lei 4.320/1964, "o exercício financeiro coincidirá com o ano civil".

Portanto, o administrador não pode, nos dois últimos quadrimestres do último ano do mandato ou legislatura, assumir obrigação que não possa ser paga até o dia 31 de dezembro, sob pena de incorrer no delito em análise.

Note-se que já havia vedação da assunção de tais despesas no art. 42, *caput*, 1.ª parte, da Lei Complementar 101/2000 – Lei de Responsabilidade Fiscal –, de modo que o administrador poderá ser responsabilizado também em outras esferas (administrativa, política etc.).

b) a assunção de obrigação, nos dois últimos quadrimestres do último ano do mandato ou legislatura, caso reste parcela a ser paga no exercício seguinte, que não tenha contrapartida suficiente de disponibilidade de caixa

Portanto, se o administrador público, nos últimos oito meses do mandato ou legislatura, assume obrigação com parcela a ser paga no ano seguinte, sem contar com receita suficiente para seu cumprimento, terá praticado o crime em apreço.

Tal como na anterior figura típica, o art. 42, *caput*, 2.ª parte, da Lei Complementar 101/2000 – Lei de Responsabilidade Fiscal –, veda a assunção de despesa nos dois últimos quadrimestres do último ano do mandato, caso reste parcela a ser paga no exercício seguinte e não haja disponibilidade de caixa para tanto. A regra visa evitar que os gestores públicos deixem de cumprir com suas obrigações, repassando-as a seus sucessores.

6.11.8.3.1. Elemento temporal

Em face do elemento temporal exigido no tipo, a assunção de obrigação em período anterior aos últimos oito meses do mandato ou legislatura, ainda que para ser paga no exercício seguinte, não constituirá no crime definido no art. 359-C do Código Penal.

6.11.8.4. Sujeito ativo

O crime é **próprio** ou **especial** porque somente pode ser cometido pelos agentes públicos titulares de mandato ou legislatura, representantes dos órgãos e entidades indicados no art. 20 da Lei Complementar 101/2000 – Lei de Responsabilidade Fiscal –, pois apenas tais pessoas têm atribuição para assunção de obrigações. Na visão do Superior Tribunal de Justiça:

> O delito do art. 359-C do Código Penal é próprio ou especial, só podendo ser cometido por agentes públicos titulares de mandato ou legislatura. Registre-se, inicialmente, que não é cabível a

---

[428] HC 723.644/SP, rel. Min. Sebastião Reis Júnior, 6.ª Turma, j. 07.03.2023, noticiado no *Informativo* 766.

tese de que o crime de assunção de obrigação admite como autor outros funcionários públicos que tenham poder de disposição sobre os recursos financeiros da Administração Pública. De acordo com a doutrina, o crime é próprio ou especial porque somente pode ser cometido pelos agentes públicos titulares de mandato ou legislatura, representantes dos órgãos e entidades indicados no art. 20 da Lei Complementar n. 101/2000 – Lei de Responsabilidade Fiscal –, pois apenas tais pessoas têm atribuição para assunção de obrigações. Ademais, o crime é cometido pelos gestores nomeados para o exercício de mandato, quando gozam de autonomia administrativa e financeira, além de ser unissubjetivo, possuindo um único sujeito.[429]

6.11.8.5. Sujeito passivo

A União, os Estados, os Municípios ou o Distrito Federal, dependendo do ente federativo afetado pela conduta criminosa, e, mediatamente, a coletividade, em face do prejuízo causado pelo abalo nas finanças públicas.

6.11.8.6. Consumação

Trata-se de **crime formal**, **de consumação antecipada** ou **de resultado cortado**: consuma-se no momento em que o sujeito ativo ordena ou autoriza a assunção de obrigação, nos últimos oito meses do mandato ou legislatura, cuja despesa não possa ser paga naquele exercício financeiro ou reste parte a ser paga no exercício seguinte, sem contrapartida suficiente para tanto, independentemente da comprovação de prejuízo aos cofres públicos.

6.11.8.7. Tentativa

É possível, em ambas as modalidades do delito, em decorrência do seu caráter plurissubsistente, permitindo o fracionamento do *iter criminis*.

6.11.8.8. Lei 9.099/1995

A pena mínima cominada ao delito tipificado no art. 359-C do Código Penal é de um ano. Cuida-se, portanto, de **crime de médio potencial ofensivo**, compatível com a suspensão condicional do processo, desde que presentes os demais requisitos exigidos no art. 89 da Lei 9.099/1995.

6.11.8.9. Classificação doutrinária

A assunção de obrigação no último ano do mandato ou legislatura é crime **simples** (ofende um único bem jurídico); **próprio** (somente pode ser praticado pelo agente público titular de mandato ou de legislatura, em sintonia com o art. 20 da Lei de Responsabilidade Fiscal); **formal, de consumação antecipada** ou **de resultado cortado** (consuma-se com a realização da conduta legalmente descrita, independentemente da superveniência do resultado naturalístico); **de perigo abstrato** (a prática da conduta importa na presunção absoluta de perigo às finanças públicas); **de forma vinculada** (os meios de execução devem ser compatíveis com os atos administrativos inerentes à assunção de obrigação); em regra **comissivo**; **instantâneo** (consuma-se em um momento determinado, sem continuidade no tempo); **unissubjetivo, unilateral ou de concurso eventual** (praticado por um só agente, mas admite concurso); e normalmente **plurissubsistente** (a conduta pode ser fracionada em diversos atos).

---

[429] AREsp 1.415.425/AP, rel. Min. Joel Ilan Paciornik, 5.ª Turma, j. 19.09.2019, noticiado no *Informativo* 657.

6.11.9. Art. 359-D – Ordenação de despesa não autorizada

6.11.9.1. Dispositivo legal

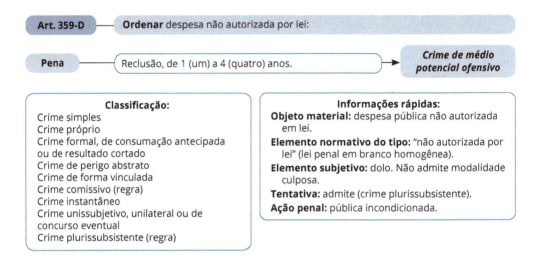

6.11.9.2. Objeto material

É a **despesa pública** não autorizada em lei.

6.11.9.3. Núcleo do tipo

O núcleo do tipo penal é "**ordenar**", no sentido de mandar, determinar que se realize a despesa pública, a qual compreende os desembolsos efetuados pelo Estado para fazer face às suas diversas responsabilidades junto à sociedade.[430] Como já decidiu o Superior Tribunal de Justiça: "Comete o crime de ordenação de despesa não autorizada (art. 359-D do Código Penal), o funcionário público que gera despesas e ordena pagamentos sem a devida e prévia autorização legal".[431]

6.11.9.3.1. Elemento normativo do tipo

O art. 359-D do Código Penal contém um elemento normativo, consubstanciado na expressão "não autorizada em lei". Trata-se, portanto, de **lei penal em branco homogênea**, pois depende da análise da legislação orçamentário-financeira. Em conformidade com a jurisprudência do Superior Tribunal de Justiça:

> O art. 359-D, segundo o qual é crime "ordenar despesa não autorizada por lei", consiste em norma penal em branco, uma vez que o rol das despesas permitidas e das não autorizadas haverá de constar de outros textos legais, entre os quais, por exemplo, o da Lei de Responsabilidade Fiscal (Lei Complementar n.º 101/00).[432]

O art. 167, inc. II, da Constituição Federal proíbe a realização de qualquer despesa pública sem prévia inclusão orçamentária. Por seu turno, a Lei Complementar 101/2000 – Lei de Responsabilidade Fiscal – elenca em seus arts. 16 e 17 diversas condições para a assunção de

---

[430] Cf. PASCOAL, Valdecir. *Direito financeiro e controle externo*. 5. ed. Rio de Janeiro: Elsevier, 2007. p. 57.
[431] APn 477/PB, rel. Min. Eliana Calmon, Corte Especial, j. 04.03.2009.
[432] APn 389/ES, rel. Min. Nilson Naves, Corte Especial, j. 15.03.2006.

despesas pelo Estado, estabelecendo ainda que serão consideradas não autorizadas, irregulares e lesivas ao patrimônio público as obrigações que não obedecerem a tais disposições.

6.11.9.4. Sujeito ativo

O crime é **próprio** ou **especial**, pois somente pode ser cometido pelo funcionário público com atribuição para ordenar despesas, conhecido como "ordenador de despesas". É válido ressaltar que o tipo penal não alcança o "realizador de despesas", compreendido como a pessoa que se limita a cumprir ou executar a ordem expedida pelo ordenador.

6.11.9.5. Sujeito passivo

A União, os Estados, os Municípios ou o Distrito Federal, dependendo do ente federativo prejudicado pela conduta criminosa, e, secundariamente, a coletividade, em decorrência dos prejuízos causados pela ordenação de despesas públicas não autorizadas em lei.

6.11.9.6. Consumação

Trata-se de **crime formal**, **de consumação antecipada** ou **de resultado cortado**: consuma-se no momento em que o funcionário público ordena a realização da despesa sem autorização legal, independentemente da comprovação de efetiva lesão ao erário.[433]

6.11.9.7. Tentativa

É cabível, como consectário do caráter plurissubsistente do delito, permitindo o fracionamento do *iter criminis*.

6.11.9.8. Lei 9.099/1995

Em face da pena mínima cominada (reclusão de um ano), o delito tipificado art. 359-D do Código Penal desponta como **crime de médio potencial ofensivo**, compatível com a suspensão condicional do processo, desde que presentes os demais requisitos exigidos pelo art. 89 da Lei 9.099/1995.

6.11.9.9. Classificação doutrinária

A ordenação de despesa não autorizada é crime **simples** (ofende um único bem jurídico); **próprio** (somente pode ser praticado pelo funcionário público dotado da atribuição de ordenar despesas); **formal, de consumação antecipada** ou **de resultado cortado** (consuma-se com a realização da conduta legalmente descrita, independentemente da superveniência do resultado naturalístico); **de perigo abstrato** (a prática da conduta importa na presunção absoluta de perigo às finanças públicas); **de forma vinculada** (os meios de execução devem ser compatíveis com os atos administrativos inerentes à ordenação de despesas públicas); em regra **comissivo**; **instantâneo** (consuma-se em um momento determinado, sem continuidade no tempo); **unissubjetivo, unilateral ou de concurso eventual** (praticado por um só agente, mas admite concurso); e normalmente **plurissubsistente** (a conduta pode ser fracionada em diversos atos).

6.11.9.10. A questão relativa ao benefício para a Administração Pública

Há vozes defendendo a atipicidade do fato nas hipóteses em que a ordenação de despesa não autorizada em lei acarreta algum benefício para a Administração Pública. Este raciocínio, com o merecido respeito, não pode ser acolhido.

---

[433] Em sentido contrário, entendendo ser necessária a lesividade ao patrimônio público: BITENCOURT, Cezar Roberto. *Tratado de direito penal*. 3. ed. São Paulo: Saraiva, 2009. v. 5, p. 446.

De fato, o crime definido no art. 359-D do Código Penal é de **perigo abstrato**, ou seja, o prejuízo às finanças públicas e à probidade administrativa é presumido, de forma absoluta, pelo tipo penal. É também crime **formal**, consumando-se com a prática da conduta descrita em lei, sem necessidade de prejuízo ao erário. Por fim, impera em matéria de Direito Público o princípio da estrita legalidade, de modo que o administrador público só está autorizado a agir nos casos expressamente previstos em lei.

É de ressaltar, ainda, que alguns autores sustentam a exclusão da ilicitude, com fulcro no estado de necessidade (CP, arts. 23, inc. I, e 24), quando a conduta típica seja realizada em situações excepcionais, a exemplo das calamidades públicas. Esta linha de pensamento igualmente não comporta acolhida.

Com efeito, a Constituição Federal elegeu a medida provisória como instrumento normativo para abertura de créditos extraordinários nas situações emergenciais. Em sintonia com o art. 167, § 3.º, da Lei Suprema: "A abertura de crédito extraordinário somente será admitida para atender a despesas imprevisíveis e urgentes, como as decorrentes de guerra, comoção interna ou calamidade pública, observado o disposto no art. 62".

Fácil constatar, portanto, que o texto constitucional não traz qualquer exceção à exigência de autorização normativa, ainda que pela via excepcional da medida provisória, para realização de despesas públicas. Se ausente a autorização, ainda que em situação de anormalidade, incorrerá o ordenador de despesas no crime em apreço.

6.11.9.11. O remanejamento de despesas públicas

Para o Supremo Tribunal Federal, não se caracteriza o crime definido no art. 359-D do Código Penal na hipótese de remanejamento de despesa prevista em lei orçamentária anual:

> A 1.ª Turma, por maioria, julgou improcedente acusação formulada contra parlamentar federal pela suposta prática do delito previsto no art. 359-D do CP ("Ordenar despesa não autorizada por lei"). A denúncia narrava que o parlamentar, então Governador, teria realizado, por decreto, remanejamento de verba prevista em lei orçamentária anual destinada ao pagamento de precatórios para outra área também inerente do orçamento do Poder Judiciário. O Ministro Luiz Fux (relator) destacou que a "ratio essendi" do art. 359-D do CP seria a geração de uma despesa sem que houvesse uma lei autorizadora. Ressaltou, entretanto, que – no âmbito da legislação estadual – haveria arcabouço jurídico que admitiria interpretação de que as despesas destinadas ao pagamento de precatórios pudessem ser realocadas mediante decreto. Assim, pontuou que o princípio da legalidade não teria sido desobedecido, mas, eventualmente, interpretado de forma equivocada. Ademais, aduziu que, em razão de o remanejamento ter ocorrido no âmbito do próprio Poder e de a despesa já ter sido prevista em lei, ela não teria sido criada pelo administrador, de modo que não se configuraria a justa causa para a imputação penal.[434]

Essa posição é questionável. De fato, o orçamento é aprovado pelo Poder Legislativo, e o chefe do Poder Executivo não pode simplesmente cassar a lei, mediante decreto, para destinar os recursos a uma finalidade diversa. O tipo penal em apreço foi criado justamente para evitar os abusos pelos administradores públicos, e tem como objetividade jurídica o equilíbrio das contas públicas, notadamente o controle legislativo do orçamento.

---

[434] Inq 3.393/PB, rel. Min. Luiz Fux, 1.ª Turma, j. 23.09.2014, noticiado no *Informativo* 760.

6.11.10. Art. 359-E – Prestação de garantia graciosa

6.11.10.1. Dispositivo legal

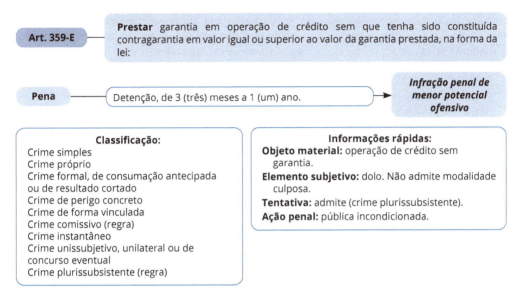

6.11.10.2. Objeto material

É a operação de crédito sem garantia.

6.11.10.3. Núcleo do tipo

O núcleo do tipo penal é "prestar", no sentido de conceder ou autorizar garantia.

Em conformidade com o art. 29, inc. IV, da Lei Complementar 101/2000 – Lei de Responsabilidade Fiscal –, **concessão de garantia** é o compromisso de adimplência de obrigação financeira ou contratual assumida por algum ente da Federação ou entidade a este vinculada. As condições para a concessão de garantia encontram-se no art. 40 do citado diploma legal. Destaca-se entre elas o oferecimento de contragarantia, em valor igual ou superior ao da garantia a ser concedida, visando o equilíbrio das finanças públicas (LRF, art. 40, § 1.º).

Destarte, para que um ente federativo venha a se responsabilizar pelo pagamento de dívidas de algum outro, deve ter contrapartida de que será ressarcido em igual ou maior valor. Em síntese, o tipo penal pune a conduta do funcionário público que presta garantia sem a observância deste requisito legal.

6.11.10.4. Sujeito ativo

Cuida-se de **crime próprio** ou **especial**, pois somente pode ser cometido pelo funcionário público com atribuição para realizar operações de crédito, conferindo garantias a terceiros, pessoas físicas ou jurídicas.

6.11.10.5. Sujeito passivo

A União, os Estados, os Municípios ou o Distrito Federal, dependendo do ente federativo prejudicado pela conduta criminosa, e, mediatamente, a coletividade, em razão dos prejuízos provocados pela prestação gratuita de garantia.

6.11.10.6. Consumação

O crime é **formal, de consumação antecipada** ou **de resultado cortado**. Consuma-se no momento em que o sujeito ativo presta garantia sem a prévia constituição de contragarantia em valor igual ou superior ao valor da garantia prestada, independentemente de prejuízo ao erário. Vale destacar, entretanto, a necessidade de demonstração de perigo às finanças públicas, pelo fato de tratar-se de **crime de perigo concreto**. Nos ensinamentos de Luiz Flávio Gomes e Alice Bianchini:

> A inexistência de contragarantia quando da prestação de sua garantia não é motivo suficiente para se punir penalmente a conduta, visto que, para não configurar mero ilícito administrativo, exige-se a comprovação do perigo concreto de lesão às finanças públicas (ou ao equilíbrio das contas públicas). Exige-se, portanto, para a consumação do crime, a comprovação do perigo a um bem jurídico de natureza supraindividual.[435]

6.11.10.6.1. Prestação de garantia graciosa e estado de necessidade

Não haverá crime de prestação de garantia graciosa quando a conduta se amparar em alguma situação excepcional, tal como guerra ou calamidade pública. Nesse caso, o fato é típico, porém lícito, em decorrência da caracterização do estado de necessidade (CP, arts. 23, inc. I, e 24). Exemplo: A União presta gratuitamente garantia a uma instituição financeira, para que um Estado receba empréstimo destinado a ajudar na aquisição de medicamentos para a população carente, acometida de diversas doenças provocadas pelas enchentes.

6.11.10.7. Tentativa

É possível, em face do caráter plurissubsistente do delito, permitindo o fracionamento do *iter criminis*.

6.11.10.8. Lei 9.099/1995

Em face da pena máxima cominada, o crime definido no art. 359-E do Código Penal constitui-se em **infração penal de menor potencial ofensivo**, admitindo a transação penal e o rito sumaríssimo, nos termos da Lei 9.099/1995.

6.11.10.9. Classificação doutrinária

A prestação de garantia graciosa é crime **simples** (ofende um único bem jurídico); **próprio** (somente pode ser praticado pelo funcionário público dotado da atribuição de prestar garantias); **formal, de consumação antecipada** ou **de resultado cortado** (consuma-se com a realização da conduta legalmente descrita, independentemente da superveniência do resultado naturalístico); **de perigo concreto** (a consumação reclama a comprovação do perigo proporcionado às finanças públicas pela conduta); **de forma vinculada** (os meios de execução devem ser compatíveis com os atos administrativos inerentes à prestação de garantia pelo Poder Público); em regra **comissivo**; **instantâneo** (consuma-se em um momento determinado, sem continuidade no tempo); **unissubjetivo, unilateral ou de concurso eventual** (praticado por um só agente, mas admite concurso); e normalmente **plurissubsistente** (a conduta pode ser fracionada em diversos atos).

---

[435] GOMES, Luiz Flávio; BIANCHINI, Alice. *Crimes de responsabilidade fiscal*. São Paulo: RT, 2001. p. 52.

6.11.11. Art. 359-F – Não cancelamento de restos a pagar

6.11.11.1. Dispositivo legal

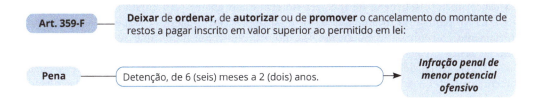

Classificação:
Crime simples
Crime próprio
Crime formal, de consumação antecipada ou de resultado cortado
Crime de perigo abstrato
Crime de forma vinculada
Crime omissivo próprio ou puro
Crime instantâneo
Crime unissubjetivo, unilateral ou de concurso eventual
Crime unissubsistente

Informações rápidas:
Objeto material: inscrição de restos a pagar.
Lei penal em branco homogênea (complemento por lei).
Exceção pluralística: funcionário público que deixa o cargo será responsabilizado pela "inscrição de despesas não empenhadas em restos a pagar" (art. 359-B); funcionário público que assume o cargo deverá ser responsabilizado pelo "não cancelamento de restos a pagar" (art. 359-F).
Elemento subjetivo: dolo. Não admite modalidade culposa.
Tentativa: não admite (crime omissivo próprio ou puro).
Ação penal: pública incondicionada.

6.11.11.2. Objeto material

É a inscrição de restos a pagar.

6.11.11.3. Núcleos do tipo

O tipo penal contém três núcleos: "deixar de ordenar", "deixar de autorizar" e "deixar de promover" o cancelamento do montante de restos a pagar inscrito em valor superior ao permitido em lei. Trata-se, em qualquer das modalidades, de **crime omissivo próprio** ou **puro**, no qual a conduta omissiva encontra-se expressamente descrita no tipo penal.

Deixar de ordenar é não determinar a terceiro que algo seja feito; **deixar de autorizar** é não permitir que terceira pessoa faça algo; e, finalmente, **deixar de promover** equivale a não realizar diretamente alguma coisa. Fica fácil perceber que o art. 359-F do Código Penal contempla um **tipo misto alternativo**, **crime de ação múltipla** ou **de conteúdo variado**, pois a prática de mais de uma conduta, relativamente ao mesmo objeto material, configura crime único.

Como já estudamos na análise do art. 359-B do Código Penal, a realização de qualquer despesa pública possui estágios determinados na Lei 4.320/1964, a saber:

1) **empenho**: ato emanado de autoridade competente que cria para o Estado obrigação de pagamento pendente ou não de implemento de condição (art. 58);

2) **liquidação**: consiste na verificação do direito adquirido pelo credor tendo por base os títulos e documentos comprobatórios do respectivo crédito (art. 63); e

3) **ordem de pagamento**: despacho exarado por autoridade competente, determinando que a despesa seja paga (art. 64).

E, de acordo com o art. 36 do referido diploma legislativo, "consideram-se restos a pagar as despesas empenhadas mas não pagas até o dia 31 de dezembro".

O administrador público, portanto, que se depara com restos a pagar inscritos em valor superior ao limite permitido em lei tem o dever legal de autorizar, ordenar ou promover o seu cancelamento, sob pena de incorrer no crime em análise. No entanto, é de se observar que a lei foi omissa no tocante aos restos a pagar inscritos quando a despesa não tenha sido previamente empenhada, conduta prevista no art. 359-B, de modo que aquele que deixa de cancelar restos a pagar desta natureza não incorre em nenhum delito.

O tipo penal deixa nítida sua essência de **lei penal em branco homogênea**. De fato, somente constitui o delito a conduta omissiva de não cancelamento de restos a pagar quando forem inscritos em valor superior ao autorizado **por lei**. Como destaca Marino Pazzaglini Filho:

> A inscrição da despesa em "restos a pagar" depende da existência de disponibilidade de recursos no exercício financeiro seguinte para sua liquidação.
>
> A lei orçamentária anual deve estabelecer o valor da dotação de "restos a pagar", que, em princípio, deve ficar limitado às disponibilidades de caixa do exercício financeiro de forma a somente ocorrer transferência de despesa, em plena execução, de um exercício para outro com a correspondente fonte de receita, evitando-se, assim, o crescimento da dívida pública.
>
> Se o valor das despesas classificadas em "restos a pagar" ultrapassar o limite legal, deve ser providenciada a recondução a esse patamar, com o cancelamento de obrigações sem disponibilidade de verba para saldá-las até o término do exercício financeiro do seu empenho.[436]

6.11.11.4. Sujeito ativo

O crime é **próprio** ou **especial**, pois somente pode ser cometido pelo funcionário público com atribuição para ordenar, autorizar ou promover o cancelamento do montante de restos a pagar indevidamente inscritos.

Nota-se que o legislador novamente abriu uma exceção pluralística à teoria monista, acolhida como regra no tocante ao concurso de pessoas, como se extrai do art. 29, *caput*, do Código Penal. Com efeito, o funcionário público que deixa o cargo será responsabilizado pela "inscrição de despesas não empenhadas em restos a pagar" (art. 359-B), ao passo que o funcionário público que assume o cargo deverá ser responsabilizado por não ter determinado o "cancelamento do montante de restos a pagar" (art. 359-F), inscrito em valor superior ao legalmente permitido. Os dois agentes contribuem para o mesmo resultado, mas a eles serão imputados crimes diversos, em face do especial tratamento conferido pela lei penal.

6.11.11.5. Sujeito passivo

A União, os Estados, os Municípios ou o Distrito Federal, dependendo do ente federativo afetado pela conduta criminosa, e, mediatamente, a coletividade, em razão dos prejuízos causados pelo não cancelamento de restos a pagar.

6.11.11.6. Consumação

O crime é **formal, de consumação antecipada** ou **de resultado cortado**: consuma-se no momento em que o sujeito ativo deixa de ordenar, de autorizar ou de promover o cancelamento do montante de restos a pagar inscrito indevidamente, independentemente de comprovação de lesão patrimonial ao erário.

---

[436] PAZZAGLINI FILHO, Marino. *Crimes de responsabilidade fiscal*. 3. ed. São Paulo: Atlas, 2006. p. 88.

6.11.11.7. Tentativa

Não é cabível. Em se tratando de crime omissivo próprio (ou puro), seu caráter unissubsistente impede o fracionamento do *iter criminis*.

6.11.11.8. Lei 9.099/1995

O máximo da pena privativa de liberdade cominada é de dois anos. Cuida-se, portanto, de **infração penal de menor potencial ofensivo**, compatível com a transação penal e com o rito sumaríssimo, nos moldes da Lei 9.099/1995.

6.11.11.9. Classificação doutrinária

O não cancelamento de restos a pagar é crime **simples** (ofende um único bem jurídico); **próprio** (somente pode ser praticado pelo funcionário público dotado da atribuição de ordenar, autorizar ou promover o cancelamento do montante de restos a pagar indevidamente inscritos); **formal, de consumação antecipada** ou **de resultado cortado** (consuma-se com a realização da conduta legalmente descrita, independentemente da superveniência do resultado naturalístico); **de perigo abstrato** (a prática da conduta importa na presunção absoluta de perigo às finanças públicas); **de forma vinculada** (os meios de execução devem ser compatíveis com os atos administrativos inerentes ao cancelamento de restos a pagar); **omissivo próprio** ou **puro** (a omissão está descrita no tipo penal); **instantâneo** (consuma-se em um momento determinado, sem continuidade no tempo); **unissubjetivo, unilateral ou de concurso eventual** (praticado por um só agente, mas admite concurso); e **unissubsistente**.

6.11.12. Art. 359-G – Aumento de despesa total com pessoal no último ano do mandato ou legislatura

6.11.12.1. Dispositivo legal

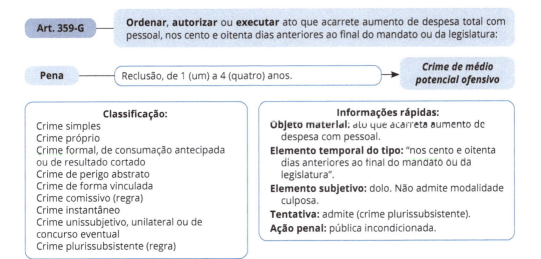

6.11.12.2. Objeto material

É o ato que acarreta aumento de despesa com pessoal.

6.11.12.3. Núcleos do tipo

O tipo penal possui três núcleos: "ordenar", "autorizar" e "executar" ato que acarrete aumento de despesa total com pessoal, nos 180 dias anteriores ao final do mandato ou da legislatura.

Ordenar é determinar alguma coisa; **autorizar** significa permitir que algo seja feito; e **executar** traz a ideia de realizar ou concretizar algo. Cuida-se de **tipo misto alternativo, crime de ação múltipla** ou **de conteúdo variado**. Há crime único quando o agente pratica mais de uma conduta típica no tocante ao mesmo objeto material.

Nesse crime, o funcionário público pratica ato que importa, nos últimos 180 dias do mandato ou legislatura, o aumento da despesa total com pessoal, definida no art. 18, *caput*, da Lei Complementar 101/2000 – Lei de Responsabilidade Fiscal – como o somatório dos gastos do ente da Federação com os ativos, os inativos e os pensionistas, relativos a mandatos eletivos, cargos, funções ou empregos, civis, militares e de membros de Poder, com quaisquer espécies remuneratórias, tais como vencimentos e vantagens, fixas e variáveis, subsídios, proventos da aposentadoria, reformas e pensões, inclusive adicionais, gratificações, horas extras e vantagens pessoais de qualquer natureza, bem como encargos sociais e contribuições recolhidas pelo ente às entidades de previdência.

E, nos termos do art. 21, II, da Lei de Responsabilidade Fiscal, é nulo de pleno direito "o ato de que resulte aumento da despesa com pessoal nos 180 (cento e oitenta) dias anteriores ao final do mandato do titular de Poder ou órgão referido no art. 20."[437]

Vale ressaltar que este crime não se relaciona com o delito tipificado no art. 359-C do Código Penal porque na assunção de obrigação no último ano do mandato ou legislatura levam-se em conta despesas que não podem ser pagas no mesmo exercício, ficando a obrigação de pagamento ao sucessor, sem ter disponibilidade orçamentária para tanto. Por seu turno, no art. 359-G do Código Penal o aumento de despesa com pessoal é permanente, ou seja, irá ultrapassar o exercício financeiro, atingindo anos futuros. Consequentemente, o orçamento do ente federativo ou órgão público ficará inevitavelmente comprometido, deixando de propiciar ao administrador público futuro condições para gerir adequadamente a máquina estatal.

Além disso, pouco importa à caracterização do crime em análise a eventual suficiência de verbas para o pagamento do ilegal aumento de despesa, pois a proibição é expressa (e taxativa) e tem como escopo impedir favores e desperdícios do dinheiro público, transmitindo as dívidas para outro administrador, o qual deve ter liberdade para colocar em prática suas ideias e projetos de governo.

6.11.12.3.1. Elemento temporal

O art. 359-G do Código Penal contém um elemento temporal, consubstanciado na expressão "nos cento e oitenta dias anteriores ao final do mandato ou da legislatura". Destarte, fora do período legalmente indicado não há falar na prática do delito, ainda que exista ilegal aumento da despesa total com pessoal.

6.11.12.4. Sujeito ativo

O crime é **próprio** ou **especial**, pois somente pode ser praticado pelo funcionário público com atribuição para ordenar, autorizar ou executar ato que acarrete aumento de despesa total com pessoal, nos últimos 180 dias do mandato ou legislatura.

---

[437] O art. 20 da Lei de Responsabilidade Fiscal menciona os Poderes Executivo, Legislativo e Judiciário, bem como o Ministério Público.

6.11.12.5. Sujeito passivo

A União, os Estados, os Municípios ou o Distrito Federal, dependendo do ente federativo afetado pela conduta criminosa, e, mediatamente, a coletividade, em razão dos prejuízos causados pelo aumento de despesa total com pessoal no último ano do mandato ou legislatura.

6.11.12.6. Consumação

O crime é **formal, de consumação antecipada** ou **de resultado cortado**. Consuma-se quando o agente público ordena, autoriza ou executa o ato de aumento de despesa com pessoal, nos últimos 180 dias de mandato ou legislatura, independentemente da comprovação de prejuízo econômico ao erário.

6.11.12.7. Tentativa

É possível, em todas as modalidades do delito, em razão da sua natureza plurissubsistente, permitindo o fracionamento do *iter criminis*.

6.11.12.8. Lei 9.099/1995

A pena mínima cominada ao delito é de reclusão de um ano. Trata-se, portanto, de **crime de médio potencial ofensivo**, compatível com a suspensão condicional do processo, se presentes os demais requisitos exigidos pelo art. 89 da Lei 9.099/1995.

6.11.12.9. Classificação doutrinária

O aumento de despesa total com pessoal no último ano do mandato ou legislatura crime **simples** (ofende um único bem jurídico); **próprio** (somente pode ser praticado pelo funcionário público com atribuição para ordenar, autorizar ou executar ato que acarrete aumento de despesa total com pessoal, nos últimos 180 dias do mandato ou legislatura); **formal, de consumação antecipada** ou **de resultado cortado** (consuma-se com a realização da conduta legalmente descrita, independentemente da superveniência do resultado naturalístico); **de perigo abstrato** (a prática da conduta importa na presunção absoluta de perigo às finanças públicas); **de forma vinculada** (os meios de execução devem ser compatíveis com os atos administrativos inerentes ao aumento de despesa total com pessoal); em regra **comissivo**; **instantâneo** (consuma-se em um momento determinado, sem continuidade no tempo); **unissubjetivo, unilateral ou de concurso eventual** (praticado por um só agente, mas admite concurso); e normalmente **plurissubsistente**.

6.11.13. Art. 359-H – Oferta pública ou colocação de títulos no mercado

6.11.13.1. Dispositivo legal

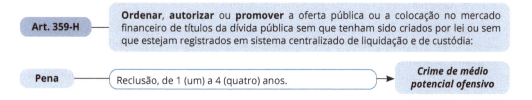

Classificação:
Crime simples
Crime próprio
Crime formal, de consumação antecipada ou de resultado cortado
Crime de perigo abstrato
Crime de forma vinculada
Crime comissivo (regra)
Crime instantâneo
Crime unissubjetivo, unilateral ou de concurso eventual
Crime plurissubsistente (regra)

Informações rápidas:
Objeto material: títulos da dívida pública.
Elemento subjetivo: dolo. Não admite modalidade culposa.
Tentativa: admite (crime plurissubsistente).
Ação penal: pública incondicionada.

6.11.13.2. Objeto material

São os **títulos da dívida pública**. Nos termos do art. 29, inc. II, da Lei Complementar 101/2000 – Lei de Responsabilidade Fiscal –, considera-se dívida pública mobiliária aquela representada por títulos emitidos pela União, inclusive os do Banco Central do Brasil, Estados e Municípios.

6.11.13.3. Núcleos do tipo

O tipo penal possui três núcleos: "ordenar", "autorizar" e "promover" a oferta pública ou a colocação no mercado financeiro de títulos da dívida pública. **Ordenar** é determinar; **autorizar** equivale a permitir que algo seja feito; e **promover** traz a ideia de realizar, concretizar a oferta pública ou colocação de títulos no mercado. Em síntese, o sujeito ativo, mediante uma das condutas típicas, oferece ou coloca no mercado títulos da dívida pública, sem que estes tenham sido criados por lei ou sem o registro no órgão de fiscalização.

Cuida-se de **tipo misto alternativo**, **crime de ação múltipla** ou **de conteúdo variado**: há um só delito quando o sujeito ativo pratica mais de um núcleo no tocante ao mesmo título da dívida pública.

6.11.13.4. Sujeito ativo

O crime é **próprio** ou **especial**. Somente pode ser praticado pelo funcionário público dotado da atribuição para ordenar, autorizar ou promover oferta pública ou colocação no mercado financeiro de títulos da dívida pública.

6.11.13.5. Sujeito passivo

A União, os Estados, os Municípios ou o Distrito Federal, dependendo do ente federativo atingido pela conduta criminosa, e, mediatamente, a pessoa física ou jurídica prejudicada pela compra de títulos irregularmente emitidos.

6.11.13.6. Consumação

O crime é **formal, de consumação antecipada** ou **de resultado cortado**: consuma-se no instante em que o agente público ordena, autoriza ou promove a oferta pública ou a colocação no mercado financeiro de títulos da dívida pública sem que tenham sido criados por lei ou sem que estejam registrados em sistema centralizado de liquidação e de custódia, independentemente de efetivo prejuízo ao erário.

6.11.13.7. Tentativa

É possível em todas as modalidades do delito, em face do seu caráter plurissubsistente, permitindo o fracionamento do *iter criminis*.

6.11.13.8. Lei 9.099/1995

Em decorrência da pena mínima cominada (reclusão de um ano), trata-se de **crime de médio potencial ofensivo**, compatível com a suspensão condicional do processo, desde que presentes os demais requisitos exigidos pelo art. 89 da Lei 9.099/1995.

6.11.13.9. Classificação doutrinária

A oferta pública ou colocação de títulos no mercado é crime **simples** (ofende um único bem jurídico); **próprio** (somente pode ser praticado pelo funcionário público dotado da atribuição para ordenar, autorizar ou promover oferta pública ou colocação no mercado financeiro de títulos da dívida pública); **formal, de consumação antecipada** ou **de resultado cortado** (consuma-se com a realização da conduta legalmente descrita, independentemente da superveniência do resultado naturalístico); **de perigo abstrato** (a prática da conduta importa na presunção absoluta de perigo às finanças públicas); **de forma vinculada** (os meios de execução devem ser compatíveis com os atos administrativos inerentes à ordenação, autorização ou promoção da oferta pública ou colocação no mercado financeiro de títulos da dívida pública); em regra **comissivo**; **instantâneo** (consuma-se em um momento determinado, sem continuidade no tempo); **unissubjetivo, unilateral ou de concurso eventual** (praticado por um só agente, mas admite concurso); e normalmente **plurissubsistente** (a conduta pode ser fracionada em diversos atos).

CAPÍTULO 7

DOS CRIMES CONTRA O ESTADO DEMOCRÁTICO DE DIREITO

7.1. INTRODUÇÃO

A Constituição Federal, logo em seu art. 1.º, *caput*, declara que a República Federativa do Brasil, formada pela união indissolúvel dos Estados e Municípios e do Distrito Federal, constitui-se em **Estado Democrático de Direito**,[1] que tem como fundamentos a soberania, a cidadania, a dignidade da pessoa humana, os valores sociais do trabalho e da livre iniciativa e o pluralismo político.

Não basta o Estado de Direito, subordinado ao império da lei. Há de ser também democrático, ou seja, vinculado à soberania popular – governo do povo, pelo povo e para o povo –, visando à concretização dos valores humanos, morais e éticos previstos na Constituição Federal. Nas palavras de José Joaquim Gomes Canotilho:

> Só o princípio da *soberania popular* segundo o qual "todo o poder vem do povo" assegura e garante o direito à igual participação na formação democrática da vontade popular. Assim, o princípio da soberania popular concretizado segundo procedimentos juridicamente regulados serve de "charneira" entre o "Estado de direito" e o "Estado democrático", possibilitando a compreensão da moderna fórmula *Estado de direito democrático*.[2]

Nada obstante esse destaque constitucional, até pouco tempo não existiam delitos expressamente voltados à proteção jurídico-penal do Estado Democrático de Direito. De fato, o mandado de criminalização contido no art. 1.º, *caput*, da Constituição Federal somente foi atendido pela Lei 14.197/2021, responsável pela criação, no Título XII da Parte Especial do Código Penal, dos "Crimes contra o Estado Democrático de Direito".

---

[1] Antes disso, o preâmbulo da Constituição Federal já fala na instituição de um "Estado Democrático".
[2] CANOTILHO, J. J. Gomes. *Direito Constitucional*. 7. ed. Coimbra: Livraria Almedina, 2003. p. 100.

7.2. A REVOGAÇÃO DA LEI DE SEGURANÇA NACIONAL

O art. 4.º da Lei 14.197/2021 revogou expressamente a Lei 7.170/1983, conhecida como "Lei de Segurança Nacional".[3] Além de tipificar os crimes contra o Estado Democrático de Direito, o legislador acertou ao eliminar do nosso ordenamento jurídico os crimes contra a segurança nacional.

A Lei 7.170/1983, embora editada no período menos rigoroso do regime militar, após o término dos Atos Institucionais e da Lei da Anistia, representava um entulho autoritário, fruto da ditadura e incompatível com a democracia atualmente reinante no Brasil.[4]

Com efeito, seu conteúdo revelava indisfarçável intolerância política, incompatível com o pluralismo político. Sua preocupação, alinhada ao espírito totalitarista então vigente, era com a "segurança nacional", que se confundia com os interesses militares de triste lembrança que comandavam a nação.

De fato, a Constituição Federal, em seu Título V, revela seu compromisso com a "Defesa do Estado e das Instituições Democráticas", e não com a segurança nacional.

É verdade que a Lei 7.170/1983 tinha pouca (quase nenhuma) aplicação prática. Entretanto, algumas vezes – e em casos famosos – seus dispositivos acabavam sendo invocados para a tutela de determinados interesses, rotulados como democráticos, ensejando uma autêntica confusão mental.

A fórmula "usar uma lei criada para atender aos anseios da ditadura para preservação do Estado Democrático de Direito e das suas instituições" não gozava de credibilidade, e se revelava, aos olhos da sociedade, como casuísta e direcionada a satisfazer interesses pontuais nem sempre legítimos.

7.3. NATUREZA JURÍDICA DOS CRIMES CONTRA O ESTADO DEMOCRÁTICO DE DIREITO

Os crimes contra o Estado Democrático de Direito devem ser classificados como **delitos políticos**? A resposta a essa indagação resulta em diversas consequências jurídicas. Vejamos.

A Constituição Federal menciona o crime político em três dispositivos, a saber:

a) art. 5.º, LII: não será concedida extradição de estrangeiro por crime político ou de opinião;

b) art. 102, II, "b": compete ao Supremo Tribunal Federal, precipuamente, a guarda da Constituição, cabendo-lhe julgar, em recurso ordinário, o crime político; e

c) art. 109, IV: aos juízes federais compete processar e julgar os crimes políticos e as infrações penais praticadas em detrimento de bens, serviços ou interesse da União ou de suas entidades autárquicas ou empresas públicas, excluídas as contravenções e ressalvada a competência da Justiça Militar e da Justiça Eleitoral.

Na legislação infraconstitucional, o reconhecimento de um crime como político traz algumas consequências, destacando-se o afastamento da reincidência (CP, art. 64, II) e a não obrigatoriedade do condenado ao trabalho (Lei 7.210/1984 – Lei de Execução Penal, art. 200).

---

[3] Também foi revogado o art. 39 do Decreto-lei 3.688/1941 – Lei das Contravenções Penais, cuja redação era a seguinte: "Participar de associação de mais de cinco pessoas, que se reúnam periodicamente, sob compromisso de ocultar à autoridade a existência, objetivo, organização ou administração da associação: Pena – prisão simples, de um a seis meses, ou multa".

[4] Outra reminiscência desse período é a Lei 5.250/1967 – Lei de Imprensa, editada para "regular a liberdade de manifestação do pensamento e de informação", a qual foi declarada pelo Supremo Tribunal Federal, no julgamento da ADPF 130, como não recepcionada pela Constituição da República.

No Brasil não há, em nenhum dispositivo legal, a definição de crime político. Na esfera doutrinária, sempre prevaleceu a adoção do **critério misto**, pelo qual o enquadramento de um delito como político reclama a união do critério objetivo – lesão ou perigo de lesão a bem jurídico outrora tutelado pelo art. 1.º da Lei 7.170/1983 – Lei de Segurança Nacional[5] – com o critério subjetivo, consistente na intenção de ofender a soberania nacional e a estrutura política do Brasil.

Nesse contexto, é fácil concluir que os crimes contra o Estado Democrático de Direito não são crimes políticos.

A Constituição Federal, promulgada em 05 de outubro de 1988, baseava-se em tempos passados, de triste lembrança, quando fazia menção aos crimes políticos. Seus olhos estavam voltados à ditadura implantada pelo regime militar nas duas décadas anteriores. O Código Penal, com a Parte Geral reformada pela Lei 7.209/1984, e a Lei de Execução – Lei 7.210/1984 compartilhavam de igual raciocínio.

O criminoso político, mais do que um mero delinquente, era um sujeito corajoso que se rebelava contra o sistema arbitrário preocupado unicamente com a "segurança nacional". Tal qual um *Robin Hood*, o autor do crime político colocava em risco sua liberdade e sua vida com o escopo de melhorar as condições de vida dos seus pares, massacrados pela tirania dos detentores do poder.

O tratamento a ele dispensado, até mesmo para não causar uma revolta social, deveria ser mais brando. Daí o trabalho facultativo, durante o cumprimento da pena, e a não caracterização da recidiva, se voltasse a praticar algum delito. Até mesmo o estrangeiro, solidário ao povo brasileiro na rebeldia contra um governo opressor, não poderia ser extraditado.

Felizmente os tempos mudaram. A soberania popular faz-se presente. Embora com muitas imperfeições e desigualdades, implantou-se no Brasil uma democracia. O Brasil constitui-se em Estado Democrático de Direito, como brada o art. 1.º, *caput*, da Constituição da República.

Nos crimes catalogados do Título XII da Parte Especial do Código Penal, o agente não busca afrontar um regime ditatorial e autoritário. Pelo contrário, sua finalidade é abalar, ou até mesmo eliminar, o Estado Democrático de Direito. Não se pode rotular como "político" o delito que almeja justamente esse bem jurídico tão caro ao povo brasileiro, conquistado à custa da luta e da vida de inúmeras pessoas.

No famoso caso envolvendo a extradição de Cesare Battisti, condenado na Itália pela prática de quatro homicídios qualificados cometidos na década de 1970, o Supremo Tribunal Federal entendeu pelo reconhecimento de crimes comuns, e não de natureza política:

> Crime político. Não caracterização. Quatro homicídios qualificados, cometidos por membro de organização revolucionária clandestina. **Prática sob império e normalidade institucional de Estado Democrático de direito, sem conotação de reação legítima contra atos arbitrários ou tirânicos. Carência de motivação política. Crimes comuns configurados. (...) Não configura crime político, para fim de obstar o acolhimento de pedido de extradição, homicídio praticado por membro de organização revolucionária clandestina, em plena normalidade institucional de Estado Democrático de direito, sem nenhum propósito político imediato ou conotação de reação legítima a regime opressivo.**[6]

Finalmente, a Lei 14.197/2021 optou pela alocação dos crimes contra o Estado Democrático de Direito no Código Penal (Título XII da Parte Especial), palco destinado aos delitos comuns, e não em alguma lei extravagante que verse sobre crimes políticos, como se fazia na vigência da Lei 7.170/1983 – Lei de Segurança Nacional.

---

[5] "Art. 1º – Esta Lei prevê os crimes que lesam ou expõem a perigo de lesão: I – a integridade territorial e a soberania nacional; II – o regime representativo e democrático, a Federação e o Estado de Direito; III – a pessoa dos chefes dos Poderes da União."

[6] Ext. 1.085/ITA, rel. Min. Cezar Peluso, Plenário, j. 16.12.2009.

7.4. COMPETÊNCIA PARA PROCESSO E JULGAMENTO DOS CRIMES CONTRA O ESTADO DEMOCRÁTICO DE DIREITO

Os crimes contra o Estado Democrático de Direito não são crimes políticos. Se fossem, a competência para o processo e julgamento de tais delitos seria da Justiça Federal, a teor da regra contida no inc. IV do art. 109 da Constituição Federal.

A partir dessa premissa, é fácil concluir que, para identificação do juízo competente para o processo e julgamento de crime catalogado no Título XII da Parte Especial do Código Penal é preciso identificar se a conduta foi praticada em detrimento de bens, serviços ou interesse da União, como determina o art. 109, IV, da Constituição Federal.

A imensa maioria dos delitos contra o Estado Democrático de Direito, cumpre destacar, é de competência da Justiça Federal, pois há ofensa a interesse da União (exemplos: arts. 359-I, 359-J, 359-K, 359-L, 359-M e 359-R).

Por sua vez, os crimes contra o funcionamento das instituições democráticas no processo eleitoral (interrupção do processo eleitoral – art. 359-N e violência política – art. 359-P) ingressam na competência da Justiça Eleitoral.

Finalmente, há casos em que a decisão acerca da justiça competente há de ser efetuada com base na natureza do delito e, sobretudo, nas circunstâncias do caso concreto. Exemplificativamente, a violência política, definida no art. 359-P do Código Penal – "Restringir, impedir ou dificultar, com emprego de violência física, sexual ou psicológica, o exercício de direitos políticos a qualquer pessoa em razão de seu sexo, raça, cor, etnia, religião ou procedência nacional" –, quando ofende o exercício do mandato popular, pode ser de competência da Justiça Federal (exemplo: violência física empregada contra um Deputado Federal, em razão da sua religião, visando a orientar seu voto em um determinado projeto de lei) ou da Justiça Estadual (exemplo: conduta idêntica praticada contra um vereador).

7.5. EXCLUSÃO DO CRIME: ART. 359-T

7.5.1. Dispositivo legal e campo de incidência

O art. 359-T do Código Penal contém a seguinte redação: "Não constitui crime previsto neste Título a manifestação crítica aos poderes constitucionais nem a atividade jornalística ou a reivindicação de direitos e garantias constitucionais por meio de passeatas, de reuniões, de greves, de aglomerações ou de qualquer outra forma de manifestação política com propósitos sociais".

O mandamento legal é claro: "Não constitui crime previsto neste Título". Essa norma, prevista no Capítulo VI do Título XII da Parte Especial do Código Penal, na seara das "Disposições Comuns", aplica-se, ao menos em tese, a todos os crimes contra o Estado Democrático de Direito.

Ao menos em tese, cumpre destacar, porque há delitos que se revelam, no plano prático, como logicamente incompatíveis com tal excludente, a exemplo do atentado à soberania (CP, art. 359-I). De fato, parece-nos impossível imaginar, por exemplo, a manifestação crítica aos poderes constitucionais acobertando aquele que negocia com governo estrangeiro, com o fim de provocar atos típicos de guerra contra o Brasil.

7.5.2. Fundamento constitucional e natureza jurídica

O art. 359-T encontra seu fundamento de validade nos arts. 1.º, V, e 5.º, IV, da Constituição Federal.

A manifestação crítica aos poderes constitucionais, a atividade jornalística e a reivindicação de direitos e garantias constitucionais por meio de passeatas, de reuniões, de greves, de aglomerações ou de qualquer outra forma de manifestação política com propósitos sociais constitui-se em desdobramento do **pluralismo político**, um dos fundamentos da República Federativa do Brasil, legitimada pela **livre manifestação de pensamento**, destinada justamente a proteger o choque de ideias, a discordância de uma pessoa quanto a decisões e opiniões alheias, inclusive quando emanadas do Estado.

O fato é **atípico**, em face da **ausência do dolo** de realizar os elementos do tipo penal descritivo do crime contra o Estado Democrático de Direito. Sem dolo, a **conduta é penalmente irrelevante**. Sem conduta, não há delito.

De fato, quem atua na forma do art. 359-T do Código Penal almeja criticar os Poderes Constitucionais, por entender que não estão cumprindo, de forma adequada, as missões que lhes são atribuídas pela Constituição Federal.

Por outro lado, a atividade jornalística destina-se a informar a sociedade, inclusive com a regular atuação dos Poderes Constitucionais, podendo (e devendo) expor eventuais abusos e atos ilícitos praticados por seus integrantes.

Finalmente, a reivindicação de direitos e garantias constitucionais por meios de passeatas, de reuniões, de greves, de aglomerações ou de qualquer outra forma de manifestação política **com propósitos sociais** é uma conquista histórica, imprescindível para a manutenção e o desenvolvimento dos direitos fundamentais e sociais.

É preciso, todavia, fazer uma ressalva. O art. 359-T do Código Penal exclui unicamente o crime contra o Estado Democrático de Direito praticado na forma nele descrita. Em outras palavras, é possível – e salutar – a responsabilização penal por outros crimes eventualmente cometidos, a exemplo do dano ao patrimônio alheio (CP, art. 163) decorrente do excesso de um manifestante no contexto de uma passeata.

7.6. OS VETOS DO PRESIDENTE DA REPÚBLICA

O Projeto de Lei aprovado no Congresso Nacional (na Câmara dos Deputados, PL 2.462/1991; no Senado, PL 2.108/2021) não foi integralmente sancionado pelo Presidente da República. Houve vetos no tocante aos seguintes dispositivos:

a) art. 359-O – crime de comunicação enganosa em massa: "Art. 359-O. Promover ou financiar, pessoalmente ou por interposta pessoa, mediante uso de expediente não fornecido diretamente pelo provedor de aplicação de mensagem privada, campanha ou iniciativa para disseminar fatos que sabe inverídicos, e que sejam capazes de comprometer a higidez do processo eleitoral: Pena – reclusão, de 1 (um) a 5 (cinco) anos, e multa".

b) art. 359-Q – ação penal privada subsidiária: "Art. 359 Q. Para os crimes previstos neste Capítulo, admite-se ação privada subsidiária, de iniciativa de partido político com representação no Congresso Nacional, se o Ministério Público não atuar no prazo estabelecido em lei, oferecendo a denúncia ou ordenando o arquivamento do inquérito".

c) art. 359-S – crime de atentado a direito de manifestação: "Art. 359-S. Impedir, mediante violência ou grave ameaça, o livre e pacífico exercício de manifestação de partidos políticos, de movimentos sociais, de sindicatos, de órgãos de classe ou de demais grupos políticos, associativos, étnicos, raciais, culturais ou religiosos: Pena – reclusão, de 1 (um) a 4 (quatro) anos. § 1º Se resulta lesão corporal grave: Pena – reclusão, de 2 (dois) a 8 (oito) anos. § 2º Se resulta morte: Pena – reclusão, de 4 (quatro) a 12 (doze) anos".

d) art. 359-U – causas de aumento de pena nos crimes contra o Estado Democrático: "Art. 359-U. Nos crimes definidos neste Título, a pena é aumentada: I – de 1/3 (um terço), se o crime é cometido com violência ou grave ameaça exercidas com emprego de arma de fogo; II – de 1/3 (um terço), cumulada com a perda do cargo ou da função pública, se o crime é cometido por funcionário público; III – de metade, cumulada com a perda do posto e da patente ou da graduação, se o crime é cometido por militar".

7.7. DOS CRIMES CONTRA A SOBERANIA NACIONAL

7.7.1. Art. 359-I – Atentado à soberania

7.7.1.1. Dispositivo legal

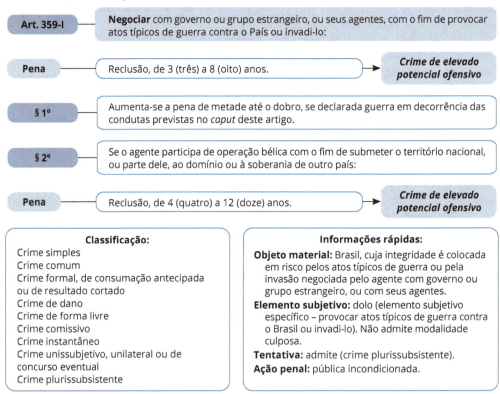

Classificação:
Crime simples
Crime comum
Crime formal, de consumação antecipada ou de resultado cortado
Crime de dano
Crime de forma livre
Crime comissivo
Crime instantâneo
Crime unissubjetivo, unilateral ou de concurso eventual
Crime plurissubsistente

Informações rápidas:
Objeto material: Brasil, cuja integridade é colocada em risco pelos atos típicos de guerra ou pela invasão negociada pelo agente com governo ou grupo estrangeiro, ou com seus agentes.
Elemento subjetivo: dolo (elemento subjetivo específico – provocar atos típicos de guerra contra o Brasil ou invadi-lo). Não admite modalidade culposa.
Tentativa: admite (crime plurissubsistente).
Ação penal: pública incondicionada.

7.7.1.2. Evolução legislativa

Os arts. 8.º e 9.º da Lei 7.170/1983 contemplavam crimes similares ao atualmente definido no art. 359-I do Código Penal, inclusive em sua forma qualificada (§ 2.º), porém com penas mais elevadas, justificadas pela preocupação à época com a "segurança nacional".

Art. 359-I do Código Penal	Arts. 8.º e 9.º da Lei de Segurança Nacional
Art. 359-I. Negociar com governo ou grupo estrangeiro, ou seus agentes, com o fim de provocar atos típicos de guerra contra o País ou invadi-lo:	Art. 8º. Entrar em entendimento ou negociação com governo ou grupo estrangeiro, ou seus agentes, para provocar guerra ou atos de hostilidade contra o Brasil.

Art. 359-I do Código Penal	Arts. 8.º e 9.º da Lei de Segurança Nacional
Pena – reclusão, de 3 (três) a 8 (oito) anos.	Pena: reclusão, de 3 a 15 anos.
§ 1º Aumenta-se a pena de metade até o dobro, se declarada guerra em decorrência das condutas previstas no *caput* deste artigo.	Parágrafo único – Ocorrendo a guerra ou sendo desencadeados os atos de hostilidade, a pena aumenta-se até o dobro.
§ 2º Se o agente participa de operação bélica com o fim de submeter o território nacional, ou parte dele, ao domínio ou à soberania de outro país:	Art. 9º. Tentar submeter o território nacional, ou parte dele, ao domínio ou à soberania de outro país.
Pena – reclusão, de 4 (quatro) a 12 (doze) anos.	Pena: reclusão, de 4 a 20 anos.
	Parágrafo único – Se do fato resulta lesão corporal grave, a pena aumenta-se até um terço; se resulta morte aumenta-se até a metade.

7.7.1.3. Introdução

A soberania representa um dos fundamentos da República Federativa do Brasil, nos termos do art. 1.º, I, da Constituição Federal, o qual funciona como fundamento de validade do crime definido no art. 359-I do Código Penal.

De fato, não existe Estado, enquanto país, sem soberania, finalidade, território e povo. Na célebre definição de Dalmo de Abreu Dallari: "Estado é a ordem jurídica soberana que tem por fim o bem comum de um povo situado em determinado território".[7]

Soberania é o poder supremo de autodeterminação do Estado. No plano interno, dela resulta a repartição de competências no território estatal. No plano externo, por outro lado, a soberania conduz à proibição de invasão do Brasil por outro país.

7.7.1.4. Objetividade jurídica

O bem jurídico tutelado é o Estado Democrático de Direito, especificamente no tocante à soberania nacional.

7.7.1.5. Objeto material

É o Brasil, cuja integridade é colocada em risco pelos atos típicos de guerra ou pela invasão negociada pelo agente com governo ou grupo estrangeiro, ou com seus agentes.

7.7.1.6. Núcleo do tipo

É "**negociar**", no sentido de ajustar ou discutir algo visando à celebração de um acordo.

O agente negocia com governo estrangeiro ou grupo estrangeiro, ou seus agentes, com o fim de provocar atos típicos de guerra contra o país ou invadi-lo. Prescinde-se da concretização do acordo: o delito tipificado no art. 359-I estará aperfeiçoado com a mera discussão das tratativas entre o agente e o governo ou grupo estrangeiro.

Governo estrangeiro é outro país, ou seja, qualquer Estado diverso do Brasil.

Grupo estrangeiro, de seu turno, deve ser compreendido como a associação estável e permanente de pelo menos 3 (três) pessoas[8] – embora normalmente grupos desta estirpe sejam

---

[7] DALLARI, Dalmo de Abreu. *Elementos de Teoria Geral do Estado*. 21. ed. São Paulo: Saraiva, 2000. p. 21.
[8] Em sua tradição, quando o Código Penal reclama a pluralidade de pessoas, sem indicar expressamente um número, deve-se entender pela exigência de 3 indivíduos, a exemplo do que acontece no crime de rixa (art. 137). Com efeito, sempre que se pretende a presença de 2 ou de 4 pessoas, o legislador o faz expressamente (exemplos: art. 155, § 4.º, IV e art. 146, § 1.º). Essa sistemática também foi utilizada pelo art. 1.º, § 1.º, da Lei 12.850/2013, na definição

compostos de centenas ou milhares de indivíduos – voltada à prática de atos de guerras ou à invasão de outro país, a exemplo do que ocorreu na dominação do Afeganistão pelo Talibã.

A negociação pode ser efetuada com o governo ou grupo estrangeiro, ou então com seus agentes, é dizer, qualquer pessoa física a ele vinculada e que atue em seu nome, tal como o comandante do Exército de um determinado país.

O agente deve, com a negociação, almejar a provocação de **atos típicos de guerra contra o País ou sua invasão**.

Atos típicos de guerra consistem em qualquer forma de agressão armada, praticada por governo ou grupo estrangeiro, contra o território brasileiro ou contra bem jurídico representativo da soberania nacional. É dispensável, nessa hipótese, a invasão do Brasil pela terra, pela água ou pelo ar. Exemplo: um militar estrangeiro, agindo em nome do seu governo, tenta matar o Presidente da República Federativa do Brasil, que se encontrava na Itália em missão oficial.

A guerra é o conflito armado entre dois ou mais países, e depende de uma declaração formal – no Brasil, pelo Presidente da República, em resposta à agressão estrangeira, nos termos do art. 84, XIX, da Constituição Federal.

Invadir o Brasil, por sua vez, consiste na ocupação do solo brasileiro pelo governo ou grupo estrangeiro.

7.7.1.7. Sujeito ativo

O atentado à soberania é **crime comum** ou **geral**. Pode ser praticado por qualquer pessoa, nacional ou estrangeiro, e admite o concurso de pessoas (coautoria e participação).

O delito pode ser cometido inclusive pelo Presidente da República, na hipótese de traição aos interesses do Brasil.

O art. 84 da Constituição Federal atribui ao chefe do Poder Executivo diversas atividades no âmbito das relações com outros países, destacando-se a declaração de guerra, no caso de agressão estrangeira, autorizado pelo Congresso Nacional ou referendado por ele, quando ocorrida no intervalo das sessões legislativas (inc. XIX).

Essa declaração de guerra pressupõe a injustificada agressão estrangeira, e o Brasil limita-se a tentar repudiar a hostilidade emanada de outro país. Trata-se de hipótese legítima e expressamente autorizada pela Constituição Federal.

No crime em análise a situação é diversa: pune-se a conduta de quem, ilicitamente, negocia com governo ou grupo estrangeiro, ou seus agentes, visando a provocar atos típicos de guerra contra o País ou invadi-lo, em manifesta afronta aos interesses do Brasil, surpreendido pela postura do traidor.

7.7.1.8. Sujeito passivo

É o Estado, titular da soberania nacional.

7.7.1.9. Elemento subjetivo

É o dolo de negociar com governo ou grupo estrangeiro, ou seus agentes, acrescido da finalidade específica (**elemento subjetivo específico**) de provocar atos típicos de guerra contra o Brasil ou invadi-lo.

Não se admite a modalidade culposa.

---

de organização criminosa, e pelo art. 288 do Código Penal, em sua redação original, na tipificação da quadrilha ou bando. Na atual redação do art. 288 do Código Penal (associação criminosa), bastam 3 pessoas.

7.7.1.10. Consumação

Cuida-se de **crime formal**, **de consumação antecipada** ou **de resultado cortado**: consuma-se com a negociação com governo ou grupo estrangeiro, ou seus agentes, com a finalidade de provocar atos típicos de guerra contra o País ou invadi-lo. Não se reclama a efetiva prática de atos típicos de guerra ou a invasão do Brasil por governo ou grupo estrangeiro.

7.7.1.11. Tentativa

É possível, em face do caráter plurissubsistente do delito, compatível com o fracionamento do *iter criminis*. Exemplo: Um funcionário do governo brasileiro entra em contato com o governo de outro país, almejando a invasão do Brasil. O representante estrangeiro, contudo, revolta-se com tal situação e denuncia o traidor ao governo brasileiro.

7.7.1.12. Ação penal

A ação penal é pública incondicionada.

7.7.1.13. Lei 9.099/1995

Em face da pena privativa de liberdade cominada – reclusão, de 3 (três) a 8 (oito) anos, o atentado à soberania constitui-se em **crime de elevado potencial ofensivo**, incompatível com os benefícios elencados pela Lei 9.099/1995.

7.7.1.14. Classificação doutrinária

O atentado à soberania é crime **simples** (ofende um único bem jurídico); **comum** (pode ser cometido por qualquer pessoa); **formal, de consumação antecipada** ou **de resultado cortado** (consuma-se com a prática da conduta criminosa, independentemente da superveniência do resultado naturalístico); **de dano** (visa a lesão ao Estado Democrático de Direito); **de forma livre** (admite qualquer meio de execução); **comissivo**; **instantâneo** (consuma-se em um momento determinado, sem continuidade no tempo, isto é, com a negociação com governo ou grupo estrangeiro, ou com seus agentes); **unissubjetivo, unilateral** ou **de concurso eventual** (em regra cometido por uma única pessoa, mas admite o concurso); e **plurissubsistente.**

7.7.1.15. Causa de aumento de pena: art. 359-I, § 1.º

Como estatui o art. 359-I, § 1.º, do Código Penal: "Aumenta-se a pena de metade até o dobro, se declarada guerra em decorrência das condutas previstas no *caput* deste artigo".

A majorante exige a efetiva declaração de guerra, pelo Presidente da República (CF, art. 84, XIX), em decorrência da negociação do agente com governo ou grupo estrangeiro, ou seus agentes, com o fim de provocar atos típicos de guerra contra o País ou invadi-lo. A propósito, a guerra pode ter sido inicialmente decretada pelo governo estrangeiro, e a resposta pelo Brasil, também declarando guerra, será inevitável.

Em síntese, o exaurimento da conduta descrita no art. 359-I, *caput*, do Código Penal foi elevado à condição de causa de aumento de pena.

É importante destacar que, por expressa previsão legal – "das condutas previstas no *caput* deste artigo" – essa majorante não se aplica à figura qualificada definida no art. 359-I, § 2.º, do Código Penal.

7.7.1.16. Qualificadora: art. 359-I, § 2.º

A pena é de reclusão, de 4 (quatro) a 12 (doze) anos, "se o agente participa de operação bélica com o fim de submeter o território nacional, ou parte dele, ao domínio ou à soberania de outro país".

O tratamento penal mais severo é justificado pela maior gravidade da conduta criminosa. Ao contrário do *caput*, em que o agente se limita a negociar com governo ou grupo estrangeiro, ou seus agentes, com o fim de provocar atos típicos de guerra contra o País ou invadi-lo, no § 2.º do art. 359-I do Código Penal o sujeito, em concurso com agentes estrangeiros, efetivamente se envolve em operação bélica, com o escopo de submeter o território nacional, ou parte dele (um Estado ou uma cidade, por exemplo), ao domínio ou à soberania de outro país.

Operação bélica é a agressão armada voltada ao controle do território nacional ou de parte dele. O agente, unido a representantes do Estado estrangeiro, visa a subserviência do território brasileiro, no todo ou em parte, ao comando de outro país. Exemplo: um brasileiro luta com militares colombianos com o propósito de submeter o estado do Amazonas do domínio da Colômbia.

Em síntese, a conduta criminosa consiste em retirar o controle do território nacional, ou de parte dele, do Brasil, e transferi-lo a outro país.

7.7.1.17. Competência

O atentado à soberania, em qualquer das suas modalidades (*caput*, § 1.º ou § 2.º) é crime de competência da Justiça Federal, pois ofende interesse da União, na forma prevista pelo art. 109, IV, da Constituição Federal.

7.7.1.18. Imprescritibilidade penal

Se o atentado à soberania for praticado por grupo armado, civil ou militar, estar-se-á diante de hipótese de imprescritibilidade penal, em sintonia com a norma contida no art. 5.º, XLIV, da Constituição Federal.

Trata-se de crime contra a ordem constitucional e o Estado Democrático. Consequentemente, não há espaço à extinção da punibilidade pela prescrição, pouco importando o tempo utilizado pelo Estado para o exercício do seu direito de punir.

7.7.2. Art. 359-J – Atentado à integridade nacional

7.7.2.1. Dispositivo legal

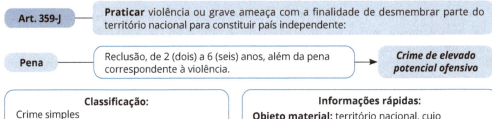

Classificação:
Crime simples
Crime comum
Crime formal, de consumação antecipada ou de resultado cortado
Crime de dano
Crime de forma livre
Crime comissivo
Crime instantâneo
Crime unissubjetivo, unilateral ou de concurso eventual
Crime plurissubsistente

Informações rápidas:
Objeto material: território nacional, cujo desmembramento, com o propósito da formação de país independente, é almejado pela conduta criminosa.
Elemento subjetivo: dolo (elemento subjetivo específico – finalidade de desmembrar parte do território nacional para constituir país independente).
Tentativa: admite (crime plurissubsistente).
Ação penal: pública incondicionada.

7.7.2.2. Evolução legislativa

O art. 11 da Lei 7.170/1983 previa crime semelhante ao atualmente definido no art. 359-J do Código Penal.

Na legislação revogada, preocupada com a "segurança nacional", a pena cominada curiosamente era mais elevada, nada obstante a falta de exigência pelo tipo penal, à época, da violência ou grave ameaça como meios de execução, ao contrário do que ocorre no delito ora em vigor.

Art. 359-J do Código Penal	Art. 11 da Lei 7.170/1983
Art. 359-J. Praticar violência ou grave ameaça com a finalidade de desmembrar parte do território nacional para constituir país independente: Pena – reclusão, de 2 (dois) a 6 (seis) anos, além da pena correspondente à violência.	Art. 11. Tentar desmembrar parte do território nacional para constituir país independente. Pena: reclusão, de 4 a 12 anos.

7.7.2.3. Introdução

O art. 1.º, *caput*, da Constituição Federal é impositivo ao estatuir que a República Federativa do Brasil é formada pela **união indissolúvel** dos Estados e Municípios e do Distrito Federal. O território nacional não pode ser objeto de cisão para a formação de novos países. Esse é o fundamento constitucional do delito catalogado no art. 359-J do Código Penal.

7.7.2.4. Objetividade jurídica

Tutela-se a soberania nacional, especificamente no tocante à integridade do território brasileiro.

7.7.2.5. Objeto material

É o território nacional, cujo desmembramento, com o propósito da formação de país independente, é almejado pela conduta criminosa.

7.7.2.6. Núcleo do tipo

É "**praticar**", ou seja, perpetrar, realizar ou efetuar violência (uso de força física contra alguém) ou grave ameaça (promessa de mal grave, iminente e verossímil) com a finalidade de desmembrar parte do território nacional para constituir país independente.

Na história brasileira, a Guerra dos Farrapos, capitaneada pelo Partido Farroupilha, no Rio Grande do Sul, no período de 1835 a 1845, foi um grande exemplo de movimento separatista, objetivando o destacamento de parte do território nacional para a constituição de um país independente.

Nos tempos atuais, o independentismo catalão, derivado do nacionalismo catalão, pode ser apontado como um movimento que busca a independência da Catalunha perante a Espanha.

O tipo penal não pune o mero propósito de pessoa ou grupo em desmembrar uma parcela do Brasil para a formação de um novo país, ainda que essa intenção seja defendida em propagandas em rádio, televisão, *internet* e meios similares, ou mesmo projetada em consultas junto à população da cidade ou estado a ser separada do território nacional. Uma incriminação dessa natureza seria claramente inconstitucional, pois violaria o pluralismo político (CF, art. 1.º, V) e a liberdade de manifestação do pensamento (CF, art. 5.º, IV).

O crime capitulado no art. 359-J do Código Penal não coíbe o choque de ideias, o inconformismo com os rumos do Brasil e a vontade de formação de um novo país. A proibição legal recai unicamente na prática de violência ou grave ameaça destinada a dividir o território brasileiro para criar um país independente.

7.7.2.7. Sujeito ativo

Pode ser qualquer pessoa (**crime comum** ou **geral**), e admite o concurso de pessoas, tanto na coautoria como na participação.

7.7.2.8. Sujeito passivo

É o Estado e, mediatamente, as pessoas prejudicadas pela conduta criminosa.

7.7.2.9. Elemento subjetivo

É o dolo de praticar violência ou grave ameaça, acrescido do **elemento subjetivo específico** consistente na finalidade de desmembrar parte do território nacional para constituir país independente.

7.7.2.10. Consumação

Trata-se de **crime formal, de consumação antecipada ou de resultado cortado**: consuma-se com a prática da violência ou grave ameaça contra alguém, com a finalidade de desmembrar parte do território nacional para constituir país independente. Em outras palavras, não se reclama o efetivo desmembramento do território nacional, com a formação de um novo país.

Entretanto, se em decorrência da conduta criminosa sobrevier a criação de um novo país, a soberania será um dos seus pilares, razão pela qual, no âmbito do seu território, não será possível a aplicação da legislação penal brasileira.

Subsistirá a incidência do art. 359-J do Código Penal, contudo, em relação aos atos praticados no território nacional, em sua parte não afetada pelo novo país. Exemplo: "A", na companhia de revolucionários estrangeiros, praticou violência contra militares brasileiros, e conseguir desmembrar parte do território nacional e constituir novo país independente. Durante a luta armada, "A" dirigiu-se à Brasília, e ameaçou de morte o Presidente da República, para que este concordasse com seu projeto criminoso. Depois da formação do novo país, será cabível a aplicação da lei brasileira à parcela de execução do crime praticada na capital federal, mas incabível em relação aos atos praticados no território à época pertencente ao Brasil, e agora integrante do novo país.

7.7.2.11. Tentativa

É cabível, em face do caráter plurissubsistente do delito, compatível com o fracionamento do *iter criminis*. Na prática, porém, o *conatus* será de difícil verificação, pois ou o agente pratica a violência ou grave ameaça, visando ao desmembramento do território nacional para constituir país independente, e o delito estará consumado, ou não o faz, e o fato será atípico.

7.7.2.12. Ação penal

A ação penal é pública incondicionada.

7.7.2.13. Lei 9.099/1995

Em face da pena privativa de liberdade cominada – reclusão, de 2 (dois) a 6 (seis) anos, o atentado à integridade nacional é **crime de elevado potencial ofensivo**, razão pela qual não comporta nenhum dos benefícios elencados pela Lei 9.099/1995.

7.7.2.14. Concurso material obrigatório

O preceito secundário do art. 359-J do Código Penal determina a soma das penas do atentado à integridade nacional e do delito resultante da violência, qualquer que seja ele (lesão corporal leve, grave ou gravíssima, homicídio tentado ou consumado etc.). Não se opera, portanto, a absorção do crime emanado da violência à pessoa utilizada pelo agente com a finalidade de desmembrar parte do território nacional para constituir país independente.

7.7.2.15. Classificação doutrinária

O atentado à integridade nacional é crime **simples** (ofende um único bem jurídico); **comum** (pode ser cometido por qualquer pessoa); **formal, de consumação antecipada** ou **de resultado cortado** (consuma-se com a prática da conduta criminosa, independentemente da superveniência do resultado naturalístico); **de dano** (o agente almeja a lesão à soberania nacional; **de forma livre** (admite qualquer meio de execução); **comissivo**; **instantâneo** (consuma-se em um momento determinado, sem continuidade no tempo); **unissubjetivo, unilateral** ou **de concurso eventual** (em regra cometido por uma única pessoa, mas admite o concurso); e **plurissubsistente**.

7.7.2.16. Competência

O atentado à integridade nacional é crime de competência da Justiça Federal. É indiscutível a ofensa a interesse da União, na forma exigida pelo art. 109, IV, da Constituição Federal.

7.7.2.17. Imprescritibilidade penal

O atentado à integridade nacional, se praticado por grupo armado, civil ou militar, demanda a aplicação da norma prevista no art. 5.º, XLIV, da Constituição Federal. Em se tratando de crime contra a ordem constitucional e o Estado Democrático, é de se reconhecer a imprescritibilidade da pena a ele cominada.

7.7.3. Art. 359-K – Espionagem

7.7.3.1. Dispositivo legal

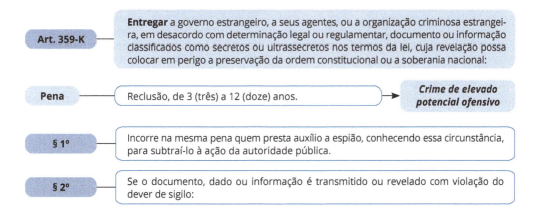

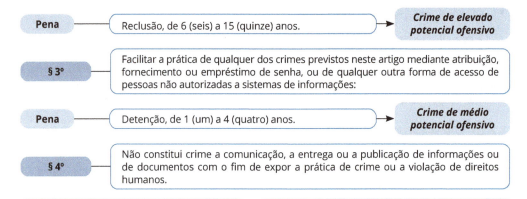

Classificação:
Crime simples
Crime comum
Crime formal, de consumação antecipada ou de resultado cortado
Crime de dano
Crime de forma livre
Crime comissivo
Crime instantâneo
Crime unissubjetivo, unilateral ou de concurso eventual
Crime plurissubsistente

Informações rápidas:
Objeto material: documento ou informação classificados como secretos ou ultrassecretos nos termos da lei.
Elemento subjetivo: dolo. Não admite modalidade culposa.
Tentativa: admite (crime plurissubsistente).
Ação penal: pública incondicionada.

7.7.3.2. Evolução legislativa

A Lei 7.170/1983 – Lei de Segurança Nacional, em seus arts. 13 e 14, contemplava crime análogo à espionagem, inclusive utilizando essa palavra em alguns dos seus dispositivos (art. 13, parágrafo único, I e IV), ao contrário do que faz o art. 359-K do Código Penal, que se limitou a falar em "espião" no seu § 1.º, nada obstante o *nomen iuris* do delito.

De forma curiosa, o art. 14 da Lei 7.170/1983 admitia a **modalidade culposa** do crime, algo que nos parecia de impossível verificação na prática. Em verdade, não é crível imaginar a atuação de um espião, contra os interesses do Brasil, por imprudência, negligência ou imperícia.

Art. 359-K do Código Penal	Arts. 13 e 14 da Lei 7.170/1983
Art. 359-K. Entregar a governo estrangeiro, a seus agentes, ou a organização criminosa estrangeira, em desacordo com determinação legal ou regulamentar, documento ou informação classificados como secretos ou ultrassecretos nos termos da lei, cuja revelação possa colocar em perigo a preservação da ordem constitucional ou a soberania nacional: Pena – reclusão, de 3 (três) a 12 (doze) anos. § 1º Incorre na mesma pena quem presta auxílio a espião, conhecendo essa circunstância, para subtraí-lo à ação da autoridade pública.	Art. 13. Comunicar, entregar ou permitir a comunicação ou a entrega, a governo ou grupo estrangeiro, ou a organização ou grupo de existência ilegal, de dados, documentos ou cópias de documentos, planos, códigos, cifras ou assuntos que, no interesse do Estado brasileiro, são classificados como sigilosos. Pena – reclusão, de 3 a 15 anos. Parágrafo único – Incorre na mesma pena quem: I – com o objetivo de realizar os atos previstos neste artigo, mantém serviço de espionagem ou dele participa;

Art. 359-K do Código Penal	Arts. 13 e 14 da Lei 7.170/1983
§ 2º Se o documento, dado ou informação é transmitido ou revelado com violação do dever de sigilo: Pena – reclusão, de 6 (seis) a 15 (quinze) anos. § 3º Facilitar a prática de qualquer dos crimes previstos neste artigo mediante atribuição, fornecimento ou empréstimo de senha, ou de qualquer outra forma de acesso de pessoas não autorizadas a sistemas de informações: Pena – detenção, de 1 (um) a 4 (quatro) anos. § 4º Não constitui crime a comunicação, a entrega ou a publicação de informações ou de documentos com o fim de expor a prática de crime ou a violação de direitos humanos.	II – com o mesmo objetivo, realiza atividade aerofotográfica ou de sensoreamento remoto, em qualquer parte do território nacional; III – oculta ou presta auxílio a espião, sabendo-o tal, para subtraí-lo à ação da autoridade pública; IV – obtém ou revela, para fim de espionagem, desenhos, projetos, fotografias, notícias ou informações a respeito de técnicas, de tecnologias, de componentes, de equipamentos, de instalações ou de sistemas de processamento automatizado de dados, em uso ou em desenvolvimento no País, que, reputados essenciais para a sua defesa, segurança ou economia, devem permanecer em segredo. Art. 14. Facilitar, culposamente, a prática de qualquer dos crimes previstos nos arts. 12 e 13, e seus parágrafos. Pena – detenção, de 1 a 5 anos.

7.7.3.3. *Introdução*

O art. 359-K do Código Penal incrimina a **espionagem**, consistente na atividade desempenhada pelo espião (ou "agente secreto"), representado por pessoa especialmente treinada para obter, clandestinamente, documentos secretos e/ou informações estratégicas de outros países ou de empresas.

A Lei 9.883/1999, responsável pela instituição do Sistema Brasileiro de Inteligência, não fala em espionagem. O legislador preferiu utilizar os termos "**inteligência**" e "**contrainteligência**".

O Sistema Brasileiro de Inteligência integra as ações de planejamento e execução das atividades de inteligência do país, com a finalidade de fornecer subsídios ao Presidente da República nos assuntos de interesse nacional. Seus fundamentos são a preservação da soberania nacional, a defesa do Estado Democrático de Direito e a dignidade da pessoa humana, devendo ainda cumprir e preservar os direitos e garantias individuais e demais dispositivos da Constituição Federal, os tratados, convenções, acordos e ajustes internacionais em que a República Federativa do Brasil seja parte ou signatário, e a legislação ordinária (Lei 9.883/1999, art. 1.º, *caput* e § 1.º).

A **inteligência** é a atividade que objetiva a obtenção, análise e disseminação de conhecimentos dentro e fora do território nacional sobre fatos e situações de imediata ou potencial influência sobre o processo decisório e a ação governamental e sobre a salvaguarda e a segurança da sociedade e do Estado. De seu turno, a **contrainteligência** é a atividade que objetiva neutralizar a inteligência adversa (Lei 9.883/1999, art. 1.º, §§ 2.º e 3.º). Como destacado pela Agência Brasileira de Inteligência – ABIN:

> A atividade de inteligência é o exercício de ações especializadas para obtenção e análise de dados, produção de conhecimentos e proteção de conhecimentos para o país. Inteligência e contrainteligência são os dois ramos da atividade. A atividade de inteligência é fundamental e indispensável à segurança dos Estados, da sociedade e das instituições nacionais. Sua atuação assegura ao poder decisório o conhecimento antecipado e confiável de assuntos relacionados aos interesses nacionais.[9]

---

[9] Disponível em: https://www.gov.br/abin/pt-br/assuntos/inteligencia-e-contrainteligencia. Acesso em: 02.12.2021.

7.7.3.4. Objetividade jurídica

O tipo penal protege a soberania nacional e a ordem constitucional, colocadas em risco pelo serviço de espionagem efetuado em prol de governo estrangeiro ou de organização criminosa estrangeira, com a finalidade de obter documento ou informação do Brasil, classificados como secretos ou ultrassecretos.

Tais documentos e informações são fundamentais para o regular funcionamento do Estado Democrático de Direito, no tocante à segurança interna e externa, especialmente nas áreas econômica, diplomática e militar.

7.7.3.5. Objeto material

É o documento ou informação classificados como secretos ou ultrassecretos nos termos da lei. Trata-se de **norma penal em branco homogênea**, pois o preceito primário do tipo penal reclama a complementação por outra lei – no caso, a Lei 12.527/2011 – Lei de Acesso à Informação, a qual indica quais documentos ou informações são classificados como secretos ou ultrassecretos.

Nos termos do art. 4.º, incs. I e II, da Lei 12.527/2011, a **informação** compreende os "dados, processados ou não, que podem ser utilizados para produção e transmissão de conhecimento, contidos em qualquer meio, suporte ou formato". **Documento**, por sua vez, é a "unidade de registro de informações, qualquer que seja o suporte ou formato".

O art. 24, *caput*, da Lei 12.527/2011 estatui que a informação em poder dos órgãos e entidades públicas, observado o seu teor e em razão de sua imprescindibilidade à segurança da sociedade ou do Estado, poderá ser classificada como ultrassecreta, secreta ou reservada.

Para a análise do art. 359-K do Código Penal, interessam somente as informações secretas e ultrassecretas. Cumpre destacar que o termo "informações" foi utilizado em sentido amplo, abrangendo também os documentos.

Essa classificação acarreta prazos máximos de restrição de acesso à informação ou documento, a partir da sua produção. Nos **ultrassecretos**, esse prazo é de **25 (vinte e cinco) anos**; nos **secretos**, de **15 (quinze) anos** (Lei 12.527/2011, art. 24, § 1.º, I e II).

Para a classificação da informação (ou documento) como ultrassecreto ou secreto, deverá ser observado o interesse público da informação e utilizado o critério menos restritivo possível, considerando a gravidade do risco ou dano à segurança da sociedade e do Estado, bem como o prazo máximo de restrição de acesso ou o evento que defina seu termo final (Lei 12.527/2011, art. 24, § 5.º, I e II).

De acordo com o art. 23 da Lei 12.527/2011, são imprescindíveis à segurança da sociedade ou do Estado e, portanto, passíveis de classificação as informações e documentos cuja divulgação ou acesso irrestrito possam:

I – pôr em risco a defesa e a soberania nacionais ou a integridade do território nacional;

II – prejudicar ou pôr em risco a condução de negociações ou as relações internacionais do País, ou as que tenham sido fornecidas em caráter sigiloso por outros Estados e organismos internacionais;

III – pôr em risco a vida, a segurança ou a saúde da população;

IV – oferecer elevado risco à estabilidade financeira, econômica ou monetária do País;

V – prejudicar ou causar risco a planos ou operações estratégicos das Forças Armadas;

VI – prejudicar ou causar risco a projetos de pesquisa e desenvolvimento científico ou tecnológico, assim como a sistemas, bens, instalações ou áreas de interesse estratégico nacional;

VII – pôr em risco a segurança de instituições ou de altas autoridades nacionais ou estrangeiras e seus familiares; ou

VIII – comprometer atividades de inteligência, bem como de investigação ou fiscalização em andamento, relacionadas com a prevenção ou repressão de infrações.

A Lei de Acesso à Informação encontra-se regulamentada pelo Decreto 7.724/2012, cujo art. 30 estabelece que a classificação da informação (ou documento) como ultrassecreta incumbe ao Presidente da República, ao Vice-Presidente da República, aos Ministros de Estados e autoridades com as mesmas prerrogativas, aos Comandantes da Marinha, do Exército e da Aeronáutica, bem como aos Chefes de Missões Diplomáticas e Consulares permanentes no exterior.[10]

Por sua vez, a classificação da informação (ou documento) como secreta é atribuição, além das autoridades já indicadas, também dos titulares de autarquias, fundações, empresas públicas e sociedades de economia mista.

7.7.3.6. Núcleo do tipo

É "entregar", ou seja, transmitir ou dar a governo estrangeiro, a seus agentes ou a organização criminosa estrangeira o documento ou informação legalmente classificados como secretos ou ultrassecretos.

Governo estrangeiro é outro país, ou seja, qualquer Estado diverso do Brasil. A entrega pode ser efetuada a governo estrangeiro ou a seus agentes, isto é, qualquer pessoa que atue em seu nome, a exemplo do Comandante da Marinha.

No tocante à organização criminosa estrangeira, deve ser utilizado o conceito fornecido pelo art. 1.º, § 1.º, da Lei 12.850/2013 – Lei do Crime Organizado:

> Considera-se organização criminosa a associação de 4 (quatro) ou mais pessoas estruturalmente ordenada e caracterizada pela divisão de tarefas, ainda que informalmente, com objetivo de obter, direta ou indiretamente, vantagem de qualquer natureza, mediante a prática de infrações penais cujas penas máximas sejam superiores a 4 (quatro) anos, ou que sejam de caráter transnacional.

A organização criminosa deve ser estrangeira, é dizer, sediada e com atuação predominante em outro país, ainda que conte com brasileiros em sua composição, tais como a japonesa "Yamaguchi Gumi", também conhecida como "Yakuza", a mexicana "Sinaloa" ou a italiana "Camorra".

Não há crime de espionagem quando a entrega do documento ou informação tem como destinatária uma organização criminosa brasileira, ainda que com atuação no exterior, a exemplo do que se dá com o "PCC – Primeiro Comando da Capital", ramificado em diversos países da América do Sul.

A entrega há de ser efetuada "em desacordo com determinação legal ou regulamentar". Cuida-se de elemento normativo do tipo, cuja aferição deve ser realizada mediante a valoração do caso concreto. Destarte, o fato será atípico se existir autorização (legal, regulamentar ou mesmo judicial) para a entrega do documento ou informação a outro país ou a seus agentes, como se dá no âmbito das relações diplomáticas ou comerciais entre o Brasil e seus países parceiros.

Logicamente, não é crível imaginar a "autorização legal ou regulamentar" para entrega do documento ou informação classificados como secretos ou ultrassecretos em prol de organização criminosa estrangeira.

---

[10] O § 7.º do art. 30 do Decreto 7.724/2012 delega ao Presidente do Banco Central do Brasil a competência para a classificação de informação no grau ultrassecreto no âmbito desta autarquia, sendo vedada a subdelegação.

Finalmente, a revelação do documento deve ser apta a colocar em perigo a preservação da ordem constitucional ou a soberania nacional.

Nesse ponto, é fácil concluir que se o documento ou informação foi classificado pela autoridade competente como secreto ou ultrassecreto, nos termos da Lei 12.527/2011 – Lei de Acesso à Informação, bem como do Decreto 7.724/2012, que a regulamenta, sua divulgação indevida, efetivada por governo estrangeiro, por seus agentes ou por organização criminosa estrangeira, que os obtiveram de forma ilícita, evidentemente será idônea a colocar em risco a preservação da ordem constitucional ou da soberania nacional.

Em síntese, a prática da conduta descrita no art. 359-K, *caput*, do Código Penal redunda em presunção de perigo à ordem constitucional ou à soberania nacional.

7.7.3.7. Sujeito ativo

Trata-se de **crime comum** ou **geral**, pois sua prática é facultada a qualquer pessoa, nacional ou estrangeira.

Em outras palavras, o espião pode ser um cidadão de outro país, infiltrado no Brasil para obter documento ou informação classificados como secretos ou ultrassecretos, cuja revelação possa colocar em perigo a preservação da ordem constitucional ou a soberania nacional, ou então um brasileiro, quando realize tal conduta em favor de governo estrangeiro ou de organização criminosa estrangeira.

Se a conduta for praticada por militar, a tipicidade poderá ser deslocada para o Decreto-lei 1.001/1969 – Código Penal Militar (arts. 143, 144, 146 ou 366), a depender das peculiaridades do caso concreto.

7.7.3.8. Sujeito passivo

É o Estado e, mediatamente, a pessoa física ou jurídica prejudicada pela conduta criminosa.

7.7.3.9. Elemento subjetivo

É o dolo, consistente na vontade livre e consciente de entregar a governo estrangeiro, a seus agentes ou a organização criminosa estrangeira, em desacordo com determinação legal ou regulamentar, documento ou informação classificados como secretos ou ultrassecretos nos termos da lei, cuja revelação possa colocar em perigo a preservação da ordem constitucional ou a soberania nacional.

Pouco importa o móvel do espião: prejudicar o Brasil, abalar politicamente um governante ou integrantes do governo, obter benefícios morais ou materiais do país estrangeiro ou da organização criminosa estrangeira, entre outros.

Não se admite a modalidade culposa.

7.7.3.10. Consumação

A espionagem consuma-se quando o agente entrega a governo estrangeiro, a seus agentes ou a organização criminosa estrangeira o documento ou informação legalmente classificados como secretos ou ultrassecretos.

O crime é **formal, de consumação antecipada ou de resultado cortado**, pois basta a potencialidade de tal documento ou informação, quando revelado, a colocar em perigo a preservação da ordem constitucional ou a soberania nacional.

Em outras palavras, não se reclama o dano efetivo à ordem constitucional ou à soberania nacional. Basta que a divulgação do documento ou informação classificados como secretos ou ultrassecretos seja idônea a produzir esse resultado naturalístico.

7.7.3.11. Tentativa

É cabível, em face do caráter plurissubsistente do delito, autorizando o fracionamento do *iter criminis*. Exemplo: O espião, de posse do documento ultrassecreto cuja revelação possa colocar em perigo a preservação da ordem constitucional ou a soberania nacional, tenta entregá-lo a organização criminosa estrangeira, porém não consegue fazê-lo por circunstâncias alheias à sua vontade, uma vez que vem a ser preso em flagrante pela Polícia Federal no local em que havia agendado a tradição do documento.

7.7.3.12. Ação penal

A ação penal é pública incondicionada.

7.7.3.13. Lei 9.099/1995

Em sua modalidade fundamental, prevista no *caput* do art. 359-K do Código Penal, a espionagem é **crime de elevado potencial ofensivo**. A pena privativa de liberdade cominada – reclusão, de 3 (três) a 12 (doze) anos – impede a incidência dos benefícios previstos na Lei 9.099/1995.

7.7.3.14. Classificação doutrinária

A espionagem é crime **simples** (ofende um único bem jurídico); **comum** (pode ser cometido por qualquer pessoa); **formal, de consumação antecipada** ou **de resultado cortado** (consuma-se com a prática da conduta criminosa, independentemente da superveniência do resultado naturalístico); **de dano** (o agente almeja a lesão do bem jurídico); **de forma livre** (admite qualquer meio de execução); **comissivo**; **instantâneo** (consuma-se em um momento determinado, sem continuidade no tempo); **unissubjetivo, unilateral** ou **de concurso eventual** (pode ser cometido por uma única pessoa, mas admite o concurso); e **plurissubsistente**.

7.7.3.15. Competência

É da Justiça Federal, a teor da regra contida no art. 109, IV, da Constituição Federal, pois o delito ofende interesse da União.

7.7.3.16. Auxílio ao espião: art. 359-K, § 1.º

Estatui o art. 359-K, § 1.º, do Código Penal: "Incorre na mesma pena quem presta auxílio a espião, conhecendo essa circunstância, para subtraí-lo à ação da autoridade pública".

Cuida-se de **modalidade especial de favorecimento pessoal**, similar ao tipo penal previsto no art. 348 do Código Penal.[11] Em outras palavras, não se trata de espionagem, nem de concurso de pessoas (coautoria ou participação) com o responsável por tal crime. De fato, o agente limita-se a prestar auxílio ao espião, **depois do delito por ele praticado e ciente de tal circunstância**, para subtraí-lo à ação da autoridade pública.

O auxílio há de ser posterior à espionagem. Essa figura equiparada constitui-se em **crime acessório, de fusão ou parasitário**, pois não tem existência autônoma. É imprescindível a prática de um delito anterior, obrigatoriamente de espionagem, para que o sujeito possa, posteriormente, auxiliar o espião a subtrair-se à ação da autoridade pública.

---

[11] "Art. 348 – Auxiliar a subtrair-se à ação de autoridade pública autor de crime a que é cominada pena de reclusão: Pena – detenção, de um a seis meses, e multa."

Com efeito, se o agente concorrer de qualquer modo para a espionagem, antes ou durante sua prática, a ele deverá ser imputado o crime definido no art. 359-K, *caput*, do Código Penal, como coautor ou partícipe, e não a figura equiparada contida em seu § 1.º.

Para afastar a responsabilidade penal objetiva, é indispensável a ciência, pelo agente, de que está auxiliando o espião a subtrair-se da ação da autoridade pública (Polícia Federal, Polícia Civil, Polícia Militar, Ministério Público etc.).

O auxílio pode ser prestado pelas mais variadas formas, tais como: dar fuga ao espião, escondê-lo em local seguro ou disponibilizar recursos materiais para ele regressar ao país de origem. O fundamental é dificultar a persecução penal contra o espião, com ofensa à administração da justiça.

O legislador fez uma opção curiosa. Na sistemática do Código Penal (art. 348), o favorecimento pessoal tem pena branda, normalmente bastante inferior à cominada ao crime antecedente. No art. 359-K, § 1.º, a pena em abstrato de quem auxilia o espião é idêntica ao responsável pela espionagem, ou seja, tais sujeitos, no plano da gravidade legislativa, foram colocados no mesmo patamar.

7.7.3.17. Violação de sigilo e figura qualificada: art. 359-K, § 2.º

Nos termos do art. 359-K, § 2.º, do Código Penal: "Se o documento, dado ou informação é transmitido ou revelado com violação do dever de sigilo: Pena – reclusão, de 6 (seis) a 15 (quinze) anos".

Essa qualificadora retrata uma **modalidade especial de violação de sigilo funcional**, definido no art. 325 do Código Penal,[12] porém vinculada ao crime de espionagem, tipificado no art. 359-K, *caput*, do Código Penal.

Em outras palavras, o documento ou informação – e aí se inclui o "dado" – legalmente classificados como secretos ou ultrassecretos, cuja revelação possa colocar em perigo a preservação da ordem constitucional ou a soberania nacional é entregue a transmitido ou revelado a governo estrangeiro, a seus agentes ou a organização criminosa estrangeira não pelo espião, situação que se enquadraria no art. 359-K, *caput*, do Código Penal, **e sim por aquele que tinha o dever de sigilo** no tocante a tal documento, dado ou informação. Esse é o fundamento do tratamento penal mais severo.

Cuida-se de **crime próprio ou especial**, pois somente pode ser cometido por quem tinha o dever de sigilo. O agente normalmente é funcionário público (exemplo: funcionário do alto escalão da ABIN – Agência Brasileira de Inteligência), mas também pode ser um particular, a exemplo do presidente da empresa de tecnologia contratada pela ABIN para aperfeiçoar seu sistema de dados e informações secretas e ultrassecretas. Em outras palavras, **o dever de sigilo pode ser imposto pela lei (dever legal) ou por contrato (dever contratual)**.

7.7.3.18. Figura privilegiada: art. 359-K, § 3.º

O art. 359-K, § 3.º, do Código Penal contempla uma **figura privilegiada do crime de espionagem**: "Facilitar a prática de qualquer dos crimes previstos neste artigo mediante atribuição, fornecimento ou empréstimo de senha, ou de qualquer outra forma de acesso de pessoas não autorizadas a sistemas de informações: Pena - detenção, de 1 (um) a 4 (quatro) anos".

Trata-se de **crime de médio potencial ofensivo**, compatível com a suspensão condicional do processo, se presentes os demais requisitos elencados pelo art. 89, § 1.º, da Lei 9.099/1995.

---

[12] "Art. 325 – Revelar fato de que tem ciência em razão do cargo e que deva permanecer em segredo, ou facilitar-lhe a revelação: Pena - detenção, de seis meses a dois anos, ou multa, se o fato não constitui crime mais grave."

Conferiu-se tratamento mais brando àquele que facilita a prática de qualquer dos crimes tipificados no art. 359-K do Código Penal – *caput*, § 1.º ou § 2.º - nada obstante ele efetivamente concorra para o delito de terceiro. Estamos diante de uma **exceção pluralista à teoria monista no concurso de pessoas**, pois o legislador criou tipos penais diversos para indivíduos que concorrem para o mesmo resultado.

Para incidir a figura privilegiada, porém, essa colaboração deve limitar-se à atribuição, fornecimento ou empréstimo de senha, ou de qualquer outra forma de acesso de pessoas não autorizadas a sistemas de informações. Essa é a razão pela qual o legislador enquadrou essa forma de participação como "de menor importância", com pena privativa de liberdade indiscutivelmente menos severa.

Porém, se a colaboração ocorrer por modo diverso, ao agente deverá ser imputado o crime definido no art. 359-K, *caput*, § 1.º ou § 2.º, na condição de coautor ou partícipe, e não a figura privilegiada (CP, art. 359-K, § 3.º).

A consumação dessa figura privilegiada ocorre com a prática do crime cuja prática foi facilitada pelo agente. Exemplificativamente, o facilitador alcançará a consumação do delito no mesmo instante em que o espião realizar a conduta descrita no art. 359-K, *caput*, do Código Penal.

Destarte, não há falar em tentativa da figura típica definida no art. 359-K, § 3.º, do Código Penal. Esse crime é incompatível com o *conatus*. Duas situações podem ocorrer:

a) o agente facilita a prática de qualquer dos crimes previstos no art. 359-K do Código Penal – *caput*, § 1.º ou § 2.º –, e tal delito vem a ser efetivamente cometido (consumado ou tentado) por terceira pessoa: nesse caso, estará consumado o delito tipificado no art. 359-K, § 3.º, do Código Penal; ou

b) o agente facilita a prática de qualquer dos crimes previstos no art. 359-K do Código Penal – caput, § 1.º ou § 2.º – mas tal delito não vem a ser praticado por terceira pessoa: o fato será atípico ao facilitador, não se podendo falar em tentativa do crime definido no art. 359-K, § 3.º, do Código Penal.

7.7.3.19. Exclusão do crime: art. 359-K, § 4.º

Como dispõe o art. 359-K, § 4.º, do Código Penal: "Não constitui crime a comunicação, a entrega ou a publicação de informações ou de documentos com o fim de expor a prática de crime ou a violação de direitos humanos".

Trata-se de **causa de exclusão da tipicidade**, pois o legislador utilizou a expressão "**não constitui crime**".

Esse dispositivo encontra seu fundamento de validade no art. 5.º, XXXIII, da Constituição Federal: "todos têm direito a receber dos órgãos públicos informações de seu interesse particular, ou de interesse coletivo ou geral, que serão prestadas no prazo da lei, sob pena de responsabilidade, ressalvadas aquelas cujo sigilo seja imprescindível à segurança da sociedade e do Estado".

A comunicação, a entrega ou a publicação de informações ou de documentos com o fim de expor prática de crime ou a violação de direitos humanos são de interesse coletivo ou geral.

A espionagem é crime contra o Estado Democrático de Direito, o qual não se compadece com qualquer atividade destinada a acobertar a prática de delitos ou a violação de direitos humanos. Quem comunica, entrega ou publica informações ou documentos expondo a prática de crime ou a violação de direitos humanos atua para preservar o Estado Democrático de Direito, e não para ofendê-lo.

A finalidade precípua do art. 359-K, § 4.º, do Código Penal é conferir liberdade e segurança não só (mas principalmente) aos profissionais da imprensa, mas a qualquer pessoa que busque a responsabilidade daquele que pratica crime ou viola direitos humanos, ainda que pertencente ao alto escalão do Poder Público.

Além disso, o art. 5.º, XXXIII, da Constituição Federal foi regulamentado pela Lei 12.527/2011 – Lei de Acesso à Informação, e esse diploma legislativo não classifica, nem poderia classificar, as informações ou documentos atinentes à prática de crime ou a violação de direitos humanos como secretos ou ultrassecretos.

7.8. DOS CRIMES CONTRA AS INSTITUIÇÕES DEMOCRÁTICAS

7.8.1. Art. 359-L – Abolição violenta do Estado Democrático de Direito

7.8.1.1. Dispositivo legal

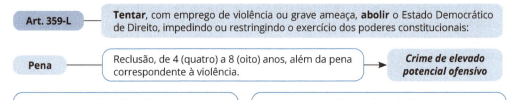

Art. 359-L — Tentar, com emprego de violência ou grave ameaça, **abolir** o Estado Democrático de Direito, impedindo ou restringindo o exercício dos poderes constitucionais:

Pena — Reclusão, de 4 (quatro) a 8 (oito) anos, além da pena correspondente à violência. → *Crime de elevado potencial ofensivo*

Classificação:
Crime simples
Crime comum
Crime formal, de consumação antecipada ou de resultado cortado
Crime de dano
Crime de atentado ou de empreendimento
Crime de forma livre
Crime comissivo
Crime instantâneo
Crime unissubjetivo, unilateral ou de concurso eventual
Crime plurissubsistente

Informações rápidas:
Objeto material: exercício dos poderes constitucionais – Legislativo, Executivo e Judiciário.
Elemento subjetivo: dolo. Não admite a modalidade culposa.
Tentativa: não admite (crime de atentado ou de empreendimento).
Ação penal: pública incondicionada.

7.8.1.2. Evolução legislativa

Os arts. 17 e 18 da Lei 7.170/1983 – Lei de Segurança Nacional albergavam delitos que, em conjunto, se assemelhavam ao atual art. 359-L do Código Penal.

Art. 359-L do Código Penal	Arts. 17 e 18 da Lei 7.170/1983
Art. 359-L. Tentar, com emprego de violência ou grave ameaça, abolir o Estado Democrático de Direito, impedindo ou restringindo o exercício dos poderes constitucionais: Pena – reclusão, de 4 (quatro) a 8 (oito) anos, além da pena correspondente à violência.	Art. 17. Tentar mudar, com emprego de violência ou grave ameaça, a ordem, o regime vigente ou o Estado de Direito. Pena – reclusão, de 3 a 15 anos. Parágrafo único – Se do fato resulta lesão corporal grave, a pena aumenta-se até a metade; se resulta morte, aumenta-se até o dobro. Art. 18. Tentar impedir, com emprego de violência ou grave ameaça, o livre exercício de qualquer dos Poderes da União ou dos Estados. Pena – reclusão, de 2 a 6 anos.

É de se notar que o art. 17 da Lei de Segurança Nacional falava em "tentar mudar a ordem, o regime vigente ou o Estado de Direito", enquanto o art. 359-L do Código Penal incrimina a conduta de "tentar abolir o Estado Democrático de Direito". À época do governo militar não havia preocupação com o "democrático", pois o sistema então em vigor se contentava com o "estado de direito".

No mais, "tentar abolir" e "tentar mudar" um regime têm igual significado. A mudança do Estado Democrático de Direito nada mais é que a implantação da ditadura, com o fim da democracia.

7.8.1.3. Objetividade jurídica

Tutelam-se as instituições democráticas, representadas nesse tipo penal pelos Poderes Executivo, Legislativo e Judiciário, indispensáveis para o regular funcionamento do Estado Democrático de Direito.

7.8.1.4. Objeto material

É o exercício dos poderes constitucionais – Legislativo, Executivo e Judiciário –, cujas funções precípuas encontram-se descritas na Constituição Federal.

O art. 2.º da Constituição Federal, ao consagrar o princípio da separação dos Poderes, deixa claro que o Legislativo, o Executivo e o Judiciário são "independentes", inviabilizando qualquer movimento destinado a impedir ou restringir a harmonia e a liberdade das suas atuações.

A propósito, o art. 4.º, II, da Lei 1.079/1950 estatui ser crime de responsabilidade o ato do Presidente da República que atenta contra o livre exercício do Poder Legislativo, do Poder Judiciário e dos poderes constitucionais dos Estados. Em outras palavras, nem mesmo o Presidente da República, principal mandatário do Brasil, pode interferir indevidamente no regular funcionamento dos poderes constitucionais.

7.8.1.5. Núcleo do tipo

É "**tentar**", vinculado a "**abolir**", ou seja, eliminar, extirpar ou extinguir o Estado Democrático de Direito.

O sujeito não deseja apenas derrubar um determinado governante, conduta que caracteriza o delito de golpe de Estado, tipificado no art. 359-M do Código Penal. Ele almeja o fim do próprio Estado Democrático de Direito, no qual prevalecem a soberania popular e o respeito às leis, com a instauração da ditadura, preocupada unicamente com os detentores do poder e seus respectivos interesses.

Na busca da concretização do seu projeto, o agente se vale de **violência** – emprego de força física contra alguém – ou **grave ameaça** – promessa de mal grave, iminente e verossímil.

Não é suficiente, para a configuração do delito, a assunção do propósito de abolir o Estado Democrático de Direito, ainda que veiculado em programas de rádio, televisão ou em pesquisas informais na rede mundial de computadores ou redes sociais.

O tipo penal também não se contenta com passeatas, manifestações ou qualquer tipo de agrupamento de pessoas, inclusive com o emprego de armas e repartição de tarefas, visando à extinção do regime democrático. De fato, o art. 359-L do Código Penal exige a prática efetiva prática de atos direcionados a tal finalidade, com emprego de violência ou grave ameaça.

A tentativa de abolição violenta do Estado Democrático de Direito se concretiza pelo **impedimento ou restrição do exercício dos poderes constitucionais**, isto é, mediante a vedação total ou parcial das atividades do Legislativo, do Executivo ou do Judiciário, como no exemplo em que integrantes de um grupo revolucionário ameaçam de morte e agridem fisicamente diversos parlamentares, daí resultando a suspensão, por relevante período, do funcionamento do Congresso Nacional.

Os "poderes constitucionais" indicados pelo art. 359-L do Código Penal podem integrar tanto a União como também os Estados e o Distrito Federal. Com efeito, no modelo federativo adotado pela Constituição Federal tais entes são dotados de Legislativo, Executivo e Judiciário próprios, autônomos e independentes entre si.

Admite-se o concurso material entre este crime e o delito de golpe de Estado, catalogado no art. 359-M do Código Penal. Como decidido pelo Supremo Tribunal Federal no julgamento atinente aos famosos "atos criminosos de 08 de janeiro de 2023":

> É possível o concurso material pela prática dos crimes de abolição violenta do Estado Democrático de Direito (CP/1940, art. 359-L) e de golpe de Estado (CP/1940, art. 359-M), na medida em que são delitos autônomos e que demandam *"animus"* distintos do sujeito ativo. Na espécie, vislumbra-se tentativa de golpe na conduta de se pedir intervenção militar a fim de trocar o presidente legitimamente eleito pelo candidato perdedor. Essa conduta se diferencia daquela de atacar, com a invasão, o funcionamento do Congresso Nacional ou do próprio STF, objetivando impedir ou restringir o exercício dos Poderes. Nesse contexto, o tipo penal previsto no art. 359-L do Código Penal consagra um instrumento protetivo do próprio Estado Democrático de Direito e de suas instituições.[13]

7.8.1.6. Sujeito ativo

O crime é **comum** ou **geral**. Pode ser cometido por qualquer pessoa, e admite tanto a coautoria como a participação.

7.8.1.7. Sujeito passivo

É o Estado e, mediatamente, a pessoa atingida pela violência ou grave ameaça.

7.8.1.8. Elemento subjetivo

É o dolo, consistente na vontade livre e consciente de tentar abolir o Estado Democrático de Direito, com emprego de violência ou grave ameaça, mediante o impedimento ou a restrição do exercício dos poderes constitucionais.

Não se admite a modalidade culposa.

7.8.1.9. Consumação

Cuida-se de **crime formal, de consumação antecipada ou de resultado cortado**. A consumação independe da efetiva abolição do Estado Democrático de Direito. É suficiente a conduta de tentar eliminá-lo, com emprego de violência ou grave ameaça.

Com efeito, a abolição do Estado Democrático de Direito, com a implantação do regime ditatorial, importaria em um novo sistema de poder. O delito outrora praticado, além de não ser punido, certamente seria louvado pelos novos "representantes" da nação.

Mas cuidado. Não se reclama a extinção do Estado Democrático de Direito, mas é imprescindível o impedimento ou a restrição do exercício dos poderes constitucionais, como desdobramento do emprego da violência ou grave ameaça.

7.8.1.10. Tentativa

A abolição violenta do Estado Democrático de Direito é **crime de atentado ou de empreendimento**, incompatível com o *conatus*. A conduta típica consiste em "tentar abolir", ou seja, a tentativa foi equiparada à consumação.

---

[13] AP 1.060/DF, rel. Min. Alexandre de Moraes, Plenário, j. 14.09.2023, noticiado no *Informativo* 1.108.

7.8.1.11. Ação penal

A ação penal é pública incondicionada.

7.8.1.12. Lei 9.099/1995

Em face da pena privativa de liberdade cominada – reclusão, de 4 (quatro) a 8 (oito) anos –, a abolição violenta do Estado Democrático de Direito constitui-se em **crime de elevado potencial ofensivo**, incompatível com os benefícios elencados pela Lei 9.099/1995.

7.8.1.13. Concurso material obrigatório

O preceito secundário do art. 359-L do Código Penal impõe a soma das penas da abolição violenta do Estado Democrático de Direito e do crime resultante da violência, independentemente da sua natureza (lesão corporal leve, grave ou gravíssima, homicídio tentado ou consumado etc.).

Em outras palavras, o legislador vedou expressamente a absorção do delito produzido pela violência empregada pelo agente para tentar abolir o Estado Democrático de Direito, impedindo ou restringindo o exercício dos poderes constitucionais.

7.8.1.14. Classificação doutrinária

A abolição violenta do Estado Democrático de Direito é crime **simples** (ofende um único bem jurídico); **comum** (pode ser cometido por qualquer pessoa); **formal, de consumação antecipada** ou **de resultado cortado** (consuma-se com a prática da conduta criminosa, independentemente da superveniência do resultado naturalístico); **de dano** (o agente almeja a lesão do bem jurídico); **de atentado ou de empreendimento** (a tentativa foi equiparada à consumação); **de forma livre** (admite qualquer meio de execução); **comissivo; instantâneo** (consuma-se em um momento determinado, sem continuidade no tempo); **unissubjetivo, unilateral** ou **de concurso eventual** (pode ser praticado por uma única pessoa, mas admite o concurso); e **plurissubsistente**.

7.8.1.15. Competência

A abolição violenta do Estado Democrático de Direito ingressa na competência da Justiça Federal, pois viola interesse da União, em sintonia com a regra contida no art. 109, IV, da Constituição Federal.

7.8.1.16. Imprescritibilidade penal

Se a conduta tipificada no art. 359-L do Código Penal for praticada por grupo armado, civil ou militar, estará caracterizada uma hipótese de imprescritibilidade penal, nos termos do art. 5.º, XLIV, da Constituição Federal.

7.8.2. Art. 359-M – Golpe de Estado

7.8.2.1. Dispositivo legal

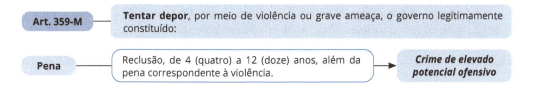

Classificação:	Informações rápidas:
Crime simples Crime comum Crime formal, de consumação antecipada ou de resultado cortado Crime de dano Crime de atentado ou de empreendimento Crime de forma livre Crime comissivo Crime instantâneo Crime unissubjetivo, unilateral ou de concurso eventual Crime plurissubsistente	**Objeto material:** governo legitimamente constituído **Elemento subjetivo:** dolo, independentemente de qualquer finalidade específica. Não admite modalidade culposa. **Tentativa:** não admite (crime de atentado ou de empreendimento). **Ação penal:** pública incondicionada.

7.8.2.2. Evolução legislativa

O art. 17 da Lei 7.170/1983 contemplava crime semelhante ao atualmente definido no art. 359-M do Código Penal.

Art. 359-M do Código Penal	Art. 17 da Lei 7.170/1983
Art. 359-M. Tentar depor, por meio de violência ou grave ameaça, o governo legitimamente constituído: Pena – reclusão, de 4 (quatro) a 12 (doze) anos, além da pena correspondente à violência.	Art. 17. Tentar mudar, com emprego de violência ou grave ameaça, a ordem, o regime vigente ou o Estado de Direito. Pena – reclusão, de 3 a 15 anos. Parágrafo único – Se do fato resulta lesão corporal grave, a pena aumenta-se até a metade; se resulta morte, aumenta-se até o dobro.

É fácil destacar que, enquanto o art. 359-M do Código Penal protege o "governo legitimamente constituído", o tipo penal revogado, criado pela ditadura e atento à "segurança nacional", falava em "ordem" (termo vago e ambíguo), "regime vigente" (militar, à época da edição da Lei 7.170/1983) ou "Estado de Direito" (não necessariamente "democrático").

7.8.2.3. Objetividade jurídica

Tutela-se o Estado Democrático de Direito, especificamente no tocante ao governo legitimamente constituído.

7.8.2.4. Objeto material

É o **governo legitimamente constituído**, expressão cujo alcance deveria ter sido esclarecido pelo art. 359-M do Código Penal.

Em um primeiro momento, fica a impressão de que a conduta criminosa pode recair no governo de qualquer das esferas da federação, é dizer, União (Presidente da República), Estados e Distrito Federal (governadores), bem como os Municípios (prefeitos).

A melhor interpretação, todavia, autoriza a conclusão no sentido de que o crime abrange somente a tentativa de deposição do governo federal, capitaneado pelo Presidente da República, pois a terminologia legal – "Golpe de **Estado**" diz respeito ao Brasil enquanto país. Não se caracteriza o delito definido no art. 359-M do Código Penal, portanto, quando a conduta envolver um determinado governador ou prefeito.[14]

Governo legitimamente constituído, no contexto do Presidente da República, é aquele concebido em conformidade com os ditames elencados pelos arts. 77 e 78 da Constituição Federal.

7.8.2.5. Núcleo do tipo

É composto por dois verbos: "**tentar depor**". O agente busca a cessação do mandato do Presidente da República, fora das hipóteses consagradas na Constituição Federal, mediante o emprego de violência à pessoa ou grave ameaça. Exemplo: José sequestra o filho do chefe do Poder Executivo federal e, em troca da sua liberação com vida, exige a renúncia do governante no prazo de 48 horas.

Em respeito à soberania popular, o Presidente da República, eleito pela maioria dos votos da população (CF, art. 77, §§ 2.º e 3.º), somente pode perder o mandato nas hipóteses consagradas na Constituição Federal, tais como a renúncia, anulação da eleição, *impeachment* pelo Senado Federal, condenação transitada em julgado, proferida pelo Supremo Tribunal Federal, pela prática de crime comum, além da morte, evidentemente desvinculada do golpe de Estado.

É importante destacar, nada obstante gritante obviedade, que não há "golpe de Estado" quando a perda do mandato do Presidente da República obedece à sistemática prevista na Constituição Federal, a exemplo de processos de *impeachment* em nossa história recente. Em síntese, o golpe de Estado, na forma tipificada pelo art. 359-M do Código Penal, não se confunde com a divergência política – salutar na democracia – frente a decisões proferidas pelos Poderes Constituídos.

Um exemplo verdadeiro de golpe de Estado ocorreu no Brasil no ano de 1964 – "Golpe Cívico-Militar de 1964" –, arquitetado pelas Forças Armadas contra o governo do então Presidente João Goulart e concretizado com a publicação do Ato Institucional n.º 01. Instaurou-se a ditadura militar, que perdurou em nosso país ao longo de 21 anos.

7.8.2.6. Sujeito ativo

Pode ser qualquer pessoa (**comum** ou **geral**), e admite tanto a coautoria como a participação.

7.8.2.7. Sujeito passivo

É o Estado e, mediatamente, a pessoa física atingida pela violência ou grave ameaça.

7.8.2.8. Elemento subjetivo

É o dolo, independentemente de qualquer finalidade específica. Em outras palavras, pouco importa o motivo almejado pelo agente (exemplos: ganhar notoriedade, assumir o poder, apresentar-se publicamente como "herói nacional", vingar-se do governante deposto etc.) para tentar depor, por meio de violência ou grave ameaça, o governo legitimamente constituído.

Não se admite a modalidade culposa.

7.8.2.9. Consumação

O golpe de Estado é **crime formal, de consumação antecipada** ou **de resultado cortado**: consuma-se com a prática da conduta prevista em lei, independentemente da produção

---

[14] É também o entendimento de CUNHA, Rogério Sanches; e SILVARES, Ricardo. *Crimes contra o Estado Democrático de Direito*. São Paulo: Editora Juspodivm, 2021. p. 137.

do resultado naturalístico. Nesse contexto, é suficiente a prática de atos concretos de tentar depor, com emprego de violência ou grave ameaça, o governo legitimamente constituído, não se exigindo a efetiva deposição.

Não basta, para aperfeiçoamento do delito, a assunção do propósito de praticar um golpe de Estado. O tipo penal também não se satisfaz com o agrupamento de pessoas, ainda que com o emprego de armas e repartição de tarefas, objetivando a deposição do governo. O tipo penal reclama a efetiva prática de atos voltados a tal finalidade, mediante violência à pessoa ou grave ameaça.

7.8.2.10. Tentativa

Não se admite o *conatus*, uma vez que o art. 359-M do Código Penal pune a tentativa de deposição, por meio de violência ou grave ameaça, do governo legitimamente constituído. A conduta típica consiste em "tentar depor", ou seja, trata-se de **crime de atentado ou de empreendimento**, no qual a tentativa foi equiparada à consumação.

7.8.2.11. Ação penal

A ação penal é pública incondicionada.

7.8.2.12. Lei 9.099/1995

O golpe de Estado é **crime de elevado potencial ofensivo**. A pena privativa de liberdade cominada – reclusão, de 4 (quatro) a 12 (doze) anos – inviabiliza a incidência dos benefícios contidos da Lei 9.099/1995.

Chama atenção a escolha do legislador relativamente à quantidade da pena, sensivelmente superior, em seu patamar máximo, à cominada ao delito de abolição violenta do Estado Democrático de Direito, tipificado no art. 359-L do Código Penal (reclusão, de 4 a 8 anos).

Na visão do legislador, ao nosso ver de forma equivocada, a tentativa de golpe de Estado, que nem sempre conduz à ditadura, é mais grave do que a tentativa de abolição do Estado Democrático de Direito, mediante o impedimento ou restrição do exercício dos poderes constitucionais.

7.8.2.13. Concurso material obrigatório

O art. 359-M do Código Penal, em seu preceito secundário, determina a soma das penas do golpe de Estado e do delito emanado da violência, qualquer que seja ele (lesão corporal leve, grave ou gravíssima, homicídio tentado ou consumado etc.).

Portanto, quando a violência à pessoa funciona como meio de execução da tentativa de deposição do governo legitimamente constituído, a norma proíbe expressamente a absorção do crime decorrente do emprego de força física contra alguém.

7.8.2.14. Classificação doutrinária

O golpe de Estado é crime **simples** (ofende um único bem jurídico); **comum** (pode ser cometido por qualquer pessoa); **formal, de consumação antecipada** ou **de resultado cortado** (consuma-se com a prática da conduta criminosa, independentemente da superveniência do resultado naturalístico); **de dano** (o agente deseja a lesão do Estado Democrático de Direito); **de forma livre** (admite qualquer meio de execução); **comissivo**; **de atentado** ou **de empreendimento** (a tentativa foi equiparada à consumação, pois a conduta típica consiste em "tentar depor"); **instantâneo** (consuma-se em um momento determinado, sem continuidade no tempo); **unissubjetivo, unilateral** ou **de concurso necessário** (pode ser cometido por uma só pessoa, mas admite o concurso); e **plurissubsistente**.

7.8.2.15. Competência

É da Justiça Federal, pois o delito catalogado no art. 359-M do Código Penal afeta interesse da União, nos termos do art. 109, IV, da Constituição Federal.

7.8.2.16. Imprescritibilidade penal

Quando o golpe de Estado for cometido por grupo armado, civil ou militar, incidirá a norma contida no art. 5.º, XLIV, da Constituição Federal, acarretando a imprescritibilidade da pena a ele cominada. Cuida-se, sem dúvida alguma, de crime contra a ordem constitucional e o Estado Democrático.

7.9. DOS CRIMES CONTRA O FUNCIONAMENTO DAS INSTITUIÇÕES DEMOCRÁTICAS NO PROCESSO ELEITORAL

7.9.1. Art. 359-N – Interrupção do processo eleitoral

7.9.1.1. Dispositivo legal

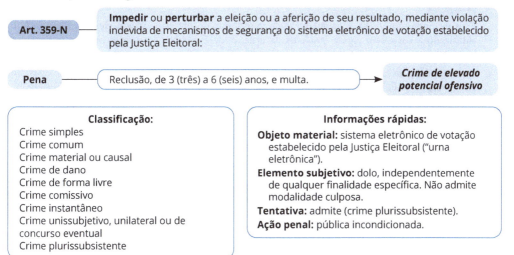

7.9.1.2. Introdução

O Brasil é referência na utilização das urnas eletrônicas nas votações, em substituição ao modelo das cédulas de papel, no qual a coleta dos votos e a apuração do resultado das eleições eram realizadas manualmente, em procedimento demorado e sujeito a variados riscos. Como informado pelo Tribunal Superior Eleitoral:

> Em 1985 houve a implantação de um cadastro eleitoral informatizado pelo TSE. A urna eletrônica, como se concebe hoje, foi desenvolvida em 1995 e utilizada pela primeira vez nas eleições municipais do ano seguinte.
>
> Para a elaboração do projeto da urna eletrônica, em 1995, o TSE formou uma comissão técnica liderada por pesquisadores do Instituto Nacional de Pesquisas Espaciais (Inpe) e do Centro Técnico Aeroespacial (CTA) de São José dos Campos, que definiu uma especificação de requisitos funcionais.
>
> O primeiro nome da urna eletrônica foi coletor eletrônico de votos (CEV). A máquina teve como objetivo identificar as alternativas para a automação do processo de votação e definir as medidas necessárias à sua implementação, a partir das eleições de 1996, em mais de 50 municípios brasileiros.

O equipamento, responsável pela automatização de 100% das eleições, foi então lançado no Brasil em 1996 e hoje serve de modelo para diversos outros países, que vêm testando a capacidade da máquina para implantação em seus processos eleitorais.[15]

7.9.1.3. Objetividade jurídica

Tutela-se o Estado Democrático de Direito, relativamente ao funcionamento das instituições democráticas no processo eleitoral. O tipo penal protege a integridade das eleições, que deve ser preservada tanto em seu regular desenvolvimento como na apuração do seu resultado.

7.9.1.4. Objeto material

É o "**sistema eletrônico de votação estabelecido pela Justiça Eleitoral**", conhecido como "**urna eletrônica**", assim definido pelo Tribunal Superior Eleitoral:

> A urna eletrônica é um microcomputador de uso específico para eleições, com as seguintes características: resistente, de pequenas dimensões, leve, com autonomia de energia e com recursos de segurança.
>
> Dois terminais compõem a urna eletrônica: o terminal do mesário, onde o eleitor é identificado e autorizado a votar (em alguns modelos de urna, onde é verificada a sua identidade por meio da biometria), e o terminal do eleitor, onde é registrado numericamente o voto.
>
> O terminal do mesário possui um teclado numérico, onde é digitado o número do título de eleitor, e uma tela de cristal líquido, onde aparece o nome do eleitor, se ele pertence àquela seção eleitoral e se está apto a votar (formato PDF). Antes da habilitação, nas seções onde há identificação biométrica, o eleitor tem sua identidade validada pela urna. Desta forma, um eleitor não pode votar por outro.
>
> A urna eletrônica (formato PDF) somente grava a indicação de que o eleitor já votou. Pelo embaralhamento interno e outros mecanismos de segurança, não há nenhuma possibilidade de se verificar em quais candidatos um eleitor votou, em respeito à Constituição Federal brasileira, que determina o sigilo do voto.
>
> Três pequenos sinais visuais (LEDs) auxiliam o mesário, informando-o se o terminal está disponível para o eleitor, se já completou o voto e se a urna eletrônica está funcionando ligada à corrente elétrica ou à bateria interna.
>
> Já o terminal do eleitor possui teclado numérico, usado para registrar o voto, e uma tela de cristal líquido, onde aparecem as mensagens que orientam o eleitor para o registro de seu voto.[16]

7.9.1.5. Núcleos do tipo

São dois: impedir e perturbar, relacionados tanto à eleição como à aferição de seu resultado.

Impedir é obstar, frustrar ou impossibilitar; **perturbar**, por sua vez, equivale a embaraçar, atrapalhar ou incomodar. Tais comportamentos são voltados à **eleição**, quanto ao seu regular desenvolvimento, ou à **aferição de seu resultado**, é dizer, à identificação dos vencedores e vencidos no processo eleitoral.

Cuida-se de **tipo misto alternativo**, **crime de ação múltipla** ou **de conteúdo variado**: estará caracterizado um único delito se o agente praticar duas condutas (exemplo: perturbar a eleição e perturbar a aferição do seu resultado) em relação ao mesmo objeto material, isto é, no tocante à mesa urna eletrônica.

O impedimento ou a perturbação se manifestam pela **violação indevida de mecanismos de segurança do sistema eletrônico de votação estabelecido pela Justiça Eleitoral**.

---

[15] Disponível em: https://www.tse.jus.br/eleicoes/urna-eletronica. Acesso em: 08.11.2021.
[16] Disponível em: https://www.tse.jus.br/eleicoes/urna-eletronica. Acesso em: 08.11.2021.

É imprescindível a violação indevida de mecanismos de segurança, que pode ser representado por senha, certificado digital, código criptografado ou qualquer outro dispositivo análogo. O Tribunal Superior Eleitoral apresenta as seguintes explicações acerca dos mecanismos de segurança do processo eletrônico de votação:

> O processo eletrônico de votação possui mecanismos imprescindíveis para assegurar sua segurança: a assinatura digital e o resumo digital. A assinatura digital é uma técnica criptográfica usada para garantir que um conteúdo, no caso um arquivo digital, possa ser verificado principalmente no que se refere à sua integridade, isto é, busca garantir que o programa de computador não foi modificado de forma intencional ou não perdeu suas características originais por falha na gravação ou leitura. Isso significa que se a assinatura digital for válida, o arquivo não foi modificado. A assinatura digital também é utilizada para assegurar a autenticidade do programa, ou seja, confirmar que o programa tem origem oficial e foi gerado pelo Tribunal Superior Eleitoral. Nesse caso, somente quem assinou digitalmente pode ter gerado aquela assinatura digital. Já o resumo digital, também chamado de resumo criptográfico ou *hash*, é uma técnica criptográfica que se assemelha a um dígito verificador. Dado um arquivo digital, pode-se calcular o resumo digital desse arquivo com um algoritmo público (método matemático conhecido por todos). No caso dos sistemas de urna, são calculados os *hashs* de todos os arquivos e esses resumos são publicados no portal do TSE. A segurança do sistema eletrônico de votação (formato PDF) é feita em camadas. Por meio de dispositivos de segurança de tipos e com finalidades diferentes, são criadas diversas barreiras que, em conjunto, não permitem que o sistema seja violado. Em resumo, qualquer ataque ao sistema causa um efeito dominó e a urna eletrônica trava, não sendo possível gerar resultados válidos.[17]

A título meramente ilustrativo, se por qualquer razão a urna eletrônica não era protegida por mecanismo de segurança (por falha da Justiça Eleitoral ou defeito na máquina, por exemplo), eventual impedimento ou perturbação da eleição ou da aferição do resultado, unicamente em relação a esse sistema eletrônico de votação, não constitui crime.[18]

De igual modo, a palavra "**indevida**" funciona como elemento normativo do tipo. Logo, se presente alguma justificativa para a violação do mecanismo de segurança da urna eletrônica, o fato é atípico.

7.9.1.5.1. Análise do art. 72 da Lei 9.504/1997

Surge aqui uma importante questão: o art. 359-N do Código Penal, norma posterior e favorável ao réu, revogou o art. 72 da Lei 9.504/1997 – Regras Gerais das Eleições?

a) Incs. I e II do art. 72 da Lei 9.504/1997:

Art. 72. Constituem crimes, puníveis com reclusão, de cinco a dez anos:

I – obter acesso a sistema de tratamento automático de dados usado pelo serviço eleitoral, a fim de alterar a apuração ou a contagem de votos;

II – desenvolver ou introduzir comando, instrução, ou programa de computador capaz de destruir, apagar, eliminar, alterar, gravar ou transmitir dado, instrução ou programa ou provocar qualquer outro resultado diverso do esperado em sistema de tratamento automático de dados usados pelo serviço eleitoral; (...)

Não há dúvida alguma sobre a revogação desses dispositivos pelo art. 359-N do Código Penal. Em ambas as hipóteses, a conduta do agente é voltada a impedir ou perturbar a eleição

---

[17] Disponível em: https://www.tse.jus.br/eleicoes/urna-eletronica/seguranca. Acesso em: 08.11.2021.
[18] Vale repetir: essa é apenas uma suposição para fins didáticos, sem qualquer comprovação na prática.

ou a aferição do seu resultado, mediante a violação indevida de mecanismos de segurança do sistema eletrônico de votação estabelecido pela Justiça Eleitoral.

Com efeito, exige-se tal violação indevida para obter acesso a sistema de tratamento automático de dados usado pelo serviço eleitoral.

De igual modo, o desenvolvimento ou introdução de comando, instrução ou programa de computador capaz de destruir, apagar, eliminar, alterar, gravar ou transmitir dado, instrução ou programa ou provocar qualquer outro resultado diverso do esperado em sistema de tratamento automático de dados usados pelo serviço eleitoral insere-se na violação indevida de mecanismos de segurança do sistema eletrônico de votação estabelecido pela Justiça Eleitoral.

b) Inc. III do art. 72 da Lei 9.504/1997:

Art. 72. Constituem crimes, puníveis com reclusão, de cinco a dez anos:

(...)

III – causar, propositadamente, dano físico ao equipamento usado na votação ou na totalização de votos ou a suas partes.

Nesse caso, a análise do caso concreto será fundamental para determinação da tipicidade do fato.

Se a causação dolosa de dano físico ao equipamento usado na votação ou na totalização de votos ou a suas partes constituir-se em violação indevida de mecanismos de segurança do sistema eletrônico de votação estabelecido pela Justiça Eleitoral, estará caracterizado o crime definido no art. 359-N do Código Penal. De outro lado, se não houver violação indevida de mecanismos de segurança, subsistirá a aplicação do art. 72, III, da Lei 9.504/1997.

Essa última hipótese é curiosa. A conduta menos grave importará na incidência de pena privativa de liberdade mais elevada, revelando a falta de coerência e de atenção do legislador. Por corolário, não será surpresa se os Tribunais aplicarem, para o art. 72, III, da Lei 9.504/1997, a pena cominada ao art. 359-N do Código Penal, qual seja, reclusão de 3 (três) a 6 (seis) anos.

7.9.1.6. Sujeito ativo

Trata-se de crime comum ou geral. Pode ser praticado por qualquer pessoa, e admite tanto a coautoria como a participação.

7.9.1.7. Sujeito passivo

É o Estado e, mediatamente, as pessoas prejudicadas pela conduta criminosa, a exemplo dos candidatos que não puderam conhecer o resultado da eleição em razão da violação indevida de mecanismo de segurança do sistema eletrônico de votação estabelecido pela Justiça Federal.

7.9.1.8. Elemento subjetivo

É o dolo, independentemente de qualquer finalidade específica. Pouco importa o motivo que levou o agente a interromper o processo eleitoral (exemplos: zombar da Justiça Eleitoral, exigir dinheiro em troca do restabelecimento do sistema eletrônico de votação, prejudicar desafetos que disputavam a eleição etc.).

Não se admite a modalidade culposa.

7.9.1.9. Consumação

O crime é material ou causal: a consumação depende da produção do resultado naturalístico, consistente no impedimento ou na perturbação da eleição ou da aferição do seu resultado. O abalo do regular trâmite do processo eleitoral é indispensável ao aperfeiçoamento do delito.

7.9.1.10. Tentativa

É possível, em face do caráter plurissubsistente do delito, permitindo o fracionamento do *iter criminis*. Exemplo: "A" tenta impedir a aferição do resultado da eleição para Prefeito de determinado município, mediante violação indevida de mecanismo de segurança do sistema eletrônico de votação, mas não consegue fazê-lo em razão da rápida e eficaz atuação do corpo técnico da Justiça Eleitoral.

7.9.1.11. Ação penal

A ação penal é pública incondicionada.

7.9.1.12. Lei 9.099/1995

Em face da pena privativa de liberdade cominada – reclusão, de 3 (três) a 6 (seis) anos –, a interrupção do processo eleitoral constitui-se em **crime de elevado potencial ofensivo**, incompatível com os benefícios elencados pela Lei 9.099/1995.

7.9.1.13. Classificação doutrinária

A interrupção do processo eleitoral é crime **simples** (ofende um único bem jurídico); **comum** (pode ser cometido por qualquer pessoa); **material** ou **causal** (a consumação depende da produção do resultado naturalístico); **de dano** (o agente visa a prejudicar a regularidade do processo eleitoral); **de forma livre** (admite qualquer meio de execução); **comissivo**; **instantâneo** (consuma-se em um momento determinado, sem continuidade no tempo); **unissubjetivo**, **unilateral** ou **de concurso eventual** (em regra cometido por uma única pessoa, mas admite o concurso); e **plurissubsistente**.

7.9.1.14. Competência

O art. 359-N do Código Penal contempla crime de competência da Justiça Eleitoral.

A Constituição Federal não define a competência da Justiça Eleitoral em matéria penal. Seu art. 121, *caput*, transfere tal encargo à lei complementar, nos seguintes termos: "Lei complementar disporá sobre a organização e competência dos tribunais, dos juízes de direito e das juntas eleitorais".

Trata-se do Código Eleitoral – Lei 4.737/1965, editado como lei ordinária, porém recepcionado pela Constituição Federal, para fins de competência, como lei complementar. Nesse contexto, a competência penal da Justiça Eleitoral é determinada em razão da matéria, abrangendo o processo e o julgamento dos delitos eleitorais.

Crimes eleitorais são os catalogados pelo Código Eleitoral, bem como aqueles previstos em leis diversas, desde que apresentem conteúdo eleitoral, a exemplo do art. 359-N do Código Penal. De fato, nada obstante sua alocação no Código Penal, esse delito, como seu nome e sua conduta típica revelam, apresenta nítida natureza eleitoral, pois ofende a regularidade do processo eleitoral e, consequentemente, a manutenção e o desenvolvimento do Estado Democrático de Direito.

7.9.2. Art. 359-P – Violência política

7.9.2.1. Dispositivo legal

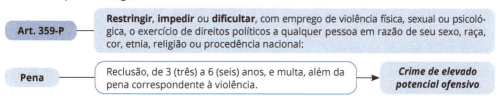

Classificação:	Informações rápidas:
Crime simples Crime comum Crime material ou causal Crime de dano Crime de forma livre Crime comissivo Crime instantâneo Crime unissubjetivo, unilateral ou de concurso eventual Crime plurissubsistente	**Objeto material:** pessoa que tem o exercício dos seus direitos políticos restringidos, impedidos ou dificultados, em razão de seu sexo, raça, cor, etnia, religião ou procedência nacional como desdobramento da violência física, sexual ou psicológica empregada pelo agente. **Elemento subjetivo:** dolo, independentemente de qualquer finalidade específica. Não admite modalidade culposa. **Tentativa:** admite (crime plurissubsistente). **Ação penal:** pública incondicionada.

7.9.2.2. Evolução legislativa

A Lei 14.192, de 04 de agosto de 2021, criou no art. 326-B da Lei 4.737/1965 – Código Eleitoral o crime de **violência política contra a mulher**.

Esse delito, entretanto, teve breve período de vida. Sua revogação ocorreu menos de 4 (quatro) meses depois, com a entrada em vigor da Lei 14.197/2021, a qual incluiu a **violência política** no art. 359-P do Código Penal, entre os crimes contra o Estado Democrático de Direito.

Art. 359-P do Código Penal – Violência política	Art. 326-B do Código eleitoral – Violência política contra a mulher
Art. 359-P. Restringir, impedir ou dificultar, com emprego de violência física, sexual ou psicológica, o exercício de direitos políticos a qualquer pessoa em razão de seu sexo, raça, cor, etnia, religião ou procedência nacional: Pena – reclusão, de 3 (três) a 6 (seis) anos, e multa, além da pena correspondente à violência.	Art. 326-B. Assediar, constranger, humilhar, perseguir ou ameaçar, por qualquer meio, candidata a cargo eletivo ou detentora de mandato eletivo, utilizando-se de menosprezo ou discriminação à condição de mulher ou à sua cor, raça ou etnia, com a finalidade de impedir ou de dificultar a sua campanha eleitoral ou o desempenho de seu mandato eletivo. Pena – reclusão, de 1 (um) a 4 (quatro) anos, e multa. Parágrafo único. Aumenta-se a pena em 1/3 (um terço), se o crime é cometido contra mulher: I – gestante; II – maior de 60 (sessenta) anos; III – com deficiência.

O cotejo entre os tipos penais revela que a conduta incriminada pelo art. 326-B do Código Eleitoral encontra correspondência no art. 359-P do Código Penal, o qual tutela a violência política contra qualquer pessoa, e não somente às mulheres, em razão de seu sexo, raça, cor, etnia, religião ou procedência nacional.

Além disso, o art. 359-P do Código Penal contempla pena privativa de liberdade mais elevada do que a prevista no art. 326-B do Código Penal, dispensando proteção penal mais reforçada ao bem jurídico.

7.9.2.3. Objetividade jurídica

Tutela-se o livro exercício dos direitos políticos pelo seu titular, indispensável ao funcionamento das instituições democráticas no processo eleitoral e, consequentemente, ao próprio Estado Democrático de Direito.

7.9.2.4. Objeto material

É a pessoa que tem o exercício dos seus direitos políticos restringidos, impedidos ou dificultados, em razão de seu sexo, raça, cor, etnia, religião ou procedência nacional como desdobramento da violência física, sexual ou psicológica empregada pelo agente.

Direitos políticos, no contexto do art. 359-P do Código Penal, devem ser compreendidos como os **direitos políticos positivos**, relacionados ao exercício da cidadania política e representativos da capacidade de votar (direitos políticos ativos) e de ser votado (direitos políticos passivos). Para Dirley da Cunha Júnior:

> Os direitos políticos positivos são expressão da soberania popular, que se assenta no fato de que todo poder emana do povo, que o exerce por meio de representantes eleitos ou diretamente, investindo o indivíduo das prerrogativas da cidadania, para o exercício do sufrágio universal, com o direito de votar e ser votado.
>
> São prerrogativas fundamentais que asseguram ao povo a faculdade de participar democraticamente do governo, quer por seus representantes, quer por si. Os direitos políticos alimentam a democracia, pluralizam o debate e asseguram os cidadãos a escolherem livremente os seus governantes ou serem o próprio governante.[19]

Os direitos políticos também resguardam aos cidadãos outros direitos, tais como o de ajuizar ação popular (CF, art. 5.º, LXXIII), o de subscrever projeto de lei de iniciativa popular (CF, art. 61, § 2.º) e o de serem investidos em determinados cargos públicos, se preenchidos os requisitos exigidos em lei (CF, art. 37, II).

O art. 359-P do Código Penal, contudo, abrange unicamente os direitos políticos atinentes ao núcleo fundamental de votar e de ser votado, pois o tipo penal está situado entre os "crimes contra o funcionamento das instituições democráticas no **processo eleitoral**".

7.9.2.5. Núcleos do tipo

São 3 (três): restringir, impedir e dificultar.

Restringir é limitar ou reduzir; **impedir** equivale a impossibilitar ou obstar; e **dificultar**, por sua vez, tem o significado de complicar ou tornar mais oneroso. Tais verbos referem-se ao exercício dos direitos políticos (ativos ou passivos) da pessoa, e se concretizam com o emprego de violência física, sexual ou psicológica.

Violência física é o emprego de força física contra a vítima, mediante lesão corporal ou vias de fato, voltada a ofender sua integridade ou saúde corporal.

Violência sexual, de seu turno, é qualquer conduta que constranja a vítima a presenciar, a manter ou a participar de relação sexual não desejada, mediante intimidação, ameaça, coação ou uso da força, bem como a que a induza a comercializar ou a utilizar, de qualquer modo, a sua sexualidade, que a impeça de usar qualquer método contraceptivo ou que a force ao matrimônio, à gravidez, ao aborto ou à prostituição, mediante coação, chantagem, suborno ou manipulação, bem como que limite ou anule o exercício de seus direitos sexuais e reprodutivos.[20]

Finalmente, **violência psicológica**, a teor do delito previsto no art. 147-B do Código Penal, é a provocação de dano emocional à vítima que a prejudique e perturbe seu pleno desenvolvimento ou que vise a degradar ou a controlar suas ações, comportamentos, crenças e decisões, mediante ameaça, constrangimento, humilhação, manipulação, isolamento, chantagem,

---

[19] CUNHA JÚNIOR, Dirley da. *Curso de direito constitucional*. 15. ed. Salvador: Juspodivm, 2021. p. 758.
[20] Essa definição, fornecida pelo art. 5.º, III, da Lei 11.340/2006 – Lei Maria da Penha, é perfeitamente aplicável à (mais rara) violência sexual praticada contra homens.

ridicularização, limitação do direito de ir e vir ou qualquer outro meio que cause prejuízo à sua saúde psicológica e autodeterminação.[21]

A caracterização do delito pressupõe o pleno gozo dos direitos políticos pela vítima. Destarte, não há falar no crime tipificado no art. 359-P do Código Penal se a pessoa contra quem a conduta foi praticada se enquadra em alguma das hipóteses elencadas pelo art. 15 da Constituição Federal.[22]

A conduta é praticada em razão do sexo, raça, cor, etnia, religião ou procedência nacional da vítima.

Sexo é o conjunto de características funcionais e estruturais pelas quais um ser humano é classificado como homem ou mulher. O tipo penal protege ambos os sexos e, reflexamente, a orientação sexual e a identidade de gênero da pessoa.

Raça, do italiano *razza*, é conceito que leva em conta diversos parâmetros para dividir, no contexto de um **processo de conteúdo meramente político-social**, a população humana com base nas características genéticas e fenotípicas das pessoas. No emblemático julgamento de Siegfried Ellwanger, o Supremo Tribunal Federal assim se pronunciou:

> Raça humana. Subdivisão. Inexistência. Com a definição e o mapeamento do genoma humano, cientificamente não existem distinções entre os homens, seja pela segmentação da pele, formato dos olhos, altura, pêlos ou por quaisquer outras características físicas, visto que todos se qualificam como espécie humana. Não há diferenças biológicas entre os seres humanos. Na essência são todos iguais. Raça e racismo. A divisão dos seres humanos em raças resulta de um processo de conteúdo meramente político-social. Desse pressuposto origina-se o racismo que, por sua vez, gera a discriminação e o preconceito segregacionista.[23]

Cor diz respeito à pele das pessoas (preta, branca, amarela, parda etc.).

Etnia envolve a identidade de um agrupamento de pessoas, levando em conta diversas especificidades que as tornam diferentes das demais, tais como origem, cultura, idioma e história. São exemplos famosos ao redor do mundo os aborígenes e os anuaques e, no Brasil, os apinajés e os bororos.

Religião é a fé ou devoção ao que se considera sagrado, bem como o conjunto de princípios e crenças em doutrinas e rituais que unem seus seguidores em uma mesma comunidade, a exemplo do cristianismo, do judaísmo e do protestantismo, entre tantas outras.

Procedência nacional, por fim, relaciona-se à nacionalidade da pessoa (japonês, italiano, argentino etc.). O tipo penal, para evitar qualquer polêmica, deveria ter mencionado a **procedência interna** (paulista, carioca, gaúcho, baiano etc.), a qual também deve ser incluída no alcance da "procedência nacional".

Cuida-se de **tipo misto alternativo**, **crime de ação múltipla** ou **de conteúdo variado**. Se o agente praticar dois ou mais núcleos contra o mesmo objeto material, ou seja, contra os direitos políticos da mesma pessoa, e no mesmo contexto fático, estará caracterizado um único delito. A pluralidade de condutas deverá ser utilizada pelo magistrado na dosimetria da pena-base, como circunstância judicial desfavorável, nos termos do art. 59, *caput*, do Código Penal.

---

[21] Nada obstante o art. 147-B do Código Penal verse sobre o delito cometido contra a mulher, o conceito de violência psicológica ali contido pode (e deve) ser aplicado, para fins de compreensão da violência política (CP, art. 359-P), também em relação aos homens.

[22] "Art. 15. É vedada a cassação de direitos políticos, cuja perda ou suspensão só se dará nos casos de: I – cancelamento da naturalização por sentença transitada em julgado; II – incapacidade civil absoluta; III – condenação criminal transitada em julgado, enquanto durarem seus efeitos; IV – recusa de cumprir obrigação a todos imposta ou prestação alternativa, nos termos do art. 5º, VIII; V – improbidade administrativa, nos termos do art. 37, § 4º."

[23] HC 82.424/RS, rel. originário Min. Moreira Alves, redator do acórdão Min. Maurício Corrêa, Plenário, j. 17.09.2003.

7.9.2.6. Sujeito ativo

O crime é **comum ou geral**. Pode ser cometido por qualquer pessoa, e admite tanto a coautoria como a participação.

7.9.2.7. Sujeito passivo

A violência política pode ter como vítima qualquer pessoa que esteja no pleno gozo dos seus direitos políticos, ativos (capacidade eleitoral ativa) ou passivos (capacidade eleitoral passiva). Em síntese, o sujeito passivo pode ser o eleitor, o candidato ou o titular do mandato eletivo.

7.9.2.8. Elemento subjetivo

É o dolo, representado pela vontade e consciência de restringir, impedir ou dificultar, mediante o emprego de violência – física, sexual ou psicológica –, o exercício de direitos políticos da pessoa em decorrência do seu sexo, raça, cor, etnia, religião ou procedência nacional.

O tipo penal não reclama qualquer finalidade específica, podendo o delito ser praticado por inveja, ódio, desprezo ou motivo diverso.

Não se admite a modalidade culposa.

7.9.2.9. Consumação

A violência política é **crime material** ou **causal**. Consuma-se com a efetiva restrição, impedimento ou dificuldade do exercício dos direitos políticos da pessoa, em razão de seu sexo, raça, cor, etnia, religião ou procedência nacional, por força do emprego de violência física, sexual ou psicológica.

7.9.2.10. Tentativa

É cabível, em face do caráter plurissubsistente do delito, permitindo o fracionamento do *iter criminis*. Exemplo: João emprega violência psicológica contra Maria, pré-candidata a Deputada Federal, para que ela, em razão de seu sexo, desista de disputar a eleição. A vítima, entretanto, vem a se candidatar, e procura o Ministério Público, visando a adoção das providências cabíveis contra João.

7.9.2.11. Ação penal

A ação penal é pública incondicionada.

7.9.2.12. Lei 9.099/1995

Diante da pena privativa de liberdade cominada – reclusão, de 3 (três) a 6 (seis) anos –, a violência política constitui-se em **crime de elevado potencial ofensivo**, incompatível com os benefícios previstos pela Lei 9.099/1995.

7.9.2.13. Concurso material obrigatório

O preceito secundário do art. 359-P do Código Penal impõe a soma das penas da violência política e do crime resultante da violência, independentemente da sua espécie (lesão corporal leve, grave ou gravíssima, homicídio tentado ou consumado etc.). Em outras palavras, não se admite a absorção do crime decorrente da violência – física, sexual ou psicológica – empregada pelo agente para restringir, impedir ou dificultar o exercício dos direitos políticos da pessoa em razão de seu sexo, raça, cor, etnia, religião ou procedência nacional.

7.9.2.14. Classificação doutrinária

A violência política é crime **simples** (ofende um único bem jurídico); **comum** (pode ser cometido por qualquer pessoa); **material** ou **causal** (a consumação depende da produção do resultado naturalístico); **de dano** (o agente almeja a lesão do bem jurídico); **de forma livre** (admite qualquer meio de execução); **comissivo**; **instantâneo** (consuma-se em um momento determinado, sem continuidade no tempo); **unissubjetivo**, **unilateral** ou **de concurso eventual** (pode ser cometido por uma única pessoa, mas admite o concurso); e **plurissubsistente**.

7.9.2.15. Competência

A violência política está alocada no Capítulo III do Título XII da Parte Especial do Código Penal, entre os crimes contra o funcionamento das instituições democráticas no processo eleitoral, circunstância indicativa da sua natureza de **crime eleitoral**, nada obstante sua previsão externa ao Código Eleitoral.

Em regra, portanto, a competência para seu processo e julgamento é da **Justiça Eleitoral**.

Como se sabe, a Constituição Federal não define a competência da Justiça Eleitoral em matéria penal. Seu art. 121, *caput*, delega essa tarefa à lei complementar.

Essa lei complementar é o Código Eleitoral – Lei 4.737/1965. Nada obstante editado como lei ordinária, foi recepcionado pela Constituição Federal, para fins de competência, como lei complementar. Nessa seara, a competência penal da Justiça Eleitoral é fixada em razão da matéria, englobando o processo e o julgamento dos delitos eleitorais.

Crimes eleitorais são os definidos pelo Código Eleitoral, bem como os tipificados em leis diversas, quando apresentam conteúdo eleitoral, a exemplo do art. 359-P do Código Penal. Em verdade, embora situada no Código Penal, violência política possui natureza eleitoral, uma vez que ofende o exercício dos direitos políticos e o ambiente democrático no processo eleitoral e, por corolário, o Estado Democrático de Direito.

Em determinadas situações, as peculiaridades do caso concreto podem acarretar na competência da **Justiça Comum** (federal ou estadual) para análise do crime de violência política. Com efeito, quando tal delito **ofende o exercício do mandato popular**, a competência pode ser da Justiça Federal (exemplo: violência física contra um Deputado Federal, em razão da sua religião, visando a orientar seu voto em um determinado projeto de lei) ou da Justiça Estadual (exemplo: conduta idêntica cometida contra um vereador).

7.10. OS CRIMES CONTRA O FUNCIONAMENTO DOS SERVIÇOS ESSENCIAIS

7.10.1. Art. 359-R – Sabotagem

7.10.1.1. Dispositivo legal

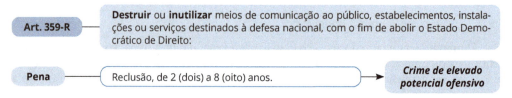

Classificação:
Crime simples
Crime comum
Crime formal, de consumação
Antecipada ou de resultado cortado
Crime de dano
Crime de forma livre
Crime comissivo
Crime instantâneo
Crime unissubjetivo, unilateral ou de concurso eventual
Crime plurissubsistente

Informações rápidas:
Objeto material: meio de comunicação ao público, o estabelecimento, instalação ou serviço destinado à defesa nacional.
Elemento subjetivo: dolo, acompanhado da finalidade específica de "abolir o Estado Democrático de Direito".
Tentativa: admite (crime plurissubsistente).
Ação penal: pública incondicionada.

7.10.1.2. Evolução legislativa

O art. 15 da Lei 7.170/1983 previa o crime de sabotagem, inclusive utilizando tal nomenclatura em sua descrição típica. Como a conduta podia ser praticada contra "instalações militares", a pena privativa de liberdade era mais elevada do que a atualmente cominada pelo art. 359-R do Código Penal. Na forma qualificada, a pena podia alcançar 30 (trinta) anos de reclusão, e eram punidos inclusive os atos preparatórios de sabotagem.

Art. 359-R do Código Penal	Art. 15 da Lei 7.170/1983
Art. 359-R. Destruir ou inutilizar meios de comunicação ao público, estabelecimentos, instalações ou serviços destinados à defesa nacional, com o fim de abolir o Estado Democrático de Direito: Pena – reclusão, de 2 (dois) a 8 (oito) anos.	Art. 15. Praticar sabotagem contra instalações militares, meios de comunicações, meios e vias de transporte, estaleiros, portos, aeroportos, fábricas, usinas, barragem, depósitos e outras instalações congêneres. Pena – reclusão, de 3 a 10 anos. § 1º Se do fato resulta: a) lesão corporal grave, a pena aumenta-se até a metade; b) dano, destruição ou neutralização de meios de defesa ou de segurança; paralisação, total ou parcial, de atividade ou serviços públicos reputados essenciais para a defesa, a segurança ou a economia do País, a pena aumenta-se até o dobro; c) morte, a pena aumenta-se até o triplo. § 2º Punem-se os atos preparatórios de sabotagem com a pena deste artigo reduzida de dois terços, se o fato não constitui crime mais grave.

O art. 202 do Código Penal, em sua parte final, também incrimina uma modalidade de sabotagem, porém relacionada à organização do trabalho:

Art. 202. Invadir ou ocupar estabelecimento industrial, comercial ou agrícola, com o intuito de impedir ou embaraçar o curso normal do trabalho, ou com o mesmo fim danificar o estabelecimento ou as coisas nele existentes ou delas dispor:

Pena – reclusão, de um a três anos, e multa.

7.10.1.3. Objetividade jurídica

Protege-se o Estado Democrático de Direito, no tocante ao funcionamento dos seus serviços essenciais, destruídos ou inutilizados pelo agente com o fim de obter sua abolição.

7.10.1.4. Objeto material

É o meio de comunicação ao público, o estabelecimento, instalação ou serviço destinado à defesa nacional.

Meios de comunicação ao público abrangem os serviços de telefonia, de correios e telégrafos, bem como toda e qualquer forma de contato entre pessoas utilizando-se da rede mundial de computadores, tais como as redes sociais e os aplicativos de comunicação.

A Constituição Federal, nos arts. 220 a 224, disciplina a "comunicação social", e faz menção à rádio, à televisão, aos veículos impressos (jornais, revistas etc.) e aos meios de comunicação social eletrônica.

Estabelecimentos, instalações ou serviços destinados à defesa nacional dizem respeito às sedes, às bases e às atividades desempenhadas pelas Forças Armadas – Exército, Marinha e Aeronáutica –, definidas pelo art. 142, *caput*, da Constituição Federal como "instituições nacionais permanentes e regulares, organizadas com base na hierarquia e na disciplina, sob a autoridade suprema do Presidente da República, e destinam-se à defesa da Pátria, à garantia dos poderes constitucionais e, por iniciativa de qualquer destes, da lei e da ordem".

7.10.1.5. Núcleos do tipo

São dois: destruir e inutilizar. **Destruir** é eliminar o objeto material, em sua totalidade; **inutilizar**, de seu turno, equivale a tornar o objeto material imprestável ao fim a que se destina. O bem continua existindo, mas não pode mais ser utilizado.

O agente pode cometer a conduta com emprego de **força física**, a exemplo da provocação de incêndios em diversos pontos da rede de telefonia ao longo do território nacional, ou então explodindo quartéis do Exército, bem como valendo-se de **dispositivos eletrônicos ou informáticos**, tal como se dá na inutilização do sistema de vigilância de fronteiras do Brasil pelas Forças Armadas, mediante a invasão indevida do sistema de dados do Exército, da Marinha e da Aeronáutica.

Trata-se de **tipo misto alternativo**, **crime de ação múltipla** ou **de conteúdo variado**. Se o agente praticar ambos os núcleos contra o mesmo objeto material (exemplo: inutilizando e depois destruindo um meio de comunicação ao público), estará caracterizado um único delito. A pluralidade de condutas deve ser utilizada pelo magistrado na dosimetria da pena-base, como circunstância judicial desfavorável, nos termos do art. 59, *caput*, do Código Penal.

A finalidade do art. 359-R do Código Penal é impedir que o sujeito, ao destruir ou inutilizar meios de comunicação ao público, estabelecimentos, instalações ou serviços destinados à defesa nacional, venha a dificultar ou impedir as atividades estatais, gerando desordem e instabilidade social, as quais podem levar à anormalidade institucional e à ameaça ao Estado Democrático de Direito.

7.10.1.6. Sujeito ativo

A sabotagem é **crime comum** ou **geral**, podendo ser cometido por qualquer pessoa.

7.10.1.7. Sujeito passivo

É o Estado e, mediatamente, as pessoas físicas ou jurídicas prejudicadas pela conduta criminosa.

7.10.1.8. Elemento subjetivo

É o dolo, acompanhado da finalidade específica de "abolir o Estado Democrático de Direito". Sem esse especial fim de agir, e dependendo da motivação do agente, podem restar configurados outros delitos, a saber:

   a) art. 163 do Código Penal (dano), na ausência da qualquer finalidade específica, ou seja, o dolo limita-se a destruir, inutilizar ou deteriorar o patrimônio alheio;

   b) art. 202 do Código Penal (sabotagem), quando o agente invade ou ocupa estabelecimento industrial, comercial ou agrícola, com o fim de danificar tal estabelecimento ou as coisas nele existentes, ou delas dispor;

   c) art. 2.º, § 1.º, IV, da Lei 13.260/2016 – Lei de Terrorismo, na hipótese de sabotar o funcionamento de mecanismos cibernéticos, o controle total ou parcial, ainda que de modo temporário, de meio de comunicação ou de transporte, de portos, aeroportos, estações ferroviárias ou rodoviárias, hospitais, casas de saúde, escolas, estádios esportivos, instalações públicas ou locais onde funcionem serviços públicos essenciais, instalações de geração ou transmissão de energia, instalações militares, instalações de exploração, refino e processamento de petróleo e gás e instituições bancárias e sua rede de atendimento;

   d) art. 70 da Lei 4.117/1962 – Código Brasileiro de Telecomunicações, se a conduta recair na instalação ou utilização de equipamentos de telecomunicações, sem observância do disposto na legislação e nos seus regulamentos; ou

   e) art. 264 do Decreto-lei 1.001/1969 – Código Penal Militar, se o dano for praticado em aeronave, hangar, depósito, pista ou instalações de campo de aviação, engenho de guerra motomecanizado, viatura em comboio militar, arsenal, dique, doca, armazém, quartel, alojamento ou em qualquer outra instalação militar, ou então em estabelecimento militar sob regime industrial, ou centro industrial a serviço de construção ou fabricação militar.

Em todas essas hipóteses, não há falar no crime tipificado no art. 359-R do Código Penal, por força da ausência da intenção de "abolir o Estado Democrático de Direito".

7.10.1.9. Consumação

A sabotagem é **crime formal, de consumação antecipada** ou **de resultado cortado**: consuma-se com a destruição ou inutilização do meio de comunicação ao público, estabelecimento, instalação ou serviço destinado à defesa nacional, com o fim de abolir o Estado Democrático de Direito.

O tipo penal contenta-se com a potencialidade da conduta em alcançar tal finalidade, não se exigindo a produção do resultado naturalístico, consistente na abolição do Estado Democrático de Direito.

E se o agente obtiver êxito em sua empreitada criminosa? A abolição do Estado Democrático de Direito constituirá o exaurimento do delito. E mais. Com a instauração de um novo regime, provavelmente ditatorial, seu comportamento certamente será aplaudido, e não punido, pelos novos "Poderes Constituídos" do Estado.

7.10.1.10. Tentativa

É possível, em face da natureza plurissubsistente do delito, comportando o fracionamento do *iter criminis*. Exemplo: "A" tenta destruir um quartel do Exército, mediante a detonação de explosivos, visando a abolir o Estado Democrático de Direito, mas não consegue fazê-lo por circunstâncias alheias à sua vontade, pois acaba preso em flagrante antes da detonação das dinamites.

7.10.1.11. Ação penal

A ação penal é pública incondicionada.

7.10.1.12. Lei 9.099/1995

Diante da pena privativa de liberdade cominada – reclusão, de 2 a 8 anos –, a sabotagem apresenta-se como **crime de elevado potencial ofensivo**, incompatível com os benefícios previstos na Lei 9.099/1995.

7.10.1.13. Classificação doutrinária

A sabotagem é crime **simples** (ofende um único bem jurídico); **comum** (pode ser cometido por qualquer pessoa); **formal, de consumação antecipada** ou **de resultado cortado** (consuma-se com a prática da conduta criminosa, independentemente da superveniência do resultado naturalístico); **de dano** (o agente almeja a efetiva lesão do Estado Democrático de Direito, mediante a sua abolição); **de forma livre** (admite qualquer meio de execução); **comissivo**; **instantâneo** (consuma-se em um momento determinado, sem continuidade no tempo); **unissubjetivo**, **unilateral** ou **de concurso eventual** (pode ser praticado por uma única pessoa, mas admite o concurso); e **plurissubsistente**.

7.10.1.14. Competência

É da Justiça Federal, pois a conduta descrita no art. 359-R do Código Penal, praticada com o fim de abolir o Estado Democrático de Direito, ofende interesse da União, na forma delineada pelo art. 109, IV, da Constituição Federal.

BIBLIOGRAFIA

ALEIXO, Pedro. *O peculato no direito penal brasileiro*. Tese apresentada em concurso à Faculdade de Direito da Universidade de Minas Gerais para a cadeira de Direito Penal. Belo Horizonte, 1956.

ALEXANDRE, Ricardo. *Direito tributário esquematizado*. 2. ed. São Paulo: Método, 2008.

ALMEIDA, Fernando Henrique Mendes de. *Dos crimes contra a Administração Pública*. São Paulo: Saraiva, 1955.

ALTAVILLA, Enrico. *Psicologia judiciária*. Coimbra: Armênio Amado Editor, 1982. vol. II.

AMARAL, Sylvio do. *Falsidade documental*. São Paulo: RT, 1958.

ANDRADE FILHO, Edmar Oliveira. *Direito penal tributário*: crimes contra a ordem tributária e contra a previdência social. 6. ed. São Paulo: Atlas, 2009.

BALEEIRO, Aliomar. *Uma introdução à ciência de finanças*. 16. ed. Rio de Janeiro: Forense, 2004.

BITENCOURT, Cezar Roberto. *Tratado de direito penal*. 5. ed. São Paulo: Saraiva, 2011. vol. 4.

BITENCOURT, Cezar Roberto. *Tratado de direito penal*. 3. ed. São Paulo: Saraiva, 2009. vol. 5.

CANOTILHO, J. J. Gomes. *Direito Constitucional*. 7. ed. Coimbra: Livraria Almedina, 2003.

CAPEZ, Fernando. *Curso de direito penal*. 8. ed. São Paulo: Saraiva, 2010. vol. 3.

CARNELUTTI, Francesco. *Teoria del falso*. Cedam: Padova, 1935.

CARRARA, Francesco. *Programa de derecho criminal*. Tradução para o espanhol de José J. Ortega Torres. 4. ed. Bogotá: Editorial Temis, 2002. vol. V.

CARRARA, Francesco. *Programa de derecho criminal*. Tradução para o espanhol de José J. Ortega Torres. 6. ed. Bogotá: Editorial Temis, 2001. vol. VI.

CARVALHO, Márcia Dometila Lima de. *Crimes de contrabando e descaminho*. 2. ed. São Paulo: Saraiva, 1998.

CARVALHO FILHO, José dos Santos. *Manual de Direito Administrativo*. 21. ed. Rio de Janeiro: Lumen Juris, 2009.

CASAGRANDE, Daniel Alberto. *Crimes contra a arrecadação para a seguridade social*: apropriação indébita previdenciária e sonegação de contribuição previdenciária. São Paulo: Verbatim, 2010.

CASTIGLIONE, Teodolindo. *Código Penal brasileiro comentado*. São Paulo: Saraiva, 1956. 10.º vol., 1.ª parte.

COGAN, Arthur. *Crimes contra a administração pública*. São Paulo: Juarez de Oliveira, 2003.

COLACCI, Marino Aldo. *Il delitto di bigamia*. Napoli: Casa Editrice Dott. Eugenio Jovene, 1958.

COSTA, Fernando José da. *O falso testemunho*. Rio de Janeiro: Forense Universitária, 2003.

COVELLO, Antônio Augusto de. Ensaio da teoria sobre os delitos contra a justiça. *Anais do 1.º Congresso Nacional do Ministério Público*. Rio de Janeiro: Imprensa Nacional, 1943. vol. 5.

CRETELLA JUNIOR, José. *Dicionário de direito administrativo*. Forense: Rio de Janeiro, 1978.

CUNHA, Rogério Sanches. *Direito penal*. Parte Especial. 3. ed. São Paulo: RT, 2010.

CUNHA, Rogério Sanches; SILVARES, Ricardo. *Crimes contra o Estado Democrático de Direito*. São Paulo: Editora Juspodivm, 2021.

CUNHA, Sérgio Sérvulo da. *Princípios constitucionais*. São Paulo: Saraiva, 2006.

CUNHA JÚNIOR, Dirley da. *Curso de direito constitucional*. 15. ed. Salvador: Juspodivm, 2021.

DALLARI, Dalmo de Abreu. *Elementos de Teoria Geral do Estado*. 21. ed. São Paulo: Saraiva, 2000.

DEL PICCHIA FILHO, José; DEL PICCHIA, Celso Mauro Ribeiro; e DEL PICCHIA, Ana Maura Gonçalves. *Tratado de documentoscopia*. Da falsidade documental. 2. ed. São Paulo: Pillares, 2005.

DELMANTO, Celso; DELMANTO, Roberto; DELMANTO JUNIOR, Roberto; e DELMANTO, Fabio M. de Almeida. *Código Penal comentado*. 8. ed. São Paulo: Saraiva, 2010.

DI PIETRO, Maria Sylvia Zanella. *Direito administrativo*. 19. ed. São Paulo: Atlas, 2006.

DRUMMOND, J. de Magalhães. *Comentários ao Código Penal*. Rio de Janeiro: Forense, 1944. vol. IX.

ESTEFAM, André. *Crimes sexuais*. São Paulo: Saraiva, 2009.

FAGUNDES, Miguel de Seabra. *O controle dos atos administrativos pelo Poder Judiciário*. 5. ed. Rio de Janeiro: Forense, 1979.

FALEIROS, Eva T. Silveira. A exploração sexual comercial de crianças e de adolescentes no mercado do sexo. In: LIBÓRIO, Renata Maria Coimbra; Sousa, Sônia M. Gomes (Organizadoras). *A exploração sexual de crianças e adolescentes no Brasil*. São Paulo: Casa do Psicólogo, 2004.

FARIA, Bento de. *Código penal brasileiro comentado*. 3. ed. Rio de Janeiro: Distribuidora Record, 1961. vol. VI.

FARIA, Bento de. *Código penal brasileiro comentado*. 3. ed. Rio de Janeiro: Distribuidora Record, 1961. vol. VII.

FÁVERO, Flamínio. *Código penal brasileiro comentado*. São Paulo: Saraiva, 1950. 9.º vol.

FERNANDES, Antonio Scarance. *O papel da vítima no processo criminal*. São Paulo: Malheiros, 1995.

FERNANDES, Antonio Scarance; MARQUES, Oswaldo Henrique Duek. *Estupro*: enfoque vitimológico. São Paulo: Revista dos Tribunais, n. 653.

FERRAZ, Esther de Figueiredo. *A codelinquência no direito penal brasileiro*. São Paulo: José Bushatsky, 1976.

FERREIRA, Aurélio Buarque de Holanda. *Novo dicionário Aurélio da língua portuguesa*. 2. ed. Rio de Janeiro: Nova Fronteira, 1986.

FERREIRA, Luiz Alexandre Cruz. *Falso testemunho e falsa perícia*. Belo Horizonte: Del Rey, 1998.

FERRO, Ana Luiza Almeida. *O crime de falso testemunho ou falsa perícia*. Belo Horizonte: Del Rey, 2004.

FRAGOSO, Heleno Cláudio. *Lições de direito penal. Parte especial*. São Paulo: José Bushatsky, 1959. 3.º vol.

FRAGOSO, Heleno Cláudio. *Lições de direito penal. Parte especial*. São Paulo: José Bushatsky, 1959. 4.º vol.

FRANCO, Alberto Silva. Há produto novo na praça. *Boletim do Instituto Brasileiro de Ciências Criminais*. São Paulo: Edição Especial, n. 70, 1998.

FREITAS, Gilberto Passos de, e FREITAS, Vladimir Passos de. *Abuso de autoridade*. 9. ed. São Paulo: RT, 2001.

GAMA, Guilherme Calmon Nogueira da. *A família no direito penal*. Rio de Janeiro: Renovar, 2000.

GARCIA, Basileu. Dos crimes contra a administração pública. *Revista Forense*, n. 152, novembro de 1944.

GARCIA, Emerson; e ALVES, Rogério Pacheco. *Improbidade Administrativa*. 2. ed. Rio de Janeiro: Forense, 2004.

GASPARINI, Diogenes. *Direito Administrativo*. 5. ed. São Paulo: Saraiva, 2000.

GOMES, Abel Fernandes; PRADO, Geraldo; e DOUGLAS, William. *Crime organizado e suas conexões com o Poder Público*. 2. ed. Rio de Janeiro: Impetus, 2000.

GOMES, Luiz Flávio; BIANCHINI, Alice. *Crimes de responsabilidade fiscal*. São Paulo: RT, 2001.

GOMES, Luiz Flávio; CERVINI, Raúl. *Crime organizado: enfoque criminológico, jurídico (Lei 9.034/1995) e político criminal*. 2. ed. São Paulo: RT, 1997.

GRECO, Alessandra Orcesi Pedro; RASSI, João Daniel. *Crimes contra a dignidade sexual*. São Paulo: Atlas, 2010.

GRECO, Rogério. *Curso de direito penal*. 7. ed. Niterói: Impetus, 2010. vol. III.

GRECO, Rogério.*Curso de direito penal*. 6. ed. Niterói: Impetus, 2010. vol. IV.

GRECO FILHO, Vicente. *Uma interpretação de duvidosa dignidade*. Disponível em: http://www.apmp.com.br/juridico/artigos/art_juridicos2009.html. Acesso em 07.02.2011.

GUSMÃO, Chrysolito de. *Dos crimes sexuais*. 5. ed. Rio de Janeiro: Freitas Bastos, 1981.

HUNGRIA, Nélson. *Comentários ao Código Penal*. 2. ed. Rio de Janeiro: Forense, 1958. vol. VII.

HUNGRIA, Nélson. *Comentários ao Código Penal*. 2. ed. Rio de Janeiro: Forense, 1959. vol. IX.

HUNGRIA, Nélson; LACERDA, Romão Côrtes de. *Comentários ao Código Penal*. Rio de Janeiro: Forense, 1954. vol. VIII.

JESUS, Damásio E. de. Assédio sexual. In: JESUS, Damásio E. de; GOMES, Luiz Flávio (Coordenadores). *Assédio sexual*. São Paulo: Saraiva, 2002.

JESUS, Damásio E. de. *Crimes de corrupção ativa e tráfico de influência nas transações comerciais internacionais*. São Paulo: Saraiva, 2003.

JESUS, Damásio E. de. *Direito penal*. 16. ed. São Paulo: Saraiva, 2007. 3.º vol.

JESUS, Damásio E. de. *Direito penal*. 20. ed. São Paulo: Saraiva, 2011. 3.º vol.

JESUS, Damásio E. de. *Direito penal*. 13. ed. São Paulo: Saraiva, 2007. 4.º vol.

JESUS, Damásio E. de. *Educação domiciliar constitui crime?* Jornal Carta Forense, 1.º abr. 2010.

LIBÓRIO, Renata Maria Coimbra. Exploração sexual comercial infanto-juvenil: categorias explicativas e políticas de enfrentamento. In: LIBÓRIO, Renata Maria Coimbra; Sousa, Sônia M. Gomes (Organizadoras). *A exploração sexual de crianças e adolescentes no Brasil*. São Paulo: Casa do Psicólogo, 2004.

LINHARES, Marcello Jardim. *Contravenções penais*. São Paulo: Saraiva, 1980.

MACHADO, Hugo de Brito. *Curso de direito tributário*. 13. ed. São Paulo: Malheiros, 1998.

MAGGIORE, Vicenzo. *Diritto penale*. Bologna: Nicola Zanichelli Ed., 1955. vol. II.

MALATESTA, Nicola Framarino Dei. *A lógica das provas em matéria criminal*. 2. ed. Campinas: Bookseller, 2001.

MALULY, Jorge Assaf. *Denunciação caluniosa*. 2. ed. Belo Horizonte: Del Rey, 2006.

MANZINI, Vicenzo. *Trattato di diritto penale italiano*. 5. ed. Torino: UTET, 1956. vol. 5.

MASSON, Cleber Rogério. *Direito penal esquematizado*. Parte Geral. 3. ed. São Paulo: Método, 2010. vol. 1.

MAXIMILIANO, Carlos. *Hermenêutica e aplicação de direito*. 19. ed. Rio de Janeiro: Forense, 2004.

MAZZILLI, Hugo Nigro. *Tutela dos interesses difusos e coletivos*. 6. ed. São Paulo: Damásio de Jesus, 2007.

MEIRELLES, Hely Lopes. *Direito Administrativo Brasileiro*. 24. ed. São Paulo: Malheiros, 1994.

MELLO, Celso Antonio Bandeira de. *Curso de direito administrativo*. 14. ed. São Paulo: Malheiros, 2002.

MELLO, Celso D. de Albuquerque. *Curso de direito internacional público*. 13. ed. Rio de Janeiro: Renovar, 2001. vol. 1.

MENDES, Gilmar Ferreira; COELHO, Inocêncio Mártires; e BRANCO, Paulo Gustavo Gonet. *Curso de direito constitucional*. 2. ed. São Paulo: Saraiva, 2008.

MESTIERI, João. *Do delito de estupro*. São Paulo: RT, 1982.

MIRABETE, Julio Fabbrini. *Código Penal Interpretado*. 6. ed. São Paulo: Atlas, 2008.

MIRABETE, Julio Fabbrini. *Manual de direito penal*. 22. ed. São Paulo: Atlas, 2007. vol. 3.

MIRABETE, Julio Fabbrini. *Processo penal*. 18. ed. São Paulo: Saraiva, 2007.

MITTERMAIER, C. J. A. *Tratado da prova em matéria criminal*. Campinas: Bookseller, 1997.

MONTEIRO, Antonio Lopes. *Crimes contra a previdência social*. 2. ed. São Paulo: Saraiva, 2003.

MORAES, Flávio Queiroz de. *Denunciação caluniosa*. São Paulo: RT, 1944.

NASCIMENTO, Vicente Pinto de Albuquerque. *O contrabando em face da lei*. Rio de Janeiro: Freitas Bastos, 1960.

NORONHA, E. Magalhães. *Direito penal*. 17. ed. São Paulo: Saraiva, 1984. vol. 3.

NORONHA, E. Magalhães. *Direito penal*. 16. ed. São Paulo: Saraiva, 1983. vol. 4.

NUCCI, Guilherme de Souza. *Código de Processo Penal Comentado*. 5. ed. São Paulo: RT, 2006.

NUCCI, Guilherme de Souza. *Código Penal comentado*. 10. ed. São Paulo: RT, 2010.

NUCCI, Guilherme de Souza. *Crimes contra a dignidade sexual*. São Paulo: RT, 2009.

OLIVEIRA, Edmundo. *Crimes de corrupção*. 2. ed. Rio de Janeiro: Forense, 1994.

OLIVEIRA, Eugênio Pacelli de. *Curso de processo penal*. 11. ed. Rio de Janeiro: Lumen Juris, 2009.

OLIVEIRA, Eugênio Pacelli de; FISCHER, Douglas. *Comentários ao Código de Processo Penal e sua jurisprudência*. Rio de Janeiro: Lumen Juris, 2010.

OSÓRIO, Fábio Medina. *Direito administrativo sancionador*. São Paulo: Revista dos Tribunais, 2000.

PAGLIARO, Antonio; e COSTA JÚNIOR, Paulo José da. *Dos crimes contra a administração pública*. 4. ed. São Paulo: Atlas, 2009.

PASCOAL, Valdecir Fernandes. *Direito financeiro e controle externo*. 5. ed. Rio de Janeiro: Elsevier, 2007.

PAULSEN, Leandro. *Contribuições*. Custeio da Seguridade Social. Porto Alegre: Livraria do Advogado, 2007.

PAZZAGLINI FILHO, Marino. *Crimes de responsabilidade fiscal*. 3. ed. São Paulo: Atlas, 2006.

PAZZAGLINI FILHO, Marino; ROSA, Márcio Fernando Elias; e FAZZIO JÚNIOR, Waldo. *Improbidade Administrativa*. 4. ed. São Paulo: Atlas, 1999.

PENTEADO, Jaques de Camargo. *A família e a justiça penal*. São Paulo: RT, 1998.

PEREZ LUÑO, Antonio Henrique. *Derechos humanos, estado de derecho y constitución*. Madrid: Tecnos, 2003.

PIERANGELI, José Henrique. *Manual de direito penal brasileiro. Parte especial*. 2. ed. São Paulo: RT, 2007. vol. 2.

PISAPIA, Domenico G. *Delitti contro la famiglia*. Torino: Editrice Torinese, 1953.

PITOMBO, Antônio Sérgio Altieri de Moraes. *Organização criminosa:* nova perspectiva do tipo legal. São Paulo: RT, 2009.

PONTE, Antonio Carlos da. *Falso testemunho no processo*. São Paulo: Atlas, 2000.

PRADO, Luiz Regis. *Curso de direito penal brasileiro*. 8. ed. São Paulo: RT, 2010. vol. 2.

PRADO, Luiz Regis. *Curso de direito penal brasileiro*. 6. ed. São Paulo: RT, 2010. vol. 3.

PRADO, Luiz Regis. *Falso testemunho e falsa perícia*. 2. ed. São Paulo: RT, 1994.

PUGLIA, Ferdinando. *Manuale Teorico Pratico di Diritto Penale*. 2. ed. Napoli: A. Tocco, 1895. vol. II, p. 185.

QUEIROZ, Paulo. *Direito penal: parte geral*. 3. ed. São Paulo: Saraiva, 2006.

RAMOS, André Luiz Santa Cruz. *Direito empresarial esquematizado*. São Paulo: Método, 2010.

RICCIO, Stefano. *La bigamia*. Napoli: Casa Editrice Dott. Eugenio Jovene, 1934.

SALVADOR NETTO, Alamiro Velludo. Estupro bilateral: um exemplo limite. *Boletim IBCCRIM*, São Paulo, ano 17, n. 202, p. 8-9, set. 2009.

SILVA, César Dario Mariano da. *Manual de direito penal*. 3. ed. Rio de Janeiro: Forense, 2007. vol. III.

SILVA, Marco Antonio Marques da. *Acesso à justiça penal e Estado Democrático de Direito*. São Paulo: Juarez de Oliveira, 2001.

SILVEIRA, Renato de Mello Jorge. *Crimes sexuais*. Bases críticas para a reforma do direito penal sexual. São Paulo: Quartier Latin, 2008.

TELES, Ney Moura. *Direito penal*. 2. ed. São Paulo: Atlas, 2006. v. 3.

TOURINHO, Demétrio C. F. *Do peculato*. Salvador: Progresso, 1954.

TOURINHO FILHO, Fernando da Costa. *Processo Penal*. 20. ed. São Paulo: Saraiva, 1998. v. 4.

VENOSA, Sílvio de Salvo. *Direito civil*. 4. ed. São Paulo: Atlas, 2004. v. 1.